CB141202

estatística aplicada

4ª edição

Pearson Education

EMPRESA CIDADÃ

L A R S O N | F A R B E R

estatística aplicada

4ª edição

Tradução
Luciane Paulete Viana

Revisão Técnica
Fernanda Cesar Bonafini
Mestre em educação matemática – UNESP Rio Claro

PEARSON

abdr ASSOCIAÇÃO BRASILEIRA DE DIREITOS REPROGRÁFICOS
Respeite o direito autoral

© 2010 by Pearson Education do Brasil
Título original: *Elementary statistiscs: picturing the world, fourth edition*
© 2009, 2006, 2003, 2000 by Pearson Education, Inc.
Tradução autorizada a partir da edição original em inglês, publicada pela Pearson Education, Inc. sob o selo Prentice Hall.
Todos os direitos reservados. Nenhuma parte desta publicação poderá ser reproduzida ou transmitida de qualquer modo ou por qualquer outro meio, eletrônico ou mecânico, incluindo fotocópia, gravação ou qualquer outro tipo de sistema de armazenamento e transmissão de informação, sem prévia autorização, por escrito, da Pearson Education do Brasil.

Diretor editorial: Roger Trimer
Gerente editorial: Sabrina Cairo
Supervisor de produção editorial: Marcelo Françozo
Editoras: Marina S. Lupinetti e Renata Gonçalves
Preparação: Mônica Santos
Revisão: Regiane Miyashiro, Fernanda Magalhães e Opportunity Translations
Capa: Alexandre Mieda
Projeto gráfico e diagramação: Globaltec Artes Gráficas Ltda.

Dados Internacionais de Catalogação na Publicação (CIP)
(Câmara Brasileira do Livro, SP, Brasil)

Larson, Ron
Estatística aplicada / Ron Larson, Betsy Farber ; tradução Luciane Ferreira Pauleti Vianna. -- 4. ed. -- São Paulo : Pearson Prentice Hall, 2010.

Título original: Elementary statistics

1. Estatística I. Farber, Betsy. II. Título.

ISBN 978-85-7605-372-9

09-09661 CDD-519.5

Índices para catálogo sistemático:

1. Estatística 519.5

6ª reimpressão – dezembro 2013
Direitos exclusivos para a língua portuguesa cedidos à
Pearson Education do Brasil Ltda.,
uma empresa do grupo Pearson Education
Rua Nelson Francisco, 26
CEP 02712-100 – São Paulo – SP – Brasil
Fone: 11 2178-8686 – Fax: 11 2178-8688
e-mail: vendas@pearson.com

Sumário

PARTE I – ESTATÍSTICA DESCRITIVA

PARTE 2 – PROBABILIDADE E DISTRIBUIÇÕES DE PROBABILIDADE

Capítulo 3 Probabilidade

Capítulo 4 Distribuições de probabilidades discretas

Capítulo 5 Distribuições de probabilidades normais

PARTE 4 – MAIS INFERÊNCIAS ESTATÍSTICAS

Capítulo 9 Correlação e regressão

Capítulo 10 Testes qui-quadrado e a distribuição F

Capítulo 11 Testes não paramétricos

Apêndice A

Apêndice B

Apêndice C

Prefácio

Bem-vindo à quarta edição de *Estatística aplicada*. Somos gratos pela impressionante aceitação e pelo apoio às três primeiras edições. É gratificante saber que nossa visão ao combinar teoria, didática e planejamento para exemplificar o uso da estatística para retratar e descrever o mundo tem ajudado estudantes a aprender sobre a estatística e a tomar decisões fundamentadas.

Características da quarta edição

NOVO! **Abertura de partes** Os assuntos deste livro são agrupados em quatro partes: *Estatística descritiva, Probabilidade e distribuições de probabilidade, Estatística inferencial* e *Mais inferências estatísticas*. Cada parte apresenta um agrupamento natural de assuntos dentro de um cenário mais amplo da estatística.

Abertura de capítulos No início de cada capítulo, a seção *Onde estamos* mostra como o capítulo se encaixa em um cenário mais amplo da estatística, relacionando-o aos tópicos estudados anteriormente. Em seguida, a seção *Para onde vamos* fornece uma visão geral do capítulo, explorando conceitos no contexto do mundo real.

Organização dos capítulos Cada capítulo é organizado por objetivos de aprendizagem, os quais são apresentados na seção *O que você deve aprender*, apresentada em tópicos que usam linguagem cotidiana. Os mesmos objetivos são, então, usados como subtítulos ao longo do capítulo.

Exemplos passo a passo intitulados Todo conceito no livro é claramente ilustrado com um ou mais exemplos passo a passo. A maioria dos exemplos conta com um passo para sua interpretação, mostrando como a solução pode ser interpretada dentro de um contexto da vida real. Este passo adicional promove o pensamento crítico e habilidades de redação. Cada um dos mais de 210 exemplos é numerado e intitulado para mais fácil referência e consulta.

Tente você Os exemplos são seguidos por exercícios similares chamados *Tente você,* de modo que se possa imediatamente praticar o que foi aprendido. As respostas desses exercícios são fornecidas no final do livro.

Definições Conceitos importantes contam com definições formais sempre seguidas de instruções que explicam, usando linguagem simples, como aplicar tal definição.

Instruções Em todo o livro, a apresentação de uma fórmula estatística é seguida de um conjunto de instruções passo a passo sobre sua aplicação. Em alguns casos, as instruções são divididas em duas colunas: *Em palavras e Em símbolos.*

Dicas de estudo Dicas de estudo presentes nas margens das páginas mostram como ler tabelas, usar tecnologia ou interpretar resultados ou gráficos.

Retratando o mundo Cada capítulo traz um 'mini estudo de caso' da vida real chamado *Retratando o mundo*, que ilustra o conceito (ou conceitos) importante de cada seção. Cada *Retratando o mundo* se encerra com uma questão e pode ser usado para uma discussão mais geral em classe ou para um trabalho em grupo.

Exemplos de tecnologia Muitas seções trazem exemplos que mostram como a tecnologia pode ser usada para calcular fórmulas, fazer testes ou mostrar dados. Tais exemplos são ilustrados por telas do MINITAB, do Excel e da TI-83/84. São fornecidas também telas adicionais no fim de capítulos selecionados.

Importante Notas nas margens das páginas ajudam a guiar importantes interpretações ou estabelecem relações entre diferentes conceitos.

Exercícios Os grupos de exercícios desta quarta edição incluem mais de 2.100 exercícios, oferecendo prática em realização de cálculos e tomada de decisões, e fornecendo explicações e aplicações de resultados em situações de vida real (aproximadamente 40% dos exercícios são novos ou foram revisados). Os exercícios são divididos em três seções:

Construindo habilidades básicas e conceitos: são exercícios de respostas curtas, verdadeiro ou falso ou elaborados usando vocabulário cuidadosamente selecionado para facilitar seu entendimento.

Usando e interpretando conceitos: são problemas que envolvem habilidades ou palavras que variam do desenvolvimento de habilidades básicas a problemas mais desafiadores e interpretativos.

Expandindo conceitos: são exercícios que vão além do material apresentado na seção — tendem a ser mais desafiadores e não são pré-requisitos para as seções subsequentes.

NOVO! **Resumo do capítulo** Cada capítulo é finalizado com um resumo que responde à pergunta *O que você aprendeu?* Os objetivos de estudo são relacionados aos exemplos da seção, bem como aos exercícios de revisão.

Exercícios de revisão Uma série de exercícios de revisão segue cada resumo do capítulo, e a ordem dos exercícios obedece à organização do capítulo. As respostas para os exercícios ímpares são dadas no fim do livro.

Teste do capítulo Todo capítulo termina com um teste e as respostas para todas as questões do teste são fornecidas no final do livro.

NOVO! **Atividades applet** Seções selecionadas contêm atividades que levam a investigações interativas sobre os conceitos da lição, com exercícios que pedem aos estudantes que tomem decisões. Os applets de acompanhamento estão disponíveis no site do livro.

Estudo de caso Cada capítulo apresenta um estudo de caso que traz dados atuais em contexto da vida real e questões que ilustram os conceitos mais importantes do capítulo.

NOVO! **Usos e abusos – estatística no mundo real** Uma discussão sobre como as técnicas estatísticas podem ser usadas e sobre abusos comuns está presente em todos os capítulos. A discussão agora inclui ética, quando apropriado. Os exercícios ajudam os estudantes a aplicar seu conhecimento.

Estatística real – decisões reais Esta seção encoraja os estudantes a pensarem criticamente e a tomarem decisões embasadas em dados reais. Os exercícios guiam os estudantes desde a interpretação até a chegada às conclusões.

Projeto tecnológico Cada capítulo tem um projeto tecnológico usando MINITAB, Excel e TI-83/84, que fornece ao estudante uma visão de como a tecnologia é usada para lidar com conjuntos de dados grandes ou situações de vida real.

NOVO! **Revisão acumulada** Uma revisão acumulada, no fim dos capítulos 2, 5, 8 e 11, conclui cada uma das quatro partes do livro. Os exercícios estão dispostos em ordem aleatória e podem incorporar ideias múltiplas. Algumas respostas selecionadas desses exercícios são dadas no final do livro.

NOVO! **Respostas usando tecnologia** As respostas dadas no final do livro estão em tabelas. As respostas encontradas com o uso da tecnologia também estão incluídas quando há discrepâncias devido a arredondamentos.

NOVO! **Regras de arredondamento** As regras de arredondamento estão nas dicas de estudo dos cálculos.

NOVO! **Abrangência do curso** Em resposta às sugestões de instrutores de estatística, o seguinte conteúdo é novo ou revisado:

- No **Capítulo 1**, seleção aleatória, fontes de tendenciosidade na amostragem e pesquisa, tratamentos, grupos de controle, unidades experimentais, atribuições aleatórias, replicação, fontes de tendenciosidade e confusão foram adicionadas. Uma cobertura adicional de planejamento experimental foi incorporada para cobrir diferentes tipos de experimentos que podem ser usados por pesquisadores.
- No **Capítulo 2**, agrupamentos e lacunas foram adicionados a **2.3 Medidas da tendência central**.
- No **Capítulo 3**, os tópicos foram reorganizados para apresentar os princípios de contagem no início do capítulo. Diversos exemplos foram incluídos.
- No **Capítulo 6**, propriedades dos pontos estimadores foram inseridos.
- No **Capítulo 7**, o poder do teste é definido.
- No **Capítulo 8**, as definições de amostras dependentes e independentes estão agora presentes no início do capítulo.
- No **Capítulo 10**, a cobertura do teste de ajuste qui-quadrado foi aumentada para cobrir as distribuições qui-quadrado. Frequências marginais e conjuntas para tabelas de contingência também foram adicionadas.
- No **Apêndice C**, adicionamos gráficos de probabilidade normal. Esta discussão foca em como avaliar a normalidade em grupos de dados pequenos.

Mantendo a força didática da terceira edição

Abordagem gráfica Como a maioria dos livros de introdução à estatística, começamos o capítulo sobre estatística descritiva com uma pesquisa sobre as diversas maneiras de representar os dados graficamente. Uma diferença entre este livro e os muitos outros é que **continuamos a incorporar a representação gráfica dos dados durante toda a obra.** Por exemplo, veja o uso de gráficos ramo-e-folhas para representar os dados nas páginas 317 e 319. Esta ênfase nas representações gráficas é benéfica para qualquer estudante, especialmente àqueles que usam estratégias de aprendizagem visuais.

Abordagem ponderada O livro consegue alcançar um **equilíbrio entre cálculo, tomada de decisão** e **entendimento conceitual.** Fornecemos muitos exemplos, exercícios e exercícios Tente você que vão além dos cálculos.

Variedade de aplicações na vida real Escolhemos aplicações na vida real que são representativas para os estudantes dos cursos introdutórios de estatística. Queremos que a estatística seja viva e relevante para os estudantes de modo que eles entendam a importância do raciocínio do estudo da estatística. Queremos que as aplicações sejam **autênticas** — mas também **acessíveis.** Veja o índice de aplicações na página I1.

Dados e linhas das fontes Os conjuntos de dados deste livro foram escolhidos por interesse, variedade e adequação para ilustrarem os conceitos. A maioria dos **mais de 240 conjuntos de dados** contém dados atuais e suas fontes. Os conjuntos de dados remanescentes contêm dados simulados que são representativos de situações da vida real. Conjuntos de dados contendo 20 ou mais entradas estão disponíveis no site de apoio do livro e os grupos de exercícios disponíveis eletronicamente são indicados pelo ícone .

Tecnologia flexível Embora a maioria das fórmulas no livro seja ilustrada com cálculos 'manuais', assumimos que a maioria dos estudantes tenha acesso a alguma ferramenta tecnológica, como MINITAB, Excel, TI-83 ou TI-84. Devido ao fato de a tecnologia variar muito, tornamos o texto acessível: **ele pode ser usado em cursos com não mais do que uma calculadora científica ou em cursos que requerem uso frequente de ferramentas tecnológicas sofisticadas.** Qualquer que seja seu uso da tecnologia, temos certeza de que você concorda que o objetivo deste curso não seja o cálculo, mas sim levar à compreensão de conceitos básicos e usos da estatística.

Pré-requisitos Fizemos esforços para manter as manipulações algébricas em um mínimo — frequentemente mostramos versões informais das fórmulas usando palavras no lugar de ou em adição a variáveis.

Escolha das tabelas Nossa experiência mostrou que os estudantes acham mais facil usar uma tabela de **função cumulativa de densidade** (CDF) do que usar uma tabela '0-a-z'. O uso da tabela CDF para encontrar a área abaixo da curva normal é o tópico da Seção 5.1 nas páginas 196-200. Sabendo que alguns professores preferem usar a tabela '0 a z', fornecemos uma apresentação alternativa deste tópico no Apêndice A.

Encontrando os padrões

Padrões MAA, AMATYC, NCTM Este livro responde à necessidade de um **livro que seja amigo do estudante e que enfatize o uso de estatística.** Nossa experiência indica que o trabalho como professor não é criar estatísticos, mas sim criar consumidores informados dos relatórios estatísticos. Por esta razão, incluímos exercícios que requerem que o estudante interprete resultados, forneça explicações escritas, encontre padrões e tome decisões.

Decisões GAISE Fundada pela *American Statistical Association,* o projeto Guias para Avaliação e Instrução na Educação Estatística (GAISE) desenvolveu seis recomendações para o ensino de estatística introdutória em cursos superiores. São elas:

- Enfatizar a alfabetização estatística e desenvolver o pensamento estatístico.
- Usar dados reais.
- Enfatizar entendimento conceitual em vez de mero conhecimento de procedimentos.
- Estimular o aprendizado ativo em sala de aula.
- Usar a tecnologia para desenvolver o entendimento conceitual e a análise de dados.
- Usar avaliações para melhorar e avaliar o aprendizado do aluno.

Os exemplos, os exercícios e as características deste livro atendem a todas essas recomendações.

Site de apoio

Recursos para estudantes O site de apoio deste livro (www.pearson.com.br/larson) oferece aos estudantes:

- Dicas de como estudar estatística — um guia rápido apresenta dicas de como aperfeiçoar o estudo da estatística e facilitar seu entendimento.
- Principais fórmulas — um esquema apresenta as principais fórmulas de cada capítulo.
- Correlação de applets — uma listagem resume os applets, os conceitos que abordam e sua descrição.
- Applets — applets para serem utilizados nas atividades interativas propostas ao longo do livro.
- Conjuntos de dados — conjuntos de dados contendo 20 ou mais entradas e nos quais se baseiam alguns exercícios do livro estão disponíveis para consulta.
- Exercícios adicionais — atividades propiciam prática extra sobre o conteúdo de cada capítulo do livro.

Recursos para professores* Os professores que adotam este livro contam com:

- Manual de soluções (em inglês) — resolução dos exercícios contidos no livro, devidamente identificados por seções.
- Apresentações em PowerPoint — slides editáveis que acompanham o conteúdo de cada capítulo e que podem ser utilizados durante as apresentações em sala de aula.

**Esses materiais são de uso exclusivo do professor e estão protegidos por senha. Para ter acesso a eles, os professores que adotam o livro devem entrar em contato com seu representante Pearson ou enviar um e-mail para universitarios@pearson.com.*

Agradecimentos

Devemos agradecer aos muitos revisores que nos ajudaram a formatar e refinar *Estatística aplicada*, quarta edição.
Rosalie Abraham, Florida Community College at Jacksonville
Ahmed Adala, Metropolitan Community College
Polly Amstutz, University of Nebraska
Kearney David P. Benzel, Montgomery College
Carol Curtis, Fresno City College
David DiMarco, Neumann College
Harold W. Ellingsen, Jr., SUNY—Potsdam
Michael Eurgubian, Santa Rosa Jr. College
Sandeep Holay, Southeast Community College, Lincoln Campus M. Kazemi, University of North Carolina

Revisores das edições anteriores

Frieda Ganter, California State University
David Kay, Moorpark College
Benny Lo, DeVry University, Fremont
Mike McGann, Ventura Community College
Julie Norton, California State University—Hayward
Lynn Onken, San Juan College
Agnes Tuska, California State University—Fresno
Jean Sells, Sacred Heart University
Sonja Hensler, St. Petersburg Jr. College
Nancy Johnson, Manatee Community College
Susan Kellicut, Seminole Community College
Jeffrey Linek, St. Petersburg Jr. College
Diane Long, College of DuPage
Elisabeth Schuster, Benedictine University
Carole Shapero, Oakton Community College
Ting-Xiu Wang, Oakton Community College
Sandra L. Spain, Thomas Nelson Community College
Charles Ehler, Anne Arundel Community College
Rita Kolb, Cantonsville Community College
Neal Rogness, Grand Valley State University
Jane Keller, Metropolitan Community College
Vicki McMillian, Ocean County College
Vicki L. McMillian, Ocean County College
Lyn A. Noble, Florida Community College at Jacksonville— South Campus
Eric Preibisius, Cuyamaca Community College
Melonie Rasmussen, Pierce College
John Seppala, Valdosta State University
Aileen Solomon, Trident Technical College
Deborah Swiderski, Macomb Community College
William J. Thistleton, SUNY—Institute of Technology, Utica
Clark Vangilder, DeVry University

Dex Whittinghall, Rowan University
Gary Egan, Monroe Community College
Hyune-Ju Kim, Syracuse University
Rowan Lindley, Westchester Community College
Lynn Meslinsky, Erie Community College
Cara DeLong, Fayetteville Technical Community College
Mohammad Kazemi, University of North Carolina— Charlotte
Rhonda Magel, North Dakota State University
G. Andy Chang, Youngstown State University
Douglas Frank, Indiana University of Pennsylvania
Michelle Strager-McCarney, Penn State—Erie, The Behrend College
Olcay Akman, College of Charleston
Ginger Dewey, York Technical College
Martin Jones, College of Charleston
Lindsay Packer, College of Charleston
Aileen Solomon, Trident Technical College
Jill Fanter, Walters State Community College
John Bernard, University of Texas—Pan American
John J. Avioli, Christopher Newport University
Sandra L. Spain, Thomas Nelson Community College
Keith J. Craswell, Western Washington University

Também agradecemos especialmente ao pessoal da Pearson Education que trabalhou conosco no desenvolvimento desta quarta edição de *Estatística aplicada:* Deirdre Lynch, Dawn Murrin, Lynn Savino Wendel, Linda Mihatov Behrens, Diane Peirano, Wayne Parkins, Joanne Wendelken, Maureen Eide, John Christiana e Thomas Benfatti. Também agradecemos o pessoal de Larson Texts, Inc., que nos auxiliaram no desenvolvimento e na produção do livro. Pessoalmente, agradecemos a nossos cônjuges, Deanna Gilbert Larson e Richard Farber, pelo amor, pela paciência e pelo apoio. Também agradecemos especialmente a R. Scott O'Neil.

Trabalhamos muito para fazer de *Estatística aplicada* um livro limpo, claro e agradável, que possa ser usado para o ensino e a aprendizagem da estatística. Apesar de todos os esforços para assegurar a acuidade e a facilidade de uso, muitos usuários terão, sem dúvidas, sugestões de melhorias as quais sempre serão bem-vindas.

Ron Larson, odx@psu.edu
Betsy Farber, farberb@bucks.edu

Parte 1

Estatística descritiva

Capítulo 1

Introdução à estatística

Onde estamos

Você já deve estar familiarizado com muitas das práticas de estatística, tais como pesquisas, coleta de dados e descrição de populações. O que você pode não saber é que a coleta de dados estatísticos precisos é frequentemente difícil e tem um alto custo. Considere, por exemplo, a enorme tarefa de se contar e descrever a população inteira dos Estados Unidos. Se você fosse o responsável por tal censo, como o faria? Como você poderia ter certeza de que seus resultados são exatos? Essas e muitas outras preocupações são de responsabilidade do *United States Census Bureau* (*Bureau* de Censo dos Estados Unidos), que conduz o censo em todas as décadas.

Regiões americanas com crescimento mais rápido

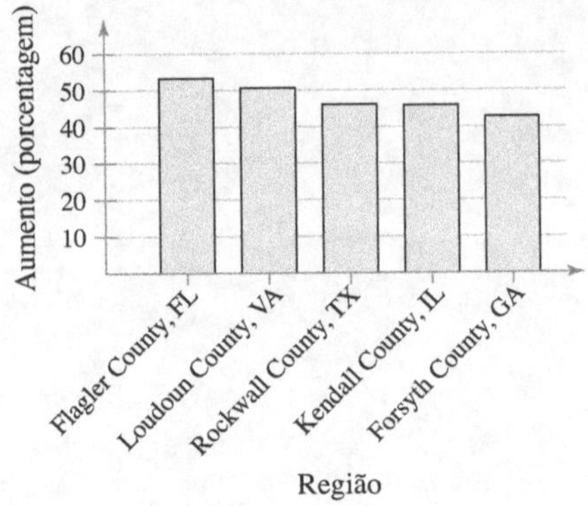

Para onde vamos

No Capítulo 1, você será apresentado aos conceitos básicos e aos objetivos da estatística. Por exemplo, a estatística foi usada para a construção dos gráficos ao lado, que mostram o rápido crescimento de regiões dos Estados Unidos com 10.000 ou mais habitantes, de 2000 a 2005, e onde estão as regiões com os 100 crescimentos mais rápidos, de 2000 a 2005. Quando conduz o censo, o *Bureau* envia formulários curtos para toda a população e pergunta sobre características como gênero, idade, raça e propriedade de imóveis. Um formulário maior, que cobre muitos tópicos adicionais, é enviado a 17% da população. Esses 17% formam uma amostra. Neste curso, você aprenderá como dados coletados de uma amostra são usados para inferir características sobre uma população.

Localização das 100 regiões de crescimento mais rápido

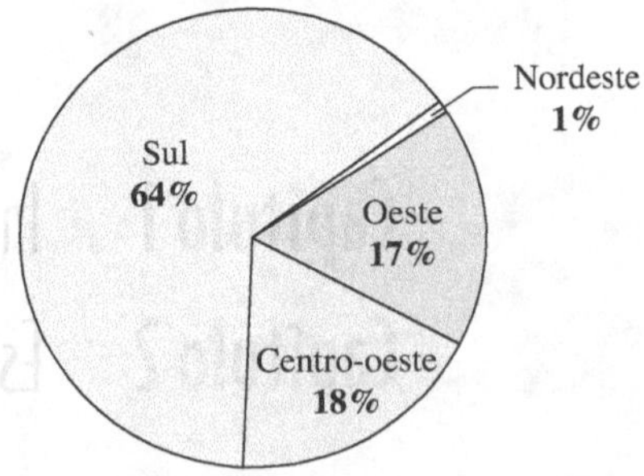

1.1 Uma visão geral sobre estatística

Definição de estatística ⟶ Conjuntos de dados ⟶ Ramos da estatística

O que você deve aprender

- A definição de estatística.
- Como distinguir entre uma população e uma amostra, um parâmetro e um dado estatístico.
- Como distinguir entre estatística descritiva e estatística inferencial.

Definição de estatística

Conforme começamos o curso, você pode se perguntar: *o que é estatística? Por que eu devo estudar estatística? Como o estudo da estatística pode me ajudar profissionalmente?* Quase todos os dias somos expostos à estatística. Por exemplo, considere os trechos a seguir, retirados de jornais e publicações recentes.

- "As pessoas que comem três porções diárias de grãos integrais têm risco de sofrer problemas cardíacos reduzido em 37%." (*Fonte: Whole Grains Council.*)
- "Setenta por cento dos 1.500 danos à espinha dorsal em menores de idade resultam de acidentes de carro e 68 dos feridos não estavam usando o cinto de segurança." (*Fonte: UPI.*)
- "Espera-se que a produção americana de carvão, que aumentou em 2,5% em 2006, sofra uma redução de 3,1% em 2007." (*Fonte: Energy Information Administration.*)

As três afirmações que você acabou de ler são baseadas na coleta de **dados**.

Definição

Dados consistem em informações que vêm de observações, contagens, medições ou respostas.

Às vezes, os dados são apresentados graficamente. Se você alguma vez leu o *USA TODAY*, certamente já viu uma das características mais populares do jornal, os *USA TODAY Snapshots*. Gráficos que apresentam informações de forma fácil de ser entendida.

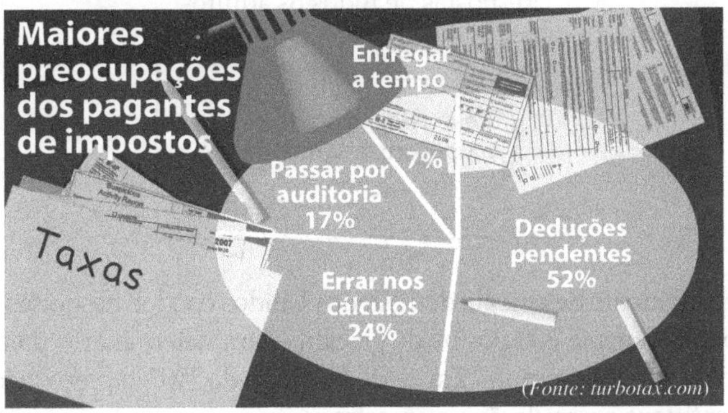

O uso de dados estatísticos remonta aos censos feitos na antiga Babilônia, no Egito e, mais tarde, no Império Romano, quando os dados eram coletados sobre assuntos relacionados ao Estado, tais como nascimentos e óbitos. Na verdade, a palavra *estatística* é derivada da palavra latina *status*, que significa "estado". Então, o que é estatística?

Definição

Estatística é a ciência que coleta, organiza, analisa e interpreta dados para a tomada de decisões.

Importante

Um censo consiste de dados de uma população inteira. Mas, a menos que a população seja pequena, é normalmente impraticável obter todos os dados da população. Na maioria dos estudos, as informações devem ser obtidas de uma amostra.

Conjuntos de dados

Há dois tipos de conjuntos de dados usados em estatística. Esses conjuntos são chamados de *população* e *amostra*.

Definição

Uma **população** é uma coleção de todos os resultados, respostas, medições ou contagens que são de interesse.

Uma **amostra** é um subgrupo de uma população.

Dados amostrais podem ser usados para formar conclusões sobre populações. Os dados amostrais devem ser coletados usando o método apropriado, tal como a seleção aleatória. Se os dados não forem coletados usando-se o método apropriado, eles não terão valor.

Exemplo 1

Identificando conjunto de dados

Em uma pesquisa recente, foi perguntado a 1.708 adultos americanos se eles consideram o aquecimento global um problema que exige uma ação imediata do governo. Novecentos e trinta e nove deles responderam que sim. Identifique a população e a amostra. Descreva o conjunto de dados. (*Adaptado de: Pew Research Center.*)

Solução

A população consiste das respostas de todos os adultos nos Estados Unidos, e a amostra consiste das respostas de 1.708 adultos nos Estados Unidos na pesquisa. A amostra é um subgrupo das respostas de todos os adultos nos Estados Unidos. O conjunto de dados consiste de 939 sim e 769 não.

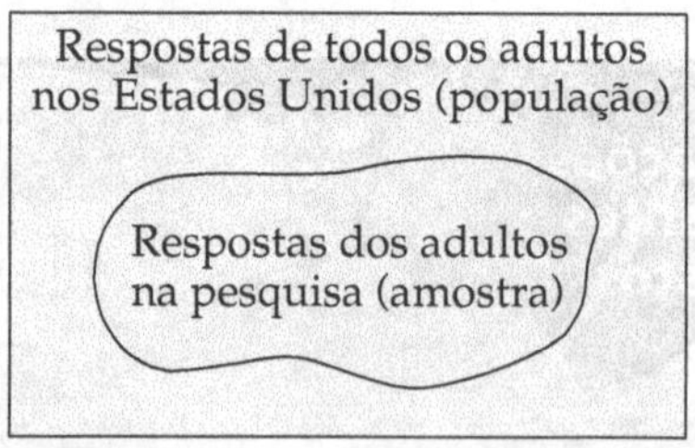

Tente você 1 O departamento de energia dos Estados Unidos conduz pesquisas semanais em aproximadamente 800 postos de gasolina para determinar o preço médio por galão de gasolina comum. Em 12 de fevereiro de 2007, o preço médio era $ 2,24 por galão. Identifique a população e a amostra. (*Fonte: Energy Information Administration.*)

- Identifique a *população.*
- Identifique a *amostra.*
- Do que consiste o conjunto de dados?

Resposta na p. A32

Se o conjunto de dados é uma população ou uma amostra normalmente depende do contexto da vida real. No caso do Exemplo 1, a população era o conjunto de respostas de todos os adultos dos Estados Unidos. Dependendo da proposta da pesquisa, a população poderia ter sido o grupo de respostas de todos os adultos que moram na Califórnia ou daqueles que têm telefones celulares ou que leem determinado jornal.

Dois importantes termos usados neste livro são *parâmetro* e *estatística.*

Definição

Um **parâmetro** é a descrição numérica de uma característica ***populacional.***

Uma **estatística** é a descrição numérica de uma característica ***amostral.***

Dica de estudo

Os termos *parâmetro* e *estatística* são fáceis de lembrar se você usar o recurso mnemônico de se relacionar as **primeiras** letras em *população parâmetro* e as **últimas** letras em *amostra* e *estatística.*

Exemplo 2

Distinguindo entre parâmetro e estatística

Decida se o valor numérico descreve um parâmetro populacional ou uma estatística amostral. Explique seu raciocínio.

1. Uma pesquisa recente de uma amostra de MBAs reportou que o salário médio para um MBA é mais do que $ 82.000. (*Fonte: The Wall Street Journal.*)
2. Os salários iniciais para 667 MBAs graduados na Escola de Negócios da Universidade de Chicago aumentaram 8,5% em comparação ao ano anterior.
3. Em uma checagem aleatória de uma amostra de lojas varejistas, o FDA (*Food and Drug Administration*) descobriu que 34% das lojas não estavam estocando peixes na temperatura apropriada.

Solução

1. Em razão de a média de $ 82.000 ser baseada em um subgrupo de uma população, ela é uma estatística amostral.
2. Devido ao fato de o aumento porcentual de 8,5% ser baseado nos salários iniciais de todos os 667 graduandos, ele é um parâmetro populacional.
3. Devido ao fato de a porcentagem de 34% ser baseada em um subgrupo de uma população, ele é uma estatística amostral.

Tente você 2 Em 2006, a liga dos times de beisebol gastou um total de $ 2.326.706.685 nos salários dos jogadores. Esse valor numérico descreve um parâmetro populacional ou uma estatística amostral? (*Fonte: USA Today.*)

a. Decida se o valor numérico é de uma *população* ou uma *amostra.*

b. Especifique se o valor numérico é um *parâmetro* ou uma *estatística.*

Resposta na p. A32

Retratando o mundo

Quão preciso é o censo americano? De acordo com uma avaliação pós-censo conduzida pelo *Bureau,* o censo de 1990 contou de forma equivocada a população dos Estados Unidos: aproximadamente 4 milhões de pessoas a menos do que, de fato, havia no país. O censo de 1990 foi o primeiro desde 1940 a ser menos preciso do que seu anterior. Note que a contagem errada para o censo de 2000 foi de –1,3 milhões de pessoas. Isso significa que o censo de 2000 contou a população dos EUA para mais 1,3 milhões.

Contagem do censo dos EUA para menos

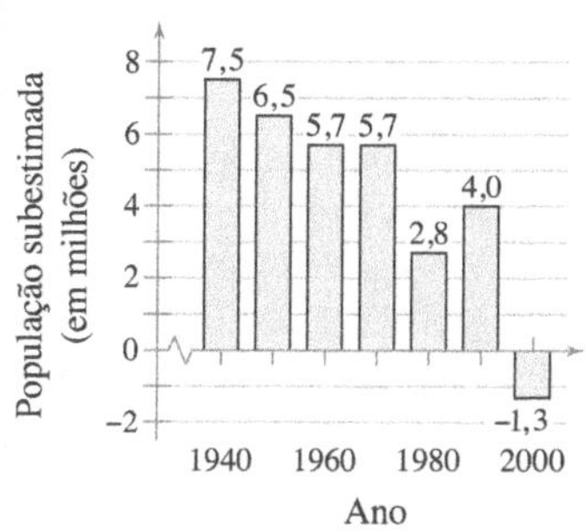

Quais são algumas das dificuldades ao se coletar dados de uma população?

Neste curso, veremos como o uso da estatística pode ajudá-lo a tomar decisões informadas que afetam sua vida. Considere o censo que o governo americano realiza a cada década. Quando realiza o censo, o *Bureau* tenta contatar todos que moram nos Estados Unidos. Esta é uma tarefa impossível. É importante que o censo seja preciso, pois os funcionários públicos tomam muitas decisões baseados na informação do censo. Os dados coletados no censo de 2010 indicarão como atribuir assentos no congresso e como distribuir recursos públicos.

Ramos da estatística

O estudo de estatística tem duas ramificações consideráveis: **estatística descritiva** e **estatística inferencial.**

Definição

Estatística descritiva é o ramo da estatística que envolve a organização, o resumo e a representação dos dados.

Estatística inferencial é o ramo da estatística que envolve o uso de uma amostra para chegar a conclusões sobre uma população. Uma ferramenta básica no estudo da estatística inferencial é a probabilidade.

Exemplo 3

Estatística descritiva e inferencial

Decida qual parte do estudo representa o ramo descritivo da estatística. Que conclusões podem ser tomadas do estudo usando estatística inferencial?

1. Uma grande amostra de homens, com 48 anos de idade, foi estudada durante 18 anos. Para os que são solteiros, 70% ainda estavam vivos aos 65 anos. Para os casados, 90% estavam vivos aos 65 anos. (*Fonte: The Journal of Family Issues.*)

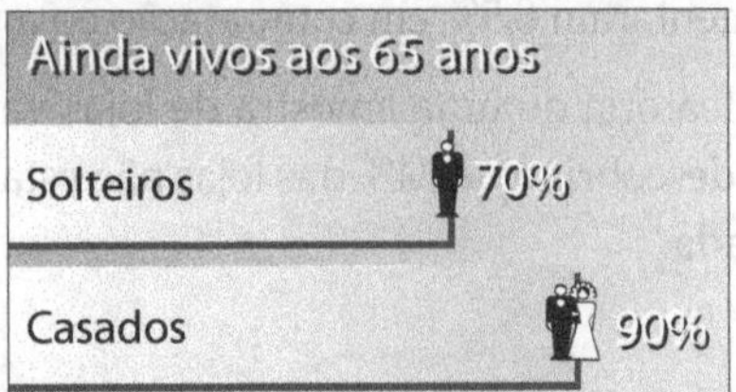

2. Em uma amostra dos analistas de Wall Street, a porcentagem dos que previram incorretamente os lucros de empresas de alta tecnologia em um ano recente foi de 44%. (*Fonte: Bloomberg News.*)

Solução

1. A estatística descritiva envolve afirmações tais como "Para os que são solteiros, 70% ainda estavam vivos aos 65 anos" e "Para os casados, 90% ainda estavam vivos aos 65 anos." Uma inferência possível tirada do estudo é que o fato de ser casado está associado a uma vida mais longa.
2. A parte do estudo que representa o ramo descritivo da estatística envolve afirmações como "a porcentagem dos que previram incorretamente os lucros de empresas de alta tecnologia em um ano recente era de 44%." Uma inferência possível com base no estudo é que o mercado de ações é difícil de ser previsto, até mesmo para os profissionais.

Tente você 3 Uma pesquisa conduzida entre 1.017 homens e mulheres pela Corporação Internacional de Pesquisa de Opinião descobriu que 76% das mulheres e 60% dos homens haviam passado por exames físicos no ano anterior. (*Fonte: Men's Health.*)

a. Identifique o aspecto descritivo da pesquisa.

b. Quais inferências podem ser retiradas com base nessa pesquisa?

Resposta na p. A32

Durante esse curso, você verá aplicações em ambas as ramificações. Um tema principal desse curso será como usar os dados estatísticos amostrais para fazer inferências sobre parâmetros populacionais desconhecidos.

1.1 Exercícios

Construindo habilidades básicas e conceitos

1. Como uma amostra é relacionada a uma população?
2. Por que a amostra é mais usada do que a população?
3. Qual é a diferença entre parâmetro e dados estatísticos?
4. Quais são as duas maiores ramificações da estatística?

Verdadeiro ou falso?

Nos exercícios de 5 a 10, determine se a afirmação é verdadeira ou falsa. Se for falsa, reescreva-a de forma que seja verdadeira.

5. Um dado estatístico é uma medida que descreve as características de uma população.
6. Uma amostra é um subgrupo de uma população.
7. É impossível para o *Bureau* que realiza os censos nos EUA obter todos os dados de censo sobre a população dos Estados Unidos.
8. A estatística inferencial envolve o uso de uma população para chegar a conclusões sobre a amostra correspondente.
9. Uma população é a coleção de alguns resultados, respostas, medições ou contagens que são de interesse.
10. A palavra ***estatística*** deriva do latim ***status***, que significa "estado".

Classificando um conjunto de dados

Nos exercícios de 11 a 16, determine se o conjunto de dados é uma população ou uma amostra. Explique.

11. A idade de cada membro do Congresso dos Estados Unidos.
12. A altura de cada quarta pessoa que entra em um parque de diversões.
13. Uma pesquisa com 500 espectadores de um estádio com 42.000 espectadores.
14. Os salários anuais para cada advogado em um escritório.
15. Os níveis de colesterol de 20 pacientes em um hospital com 100 pacientes.
16. O número de televisores em cada residência nos Estados Unidos.

Análise gráfica

Nos exercícios de 17 a 20, use o diagrama de Venn para identificar a população e a amostra.

17.

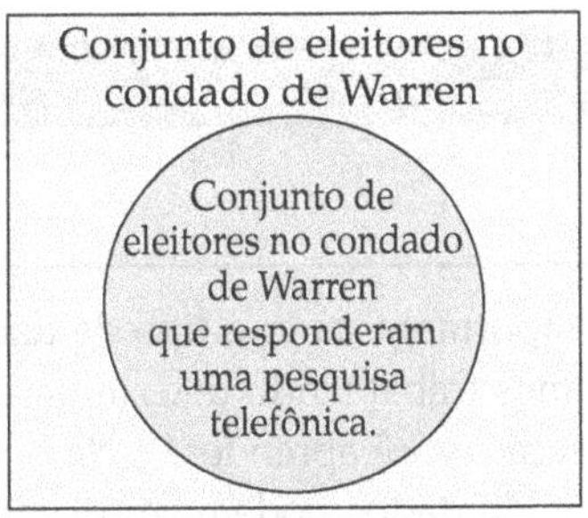

18.

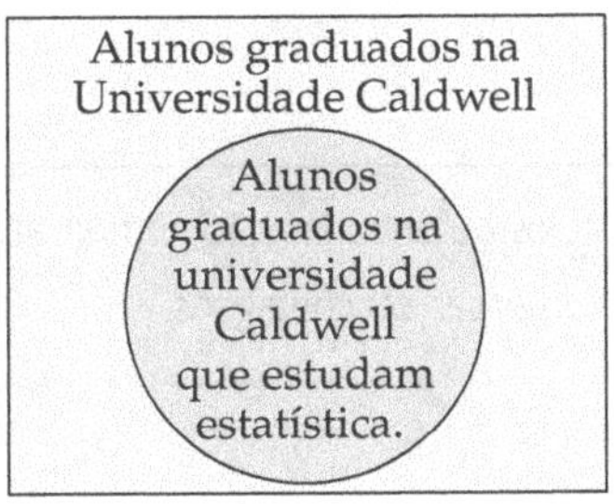

19.

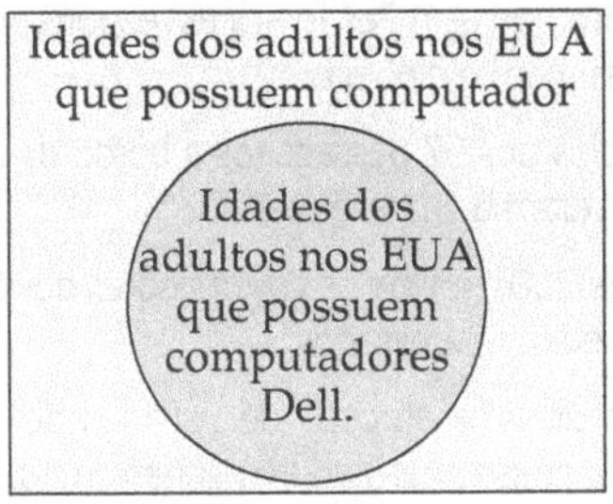

20.

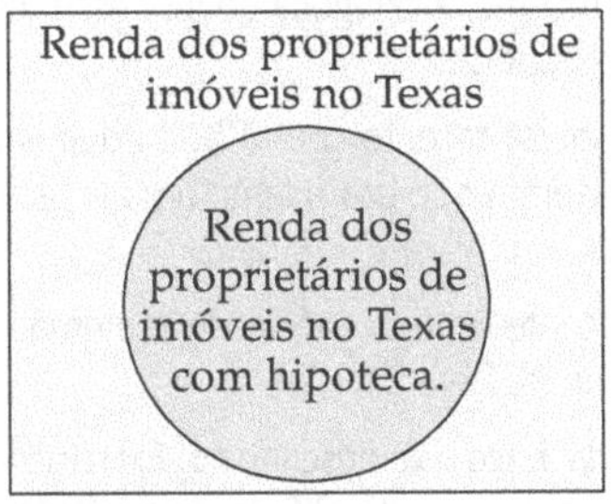

Usando e interpretando conceitos

Identificando populações e amostras

Nos exercícios de 21 a 28, identifique a população e a amostra.

21. Uma pesquisa com 1.000 adultos nos Estados Unidos descobriu que 12% preferem tirar férias nos meses de inverno. (*Fonte: Rasmussen Reports.*)
22. Um estudo com 33.043 crianças na Itália foi conduzido para encontrar uma ligação entre anormalidades no ritmo cardíaco e a síndrome de morte súbita infantil. (*Fonte: New England Journal of Medicine.*)
23. Uma pesquisa em 1.906 residências nos Estados Unidos descobriu que 13% têm televisão de alta definição.
24. Uma pesquisa com 1.000 usuários de computador descobriu que 17% planejam comprar o sistema operacional Microsoft Windows Vista®. (*Fonte: Rasmussen Reports.*)
25. Uma pesquisa com 1.045 eleitores descobriu que 19% acham que a economia é um assunto importante para ser considerado ao votar para o congresso. (*Fonte: Princeton Survey Research Associates International.*)
26. Uma pesquisa com 496 estudantes de uma faculdade descobriu que 10% planejam viajar para fora do país durante as férias de primavera.
27. Uma pesquisa com 546 mulheres descobriu que mais de 56% são o investidor primário em suas residências. (*Adaptado de: Roper Starch Worldwide for Intuit.*)
28. Uma pesquisa com 791 pessoas que estão saindo de férias nos Estados Unidos planejam gastar pelo menos *US$* 2.000 nas próximas férias.

Distinguindo entre um parâmetro e uma estatística

Nos exercícios de 29 a 36, determine se o valor numérico é um parâmetro ou uma estatística. Explique seu raciocínio.

29. A média dos salários anuais para 35 dos 1.200 contadores de uma empresa é de $ 68.000.

30. Na pesquisa de uma amostra de estudantes de ensino médio, 43% disseram que as mães foram as responsáveis por lhes ensinar como lidar com o dinheiro. *(Fonte: Harris Poll for Girls Incorporated.)*

31. Sessenta e dois dos 97 passageiros a bordo da aeronave Hinderburg sobreviveram à sua explosão.

32. Em janeiro de 2007, 44% dos governadores dos 50 estados norte-americanos eram republicanos.

33. Na pesquisa de uma amostra de usuários de computador, 8% disseram que seus computadores tinham mau funcionamento e precisariam de reparos técnicos.

34. Em um ano recente, a categoria de interesse para 12% de todas as revistas foi esportes. *(Fonte: Oxbridge Communications.)*

35. Em uma pesquisa recente com 1.503 adultos nos Estados Unidos, 53% disseram que usam tanto uma linha fixa quanto o telefone celular. *(Fonte: Pew Research Center.)*

36. Num ano recente, a nota média de matemática para todos os graduandos no ACT era 21,1. *(Fonte: ACT, Inc.)*

37. Qual parte da pesquisa descrita no Exercício 27 representa o ramo descritivo da estatística? Faça uma inferência com base nos resultados da pesquisa.

38. Qual parte da pesquisa descrita no Exercício 28 representa o ramo descritivo da estatística? Faça uma inferência com base nos resultados da pesquisa.

Expandindo conceitos

39. **Identificando conjuntos de dados em artigos** Encontre um artigo de jornal ou revista que descreva uma pesquisa.
(a) Identifique a amostra usada na pesquisa.
(b) Qual é a população da amostra?

40. **Falta de sono** Em um estudo recente, voluntários que dormiram 8 horas em uma noite eram três vezes mais capazes de responder corretamente às questões de um teste de matemática em relação àqueles que não tiveram horas de sono suficientes. *(Fonte: CBS News.)*
(a) Identifique a amostra usada no estudo.
(b) Qual era a população da amostra?
(c) Que parte do estudo representa o ramo descritivo da estatística?
(d) Faça uma inferência com base nos resultados do estudo.

41. **Morar na Flórida** Um estudo mostra que os cidadãos mais velhos que vivem na Flórida têm melhor memória do que aqueles que não vivem na Flórida.
(a) Faça uma inferência com base nos resultados do estudo.
(b) O que há de errado com esse tipo de raciocínio?

42. **Aumento no índice de obesidade** Um estudo mostra que o índice de obesidade entre meninos com idades entre 2 e 19 anos aumentou nos últimos anos. *(Fonte: Washington Post.)*
(a) Faça uma inferência com base nos resultados do estudo.
(b) O que há de errado com esse tipo de raciocínio?

43. **Redação** Escreva um ensaio sobre a importância da estatística para o que vem a seguir:
(a) Um estudo sobre a eficácia de uma nova droga.
(b) Uma análise de um processo de fabricação.
(c) Chegar a conclusões sobre as opiniões de eleitores usando pesquisas.

1.2 Classificação dos dados

O que você deve aprender

- Como distinguir entre dados qualitativos e quantitativos.
- Como classificar dados em relação aos 4 níveis de mensuração: nominal, ordinal, intervalar ou racional.

Tipos de dados ⟶ Níveis de mensuração

Tipos de dados

Quando realizamos um estudo, é importante saber o tipo de dados envolvido. A natureza dos dados com os quais estamos trabalhando determinará qual procedimento estatístico pode ser usado. Nesta seção, você aprenderá a classificar dados por tipo e nível de mensuração. Os conjuntos de dados podem ser do tipo *qualitativo* e *quantitativo*.

Definição

Dados qualitativos consistem de atributos, rótulos ou entradas não numéricas.

Dados quantitativos consistem de medidas numéricas ou contagens.

Exemplo 1

Classificando dados por tipo

Os preços-base para diversos veículos são apresentados na tabela a seguir. Quais dados são qualitativos e quais são quantitativos? Explique seu raciocínio. *(Fonte: Ford Motor Company.)*

Modelo	Preço-base
Fusion 14 S	$ 17.795
F-150 XL	$ 18.710
Five Hundred SEL	$ 23.785
Escape XLT Sport	$ 24.575
2007 Explorer Sport Trac Limited	$ 26.775
Freestar SEL	$ 27.500
Crown Victoria LX	$ 28.830
Expedition XLT	$ 35.480

Solução

A informação mostrada na tabela pode ser separada em dois conjuntos de dados. Um grupo contém os nomes dos modelos de veículos e o outro contém os preços-base para os modelos. Os nomes são entradas não numéricas, portanto, são dados qualitativos. Os preços são entradas numéricas, portanto, são dados quantitativos.

Tente você 1 As populações de diversas cidades norte-americanas são apresentadas na tabela. Quais dados são qualitativos e quais são quantitativos? *(Fonte: US Census Bureau.)*

Cidade	População
Cleveland, OH	452.208
Detroit, MI	886.671
Houston, TX	2.016.582
Las Vegas, NV	545.147
Portland, OR	533.427
Topeka, KS	121.946

a. Identifique os conteúdos de cada conjuntos de dados.

b. Decida se cada conjunto de dados consiste em entradas numéricas ou não numéricas.

c. Especifique os dados qualitativos e os quantitativos.

Resposta na p. A32

Níveis de mensuração

Outra característica de dados é o nível de mensuração. O nível de mensuração determina quais cálculos estatísticos são significantes. Os quatro níveis de medida, em ordem do mais baixo para o mais alto, são *nominal, ordinal, intervalar* e *racional.*

Definição

Dados no **nível nominal de mensuração** são apenas qualitativos. Dados neste nível podem ser categorizados usando-se nomes, rótulos ou qualidades. Não são realizados cálculos matemáticos neste nível.

Dados no **nível ordinal de mensuração** são qualitativos ou quantitativos. Dados neste nível podem ser organizados em ordem ou posição, mas as diferenças entre as entradas de dados não são significantes.

Importante

Quando números estão no nível nominal de mensuração, eles simplesmente representam um rótulo. Exemplos de números usados como rótulos incluem o número do seguro social e os números nos uniformes esportivos. Por exemplo, não faria sentido somar os números dos uniformes dos Chicago Bears (time de futebol americano).

Retratando o mundo

No começo de 2007, a revista Forbes escolheu as 25 melhores cidades americanas para se conseguir um emprego. Para formar as posições, a Forbes usou cinco pontos de dados: índice de desemprego, crescimento de vagas, aumento de renda, renda doméstica média e custo de vida. Os dados de crescimento foram então medidos nas 100 maiores áreas metropolitanas de 2003 a 2006. (*Fonte: Forbes.*)

Cinco melhores cidades para se obter emprego
Raleigh-Cary, NC
Phoenix-Mesa-Scottsdale, AZ
Jacksonville, FL
Orlando-Kissimmee, FL
Washington-Arlington-Alexandria, DC-VA-MD-WV

Nesta lista, qual é o nível de mensuração?

Exemplo 2

Classificando dados por nível

A seguir temos dois conjuntos de dados. Que conjunto de dados consiste em dados no nível nominal? Que conjunto de dados consiste em dados no nível ordinal? Explique. (*Fonte: Nielsen Media Research.*)

Os cinco programas de TV mais assistidos (de 12/02/2007 a 18/02/2007)
1. American Idol — terça-feira
2. American Idol — quarta-feira
3. Grey's anatomy
4. House
5. CSI

Afiliadas das redes em Pittsburg, PA
WTAE (ABC)
WPXI (NBC)
KDKA (CBS)
WPGH (FOX)

Solução

O primeiro conjunto de dados lista a posição de cinco programas de TV. Os dados consistem das posições 1, 2, 3, 4 e 5. Em razão de as posições poderem ser listadas em ordem, esses dados estão no nível ordinal. Note que a diferença entre uma posição 1 e 5 não tem significado matemático. O segundo grupo consiste das siglas de cada afiliada de rede de Pittsburg. As siglas simplesmente nomeiam as afiliadas, então esses dados estão no nível nominal.

Tente você 2 Considere o conjunto de dados a seguir. Para cada grupo, decida se os dados estão no nível nominal ou ordinal.

1. As posições finais para a Divisão do Pacífico da NBA.
2. Uma coleção de números de telefone.

a. *Identifique* o que cada conjunto de dados representa.
b. Especifique o *nível de mensuração* e justifique sua resposta.

Resposta na p. A32

Definição

Dados no **nível de mensuração intervalar** podem ser ordenados e você pode calcular diferenças significativas entre as entradas de dados. No nível intervalar, um registro nulo simplesmente representa uma posição em uma escala; a entrada não é um zero inerente.

Dados no **nível de mensuração racional** são similares aos dados no nível intervalar, com uma propriedade adicionada: neste nível, um registro nulo é um zero inerente. Uma razão de dois valores de dados pode ser formada de modo que um valor de dado possa ser significativamente expresso como o múltiplo de outro.

Um *zero inerente* é um zero que significa "nada". Por exemplo, a quantia de dinheiro que você tem em sua poupança pode ser zero dólares. Neste caso, o zero representa nenhum dinheiro; é um zero inerente. Por outro lado, a temperatura de 0 °C não representa uma condição no qual o aquecimento não está presente. A temperatura de 0 °C simplesmente representa uma posição na escala Celsius; não é um zero inerente.

Para distinguir entre dados no nível intervalar e no nível racional, determine se a expressão "duas vezes mais" tem algum sentido no contexto dos dados. Por exemplo, \$ 2 é duas vezes mais que \$ 1, então estes dados estão no nível racional. Por outro lado, 2 °C não é duas vezes mais quente que 1 °C, então esses dados estão no nível intervalar.

Exemplo 3

Classificando dados por nível

Temos dois conjuntos de dados. Qual conjunto de dados está no nível intervalar? Qual conjunto de dados está no nível racional? Explique. (*Fonte: Major League Baseball.*)

Vitórias do New York Yankees na série mundial (anos)
1923, 1927, 1928, 1932, 1936, 1937, 1938, 1939, 1941, 1943, 1947, 1949, 1950, 1951, 1952, 1953, 1956, 1958, 1961, 1962, 1977, 1978, 1996, 1998, 1999, 2000.

Totais de *home runs** da Liga Americana em 2006 (por time)	
Baltimore	164
Boston	192
Chicago	236
Cleveland	196
Detroit	203
Kansas City	124
Los Angeles	159
Minnesota	143
Nova Iorque	210
Oakland	175
Seattle	172
Tampa Bay	190
Texas	183
Toronto	199

Solução

Ambos os conjuntos de dados contêm dados quantitativos. Considere as datas das vitórias dos Yankees na série mundial. Faz sentido encontrar diferenças entre dados específicos. Por exemplo, o tempo entre a primeira e a última vitória dos Yankees é

$2000 - 1923 = 77$ anos.

Mas não faz sentido dizer que um ano é múltiplo do outro. Então, esses dados estão no nível intervalar. Usando o total de *home runs**, podemos encontrar diferenças e escrever razões. Com base nos dados, podemos ver que o Detroit atingiu 31 *home runs* a mais do que o Seattle, e que o Chicago atingiu duas vezes mais do que o Kansas City. Então, esses dados estão no nível racional.

Tente você 3 Decida se os dados estão no nível intervalar ou racional.

1. A temperatura corporal (em graus Fahrenheit) de um atleta durante uma sessão de exercícios.
2. Os índices cardíacos (em batidas por minuto) de um atleta durante uma sessão de exercícios.

a. *Identifique* o que cada conjunto de dados representa.

b. Especifique *o nível de mensuração* e justifique sua resposta.

Resposta na p. A32

As tabelas a seguir resumem quais operações são significativas em cada um dos quatro níveis de mensuração. Quando identificar o nível de mensuração do conjunto de dados, use o nível mais alto que for adequado.

Nível de mensuração	Categorizar os dados	Ordenar os dados	Subtrair os valores dos dados	Determinar se um valor de dado é múltiplo de outro
Nominal	Sim	Não	Não	Não
Ordinal	Sim	Sim	Não	Não
Intervalar	Sim	Sim	Sim	Não
Racional	Sim	Sim	Sim	Sim

* *Home run* é o golpe que permite ao batedor de beisebol completar o circuito das bases (N.R.T.).

Resumo dos quatro níveis de mensuração

	Exemplo de conjunto de dados	Cálculos significativos
Nível nominal (dados qualitativos)	*Tipos de música tocada por uma estação de rádio* Pop Rock moderno Jazz contemporâneo Hip hop	*Coloque em uma categoria* Por exemplo, uma música tocada pela rádio poderia ser colocada em uma das quatro categorias mostradas.
Nível ordinal (dados qualitativos ou quantitativos)	*Classificação de filmes pela Associação de Classificação Cinematográfica dos EUA* G *General Audiences* (Livre para todos os públicos) PG *Parental Guidance Suggested* (Sugere-se acompanhamento dos pais) PG-13 *Parents Strongly Cautioned* (Acompanhamento dos pais é muito necessário) R *Restricted* (Restrito) NC-17 — *No One Under 17 Admitted* (Proibido para menores de 17 anos)	*Coloque em uma categoria e ordene.* Por exemplo, uma classificação PG tem uma restrição maior do que uma classificação G.
Nível intervalar (dados quantitativos)	*Temperatura média mensal (em graus Fahrenheit) para Sacramento, CA* Jan 46,3 Jul 75,4 Fev 51,2 Ago 74,8 Mar 54,5 Set 71,7 Abril 58,9 Out 64,4 Maio 65,5 Nov 53,3 Jun 71,5 Dez 45,8 *(Fonte: National Climatic Data Center.)*	*Coloque em uma categoria, ordene e encontre as diferenças entre os valores.* Por exemplo, 71,5 – 65,5 = 6 °F. Então, junho é 6º mais quente que maio.
Nível racional (dados quantitativos)	*Precipitação média mensal (em polegadas) para Sacramento, CA* Jan 3,8 Jul 0,1 Fev 3,5 Ago 0,1 Mar 2,8 Set 0,4 Abril 1,0 Out 0,9 Maio 0,5 Nov 2,2 Jun 0,2 Dez 2,5 *(Fonte: National Climatic Data Center.)*	*Coloque em uma categoria, ordene, encontre as diferenças entre os valores e encontre a razão dos valores.* Por exemplo, 1,0/0,5 = 2. Então, há duas vezes mais chuva em abril do que em maio.

1.2 Exercícios

Construindo habilidades básicas e conceitos

1. Nomeie cada nível de mensuração para os dados que podem ser qualitativos.
2. Nomeie cada nível de mensuração para os dados que podem ser quantitativos.

Verdadeiro ou falso?

Nos exercícios de 3 a 6, determine se a afirmação é verdadeira ou falsa. Se for falsa, reescreva-a de forma que seja verdadeira.

3. Dados no nível ordinal são somente quantitativos.
4. Para os dados no nível intervalar, você não pode calcular diferenças significativas.
5. Mais tipos de cálculos podem ser realizados com dados no nível nominal do que com dados no nível intervalar.
6. Dados no nível racional não podem ser ordenados.

Classificando dados por tipo

Nos exercícios de 7 a 12, determine se os dados são qualitativos ou quantitativos.

7. Os números de telefones em uma lista telefônica.
8. As temperaturas diárias mais altas para o mês de julho.
9. As durações de músicas em um MP3 *player*.
10. Os números dos jogadores de um time de futebol.
11. Respostas em uma pesquisa de opinião.
12. Medidas da pressão arterial diastólica.

Usando e interpretando conceitos

Classificando dados por nível

Nos exercícios de 13 a 18, determine se os dados são qualitativos ou quantitativos e identifique o nível de mensuração. Explique.

13. **Futebol americano** Os cinco maiores times na última pesquisa sobre times universitários estão listados a seguir. *(Fonte: Associated Press.)*

    1. Flórida 2. Ohio State 3. LSU 4. USC 5. Boise State

14. **Política** Os três partidos políticos no 110º Congresso estão listados a seguir.

    Republicano Democrata Independente

15. **Melhores vendedores** A região representando o melhor vendedor de uma empresa nos últimos seis anos.

Sudeste	Nordeste	Nordeste
Sudeste	Sudoeste	Sudoeste

16. **Comprimento de peixes** Listamos os comprimentos (em polegadas) para uma amostra de robalos pescados em águas de Maryland. *(Adaptado de: National Marine Fisheries Service, Fisheries Statistics and Economics Division.)*

16 17,25 19 18,75 21 20,3 19,8 24 21,82

17. **Lista de *best-sellers*** Os cinco livros de ficção de capa dura da lista dos mais vendidos do *New York Times* de 21 de fevereiro de 2007 estão listados a seguir. *(Fonte: The New York Times.)*

1. Step on a Crack 2. Plum Lovin' 3. Natural Born Charmer
4. High Profile 5. Hannibal Rising

18. **Preços dos ingressos** O preço médio dos ingressos para dez concertos de rock em 2005 está listado a seguir. *(Fonte: The New York Times.)*

$ 134 $ 104 $ 55 $ 63 $ 76 $ 38 $ 35 $ 81 $ 47 $ 97

Análise gráfica

Nos exercícios de 19 a 22, identifique o nível de mensuração dos dados listados no eixo horizontal dos gráficos.

19.

O aquecimento global contribui para El Niños mais severos?

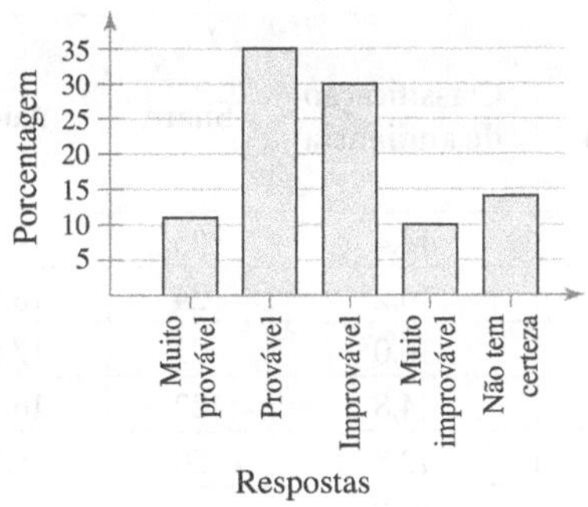

(Fonte: Yankelovish for the National Representatives Science Foundation, American Meteorological Society.)

20.

Média de nevascas em janeiro para 15 cidades

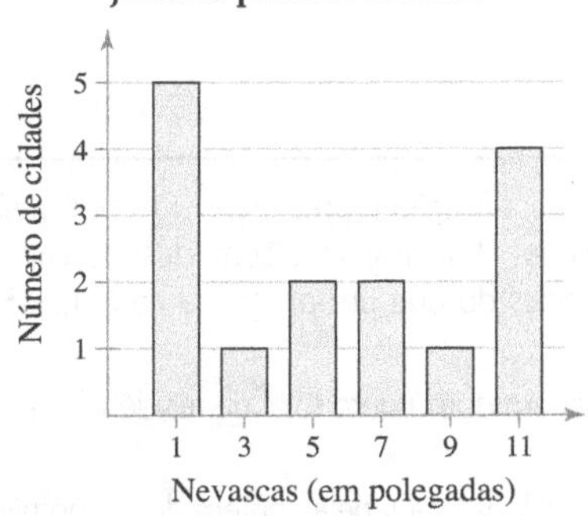

(Fonte: National Climatic Center.)

21.

Perfil de gênero no 110º Congresso

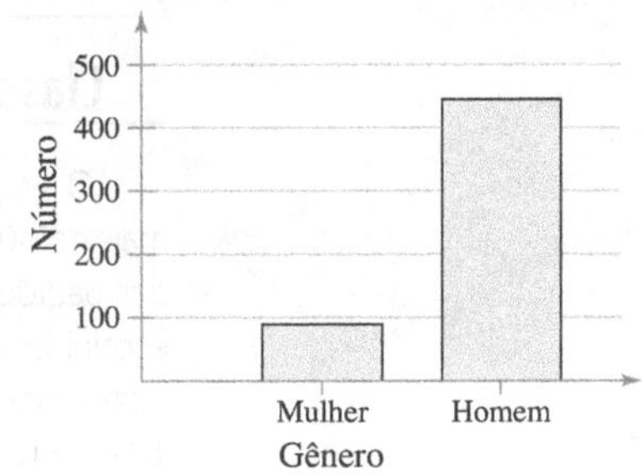

(Fonte: U.S House of Representatives, Office of the Clerk.)

22.

Impostos estaduais coletados por ano

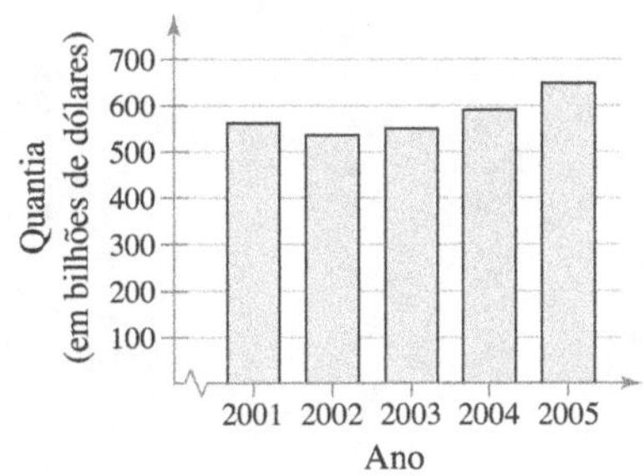

(Fonte: U.S. Census Bureau.)

23. Os dados a seguir aparecem em uma ficha de admissão em um consultório medico. Identifique o nível de mensuração dos dados.
    (a) Temperatura
    (b) Alergias
    (c) Peso
    (d) Nível de dor (escala de 0 a 10)

24. Os dados a seguir aparecem em uma ficha para emprego. Identifique o nível de mensuração dos dados.
    (a) Graduação máxima atingida
    (b) Gênero
    (c) Ano de graduação universitária
    (d) Número de anos permanecidos no último emprego

Expandindo conceitos

25. **Redação** O que é um zero inerente? Descreva três exemplos de conjuntos de dados que contenham um zero inerente e três exemplos que não contenham.

26. **Redação** Descreva dois exemplos de conjuntos de dados para cada um dos quatro níveis de mensuração. Justifique sua resposta.

Estudo de caso

Classificando os programas de TV nos Estados Unidos

O grupo *Nielsen Media Research* classifica os programas de TV nos Estados Unidos há mais de 50 anos. Ele utiliza diversos procedimentos amostrais, mas o principal é o rastreamento dos padrões de audiência de 10.000 residências. Essas contêm mais de 30.000 pessoas e são escolhidas de modo a formar uma amostragem representativa da população geral. As residências representam diversas localidades, grupos étnicos e de renda. Os dados reunidos da amostra de 10.000 residências pela Nielsen são usados para descrever inferências sobre a população de todas as residências nos Estados Unidos.

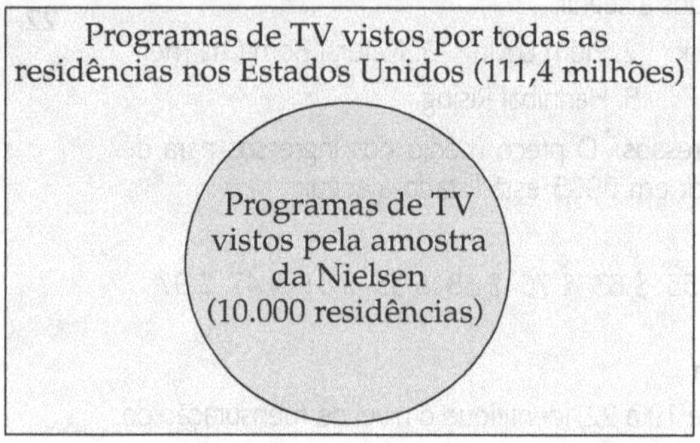

Programas mais vistos no horário nobre na semana de 12/02/2007 a 18/02/2007

Posição	Posição na semana anterior	Nome do programa	Canal	Dia e horário	Classificação de audiência	Share	Audiência
1	1	American Idol — terça-feira	FOX	Ter, 20h	17,4	25	19.354.000
2	2	American Idol — quarta-feira	FOX	Quar, 21h	16,2	24	18.045.000
3	3	Grey's anatomy	ABC	Qui, 21h	16,0	23	17.809.000
4	4	House	FOX	Ter, 21h	14,8	22	16.469.000
5	5	CSI	CBS	Qui, 21h	13,8	20	15.323.000
6	7	CSI: Miami	CBS	Seg, 22h	12,7	21	14.093.000
7	8	Desperate Housewives	ABC	Dom, 21h	11,7	18	13.060.000
8	10	Deal or No deal — segunda-feira	NBC	Seg, 20h	10,0	15	11.167.000
9	8	Two and a Half Men	CBS	Seg, 21h	10,0	14	11.099.000
10	17	Shark	CBS	Qui, 22h	9,8	16	10.909.000

Exercícios

1. **Pontos de audiência** Cada ponto de classificação representa 1.114.000 residências, ou 1% das residências nos Estados Unidos. Um programa com classificação de 8,4 tem duas vezes mais o número de residências do que um programa com 4,2? Explique seu raciocínio.
2. **Porcentagem amostral** Qual porcentagem do número total de residências americanas foi usada na amostra da Nielsen?
3. **Nível nominal de mensuração** Quais colunas na tabela contêm dados no nível nominal?
4. **Nível ordinal de mensuração** Quais colunas na tabela contêm dados no nível ordinal? Descreva duas maneiras nas quais os dados podem ser ordenados.

5. **Nível intervalar de mensuração** Quais colunas na tabela contém dados no nível intervalar? Como podemos ordenar esses dados? Qual é a unidade de medição para a diferença de duas entradas no conjunto de dados?
6. **Nível racional de mensuração** Quais três colunas contêm dados no nível racional?
7. **Share** A coluna listada como "Share" fornece a porcentagem de TVs em uso em certo momento. A classificação da Nielsen é feita por meio de audiência ou share? Explique seu raciocínio.
8. **Inferências** Quais decisões (inferências) podem ser tomadas com base na classificação da Nielsen?

1.3 Planejamento experimental

Planejamento de um estudo estatístico ⟶ Coleta de dados ⟶ Planejamento experimental ⟶ Técnicas de amostragem

O que você deve aprender

- Como planejar um estudo estatístico.
- Como coletar dados fazendo um estudo observacional, realizando um experimento, usando simulação ou usando uma pesquisa.
- Como planejar um experimento.
- Como criar uma amostra usando amostragem aleatória, amostragem aleatória simples, amostragem estratificada, amostragem por agrupamento e amostragem sistemática, e como identificar uma amostra tendenciosa.

Planejamento de um estudo estatístico

O objetivo de todo estudo estatístico é coletar dados e então usá-los para tomar uma decisão. Qualquer decisão que seja tomada usando os resultados de um estudo estatístico será tão boa quanto o processo utilizado para obtenção desses dados. Se o processo tiver falhas, então a decisão resultante será questionável.

Embora você possa nunca desenvolver um estudo estatístico, é provável que tenha que interpretar os resultados de um. E antes disso, deve-se determinar se os resultados são válidos. Em outras palavras, devemos estar familiarizados com a forma de se planejar um estudo estatístico.

Instruções

Planejando um estudo estatístico

1. Identifique a variável (as variáveis) de interesse (foco) e a população do estudo.
2. Desenvolva um plano detalhado para a coleta de dados. Se usar uma amostra, tenha certeza de que a amostra representa a população.
3. Colete os dados.
4. Descreva os dados usando técnicas de estatística descritiva.
5. Interprete os dados e tome as decisões sobre a população usando estatística inferencial.
6. Identifique quaisquer erros possíveis.

Importante

A diferença entre um estudo observacional e um experimento é que, em um estudo observacional, o pesquisador não influencia as respostas, enquanto que em um experimento, um pesquisador deliberadamente aplica um tratamento antes de observar as respostas.

Coleta de dados

Há várias maneiras de se coletar dados. Frequentemente, o foco do estudo determina a melhor maneira de fazer a coleta. A seguir, temos um breve resumo de quatro métodos de coleta de dados.

- ***Faça um estudo observacional*** Em um ***estudo observacional,*** um pesquisador observa e mede as características de interesse de parte de uma população, mas não muda as condições existentes. Por exemplo, foi realizado um estudo observacional no qual os pesquisadores observaram e registraram o comportamento oral com objetos não alimentícios de crianças acima de 3 anos de idade. (*Fonte: Pediatrics Magazine.*)

Retratando o mundo

A organização Gallup conduz muitas pesquisas sobre o presidente, o congresso e assuntos políticos e não políticos. Uma pesquisa Gallup comumente citada é o índice de aprovação pública do presidente. Por exemplo, os índices de aprovação para o Presidente George W. Bush, de 2005 a 2007, são mostrados no gráfico a seguir. (Os índices são da primeira pesquisa conduzida em janeiro de cada ano.)

Índice de aprovação do presidente, 2005–2007

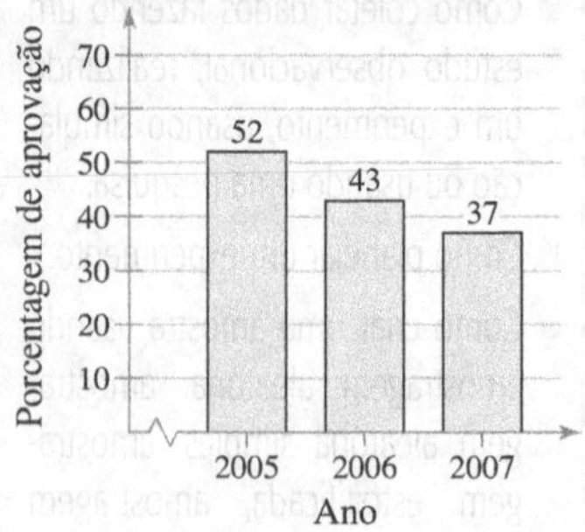

Discuta algumas maneiras nas quais a Gallup poderia selecionar uma amostra tendenciosa para conduzir a pesquisa. Como a Gallup poderia selecionar uma amostra que não seja tendenciosa?

- ***Realize um experimento*** Ao realizar um *experimento*, um *tratamento* é aplicado em uma parte da população e as respostas são observadas. Outra parte da população pode ser usada como **grupo de controle**, no qual nenhum tratamento é aplicado. Em muitos casos, indivíduos (às vezes chamados de **unidades experimentais**) do grupo de controle recebem **placebos**, um tratamento não medicamentoso e que não causa danos, feito para parecer o tratamento real. As respostas do grupo de tratamento e do grupo de controle podem ser comparadas e estudadas. Por exemplo, foi realizado um experimento no qual diabéticos tomaram extrato de canela diariamente enquanto o grupo de controle não tomou nada. Depois de 40 dias, os diabéticos que tomaram o extrato de canela reduziram seu risco de problemas cardíacos, enquanto o grupo de controle não experimentou mudanças. (*Fonte: Diabetes Care.*)
- ***Use uma simulação*** Uma **simulação** é o uso de um modelo matemático ou físico para reproduzir as condições de uma situação ou processo. A coleta de dados frequentemente envolve o uso de computadores. As simulações permitem que você estude situações que são impraticáveis ou mesmo perigosas para serem criadas na vida real, e frequentemente economizam tempo e dinheiro. Por exemplo, os fabricantes de automóveis usam simulações com bonecos para estudar os efeitos das batidas em humanos. Durante a leitura deste livro, você terá a oportunidade de usar *applets* que simulam os processos estatísticos em computador.
- ***Use um levantamento ou pesquisa de mercado*** Um levantamento ou pesquisa de mercado é uma investigação de uma ou mais características de uma população. Mais frequentemente, essas pesquisas são conduzidas com *pessoas*, por meio de perguntas feitas a elas. Os tipos mais comuns de levantamento são realizados por meio de entrevistas, correio ou telefone. Ao planejar esse tipo de pesquisa, é importante escolher bem as perguntas para não obter resultados tendenciosos. Por exemplo, uma pesquisa é conduzida em uma amostra de médicos do sexo feminino para determinar se o argumento principal para a escolha profissional é a estabilidade financeira. Ao planejar uma pesquisa, seria aceitável fazer uma lista de razões e perguntar a cada indivíduo na amostra para selecionar sua primeira escolha.

Exemplo 1

Decidindo o método de coleta de dados

Considere os estudos estatísticos a seguir. Qual método de seleção de dados você usaria para coletar os dados para cada estudo? Explique seu raciocínio.

1. Um estudo do efeito da mudança dos padrões de voo no número de acidentes com aviões.
2. Um estudo dos efeitos da ingestão de farinha de aveia na redução de pressão arterial.
3. Um estudo sobre como alunos da quarta série resolvem um quebra-cabeça.
4. Um estudo sobre os índices de aprovação presidencial com os residentes nos Estados Unidos.

Solução

1. Por ser impossível criar essa situação, use simulação.
2. Neste estudo, você quer medir o efeito que um tratamento (ingestão de aveia) tem nos pacientes. Então, você deve realizar um experimento.
3. Como você quer observar e medir certas características de parte de uma população, você poderia fazer um estudo observacional.
4. Você poderia usar uma pesquisa para perguntar "Você aprova a maneira pela qual o presidente está lidando com o cargo?".

Tente você 1 Considere os estudos estatísticos a seguir. Qual método de coleta de dados você usaria para cada estudo?

1. Um estudo sobre os efeitos dos exercícios no alívio da depressão.
2. Um estudo do sucesso de graduandos de uma grande universidade para encontrar um emprego durante o primeiro ano da graduação.

a. Identifique o *foco* do estudo.
b. Identifique a *população* do estudo.
c. Escolha um *método apropriado* para a *coleta de dados*.

Resposta na p. A32

Planejamento experimental

Para produzir resultados significativos e não tendenciosos, os experimentos devem ser cuidadosamente planejados e executados. É importante saber quais passos devem ser realizados para que os resultados sejam válidos. Três elementos-chave de um experimento bem planejado são *controle, aleatorização* e *replicação.*

Em razão do fato de que os resultados podem ser arruinados por uma variedade de fatores, a capacidade de *controlar* esses fatores de influência é importante. Um desses fatores é *uma variável confounding.*

Definição

Uma **variável confounding** ocorre quando um pesquisador não pode dizer a diferença entre os efeitos de diferentes fatores em uma variável.

Importante

O **efeito Hawthorne** ocorre em um experimento quando os sujeitos mudam o comportamento simplesmente porque sabem que estão participando de um experimento.

Por exemplo, para atrair mais consumidores, o dono de uma cafeteria faz um experimento reformando a loja e usando cores vibrantes. Ao mesmo tempo, um shopping center da região realiza sua grande inauguração. Se os negócios aumentarem na cafeteria, não podemos determinar se isso ocorreu por causa das novas cores ou por causa do novo shopping perto da cafeteria. Os efeitos das cores e do shopping center se confundem.

Outro fator que pode afetar os resultados experimentais é o *efeito placebo.* O **efeito placebo** ocorre quando um sujeito reage favoravelmente a um placebo quando, de fato, ele(a) não recebeu tratamento medicamentoso nenhum. Para ajudar a controlar ou minimizar o efeito placebo, uma técnica chamada **cega** pode ser usada.

Definição

A técnica **cega** é uma técnica na qual o sujeito não sabe se está recebendo tratamento ou placebo. Em um **experimento duplamente cego (*double-blind*)**, nem o sujeito nem o pesquisador sabem se o sujeito está recebendo tratamento ou placebo. O pesquisador é informado depois que todos os dados forem coletados. Este tipo de planejamento experimental é o preferido pelos pesquisadores.

Outra técnica que pode ser usada para obter resultados imparciais é a *aleatorização.*

Definição

Aleatorização é o processo de se designar sujeitos aleatoriamente para diferentes grupos de tratamento.

Planejamento de blocos aleatórios

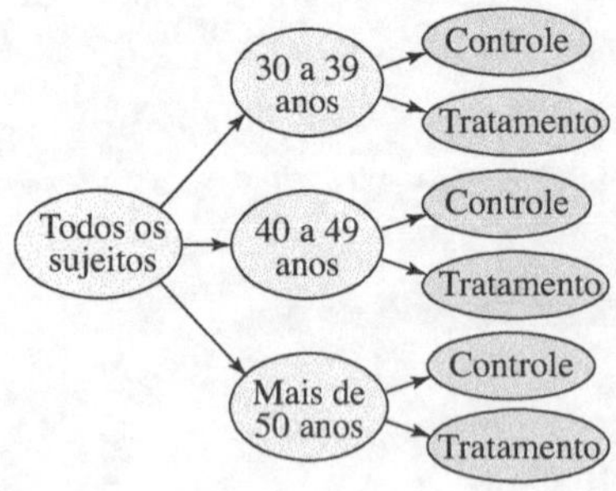

Em um **planejamento completamente aleatório,** os sujeitos são designados para diferentes grupos de tratamento por meio da seleção aleatória. Em alguns experimentos, pode ser necessário usar **blocos**, que são grupos de sujeitos com características similares. Um planejamento experimental comumente usado é o **planejamento de blocos aleatórios**. Para se usar um planejamento de blocos aleatórios, você deve dividir sujeitos com características similares em blocos e, então, designá-los aleatoriamente para os grupos. Por exemplo, um pesquisador que está testando os efeitos de uma nova bebida para perda de peso pode, primeiramente, dividir os sujeitos em categorias de idade, tais como 30 a 39 anos, 40 a 49 anos e acima de 50 anos. Então, dentro de cada grupo de idade, designar aleatoriamente os sujeitos ou para o grupo de tratamento ou para o grupo de controle, conforme mostrado.

Outro tipo de planejamento experimental é o **planejamento de pares combinados,** no qual os sujeitos são colocados em pares de acordo com a similaridade. Um sujeito no par é aleatoriamente selecionado para receber o tratamento e o outro sujeito recebe um tratamento diferente. Por exemplo, dois sujeitos podem ser colocados em pares por causa da idade, de uma localização geográfica ou uma característica física em particular.

Outra parte importante do planejamento experimental é o tamanho da amostra. Para aumentar a validade dos resultados experimentais, a *replicação* é necessária.

Definição

Replicação é a repetição de um experimento usando um grande grupo de sujeitos.

Por exemplo, suponha que um experimento seja planejado para testar uma vacina contra gripe. No experimento, 10.000 pessoas recebem a vacina e outras 10.000 recebem um placebo. Por conta do tamanho da amostra, a eficácia da vacina seria provavelmente observada. Mas, se os sujeitos no experimento não forem selecionados de modo que ambos os grupos sejam similares (de acordo com gênero e idade), os resultados terão menor valor.

Exemplo 2

Analisando um planejamento experimental

Uma empresa quer testar a eficácia de uma nova goma de mascar para ajudar as pessoas a pararem de fumar. Identifique um problema em potencial com o planejamento experimental dado e sugira uma maneira de melhorá-lo.

1. A empresa identifica dez adultos que são fumantes há bastante tempo. Cinco deles recebem a nova goma de mascar e os outros cinco recebem um placebo. Depois de dois meses, eles são avaliados e descobre-se que os cinco sujeitos que estão usando a nova goma pararam de fumar.
2. A empresa identifica mil adultos que são fumantes há bastante tempo. Eles são divididos em blocos de acordo com o gênero. As mulheres recebem a nova goma e os homens recebem o placebo. Depois de dois meses, o grupo de mulheres tinha um número significante de sujeitos que pararam de fumar.

Solução

1. O tamanho da amostra usado não é grande o suficiente para validar os resultados. O experimento deve ser replicado para melhorar a validade.
2. Os grupos não são similares. A nova goma de mascar pode ter mais efeito nas mulheres do que nos homens ou vice-versa. Os sujeitos podem ser divididos em blocos de acordo com gênero, mas depois, dentro de cada bloco, eles precisam ser aleatoriamente designados para estar no grupo de tratamento ou de controle.

Tente você 2 Usando as informações do Exemplo 2, suponha que a empresa identifique 240 adultos fumantes. Eles são designados aleatoriamente para estar no grupo de tratamento ou de controle. Cada sujeito também recebe um DVD sobre os perigos do cigarro. Depois de quatro meses, a maioria dos sujeitos no grupo de tratamento parou de fumar.

a. Identifique um *problema em potencial* com o planejamento experimental.

b. Como o planejamento poderia ser *melhorado*?

Resposta na p. A32

Técnicas de amostragem

Um **censo** é uma contagem ou medição de uma população *inteira*. A realização de um censo fornece informações completas, mas ela é frequentemente cara e difícil de realizar. Uma **amostragem** é uma contagem ou medição de *parte* de uma população e é mais comumente usada nos estudos estatísticos. Para coletar dados imparciais, o pesquisador deve ter certeza de que a amostra representa a população. Técnicas de amostragem apropriadas devem ser utilizadas para assegurar que as inferências sobre a população são válidas. Lembre-se de que quando um estudo é realizado com dados falhos, os resultados são questionáveis. Mesmo com os melhores métodos de amostragem, um **erro de amostragem** pode acontecer. Um erro de amostragem é a diferença entre os resultados da amostra e da população. Quando aprendemos sobre estatística inferencial, também aprendemos técnicas para controlar esses erros de amostragem.

Importante

Uma **amostra tendenciosa** é aquela que não é representativa da população da qual é extraída. Por exemplo, uma amostra consistindo apenas de estudantes universitários entre 18 e 22 anos não seria representativa de toda a população entre 18 e 22 anos do país.

Uma **amostra aleatória** é aquela na qual todos os membros de uma população têm chances iguais de serem selecionados. Uma **amostra aleatória simples** é aquela na qual toda amostra possível de mesmo tamanho tem a mesma chance de ser selecionada. Uma maneira de coletar uma amostra aleatória simples é designar um número diferente para cada membro da população e então usar uma tabela numérica aleatória, como a do Apêndice B. As respostas, contagens ou medições provenientes de membros da população cujos números correspondem àqueles gerados com o uso da tabela farão parte da amostra. Calculadoras e programas de computador também são utilizados para gerar números aleatórios (ver p. 29).

Para explorar mais este tópico, ver Atividades 1.3 na p. 24.

Tabela 1 Números aleatórios

92630	78240	19267	95457	53497	23894	37708	79862
79445	78735	71549	44843	26104	67318	00701	34986
59654	71966	27386	50004	05358	94031	29281	18544
31524	49587	76612	39789	13537	48086	59483	60680
06348	76938	90379	51392	55887	71015	09209	79157

(Parte da Tabela 1 encontrada no Apêndice B.)

Por exemplo, para usar uma amostra aleatória simples na contagem do número de pessoas que moram nas residências do Condado de West Ridge, você poderia designar um número diferente para cada residência, usar uma ferramenta tecnológica ou uma tabela de números aleatórios para gerar uma amostra de números e então contar o número de pessoas que vivem em cada uma das residências selecionadas.

Exemplo 3

Usando uma amostra aleatória simples

Há 731 estudantes que se inscreveram no curso de estatística em sua faculdade. Você deseja formar uma amostra de 8 estudantes para responder às questões de uma pesquisa. Selecione os estudantes que pertencerão à amostra aleatória simples.

Dica de estudo

Aqui estão as instruções para usar um gerador de números inteiros aleatórios em uma TI- 83/84 para o Exemplo 3.

[MATH]

Escolha o menu PRB.

5:randl(

[1] [,] [7] [3] [1] [,] [8] [)]

[ENTER]

```
randInt(1,731,8)
{537 33 249 728…
```

Se você continuar pressionando ENTER, irá gerar mais amostras aleatórias de oito números inteiros.

Solução

Designe números de 1 a 731 para cada estudante do curso. Na tabela de números aleatórios, escolha um ponto de partida aleatoriamente e leia os dígitos em grupos de 3 (porque 731 é um número de 3 dígitos). Por exemplo, se você começar na terceira fileira da tabela, no começo da segunda coluna, você agruparia os números como a seguir:

719|66 2|738|6 50|004| 053|58 9|403|1 29|281| 185|44

Ignorando os números maiores do que 731, então os primeiros oito números são 719, 662, 650, 4, 53, 589, 403 e 129. Os estudantes que receberam esses números formarão a amostra. Para encontrar a amostra usando a TI-83/84, siga as instruções ao lado.

Tente você 3 Uma empresa emprega 79 pessoas. Escolha uma amostra aleatória simples composta de cinco para pesquisar.

a. Na tabela, escolha aleatoriamente um *ponto de partida*.
b. *Leia os dígitos* em grupos de dois.
c. Escreva os cinco números aleatórios.

Resposta na p. A32

Quando você escolhe os membros de uma amostra, você tem que decidir se é aceitável ter o mesmo membro da população mais de uma vez. Se for aceitável, então o processo amostral é feito com reposição. Se não for aceitável, o processo é dito *sem reposição*.

Existem muitas outras técnicas de amostragem comumente usadas. Cada uma tem vantagens e desvantagens.

- ***Amostra estratificada*** Quando é importante que uma amostra tenha membros de cada segmento da população, devemos usar uma amostra estratificada. Dependendo do foco do estudo, membros de uma população são divididos em dois ou mais grupos, chamados de estratos, que compartilham uma característica similar como idade, sexo, grupo étnico ou até mesmo preferência política. Uma amostra é então selecionada aleatoriamente de cada um dos estratos. O uso de uma amostra estratificada assegura que cada segmento da população será representado. Por exemplo, para coletar uma amostra estratificada do número de pessoas que moram em Condado de West Ridge, você poderia dividir as residências em níveis socioeconômicos e, então, selecionar aleatoriamente residências de cada nível.

Amostra estratificada

- ***Amostra por agrupamento*** Quando a população está em subgrupos que ocorrem naturalmente, cada um tendo características similares, uma amostra por agrupamento pode ser a mais apropriada. Para selecionar uma amostra por agrupamento, divida a população em grupos, chamados *clusters*, e selecione todos os membros em um ou mais (mas não em todos) *clusters*. Exemplos de *clusters* poderiam ser seções diferentes do mesmo curso ou diferentes filiais de um banco. Por exemplo, para coletar uma amostra por agrupamento do número de pessoas que moram nas residências do Condado de West Ridge, divida as residências em grupos de acordo com os códigos postais, então, selecione todas as residências em um ou mais, mas não todos, códigos postais e conte o número de pessoas que vivem em cada residência. Ao se usar uma amostra agrupada, devemos ter cuidado para ter certeza de que todos os grupos têm características similares. Por exemplo, se um dos grupos de código postal tem uma proporção maior de pessoas de alta renda, os dados podem não representar a população.

Zonas de códigos postais na região de West Ridge

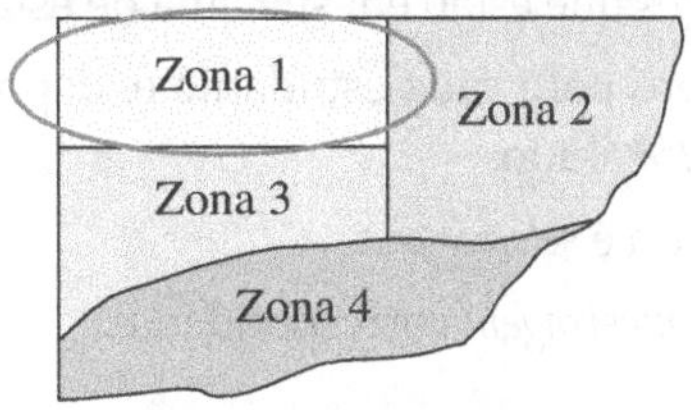

Amostra por agrupamento

- *Amostra sistemática* Uma amostra sistemática é aquela na qual é atribuído um número a cada membro da população. Os membros da população são ordenados de alguma maneira, um número inicial é selecionado aleatoriamente e, então, membros da amostra são selecionados em intervalos regulares a partir do número inicial. (Por exemplo, cada 3º, 5º ou 100º membro é selecionado.) Por exemplo, para coletar uma amostra sistemática do número de pessoas que moram em West Ridge, poderíamos designar um número diferente para cada residência, escolher aleatoriamente um número inicial, selecionar cada 100ª residência e contar o número de pessoas vivendo em cada uma. Uma vantagem da amostra sistemática é que ela é fácil de ser usada. No caso de qualquer padrão que aconteça regularmente nos dados, entretanto, esse tipo de amostragem deve ser evitado.

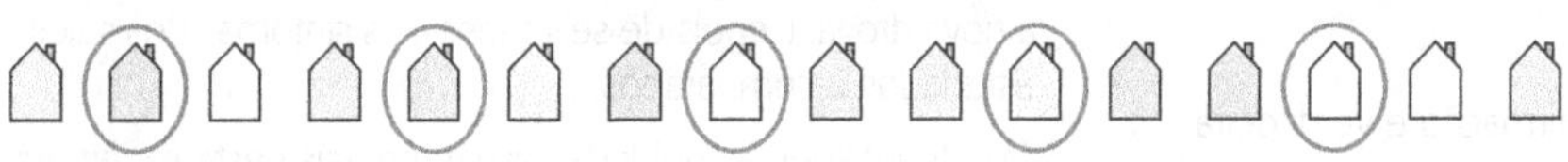
Amostra sistemática

Um tipo de amostra que frequentemente leva a estudos tendenciosos (portanto, não é recomendada) é a **amostra de conveniência.** Uma amostra de conveniência consiste somente de membros disponíveis de uma população.

Exemplo 4

Identificando as técnicas de amostragem

Você está realizando um estudo para determinar a opinião dos estudantes em sua escola sobre a pesquisa de células-tronco. Identifique a técnica de amostragem que você usaria se selecionasse as amostras listadas.

1. Você seleciona uma classe aleatoriamente e questiona cada aluno da classe.
2. Você divide a população de estudantes com relação às graduações, seleciona aleatoriamente e questionar alguns de cada curso de graduação.
3. Você designa um número para cada aluno e gera números aleatoriamente. Então, você questiona cada estudante cujo número é selecionado aleatoriamente.

Solução

1. Pelo fato de cada classe ser um subgrupo que ocorre naturalmente (um *cluster*) e você questiona cada aluno na classe, esta é uma amostra por agrupamento.
2. Como os estudantes são divididos em estratos (graduações) e uma amostra é selecionada de cada graduação, esta é uma amostra estratificada.

Importante

Para uma amostra estratificada, cada um dos estratos contém membros com certas características (por exemplo, um grupo de idade em particular). Em contraste, os *clusters* consistem de um grupamento geográfico, e cada *cluster* deve consistir de membros com todas as características (por exemplo, todas as faixas etárias). Com amostras estratificadas, alguns dos membros de cada grupo são usados. Na amostra por agrupamento, todos os membros de um ou mais grupos são usados.

3. Cada amostra de mesmo tamanho tem chances iguais de ser selecionada e cada aluno tem chances iguais de ser selecionado, então esta é uma amostra aleatória simples.

Tente você 4 Você quer determinar a opinião dos estudantes de sua escola sobre as células--tronco. Identifique a técnica de amostragem que está sendo usada se você selecionar as amostras listadas.

1. Você seleciona estudantes que estão em sua aula de estatística.
2. Você designa um número para cada estudante e, depois de escolher um número inicial, questiona cada 25º aluno.

a. Determine *como* a amostra é *selecionada*.
b. Identifique a *técnica de amostragem* correspondente.

Resposta na p. A32

1.3 Exercícios

Construindo habilidades básicas e conceitos

1. Qual a diferença entre um estudo observacional e um experimento?
2. Qual a diferença entre um censo e uma amostragem?
3. Descreva dois métodos que você pode usar para gerar números aleatórios.
4. O que é a replicação em um experimento e por que ela é importante?

Verdadeiro ou falso?

Nos exercícios de 5 a 10, determine se a afirmação é verdadeira ou falsa. Se for falsa, reescreva-a de forma que seja verdadeira.

5. Em um planejamento de blocos completamente aleatórios, sujeitos com características similares são divididos em blocos e, então, dentro de cada bloco, são designados aleatoriamente grupos de tratamento.
6. Um experimento duplamente cego é usado para aumentar o efeito placebo.
7. Usar amostras sistemáticas garante que membros de cada grupo dentro de uma população sejam amostrados.
8. Um censo é uma contagem de parte de uma população.
9. O método para seleção de uma amostra estratificada é ordenar uma população de alguma maneira e, então, selecionar membros da população em intervalos regulares.
10. Para selecionar uma amostra por agrupamento, divide-se a população em grupos e então seleciona-se todos os membros em pelo menos um (mas não todos) os grupos.

Decidindo o método para coleta de dados

Nos exercícios de 11 a 14, decida qual método de coleta de dados você usaria para coletar os dados para o estudo. Explique.

11. Um estudo dos efeitos de batatas chips feitas com um substituto da gordura no sistema digestório humano.
12. Um estudo dos efeitos de um rótulo de advertência de um produto para determinar se os consumidores ainda vão comprá-lo.
13. Um estudo da velocidade na qual um vírus se espalharia na área metropolitana.
14. Um estudo das idades de 535 membros do congresso americano.

Usando e interpretando conceitos

15. **Droga antialérgica** Uma indústria farmacêutica quer testar a eficácia de uma nova droga antialérgica. A empresa identifica 250 mulheres de 30 a 35 anos que sofrem de alergias diversas. Os sujeitos são designados aleatoriamente em dois grupos. Um grupo recebe a nova droga e outro recebe um placebo que parece com a nova droga. Depois de seis meses, os sintomas dos sujeitos são estudados e comparados.
    (a) Identifique as unidades experimentais neste experimento.
    (b) Quantos tratamentos são usados neste experimento?
    (c) Identifique um problema em potencial com o planejamento experimental usado e sugira uma maneira para melhorá-lo.
    (d) Como este experimento pode ser designado como duplamente cego?
16. **Tênis** A Nike desenvolveu um novo tipo de tênis criado para ajudar a postergar o princípio da artrite no joelho. Oitenta pessoas com sinais precoces de artrite foram voluntárias para o estudo. Metade dos voluntários usou o novo tênis e a outra metade usou tênis regulares, que tinham a mesma aparência dos tênis do experimento. Os indivíduos usaram os tênis todos os dias. Na conclusão do estudo, os sintomas foram avaliados e uma ressonância magnética foi realizada em seus joelhos. *(Fonte: Washington Post.)*
    (a) Identifique as unidades experimentais neste experimento.
    (b) Quantos tratamentos são usados neste experimento?
    (c) Identifique um problema em potencial com o planejamento experimental usado e sugira uma maneira para melhorá-lo.
    (d) O experimento é descrito como um experimento controlado por placebo, estudo duplamente cego. Explique o que isso significa.
    (e) Dos 80 voluntários, suponha que 40 sejam homens e 40 sejam mulheres. Como os blocos poderiam ser usados no planejamento do experimento?

Identificando técnicas de amostragem

Nos exercícios de 17 a 26, identifique a técnica de amostragem e discuta as fontes de parcialidade em potencial (se houver). Explique.

17. Usando discagem aleatória, os pesquisadores ligaram para 1.599 pessoas e perguntaram que obstáculos (tais como ter que cuidar das crianças) não permitiram que continuassem se exercitando. (*Fonte: Yankelovich Partners, Inc. for Shape Up America!*)
18. Escolhidas aleatoriamente, 500 pessoas da zona rural e 500 pessoas da zona urbana com 65 anos ou mais foram questionadas sobre sua saúde e experiência com drogas prescritas.
19. Questionando estudantes ao saírem da biblioteca, um pesquisador perguntou a 358 deles sobre seus hábitos com relação à bebida.
20. Depois de um furacão, uma área do desastre foi dividida em 200 grades iguais. Trinta das grades são selecionadas, e cada casa ocupada na grade é entrevistada para ajudar a focar os esforços de alívio para os residentes que mais necessitam.
21. Escolhidos aleatoriamente, 1.210 pacientes ambulatoriais de hospitais foram contatados e questionados sobre suas opiniões a respeito do tratamento que receberam.
22. Para assegurar a qualidade, cada 20ª peça de motor é selecionada de uma linha de montagem e testada para durabilidade.
23. Sementes de soja são plantadas em um campo de 48 acres. O campo é dividido em subáreas de um acre. Uma amostra de plantas é retirada de cada subárea para estimar a colheita.
24. Ao questionar professores conforme saíam da sala de professores, um pesquisador perguntou a 32 deles sobre seu estilo de ensino e métodos para dar as notas.
25. Uma lista de gerentes é compilada e ordenada. Depois que um número inicial é escolhido aleatoriamente, cada nono nome é selecionado até que 1.000 gerentes são selecionados. Eles são questionados se usam mídia digital.
26. Ligações feitas para números selecionados aleatoriamente, 1.012 entrevistados foram questionados se alugam ou se são proprietários de suas residências.
27. **Privação do sono** Um pesquisador quer estudar os efeitos da falta de sono nas habilidades motoras. Dezoito pessoas foram voluntárias para o experimento: Jake, Maria, Mike, Lucy, Ron, Adam, Bridget, Carlos, Steve, Susan, Vanessa, Rick, Dan, Kate, Pete, Judy, Mary e Connie. Use um gerador de número aleatório para escolher nove sujeitos para o grupo de tratamento. Os outros nove irão para o grupo de controle. Liste os sujeitos em cada grupo. Diga qual método você usou para gerar os números aleatórios.
28. **Geração de números aleatórios** Voluntários para um experimento são numerados de 1 a 70. Eles serão designados aleatoriamente para dois grupos de tratamento diferentes. Use um gerador de números aleatórios diferente do usado no Exercício 27 para escolher 35 sujeitos para o grupo de tratamento. Os outros 35 irão para o grupo de controle. Liste os sujeitos, de acordo com o número, em cada grupo. Diga qual método você usou para gerar os números aleatórios.

Escolhendo entre um censo e uma amostragem

Nos exercícios 29 e 30, determine se você faria um censo ou usaria amostragem. Se escolhesse amostragem, decida qual técnica usaria. Explique.

29. O salário médio de 50 funcionários de uma empresa.
30. A cor de carro mais popular entre 25.000 estudantes de uma universidade.

Reconhecendo uma questão tendenciosa

Nos exercícios de 31 a 34, determine se a questão da pesquisa é tendenciosa. Se a questão for tendenciosa, sugira uma melhor maneira de formular a questão.

31. Por que beber suco de frutas é bom para você?
32. Por que os motoristas que mudam de faixas várias vezes são perigosos?
33. Quantas horas de sono você tem em média por noite?
34. Você acha que a mídia tem um efeito negativo nos hábitos alimentares de adolescentes do sexo feminino?
35. **Redação** A classificação dos programas de TV feita pela Nielsen Media Research é descrita na p. 14. Discuta os estratos usados na amostra.
36. **Redação** A classificação dos programas de TV feita pela Nielsen Media Research é descrita na p. 14. Por que é importante ter uma amostra estratificada para essa classificação?

Expandindo conceitos

37. **Questões fechadas e abertas** Os dois tipos de questões em uma pesquisa são as questões abertas e as fechadas. Uma questão aberta permite qualquer tipo de resposta; uma questão fechada permite somente uma resposta fixa. Uma questão aberta e uma questão fechada com suas escolhas possíveis são dadas a seguir. Liste uma vantagem e uma desvantagem de uma questão aberta. Então, liste uma vantagem e uma desvantagem de uma questão fechada.

    Questão aberta Que medida pode ser tomada para fazer com que estudantes adquiram hábitos alimentares mais saudáveis?

    Questão fechada Como você faria os estudantes adotarem hábitos alimentares mais saudáveis?

    1. Um curso de nutrição obrigatório.
    2. Oferecer somente comidas saudáveis na cafeteria e retirar as comidas não saudáveis.
    3. Oferecer mais comidas saudáveis na cafeteria e aumentar os preços das comidas não saudáveis.
38. **Quem escolheu essas pessoas?** Algumas agências de pesquisa pedem que pessoas liguem para um telefone e deem a resposta para uma questão. (a) Liste uma vantagem e uma desvantagem de uma pesquisa conduzida desta maneira. (b) Qual técnica de amostragem é usada em tal pesquisa?
39. Dê um exemplo de um experimento no qual há um elemento de confusão.
40. Por que é importante usar a técnica cega em um experimento?
41. Em que o efeito placebo e o efeito Hawthorne são similares? Em que são diferentes?
42. Em que o planejamento de blocos aleatórios em experimentos é similar a uma amostra estratificada?
43. **Usando técnicas de amostragem** Sua escola pediu que você pesquisasse com 150 estudantes quem usa a nova sala de ginástica. Descreva seu procedimento para obter uma amostra de cada tipo: aleatória, estratificada, por agrupamento, sistemática e de conveniência.

1.3 Atividades

Números aleatórios

Applet O applet para *números aleatórios* é feito para que você gere números aleatórios de uma amplitude de valores. Você pode especificar valores inteiros para valor máximo, valor mínimo e número de amostras nos campos apropriados. Você não deve usar pontos decimais quando preencher os campos. Quando o botão SAMPLE (amostra) é clicado, o applet gera valores aleatórios, que são mostrados como uma lista no campo de texto.

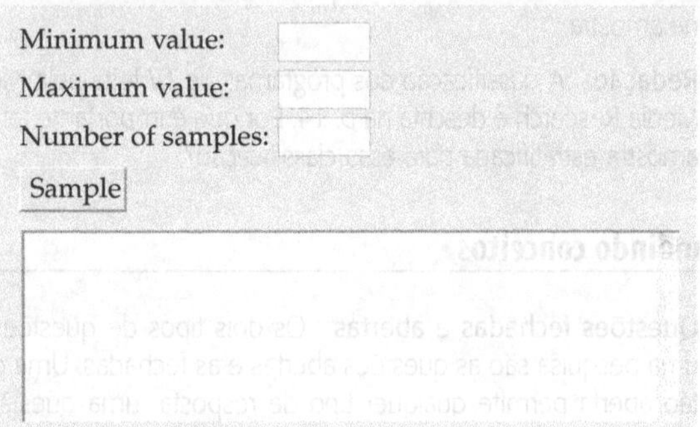

Explore

Passo 1 Especifique um valor mínimo

Passo 2 Especifique um valor máximo.

Passo 3 Especifique o número de amostras.

Passo 4 Clique SAMPLE para gerar uma lista de valores aleatórios.

Chegando a conclusões

1. Especifique o valor mínimo, máximo e números de amostra como sendo 1, 20 e 8, respectivamente, conforme mostrado. Execute o applet. Continue gerando listas até que você obtenha uma que mostre que a amostra aleatória é retirada com substituição. Escreva a lista. Como você sabe que a lista é uma amostra aleatória retirada com substituição?

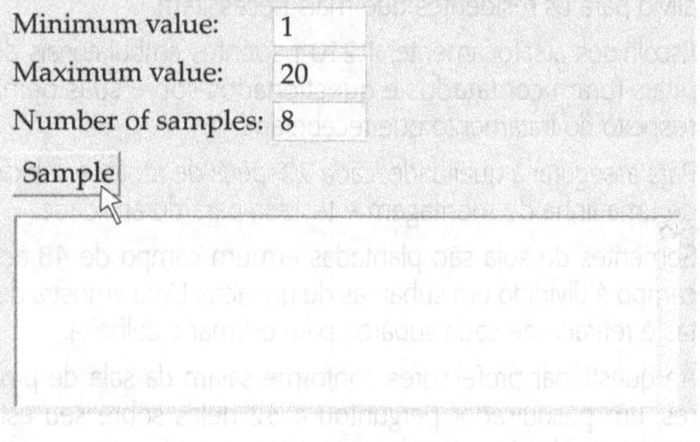

2. Use o applet para repetir o Exemplo 3 na p. 19. Quais valores você usou para o mínimo, máximo e número de amostras? Quais métodos você prefere? Explique.

Usos e abusos – estatística no mundo real

Usos

Experimento com resultados favoráveis Um experimento que começou em março de 2003 estudou 321 mulheres com câncer de mama em estágio avançado. Todas foram tratadas previamente com outras drogas, mas o câncer parou de responder às medicações. Então, foi dada a esse grupo de mulheres a oportunidade de experimentar uma nova droga combinada com uma droga de quimioterapia em particular.

Os sujeitos foram divididos em dois grupos, um que tomou a nova droga combinada com a quimioterapia e outro que tomou somente a droga da quimioterapia. Depois de três anos, os resultados mostraram que a nova droga em combinação com a droga da quimioterapia postergou a progressão do câncer. O resultado foi tão significativo que o estudo foi interrompido e a nova droga foi oferecida para todas as mulheres do estudo. O FDA (*Food and Drug Administration*), então, aprovou a nova droga em conjunto com a droga da quimioterapia.

Abusos

Experimentos com resultados desfavoráveis De 1988 a 1991, 180 mil adolescentes na Noruega foram usados para testar uma nova vacina contra a bactéria mortal *meningococcus b*. Uma cartilha descrevendo os possíveis efeitos da vacina afirmava: "é improvável que haja complicações sérias", enquanto informações fornecidas pelo parlamento norueguês afirmou que "efeitos colaterais sérios não podem ser excluídos". A vacina experimental teve alguns resultados desastrosos: mais de 500 efeitos colaterais foram reportados, sendo alguns considerados sérios, e muitos dos sujeitos desenvolveram sérias doenças neurológicas. Os resultados mostraram que a vacina forneceu imunidade a somente 57% dos casos. Este resultado não foi o suficiente para que a vacina fosse adicionada ao programa de vacinas norueguês. Desde então, indenizações foram pagas às vítimas das vacinas.

Ética

Os experimentos nos ajudam a entender mais o mundo que nos rodeia. Mas, em alguns casos, eles podem causar mais mal do que bem. Dos experimentos na Noruega, surgem algumas questões éticas. O experimento norueguês foi antiético se os interesses dos sujeitos foram negligenciados? Quando o experimento deveria ter sido parado? O experimento deveria ter sido conduzido? Se os efeitos colaterais não foram reportados e foram escondidos dos sujeitos, não há questão ética aqui, ele está simplesmente errado.

Por outro lado, o experimento do câncer de mama não queria negar a nova droga para um grupo de pacientes com uma doença fatal. Mas, novamente, questões surgem. Por quanto tempo um pesquisador deve manter um experimento que mostra resultados melhores dos que os esperados? Quando um pesquisador pode concluir que uma droga é segura para os sujeitos envolvidos?

Exercícios

1. ***Resultados desfavoráveis*** Encontre um exemplo de um experimento real que tenha resultados desfavoráveis. O que poderia ter sido feito para evitar o resultado do experimento?
2. ***Parando um experimento*** Em sua opinião, quais são alguns dos problemas que podem surgir se as tentativas clínicas de uma nova droga experimental ou vacina pararem muito cedo e então distribuídas a outros sujeitos ou pacientes?

Resumo do capítulo

O que você aprendeu?	Exemplo	Exercícios de revisão
Seção 1.1		
■ Como distinguir entre população e amostra.	1	1 a 4
■ Como distinguir entre um parâmetro e um dado estatístico.	2	5 a 8
■ Como distinguir entre estatística descritiva e estatística inferencial.	3	9 e 10
Seção 1.2		
■ Como distinguir entre dados qualitativos e quantitativos.	1	11 a 14
■ Como classificar os dados com relação aos quatro níveis de mensuração: nominal, ordinal, intervalar e racional.	2 e 3	15 a 18
Seção 1.3		
■ Como são coletados os dados: por meio de estudo observacional, fazendo um experimento, usando uma simulação ou usando uma pesquisa.	1	19 a 22
■ Como planejar um experimento.	2	23 e 24
■ Como criar uma amostra usando amostragem aleatória, amostragem aleatória simples, amostragem estratificada, amostragem por agrupamento e amostragem sistemática.	3 e 4	25 a 30
■ Como identificar uma amostra tendenciosa.	3 e 4	31 a 34

Exercícios de revisão

Seção 1.1

Nos exercícios de 1 a 4, identifique a população e a amostra.

1. Uma pesquisa com 1.000 adultos norte-americanos descobriu que 92% estão preocupados com a dependência do óleo estrangeiro. *(Fonte: Yale University.)*
2. Trinta e oito enfermeiras que trabalham na área de São Francisco foram perguntadas a respeito da administração de assistência médica.
3. Um estudo de 146 cartões de crédito descobriu que a taxa de juros média para atrasos em pagamentos é $ 27,46. *(Fonte: Consumer Action.)*
4. Uma pesquisa com 1.205 médicos descobriu que cerca de 60% consideram deixar a prática da medicina porque são desencorajados pelo sistema de saúde dos Estados Unidos. *(Fonte: The Physician Executive Journal of Medical Management.)*

Nos exercícios de 5 a 8, determine se o valor numérico descreve um parâmetro ou um dado estatístico.

5. A folha de pagamento da equipe do New York Mets em 2006 era $ 101.084.963. *(Fonte: USA Today.)*
6. Em uma pesquisa com 752 adultos nos Estados Unidos, 42% acham que deveria haver uma lei proibindo pessoas de levarem celulares em lugares públicos. *(Fonte: University of Michigan.)*
7. Em um estudo recente com graduandos em matemática em uma universidade, 10 estudantes deixaram a física em segundo plano.
8. Noventa por cento de uma amostra de estudantes da nona série em Indiana que foram pesquisados disseram que fumam cigarros diariamente. *(Fonte: Indiana University.)*
9. Que parte do estudo descrito no Exercício 3 representa o ramo descritivo da estatística? Faça uma inferência baseada nos resultados do estudo.
10. Que parte do levantamento descrito no Exercício 4 representa o ramo descritivo da estatística? Faça uma inferência baseada nos resultados do levantamento.

Seção 1.2

Nos exercícios de 11 a 14, determine quais dados são qualitativos e quais são quantitativos. Explique seu raciocínio.

11. O salário mensal dos funcionários de uma empresa de contabilidade.
12. Os números do seguro social dos funcionários de uma empresa de contabilidade.
13. As idades de uma amostra de 350 funcionários de uma empresa de software.
14. Os códigos postais de uma amostra de 350 clientes de uma loja de artigos esportivos.

Nos exercícios de 15 a 18, identifique os níveis de mensuração dos conjuntos de dados. Explique.

15. As temperaturas diárias (em graus Fahrenheit) em Mohave, Arizona, para uma semana de junho *(Fonte: Arizona Meteorological Network.)*:

    93 91 86 94 103 104 103

16. As classes de tamanhos de automóveis da EPA (Agência de Proteção Ambiental) para uma amostra de automóveis estão listadas a seguir:

subcompacto	compacto	tamanho médio
grande	compacto	grande

17. Listamos os quatro departamentos de uma empresa de estampagem.

    Administração Vendas Produção Faturamento

18. A altura dos atletas (em polegadas) do Los Angeles Sparks em 2006 estão listadas a seguir *(Fonte: Women's National Basketball Association.)*

    69 74 63 77 71 74 75 70 74 75 75 75 71

Seção 1.3

Nos exercícios de 19 a 22, decida qual método de coleta de dados você usaria para o estudo. Explique.

19. Um estudo de doações dos CEOs para a caridade em Syracuse, Nova York.
20. Um estudo dos efeitos dos cangurus no ecossistema do parque nacional de Everglades, na Flórida.
21. Um estudo dos efeitos de fertilizantes na plantação de soja.
22. Um estudo sobre a opinião de estudantes universitários a respeito da poluição ambiental.

Nos exercícios 23 e 24, um experimento será realizado para testar os efeitos da falta de sono na memória. Duzentos estudantes foram voluntários para o experimento. Os estudantes serão colocados em um dos cinco grupos de tratamento, incluindo o grupo de controle.

23. Explique como você poderia planejar um experimento de modo a usar um planejamento de blocos aleatórios.
24. Explique como você poderia planejar um experimento de modo a usar um planejamento de blocos completamente aleatório.

Nos exercícios de 25 a 30, identifique qual técnica de amostragem foi usada no estudo. Explique.

25. Ligando para números gerados aleatoriamente, um estudo perguntou a 1.001 adultos norte-americanos quais condições médicas poderiam ser prevenidas por sua dieta. *(Adaptado de: Wirthlin Worldwide.)*
26. Um estudante pediu a 18 amigos para participarem em um experimento psicológico.
27. Um estudo sobre a gravidez em Cebu, Filipinas, selecionou aleatoriamente 33 comunidades da área metropolitana de Cebu, então foram entrevistadas todas as mulheres grávidas disponíveis nessas comunidades. *(Adaptado de: Cebu Longitudinal Health and Nutrition Survey.)*
28. Oficiais de polícia param e checam o motorista de cada terceiro veículo para verificar o teor de álcool no sangue.
29. Vinte e cinco estudantes são selecionados aleatoriamente de cada série de uma escola secundária e pesquisados sobre seus hábitos de estudo.
30. Um jornalista entrevista 154 pessoas que esperam por suas bagagens no aeroporto e pergunta a elas o quão seguras se sentem durante os voos.

Nos exercícios de 31 a 34, identifique uma parcialidade ou um erro que pode ocorrer na pesquisa indicada ou estudo.

31. Estudo no Exercício 25.
32. Experimento no Exercício 26.
33. Estudo no Exercício 27.
34. Amostragem no Exercício 28.

Teste do capítulo

Faça este teste como se estivesse fazendo uma prova em sala. Depois, compare suas respostas com as respostas dadas no final do livro.

1. Identifique a população e a amostra no estudo a seguir.
   Um estudo de 372 pacientes com distúrbios de ansiedade foi conduzido para descobrir a relação entre a ingestão de café e esses distúrbios.
2. Determine se o valor numérico é um parâmetro ou um dado estatístico.
   (a) Em uma pesquisa com 798 usuários de Internet, 19% disseram que têm conexão sem fio em casa. *(Fonte: Pew Internet and American Life Project.)*
   (b) Em uma votação, 84% dos funcionários de uma empresa votaram a favor de novas *vending machines* automáticas no prédio.
   (c) Uma pesquisa com cerca de 1.000 americanos mostrou que somente 40% têm uma conta poupança de emergência. *(Fonte: Consumer Federation of America.)*
3. Determine se os dados são qualitativos ou quantitativos.
   (a) Uma lista de números de caixas postais em um correio.
   (b) As notas finais em um teste de química.
4. Identifique cada nível de mensuração dos conjuntos de dados. Explique.
   (a) Uma lista dos números dos crachás de policiais em uma jurisdição.
   (b) O número de velas vendidas por um fabricante em cada trimestre do ano fiscal corrente.
   (c) Os anos de nascimento dos corredores da maratona de Boston.
5. Decida qual método de coleta de dados você usaria para reunir dados para cada um dos estudos. Explique seu raciocínio.
   (a) Um estudo sobre os efeitos de uma dieta com baixa ingestão de vitamina C e ferro nos adultos.
   (b) A idade de pessoas que moram até 500 milhas de sua casa.
6. Um estudo para testar os efeitos de uma nova droga na hipertensão arterial está sendo realizado. O pesquisador identifica 320 pessoas com idades entre 35 e 50 anos com hipertensão para participar do experimento. Os sujeitos são divididos em grupos iguais de acordo com a idade. Dentro de cada grupo, eles são selecionados aleatoriamente para o grupo de controle ou para o grupo de tratamento. Que tipo de planejamento foi utilizado neste experimento?
7. Identifique que técnica de amostragem foi usada em cada estudo. Explique.
   (a) Um jornalista vai a um local de acampamento para perguntar às pessoas como se sentem em relação à poluição do ar.
   (b) Para controle de qualidade, cada décima peça de uma máquina é selecionada de uma linha de montagem e testada para acuidade.
   (c) Um estudo sobre as atitudes relacionadas ao fumo é conduzido em uma faculdade. Os estudantes são divididos por classe (calouros, alunos do segundo, terceiro e último anos). Então, uma amostra aleatória é selecionada de cada classe e entrevistada.
8. Que técnica de amostragem usada no Exercício 7 pode levar a um estudo tendencioso?

Juntando tudo

Estatística real – decisões reais

Você trabalha em uma empresa de pesquisas. Sua empresa venceu uma concorrência e realizará um estudo para uma publicação de uma indústria aérea. Os editores da publicação gostariam de saber a opinião de seus leitores sobre áreas como compra de passagens, serviços, segurança, conforto, crescimento econômico e proteção. Também querem saber a opinião de adultos que usam os serviços aéreos para negócios e lazer.

Os editores forneceram seu banco de dados de leitores e 20 questões que gostariam que fossem aplicadas (duas questões amostrais de um estudo anterior são fornecidas prontamente). Você sabe que o custo para contatar todos os leitores é muito alto. Assim, precisa determinar uma maneira de contatar uma amostra representativa da população inteira de leitores.

Como você adquiriu sua passagem?

Resposta	Porcentagem
Agente de viagens	35,1%
Diretamente da companhia aérea	20,9%
On-line, pelo site da empresa aérea	21,0%
On-line, por outro site (que não o da companhia aérea)	18,5%
Outro	4,5%

(Fonte: Resource System Group.)

Exercícios

1. *Como você faria?*
   (a) Que técnica de amostragem você usaria para selecionar uma amostra para o estudo?
   (b) A técnica que você escolheu na questão anterior fornece uma amostra representativa de uma população?
   (c) Descreva o método de coleta de dados.
   (d) Identifique possíveis falhas e parcialidades no estudo.

Quantos associados, amigos ou familiares viajaram juntos em seu grupo?

Resposta	Porcentagem
1 (viajou sozinho)	48,7%
2 (viajou com mais uma pessoa)	29,7%
3 (viajou com mais 2 pessoas)	7,1%
4 (viajou com mais 3 pessoas)	7,7%
5 (viajou com mais 4 pessoas)	3,0%
6 ou mais (viajou com 5 ou mais pessoas)	3,8%

(Fonte: Resource System Group.)

2. *Classificação de dados*
   (a) Que tipo de dados você esperaria coletar: qualitativos, quantitativos ou ambos? Por quê?
   (b) Em quais níveis de mensuração você acha que os dados estariam? Por quê?
   (c) Os dados coletados para o estudo representam uma população ou uma amostra?
   (d) As descrições numéricas dos dados serão parâmetros ou dados estatísticos?

3. *Como eles fizeram*
   Quando o *Resource Systems Group* realizou um estudo similar, utilizou uma pesquisa via Internet. Foram enviados 1.000 convites para a participação na pesquisa e o grupo recebeu 621 pesquisas completas.
   (a) Descreva alguns erros possíveis na coleta de dados por meio de pesquisas via Internet.
   (b) Compare seu método de coleta de dados no Exercício 1 a este método.

História da estatística – linha do tempo

Contribuidor	Período	Contribuição
John Graunt (1620–1674)	Século XVII	Estudou os registros de óbitos em Londres no início de 1600. Foi o primeiro a realizar observações estatísticas com base em quantidades massivas de dados (Capítulo 2); seu trabalho projetou a fundação para a estatística moderna.
Blaise Pascal (1623–1662) Pierre de Fermat (1601–1665)		Pascal e Fermat trocaram correspondências sobre problemas básicos de probabilidade (Capítulo 3) – especialmente aqueles relacionados a apostas e jogo.
Pierre Laplace (1749–1827)	Século XVIII	Estudou probabilidade (Capítulo 3) e é creditada a ele a inserção da probabilidade em uma posição matemática.
Carl Friedrich Gauss (1777–1855)		Estudou regressão e método dos mínimos quadrados (Capítulo 9) por meio da astronomia. Em sua honra, a distribuição normal é, às vezes, chamada de distribuição Gaussiana.
Lambert Quetelet (1796–1874)	Século XIX	Usou estatística descritiva (Capítulo 2) para analisar dados de crimes e mortalidade e estudou técnicas de censo. Descreveu distribuição normal (Capítulo 5) em conexão com características humanas, como altura.
Francis Galton (1822–1911)		Usou regressão e correlação (Capítulo 9) para estudar variação genética em humanos. A ele é creditada a descoberta do Teorema do Limite Central (Capítulo 5).
Karl Pearson (1857–1936)	Século XX (início)	Estudou a seleção natural usando correlação (Capítulo 9). Formou o primeiro departamento acadêmico de estatística e ajudou a desenvolver a análise qui-quadrado (Capítulo 6).
William Gosset (1876–1937)		Estudou o processo de produção de cerveja e desenvolveu o teste-*t* para corrigir problemas relacionados a tamanhos pequenos de amostras (Capítulo 6).
Charles Spearman (1863–1945)		Psicólogo britânico que foi um dos primeiros a desenvolver testes de inteligência usando análise de fatores (Capítulo 10).
Ronald Fisher (1890–1962)		Estudou biologia e seleção natural, desenvolveu a ANOVA (Capítulo 10), mostrou a importância do planejamento experimental (Capítulo 1) e foi o primeiro a identificar as hipóteses nula e alternativa (Capítulo 7).
Frank Wilcoxon (1892–1965)	Século XX	Bioquímico que usou estatística para estudar patologias de plantas. Introduziu os testes de duas amostras (Capítulo 8), o que levou ao desenvolvimento de estatísticas não paramétricas.
John Turkey (1915–2000)		Trabalhou em Princenton durante a II Guerra Mundial. Apresentou técnicas de análise de dados exploratórias tais como diagramas ramo-e-folhas (Capítulo 2). Também trabalhou nos Laboratórios Bell e é mais conhecido por seu trabalho com estatística inferencial (capítulos 6 a 11).
David Kendall (1918–)		Trabalhou em Princenton e Cambridge. É a autoridade principal sobre probabilidade aplicada e análise de dados (capítulos 2 e 3).

Tecnologia

MINITAB | EXCEL | TI-83/84

Usando a tecnologia na estatística

Com grandes conjuntos de dados, você descobrirá que calculadoras e softwares de computador podem ajudar a realizar cálculos e criar gráficos. Dos muitos programas de estatística e calculadoras que estão disponíveis, escolhemos incorporar a calculadora gráfica TI-83/84, o MINITAB e o software Excel neste livro.

O exemplo a seguir mostra como usar essas três ferramentas tecnológicas para gerar uma lista de números aleatórios. Esta lista de números aleatórios pode ser usada para selecionar membros da amostra ou realizar simulações.

Exemplo

Gerando uma lista de números aleatórios

Um departamento de controle de qualidade inspeciona uma amostra aleatória de 15 dos 167 carros que são montados em uma fábrica de automóveis. Como os carros devem ser escolhidos?

Solução

Uma maneira de escolher uma amostra é primeiro numerar os carros de 1 a 167. Então, você pode usar a tecnologia para formar uma lista de números aleatórios de 1 a 167. Cada uma das ferramentas tecnológicas requer diferentes passos para gerar a lista. Cada uma, entretanto, requer que você identifique o valor mínimo como 1 e o valor máximo como 167. Cheque o manual do usuário para instruções específicas.

MINITAB

↓	C1
1	167
2	11
3	74
4	160
5	18
6	70
7	80
8	56
9	37
10	6
11	82
12	126
13	98
14	104
15	137

EXCEL

	A
1	41
2	16
3	91
4	58
5	151
6	36
7	96
8	154
9	2
10	113
11	157
12	103
13	64
14	135
15	90

TI-83/84

```
randInt(1, 167,15)
{17 42 152 59 5
116 125 64 122 55
58 60 82 152 105}
```

Lembre-se de que quando você gera uma lista de números aleatórios, você deve decidir se é aceitável ter números que se repetem. Se for aceitável, então o processo de amostragem é dito *com reposição*. Se não for, então o processo é dito *sem reposição*.

Com cada uma das três ferramentas tecnológicas mostradas no exemplo anterior, você tem a capacidade de selecionar uma lista de modo que os números apareçam em ordem. A seleção ajuda a ver se qualquer um dos números na lista se repete. Se isso não for aceitável, você deve especificar que a ferramenta gere mais números aleatórios do que a quantidade de que você precisa.

Exercícios

1. O SEC (*Securities and Exchange Comission*) está investigando uma empresa de serviços financeiros que tem 86 corretores. O SEC decide revisar os registros de uma amostra aleatória de 10 corretores. Descreva como essa investigação pode se feita. Então, use a tecnologia para gerar uma lista de 10 números aleatórios de 1 a 86 e ordene a lista.
2. Um departamento de controle de qualidade está testando 25 câmeras de celulares de um carregamento de 300 telefones com câmeras. Descreva como esse teste poderia ser feito. Então, use a tecnologia para gerar uma lista de 25 números aleatórios de 1 a 300 e ordene a lista.
3. Considere a população de dez dígitos: 0, 1, 2, 3, 4, 5, 6, 7, 8 e 9. Selecione três amostras aleatórias de cinco dígitos de sua lista. Encontre a média de cada amostra. Compare seus resultados com a média da população inteira. Comente. (*Dica:* para encontrar a média, some as entradas de dados e divida o resultado pelo número de entradas.)
4. Considere a população de 41 números inteiros de 0 a 40. Qual é a média desses números? Selecione três amostras aleatórias de sete números dessa lista. Encontre a média de cada amostra. Compare seus resultados com a média da população inteira. Comente. (*Dica:* para encontrar a média, some as entradas de dados e divida o resultado pelo número de entradas.)
5. Use números aleatórios para simular a jogada de um dado de seis lados 60 vezes. Quantas vezes você obteve cada número de 1 a 6? Os resultados são os que você esperava?
6. Você jogou um dado de seis lados 60 vezes e obteve a seguinte contagem:

   20 uns 20 dois 15 três

   3 quatros 2 cincos 0 seis

   Esse parece um resultado razoável? Que inferências podem ser feitas desse resultado?
7. Use números aleatórios para simular o lançamento de uma moeda 100 vezes. Onde 0 representa cara e 1 coroa. Quantas vezes você obteve cada número? Os resultados são os que você esperava?
8. Você jogou uma moeda 100 vezes e obteve 77 caras e 23 coroas. Esse parece um resultado razoável? Que inferências você pode fazer do resultado?
9. Um analista político gostaria de pesquisar uma amostra de eleitores registrados de uma região. A região tem 47 zonas eleitorais. Como ele poderia usar números aleatórios para obter uma amostra agrupada?

Capítulo 2 Estatística descritiva

Onde estamos

No Capítulo 1, você aprendeu que há muitas maneiras para se coletar dados. Normalmente, os pesquisadores precisam trabalhar com dados amostrais a fim de analisarem populações, mas ocasionalmente é possível coletar todos os dados para certa população. Por exemplo, a seguir temos a representação do número de *touchdowns* marcados por todos os 119 times de futebol americano da primeira divisão da NCAA na temporada de 2006.

89, 68, 65, 61, 63, 63, 61, 61, 59, 60, 54, 55, 54, 49, 53, 55, 59, 50, 52, 48, 53, 46, 55, 57, 48, 47, 48, 46, 44, 50, 55, 48, 45, 44, 46, 46, 47, 41, 39, 41, 45, 44, 45, 43, 42, 42, 48, 43, 40, 39, 44, 37, 40, 45, 43, 37, 38, 38, 36, 34, 37, 36, 35, 35, 35, 40, 31, 34, 35, 39, 38, 32, 35, 32, 32, 32, 33, 33, 33, 32, 34, 31, 31, 30, 34, 32, 31, 27, 32, 26, 28, 29, 28, 29, 31, 27, 29, 28, 27, 30, 25, 23, 24, 26, 22, 25, 20, 21, 21, 22, 21, 24, 21, 17, 15, 18, 18, 15, 15

Para onde vamos

No Capítulo 2, você aprenderá maneiras de organizar e descrever conjuntos de dados. O objetivo é tornar os dados mais fáceis de serem entendidos descrevendo tendências, médias e variações. Por exemplo, nos dados brutos que mostram o número de *touchdowns* de todos os times da primeira divisão da NCAA não é fácil ver um padrão ou alguma característica em especial. Aqui temos algumas maneiras nas quais você pode organizar e descrever os dados.

Faça uma tabela de distribuição de frequência

Classe	Frequência f
15–24	16
25–34	34
35–44	30
45–54	23
55–64	13
65–74	2
75–84	0
85–94	1

Faça um histograma

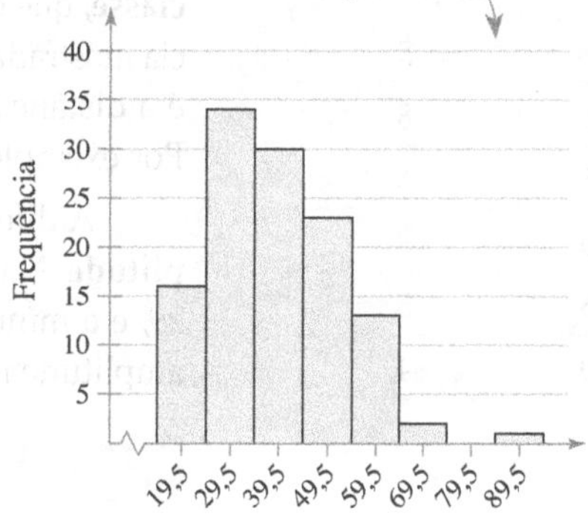

$$\text{Média} = \frac{15+15+15+17+18+\cdots+63+65+68+89}{119}$$

$$= \frac{4.624}{119}$$

$\approx 38{,}9$ *touchdowns* — *Mostra a média*

Amplitude $= 89 - 15$

$= 74$ *touchdowns* — *Mostra como os dados variam*

2.1 Distribuições de frequência e seus gráficos

O que você deve aprender

- Como construir uma distribuição de frequência incluindo limites, pontos médios, frequências relativas, frequências acumuladas e limites.
- Como construir histogramas de frequência, polígonos de frequência, histogramas de frequência relativa e ogivas.

Distribuições de frequência ⟶ Gráficos de distribuições de frequência

Distribuições de frequência

Você aprenderá que há muitas maneiras para se organizar e descrever um conjunto de dados. Algumas características importantes que devem ser consideradas quando organizamos e descrevemos um conjunto de dados são o **centro**, a **variabilidade** (ou amplitude) e a **forma**. As medidas centrais e as formas das distribuições serão abordadas na Seção 2.3.

Quando um dado tem muitas entradas, pode ser difícil de ver padrões. Nesta seção, você aprenderá como organizar conjuntos de dados agrupando os dados em intervalos chamados de classes e formando uma distribuição de frequência. Você também aprenderá como usar as distribuições de frequência para a construção de gráficos.

Definição

A **distribuição de frequência** é uma tabela que mostra **classes** ou **intervalos** das entradas de dados com uma contagem do número de entradas em cada classe. A **frequência** ***f*** de uma classe é o número de entrada de dados em uma classe.

Exemplo de uma distribuição de frequência

Classe	Frequência f
1–5	5
6–10	8
11–15	6
16–20	8
21–25	5
26–30	4

Na distribuição de frequência mostrada à esquerda há seis classes. As frequências para cada uma das seis classes são 5, 8, 6, 8, 5 e 4. Cada classe tem um **limite inferior de classe**, que é o menor número que pode pertencer à classe, e um **limite superior de classe**, que é o maior número que pode pertencer à classe. Na distribuição de frequência mostrada, os limites superiores da classe são 5, 10, 15, 20, 25, e 30. **A largura de classe** é a distância entre os limites inferiores (ou superiores) de suas consecutivas classes. Por exemplo, a largura da classe na distribuição de frequência mostrada é 6 – 1 = 5.

A diferença entre as entradas de dados máximas e mínimas é chamada de **amplitude**. Na tabela de frequência mostrada, suponha que a maior entrada de dado seja 29, e a mínima seja 1. A amplitude é, então, 29 – 1 = 28. Você aprenderá mais sobre amplitude na Seção 2.4.

Dica de estudo

Na distribuição de frequência, é melhor que cada classe tenha a mesma largura. As respostas usarão o valor mínimo do dado para o limite inferior da primeira classe. Às vezes, pode ser mais conveniente escolher um valor que seja sensivelmente mais baixo que o mínimo. A distribuição de frequência produzida irá variar levemente.

Instruções

Construindo uma distribuição de frequência com base em um conjunto de dados

1. Decida o número de classes para serem incluídas na distribuição de frequência. O número de classes deve estar entre 5 e 20; caso contrário, pode ser difícil detectar os padrões.
2. Encontre a largura da classe como a seguir. Determine a amplitude dos dados, divida a amplitude pelo número de classes e *arredonde para o próximo número que seja conveniente*.
3. Encontre os limites de classe. Você pode usar a entrada de dados mínima como o limite inferior da primeira classe. Para encontrar os limites inferiores restantes, adicione a largura da classe ao limite inferior da classe precedente. Então, encontre o limite superior da primeira classe. Lembre-se que as classes não se sobrepõem. Encontre os limites superiores de classe restantes.
4. Faça uma marca de contagem para cada entrada de dados em ordem da classe apropriada.
5. Conte as marcas para encontrar a frequência total f para cada classe.

Exemplo 1

Construindo uma distribuição de frequência com base em um conjunto de dados

O conjunto de dados amostrais a seguir lista o número de minutos que 50 usuários de Internet gastam na rede durante sua mais recente sessão. Construa uma distribuição de frequência para as sete classes.

50 40 41 17 11 7 22 44 28 21 19 23 37 51 54 42 86
41 78 56 72 56 17 7 69 30 80 56 29 33 46 31 39 20
18 29 34 59 73 77 36 39 30 62 54 67 39 31 53 44

Solução

1. O número de classes (7) é dado no problema.
2. A entrada de dados mínima é 7 e a entrada de dados máxima é 86, então, a amplitude é 86 − 7 = 79. Divida a amplitude pelo número de classes e arredonde para encontrar a largura da classe.

$$\text{Largura da classe} = \frac{79}{7} \qquad \frac{\text{amplitude}}{\text{número de classes}}$$

$$\approx 11{,}29. \qquad \text{arredonde para 12}$$

3. A entrada mínima de dados é um limite inferior conveniente para a primeira classe. Para encontrar os limites inferiores das seis classes restantes, adicione a largura de classe 12 ao limite inferior de cada classe anterior. O limite superior é 18, que é um a menos do que o limite inferior da segunda classe. Os limites superiores das outras classes são 18 + 12 = 30, 30 + 12 + 42, e assim por diante. Os limites inferiores e superiores para todas as sete classes são mostrados.
4. Faça as marcas de contagem para cada entrada de dados na classe apropriada. Por exemplo, a entrada de dado 51 está na classe 43–54, então faça uma marca de contagem nesta classe. Continue até que você tenha feito uma marca para cada uma das 50 entradas de dados.
5. O número de marcas de contagem para uma classe é a frequência para esta classe.

A distribuição de frequência é mostrada na tabela a seguir. A primeira classe, 7–18, tem seis marcas. Então, a frequência para esta classe é 6. Note que a soma das frequências é 50, que é o número de entradas no conjunto de dados amostrais. A soma é denotada por Σf, em que Σ é a letra grega maiúscula **sigma**.

Distribuição de frequência para uso de Internet (em minutos)

Minutos on-line — Número de usuários

Classe	Marca	Frequência, f
7–18	𝍸 I	6
19–30	𝍸 𝍸	10
31–42	𝍸 𝍸 III	13
43–54	𝍸 III	8
55–66	𝍸	5
67–78	𝍸 I	6
79–90	II	2
		$\Sigma f = 50$

Note que a soma das frequências é idêntica ao número da amostra.

Importante

Se você obtiver um número inteiro quando calcular a largura da classe de uma distribuição de frequência, use o próximo número inteiro como a largura da classe. Fazendo isso, você prova que tem espaço suficiente em sua distribuição de frequência para todos os valores dos dados.

Limite mínimo	Limite máximo
7	18
19	30
31	42
43	54
55	66
67	78
79	90

Dica de estudo

A letra grega maiúscula sigma (Σ) é usada pela estatística para indicar uma somatória de valores.

Tente você 1 Construa uma distribuição de frequência usando o conjunto de dados do número de *touchdowns* listado no início do capítulo, na p. 31. Use oito classes.

a. Estabeleça o *número de classes.*

b. Encontre os valores mínimo e máximo e a *largura das classes.*

c. Encontre os *limites das classes.*

d. Faça as *marcas de contagem* para as entradas de dados.

e. Escreva a *frequência f* para cada classe.

Resposta na p. A32

Depois de construir uma distribuição de frequência padrão tal como a do Exemplo 1, você pode incluir diversas características adicionais que ajudarão a fornecer um melhor entendimento dos dados. Essas características (pontos médios, frequência relativa e frequência acumulada) podem ser incluídas como colunas adicionais em sua tabela.

Definição

O **ponto médio** de uma classe é a soma dos limites inferiores e superiores da classe dividida por dois. O ponto médio é, às vezes, chamado de ***marca da classe.***

$$\text{Ponto médio} = \frac{(\text{limite inferior da classe}) + (\text{limite superior da classe})}{2}.$$

A **frequência relativa** de uma classe é a porção ou porcentagem de dados que está em determinada classe. Para encontrar a frequência relativa de uma classe, divida a frequência ***f*** pelo tamanho ***n*** da amostra.

$$\text{Frequência relativa} = \frac{\text{Frequência da classe}}{\text{Tamanho da amostra}} = \frac{f}{n}.$$

A **frequência acumulada** de uma classe é a soma da frequência para aquela classe e todas as anteriores. A frequência acumulada da última classe é igual ao tamanho ***n*** da amostra.

Depois de encontrar o primeiro ponto médio, você pode encontrar os pontos restantes adicionando a largura da classe aos pontos anteriores. Por exemplo, se o primeiro ponto médio é 12,5 e a classe é 12, então os pontos restantes são:

$$12{,}5 + 12 = 24{,}5$$

$$24{,}5 + 12 = 36{,}5$$

$$36{,}5 + 12 = 48{,}5$$

$$48.5 + 12 = 60.5.$$

e assim por diante.

Você pode escrever a frequência relativa como uma fração, um decimal ou porcentagem. A soma das frequências relativas de todas as classes deve ser igual a 1 ou 100%.

Exemplo 2

Encontrando pontos médios, frequências relativas e frequências acumuladas

Usando a distribuição de frequência construída no Exemplo 1, encontre o ponto médio, a frequência relativa e acumulada para cada classe. Identifique quaisquer padrões.

Solução

O ponto médio, a frequência relativa e a acumulada para as três primeiras classes são:

Classe	f	Ponto médio	Frequência relativa	Frequência acumulada
7–18	6	$\frac{7+18}{2}=12,5$	$\frac{6}{50}=0,12$	6
19–30	10	$\frac{19+30}{2}=24,5$	$\frac{10}{50}=0,2$	$6+10=16$
31–42	13	$\frac{31+42}{2}=36,5$	$\frac{13}{50}=0,26$	$16+13=29$

Os pontos médios restantes, as frequências relativas e acumuladas são mostradas na distribuição de frequência expandida que vem a seguir.

Distribuição de frequência para o uso da Internet (em minutos)

Minutos on-line · Número de usuários · Porção de usuários

Classe	Frequência f	Ponto médio	Frequência relativa	Frequência acumulada
7–18	6	12,5	0,12	6
19–30	10	24,5	0,2	16
31–42	13	36,5	0,26	29
43–54	8	48,5	0,16	37
55–66	5	60,5	0,1	42
67–78	6	72,5	0,12	48
76–90	2	84,5	0,04	50
	$\Sigma f = 50$		$\sum\frac{f}{n}=1$	

Interpretação

Há diversos padrões no conjunto de dados. Por exemplo, o tempo mais comum gasto pelos usuários on-line foi de 31 a 42 minutos.

Tente você 2 Usando a distribuição de frequência construída no Tente você 1, encontre o ponto médio, a frequência relativa e acumulada para cada classe. Identifique quaisquer padrões.

a. Use as fórmulas para encontrar o *ponto médio, a frequência relativa e a frequência acumulada.*

b. *Organize* os resultados em uma distribuição de frequência.

c. *Identifique* os padrões que surgem dos dados.

Resposta na p. A33

Gráficos de distribuições de frequência

Às vezes, é mais fácil identificar padrões de um conjunto de dados olhando o gráfico da distribuição de frequência. Um desses gráficos é o histograma de frequência.

Definição

Um **histograma de frequência** é um diagrama de barras que representa a distribuição de frequência de um conjunto de dados. Um histograma tem as seguintes propriedades:

1. A escala horizontal é quantitativa e mede os valores dos dados.
2. A escala vertical mede as frequências das classes.
3. As barras consecutivas devem estar encostadas umas nas outras.

Em virtude de as barras consecutivas no histograma estarem encostadas, elas devem começar e terminar nas fronteiras da classe ao invés de em seus limites. As **fronteiras das classes** são números que separam as classes *sem* formar lacunas entre elas. Você pode marcar a escala horizontal tanto nos pontos médios quanto nas fronteiras das classes, conforme o Exemplo 3.

Dica de estudo

Se as entradas de dados são números inteiros, subtraia 0,5 de cada limite inferior para encontrar as fronteiras inferiores da classe. Para encontrar as fronteiras superiores, adicione 0,5 a cada limite superior. A fronteira superior de uma classe será igual à fronteira inferior da próxima classe mais alta.

Classe	Fronteiras de classe	Frequência f
7–18	6,5–18,5	6
19–30	18,5–30,5	10
31–42	30,5–42,5	13
43–54	42,5–54,5	8
55–66	54,5–66,5	5
67–78	66,5–78,5	6
79–90	78,5–90,5	2

Importante

É costumeiro, em diagramas de barras, deixar espaços entre as barras; já em histogramas, costuma-se não deixar esses espaços.

Exemplo 3

Construindo um histograma de frequência

Faça um histograma de frequência para a distribuição de frequência no Exemplo 2. Descreva qualquer padrão.

Solução

Primeiro, encontre as fronteiras da classe. A distância entre o limite superior da primeira classe e o limite inferior da segunda é 19 – 8 = 1. Metade dessa distância é 0,5. Então, as fronteiras inferior e superior da primeira classe são as seguintes:

Fronteira inferior da primeira classe = 7 – 0,5 = 6,5

Fronteira superior da primeira classe = 18 + 0,5 = 18,5

As fronteiras das classes remanescentes são mostradas na tabela. Usando os pontos médios ou as fronteiras das classes para a escala horizontal e escolhendo os valores de frequência possíveis para a escala vertical, você pode construir o histograma.

Uso da Internet (rotulado com pontos médios das classes)

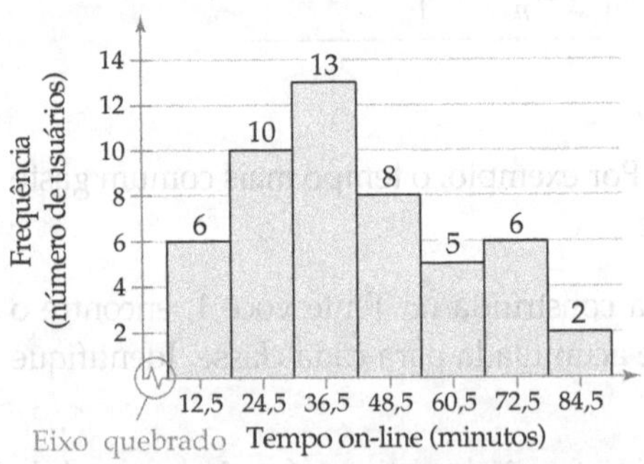

Uso da Internet (rotulado com fronteiras de classes)

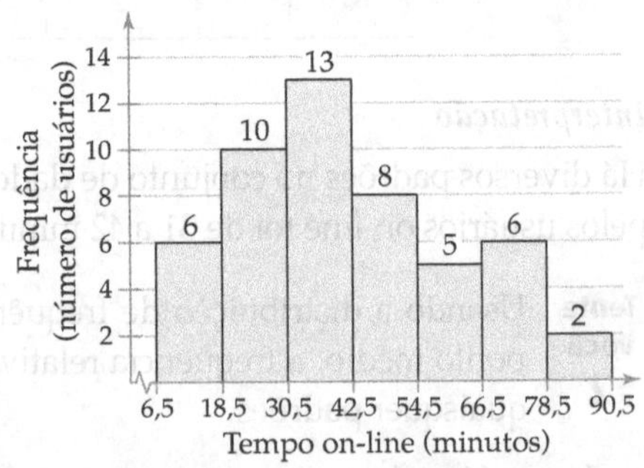

Interpretação

De qualquer histograma, podemos ver que mais da metade dos usuários gasta entre 19 e 54 minutos na Internet durante sua sessão mais recente.

Tente você 3 Use a distribuição de frequência do *Tente você 1* para construir um histograma de frequência que represente o número de *touchdowns* feitos por todos os times da primeira divisão do futebol americano. Descreva quaisquer padrões.

a. Encontre *as fronteiras das classes.*

b. Escolha as *escalas horizontais e verticais* apropriadas.

c. Use a distribuição de frequência para encontrar a *altura de cada barra.*

d. *Descreva* qualquer padrão para os dados.

Resposta na p. A33

Outra maneira de representar graficamente a distribuição de frequência é usar um polígono de frequência. Um **polígono de frequência** é um gráfico de linhas que enfatiza as mudanças contínuas nas frequências.

Exemplo 4

Construindo um polígono de frequência

Faça um polígono de frequência para a distribuição de frequência no Exemplo 2.

Solução

Para construir um polígono de frequência, use as mesmas escalas horizontais e verticais que foram usadas no histograma nomeado com os pontos médios no Exemplo 3. Então, represente os pontos médios e a frequência de cada classe e conecte os pontos em ordem da esquerda para a direita. Já que o gráfico deve começar e terminar no eixo horizontal, prolongue o lado esquerdo a uma largura de classe antes do ponto médio da primeira classe e prolongue o lado direito a uma largura de classe depois do ponto médio da última classe.

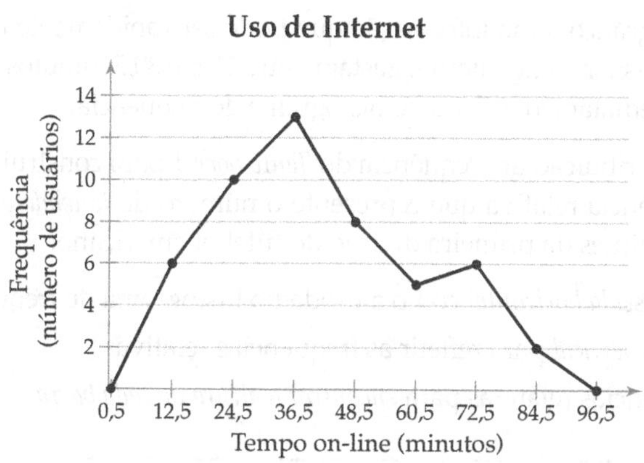

Interpretação

Podemos ver que a frequência de usuários aumenta até 36,5 minutos e depois decai.

Tente você 4 Use a distribuição de frequência do Tente você 1 para construir um polígono de frequência que represente o número de *touchdowns* marcados por todos os times da primeira divisão do futebol americano. Descreva quaisquer padrões.

a. Escolha as *escalas horizontais e verticais* apropriadas.

b. *Desenhe os pontos* médios e as frequências de cada classe.

c. *Conecte os pontos* e estenda os lados o quanto for necessário.

d. *Descreva* quaisquer padrões para os dados.

Resposta na p. A33

Um **histograma de frequência relativa** tem a mesma forma e a mesma escala horizontal do histograma de frequência correspondente. A diferença é que a escala vertical mede as frequências *relativas* e não as frequências.

Exemplo 5

Construindo um histograma de frequência relativa

Faça um histograma de frequência relativa para a distribuição de frequência do Exemplo 2.

> **Dica de estudo**
>
> Um histograma e seu polígono de frequência correspondente costumam ser feitos juntos. Se você ainda não construiu o histograma, comece construindo um polígono de frequência escolhendo as escalas verticais e horizontais apropriadas. A escala horizontal deve consistir dos pontos médios da classe e a escala vertical deve consistir dos valores de frequência apropriados.

Retratando o mundo

O Old Faithul, um gêiser no parque nacional de Yellowstone, entra em erupção regularmente. As amplitudes de tempo de uma amostra das erupções são dadas no histograma de frequência relativa. (*Fonte: Yellowstone National Park.*)

Erupções do Old Faithful

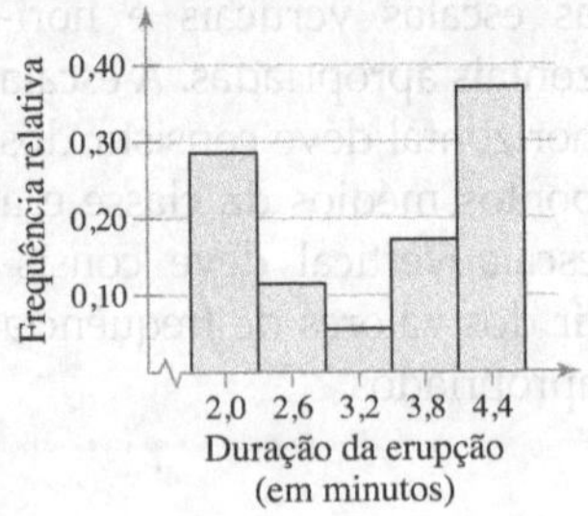

Cinquenta por cento das erupções duram menos do que quantos minutos?

Solução

O histograma de frequência relativa é mostrado. Note que a forma do histograma é a mesma forma do histograma de frequência construído no Exemplo 3. A única diferença é que a escala vertical mede as frequências relativas.

Uso de Internet

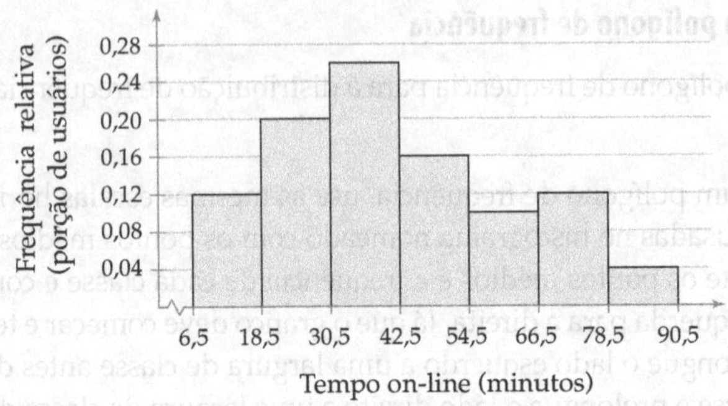

Interpretação

Com base neste gráfico, uma informação que pode ser rapidamente encontrada é que 0,20 ou 20% dos usuários de Internet gastam entre 18,5 e 30,5 minutos on-line, informação que não é imediatamente óbvia no histograma de frequência.

Tente você 5 Use a distribuição de frequência do *Tente você 1* para construir um histograma de frequência relativa que represente o número de *touchdowns* marcados por todos os times da primeira divisão do futebol americano.

a. *Use a mesma escala horizontal* como a usada no histograma de frequência.

b. *Revise a escala vertical* para refletir as frequências relativas.

c. Use as frequências relativas para *encontrar a altura de cada barra*.

Resposta na p. A33

Se você quiser descrever o número de entradas de dados que são iguais a ou menores que certo valor, você pode facilmente fazê-lo construindo um gráfico de frequência acumulada.

Definição

Um **gráfico de frequência acumulada** ou **ogiva** (pronuncia-se o'jiva) é um gráfico de linhas que mostra as frequências acumuladas de cada classe em sua fronteira da classe superior. As fronteiras superiores são marcadas no eixo horizontal e as frequências acumuladas são marcadas no eixo vertical.

Instruções

Construindo uma ogiva (gráfico de frequência acumulada)

1. Construa uma distribuição de frequência que inclua as frequências acumuladas conforme uma das colunas.
2. Especifique as escalas horizontais e verticais. A escala horizontal consiste das fronteiras da classe superior e a escala vertical mede as frequências acumuladas.
3. Represente os pontos que descrevem as fronteiras das classes superiores e suas frequências acumuladas correspondentes.

4. Conecte os pontos em ordem da esquerda para a direita.
5. O gráfico deve começar na fronteira inferior da primeira classe (a frequência acumulada é zero) e deve terminar na fronteira superior da última classe (a frequência acumulada é igual ao tamanho da amostra).

Exemplo 6

Construindo uma ogiva

Desenhe uma ogiva para a distribuição de frequência do Exemplo 2. Estime quantos usuários gastam 60 minutos ou menos on-line durante sua última sessão. Também use o gráfico para estimar quando ocorre o maior aumento no uso.

Solução

Usando a distribuição de frequência acumulada, podemos construir a ogiva mostrada a seguir. As fronteiras da classe superior, as frequências e as frequências acumuladas são mostradas na tabela ao lado. Note que o gráfico começa em 6,5, onde a frequência acumulada é 0 e termina em 90,5, onde a frequência acumulada é 50.

Maior fronteira de classe	*f*	Frequência acumulada
18,5	6	6
30,5	10	16
42,5	13	29
54,5	8	37
66,5	5	42
78,5	6	48
90,5	2	50

Uso da Internet

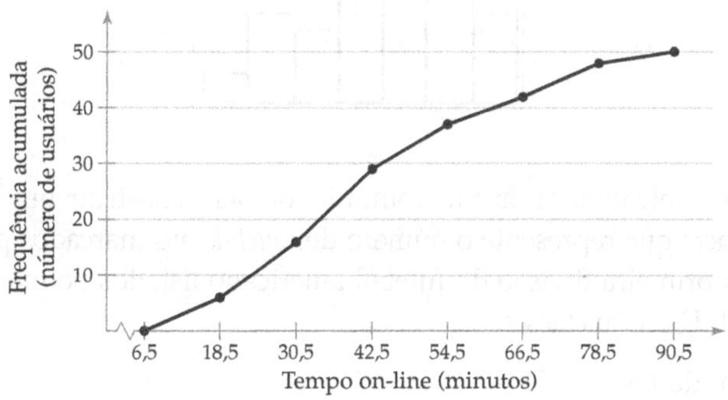

Interpretação

Com base na ogiva, podemos ver que por volta de 40 usuários gastam 60 minutos ou menos durante sua última sessão. É evidente que o maior aumento no uso ocorre entre 30,5 e 42,5 minutos, já que o segmento de linha é mais inclinado entre essas duas fronteiras de classe.

Outro tipo de ogiva utiliza porcentagem como o eixo vertical em vez da frequência (ver Exemplo 5 na Seção 2.5)

Tente você 6

Use a distribuição de frequência do *Tente você 1* para construir uma ogiva que represente o número de *touchdowns* marcados por todos os times da primeira divisão do futebol americano. Estime o número de times que marcaram 44 *touchdowns* ou menos.

a. Especifique as *escalas horizontais e verticais.*
b. *Represente* os pontos dados pelas fronteiras de classe superior e as frequências acumuladas.
c. *Construa* o gráfico.
d. *Estime* o número de times que marcou 44 *touchdowns* ou menos.
e. *Interprete* o resultado no contexto dos dados.

Resposta na p. A33

Dica de estudo

Instruções detalhadas sobre o uso do MINITAB, do Excel e da TI-83/84 podem ser vistas no Guia de Tecnologia que acompanha esse texto. Por exemplo, aqui temos instruções para se criar um histograma na TI-83/84.

[STAT] [ENTER]

Digite os pontos médios em L1.

Digite a frequência em L2.

[2º] [STATPLOT]

Ligue o Plot 1.

Destaque o histograma.

Xlist: L1

Freq: L2

[ZOOM] [9]

[WINDOW]

Xscl = 12

[GRAPH]

Exemplo 7

Usando a tecnologia para construir histogramas

Use uma calculadora ou um computador para construir um histograma para a distribuição de frequência no Exemplo 2.

Solução

MINITAB, Excel e a TI-83/84 — cada um tem características para fazer histogramas. Tente usar essa tecnologia para desenhar os histogramas conforme mostrados.

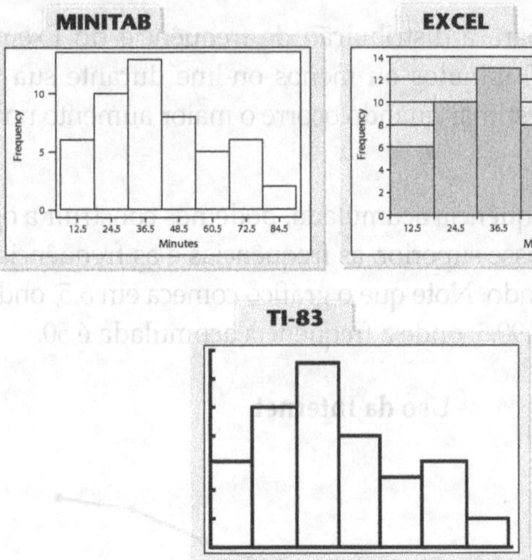

Tente você 7 Use uma calculadora ou um computador para construir um histograma de frequência que represente o número de *touchdowns* marcados por todos os times da primeira divisão do futebol americano listados no início do capítulo, na p. 31. Use oito classes.

a. *Entre* com os dados.

b. *Construa* um histograma.

Resposta na p. A33

2.1 Exercícios

Construindo habilidades básicas e conceitos

1. Quais são os benefícios de representar conjuntos de dados usando as distribuições de frequência?
2. Quais são os benefícios de representar conjuntos de dados usando os gráficos de distribuição de frequência?
3. Qual a diferença entre os limites de classe e as fronteiras de classe?
4. Qual a diferença entre a frequência relativa e a acumulada?

Verdadeiro ou falso?

Nos exercícios de 5 a 8, determine se a frase é verdadeira ou falsa. Se for falsa, reescreva-a de forma que seja verdadeira.

5. Em uma distribuição de frequência, a largura da classe é a distância entre os limites superiores e inferiores de uma classe.
6. O ponto médio de uma classe é a soma de seus limites superiores e inferiores dividida por 2.
7. Uma ogiva é um gráfico que mostra a frequência relativa.
8. As fronteiras de classes são usadas para assegurar que as barras consecutivas de um histograma se encostem.

Nos exercícios de 9 a 12, use as entradas de dados mínimas e máximas e o número de classes para encontrar a largura da classe, os limites inferiores e superiores da classe.

9. mínimo = 7, máximo = 58,6 classes.
10. mínimo = 11, máximo = 94,8 classes.
11. mínimo = 15, máximo = 123,6 classes.
12. mínimo = 24, máximo = 171,10 classes.

Lendo uma distribuição de frequência

Nos exercícios 13 e 14, use a distribuição de frequência dada para encontrar:

(a) a largura da classe.

(b) os pontos médios da classe.

(c) as fronteiras da classe.

13.

Cleveland, OH — temperaturas altas (°F)

Classe	Frequência, *f*
20–30	19
31–41	43
42–52	68
53–63	69
64–74	74
75–85	68
86–96	24

14.

Tempo gasto para chegar ao trabalho (em minutos)

Classe	Frequência, *f*
0–9	188
10–19	372
20–29	264
30–39	205
40–49	83
50–59	76
60–69	32

15. Use a distribuição de frequência do Exercício 13 para construir uma distribuição de frequência expandida, como mostrada no Exemplo 2.

16. Use a distribuição de frequência do Exercício 14 para construir uma distribuição de frequência expandida, como mostrada no Exemplo 2.

Análise gráfica

Nos exercícios 17 e 18, use o histograma de frequência para:

(a) determinar o número de classes.

(b) estimar a frequência da classe com a menor frequência.

(c) estimar a frequência da classe com a maior frequência.

(d) determinar a largura da classe.

17.

Salário do funcionário

18.

Altura da árvore

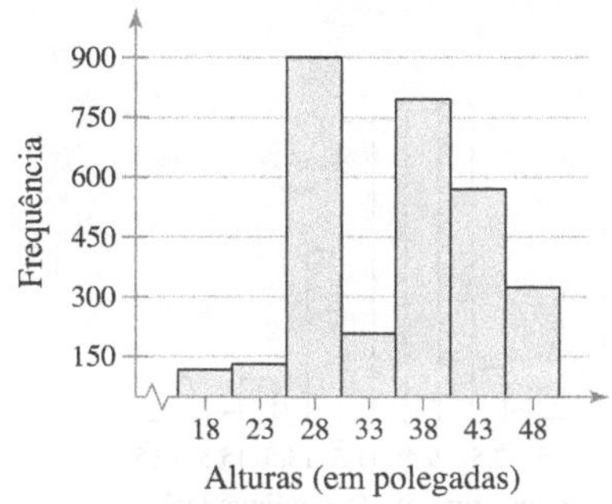

Análise gráfica

Nos exercícios 19 e 20, use a ogiva para aproximar:

(a) o número na amostra.

(b) a localização do maior aumento na frequência.

19.

Beagles machos

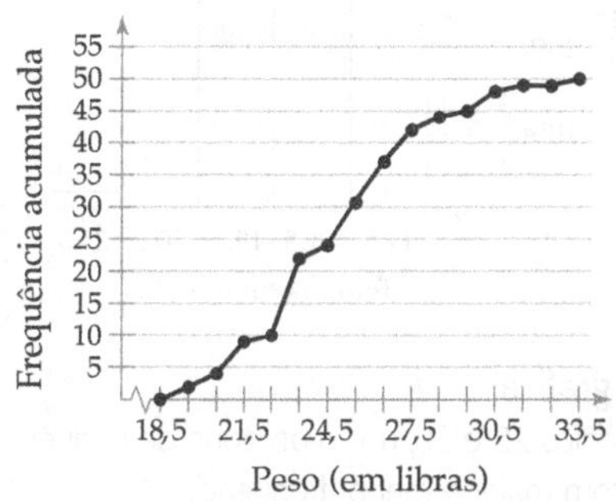

20.

Mulheres adultas com idades entre 20 e 29 anos

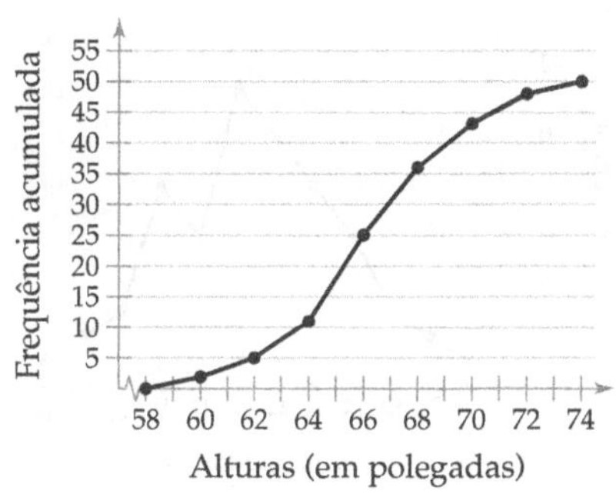

21. Use a ogiva do Exercício 19 para aproximar:

(a) a frequência acumulada para o peso de 24,5 libras.

(b) o peso para o qual a frequência acumulada é 45.

22. Use a ogiva do Exercício 20 para aproximar:

(a) a frequência acumulada para a altura de 70 polegadas.

(b) a altura para o qual a frequência acumulada é 25.

Análise gráfica

Nos exercícios 23 e 24, use o histograma de frequência relativa para:

(a) identificar a classe com maior e menor frequência relativa.

(b) aproximar a maior e a menor frequência relativa.

(c) aproximar a frequência relativa da segunda classe.

23.

Pescada amarela do Atlântico

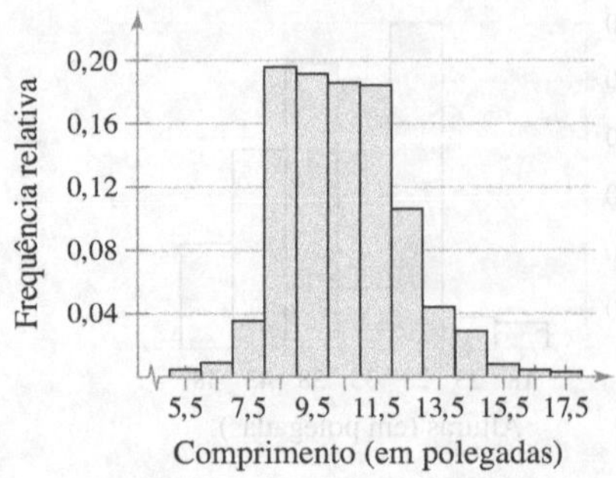

24.

Tempo de resposta da emergência

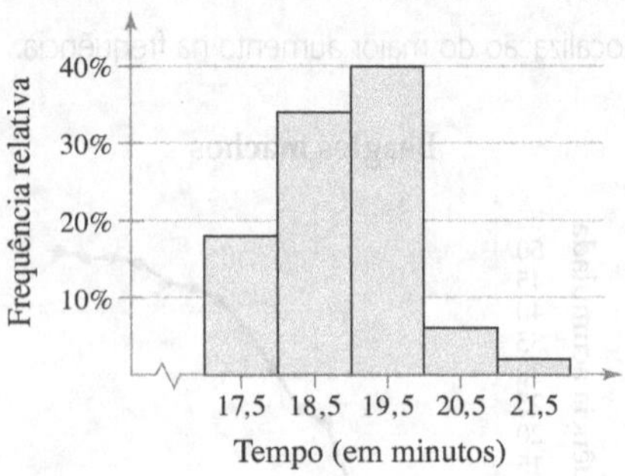

Análise gráfica

Nos exercícios 25 e 26, use o polígono de frequência para identificar a classe com maior e menor frequência.

25.

Resultados dos testes SAT para 50 estudantes

26.

Tamanhos dos sapatos de 50 mulheres

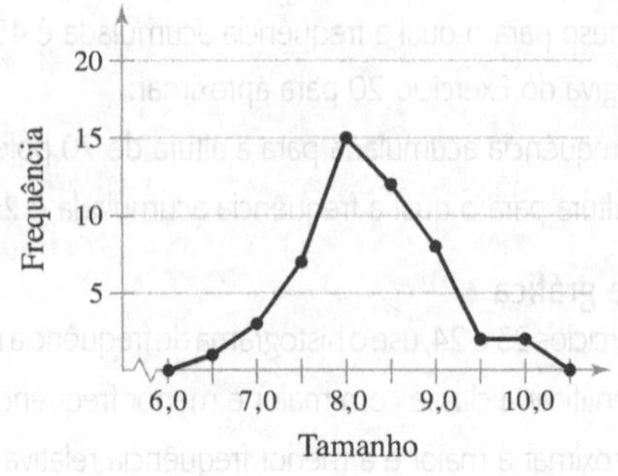

Usando e interpretando conceitos

Construindo a distribuição de frequência

Nos exercícios 27 e 28, construa uma distribuição de frequência para o conjunto de dados, usando o número de classes indicado. Na tabela, inclua os pontos médios e as frequências acumuladas. Qual classe tem a maior frequência e qual tem a menor?

27. Número de vezes que um jornal é lido

Número de classes: 5

Conjunto de dados: tempo (em minutos) gasto na leitura de um jornal em um dia:

7 39 13 9 25 8 22 0 2 18 2 30 7
35 12 15 8 6 5 29 0 11 39 16 15

28. Gasto com livros

Número de classes: 6

Conjunto de dados: quantia (em dólares) gasta em livros por um semestre:

91 472 279 249 530 376 188 341 266 199
142 273 189 130 489 266 248 101 375 486
190 398 188 269 43 30 127 354 84

Construindo uma distribuição de frequência e um histograma de frequência

Nos exercícios de 29 a 32, construa a distribuição de frequência e o histograma de frequência para o conjunto de dados usando o número de classes indicado. Descreva quaisquer padrões.

29. Vendas

Número de classes: 6

Conjunto de dados: vendas em julho (em dólares) de todos os representantes de vendas em uma empresa:

2.114 2.468 7.119 1.876 4.105 3.183 1.931 1.355
4.278 1.030 2.000 1.077 5.835 1.512 1.697 2.478
3.981 1.643 1.858 1.500 4.608 2.478

30. Pungência da pimenta

Número de classes: 5

Conjunto de dados: pungências (em milhares na escala de Scoville) de 24 pimentas do tipo tabasco:

35 51 44 42 37 38 36 39 44 43 40 40
32 39 41 38 42 39 40 46 37 35 41 39

31. Tempo de reação

Número de classes: 8

Conjuntos de dados: tempos de reação (em milissegundos) de uma amostra de 30 mulheres adultas a um estímulo auditivo:

507 389 305 291 336 310 514 442 307 337
373 428 387 454 323 441 388 426 469 351
411 382 320 450 309 416 359 388 422 413

32. Tempo para fraturar

Número de classes: 5

Conjunto de dados: pressão necessária (em libras por polegada quadrada) para determinar tempo para fratura em 25 amostras de argamassa:

Indica que o conjunto de dados desse exercício está disponível no site de apoio do livro.

2.750 2.862 2.885 2.490 2.512 2.456 2.554 2.532 2.885
2.872 2.601 2.877 2.721 2.692 2.888 2.755 2.853 2.517
2.867 2.718 2.641 2.834 2.466 2.596 2.519

Construindo uma distribuição de frequência e histograma de frequência relativa

Nos exercícios de 33 a 36, construa a distribuição de frequência e o histograma de frequência relativa para os conjuntos de dados usando 5 classes. Qual classe tem a maior frequência relativa e qual tem a menor?

33. Pontos no boliche

Conjunto de dados: pontos no boliche em uma amostra de membros da liga:

154 257 195 220 182 240 177 228 235
146 174 192 165 207 185 180 264 169
225 239 148 190 182 205 148 188

34. Saques em caixas eletrônicos

Conjunto de dados: uma amostra dos saques realizados em caixa eletrônico (em dólares):

35 10 30 25 75 10 30 20 20 10 40
50 40 30 60 70 25 40 10 60 20 80
40 25 20 10 20 25 30 50 80 20

35. Alturas de plantas

Conjunto de dados: alturas (em polegadas) de uma amostra de pés de tomate:

40 44 35 49 35 43 35 36 39
37 41 41 48 52 37 45 40 36
35 50 42 51 33 34 51 39

36. Anos de serviço

Conjunto de dados: anos de serviço de uma amostra de policiais estaduais de Nova York:

12 7 9 8 9 8 12 10 9
10 6 8 13 12 10 11 7 14
12 9 8 10 9 11 13 8

Construindo uma distribuição de frequência acumulada e uma ogiva

Nos exercícios de 37 a 40, construa uma distribuição de frequência acumulada e uma ogiva para os conjuntos de dados usando 6 classes. Então, descreva a localização do maior aumento na frequência.

37. Idades para aposentadoria

Conjunto de dados: idades para aposentadoria para uma amostra de médicos:

70 54 55 71 57 58 63 65
60 66 57 62 63 60 63 60
66 60 67 69 69 52 61 73

38. Ingestão de gordura saturada

Conjunto de dados: ingestão diária de gordura saturada (em gramas) em uma amostra de pessoas:

38 32 34 39 40 54 32 17 29 33
57 40 25 36 33 24 42 16 31 33

39. Compra de gasolina

Conjunto de dados: gasolina (em galões) comprada por uma amostra de motoristas durante um abastecimento:

7 4 18 4 9 8 8 7 6 2
9 5 9 12 4 14 15 7 10 2
3 11 4 4 9 12 5 3

40. Ligações em telefones celulares

Conjunto de dados: duração (em minutos) de uma amostra de ligações em telefones celulares:

1 20 10 20 13 23 3 7
18 7 4 5 15 7 29 10
18 10 10 23 4 12 8 6

Construindo uma distribuição de frequência e um polígono de frequência

Nos exercícios 41 e 42, construa uma distribuição de frequência e um polígono de frequência para o conjunto de dados. Descreva quaisquer padrões.

41. Notas de exames

Número de classes: 5

Conjunto de dados: notas de exames para todos os estudantes em uma classe de estatística:

83 92 94 82 73 98 78 85 72 90
89 92 96 89 75 85 63 47 75 82

42. Filhos de presidentes norte-americanos

Número de classes: 6

Conjuntos de dados: número de filhos de presidentes norte-americanos: (*Fonte: presidentschildren.com.*)

0 5 6 0 3 4 0 4 10 15 0 6 2 3
0 4 5 4 8 7 3 5 3 2 6 3 3 1
2 2 6 1 2 3 2 2 4 4 4 6 1 2

Expandindo conceitos

43. O que você faria?

Você trabalha em um banco e deve decidir a quantia de dinheiro que será colocada em um caixa eletrônico a cada dia. Você não quer colocar dinheiro em excesso (por razão de segurança) ou pouco dinheiro (que pode causar problemas com os clientes). As quantias retiradas diariamente (em centenas de dólares) em um período de 30 dias são mostradas abaixo.

72 84 61 76 104 76 86 92 80 88
98 76 97 82 84 67 70 81 82 89
74 73 86 81 85 78 82 80 91 83

(a) Construa um histograma de frequência relativa para os dados usando oito classes.

(b) Se você colocar $ 9.000 no caixa eletrônico a cada dia, qual a porcentagem de dias em um mês na qual você deve esperar ficar sem dinheiro no caixa? Explique seu raciocínio.

(c) Se você deseja que o caixa fique sem dinheiro em 10% dos dias, quanto dinheiro, em centenas de dólares, você deveria colocar no caixa eletrônico a cada dia? Explique seu raciocínio.

44. O que você faria?

Você trabalha no departamento de admissão de uma faculdade e deve recomendar as notas mínimas nos testes SAT para que a faculdade aceite um estudante. A seguir, temos as notas dos testes SAT de uma amostra de 50 estudantes:

1.325	1.072	982	996	872	849	785	706	669	1.049
885	1.367	935	980	1.188	869	1.006	1.127	979	1.034
1.052	1.165	1.359	667	1.264	727	808	955	544	1.202
1.051	1.173	410	1.148	1.195	1.141	1.193	768	812	887
1.211	1.266	830	672	917	988	791	1.035	688	700

(a) Construa um histograma de frequência relativa para os dados usando 10 classes.

(b) Se você decidir por uma nota mínima de 986, qual porcentagem de candidatos cumprirão essa exigência? Explique seu raciocínio.

(c) Se você quiser aceitar um máximo de 88% dos candidatos, qual deve ser a nota mínima? Explique seu raciocínio.

45. Redação

O que acontece quando o número de classes é aumentado para um histograma de frequência? Use o conjunto de dados a seguir e uma ferramenta tecnológica para criar histogramas de frequência com 5, 10 e 20 classes. Qual gráfico melhor representa os dados?

2	7	3	2	11	3	15	8	4	9	10	13	9
7	11	10	1	2	12	5	6	4	2	9	15	

2.2 Mais gráficos e representações

Representando em gráficos conjuntos de dados quantitativos →
Representando em gráficos conjuntos de dados qualitativos →
Representando em gráficos conjuntos de dados emparelhados

O que você deve aprender

- Como representar graficamente e interpretar conjuntos de dados quantitativos usando um diagrama de ramo-e-folhas e um diagrama de pontos.
- Como representar graficamente e interpretar conjuntos de dados qualitativos usando gráficos setoriais (gráfico de pizza) e gráficos de Pareto.
- Como representar graficamente e interpretar conjuntos de dados emparelhados usando gráficos de dispersão e gráficos da série temporal.

Representando em gráficos conjuntos de dados quantitativos

Na Seção 2.1, você aprendeu diversas maneiras tradicionais de se representar graficamente dados quantitativos. Nesta seção, você aprenderá uma nova maneira de representar dados quantitativos, chamada **diagrama de ramo-e-folhas**. Os gráficos ramo-e-folhas são exemplos da **análise exploratória de dados** (EDA, em inglês *exploratory data analysis*), que foi desenvolvida por John Turkey em 1977.

Em um diagrama de ramo-e-folhas, cada número é separado em um **ramo** (por exemplo, as entradas dos dígitos na extremidade esquerda) e uma **folha** (por exemplo, o dígito mais à direita). Você deve ter tantas folhas quanto entradas no conjunto de dados original. Um diagrama de ramo-e-folhas é similar a um histograma, mas tem a vantagem de que o gráfico ainda contém os valores originais dos dados. Outra vantagem de um diagrama de ramo-e-folhas é que ele fornece uma maneira rápida de se classificar dados.

Exemplo 1

Construindo um diagrama ramo-e-folhas

A seguir, temos os números de mensagens de texto enviadas no mês passado por usuários de telefonia celular em um andar de um dormitório universitário.

155	159	144	129	105	145	126	116	130	114	122	112	112	142	126
118	118	108	122	121	109	140	126	119	113	117	118	109	109	119
139	139	122	78	133	126	123	145	121	134	124	119	132	133	124
129	112	126	148	147										

Solução

Em razão de as entradas de dados irem de um número baixo (78) para um número alto (159), você deve usar valores de ramo de 7 a 15. Para construir o diagrama, liste esses ramos à esquerda de uma linha vertical. Para cada entrada de dados, liste uma folha à direita de seu ramo. Por exemplo, a entrada 155 tem um ramo de 15 e uma folha de 5. O diagrama ramo-e-folhas será desordenado. Para obter o diagrama ramo-e-folhas, reescreva o diagrama com folhas em ordem crescente da esquerda para a direita. É importante incluir uma chave para o gráfico para identificar os valores dos dados.

Número de mensagens de texto enviadas

Ramo	Folhas	
7	8	Chave: 15 | 5=155
8		
9		
10	5 8 9 9 9	
11	6 4 2 2 8 8 9 3 7 8 9 9 2	
12	9 6 2 6 2 1 6 2 6 3 1 4 4 9 6	
13	0 9 9 3 4 2 3	
14	4 5 2 0 5 8 7	
15	5 9	

Diagrama ramo-e-folhas desordenado

Número de mensagens de texto enviadas

Ramo	Folhas	
7	8	Chave: 15 | 5=155
8		
9		
10	5 8 9 9 9	
11	2 2 2 3 4 6 7 8 8 8 9 9 9	
12	1 1 2 2 2 3 4 4 6 6 6 6 6 9 9	
13	0 2 3 3 4 9 9	
14	0 2 4 5 5 7 8	
15	5 9	

Diagrama ramo-e-folhas ordenado

Importante

Você pode usar os diagramas de ramo-e-folhas para identificar valores de dados incomuns chamados de **valores discrepantes**. No Exemplo 1, o valor de dados 78 é um valor discrepante. Você aprenderá mais sobre isso na Seção 2.3.

Interpretação

Com o diagrama ramo-e-folhas ordenado, você pode concluir que mais de 50% dos usuários de telefone celular enviaram entre 110 e 130 mensagens de texto.

Tente você 1 Use um diagrama de ramo-e-folhas para organizar o número de *touchdowns* listado no início do capítulo na p. 31. O que podemos concluir?

a. Liste todos os *ramos* possíveis.

b. Liste as folhas de cada entrada de dados à direita de seu ramo e inclua uma chave.

c. Reescreva o diagrama ramo-e-folhas de modo que as folhas estejam ordenadas.

d. Use o gráfico para tirar suas conclusões.

Resposta na p. A34

Exemplo 2

Construindo variações do diagrama ramo-e-folhas

Organize os dados fornecidos no Exemplo 1 usando um diagrama de ramo-e--folhas que tenha duas fileiras para cada ramo. O que podemos concluir?

Solução

Construa um diagrama ramo-e-folhas conforme descrito no Exemplo 1, mas agora liste cada ramo duas vezes. Use as folhas 0, 1, 2, 3 e 4 na primeira fileira do ramo e as folhas 5, 6, 7, 8 e 9 na segunda fileira do ramo. A seguir, temos o gráfico ramo-e-folhas revisado.

Importante

Compare os exemplos 1 e 2. Note que, ao usar duas fileiras por ramo, você obtém um quadro mais detalhado dos dados.

Número de mensagens de texto enviadas

Chave: 15|5=155

Ramo	Folhas
7	
7	8
8	
8	
9	
9	
10	
10	5 8 9 9 9
11	4 2 2 3 2
11	6 8 8 9 7 8 9 9
12	2 2 1 2 3 1 4 4
12	9 6 6 6 6 9 6
13	0 3 4 2 3
13	9 9
14	4 2 0
14	5 5 8 7
15	
15	5 9

Diagrama ramo-e-folhas desordenado

Número de mensagens de texto enviadas

Chave: 15|5=155

Ramo	Folhas
7	
7	8
8	
8	
9	
9	
10	
10	5 8 9 9 9
11	2 2 2 3 4
11	6 7 8 8 8 9 9 9
12	1 1 2 2 2 3 4 4
12	6 6 6 6 6 9 9
13	0 2 3 3 4
13	9 9
14	0 2 4
14	5 5 7 8
15	
15	5 9

Diagrama ramo-e-folhas ordenado

Interpretação

Com base no diagrama, podemos concluir que a maioria dos usuários de telefonia celular enviou entre 105 e 135 mensagens de texto.

Tente você 2 Usando duas fileiras para cada ramo, revise o diagrama ramo-e-folhas que você construiu no Tente você 1.

a. Liste cada ramo *duas vezes*.

b. Liste todas as folhas *usando a fileira do ramo apropriada.*

Resposta na p. A34

Você também pode usar um diagrama de pontos para representar dados quantitativos. Em um **diagrama de pontos,** cada entrada de dados é representada usando um ponto acima do eixo horizontal. Como no diagrama ramo-e-folhas, um diagrama de pontos permite que se veja como os dados são distribuídos, determina entradas de dados específicas e identifica valores discrepantes dos dados.

Exemplo 3

Construindo um diagrama de pontos

Use um diagrama de pontos para organizar os dados das mensagens de texto dados no Exemplo 1.

155	159	144	129	105	145
126	116	130	114	122	112
112	142	126	118	118	108
122	121	109	140	126	119

113 117 118 109 109 119
139 139 122 78 133 126
123 145 121 134 124 119
132 133 124 129 112 126
148 147

Solução

De modo que cada entrada de dados esteja incluída no diagrama de pontos, o eixo horizontal deve incluir os números entre 70 e 160. Para representar a entrada de dados, represente um ponto acima da posição da entrada no eixo. Se uma entrada for repetida, represente um outro ponto acima do ponto anterior.

Número de mensagens de texto enviadas

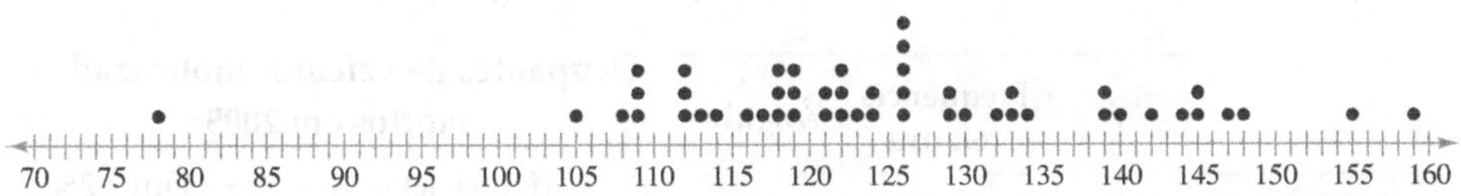

Interpretação

No diagrama de pontos, podemos ver que a maioria dos valores agrupa-se entre 105 e 148 e que o valor que ocorre na maioria das vezes é 126. Você também pode ver que 78 é um valor de dados incomum.

Tente você 3 Use um diagrama de pontos para organizar o número de *touchdowns* no conjunto de dados listado na abertura deste capítulo, na p. 31. O que podemos concluir com o gráfico?

a. Escolha uma escala apropriada para o *eixo horizontal.*

b. Represente cada entrada de dados por um diagrama de pontos.

c. *Descreva* quaisquer padrões.

Resposta na p. A34

A tecnologia pode ser usada para construir um diagrama ramo-e-folhas e um diagrama de pontos. Por exemplo, a seguir temos um diagrama de pontos MINITAB para os dados das mensagens de texto.

MINITAB

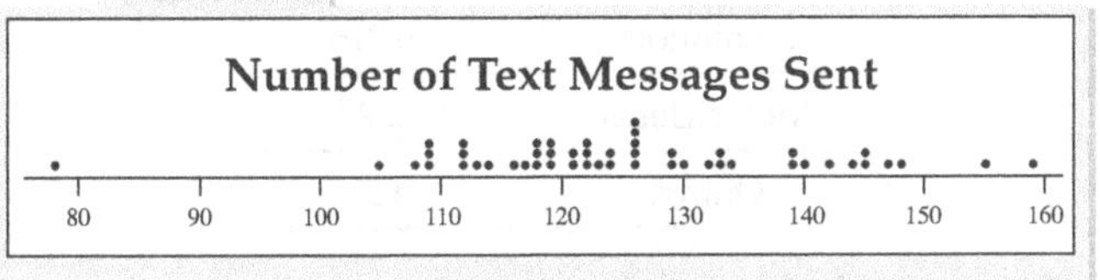

Representando em gráficos conjuntos de dados qualitativos

Gráficos de pizza (setoriais) fornecem uma maneira conveniente de se apresentar graficamente dados qualitativos como porcentagens de um inteiro. Um **gráfico de pizza (setorial)** é um círculo dividido em setores que representam categorias. A área de cada setor é proporcional à frequência de cada categoria. Na maioria dos casos, você interpretará um gráfico de pizza ou irá construí-lo usando tecnologia. O Exemplo 4 mostra como construir um gráfico de pizza à mão.

Ocupantes de veículos motorizados mortos em 2005

Tipo de veículo	Mortos
Carros	18.440
Caminhões	13.778
Motocicletas	4.553
Outros	823

Exemplo 4

Construindo um gráfico de pizza

O número de ocupantes de veículos motorizados mortos em acidentes em 2005 é mostrado na tabela ao lado. Use um gráfico de pizza para organizar os dados. O que podemos concluir? *(Fonte: U. S. Department of Transportation, National Highway Traffic Safety Administration.)*

Solução

Comece encontrando a frequência relativa, ou porcentagem, de cada categoria. Então, construa um gráfico de pizza usando o ângulo central que corresponda a cada categoria. Para encontrar o ângulo central, multiplique 360º pela frequência relativa da categoria. Por exemplo, o ângulo central para carros é 360º (0,49) ≈ 176º. Para construir um gráfico de pizza no Excel, siga as instruções na margem esquerda.

	f	Frequência relativa	Ângulo
Carros	18.440	0,49	176º
Caminhões	13.778	0,37	133º
Motocicletas	4.553	0,12	43º
Outros	823	0,02	7º

Ocupantes de veículos motorizados mortos em 2005

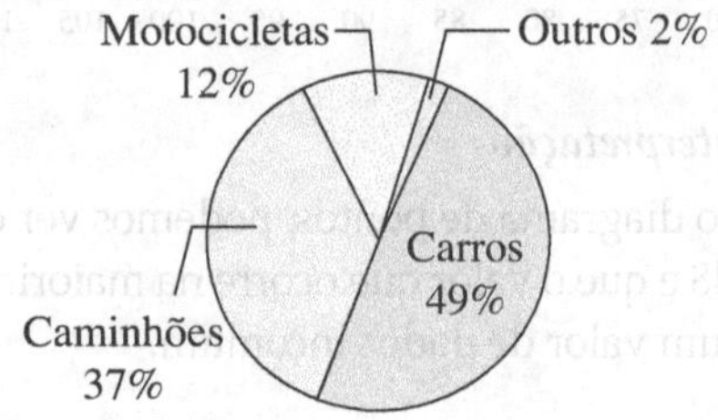

Interpretação

No gráfico de pizza, podemos ver que a maioria das fatalidades em acidentes com veículos motorizados ocorreu com ocupantes de carros.

Dica de estudo

Aqui estão as instruções para a construção de um gráfico de pizza usando Excel. Primeiramente, entre com os tipos de veículos e suas frequências relativas correspondentes (em porcentagens) em duas colunas separadas. Então, selecione as duas colunas, clique em *Inserir Gráfico* e selecione *Pizza* como seu tipo de gráfico. Clique em *Próximo* em *Ferramentas de Gráficos* enquanto monta seu gráfico de pizza.

Ocupantes de veículos motorizados mortos em 2005

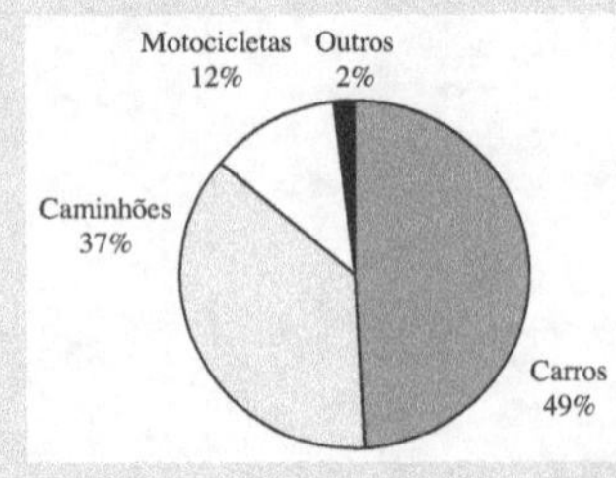

Tente você 4 O número de ocupantes de veículos motorizados mortos em acidentes em 1995 é mostrado na tabela seguinte. Use um gráfico de pizza para organizar os dados. Compare os dados de 1995 com os dados de 2005. *(Fonte: U. S. Department of Transportation, National Highway Traffic Safety Administration.)*

Ocupantes de veículos motorizados mortos em 1995

Tipo de veículo	Mortos
Carros	22.423
Caminhões	10.216
Motocicletas	2.227
Outros	425

a. Encontre a *frequência relativa* de cada categoria.

b. Use o *ângulo central* para encontrar a porção que corresponde a cada categoria.

c. Compare os dados de 1995 com os de 2005.

Resposta na p. A34

Outra maneira de representar graficamente dados qualitativos é usando um gráfico de Pareto. Um **gráfico de Pareto** é um gráfico de barras verticais no qual a altura de cada barra representa a frequência ou a frequência relativa. As barras são posicionadas em ordem de altura decrescente, com a barra mais alta posicionada à esquerda. Tal posicionamento ajuda a enfatizar dados importantes e é frequentemente usado nos negócios.

Exemplo 5

Construindo um gráfico de Pareto

Recentemente, a indústria de varejo perdeu 41 milhões com redução nos estoques. A redução de estoque é uma perda de estoque por meio de quebra, roubo de carga, roubo em lojas e assim por diante. As causas da redução de estoque são erro administrativo (7,8 milhões), roubos por funcionários (15,6 milhões), roubo em lojas (14,7 milhões) e fraudes nas vendas (2,9 milhões). Se você fosse um varejista, para qual causa de redução de estoques você olharia primeiro? (*Fonte: National Retail Federation and Center for Retailing Education, University of Florida.*)

Solução

Usando as frequências para os eixos verticais, podemos construir o gráfico de Pareto como mostrado abaixo.

Causas para redução de estoques

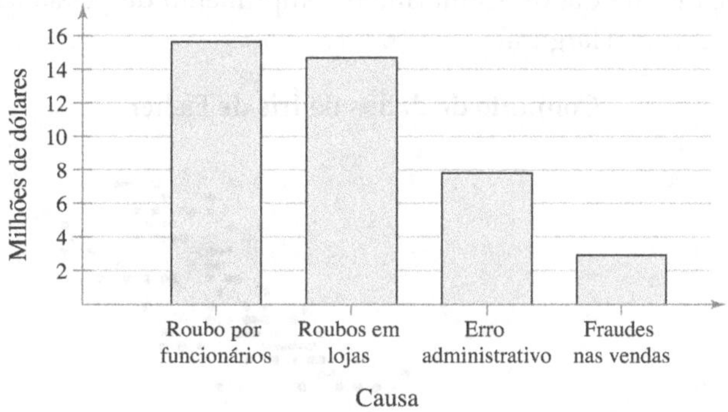

Interpretação

No gráfico, é fácil ver que as causas da redução de estoque que devem ser analisadas primeiramente são roubo por funcionários e roubo em lojas.

Tente você 5 A cada ano, o Better Business Bureau (BBB) recebe reclamações de clientes. Nos anos mais recentes, o BBB recebeu as seguintes reclamações:

7.792 reclamações sobre lojas de móveis.

5.733 reclamações sobre lojas de informática e serviços.

14.668 reclamações sobre concessionárias de automóveis.

9.728 reclamações sobre mecânicas de automóveis.

4.649 reclamações sobre empresas de lavagem a seco.

Use um gráfico de Pareto para organizar os dados. Que fonte é a maior causa de reclamações? (*Fonte: Better Business Bureau.*)

a. Encontre *a frequência ou a frequência relativa* para cada entrada de dados.

b. *Posicione as barras em ordem decrescente* de acordo com a frequência ou a frequência relativa.

c. *Interprete* os resultados no contexto dos dados.

Resposta na p. A34

Retratando o mundo

Os cinco veículos mais vendidos nos Estados Unidos, em janeiro de 2007, são mostrados no gráfico de Pareto a seguir. Três dos veículos mais vendidos foram carros. Os outros dois foram caminhões. (*Fonte: Autodata Corporation.*)

Os cinco veículos mais vendidos em janeiro de 2007

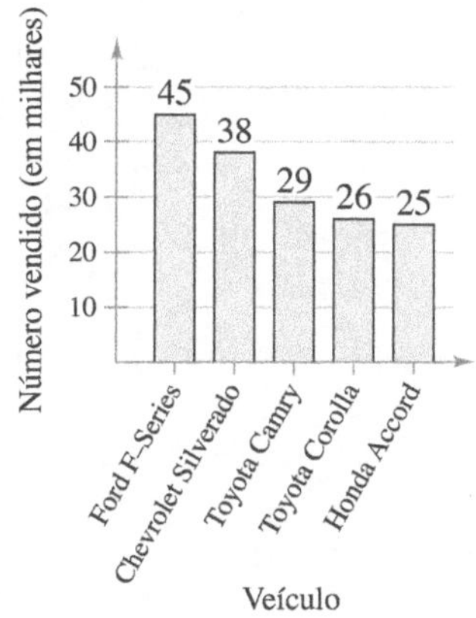

Quantos dos 5 veículos mais vendidos em janeiro de 2007 foram vendidos pela Toyota?

Representando em gráficos conjuntos de dados emparelhados

Se dois conjuntos de dados têm o mesmo número de entradas e cada entrada do primeiro corresponde a uma entrada do segundo, eles são chamados de **conjunto de dados emparelhados.** Por exemplo, suponha que um conjunto de dados contenha os custos de um item e um segundo conjunto de dados contém a quantidade de vendas para o item para cada custo. Já que cada custo corresponde a uma quantidade de vendas, os conjuntos de dados são emparelhados. Uma maneira de representar conjuntos de dados emparelhados é usando um **gráfico de dispersão**, no qual os pares ordenados são representados como pontos em um plano coordenado. Um gráfico de dispersão é usado para mostrar a relação entre duas variáveis quantitativas.

Exemplo 6

Interpretando um gráfico de dispersão

O estatístico britânico Ronald Fisher (ver p. 28) apresentou um famoso conjunto de dados chamado de conjunto de dados de Íris de Fisher. Esse conjunto de dados descreve várias características físicas tais como o comprimento de pétalas e a sua largura (em milímetros), para três espécies de íris (flor). No gráfico de dispersão mostrado, os comprimentos de pétalas formam o primeiro conjunto de dados e as larguras formam o segundo conjunto de dados. Conforme o comprimento da pétala aumenta, o que tende a acontecer com a largura? *(Fonte: Fisher, R. A., 1936.)*

Conjunto de dados de Íris de Fisher

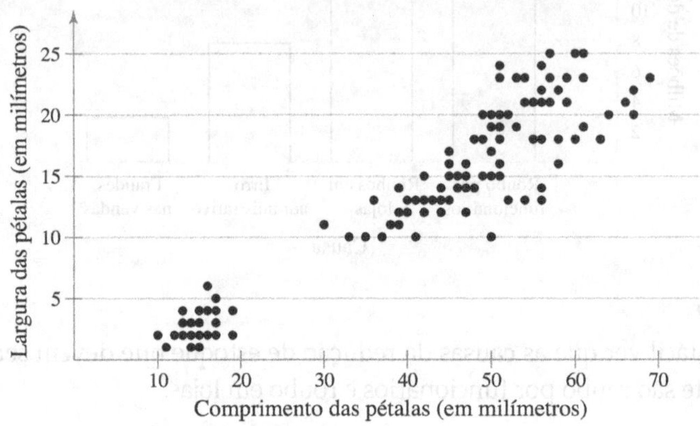

Solução

O eixo horizontal representa o comprimento da pétala e o vertical representa a largura da pétala. Cada ponto no gráfico de dispersão representa o comprimento das pétalas e a largura em uma flor.

Interpretação

Com base no gráfico de dispersão, você pode ver que, conforme o comprimento da pétala aumenta, a largura também tende a aumentar.

Tente você 6 O período de emprego e os salários de 10 funcionários estão listados na tabela ao lado. Faça o gráfico para os dados usando um gráfico de dispersão. O que podemos concluir?

Tempo de emprego (em anos)	Salário (em dólares)
5	32.000
4	32.500
8	40.000
4	27.350
2	25.000
10	43.000
7	41.650
6	39.225
9	45.100
3	28.000

a. Classifique os *eixos horizontal e vertical*.

b. *Represente graficamente* os dados emparelhados.

c. *Descreva* quaisquer tendências.

Resposta na p. A35

Você aprenderá mais sobre gráficos de dispersão e como analisá-los no Capítulo 9.

Um conjunto de dados constituído de entradas de dados tomados a intervalos regulares durante um período de tempo é chamado de série temporal. Por exemplo, a quantidade de precipitação medida a cada dia em um mês é um exemplo de uma série temporal. Você pode usar um **gráfico de série temporal** para representar uma série desse tipo.

Exemplo 7

Construindo um gráfico de série temporal

A tabela lista o número de usuários de telefonia celular (em milhões) e conta média de um usuário local por serviço (em dólares) para o ano de 1995 até o ano de 2005. Construa um gráfico de série temporal para o número de usuários de celulares. O que você pode concluir? (*Fonte: Cellular Telecommunication & Internet Association.*)

Veja os passos MINITAB e TI-83/84 nas p. 100 e 101.

Ano	Usuários (em milhões)	Conta média (em dólares)
1995	33,8	51,00
1996	44,0	47,70
1997	55,3	42,78
1998	69,2	39,43
1999	86,0	41,24
2000	109,5	45,27
2001	128,4	47,37
2002	140,8	48,40
2003	158,7	49,91
2004	182,1	50,64
2005	207,9	49,98

Solução

Deixe o eixo horizontal representar os anos e o vertical representar o número de usuários (em milhões). Então, represente os dados emparelhados e conecte-os com segmentos de linha.

Usuários de telefonia celular

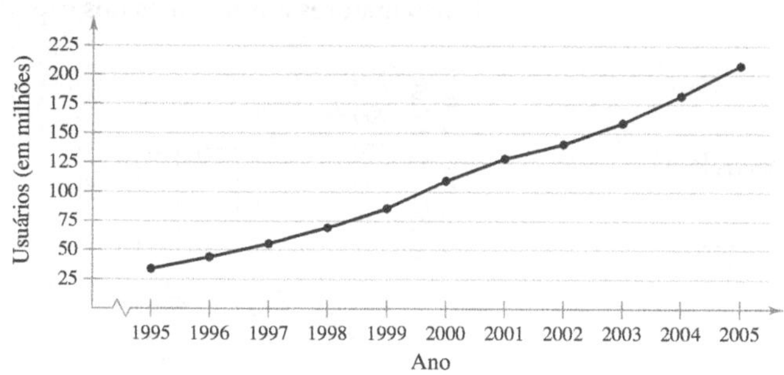

Interpretação

Os gráficos mostram que o número de usuários tem aumentado desde 1995, com os maiores aumentos tendo ocorrido recentemente.

Tente você 7 Use a tabela do Exemplo 7 para construir um gráfico de série temporal para a média da conta de celular de um usuário local para os anos de 1995 a 2005. O que podemos concluir?

a. Classifique os *eixos horizontais e verticais.*

b. *Represente graficamente* os dados emparelhados e *conecte-os* com segmentos de linha.

c. *Descreva* quaisquer padrões.

Resposta na p. A35

2.2 Exercícios

Construindo habilidades básicas e conceitos

1. Cite algumas maneiras de representar graficamente os dados quantitativos e os dados qualitativos.
2. Qual é a vantagem de se usar um diagrama ramo-e-folhas em vez de um histograma? Qual a desvantagem?
3. Em termos de representação de dados, como um diagrama de ramo-e-folhas se assemelha a um diagrama de pontos?
4. Como um gráfico de Pareto difere de um gráfico de barras verticais padrão?

Contextualizando os gráficos

Nos exercícios de 5 a 8, relacione o gráfico com a descrição da amostra.

5.
```
0 | 8           Chave: 0|8 = 0,8
1 | 5 6 8
2 | 1 3 4 5
3 | 0 9
4 | 0 0
```

6.
```
6 | 7 8           Chave: 6|7 = 67
7 | 4 5 5 8 8 8
8 | 1 3 5 5 8 8 9
9 | 0 0 0 2 4
```

7.

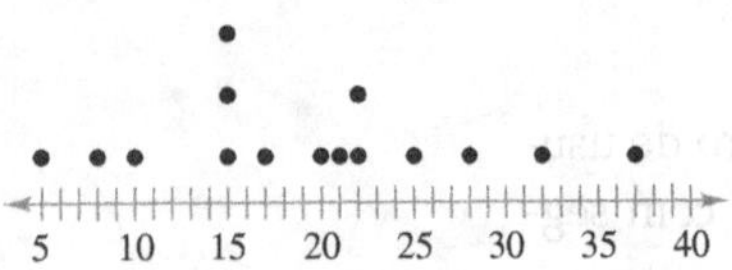

8.

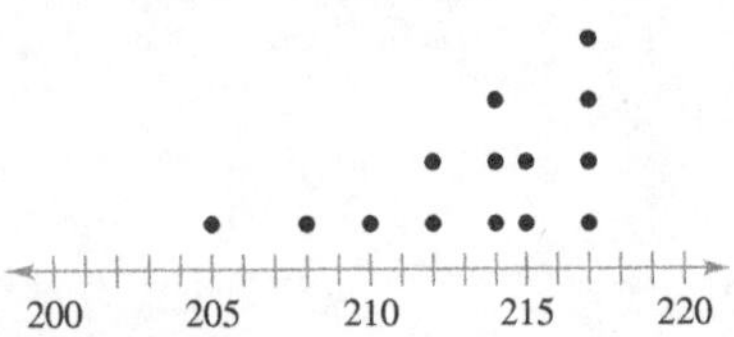

(a) Tempo (em minutos) que uma amostra de funcionários leva para chegar ao trabalho
(b) Média das notas de uma amostra de estudantes com graduação em finanças
(c) Velocidade máxima (em milhas por hora) de uma amostra de carros esportivos de alto desempenho
(d) Idade (em anos) de uma amostra de residentes em um asilo

Análise gráfica

Nos exercícios de 9 a 12, use um diagrama ramo-e-folhas ou um diagrama de pontos para listar as entradas de dados. Qual é a máxima entrada de dados? Qual é a mínima?

9.
```
2 | 7           Chave: 2|7=27
3 | 2
4 | 1 3 3 4 7 7 8
5 | 0 1 1 2 3 3 3 4 4 4 4 5 6 6 8 9
6 | 8 8 8
7 | 3 8 8
8 | 5
```

10.
```
12 |              Chave: 12|9=12,9
12 | 9
13 | 3
13 | 6 7 7
14 | 1 1 1 1 3 4 4
14 | 6 9 9
15 | 0 0 0 2 4
15 | 6 7 8 8 8 9
16 | 1
16 | 6 7
```

11.

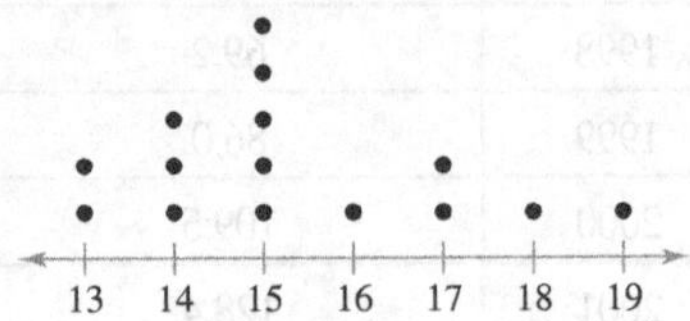

12.

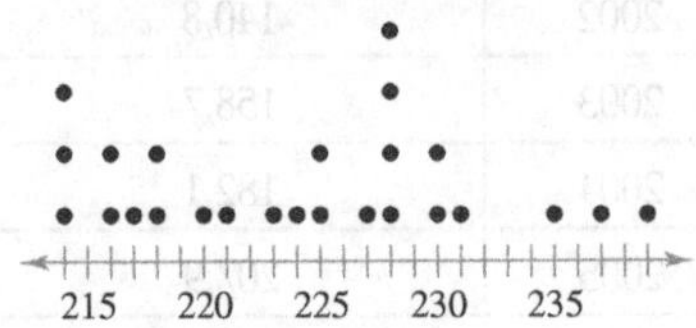

Usando e interpretando conceitos

Análise gráfica

Nos exercícios de 13 a 16, o que podemos concluir observando o gráfico?

13.

Cinco maiores anunciantes dos esportes

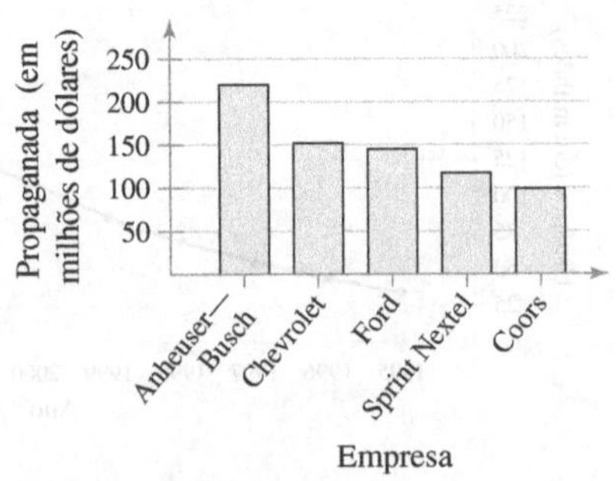

(Fonte: *Nielsen Media Research.*)

14.

Portfólio de ações

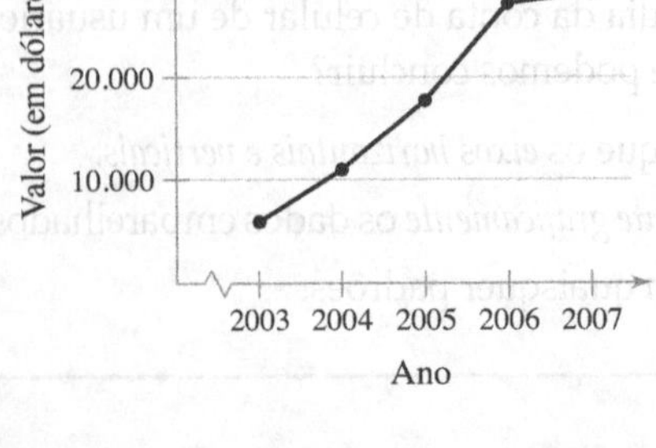

15.

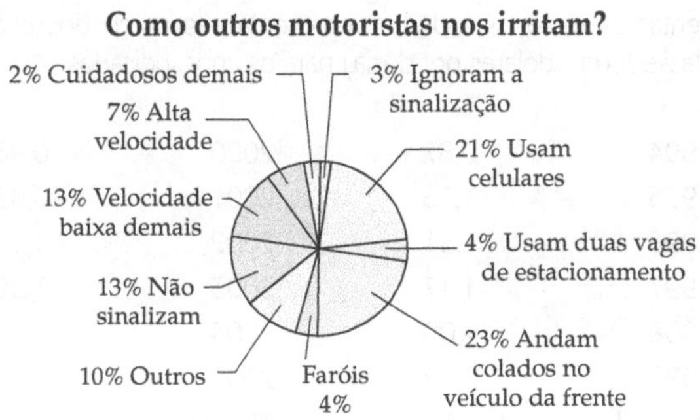

(Adaptado de Reuters/Zogby.)

16.

(Adaptado de USA Today.)

Representando graficamente conjuntos de dados

Nos exercícios de 17 a 32, organize os dados usando o tipo de gráfico indicado. O que podemos concluir sobre os dados?

17. **Notas de exames** Use um diagrama ramo-e-folhas para representar os dados. Os dados representam as notas de uma turma de biologia em um teste.

75 85 90 80 87 67 82 88 95 91 73 80

83 92 94 68 75 91 79 95 87 76 91 85

18. **As pessoas mais ricas do mundo** Use um diagrama ramo-e-folhas para representar os dados. Os dados representam as idades das 25 pessoas mais ricas do mundo. (*Fonte: Forbes.*)

51 76 67 80 56 73 58 71 78 49 62 84 50

49 87 40 59 47 54 84 61 79 59 52 63

19. **Espessura do gelo** Use um diagrama ramo-e-folhas para representar os dados. Os dados representam a espessura (em centímetros) de gelo medido em 20 localidades diferentes em um lago congelado.

5,8 6,4 6,9 7,2 5,1 4,9 4,3 5,8 7,0 6,8

8,1 7,5 7,2 6,9 5,8 7,2 8,0 7,0 6,9 5,9

20. **Preços de maçãs** Use um diagrama ramo-e-folhas para representar os dados. Os dados representam o preço (em centavos por libra) pago por maçãs a 28 fazendeiros.

19,2 19,6 16,4 17,1 19,0 17,4 17,3 20,1 19,0 17,5

17,6 18,6 18,4 17,7 19,5 18,4 18,9 17,5 19,3 20,8

19,3 18,6 18,6 18,3 17,1 18,1 16,8 17,9

21. **Anúncios** Use um diagrama de pontos para representar os dados. Os dados representam o número de anúncios vistos ou ouvidos em uma semana por uma amostra de 30 pessoas dos Estados Unidos.

598 494 441 595 728 690 684 486 735 808

734 590 673 545 702 481 298 135 846 764

317 649 732 582 637 588 540 727 486 703

22. **Tempo de vida de moscas domésticas** Use um diagrama de pontos para representar os dados. Os dados representam o tempo de vida (em dias) de 40 moscas domésticas.

9 9 4 4 8 11 10 5 8 13 9 6 7 11

13 11 6 9 8 14 10 6 10 10 8 7 14 11

7 8 6 11 13 10 14 14 8 13 14 10

23. **Nações Unidas** Use um gráfico de pizza para representar os dados. Os dados representam o número de países nas Nações Unidas por continente. (*Fonte: United Nations.*)

América do Norte	23
América do Sul	12
Europa	43
Oceania	14
África	53
Ásia	47

24. **Orçamento da NASA** Use um gráfico de pizza para representar os dados. Os dados representam o orçamento da NASA de 2007 (em milhões de dólares) dividido em três categorias. (*Fonte: Nasa.*)

Ciência, aeronáutica e exploração	10.651
Capacidade de exploração	6.108
Inspeção geral	34

25. **Bagagem nas linhas aéreas** Use um gráfico de Pareto para representar os dados. Os dados são o resultado de um estudo realizado mundialmente em 2005 com todas as companhias áreas sobre as causas dos atrasos na entrega das bagagens. (*Fonte: Société International de Télécommunications Aéronautiques.*)

Manejamento errado na transferência de bagagens	61%
Erro de carga/descarga	4%
Falha no carregamento no aeroporto de origem	15%
Restrição de espaço ou peso	5%
Manejamento errado na chegada	3%
Outros	12%

26. **Índice de raios UV** Use um gráfico de Pareto para representar os dados. Os dados representam o índice de raios ultravioleta para cinco cidades na parte da tarde em uma data recente. (*Fonte: National Oceanic and Atmospheric Administration.*)

Atlanta, GA	9
Boise, ID	7
Concord, NH	8
Denver, CO	7
Miami, FL	10

27. **Remuneração por hora** Use um gráfico de dispersão para representar os dados da tabela. Os dados representam o número de horas trabalhadas e a remuneração (em dólares) para uma amostra de 12 trabalhadores. Descreva quaisquer tendências.

Horas	Remuneração
33	12,16
37	9,98
34	10,79
40	11,71
35	11,80
33	11,51
40	13,65
33	12,05
28	10,54
45	10,33
37	11,57
28	10,17

28. Salários Use um gráfico de dispersão para representar os dados mostrados na tabela. Os dados representam o número de alunos por professor e o salário médio dos professores (em milhares de dólares) para uma amostra de 10 escolas. Descreva quaisquer tendências.

Número de alunos por professor	Salário médio
17,1	28,7
17,5	47,5
18,9	31,8
17,1	28,1
20,0	40,3
18,6	33,8
14,4	49,8
16,5	37,5
13,3	42,5
18,4	31,9

29. Índice de raios UV Use um gráfico de série temporal para representar os dados. Os dados representam o índice de raio ultravioleta em Memphis, TN, entre os dias 14 a 23 de junho durante um ano recente. (*Fonte: Wheather Services International.*)

14 de junho	9	19 de junho	10
15 de junho	4	20 de junho	10
16 de junho	10	21 de junho	10
17 de junho	10	22 de junho	9
18 de junho	10	23 de junho	9

30. Temperatura máxima diária Use um gráfico de série temporal para representar os dados. Os dados representam a temperatura máxima para uma cidade no período de 12 dias.

1 de maio	77º	7 de maio	85º
2 de maio	77º	8 de maio	87º
3 de maio	79º	9 de maio	90º
4 de maio	81º	10 de maio	88º
5 de maio	82º	11 de maio	89º
6 de maio	82º	12 de maio	82º

31. Preço dos ovos Use um gráfico de série temporal para representar os dados. Os dados representam o preço dos ovos de classe A (em dólares por dúzia) para os anos indicados. (*Fonte: U. S. Bureau of Labour Statistics.*)

1994	0,87	2000	0,96
1995	1,16	2001	0,93
1996	1,31	2002	1,18
1997	1,17	2003	1,56
1998	1,09	2004	1,20
1999	0,92	2005	1,35

32. Preço da carne moída Use um gráfico de série temporal para representar os dados. Os dados representam o preço da carne 100% moída (em dólares por libra) para os anos indicados. (*Fonte: U.S Bureau of Labor Statistics.*)

1994	1,38	2000	1,63
1995	1,40	2001	1,71
1996	1,42	2002	1,69
1997	1,39	2003	2,23
1998	1,39	2004	2,14
1999	1,53	2005	2,30

Expandindo conceitos

Um gráfico equivocado?

Nos exercícios 33 e 34,

(a) explique por que o gráfico leva a conclusões erradas;

(b) redesenhe o gráfico de modo que ele não leve a conclusão erradas.

33.

Vendas para a Empresa A

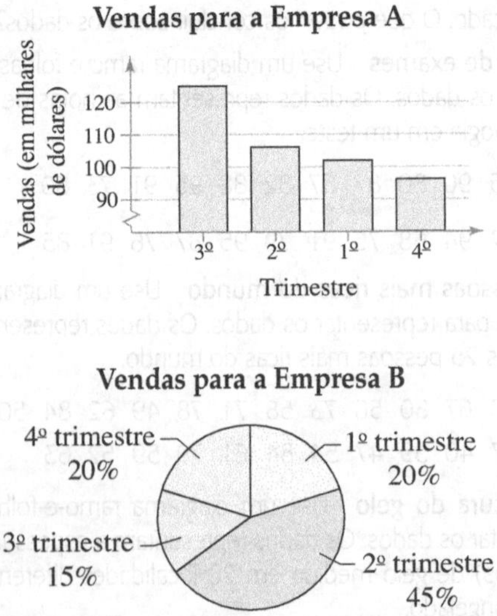

34.

Vendas para a Empresa B

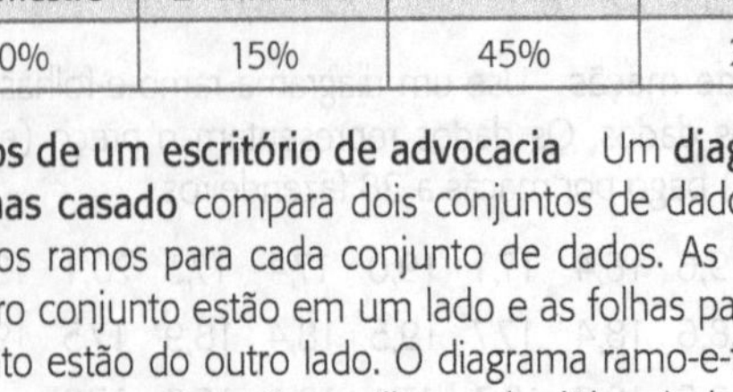

1º trimestre	2º trimestre	3º trimestre	4º trimestre
20%	15%	45%	20%

35. Salários de um escritório de advocacia Um **diagrama ramo-e-folhas casado** compara dois conjuntos de dados usando os mesmos ramos para cada conjunto de dados. As folhas para o primeiro conjunto estão em um lado e as folhas para o segundo conjunto estão do outro lado. O diagrama ramo-e-folhas casado representa os salários (em milhares de dólares) de todos os advogados de dois pequenos escritórios de advocacia.

Escritório A		Escritório B
5 0	9	0 3
8 5 2 2 2	10	5 7
9 9 7 0 0	11	0 0 5
1 1	12	0 3 3 5
	13	2 2 5 9
	14	1 3 3 3 9
	15	5 5 5 6
	16	4 9 9
9 9 5 1 0	17	1 2 5
5 5 5 2 1	18	9
9 9 8 7 5	19	0
3	20	

Chave: 5|19|0 = $ 195.000 para o escritório A e $ 190.000 para o escritório B

(a) Quais são os salários mais altos e mais baixos no escritório A? E no escritório B?

(b) Quantos advogados há em cada escritório?

(c) Compare a distribuição dos salários de cada escritório. O que podemos perceber?

36. **Aulas de ioga** O diagrama ramo-e-folhas casado mostra a idade de todos os alunos de duas turmas de Ioga.

Aula das 15h		Aula das 20h
	1	8 8 8 8 8 9 9 9 9 9
	2	0 0 0 2 3 4 4 5 5 8 9 9
8 5	3	1 1 9
0	4	3 4 4
9 7 5 3 1	5	6
9 8 8 8 8 4 2 0	6	
7 7 6 5 5 5 3 3	7	1
5 4	8	

Chave: 5|3|1 = 35 anos na aula das 15h e 31 anos na aula das 20h

(a) Quais são as maiores e menores idades dos alunos da aula das 15h? E das 20h?

(b) Quantos participantes há em cada aula?

(c) Compare a distribuição das idades em cada classe. Que conclusões podemos fazer baseados em suas observações?

2.3 Medidas de tendência central

Média, mediana e moda ⟶ Média ponderada e média de dados agrupados ⟶ Forma das distribuições

Média, mediana e moda

Nas Seções 2.1 e 2.2, aprendemos sobre as representações gráficas dos dados quantitativos. Nas Seções 2.3 e 2.4, aprenderemos sobre como suplementar as representações gráficas com estatísticas numéricas que descrevem o centro e a variabilidade do conjunto de dados.

Uma **medida da tendência central** é um valor que representa uma entrada típica ou central do conjunto de dados. As três medidas da tendência central mais comumente usadas são a média, a mediana e a moda.

O que você deve aprender

- Como encontrar a média, a mediana e a moda de uma população ou de uma amostra.
- Como encontrar a média ponderada de um conjunto de dados e a média de uma distribuição de frequência.
- Como descrever a forma da distribuição simétrica, uniforme ou assimétrica e como comparar a média e a mediana de cada um desses aspectos.

Definição

A **média** de um conjunto de dados é a soma das entradas de dados dividida pelo número de entradas. Para encontrar a média de um conjunto de dados, use uma das fórmulas a seguir.

Média populacional: $\mu = \dfrac{\Sigma x}{N}$ Média amostral: $\bar{x} = \dfrac{\Sigma x}{n}$

A letra grega minúscula μ (pronuncia-se mi) representa a média populacional e $\bar{x}$ (lê-se "x" barra) representa a média amostral. Note que N representa o número de entradas em uma *população* e n representa o número de entradas em uma *amostra*. Lembre-se que a letra maiúscula sigma (Σ) indica a soma dos valores.

Exemplo 1

Encontrando a média amostral

Os preços (em dólares) para uma amostra de voos de ida e volta partindo de Chicago, Illinois, para Cancun, México, são listados a seguir. Qual é a média dos preços dos voos?

872 432 397 427 388 782 397

Dica de estudo

Note que a média no Exemplo 1 tem uma casa decimal a mais do que o conjunto original de valores dos dados. Essa regra de *arredondamento* será usada em todo o livro. Outra importante regra de *arredondamento* é que ela não deve ser feita até o resultado final do cálculo.

Solução

A soma dos preços dos voos é:

$$\Sigma x = 872 + 432 + 397 + 427 + 388 + 782 + 397 = 3.695.$$

Para encontrarmos a média dos preços, dividimos a soma dos preços pelo número de preços na amostra:

$$\bar{x} = \frac{\sum x}{n} = \frac{3.695}{7} \approx 527{,}9.$$

Então, a média dos preços dos voos é aproximadamente $ 527,90

Tente você 1 As idades dos funcionários em um departamento estão listadas a seguir. Qual é a média delas?

34 27 50 45 41 37 24
57 40 38 62 44 39 40

a. *Encontre a soma* das entradas dos dados.

b. *Divida a soma* pelo número de entradas de dados.

c. *Interprete* os resultados no contexto dos dados.

Resposta na p. A35

Definição

A **mediana** de um conjunto de dados é um valor que está no meio dos dados quando o conjunto de dados é ordenado. A mediana mede o centro de um conjunto de dados ordenado dividindo-se em duas partes iguais. Se o conjunto de dados tem um número ímpar de entradas, a mediana é a entrada de dados do meio. Se o conjunto de dados tem um número par de entradas, a mediana é a média das duas entradas do meio.

Exemplo 2

Encontrando a mediana

Encontre a mediana dos preços dados no Exemplo 1.

Solução

Para encontrar a mediana dos preços, primeiro ordene os dados.

388 397 397 427 432 782 872

Em razão das sete entradas (um número ímpar), a mediana está no meio, na quarta entrada de dados. Então, a mediana dos preços dos voos é $ 427.

Tente você 2 As idades para uma amostra de fãs de um concerto de rock são listadas a seguir. Encontre a mediana das idades.

24 27 19 21 18 23 21 20 19 33 30 29 21
18 24 26 38 19 35 34 33 30 21 27 30

a. *Ordene* os dados.

b. *Encontre a entrada do meio.*

c. *Interprete* os resultados no contexto dos dados.

Resposta na p. A35

Exemplo 3

Encontrando a mediana

No Exemplo 2, o preço de voo de $ 432 não está mais disponível. Qual é a mediana dos preços restantes?

Solução

Os preços restantes, em ordem, são 388, 397, 397, 427, 782 e 872.

Por haver seis entradas (número par), a mediana é a média das duas entradas do meio.

$$\text{Mediana} = \frac{397 + 427}{2} = 412$$

Então, a mediana dos preços dos voos restantes é $ 412.

Tente você 3 Os preços (em dólares) para uma amostra de tocadores de MP3 são listados a seguir. Encontre a mediana dos preços.

80 250 200 150 270 140 70 100 130 160

a. *Ordene* os dados.

b. *Encontre a média* das duas entradas do meio.

c. *Interprete* os resultados no contexto dos dados.

Resposta na p. A35

Dica de estudo

Em um conjunto de dados, há o mesmo número de valores de dados acima da mediana bem como abaixo da mediana. Por exemplo, no Exemplo 2, três dos preços estão abaixo de $ 427 e três estão acima de $ 427.

Definição

A **moda** de um conjunto de dados é uma entrada do conjunto de dados que ocorre com a maior frequência. Se nenhuma entrada é repetida, o conjunto de dados não tem moda. Se duas entradas ocorrem com a mesma frequência, cada entrada é uma moda e o conjunto é chamado de **bimodal**.

Exemplo 4

Encontrando a moda

Encontre a moda dos preços de voo do Exemplo 1.

Solução

Ordenar os dados ajuda a encontrar a moda.

388 397 397 427 432 782 872

Com os dados ordenados, podemos ver que a entrada de 397 ocorre duas vezes, enquanto as outras entradas de dados ocorrem somente uma vez. Então, a moda dos preços é $ 397.

Tente você 4 Encontre a moda da idade dos residentes de uma pequena cidade. Os dados são fornecidos a seguir.

25, 5, 18, 12, 60, 44, 24, 22, 2, 7, 15, 39, 58, 53, 36, 42,
16, 20, 1, 5, 39, 51, 44, 23, 3, 13, 37, 56, 58, 13, 47, 23,
1, 17, 39, 13, 24, 0, 39, 10, 41, 1, 48, 17, 18, 3, 72, 20, 3,

Importante

A moda é a única medida de tendência central que pode ser usada para descrever dados no nível nominal de medição. Mas quando trabalhamos com dados quantitativos, raramente ela é utilizada.

9, 0, 12, 33, 21, 40, 68, 25, 40, 59, 4, 67, 29, 13, 18, 19,
13, 16, 41, 19, 26, 68, 49, 5, 26, 49, 26, 45, 41, 19, 49.

a. *Ordene* os dados.

b. Identifique a entrada ou entradas que ocorrem com maior *frequência*.

c. *Interprete* os resultados no contexto dos dados.

Resposta na p. A35

Exemplo 5

Encontrando a moda

Partido político	Frequência *f*
Democratas	34
Republicanos	56
Outro	21
Não responderam	9

Em um debate político, pede-se que uma amostra dos membros da plateia nomeie o partido político ao qual pertencem. Suas respostas são mostradas na tabela. Qual é a moda da respostas?

Solução

A resposta que ocorre com maior frequência é Partido Republicano. Então, a moda é Partido Republicano.

Interpretação

Nessa amostra, havia mais republicanos do que pessoas de qualquer outra afiliação.

Tente você 5 Em uma pesquisa, 240 americanos adultos são questionados se os Estados Unidos terão uma presidente algum dia. Dos entrevistados, 171 responderam "sim", 45 responderam "não", e 24 responderam "não sei". Qual é a moda das respostas?

a. Identifique a entrada que ocorre com a *maior frequência*.

b. *Interprete* os resultados no contexto dos dados.

Resposta na p. A35

Embora a média, a mediana e a moda descrevam, cada uma, determinada entrada típica dos dados, há vantagens e desvantagens no uso de cada uma delas. A média é uma medição confiável, pois leva em conta cada entrada dos dados, mas pode ser muito afetada quando o conjunto de dados tem valores discrepantes.

Definição

Um **valor discrepante** (outlier) é uma entrada de dados que está muito afastada das outras entradas em um conjunto de dados.

Um conjunto de dados pode ter um ou mais valores discrepantes, causando **lacunas** em uma distribuição. As conclusões que são tomadas de um conjunto de dados que contém valores discrepantes podem conter falhas.

Exemplo 6

Comparando a média, a mediana e a moda

Idades da turma
20 20 20 20 20 20 21
21 21 21 22 22 22 23
23 23 23 24 24 65

Valor discrepante (65)

Encontre a média, a mediana e a moda da amostra das idades da turma à esquerda. Qual medida da tendência central melhor descreve uma entrada típica desse conjunto de dados? Há valores discrepantes?

Solução

Média: $\bar{x} = \frac{\sum x}{n} = \frac{475}{20} \approx 23{,}8$ anos

Mediana: $\text{Mediana} = \frac{21+22}{2} = 21{,}5$ anos

Moda: A entrada que ocorre com maior frequência é 20 anos.

Interpretação

A média leva todas as entradas em consideração, mas é influenciada pelo valor discrepante de 65. A mediana também leva em consideração todas as entradas e não é afetada pelo valor discrepante. Nesse caso, a moda existe, mas não parece representar uma entrada típica. Algumas vezes, a comparação gráfica pode ajudar a decidir qual medida de tendência central melhor representa o conjunto de dados. O histograma mostra a distribuição dos dados e a localização da média, da mediana e da moda. Nesse caso, parece que é a mediana que melhor descreve o conjunto de dados.

Idade dos estudantes na turma

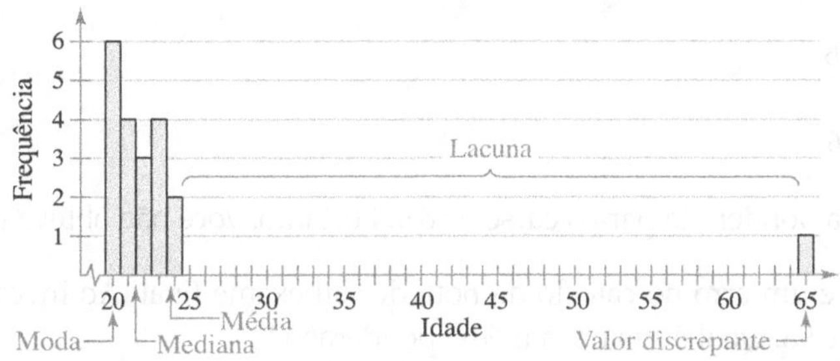

Tente você 6 Remova a entrada de dados 65 do conjunto de dados anterior. Então, refaça o exemplo. Como a ausência do valor discrepante muda cada uma das medidas?

a. Encontre a *média, a mediana e a moda.*

b. Compare essas medidas da tendência central com as do Exemplo 6.

Respostas na p. A35

Média ponderada e média de dados agrupados

Às vezes, os dados contêm entradas que têm um maior efeito na média do que outras. Para encontrar a média de tais conjuntos de dados, você deve encontrar a média ponderada.

Definição

Uma **média ponderada** é a média de um conjunto de dados cujas entradas têm pesos variados. Uma média ponderada é dada por:

$$\bar{x} = \frac{\sum(x \cdot w)}{\sum w}$$

onde w é o peso de cada entrada x.

Exemplo 7

Encontrando a média ponderada

Você está frequentando uma aula na qual sua nota é determinada com base em 5 fontes: 50% da média de seu exame, 15% do seu exame bimestral, 20% de seu exame

Retratando o mundo

A National Association of Realtors (Associação Nacional de Corretores de Imóveis dos Estados Unidos) mantém um banco de dados das casas à venda existentes. Uma lista usa a *mediana* dos preços das casas vendidas e outra usa a *média* dos preços das casas vendidas. As vendas para o primeiro trimestre de 2006 são mostradas no gráfico de barras. (*Fonte: National Association of Realtors.*)

Venda de casas nos EUA em 2006

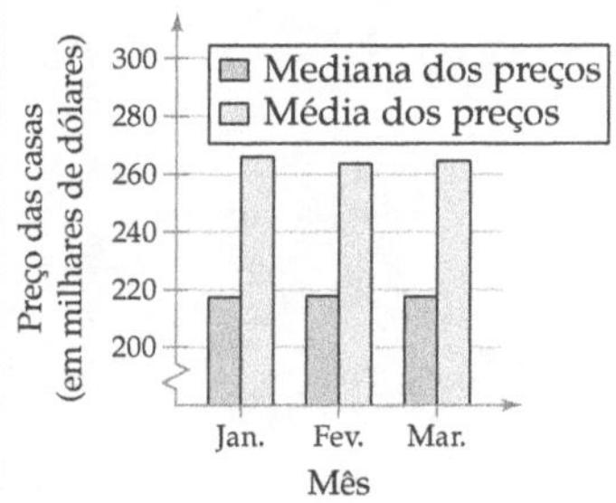

Note que no gráfico a média de preços está em torno de $ 45.000,00 a mais do que a mediana do preço. Que fatores fazem com que a média dos preços seja maior do que a mediana?

final, 10% de seu trabalho no laboratório de informática e 5% de seus deveres de casa. Suas notas são: 86 (média do exame), 96 (exame bimestral), 82 (exame final), 98 (laboratório) e 100 (dever de casa). Qual é a média ponderada de suas notas? Se a média mínima para um A é 90, você obteve uma nota A?

Solução

Comece organizando os dados e os pesos na tabela.

Fonte	Nota, x	Peso, w	xw
Média do exame	86	0,50	43,0
Exame bimestral	96	0,15	14,4
Exame final	82	0,20	16,4
Laboratório	98	0,10	9,8
Dever de casa	100	0,05	5,0
		$\Sigma w = 1$	$\Sigma (x \cdot w) = 88{,}6$

$$\bar{x} = \frac{\sum(xw)}{\sum w} = \frac{88{,}6}{1} = 88{,}6$$

A média ponderada para o curso é 88,6. Portanto, você não obteve um A.

Tente você 7 Houve um erro no cálculo da nota de seu exame final. Ao invés de 82, você obteve 98. Qual é sua nova média ponderada?

a. Multiplique cada nota por seu peso e *encontre a soma de seus produtos*.
b. Encontre a *soma dos pesos*.
c. Encontre a *média ponderada*.
d. *Interprete* os resultados no contexto dos dados.

Resposta na p. A35

Se os dados são apresentados em uma distribuição de frequência, você pode aproximar a média como a seguir.

Definição

A **média de uma distribuição de frequência** para uma amostra é aproximada por:

$$\bar{x} = \frac{\sum(x \cdot f)}{n}, \qquad \text{Note que } n = \Sigma f$$

em que **x** e **f** são os pontos médios e as frequências de uma classe, respectivamente.

Instruções

Encontre a média da distribuição de frequência

Em palavras	*Em símbolos*
1. Encontre o ponto médio de cada classe.	1. $x = \frac{(\text{limite inferior}) + (\text{limite superior})}{2}$
2. Encontre a soma dos produtos dos pontos médios e as frequências.	2. $\Sigma (x \cdot f)$
3. Encontre a soma das frequências.	3. $n = \Sigma f$
4. Encontre a média da distribuição de frequência.	4. $\bar{x} = \frac{\sum(x \cdot f)}{n}$

Dica de estudo

Se a distribuição de frequência representa a população, então a média da distribuição de frequência é aproximada por

$$\mu = \frac{\sum(x \cdot f)}{N},$$

onde $N = \Sigma f$.

Exemplo 8

Encontrando a média da distribuição de frequência

Use a distribuição de frequência à direita para aproximar o número médio de minutos que uma amostra de usuários de Internet gasta on-line durante sua mais recente sessão.

Ponto médio das classes x	Frequência f	$(x \cdot f)$
12,5	6	75,0
24,5	10	245,0
36,5	13	474,0
48,5	8	388,0
60,5	5	302,0
72,5	6	435,0
84,5	2	169,0
	$n = 50$	$\Sigma = 2.089,0$

Solução

$$\bar{x} = \frac{\Sigma(x \cdot f)}{n} = \frac{2.089}{50} \approx 41,8$$

Então, a média do tempo gasto on-line foi de aproximadamente 41,8 minutos.

Tente você 8 Use a distribuição de frequência do número médio de *touchdowns* marcados por todos os times da primeira divisão de futebol americano (Tente você 2, p. 35).

a. Encontre *o ponto médio* de cada classe.

b. Encontre a *soma dos produtos* de cada ponto médio e sua frequência correspondente.

c. Encontre a *soma das frequências*.

d. Encontre a *média da distribuição de frequência*.

Resposta na p. A35

Forma das distribuições

Um gráfico revela diversas características de uma distribuição de frequência. Uma delas é a forma das distribuições.

Definição

Uma distribuição de frequência é **simétrica** quando a linha vertical pode ser desenhada do meio do gráfico da distribuição e as metades resultantes são aproximadamente imagens espelhadas.

Uma distribuição de frequência é **uniforme** (ou **retangular**) quando todas as entradas, ou classes, na distribuição têm frequências iguais ou aproximadamente iguais. Uma distribuição uniforme também é simétrica.

Uma distribuição de frequências é assimétrica se a "cauda" do gráfico se alonga mais em um dos lados. Uma distribuição é **assimétrica à esquerda (negativamente assimétrica)** se a cauda se estende à esquerda, e **assimétrica à direita (positivamente assimétrica)** se a cauda se estende à direita.

Quando a distribuição for simétrica e unimodal, a média, a mediana e a moda são iguais. Se a distribuição for assimétrica à esquerda, a média é menos que a mediana e a mediana é igualmente menor que a moda. Se a distribuição for assimétrica à direita, a média é maior que a mediana e igualmente maior que a moda. Exemplos dessas distribuições comuns são mostrados a seguir.

Para explorar mais este tópico, veja 2.3 Atividades na p. 67.

Importante

Fique atento que há muitas formas diferentes de distribuição. Em alguns casos, a forma pode não ser classificada como simétrica, uniforme ou assimétrica. Uma distribuição pode ter várias lacunas causadas por valores discrepantes ou por **agrupamento** nos dados. Os agrupamentos podem ocorrer quando diversos tipos de dados são incluídos em um conjunto de dados.

Distribuição simétrica

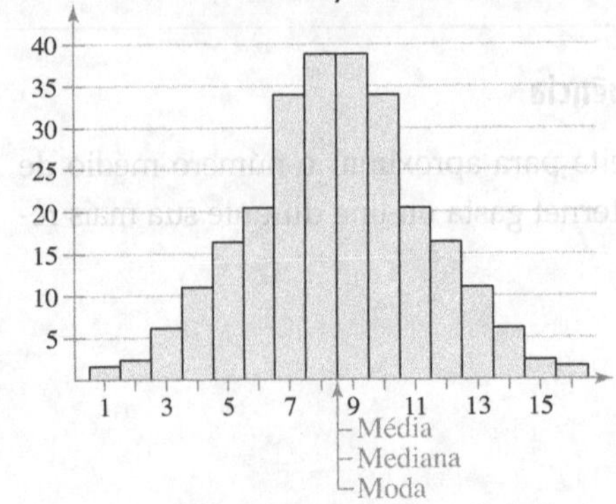

Distribuição assimétrica à esquerda

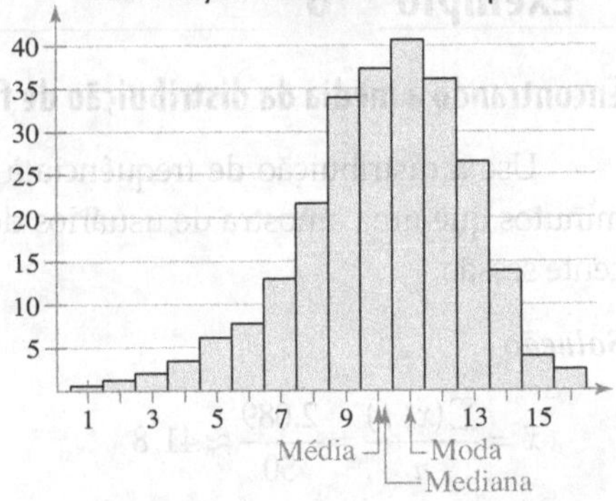

Distribuição uniforme

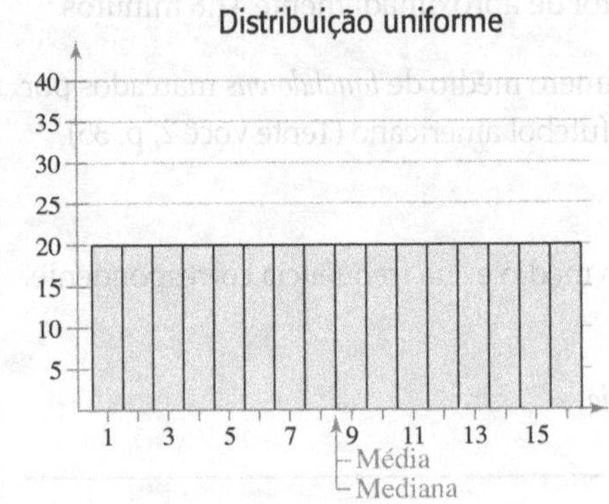

Distribuição assimétrica à direita

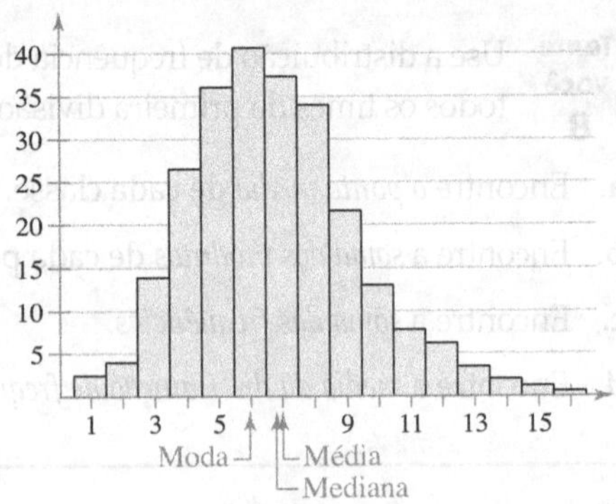

A média sempre irá na direção em que a distribuição for assimétrica. Por exemplo, quando a distribuição é assimétrica à esquerda, a média está à esquerda da mediana.

2.3 Exercícios

Construindo habilidades básicas e conceitos

Verdadeiro ou falso?

Nos exercícios de 1 a 6, determine se a frase é verdadeira ou falsa. Se for falsa, reescreva-a de forma que seja verdadeira.

1. A média é a medida de tendência central que mais pode ser afetada por um valor extremo (valor discrepante).
2. Cada conjunto de dados deve ter uma moda.
3. Alguns conjuntos de dados quantitativos não têm mediana.
4. A média é a única medida de tendência central que pode ser usada para dados no nível nominal de medição.
5. Quando cada classe de dados tem a mesma frequência, a distribuição é assimétrica à direita.
6. Quando a média é maior que a mediana, a distribuição é assimétrica à esquerda.
7. Construa um conjunto de dados no qual a mediana não representa um número típico no conjunto de dados.
8. Construa um conjunto de dados no qual a mediana e a moda são as mesmas.

Análise gráfica

Nos exercícios de 9 a 12, determine se a forma aproximada da distribuição no histograma é simétrica, uniforme, assimétrica à esquerda, assimétrica à direita ou nenhuma das anteriores. Justifique sua resposta.

9.

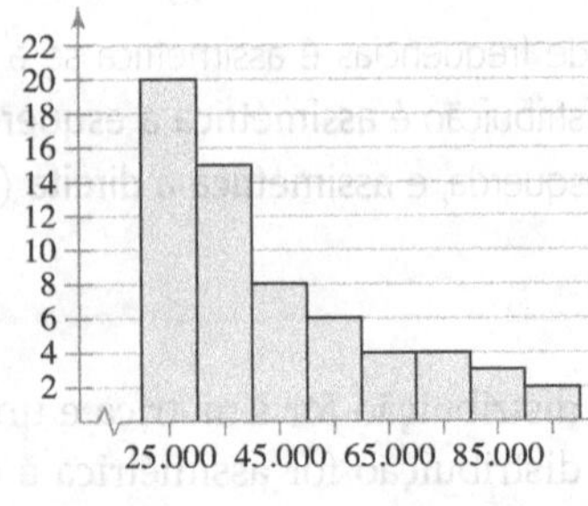

10.

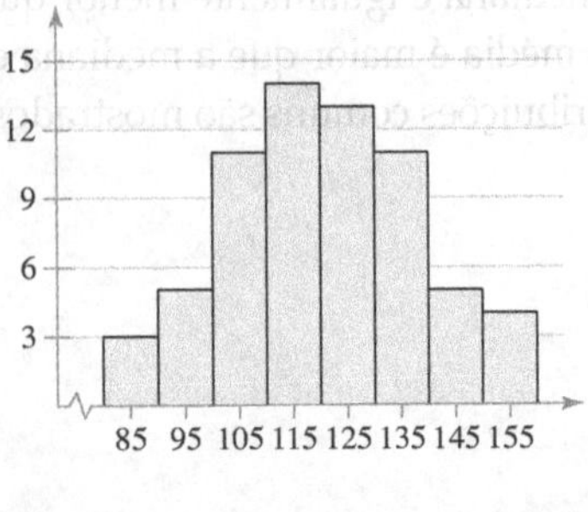

11.

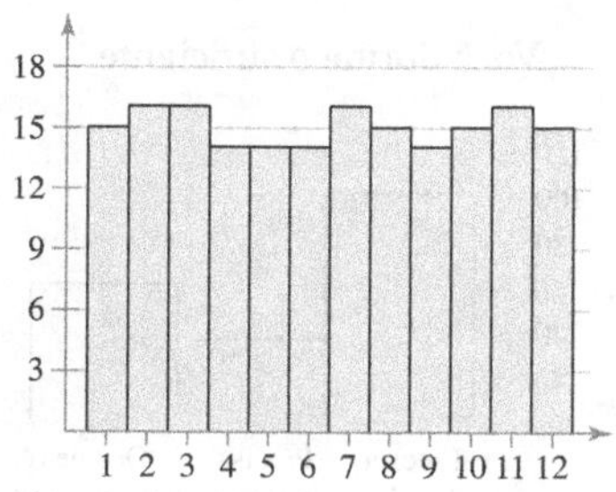

12.

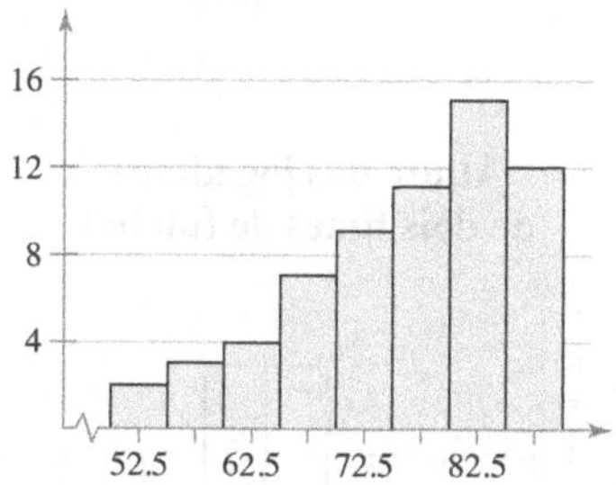

Relacionando

Nos exercícios de 13 a 16, relacione a distribuição com um dos gráficos dos exercícios de 9 a 12. Justifique sua decisão.

13. A distribuição de frequência de 180 rolos de um dodecágono (polígono de 12 lados).

14. A distribuição de frequência dos salários em uma empresa onde alguns executivos têm salários muito maiores do que a maioria dos funcionários.

15. A distribuição de frequência das notas 90 em um teste no qual alguns poucos estudantes tiveram uma nota muito menor da dos outros.

16. A distribuição de frequência dos pesos para uma amostra de meninos da sétima série.

Usando e interpretando conceitos

Encontrando e discutindo a média, a mediana e a moda

Nos exercícios de 17 a 34, encontre a média, a mediana e a moda dos dados, se possível. Se quaisquer dessas medidas não puderem ser encontradas ou não representarem o centro dos dados, explique o porquê.

17. SUVs O número máximo de lugares em uma amostra de 13 utilitários esportivos.

6 6 9 9 6 5 5 5 7 5 5 5 8

18. Educação O custo da educação por aluno (em milhares de dólares) em uma amostra de 10 faculdades de arte.

30 35 19 22 22 20 23 21 35 25

19. Carros esportivos O tempo (em segundos) para uma amostra de sete carros esportivos para ir de 0 a 60 milhas por hora.

3,7 4,0 4,8 4,8 4,8 4,8 5,1

20. Colesterol Os níveis de colesterol para uma amostra de 10 funcionárias.

154 240 171 188 235 203 184 173 181 275

21. NFL (Liga nacional de futebol americano) Os pontos médios por jogo marcados por cada time durante a temporada regular de 2006. *(Fonte: NFL.)*

19,6 18,2 22,1 18,8 16,9 26,7 23,3 14,9
26,6 19,9 19,1 18,8 16,7 26,7 23,2 20,7
16,2 17,6 24,1 25,8 19,8 22,2 10,5 24,9
22,1 30,8 18,6 20,9 22,9 13,2 20,2 19,2

22. Falhas de energia A duração (em minutos) das falhas de energia em uma residência nos últimos 10 anos.

18 26 45 75 125 80 33 40 44 49
89 80 96 125 12 61 31 63 103 28

23. Qualidade do ar As respostas de uma amostra de 1.040 pessoas que foram perguntadas se a qualidade do ar em sua comunidade está melhor ou pior do que estava 10 anos atrás.

Melhor: 346 Pior: 450 Igual: 244.

24. Crime As respostas de uma amostra de 1.019 pessoas questionadas sobre como se sentem quando pensam em criminalidade.

Despreocupados: 34 Cautelosos: 672
Tensos: 125 Com medo: 188

25. Velocidade máxima A velocidade máxima (em milhas por hora) para uma amostra de sete carros esportivos.

187,3 181,8 180,0 169,3 162,2 158,1 155,7

26. Preferências de compras A resposta de uma amostra de 1.001 pessoas que foram perguntadas se suas próximas compras de veículos serão de carros nacionais ou importados.

Nacional: 704 Importado: 253 Não sabem: 44

27. Ações O preço recomendado (em dólares) para diversas ações que os analistas preveem que irão produzir pelo menos 10% de retornos anuais. *(Fonte: Money.)*

41 20 22 14 15 25 18 40 17 14

28. Distúrbios alimentares O número de semanas que uma amostra de 5 pacientes com distúrbios alimentares tratados com psicoterapia psicodinâmica leva para atingir o peso-alvo. *(Fonte: The Journal of Consulting and Clinical Psychology.)*

15,0 31,5 10,0 25,5 1,0

29. Distúrbios alimentares O número de semanas que uma amostra de 14 pacientes com distúrbios alimentares tratados com psicoterapia psicodinâmica e técnicas de comportamento cognitivo leva para atingir o peso-alvo. *(Fonte: The Journal of Consulting and Clinical Psychology.)*

2,5 20,0 11,0 10,5 17,5 16,5 13,0
15,5 26,5 2,5 27,0 28,5 1,5 5,0

30. Aeronaves O número de aeronaves que as linhas aéreas têm em suas frotas. *(Fonte: Airline Transport Association.)*

699 480 25 35 110 445
458 374 93 356 380

31. Pesos (em libras) dos cães em um canil

Chave: 1|0 = 10

1	0 2
2	1 4 7
3	7 8
4	1 5 5
5	0 7
6	5
7	
8	
9	
10	6

32. Ponto médio das notas dos estudantes em uma aula

0	8	Chave: 0|8 = 0,8
1	5 6 8	
2	1 3 4 5	
3	0 9	
4	0 0	

33.

Tempo (em minutos) que funcionários levam para chegar ao trabalho dirigindo

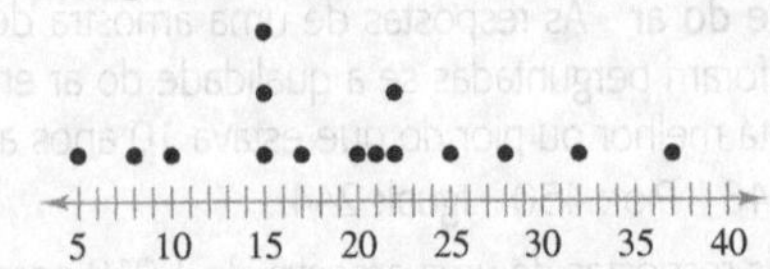

34.

Velocidade máxima (em milhas por hora) de carros esportivos de alto desempenho

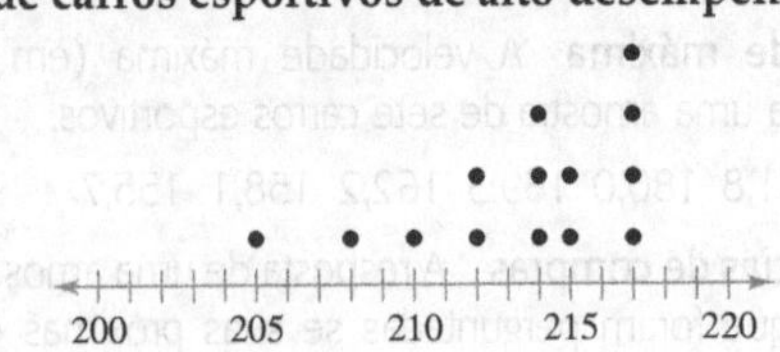

Análise gráfica

Nos exercícios 35 e 36, as letras A, B e C são marcadas no eixo horizontal. Descreva a forma dos dados. Em seguida, determine a média, a mediana e a moda. Justifique.

35.

Dias em que os funcionários ficam doentes

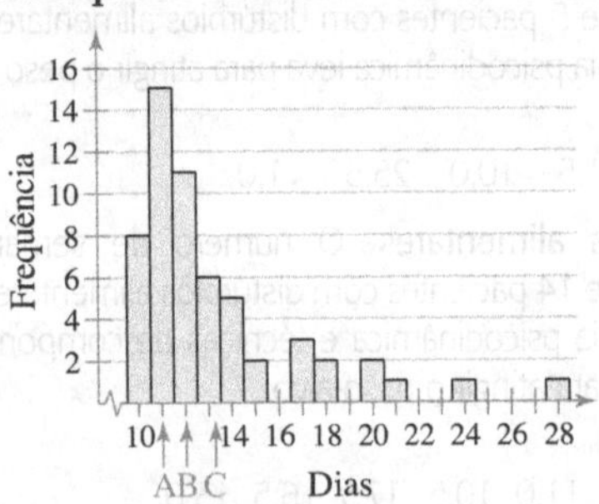

36.

Recebimento dos funcionários por hora

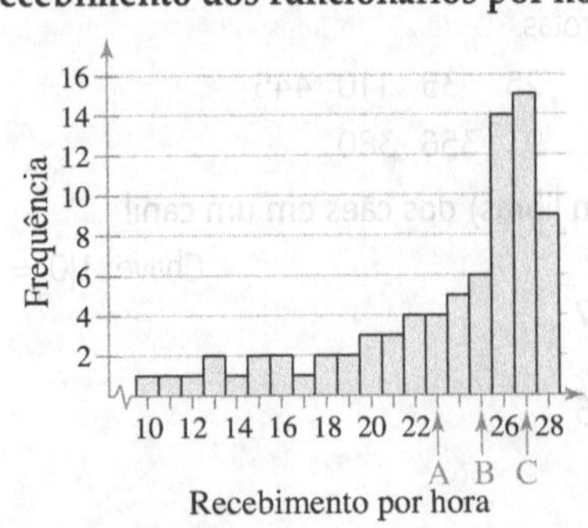

Nos exercícios de 37 a 40, sem realizar nenhum cálculo, determine quais medidas da tendência central melhor representam os gráficos a seguir. Explique.

37.

Você dorme o suficiente?

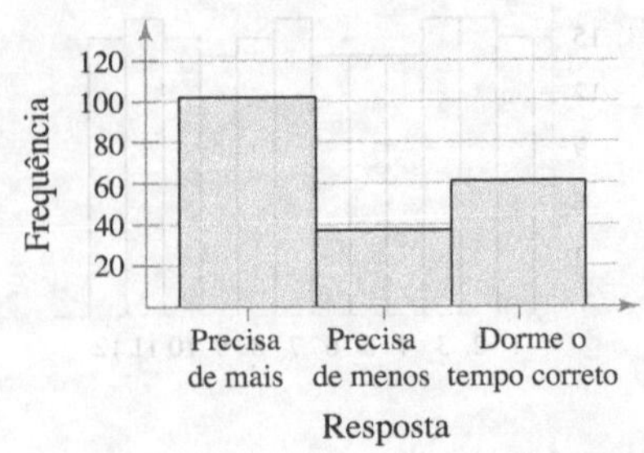

38.

Altura dos jogadores de dois times de futebol

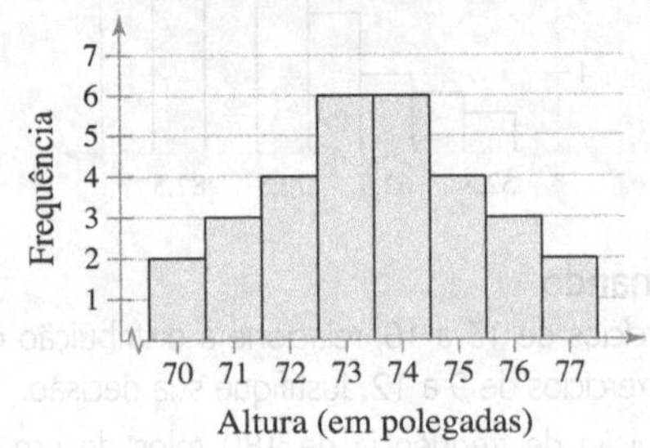

39.

Índice cardíaco de uma amostra de adultos

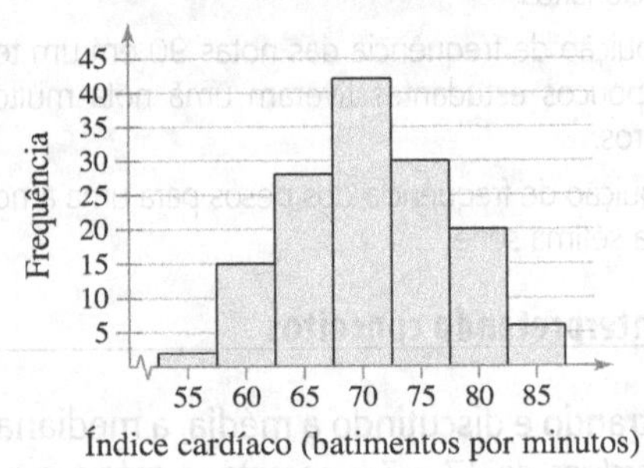

40.

Índice de massa corporal (IMC) das pessoas em uma aula de ginástica

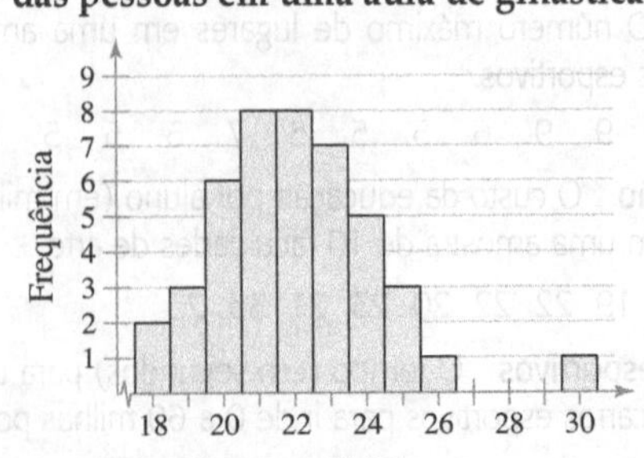

Encontrando a média ponderada

Nos exercícios de 41 a 46, encontre a média ponderada dos dados.

41. **Nota final** Fornecemos as notas e suas porcentagens na nota final para um aluno de estatística. Qual é a nota média do aluno?

	Nota	Porcentagem na nota final
Dever de casa	85	5%
Testes	80	35%
Projetos	100	20%
Apresentações	90	15%
Teste final	93	25%

42. **Salários** Os salários médios iniciais (por graduação atingida) para 25 funcionários em uma empresa são dados a seguir. Qual é a média dos salários iniciais para esses funcionários?
8 com MBA: $ 45.500
17 com bacharelado em Administração: $ 32.000

43. **Saldo de conta** Para o mês de abril, uma conta bancária tem saldo de $ 523 para 24 dias, $ 2.415 para 2 dias e $ 250 para 4 dias. Qual é a média de saldo para abril?

44. **Saldo de conta** Para o mês de maio, uma conta bancária tem saldo de $ 759 para 15 dias, $ 1.985 para 5 dias, $ 1.410 para 5 dias e $ 348 para 6 dias. Qual é a média de saldo para maio?

45. **Notas** Um estudante recebe as seguintes notas, com A valendo 4 pontos, B valendo 3 pontos, C valendo 2 pontos e D valendo 1 ponto. Qual é a nota média?
B em duas aulas de 3 créditos D em uma aula de 2 créditos
A em uma aula de 4 créditos C em uma aula de 3 créditos

46. **Notas** As notas médias para um curso de estatística (por graduação) são dadas a seguir. Quais são as notas médias para o curso?
9 graduandos em engenharia: 85
5 graduandos em matemática: 90
13 graduandos em administração: 81

Encontrando a média para dados agrupados

Nos exercícios de 47 a 50, aproxime a média dos dados agrupados.

47. **Altura de mulheres** A altura (em polegadas) de 18 estudantes do sexo feminino durante uma aula de educação física.

Altura (em polegadas)	Frequência
60–62	4
63–65	5
66–68	8
69–71	1

48. **Altura de homens** A altura (em polegadas) de 23 estudantes do sexo masculino durante uma aula de educação física.

Altura (em polegadas)	Frequência
63–65	3
66–68	6
69–71	7
72–74	4
75–77	3

49. **Idades** Idade dos moradores de uma cidade.

Idade	Frequência
0–9	55
10–19	70
20–29	35
30–39	56
40–49	74
50–59	42
60–69	38
70–79	17
80–89	10

50. **Ligações telefônicas** Duração das ligações de longa distância (em minutos) feitas por uma pessoa em um dia.

Duração	Número de chamadas
1–5	12
6–10	26
11–15	20
16–20	7
21–25	11
26–30	7
31–35	4
36–40	4
41–45	1

Identificando a forma da distribuição

Nos exercícios 51 a 54, construa uma distribuição de frequência e um histograma de frequência dos dados usando o número indicado de classes. Descreva a forma do histograma como simétrico, uniforme, assimétrico negativo, assimétrico positivo ou nenhum dos anteriores.

51. **Hospitalizações**
Número de classes: 6
Conjunto de dados: o número de dias em que 20 pacientes ficaram hospitalizados:

6 9 7 14 4
5 6 8 4 11
10 6 8 6 5
7 6 6 3 11

52. **Camas de hospitais**
Número de classes: 5
Conjunto de dados: número de camas em uma amostra de 24 hospitais:

149 167 162 127 130 180 160 167
221 145 137 194 207 150 254 262
244 297 137 204 166 174 180 151

53. **Altura de homens**
Número de classes: 5
Conjunto de dados: alturas (aproximadas à próxima polegada) de 30 homens:

67 76 69 68 72 68 65 63 75 69
66 72 67 66 69 73 64 62 71 73
68 72 71 65 69 66 74 72 68 69

54. Dado de 6 lados
Número de classes: 6
Conjunto de dados: o resultado da rolagem de um dado de seis lados 30 vezes:

1 4 6 1 5 3 2 5 4 6
1 2 4 3 5 6 3 2 1 1
5 6 2 4 4 3 1 6 2 4

55. Conteúdo de café Durante uma checagem de segurança, o conteúdo de café (em onças = 28,34 gramas) de cinco recipientes de café instantâneo foi registrado como 6,03; 5,59; 6,40; 6,00; 5,99 e 6,02.

(a) Encontre a média e a mediana do conteúdo de café.

(b) O terceiro valor foi incorretamente medido e é, na verdade, 6,04. Encontre a média e a mediana do conteúdo de café novamente.

(c) Qual medida da tendência central, a média ou a mediana, foi mais afetada pelo erro na entrada do dado?

56. Exportações dos EUA Os dados a seguir são das exportações dos EUA (em bilhões de dólares) para 19 países em um ano recente. *(Fonte: U. S. Department of Commerce.)*

Canadá	230,3	México	134,2
Alemanha	41,3	Taiwan	23,0
Holanda	31,1	China	55,2
Austrália	17,8	Malásia	12,6
Suíça	14,4	Arábia Saudita	7,8
Japão	59,6	Reino Unido	45,4
Coreia do Sul	32,5	Cingapura	24,7
França	24,2	Brasil	19,2
Bélgica	21,3	Itália	12,6
Tailândia	8,2		

(a) Encontre a média e a mediana.

(b) Encontre a média e a mediana sem as exportações para o Canadá.

(c) Qual medida de tendência central, a média ou a mediana, foi mais afetada pela eliminação dos dados do Canadá?

Expandindo conceitos

57. Golfe As distâncias (em jardas) para nove buracos de um jogo de golfe são listadas.
336 393 408 522 147 504 177 375 360

(a) Encontre a média e a mediana dos dados.

(b) Converta as distâncias para pés. Refaça a parte (a).

(c) Compare as medidas encontradas na parte (b) com os resultados na parte (a). O que podemos notar?

(d) Use os resultados da parte (c) para explicar o conjunto de dados fornecido se as distâncias são medidas em polegadas.

58. Análise de dados Um serviço de teste ao consumidor obteve as seguintes milhas por galão em cinco testes de desempenho com três tipos de carros compactos.

	Teste 1	Teste 2	Teste 3	Teste 4	Teste 5
Carro A	28	32	28	30	34
Carro B	31	29	31	29	31
Carro C	29	32	28	32	30

(a) O fabricante do carro A quer anunciar que seu carro teve o melhor desempenho no teste. Que medida da tendência central – média, mediana ou moda – deveria ser usada para essa afirmação? Explique.

(b) O fabricante do carro B quer anunciar que seu carro teve o melhor desempenho no teste. Que medida da tendência central – média, mediana ou moda – deveria ser usada para essa afirmação? Explique.

(c) O fabricante do carro C quer anunciar que seu carro teve o melhor desempenho no teste. Que medida da tendência central – média, mediana ou moda – deveria ser usada para essa afirmação? Explique.

59. Amplitude total média Outra medida da tendência central que é raramente usada, mas fácil de ser calculada, é a **amplitude total média**. Ela pode ser encontrada pela fórmula.

$$\frac{(\text{Entrada máxima de dados}) + (\text{Entrada mínima de dados})}{2}$$

Qual dos fabricantes presentes no Exercício 58 iria preferir usar a amplitude total média estatística em seus anúncios? Explique.

60. Análise de dados Estudantes em uma aula de psicologia experimental realizaram uma pesquisa sobre a depressão como sinal de estresse. Um teste foi administrado com uma amostra de 30 estudantes. As notas são fornecidas.

44 51 11 90 76 36 64 37 43 72 53 62 36 74 51
72 37 28 38 61 47 63 36 41 22 37 51 46 85 13

(a) Encontre a média e a mediana.

(b) Desenhe um gráfico de ramo-e-folhas para os dados usando uma fileira por ramo. Localize a média e a mediana no gráfico.

(c) Descreva a forma da distribuição.

61. Média ajustada Para encontrar 10% de uma **média ajustada** de um conjunto de dados, ordene os dados, exclua o menor 10% das entradas e o maior 10% das entradas e encontre a média das entradas restantes.

(a) Encontre 10% de uma média ajustada para os dados do Exercício 60.

(b) Compare as quatro medidas da tendência central, incluindo a semiamplitude.

(c) Qual é o benefício de se usar a média ajustada ***versus*** a média encontrada usando todas as entradas de dados? Explique.

2.3 Atividades

Média *versus* mediana

Applet O applet da ***média*** versus ***mediana*** é planejado para permitir que você investigue interativamente a média e a mediana como as medidas do centro do conjunto de dados. Pontos podem ser adicionados para representar clicando o mouse acima do eixo horizontal. A média dos pontos é mostrada como uma seta verde e a mediana é mostrada como uma seta vermelha. Se dois valores forem os mesmos, então uma única seta amarela é mostrada. Valores numéricos para a média e a mediana são mostrados acima do gráfico. Pontos do gráfico podem ser removidos clicando no ponto e, então, arrastando o ponto para a lixeira. Todos os pontos no gráfico podem ser removidos simplesmente clicando-se dentro da lixeira. A amplitude dos valores para o eixo pode ser especificada colocando limites superiores e inferiores e então clicando em UPDATE.

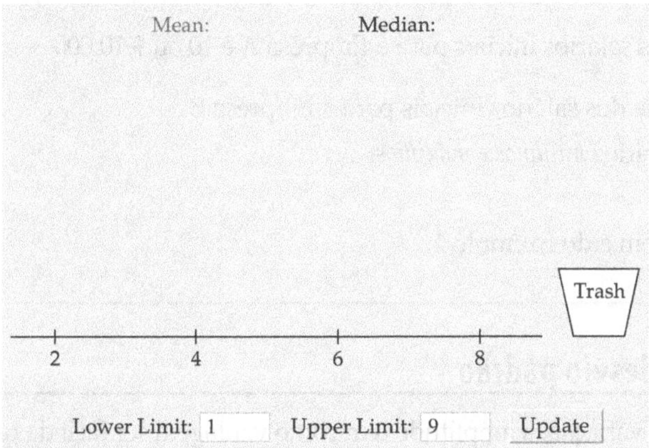

Explore

Passo 1 Especifique um limite inferior.

Passo 2 Especifique um limite superior.

Passo 3 Adicione 15 pontos no gráfico.

Passo 4 Remova todos os pontos do gráfico.

Chegando a conclusões

1. Especifique o limite inferior como 1 e o superior como 50. Adicione pelo menos dez pontos que estejam entre 20 e 40 de modo que a média e a mediana sejam as mesmas. Qual é a forma da distribuição? O que acontece primeiramente à média e à mediana quando você adiciona alguns pontos que sejam menores que 10? O que acontece com o tempo conforme continuamos a adicionar pontos que sejam menores que 10?
2. Especifique o limite inferior como 0 e o superior como 0,75. Coloque dez pontos ao gráfico. Então, mude o limite superior para 25. Adicione ao gráfico mais dez pontos que são maiores que 20. A média pode ser qualquer um dos pontos que foi representado? A mediana pode ser qualquer um dos pontos representados? Explique.

2.4 Medidas de variação

Amplitude ⟶ Desvio, variância e desvio padrão ⟶ Interpretando o desvio padrão ⟶ Desvio padrão para dados agrupados

O que você deve aprender

- Como encontrar a amplitude de um conjunto de dados.
- Como encontrar a variância e o desvio padrão da população e da amostra.
- Como usar a regra empírica e o teorema de Chebychev para interpretar o desvio padrão.
- Como aproximar o desvio padrão para dados agrupados.

Amplitude

Nesta seção, você aprenderá diferentes maneiras de medir a variação do conjunto de dados. A medida mais simples é a amplitude do conjunto.

Definição

A **amplitude** de um conjunto de dados é a diferença entre as entradas máximas e mínimas no conjunto. Para encontrar a amplitude, os dados devem ser quantitativos.

Amplitude = (Entrada máxima de dados) – (Entrada mínima de dados)

Exemplo 1

Encontrando a amplitude de um conjunto de dados

Duas corporações contrataram 10 formandos cada. O salário inicial para cada formando é mostrado a seguir. Encontre a amplitude dos salários iniciais para a Empresa A.

Salários iniciais para a Empresa A (milhares de dólares)

Salários	41	38	39	45	47	41	44	41	37	42

Salários iniciais para a Empresa B (milhares de dólares)

Salários	40	23	41	50	49	32	41	29	52	58

Solução

Ordenar os dados ajuda a encontrar os salários mínimos e máximos.

37 38 39 41 41 41 42 44 45 47

Mínimo (37) — Máximo (47)

$$\begin{aligned}\text{Amplitude} &= (\text{Salário máximo}) - (\text{Salário mínimo})\\ &= 47 - 37\\ &= 10.\end{aligned}$$

Então, a amplitude dos salários iniciais para a Empresa A é 10 ou $ 10.000.

Importante

Ambos os conjunto de dados no Exemplo 1 têm a média de 41,5, a mediana de 41 e a moda de 41. E ainda, os dois conjuntos diferem significantemente. A diferença é que as entradas no segundo conjunto têm uma variação maior. Seu objetivo nesta seção é aprender como medir a variação no conjunto de dados.

Tente você 1 Encontre a amplitude dos salários iniciais para a Empresa B.

a. Identifique os salários *mínimos e máximos.*

b. Encontre a *amplitude.*

c. Compare sua resposta com a do Exemplo 1.

Resposta na p. A35

Desvio, variância e desvio padrão

Como uma medida de variação, a amplitude tem como vantagem ser fácil de calcular. A desvantagem, entretanto, é que a amplitude usa somente duas entradas do conjunto de dados. Duas medidas de variação que usam todas as entradas do conjunto de dados são a variância e o desvio padrão. Porém, antes de aprendermos essas medidas, precisamos entender o que chamamos desvio padrão e entrada no conjunto de dados.

Definição

O **desvio** de uma entrada x em uma população é a diferença entre a entrada e a média μ do conjunto de dados.

Desvio de $x = x - \mu$.

Exemplo 2

Encontrando os desvios de um conjunto de dados

Encontre o desvio de cada salário inicial para a Empresa A dado no Exemplo 1.

Solução

A média dos salários iniciais é $\mu = 415/10 = 41{,}5$. Para encontrar o quanto um salário desvia da média, subtraia 41,5 do salário. Por exemplo, o desvio de 41 (ou $ 41.000) é:

$$41 - 41{,}5 = 0{,}5 \text{ (ou } - \$\,500).$$ *Desvio de $x = x - \mu$* (x = 41, μ = 41,5)

A tabela à esquerda lista os desvios de cada um dos dez salários iniciais.

Desvios dos dez salários iniciais da Empresa A

Salário, (milhares de dólares) x	Desvio (milhares de dólares) $x - \mu$
41	−0,5
38	−3,5
39	−2,5
45	3,5
47	5,5
41	−0,5
44	2,5
41	−0,5
37	−4,5
42	0,5
$\Sigma x = 415$	$\Sigma(x - \mu) = 0$

Tente você 2 Encontre o desvio de cada salário inicial para a Empresa B dado no Exemplo 1.

a. Encontre *a média* de cada conjunto de dados.

b. *Subtraia* a média de cada salário.

Resposta na p. A35

No Exemplo 2, note que a soma dos desvios é zero. Em razão de isso ser verdadeiro para qualquer conjunto de dados, não faz sentido encontrar a média dos desvios. Para superar esse problema, você pode fazer o quadrado de cada desvio. Quando adicionamos os quadrados dos desvios, calculamos a quantidade chamada **soma dos quadrados,** denotada para SS_x. Em um conjunto de dados populacional, a média dos quadrados dos desvios é chamada de **variância populacional.**

Definição

A **variância populacional** do conjunto de dados populacional de N entradas é:

$$\text{Variância populacional} = \sigma^2 = \frac{\sum(x-\mu)^2}{N}.$$

O símbolo σ é a letra minúscula grega sigma.

Definição

O **desvio padrão populacional** de um conjunto de dados populacional de N entradas é a raiz quadrada da variância populacional.

$$\text{Desvio padrão populacional} = \sigma^2 = \sqrt{\sigma^2} = \sqrt{\frac{\sum(x-\mu)^2}{N}}$$

Instruções

Encontrando a variância populacional e o desvio padrão

Em palavras

1. Encontre a média do conjunto de dados populacional.
2. Encontre o desvio de cada entrada.
3. Faça o quadrado de cada desvio.
4. Adicione para obter a **soma dos quadrados.**
5. Divida por N para obter a **variação populacional.**
6. Encontre a raiz quadrada da variância para obter **o desvio padrão populacional.**

Em símbolos

1. $\mu = \dfrac{\sum x}{N}$
2. $x - \mu$
3. $(x-\mu)^2$
4. $SS_x = \Sigma(x-\mu)^2$
5. $\sigma^2 = \dfrac{\sum(x-\mu)^2}{N}$
6. $\sigma = \sqrt{\dfrac{\sum(x-\mu)^2}{N}}$

Soma dos quadrados dos salários iniciais da Empresa A

Salário x	Desvio $x-\mu$	Quadrados $(x-\mu)^2$
41	–0,5	0,25
38	–3,5	12,25
39	–2,5	6,25
45	3,5	12,25
47	5,5	30,25
41	–0,5	0,25
44	2,5	6,25
41	–0,5	0,25
37	–4,5	20,25
42	0,5	0,25
	$\Sigma = 0$	$SS_x = 88,5$

Dica de estudo

Note que a variância e o desvio padrão do Exemplo 3 têm uma casa decimal a mais do que o conjunto de dados original. Esta é a mesma regra de arredondamento usada para calcular a média.

Dica de estudo

Note que quando encontramos a variância *populacional*, dividimos por N o número de entradas, mas por razões técnicas, quando encontramos a variância *amostral* dividimos por n – 1, um número a menos que o número de entradas.

Símbolos nas fórmulas da variância e do desvio padrão

	População	Amostra
Variância	σ^2	s^2
Desvio padrão	σ	s
Média	μ	$\bar{x}$
Número de entradas	N	n
Desvio	$x-\mu$	$x-\bar{x}$
Soma dos quadrados	$\Sigma(x-\mu)^2$	$\Sigma(x-\bar{x})^2$

Exemplo 3

Encontrando o desvio padrão populacional

Encontre a variância populacional e o desvio padrão dos salários iniciais para a Empresa A dados no Exemplo 1.

Solução

A tabela à esquerda resume os passos usados para encontrar SS_x.

$$SS_x = 88,5, \quad N = 10, \quad \sigma^2 = \frac{88,5}{10} \approx 8,9, \quad \sigma = \sqrt{8,85} \approx 3,0$$

Assim, a variância populacional é de aproximadamente 8,9 e o desvio padrão populacional é de aproximadamente de 3,0 ou \$ 3.000.

Tente você 3 Encontre o desvio padrão populacional dos salários iniciais para as empresas dadas no Exemplo 1.

a. Encontre a *média e cada desvio padrão* como você fez no *Tente você 2*.

b. *Faça o quadrado* de cada desvio e os *adicione* para obter a soma dos quadrados.

c. *Divida* por N para obter a variância populacional.

d. Encontre a *raiz quadrada* da variância.

e. *Interprete* os resultados fornecendo o desvio padrão populacional em dólares.

Resposta na p. A36

Definição

A **variância amostral** e o **desvio padrão amostral** de cada conjunto de dados amostral de n entradas estão listados a seguir.

$$\text{Variância da amostra} = s^2 = \frac{\Sigma(x-\bar{x})^2}{n-1}$$

$$\text{Desvio padrão amostral} = s = \sqrt{s^2} = \sqrt{\frac{\Sigma(x-\bar{x})^2}{n-1}}$$

Instruções

Encontrando a variância amostral e o desvio padrão

Em palavras

1. Encontre a média do conjunto de dados amostral.
2. Encontre o desvio de cada entrada.
3. Faça o quadrado de cada desvio.
4. Adicione para obter a **soma dos quadrados.**
5. Divida por $n-1$ para obter a **variação amostral.**
6. Encontre a raiz quadrada da variância para obter **o desvio padrão amostral.**

Em símbolos

1. $\bar{x} = \dfrac{\sum x}{n}$
2. $x - \bar{x}$

3. $(x-\bar{x})^2$
4. $SS_x = \Sigma(x-\bar{x})^2$
5. $s^2 = \dfrac{\sum(x-\bar{x})^2}{n-1}$
6. $s = \sqrt{\dfrac{\sum(x-\bar{x})^2}{n-1}}$

Exemplo 4

Encontre o desvio padrão amostral

Os salários fornecidos no Exemplo 1 são para as filiais de Chicago das empresas A e B. Cada empresa tem diversas outras filiais e você planeja usar os salários iniciais das filiais de Chicago para estimar os salários iniciais para populações maiores. Encontre o desvio padrão *amostral* dos salários iniciais para a filial de Chicago da Empresa A.

Veja os passos MINITAB e TI-83/84 nas p. 100 e 101.

Solução

$$SS_x = 88{,}5 \qquad n = 10 \qquad s^2 = \frac{88{,}5}{9} \approx 9{,}8 \qquad s = \sqrt{\frac{88{,}5}{9}} \approx 3{,}1$$

Assim, a variância amostral é de aproximadamente 9,8 e o desvio padrão amostral é de aproximadamente 3,1 ou $ 3.100.

Tente você 4 Encontre o desvio padrão amostral dos salários iniciais para a filial de Chicago da Empresa B.

a. Encontre a *soma dos quadrados* como você fez no Tente você 3.
b. *Divida* por $n-1$ para a variância amostral.
c. Encontre a *raiz quadrada* da variância amostral.

Resposta na p. A36

Exemplo 5

Usando a tecnologia para encontrar o desvio padrão

Na tabela são mostradas amostras dos índices de locação de escritórios (em dólares por pés quadrados por ano) para o distrito de negócios de Miami. Use uma calculadora ou computador para encontrar a média do índice de locação e o desvio padrão amostral. (*Adaptado de Cushman & Wakefield Inc.*)

Solução

O MINITAB, Excel e a TI-83/84 têm características que calculam automaticamente a média e o desvio padrão do conjunto de dados. Tente usar essa tecnologia para encontrar a média e o desvio padrão dos índices de locação. A partir dos displays, podemos ver que $\bar{x} \approx 33{,}73$ e $s \approx 5{,}09$.

MINITAB

Descriptive Statistics

Variable	N	Mean	Median	TrMean	StDev
Rental Rates	24	33.73	35.38	33,88	5.09
Variable	**SE Mean**	**Minimum**	**Maximum**	**Q1**	**Q3**
Rental Rates	1.04	23.75	40.50	29.56	37.44

Dica de estudo

Aqui estão as instruções para calcular a média amostral e o desvio padrão amostral em uma TI-83/84 para o Exemplo 5.

[STAT]

Escolha o menu [EDIT]

1: Edit

Entre as amostras dos índices de locação em L1

[STAT]

Escolha o menu [CALC]

1: 1 – Var Stats

[ENTER]

[2nd] [L1] [ENTER]

Índices de locação de escritórios		
35,00	33,50	37,00
23,75	26,50	31,25
36,50	40,00	32,00
39,25	37,50	34,75
37,75	37,25	36,75
27,00	35,75	26,00
37,00	29,00	40,50
24,50	33,00	38,00

Para explorar mais este tópico, veja 2.4 Atividades na p. 82.

Importante

Quando todos os valores de dados são iguais, o desvio padrão é 0. Do contrário, o desvio padrão tem que ser positivo.

EXCEL

	A	B
1	Média	33,72917
2	Erro padrão	1,038864
3	Média	35,375
4	Moda	37
5	Desvio padrão	5,089373
6	Variância da amostra	25,90172
7	Kurtosis	-0,74282
8	Skewness	-0,70345
9	Extensão	16,75
10	Mínimo	23,75
11	Máximo	40,5
12	Soma	809,5
13	Conta	24

TI-83/84

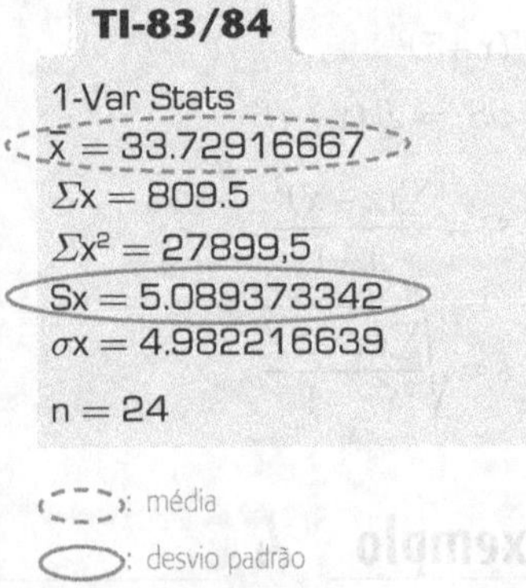

Tente você 5 São listadas amostras dos índices de locação de escritórios (em dólares por pés quadrados por ano) para o distrito de negócios de Seattle. Use a calculadora ou computador para encontrar a média dos índices e o desvio padrão da amostra.

(Adaptado de Cushman & Wakefield, Inc.)

40,00 43,00 46,00 40,50 35,75 39,75 32,75
36,75 35,75 38,75 38,75 36,75 38,75 39,00
29,00 35,00 42,75 32,75 40,75 35,25

a. *Digite* os dados.

b. *Calcule* a média amostral e o desvio padrão amostral.

Respostas na p. A36

Interpretando o desvio padrão

Na interpretação do desvio padrão, lembre-se de que ele é a medida de quanto uma entrada típica se desvia da média. Quanto mais espalhadas estiverem as entradas, maior será o desvio padrão.

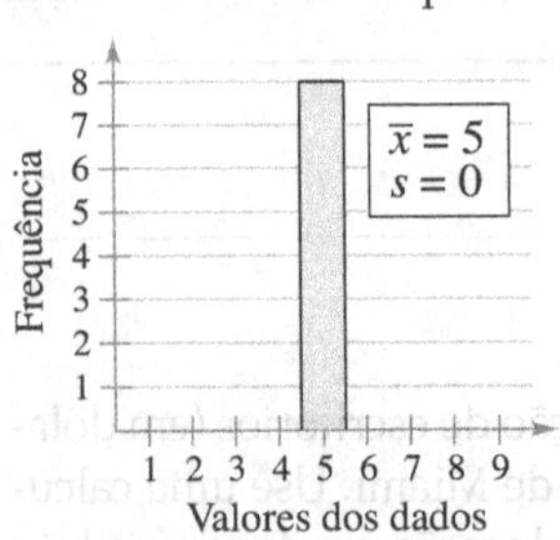

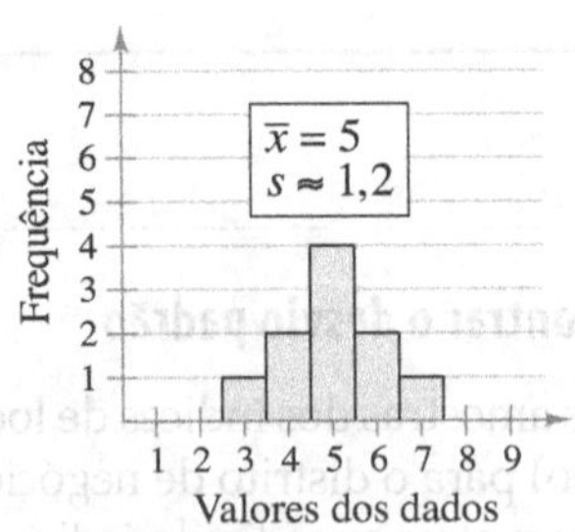

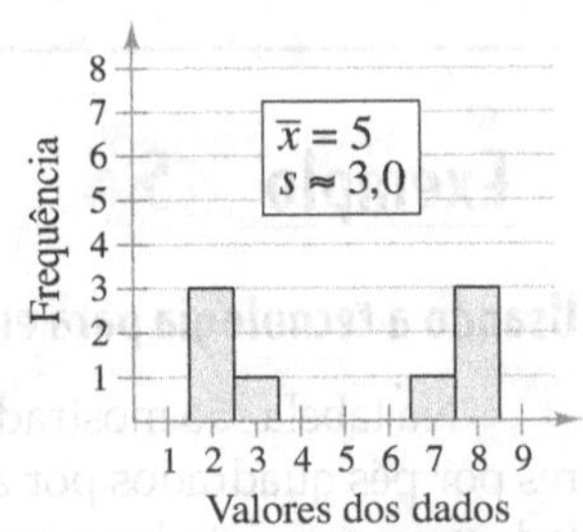

Exemplo 6

Estimando o desvio padrão

Sem calcular, estime o desvio padrão populacional de cada conjunto de dados.

1.

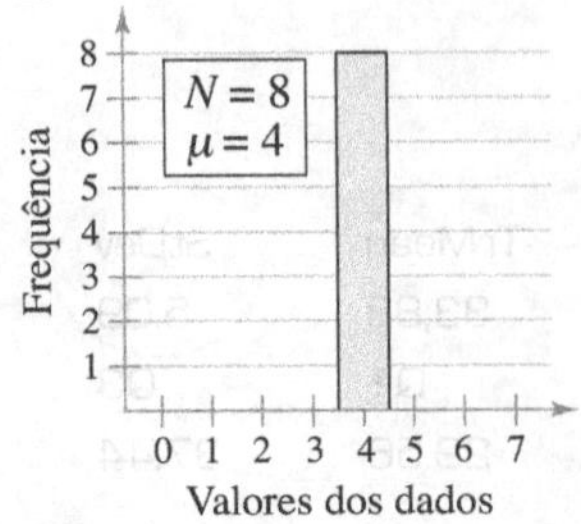

2.

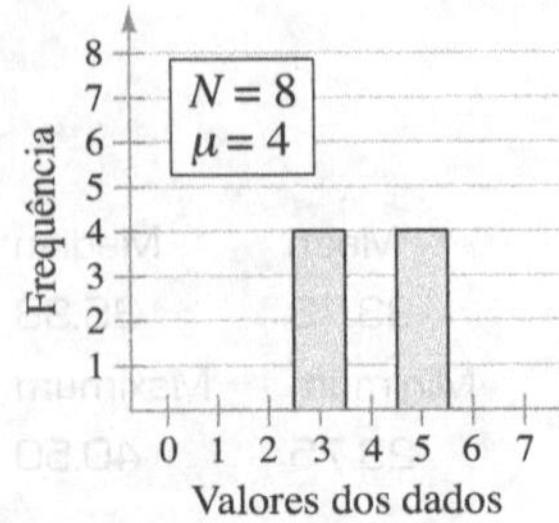

3.

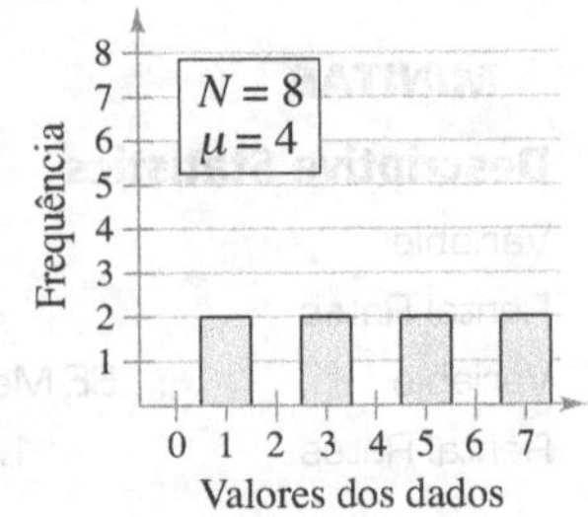

Solução

1. Cada uma das oito entradas é 4. Então, cada desvio é 0, o que implica $\sigma = 0$.
2. Cada uma das oito entradas tem desvio de ± 1. Então, o desvio padrão populacional deveria ser 1. Calculando, você pode ver que $\sigma = 1$
3. Cada uma das oito entradas tem desvio de ± 1 ou ± 3. Então, o desvio padrão populacional deveria ser 2. Calculando, você pode ver que $\sigma \approx 2{,}24$.

Tente você 6 Escreva um conjunto de dados que tenha 10 entradas, uma média de 10 e um desvio padrão populacional de aproximadamente 3. (Há várias respostas corretas.)

a. *Escreva* um conjunto de dados que tenha 5 entradas que sejam três unidades menores que 10 e cinco entradas que sejam três unidades maiores que 10.

b. *Calcule* o desvio padrão populacional para checar que σ é aproximadamente 3.

Resposta na p. A3

Muitos conjuntos de dados da vida real têm distribuições que são aproximadamente simétricas e têm curva em forma de sino. Mais tarde neste livro, estudaremos esse tipo de distribuição em detalhes. Agora, entretanto, a *Regra Empírica* a seguir pode ajudá-lo a ver como o desvio padrão pode ser valoroso como uma medida de variação.

Distribuição em forma de sino

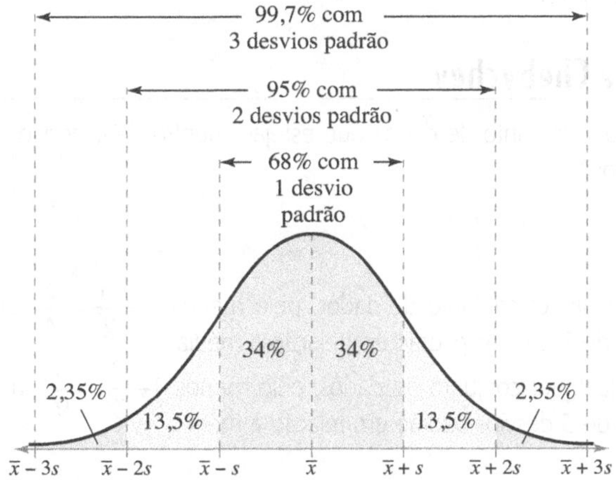

Regra empírica (ou regra 68-95-99,7)

Para os dados com distribuição (simétrica) com formato de curva, o desvio padrão tem as características a seguir.

1. Em torno de 68% dos dados está dentro de um desvio padrão em relação à média.
2. Em torno de 95% dos dados está dentro de dois desvios padrão em relação à média.
3. Em torno de 99,7% dos dados está dentro de três desvios padrão em relação à média.

Exemplo 7

Usando a regra empírica

Em uma pesquisa conduzida pelo National Center for Health Statistics (Centro Nacional de Estatísticas Médicas), uma amostra das alturas médias das mulheres nos EUA (idades entre 20 e 29) era de 64 polegadas, com desvio padrão amostral de 2,71 polegadas. Estime a porcentagem de mulheres cujas alturas estão entre 64 e 69,42 polegadas.

Retratando o mundo

Uma pesquisa foi conduzida pelo National Center for Health Statistics (Centro Nacional de Estatísticas Médicas) para encontrar a altura média dos homens nos EUA. O histograma mostra a distribuição das alturas para os 724 homens examinados no conjunto com idades entre 20 e 29. Neste conjunto, a média era de 69,6 polegadas e o desvio padrão era 3,0 polegadas. (*Fonte: National Center for Health Statistics.*)

Alturas dos homens nos EUA com idades entre 20 e 29

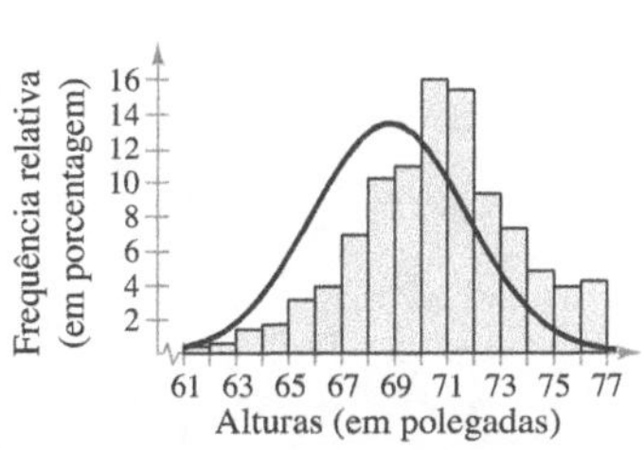

Em termos gerais, quais duas alturas contêm 95% da média dos dados?

Alturas das mulheres nos EUA com idades entre 20 e 29

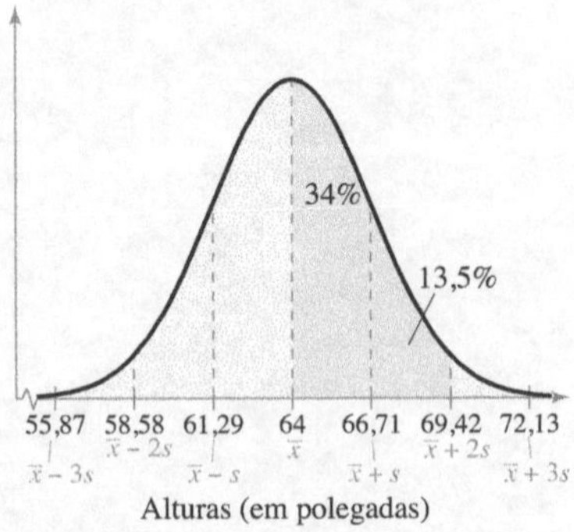

Solução

A distribuição das alturas das mulheres é mostrada no gráfico. Em razão de a distribuição ter formato de sino, você pode usar a regra empírica. A altura média é 64, então, quando você adicionar dois desvios padrão à altura média, você obtém:

$$\bar{x} + 2s = 64 + 2\,(2{,}71) = 69{,}42.$$

Já que 62,42 é dois desvios padrão acima da altura média, a porcentagem das alturas entre 64 polegadas e 69,42 polegadas são 34% + 13,5% = 47,5%.

Interpretação

Então, 47,5% das mulheres têm entre 64 e 69,42 polegadas de altura.

Tente você 7 Estime a porcentagem das alturas que estão entre 61,29 e 64 polegadas.

a. Quantos desvios padrão estão 61,29 à esquerda de 64?

b. Use a regra empírica para estimar a porcentagem dos dados entre $\bar{x} - s$ e $\bar{x}$.

c. *Interprete* os resultados no contexto dos dados.

Resposta na p. A36

Importante

Os valores dos dados que estão a mais de dois desvios padrão da média são incomuns. Os valores de dados que estão a mais de três desvios padrão da média são muito incomuns.

A regra empírica se aplica somente às distribuições em forma de sino (simétricas). Mas e se a distribuição não for em forma de sino ou se a forma da distribuição for desconhecida? O teorema a seguir fornece uma afirmação de desigualdade que se aplica a todas as distribuições. Seu nome é em homenagem ao estatístico russo Pafnuti Chebychev (1821–1894).

Teorema de Chebychev

A porção de qualquer conjunto de dados que estejam dentro de k desvios padrão ($k > 1$) da média é, pelo menos:

$$1 - \frac{1}{k^2}.$$

- $k = 2$: em qualquer conjunto de dados, pelo menos $1 - \frac{1}{2^2} = \frac{3}{4}$ ou 75% dos dados estão dentro de 2 desvios padrão em relação à média.
- $k = 3$: em qualquer conjunto de dados, pelo menos $1 - \frac{1}{3^2} = \frac{8}{9}$ ou 88,9% dos dados estão dentro de 3 desvios padrão em relação à média.

Exemplo 8

Usando o teorema de Chebychev

As distribuições das idades para o Alasca e a Flórida são mostradas no histograma. Decida qual é qual. Aplique o teorema de Chebychev para os dados da Flórida usando $k = 2$. O que podemos concluir?

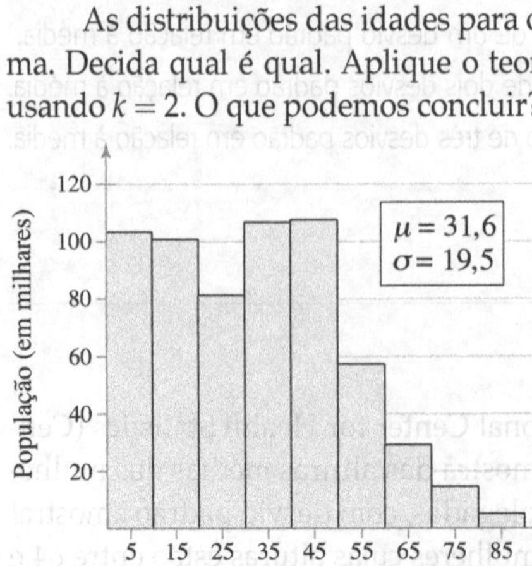

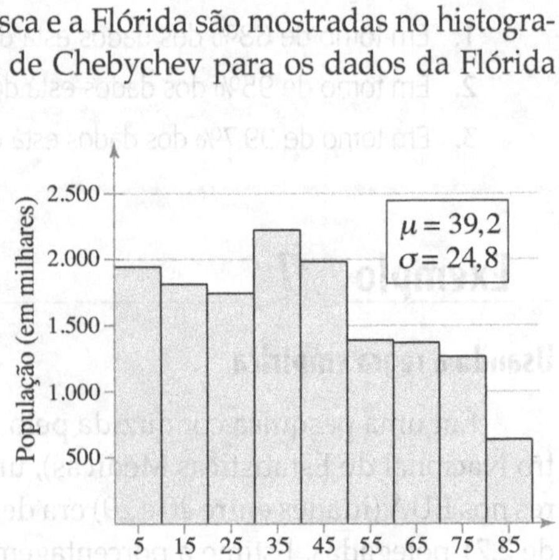

Solução

O histograma da direita mostra a distribuição de idades na Flórida. Podemos afirmar isso, pois a população é maior e mais velha. Movendo dois desvios padrão para a esquerda da média chega-se em 0, pois $\mu - 2\sigma = 39{,}2 - 2(24{,}8) = -10{,}4$. Mover dois desvios padrão para a direita da média nos coloca em $\mu + 2\sigma = 39{,}2 + 2(24{,}8) = 88{,}8$. Pelo teorema de Chebychev podemos dizer que pelo menos 75% da população da Flórida está entre 0 e 88,8 anos de idade.

Tente você 8 Aplique o teorema de Chebychev para os dados do Alasca usando $k = 2$.

a. *Subtraia* dois desvios padrão a partir da média.
b. *Adicione* dois desvios padrão à média.
c. *Aplique* o teorema de Chebychev para $k - 2$ e *interprete* os resultados.

Resposta na p. A36

Desvio padrão para dados agrupados

Na Seção 2.1 aprendemos que conjuntos de dados grandes são melhores representados por uma distribuição de frequência. A fórmula para o desvio padrão amostral para uma distribuição de frequência é:

$$\text{Desvio padrão amostral} = s = \sqrt{\frac{\Sigma(x-\bar{x})^2 f}{n-1}},$$

onde $n = \Sigma f$ é o número de entradas no conjunto de dados.

Importante

No Exemplo 8, o teorema de Chebychev fornece uma afirmação de desigualdade em que pelo menos 75% da população da Flórida tem idade abaixo de 88,8. Essa é uma afirmação verdadeira, mas não é tão forte quanto poderia ser uma afirmação feita com base no histograma.

Em geral, o teorema de Chebychev fornece a porcentagem mínima dos valores dos dados que estão dentro do número dado de desvios padrão da média. Dependendo da distribuição, há provavelmente uma maior porcentagem de dados na amplitude dada.

Dica de estudo

Lembre-se de que as fórmulas para dados agrupados pedem que você multiplique as frequências.

Exemplo 9

Encontrando o desvio padrão para dados agrupados

Você coletou uma amostra aleatória do número de crianças por residência em certa região. Os resultados são mostrados na tabela à direita. Encontre a média amostral e o desvio padrão amostral para o conjunto de dados.

Número de crianças em 50 residências				
1	3	1	1	1
1	2	2	1	0
1	1	0	0	0
1	5	0	3	6
3	0	3	1	1
1	1	6	0	1
3	6	6	1	2
2	3	0	1	1
4	1	1	2	2
0	3	0	2	4

Solução

Esses dados poderiam ser tratados como 50 entradas individuais e poderíamos usar as fórmulas para a média e o desvio padrão. Mas como temos muitos números repetidos, entretanto, é mais fácil usarmos a distribuição de frequência.

x	f	xf
0	10	0
1	19	19
2	7	14
3	7	21
4	2	8
5	1	5
6	4	24
	$\Sigma = 50$	$\Sigma = 91$

$x - \bar{x}$	$(x - \bar{x})^2$	$(x - \bar{x})^2 f$
−1,8	3,24	32,40
−0,8	0,64	12,16
0,2	0,04	0,28
1,2	1,44	10,08
2,2	4,84	9,68
3,2	10,24	10,24
4,2	17,64	70,56
		$S = 145{,}40$

$$\bar{x} = \frac{\Sigma xf}{n} = \frac{91}{50} \approx 1{,}8$$

Média amostral

Dica de estudo

Aqui estão as instruções para o cálculo da média e do desvio padrão amostral em uma TI-83/84 para os dados agrupados do Exemplo 9.

STAT

Escolha o menu EDIT

1: Edit

Entre os valores de x em L1

Entre as frequências f em L2

STAT

Escolha o menu CALC

1: 1 – Var Stats

ENTER

2nd L1, 2nd L2

ENTER

Gastos antes de viagens

Use a soma dos quadrados para encontrar o desvio padrão amostral.

$$s=\sqrt{\frac{\sum(x-\bar{x})^2 f}{n-1}}=\sqrt{\frac{145,4}{49}}\approx 1,7 \quad \textit{Desvio padrão amostral}$$

Então, a média amostral é aproximadamente 1,8 crianças e o desvio padrão é aproximadamente 1,7 crianças.

Tente você 9 Altere para 4 três dos 6 expostos no conjunto de dados. Como essa mudança afeta a média amostral e o desvio padrão amostral?

a. Escreva as três primeiras colunas da *distribuição de frequência*.

b. Encontre a *média amostral*.

c. Complete as *três últimas colunas* da distribuição de frequência.

d. Encontre o *desvio padrão amostral*.

Respostas na p. A36

Quando a distribuição de frequência tem classes, podemos estimar a média amostral e o desvio padrão usando pontos médios de cada classe.

Exemplo 10

Usando pontos médios das classes

O gráfico circular à esquerda mostra os resultados de uma pesquisa na qual 1.000 adultos foram questionados sobre o quanto gastam na preparação para viagens pessoais no ano. Faça uma distribuição de frequência para os dados. Então use a tabela para estimar o desvio padrão amostral do conjunto de dados. (*Adaptado de Travel Industry Association of America.*)

Solução

Comece usando a distribuição de frequência para organizar os dados.

Classe	x	f	xf	$x-\bar{x}$	$(x-\bar{x})^2$	$(x-\bar{x})^2f$
0–99	49,5	380	18.810	−142,5	20.306,25	7.716.375,0
100–199	149,5	230	34.385	−42,5	1.806,25	415.437,5
200–299	249,5	210	52.395	57,5	3.306,25	694.312,5
300–399	349,5	50	17.475	157,5	24.806,25	1.240.312,5
400–499	449,5	60	26.970	257,5	66.306,25	3.978.375,5
500+	599,5	70	41.965	407,5	166.056,25	11.623.937,5
		Σ = 1.000	Σ = 192.000			Σ = 25.668.750,0

$$\bar{x}=\frac{\sum xf}{n}=\frac{192.000}{1.000}=192 \quad \textit{Média amostral}$$

Use a soma dos quadrados para encontrar o desvio padrão amostral.

$$s=\sqrt{\frac{\sum(x-\bar{x})^2 f}{n-1}}=\sqrt{\frac{25.668.750}{999}}\approx 160,3 \quad \textit{Desvio padrão amostral}$$

Então, a média amostral é \$ 192 por ano e o desvio padrão amostral é aproximadamente \$ 160,3 por ano.

Tente você 10 Na distribuição de frequência, 599,5 foi escolhido para representar a classe de \$ 500 ou mais. Como a média e o desvio padrão amostral mudariam se usássemos \$ 650 para representar esta classe?

a. Escreva as quatro primeiras colunas da *distribuição de frequência*.
b. Encontre a *média amostral*.
c. Complete as *três últimas colunas* da distribuição de frequência.
d. Encontre o *desvio padrão amostral*.

Resposta na p. A36

Dica de estudo

Quando uma classe é aberta, como na última classe, devemos designar um único valor para representar o ponto médio. Para este exemplo, selecione 599,5.

2.4 Exercícios

Construindo habilidades básicas e conceitos

Nos exercícios 1 e 2 encontre a amplitude, a média, a variância e o desvio padrão do conjunto de dados populacional.

1. 12 9 7 5 7 8 10 4 11 6
2. 15 24 17 19 20 18 20
16 21 23 17 18 22 14

Nos exercícios 3 e 4, encontre a amplitude, a média, a variância e o desvio padrão do conjunto de dados amostral.

3. 17 8 13 18 15 9 10 11 6
4. 28 25 21 15 7 14 9
27 21 24 14 17 16

Raciocínio gráfico

Nos exercícios 5 e 6, encontre a amplitude do conjunto de dados representados pelo gráfico

5. Chave: 2|3 = 23

2	3 9
3	0 0 2 3 6 7
4	0 1 2 3 3 8
5	0 1 1 9
6	1 2 9 9
7	5 9
8	4 8
9	0 2 5 6

6. **Idade das noivas no primeiro casamento**

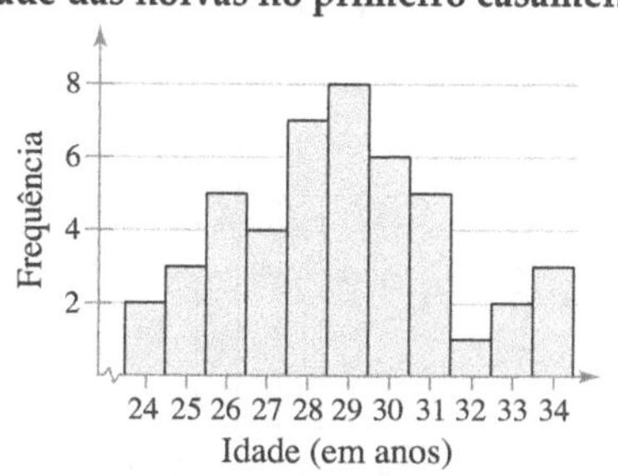

7. Explique como encontramos a amplitude de um conjunto de dados. Qual a vantagem de usarmos a amplitude como uma medida de variação? Qual a desvantagem?
8. Explique como encontramos o desvio de uma entrada em um conjunto de dados. Qual é a soma de todos os desvios em um conjunto de dados?
9. Por que o desvio padrão é usado com mais frequência do que a variância? (*Dica:* considere as unidades de variância.)
10. Explique a relação entre a variância e o desvio padrão. Pode uma dessas duas medidas ser negativa? Explique. Encontre um conjunto de dados para o qual $n = 5, \bar{x} = 7$ e $s = 0$.
11. **Idades no casamento** As idades de 10 noivas em seu primeiro casamento são fornecidas a seguir:
31,8 24,5 26,7 21,3 45,6 35,9 22,5 33,1 42,3 30,6
(a) Encontre a amplitude do conjunto de dados.
(b) Mude 45,6 para 65,6 e encontre a amplitude desse novo conjunto de dados.
(c) Compare sua resposta em (a) com a resposta em (b).
12. Encontre um conjunto de dados populacional que contenha seis entradas, média de 5 e que tenha desvio padrão de 2.

Usando e interpretando conceitos

13. **Raciocínio gráfico** Ambos os conjuntos de dados a seguir têm média de 165. Um tem desvio padrão de 16 e o outro de 24. Qual é qual? Explique seu raciocínio.

(a) Chave: 12|8 = 128

12	8 9
13	5 5 8
14	1 2
15	0 0 6 7
16	4 5 9
17	1 3 6 8
18	0 8 9
19	6
20	3 5 7

(b)

12	
13	1
14	2 3 5
15	0 4 5 6 8
16	1 1 2 3 3 3
17	1 5 8 8
18	2 3 4 5
19	0 2
20	

14. **Raciocínio gráfico** Ambos os gráficos representados a seguir têm média de 50. Um tem desvio padrão de 2,4 e o outro tem desvio padrão de 5. Qual é qual? Explique.

(a)

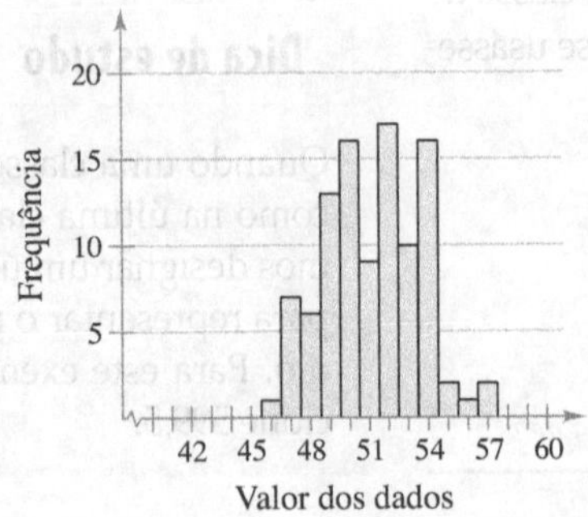

(b)

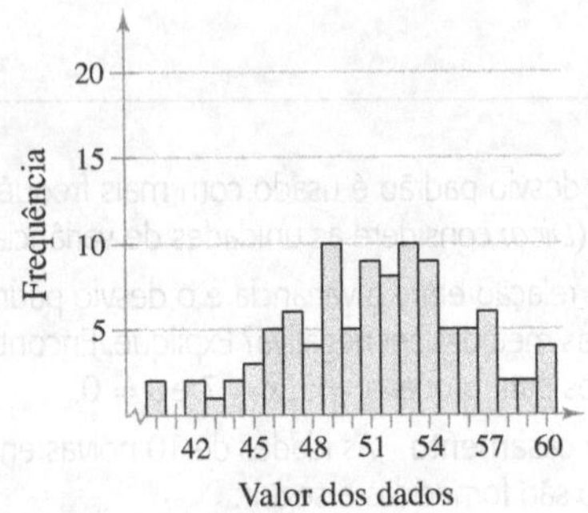

15. **Redação** Descreva a diferença entre o cálculo do desvio padrão populacional e do desvio padrão amostral.

16. **Redação** Dado um conjunto de dados, como sabemos se calculamos σ ou s?

17. **Ofertas salariais** Você está se candidatando a um emprego em duas empresas. A Empresa A oferece salários iniciais com $\mu =$ \$ 31.000 e $\sigma =$ \$ 1.000. A empresa B oferece salários iniciais com $\mu =$ \$ 31.000 e $\sigma =$ \$ 5.000. Em qual empresa você mais provavelmente conseguiria uma oferta de \$ 33.000 ou mais?

18. **Tacadas de golfe** Um site da Internet compara as tacadas por rodada de dois jogadores de golfe profissionais. Qual jogador de golfe é mais consistente: jogador A com $\mu = 71{,}5$ tacadas e $\sigma = 2{,}3$ tacadas ou jogador B com $\mu = 70{,}1$ tacadas e $\sigma = 1{,}2$ tacadas?

Comparando dois conjuntos de dados

Nos exercícios de 19 a 22, compare os dois conjuntos de dados e interprete os resultados.

19. **Salários anuais** Listamos uma amostra dos salários anuais (em milhares de dólares) para os funcionários municipais de Los Angeles e Long Beach.
Los Angeles: 20,2 26,1 20,9 32,1 35,9 23,0 28,2 31,6 18,3
Long Beach: 20,9 18,2 20,8 21,1 26,5 26,9 24,2 25,1 22,2
(a) Encontre a amplitude, a variância e o desvio padrão de cada conjunto de dados.
(b) Interprete os resultados no contexto de um cenário real.

20. **Salários anuais** A seguir, listamos uma amostra dos salários anuais (em milhares de dólares) para os funcionários municipais de Dallas e Houston.
Dallas: 34,9 25,7 17,3 16,8 26,8 24,7 29,4 32,7 25,5
Houston: 25,6 23,2 26,7 27,7 25,4 26,4 18,3 26,1 31,1
(a) Encontre a amplitude, a variância e o desvio padrão de cada conjunto de dados.
(b) Interprete os resultados no contexto da vida real.

21. **Notas no teste SAT** Listamos uma amostra das notas no teste SAT para 8 estudantes do sexo masculino e 8 do sexo feminino.
Homens: 1.059 1.328 1.175 1.123 923 1.017 1.214 1.042
Mulheres: 1.226 965 841 1.053 1.056 1.393 1.312 1.222
(a) Encontre a amplitude, a variância e o desvio padrão de cada conjunto de dados.
(b) Interprete os resultados no contexto da vida real.

22. **Salários anuais** Listamos uma amostra dos salários anuais (em milhares de dólares) para professores primários de escolas pública e particular.
Professores de escola pública:
38,6 38,1 38,7 36,8 34,8 35,9 39,9 36,2
Professores de escola particular:
21,8 18,4 20,3 17,6 19,7 18,3 19,4 20,8
(a) Encontre a amplitude, a variância e o desvio padrão de cada conjunto de dados.
(b) Interprete os resultados no contexto da vida real.

Raciocínio gráfico

Nos exercícios de 23 a 26, compare os três conjuntos de dados.

23. (a) Sem calcular, determine qual conjunto de dados tem o maior desvio padrão amostral. Qual tem o menor desvio padrão amostral? Explique.

(i)

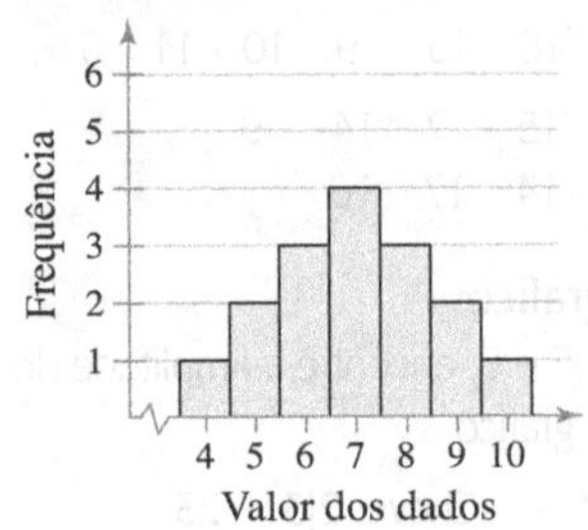

(ii)

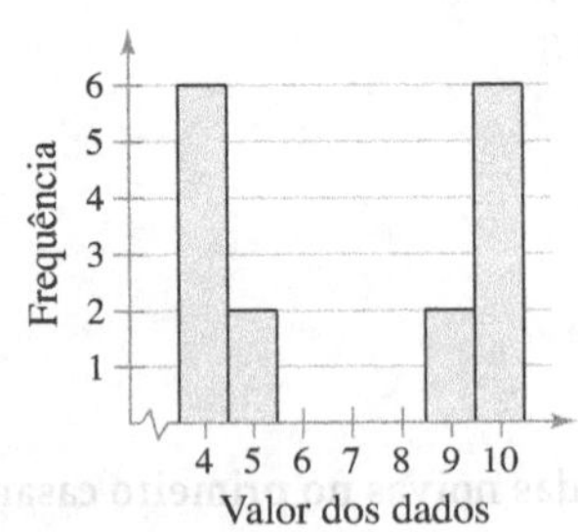

(iii)

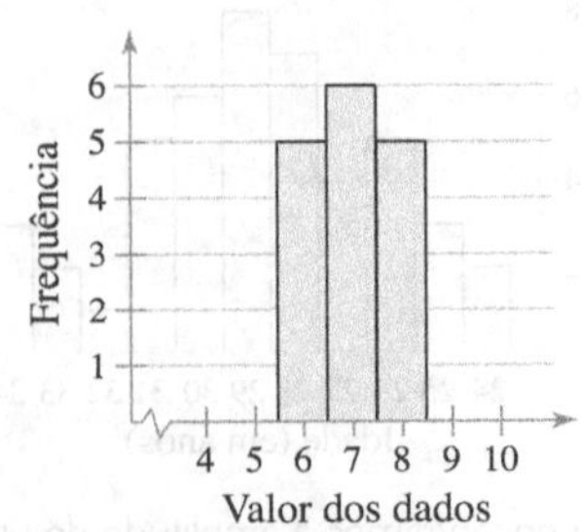

(b) Quais as semelhanças entre os conjuntos de dados? E as diferenças?

24. (a) Sem calcular, determine qual conjunto de dados tem o maior desvio padrão amostral. Qual tem o menor desvio padrão amostral? Explique.

(i)

0	9
1	5 8
2	3 3 7 7
3	2 5
4	1

Chave: 4|1 = 41

(ii)

0	9
1	5
2	3 3 3 7 7 7
3	5
4	1

Chave: 4|1 = 41

(iii)

0	
1	5
2	3 3 3 3 7 7 7 7
3	5
4	1

Chave: 4|1 = 41

(b) Quais as semelhanças entre os conjuntos de dados? E as diferenças?

25. (a) Sem calcular, determine qual conjunto de dados tem o maior desvio padrão amostral. Qual tem o menor desvio padrão amostral? Explique.

(i)

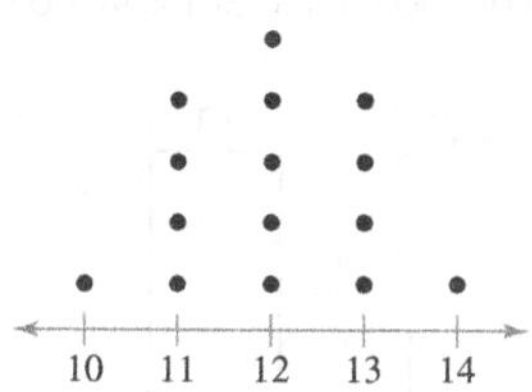

(ii)

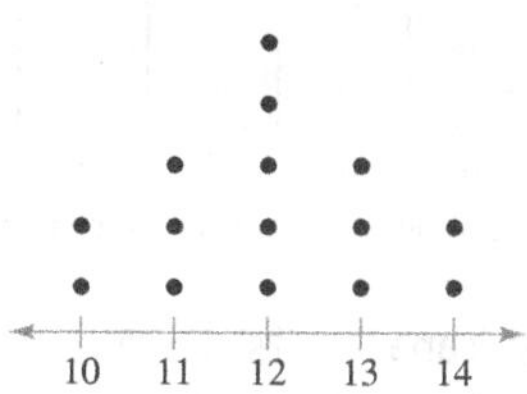

(iii)

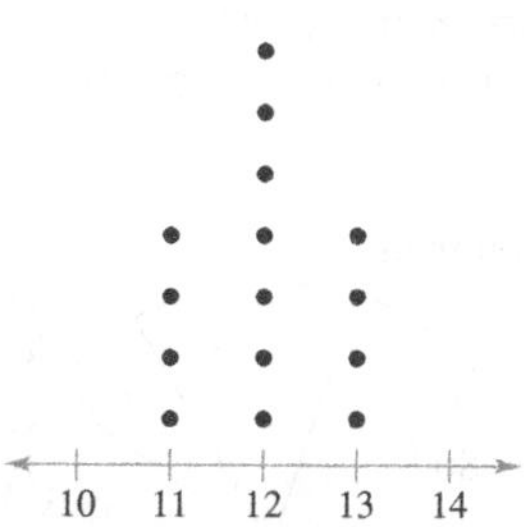

(b) Quais as semelhanças entre os conjuntos de dados? E as diferenças?

26. (a) Sem calcular, determine qual conjunto de dados tem o maior desvio padrão amostral. Qual tem o menor desvio padrão amostral? Explique.

(i)

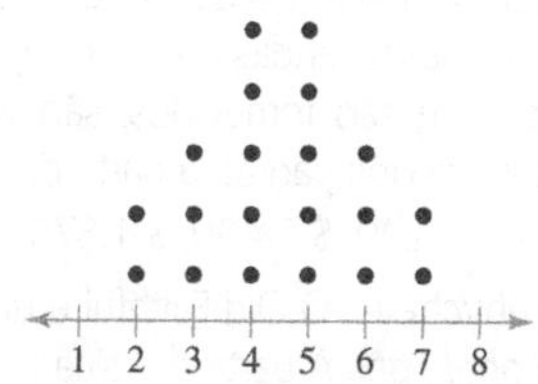

(ii)

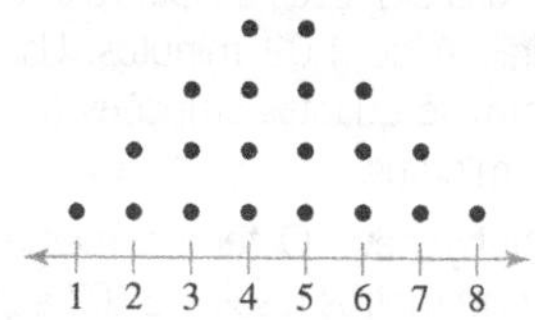

(iii)

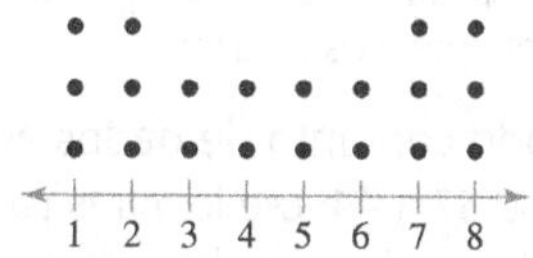

(b) Quais as semelhanças entre os conjuntos de dados? E as diferenças?

27. Redação Discuta as similaridades e diferenças entre a regra empírica e o teorema de Chebychev.

28. Redação O que devemos saber sobre o conjunto de dados antes de usarmos a regra empírica?

Usando a regra empírica

Nos exercícios de 29 a 34, use a regra empírica.

29. O valor médio de terras e construções por acre de uma amostra de fazendas é \$ 1.500, com desvio padrão de \$ 200. O conjunto de dados tem distribuição em forma de sino. Estime a porcentagem de fazendas cujos valores das construções e terras por acre estejam entre \$ 1.300 e \$ 1.700.

30. O valor médio de terras e construções por acre de uma amostra de fazendas é \$ 2.400, com desvio padrão de \$ 450. Entre quais dois valores estão 95% dos dados? (Assuma que o conjunto de dados tem distribuição em forma de sino.)

31. Usando as amostras estatísticas do Exercício 29, faça as atividades a seguir: (assuma que o número de fazendas na amostra é 75.)

(a) Use a regra empírica para estimar o número de fazendas cujos valores das terras e construções estejam entre \$ 1.300 e \$ 1.700 por acre.

(b) Se amostrarmos 25 fazendas adicionais, quantas dessas fazendas você esperaria ter valores de terras e construções entre \$ 1.300 e \$ 1.700 por acre?

32. Usando as amostras estatísticas do Exercício 30, faça as atividades a seguir: (assuma que o número de fazendas na amostra é 40.)

(a) Use a regra empírica para estimar o número de fazendas cujos valores das terras e construções estejam entre \$ 1.500 e \$ 3.300 por acre.

(b) Se amostrarmos 20 fazendas adicionais, quantas dessas fazendas você esperaria ter valores de terras e construções entre \$ 1.500 e \$ 3.300 por acre?

33. Usando as estatísticas amostrais do Exercício 29 e a regra empírica, determine quais das fazendas a seguir, cujos valores das terras e construções por acre são fornecidos, são valores discrepantes (mais do que dois desvios padrão a partir da média).

\$ 1.150, \$ 1.775, \$ 1.000, \$ 1.475, \$ 2.000, \$ 1.850

34. Usando as estatísticas amostrais do Exercício 30 e a regra empírica, determine quais das fazendas a seguir, cujos valores das terras e contruções por acre são fornecidos, são valores discrepantes (mais do que dois desvios padrão a partir da média).
$ 3.325, $ 2.450, $ 3.200, $ 1.490, $ 1.675, $ 2.950

35. **Teorema de Chebychev** O Old Faithful é um famoso gêiser no *Yellowstone National Park.* A partir de uma amostra com $n = 32$, a duração média das erupções do Old Faithful é de 3,32 minutos e o desvio padrão é de 1,09 minutos. Usando o teorema de Chebychev, determine quantas erupções (pelo menos) duraram entre 1,14 e 5,5 minutos. (*Fonte: Yellowstone National Park.*)

36. **Teorema de Chebychev** O tempo médio das mulheres em uma corrida de 400 metros rasos é 57,07 segundos, com desvio padrão de 1,05. Aplique o teorema de Chebychev para os dados usando $k = 2$. Interprete os resultados.

Cálculos usando conjunto de dados agrupados

Nos exercícios de 37 a 44, use fórmulas para dados agrupados para encontrar a média e o desvio padrão indicados.

37. **Animais de estimação por residência** Os resultados de uma amostra aleatória do número de animais de estimação em certa região são mostrados no histograma. Estime a média amostral e o desvio padrão amostral do conjunto de dados.

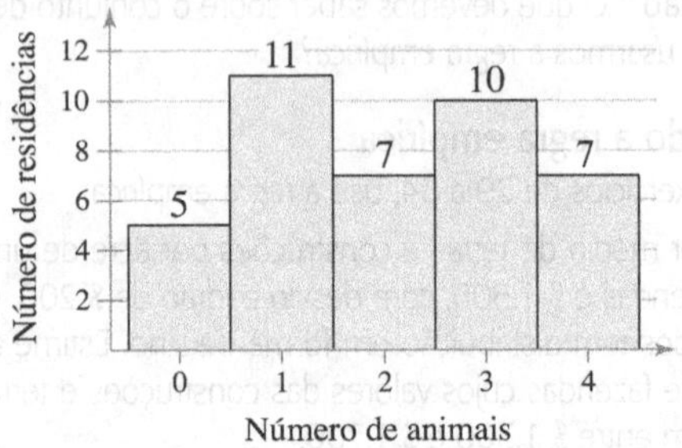

38. **Carros por residência** Os resultados de uma amostra aleatória do número de carros por residência em certa região são mostrados no histograma. Estime a média amostral e o desvio padrão amostral do conjunto de dados.

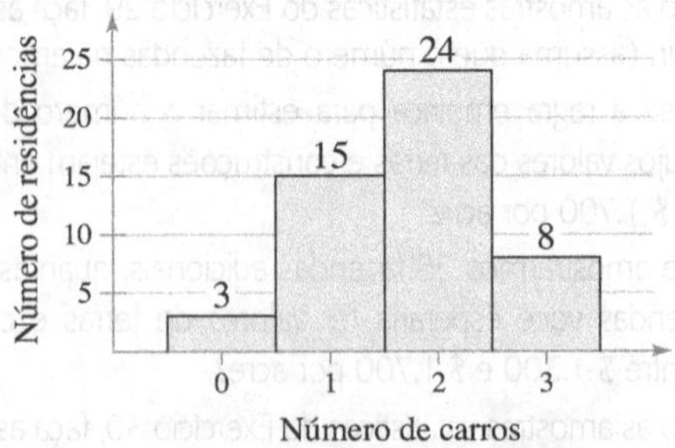

39. **Vitórias no futebol** O número de vitórias para cada time da National Football League (Liga Nacional de Futebol) em 2006 está listado a seguir. Faça a distribuição de frequência (usando cinco classes) para o conjunto de dados. Então, aproxime a média populacional e o desvio padrão populacional do conjunto de dados. (*Fonte: National Football League.*)

12 10 7 6 13 8 8 4 12 8 8 6
14 9 9 2 10 9 8 5 13 8 6 3
10 8 7 4 9 8 7 5

40. **Consumo de água** O número de galões de água consumidos diariamente em um pequeno vilarejo está listado a seguir. Faça a distribuição de frequência (usando cinco classes) para o conjunto de dados. Então, aproxime a média populacional e o desvio padrão populacional do conjunto de dados.

167 180 192 173 145 151 174
175 178 160 195 124 244 146
162 146 177 163 149 188

41. **Quantidade de cafeína** A quantidade de cafeína em uma amostra de porções de cinco onças (1 oz = 28,34 g) de café é mostrada no histograma. Faça a distribuição de frequência para os dados. Então, use a tabela para estimar a média amostral e o desvio padrão amostral do conjunto de dados.

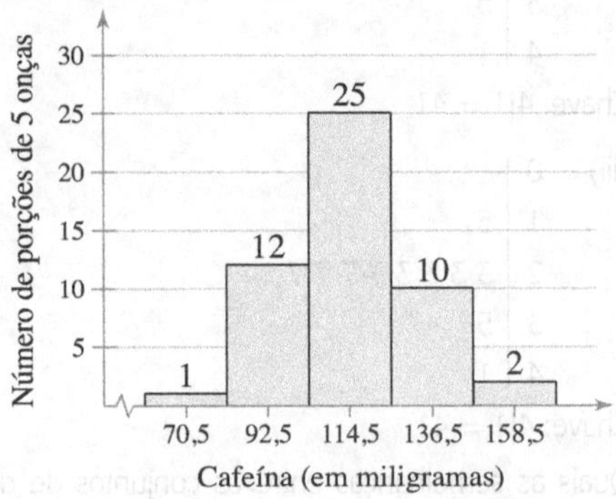

42. **Idas ao supermercado** Foram selecionadas 30 pessoas aleatoriamente e essas foram questionadas sobre o número de vezes que foram ao supermercado na semana anterior à da pesquisa. As respostas são mostradas no histograma. Faça a distribuição de frequência para os dados. Então, use a tabela para estimar a média amostral e o desvio padrão amostral do conjunto de dados.

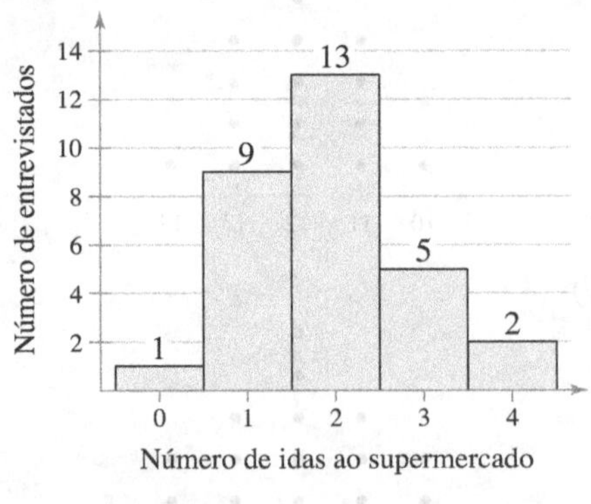

43. **População americana** A distribuição estimada (em milhões) da população dos EUA por idade para o ano de 2011 é mostrada no gráfico. Faça a distribuição de frequência para os dados. Então, use a tabela para estimar a média amostral e o desvio padrão amostral do conjunto de dados. Use 70 como ponto médio para "65 anos ou mais". (*Fonte: U.S. Census Bureau.*)

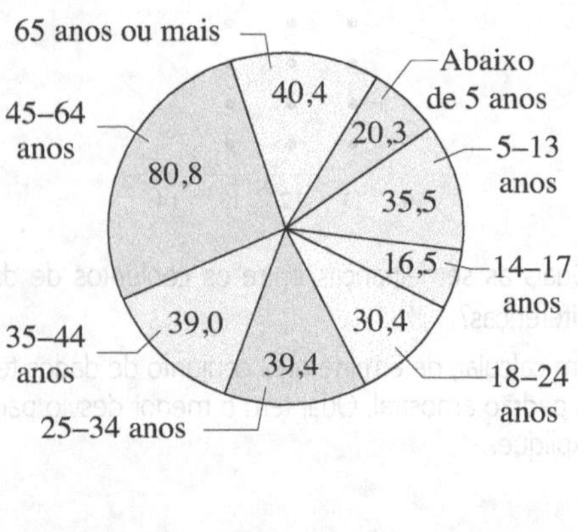

44. **População do Japão** No gráfico de barras temos a população japonesa estimada para o ano de 2014. Faça a distribuição de frequência para os dados. Então, use a tabela para estimar a média amostral e o desvio padrão amostral do conjunto de dados. (*Fonte: U.S Census Bureau, International Data Base.*)

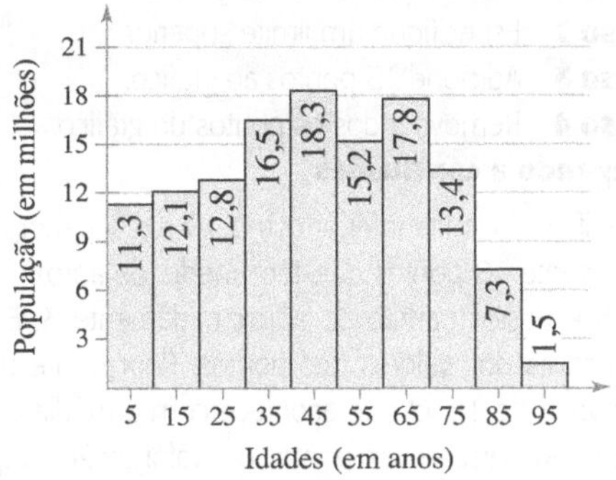

Expandindo conceitos

45. **Coeficiente de variação** O **coeficiente de variação** CV descreve o desvio padrão como uma porcentagem da média. Por não ter unidades, podemos usar o coeficiente de variação para comparar dados com unidades diferentes.

$$CV = \frac{\text{Desvio padrão}}{\text{média}} \times 100\%$$

A tabela seguinte mostra as alturas (em polegadas) e pesos (em libras) dos membros de um time de basquete. Encontre o coeficiente de variação para cada conjunto de dados. O que podemos concluir?

Alturas	Pesos
72	180
74	168
68	225
76	201
74	189
69	192
72	197
79	162
70	174
69	171
77	185
73	210

46. **Fórmula rápida** Você usava $SS_x = \Sigma(x - x)^2$ quando calculava a variância e o desvio padrão. Uma fórmula alternativa que, às vezes, pode ser mais conveniente para cálculos à mão é

$$SS_x = \Sigma x^2 - \frac{(\Sigma x)^2}{n}$$

Podemos encontrar a variância amostral dividindo-se a soma dos quadrados por $n - 1$ e o desvio padrão amostral encontrando-se a raiz quadrada da variância amostral.

(a) Use a fórmula rápida para calcular o desvio padrão amostral para os dados do Exercício 21.

(b) Compare seus resultados com os obtidos no Exercício 21.

47. **Dados para promoção** Uma amostra dos salários anuais (em milhares de dólares) dos funcionários de uma empresa é listada a seguir.

42 36 48 51 39 39 42 36 48 33 39 42 45

(a) Encontre a média amostral e o desvio padrão amostral.

(b) Cada funcionário na amostra recebe 5% de aumento. Encontre a média amostral e o desvio padrão amostral para o conjunto de dados revisados.

(c) Para calcular o salário mensal, divida cada salário original por 12. Encontre a média amostral e o desvio padrão amostral para o conjunto de dados revisado.

(d) O que podemos concluir com os resultados de (a), (b) e (c)?

48. **Dados de alteração** Uma amostra dos salários anuais (em milhares de dólares) dos funcionários de uma empresa é listada a seguir.

40 35 49 53 38 39 40 37 49 34 38 43 47

(a) Encontre a média amostral e o desvio padrão amostral.

(b) Cada funcionário na amostra recebe $ 1.000 de aumento. Encontre a média amostral e o desvio padrão amostral para o conjunto de dados revisados.

(c) Cada funcionário na amostra tem uma redução de $ 2.000 em seu salário original. Encontre a média amostral e o desvio padrão amostral para o conjunto de dados revisado.

(d) O que podemos concluir com os resultados de (a), (b) e (c)?

49. **Desvio absoluto médio** Uma outra medida de variação útil para um conjunto de dados é o **desvio absoluto médio** *MAD*. Ele é calculado pela fórmula:

$$\frac{\Sigma|x - \bar{x}|}{n}.$$

(a) Encontre os desvios absolutos médios do conjunto de dados do Exercício 21. Compare seus resultados com o desvio padrão amostral.

(b) Encontre os desvios absolutos médios do conjunto de dados do Exercício 22. Compare seus resultados com o desvio padrão amostral.

50. **Teorema de Chebychev** Pelo menos 99% dos dados em qualquer conjunto de dados fica dentro de quantos desvios padrão da média? Explique como você obteve sua resposta.

51. **Índice de simetria de Pearson** O estatístico inglês Karl Pearson (1857–1936) apresentou a fórmula para a simetria da distribuição.

$$P = \frac{3(\bar{x} - mediana)}{s} \quad \textit{Índice de simetria de Pearson}$$

A maioria das distribuições tem índice de simetria entre –3 e 3. Quando $P > 0$, os dados são simétricos. Calcule o coeficiente de simetria para cada distribuição. Descreva a forma de cada uma.

(a) $x = 17$, $s = 2{,}3$, mediana $= 19$

(b) $x = 32$, $s = 5{,}1$, mediana $= 25$

2.4 Atividades

Desvio padrão

Applet O applet do ***desvio padrão*** foi desenvolvido para permitir que você investigue interativamente o desvio padrão como medida de dispersão para um conjunto de dados. Pontos podem ser adicionados à representação gráfica clicando o mouse acima do eixo horizontal. A média dos pontos é mostrada como uma seta verde. Um valor numérico para o desvio padrão é mostrado acima da representação gráfica. Os pontos no gráfico podem ser removidos clicando-se no ponto e então arrastando-o para a lixeira. Todos os pontos no gráfico podem ser removidos simplesmente clicando dentro da lixeira. A amplitude dos valores para o eixo horizontal pode ser especificada colocando-se limites superiores e inferiores e então clicando em UPDATE.

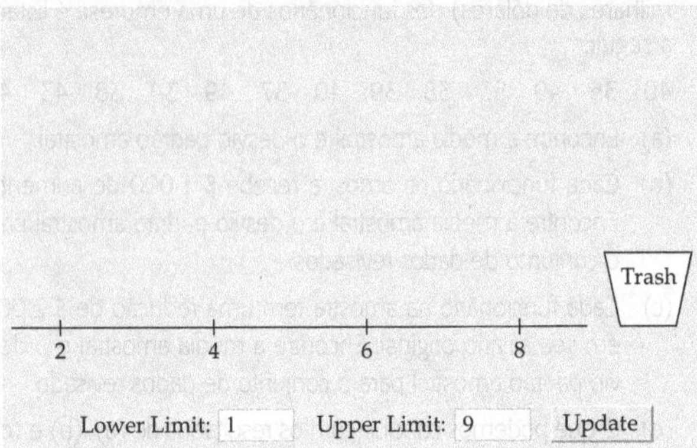

Explore

Passo 1 Especifique um limite inferior.

Passo 2 Especifique um limite superior.

Passo 3 Adicione 15 pontos ao gráfico.

Passo 4 Remova todos os pontos do gráfico.

Chegando a conclusões

1. Especifique o limite inferior como 10 e o superior como 20. Represente 10 pontos que têm média de aproximadamente 15 e desvio padrão de aproximadamente 3. Escreva as estimativas dos valores dos pontos. Represente um ponto com valor de 15. O que acontece com a média e o desvio padrão? Represente um ponto com valor de 20. O que acontece com a média e o desvio padrão?
2. Especifique um limite inferior de 30 e superior como 40. Como podemos representar oito pontos de modo que os pontos tenham o maior desvio padrão possível? Use o applet para representar o conjunto de pontos e então, use a fórmula para o desvio padrão para confirmar o valor fornecido pelo applet. Como podemos representar oito pontos de modo que os pontos tenham o menor desvio padrão possível? Explique.

Estudo de caso

Ganhos dos atletas

Organização	Número de jogadores
MLB	824
MLS	321
NBA	444
NFL	1.877
NHL	727
NASCAR	78
PGA	263

Os ganhos dos atletas profissionais em diferentes esportes podem variar. Um atleta pode receber um salário-base, ganhar bônus ao assinar um novo contrato ou até mesmo ganhar dinheiro terminando uma corrida em certa posição ou um torneio em certo lugar. Os dados seguintes mostram os ganhos (somente para desempenho, sem endossos) da Major League Baseball (MLB), Major League Soccer (MLS), National Basketball Association (NBA), National Football League (NFL), National Hockey League (NHL), National Association for Stock Car Auto Racing (NASCAR) e Professional Golf Association (PGA) para um ano recente.

Número de jogadores separados por ganhos

Organização	\$ 0 – \$ 500.000	\$ 500.001 – \$ 2.000.000	\$ 2.000.001 – \$ 6.000.000	\$ 6.000.001 – \$ 10.000.000	\$ 10.000.001 +
MLB	299	207	189	73	56
MLS	316	5	0	0	0
NBA	31	166	147	58	42
NFL	760	758	274	70	15
NHL	85	448	177	17	0
NASCAR	27	13	33	5	0
PGA	115	117	29	2	0

Exercícios

1. **Lucro** Qual associação teve o maior total de ganhos de jogadores? Explique.
2. **Ganhos médios** Estime a média dos ganhos de um jogador de cada organização. Use $ 16.500.000 como mediana para $ 10.000.001+.
3. **Lucro** Qual organização teve os maiores ganhos por jogador? Explique
4. **Desvio padrão** Estime o desvio padrão para os ganhos de um jogador em cada organização. Use $ 16.500.000 como mediana para $ 10.000.001+.
5. **Desvio padrão** Qual organização teve o maior desvio padrão? Explique.
6. **Distribuição em forma de sino** Das sete organizações, qual está mais em forma de sino? Explique.

2.5 Medidas de posição

Quartis ⟶ Percentis e outros fractis ⟶ Escore padrão

O que você deve aprender

- Como encontrar o primeiro, o segundo e o terceiro quartil de um conjunto de dados.
- Como encontrar a amplitude interquartil de um conjunto de dados.
- Como representar graficamente um conjunto de dados usando um gráfico caixa-e-bigodes.
- Como interpretar outros fractis, tais como percentis.
- Como encontrar e interpretar o escore padrão (z-escore).

Quartis

Nesta seção, você aprenderá como usar os fractis para especificar a posição de uma entrada de dados dentro de um conjunto de dados. **Fractis** são números que separam, ou dividem, um conjunto de dados ordenado em partes iguais. Por exemplo, a mediana é um fractil porque divide um conjunto de dados ordenados em duas partes iguais.

Definição

Os três **quartis**, Q_1, Q_2 e Q_3, dividem aproximadamente um conjunto de dados ordenado em quatro partes iguais. Aproximadamente 1/4 dos dados está acima ou abaixo do **primeiro quartil** Q_1. Aproximadamente metade dos dados está acima ou abaixo do **segundo quartil** Q_2 (o segundo quartil é o mesmo que a mediana do conjunto de dados). Aproximadamente 3/4 dos dados estão acima ou abaixo do **terceiro quartil** Q_3.

Exemplo 1

Encontrando os quartis de um conjunto de dados

As notas dos testes de 15 funcionários matriculados em um curso de treinamento de CPR são listadas a seguir. Encontre o primeiro, o segundo e o terceiro quartis das notas dos testes.

13 9 18 15 14 21 7 10 11 20 5 18 37 16 17

Solução

Primeiro, ordene o conjunto de dados e encontre a mediana Q_2. Depois de encontrar Q_2, divida o conjunto de dados em duas metades. O primeiro e o terceiro quartil são as medianas das metades inferior e superior do conjunto de dados.

Metade inferior		*Metade superior*
5 7 9 10 11 13 14	15	16 17 18 18 20 21 37
↑ Q_1 (10)	↑ Q_2	↑ Q_3 (18)

Interpretação

Aproximadamente 1/4 dos funcionários obteve 10 ou menos; aproximadamente metade obteve 15 ou menos; e aproximadamente 3/4 obtiveram 18 ou menos.

Tente você 1 Encontre o primeiro, o segundo e o terceiro quartis para o número de *touchdowns* marcados por toda primeira divisão dos times de futebol americano usando os dados listados no início do capítulo, na p. 31.

a. *Ordene* os dados.

b. Encontre a mediana Q_2.

c. Encontre o primeiro e o terceiro quartis Q_1 e Q_3.

Resposta na p. A36

Exemplo 2

Usando a tecnologia para encontrar quartis

Os custos do ensino (em milhares de dólares) em 25 faculdades estão listados a seguir. Use a calculadora ou computador para encontrar o primeiro, o segundo e o terceiro quartis.

23 25 30 23 20 22 21 15 25 24 30 25 30
20 23 29 20 19 22 23 29 23 28 22 28

Solução

O MINITAB, o Excel e a TI-83/84 têm características que automaticamente calculam quartis. Tente usar essa tecnologia para encontrar o primeiro, o segundo e o terceiro quartis para os dados dos custos de ensino. Você pode ver nos gráficos que $Q_1 = 21{,}5$, $Q_2 = 23$ e $Q_3 = 28$.

MINITAB

Descriptive Statistics

Variable	N	Mean	SE Mean	TrMean	StDev
Tuition	25	23.960	0.788	24.087	3.942

Variable	Minimum	Q1	Median	Q3	Maximum
Tuition	15.000	21.500	23.000	28.000	30.000

EXCEL

	A	B	C	D
1	23			
2	25		Quartile(A1:A25,1)	
3	30		22	
4	23			
5	20		Quartile(A1:A25,2)	
6	22		23	
7	21			
8	15		Quartile(A1:A25,3)	
9	25		28	
10	24			
11	30			
12	25			
13	30			
14	20			
15	23			
16	29			
17	20			
18	19			
19	22			
20	23			
21	29			
22	23			
23	28			
24	22			
25	28			

TI-83/84

1-Var Stats
↑n = 25
minX = 15
$Q_1 = 21{,}5$
Med = 23
$Q_3 = 28$
maxX = 30

Dica de estudo

Existem diferentes formas de se encontrar os quartis de um conjunto de dados. Desconsiderando a maneira como você os encontrou, os resultados são pouco mais que uma entrada de dados. Por exemplo, no Exemplo 2, o primeiro quartil determinado pelo Excel é 22 em vez de 21,5.

Interpretação

Aproximadamente 1/4 dessas faculdades cobra $ 21.500 ou menos, 1/3 cobra $ 23.000 ou menos e 3/4 cobram $ 28.000 ou menos.

Tente você 2 Os custos do ensino (em milhares de dólares) em 25 universidades estão listados a seguir. Use a calculadora ou computador para encontrar o primeiro, o segundo e o terceiro quartis.

20 26 28 25 31 14 23 15 12 26 29 24 31

19 31 17 15 17 20 31 32 16 21 22 28

a. *Entre* os dados.

b. *Calcule* o primeiro, o segundo e o terceiro quartis.

c. O que podemos concluir?

Resposta na p. A36

Depois de encontrar os quartis dos conjuntos de dados, você pode encontrar a amplitude interquartil.

Definição

A **amplitude interquartil (IQR)** de um conjunto de dados é a diferença entre o terceiro e o primeiro quartil.

Amplitude interquartil (IQR) $= Q_3 - Q_1$

Exemplo 3

Encontrando a amplitude interquartil

Encontre a amplitude interquartil das 15 notas de testes do Exemplo 1. O que podemos concluir com o resultado?

Solução

Pelo Exemplo 1, sabemos que $Q_1 = 10$ e $Q_3 = 18$. Então, a amplitude interquartil é:

$$\text{IQR} = Q_3 - Q_1 = 18 - 10 = 8.$$

Interpretação

As notas do teste na porção da metade do conjunto de dados variam no máximo 8 em pontos.

Tente você 3 Encontre a amplitude interquartil para o número de *touchdowns* marcados por todos os times da primeira divisão de futebol americano listados na p. 31 do início do capítulo.

a. Encontre o primeiro e o terceiro quartis Q_1 e Q_3.

b. *Subtraia* Q_1 de Q_3.

c. *Interprete* o resultado no contexto dos dados.

Resposta na p. A36

O IQR é uma medida de variação que fornece uma ideia de quanto 50% dos dados varia. Também pode ser usado para identificar valores discrepantes. Qualquer valor de dado que seja maior que 1,5 IQRs à esquerda de Q_1 ou à direita de Q_3 é um valor discrepante. Por exemplo, o IQR no Exemplo 1 é $18 - 10 = 8$. Então, 1,5 IQRS à direita de Q_3 é $Q_3 + 1{,}5(8) = 18 + 12 = 30$. Em razão de $37 > 30$, 37 é um valor discrepante.

Outra importante aplicação dos quartis é representar conjuntos de dados usando o gráfico caixa-e-bigodes. Um **gráfico caixa-e-bigodes** é uma ferramenta de análise de dados exploratória que enfatiza as características mais importantes de um conjunto de dados. Para representar graficamente um gráfico caixa-e-bigodes, você deve saber os valores a seguir.

1. A entrada mínima
2. O primeiro quartil Q_1
3. A mediana Q_2
4. O terceiro quartil Q_3
5. A entrada máxima

Esses cinco números são chamados de **Regra dos cinco itens** de um conjunto de dados.

Retratando o mundo

Dos primeiros 43 presidentes norte-americanos, Theodore Roosevelt era o mais jovem no momento da posse, com 42 anos. Ronald Reagan era o mais velho, tomou posse aos 69 anos. O gráfico caixa-e--bigodes resume a idade dos primeiros 43 presidentes norte--americanos no momento da posse. *(Fonte: whitehouse.gov.)*

Idade dos presidentes norte-americanos na posse

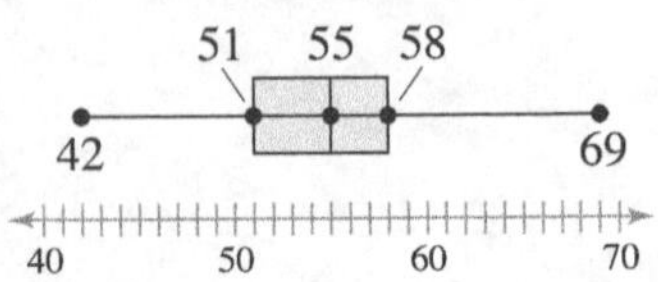

Aproximadamente quantas idades de presidentes norte-americanos são representadas pelo bigode à direita?

Instruções

Desenhando um gráfico caixa-e-bigodes

1. Encontre a regra dos cinco itens do conjunto de dados.
2. Construa uma escala horizontal que transpasse a amplitude dos dados.
3. Represente os cinco números sobre a escala horizontal.
4. Desenhe uma caixa acima da escala horizontal a partir de Q_1 para Q_3 e desenhe uma linha vertical na caixa em Q_2
5. Desenhe os bigodes a partir da caixa para as entradas mínimas e máximas.

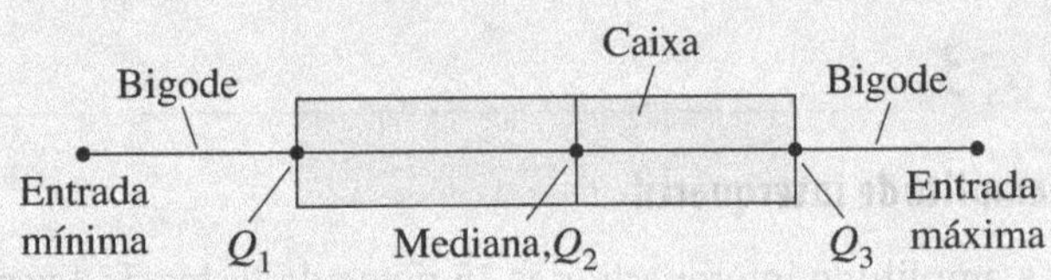

Veja os passos para MINITAB e TI-83/84 nas p. 100 e 101.

Importante

Você pode usar um gráfico caixa-e-bigodes para determinar a forma da distribuição. Note que o gráfico caixa-e-bigodes no Exemplo 4 representa uma distribuição assimétrica à direita.

Exemplo 4

Desenhando um gráfico caixa-e-bigodes

Desenhe um gráfico caixa-e-bigodes que represente as 15 notas de testes dadas no Exemplo 1. O que podemos concluir com o gráfico?

Solução

A regra dos cinco itens é dada a seguir. Usando-a, pode-se construir o gráfico caixa-e--bigodes mostrado.

$Mín = 5 \quad Q_1 = 10 \quad Q_2 = 15 \quad Q_3 = 18 \quad Máx = 37.$

Notas dos testes na aula de CPR

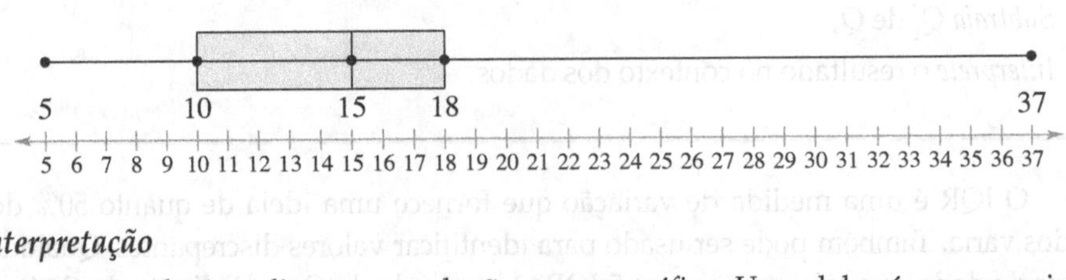

Interpretação

Você pode tirar diversas conclusões com o gráfico. Uma delas é que aproximadamente metade das notas está entre 10 e 18. Olhando para o comprimento do bigode direito, podemos concluir também que a nota 37 é um possível valor discrepante.

Tente você 4 Desenhe um gráfico caixa-e-bigodes que represente o número de *touchdowns* marcados pelos times da primeira divisão de futebol americano listados na p. 31 do início do capítulo.

a. Encontre *a regra dos cinco itens* do conjunto de dados.

b. Construa uma *escala horizontal e represente* os cinco números acima.

c. Desenhe a *caixa*, a *linha vertical* e os *bigodes*.

d. Apresente conclusões.

Resposta na p. A36

Percentis e outros fractis

Além de usar quartis para especificar uma medida de posição, podemos também usar os percentis e os decis. Esses fractis comuns são resumidos a seguir.

Fractil	Resumo	Símbolos
Quartis	Divide um conjunto de dados em 4 partes iguais	Q_1, Q_2, Q_3
Decis	Divide um conjunto de dados em 10 partes iguais	$D_1, D_2, D_3, \ldots, D_9$
Percentis	Divide um conjunto de dados em 100 partes iguais	$P_1, P_2, P_3, \ldots, P_{99}$

Os percentis são geralmente usados nas áreas relacionadas à saúde e educação para indicar como um indivíduo se compara a outros em um conjunto. Eles também podem ser usados para identificar valores excepcionalmente altos ou baixos. Por exemplo, as notas de um teste e as medidas de crescimento de crianças são normalmente expressas em percentis. Notas ou medidas no 95º percentil ou acima são excepcionalmente altas, enquanto aquelas no 5º percentil ou abaixo são excepcionalmente baixas.

Importante

Note que o 25º percentil é o mesmo que Q_1; o 50º é o mesmo que Q_2 ou mediana, e o 75º percentil é o mesmo que Q_3.

Exemplo 5

Interpretando percentis

A ogiva representa a distribuição de frequência acumulada para as notas em um teste SAT de alunos pré-universitários. Qual nota representa o 12º percentil? Como devemos interpretar esse resultado? (*Fonte: College Board On-line.*)

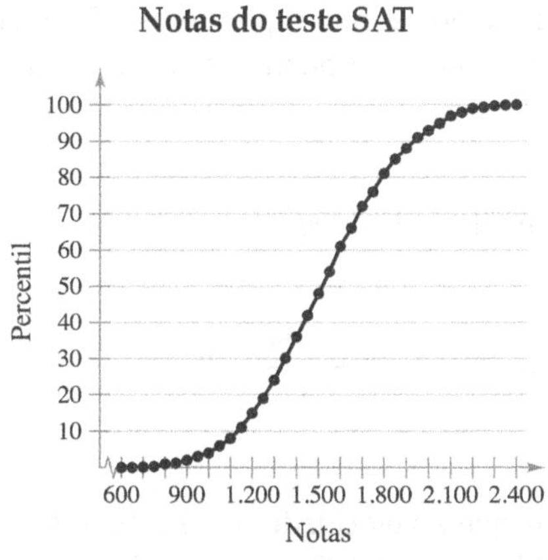

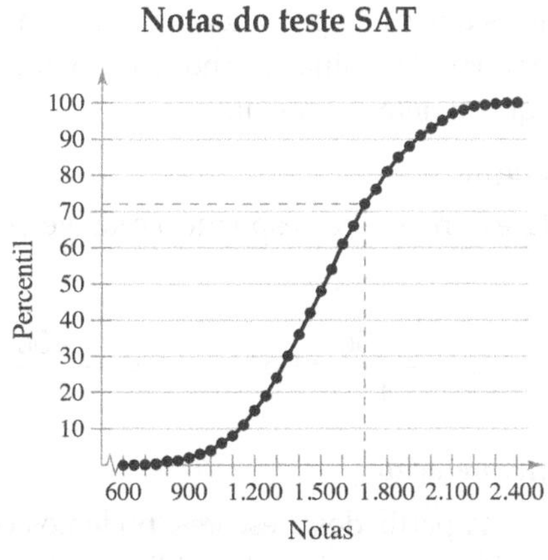

Solução

Com base na ogiva, podemos ver que o 72º percentil corresponde a uma nota no teste de 1.700.

Dica de estudo

É importante entender o que significa percentil. Por exemplo, se o peso de uma criança de 6 meses de idade está no 78º percentil, a criança pesa mais do que 78% de todas as crianças de mesma idade. Isso não significa que a criança pese 78% de algum peso ideal.

Touchdowns marcados por todos os times da primeira divisão do futebol americano

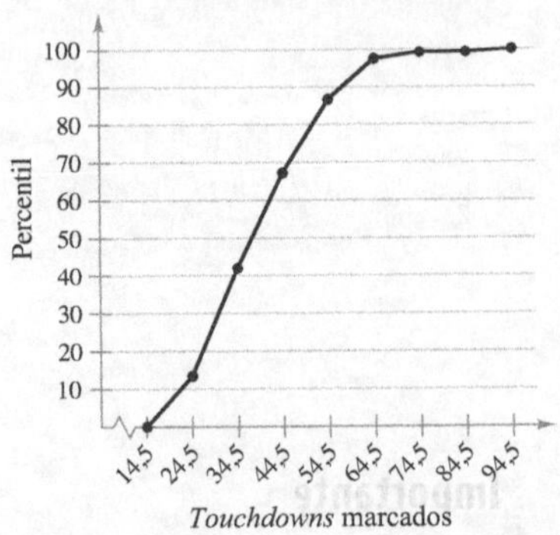

Interpretação

Isso significa que 72% dos estudantes teve uma nota de 1.700 ou menos.

Tente você 5 O número de *touchdowns* marcados por todos os times da primeira divisão do futebol americano está representado no gráfico de frequência acumulada à esquerda. Em qual percentil está um time que marcou 40 *touchdowns*?

a. *Use o gráfico* para encontrar o percentil que corresponde aos *touchdowns* dados.

b. *Interprete* os resultados no contexto dos dados.

Resposta na p. A36

Escore padrão

Quando sabemos a média e o desvio padrão de um conjunto de dados, podemos medir a posição do valor de um dado no conjunto de dados com um escore padrão ou z-escore.

Definição

O **escore padrão** ou **z-escore** representa o número de desvios padrão que um valor dado ***x*** está a partir da média μ. Para encontrar o **z-escore** para certo valor, use a fórmula a seguir:

$$z = \frac{\text{valor} - \text{média}}{\text{desvio padrão}} = \frac{x - \mu}{\sigma}.$$

Um *z*-escore pode ser negativo, positivo ou zero. Se *z* for negativo, o valor *x* correspondente está abaixo da média. Se *z* for positivo, o valor *x* correspondente está acima da média. E se $z = 0$, o valor *x* correspondente é igual a média. Um *z*-escore pode ser usado para identificar valores incomuns do conjunto de dados que seja aproximadamente em forma de sino.

Exemplo 6

Encontrando z-escores

A velocidade média de veículos em uma reta de uma rodovia é de 56 milhas por hora (mhp), com desvio padrão de 4 milhas por hora. Você mede a velocidade de três carros que estão passando pela reta da rodovia como 62 milhas por horas, 47 milhas por hora e 56 milhas por hora. Encontre o *z*-escore que corresponde a cada velocidade. O que podemos concluir?

Solução

O *z*-escore que corresponde a cada velocidade é calculado a seguir.

$x = 62$ *mhp* $\quad$ $x = 47$ *mhp* $\quad$ $x = 56$ *mhp*

$$z = \frac{62 - 56}{4} = 1{,}5 \qquad z = \frac{47 - 56}{4} = -2{,}25 \qquad z = \frac{56 - 56}{4} = 0$$

Interpretação

A partir dos *z*-escores, podemos concluir que a velocidade de 62 mhp está 1,5 desvio padrão acima da média; a velocidade 47 mhp está 2,25 desvios padrão abaixo da média e a velocidade 56 mhp é igual a média. Se a distribuição das velocidades é aproximadamente em forma de sino, o carro que viaja a 47 mhp está excepcionalmente devagar, pois sua velocidade corresponde a um *z*-escore de –2,25.

Tente você 6 As contas de serviços públicos de uma cidade têm média de $ 70 e desvio padrão de $ 8. Encontre os z-escores que correspondem às contas de $ 60, $ 71 e $ 92. O que podemos concluir?

a. *Identifique* μ e σ da distribuição normal não padrão.
b. *Transforme* cada valor para um z-escore.
c. *Interprete* os resultados.

Resposta na p. A36

Quando a distribuição é aproximadamente em forma de sino, sabemos, pela regra empírica, que aproximadamente 95% dos dados está dentro de 2 desvios padrão da média. Então, quando esses valores de distribuição são transformados em z-escores, aproximadamente 95% dos z-escores deveriam estar entre –2 e 2. Um z-escore fora dessa amplitude ocorrerá aproximadamente 5% do tempo e será considerado incomum. Então, de acordo com a regra empírica, um z-escore menor do que –3 ou maior que 3 será *muito* incomum, com tal score ocorrendo 0,3% do tempo.

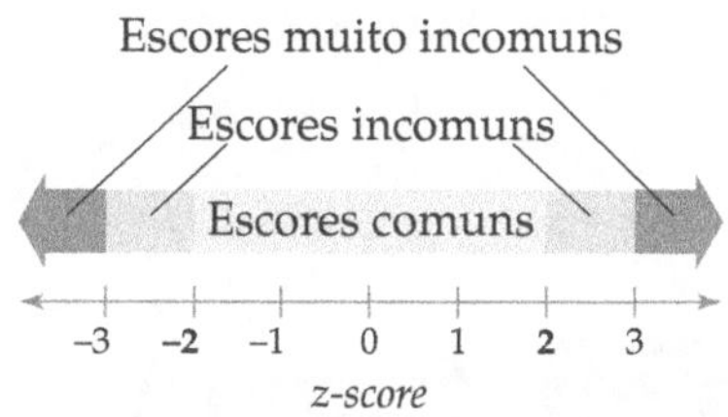

No Exemplo 6, usamos z-escores para comparar valores de dados dentro do mesmo conjunto. Podemos usar também os z-escore para comparar valores de dados de conjuntos diferentes.

Exemplo 7

Comparando z-escores de conjuntos de dados diferentes

Em 2007, o ator Forest Whitaker ganhou o Oscar de melhor ator, aos 45 anos de idade, por sua atuação no filme *O Último Rei da Escócia*. A atriz Helen Mirren ganhou o prêmio de melhor atriz aos 61 anos por seu papel em *A Rainha*. A idade média para todos os vencedores do prêmio de melhor ator é 43,7, com desvio padrão de 8,8. A idade média para as vencedoras do prêmio de melhor atriz é 36, com desvio padrão de 11,5. Encontre o z-escore que corresponde à idade de cada ator ou atriz. Então, compare os resultados.

Solução

O z-escore que corresponde à idade de cada ator ou atriz é calculado a seguir.

Forest Whitaker
$$z = \frac{x-\mu}{\sigma} = \frac{45-43{,}7}{8{,}8} \approx 0{,}15.$$

Helen Mirren
$$z = \frac{x-\mu}{\sigma} = \frac{61-36}{11{,}5} \approx 2{,}17.$$

A idade de Forest Whitaker está 0,15 desvios padrão acima da média, e a de Helen Mirren está 2,17 desvios padrão acima da média.

Interpretação

O z-escore correspondente à idade de Helen Mirren é mais de dois desvios padrão da média, então é considerado incomum. Comparado a outras vencedoras do prêmio de melhor atriz, ela é relativamente mais velha, enquanto a idade de Forest Whitaker é pouco acima da média dos ganhadores do prêmio de melhor ator.

Tente você 7 Em 2007, Alan Arkin ganhou o prêmio de melhor ator coadjuvante aos 72 anos por seu papel no filme *Pequena Miss Sunshine*. Jennifer Hudson ganhou o Oscar de melhor atriz coadjuvante aos 25 anos por seu papel em *Dreamgirls*. A média de idade para ganhadores do Oscar de melhor ator coadjuvante é de 50,1 anos, com desvio padrão de 13,9. A idade média para as ganhadoras do prêmio de melhor atriz coadjuvante é de 39,7, com desvio padrão de 14. Encontre o z-escore que corresponde à idade de cada ator ou atriz. Então, compare os resultados.

a. *Identifique* μ e σ da distribuição normal não padrão.

b. *Transforme* cada valor para um z-escore.

c. *Interprete* os resultados.

Resposta na p. A37

2.5 Exercícios

Construindo habilidades básicas e conceitos

Nos exercícios 1 e 2, (a) encontre os três quartis e (b) desenhe um gráfico de caixa-e-bigodes.

1. 4 7 7 5 2 9 7 6 8 5 8 4 1 5 2 8 7 6 6 9

2. 2 7 1 3 1 2 8 9 9 2 5 4
7 3 7 5 4 7 2 3 5 9 5 6
3 9 3 4 9 8 8 2 3 9 5

3. Os gols marcados por jogo por um time de futebol representam o primeiro quartil para todos os times da liga. O que podemos concluir sobre os gols marcados pelo time por jogo?

4. Um vendedor de uma empresa vendeu $ 6.903.435 em equipamento de *hardware* ano passado, número que representa o oitavo decil do desempenho de vendas da empresa. O que podemos concluir sobre o desempenho do vendedor?

5. A nota de um estudante em um exame atuarial é o 78º percentil. O que podemos concluir sobre a nota do estudante no exame?

6. Um orientador diz aos pais de uma criança que o QI de seu filho está no 93º percentil para o conjunto das crianças de mesma idade. O que podemos concluir sobre o QI da criança?

Verdadeiro ou falso?

Nos exercícios de 7 a 10, determine se as afirmações são verdadeiras ou falsas. Se forem falsas, reescreva-as de forma que seja verdadeira.

7. O segundo quartil é a mediana de um conjunto de dados ordenado.

8. Os cinco itens que precisamos para fazer o gráfico de caixa-e-bigodes são o mínimo, o máximo, Q_1, Q_2 e a média.

9. O 50º percentil é equivalente a Q_1

10. É impossível ter z-escore de 0.

Usando e interpretando conceitos

Análise gráfica

Nos exercícios de 11 a 16, use o gráfico de caixa-e-bigodes para identificar:

(a) a entrada mínima.

(b) a entrada máxima.

(c) o primeiro quartil.

(d) o segundo quartil.

(e) o terceiro quartil.

(f) a amplitude interquartil.

11.

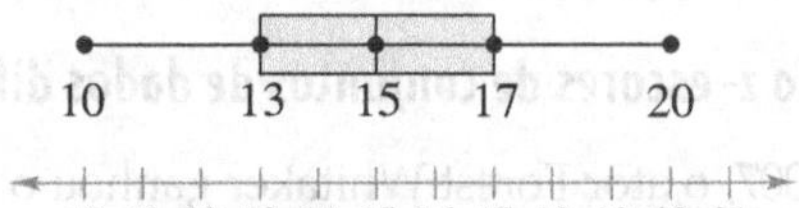

12.

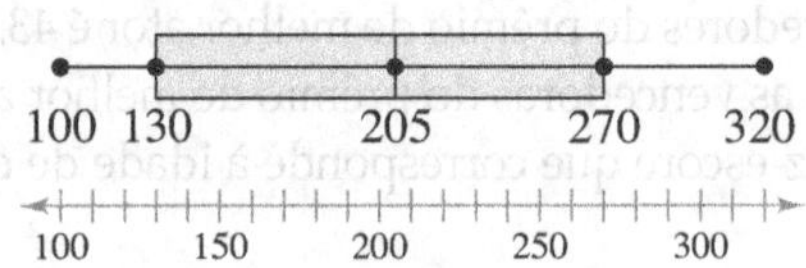

13.

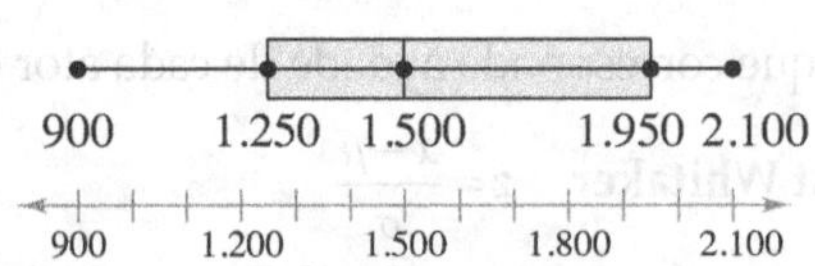

14.

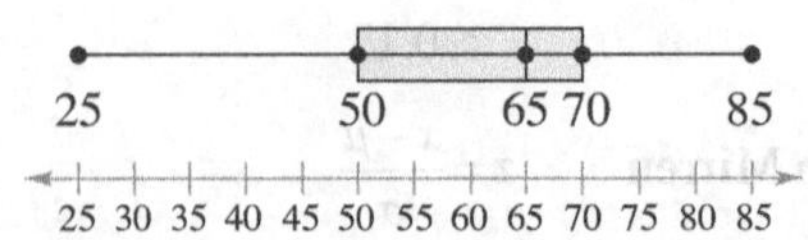

15.

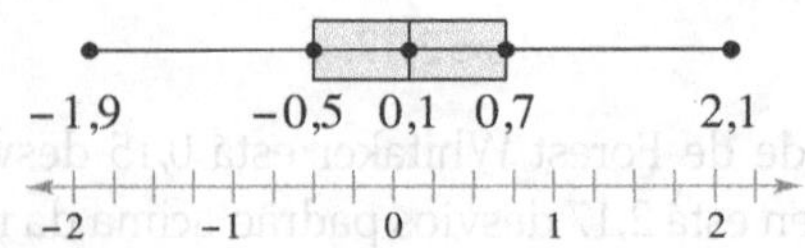

16.

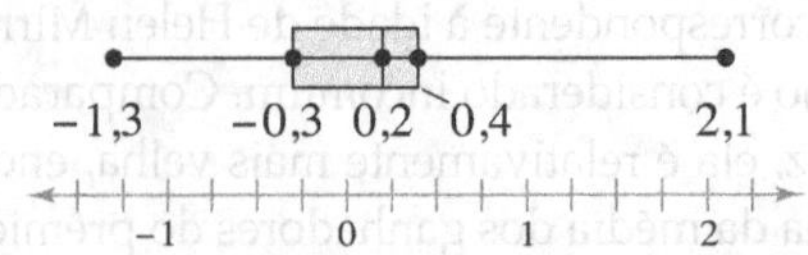

Interpretando gráficos

Nos exercícios de 17 a 20, use o gráfico de caixa-e-bigodes para determinar se a forma da distribuição representada é simétrica, assimétrica à esquerda, assimétrica à direita ou nenhuma das alternativas. Justifique sua resposta.

17.

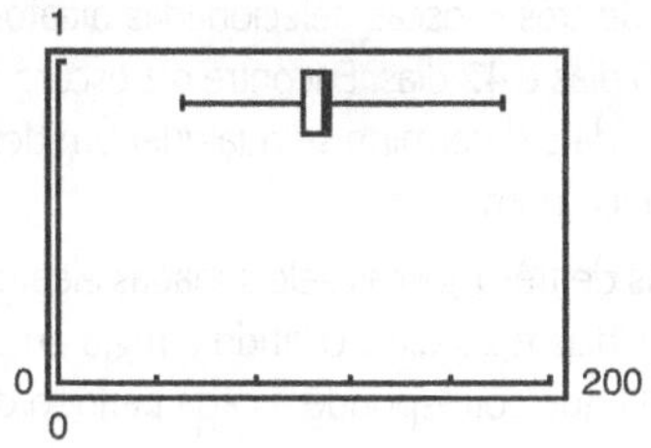

18.

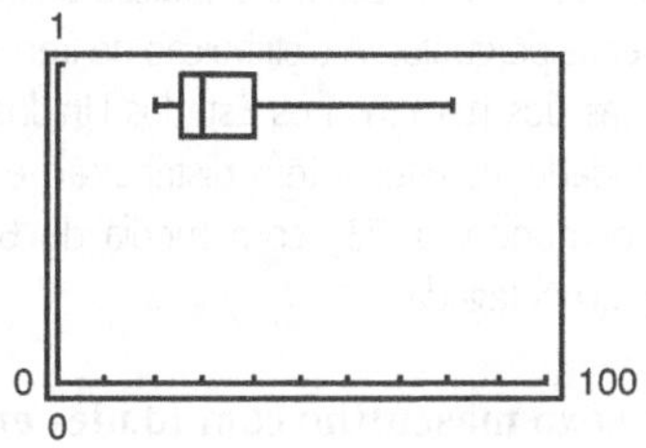

19.

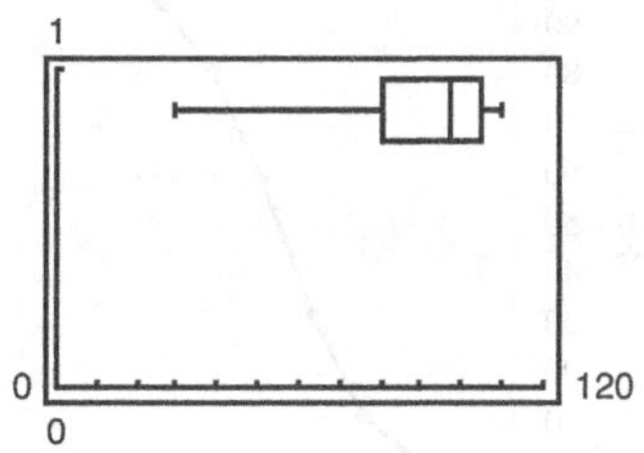

20.

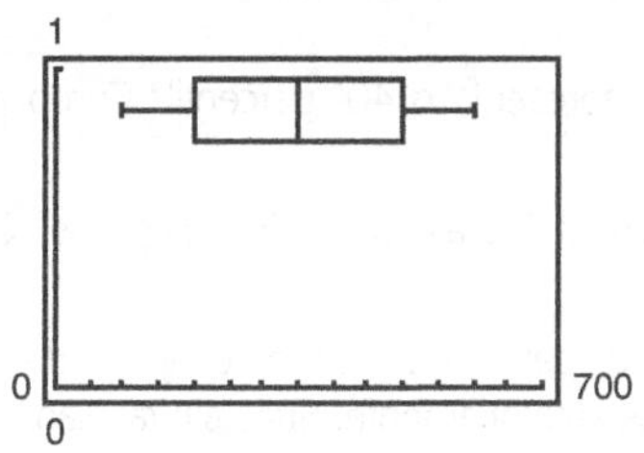

21. **Análise gráfica** As letras A, B e C são marcadas no histograma. Relacione-as com Q_1, Q_2 (a mediana) e Q_3. Justifique suas respostas.

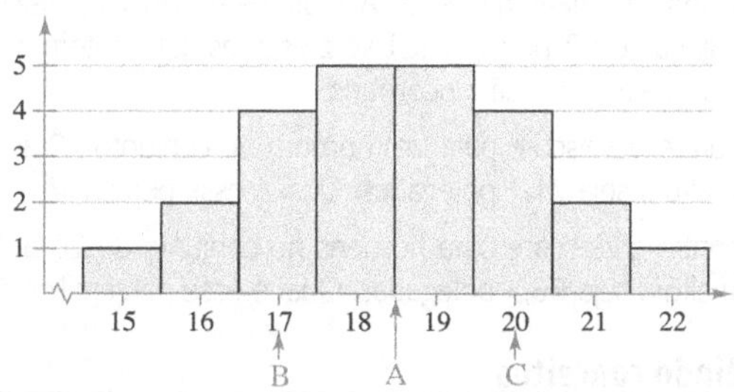

22. **Análise gráfica** As letras R, S e T são marcadas no histograma. Relacione-as com P_{10}, P_{50} e P_{80}. Justifique suas respostas.

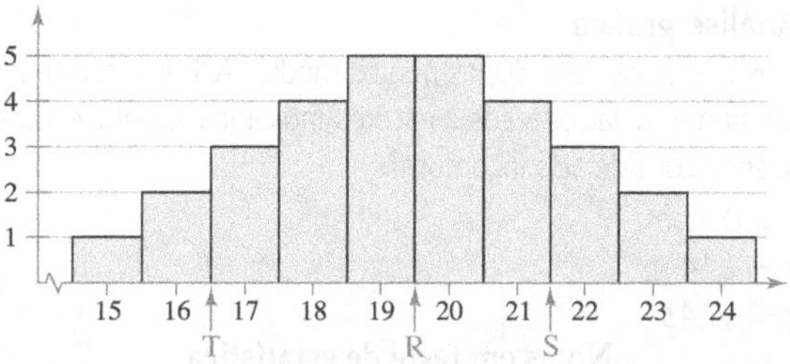

Usando a tecnologia para encontrar quartis e fazer gráficos

Nos exercícios de 23 a 26, use uma calculadora ou um computador para (a) encontrar o primeiro, o segundo e o terceiro quartis do conjunto de dados e (b) desenhar gráficos caixa-e-bigodes que representam o conjunto de dados.

23. **Assistindo televisão** O número de horas que uma amostra de 28 pessoas assiste televisão diariamente.

2 4 1 5 7 2 5 4 4 2 3 6 4 3
5 2 0 3 5 9 4 5 2 1 3 6 7 2

24. **Dias de férias** O número de dias de férias usados por uma amostra de 20 funcionários em um ano recente.

3 9 2 1 7 5 3 2 2 6
4 0 10 0 3 5 7 8 6 5

25. **Distâncias de aeronaves** As distâncias (em milhas) de um aeroporto de uma amostra de 22 viagens de ida e volta.

2,8 2,0 3,0 3,0 3,2 5,9 3,5 3,6
1,8 5,5 3,7 5,2 3,8 3,9 6,0 2,5
4,0 4,1 4,6 5,0 5,5 6,0

26. **Ganhos por hora** Os ganhos por hora (em dólares) de uma amostra de 25 fabricantes de equipamentos para rodovias.

15,60 18,75 14,60 15,80 14,35 13,90 17,50 17,55 13,80
14,20 19,05 15,35 15,20 19,45 15,95 16,50 16,30 15,25
15,05 19,10 15,20 16,22 17,75 18,40 15,25

27. **Assistindo televisão** Refira-se aos conjunto de dados fornecidos no Exercício 23 e o gráfico caixa-e-bigodes que você desenhou para representar os dados.
    (a) Aproximadamente 75% das pessoas não assistem mais do que quantas horas de televisão por dia?
    (b) Qual a porcentagem de pessoas que assistem mais do que 4 horas de televisão por dia?
    (c) Se selecionarmos uma pessoa aleatoriamente a partir da amostra, qual é a probabilidade desta pessoa assistir menos do que 2 horas de televisão por dia? Escreva sua resposta em porcentagem.

28. **Ganhos de um fabricante** Refira-se ao conjunto de dados no Exercício 26 e ao gráfico que você desenhou para representar o conjunto de dados.
    (a) Aproximadamente 75% dos fabricantes obtiveram menos de quanto por ano?
    (b) Qual a porcentagem de fabricantes que obtiveram mais de \$ 15,80 por hora?
    (c) Se selecionarmos aleatoriamente um dos fabricantes da amostra, qual é a probabilidade de que o fabricante tenha obtido mais de \$ 15,80 por hora? Escreva sua resposta como porcentagem.

Análise gráfica

Nos exercícios 29 e 30, os pontos médios A, B e C são marcados no histograma. Relacione aos z-escores indicados. Qual z-escores, se algum, seria considerado incomum?

29. $z = 0$
$z = 2{,}14$
$z = -1{,}43$

Notas em teste de estatística

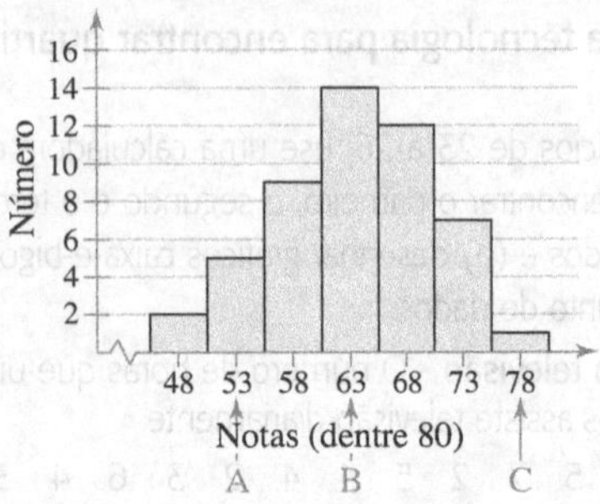

30. $z = 0{,}77$
$z = 1{,}54$
$z = -1{,}54$

Notas em teste de biologia

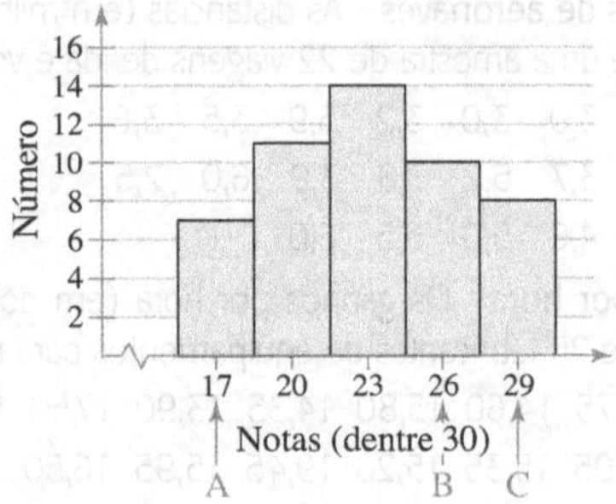

Comparando as notas em testes

Para as notas no teste de estatística do Exercício 29, a média é 63 e o desvio padrão é 7,0, e para as notas do teste de biologia do Exercício 30, a média é 23 e o desvio padrão é 3,9. Nos exercícios 31 a 34, você recebe as notas de um aluno que fez ambas as provas.

(a) Transforme cada nota de teste em um z-escore.

(b) Determine em qual teste o estudante teve uma melhor nota.

31. Um estudante tira 73 no teste de estatística e 26 no de biologia.

32. Um estudante tira 60 no teste de estatística e 20 no de biologia.

33. Um estudante tira 78 no teste de estatística e 29 no de biologia

34. Um estudante tira 63 no teste de estatística e 23 no de biologia.

35. Vida útil de pneus Certa marca de pneus automotivos tem média de vida útil de 35.000 milhas e desvio padrão de 2.250 milhas (assuma que a vida útil dos pneus tem distribuição em forma de sino).

(a) A vida útil de três pneus selecionados aleatoriamente é 34.000 milhas, 37.000 milhas e 31.000 milhas. Encontre o z-escore que corresponde a cada vida útil. De acordo com os z-escores, a vida útil de qualquer um desses pneus poderia ser considerada incomum?

(b) A vida útil de três pneus selecionados aleatoriamente é 30.500 milhas, 37.250 milhas e 35.000 milhas. Usando a regra empírica, encontre o percentil que corresponde a cada vida útil.

36. Vida de moscas de frutas A vida de moscas de frutas tem uma distribuição em forma de sino, com média de 33 dias e desvio padrão de 4 dias.

(a) A vida de três moscas selecionadas aleatoriamente são 34 dias, 30 dias e 42 dias. Encontre o z-escore que corresponde a cada vida e determine se qualquer um desses períodos de vida é incomum.

(b) As vidas de três moscas selecionadas aleatoriamente são 29 dias, 41 dias e 25 dias. Usando a regra empírica, encontre o percentil que corresponde a cada período de vida.

Interpretando percentis

Nos exercícios de 37 a 42, use a distribuição de frequência acumulada para responder às perguntas. A distribuição de frequência acumulada representa as alturas dos homens nos Estados Unidos no conjunto de 20 a 29 anos de idade. As alturas têm distribuição em forma de sino (veja Retratando o mundo, p. 73) com média de 68,9 polegadas e desvio padrão de 3,0 polegadas. *(Fonte: National Center for Health Statistics.)*

Adultos do sexo masculino com idades entre 20 e 29

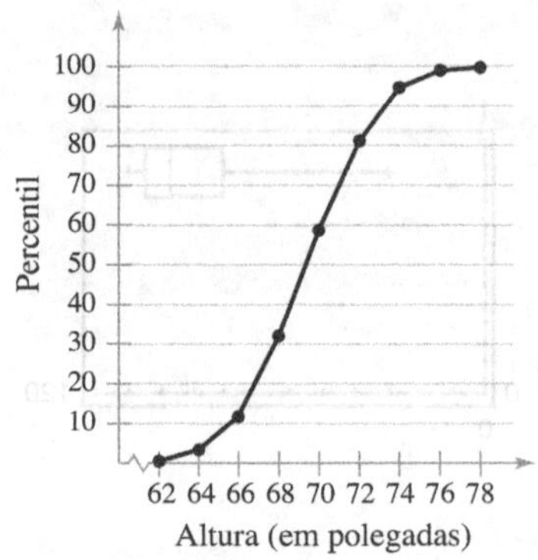

37. Qual altura representa o 40º percentil? Como você interpretaria isso?

38. Qual o percentil é a altura de 76 polegadas? Como você interpretaria isso?

39. Três adultos do sexo masculino no conjunto de 20 a 29 anos são selecionados aleatoriamente. Suas alturas são 74 polegadas, 62 polegadas e 80 polegadas. Use z-escores para determinar quais alturas, se alguma, são incomuns.

40. Três adultos do sexo masculino no conjunto de 20 a 29 anos são selecionados aleatoriamente. A altura deles são 70 polegadas, 66 polegadas e 68 polegadas. Use z-escores para determinar quais alturas, se alguma, são incomuns.

41. Encontre o z-escore para um homem no conjunto 20 a 29 anos cuja altura seja 71,1 polegadas. Qual é esse percentil?

42. Encontre o z-escore para homens no conjunto de 20 a 29 anos cuja altura seja 66,3 polegadas. Qual é esse percentil?

Expandindo conceitos

43. Idades dos executivos As idades de uma amostra de 100 executivos estão listadas a seguir.

31	62	51	44	61	47	49	45	40	52
60	51	67	47	63	54	59	43	63	52
50	54	61	41	48	49	51	54	39	54
47	52	36	53	74	33	53	68	44	40
60	42	50	48	42	42	36	57	42	48
56	51	54	42	27	43	43	41	54	49
49	47	51	28	54	36	36	41	60	55
42	59	35	65	48	56	82	39	54	49
61	56	57	32	38	48	64	51	45	46
62	63	59	63	32	47	40	37	49	57

(a) Ordene os dados e encontre o primeiro, o segundo e o terceiro quartis.

(b) Desenhe um gráfico caixa-e-bigodes que represente o conjunto de dados.

(c) Interprete os resultados no contexto dos dados.

(d) Com base nessa amostra, em qual idade você esperaria ser um executivo? Explique seu raciocínio.

(e) Quais conjuntos de idades, se algum, pode ser considerado incomum? Explique.

Midquartil Uma outra medida de posição é chamada de **midquartil**. Você pode encontrar o midquartil de um conjunto de dados usando a fórmula a seguir.

$$Midquartil = \frac{Q_1 + Q_2}{2}.$$

Nos exercícios 44 a 47, encontre o midquartil do conjunto de dados fornecido.

44. 5 7 1 2 3 10 8 7 5 3

45. 23 36 47 33 34 40 39 24 32 22 38 41

46. 12,3 9,7 8,0 15,4 16,1 11,8 12,7 13,4
12,2 8,1 7,9 10,3 11,2

47. 21,4 20,8 19,7 15,2 31,9 18,7 15,6 16,7
19,8 13,4 22,9 28,7 19,8 17,2 30,1

48. Duração das músicas Gráficos caixa-e-bigodes lado a lado podem ser usados para comparar dois ou mais conjuntos de dados. Cada gráfico caixa-e-bigodes é desenhado no mesmo número de linha para comparar os conjuntos de dados mais facilmente. Fornecemos a duração das músicas (em segundos) de dois CDs diferentes.

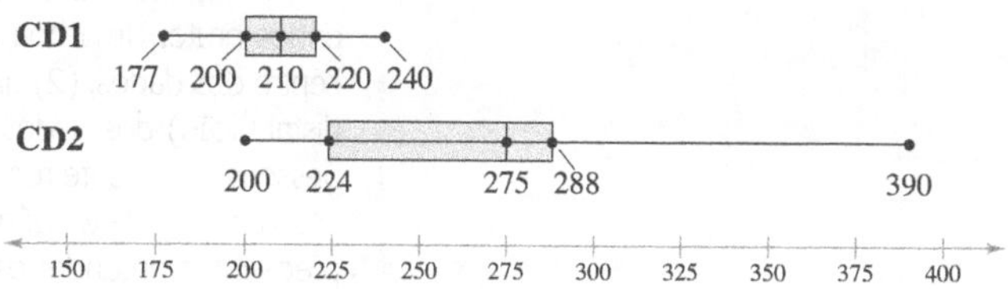

(a) Descreva a forma de cada distribuição. Qual CD tem menos variação na duração das músicas?

(b) Qual distribuição é mais propensa a ter outliers? Explique o seu raciocínio.

(c) Qual CD você acha que tem o desvio padrão de 16,3? Explique seu raciocínio.

49. Compras com cartão de crédito As suas compras mensais com cartão de crédito (arredondadas para o dólar mais próximo) nos últimos dois anos e as de seu amigo estão listadas a seguir.

Você: 60 95 102 110 130 130 162 200 215 120 124 28
58 40 102 105 141 160 130 210 145 90 46 76

Seu amigo: 100 125 132 90 85 75 140 160 180 190 160 105
145 150 151 82 78 115 170 158 140 130 165 125

Use uma calculadora ou um computador para desenhar um gráfico caixa-e-bigodes lado a lado que represente os conjuntos de dados. Então, descreva as formas da distribuição.

Encontrando percentis

Você pode encontrar o percentil que corresponde a um valor de dados específico usando a fórmula a seguir, então arredondando o resultado para o próximo número inteiro.

$$\text{Percentil de } x = \frac{\text{número dos valores de dados menores que } x}{\text{número total de valores de dados}} \cdot 100.$$

Nos exercícios 50 e 51, use a informação do Exemplo 7 e o fato de que houve 80 atores e atrizes premiados com o Oscar de melhor ator/atriz.

50. Cinquenta e um vencedores do Oscar eram mais jovens que Forest Whitaker quando ganharam o prêmio de melhor ator. Encontre o percentil que corresponde à idade de Forest Whitaker.

51. Somente quatro vencedoras do Oscar de melhor atriz eram mais velhas que Helen Mirren quando ganharam o prêmio. Encontre o percentil que corresponde à idade de Helen Mirren.

Usos e abusos – estatística no mundo real

Usos

A estatística descritiva nos ajuda a ver tendências ou padrões a partir de um conjunto de dados bruto. Uma boa descrição de um conjunto de dados consiste em (1) uma medida do centro dos dados, (2) uma medida da variabilidade (ou dispersão) dos dados e (3) a forma (ou distribuição) dos dados. Quando lemos relatórios, notícias ou anúncios preparados por outras pessoas, raramente recebemos dados brutos usados em um estudo. Em vez disso, vemos gráficos, medidas da tendência central e medidas de variabilidade. Para sermos leitores perspicazes, precisamos entender os termos e técnicas da estatística descritiva.

Abusos

Saber como as estatísticas são calculadas pode ajudá-lo a analisar estatísticas questionáveis. Por exemplo, suponha que você esteja entrevistando para a posição de vendas e a empresa reporta que a comissão média anual recebida por cinco pessoas de sua equipe de vendas é $ 60.000. Esta é uma afirmação equivocada se for baseada em quatro comissões de $ 25.000 e uma de $ 200.000. A mediana descreveria mais corretamente a comissão anual, mas a empresa usou a média, pois é uma quantia maior.

Os gráficos estatísticos também podem ser equivocados. Compare os dois gráficos de série temporal abaixo que mostram os preços das ações no final do ano da Kellogg Company. Os dados são os mesmos para cada um. O primeiro gráfico, entretanto, tem um eixo vertical retirado, o que faz com que pareça que o preço das ações subiu muito de 1999 a 2006. No segundo gráfico, a escala no eixo vertical começa no zero. Esse gráfico mostra corretamente que os preços das ações aumentaram modestamente durante esse período. *(Fonte: Kellogg Company.)*

Preço das ações da Kellogg

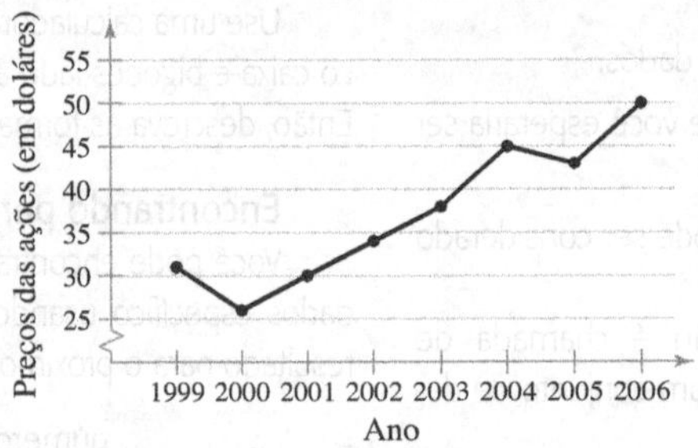

Preço das ações da Kellogg

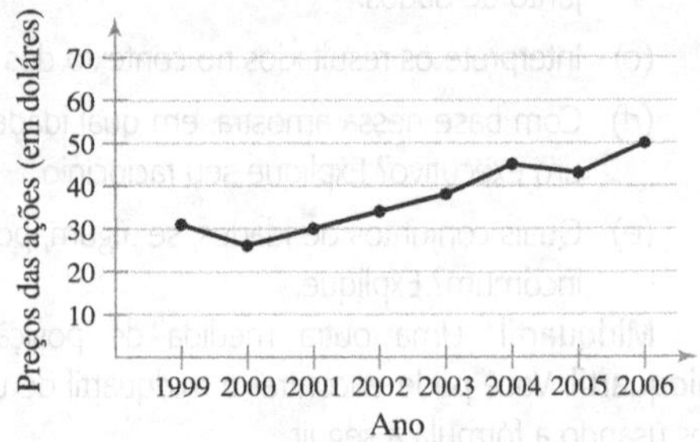

Ética

Mark Twain ajudou a popularizar o ditado "Há três tipos de mentiras: mentiras, mentiras deslavadas e estatísticas". Resumindo, até mesmo a estatística mais precisa pode ser usada para apoiar estudos ou afirmações que são incorretas. Pessoas inescrupulosas podem usar estatísticas equivocadas para "provar" seus pontos de vista. Ser informado de como a estatística foi calculada e questionar os dados é uma das maneiras de evitar ser enganado.

Exercícios

1. Em um jornal ou revista, encontre um exemplo de um gráfico que pode levar a conclusões incorretas.
2. Descreva a situação na qual uma estatística poderia ser usada para se tomar uma conclusão errada.

Resumo do capítulo

O que você aprendeu?	Exemplo	Exercícios de revisão
Seção 2.1		
■ Como construir uma distribuição de frequência incluindo limites, pontos médios, frequências relativas, frequências acumuladas e fronteiras.	1 e 2	1
■ Como construir histogramas de frequência, polígonos de frequência, histogramas de frequência relativa e ogivas.	3 a 7	2 a 6
Seção 2.2		
■ Como representar graficamente conjuntos de dados usando ferramentas de análise de dados exploratória dos diagramas de ramo-e-folhas e diagramas de pontos.	1 a 3	7 e 8
■ Como representar graficamente e interpretar dados emparelhados usando gráficos de dispersão e série temporal.	6 e 7	9 e 10
■ Como representar graficamente conjuntos de dados qualitativos usando gráficos de pizza e gráficos de Pareto.	4 e 5	11 e 12
Seção 2.3		
■ Como encontrar a média, a mediana e a moda de uma população e de uma amostra: $\mu=\frac{\sum x}{N}, \bar{x}=\frac{\sum x}{n}$.	1 a 6	13 e 14
■ Como encontrar a média ponderada de um conjunto de dados e a média da distribuição de frequência: $\bar{x}=\frac{\sum(x\cdot w)}{\sum w}$, $\bar{x}=\frac{\sum(x\cdot f)}{n}$.	7 e 8	15 a 18
■ Como descrever a forma da distribuição como simétrica, uniforme ou assimétrica e como comparar a média e a mediana para cada uma.		19 a 24
Seção 2.4		
■ Como encontrar a amplitude dos dados.	1	25 e 26
■ Como encontrar a variância e o desvio padrão de uma população e de uma amostra: $\sigma=\sqrt{\frac{\sum(x-\mu)^2}{N}}$, $s=\sqrt{\frac{\sum(x-\bar{x})^2}{n-1}}$.	2 a 5	27 a 30
■ Como usar a Regra Empírica e o teorema de Chebychev para interpretar o desvio padrão.	6 a 8	31 a 34
■ Como aproximar o desvio padrão amostral para os dados agrupados: $s=\sqrt{\frac{\sum(x-\bar{x})^2 f}{n-1}}$.	9 e 10	35 e 36
Seção 2.5		
■ Como encontrar as amplitudes dos quartis e interquartis de um conjunto de dados.	1 a 3	37 a 39 e 41
■ Como desenhar um gráfico caixa-e-bigodes.	4	40 e 42
■ Como interpretar outros fractis, tais como percentis.	5	43 e 44
■ Como encontrar e interpretar o escore padrão (z-escore) $z=\frac{(x-\mu)}{\sigma}$.	6 e 7	45 a 48

Exercícios de revisão

Seção 2.1

Nos exercícios 1 e 2, use o conjunto de dados a seguir. O conjunto de dados representa a renda (em milhares de dólares) de 20 funcionários de um pequeno negócio.

30 28 26 39 34 33 20 39 28 33
26 39 32 28 31 39 33 31 33 32

1. Faça a frequência de distribuição do conjunto de dados usando cinco classes. Inclua os pontos médios das classes, limites, fronteiras, frequências, frequências relativas e frequências acumuladas.
2. Faça o histograma de frequência relativa usando a distribuição de frequência e as frequências acumuladas.

Nos exercícios 3 e 4 use o conjunto de dados a seguir. Os dados representam os volumes líquidos atuais (em onças) em latinhas de 24 onças.

11,95 11,91 11,86 11,94 12,00 11,93 12,00 11,94
12,10 11,95 11,99 11,94 11,89 12,01 11,99 11,94
11,92 11,98 11,88 11,94 11,98 11,92 11,95 11,93

3. Faça o histograma de frequência usando sete classes.
4. Faça o histograma de frequência relativa do conjunto de dados usando sete classes.

Nos exercícios 5 e 6, use o conjunto de dados a seguir. Os dados representam o número de salas reservadas durante uma noite de negócios em uma amostra de hotéis.

153 104 118 166 89 104 100 79
93 96 116 94 140 84 81 96
108 111 87 126 101 111 122 108
126 93 108 87 103 95 129 93

5. Faça a distribuição de frequência com seis classes e desenhe um polígono de frequência.
6. Faça uma ogiva do conjunto de dados usando seis classes.

Seção 2.2

Nos exercícios 7 e 8, use os dados a seguir. Os dados representam as médias das altas temperaturas diárias (em graus Fahrenheit) durante o mês de janeiro em Chicago, Illinois. *(Fonte: National Oceanic and Atmospheric Administration.)*

33 31 25 22 38 51 32 23
23 34 44 43 47 37 29 25
28 35 21 24 20 19 23 27
24 13 18 28 17 25 31

7. Faça um diagrama ramo-e-folhas para o conjunto de dados. Use uma linha por ramo.
8. Faça um diagrama de pontos do conjunto de dados.
9. A seguir, temos as alturas (em pés) e o número de andares de nove edifícios notáveis em Miami. Use os dados para construir um gráfico de dispersão. Que tipo de padrão é mostrado no gráfico de dispersão? *(Fonte: Emporis Buildings.)*

Altura (em pés)	764	625	520	510	484	492	450	430	410
Número de andares	55	47	51	28	34	39	33	31	40

10. O índice de desemprego nos EUA em um período de 12 anos é fornecido a seguir. Use os dados para construir um gráfico da série temporal. *(Fonte: U.S. Bureau of Labor Statistics.)*

Ano	1995	1996	1997	1998	1999	2000
Índice de desemprego	5,6	5,4	4,9	4,5	4,2	4,0

Ano	2001	2002	2003	2004	2005	2006
Índice de desemprego	4,7	5,8	6,0	5,5	5,1	4,6

Nos exercícios 11 e 12, use os dados a seguir, que representam os sete maiores registros no American Kennel Club (em milhares) em 2006. *(Fonte: American Kennel Club.)*

Raça	Número registrado (em milhares)
Labrador Retriever	124
Yorkshire Terrier	48
Pastor alemão	44
Golden Retriever	43
Beagle	39
Daschshund	36
Boxer	35

11. Faça um gráfico de Pareto do conjunto de dados.
12. Faça um gráfico de pizza do conjunto de dados.

Seção 2.3

13. Encontre a média, a mediana e a moda dos conjuntos de dados.
    3 5 12 16 7 9 13 7 8 11
14. Encontre a média, a mediana e a moda dos conjuntos de dados.
    42 36 39 42 44 45 42 42 36 38
15. Estime a média da distribuição de frequência feita no Exercício 1.
16. A distribuição de frequência a seguir mostra o número de assinaturas de revista por residência para uma amostra de 60 residências. Encontre o número médio de assinaturas por residência.

Número de revistas	0	1	2	3	4	5	6
Frequência	13	9	19	8	5	2	4

17. Fornecemos seis notas de testes. As cinco primeiras notas são 15% da nota final e a última nota é 25% da nota final. Encontre a média ponderada das notas.
    78 72 86 91 87 80
18. Fornecemos quatro notas de testes. As três primeiras notas são 20% da nota final e a última nota é 40% da nota final. Encontre a média ponderada das notas.
    96 85 91 86
19. Descreva a forma da distribuição no histograma feito por você no Exercício 3. A distribuição é simétrica, uniforme ou assimétrica?
20. Descreva a forma da distribuição no histograma feito por você no Exercício 4. A distribuição é simétrica, uniforme ou assimétrica?

Nos exercícios 21 e 22, determine se a forma aproximada da distribuição no histograma é assimétrica à direita, assimétrica à esquerda ou simétrica.

21.

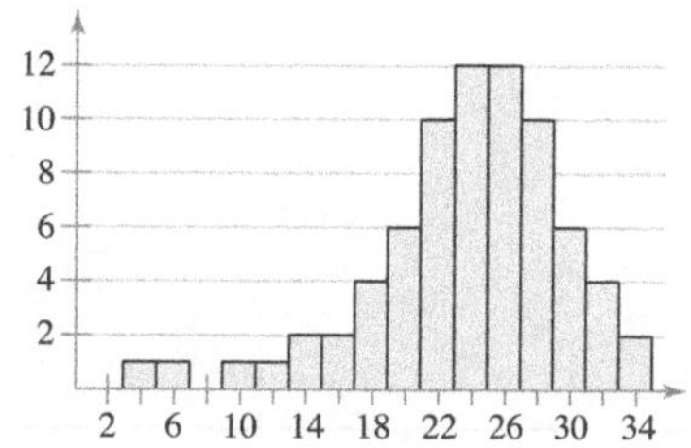

22.

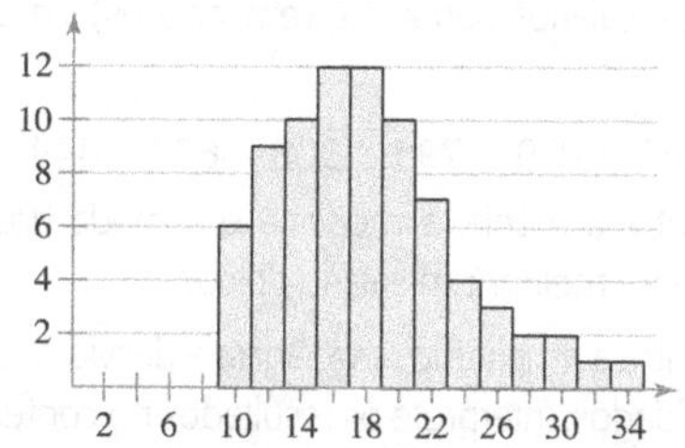

23. Para o histograma do Exercício 21, qual é maior: a média ou a mediana?

24. Para o histograma do Exercício 22, qual é maior: a média ou a mediana?

Seção 2.4

25. O conjunto de dados representa o preço médio de uma entrada de cinema (em dólares) para uma amostra de 12 cidades americanas. Encontre a amplitude dos dados.

7,82 7,38 6,42 6,76 6,34 7,44 6,15 5,46 7,92 6,58 8,26 7,17

26. O conjunto de dados representa o preço médio de uma entrada de cinema (em dólares) para uma amostra de 12 cidades japonesas. Encontre a amplitude dos dados.

19,73 16,48 19,10 18,56 17,68 17,19
16,63 15,99 16,66 19,59 15,89 16,49

27. A milhagem (em milhares) para uma frota de veículos de uma empresa de aluguel de carros está listada a seguir. Encontre a média populacional e o desvio padrão dos dados.

4 2 9 12 15 3 6 8 1 4 14 12 3 3

28. A idade de cada membro da Supreme Court of the United States (Suprema Corte de Justiça americana) em 19 de março de 2007 está listada a seguir. Encontre a média populacional e o desvio padrão dos dados. *(Fonte: Supreme Court of the United States.)*

52 86 71 70 67 58 74 68 56

29. Os preços (em dólares para um ano escolar) dos dormitórios para uma amostra de universidades com quatro anos de duração estão listados a seguir. Encontre a média amostral e o desvio padrão amostral dos dados.

2.445 2.940 2.399 1.960 2.421 2.940 2.657 2.153
2.430 2.278 1.947 2.383 2.710 2.761 2.377

30. Listamos uma amostra dos salários (em dólares) de professores do ensino médio. Encontre a média amostral e o desvio padrão dos dados.

49.632 54.619 58.298 48.250 51.842 50.875 53.219 49.924

31. A taxa média da TV via satélite de uma amostra e residências era de \$ 49,00 por mês com desvio padrão de \$ 2,50 por mês. Entre quais dois valores estão 99,7% dos dados? (Assuma uma distribuição em forma de sino.)

32. A taxa média da TV via satélite de uma amostra e residências era de \$ 49,50 por mês com desvio padrão de \$ 2,75 por mês. Estime a porcentagem das taxas de televisão via satélite entre \$ 46,75 e \$ 52,25. (Assuma que o conjunto de dados tem distribuição em forma de sino.)

33. A média de vendas por cliente para 40 clientes de um posto de gasolina é \$ 36,00, com desvio padrão de \$ 8,00. Com base no teorema de Chebychev, quantos clientes gastam entre \$ 20,00 e \$ 52,00 ?

34. O tempo médio dos voos das 20 primeiras naves espaciais era de aproximadamente 7 dias e o desvio padrão era aproximadamente 2 dias. Com base no teorema de Chebychev, quantos dos voos durou 3 e 11 dias? *(Fonte: NASA.)*

35. Em uma amostra aleatória de residências, o número de aparelhos de televisão é listado. Encontre a média amostral e o desvio padrão dos dados.

Número de televisores	0	1	2	3	4	5
Número de residências	1	8	13	10	5	3

36. Em uma amostra aleatória de aviões, listamos o número de defeitos encontrados em suas fuselagens. Encontre a média amostral e o desvio padrão dos dados.

Número de defeitos	0	1	2	3	4	5	6
Número de aviões	4	5	2	9	1	3	1

Seção 2.5

Nos exercícios de 37 a 40, use o conjunto de dados a seguir. Os dados representam a altura (em polegadas) de alunos do curso de estatística.

52 54 55 56 56 56 58 59 60 61
61 63 65 67 68 68 70 71 72

37. Encontre a altura que corresponde ao primeiro quartil.

38. Encontre a altura correspondente ao terceiro quartil.

39. Encontre a amplitude interquartil.

40. Faça um gráfico de caixa-e-bigodes dos dados.

41. Encontre a amplitude interquartil dos dados do Exercício 14.

42. Os pesos (em libras) dos jogadores da defesa de um time de futebol colegial são fornecidos. Faça o gráfico caixa-e-bigodes dos dados.

173 145 205 192 197 227 156 240 172 185
208 185 190 167 212 228 190 184 195

43. Uma nota 68 em um teste de um aluno representa o 77º percentil das notas. Qual porcentagem de alunos obteve mais do que 68?

44. Em 2007 havia 768 estações de rádio "antigas" nos EUA. Se uma estação descobre que 84 estações têm maior audiência que ela, em qual percentil essa estação se aproxima do *ranking* diário de audiência? *(Fonte: Radio-locator.com.)*

Nos exercícios de 45 a 48, use a informação a seguir. Os pesos de 19 jogadores de futebol colegiais têm distribuição em forma de sino, com média de 186 libras e desvio padrão de 18 libras. Use z-escores para determinar se os pesos a seguir dos jogadores de futebol selecionados aleatoriamente são incomuns.

45. 213 libras.

46. 141 libras.

47. 178 libras.

48. 249 libras.

Teste do capítulo

Faça este teste como se você estivesse fazendo uma prova em sala. Depois, compare suas respostas com as respostas dadas no final do livro.

1. O conjunto de dados é o número de minutos em que uma amostra de 25 pessoas se exercita a cada semana.

108 139 120 123 120 132 123 131 131
157 150 124 111 101 135 119 116 117
127 128 139 119 118 114 127

(a) Faça a distribuição de frequência do conjunto de dados usando cinco classes. Inclua limites de classe, pontos médios, frequências, fronteiras, frequências relativas e frequências acumuladas.

(b) Represente os dados usando um histograma de frequência e um polígono de frequência nos mesmos eixos.

(c) Represente os dados usando um histograma de frequência relativa.

(d) Descreva a forma da distribuição como simétrica, uniforme ou assimétrica.

(e) Represente os dados usando um gráfico caixa-e-bigodes.

(f) Represente os dados utilizando uma ogiva.

2. Use as fórmulas da distribuição de frequência para aproximar a média amostral e o desvio padrão do conjunto de dados no Exercício 1.

3. As vendas de produtos esportivos (em bilhões de dólares) nos EUA podem ser classificadas em quatro áreas: vestuário (11,7), calçados (15,7), equipamentos (24,0) e transporte recreacional (38,5). Represente os dados usando (a) um gráfico de pizza e (b) gráfico de Pareto. *(Fonte: National Sporting Goods Association.)*

4. Listamos os salários semanais (em dólares) para uma amostra de enfermeiros.

774 446 1.019 795 908 667 444 960

(a) Encontre a média, a mediana e a moda dos salários. Qual descreve melhor um salário típico?

(b) Encontre a amplitude, a variância e desvio padrão do conjunto de dados. Interprete os resultados no contexto da vida real.

5. A média dos preços de residências novas de uma amostra de casas é $ 155.000 com desvio padrão de $ 15.000. O conjunto de dados tem distribuição em forma de sino. Entre quais dos dois preços estão 95% das casas?

6. Refira-se às estatísticas amostrais do Exercício 5 e use z-escores para determinar qual, se algum, dos preços a seguir é incomum.

(a) $ 200.000

(b) $ 55.000

(c) $ 175.000

(d) $ 122.000

7. O número de vitórias para cada time da liga de beisebol em 2006 está listado a seguir. *(Fonte: Major League Baseball.)*

97 87 86 70 61 96 95 90 78 62
93 89 80 78 97 85 79 78 71 83
82 80 75 67 66 88 88 76 76 76

(a) Encontre os quartis do conjunto de dados.

(b) Encontre a amplitude interquartil.

(c) Faça um gráfico caixa-e-bigodes.

Preços em dólares das apólices de seguro automotivo pagos por 10 motoristas selecionados aleatoriamente em 4 cidades

Cidade A	Cidade B	Cidade C	Cidade D
2.465	2.514	2.030	2.345
1.984	1.600	1.450	2.152
2.545	1.545	2.715	1.570
1.640	2.716	2.145	1.850
1.983	1.987	1.600	1.450
2.302	2.200	1.430	1.745
2.542	2.005	1.545	1.590
1.875	1.945	1.792	1.800
1.920	1.380	1.645	2.575
2.655	2.400	1.368	2.016

(Adaptado de Runzheimer International.)

Juntando tudo

Estatística real – decisões reais

Você é um jornalista responsável pela coluna de consumo de um jornal. Você tem recebido diversas cartas e e-mails de leitores que estão preocupados com o custo de suas apólices de seguro automotivo. Um dos leitores escreveu o seguinte:

"Eu acho que, em média, um motorista em nossa cidade paga mais em sua apólice de seguro do que os motoristas de outras cidades como a nossa neste Estado."

Seu editor pede que você investigue os custos das apólices de seguros e escreva um artigo sobre isso. Você já reuniu os dados mostrados à esquerda (sua cidade é a cidade A). Os dados representam as apólices de seguros automotivos pagos anualmente (em dólares) por uma amostra aleatória de motoristas em sua cidade e em três outras cidades de tamanho similar em seu estado. (Os preços das apólices da amostra incluem cobertura compreensiva, colisão, danos físicos, danos a propriedade e motoristas não cobertos.)

Exercícios

1. *Como você faria isso?*
   (a) Como você investigaria a afirmação sobre o preço das apólices de seguro?
   (b) Quais medidas estatísticas deste capítulo você usaria?
2. *Representando os dados*
   (a) Que tipo de gráfico você usaria para representar os dados? Por quê?
   (b) Construa o gráfico da parte (a).
   (c) Com base no que você fez na parte (b), parece que a média das apólices de seguro de sua cidade, cidade A, é maior do que qualquer outra cidade? Explique.
3. *Medindo os dados*
   (a) Quais medidas estatísticas discutidas neste capítulo você usaria para analisar os dados sobre as apólices de seguro?
   (b) Calcule as medidas da parte (a).
   (c) Compare as medidas da parte (b) com o gráfico que você fez no Exercício 2. As medidas apoiam sua conclusão no Exercício 2? Explique.
4. *Discutindo os dados*
   (a) O que você diria aos leitores? A média das apólices de seguro em sua cidade é mais alta do que nas outras?
   (b) Quais razões você poderia dar a seus leitores sobre o porquê de os preços variarem de cidade para cidade?

Tecnologia

MINITAB | **EXCEL** | **TI-83/84**

A Dairy Farmers of America (Associação de Produtores de Laticínios da América) é uma associação que fornece ajuda a produtores de laticínios. Parte dessa ajuda é reunir e distribuir estatísticas sobre a produção de leite.

Produção mensal de leite

O conjunto de dados a seguir foi fornecido por um produtor de leite. Ele lista a produção mensal de leite (em libras) para 50 vacas leiteiras Holstein. (*Fonte: Matlink Dairy, Clymer, NY.*)

2.825	2.072	2.733	2.069	2.484	4.285	2.862	3.353	1.449	2.029
1.258	2.982	2.045	1.677	1.619	2.597	3.512	2.444	1.773	2.284
1.884	2.359	2.046	2.364	2.669	3.109	2.804	1.658	2.207	2.159
2.207	2.882	1.647	2.051	2.202	3.223	2.383	1.732	2.230	1.147
2.711	1.874	1.979	1.319	2.923	2.281	1.230	1.665	1.294	2.936

www.dfamilk.com

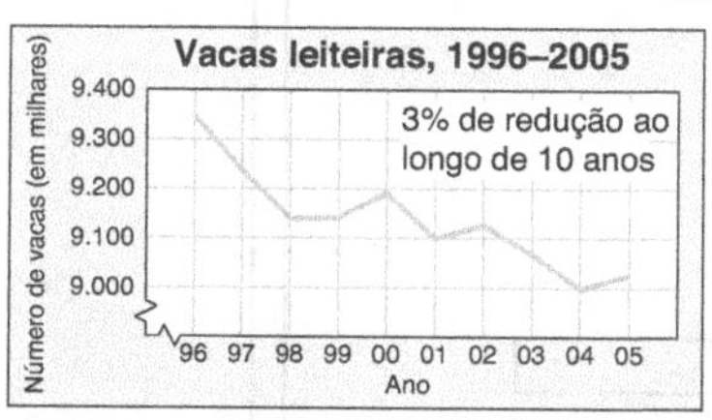

(*Fonte: National Agricultural Statistics Service.*)

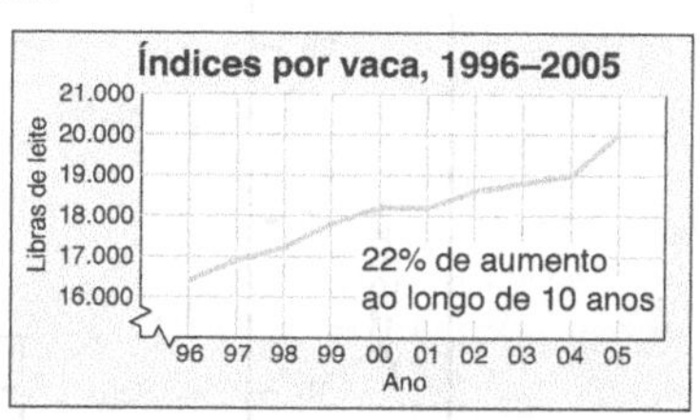

(*Fonte: National Agricultural Statistics Service.*)

De 1996 a 2005, o número de vacas leiteiras nos Estados Unidos decresceu e a produção anual de leite aumentou.

Exercícios

Nos exercícios de 1 a 4, use um computador ou calculadora. Se possível, imprima seus resultados.

1. Encontre a média amostral dos dados.
2. Encontre o desvio padrão amostral dos dados.
3. Faça a distribuição de frequência para os dados. Use uma classe com largura 500.
4. Faça um histograma para os dados. A distribuição parece ter forma de sino?
5. Qual porcentagem da distribuição está dentro de um desvio padrão em relação à média? Dentro de dois desvios padrão em relação à média? Como esses resultados concordam com a regra empírica?

Nos exercícios de 6 a 8, use a distribuição de frequência encontrada no Exercício 3.

6. Use a distribuição de frequência para estimar a média amostral dos dados. Compare seus resultados com o Exercício 1.
7. Use a distribuição de frequência para encontrar o desvio padrão amostral para os dados. Compare seus resultados com Exercício 2.
8. **Redação** Use os resultados dos exercícios 6 e 7 para escrever uma afirmação geral sobre a média e desvio padrão para os dados grupados. As fórmulas para os dados grupados fornecem resultados que são tão corretos quanto as fórmulas das entradas individuais?

Usando a tecnologia para determinar estatísticas descritivas

Aqui estão algumas impressões MINITAB e TI-83/84 para três exemplos deste capítulo.

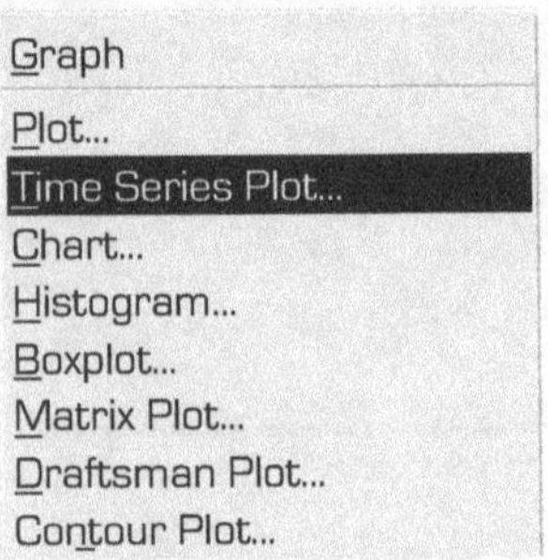

(ver Exemplo 7, p. 51)

MINITAB

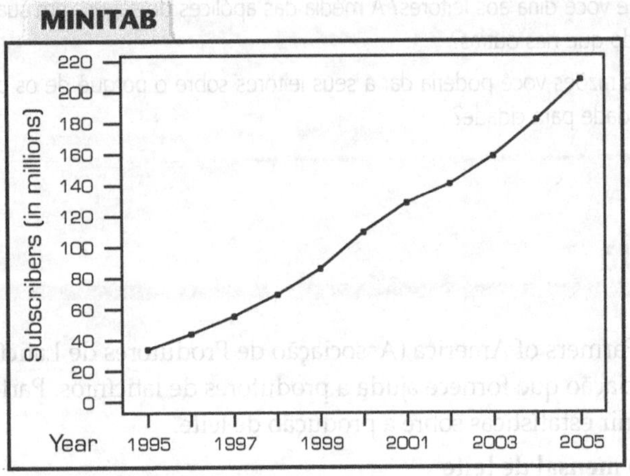

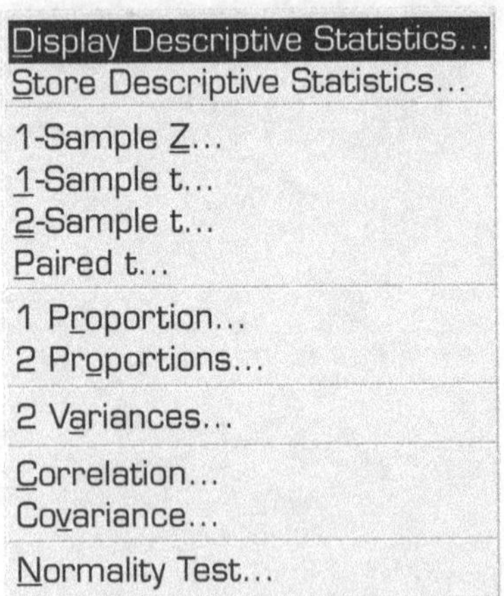

(Ver Exemplo 4, p. 71)

MINITAB

Estatística descritiva

Variable	N	Mean	SE Mean	TrMean	StDev
Salaries	10	41.500	0.992	41.375	3.136
Variable	Minimum	Q1	Median	Q3	Maximum
Salaries	37.000	38.750	41.000	44.250	47.000

(Ver Exemplo 4, p. 86.)

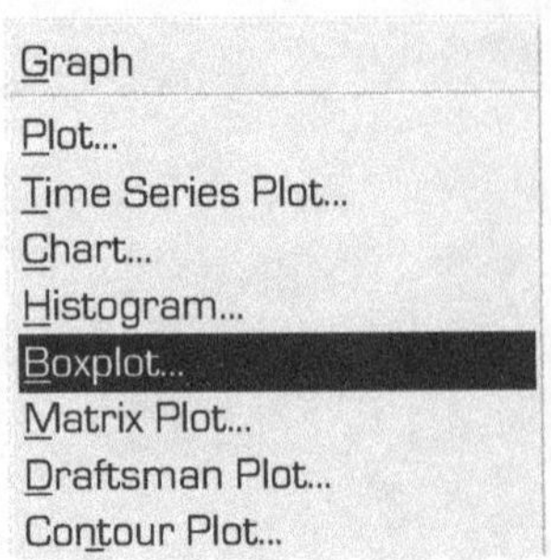

MINITAB

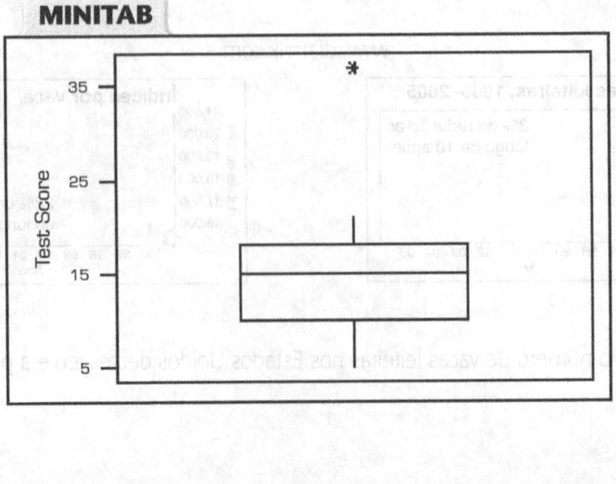

(Ver Exemplo 7, p. 51.)

TI-83/84

STAT PLOTS
1: Plot1...Off
L1 L2 ▫
2: Plot2...Off
L1 L2 ▫
3: Plot3...Off
L1 L2 ▫

TI-83/84

Plot1 Plot2 Plot3
On Off
Type:
Xlist: L 1
Ylist: L 2
Mark: ▫ + .

TI-83/84

ZOOM MEMORY
4↑ ZDecimal
5: ZSq uare
6: ZStandard
7: ZTrig
8: ZInteger
9: ZoomSta
0: ZoomFit

TI-83/84

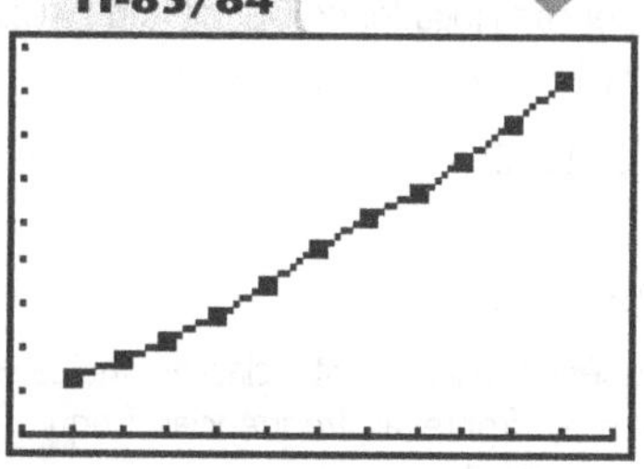

(Ver Exemplo 4, p. 71.)

TI-83/84

EDIT CALC TESTS
1: 1-Var Stat s
2: 2-Var Stat s
3: Med-Med
4: LinReg(ax+b)
5: Q uadReg
6: C ubicReg
7↓ QuartReg

TI-83/84

1-Var Stat s L 1

TI-83/84

1-Var Stat s
$\bar{x}$= 41.5
$\sum x$= 415
$\sum x^2$= 17311
Sx= 3.13581462
σx= 2.974894956
↓n= 10

(Ver Exemplo 4, p. 86.)

TI-83/84

STAT PLOTS
1: Plot1...Off
L1 L2 ▫
2: Plot2...Off
L1 L2 ▫
3: Plot3...Off
L1 L2 ▫
4↓ Plot sOff

TI-83/84

Plot1 Plot2 Plot3
On Off
Type:
Xlist: L 1
Freq: 1

TI-83/84

ZOOM MEMORY
4↑ ZDecimal
5: ZSq uare
6: ZStandard
7: ZTrig
8: ZInteger
9: ZoomStat
0: ZoomFit

TI-83/84

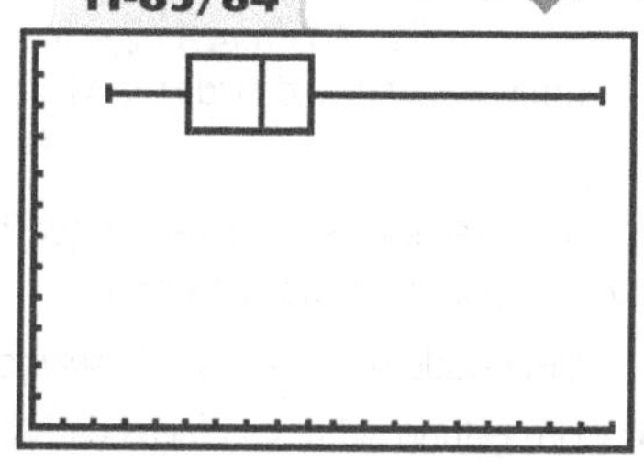

Revisão acumulada – capítulos 1 e 2

Nos exercícios 1 e 2, identifique a técnica de amostragem usada e discuta a fonte de tendenciosidade em potencial (se houver). Explique.

1. Para assegurar qualidade, cada quadragésima escova de dentes é retirada de uma linha de produção e testada para se ter certeza que as cerdas não se soltam da escova.
2. Usando discagem aleatória, pesquisadores perguntaram a opinião de 1.200 adultos americanos sobre aquecimento global.
3. Em um ano recente, as faltas não avisadas em empresas e organizações americanas atingiram um índice de 2,5%, o maior desde 1999. Descobriu-se que as faltas ocorriam por causa da mentalidade de concessão de direitos (11%), assuntos familiares (24%), doenças (35%), necessidades pessoais (18%) e estresse (12%). Use um gráfico de Pareto para organizar os dados. *(Fonte: Harris, Interactive.)*

Nos exercícios 4 e 5, determine se o valor numérico é um parâmetro ou um dado estatístico. Explique seu raciocínio.

4. O salário médio anual para 43 funcionários de uma empresa é $ 42.500.
5. Em uma pesquisa recente com 1.000 adultos dos Estados Unidos, 28% disseram ser ético os repórteres publicarem notícias baseadas em fontes anônimas. *(Fonte: Rasmussen Reports.)*
6. O salário médio anual de uma amostra de engenheiros elétricos é $ 83.500, com desvio padrão de $ 1.500. O conjunto de dados tem distribuição em formato de sino.
   (a) Use a regra empírica para estimar o número de engenheiros elétricos cujos salários anuais estão entre $ 80.500 e $ 86.500.
   (b) Se 40 engenheiros elétricos adicionais fossem amostrados, quantos aproximadamente você esperaria que tivessem salários anuais entre $ 80.500 e $ 86.500?

Nos exercícios 7 e 8, identifique a população e a amostra.

7. Uma pesquisa com 1.948 adultos americanos descobriu que 52% acreditam que fontes alternativas de energia são a melhor forma para os Estados Unidos reduzirem a confiança no petróleo estrangeiro. *(Fonte: Bloomberg Poll.)*
8. Um estudo com 232.606 pessoas foi conduzido para descobrir uma ligação entre a ingestão de vitaminas antioxidantes e uma expectativa de vida mais longa. *(Fonte: Journal of the American Medical Association.)*

Nos exercícios 9 e 10, decida qual método você usaria para coletar dados para os estudos. Explique.

9. Um estudo sobre os anos de serviço de 100 membros do senado.
10. Um estudo sobre os efeitos da exclusão das férias do calendário escolar.

Nos exercícios 11 e 12, determine se os dados são qualitativos ou quantitativos e identifique o nível de mensuração do conjunto de dados.

11. Listamos o número de jogos iniciados por cada arremessador (no beisebol) com pelo menos um início para os Houston Astros em 2006. *(Fonte: Major League Baseball.)*

   2 8 19 19 9 11 32 35 24 3

12. As regiões tipicamente usadas para o cálculo do preço médio das casas estão listadas:

   nordeste centro-oeste sul oeste

13. Os números de tornados por Estado em um ano recente estão listados. Encontre o primeiro, segundo e terceiro quartis do conjunto de dados e faça um diagrama caixa-e-bigodes que represente o conjunto de dados. *(Fonte: National Climatic Data Center.)*

81	1	8	69	30	34	0	0	56	54
2	6	21	14	46	136	17	23	2	0
1	5	71	105	39	10	40	1	0	7
4	0	23	53	4	27	1	11	0	14
19	23	105	4	0	24	4	0	63	6

14. São fornecidas cinco notas de testes. As quatro primeiras notas equivalem a 15% da nota final e a última é 40% da nota final. Encontre a média ponderada das notas.

   85 92 84 89 91

15. O tamanho das caudas (em pés) dos crocodilos americanos estão listados:

   6,5 3,4 4,2 7,1 5,4 6,8 7,5 3,9 4,6

   (a) Encontre a média, a mediana e a moda do tamanho das caudas. Qual descreve melhor o tamanho da cauda de um típico crocodilo americano? Explique seu raciocínio.
   (b) Encontre a amplitude, a variância e o desvio padrão do conjunto de dados. Interprete os resultados no contexto da vida real.
16. Um estudo mostra que o número de mortes por doenças do coração em mulheres decresceu a cada ano nos últimos cinco anos.
   (a) Faça uma inferência baseada nos resultados do estudo.
   (b) O que há de errado com esse tipo de raciocínio?

Nos exercícios de 17 a 19, use o conjunto de dados a seguir, que representa os pontos marcados por cada jogador do Detroit Red Wings em uma temporada recente do NHL. *(Fonte: National Hockey League.)*

11	15	8	87	32	1	8	16	59
0	0	9	62	12	80	15	2	11
15	0	45	59	81	58	19	34	85

17. Faça a distribuição de frequência usando oito classes. Inclua a classe de pontos médios, limites, fronteiras, frequências, frequências relativas e frequências acumuladas.
18. Descreva a forma da distribuição.
19. Faça um histograma de frequência relativa usando a distribuição de frequência do Exercício 17. Então, determine qual classe tem a maior frequência relativa e qual tem a menor.

Parte **2**

Probabilidade e distribuições de probabilidade

Capítulo 3

Probabilidade

Onde estamos

Nos capítulos 1 e 2, você aprendeu a coletar e descrever dados. Estando os dados coletados e descritos, você pode usar o resultado para escrever resumos, formar suas conclusões e tomar decisões. Por exemplo, no programa de televisão americano *Deal or no deal*, os participantes jogam e negociam para atingir um valor de até $ 1.000.000,00. Coletando e analisando os dados, você pode determinar as chances de ganhar $ 1.000.000,00.

Cada jogo consiste de 26 malas lacradas contendo quantias em dólares variando de $ 0,1 a $ 1.000.000,00. Sem saber a quantia de cada mala, os participantes escolhem uma mala cada um, que continua selada até o final do jogo. A cada rodada, um número pré-determinado de malas é aberto revelando a quantia em cada uma delas. No final de cada rodada, o "banqueiro" oferece ao participante uma quantia em dinheiro baseada nas quantias das malas que não foram abertas, em troca da mala do participante. O participante pode aceitar a oferta do banqueiro e assim o jogo termina ou pode continuar a próxima rodada. Se o participante não aceitar nenhuma oferta e todas as malas forem abertas, então o participante recebe o valor que está na mala escolhida no início do jogo.

Para onde vamos

No Capítulo 3, você aprenderá como determinar a probabilidade de que um evento ocorra. Por exemplo, a probabilidade de que a primeira mala escolhida pelo participante contenha $ 1.000.000,00 é 1/26, pois há 26 malas no início do jogo e somente 1 mala contém $ 1.000.000,00. A tabela mostra a probabilidade de que a mala do participante contenha $ 1.000.000,00 se a mala com essa quantia ainda não foi aberta.

Rodada		1	2	3	4	5	6	7	8	9
Total de malas abertas	0	6	11	15	18	20	21	22	23	24
Probabilidade	$\frac{1}{26}$	$\frac{1}{20}$	$\frac{1}{15}$	$\frac{1}{11}$	$\frac{1}{8}$	$\frac{1}{6}$	$\frac{1}{5}$	$\frac{1}{4}$	$\frac{1}{3}$	$\frac{1}{2}$

Você também pode encontrar a probabilidade de um participante escolher a mala que contenha ao menos $ 100.000,00 (sete malas têm ao menos $ 100.000,00).

Probabilidade de ao menos $ 100.000,00 em uma mala

$$= \frac{7}{26} \approx 0,269.$$

Então, você pode encontrar a probabilidade de um participante escolher uma mala que contenha menos de $ 100.000,00 subtraindo-se a probabilidade de escolher a mala que contenha ao menos $ 100.000,00 de 1.

Probabilidade de menos de $ 100.000,00 em uma mala

= 1 – Probabilidade de ao menos $ 100.000,00 na mala

$$= 1 - \frac{7}{26} = \frac{19}{26} \approx 0,731.$$

Então, a probabilidade de que um participante escolha uma mala que contenha ao menos $ 100.000,00 é de 0,269, ou 26,9%. A probabilidade de que um participante escolha uma mala que contenha menos que $ 100.000,00 é de aproximadamente 0,731 ou 73,1%.

3.1 Conceitos básicos de probabilidade e contagem

Experimentos de probabilidade → O princípio fundamental da contagem → Tipos de probabilidade → Eventos complementares → Aplicações das probabilidades

O que você deve aprender

- Como identificar o espaço amostral de um experimento de probabilidade e como identificar eventos simples.
- Como usar o princípio fundamental da contagem para encontrar o número de maneiras em que dois ou mais eventos podem ocorrer.
- Como distinguir entre probabilidade clássica, probabilidade empírica e probabilidade subjetiva.
- Como encontrar a probabilidade do complemento de um evento.
- Como usar um diagrama de árvore e o princípio fundamental de contagem para encontrar mais probabilidades.

Experimentos de probabilidade

Quando meteorologistas dizem que há uma chance de 90% de chuva ou médicos dizem que há 35% de chance de sucesso em uma cirurgia, eles estão afirmando as possibilidades, ou *probabilidades*, de que um evento específico ocorra. Decisões do tipo "você deveria estar jogando golfe" ou "você deveria proceder com a cirurgia" são frequentemente baseadas nessas probabilidades. No capítulo anterior, você aprendeu sobre o papel do ramo descritivo da estatística. Em razão de a probabilidade ser a base da estatística inferencial, é necessário aprender sobre probabilidade antes de seguirmos para esse segundo ramo — a estatística inferencial.

Definição

Um **experimento de probabilidade** é uma ação, ou tentativa, pela qual resultados específicos (contagens, medições ou respostas) são obtidos. O resultado de uma única tentativa em um experimento de probabilidade é um **resultado.** O grupo de todos os resultados possíveis de um experimento de probabilidade é o **espaço amostral**. Um **evento** é um subgrupo do espaço amostral. Ele pode consistir de um ou mais resultados.

Exemplo 1

Identificando o espaço amostral de um experimento de probabilidade

Um experimento de probabilidade consiste do lançamento de uma moeda e então a rolagem de um dado de seis lados. Determine o número de resultados e identifique o espaço amostral.

Solução

Há dois resultados possíveis quando lançamos a moeda: uma cara (H) ou uma coroa (T). Para cada um desses, há seis resultados possíveis quando jogamos o dado: 1, 2, 3, 4, 5 ou 6. Uma maneira de listar resultados para ações que ocorrem em sequência é usar um **diagrama de árvore.**

Diagrama de árvore para o experimento com a moeda e o dado

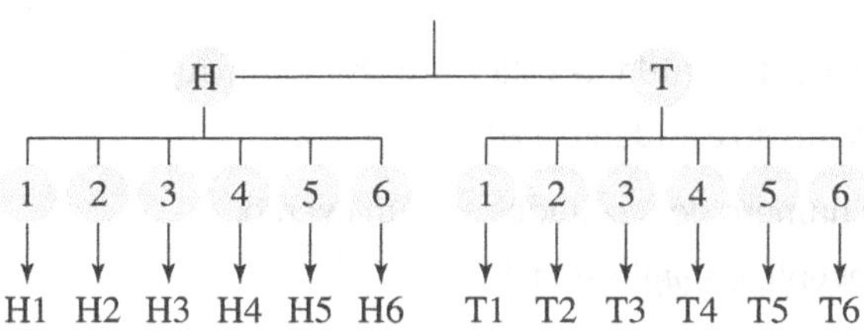

No diagrama de árvore, o espaço amostral tem 12 resultados.

{H1, H2, H3, H4, H5, H6, T1, T2, T3, T4, T5, T6}

Tente você 1 Para cada experimento de probabilidade, determine o número de resultados e identifique o espaço amostral.

Dica de estudo

Aqui temos um exemplo simples do uso do termo *experimento de probabilidade, espaço amostral, evento* e *resultado.*

Experimento de probabilidade:
Lançamento de um dado de seis lados.

Espaço amostral:
{1, 2, 3, 4, 5, 6}

Evento:
Rolar um número par, {2, 4, 6}

Resultado:
Rolar um 2 {2}

Pesquisa

Deveria haver limite no número de vezes que um senador é eleito?

Marque uma das respostas:

- ☐ Concordo
- ☐ Discordo
- ☐ Não sei

1. Um experimento de probabilidade consiste em gravar as respostas para a pesquisa à esquerda *e* o gênero da pessoa que está respondendo.
2. Um experimento de probabilidade consiste em gravar as respostas para a pesquisa à esquerda *e* o partido político (democrata, republicano ou outro) de quem responde.

a. Iniciar com um diagrama de árvore formando um ramo para cada resposta possível para a pesquisa.

b. No final de cada ramo de respostas da pesquisa, desenhar um novo ramo para cada resultado possível.

c. Encontrar o *número de resultados* em um espaço amostral.

d. Listar o *espaço amostral.*

Resposta na p. A37

No restante deste capítulo, aprenderemos como calcular a probabilidade ou possibilidade de um evento. Eventos são frequentemente representados por letras maiúsculas, tais como A, B e C. Um evento que consista de um único resultado é chamado de **evento simples**. No Exemplo 1, o evento de "jogar caras e rolar um 3" é um evento simples e pode ser representado como A = {H3}. Em contraste, o evento de "jogar caras e rolar um número par" não é simples, pois consiste de três resultados possíveis B = {H2, H4, H6}.

Exemplo 2

Identificando eventos simples

Determine o número de resultados em cada evento. Então, decida se cada evento é simples ou não. Explique seu raciocínio.

1. Para controle de qualidade, você seleciona aleatoriamente uma peça de máquina de um lote que foi fabricado naquele dia. O evento *A* é selecionar uma peça de máquina com um defeito específico.
2. Você lança um dado de seis lados. O evento *B* é rolar pelo menos um 4.

Solução

1. O evento A tem somente um resultado: escolher uma peça da máquina com um defeito específico. Então, o evento é simples.
2. O evento B tem três resultados: rolar um 4, 5 ou 6. Devido ao fato de o evento ter mais de um resultado, ele não é simples.

Tente você 2 Você pergunta a idade de um estudante. Decida se cada evento é simples ou não.

1. Evento *C*: a idade do estudante está entre 18 e 23, inclusive.
2. Evento *D*: a idade do estudante é 20.

a. Determinar o número de resultados em um evento.

b. Afirmar se o evento é *simples* ou não.

Resposta na p. A37

O princípio fundamental da contagem

Em alguns casos, um evento pode ocorrer de diversas maneiras diferentes, o que faz com que não seja prático escrever todos os resultados. Quando isso ocorre, você pode confiar no princípio fundamental da contagem. Ele pode ser usado para encontrar o número de maneiras em que dois ou mais eventos podem ocorrer em sequência.

Princípio fundamental da contagem

Se um evento pode ocorrer de *m* maneiras e um segundo evento pode ocorrer de *n* maneiras, o número de maneiras que os dois eventos podem ocorrer em sequência é $m \cdot n$. Essa regra pode ser expandida para qualquer número de eventos ocorrendo em sequência.

Em palavras, o número de maneiras nas quais um evento pode ocorrer em sequência é encontrado multiplicando-se o número de maneiras nas quais um evento pode ocorrer pelo número de maneiras nas quais o outro evento pode ocorrer.

Exemplo 3

Usando o princípio fundamental da contagem

Você está comprando um carro novo. Os fabricantes possíveis, tamanho dos carros e as cores estão listados.

Fabricante: Ford, GM, Honda
Tamanho: compacto, médio
Cor: branco (W), vermelho (R), preto (B), verde (G)

De quantas maneiras diferentes você pode selecionar um fabricante, um tamanho e uma cor? Use um diagrama de árvore para checar seu resultado.

Solução

Há três escolhas de fabricantes, dois tamanhos e quatro cores. Usando o princípio fundamental da contagem, podemos concluir que o número de maneiras para selecionarmos um fabricante, um tamanho e uma cor é $3 \cdot 2 \cdot 4 = 24$ maneiras.

Usando o diagrama de árvore, podemos ver por que há 24 opções.

Diagrama de árvore para seleção de carros

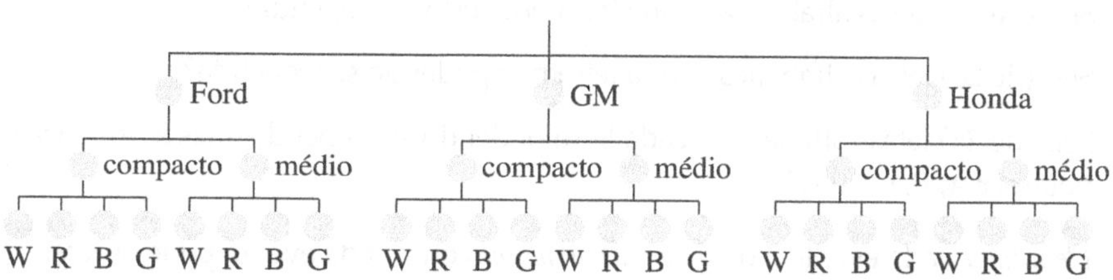

Tente você 3 Suas escolhas agora incluem um Toyota, um carro grande ou um carro bronze ou cinza. De quantas maneiras diferentes você pode selecionar um fabricante, um tamanho e uma cor?

a. Encontre o *número de maneiras* que cada evento pode ocorrer.

b. Use o *princípio fundamental da contagem*.

c. Use um *diagrama de árvore* para checar seu resultado.

Resposta na p. A37

Exemplo 4

Usando o princípio fundamental da contagem

O código de acesso para o sistema de segurança de um carro consiste em quatro dígitos. Cada dígito pode ser de 0 a 9.

Código de acesso

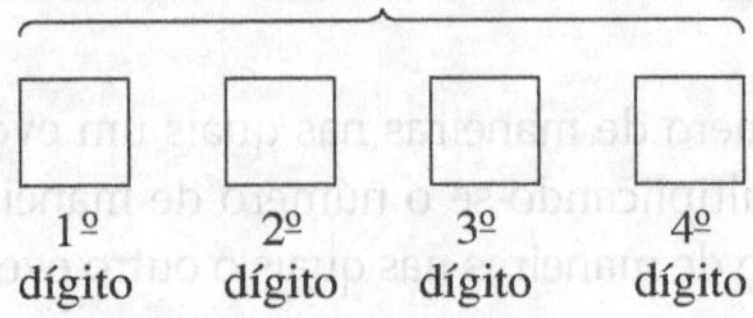

Quantos códigos de acesso são possíveis se:

1. Cada dígito pode ser usado somente uma vez e não pode ser repetido?
2. Cada dígito pode ser repetido?
3. Cada dígito pode ser repetido, mas o primeiro dígito não pode ser 0 ou 1?

Solução

1. Já que cada dígito poder ser usado somente uma vez, há 10 escolhas para o primeiro dígito, 9 restantes para o segundo dígito, 8 restantes para o terceiro dígito e 7 escolhas para o quarto dígito. Usando o princípio fundamental da contagem, podemos concluir que há $10 \cdot 9 \cdot 8 \cdot 7 = 5.040$ possíveis códigos de acesso.
2. Em virtude de cada dígito poder ser repetido, há 10 escolhas para cada um dos 4 dígitos. Então, há $10 \cdot 10 \cdot 10 \cdot 10 = 10^4$
$= 10.000$ possíveis códigos de acesso.
3. Em razão de o primeiro dígito não poder ser 0 ou 1, há 8 escolhas para o primeiro dígito. Então, há 10 escolhas para cada um dos três dígitos restantes. Então há $8 \cdot 10 \cdot 10 \cdot 10 = 8.000$ possíveis códigos de acesso.

Tente você 4 Quantas placas de automóvel você pode formar, se cada placa consiste de:

1. Seis (de 26) letras alfabéticas, cada letra podendo ser repetida?
2. Seis (de 26) letras alfabéticas, cada letra não podendo ser repetida?
3. Seis (de 26) letras alfabéticas, cada letra podendo ser repetida, mas a primeira não pode ser A, B, C ou D?

a. *Identifique* cada evento e o *número de maneiras* como cada evento pode ocorrer.

b. Use o *princípio fundamental da contagem*.

Resposta na p. A37

Tipos de probabilidade

O método que você irá utilizar para calcular uma probabilidade depende do tipo de probabilidade. Há três tipos de probabilidade: probabilidade clássica, probabilidade empírica e probabilidade subjetiva. A probabilidade de que o evento E ocorrerá é escrita como $P(E)$ e lê-se "probabilidade de um evento E".

Definição

Probabilidade clássica (ou **teórica**) é usada quando cada resultado em um espaço amostral é igualmente possível de ocorrer. A probabilidade clássica para um evento E é dada por:

$$P(E) = \frac{\text{Número de resultados no evento } E}{\text{Número total de resultados no espaço amostral}}.$$

Dica de estudo

Probabilidades podem ser escritas como frações, decimais ou porcentagens. No Exemplo 5, as probabilidades são escritas como frações e decimais, arredondados quando necessário para três posições. Essa *regra de arredondamento* será usada em todo o livro.

Exemplo 5

Encontrando probabilidades clássicas

Você joga um dado de seis lados. Encontre a probabilidade de cada evento.

1. Evento A: lançar um 3
2. Evento B: lançar um 7
3. Evento C: lançar um número menor que 5

Solução

Quando um dado de seis lados é lançado, um espaço amostral consiste de seis resultados: {1, 2, 3, 4, 5, 6}.

1. Há um resultado no evento $A = \{3\}$. Então,

$$P(\text{rolar um } 3) = \frac{1}{6} \approx 0{,}167.$$

2. Em razão de 7 não estar no espaço amostral, não há resultados no evento B. Então,

$$P(\text{rolar um } 7) = \frac{0}{6} = 0.$$

3. Há quatro resultados no evento $C = \{1, 2, 3, 4\}$. Então,

$$P(\text{rolar um número menor que } 5) = \frac{4}{6} = \frac{2}{3} \approx 0{,}667.$$

Tente você 5 Você seleciona uma carta de um baralho normal. Encontre a probabilidade de cada evento.

1. Evento D: selecionar um sete de ouros
2. Evento E: selecionar um ouros
3. Evento F: selecionar um ouros, uma copas, uma espadas ou um paus

a. Identificar o *número total de resultados* no espaço amostral.

b. Encontrar o *número de resultados* no evento.

c. Usar a *fórmula da probabilidade clássica*.

Resposta na p. A37

Baralho padrão de cartas de jogo

Copas	Ouros	Espadas	Paus
A ♥	A ♦	A ♠	A ♣
K ♥	K ♦	K ♠	K ♣
Q ♥	Q ♦	Q ♠	Q ♣
J ♥	J ♦	J ♠	J ♣
10 ♥	10 ♦	10 ♠	10 ♣
9 ♥	9 ♦	9 ♠	9 ♣
8 ♥	8 ♦	8 ♠	8 ♣
7 ♥	7 ♦	7 ♠	7 ♣
6 ♥	6 ♦	6 ♠	6 ♣
5 ♥	5 ♦	5 ♠	5 ♣
4 ♥	4 ♦	4 ♠	4 ♣
3 ♥	3 ♦	3 ♠	3 ♣
2 ♥	2 ♦	2 ♠	2 ♣

Quando um experimento é repetido muitas vezes, são formados padrões regulares. Esses padrões permitem encontrar a probabilidade empírica, a qual pode ser usada mesmo se cada resultado de um evento não tiver a mesma chance de ocorrer.

Retratando o mundo

Parece que não importa o quão estranho um evento possa parecer, alguém quer saber a probabilidade com a qual ele irá ocorrer. A tabela a seguir lista a probabilidade de que alguns eventos intrigantes ocorram. (*Adaptado de Life: The Odds.*)

Evento	Probabilidade
Ser auditado pelo IRS	0,6%
Escrever um *best-seller* da lista do *New York Times*	0,0045
Ganhar um Oscar	0,000087
Ter sua identidade roubada	0,5%
Ver um OVNI	0,0000003

Qual desses eventos tem maior chance de ocorrer? E a menor?

Para explorar mais este tópico, veja 3.1 Atividades na p. 118.

Definição

Probabilidade empírica (ou **estatística**) é baseada em observações obtidas de experimentos de probabilidade. A probabilidade empírica de um evento E é a frequência relativa do evento E.

$$P(E) = \frac{\text{Frequência do evento } E}{\text{Frequência total}}$$

$$= \frac{f}{n}$$

Exemplo 6

Encontrando probabilidades empíricas

Uma empresa está conduzindo uma pesquisa on-line com indivíduos selecionados aleatoriamente para determinar se o congestionamento no trânsito é um problema em sua comunidade. Até agora, 320 pessoas responderam à pesquisa. A distribuição de frequência mostra os resultados. Qual é a probabilidade de que a próxima pessoa que responda a essa pesquisa diga que o congestionamento é um problema sério em sua comunidade?

Resposta	Número de vezes, f
É um problema sério.	123
É um problema moderado.	115
Não é um problema.	82
	$\sum f = 320$

Solução

O evento é a resposta "É um problema sério". A frequência desse evento é 123. Em razão de o total das frequências ser 320, a probabilidade empírica de que a próxima pessoa diga que o congestionamento é um problema sério em sua comunidade é:

$$P(\text{problema sério}) = \frac{123}{320}$$

$$= 0,384.$$

Tente você 6 Uma empresa de seguro determina que de cada 100 reclamações, 4 são fraudulentas. Qual é a probabilidade de que a próxima reclamação recebida pela empresa seja fraudulenta?

a. *Identifique* o evento. Encontre a *frequência* do evento.

b. *Encontre a frequência total para o experimento.*

c. Encontre a *frequência relativa* do evento.

Resposta na p. A37

Conforme aumentamos o número de vezes que um experimento de probabilidade é repetido, a probabilidade empírica (frequência relativa) de um evento aproxima-se de sua probabilidade teórica. Isso é conhecido como **lei dos grandes números**.

Lei dos grandes números

Conforme um experimento é repetido várias vezes, a probabilidade empírica de um evento se aproxima da sua probabilidade teórica (real).

Como exemplo dessa lei, suponha que você queira determinar a probabilidade de lançar uma cara com uma moeda não adulterada. Se você lançar a moeda 10 vezes e obter somente 3 caras, você obtém a probabilidade empírica de $\frac{3}{10}$. Devido ao fato de ter lançado a moeda apenas poucas vezes, sua probabilidade empírica não é representativa da probabilidade teórica, que é $\frac{1}{2}$. Se, entretanto, você lançar a moeda milhares de vezes, então a lei dos grandes números lhe diz que a probabilidade empírica será bem próxima à probabilidade teórica ou real.

O diagrama de dispersão à esquerda mostra os resultados da simulação do lançamento de uma moeda 150 vezes. Note que, conforme o número de lançamento aumenta, a probabilidade de lançar uma cara se torna cada vez mais próxima da probabilidade teórica de 0,5.

Probabilidade de lançar uma cara

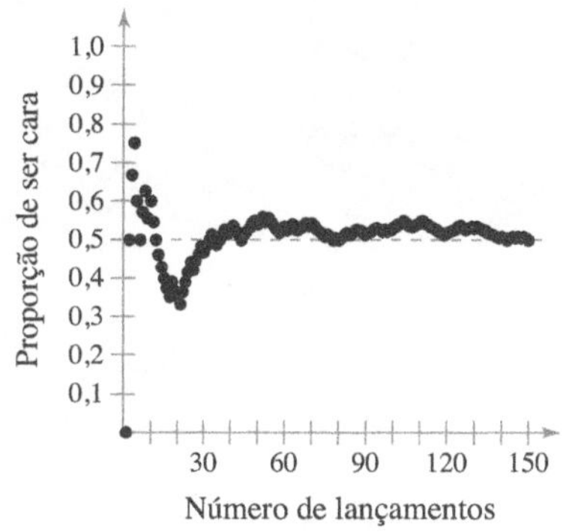

Exemplo 7

Usando a distribuição de frequência para encontrar probabilidades

Você pesquisou uma amostra de 1.000 funcionários de uma empresa e registrou a idade de cada um. Os resultados são mostrados à esquerda na distribuição de frequência. Se você selecionar aleatoriamente outro funcionário, qual é a probabilidade de que o funcionário tenha entre 25 e 34 anos?

Idade dos funcionários	Frequência, f
15 a 24	54
25 a 34	366
35 a 44	233
45 a 54	180
55 a 64	125
Acima de 65 anos	42
	$\Sigma f = 1.000$

Solução

O evento é selecionar um funcionário que tenha entre 25 e 34 anos. Em sua pesquisa, a frequência deste evento é 366. Como total das frequências é 1.000, a probabilidade de selecionar um funcionário entre as idades de 25 e 34 anos é:

$$P(\text{idades de 25 até 34 anos}) = \frac{366}{1.000} = 0{,}366.$$

Tente você 7 Encontre a probabilidade de que um funcionário escolhido aleatoriamente tenha entre 15 e 24 anos.

a. Encontre a *frequência* do evento.

b. Encontre o *total de frequências.*

c. Encontre a *frequência relativa* do evento.

Resposta na p. A37

O terceiro tipo de probabilidade é a **probabilidade subjetiva**. As probabilidades subjetivas resultam da intuição, de suposições fundamentadas e estimativas. Por exemplo, dada a saúde de um paciente e a extensão dos ferimentos, um médico pode sentir que o paciente tem 90% de chance de recuperação. Ou um analista de negócios pode prever que a chance dos funcionários de certa empresa entrarem em greve é de 0,25.

Exemplo 8

Classificando tipos de probabilidade

Classifique cada afirmação como um exemplo de probabilidade clássica, empírica ou subjetiva.

1. A probabilidade de que você se casará aos 30 anos é de 0,5.
2. A probabilidade de que um eleitor escolhido aleatoriamente irá votar em um republicano é de 0,45.
3. A probabilidade de ganhar na loteria de bilhete de 1.000 com um bilhete é de $\frac{1}{1.000}$.

Solução

1. Essa probabilidade é mais baseada em uma suposição fundamentada. É um exemplo de probabilidade subjetiva.
2. Essa afirmação é mais provável de ter sido baseada em uma pesquisa de uma amostra de eleitores, então é um exemplo de probabilidade empírica.
3. Porque você sabe o número de resultados e cada um é igualmente provável, é um exemplo de probabilidade clássica.

Tente você 8 Baseado em contagens anteriores, a probabilidade de que um salmão passe com sucesso através de uma barragem no rio Columbia é de 0,85. Essa afirmação é um exemplo de probabilidade clássica, empírica ou subjetiva? *(Fonte: Army Corps of Engineers.)*

a. Identifique o *evento.*
b. Decida se a probabilidade é *determinada* sabendo-se todos os resultados possíveis, se a probabilidade é *estimada* a partir de resultados de um experimento ou se a probabilidade é uma *suposição fundamentada.*
c. Escreva uma *conclusão.*

Resposta na p. A37

Uma probabilidade não pode ser negativa ou maior que 1. Então, a probabilidade de um evento *E* é sempre entre 0 e 1, inclusive, conforme a regra a seguir.

Regra da amplitude das probabilidades

A probabilidade de um evento ***E*** está entre 0 e 1. Ou seja, $0 \leq P(E) \leq 1$.

Se a probabilidade de um evento for 1, o evento é certo de ocorrer. Se a probabilidade de um evento é 0, o evento é impossível. Uma probabilidade de 0,5 indica que o evento tem uma chance equilibrada de ocorrer.

O gráfico a seguir mostra a amplitude possível de probabilidades e seus significados.

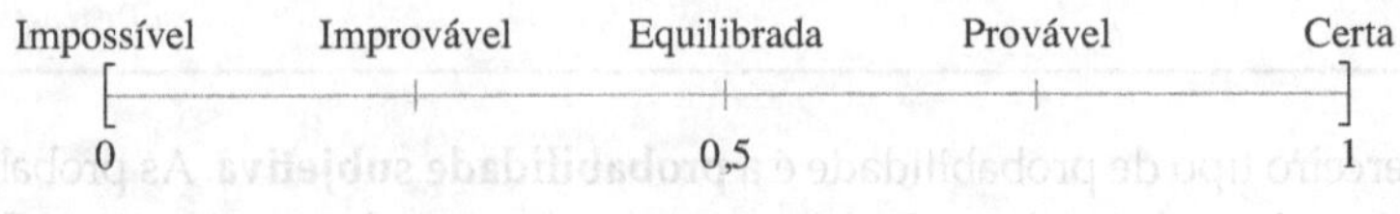

Um evento que ocorra com probabilidade de 0,5 ou menos é tipicamente considerado incomum. Eventos incomuns são altamente improváveis de ocorrer. Mais adiante neste livro, você irá identificar eventos incomuns quando estudar estatística inferencial.

Eventos complementares

A soma das probabilidades de todos os resultados em um espaço amostral é 1 ou 100%. Um resultado importante desse fato é que, se sabemos a probabilidade de um evento *E*, podemos encontrar a probabilidade de um *complemento do evento E.*

Definição

O complemento do evento *E* é o grupo de todos os resultados em um espaço amostral que não está incluído no evento *E*. O complemento do evento *E* é denotado por *E'* e é lido como "*E* linha."

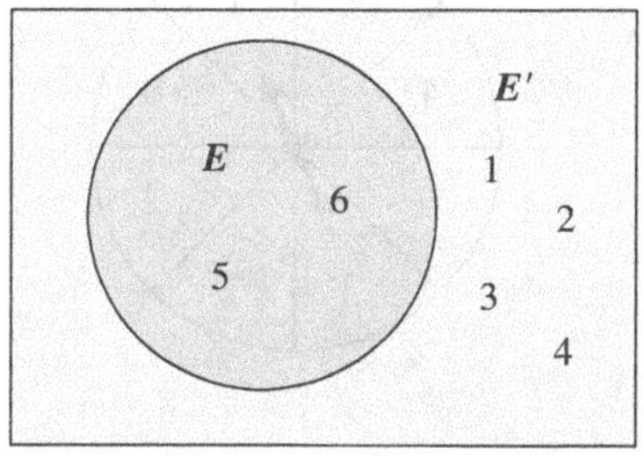

A área do retângulo representa a probabilidade total do espaço amostral (1 = 100%). A área do círculo representa a probabilidade do evento *E* e a área fora do círculo representa a probabilidade do complemento do evento *E*.

Por exemplo, se você jogar um dado e deixar *E* ser o evento "o número que seja ao menos 5", então o complemento de *E* é o evento "número que seja menor que 5". Em símbolos, $E = \{5, 6\}$ e $E' = \{1, 2, 3, 4\}$.

Usando a definição do complemento de um evento e o fato de a soma das probabilidades de todos os resultados ser 1, podemos determinar as fórmulas a seguir:

$$P(E) + P(E') = 1 \qquad P(E) = 1 - P(E') \qquad P(E') = 1 - P(E)$$

O diagrama de Venn ilustra a relação entre o espaço amostral, um evento *E* e seu complemento *E'*.

Exemplo 9

Encontrando a probabilidade de complemento de um evento

Use a distribuição de frequência no Exemplo 7 para encontrar a probabilidade de escolher aleatoriamente um funcionário que não tenha entre 25 e 34 anos.

Solução

Com base no Exemplo 7, sabemos que

$$P(\text{idade entre 25 e 34 anos}) = \frac{366}{1.000} = 0{,}366.$$

Então, a probabilidade de que um funcionário não tenha entre 25 e 34 anos é de

$$P(\text{idade que não tenha entre 25 e 34 anos}) = 1 - \frac{366}{1.000} = \frac{634}{1.000} = 0{,}634.$$

Tente você 9 Use a distribuição de frequência no Exemplo 7 para encontrar a probabilidade de se escolher aleatoriamente um funcionário que não tenha entre 45 e 54 anos.

a. *Encontre a probabilidade* de se escolher aleatoriamente um funcionário que tenha entre 45 e 54 anos.

b. *Subtraia* a probabilidade resultante de 1.

c. Apresente a probabilidade como fração e decimal.

Resposta na p. A37

Aplicações das probabilidades

Exemplo 10

Usando um diagrama de árvore

Um experimento de probabilidade consiste em lançar uma moeda e girar a roleta mostrada a seguir. A roleta tem a mesma probabilidade de parar em cada um dos números. Use um diagrama de árvore para encontrar a probabilidade de cada evento.

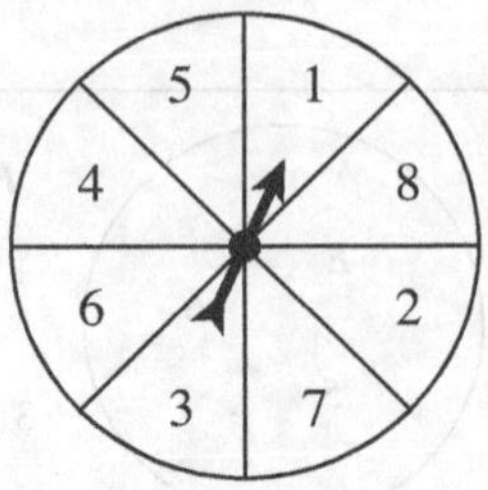

Diagrama de árvore para o experimento da moeda e roleta

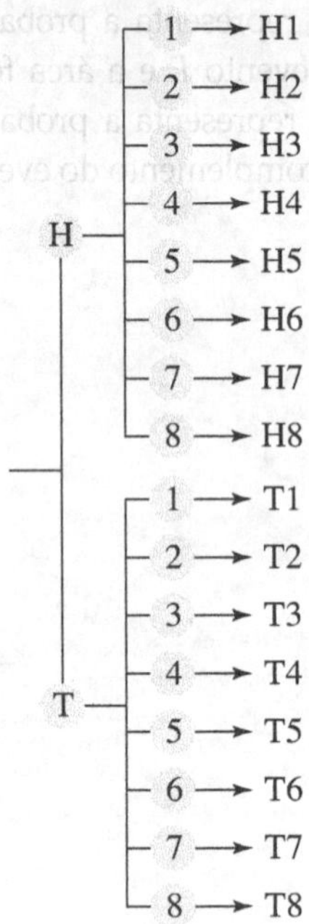

1. Evento *A*: lançar uma coroa e girar um número ímpar.
2. Evento *B*: lançar uma cara ou girar um número maior que 3.

Solução

Com base no diagrama de árvore à esquerda, você pode ver que há 16 resultados.

1. Há quatro resultados no evento *A* = {T1, T3, T5, T7}. Então,

$$P(\text{lançar uma coroa e girar um número ímpar}) = \frac{4}{16} = \frac{1}{4} = 0,25.$$

2. Há 13 resultados no evento *B* = {H1, H2, H3, H4, H5, H6, H7, H8, T4, T5, T6, T7, T8}. Então,

$$P(\text{lançar uma cara ou girar um número maior que 3}) = \frac{13}{16} \approx 0,813.$$

Tente você 10 Encontre a probabilidade de lançar uma coroa e girar um número menor que 6.

a. Determine o *número total* de resultados.

b. Encontre o número de resultados no *evento*.

c. Encontre a *probabilidade do evento*.

Resposta na p. A37

Exemplo 11

Usando o princípio fundamental da contagem

Seu número de identificação na faculdade consiste de 8 dígitos. Cada dígito pode ser 0 até 9 e cada dígito pode ser repetido. Qual é a probabilidade de obter seu número de identificação quando geramos aleatoriamente oito dígitos?

Solução

Uma vez que cada dígito pode ser repetido, há 10 escolhas para cada um dos 8 dígitos. Então, usando o princípio fundamental da contagem, há $10 \cdot 10 \cdot 10 \cdot 10 \cdot 10 \cdot 10 \cdot 10 \cdot 10 = 10^8 = 100.000.000$ possíveis números de identificação.

Mas somente um desses números corresponde ao seu número de identificação. Então, a probabilidade de gerar aleatoriamente 8 dígitos e obter seu número de identificação é 1/100.000.000.

Tente você 11 Seu número de identificação consiste de 9 dígitos. Os dois primeiros dígitos de cada número serão os dois últimos dígitos do seu ano de graduação. Os outros dígitos podem ser de 0 a 9 e cada dígito pode ser repetido. Qual é a probabilidade de você obter seu número de identificação quando geramos aleatoriamente os outros sete dígitos?

a. Encontre o *número total* de possíveis números de identificação. Assuma que você irá se graduar em 2012.

b. Encontre a *probabilidade* de gerar aleatoriamente seu número de identificação.

Resposta na p. A37

3.1 Exercícios

Construindo habilidades básicas e conceitos

1. Determine quais dos números a seguir não poderiam representar a probabilidade de um evento. Explique seu raciocínio.
   (a) 0
   (b) 0,001
   (c) −1
   (d) 50%
   (e) 745/1.262
   (f) 45/31
2. Explique por que a frase a seguir está incorreta:
   A probabilidade de chuvas amanhã é 150%.
3. Quando usamos o princípio fundamental da contagem, o que estamos contando?
4. Use suas próprias palavras para descrever a lei dos grandes números. Dê um exemplo.

Identifique um espaço amostral

Nos exercícios de 5 a 8, identifique o espaço amostral do experimento de probabilidade e determine o número de resultados no espaço amostral. Faça um diagrama de árvore se for apropriado.

5. Supondo a inicial do nome do meio de um estudante.
6. Lançando três moedas.
7. Determinando o tipo sanguíneo de uma pessoa (A, B, AB, O) e o fator Rh (positivo ou negativo).
8. Jogando um par de dados de seis lados.

Reconhecendo eventos simples

Nos exercícios de 9 a 12, determine o número de resultados de cada evento. Então, decida se o evento é um evento simples ou não. Explique seu raciocínio.

9. Um computador é usado para selecionar aleatoriamente um número entre 1 e 2.000. O evento *A* é selecionar 359.
10. Um computador é usado para selecionar aleatoriamente um número entre 1 e 2.000. O evento *B* é selecionar um número menor que 200.
11. Você seleciona aleatoriamente uma carta de um baralho normal. O evento ***A*** é selecionar um rei.
12. Você seleciona uma carta de um baralho normal. O evento *B* é selecionar um quatro de copas.
13. **Vagas de emprego** Uma empresa de seguros está contratando para duas posições: atuário e perito em seguros. De quantas maneiras essas vagas podem ser preenchidas se há 9 pessoas se candidatando para a vaga de atuário e 15 pessoas para a vaga de perito?
14. **Menu** Um menu tem três opções de salada, seis pratos principais e quatro sobremesas. Quantas refeições estão disponíveis se você selecionar uma salada, um prato principal e uma sobremesa?
15. **Sistema de segurança** O código de acesso para o sistema de segurança de um carro consiste de 4 dígitos. O primeiro dígito não pode ser zero e o último dígito deve ser ímpar. Quantos códigos diferentes estão disponíveis?
16. **Teste de verdadeiro ou falso** Assumindo que não há perguntas deixadas sem resposta, de quantas maneiras um teste de verdadeiro ou falso pode ser respondido?

Verdadeiro ou falso

Nos exercícios de 17 a 20, determine se a afirmação é verdadeira ou falsa. Se for falsa, reescreva-a de forma que seja verdadeira.

17. Se você rolar um dado de seis lados seis vezes, você irá tirar um número par pelo menos uma vez.
18. Você tira cara ou coroa com uma moeda não adulterada nove vezes e dá coroa a cada vez. A probabilidade de que dê cara na décima vez é maior do que 0,5.
19. Uma probabilidade de 0,25 indica um evento incomum.
20. Se um evento está quase certo para acontecer, seu complemento será um evento incomum.

Probabilidades relacionadas

Nos exercícios de 21 a 24, relacione o evento com sua probabilidade.

(a) 0,95
(b) 0,05
(c) 0,25
(d) 0

21. Você joga uma moeda e seleciona aleatoriamente um número de 0 a 9. Qual a probabilidade de obter coroa e selecionar um 3?
22. Um gerador de números aleatórios é usado para selecionar um número de 1 a 100. Qual é a probabilidade de selecionar um número 153?
23. Um participante de um programa de TV deve selecionar aleatoriamente uma porta. Uma porta dobra seu prêmio em dinheiro enquanto as outras três o deixam falido. Qual é a probabilidade de que ele escolha a porta que dobre o prêmio?
24. Sabemos que cinco de 100 DVD players em um inventário têm defeitos. Qual é a probabilidade de que você selecione aleatoriamente um item que não tenha defeito?

Classificando os tipos de probabilidade

Nos exercícios 25 e 26, classifique a afirmação como um exemplo de probabilidade clássica, empírica ou subjetiva. Explique seu raciocínio.

25. De acordo com os registros de uma empresa, a probabilidade de que uma máquina de lavar precise de reparos durante um período de 6 anos é 0,10.
26. A probabilidade de escolher 6 números de 1 a 40 que sejam os seis números sorteados na loteria é de $1/3.838.380 \approx 0{,}00000026$.

Encontrando probabilidades

Nos exercícios de 27 a 30, considere uma empresa que seleciona funcionários aleatoriamente para um teste de uso de drogas. A empresa usa um computador para selecionar aleatoriamente os números dos funcionários, que vão de 1 a 6.296.

27. Encontre a probabilidade de selecionar um número menor que 1.000.
28. Encontre a probabilidade de selecionar um número maior que 1.000.
29. Encontre a probabilidade de selecionar um número divisível por 1.000.
30. Encontre a probabilidade de selecionar um número que não é divisível por 1.000.

Experimento de probabilidades

Nos exercícios de 31 a 34, um experimento de probabilidade consiste em rolar um dado de seis lados e girar a roleta mostrada. A roleta tem a mesma probabilidade de parar em cada quadrante (I, II, III e IV). Use um diagrama de árvore para encontrar a probabilidade de cada evento.

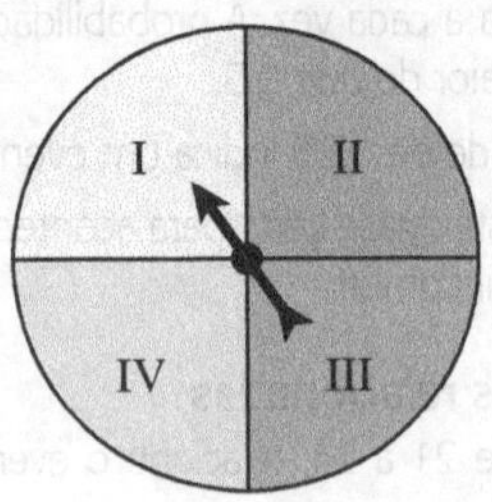

31. Evento *A*: rolar um 5 e a roleta cair no quadrante III.
32. Evento *B*: rolar um número ímpar e a roleta parar no quadrante IV.
33. Evento *C*: rolar um número menor que 6 e a roleta parar no quadrante IV.
34. Evento *D*: não rolar um número menor que 6 e a roleta parar no quadrante I.
35. **Sistema de segurança** O código de acesso da porta de uma garagem consiste de três dígitos. Cada dígito pode ser de 0 a 9 e cada dígito pode ser repetido.
    (a) Encontrar o número de códigos de acesso possíveis.
    (b) Qual é a probabilidade de selecionar aleatoriamente o código correto?
    (c) Qual é a probabilidade de não selecionar o código de acesso correto?
36. **Sistema de segurança** Um código de acesso consiste de uma letra seguida de quatro dígitos. Qualquer letra pode ser usada, o primeiro dígito não pode ser 0 e último dígito deve ser par.
    (a) Encontre o número de códigos de acesso possíveis.
    (b) Qual é a probabilidade de selecionar aleatoriamente o código correto na primeira tentativa?
    (c) Qual é a probabilidade de não selecionar o código correto na primeira tentativa?

Usando e interpretando conceitos

Seco ou molhado?

Você está planejando uma viagem de três dias para Seattle, Washington, em outubro. Use o diagrama de árvore a seguir para responder às questões.

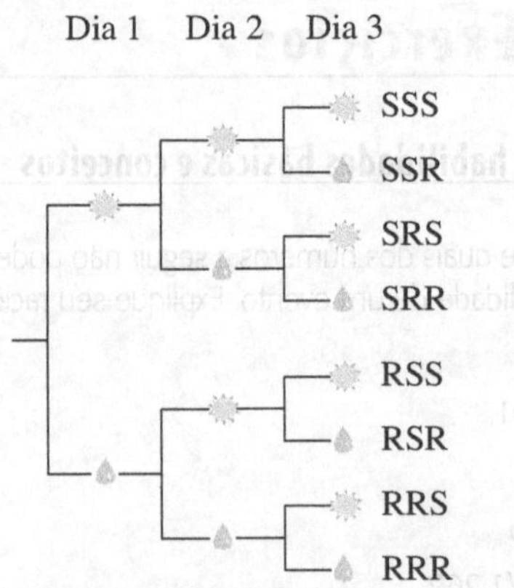

onde S = sol (sun) e R = chuva (rain)

37. Liste o espaço amostral.
38. Liste o(s) resultado(s) do evento "irá chover nos três dias."
39. Liste o(s) resultado(s) do evento "irá chover exatamente em um dia."
40. Liste o(s) resultado(s) do evento "irá chover pelo menos um dia."
41. **Dias de sol e chuva** Você está planejando uma viagem de quatro dias para Seattle, Washington, em outubro.
    (a) Faça um diagrama de árvore dos dias de sol e chuva para sua viagem.
    (b) Liste o espaço amostral.
    (c) Liste o(s) resultado(s) para o evento "irá chover exatamente em um dia."
42. **Fornecedores de peças de máquinas** Sua empresa compra peças de três fornecedores diferentes. Faça um digrama de árvore que mostre os três fornecedores e se as partes que eles fornecem têm defeitos.

Análise gráfica

Nos exercícios 43 e 44, use o diagrama para responder à pergunta.

43. Qual é a probabilidade de que um eleitor na Pensilvânia vote na eleição governamental de 2006? *(Fonte: Pennsylvania Department of State.)*

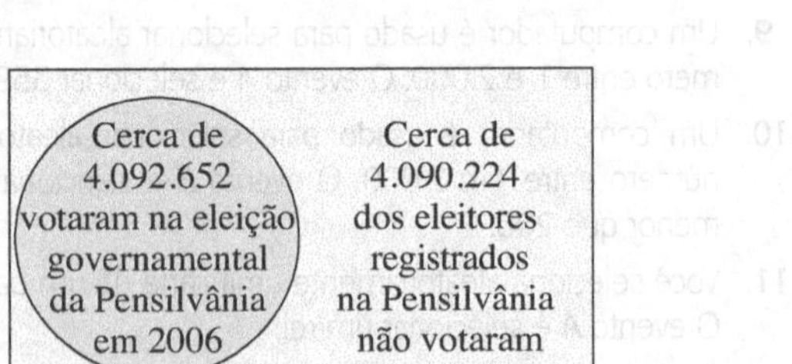

44. Qual a probabilidade de que um eleitor escolhido aleatoriamente não tenha votado em um candidato democrata nas eleições de 2004? *(Fonte: Federal Election Commission.)*

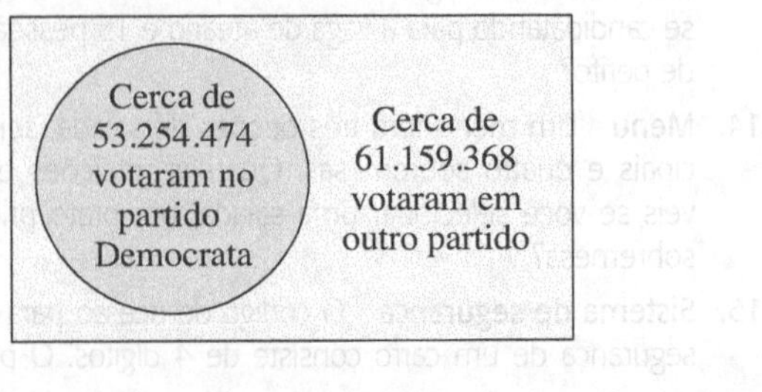

Usando a distribuição de frequência para encontrar probabilidades

Nos exercícios de 45 a 48, use a distribuição de frequência, que mostra o número de eleitores americanos (em milhões), de acordo com a idade *(Fonte: U.S. Bureau of Census.)*

Idade dos eleitores	Frequência (em milhões)
18 a 20 anos	5,8
21 a 24 anos	8,5
25 a 34 anos	21,7
35 a 44 anos	27,7
45 a 64 anos	51,7
Acima de 65 anos	26,7

Encontre a probabilidade de que um eleitor, escolhido aleatoriamente, esteja

45. entre 21 e 24 anos.

46. entre 35 e 44 anos.

47. não esteja entre 18 e 20 anos.

48. não esteja entre 25 e 34 anos.

Usando um gráfico de barras para encontrar probabilidades

Nos exercícios de 49 a 52, use o gráfico de barras a seguir, que mostra o maior nível educacional atingido pelos funcionários de uma empresa.

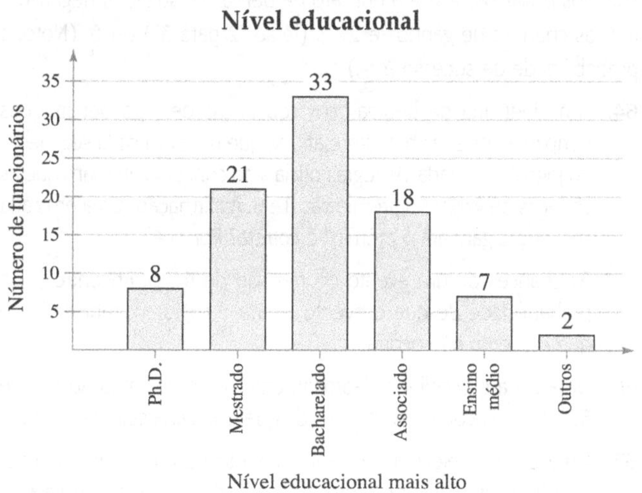

Encontre a probabilidade de que o nível educacional mais alto atingido por um funcionário escolhido aleatoriamente seja:

49. Ph.D.

50. Associado.

51. Mestrado.

52. Bacharelado.

53. Genética Quando duas bocas-de-leão (tipo de flor) cor de rosa (RW) são cruzadas, há quatro resultados igualmente possíveis para a composição genética dos produtos: vermelho (RR), rosa (RW), rosa (WR) e branco (WW). Se duas bocas-de-leão rosas forem cruzadas, qual a probabilidade de que o produto seja (a) rosa, (b) vermelho e (c) branco?

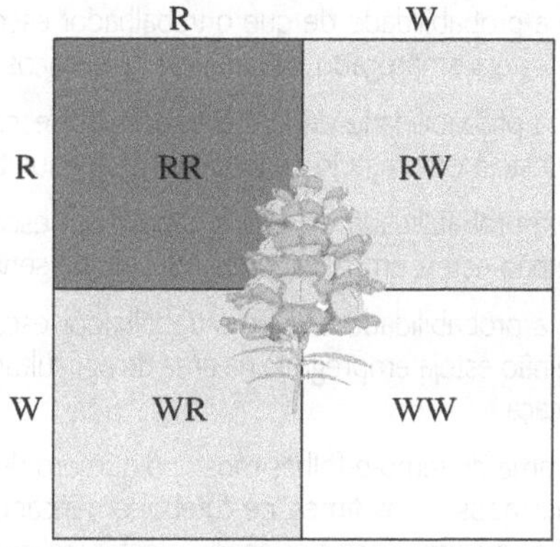

54. Genética Há seis tipos básicos de coloração em cães da raça Collie registrados: negro (SSmm), tricolor (ssmm), negro trifatorial (Ssmm), azul merle (ssMm), negro merle (SSMm) e negro merle trifatorial (SsMm). O *quadrado de Punnet* a seguir mostra as colorações possíveis do filhote de um Collie negro merle trifatorial com um Collie negro trifatorial. Qual a probabilidade de que o filhote tenha a mesma cor de um de seus pais?

Pais

Ssmm e SsMm

	SM	Sm
Sm	SSMm	SSmm
Sm	SSMm	SSmm
sm	SsMm	Ssmm
sm	SsMm	Ssmm

	sM	sm
Sm	SsMm	Ssmm
Sm	SsMm	Ssmm
sm	ssMm	ssmm
sm	ssMm	ssmm

Usando um gráfico de pizza para encontrar probabilidades

Nos exercícios de 55 a 58, use o gráfico de pizza a seguir, que mostra o número de trabalhadores (em milhares) da indústria nos Estados Unidos. *(Fonte: U.S. Bureau of Labor Statistics.)*

Trabalhadores (em milhares) da indústria nos Estados Unidos

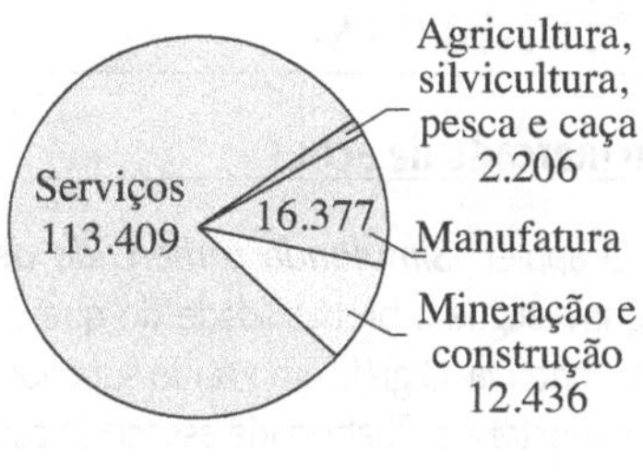

55. Encontre a probabilidade de que o trabalhador escolhido aleatoriamente esteja empregado na indústria de serviços.

56. Encontre a probabilidade de que o trabalhador escolhido aleatoriamente esteja empregado na indústria de manufatura.

57. Encontre a probabilidade de que o trabalhador escolhido aleatoriamente não esteja empregado na indústria de serviços.

58. Encontre a probabilidade de que o trabalhador escolhido aleatoriamente não esteja empregado na área de agricultura, silvicultura, pesca e caça.

59. Um diagrama de ramo-e-folhas mostra o número de *touchdowns* (gols) marcados pelos times de futebol americano da primeira divisão. Se um time for selecionado aleatoriamente, encontre a probabilidade de que o time tenha marcado (a) pelo menos 31 *touchdowns*, (b) entre 40 e 50 (inclusive) *touchdowns* e (c) mais do que 69 *touchdowns*.

```
1 | 555788                     Chave: 1|15 = 15
2 | 01111223445566777888999
3 | 00111112222222333444455555667778889999
4 | 000112233344445555666677888889
5 | 00233445555799
6 | 01113358
7 |
8 | 9
```

60. **Preços individuais de ações** Uma ação individual é selecionada aleatoriamente de um portfólio representado por um gráfico de caixa-e-bigodes. Encontre a probabilidade de que o preço da ação seja (a) menor que \$ 21, (b) entre \$ 21 e \$ 50 e (c) \$ 30 ou mais.

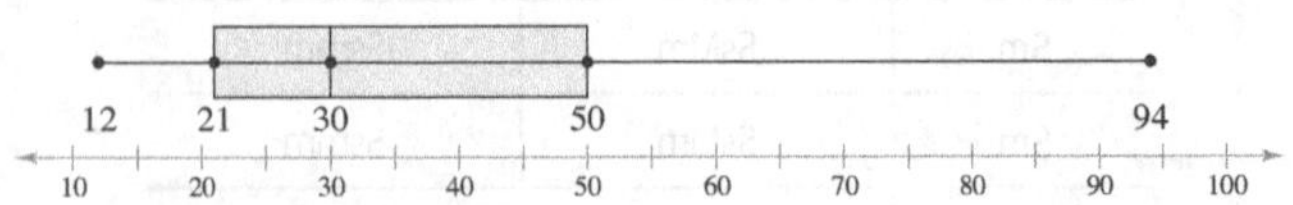

Redação

Nos exercícios 60 e 61, escreva uma afirmação que represente o complemento da probabilidade dada.

61. A probabilidade de selecionar aleatoriamente uma pessoa que beba chá e que tenha nível universitário (assuma que você tenha que selecionar da população de todas as pessoas que bebem chá).

62. A probabilidade de selecionar aleatoriamente um fumante cuja mãe também seja fumante (assuma que você tenha que selecionar da população de todos os fumantes).

Expandindo conceitos

63. **Jogar um par de dados** Você joga um par de dados de seis lados e registra a soma.
    (a) Liste todas as somas possíveis e determine a probabilidade de jogar cada uma das somas.
    (b) Use a ferramenta tecnológica para simular a jogada de um par de dados e registrar a soma 100 vezes. Faça as marcas das 100 somas e use esses resultados para listar a probabilidade de jogar cada soma.
    (c) Compare as probabilidades da parte (a) com as probabilidades da parte (b). Explique quaisquer similaridades ou diferenças.

Chances

Nos exercícios de 64 a 67, use a informação a seguir. Nos jogos de azar, as possibilidades de ganhar são frequentemente escritas em chances em vez de probabilidades. As ***chances de ganhos*** são representadas pela razão do número de resultados positivos pelo número de resultados negativos. As ***chances de derrota*** são representadas pela razão do número de resultados negativos pelo número de resultados positivos. Por exemplo, se o número de sucessos (resultados positivos) é 2 e o número de perdas (resultados negativos) é 3, as chances de ganhos é 2 : 3 (lê-se "2 para 3") ou $\frac{2}{3}$. (Note: a probabilidade de sucesso é $\frac{2}{5}$.)

64. Uma indústria de bebidas colocou peças de jogo debaixo das tampinhas de suas bebidas e afirma que uma em cada seis peças do jogo é premiada. As regras oficiais do concurso afirmam que as chances de ganhar o prêmio são 1 : 6. A afirmação "uma em cada seis peças ganhará o prêmio" é correta? Por quê?

65. As chances de um evento ocorrer são de 4 : 5. Encontre (a) a probabilidade de que o evento ocorra e (b) a probabilidade de que o evento não ocorra.

66. Uma carta é escolhida aleatoriamente de um baralho normal de 52 cartas. Encontre as chances de que esta carta seja de espadas.

67. Uma carta é selecionada aleatoriamente de um baralho normal de 52 cartas. Encontre a probabilidade de que esta não seja de espadas.

3.1 Atividades

Simulando o mercado de ações

Applet O applet ***Simulando o mercado de ações*** permite que você investigue a probabilidade de que o mercado de ações suba em certo dia. O gráfico no canto superior esquerdo do quadro a seguir mostra a probabilidade associada com cada resultado. Neste caso, o mercado tem 50% de chances de subir em certo dia. Quando clicamos em SIMULATE, são simulados resultados para ***n*** dias. Os resultados das simulações são mostrados no gráfico de frequência. Se checarmos a opção animada, a tela mostrará cada resultado descendo para o gráfico de frequência conforme a animação é executada. Para parar a animação, desmarque

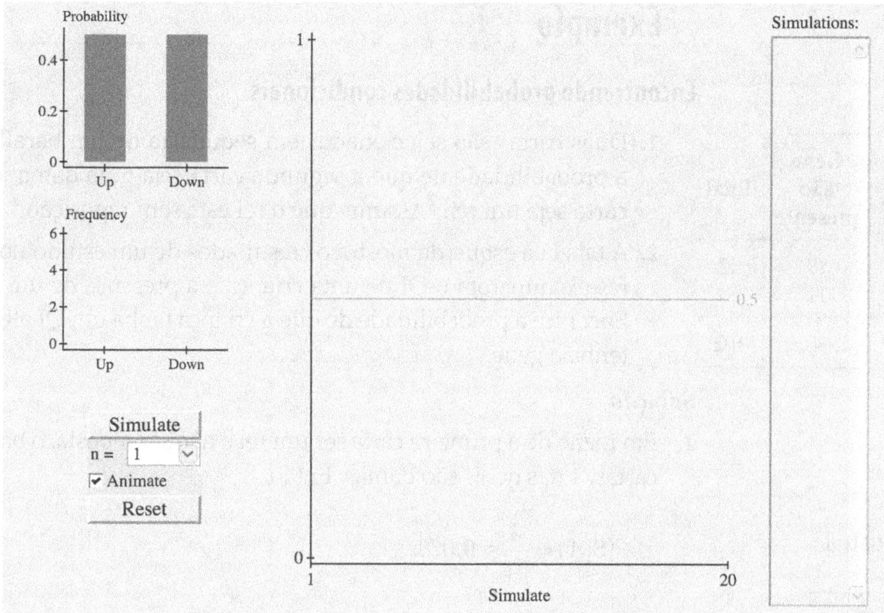

a opção de animação. Os resultados individuais são mostrados no campo de texto à extrema direita do applet. O ponto central mostra em vermelho as proporções acumuladas de vezes que o mercado sobe. A linha verde no gráfico reflete a probabilidade real de o mercado subir. Conforme o experimento é conduzido mais e mais, a proporção acumulada deve convergir para o valor real.

Explore

Passo 1 Especifique um valor para *n*
Passo 2 Clique SIMULATE quatro vezes
Passo 3 Clique RESET
Passo 4 Especifique outro valor para *n*
Passo 5 Clique SIMULATE

Conclusões

1. Execute a simulação usando *n* =1 sem clicar em RESET. Quantos dias levaram até que o mercado subisse por três dias seguidos? Quantos dias levaram até que o mercado caísse por três dias seguidos?
2. Execute o applet para simular a atividade do mercado de ações nos últimos 35 dias úteis. Encontre a probabilidade empírica de que o mercado suba no 36º dia.

3.2 Probabilidade condicional e a regra de multiplicação

Probabilidade condicional ⟶ Eventos dependentes e independentes ⟶ Regra de multiplicação

O que você deve aprender

- Como encontrar a probabilidade de um evento dado que outro evento tenha ocorrido.
- Como distinguir entre eventos dependentes e independentes.
- Como usar a regra de multiplicação para encontrar a probabilidade de dois eventos ocorrerem em sequência.
- Como usar a regra da multiplicação para encontrar probabilidades condicionais.

Probabilidade condicional

Nesta seção, você aprenderá como encontrar a probabilidade de dois eventos ocorrerem em sequência. Antes que você encontre essa probabilidade, entretanto, você deve saber como encontrar probabilidades condicionais.

Definição

Uma **probabilidade condicional** é a probabilidade de um evento ocorrer, dado que outro evento já tenha ocorrido. A probabilidade condicional de o evento *B* ocorrer, dado que o evento *A* tenha ocorrido, é denotada por *P*(*B* | *A*) e lê-se "probabilidade de *B*, dado *A*".

Exemplo 1

Encontrando probabilidades condicionais

	Gene presente	Gene não presente	Total
QI alto	33	19	52
QI normal	39	11	50
Total	72	30	102

1. Duas cartas são selecionadas em sequência de um baralho normal. Encontre a probabilidade de que a segunda carta seja uma dama, dado que a primeira carta seja um rei. (Assuma que o rei está sem reposição.)
2. A tabela à esquerda mostra os resultados de um estudo no qual os pesquisadores examinaram o QI de uma criança e a presença de um gene específico nela. Encontre a probabilidade de que a criança tenha um QI alto, dado que a criança tenha o gene. *(Fonte: Psychological Science.)*

Solução

1. Em razão de a primeira carta ser um rei e não ser reposta, o baralho restante tem 51 cartas, 4 das quais são damas. Então,

$$P(B|A) = \frac{4}{51} \approx 0{,}078.$$

Então, a probabilidade de que a segunda carta seja uma dama, dado que a primeira seja um rei, é de aproximadamente 0,078.

Espaço amostral

	Gene presente
QI alto	33
QI normal	39
Total	72

2. Há 72 crianças que têm o gene. Então, o espaço amostral consiste dessas 72 crianças, conforme mostrado à esquerda. Dessas, 33 tem QI alto. Então,

$$P(B|A) = \frac{33}{72} \approx 0{,}458.$$

Então, a probabilidade de que a criança tenha um QI alto, dado que ela tenha o gene, é de 0,458.

Tente você 1

1. Encontre a probabilidade de que a criança não tenha o gene.
2. Encontre a probabilidade de que a criança não tenha o gene, dado que a criança tenha QI normal.

a. Encontre o *número de resultados* no evento e no espaço amostral.

b. *Divida* o número de resultados no evento pelo número de resultados no espaço amostral.

Resposta na p. A37

Eventos dependentes e independentes

Em alguns experimentos, um evento não afeta a probabilidade de outro. Por exemplo, se você jogar um dado e uma moeda, o resultado do jogo de dados não afeta a probabilidade de a moeda cair em cara. Esses dois eventos são independentes. A questão da independência de dois ou mais eventos é importante para pesquisadores em áreas como marketing, medicina e psicologia. Você pode usar probabilidades condicionais para determinar se os eventos são independentes.

Definição

Dois eventos são **independentes** se a ocorrência de um deles não afeta a probabilidade de ocorrência do outro evento. Dois eventos A e B são independentes se:

$P(B \mid A) = P(B)$ ou se $P(A \mid B) = P(A)$.

Eventos que não são independentes são **dependentes**.

Para determinar se A e B são independentes, primeiro calcule $P(B)$, a probabilidade do evento B. Então, calcule $P(B \mid A)$, a probabilidade de B, dado A. Se os valores forem iguais, os eventos são independentes. Se $P(B) \neq P(B \mid A)$, então A e B são dependentes.

Exemplo 2

Classificando eventos como dependentes ou independentes

Decida se os eventos são dependentes ou independentes.

1. Selecionar um rei de um baralho (A) sem reposição e então selecionar uma dama do baralho (B).
2. Jogar uma moeda e tirar cara (A) e então jogar um dado de seis lados e tirar um 6 (B)
3. Dirigir a mais de 85 milhas por hora (A) e, então, sofrer um acidente de carro (B).

Solução

1. $P(B \mid A) = \frac{4}{51}$ e $P(B) = \frac{4}{52}$. A ocorrência de A muda a probabilidade da ocorrência de B, então os eventos são dependentes.
2. $P(B \mid A) = \frac{1}{6}$ e $P(B \mid A) = \frac{1}{6}$. A ocorrência de A não muda a probabilidade da ocorrência de B, então os eventos são independentes.
3. Se você dirigir a mais de 85 milhas por hora, as chances de se envolver em um acidente aumentam consideravelmente, então os eventos são dependentes.

Tente você 2 Decida se os eventos são independentes ou dependentes.

1. Fumar um maço de cigarros por dia (A) e desenvolver enfisema, uma doença crônica do pulmão (B).
2. Exercitar-se frequentemente (A) e ter uma pontuação média de 4,0 (B).

a. *Decida* se a ocorrência do primeiro evento afeta o segundo evento.
b. Diga se os eventos são *independentes ou dependentes*.

Resposta na p. A3

Regra de multiplicação

Para encontrar a probabilidade de dois eventos ocorrerem em sequência, podemos usar a regra de multiplicação.

Regra de multiplicação para a probabilidade de A e B

A probabilidade de que dois eventos A e B ocorram em sequência é:

$$P(A \text{ e } B) = P(A) \cdot P(B \mid A).$$

Se os eventos A e B forem independentes, então a regra pode ser simplificada para $P(A \text{ e } B) = P(A) \cdot P(B)$. Essa regra simplificada pode ser estendida para qualquer número de eventos independentes.

Exemplo 3

Usando a regra de multiplicação para encontrar probabilidades

1. Duas cartas são selecionadas, sem reposição da primeira carta, de um baralho normal. Encontre a probabilidade de selecionar um rei e então uma dama.
2. Uma moeda é jogada e um dado é lançado. Encontre a probabilidade de se obter uma cara e então jogar um 6.

Retratando o mundo

Truman Collins, um entusiasta da probabilidade e estatística, escreveu um programa que encontra a probabilidade de se cair em cada casa do tabuleiro do Banco Imobiliário durante o jogo. Collins explorou vários cenários, incluindo os efeitos das cartas do jogo e várias maneiras de cair ou sair da cadeia. Collins descobriu que o tempo de cadeia afeta as probabilidades.

Casa do jogo	Probabilidade dada em pouco tempo na cadeia	Probabilidade de dada em muito tempo na cadeia
Vá	0,0310	0,0291
Oportunidade	0,0087	0,0082
Cadeia	0,0395	0,0946
Estacionamento livre	0,0288	0,0283
Estacionamento	0,0219	0,0206
B&B RR	0,0307	0,0289
Sistema de distribuição de água	0,0281	0,0265

Por que as probabilidades dependem do tempo de cadeia?

Dica de estudo

Em palavras, para usar a regra de multiplicação:

1. Encontre a probabilidade de que o primeiro evento ocorra.
2. Encontre a probabilidade de que o segundo evento ocorra, dado que o primeiro tenha ocorrido.
3. Multiplique essas duas probabilidades.

Solução

1. Como a primeira carta não é reposta, os eventos são dependentes.

$$P(K \text{ e } Q) = P(K) \cdot P(Q|K) = \frac{4}{52} \cdot \frac{4}{51} = \frac{16}{2.652} \approx 0,006$$

Então, a probabilidade de selecionar um rei e uma dama é de aproximadamente 0,006.

2. Os eventos são independentes.

$$P(H \text{ e } 6) = P(H) \cdot P(6) = \frac{1}{2} \cdot \frac{1}{6} = \frac{1}{12} \approx 0,083$$

Então, a probabilidade de tirar uma cara e um 6 é de aproximadamente 0,083.

Tente você 3

1. A probabilidade de que um salmão nade, com sucesso, através de uma barragem é de 0,85. Encontre a probabilidade de dois salmões atravessarem a barragem com sucesso.
2. Duas cartas são selecionadas de um baralho padrão sem reposição. Encontre a probabilidade de que ambas as cartas sejam de copas.

a. Decida se os eventos são *independentes ou dependentes.*

b. Use a *regra de multiplicação* para encontrar a probabilidade.

Resposta na p. A3

Exemplo 4

Usando a regra de multiplicação para encontrar probabilidades

1. Uma moeda é jogada e um dado é lançado. Encontre a probabilidade de se obter uma coroa e um 2.
2. A probabilidade de que uma certa cirurgia no joelho seja um sucesso é de 0,85. Encontre a probabilidade de que três cirurgias sejam um sucesso.
3. Encontre a probabilidade de que nenhuma das três cirurgias seja um sucesso.
4. Encontre a probabilidade de que pelo menos uma das três cirurgias seja um sucesso.

Solução

1. $P(T) = \frac{1}{2}$. Se lançada ou não, a moeda vai dar coroa, $P(2) = \frac{1}{6}$. Os eventos são independentes.

$$P(T \text{ e } 2) = P(T) \cdot P(2) = \frac{1}{2} \cdot \frac{1}{6} = \frac{1}{12} \approx 0,083$$

Então, a probabilidade de dar coroa e um dois é de aproximadamente 0,083.

2. A probabilidade de que cada cirurgia seja um sucesso é de 0,85. A chance de um sucesso para uma cirurgia é independente das chances para as outras cirurgias.

$$P(\text{três sucessos}) = (0{,}85)(0{,}85)(0{,}85) \approx 0{,}614$$

Então, a probabilidade de que as três cirurgias sejam um sucesso é de aproximadamente 0,614.

3. Já que a probabilidade de sucesso para uma cirurgia é de 0,85, a probabilidade de falha para uma cirurgia é $1 - 0{,}85 = 0{,}15$.

$$P(\text{nenhum sucesso}) = (0{,}15)(0{,}15)(0{,}15) \approx 0{,}003$$

Então, a probabilidade de que nenhuma cirurgia seja um sucesso é de aproximadamente 0,003.

4. A frase "ao menos um" significa um ou mais. O complemento do evento "ao menos um sucesso" é o evento "nenhum sucesso". Usando a regra de complementos,

$$\begin{aligned} P(\text{ao menos 1 sucesso}) &= 1 - P\ (\text{nenhum sucesso}) \\ &\approx 1 - 0{,}003 \\ &= 0{,}997. \end{aligned}$$

Há aproximadamente 0,997 probabilidade de que ao menos uma das três cirurgias seja um sucesso.

Tente você 4 A probabilidade de que uma cirurgia de joelho seja um sucesso aumentou para 0,9.

1. Encontre a probabilidade de que três cirurgias sejam um sucesso.
2. Encontre a probabilidade de que ao menos uma das três cirurgias seja um sucesso.

a. Determine se encontramos a probabilidade do evento ou seu complemento.

b. Use a *regra de multiplicação* para encontrar a probabilidade. Se necessário, use a *regra de complemento.*

Resposta na p. A38

Importante

No Exemplo 4, pede-se que você encontre a probabilidade usando a frase "ao menos um". Note que foi mais fácil encontrar a probabilidade de seu complemento, "nenhum" e então usar a regra de complemento.

Exemplo 5

Usando a regra de multiplicação para encontrar probabilidades

Mais de 15.000 estudantes do último ano de faculdades de medicina dos Estados Unidos se candidataram a programas de residência em 2007. Desses, 93% foram combinados com posições de residentes, e destes, 74% conseguiram uma de suas duas preferências. Os estudantes de medicina classificam eletronicamente os programas de residência em sua ordem de preferência e programam diretores por todo o país a fazer o mesmo. O termo "combinar" refere-se ao processo onde a lista de preferências do estudante e o programa de lista de preferência dos diretores se sobrepõem, resultando na colocação do estudante para uma posição de residente. (*Fonte: National Resident Matching Program.*)

1. Encontre a probabilidade de que um estudante do último ano seja combinado com uma posição de residência *e* essa seja uma de suas primeiras escolhas.
2. Encontre a probabilidade de que um estudante selecionado aleatoriamente seja combinado com uma posição de residência e não consiga uma de suas primeiras opções.

3. Seria incomum para um estudante selecionado aleatoriamente resultar em um estudante que tenha sido combinado com uma posição de residência e que esta seja uma de suas primeiras opções.

Solução

Deixe A = {combinado com uma posição de residência} e B = {obteve uma de suas duas primeiras escolhas}. Então, $P(A) = 0{,}93$ e $P(B \mid A) = 0{,}74$.

1. Os eventos são dependentes.

$$P(A \text{ e } B) = P(A) \cdot P(B \mid A) = (0{,}93) \cdot (0{,}74) \approx 0{,}688$$

Então, a probabilidade de que um estudante selecionado aleatoriamente tenha sido combinado com uma de suas duas primeiras escolhas é de aproximadamente 0,688.

2. Para encontrar essa probabilidade, use o complemento.

$$P(B' \mid A) = 1 - P(B \mid A) = 1 - 0{,}74 = 0{,}26$$

Então, a probabilidade de que um estudante selecionado aleatoriamente tenha sido combinado a uma posição de residência que não seja uma de suas duas primeiras opções é de 0,26.

3. Não é incomum, pois a probabilidade de um estudante ser relacionado a uma posição de residência e que seja uma de suas primeiras duas escolhas é de aproximadamente 0,688.

Faculdade de medicina

Tente você 5 Em uma pesquisa realizada em um júri, 65% das pessoas são mulheres. Dessas, uma de cada quatro trabalha na área da saúde.

1. Encontre a probabilidade de que uma pessoa selecionada aleatoriamente do júri seja mulher e trabalhe na área da saúde.
2. Encontre a probabilidade de que uma pessoa selecionada aleatoriamente do júri seja mulher e não trabalhe na área de saúde.

a. Determine os *eventos* A e B.
b. Use a *regra de multiplicação* para escrever a fórmula e encontrar a probabilidade. Se necessário, use a *regra de complemento*.
c. *Calcule* a probabilidade.

Resposta na p. A38

Seleção do júri

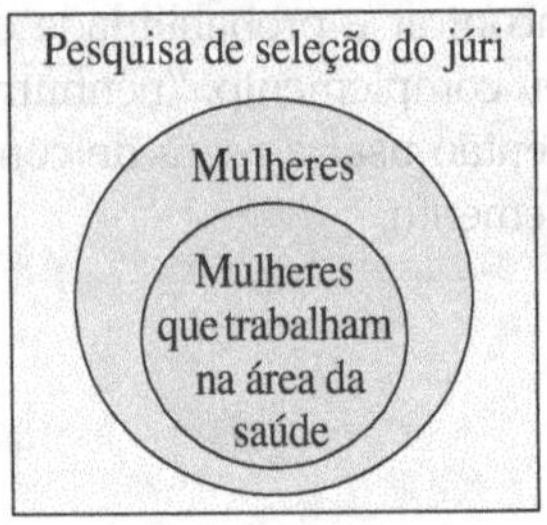

3.2 Exercícios

Construindo habilidades básicas e conceitos

1. Qual a diferença entre eventos dependentes ou independentes?
2. Liste exemplos dos tipos de eventos a seguir:
   (a) Dois eventos que são independentes
   (b) Dois eventos que são dependentes

Verdadeiro ou falso?

Nos exercícios 3 e 4, determine se a afirmação é verdadeira ou falsa. Se for falsa, reescreva a frase.

3. Se dois eventos não são independentes, $P(A|B) = P(B)$.
4. Se os eventos A e B são dependentes, então $P(A \text{ e } B) = P(A) \cdot P(B)$.

Classificando eventos

Nos exercícios de 5 a 8, decida se os eventos são dependentes ou independentes. Explique seu raciocínio.

5. Selecionar um rei de um baralho normal, com reposição, e então selecionar uma dama do maço.
6. Devolver um filme alugado depois da data correta e receber uma multa por atraso.
7. Jogar um dado de seis lados e então jogar um dado uma segunda vez de modo que soma das duas jogadas seja sete.
8. Uma bola numerada entre 1 e 52 é selecionada de uma urna, é ***reposta***, e então uma segunda bola é selecionada da urna.

Classificando eventos baseados em estudos

Nos exercícios de 9 a 12, identifique os dois eventos descritos no estudo. Os resultados indicam que os eventos são independentes ou dependentes? Explique.

9. Pesquisadores descobriram que pessoas que sofrem com depressão tem cinco vezes mais chances de ter um distúrbio relacionado a respiração durante o sono do que pessoas que não sofrem de depressão. (*Fonte: Journal of Clinical Psychiatry.*)

10. Estresse faz com que o corpo produza grandes quantidades de ácido, que pode irritar úlceras já existentes. Mas, estresse não causa úlceras estomacais. (*Fonte: Baylor College of Medicine.*)

11. Estudos descobriram que o aspartame, um adoçante artificial, não causa perda de memória. (*Fonte: Food and Drug Administration.*)

12. De acordo com pesquisadores, o diabetes é raro em sociedades nas quais obesidade é rara. Em sociedades nas quais a obesidade é comum nos últimos 20 anos, o diabetes também é comum. (*Fonte: American Diabetes Association.*)

Usando e interpretando conceitos

13. Gene BRCA Na população em geral, uma mulher de cada oito irá desenvolver câncer de mama. Uma pesquisa mostrou que uma entre cada 600 mulheres carrega uma mutação do gene BRCA. Oito de cada 10 mulheres com essa mutação desenvolvem câncer. (*Fonte: Susan G. Komen Breast Cancer Foundation.*)

Câncer de mama e o gene BRCA

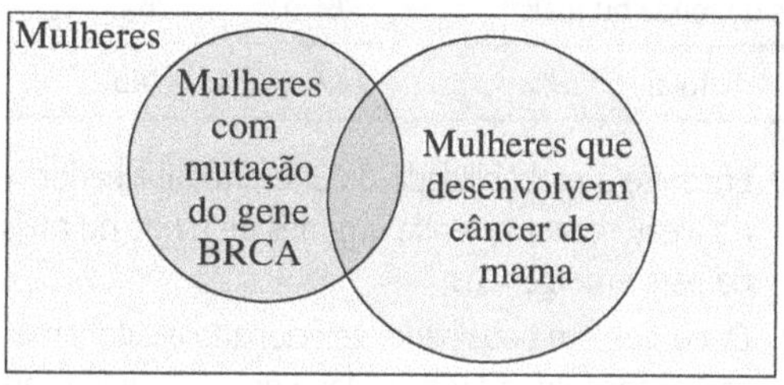

(a) Encontre a probabilidade de que uma mulher selecionada aleatoriamente desenvolverá câncer de mama dado que ela tenha a mutação no gene BRCA.

(b) Encontre a probabilidade de que uma mulher selecionada aleatoriamente carregará a mutação do gene BRCA e desenvolverá câncer de mama.

(c) Os eventos de carregar a mutação e desenvolver o câncer são dependentes ou independentes? Explique.

14. Pick up Em uma pesquisa, 510 adultos foram questionados se dirigem pick ups e se dirigem um Ford. Os resultados mostraram que um em cada seis adultos pesquisados dirige uma pick up e três em cada dez adultos pesquisados dirigem um Ford. Dos adultos pesquisados que dirigem um Ford, dois em cada nove dirigem uma pick up.

O que você dirige?

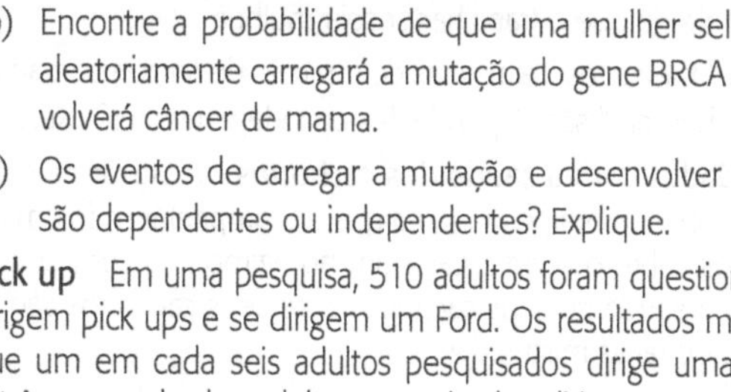

(a) Encontre a probabilidade de que um adulto selecionado aleatoriamente dirija uma pick up dado que ele(a) dirige um Ford.

(b) Encontre a probabilidade de que um adulto selecionado aleatoriamente dirija um Ford e uma pick up.

(c) Os eventos de dirigir um Ford e dirigir uma pick up são dependentes ou independentes?

15. Férias de verão A tabela mostra os resultados de uma pesquisa na qual 146 famílias foram questionadas se têm um computador e se vão tirar férias de verão este ano.

		Férias de verão este ano		
		Sim	Não	Total
Têm computador	Sim	46	11	57
	Não	55	34	89
	Total	101	45	146

(a) Encontre a probabilidade de selecionar aleatoriamente uma família que não vá tirar férias de verão este ano.

(b) Encontre a probabilidade de que uma família selecionada aleatoriamente tenha um computador.

(c) Encontre a probabilidade de que uma família selecionada aleatoriamente tire férias de verão este ano, dado que tem computador.

(d) Encontre a probabilidade de que uma família selecionada aleatoriamente tire férias de verão este ano e tenha computador.

(e) Os eventos de ter um computador e tirar férias de verão eventos dependentes ou independentes? Explique.

16. Graduação em enfermagem A tabela mostra o número de estudantes, homens e mulheres, matriculados no curso de enfermagem da Universidade de Oklahoma em um semestre recente. (*Adaptado de University of Oklahoma Healthe Center Office of Admissions and Records.*)

	Curso de enfermagem	Outros cursos	Total
Homens	95	1.015	1.110
Mulheres	700	1.727	2.427
Total	795	2.742	3.537

(a) Encontre a probabilidade de que um estudante selecionado aleatoriamente seja estudante de enfermagem.

(b) Encontre a probabilidade de que um estudante selecionado aleatoriamente seja homem.

(c) Encontre a probabilidade de que um estudante selecionado aleatoriamente seja estudante de enfermagem, dado que o estudante seja homem.

(d) Encontre a probabilidade de que um estudante selecionado aleatoriamente seja estudante de enfermagem e homem.

(e) Os eventos de ser um estudante homem e ser estudante de enfermagem são dependentes ou independentes? Explique.

17. Tecnologia de reprodução assistida Um estudo descobriu que 35% dos ciclos da tecnologia de reprodução assistida (ART) resultam em gravidez. Vinte e oito por cento das gravidezes ART resultaram em nascimentos múltiplos. (*Fonte: National Center for Chronic Disease Prevention and Health Promotion.*)

(a) Encontre a probabilidade de que um ciclo ART selecionado aleatoriamente resulte em uma gravidez e produza um nascimento múltiplo.

(b) Encontre a probabilidade de que um ciclo ART selecionado aleatoriamente resulte em uma gravidez e não produza um nascimento múltiplo.

(c) Seria incomum para um ciclo ART selecionado aleatoriamente resultar em uma gravidez e produzir um nascimento múltiplo? Explique.

Gravidez

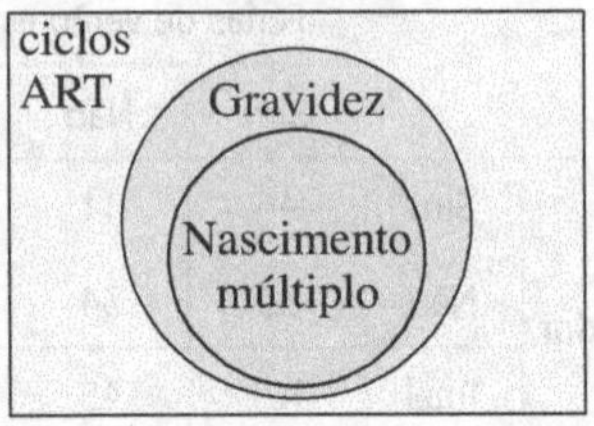

18. **Relações raciais** Em uma pesquisa, 60% dos adultos nos Estados Unidos acreditam que as relações melhoraram desde a morte de Martin Luther King Jr. Desses 60%, 4 de 10 dizem que o índice de progresso dos direitos civis é muito lento. *(Fonte: Marist Institute for Public Opinion.)*

(a) Encontre a probabilidade de que um adulto selecionado aleatoriamente ache que as relações raciais melhoraram desde a morte de Martin Luther King Jr. *e* ache que o índice de progresso dos direitos civis é muito lento.

(b) Dado que um adulto selecionado aleatoriamente ache que as relações raciais melhoraram desde a morte de Martin Luther King Jr., encontre a probabilidade de que ele (a) ache que o índice de progresso dos direitos civis *não* é muito lento.

(c) Seria incomum para um adulto selecionado aleatoriamente achar que as relações raciais melhoraram desde a morte de Martin Luther King Jr. e achar que o índice de progresso dos direitos civis é muito lento? Explique.

Relações raciais

19. **Computadores e acesso à *Internet*** Um estudo descobriu que 62% das residências nos Estados Unidos têm computador. Desses 62%, 88% têm acesso à *Internet*. Encontre a probabilidade de que uma residência americana selecionada aleatoriamente tenha computador e acesso à *Internet*. *(Fonte: U.S. Census Bureau.)*

20. **Sobrevivência à cirurgia** Um médico dá ao paciente uma chance de 60% de sobrevivência a uma cirurgia para colocação de marca-passo depois de um ataque cardíaco. Se o paciente sobrevive à cirurgia, ele tem 50% de chances de que o problema cardíaco seja curado. Encontre a probabilidade de que o paciente sobreviva à cirurgia e o coração seja curado.

21. **Pessoas canhotas** Em uma amostra de 1.000 pessoas, 120 são canhotas. Duas pessoas não relacionadas são selecionadas aleatoriamente sem reposição.

(a) Encontre a probabilidade de que ambas sejam canhotas.

(b) Encontre a probabilidade de que nenhuma seja canhota.

(c) Encontre a probabilidade de que ao menos uma das duas pessoas seja canhota.

22. **Lâmpadas** Doze lâmpadas são testadas para verificar se duram pelo menos o tempo afirmado pelo fabricante. Três lâmpadas falham no teste. Duas lâmpadas são selecionadas aleatoriamente, sem reposição.

(a) Encontre a probabilidade de que ambas as lâmpadas tenham falhado no teste.

(b) Encontre a probabilidade de que ambas as lâmpadas tenham passado no teste.

(c) Encontre a probabilidade de que ao menos uma lâmpada falhe no teste.

23. **Reservas de emergência** A tabela mostra os resultados de uma pesquisa na qual 142 homens e 145 mulheres, trabalhadores com idades entre 25 e 64 anos, foram questionados se têm ao menos um mês de renda guardado para emergências.

	Homens	Mulheres	Total
Menos de um mês de renda	66	83	149
Um mês de renda ou mais	76	62	138
Total	142	145	287

(a) Encontre a probabilidade de que um trabalhador selecionado aleatoriamente tenha um mês de renda ou mais guardada para emergências.

(b) Dado que um trabalhador selecionado aleatoriamente é homem, encontre a probabilidade de que o trabalhador tenha menos de um mês de renda guardada.

(c) Dado que um trabalhador selecionado aleatoriamente tenha um mês ou mais de renda guardada, encontre a probabilidade de que o trabalhador seja mulher.

(d) Os eventos "ter menos de um mês de renda guardada" e "ser homem" são dependentes ou independentes? Explique.

24. **Cuidados com a saúde dos cachorros** A tabela mostra os resultados de uma pesquisa na qual 90 proprietários foram questionados sobre o quanto gastaram no último ano com os cuidados com a saúde de seus cachorros e se seus cachorros são de raça pura ou raças misturadas.

		Tipo de cachorro		
		Raça pura	**Mistura de raças**	**Total**
Cuidados com a saúde	**Menos que $ 100**	19	21	40
	Mais do que $ 100	35	15	50
	Total	54	36	90

(a) Encontre a probabilidade de que $ 100 ou mais tenham sido gastos com a saúde de um cachorro selecionado aleatoriamente no ano passado.

(b) Dado que um proprietário de cachorro selecionado aleatoriamente tenha gasto menos que \$ 100, encontre a probabilidade de o cachorro ser de raça mista.
(c) Encontre a probabilidade de um proprietário selecionado aleatoriamente gastar \$ 100 ou mais com a saúde de seu cachorro e o cão ser de raça mista.
(d) Os eventos "gastar \$ 100 ou mais" e "ter um cachorro de raça mista" são dependentes ou independentes? Explique.

25. **Tipos sanguíneos** A probabilidade de que uma pessoa nos Estados Unidos tenha tipo sanguíneo AB+ é de 3%. Cinco pessoas não relacionadas são selecionadas aleatoriamente. (*Fonte: American Association of Blood Banks.*)
(a) Encontre a probabilidade de que as cinco pessoas tenham tipo AB+.
(b) Encontre a probabilidade de que nenhuma das cinco tenha esse tipo sanguíneo.
(c) Encontre a probabilidade de que pelo menos uma das cinco pessoas tenha o tipo AB+.

26. **Tipos sanguíneos** A probabilidade de que uma pessoa nos Estados Unidos tenha tipo sanguíneo O+ é de 38%. Três pessoas não relacionadas são selecionadas aleatoriamente. (*Fonte: American Association of Blood Banks.*)
(a) Encontre a probabilidade de que as três pessoas tenham tipo O+.
(b) Encontre a probabilidade de que nenhuma das três tenha esse tipo sanguíneo.
(c) Encontre a probabilidade de que pelo menos uma das três pessoas tenha o tipo O+.

27. **Suposição** Um teste de múltipla escolha tem três questões, cada uma com cinco respostas possíveis. Somente uma é correta. Você não tem ideia de nenhuma das respostas corretas e precisa adivinhar cada uma.
(a) Encontre a probabilidade de responder a primeira pergunta corretamente.
(b) Encontre a probabilidade de responder as duas primeiras perguntas corretamente.
(c) Encontre a probabilidade de responder as três perguntas corretamente.
(d) Encontre a probabilidade de não responder a nenhuma pergunta corretamente.
(e) Encontre a probabilidade de responder pelo menos uma pergunta corretamente.

28. **Defeitos de encadernação** A máquina de encadernação de uma empresa de impressão tem a probabilidade de 0,005 de produzir um livro com defeito. Essa máquina é usada para encadernar três livros.
(a) Encontre a probabilidade de nenhum dos livros ser defeituoso.
(b) Encontre a probabilidade de ao menos um dos livros ser defeituoso.
(c) Encontre a probabilidade de todos os livros serem defeituosos.

29. **Armazém** Um centro de distribuição recebe carregamentos de um produto de três fábricas diferentes nas quantidades a seguir: 50, 35 e 25. Um produto é selecionado aleatoriamente três vezes, cada vez sem reposição. Encontre a probabilidade de que os três produtos venham da terceira fábrica.

30. **Aniversários** Três pessoas são selecionadas aleatoriamente. Encontre a probabilidade de que (a) todas elas compartilhem a mesma data de aniversário e (b) nenhuma compartilhe a data de aniversário. Assuma 365 dias no ano.

Expandindo conceitos

De acordo com o **teorema de Bayes**, a probabilidade do evento A, dado que o evento B tenha ocorrido, é:

$$P(A|B)=\frac{P(A)\cdot P(B|A)}{P(A)\cdot P(B|A)+P(A')\cdot P(B|A')}.$$

Nos exercícios de 31 a 34, use o teorema de Bayes para encontrar $P(A \mid B)$.

31. $P(A)=\frac{2}{3}, P(A')=\frac{1}{3}, P(B|A)=\frac{1}{5}$, e $P(B|A')=\frac{1}{2}$

32. $P(A)=\frac{3}{8}, P(A')=\frac{5}{8}, P(B|A)=\frac{2}{3}$, e $P(B|A')=\frac{3}{5}$

33. $P(A)=0{,}25, P(A')=0{,}75, P(B|A)=0{,}3$, e $P(B|A')=0{,}5$

34. $P(A)=0{,}62, P(A')=0{,}38, P(B|A)=0{,}41$, e $P(B|A')=0{,}17$

35. **Confiabilidade do teste** Um certo vírus infecta uma em cada 200 pessoas. Um teste usado para detectar o vírus em uma pessoa dá positivo 80% das vezes se a pessoa tem o vírus e 5% das vezes se a pessoa não tem o vírus. (Este resultado de 5% é chamado de *falso positivo*.) Deixe *A* ser o evento "a pessoa está infectada" e *B* ser o evento "o teste de uma pessoa dá positivo".
(a) Usando o teorema de Bayes, se o teste de uma pessoa dá positivo, determine a probabilidade dessa pessoa estar infectada.
(b) Usando o teorema de Bayes, se o teste de uma pessoa dá negativo, determine a probabilidade dessa pessoa não estar infectada.

36. **Problema dos aniversários** Você está em uma sala que tem 24 estudantes. Você quer encontrar a probabilidade de que pelo menos dois estudantes compartilham a mesma data de aniversário.
(a) Primeiro, encontre a probabilidade de que cada estudante tenha uma data de aniversário diferente.

$$P(\text{aniversários diferentes})=\overbrace{\frac{365}{365}\cdot\frac{364}{365}\cdot\frac{363}{365}\cdot\frac{362}{365}\cdots\frac{343}{365}\cdot\frac{342}{365}}^{\text{24 fatores}}.$$

(b) A probabilidade de que pelo menos dois estudantes tenham a mesma data de aniversário é o complemento da probabilidade da parte (a). Qual é essa probabilidade?
(c) Usamos a ferramenta de tecnologia para gerar 24 números aleatórios entre 1 e 365. Cada número representa uma data de aniversário. Obtivemos pelos menos duas pessoas que têm a mesma data de aniversário?

228	348	181	317	81	183
52	346	177	118	315	273
252	168	281	266	285	13
118	360	8	193	57	107

(d) Use uma ferramenta tecnológica para simular o "problema dos aniversários". Repita a simulação 10 vezes. Quantas vezes você obteve "pelo menos duas pessoas" com a mesma data de aniversário?

A regra da multiplicação e a probabilidade condicional

Reescrevendo a fórmula para a regra da multiplicação, podemos escrever uma fórmula para encontrar probabilidades condicionais. A probabilidade condicional do evento B ocorrer, dado que o evento A tenha ocorrido, é

$$P(B|A)=\frac{P(A \text{ e } B)}{P(A)}.$$

Nos exercícios 37 e 38, use as informações a seguir.

- A probabilidade de que um voo parta no horário é de 0,89.
- A probabilidade de que um voo chegue na hora certa é de 0,87.
- A probabilidade de que um voo parta e chegue na hora é de 0,83.

37. Encontre a probabilidade de que um voo tenha partido na hora e que chegue na hora.
38. Encontre a probabilidade de que um voo chegue na hora, dado que ele partiu na hora.

3.3 A regra da adição

Eventos mutuamente exclusivos ⟶ A regra de adição ⟶ Resumo de probabilidade

O que você deve aprender

- Como determinar se dois eventos são mutuamente exclusivos.
- Como usar a regra de adição para encontrar a probabilidade de dois eventos.

Eventos mutuamente exclusivos

Na Seção 3.2, aprendemos como encontrar a probabilidade de dois eventos *A* e *B* ocorrerem em sequência. Tais probabilidades são denotadas por *P*(*A* e *B*). Nesta seção, aprenderemos como encontrar a probabilidade de que ao menos um de dois eventos ocorra. Probabilidades como essas são denotadas por *P*(*A* ou *B*) e dependem de os eventos serem mutuamente exclusivos.

Dica de estudo

Em probabilidade e estatística, a palavra *ou* é usualmente usada como um "ou exclusivo". Por exemplo, há três maneiras para o "evento A ou B" ocorrer.

(1) A ocorre e B não ocorre.

(2) B ocorre e A não ocorre.

(3) A e B ocorrem.

Definição

Dois eventos *A* e *B* são **mutuamente exclusivos** se *A* e *B* não puderem ocorrer ao mesmo tempo.

Os diagramas de Venn mostram a relação entre eventos que são mutuamente exclusivos e eventos que não o são.

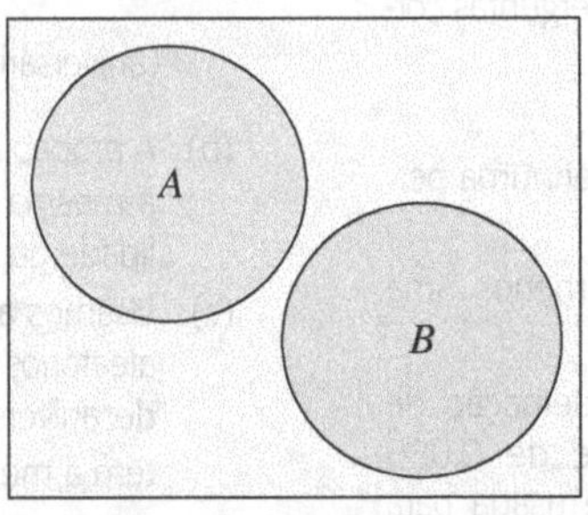

A e *B* são mutuamente exclusivos

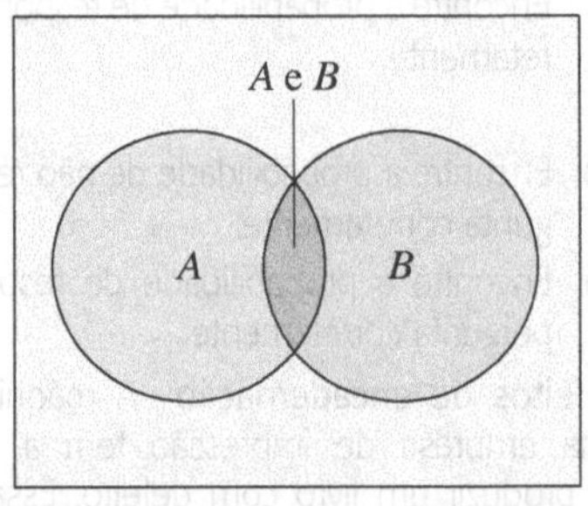

A e *B* não são mutuamente exclusivos

Exemplo 1

Eventos mutuamente exclusivos

Decida se os eventos são mutuamente exclusivos. Explique seu raciocínio.

1. Evento *A*: rolar um 3 em um dado.
   Evento *B*: rolar um 4 em um dado.
2. Evento *A*: selecionar aleatoriamente um estudante do sexo masculino.
   Evento *B*: selecionar aleatoriamente um graduando em enfermagem.

3. Evento *A*: selecionar aleatoriamente um doador de sangue com tipo O.
   Evento *B*: selecionar aleatoriamente um doador de sangue do sexo feminino.

Solução

1. O primeiro evento tem um resultado, 3, o segundo evento também tem um resultado, 4. Esses resultados não podem ocorrer ao mesmo tempo, então os eventos são mutuamente exclusivos.
2. Como o estudante pode ser um homem estudante de enfermagem, os eventos não são mutuamente exclusivos.
3. Como o doador pode ser mulher com tipo sanguíneo do tipo O, os eventos não são mutuamente exclusivos.

Tente você 1 Decida se os eventos são mutuamente exclusivos.

1. Evento *A*: selecionar aleatoriamente um valete de um baralho de cartas.
   Evento *B*: selecionar aleatoriamente uma carta de figura de um baralho de cartas.
2. Evento *A*: selecionar aleatoriamente um estudante de 20 anos.
   Evento *B*: selecionar aleatoriamente um estudante de olhos azuis.
3. Evento *A*: selecionar aleatoriamente um veículo Ford.
   Evento *B*: selecionar aleatoriamente um veículo Toyota.

a. Decida se uma das frases a seguir é verdadeira.
- Os eventos *A* e *B* não podem ocorrer ao mesmo tempo.
- Os eventos *A* e *B* não têm resultados em comum.
- $P(A \text{ e } B) = 0$

b. Escreva sua conclusão.

Resposta na p. A38

A regra de adição

A regra de adição para a probabilidade de A ou B

A probabilidade de que os eventos *A* ou *B* ocorram, *P*(*A* ou *B*), é dada por:

$$P(A \text{ ou } B) = P(A) + P(B) - P(A \text{ e } B).$$

Se os eventos *A* e *B* forem mutuamente exclusivos, então a regra pode ser simplificada para $P(A \text{ ou } B) = P(A) + P(B)$. Esta regra simplificada pode ser estendida para qualquer número de eventos mutuamente exclusivos.

Dica de estudo

Subtraindo-se P(A e B), você evita uma contagem dupla das probabilidades dos resultados que ocorrem em ambos A e B.

Em palavras, para encontrar a probabilidade de um evento ou o outro ocorrer, adicione as probabilidades de cada evento e subtraia a probabilidade de ambos ocorrerem.

Para explorar mais este tópico, veja 3.3 Atividades na p. 136.

Exemplo 2

Usando a regra de adição para encontrar probabilidades

1. Você seleciona uma carta de um baralho. Encontre a probabilidade de esta carta ser um 4 ou um Ás.
2. Você joga um dado. Encontre a probabilidade de rolar um número menor que três ou rolar um número ímpar.

Baralho com 52 cartas

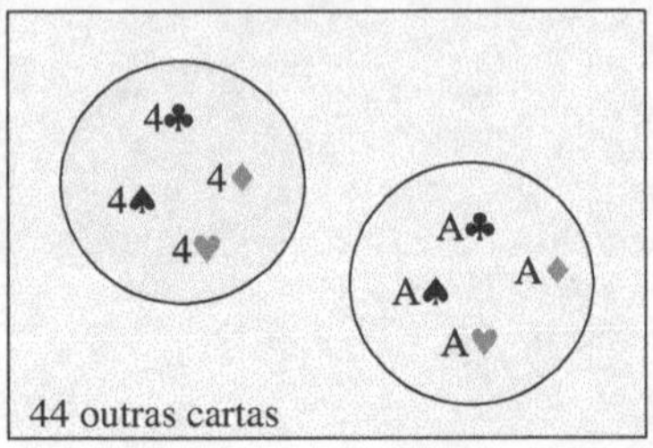

Jogar um dado

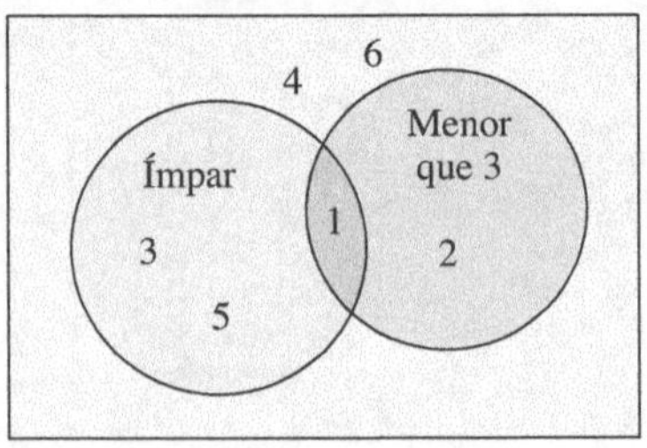

Solução

1. Se a carta for um 4, não pode ser um Ás. Então, os eventos são mutuamente exclusivos conforme mostra o diagrama de Venn. A probabilidade de selecionar um 4 ou um Ás é:

$$P(4 \text{ ou Ás}) = P(4) + P(\text{Ás}) = \frac{4}{52} + \frac{4}{52} = \frac{8}{52} = \frac{2}{13} \approx 0{,}154.$$

2. Os eventos não são mutuamente exclusivos porque 1 é um resultado de ambos os eventos, como mostra o diagrama de Venn. Então, a probabilidade de rolar um número menor que 3 ou um número ímpar é:

$$P(\text{menos que 3 ou ímpar}) = P(\text{menor que 3}) + P(\text{ímpar}) - P(\text{menor que 3 e ímpar})$$

$$= \frac{2}{6} + \frac{3}{6} - \frac{1}{6} = \frac{4}{6} = \frac{2}{3} \approx 0{,}667.$$

Tente você 2

1. Um dado é lançado. Encontre a probabilidade de rolar um 6 ou um número ímpar.
2. Uma carta é selecionada de um baralho normal. Encontre a probabilidade de que seja uma carta de figura ou uma carta de copas.

a. Decida se os eventos são *mutuamente exclusivos*.

b. Encontre P(A), P(B) e, se necessário, P(A e B).

c. Use a *regra de adição* para encontrar a probabilidade.

Resposta na p. A38

Exemplo 3

Encontrando probabilidades de eventos mutuamente exclusivos

A distribuição de frequência mostra o volume de vendas (em dólares) e o número de meses em que um representante de vendas atingiu cada nível de vendas nos últimos três anos. Se esse padrão de vendas continuar, qual a probabilidade de que o representante venda entre $ 75.000 e $ 124.999 no próximo mês?

Volume de vendas ($)	Meses
0 a 24.999	3
25.000 a 49.999	5
50.000 a 74.999	6
75.000 a 99.999	7
100.000 a 124.999	9
125.000 a 149.999	2
150.000 a 174.999	3
175.000 a 199.999	1

Solução

Para resolver o problema, defina os eventos A e B conforme segue.

A = vendas mensais entre $ 75.000 e 99.999.

B = vendas mensais entre $ 100.000 e 124.999.

Como os eventos A e B são mutuamente exclusivos, a probabilidade de que o representante venda entre $ 75.000 e 124.999 no próximo mês é

$$\begin{aligned}P(A \text{ ou } B) &= P(A) + P(B)\\ &= \frac{7}{36} + \frac{9}{36}\\ &= \frac{16}{36}\\ &= \frac{4}{9} \approx 0,444.\end{aligned}$$

Tente você 3 Encontre a probabilidade de o representante de vendas vender entre $ 0 e $ 49.999.

a. *Identifique* os eventos A e B.

b. Verifique se A e B são *mutuamente exclusivos*.

c. Encontre a *probabilidade* de cada evento.

d. Use a *regra da adição* para encontrar a probabilidade

Resposta na p. A38

Exemplo 4

Usando a regra da adição para encontrar probabilidades

Um banco de sangue cataloga os tipos de sangue, incluindo fator Rh positivo ou negativo, dado por doadores durante os últimos cinco dias. O número de doadores que doou cada tipo sanguíneo é mostrado na tabela a seguir. Um doador é selecionado aleatoriamente.

1. Encontre a probabilidade de que o doador tenha sangue tipo O ou tipo A.
2. Encontre a probabilidade de que o doador tenha sangue tipo B ou que o Rh seja negativo.

		Tipo sanguíneo				
		O	A	B	AB	Total
Fator Rh	Positivo	156	139	37	12	344
	Negativo	28	25	8	4	65
	Total	184	164	45	16	409

Solução

1. Como o doador não pode ter tipo O e tipo A, esses eventos são mutuamente exclusivos. Então, com base na regra de adição, a probabilidade que o doador escolhido aleatoriamente tenha tipo O ou tipo A é:

$$\begin{aligned}P(\text{tipo O ou tipo A}) &= P(\text{tipo O}) + P(\text{tipo A})\\ &= \frac{184}{409} + \frac{164}{409}\\ &= \frac{348}{409}\\ &\approx 0,851.\end{aligned}$$

2. Em razão de o doador poder ter tipo B e o seu Rh ser negativo, esses eventos não são mutuamente exclusivos. Então, com base na regra de adição, a probabilidade de que um doador escolhido aleatoriamente tenha sangue tipo B ou que seu Rh seja negativo é:

Retratando o mundo

Em uma pesquisa conduzida pela National Family Organization, mães recentes foram questionadas sobre o grau de dificuldade de ter seu primeiro filho comparado com o que esperavam. (*Fonte: National Family Organization Research for CNS.*)

Quão difícil foi o parto?

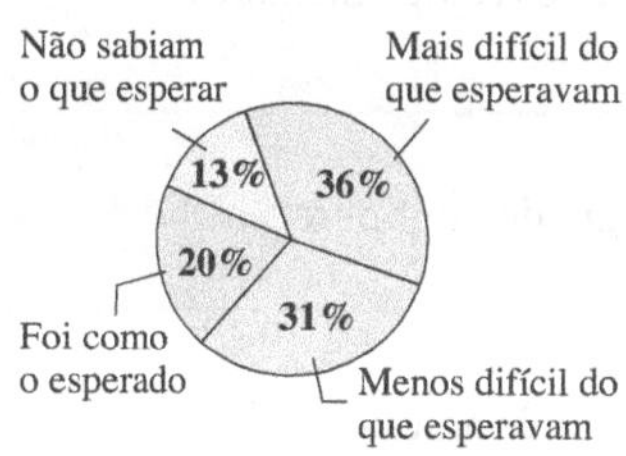

Se você selecionar uma mãe recente aleatoriamente e pedir para comparar a dificuldade de seu parto com o que ela esperava, qual a probabilidade de ela dizer que o parto foi tão ou mais difícil do que ela esperava?

$$
\begin{aligned}
P(\text{tipo B ou Rh–}) &= P(\text{tipo B}) + P(\text{Rh–}) - P(\text{tipo B e Rh–}) \\
&= \frac{45}{409} + \frac{65}{409} - \frac{8}{409} \\
&= \frac{102}{409} \\
&\approx 0{,}249.
\end{aligned}
$$

Tente você 4

1. Encontre a probabilidade de que o doador tenha tipo sanguíneo B ou AB.
2. Encontre a probabilidade de que o doador tenha tipo sanguíneo O ou que seu Rh seja positivo,

a. Decida se os eventos são *mutuamente exclusivos*

b. Use a *regra de adição.*

Resposta na p. A38

Resumo de probabilidade

Tipo de probabilidade e regras de probabilidade	Em palavras	Em símbolos
Probabilidade clássica	O número de resultados no espaço amostral é conhecido e cada resultado é igualmente provável de ocorrer.	$P(E) = \dfrac{\text{nº de resultados no evento } E}{\text{nº de resultados no espaço amostral}}$
Probabilidade empírica	A frequência de resultados no espaço amostral é estimada a partir de experimentação.	$P(E) = \dfrac{\text{Frequência do evento } E}{\text{Frequência total}} = \dfrac{f}{n}$
Amplitude das regras de probabilidade	A probabilidade de um evento estar entre 0 e 1, inclusive.	$0 \leq P(E) \leq 1$
Eventos complementares	O complemento do evento E é o conjunto de todos os resultados em um espaço amostral que não estão incluídos em E, denotado por E'.	$P(E') = 1 - P(E)$
Regra de multiplicação	A regra da multiplicação é usada para encontrar a probabilidade de dois eventos ocorrerem em sequência.	$P(A \text{ e } B) = P(A) \cdot P(B \mid A)$ $P(A \text{ e } B) = P(A) \cdot P(B)$ *Eventos independentes*
Regra da adição	A regra da adição é usada para encontrar a probabilidade de que pelo menos um de dois eventos irá ocorrer.	$P(A \text{ ou } B) = P(A) + P(B) - P(A \text{ e } B)$ $P(A \text{ ou } B) = P(A) + P(B)$ *Eventos mutuamente exclusivos*

Exemplo 5

Combinando regras para encontrar probabilidades

Use o gráfico a seguir para encontrar a probabilidade de um jogador selecionado aleatoriamente de uma seleção com jogadores amadores não ter a posição de *running back* ou de *wide receiver.*

Solução

Defina os eventos A e B.

A: O jogador escolhido é um *running back.*

B: O jogador escolhido é um *wide receiver.*

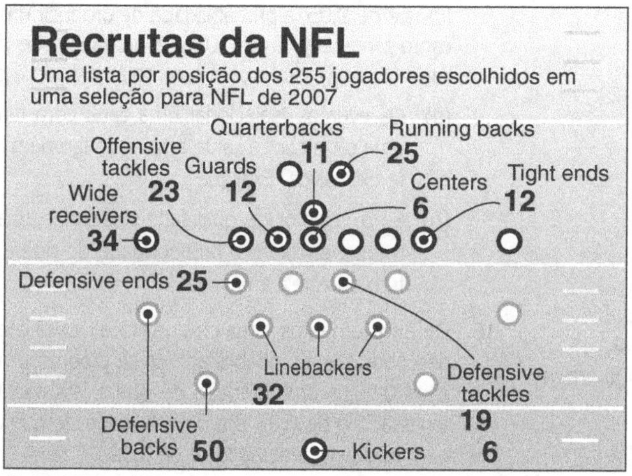

(Fonte: NFL.com.)

Esses eventos são mutuamente exclusivos, então a probabilidade de que o selecionado seja um *running back* ou um *wide receiver* é:

$$P(A \text{ ou } B) = P(A) + P(B) = \frac{25}{255} + \frac{34}{255} = \frac{59}{255} \approx 0,231.$$

Obtendo-se o complemento de $P(A \text{ ou } B)$, podemos determinar que a probabilidade de selecionarmos um jogador que não seja um *running back* ou um *wide receiver* é:

$$1 - P(A \text{ ou } B) = 1 - \frac{59}{255} = \frac{196}{255} \approx 0,769.$$

Tente você 5 Encontre a probabilidade de um jogador selecionado aleatoriamente não ser um *lineback* ou um *quarterback*.

a. Encontre a *probabilidade* de o selecionado ser um *lineback* ou um *quarterback*.

b. Encontre o *complemento* do evento.

Resposta na p. A38

3.3 Exercícios

Construindo habilidades básicas e conceitos

1. Se dois eventos são mutuamente exclusivos, por que $P(A \text{ e } B) = 0$?
2. Liste exemplos de:
   (a) dois eventos que sejam mutuamente exclusivos.
   (b) dois eventos que não sejam mutuamente exclusivos.

Verdadeiro ou falso?

Nos exercícios de 3 a 6, determine se a afirmação é verdadeira ou falsa. Se for falsa, explique.

3. Se dois eventos são mutuamente exclusivos, eles não têm resultados em comum.
4. Se dois eventos são independentes, então eles também são mutuamente exclusivos.
5. A probabilidade de o evento A ou o evento B ocorrer é:

   $$P(A \text{ ou } B) = P(A) + P(B) - P(A \text{ ou } B).$$

6. Se os eventos A e B são mutuamente exclusivos, então,

   $$P(A \text{ ou } B) = P(A) + P(B).$$

Análise gráfica

Nos exercícios 7 e 8, decida se os eventos mostrados no diagrama de Venn são mutuamente exclusivos. Explique.

7.

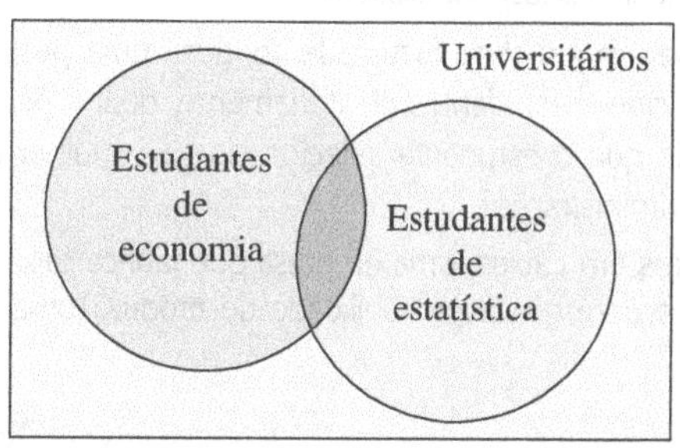

8.

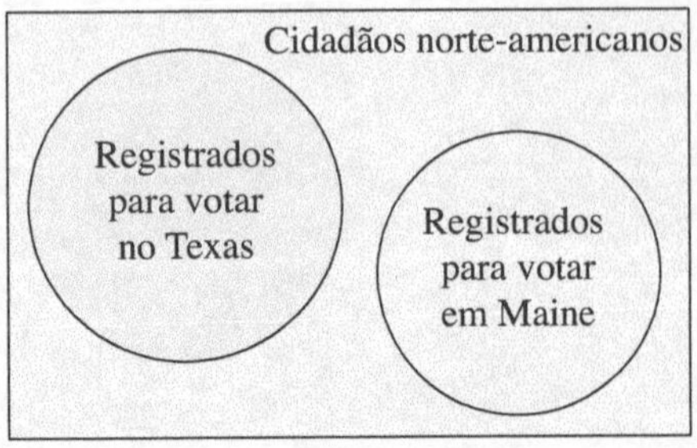

Reconhecendo eventos mutuamente exclusivos

Nos exercícios de 9 a 12, decida se os eventos são mutuamente exclusivos. Explique seu raciocínio.

9. Evento *A*: selecionar aleatoriamente uma trabalhadora.

   Evento *B*: selecionar aleatoriamente um trabalhador com nível universitário.

10. Evento *A*: selecionar aleatoriamente um membro do congresso americano.

    Evento *B*: selecionar aleatoriamente um senador do sexo masculino.

11. Evento *A*: selecionar aleatoriamente uma pessoa entre 18 e 24 anos.

    Evento *B*: selecionar aleatoriamente uma pessoa entre 25 e 34 anos.

12. Evento *A*: selecionar aleatoriamente uma pessoa entre 18 e 24 anos.

    Evento *B*: selecionar aleatoriamente uma pessoa que receba entre $ 20.000 e $ 29.999.

Usando e interpretando conceitos

13. **Auditoria** Em um período de 52 semanas, uma empresa pagou hora extra por 18 semanas e contratou trabalho temporário por 9 semanas. Durante 5 semanas, a empresa pagou hora extra *e* contratou trabalho temporário.

    (a) Os eventos "selecionar uma semana que contenha pagamentos de hora extra" e "selecionar uma semana com contratação de temporários" são mutuamente exclusivos? Explique.

    (b) Se um auditor examinar aleatoriamente a folha de pagamento para somente uma semana, qual a probabilidade de que a folha de pagamento seja de uma semana contendo pagamento de horas extras e trabalho temporário?

14. **Pesquisa de jornal** Uma faculdade tem 3.500 matrículas. Dessas, 860 são para administração e 1.800 são de mulheres. De administração, 425 são mulheres.

    (a) Os eventos "selecionar um estudante do sexo feminino" e "selecionar uma matrícula de administração" são mutuamente exclusivos? Explique.

    (b) Se um jornal da faculdade conduzir uma pesquisa e selecionar estudantes aleatoriamente, qual a probabilidade de que o estudante selecionado seja mulher ou estude administração?

15. **Defeitos em caixas** Uma empresa que fabrica caixas de papelão descobre que a probabilidade de produzir uma caixa com furos é de 0,05, a probabilidade de produzir uma caixa com um canto amassado é de 0,08 e a probabilidade de produzir uma caixa com um furo e com o canto amassado é de 0,004.

    (a) Os eventos "selecionar uma caixa com furo" e "selecionar uma caixa com o canto amassado também" são mutuamente exclusivos? Explique.

    (b) Se o inspetor de qualidade selecionar uma caixa aleatoriamente, encontre a probabilidade de que a caixa tenha um furo ou esteja amassada.

16. **Defeitos em latas** Uma empresa que fabrica latas de refrigerante descobre que a probabilidade de se produzir uma lata sem furos é de 0,96, a probabilidade de que a lata não tenha um canto amassado é de 0,93 e a probabilidade de que a lata não tenha nem furo nem amassados é de 0,893.

    (a) Os eventos "selecionar lata sem furo" e "selecionar lata sem amassados" são mutuamente exclusivos? Explique.

    (b) Se o inspetor de qualidade selecionar uma lata aleatoriamente, encontre a probabilidade de que esta não tenha um furo ou não esteja amassada.

17. **Selecionado uma carta** Uma carta é selecionada aleatoriamente de um baralho normal. Encontre cada probabilidade.

    (a) Selecionar aleatoriamente uma carta de ouros ou um 7.

    (b) Selecionar aleatoriamente um naipe vermelho ou uma dama.

    (c) Selecionar aleatoriamente um 3 ou uma carta de figura.

18. **Jogar um dado** Você lança um dado. Encontre cada probabilidade.

    (a) Rolar um 6 ou um número maior que 4.

    (b) Rolar um número menor que 5 ou ímpar.

    (c) Rolar um 3 ou um número par.

19. **Distribuição de idades nos EUA** A distribuição porcentual estimada da população dos Estados Unidos para 2015 é mostrada no gráfico de pizza. Encontre cada probabilidade. *(Fonte: U.S. Census Bureau.)*

Distribuição de idades nos EUA

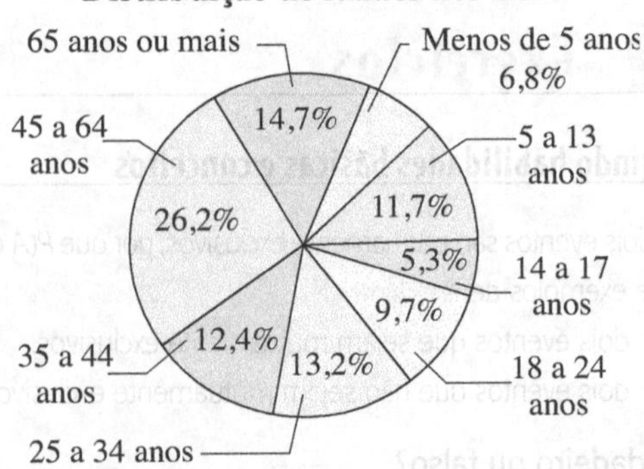

    (a) Selecionar aleatoriamente alguém com menos de 5 anos.

    (b) Selecionar aleatoriamente alguém que não tenha 65 anos ou mais.

    (c) Selecionar aleatoriamente alguém que tenha entre 18 e 34 anos.

20. Ponte Tacoma Narrows A distribuição de porcentagem do número de ocupantes de veículos que atravessam a Ponte Tacoma Narrows, em Washington, é mostrada no gráfico de pizza. Encontre cada probabilidade. (*Fonte: Washington State Department of Transportation.*)

Ocupantes nos carros

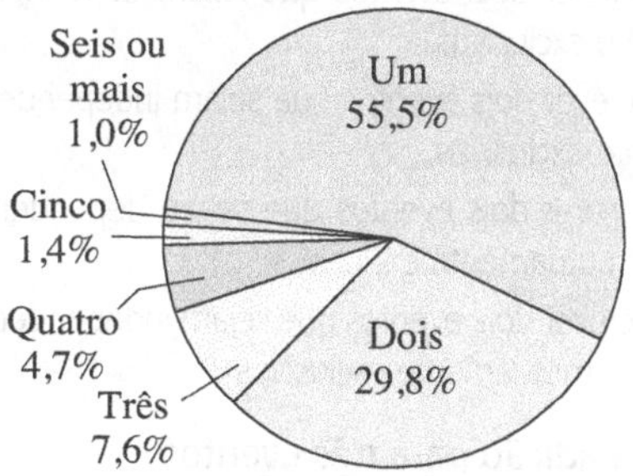

(a) Selecionar aleatoriamente um carro com dois ocupantes.

(b) Selecionar aleatoriamente um carro com dois ou mais ocupantes.

(c) Selecionar aleatoriamente um carro com entre dois e cinco ocupantes, inclusive.

21. Educação O número de respostas para uma pesquisa é mostrado no gráfico de Pareto. A pesquisa perguntou a 1.017 adultos norte-americanos como eles se sentem a respeito da qualidade da educação recebida pelos alunos desde o jardim de infância até a 12ª série. Cada pessoa deu somente uma resposta. Encontre cada probabilidade. (*Adaptado da Gallup Poll.*)

Quão satisfeito você está com a qualidade da educação?

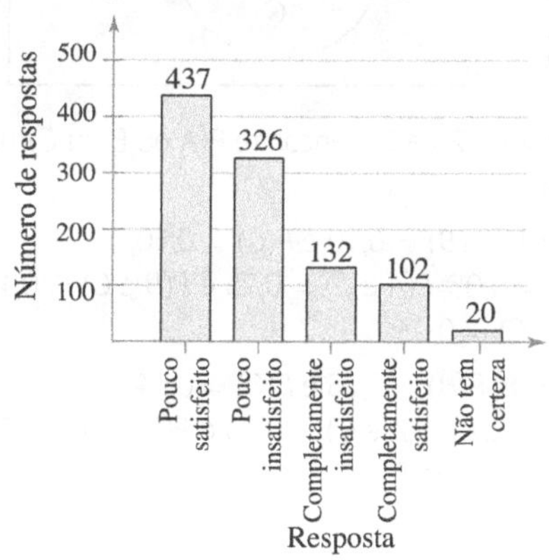

(a) Selecionar aleatoriamente uma pessoa da amostra que não esteja completamente satisfeita com a qualidade da educação.

(b) Selecionar aleatoriamente uma pessoa que esteja de alguma maneira insatisfeita ou completamente insatisfeita com a qualidade da educação.

22. Filmes O número de respostas para uma pesquisa é mostrado no gráfico de Pareto. A pesquisa perguntou a 1.005 adultos norte-americanos qual é, para eles, o maior problema com o cinema. Cada pessoa deu uma resposta. Encontre cada probabilidade. (*Fonte: Associated Press.*)

(a) Selecionar aleatoriamente uma pessoa que ache que o maior problema é que os filmes não são tão bons quanto eram antes.

(b) Selecionar aleatoriamente uma pessoa que não ache que o maior problema é a violência nos filmes ou o preço dos ingressos.

Qual o maior problema com o cinema?

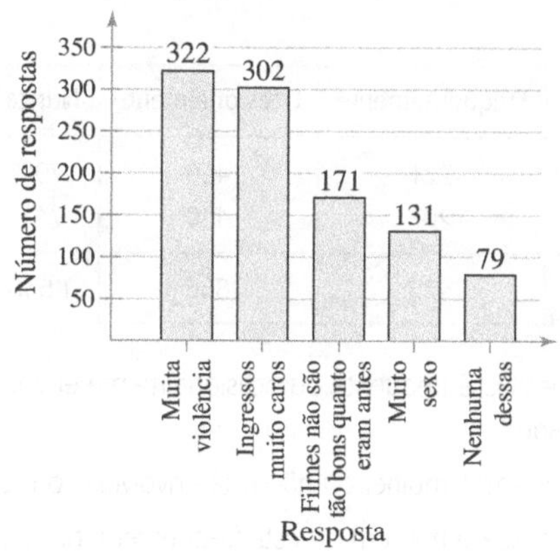

23. Graduação em enfermagem A tabela mostra o número de homens e mulheres matriculados em enfermagem no Centro de Saúde da Universidade de Oklahoma em um semestre recente. Um estudante é selecionado aleatoriamente. Encontre a probabilidade de cada evento. (*Fonte: University of Oklahoma Health Center Office of Admissions and Records.*)

	Estudantes de enfermagem	Estudantes de outros cursos	Total
Homens	95	1.015	1.110
Mulheres	700	1.727	2.427
Total	795	2.742	3.537

(a) O estudante é homem ou estuda enfermagem.

(b) O estudante é mulher ou não estuda enfermagem.

(c) O estudante não é mulher ou estudante de enfermagem.

(d) Os eventos " ser homem" e " ser estudante de enfermagem" são mutuamente exclusivos? Explique.

24. Pessoas canhotas Na amostra de 1.000 pessoas (525 homens e 475 mulheres), 113 são canhotas (63 homens e 50 mulheres). Os resultados da amostra são mostrados na tabela. Uma pessoa é selecionada aleatoriamente. Encontre a probabilidade de cada evento.

		Sexo		
		Homem	Mulher	Total
Mão dominante	Esquerda	63	50	113
	Direita	462	425	887
	Total	525	475	1.000

(a) A pessoa é canhota ou mulher.

(b) A pessoa é destra ou homem.

(c) A pessoa não é destra ou homem.

(d) A pessoa é uma mulher destra.

(e) Os eventos "ser destro" e "ser mulher" são mutuamente exclusivos? Explique.

25. Caridade A tabela mostra os resultados de uma pesquisa com 2.850 pessoas e questionou se elas estavam envolvidas em qualquer tipo de trabalho para caridade. Uma pessoa é selecionada aleatoriamente da amostra. Encontre a probabilidade de cada evento.

	Frequentemente	Ocasionalmente	Nunca	Total
Homens	221	456	795	1.472
Mulheres	207	430	741	1.378
Total	428	886	1.536	2.850

(a) A pessoa é frequente ou ocasionalmente envolvida com caridade.

(b) A pessoa é mulher ou não está envolvida com caridade.

(c) A pessoa é homem ou está frequentemente envolvida com caridade.

(d) A pessoa é mulher ou não está frequentemente envolvida com caridade.

(e) Os eventos "ser mulher" e "estar frequentemente envolvida com caridade" são mutuamente exclusivos? Explique.

26. Pesquisa sobre os olhos A tabela mostra o resultado de uma pesquisa com 3.203 pessoas que questionou se elas usam lentes de contato ou óculos. Uma pessoa é selecionada aleatoriamente da amostra. Encontre a probabilidade de cada evento.

	Lentes de contato	Óculos	Ambos	Nenhum dos dois	Total
Homens	64	841	117	456	1.538
Mulheres	189	427	368	681	1.665
Total	253	1.268	545	1.137	3.203

(a) A pessoa usa lentes de contato ou óculos.

(b) A pessoa é homem ou usa lentes de contato e óculos.

(c) A pessoa é mulher ou não usa nem óculos nem lentes de contato.

(d) A pessoa é homem ou não usa óculos.

(e) Os eventos "usar lentes de contato" e "usar ambos, óculos e lentes de contato" são mutuamente exclusivos? Explique.

Expandindo conceitos

27. Redação Há uma relação entre independência e exclusividade mútua? Para decidir, encontre exemplos do que temos a seguir, se possível.

(a) Descrever dois eventos que sejam dependentes e mutuamente exclusivos.

(b) Descrever dois eventos que sejam independentes e mutuamente exclusivos.

(c) Descrever dois eventos que sejam dependentes e não sejam mutuamente exclusivos.

(d) Descrever dois eventos que sejam independentes e que não sejam mutuamente exclusivos.

Regra da adição para três eventos

A regra de adição para a probabilidade de que os eventos A ou B ou C ocorram, P(A ou B ou C), é dada por:

$$P(A \text{ ou } B \text{ ou } C) = P(A) + P(B) + P(C) - P(A \text{ e } B) - P(A \text{ e } C) - P(B \text{ e } C) + P(A \text{ e } B \text{ e } C).$$

No diagrama de Venn, a seguir, P(A ou B ou C) é representado pelas áreas em cinza.

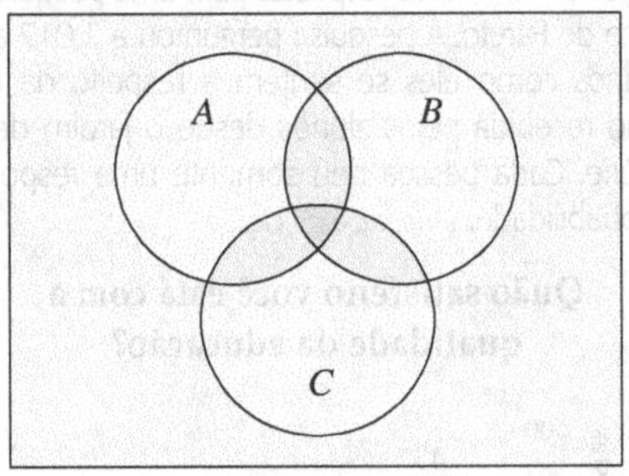

Nos exercícios 28 e 29, encontre P(A ou B ou C) para as probabilidades dadas.

28. $P(A) = 0{,}40$, $P(B) = 0{,}10$ e $P(C) = 0{,}50$, $P(A \text{ e } B) = 0{,}05$, $P(A \text{ e } C) = 0{,}25$ e $P(B \text{ e } C) = 0{,}10$ $P(A \text{ e } B \text{ e } C) = 0{,}03$.

29. $P(A) = 0{,}38$, $P(B) = 0{,}26$ e $P(C) = 0{,}14$, $P(A \text{ e } B) = 0{,}12$, $P(A \text{ e } C) = 0{,}03$ e $P(B \text{ e } C) = 0{,}09$ $P(A \text{ e } B \text{ e } C) = 0{,}01$.

3.3 Atividades

Simulando a probabilidade de rolar um 3 ou um 4

Applet O applet *Simulando a probabilidade de rolar um 3 ou 4* permite que você investigue a probabilidade de rolar um 3 ou um 4 com um dado não tendencioso. O gráfico no canto superior esquerdo na figura a seguir mostra a probabilidade associada com cada resultado da jogada de um dado. Quando clicamos ROLL, são realizadas *n* simulações do experimento de rolar um dado. Os resultados das simulações são mostrados no gráfico de frequência. Se marcamos a opção de animação, o quadro mostra cada resultado entrando no gráfico de frequência, conforme a simulação é executada. Para parar a animação, desmarque a opção animação. Os resultados individuais são mostrados no campo de texto, que está à direita do applet. O gráfico central mostra, em azul, a proporção acumulada de vezes que o evento de rolar um 3 ou um 4 ocorre. A linha verde no gráfico reflete a probabilidade real de rolar um 3 ou um 4. Conforme realizamos o experimento mais e mais vezes, a proporção acumulada deve convergir para o valor real.

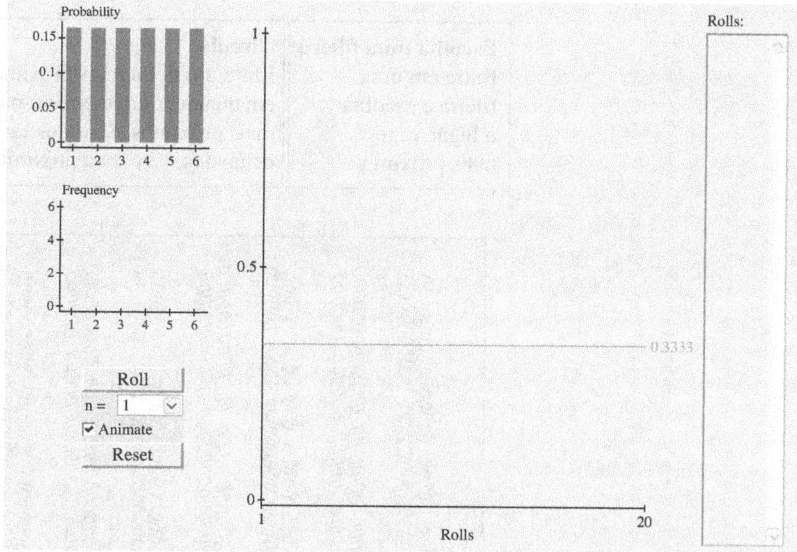

Explore

Passo 1 Especifique um valor para *n*
Passo 2 Clique ROLL quatro vezes
Passo 3 Clique RESET
Passo 4 Especifique outro valor para *n*
Passo 5 Clique ROLL

Conclusões

1. Qual a probabilidade teórica de rolar um 3 ou um 4?
2. Faça a simulação usando cada valor de *n* uma vez. Limpe os resultados após cada tentativa. Compare a proporção acumulada de rolar um 3 ou um 4 para cada tentativa com a probabilidade teórica de rolar um 3 ou um 4.
3. Suponha que você queira modificar o applet de modo a encontrar a probabilidade de rolar um número menor que 4. Descreva a posição da linha verde.

Estudo de caso

Probabilidade e estratégias para encontrar vagas nos estacionamentos

O Institute for Operations Research and the Management Sciences (INFORMS) é uma sociedade científica internacional com mais de 12.000 membros. Ela se dedica à aplicação de métodos científicos para melhorar a tomada de decisões, o gerenciamento e as operações. Os membros do instituto trabalham principalmente nas áreas de negócios, governamentais e educação. Representam áreas tão diversas quanto linhas áreas, planos de saúde, aplicação de leis, forças armadas, mercado de ações e telecomunicações.

Um estudo publicado pela INFORMS foi resultado de uma pesquisa conduzida pelo Dr. C. Richard Cassady, da Universidade Estadual do Mississipi, e pelo Dr. John Kobza, do Instituto Politécnico da Universidade de Virgínia. O estudo sobre vagas de estacionamentos foi conduzido em um shopping center que possui 4 entradas, 7 fileiras com 72 vagas cada e restrições direcionais. Os pesquisadores compararam várias estratégias para verificar qual delas economizava mais tempo. As duas melhores estratégias são chamadas de *Escolha uma fileira* e *Circule*. Os resultados são mostrados na tabela.

Tempo ou distância	Escolha uma fileira	Circule
Tempo de uma entrada até uma vaga	37,7 segundos	52,5 segundos
Tempo de uma entrada até a porta da loja	61,3 segundos	70,7 segundos
Média de distância a pé até a loja	257 passos	208 passos

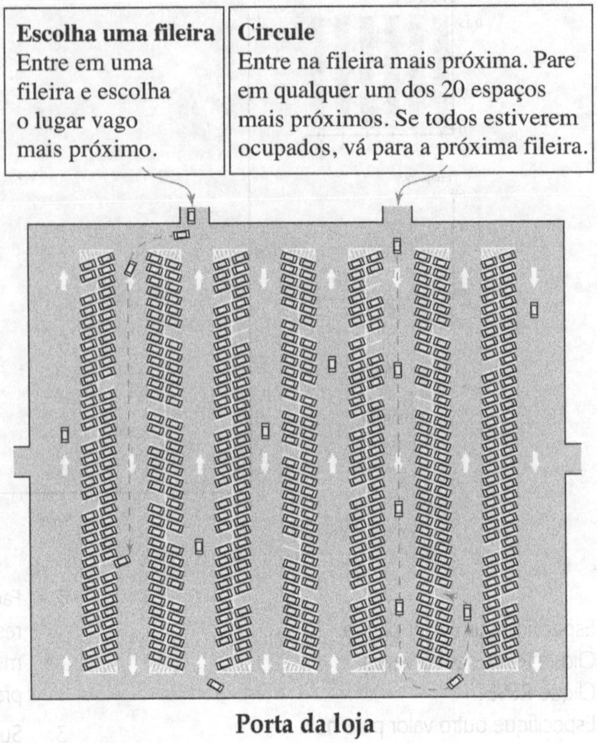

Exercícios

1. No estudo sobre vagas de estacionamento, cada vaga tem igual probabilidade de estar vazia? Explique seu raciocínio.
2. De acordo com os resultados do estudo, você tem maior probabilidade de gastar menos tempo usando a estratégia Escolha uma fileira ou a Circule? Explique.
3. De acordo com os resultados do estudo, você tem maior probabilidade de andar menos usando a estratégia Escolha uma fileira ou a Circule? Explique.
4. Uma suposição-chave neste estudo é que os motoristas podem ver quais vagas estão vazias assim que entram em uma fileira. Por que isso é importante?
5. Um estacionamento está completamente cheio e um carro sai. Qual a probabilidade de que este carro esteja na primeira fileira? Explique.
6. Uma pessoa está saindo de uma fileira que está cheia. Qual a probabilidade de que essa pessoa esteja estacionada em uma das 20 vagas que estão mais próximas às lojas?
7. Desenhe o diagrama do estacionamento. Use cores como códigos para as vagas em três categorias de 168 vagas cada: as vagas mais desejadas, as vagas desejadas moderadamente e as vagas menos desejadas. Estime a probabilidade de encontrar uma vaga na categoria das mais desejadas. Explique seu raciocínio.

3.4 Tópicos adicionais sobre probabilidade e contagem

Permutações ⟶ Combinações ⟶ Aplicações dos princípios de contagem

Permutações

Na Seção 3.1, aprendemos que o princípio fundamental da contagem é usado para encontrar o número de maneiras nas quais dois ou mais eventos podem ocorrer em sequência. Nesta seção, vamos estudar diversas outras técnicas para contar o número de maneiras nas quais um evento pode ocorrer. Uma importante aplicação do princípio fundamental da contagem é determinar o número de maneiras nas quais n objetos podem ser organizados em ordem ou em permutação.

Definição

Uma **permutação** é uma organização ordenada de objetos. O número de diferentes permutações de n objetos distintos é $n!$

A expressão $n!$ é lida como **n fatorial** e é definida a seguir.

$$n! = n \cdot (n-1) \cdot (n-2) \cdot (n-3) \ldots 3 \cdot 2 \cdot 1.$$

Como caso especial, $0! = 1$. Aqui temos outros diversos valores de $n!$

$$1! = 1; 2! = 2 \cdot 1 = 2; 3! = 3 \cdot 2 \cdot 1 = 6; 4! = 4 \cdot 3 \cdot 2 \cdot 1 = 24.$$

Exemplo 1

Encontrando o número de permutações de n objetos

O objetivo de um Sudoku 9 x 9 é preencher o quadriculado de modo que cada fileira, cada coluna e cada quadriculado 3 x 3 contenha os dígitos de 1 a 9. (De quantas maneiras diferentes podemos preencher a primeira fileira de um quadriculado de Sudoku 9 x 9 (que está em branco)?

Solução

O número de permutações é $9! = 9 \cdot 8 \cdot 7 \cdot 6 \cdot 5 \cdot 4 \cdot 3 \cdot 2 \cdot 1 = 362.880$. Então, há 362.880 maneiras diferentes nas quais a primeira fileira pode ser preenchida.

Tente você 1 Os times da divisão central da liga nacional estão listados à direita. Quantas maneiras diferentes as posições finais são possíveis?

a. Determine *quantos times, n,* estão na divisão central.

b. Avalie $n!$

Resposta na p. A38

Suponha que você queira escolher alguns objetos em um grupo e colocá-los em ordem. Tal ordenação é chamada de uma **permutação de n objetos retirados r de uma vez.**

Permutações de n objetos retirados r de uma vez

O número de permutações de n objetos distintos retirados r de uma vez é:

$$_nP_r = \frac{n!}{(n-r)!}, \text{ onde } r \leq n.$$

Exemplo 2

Encontrando $_nP_r$

Encontre o número de maneiras nas quais podemos formar códigos de três dígitos em que nenhum dígito é repetido.

O que você deve aprender

- Como encontrar o número de maneiras nas quais um grupo de objetos pode ser ordenado.
- Como encontrar o número de maneiras para selecionarmos diversos objetos de um grupo sem nos preocuparmos com a ordem.
- Como usar os princípios de contagem para encontrar probabilidades.

Dica de estudo

Note que à medida que n aumenta, n! também aumenta. Use um pouco de seu tempo, agora, para aprender como usar a tecla fatorial em sua calculadora.

Sudoku

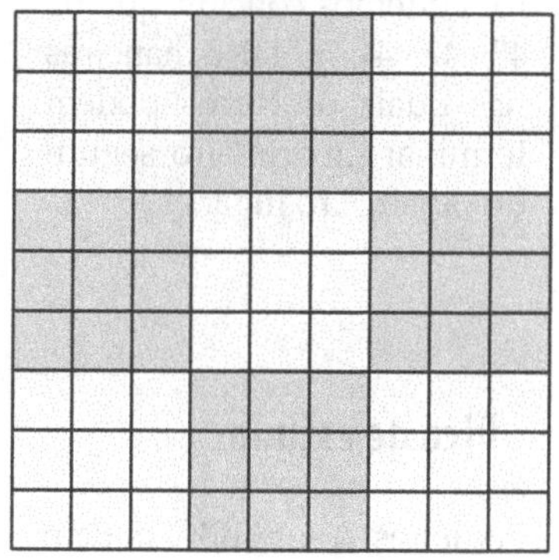

Divisão central da Liga Nacional

Chicago Cubs	Milwaukee Brewers
Houston Astros	St. Louis Cardinals
Pittsburg Pirates	
Cincinatti Reds	

Solução

Para formarmos um código de três dígitos sem dígitos repetidos, precisamos selecionar 3 dígitos de um grupo de 10, então $n = 10$ e $r = 3$.

$${}_nP_r = {}_{10}P_3 = \frac{10!}{(10-3)!} = \frac{10!}{7!} = \frac{10\cdot 9\cdot 8\cdot \cancel{7}\cdot \cancel{6}\cdot \cancel{5}\cdot \cancel{4}\cdot \cancel{3}\cdot \cancel{2}\cdot \cancel{1}}{\cancel{7}\cdot \cancel{6}\cdot \cancel{5}\cdot \cancel{4}\cdot \cancel{3}\cdot \cancel{2}\cdot \cancel{1}} = 720.$$

Então, há 720 maneiras possíveis nas quais o código de três dígitos não tenha dígitos repetidos.

Tente você 2 Uma psicóloga mostra uma lista de oito atividades para um sujeito. De quantas maneiras possíveis o sujeito pode escolher uma primeira, uma segunda e uma terceira atividade?

a. Encontrar o quociente de $n!$ e $(n-r)!$ (listar os fatores e dividi-los)

b. Escrever o resultado como uma sentença.

Resposta na p. A38

Importante

Note que o princípio fundamental da contagem pode ser usado no Exemplo 3 para obter o mesmo resultado. Podemos ver que há 43 escolhas para o primeiro lugar, 42 para o segundo e 41 para o terceiro. Podemos concluir que há $43 \cdot 42 \cdot 41 = 74.046$ maneiras nas quais os carros podem terminar em primeiro, segundo ou terceiro lugar.

Exemplo 3

Permutações de n objetos retirados r de uma vez

Quarenta e três carros começam a corrida de Daytona 500 em 2007. De quantas maneiras os carros podem terminar em primeiro, segundo ou terceiro lugar? (*Fonte: NASCAR.com.*)

Solução

Precisamos selecionar três carros de corrida de um grupo de 43, então $n = 43$ e $r = 3$. Em razão de a ordem ser importante, o número de maneiras nas quais os carros podem terminar em primeiro, segundo ou terceiro é:

$${}_nP_r = {}_{43}P_3 = \frac{43!}{(43-3)!} = \frac{43!}{40!} = 43\cdot 42\cdot 41 = 74.046.$$

Tente você 3 A comissão de diretores de uma empresa tem 12 membros. Um membro é o presidente, outro é o vice-presidente, outro é o secretário e outro é o tesoureiro. De quantas maneiras essas posições podem ser designadas?

a. *Identifique* o número total de n objetos e o número de r objetos escolhidos em ordem.

b. *Avalie* ${}_nP_r$.

Resposta na p. A38

Dica de estudo

As letras AAAABBC podem ser reorganizadas em 7! maneiras, mas muitas dessas não são distinguíveis. O número de maneiras distinguíveis é:

$$\frac{7!}{4!\cdot 2!\cdot 1!} = \frac{7\cdot 6\cdot 5}{2} = 105.$$

Você pode querer ordenar um grupo de n objetos sendo que alguns deles são os mesmos. Por exemplo, considere o grupo de letras consistindo de 4 As, 2 Bs e 1 C. De quantas maneiras podemos ordenar tal grupo? Usando a fórmula anterior, podemos concluir que há ${}_7P_7 = 7!$ ordens possíveis. Entretanto, devido ao fato de alguns objetos serem os mesmos, nem todas essas permutações são *distinguíveis*. Quantas permutações distinguíveis são possíveis? A resposta pode ser encontrada usando a fórmula a seguir.

Permutações distinguíveis

O número de **permutações distinguíveis** de n objetos, onde n_1 são de um tipo e n_2 são de outro tipo e assim por diante é:

$$\frac{n!}{n_1!\cdot n_2!\cdot n_3!\cdots n_k!},\ \text{onde } n_1 + n_2 + n_3 + \cdots + n_k = n.$$

Exemplo 4

Permutações distinguíveis

Um empreiteiro planeja desenvolver um loteamento. O loteamento consiste em 6 casas térreas, 4 sobrados e 2 casas com vários planos. De quantas maneiras distinguíveis as casas podem ser organizadas?

Solução

Haverá 12 casas no loteamento, 6 das quais são de um tipo (térreas), 4 de outro tipo (sobrados) e 2 de um terceiro tipo (casas com vários planos). Então, há:

$$\frac{12!}{6!\cdot 4!\cdot 2!} = \frac{12\cdot 11\cdot 10\cdot 9\cdot 8\cdot 7\cdot 6!}{6!\cdot 4!\cdot 2!}$$

$$= 13.860 \text{ maneiras distinguíveis.}$$

Interpretação

Há 13.860 maneiras distinguíveis para organizarmos as casas no loteamento.

Tente você 4 Um empreiteiro quer plantar seis carvalhos, nove bordos e cinco álamos na rua do loteamento. As árvores precisam ser plantadas em espaços uniformemente separados. De quantas maneiras distinguíveis as árvores podem ser plantadas?

a. *Identifique* o número total de n objetos e o número de cada tipo de objeto no grupo n_1, n_2 e n_3.

b. *Avalie* $\frac{n!}{n_1!\cdot n_2!\cdots n_k!}$.

Resposta na p. A38

Combinações

Você quer comprar três CDs de uma seleção de cinco CDs. Há 10 maneiras nas quais você pode fazer sua seleção.

ABC, ABD, ABE,
ACD, ACE,
ADE,
BCD, BCE,
BDE,
CDE

Em cada seleção, a ordem não importa (ABC é o mesmo conjunto que BAC). O número de maneiras para selecionar r objetos de n objetos sem levar em consideração a ordem é o número de **combinações de n objetos retirados r de uma vez.**

Combinações de *n* objetos retirados *r* de uma vez

Uma combinação é uma seleção de r objetos de um grupo de n objetos sem levar em conta a ordem, e é denotada por ${}_nC_r$. O número de combinações de r objetos de um grupo de n objetos é:

$${}_nC_r = \frac{n!}{(n-r)!\,r!}.$$

Importante

Podemos pensar em uma combinação de n objetos escolhidos r de uma vez conforme a permutação de n objetos dos quais os r selecionados são iguais e os objetos $n-r$ restantes (não selecionados) são iguais.

Exemplo 5

Encontrando o número de combinações

Um departamento de transportes estadual planeja desenvolver uma nova seção de uma rodovia interestadual e recebe 16 ofertas de concorrência para o projeto. O Estado planeja contratar quatro das empresas na concorrência. Quantas combinações diferentes de quatro empresas podemos selecionar das 16 empresas na concorrência?

Solução

O Estado está selecionando 4 empresas de um grupo de 16, então $n = 16$ e $r = 4$. Já que a ordem não é importante, há:

$$
\begin{aligned}
{}_nC_r = {}_{16}C_4 &= \frac{16!}{(16-4)!\,4!} \\
&= \frac{16!}{12!\,4!} \\
&= \frac{16 \cdot 15 \cdot 14 \cdot 13 \cdot 12!}{12! \cdot 4!} \\
&= 1.820 \text{ combinações diferentes.}
\end{aligned}
$$

Interpretação

Há 1.820 diferentes combinações de quatro empresas que podem ser selecionadas a partir de 16 empresas na concorrência.

Tente você 5 O gerente de um departamento de contabilidade quer formar um comitê consultivo de três pessoas dos 20 funcionários do departamento. De quantas maneiras possíveis o gerente pode formar esse comitê?

a. *Identifique* o número de objetos no grupo n e o número de objetos para serem selecionados r.

b. *Avalie* ${}_nC_r$.

c. *Escreva* os resultados como sentenças.

Resposta na p. A38

A tabela a seguir resume os princípios de contagem.

Princípio	Descrição	Fórmula
Princípio fundamental da contagem	Se um evento pode ocorrer de m maneiras e um segundo evento pode ocorrer de n maneiras, o número de maneiras nas quais dois eventos podem ocorrer em sequência é $m \cdot n$.	$m \cdot n$
Permutação	O número de diferentes organizações ordenadas de n objetos distintos.	$n!$
	O número de permutações de n objetos distintos retirados r de uma vez, $r \leq n$.	${}_nP_r = \frac{n!}{(n-r)!}$
	O número de permutações distinguíveis de n objetos distintos onde n_1 são de um tipo, n_2 são de outro tipo e assim por diante.	$\frac{n!}{(n_1! \cdot n_2! \ldots n_k!)}$
Combinações	O número de combinações de r objetos selecionados de um grupo de n objetos sem levar em conta a ordem.	${}_nC_r = \frac{n!}{(n-r)!\,r!}$

Aplicações dos princípios de contagem

Exemplo 6

Encontrando probabilidades

Um comitê consultivo de estudantes tem 17 membros, sendo que três deles têm as seguintes funções: presidente do comitê, secretário e *webmaster*. Cada membro tem a mesma possibilidade de estar em qualquer uma das posições. Qual a probabilidade de selecionarmos aleatoriamente os três membros que têm cada posição?

Solução

Há um resultado favorável e há:

$$_{17}P_3 = \frac{17!}{(17-3)!} = \frac{17!}{14!} = 17 \cdot 16 \cdot 15 = 4.080.$$

maneiras nas quais as três posições podem ser preenchidas. Então, a probabilidade de selecionarmos corretamente os três membros que têm cada posição é:

$$P(\text{selecionando três membros}) = \frac{1}{4.080} \approx 0{,}0002.$$

Tente você 6 Um comitê consultivo de estudantes tem 20 membros. Dois membros servem como o presidente do comitê e o secretário. Cada membro tem a mesma possibilidade de ter qualquer uma das posições. Qual a probabilidade de selecionarmos aleatoriamente os dois membros que têm cada posição?

a. Encontre o *número de maneiras* nas quais as duas posições podem ser preenchidas.

b. Encontre a *probabilidade* de selecionarmos corretamente os dois membros.

Resposta na p. A38

Exemplo 7

Encontrando probabilidades

Temos 11 letras consistindo de um M, quatro Is, quatro Ss e dois Ps. Se as letras forem organizadas em ordem aleatória, qual a probabilidade de que a ordem forme a palavra *Mississippi*?

Solução

Há um resultado favorável e há:

$$\frac{11!}{1! \cdot 4! \cdot 4! \cdot 2!} = 34.650 \qquad \text{11 letras com 1, 4, 4 e 2 letras iguais,}$$

permutações distinguíveis das letras dadas. Então, a probabilidade de que a ordem forme a palavra *Mississippi* é:

$$\text{P(Mississipi)} = \frac{1}{34.650} \approx 0{,}000029.$$

Tente você 7 Temos 6 letras consistindo de um L, dois Es, dois Ts e um R. Se as letras forem ordenadas aleatoriamente, qual a probabilidade de que a ordem forme a palavra *Letter*?

a. *Encontre* o número de resultados favoráveis e o número de permutações distinguíveis.

b. *Divida* o número de resultados favoráveis pelo número de permutações distinguíveis.

Resposta na p. A38

Retratando o mundo

O maior prêmio da loteria, $ 390 milhões, foi vencido na Loteria Mega Million. Quando o prêmio da Mega Million foi vencido, cinco números foram escolhidos de 1 a 56 e um número, a Mega Bola, foi escolhida entre 1 e 46. Os números vencedores são mostrados a seguir

Se você comprar um bilhete, qual a probabilidade de que você vença a loteria Mega Millions?

Exemplo 8

Encontrando probabilidades

Encontre a probabilidade de receber cinco cartas de ouros de um baralho normal de cartas. (No pôquer, diz-se que há um *flush* de ouros.)

Solução

O número possível de maneiras de escolhermos 5 cartas de ouros de 13 é ${}_{13}C_5$. O número de mãos de cinco cartas é ${}_{52}C_5$. Então, a probabilidade de receber 5 ouros é:

$$P(\textit{flush} \text{ de ouros}) = \frac{{}_{13}C_5}{{}_{52}C_5} = \frac{1.287}{2.598.960} \approx 0,0005.$$

Tente você 8 Encontre a probabilidade de receber cinco cartas de ouros de um baralho normal que também inclui dois coringas. Neste caso, o coringa é considerado uma carta que pode ser usada para representar qualquer carta do maço.

a. Encontre o *número de maneiras* de escolhermos 5 de ouros do total de 15.

b. *Encontre* o número de mãos de cinco cartas possíveis.

c. *Divida* o resultado da parte (a) pelo resultado da parte (b).

Resposta na p. A38

Exemplo 9

Encontrando probabilidades

Um fabricante de alimentos analisa uma amostra de 400 grãos de milho para a presença de uma toxina. Na amostra, três grãos têm níveis perigosamente altos da toxina. Se quatro grãos forem selecionados aleatoriamente da amostra, qual a probabilidade de que exatamente um grão tenha um nível perigosamente alto da toxina?

Solução

O número possível de maneiras de escolhermos um grão tóxico de três grãos tóxicos é ${}_3C_1$. O número possível de maneiras de escolhermos 3 grãos não tóxicos a partir de 397 grãos não tóxicos é ${}_{397}C_3$. Então, usando o princípio fundamental de contagem, o número de maneiras de escolhermos um grão tóxico e três não tóxicos é:

$${}_3C_1 \cdot {}_{397}C_3 = 3 \cdot 10.349.790 = 31.049.370.$$

O número de maneiras possíveis de escolhermos 4 grãos de 400 é ${}_{400}C_4$ = 1.050.739.900. Então, a probabilidade de selecionarmos exatamente um grão tóxico é:

$$P(1 \text{ grão tóxico}) = \frac{{}_3C_1 \cdot {}_{397}C_3}{{}_{400}C_4} = \frac{31.049.370}{1.050.739.900} \approx 0,0296.$$

Tente você 9 Um júri consiste de cinco homens e sete mulheres. Três são selecionados aleatoriamente para uma entrevista. Encontre a probabilidade de que os três sejam homens.

a. *Encontre* o produto do número de maneiras para escolhermos três homens de cinco e o número de maneiras para escolhermos zero mulheres de sete.

b. *Encontre* o número de maneiras para escolhermos 3 membros do júri de 12.

c. *Divida* o resultado da parte (a) pelo resultado da parte (b).

Resposta na p. A38

3.4 Exercícios

Construindo habilidades básicas e conceitos

1. Quando calculamos o número de permutações de *n* objetos distintos retirados *r* de uma vez, o que estamos contando? Dê um exemplo.
2. Quando calculamos o número de combinações de *r* objetos retirados de um grupo de *n* objetos, o que estamos contando? Dê um exemplo.

Verdadeiro ou falso?

Nos exercícios de 3 a 6, determine se as frases são verdadeiras ou falsas. Se forem falsas, reescreva-as de forma que sejam verdadeiras.

3. Uma combinação é uma organização ordenada de objetos.
4. O número de diferentes organizações ordenadas de *n* objetos distintos é *n*!.
5. Se você dividir o número de permutações de 11 objetos retirados 3 de uma vez por 3!, você obterá um número de combinações de 11 objetos retirados 3 de uma vez.
6. ${}_7C_5 = {}_7C_2$

Nos exercícios de 7 a 14, faça os cálculos indicados:

7. ${}_7P_3$
8. ${}_{14}P_2$
9. ${}_7C_4$
10. ${}_8P_6$
11. ${}_{24}C_6$
12. $\frac{{}_8C_4}{{}_{12}C_6}$
13. $\frac{{}_6P_2}{{}_{10}P_4}$
14. $\frac{{}_8C_3}{{}_{12}C_3}$

Nos exercícios de 15 a 18, decida se a situação envolve permutações, combinações ou nenhuma delas. Explique.

15. O número de maneiras que 15 pessoas podem ser alinhadas em fileira para os ingressos de um concerto.
16. O número de maneiras que um comitê de quatro membros pode ser escolhido de 10 pessoas.
17. O número de maneiras que 2 capitães podem ser escolhidos entre 28 jogadores de um time de lacrosse.
18. O número de senhas de quatro letras que podem ser criadas quando nenhuma letra pode ser repetida.

Usando e interpretando conceitos

19. **Menu nas naves espaciais** Cada astronauta de naves espaciais consome uma média de 3.000 calorias diárias. Uma refeição normalmente consiste de um prato principal, um prato de vegetais e duas sobremesas diferentes. Os astronautas podem escolher entre 10 pratos principais, 8 pratos de vegetais e 13 sobremesas. Quantas refeições diferentes são possíveis? (*Fonte: NASA.*)
20. **Esquiar** Oito pessoas competem em uma corrida *downhill* de esqui. Assumindo que não há empates, de quantas maneiras diferentes os esquiadores podem terminar a corrida?
21. **Código de segurança** De quantas maneiras as letras A, B, C, D, E e F podem ser organizadas para um código de segurança de seis letras?
22. **Organização inicial** A organização inicial para um time de *softball* consiste de 10 jogadores. Quantas ordens diferentes de rebatidas são possíveis usando a organização inicial?
23. **Seleção de números de loteria** Uma loteria tem 52 números. De quantas maneiras diferentes 6 desses números podem ser selecionados? (Assuma que a ordem de seleção não seja importante.)
24. **Processo de fabricação** Há quatro processos envolvidos na produção de certo produto. Esses processos podem ser realizados em qualquer ordem. O gerente quer encontrar qual ordem consome menos tempo e menos dinheiro. Quantas ordens diferentes terão de ser testadas?
25. **Plantação de árvores** Um paisagista quer plantar quatro carvalhos, oitos bordos e seis álamos na linha de um gramado. As árvores devem ser espaçadas uniformemente. De quantas maneiras distinguíveis as árvores podem ser plantadas?
26. **Grupo experimental** Para conduzirmos um experimento, 4 sujeitos são selecionados aleatoriamente entre um grupo de 20. Quantos grupos diferentes de 4 são possíveis?
27. **Letras** De quantas maneiras distinguíveis as letras da palavra *statistics* podem ser escritas?
28. **Seleção de júri** De um grupo de 40 pessoas, um júri de 12 pessoas é selecionado. De quantas maneiras diferentes o júri de 12 pessoas pode ser selecionado?

Palavras desordenadas

Nos exercícios de 29 a 34, faça o que é pedido.

(a) Encontre o número de maneiras distinguíveis nas quais as letras podem ser ordenadas.

(b) Há uma ordem que soletra um termo importante (em inglês) usado neste livro. Encontre o termo.

(c) Se as letras forem ordenadas aleatoriamente, qual a probabilidade de que a ordem forme uma palavra da parte (b)?

29. palmes.
30. nevte.
31. etre.
32. ediman.
33. unoppolati.
34. sidtbitoiurn.
35. **Corrida de cavalos** Uma corrida de cavalos tem 12 competidores. Assumindo que não há empates, qual a probabilidade de que três cavalos que tenham o mesmo proprietário terminem em primeiro, segundo e terceiro lugar?
36. **Coberturas de pizzas** Uma pizzaria oferece nove tipos de coberturas. Nenhuma é usada mais de uma vez. Qual a probabilidade de que as coberturas na pizza sejam pepperoni, cebolas e champignons?
37. **Jukebox** Você observa as músicas em uma jukebox e determina que gosta de 15 das 56 músicas.

    (a) Qual a probabilidade de que você goste das três próximas músicas tocadas? Assuma que uma música não possa ser repetida.

    (b) Qual a probabilidade de que você não goste das três próximas músicas tocadas? Assuma que uma música não possa ser repetida.

38. **Escritórios** Os escritórios do presidente, do vice-presidente, do secretário e do tesoureiro de uma sociedade ambiental serão preenchidos de um grupo de 14 candidatos. Seis dos candidatos são membros de um grupo de debates.
   (a) Qual a probabilidade de que todos os escritórios sejam preenchidos pelos membros do grupo de debate?
   (b) Qual a probabilidade de que nenhum dos escritórios seja preenchido pelos membros do grupo de debate?
39. **Seleção de funcionários** Quatro representantes de vendas de uma empresa serão escolhidos para participar de um treinamento. A empresa tem oito representantes, dois em cada uma das quatro regiões. De quantas maneiras diferentes os quatro representantes podem ser selecionados se (a) não houver restrições e (b) a seleção incluir um representante de cada região? (c) Qual a probabilidade de que quatro representantes de vendas escolhidos para participar do programa de treinamento sejam somente de duas das quatro regiões se forem escolhidos aleatoriamente?
40. **Placas de carros** Em um estado, cada número de placa de carro consiste de duas letras seguidas por um número de quatro dígitos. Quantos números de placas de carros distintos podem ser formados se (a) não houver restrições e (b) as letras O e I não forem usadas? (c) Qual a probabilidade de selecionarmos aleatoriamente uma placa que termine em um número ímpar?
41. **Senhas** Uma senha consiste de duas letras seguidas de um número de cinco dígitos. Quantas senhas são possíveis se (a) não houver restrições e (b) as letras e os dígitos não forem repetidos? (c) Qual a probabilidade de adivinharmos a senha em uma tentativa se não há restrições?
42. **Código de área** Um código de área consiste de três dígitos. Quantos códigos são possíveis se (a) não houver restrições e (b) o primeiro dígito não puder ser 1 ou 0? (c) Qual a probabilidade de selecionarmos um código de área aleatório que termine em um número ímpar se o primeiro dígito não puder ser 1 ou 0?
43. **Reparos** Em quantas ordens três computadores quebrados e duas impressoras quebradas podem ser reparados se (a) não houver restrições, (b) as impressoras devem ser reparadas primeiro e (c) os computadores devem ser reparados primeiro? (d) Se a ordem dos reparos não tiver restrições e a ordem dos reparos é feita aleatoriamente, qual a probabilidade de que uma impressora seja reparada primeiro?
44. **Unidades com defeitos** Um carregamento de10 fornos micro-ondas contém duas unidades defeituosas. De quantas maneiras diferentes um restaurante pode comprar três dessas unidades e receber (a) nenhuma unidade defeituosa, (b) uma unidade defeituosa e (c) pelo menos duas unidades que não sejam defeituosas? (d) Qual a probabilidade do restaurante comprar pelo menos duas unidades defeituosas?

Situação financeira

Nos exercícios de 45 a 48, use o gráfico de pizza, que mostra como os adultos norte-americanos classificam sua situação financeira. *(Fonte: Pew Research Center.)*

Classifique sua situação financeira

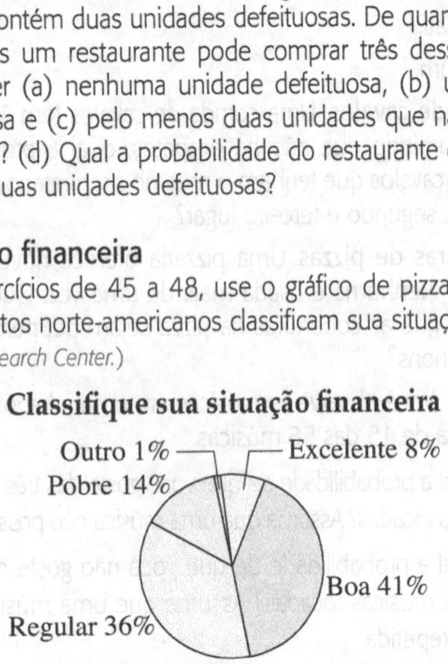

45. Suponha que 4 pessoas sejam escolhidas aleatoriamente de um grupo de 1.200. Qual a probabilidade de que todas as 4 pessoas classifiquem sua situação financeira como excelente? (Assuma que as 1.200 pessoas são representadas no gráfico.)
46. Suponha que 10 pessoas sejam escolhidas aleatoriamente de um grupo de 1.200. Qual a probabilidade de que todas as 10 classifiquem sua situação financeira como pobre? (Assuma que as 1.200 pessoas são representadas no gráfico.)
47. Suponha que 80 pessoas sejam selecionadas aleatoriamente de um grupo de 500. Qual a probabilidade de que nenhuma das 80 pessoas classifique sua situação financeira como regular? (Assuma que as 500 pessoas são representadas no gráfico.)
48. Suponha que 55 pessoas sejam selecionadas aleatoriamente de um grupo de 500. Qual a probabilidade de que nenhuma das 55 pessoas classifique sua situação financeira como boa? (Assuma que as 500 pessoas são representadas no gráfico.)
49. **Probabilidade** Em uma loteria estadual, você deve selecionar corretamente 5 números (em qualquer ordem) de 40 para ganhar o prêmio.
   (a) De quantas maneiras os 5 números podem ser escolhidos dos 40?
   (b) Você compra um bilhete de loteria. Qual a probabilidade de ganhar o prêmio máximo?
50. **Probabilidade** Uma empresa que tem 200 funcionários escolheu um comitê de 15 para representar os problemas relacionados à aposentadoria dos funcionários. Quando o comitê foi formado, nenhum dos 56 funcionários minoritários foi selecionado.
   (a) Use a ferramenta tecnológica para encontrar o número de maneiras que 15 funcionários podem ser escolhidos de 200.
   (b) Use a ferramenta tecnológica para encontrar o número de maneiras que 15 funcionários podem ser escolhidos entre 144 que não são minoritários.
   (c) Se o comitê foi escolhido aleatoriamente (sem tendenciosidade), qual a probabilidade de que ele não contenha os minoritários?
   (d) Sua resposta na parte (c) indica que a seleção do comitê foi tendenciosa? Explique.
51. **Cartas** Você recebe uma mão de cinco cartas de um baralho normal. Encontre a probabilidade de que sua mão contenha:
   (a) quatro de um naipe.
   (b) um *full house*, que consiste em um três de um naipe e um dois de um naipe.
   (c) três de um naipe (as outras duas cartas são diferentes uma das outras).
   (d) dois paus e um dos outros três naipes.
52. **Armazém** Um armazém emprega 24 trabalhadores no primeiro turno e 17 no segundo. Oito trabalhadores são escolhidos aleatoriamente para serem entrevistados sobre seu ambiente de trabalho. Encontre a probabilidade de escolher:
   (a) todos os trabalhadores do primeiro turno.
   (b) todos do segundo turno.
   (c) seis do primeiro turno.
   (d) quatro do segundo turno.

Expandindo conceitos

Loteria da NBA Nos exercícios de 53 a 58, use a informação a seguir. A National Basketball Association (NBA) usa uma loteria para determinar qual time é o primeiro selecionado em sua seleção anual de jogadores. Os times qualificados para a loteria são os 14 times que não disputaram os playoff. Catorze bolas de ping-pong são numeradas de 1 a 14 e são colocadas em uma caixa. A cada um dos 14 times são designadas diversas combinações possíveis de 4 números que correspondem aos números nas bolas de ping-pong, tais como 3, 8, 10 e 12. Quatro bolas são sorteadas para determinar a primeira escolha na seleção. A ordem na qual as bolas são sorteadas não é importante. Todas as combinações de 4 números são designadas para os 14 times através de computador, exceto por uma combinação de quatro números. Quando esta combinação de quatro números é sorteada, as bolas são colocadas de volta na caixa e um novo sorteio acontece. Por exemplo, se o time A foi designado à combinação de quatro números 3, 8, 10 e 12 e as bolas mostradas a seguir forem sorteadas, então o time A ganha a primeira escolha.

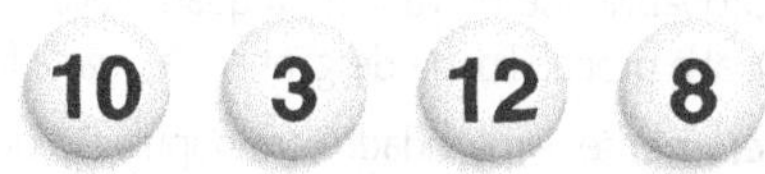

Depois que a primeira escolha da seleção é determinada, o processo continua a escolher os times que irão escolher a segunda e terceira seleção. A ordem remanescente da seleção é determinada pelo número de derrotas de cada time.

53. De quantas maneiras 4 dos números 1 a 14 podem ser selecionados se a ordem *não* for importante? Quantos grupos de 4 números são designados para os 14 times?

54. De quantas maneiras diferentes quatro dos números podem ser selecionados se a ordem for importante?

No gráfico de Pareto, o número de combinações designadas para cada um dos 14 times é mostrado. O time com maior número de derrotas (o pior) tem as maiores chances de ganhar a loteria. Então, o pior time recebe a maior frequência de combinações de 4 números, 250. O time com os melhores resultados dos 14 times que não estavam nos playoff tem menos chances, com 5 combinações de 4 números.

Frequência das combinações de 4 números designadas para a loteria de seleção da NBA

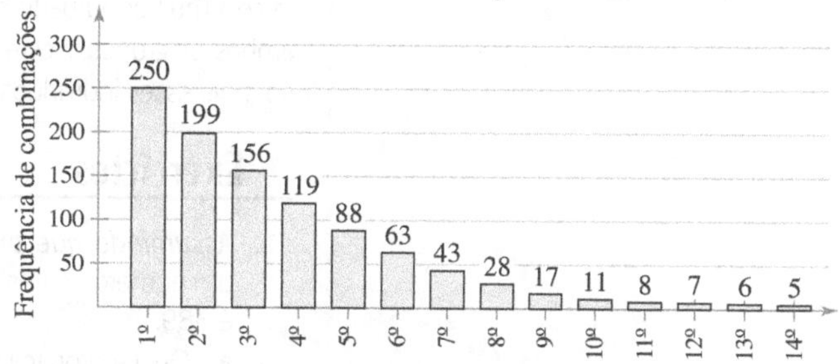

Ranking dos 14 times que não disputaram *playoff*, pior time primeiro

55. Para cada time, encontre a probabilidade de que o time seja o vencedor da primeira seleção.

56. Qual a probabilidade de que o time com pior resultado ganhe a segunda seleção, dado que o time com o melhor resultado, 14º classificado, ganhe a primeira seleção?

57. Qual a probabilidade de que o time com o pior resultado ganhe a terceira seleção, dado que o melhor time, classificado como 14º pior time, ganhe a primeira seleção e que o time classificado em 2º ganhe primeiro a segunda seleção?

58. Qual a probabilidade de que nem o primeiro nem o segundo pior time ganhem a primeira seleção?

Usos e abusos – estatística no mundo real

Usos

A probabilidade afeta decisões quando realizamos a previsão do tempo, quando são determinadas estratégias de marketing, quando medicações são selecionadas e mesmo quando jogadores são selecionados para times profissionais. Embora a intuição seja frequentemente usada para determinarmos as probabilidades, somos capazes de avaliar a probabilidade de que um evento ocorra aplicando as regras de probabilidade clássica e probabilidade empírica.

Por exemplo, suponha que você trabalhe para uma corretora de imóveis e deve estimar a probabilidade de que certa casa seja vendida por certo preço dentro dos próximos 90 dias. Você poderia usar sua intuição, mas você poderia avaliar melhor a probabilidade olhando os registros de vendas para casas similares.

Abusos

Um abuso comum da probabilidade é achar que as probabilidades têm "memória". Por exemplo, se uma moeda é jogada oito vezes, a probabilidade de que ela irá dar cara todas as oito vezes é de somente aproximadamente 0,004. Entretanto, se a moeda já tiver sido lançada sete vezes e saiu cara em cada uma das vezes, a probabilidade de que a moeda irá cair em cara na oitava vez é 0,5. Cada jogada é independente de todas as outras jogadas. A moeda não se "lembra" que já caiu em cara sete vezes.

Ética

Um diretor de recursos humanos de uma empresa com 100 funcionários quer mostrar que sua empresa dá oportunidades iguais a mulheres e minorias. Há 40 mulheres empregadas e 20 funcionários de minorias na empresa. Nove dessas mulheres são de minorias. A despeito desse fato, o diretor reporta que 60% da empresa é ou uma mulher ou uma minoria. Se um funcionário for selecionado aleatoriamente, a probabilidade de que esse funcionário seja uma mulher é 0,4 e a probabilidade de que esse funcionário seja parte de uma minoria é 0,2. Isso não significa, entretanto, que a probabilidade de que um funcionário selecionado aleatoriamente seja mulher ou parte de minoria é 0,4 + 0,2 ou 0,6, porque nove funcionários pertencem a ambos os grupos. Neste caso, seria eticamente incorreto omitir essa informação de seu relatório, pois esses indivíduos seriam contados duas vezes.

Exercícios

1. ***Assumindo que probabilidade tem "memória"*** Uma "loteria de números" diária tem um número de três dígitos de 000 a 999. Você compra um bilhete a cada dia. Seu número é 389.
   a. Qual a probabilidade de ganhar na próxima terça ou quarta-feira?
   b. Você ganha na terça-feira. Qual a probabilidade de ganhar na quarta-feira?
   c. Você não ganhou na terça-feira. Qual a probabilidade de ganhar na quarta-feira?
2. ***Adicionando probabilidades incorretamente*** Uma cidade tem população de 500 pessoas. Suponha que a probabilidade de que uma pessoa escolhida aleatoriamente tenha uma pickup é 0,25 e a probabilidade de uma pessoa selecionada aleatoriamente ter um SUV é 0,30. O que podemos dizer sobre a probabilidade de uma pessoa escolhida aleatoriamente ter uma pickup ou um SUV? Essa probabilidade poderia ser 0,55? Poderia ser 0,60? Explique.

Resumo do capítulo

O que você aprendeu?	Exemplos	Exercícios de revisão
Seção 3.1		
■ Como identificar o espaço amostral de um experimento de probabilidade e identificar eventos simples.	1 e 2	1 a 4
■ Como usar o princípio fundamental da contagem para encontrar o número de maneiras nas quais dois ou mais eventos podem ocorrer.	3 e 4	5 e 6
■ Como distinguir entre probabilidade clássica, empírica e subjetiva.	5 a 8	7 a 12
■ Como encontrar o complemento de um evento e como encontrar outras probabilidades usando um diagrama de árvore e o princípio fundamental da contagem.	9 a 11	13 a 16
Seção 3.2		
■ Como encontrar probabilidades condicionais.	1	17 e 18
■ Como distinguir entre eventos dependentes e independentes.	2	19 e 20
■ Como usar a regra de multiplicação para encontrar dois eventos ocorrendo em sequência:	3 a 5	21 e 22

$P(A \text{ e } B) = P(A) \cdot P(B \mid A)$ *se os eventos forem dependentes*

$P(A \text{ e } B) = P(A) \cdot P(B).$ *se os eventos forem independentes*

Seção 3.3		
■ Como determinar se dois eventos são mutuamente exclusivos.	1	23 e 24
■ Como usar a regra de adição para encontrar a probabilidade de dois eventos: $P(A \text{ ou } B) = P(A) + P(B) - P(A \text{ e } B)$; $P(A \text{ ou } B) = P(A) + P(B)$. *se os eventos forem mutuamente exclusivos*	2 a 5	25 a 34
Seção 3.4		
■ Como encontrar o número de maneiras que um grupo de objetos pode ser organizado em ordem e o número de maneiras de escolher diversos objetos de um grupo sem levar em conta a ordem. $_nP_r = \frac{n!}{(n-r)!}, \frac{n!}{n_1!\cdot n_2!\cdot n_3!\cdots n_k!}, {}_nC_r = \frac{n!}{(n-r)!r!}$.	1 a 5	35 a 38
■ Como usar os princípios de contagem para encontrar probabilidades.	6 a 9	39 a 42

Exercícios de revisão

Seção 3.1

Nos exercícios de 1 a 4, identifique o espaço amostral do experimento de probabilidade e determine o número de resultados no evento. Desenhe o diagrama de árvore se for apropriado.

1. *Experimento*: jogar quatro moedas.
   Evento: obter três caras.
2. *Experimento*: jogar dois dados de seis lados.
   Evento: obter a soma de 4 ou 5.
3. *Experimento*: escolher um mês do ano.
   Evento: escolher um mês que comece com a letra J.
4. *Experimento*: adivinhar o sexo de três crianças em uma família.
   Evento: a família tem dois meninos.

Nos exercícios 5 e 6, use o princípio fundamental da contagem.

5. Um estudante deve escolher entre 7 aulas para ter às 8 da manhã, 4 aulas para ter às 9 e 3 para ter às 10 da manhã. De quantas maneiras o estudante pode montar seu horário?
6. As placas de carros do estado da Virgínia têm três letras seguidas de quatro dígitos. Assumindo que qualquer letra ou dígito pode ser usado, quantas placas diferentes são possíveis?

Nos exercícios de 7 a 12, classifique a frase como exemplo de probabilidade clássica, empírica ou subjetiva.

7. Com base em contagens anteriores, um inspetor de qualidade diz que há uma probabilidade de 0,05 de que uma peça escolhida aleatoriamente seja defeituosa.
8. A probabilidade de selecionarmos aleatoriamente cinco cartas de um mesmo naipe (um *flush*) de um baralho normal é de aproximadamente 0,0005.
9. A chance de as ações da corporação A caírem hoje é de 75%.
10. A probabilidade de uma pessoa dos Estados Unidos ser canhota é de 11%.
11. A probabilidade de jogar dois dados de seis lados e obter uma soma maior que 9 é de 1/6.
12. A chance de selecionar aleatoriamente uma pessoa nos Estados Unidos que tenha entre 15 e 24 anos é de aproximadamente 14%. (*Fonte: U.S. Census Bureau.*)

Nos exercícios 13 e 14, a tabela mostra a distribuição aproximada dos tamanhos das empresas em 2004. Use a tabela para determinar a probabilidade do evento. (*Fonte: U.S Small Business Administration.*)

Número de funcionários	0 a 4	5 a 9	10 a 19	20 a 99	100 ou mais
Porcentagem de firmas	60,8%	17,7%	10,8%	8,9%	1,8%

13. Qual a probabilidade de que uma empresa selecionada aleatoriamente tenha pelo menos 10 funcionários?
14. Qual a probabilidade de que uma empresa selecionada aleatoriamente tenha menos que 20 funcionários?

Números de telefones

Os números de telefone de uma região de um Estado têm código de área 570. Os próximos sete dígitos representam os números de telefone locais para a região. Um número de telefone local não pode começar com 0 ou 1. Seu primo mora dentro do código de área dado.

15. Qual a probabilidade de gerar aleatoriamente o número de telefone de seu primo?
16. Qual a probabilidade de não gerar aleatoriamente o número de telefone de seu primo?

Seção 3.2

Nos exercícios 17 e 18, a lista mostra os resultados de um estudo sobre o uso de notas menos e mais na Universidade Estadual da Carolina do Norte. Ela mostra as porcentagens de estudantes graduados e não graduados que receberam notas com mais e menos (por exemplo, C+, A– etc.). (*Fonte: North Caroline State University.*)

17. Encontre a probabilidade de que um estudante seja não graduado, dado que o estudante recebeu uma nota mais.
18. Encontre a probabilidade de que um estudante seja graduado, dado que o estudante recebeu uma nota menos.

Nos exercícios 19 e 20, decida se os eventos são dependentes ou independentes.

19. Jogar uma moeda quatro vezes, obter quatro caras, jogá-la uma quinta vez e obter uma cara.
20. Fazer um curso de educação para motoristas e passar no exame.

Nos exercícios 21 e 22, encontre a probabilidade de sequência de eventos

21. Você está fazendo compras e seu colega de quarto pede que você traga pasta de dentes e enxaguante bucal. Entretanto, seu colega não diz as marcas que deseja. A loja tem oito marcas de pasta de dentes e cinco de enxaguante bucal. Qual a probabilidade de você comprar a marca correta de ambos os produtos?
22. Sua gaveta de meias tem 18 pares de meias dobradas, com 8 pares de meias brancas, 6 pares de meias pretas e 4 pares de meias azuis. Qual a probabilidade de, sem olhar, você primeiro selecionar e remover um par preto e então selecionar um par azul e um par branco?

Seção 3.3

Nos exercícios 23 e 24, decida se os eventos são mutuamente exclusivos.

23. Evento *A*: selecione aleatoriamente uma bala de goma vermelha de um pote.
Evento *B*: selecione aleatoriamente uma bala de goma amarela do mesmo pote.
24. Evento *A*: selecione aleatoriamente uma pessoa que ame gatos.
Evento *B*: selecione aleatoriamente uma pessoa que tenha um cachorro.
25. Uma amostra aleatória de 250 trabalhadores adultos descobre que 37% acessam à *Internet* no trabalho, 44% acessam à *Internet* em casa e 21% acessam à *Internet* em casa e no trabalho. Qual a probabilidade de que a pessoa nesta amostra selecionada aleatoriamente acesse à *Internet* em casa e no trabalho?
26. Uma amostra de concessionárias de carros descobriu que 19% dos automóveis vendidos são prata, 22% são utilitários esportivos (SUV) e 26% são utilitários esportivos prata. Qual a probabilidade de que um automóvel vendido selecionado aleatoriamente seja prata ou um SUV?

Nos exercícios de 27 a 30, determine a probabilidade.

27. Uma carta é selecionada aleatoriamente de um baralho. Encontre a probabilidade de que a carta esteja entre 4 e 8 (inclusive) ou seja de paus.
28. Uma carta é selecionada aleatoriamente de um baralho. Encontre a probabilidade de que a carta seja vermelha ou dama.
29. Um dado de 12 lados, numerado de 1 a 12, é jogado. Encontre a probabilidade de que a jogada resulte em um número ímpar ou um número menor que 4.
30. Um dado de 8 lados, numerado de 1 a 8, é jogado. Encontre a probabilidade de que o resultado seja um número par ou um número maior que 6.

Nos exercícios 31 e 32, use o gráfico de pizza a seguir, que mostra a distribuição de porcentagem do número de estudantes em escolas secundárias tradicionais dos Estados Unidos. (*Adaptado de National Center for Education Statistics.*)

Estudantes de escolas secundárias

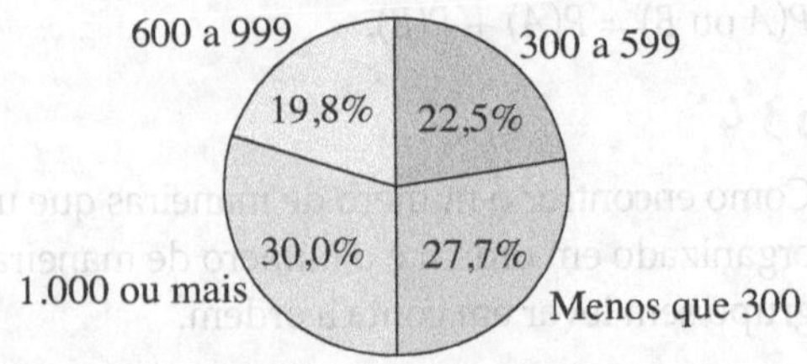

31. Encontre a probabilidade de selecionar aleatoriamente uma escola com 600 ou mais estudantes.
32. Encontre a probabilidade de selecionar aleatoriamente uma escola entre 300 e 999 estudantes, inclusive.

Nos exercícios 33 e 34, use o gráfico de Pareto, que mostra o resultado de uma pesquisa na qual 500 adultos foram questionados por que nem sempre comem alimentos saudáveis.

Por que você não come alimentos saudáveis?

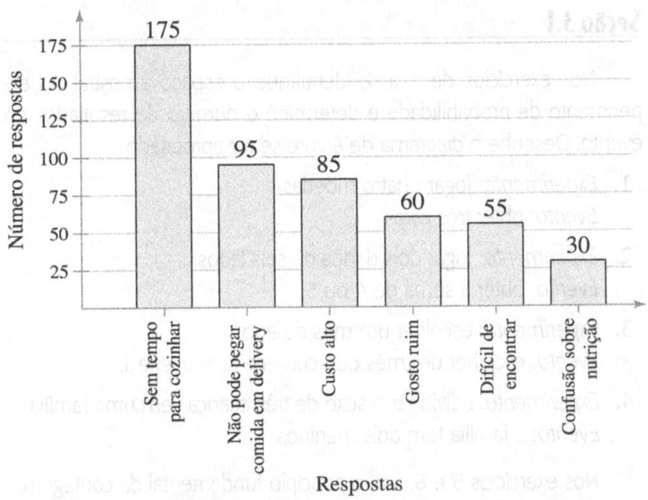

33. Encontre a probabilidade de selecionar aleatoriamente um adulto da amostra que sinta que alimentos saudáveis tenham gosto ruim ou sejam difíceis de encontrar.
34. Encontre a probabilidade de selecionar aleatoriamente um adulto da amostra que não coma alimentos saudáveis porque não tem tempo para cozinhar ou porque esteja confuso sobre nutrição.

Seção 3.4

Nos exercícios de 35 a 38, use combinação ou permutação.

35. Quinze ciclistas participam de uma corrida. De quantas maneiras eles podem terminar em primeiro, segundo ou terceiro lugar?
36. Cinco jogadores de um time de basquete devem escolher um jogador do time adversário para defender. De quantas maneiras possíveis eles podem escolher seu defensor?
37. Um editor de uma revista deve escolher 4 contos para o número deste mês, de 17 contos. De quantas maneiras diferentes o editor pode escolher os contos do mês?

38. Um empregador deve contratar duas pessoas de uma lista de 13 candidatos. De quantas maneiras o empregador pode escolher duas pessoas?

Nos exercícios de 39 a 42, use os princípios de contagem para encontrar a probabilidade.

39. No pôquer, um *full house* consiste de três cartas de um tipo e duas de outro. Encontre a probabilidade de um *full house* com três reis e duas damas.

40. Um código de segurança consiste de 3 letras seguidas de um dígito. A primeira letra não pode ser A, B ou C. Qual a probabilidade de adivinhar o código em uma tentativa?

41. Um lote com 200 calculadoras tem três defeituosas. Qual a probabilidade de que uma amostra de três calculadoras tenha:

(a) nenhuma com defeito.

(b) todas defeituosas.

(c) pelo menos uma com defeito.

(d) pelo menos uma sem defeito.

42. Um lote com 350 bilhetes de rifa tem 4 bilhetes ganhadores. Você compra 4 bilhetes; qual a probabilidade de que você tenha:

(a) nenhum bilhete vencedor.

(b) todos vencedores.

(c) pelo menos um vencedor.

(d) pelo menos um que não seja vencedor.

Teste do capítulo

Faça este teste como se você estivesse fazendo uma prova em sala. Depois compare suas respostas com as respostas dadas no final do livro.

1. A tabela mostra o número (em milhares) de graduações conferidas nos Estados Unidos no ano de 2004 por nível e sexo. (*Fonte: National Center for Education Statistics.*)

		Sexo		
		Homem	Mulher	Total
Nível de graduação	Associado	260	405	665
	Bacharel	595	804	1.399
	Mestrado	230	329	559
	Doutorado	25	23	48
	Total	1.110	1.561	2.671

Uma pessoa que obteve uma graduação em 2004 é selecionada aleatoriamente. Encontre a probabilidade de que essa pessoa seja alguém que:

(a) tem bacharelado.

(b) tem bacharelado, dado que a pessoa é mulher.

(c) tem bacharelado, dado que a pessoa não é mulher.

(d) tem graduação associado ou bacharelado.

(e) tem doutorado, dado que a pessoa é homem.

(f) tem mestrado ou é mulher.

(g) tem grau associado e é homem.

(h) é mulher, dado que a pessoa tem bacharelado.

2. Decida se os eventos são mutuamente exclusivos. Então, decida se os eventos são independentes ou dependentes. Explique seu raciocínio.

Evento *A*: um golfista marcando a melhor rodada em um torneio de quatro rodadas.

Evento *B*: perder um torneio de golfe.

3. Um carregamento de 150 televisores tem 3 unidades defeituosas. Determine de quantas maneiras a empresa de vendas pode comprar três dessas unidades e receber (a) nenhum item defeituoso, (b) todos os itens defeituosos e (c) pelos menos uma unidade sem defeito.

4. No Exercício 3, encontre a probabilidade de a empresa receber (a) nenhuma unidade defeituosa, (b) todas as unidades defeituosas e (c) pelo menos uma unidade sem defeito.

5. O código de acesso para o sistema de segurança de um armazém tem seis dígitos. O primeiro não pode ser 0 e o último deve ser par. Quantos códigos diferentes estão disponíveis?

6. Os escritórios de presidente, vice-presidente, secretário e tesoureiro em uma empresa serão preenchidos por uma seleção com 30 candidatos. De quantas maneiras diferentes eles podem ser preenchidos?

Juntando tudo

www.musl.com

Estatística real – decisões reais

Você trabalha para um empresa que realiza a loteria *Powerball*, um jogo de loteria na qual cinco bolas brancas são escolhidas de uma caixa contendo 55 bolas e uma bola vermelha é escolhida de uma caixa contendo 42 bolas. Para ganhar o grande prêmio, o jogador deve ter as cinco bolas brancas e a vermelha. Outros ganhadores e seus prêmios são mostrados na tabela.

Trabalhando no departamento de relações públicas, você lida com muitas dúvidas da mídia e dos jogadores. Você recebe o e-mail a seguir:

Você lista a probabilidade de obter apenas a bola vermelha em 1/69. Sei, com base em minhas aulas de estatística, que a probabilidade de ganhar é a razão do número de resultados de sucesso pelo número total de resultados. Você poderia explicar por que a probabilidade de obter somente a bola vermelha é de 1/69?

Seu trabalho é responder a questão, usando as técnicas de probabilidade aprendidas neste capítulo para justificar sua resposta. Ao responder a questão, assuma que só um bilhete foi comprado.

Vencedores da *Powerball* e prêmios

Jogo	Prêmio	Probabilidade aproximada
5 brancas e 1 vermelha	Grande prêmio	1/146.107.962
5 brancas	$ 100.000	1/3.563.609
4 brancas e 1 vermelha	$ 5.000	1/584.432
4 brancas	$ 100	1/14.254
3 brancas, 1 vermelha	$ 100	1/11.927
3 brancas	$ 7	1/291
2 brancas, 1 vermelha	$ 7	1/745
1 branca	$ 4	1/127
1 vermelha	$ 3	1/69

(*Fonte: Multi-State Lottery Association.*)

Onde a *Powerball* é jogada?

A *Powerball* é jogada em 29 estados dos Estados Unidos, Washington D.C. e nas Ilhas Virgens americanas

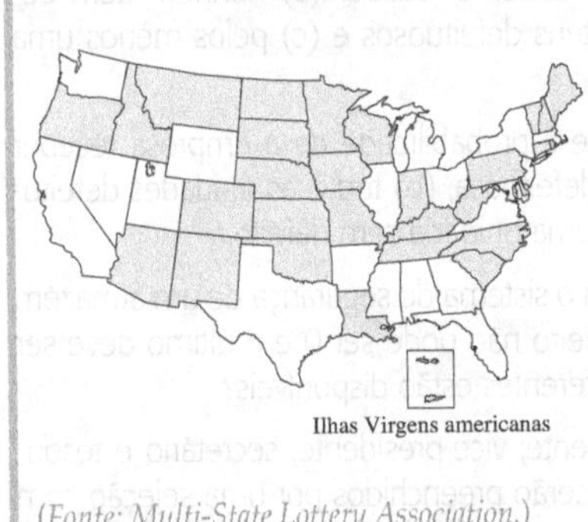

(*Fonte: Multi-State Lottery Association.*)

Exercícios

1. ***Como você faria?***
   (a) Como você investigaria a questão sobre a probabilidade de se obter somente uma bola vermelha?
   (b) Quais métodos estatísticos ensinados neste capítulo você usaria?
2. ***Respondendo à questão***
   Escreva uma explicação que responda à questão sobre a probabilidade de se obter apenas uma bola vermelha. Inclua em sua resposta quaisquer fórmulas de probabilidade que justifiquem sua explicação.
3. ***Outra questão***
   Você recebe outra questão sobre como a probabilidade geral de ganhar um prêmio na *Powerball* é determinada. A probabilidade geral de ganhar um prêmio na *Powerball* é de 1/37. Escreva uma explicação que responda à questão e inclua quaisquer fórmulas que justifiquem sua resposta.

Tecnologia

MINITAB | EXCEL | TI-83/84

Simulação: compondo uma variância de Mozart com dados

Wolfgang Mozart (1756–1791) compôs uma variedade de peças musicais. Em seu Jogo de Dados Musical, ele escreveu um minueto Wiener com um número quase infinito de variações. Cada minueto tem 16 barras. Nas oitavas e 16ª barras, o músico tem a escolha de duas expressões musicais. Em cada uma das outras 14 barras, o músico tem a escolha de 11 expressões.

Para criar um minueto, Mozart sugeriu que o músico jogue dois dados de seis lados por 16 vezes. Para as oitavas e 16ª barras, escolha a opção 1 se o total dos dados for ímpar e a opção 2 se for par. Para cada uma das outras 14 barras, subtraia 1 do total dos dados. O minueto a seguir é o resultado da sequência de números:

5 7 1 6 4 10 5 1

6 6 2 4 6 8 8 2

Exercícios

1. Quantas expressões Mozart escreveu para criar o minueto do Jogo de Dados Musical? Explique.
2. Quantas variações possíveis há no minueto do Jogo dos Dados Musical de Mozart? Explique.
3. Use a tecnologia para selecionar aleatoriamente um número de 1 a 11.
   (a) Qual é a probabilidade teórica de cada número de 1 a 11 ocorrer?
   (b) Use esse procedimento para selecionar 100 números inteiros entre 1 e 11. Marque seus resultados e compare com as probabilidades da parte (a).
4. Qual a probabilidade de selecionar aleatoriamente as opções 6, 7 ou 8 para a primeira barra? E para todas as 14 barras? Encontre cada probabilidade usando (a) probabilidade teórica e (b) os resultados do Exercício 3(b).
5. Use a tecnologia para selecionar aleatoriamente dois números de 1, 2, 3, 4, 5 e 6. Encontre a soma e subtraia 1 para obter um total.
   (a) Qual a probabilidade teórica de cada total de 1 a 11?
   (b) Use esse procedimento para selecionar 100 totais entre 1 e 11. Marque os resultados e compare com as probabilidades em (a).
6. Qual a probabilidade de selecionar aleatoriamente as opções 6, 7 ou 8 para a primeira barra? Encontre cada probabilidade usando (a) probabilidades teóricas e (b) os resultados do Exercício 5(b).

Capítulo 4 Distribuições de probabilidades discretas

Onde estamos

Do capítulo 1 ao 3, você aprendeu como coletar e descrever dados e também como encontrar a probabilidade de um dado evento. Essas habilidades são usadas em diferentes tipos de carreiras. Dados sobre as condições climáticas, por exemplo, são usados para analisar e prever o tempo por todo o mundo. Em um dia típico, 5.000 estações de tempo, de 800 a 1.100 estações de balões meteorológicos, 2.000 navios, 600 aeronaves, vários satélites de órbita polar e satélites fixos e uma variedade de outros aparelhos coletores de dados trabalham juntos para fornecer dados para os meteorologistas usarem na previsão do tempo. Mesmo com todos esses dados, os meteorologistas não conseguem prever o tempo com exatidão. Em vez disso, eles determinam probabilidades para certas condições de tempo. Por exemplo, um meteorologista pode determinar que haja 40% de chance de chuva (baseado na frequência relativa de chuva sob condições climáticas similares).

Para onde vamos

No Capítulo 4, você aprenderá como criar e usar distribuições de probabilidade. Conhecer a forma, o centro e a variabilidade de uma distribuição de probabilidade fará com que você tome decisões em estatísticas inferenciais. Você é um meteorologista que está trabalhando em uma previsão de tempo de três dias. Levando em consideração que a ocorrência de chuva em um dia é independente da ocorrência de chuva em outro dia, você determinou que exista 40% de probabilidade de chover em cada um dos três dias (e 60% de não chover). Qual é a probabilidade de haver chuva em 0, 1, 2 ou 3 dos dias? Para responder essa questão, você pode criar uma distribuição de probabilidades para possíveis resultados.

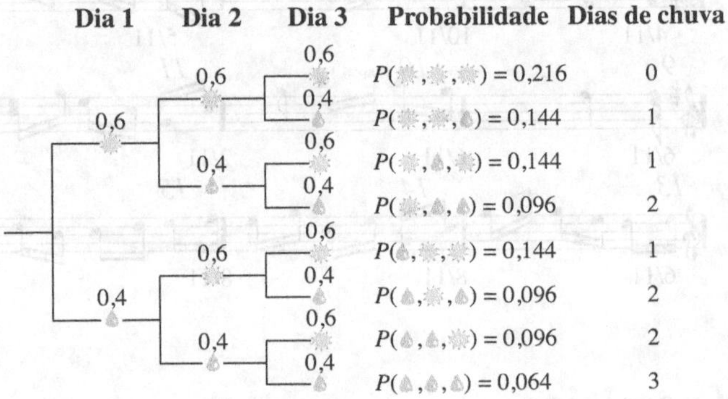

Usando a *Regra da Adição* com as probabilidades no diagrama de árvore, você poderá determinar a probabilidade de ocorrência de chuva em vários dias. Então, poderá usar essa informação para estabelecer as distribuições de probabilidade graficamente.

Distribuição de probabilidade		
Dias de chuva	**Marcação**	**Probabilidade**
0	1	0,216
1	3	0,432
2	3	0,288
3	1	0,064

Número de dias de chuva

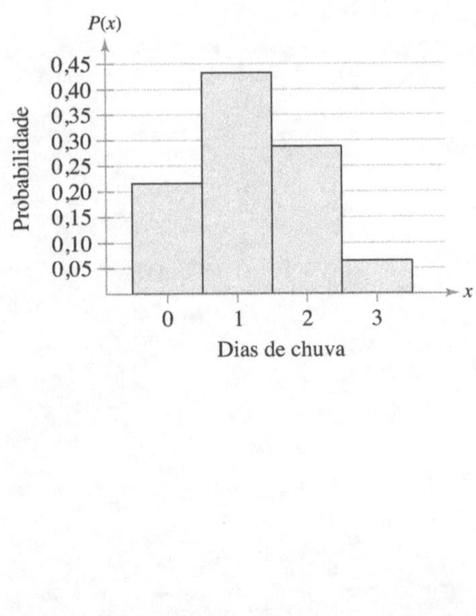

4.1 Distribuições de probabilidades

Variáveis aleatórias ⟶ Distribuições de probabilidade discretas ⟶ Média, variância e desvio padrão ⟶ Valor esperado

Variáveis aleatórias

O resultado de um experimento de probabilidade geralmente é uma contagem ou medida. Quando isso ocorre, o resultado é chamado de variável aleatória.

Definição

Uma **variável aleatória x** representa um valor numérico associado a cada resultado de um experimento de probabilidade.

A palavra *aleatória* indica que *x* é determinado pelo acaso. Há dois tipos de variáveis aleatórias: discreta e contínua.

Definição

Uma variável aleatória é **discreta** se ela tem um número finito ou contável de possíveis resultados a serem listados.

Uma variável aleatória é **contínua** se ela tem um número incontável de possíveis resultados, representados por um intervalo na reta numérica.

Você conduz um estudo do número de ligações que um vendedor faz em um único dia. Os possíveis valores da variável aleatória *x* são 0, 1, 2, 3, 4 e assim por diante. Porque o grupo de resultados possíveis

{0, 1, 2, 3, ...}

pode ser listado, *x* é uma variável aleatória discreta. Você pode representar esse valor com um ponto na reta numérica.

Número de ligações de vendas (discreta)

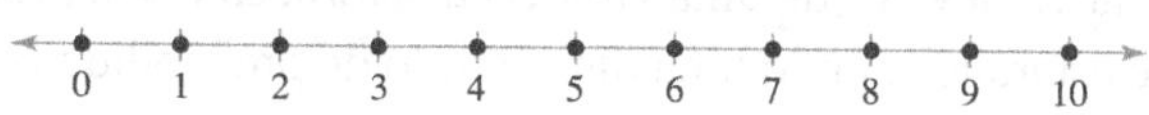

x pode ter apenas números inteiros: 0, 1, 2, 3, ...

Uma forma diferente de conduzir o estudo seria medir o tempo diário (em horas) que um vendedor passa fazendo ligações. O tempo gasto fazendo ligações pode ser qualquer número entre 0 e 24 (incluindo frações e decimais), portanto *x* é uma variável aleatória contínua. Você pode representar esse valor com um intervalo na reta numérica, mas você não poderá listar todas as variáveis possíveis.

Horas gastas em ligações de vendas (contínua)

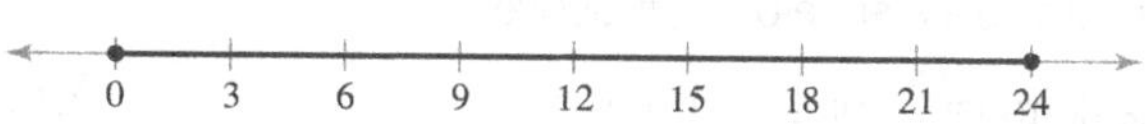

x pode ter qualquer valor entre 0 e 24.

Quando uma variável aleatória é discreta, você pode listar os valores possíveis que ela pode assumir. Porém, é impossível listar todos os valores para uma variável aleatória contínua.

O que você deve aprender

- Como diferenciar variáveis aleatórias discretas de variáveis aleatórias contínuas.
- Como montar uma distribuição de probabilidades discretas e representá-la graficamente.
- Como determinar se uma dada distribuição é uma distribuição de probabilidade.
- Como encontrar a média, a variância e o desvio padrão de uma distribuição de probabilidade discreta.
- Como encontrar o valor esperado de uma distribuição de probabilidade discreta.

Dica de estudo

Nas aplicações mais práticas, variáveis aleatórias discretas representam dados contáveis e variáveis aleatórias contínuas representam dados mensurados.

Importante

Valores de variáveis como idade, altura e peso geralmente são arredondados para o ano, o centímetro e o peso mais próximos. Porém, esses valores representam dados medidos, portanto são variáveis aleatórias contínuas.

Exemplo 1

Variáveis discretas e variáveis contínuas

Decida se a variável aleatória x é discreta ou contínua. Explique seu raciocínio.

1. x representa um número de títulos na Dow Jones Industrial Average que teve um aumento no número de suas ações em um dado dia.
2. x representa o volume de água em um contêiner de 32 onças.

Solução

1. O volume de títulos cujos números de ações aumentaram pode ser calculado.

   {0, 1, 2, 3, ..., 30}

   Portanto, x é uma variável aleatória discreta.
2. O volume de água no contêiner pode ser qualquer volume entre 0 e 32 onças. Portanto, x é uma variável aleatória contínua.

Tente você 1 Decida se a variável aleatória x é discreta ou contínua.

1. x representa o tempo necessário para terminar uma prova.
2. x representa o número de músicas que uma banda tocou em um festival de rock.

a. Decida se x representa dados contáveis ou mensuráveis.

b. Conclua o raciocínio e *explique* suas decisões.

Resposta na p. A38

É importante que você consiga diferenciar entre variáveis aleatórias discretas e contínuas porque usamos técnicas estatísticas diferentes para analisar cada uma. O restante deste capítulo concentra-se nas variáveis aleatórias discretas e suas distribuições de probabilidade. Você estudará distribuições contínuas mais tarde.

Distribuições de probabilidade discretas

Para cada valor de uma variável aleatória discreta pode-se determinar uma probabilidade. Ao listar cada valor de uma variável aleatória com sua probabilidade correspondente, você estará formando uma distribuição de probabilidade.

Definição

Uma **distribuição de probabilidade discreta** lista cada valor possível que a variável aleatória pode assumir, junto com sua probabilidade. Uma distribuição de probabilidade deve preencher as seguintes condições.

	Em palavras	*Em símbolos*
1.	A probabilidade de cada valor da variável aleatória discreta é entre 0 e 1, inclusive.	$0 \leq P(x) \leq 1$
2.	A soma de todas as probabilidades é 1.	$\sum P(x) = 1$

Como as probabilidades representam frequências relativas, uma distribuição de probabilidades relativas pode ser representada graficamente com um histograma de frequência relativa.

Instruções

Construindo uma distribuição de probabilidade discreta

Sendo x uma variável aleatória discreta com possíveis resultados $x_1, x_2, ..., x_n$.

1. Faça uma distribuição de frequências para os possíveis resultados.
2. Encontre a soma das frequências.
3. Encontre a probabilidade de cada resultado possível dividindo sua frequência pela soma das frequências.
4. Verifique que cada probabilidade esteja entre 0 e 1, inclusive, e que a soma seja 1.

Exemplo 2

Construindo e representando uma distribuição de probabilidade discreta por meio de um gráfico

Um psicólogo industrial aplicou um teste de inventário de personalidade para identificar características passivo-agressivas em 150 colaboradores. Os indivíduos recebiam uma pontuação de 1 a 5, sendo 1 extremamente passivo e 5 extremamente agressivo. Uma pontuação 3 não indicava nenhuma das duas características. Os resultados estão indicados à direita. Construa uma distribuição de probabilidade para a variável aleatória x. Depois, represente graficamente a distribuição, usando um histograma.

Distribuição de frequência

Escore, x	Frequência, $P(x)$
1	24
2	33
3	42
4	30
5	21

Solução

Divida a frequência de cada pontuação pelo número total de indivíduos no estudo para encontrar a probabilidade para cada valor da variável aleatória.

$$P(1) = \frac{24}{150} = 0,16 \quad P(2) = \frac{33}{150} = 0,22 \quad P(3) = \frac{42}{150} = 0,28$$

$$P(4) = \frac{30}{150} = 0,20 \quad P(5) = \frac{21}{150} = 0,14$$

A distribuição de probabilidade discreta é apresentada na tabela a seguir:

x	1	2	3	4	5
$P(x)$	0,16	0,22	0,28	0,20	0,14

Note que $0 \leq P(x) \leq 1$ e $\sum P(x) = 1$

Características passivo-agressivas

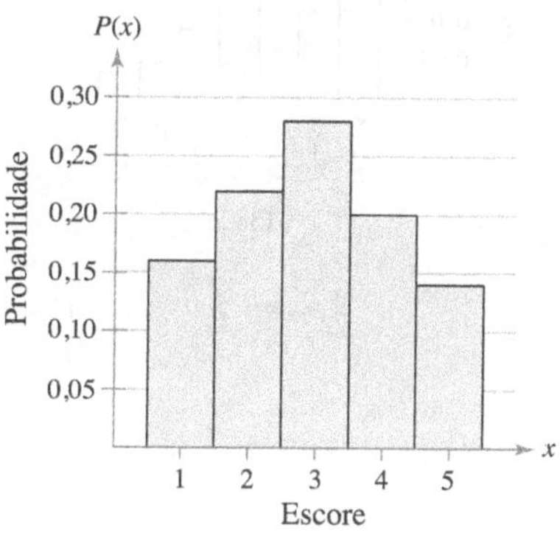

O histograma está indicado à direita. Como a espessura de cada barra é 1, a área de cada barra é igual à probabilidade de um resultado particular. Além disso, a probabilidade de um evento corresponde à soma de áreas dos resultados incluídos no evento. Por exemplo, a probabilidade de um evento "ter uma pontuação de 2 ou 3" é igual à soma das áreas da segunda e terceira barras,

$$(1)(0,22) + (1)(0,28) = 0,22 + 0,28 = 0,50.$$

Interpretação

É possível verificar que a distribuição é aproximadamente simétrica.

Tente você 2 Uma empresa rastreia o número de vendas que os novos colaboradores fazem todos os dias durante um período de 100 dias de experiência. Os resultados de um novo colaborador estão indicados à direita. Faça a distribuição de probabilidades e desenhe sua representação gráfica.

a. *Encontre* a probabilidade de cada resultado.

b. *Organize* as probabilidades em uma distribuição de probabilidades.

c. *Represente* graficamente a distribuição de probabilidades usando um histograma.

Resposta na p. A38

Distribuição de frequência

Vendas por dia, x	Número de dias, f
0	16
1	19
2	15
3	21
4	9
5	10
6	8
7	2

Distribuições de probabilidade

Dias de chuva	Probabilidade $P(x)$
0	0,216
1	0,432
2	0,288
3	0,064

Retratando o mundo

Em um ano recente nos Estados Unidos, aproximadamente 11 milhões de acidentes de trânsito foram informados à polícia. Um histograma dos acidentes de trânsito para diferentes grupos etários de 16 a 84 anos é mostrado a seguir. *(Fonte: National Safety Council.)*

Acidentes de trânsito por idade, nos EUA

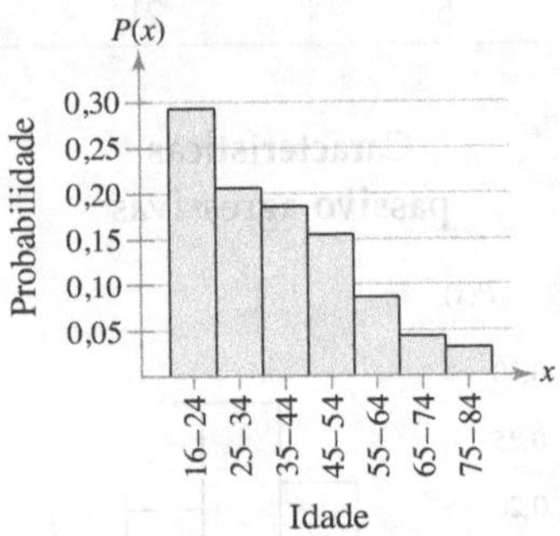

Estime a probabilidade de que uma pessoa escolhida aleatoriamente possa envolver-se em um acidente de trânsito estando no grupo etário de 16 a 34 anos.

Exemplo 3

Verificando distribuições de probabilidade

Verifique se a distribuição à esquerda (ver p. 154) é uma distribuição de probabilidade.

Solução

Caso a distribuição seja uma distribuição de probabilidade, então (1) cada probabilidade está entre 0 e 1, inclusive, e (2) a soma das probabilidades é igual a 1.

1. Cada probabilidade está entre 0 e 1.
2. $\sum P(x) = 0,216 + 0,432 + 0,288 + 0,064 = 1$

Interpretação

Como ambas as condições são preenchidas, a distribuição é uma distribuição de probabilidades.

Tente você 3 Verifique se a distribuição que você montou no Tente você 2 é uma distribuição de probabilidades.

a. Verifique se a *probabilidade* de cada resultado está entre 0 e 1, inclusive.

b. Verifique se a *soma* de todas as probabilidades é 1.

c. *Conclua* o raciocínio.

Resposta na p. A38

Exemplo 4

Distribuições de probabilidade

Decida se as seguintes distribuições são distribuições de probabilidades.

1.

x	5	6	7	8
$P(x)$	0,28	0,21	0,43	0,15

2.

x	1	2	3	4
$P(x)$	$\frac{1}{2}$	$\frac{1}{4}$	$\frac{5}{4}$	-1

Solução

1. Cada probabilidade está entre 0 e 1, mas a soma das probabilidades é 1,07, que é maior que 1. Portanto, esta *não* é uma distribuição de probabilidades.
2. A soma das probabilidades é igual a 1, mas $P(3)$ e $P(4)$ não estão entre 0 e 1. Portanto, esta *não* é uma distribuição de probabilidades. As probabilidades nunca podem ser negativas ou maiores do que 1.

Tente você 4 Decida se as seguintes distribuições são distribuições de probabilidades. Explique seu raciocínio.

1.

x	5	6	7	8
$P(x)$	$\frac{1}{16}$	$\frac{5}{8}$	$\frac{1}{4}$	$\frac{1}{16}$

2.

x	1	2	3	4
$P(x)$	0,09	0,36	0,49	0,06

a. Verfique se a *probabilidade* de cada resultado está entre 0 e 1.

b. Verifique se a *soma* de todas as probabilidades é 1.

c. *Conclua* o raciocínio.

Resposta na p. A38

Média, variância e desvio padrão

Você pode medir o centro de uma distribuição de probabilidades com sua média e medir a variabilidade com sua variância e desvio padrão. A média de uma variável aleatória discreta é definida como segue.

Média de uma variável aleatória discreta

A **média** de uma variável aleatória discreta é dada por:

$$\mu = \sum x P(x).$$

Cada valor de x é multiplicado por sua probabilidade correspondente e os produtos são adicionados.

A média de uma variável aleatória representa a "média teórica" de um experimento de probabilidade e, às vezes, não é um resultado possível. Se o experimento fosse feito milhares de vezes, a média de todos os resultados seria próxima à média da variável aleatória.

Exemplo 5

Encontrando a média de uma distribuição de probabilidade

A distribuição de probabilidade para o teste de inventário de personalidade discutido no Exemplo 2 está apresentada à direita. Encontre a pontuação média. O que você consegue concluir?

x	$P(x)$
1	0,16
2	0,22
3	0,28
4	0,20
5	0,14

Solução

Use a tabela para organizar seu trabalho, como indicado a seguir. Na tabela, você pode verificar que a média de pontuação é aproximadamente 2,9. A pontuação de 3 representa um indivíduo que não apresenta características passivas nem agressivas. A média está um pouco abaixo de 3.

x	$P(x)$	$xP(x)$
1	0,16	$1(0{,}16) = 0{,}16$
2	0,22	$2(0{,}22) = 0{,}44$
3	0,28	$3(0{,}28) = 0{,}84$
4	0,20	$4(0{,}20) = 0{,}80$
5	0,14	$5(0{,}14) = 0{,}70$
	$\sum P(x) = 1$	$\sum xP(x) = 2{,}94$ ← *Média*

Interpretação

Pode-se concluir que a média da característica de personalidade não é nem extremamente passiva, nem extremamente agressiva, mas é levemente mais próxima à passividade.

Tente você 5 Encontre a média da distribuição de probabilidade que você fez no Tente você 2. O que você consegue concluir?

a. *Encontre o produto* de cada resultado aleatório e suas probabilidades correspondentes.
b. *Encontre a soma* dos produtos.
c. *O que* você pode concluir?

Resposta na p. A38

Dica de estudo

Perceba que a média no Exemplo 5 é arredondada para uma casa decimal. Essa aproximação foi feita porque a média de uma distribuição de probabilidade deve ser arredondada para uma casa decimal a mais do que a que foi usada por uma variável aleatória x. Esta *regra de arredondamento* também é usada para a variância e para o desvio padrão de uma distribuição de probabilidade.

Embora a média de uma distribuição de probabilidades da variável aleatória descreva um resultado típico, ela não dá informações sobre a maneira que os resultados variam. Para estudar a variação dos resultados, você pode usar a variância e o desvio padrão de uma distribuição de probabilidades da variável aleatória.

Desvio padrão de uma variável aleatória discreta

A variância de uma variável aleatória discreta é:

$$\sigma^2 = \sum (x-\mu)^2 P(x).$$

O desvio padrão é:

$$\sigma^2 = \sqrt{\sigma^2} = \sqrt{\sum (x-\mu)^2 P(x)}.$$

Dica de estudo

Uma fórmula mais sucinta para calcular a variância de uma distribuição de probabilidade é:

$$\sigma^2 = \left[\sum x^2 P(x)\right] - \mu^2.$$

Exemplo 6

Encontrando a variância e o desvio padrão

x	$P(x)$
1	0,16
2	0,22
3	0,28
4	0,20
5	0,14

A distribuição de probabilidade para o teste de inventário de personalidades discutido no Exemplo 2 é dada à esquerda. Encontre a variância e o desvio padrão da distribuição de probabilidade.

Solução

No Exemplo 5, você viu que antes de arredondar o valor, a média da distribuição é $\mu = 2{,}94$. Use a tabela para organizar seu trabalho como no exemplo a seguir:

x	$P(x)$	$x-\mu$	$(x-\mu)^2$	$P(x)(x-\mu)^2$
1	0,16	−1,94	3,764	0,602
2	0,22	−0,94	0,884	0,194
3	0,28	0,06	0,004	0,001
4	0,20	1,06	1,124	0,225
5	0,14	2,06	4,244	0,594
	$\sum P(x) = 1$			$\sum P(x)(x-\mu)^2 = 1{,}616$

Variância

Então, a variância é:

$$\sigma^2 = 1{,}616 \approx 1{,}6.$$

E o desvio padrão é:

$$\sigma = \sqrt{\sigma^2} = \sqrt{1{,}616} \approx 1{,}3.$$

Interpretação

A maioria dos valores de dados difere da média não mais que 1,3 pontos.

Tente você 6 Encontre a variância e o desvio padrão para a distribuição de probabilidade feita no Tente você 2.

a. *Para cada valor de x, encontre o quadrado* do desvio da média e multiplique pela probabilidade de x correspondente.

b. *Encontre a soma* dos produtos encontrados na parte (a) para as variâncias.

c. *Faça a raiz quadrada* da variância para o desvio padrão.

d. *Interprete* os resultados.

Resposta na p. A39

Valor esperado

A média de uma variável aleatória representa o que você esperaria acontecer em milhares de testes. Ele também é chamado de *valor esperado*.

Definição

O **valor esperado** de uma variável aleatória discreta é igual à média da variável aleatória.

Valor esperado $= E(x) = \mu = \sum xP(x)$.

Embora as probabilidades nunca possam ser negativas, o valor esperado de uma variável aleatória pode ser negativo.

Importante

Na maioria das aplicações, um valor esperado de zero tem uma interpretação prática. Por exemplo, nos jogos de azar, um valor esperado 0 implica que um jogo é justo (uma ocorrência incomum). Na análise de lucros e perdas, um valor esperado de zero representa o ponto crítico para evidenciar lucros.

Exemplo 7

Encontrando um valor esperado

Em um sorteio, 1.500 bilhetes são vendidos a \$ 2 cada, para prêmios de \$ 500, \$ 250, \$ 150 e \$ 75. Você compra um bilhete. Qual é o valor esperado do seu lucro?

Solução

Para encontrar o lucro para cada prêmio, subtraia o preço do bilhete do prêmio. Por exemplo, o seu lucro para o prêmio de \$ 500 é:

$\$ 500 - \$ 2 = \$ 498$

e o seu lucro para o prêmio de \$ 250 é:

$\$ 250 - \$ 2 = \$ 248.$

Escreva a distribuição de probabilidade para os possíveis lucros (ou resultados).

Lucro, *x*	\$ 498	\$ 248	\$ 148	\$ 73	–\$ 2
Probabilidade, *P*(*x*)	$\frac{1}{1.500}$	$\frac{1}{1.500}$	$\frac{1}{1.500}$	$\frac{1}{1.500}$	$\frac{1.496}{1.500}$

Agora, usando a distribuição de probabilidades, você pode encontrar o valor esperado.

$$E(x) = \sum xP(x)$$
$$= \$ 498 \cdot \frac{1}{1.500} + \$ 248 \cdot \frac{1}{1.500} + \$ 148 \cdot \frac{1}{1.500} + \$ 73 \cdot \frac{1}{1.500} + (-\$ 2) \cdot \frac{1.496}{1.500}$$
$$= -\$ 1,35$$

Interpretação

Como o valor esperado é negativo, você pode esperar perder uma média de \$ 1,35 por cada bilhete que comprar.

Tente você 7 Em um sorteio, 2.000 bilhetes são vendidos por \$ 5 cada, para prêmios de \$ 2.000, \$ 1.000, \$ 500, \$ 250 e \$ 100. Você compra um bilhete. Qual é valor esperado do seu lucro?

a. Encontre o *lucro* para cada prêmio.

b. Escreva a *distribuição de probabilidade* para os possíveis lucros.

c. Encontre o *valor esperado*.

d. *Interprete* os resultados.

Resposta na p. A39

4.1 Exercícios

Construindo habilidades básicas e conceitos

1. O que é uma variável aleatória? Dê um exemplo de uma variável aleatória discreta e uma variável aleatória contínua. Justifique sua resposta.
2. O que é uma distribuição de probabilidade discreta? Quais são as duas condições que determinam uma distribuição de probabilidade?
3. O valor esperado da análise de perdas e ganhos feita por um contador é zero. Explique o que isso significa.
4. Qual é a importância da média de uma distribuição de probabilidade?

Verdadeiro ou falso?

Nos exercícios de 5 a 8, determine se a afirmação é verdadeira ou falsa. Se for falsa, reescreva-a de forma que seja verdadeira.

5. Na maioria das aplicações, as variáveis aleatórias contínuas representam dados contáveis, enquanto variáveis aleatórias discretas representam dados medidos.
6. Para uma variável aleatória *x*, a palavra *aleatória* indica que o valor de *x* é determinado ao acaso.
7. A média de uma variável aleatória representa a "média teórica" de um experimento de probabilidade e, às vezes, não é um resultado possível.
8. O valor esperado de uma variável aleatória discreta é igual ao desvio padrão da variável aleatória.

Análise gráfica

Nos exercícios de 9 a 12, decida se o gráfico representa uma variável aleatória discreta ou uma variável aleatória contínua. Explique seu raciocínio.

9. Jogos de futebol de uma faculdade disputados em casa.

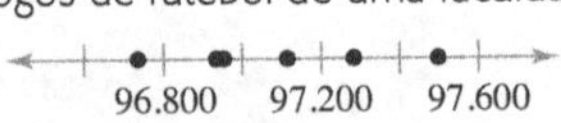

10. Tempo semanal que estudantes usam o computador.

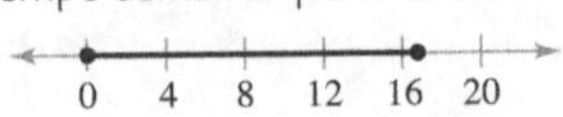

11. Quantidade anual de milhas dirigidas por automóveis nos EUA. *(Fonte: U.S. Federal Highway Administration.)*

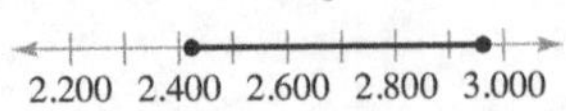

12. Número anual de fatalidades no trânsito dos EUA. *(Fonte: National Highway Traffic Safety Administration.)*

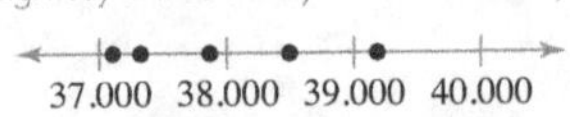

Diferenciando variáveis aleatórias discretas e contínuas

Nos exercícios de 13 a 20, decida se a variável aleatória x é discreta ou contínua. Explique seu raciocínio.

13. *x* representa o número de acidentes com motos durante um ano na Califórnia.
14. *x* representa o período necessário para chegar ao trabalho.
15. *x* representa o volume de sangue colhido para um exame de sangue.
16. *x* representa o número de dias chuvosos no mês de julho em Orlando, Flórida.
17. *x* representa o número de *home theaters* vendidos mensalmente em uma loja de eletrônicos.
18. *x* representa a tensão com a qual as cordas de um violão aleatoriamente escolhido foram esticadas.
19. *x* representa a quantidade de neve (em polegadas) que caiu em Nome, Alasca, no inverno passado.
20. *x* representa o número total de tentativas que o indivíduo precisa ter para conseguir tirar 5 ao lançar um dado.

Usando e interpretando conceitos

21. **Teste para colaboradores** Uma empresa aplicou um teste psicológico em funcionários futuros. A variável aleatória *x* representa os possíveis resultados do teste. Use o histograma para encontrar a probabilidade que uma pessoa escolhida aleatoriamente em uma amostragem de pesquisa teria para conseguir uma pontuação (a) maior que dois e (b) inferior a quatro.

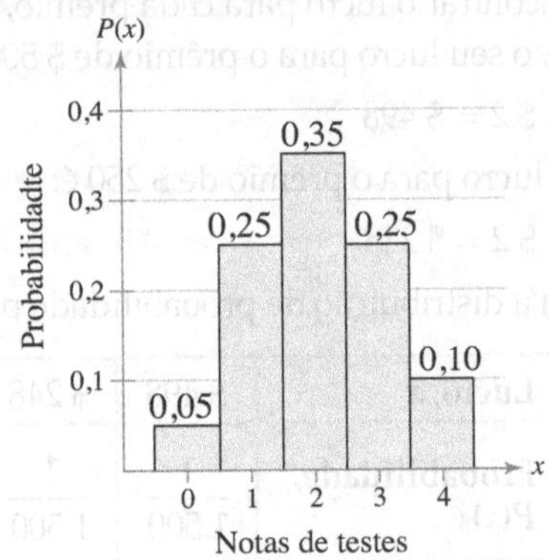

22. **Doação de sangue** Uma pesquisa entrevistou uma amostra de pessoas sobre quantas vezes por ano elas doam sangue. A variável aleatória *x* representa o número de doações anuais. Use o histograma para encontrar a probabilidade de que uma pessoa escolhida aleatoriamente na pesquisa doe sangue (a) mais que uma vez por ano e (b) menos que três vezes por ano.

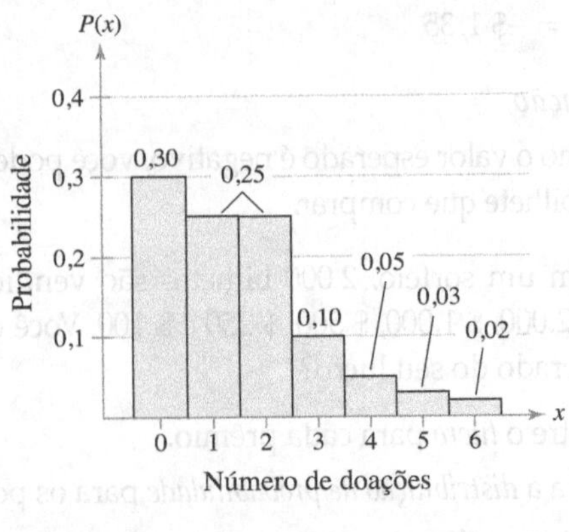

Determinando a probabilidade que falta

Nos exercícios 23 e 24, determine o valor de probabilidade que falta da distribuição de probabilidade.

23. Crianças dependentes Um sociólogo pesquisou as famílias em uma cidade pequena. A variável aleatória x representa o número de crianças na família.

x	0	1	2	3	4
P(x)	0,07	0,20	0,38	?	0,13

24. Crianças dependentes O mesmo sociólogo do Exercício 23 pesquisou as casas de uma cidade vizinha. A variável aleatória x representa o número de crianças na família.

x	0	1	2	3	4	5	6
P(x)	0,05	?	0,23	0,21	0,17	0,11	0,08

Identificando distribuições de probabilidade

Nos exercícios de 25 a 28, decida se a distribuição é uma distribuição de probabilidade. Caso não seja, identifique a propriedade (ou propriedades) que não são preenchidas.

25. Pneus Um mecânico verificou a pressão dos pneus de cada um dos carros nos quais ele trabalhou por uma semana. A variável aleatória x representa o número de pneus que estavam murchos.

x	0	1	2	3	4
P(x)	0,30	0,25	0,25	0,15	0,05

26. Linhas telefônicas Uma empresa gravou o número de linhas telefônicas em uso por uma hora durante um dia útil. A variável aleatória x representa o número de linhas telefônicas em uso.

x	0	1	2	3	4	5	6
P(x)	0,135	0,186	0,226	0,254	0,103	0,64	0,032

27. Controle de qualidade Um inspetor de qualidade verificou as imperfeições em rolos de tecido por uma semana. A variável aleatória x representa o número de imperfeições encontradas.

x	0	1	2	3	4	5
P(x)	$\frac{3}{4}$	$\frac{1}{10}$	$\frac{1}{20}$	$\frac{1}{25}$	$\frac{1}{50}$	$\frac{1}{100}$

28. Tacadas de golfe O diretor de um torneio de golfe registrou o número de tacadas necessárias para acertar a bolinha de golfe no buraco nos quatro ciclos do torneio. A variável aleatória x representa o número de tacadas necessárias para acertar a bolinha de golfe no buraco.

x	0	1	2	3	4	5
P(x)	0,007	0,292	0,394	0,245	0,058	0,004

Construindo distribuições de probabilidade

Nos exercícios de 29 a 34, (a) use a distribuição de frequência para construir a distribuição de probabilidade, encontre (b) a média, (c) a variância, e (d) o desvio padrão da distribuição de probabilidade e (e) interprete os resultados nos contextos de vida real.

29. Cachorros O número de cachorros por casa, em uma cidade pequena.

Cachorros	0	1	2	3	4	5
Casas	1.491	425	168	48	29	14

30. Gatos O número de gatos por casa, em uma cidade pequena.

Gatos	0	1	2	3	4	5
Casas	1.941	349	203	78	57	40

31. Computadores O número de computadores por casa, em uma cidade pequena.

Computadores	0	1	2	3
Casas	300	280	95	20

32. DVDs O número de defeitos por lote de DVDs inspecionados.

Defeitos	0	1	2	3	4	5
Lotes	95	113	87	64	13	8

33. Hora extra O número de horas extras feitas por um funcionário em uma semana.

Horas extras	0	1	2	3	4	5	6
Funcionário	6	12	29	57	42	30	16

34. Atividades extracurriculares. O número de atividades extracurriculares desenvolvidas por aluno relacionadas às escolas.

Atividades	0	1	2	3	4	5	6	7
Alunos	19	39	52	57	68	41	27	17

Encontrando o valor esperado

Nos exercícios de 35 a 40, use a distribuição de probabilidade ou o histograma para encontrar (a) a média, (b) a variância, (c) o desvio padrão e (d) o valor esperado da distribuição de probabilidade, e (e) interprete os resultados.

35. Teste. Os alunos de uma sala fazem um teste com oito perguntas. O número x de perguntas respondidas corretamente pode ser aproximado pela seguinte distribuição de probabilidade.

x	0	1	2	3	4	5	6	7	8
P(x)	0,02	0,02	0,06	0,06	0,08	0,22	0,30	0,16	0,08

36. Chamadas para o 911 Um centro de serviços do 911 (telefone para emergências nos Estados Unidos) registrou o número de ligações recebidas por hora. O número de chamadas por hora durante um dia pode ser aproximado pela seguinte distribuição de probabilidade.

x	0	1	2	3	4	5	6	7
P(x)	0,01	0,10	0,26	0,33	0,18	0,06	0,03	0,03

37. Furacões O histograma mostra a distribuição de furacões que atingiram o território dos EUA divididos por categorias, sendo 1 o nível mais fraco e 5 o mais forte. (*Fonte: National Hurricane Center.*)

Furacões que atingiram os EUA

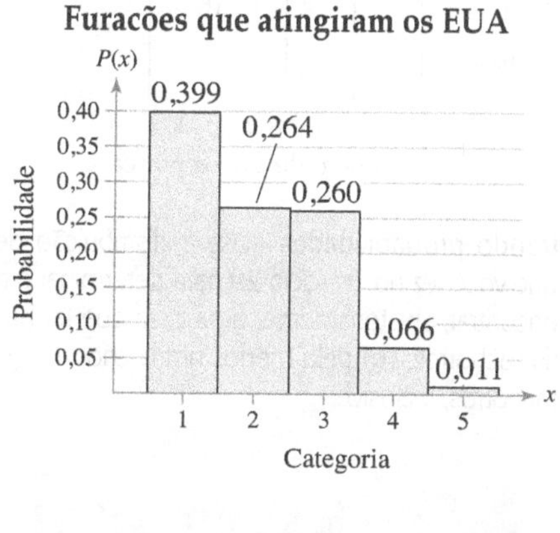

38. **Ocupação dos carros** O histograma mostra a distribuição de pessoas ocupando carros que cruzam a Ponte *Tacoma Narrow*, em Washington, todos os anos. *(Adaptado do Washington State Department of Transportation.)*

Ocupação dos carros: ponte Tacoma Narrow

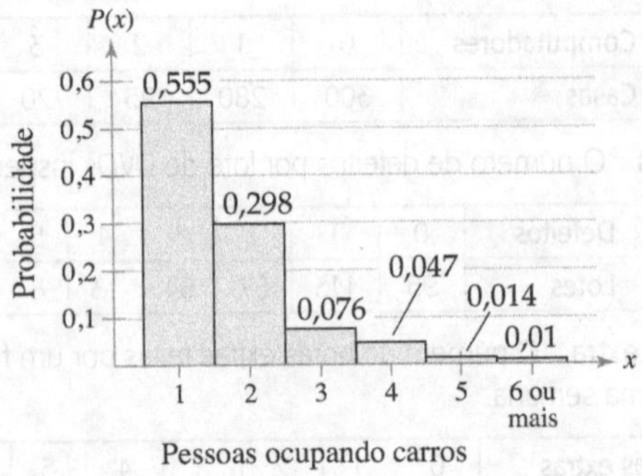

39. **Tamanho das casas** O histograma mostra a distribuição de tamanhos das casas nos EUA em um ano recente. *(Adaptado do United States Census Bureau.)*

Tamanho das casas

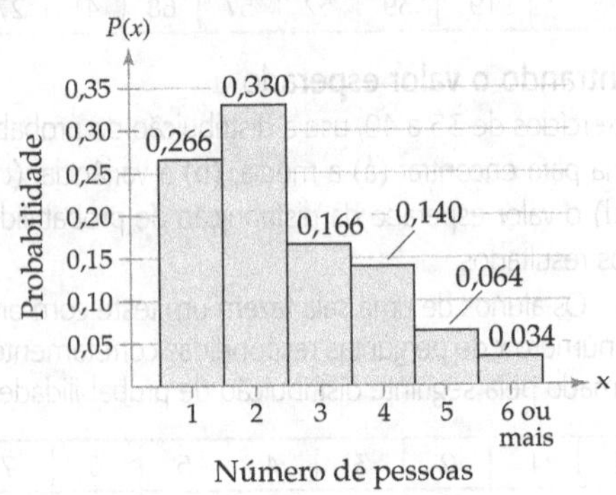

40. **Ocupação dos carros** O histograma mostra a distribuição de pessoas pelo número de carros por casa. *(Adaptado da Federal Highway Administration.)*

Pessoas que dividem um carro

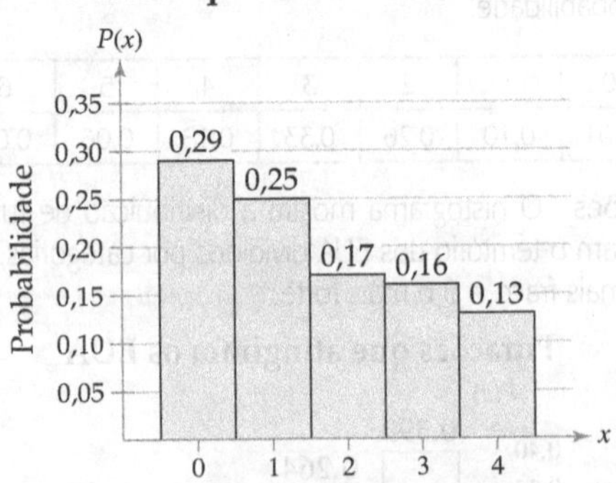

41. **Encontrando probabilidades** Use a distribuição de probabilidades que você fez no Exercício 29 para determinar a probabilidade de encontrar, aleatoriamente, uma casa que tenha (a) menos que dois cachorros, (b) pelo menos um cachorro e (c) entre um e três cachorros, inclusive.

42. **Encontrando probabilidades** Use a distribuição de probabilidades que você fez no Exercício 31 para demonstrar a probabilidade de encontrar, aleatoriamente, uma casa que tenha (a) zero computadores, (b) no mínimo um computador e (c) entre zero e dois computadores, inclusive.

43. **Valores incomuns** Uma pessoa mora em uma casa com três cachorros e diz que ter três cachorros em casa é comum. Use as informações do Exercício 29 para determinar se essa pessoa está correta. Explique seu raciocínio.

44. **Valores incomuns** Uma pessoa mora em uma casa sem nenhum computador e diz que não ter um computador em casa é comum. Use as informações do Exercício 31 para determinar se essa pessoa está correta. Explique.

Jogos de azar

Nos exercícios 45 e 46, encontre a rede de ganhos supostos para o jogador em uma partida do jogo. Se x for a rede de ganhos para o jogador em um jogo de azar, então $E(x)$ é, geralmente, negativo. Esse valor dá a quantidade média, por jogo, que o jogador pode esperar perder.

45. Em uma roleta americana, a roda tem os 38 números

00, 0, 1, 2, ..., 34, 35 e 36

marcados em espaços igualmente divididos. Se um jogador aposta \$ 1 em um número e ganha, ele continua com o \$ 1 e recebe 35 dólares adicionais. Caso contrário, o dólar é perdido.

46. Uma organização de caridade está vendendo bilhetes de rifa por \$ 4 como parte de um programa para arrecadar fundos. O primeiro prêmio é um barco avaliado em \$ 3.150, e o segundo prêmio é uma barraca de *camping* avaliada em \$ 450. Os outros 15 prêmios são vale-presentes de \$ 25. O número de bilhetes vendidos é 5.000.

Expandindo conceitos

Transformações lineares de uma variável aleatória

Nos exercícios 47 e 48, use as seguintes informações.

Para uma variável aleatória x, uma nova variável aleatória y pode ser criada ao adotar-se uma **transformação linear** $y = a + bx$, onde a e b são constantes. Se uma variável aleatória x tiver média μ_x e desvio padrão σ_x, então a média, a variância e o desvio padrão de y serão dados pelas seguintes fórmulas.

$$\mu_y = a + b\mu_x \qquad \sigma_y{}^2 = b^2\sigma_x{}^2 \qquad \sigma_y = |b|\sigma_x$$

47. A média anual de salário dos funcionários de uma empresa é \$ 36.000. Ao final do ano, cada funcionário recebe um bônus de \$ 1.000 e um aumento de 5% (baseado no salário). Qual é o novo salário anual (incluindo o bônus e o aumento) para os funcionários?

48. A média anual de salário dos funcionários de uma empresa é \$ 36.000 com uma variância de 15.202.201. Ao final do ano, cada funcionário recebe um bônus de \$ 2.000 e um aumento de 4% (baseado no salário). Qual é o desvio padrão dos novos salários?

Variáveis aleatórias dependentes e independentes

Duas variáveis aleatórias x e y são independentes se o valor de x não afetar o valor de y. Se as variáveis não forem independentes, elas são dependentes. Uma nova variável aleatória pode ser formada ao se encontrar a soma ou diferença das variáveis aleatórias. Se uma variável aleatória *x* tiver média μ_x, e uma variável aleatória *y* tiver média μ_y, então a média da soma e diferença das variáveis será dada pelas seguintes equações.

$$\mu_{x+y} = \mu_x + \mu_y \qquad \mu_{x-y} = \mu_x - \mu_y$$

Se as variáveis aleatórias forem independentes, então a variância e o desvio padrão da soma ou diferença das variáveis aleatórias poderão ser encontrados. Portanto, se uma variável aleatória *x* tiver variância σ^2_x e uma variável aleatória *y* tiver variância σ^2_y, então as variâncias da soma e da diferença das variáveis serão dadas pelas seguintes equações. Note que a variância da diferença será a soma das variâncias.

$$\sigma^2_{x+y} = \sigma^2_x + \sigma^2_y \qquad \sigma^2_{x-y} = \sigma^2_x + \sigma^2_y$$

Nos exercícios 49 e 50, a distribuição da pontuação do SAT para alunos pré-universitários tem média de 1.532 e um desvio padrão de 312. A distribuição da pontuação do SAT para alunas pré-universitárias tem uma média de 1.506 e um desvio padrão de 304. Um aluno e uma aluna são escolhidos aleatoriamente. Suponha que seus resultados sejam independentes. (*Fonte: College Board Online.*)

49. Qual é a soma média de suas pontuações? Qual é a diferença média de suas pontuações?

50. Qual é o desvio padrão das diferenças de seus resultados?

4.2 Distribuições binomiais

Experimentos binomiais ⟶ Fórmula de probabilidade binomial ⟶ Encontrando probabilidades binomiais ⟶ Representando distribuições binomiais graficamente ⟶ Média, variância e desvio padrão

O que você deve aprender

- Como determinar se um experimento de probabilidade é um experimento binomial.
- Como encontrar probabilidades binomiais usando a fórmula de probabilidade binomial.
- Como encontrar probabilidades binomiais usando tecnologia, fórmulas e uma tabela de probabilidade binomial.
- Como representar uma distribuição binomial graficamente.
- Como encontrar a média, a variância e o desvio padrão de uma distribuição de probabilidade binomial.

Experimentos binomiais

Há muitos experimentos de probabilidade para os quais os resultados de cada tentativa podem ser reduzidos a dois resultados: sucesso ou fracasso. Quando um jogador de basquete faz um lance livre, por exemplo, ele pode fazer a cesta ou não. Experimentos de probabilidade como esses são chamados de experimentos binomiais.

Definição

Um **experimento binomial** é um experimento de probabilidade que preencha os seguintes critérios:

1. O experimento é repetido por um número fixo de tentativas, onde cada tentativa é independente das outras.
2. Há apenas dois resultados possíveis de interesse para cada tentativa. Os resultados podem ser classificados como sucesso (*S*) ou fracasso (*F*).
3. A probabilidade de um sucesso *P*(*S*) é a mesma para cada tentativa.
4. A variável aleatória *x* contabiliza o número de tentativas com sucesso.

Notação para experimentos binomiais

Símbolo	*Descrição*
n	O número de vezes que uma tentativa é repetida
$p = P(S)$	A probabilidade de sucesso em uma tentativa única
$q = P(F)$	A probabilidade de fracasso em uma tentativa única ($q = 1 - p$)
x	A variável aleatória representa a contagem dos números de sucessos nas tentativas: $x = 0, 1, 2, 3, ..., n$.

Temos aqui um exemplo simples de experimento binomial. De um baralho de cartas comum, você pega uma carta, verifica se o naipe é de paus ou não, e devolve a carta ao baralho. Você repete o experimento cinco vezes, então $n = 5$. O resultado para cada tentativa pode ser classificado em duas categorias: S = tirar uma carta de

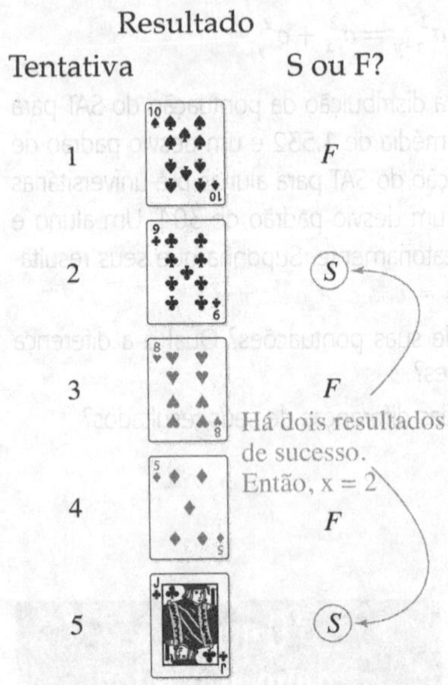

paus ou F = tirar uma carta cujo naipe não seja paus. As probabilidades de sucesso e fracasso são:

$$p = P(S) = \frac{1}{4} \quad \text{e} \quad q = P(F) = \frac{3}{4}.$$

A variável aleatória x representa o número de naipes de paus selecionados em três tentativas. Portanto, os valores possíveis de uma variável aleatória são

0, 1, 2, 3, 4 e 5.

Se $x = 2$, por exemplo, então exatamente duas das cinco cartas são de naipe de paus, e as outras três não são. Um exemplo de experimento com $x = 2$ é apresentado à esquerda. Note que x é uma variável aleatória discreta porque seus valores possíveis podem ser listados.

Exemplo 1

Experimentos binomiais

Decida se o experimento é binomial ou não. Caso ele seja, especifique os valores de n, p e q, e liste todos os valores possíveis da variável aleatória x. Caso ele não seja, explique o porquê.

1. Um dado procedimento cirúrgico tem 85% de chances de sucesso. Um médico realiza o procedimento em oito pacientes. A variável aleatória representa o número de cirurgias com sucesso.
2. Uma jarra contém cinco bolinhas de gude vermelhas, nove azuis e seis verdes. Você escolhe três bolinhas aleatoriamente, *sem trocas*. A variável aleatória representa o número de bolinhas vermelhas.

Solução

1. O experimento é binomial porque ele está de acordo com as quatro condições de um experimento binomial. No experimento, cada cirurgia representa uma tentativa. Há oito cirurgias e cada uma é independente das outras. Há apenas dois resultados possíveis para a cirurgia — ou ela é um sucesso ou é um fracasso. Além disso, a probabilidade de sucesso para cada cirurgia é de 0,85. Finalmente, a variável aleatória x representa o número de cirurgias com sucesso.

   $n = 8$

   $p = 0{,}85$

   $q = 1 - 0{,}85 = 0{,}15$

   $x = 0, 1, 2, 3, 4, 5, 6, 7, 8$

2. O experimento não é binomial porque ele não está de acordo com as quatro condições de um experimento binomial. No experimento, cada seleção de bolinha de gude representa uma tentativa e selecionar uma bolinha vermelha é um sucesso. Quando a primeira bolinha é selecionada, a probabilidade de sucesso é 5/20. Porém, como a bolinha de gude não é colocada de volta na jarra, a probabilidade de sucesso por tentativas subsequentes não é mais 5/20. Então, as tentativas não são independentes e a probabilidade de sucesso não é a mesma para cada uma das tentativas.

Tente você 1 Decida se o experimento a seguir é binomial. Caso ele seja, especifique os valores de n, p e q e liste os valores possíveis da variável aleatória x. Caso ele não seja binomial, explique o porquê.

Retratando o mundo

Uma pesquisa feita recentemente com donos de veículos nos EUA perguntou se eles têm diminuído seus gastos por conta do aumento de preço do combustível. Os pesquisados responderam que sim ou não. (*Fonte: Harris Interactive.*)

Pergunta da pesquisa: Você diminuiu o uso de algum produto ou serviço por conta do aumento de preço da gasolina?

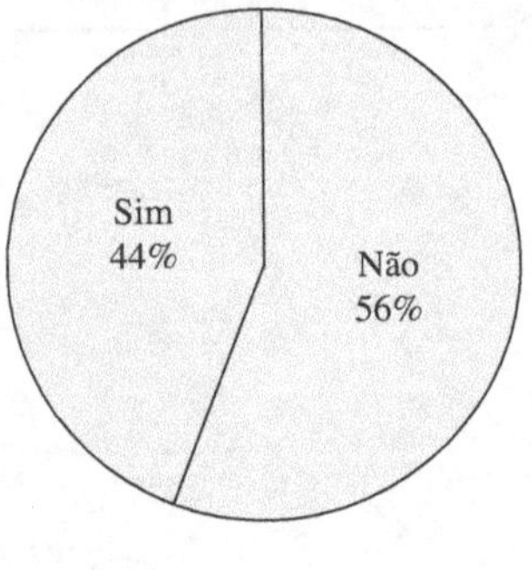

Por que esse experimento é binomial? Identifique a probabilidade de sucesso, p. Identifique a probabilidade de fracasso, q.

Você faz um teste de múltipla escolha que tem 10 questões. Cada questão tem quatro respostas possíveis, mas somente uma é correta. Para completar o teste, você escolhe uma resposta aleatoriamente para cada uma das questões. A variável aleatória representa o número de respostas corretas.

a. Identifique uma *tentativa* do experimento e o que é um "sucesso."

b. Decida se o experimento *satisfaz as quatro condições* de um experimento binomial.

c. *Conclua o raciocínio e identifique n, p, q* e os valores possíveis para x.

Resposta na p. A39

Fórmula de probabilidade binomial

Há várias formas de encontrar a probabilidade de x sucessos em n tentativas de um experimento binomial. Uma forma é usar um diagrama de árvore e a regra de multiplicação. Outra forma é usar a fórmula de probabilidade binomial.

Em um experimento binomial, a probabilidade de exatamente x sucessos em n tentativas é:

$$P(x) = {}_nC_x p^x q^{n-x} = \frac{n!}{(n-x)!\,x!} p^x q^{n-x}.$$

Importante

Na fórmula de probabilidade binomial, ${}_nC_x$ determina o número de maneiras de chegar a x sucessos em n tentativas, independentemente da ordem.

$${}_nC_x = \frac{n!}{(n-x)!\,x!}.$$

Exemplo 2

Encontrando probabilidades binomiais

Cirurgias de microfraturas no joelho têm 75% de chance de sucesso em pacientes com joelhos degenerativos. A cirurgia é realizada em três pacientes. Encontre a probabilidade de a cirurgia ser um sucesso em exatamente dois pacientes. (*Fonte: Illnois Orthopaedic and Sportsmedicine Centers.*)

Dica de estudo

Lembre-se que $n!$ é lido "n fatorial" e representa o produto de todos os números inteiros de n a 1. Por exemplo,

$$5! = 5 \cdot 4 \cdot 3 \cdot 2 \cdot 1 = 120.$$

Solução

Método 1: Desenhe um diagrama de árvore e use a regra de multiplicação.

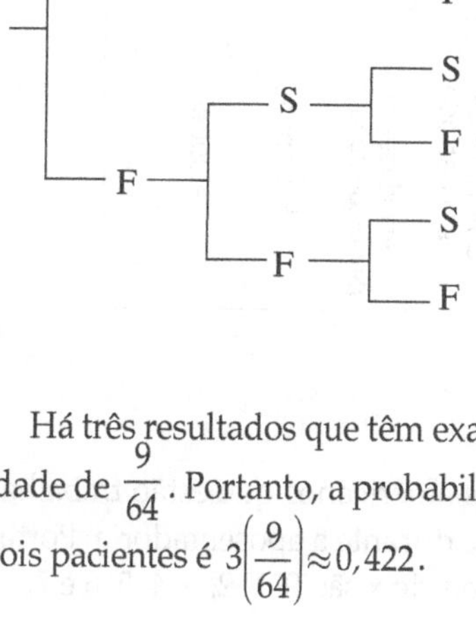

Resultado	Número de sucessos	Probabilidade
SSS	3	$\frac{3}{4}\cdot\frac{3}{4}\cdot\frac{3}{4}=\frac{27}{64}$
SSF	2	$\frac{3}{4}\cdot\frac{3}{4}\cdot\frac{1}{4}=\frac{9}{64}$
SFS	2	$\frac{3}{4}\cdot\frac{1}{4}\cdot\frac{3}{4}=\frac{9}{64}$
SFF	1	$\frac{3}{4}\cdot\frac{1}{4}\cdot\frac{1}{4}=\frac{3}{64}$
FSS	2	$\frac{1}{4}\cdot\frac{3}{4}\cdot\frac{3}{4}=\frac{9}{64}$
FSF	1	$\frac{1}{4}\cdot\frac{3}{4}\cdot\frac{1}{4}=\frac{3}{64}$
FFS	1	$\frac{1}{4}\cdot\frac{1}{4}\cdot\frac{3}{4}=\frac{3}{64}$
FFF	0	$\frac{1}{4}\cdot\frac{1}{4}\cdot\frac{1}{4}=\frac{1}{64}$

Há três resultados que têm exatamente dois sucessos e cada um tem uma probabilidade de $\frac{9}{64}$. Portanto, a probabilidade de uma cirurgia com sucesso em exatamente dois pacientes é $3\left(\frac{9}{64}\right) \approx 0{,}422$.

Método 2: Use a fórmula de probabilidade binomial.

Neste experimento binomial, os valores para n, p, q e x são $n = 3$, $p = \frac{3}{4}$, $q = \frac{1}{4}$ e $x = 2$. A probabilidade de exatamente duas cirurgias com sucesso é:

$$P(2 \text{ cirurgias com sucesso}) = \frac{3!}{(3-2)!2!}\left(\frac{3}{4}\right)^2\left(\frac{1}{4}\right)^1$$

$$= 3\left(\frac{9}{16}\right)\left(\frac{1}{4}\right) = 3\left(\frac{9}{64}\right) = \frac{27}{64} \approx 0,422.$$

Tente você 2

Uma carta é escolhida em um baralho comum e recolocada dentro dele. Esse experimento é repetido cinco vezes. Encontre a probabilidade de que sejam selecionadas três cartas de paus.

a. *Identifique* uma tentativa, um sucesso e um fracasso.

b. *Identifique* n, p, q e x.

c. Use a *fórmula de probabilidade binomial.*

Resposta na p. A39

Ao listar os valores possíveis de x com a probabilidade correspondente de cada um deles, você pode construir uma **distribuição de probabilidade binomial**.

Exemplo 3

Construindo uma distribuição binomial

Em uma pesquisa, pediram que trabalhadores nos EUA indicassem a fonte de seus rendimentos durante a aposentadoria. Os resultados estão representados no gráfico. Sete dos trabalhadores que participaram da pesquisa foram escolhidos aleatoriamente e responderam que esperam poder contar com o Seguro Social como fonte de seus rendimentos durante a aposentadoria. Crie uma distribuição de probabilidade binomial para o número de trabalhadores que responderam sim.

(Fonte: *The Gallup Organization.*)

Solução

No gráfico, é possível verificar que 25% dos americanos que estão trabalhando esperam contar com o seguro social para sua renda durante a aposentadoria. Portanto, $p = 0,25$ e $q = 0,75$. Como $n = 7$, os valores possíveis de x são 0, 1, 2, 3, 4, 5, 6 e 7.

Dica de estudo

Quando as probabilidades são arredondadas para um número fixo de casas decimais, a soma das probabilidades deve ser um pouco diferente de 1.

$$P(0) = {}_7C_0(0,25)^0(0,75)^7 = 1(0,25)^0(0,75)^7 \approx 0,1335$$
$$P(1) = {}_7C_1(0,25)^1(0,75)^6 = 7(0,25)^1(0,75)^6 \approx 0,3115$$
$$P(2) = {}_7C_2(0,25)^2(0,75)^5 = 21(0,25)^2(0,75)^5 \approx 0,3115$$
$$P(3) = {}_7C_3(0,25)^3(0,75)^4 = 35(0,25)^3(0,75)^4 \approx 0,1730$$
$$P(4) = {}_7C_4(0,25)^4(0,75)^3 = 35(0,25)^4(0,75)^3 \approx 0,0577$$
$$P(5) = {}_7C_5(0,25)^5(0,75)^2 = 21(0,25)^5(0,75)^2 \approx 0,0115$$
$$P(6) = {}_7C_6(0,25)^6(0,75)^1 = 7(0,25)^6(0,75)^1 \approx 0,0013$$
$$P(7) = {}_7C_7(0,25)^7(0,75)^0 = 1(0,25)^7(0,75)^0 \approx 0,0001$$

x	$P(x)$
0	0,1335
1	0,3115
2	0,3115
3	0,1730
4	0,0577
5	0,0115
6	0,0013
7	0,0001
	$\sum P(x) = 1$

Veja que, na tabela à direita, todas as probabilidades estão entre 0 e 1, e que a soma das probabilidades é 1,0001 ≈ 1.

Tente você 3 Sete trabalhadores que participaram da pesquisa são escolhidos aleatoriamente e respondem se esperam que sua renda para aposentadoria dependa de uma pensão. Crie uma distribuição binomial para o número de aposentados que responderam sim.

a. *Identifique* uma tentativa, um sucesso e um fracasso.

b. *Identifique n, p, q* e valores possíveis para *x*.

c. *Use a fórmula de probabilidade binomial* para cada valor de *x*.

d. *Use uma tabela* para mostrar que as propriedades de uma distribuição de probabilidade foram alcançadas.

Resposta na p. A39

Encontrando probabilidades binomiais

Nos exemplos 2 e 3, você usou a fórmula de probabilidade binomial para encontrar as probabilidades. Uma forma mais eficiente de encontrar as probabilidades binomiais é usar uma calculadora ou um computador. Por exemplo, você pode encontrar probabilidades binomiais ao usar o MINITAB, o Excel e a TI-83/84.

Exemplo 4

Encontrando uma probabilidade binominal usando tecnologia

Os resultados de uma pesquisa feita recentemente mostram que, ao assar alguma coisa, 59% das casas nos Estados Unidos usam uma grelha a gás. Se você selecionar 100 casas aleatoriamente, qual é a probabilidade de que exatamente 65 casas usem uma grelha a gás? Use uma ferramenta tecnológica para encontrar a probabilidade. (*Fonte: Greenfield Online for Weber-Stephens Products Company.*)

Solução

O MINITAB, o Excel e a TI-83/84 oferecem funções que permitem que você encontre probabilidades binomiais automaticamente. Tente usar essas tecnologias. Você deve obter resultados parecidos com os que seguem:

MINITAB

```
Probability Distribution Function
Binomial with n = 100 and p = 0.590000
       x          P(X=x)
   65.00       0.0391072
```

TI-83/84

```
binompdf(100,.59,65)
          .0391071795
```

Dica de estudo

Como encontrar uma probabilidade binomial usando uma TI-83/84:

[2 nd] DISTR

0: binompdf(

Entre com os valores de *n*, *p* e *x* separados por vírgulas.

[ENTER]

EXCEL

	A	B	C	D
1	BINOMDIST (65,100,0.59, FALSE)			
2				0.039107

Das telas, você pode verificar que a probabilidades de que exatamente 65 casas usem uma grelha a gás é por volta de 0,04.

Tente você 4 Os resultados de uma pesquisa feita recentemente indicam que 71% das pessoas nos Estados Unidos colocam mais de um recheio em seus cachorros quentes. Se você escolher 250 pessoas aleatoriamente, qual é a probabilidade de que exatamente 178 delas coloquem mais do que um recheio? Use uma ferramenta tecnológica para encontrar a probabilidade. (*Fonte: ICR Survey Research Group for Hebrew International.*)

a. *Identifique* n, p e x.

b. *Calcule* a probabilidade binomial.

c. *Escreva* o resultado em forma de sentença.

Resposta na p. A39

```
binompdf(4,.41,2
)
           .35109366
```

Usando a TI-83/84, podemos encontrar a probabilidade automaticamente.

Exemplo 5

Encontrando probabilidades binomiais usando fórmulas

Uma pesquisa indica que 41% das mulheres nos Estados Unidos têm a leitura como atividade de lazer preferida. Você escolhe, aleatoriamente, quatro mulheres norte-americanas e lhes pergunta se elas têm a leitura como atividade de lazer preferida. Encontre a probabilidade de que (1) exatamente duas delas respondam sim, (2) no mínimo duas delas respondam sim e (3) menos que duas delas respondam sim. (*Fonte: Louis Harris & Associates.*)

Solução

1. Usando $n = 4$, $p = 0{,}41$, $q = 0{,}59$ e $x = 2$, a probabilidade de que exatamente duas mulheres respondam sim é:

$$P(2) = {}_4C_2(0{,}41)^2(0{,}59)^2 = 6(0{,}41)^2(0{,}59)^2 \approx 0{,}351.$$

2. Para encontrar a probabilidade de que no mínimo duas mulheres respondam sim, encontre a soma de $P(2)$, $P(3)$ e $P(4)$.

$$P(2) = {}_4C_2(0{,}41)^2(0{,}59)^2 = 6(0{,}41)^2(0{,}59)^2 \approx 0{,}351094$$
$$P(3) = {}_4C_3(0{,}41)^3(0{,}59)^1 = 4(0{,}41)^3(0{,}59)^1 \approx 0{,}162654$$
$$P(4) = {}_4C_4(0{,}41)^4(0{,}59)^0 = 1(0{,}41)^4(0{,}59)^0 \approx 0{,}028258$$

Portanto, a probabilidade de que no mínimo duas mulheres respondam sim é:

$$P(x \geq 2) = P(2) + P(3) + P(4)$$
$$\approx 0{,}351094 + 0{,}162654 + 0{,}028258$$
$$\approx 0{,}542.$$

Dica de estudo

O complemento de "x é ao menos 2" é "x é menos que 2". Então, uma outra maneira de encontrar a probabilidade da parte 3 é:

$$P(x<2) = 1 - P(x \geq 2)$$
$$\approx 1 - 0{,}542$$
$$= 0{,}458.$$

```
binomcdf(4,.41,1
)
           .45799517
```

A função densidade acumulada (CDF) calcula a probabilidade de "x ou menos" sucessos. A CDF adiciona áreas para valores de x dados e todos aqueles à sua esquerda.

3. Para encontrar a probabilidade de que menos que duas mulheres respondam sim, encontre a soma de $P(0)$ e $P(1)$.

$$P(0) = {}_4C_0(0{,}41)^0(0{,}59)^4 = 1(0{,}41)^0(0{,}59)^4 \approx 0{,}121174$$
$$P(1) = {}_4C_1(0{,}41)^1(0{,}59)^3 = 4(0{,}41)^1(0{,}59)^3 \approx 0{,}336822$$

Portanto, a probabilidade de que menos que duas mulheres respondam sim é:

$$P(x<2) = P(0) + P(1)$$
$$\approx 0{,}121174 + 0{,}336822$$
$$\approx 0{,}458.$$

Tente você 5 Uma pesquisa indica que 21% dos homens nos Estados Unidos têm a pescaria como atividade de lazer preferida. Você escolhe, aleatoriamente, quatro homens norte-americanos e pergunta se eles têm a pescaria como atividade de lazer preferida. Encontre a probabilidade de que (1) exatamente dois deles respondam sim, (2) no mínimo dois deles respondam sim e (3) menos que dois deles respondam sim. *(Fonte: Louis Harris & Associates.)*

a. Determine os *valores apropriados para x* em cada situação.

b. Encontre a *probabilidade binomial* para cada valor de x. Depois, encontre a soma, se necessário.

c. *Escreva* o resultado em forma de sentença.

Resposta na p. A39

Encontrar as probabilidades binomiais com a fórmula de probabilidade binomial pode ser um processo cansativo. Para facilitar esse processo, você pode usar uma tabela de probabilidade binomial. A Tabela 2 no Apêndice B lista a probabilidade binomial para valores selecionados de n e p.

Exemplo 6

Encontrando uma probabilidade binomial usando a tabela

Por volta de 30% de trabalhadores adultos gastam menos de 15 minutos para chegar até seus locais de trabalho. Você escolhe seis trabalhadores de forma aleatória. Qual é a probabilidade de que exatamente três deles passem menos de 15 minutos cada no caminho para o trabalho? Use a tabela para encontrar a probabilidade. *(Fonte: U.S. Census Bureau.)*

Solução

Uma porção da Tabela 2 no Apêndice B está a seguir. Usando a distribuição para $n = 6$ e $p = 0{,}3$, você pode encontrar a probabilidade de que $x = 3$, conforme destacado nas áreas da tabela:

		p												
n	*x*	0,01	0,05	0,10	0,15	0,20	0,25	0,30	0,35	0,40	0,45	0,50	0,55	0,60
2	0	0,980	0,902	0,810	0,723	0,640	0,563	0,490	0,423	0,360	0,303	0,250	0,203	0,160
	1	0,020	0,095	0,180	0,255	0,320	0,375	0,420	0,455	0,480	0,495	0,500	0,495	0,480
	2	0,000	0,002	0,010	0,023	0,040	0,063	0,090	0,123	0,160	0,203	0,250	0,303	0,360
3	0	0,970	0,857	0,729	0,614	0,512	0,422	0,343	0,275	0,216	0,166	0,125	0,091	0,064
	1	0,029	0,135	0,243	0,325	0,384	0,422	0,441	0,444	0,432	0,408	0,375	0,334	0,288
	2	0,000	0,007	0,027	0,057	0,096	0,141	0,189	0,239	0,288	0,334	0,375	0,408	0,432
	3	0,000	0,000	0,001	0,003	0,008	0,016	0,027	0,043	0,064	0,091	0,125	0,166	0,216
6	0	0,941	0,735	0,531	0,377	0,262	0,178	0,118	0,075	0,047	0,028	0,016	0,008	0,004
	1	0,057	0,232	0,354	0,399	0,393	0,356	0,303	0,244	0,187	0,136	0,094	0,061	0,037
	2	0,001	0,031	0,098	0,176	0,246	0,297	0,324	0,328	0,311	0,278	0,234	0,186	0,138
	3	0,000	0,002	0,015	0,042	0,082	0,132	0,185	0,236	0,276	0,303	0,312	0,303	0,276
	4	0,000	0,000	0,001	0,006	0,015	0,033	0,060	0,095	0,138	0,186	0,234	0,278	0,311
	5	0,000	0,000	0,000	0,000	0,002	0,004	0,010	0,020	0,037	0,061	0,094	0,136	0,187
	6	0,000	0,000	0,000	0,000	0,000	0,000	0,001	0,002	0,004	0,008	0,016	0,028	0,047

Para explorar mais este tópico, ver 4.2 Atividades na p. 177.

Portanto, a probabilidade de que exatamente três de seis trabalhadores passem menos de 15 minutos cada no caminho para seus locais de trabalho é 0,185.

Tente você 6 Quarenta e cinco por cento de todas as pequenas empresas nos Estados Unidos têm um site na Internet. Se você selecionar 10 pequenas empresas de forma aleatória, qual é a probabilidade de que exatamente quatro delas tenham um site na Internet? Use a tabela para encontrar a probabilidade. (*Fonte: Hewlett-Packard Company.*)

a. *Identifique* uma tentativa, um sucesso e um fracasso.

b. Identifique n, p e x.

c. *Use a Tabela* 2 no Apêndice B para encontrar a probabilidade binomial.

d. *Escreva* o resultado em forma de sentença.

Resposta na p. A39

Representando distribuições binomiais graficamente

Na Seção 4.1, você aprendeu como representar graficamente distribuições de probabilidades discretas. Como uma distribuição binomial é uma distribuição de probabilidade discreta, você pode usar o mesmo processo.

Exemplo 7

Representando uma distribuição binomial graficamente

Cinquenta e nove por cento das casas nos Estados Unidos assinam TV a cabo. Você seleciona seis casas aleatoriamente e pergunta a cada uma delas se elas assinam TV a cabo. Construa uma distribuição de probabilidade para a variável aleatória x. Depois, represente graficamente a distribuição. (*Fonte: Kagan Research, LLC.*)

Solução

Para construir a distribuição binomial, encontre a probabilidade para cada valor de x. Usando $n = 6$, $p = 0{,}59$ e $q = 0{,}41$, você vai obter o seguinte:

x	0	1	2	3	4	5	6
$P(x)$	0,005	0,041	0,148	0,283	0,306	0,176	0,042

Você pode representar uma distribuição de probabilidade graficamente usando um histograma, como a seguir:

Assinaturas de TV a cabo

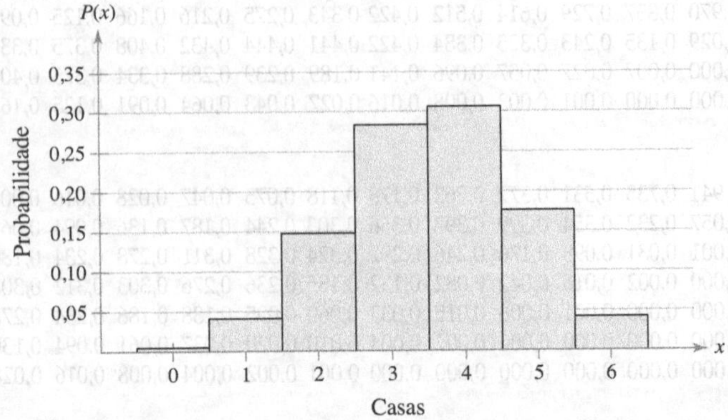

Interpretação

No histograma você pode ver que seria incomum nenhuma ou somente uma das casas assinarem TV a cabo, por conta das baixas probabilidades.

Tente você 7 Sessenta e dois por cento das casas nos Estados Unidos têm um computador. Você seleciona seis casas de forma aleatória e lhes pergunta se elas têm um computador. Construa uma distribuição de probabilidades para a variável aleatória x. Depois, represente graficamente a distribuição. (*Fonte: U.S. Department of Commerce.*)

a. *Encontre* a probabilidade binomial para cada valor da variável aleatória x.

b. *Organize* os valores de x e suas probabilidades correspondentes em uma distribuição binomial.

c. Use um histograma para representar *a distribuição binomial graficamente.*

Resposta na p. A39

Veja no Exemplo 7 que o histograma está inclinado para a esquerda. O gráfico de uma distribuição binomial com $p > 0{,}5$ é inclinado para a esquerda, enquanto o gráfico de uma distribuição com $p < 0{,}5$ é inclinado para a direita. O gráfico de uma distribuição binomial com $p = 0{,}5$ é simétrico.

Lembre-se de que, caso uma probabilidade seja de 0,05 ou menos, ela é considerada incomum.

Média, variância e desvio padrão

Embora você possa usar as fórmulas aprendidas na Seção 4.1 para média, variância e desvio padrão de uma distribuição de probabilidade discreta, as propriedades de uma distribuição binomial permitem que você use fórmulas muito mais simples.

Parâmetros populacionais de uma distribuição binomial

Média: $\mu = np$

Variância: $\sigma^2 = npq$

Desvio padrão: $\sigma = \sqrt{npq}$

Exemplo 8

Encontrando e interpretando a média, a variância e o desvio padrão

Em Pittsburgh, Pensilvânia, cerca de 56% dos dias são nublados. Encontre a média, a variância e o desvio padrão para o número de dias nublados durante o mês de junho. Interprete os resultados e determine quaisquer valores incomuns. (*Fonte: National Climatic Data Center.*)

Solução

No mês de junho há 30 dias. Usando $n = 30$, $p = 0{,}56$ e $q = 0{,}44$ você poderá encontrar a média, a variância e o desvio padrão conforme apresentado a seguir:

$$\mu = np = 30 \cdot 0{,}56$$
$$= 16{,}8$$
$$\sigma^2 = npq = 30 \cdot 0{,}56 \cdot 0{,}44$$
$$\approx 7{,}4$$
$$\sigma = \sqrt{npq} = \sqrt{30 \cdot 0{,}56 \cdot 0{,}44}\,.$$
$$\approx 2{,}7.$$

Interpretação

Em média, há 16,8 dias nublados durante o mês de junho. O desvio padrão é de aproximadamente 2,7 dias. Valores que são mais do que dois desvios padrões da média são considerados incomuns. Dado 16,8 – 2(2,7) = 11,4, um mês de junho com 11 dias nublados seria incomum. Da mesma forma, por termos 16,8 + 2(2,7) = 22,2, um mês de junho com 23 dias nublados também seria considerado incomum.

Tente você 8 Em São Francisco, Califórnia, 44% dos dias em 1 ano apresentam tempo limpo. Encontre a média, a variância e o desvio padrão para o número de dias limpos durante o mês de maio. Interprete os resultados e determine quaisquer valores incomuns. (*Fonte: National Climatic Data Center.*)

a. *Identifique* um sucesso e os valores de n, p e q.

b. *Encontre o produto* de n e p para calcular a média.

c. *Encontre o produto de* n, p e q para a variância.

d. *Encontre a raiz quadrada* das variâncias para o desvio padrão.

e. *Interprete* os resultados.

Resposta na p. A39

4.2 Exercícios

Construindo habilidades básicas e conceitos

Análise gráfica

Nos exercícios 1 e 2, relacione as probabilidades dadas com o gráfico correto. Cada um dos histogramas representa distribuições binomiais. Cada distribuição tem o mesmo número de tentativas n, mas probabilidades diferentes de sucesso p.

1. $p = 0,20$, $p = 0,50$, $p = 0,80$.

a)

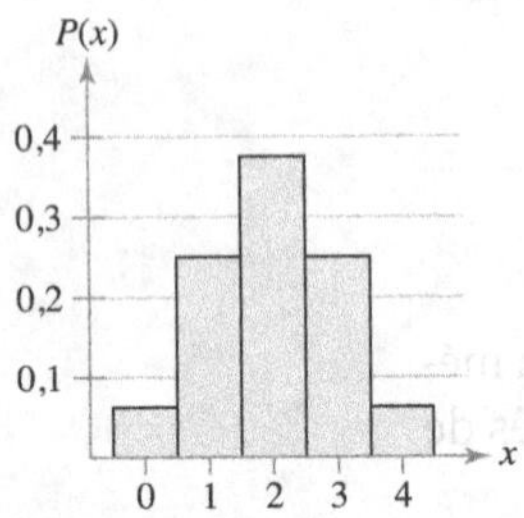

b)

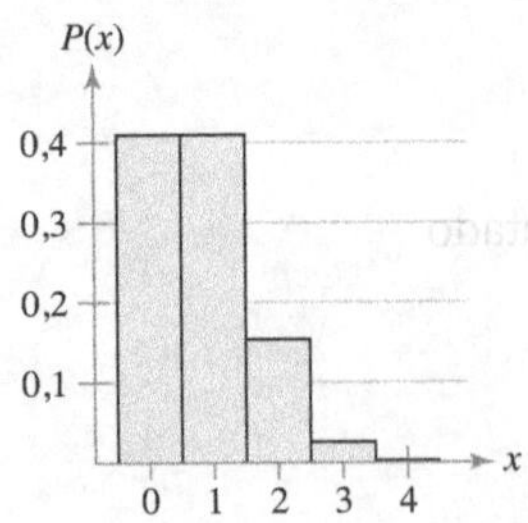

c)

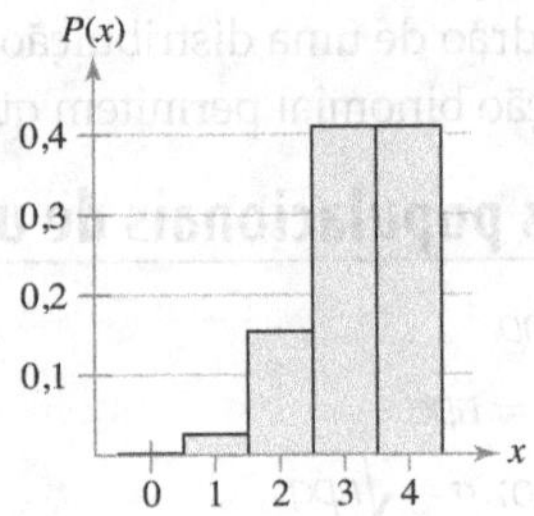

2. $p = 0,25$, $p = 0,50$, $p = 0,75$.

a)

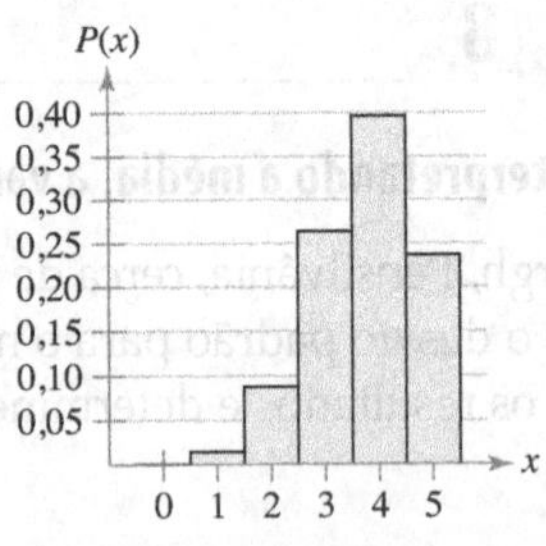

b)

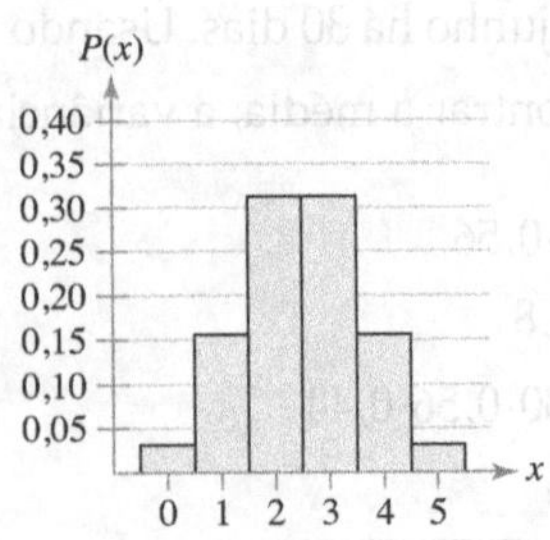

c)

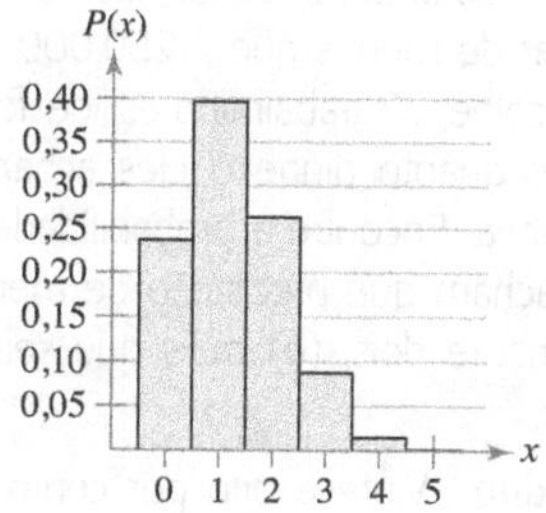

Análise gráfica

Nos exercícios 3 e 4, relacione os valores dados de *n* com os gráficos corretos. Cada histograma representa parte de uma distribuição binomial. Cada distribuição tem a mesma probabilidade de sucesso *p*, mas números diferentes de tentativas *n*. O que acontece quando o valor de *n* aumenta e a probabilidade de sucesso continua a mesma?

3. $n = 4, n = 8, n = 12$.

a)

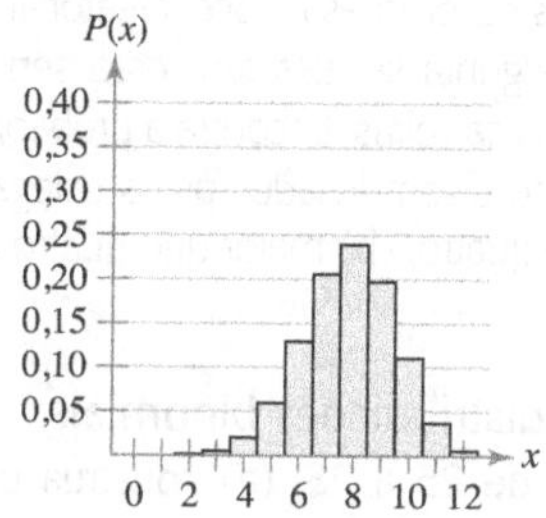

b)

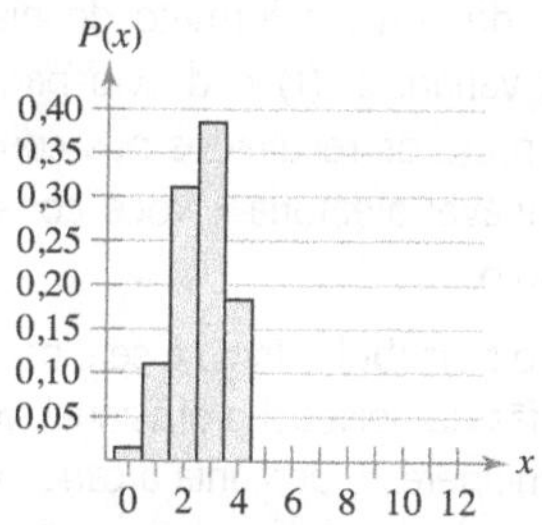

c)

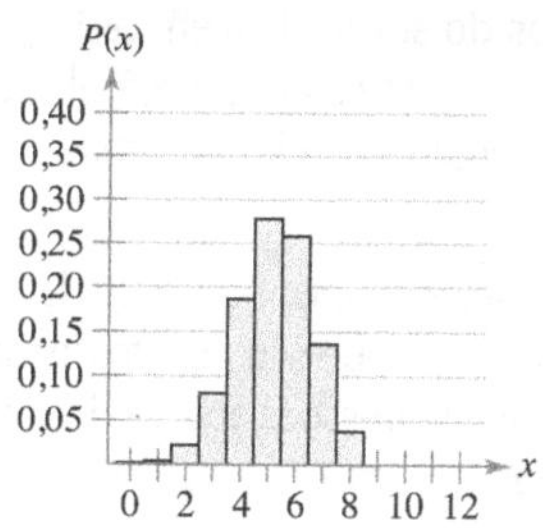

4. $n = 5, n = 10, n = 15$.

a)

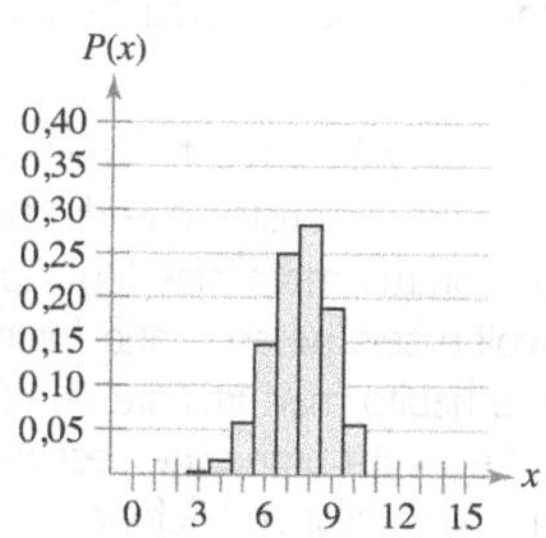

b)

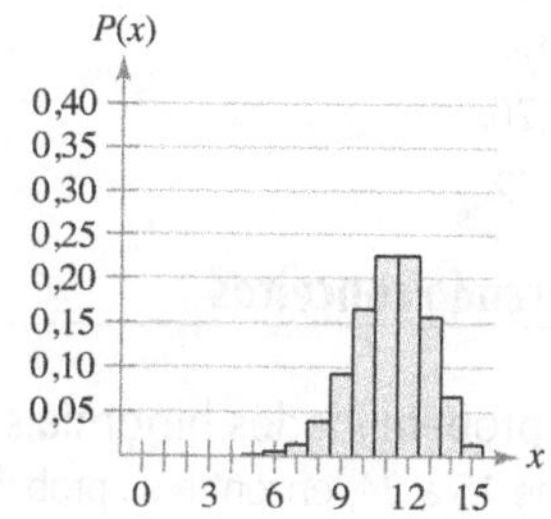

c)

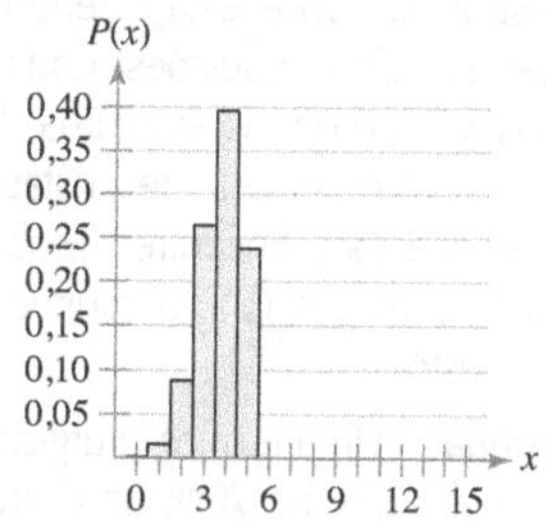

5. Identifique os valores incomuns de *x* em cada histograma do Exercício 2.

6. Identifique os valores incomuns de *x* em cada histograma do Exercício 4.

Identificando e entendendo experimentos binomiais

Nos exercícios de 7 a 10, decida se o experimento é binomial ou não. Caso ele seja, identifique um sucesso, especifique valores para *n*, *p* e *q* e liste os possíveis valores da variável aleatória *x*. Caso ele não seja binomial, explique o porquê.

7. **Cianose** Cianose é a condição de ter a pele azulada por conta de uma insuficiência na oxigenação no sangue. Cerca de 80% dos bebês que nascem com a doença conseguem se recuperar totalmente. Um hospital está cuidando de cinco bebês que têm a doença. A variável aleatória representa o número de bebês que se recuperam totalmente. (*Fonte: The World book Encyclopedia.*)

8. **Vendas de uma loja de roupas** Ao analisar gravações, uma loja descobre que 26% das pessoas que entram em suas dependências compram alguma coisa. Em um período de uma hora, 18 pessoas entram na loja. A variável aleatória representa o número de pessoas que não compram nada.

9. **Pesquisas políticas** Uma pesquisa entrevista 1.000 adultos, "O corte de impostos ajuda ou prejudica a economia?". Vinte e um por cento dos entrevistados disseram que cortes de impostos prejudicam a economia. Quinze adultos que participaram da pesquisa são selecionados aleatoriamente. A variável aleatória representa o número de adultos que acham que os cortes de impostos prejudicam a economia. (*Fonte: Rasmussen Reports.*)

10. **Loteria** Uma loteria estadual escolhe, de forma aleatória, 6 bolas numeradas de 1 a 40. Você escolhe seis números e compra um bilhete da loteria. A variável aleatória representa o número de combinações possíveis no seu bilhete para acertar os números sorteados na loteria.

Média, variância e desvio padrão

Nos exercícios de 11 a 14, encontre a média, a variância e o desvio padrão da distribuição binomial com os valores dados de *n* e *p*.

11. $n = 80, p = 0,3$.
12. $n = 64, p = 0,85$.
13. $n = 124, p = 0,26$.
14. $n = 316, p = 0,72$.

Usando e interpretando conceitos

Encontrando probabilidades binomiais

Nos exercícios de 15 a 24, encontre as probabilidades indicadas. Se for conveniente, use ferramentas de tecnologia para encontrá-las.

15. **Adivinhando respostas** Você está fazendo um teste de múltipla escolha que tem cinco questões. Cada questão tem quatro respostas possíveis, porém apenas uma delas é correta. Para completar o teste, você escolhe as respostas de forma aleatória para cada uma das questões. Encontre a probabilidade de acertar (a) exatamente três questões, (b) no mínimo três questões e (c) menos que três questões.
16. **Sucesso em cirurgias** Uma técnica cirúrgica é aplicada em sete pacientes. Você soube que há 70% de chance de sucesso. Encontre a probabilidade de que a cirurgia seja um sucesso para (a) exatamente cinco pacientes, (b) no mínimo cinco pacientes e (c) menos que cinco pacientes.
17. **Fãs de beisebol** Cinquenta e nove por cento dos homens se consideram fãs de beisebol profissional. Dentre eles, você seleciona 10 homens de forma aleatória e pergunta a cada um se eles se consideram fãs de beisebol profissional. Encontre a probabilidade de que o número daqueles que se consideram fãs de beisebol seja (a) exatamente oito, (b) no mínimo oito e (c) inferior a oito. *(Fonte: Gallup Poll.)*
18. **Biscoito preferido** Dez por cento dos adultos dizem que os biscoitos de flocos de aveia são seus preferidos. Você seleciona 12 adultos aleatoriamente e pergunta qual é o nome do biscoito preferido de cada um deles. Encontre a probabilidade de que o número dos que dizem preferir biscoitos de flocos de aveia seja (a) exatamente quatro, (b) no mínimo quatro e (c) inferior a quatro. *(Fonte: WEAREVER.)*
19. **Motivo das férias** Vinte e um por cento das pessoas em férias dizem que o principal motivo por elas estarem em férias é a possibilidade das atividades ao ar livre. Você seleciona 10 pessoas em férias de forma aleatória e pergunta a cada uma delas o motivo principal de elas estarem em férias. Encontre a probabilidade de que o número daqueles que escolhem as atividades ao ar livre como principal motivo para as férias seja (a) exatamente três, (b) maior que três e (c) no máximo três. *(Fonte: Travel Industry Association.)*
20. **Financiamento de lua de mel** Setenta por cento dos casais pagam por suas viagens de lua de mel. Você seleciona, aleatoriamente, 20 casais e pergunta se eles mesmos pagaram pela lua de mel. Encontre a probabilidade de o número de casais que disseram ter pago pela lua de mel ser (a) exatamente um, (b) maior que um e (c) no máximo um. *(Fonte: Bride's magazine.)*
21. **Castanha preferida** Cinquenta e cinco por cento dos adultos dizem que preferem a castanha de caju. Você seleciona, aleatoriamente, 12 adultos e pergunta qual seria o tipo de castanha que eles mais gostam. Encontre a probabilidade do número dos amantes das castanhas de caju ser (a) exatamente três, (b) no mínimo quatro e (c) no máximo dois. *(Fonte: Harris Interactive.)*
22. **Aposentadoria** Catorze por cento dos trabalhadores acreditam que vão precisar de menos que $ 250.000 quando se aposentarem. Você escolhe 10 trabalhadores, de forma aleatória, e os questiona sobre quanto dinheiro eles acham que vão precisar para aposentadoria. Encontre a probabilidade de que o número daqueles que acham que precisarão de menos que $ 250.000 seja (a) exatamente dois, (b) mais que seis e (c) no máximo cinco. *(Fonte: Retirement Corporation of America.)*
23. **Cartão de crédito** Vinte e oito por cento dos alunos universitários dizem usar cartão de crédito por conta dos planos de compensação para universitários. Você, aleatoriamente, escolhe 10 universitários e os questiona sobre o motivo de eles usarem cartão de crédito. Encontre a probabilidade de que o número daqueles que citam o plano de compensação como motivo para o uso do cartão seja (a) exatamente dois, (b) maior que dois e (c) entre dois e cinco, inclusive. *(Fonte: Experience.com.)*
24. **Evolução na carreira** Vinte e quatro por cento dos executivos dizem ter tido a evolução na carreira bloqueada por trabalhadores mais antigos da empresa. Você, aleatoriamente, seleciona 12 executivos e pergunta se eles têm essa sensação em relação à evolução de suas carreiras. Encontre a probabilidade de que o número dos que se dizem lesados pelos colegas mais antigos seja (a) exatamente quatro, (b) maior que quatro e (c) entre quatro e oito, inclusive. *(Fonte: Korn/Ferry International.)*

Construindo distribuições binomiais

Nos exercícios de 25 a 28, (a) construa uma distribuição binomial, (b) represente graficamente a distribuição binomial usando um histograma, (c) descreva o formato do histograma, encontre (d) a média, (e) a variância, (f) o desvio padrão da distribuição binomial e (g) interprete os resultados nos contextos de vida real. Quais valores da variável aleatória x você consideraria incomuns? Explique seu raciocínio.

25. **Mulheres fãs de beisebol** Trinta e sete por cento das mulheres se consideram fãs de beisebol profissional. Você, aleatoriamente, seleciona seis mulheres e pergunta a cada uma se elas se consideram fãs de beisebol profissional. *(Fonte: Gallup Poll.)*
26. **Sem transtornos do sono** Um em cada quatro adultos diz não ter problemas para dormir à noite. Você, aleatoriamente, seleciona cinco adultos e pergunta se eles não sofrem de algum transtorno do sono. *(Fonte: Marist Institute for Public Opinion.)*
27. **Doadores de sangue** Cinco por cento das pessoas nos Estados Unidos aptas a doar sangue são de fato doadoras. Você, aleatoriamente, escolhe quatro pessoas aptas a doar sangue e pergunta se elas são doadoras. *(Adaptado de American Association of Blood Banks.)*
28. **Tipos sanguíneos** Trinta e oito por cento das pessoas nos Estados Unidos têm tipo sanguíneo O+. Você, aleatoriamente, seleciona cinco norte-americanos e pergunta se eles têm tipo sanguíneo O+. *(Fonte: American Association of Blood Banks.)*
29. **Raiva no trânsito** O gráfico mostra os resultados de uma pesquisa conduzida entre motoristas que disseram qual é o hábito mais irritante que outros motoristas têm no trânsito. Você, aleatoriamente, escolhe seis pessoas que foram pesquisadas e as questiona sobre o hábito mais irritante que os outros motoristas têm no trânsito. Seja x o número de pessoas que disseram que o hábito mais irritante é falar ao telefone. *(Fonte: Hagerty Insurance.)*

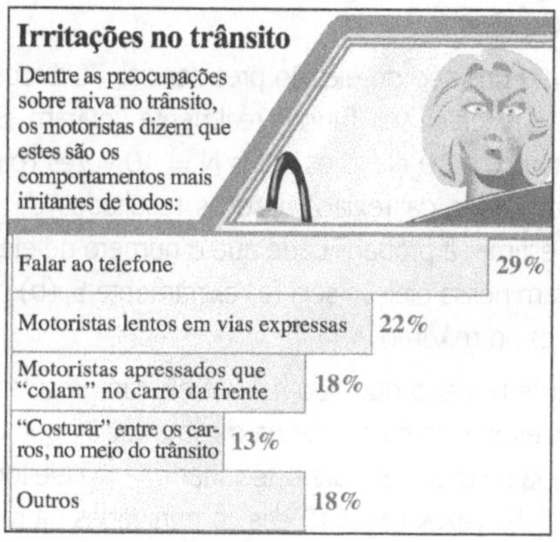

(a) Construa uma distribuição binomial.

(b) Encontre a probabilidade em que exatamente duas pessoas escolham "falar ao telefone".

(c) Encontre a probabilidade em que no mínimo cinco pessoas escolham "falar ao telefone".

30. **Donos de pequenas empresas** O gráfico mostra os resultados de uma pesquisa feita entre donos de pequenas empresas que foram questionados quanto à habilidade na área dos negócios que eles gostariam de desenvolver ainda mais. Seja ***x*** o número dos que disseram que gestão financeira era a habilidade que eles desejavam desenvolver ainda mais. *(Fonte: American Express.)*

(a) Construa uma distribuição binomial.

(b) Encontre a probabilidade em que exatamente dois empresários respondam "gestão financeira".

(c) Encontre a probabilidade de que menos de quatro empresários respondam "gestão financeira".

31. **Redação** Encontre a média e o desvio padrão da distribuição binomial no Exercício 29 e interprete os resultados no contexto da vida real. Quais valores de ***x*** você consideraria incomuns? Explique seu raciocínio.

32. **Redação** Encontre a média e o desvio padrão da distribuição binomial no Exercício 30 e interprete os resultados no contexto da vida real. Quais valores de ***x*** você consideraria incomuns? Explique seu raciocínio.

Expandindo conceitos

Experimentos polinomiais

Nos exercícios 33 e 34, use as informações a seguir:

Um **experimento polinomial** é um experimento de probabilidade que obedeça às seguintes condições:

1. O experimento é repetido um número fixo de vezes *n*, sendo cada tentativa independente de outras tentativas.
2. Cada tentativa tem *k* resultados mutuamente exclusivos E_1, $E_2, E_3, ..., E_k$.
3. Cada resultado tem um número fixo de probabilidades. Então, $P(E_1) = p_1, P(E_2) = p_2, P(E_3) = p_3, ..., P(E_k) = p_k$. A soma das probabilidades para todos os resultados é:
$$p_1 + p_2 + p_3 + ... + p_k = 1.$$
4. x_1 é o número de vezes que E_1 vai ocorrer; x_2 é o número de vezes que E_2 vai ocorrer; x_3 é o número de vezes que E_3 vai ocorrer, e assim por diante.
5. A variável aleatória discreta *x* calcula o número de vezes que $x_1, x_2, x_3, ..., x_k$ ocorre em *n* tentativas independentes, onde $x_1 + x_2 + x_3 + ... + x_k = n$.

A probabilidade que *x* ocorra é:

$$P(x) = \frac{n!}{x_1!x_2!x_3!\cdots x_k!} p_1^{x_1} p_2^{x_2} p_3^{x_3} \cdots p_k^{x_k}.$$

33. **Genética** De acordo com uma teoria de genética, se plantas coloridas e altas são cruzadas com plantas sem cor e baixas, quatro tipos de plantas surgirão: altas e coloridas, altas e sem cor, baixas e coloridas e baixas e sem cor, com as probabilidades correspondentes de $\frac{9}{16}$, $\frac{3}{16}$, $\frac{3}{16}$ e $\frac{1}{16}$. Se 10 plantas forem escolhidas, encontre a probabilidade de que cinco sejam altas e coloridas, duas sejam altas e sem cor, duas sejam baixas e coloridas e uma seja baixa e sem cor.

34. **Genética** Outra teoria proposta pela genética nos dá as probabilidades correspondentes para os quatro tipos de plantas descritas como $\frac{5}{16}$, $\frac{4}{16}$, $\frac{1}{16}$ e $\frac{6}{16}$. Se dez plantas forem escolhidas, encontre a probabilidade de que cinco sejam altas e coloridas, duas sejam altas e sem cor, duas sejam baixas e coloridas e uma seja baixa e sem cor.

4.2 Atividades

Distribuição binomial

A *distribuição binomial* APPLET permite que você simule valores de uma distribuição binomial. Você pode especificar os parâmetros para a distribuição binomial (***n*** e ***p***) e o número de valores a serem simulados (N). Quando você clica em SIMULATE, N valores de uma distribuição binomial específica serão organizados à direita. A frequência de cada resultado é exibida no gráfico.

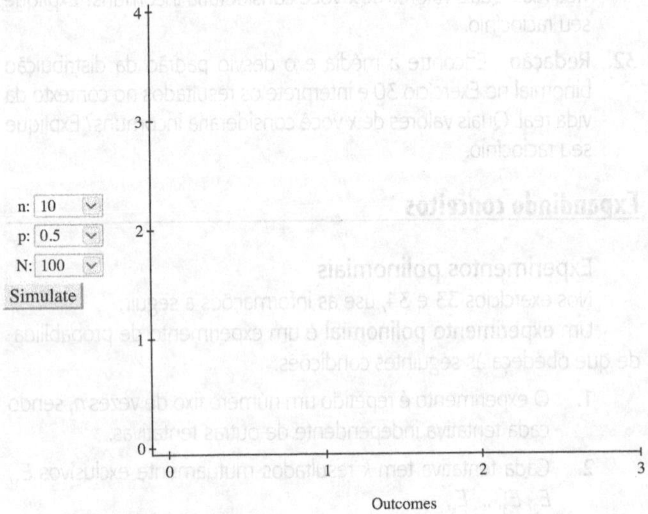

Explore

Passo 1 Especifique um valor para *n*.

Passo 2 Especifique um valor para *p*.

Passo 3 Especifique um valor para *N*.

Passo 4 Clique em SIMULATE.

Conclusões

1. Durante um ano de eleição presidencial, 70% dos eleitores aptos a exercer sua função realmente votaram. Simule selecionar $n = 10$ eleitores aptos $N = 10$ vezes (para 10 das comunidades da região). Use os resultados da simulação para estimar a probabilidade que o número de eleitores que votaram nessa eleição seja (a) exatamente 5, (b) no mínimo 8 e (c) no máximo 7.
2. Durante um ano que não haveria eleição presidencial, 20% dos eleitores aptos a votar na mesma região que o Exercício 1, de fato votam. Simule selecionar $n = 10$ eleitores válidos e $N = 10$ vezes (para 10 das comunidades na região). Use os resultados da simulação para estimar a probabilidade de que o número de eleitores que votaram nessa eleição seja (a) exatamente 4, (b) no mínimo 5 e (c) menor que 4.
3. Suponha que no Exercício 1 você selecione $n = 10$ eleitores aptos a votarem $N = 100$ vezes. Estime a probabilidade de que o número de eleitores que votaram nessa eleição seja de exatamente 5 pessoas. Compare este resultado com o resultado do Exercício 1 parte (a). Quais deles é mais próximo à probabilidade encontrada usando a fórmula de probabilidade binomial?

Estudo de caso

Distribuição binomial de acidentes de avião

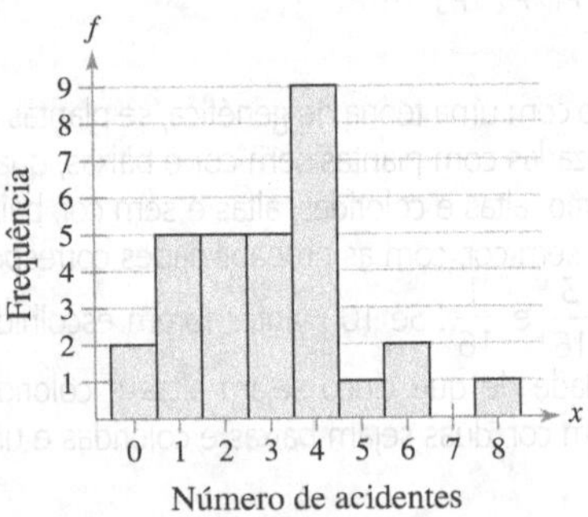

A Air Transport Association of America (ATA) é uma organização de suporte para as principais empresas aéreas dos EUA. Algumas das atividades da ATA incluem promover a indústria de transporte aéreo e conduzir estudos industriais.

A ATA também mantém estatísticas sobre voos comerciais, inclusive aquelas que envolvem acidentes. De 1977 até 2006 para aeronaves com 10 ou mais lugares, tivemos 91 acidentes com aviões comerciais envolvendo empresas aéreas norte-americanas. A distribuição desses acidentes pode ser vista no histograma à direita.

Ano	1977	1978	1979	1980	1981	1982	1983	1984	1985	1986	1987	1988	1989	1990	1991
Acidentes	3	5	4	0	4	4	4	1	4	2	4	3	8	6	4

Ano	1992	1993	1994	1995	1996	1997	1998	1999	2000	2001	2002	2003	2004	2005	2006
Acidentes	4	1	4	1	3	3	1	2	2	6	0	2	1	3	2

Exercícios

1. Em 2006, havia por volta de 11 milhões de voos comerciais nos Estados Unidos. Se um for escolhido de forma aleatória, qual é a probabilidade de ele ter se envolvido em um acidente fatal?
2. Suponha que a probabilidade de um acidente fatal em um dado ano seja 0,0000004. Uma distribuição de probabilidade binomial para $n = 11.000.000$ e $p = 0,0000004$ com $x = 0$ à 12 é apresentada:

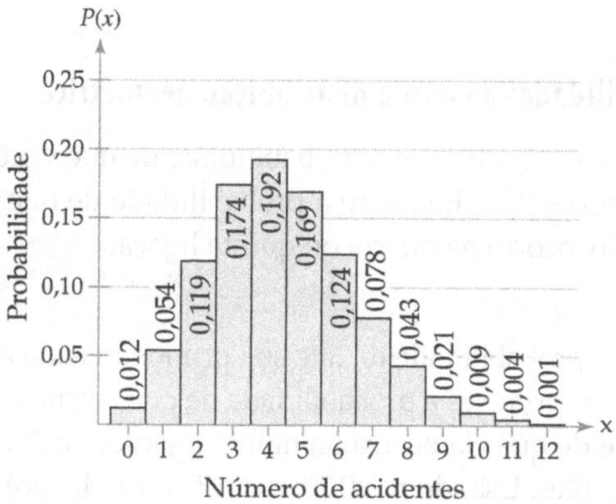

Qual é a probabilidade de existir (a) 4 acidentes fatais em um ano? (b) 10 acidentes fatais? (c) entre 1 e 5, inclusive?

3. Construa uma distribuição binomial para $n = 11.000.000$ e $p = 0,0000008$ com $x =$ 0 a 12. Compare seus resultados com a distribuição do Exercício 2.
4. Seria uma distribuição binomial um bom modelo para determinar a probabilidade de vários números de acidentes fatais durante um ano? Explique e inclua a discussão dos quatro critérios para um experimento binomial.
5. De acordo com a análise de USA TODAY, voos aéreos são tão seguros que uma pessoa teria que "voar todos os dias por mais de 64.000 anos antes de morrer em algum acidente." Como essa sentença pode ser justificada?

4.3 Mais distribuições de probabilidade discretas

A distribuição geométrica ⟶ A distribuição de Poisson ⟶ Resumo das distribuições de probabilidade discretas

O que você deve aprender

- Como encontrar probabilidades usando distribuição geométrica.
- Como encontrar probabilidades usando a distribuição de Poisson.

A distribuição geométrica

Nesta seção, você vai estudar outras duas distribuições de probabilidade discretas — a distribuição geométrica e a distribuição de Poisson.

Muitas ações na vida são repetidas até atingir-se o sucesso. Um candidato de CPA, por exemplo, pode fazer o exame de CPA várias vezes antes de conseguir passar, ou você pode digitar um número de telefone celular várias vezes antes de conseguir fazer a ligação. Situações como essas podem ser representadas por uma distribuição geométrica.

Dica de estudo

Instruções detalhadas para encontrar uma probabilidade geométrica na TI-83/84:

[2nd] DISTR

D: geometpdf(

Entre com os valores de p e x separados por vírgula.

[ENTER]

Definição

Uma **distribuição geométrica** é uma distribuição de probabilidade discreta de uma variável aleatória x que satisfaça as seguintes condições:

1. Uma tentativa é repetida até que o sucesso ocorra.
2. As tentativas repetidas são independentes uma das outras.
3. A probabilidade de sucesso p é constante para cada tentativa.

A **probabilidade de que o primeiro sucesso ocorra na tentativa número x** é:

$$P(x) = p(q)^{x-1},$$

onde $q = 1 - p$.

Em outras palavras, quando o primeiro sucesso acontece na terceira tentativa, o resultado é FFS, e a probabilidade é $P(3) = q \cdot q \cdot p$ ou $P(3) = p \cdot q^2$.

```
geometpdf(.23,4)
        .10500259
geometpdf(.23,5)
     .0808519943
```

Usando a TI-83/84, você pode encontrar as probabilidades usadas no Exemplo 1 automaticamente.

Exemplo 1

Encontrando probabilidades ao usar a distribuição geométrica

Por experiência, você sabe que a probabilidade de que você fará uma venda em qualquer telefone dado é 0,23. Encontre a probabilidade de que sua primeira venda, em qualquer dia dado, ocorra na quarta ou quinta ligação.

Solução

Para encontrar a probabilidade de que sua primeira venda aconteça na quarta ou quinta ligação, encontre primeiro a probabilidade de que a venda ocorra na quarta ligação e a probabilidade de que ela ocorra na quinta ligação. Então, encontre a soma das probabilidades resultantes. Usando $p = 0{,}23$, $q = 0{,}77$ e $x = 4$, você tem:

$$P(4) = 0{,}23 \cdot (0{,}77)^3 \approx 0{,}105003.$$

Usando $p = 0{,}23$, $q = 0{,}77$ e $x = 5$, você tem:

$$P(5) = 0{,}23 \cdot (0{,}77)^4 \approx 0{,}080852.$$

Então, a probabilidade de que sua primeira venda ocorra na quarta ou quinta ligação é:

$$\begin{aligned} P\,(\text{venda na quarta ou quinta ligação}) &= P(4) + P(5) \\ &\approx 0{,}105003 + 0{,}080852 \\ &\approx 0{,}186. \end{aligned}$$

Tente você 1 Encontre a probabilidade de que sua primeira venda ocorra antes da quarta ligação.

a. *Use a distribuição geométrica* para encontrar $P(1)$, $P(2)$ e $P(3)$.

b. *Encontre a soma* de $P(1)$, $P(2)$ e $P(3)$.

c. *Escreva* o resultado em forma de sentença.

Resposta na p. A40

Embora um sucesso possa, teoricamente, nunca ocorrer, a distribuição geométrica é uma distribuição de probabilidade discreta porque os valores de x podem ser listados — 1, 2, 3, ... Perceba que conforme x se torna maior, $P(x)$ se aproxima de zero. Por exemplo:

$$\begin{aligned} P(50) &= 0{,}23(0{,}77)^{49} \\ &\approx 0{,}0000006306. \end{aligned}$$

A distribuição de Poisson

Em um experimento binomial, você está interessado em descobrir a probabilidade de um número específico de sucessos em um dado número de tentativas. Suponha que, em vez disso, você queira a probabilidade de que um número específico de ocorrência aconteça dentro de uma dada unidade de tempo ou espaço. Por exemplo, para determinar a probabilidade de que um funcionário fique doente por 15 dias dentro de um ano, você pode usar a distribuição de Poisson.

Definição

A **distribuição de Poisson** é uma distribuição de probabilidade discreta de uma variável aleatória x que satisfaça as seguintes condições:

1. O experimento consiste em calcular o número de vezes, x, que um evento ocorre em um dado intervalo. O intervalo pode ser de tempo, área ou volume.

2. A probabilidade de o evento acontecer é a mesma para cada intervalo.
3. O número de ocorrências em um intervalo é independente do número de ocorrências em outro intervalo.

A probabilidade de exatas x ocorrências em um intervalo é:

$$P(x) = \frac{\mu^x e^{-\mu}}{x!}.$$

onde e é um número irracional aproximadamente igual a 2,71828 e μ é a média dos números de ocorrências por intervalo de unidade.

Exemplo 2

Usando a distribuição de Poisson

A média do número de acidentes por mês em certa interseção é três. Qual é a probabilidade de que, em qualquer mês dado, quatro acidentes ocorram nessa interseção?

Solução

Usando $x = 4$ e $\mu = 3$, a probabilidade que 4 acidentes aconteçam em qualquer mês dado na interseção é:

$$P(4) = \frac{3^4(2{,}71828)^{-3}}{4!}$$
$$\approx 0{,}168.$$

```
poissonpdf(3,4)
         .1680313557
```

Tente você 2 Qual é a probabilidade que mais de quatro acidentes ocorram em um dado mês na interseção?

a. *Use a distribuição de Poisson* para encontrar $P(0)$, $P(1)$, $P(2)$, $P(3)$ e $P(4)$.

b. *Encontre a soma* de $P(0)$, $P(1)$, $P(2)$, $P(3)$ e $P(4)$.

c. *Subtraia* a soma de 1.

d. *Escreva* o resultado em forma de sentença.

Resposta na p. A40

No Exemplo 2 você usou uma fórmula para determinar uma probabilidade de Poisson. Você também pode usar uma tabela para encontrar as probabilidades de Poisson. A Tabela 3 do Apêndice B lista a probabilidade de Poisson para valores selecionados de x e μ. Você também pode usar ferramentas tecnológicas, como MINITAB, Excel e a TI-83/84, para encontrar as probabilidades de Poisson. Usando a TI-83/84, por exemplo, o Menu DISTR pode ser usado para encontrar probabilidades binomiais, geométricas ou de Poisson. Você pode verificar a solução para o Exemplo 2 na margem.

Exemplo 3

Usando uma tabela para encontrar probabilidades de Poisson

Uma estimativa populacional mostra que existe uma média de 3,6 coelhos por acre morando em um campo. Use uma tabela para encontrar a probabilidade de que dois coelhos sejam encontrados em qualquer acre dado, dentro do campo.

Solução

Uma parte da Tabela 3 do Apêndice B pode ser vista aqui. Usando a distribuição para $\mu = 3{,}6$ e $x = 2$, você pode encontrar a probabilidade de Poisson conforme visto nas áreas destacadas da tabela.

Retratando o mundo

A primeira ponte suspensa construída com sucesso nos EUA, a Ponte Tacoma Narrows, passa por cima do Tacoma Narrows no estado de Washington. A ocupação média dos veículos que passam pela ponte é de 1,6. A seguinte distribuição de probabilidade representa a ocupação de veículos durante um período de 5 dias. (*Fonte: Washington State Department of Transportation.*)

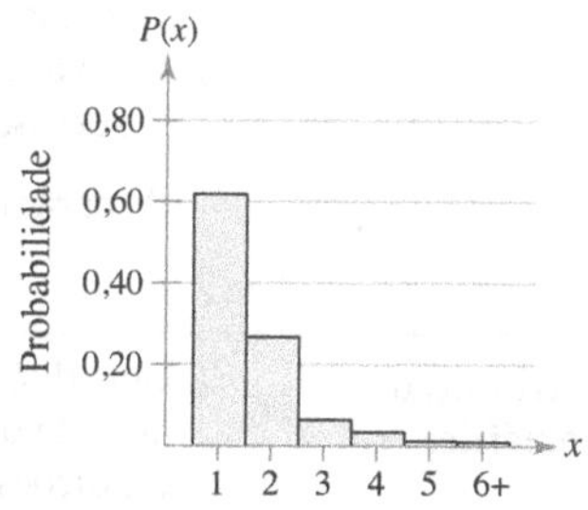

Qual é a probabilidade de que um veículo selecionado aleatoriamente tenha dois ocupantes ou menos?

	μ						
x	3,1	3,2	3,3	3,4	3,5	3,6	3,7
0	0,0450	0,0408	0,0369	0,0334	0,0302	0,0273	0,0247
1	0,1397	0,1304	0,1217	0,1135	0,1057	0,0984	0,0915
2	0,2165	0,2087	0,2008	0,1929	0,1850	0,1771	0,1692
3	0,2237	0,2226	0,2209	0,2186	0,2158	0,2125	0,2087
4	0,1734	0,1781	0,1823	0,1858	0,1888	0,1912	0,1931
5	0,1075	0,1140	0,1203	0,1264	0,1322	0,1377	0,1429
6	0,0555	0,0608	0,0662	0,0716	0,0771	0,0826	0,0881
7	0,0246	0,0278	0,0312	0,0348	0,0385	0,0425	0,0466
8	0,0095	0,0111	0,0129	0,0148	0,0169	0,0191	0,0215
9	0,0033	0,0040	0,0047	0,0056	0,0066	0,0076	0,0089
10	0,0010	0,0013	0,0016	0,0019	0,0023	0,0028	0,0033

Então, a probabilidade de que dois coelhos sejam encontrados em um dado acre é de 0,1771.

Tente você 3 Duas mil trutas marrons são colocadas em um pequeno lago. O lago tem um volume de 20.000 metros cúbicos. Use a tabela para encontrar uma probabilidade de que três das trutas sejam encontradas em um mesmo metro cúbico do lago.

a. *Encontre o número médio* de trutas marrons por metro cúbico.

b. *Identifique* μ e x.

c. *Use a Tabela 3* do Apêndice B para encontrar a probabilidade de Poisson.

d. *Escreva* o resultado em forma de sentença.

Resposta na p. A40

Resumo das distribuições de probabilidade discretas

A tabela a seguir resume as distribuições de probabilidade discretas discutidas no capítulo.

Distribuição	Resumo	Fórmulas
Distribuição binomial	Um experimento binomial é um experimento de probabilidade que preencha os seguintes critérios: **1.** O experimento é repetido por um número fixo de tentativas (n), onde cada tentativa é independente das outras. **2.** Há apenas dois resultados possíveis de interesse para cada tentativa. Os resultados podem ser classificados como sucesso (S) ou fracasso (F). **3.** A probabilidade de um sucesso $P(S)$ é a mesma para cada tentativa. **4.** A variável aleatória x contabiliza o número de tentativas com sucesso do total de tentativas (n). Os parâmetros de uma distribuição binomial são n e p.	x = o número de sucessos em n tentativas p = probabilidade de sucesso em uma única tentativa q = probabilidade de fracasso em uma única tentativa $q = 1 - p$ A probabilidade de exatos x sucessos em n tentativas é: $P(x) = {}_nC_x p^x q^{n-x}$ $P(x) = \frac{n!}{(n-x)!x!} p^x q^{n-x}$.
Distribuição geométrica	Uma distribuição geométrica é uma distribuição de probabilidade discreta de uma variável aleatória x que satisfaça as seguintes condições: **1.** Uma tentativa é repetida até que o sucesso ocorra. **2.** As tentativas repetidas são independentes umas das outras. **3.** A probabilidade de sucesso p é constante para cada tentativa. **4.** A variável aleatória x representa o número de tentativas nas quais o primeiro sucesso ocorre. O parâmetro de uma distribuição geométrica é p.	x = o número de tentativas nas quais o primeiro sucesso ocorre p = probabilidade de sucesso em uma única tentativa q = probabilidade de fracasso em uma única tentativa $q = 1 - p$ A probabilidade de que o primeiro sucesso ocorra em uma tentativa de número x é: $P(x) = p(q)^{x-1}$.

Distribuição de Poisson	A distribuição de Poisson é uma distribuição de probabilidade discreta de uma variável aleatória x que satisfaça as seguintes condições: 1. O experimento consiste em calcular o número de vezes, x, que um evento ocorre em um dado intervalo. O intervalo pode ser intervalo de tempo, área ou volume. 2. A probabilidade de o evento acontecer é a mesma para cada intervalo. 3. O número de ocorrências em um intervalo é independente do número de ocorrências em outro. O parâmetro para uma distribuição de Poisson é μ.	x = o número de ocorrências em um dado intervalo μ = o número médio de ocorrências em uma dada unidade de tempo ou espaço A probabilidade de exatas x ocorrências em um intervalo é: $P(x)=\frac{\mu^x e^{-\mu}}{x!}$.

4.3 Exercícios

Construindo habilidades básicas e conceitos

Nos exercícios de 1 a 4, a distribuição geométrica se aplica. Use as probabilidades de sucesso dadas p para encontrar a probabilidade indicada.

1. Encontre $P(2)$ quando $p = 0{,}60$.
2. Encontre $P(1)$ quando $p = 0{,}25$.
3. Encontre $P(6)$ quando $p = 0{,}09$.
4. Encontre $P(5)$ quando $p = 0{,}38$.

Nos exercícios de 5 a 8, a distribuição de Poisson se aplica. Use a média μ dada para encontrar a probabilidade indicada.

5. Encontre $P(3)$ quando $\mu = 4$.
6. Encontre $P(5)$ quando $\mu = 6$.
7. Encontre $P(2)$ quando $\mu = 1{,}5$.
8. Encontre $P(4)$ quando $\mu = 8{,}1$.
9. Com suas próprias palavras, descreva as diferenças entre o valor de x em uma distribuição binomial e em uma distribuição geométrica.
10. Com suas próprias palavras, descreva as diferenças entre o valor de x em uma distribuição binomial e em uma distribuição de Poisson.

Decidindo por uma distribuição

Nos exercícios de 11 a 16, decida qual distribuição de probabilidade — binomial, geométrica ou de Poisson — se aplica à questão. Você não precisa responder à pergunta. Em vez disso, justifique sua escolha.

11. **Teste de piloto** *Dados*: a probabilidade de que um aluno seja aprovado no teste escrito para uma licença particular de piloto é de 0,75. *Pergunta*: qual é a probabilidade de um aluno reprovar no teste na primeira tentativa e passar na segunda?
12. **Precipitação** *Dados:* na cidade Rapidy, Dakota do Sul, o número médio de dias com nível 0,01 polegada ou mais de precipitações para o mês de maio, é 12. *Pergunta:* qual é a probabilidade de que a cidade Rapidy tenha 18 dias com nível 0,01 polegada, ou mais de precipitação, no próximo mês de maio. (*Fonte: National Climatic Data Center.*)
13. **Petroleiros** *Dados:* o número médio de navios petroleiros que chegam a um porto diariamente é 8. O porto tem capacidade de lidar com 12 petroleiros por dia. *Pergunta:* qual é a probabilidade de que, em um dado dia, cheguem mais petroleiros do que o porto tem capacidade de receber?
14. **Exercícios** *Dados:* quarenta por cento dos adultos nos Estados Unidos se exercitam pelo menos trinta minutos por semana. Em uma pesquisa de 120 adultos escolhidos aleatoriamente, as pessoas responderam à pergunta: "Você se exercita pelo menos 30 minutos por semana?" *Pergunta:* qual é a probabilidade de exatamente 50 pessoas tenham respondido sim?
15. **Colas** *Dados:* de alunos entre 16 e 18 anos, com médias A e B e que planejam fazer faculdade depois de se formarem, 78% colaram para conseguir notas maiores. Dez alunos escolhidos de forma aleatória com médias A e B que planejam cursar uma faculdade responderam à pergunta: "Você colou para conseguir notas mais altas?" *Pergunta:* qual é a probabilidade de que exatamente dois alunos tenham respondido não? (*Fonte: Who's Who Among American High School Students.*)
16. **Sem carne?** *Dados:* cerca de 21% dos norte-americanos dizem que não conseguiriam passar uma semana sem comer carne. Você escolhe, aleatoriamente, 20 norte-americanos. *Pergunta:* qual é a probabilidade de que a primeira pessoa que responderá que não conseguiria ficar sem carne por uma semana seja a quinta pessoa escolhida? (*Fonte: Reuters/Zogby.*)

Usando e interpretando conceitos

Usando uma distribuição geométrica para encontrar probabilidades

Nos exercícios de 17 a 20, encontre as probabilidades indicadas usando a distribuição geométrica. Se for conveniente, use tecnologia para encontrar as probabilidades.

17. **Vendas por telefone** Suponha que a probabilidade de que você faça uma venda durante qualquer um dos telefonemas feitos é 0,19. Encontre a probabilidade de que você (a) faça sua primeira venda durante a quinta ligação, (b) faça sua primeira venda durante a primeira, segunda ou terceira ligação e (c) não faça uma venda durante as três primeiras ligações.
18. **Lances livres** O jogador de basquete Shaquille O'Neal faz lances livres cerca de 52,6% do tempo. Encontre a probabilidade de que (a) a primeira cesta que O'Neal faz seja no segundo lance, (b) a primeira cesta seja convertida no primeiro ou segundo lance e (c) O'Neal não faça duas cestas. (*Fonte: National Basketball Association.*)
19. **Produtor de vidro** Um produtor de vidro descobre que 1 em cada 500 itens de vidro está torcido. Encontre a probabilidade de (a) o primeiro item de vidro torcido ser o décimo item produzido, (b) o primeiro item de vidro torcido ser o primeiro, o segundo ou o terceiro a ser produzido e (c) nenhum dos dez itens de vidro estar imperfeito.
20. **Ganhando um prêmio** Uma fábrica de cereais coloca um jogo na caixa de seus cereais. A probabilidade de ganhar um prêmio no

jogo é de 1 em 4. Encontre a probabilidade de que você (a) ganhe o seu primeiro prêmio com sua quarta compra, (b) ganhe o seu primeiro prêmio com a sua primeira, segunda ou terceira compra e (c) não ganhe um prêmio com as suas primeiras quatro compras.

Usando uma distribuição de Poisson para encontrar probabilidades

Nos exercícios de 21 a 24, encontre as probabilidades indicadas usando a distribuição de Poisson. Se achar conveniente, use uma tabela de probabilidade de Poisson ou ferramentas tecnológicas para encontrar as probabilidades.

21. **Falências** O número médio de pedidos de falência por minuto nos EUA em um ano recente era de cerca de três. Encontre a probabilidade de que (a) exatamente cinco negócios peçam falência a qualquer minuto, (b) no mínimo cinco negócios peçam falência em qualquer minuto dado e (c) mais de cinco negócios peçam falência em qualquer dado minuto. *(Fonte: Administrative Office of the U.S. Courts.)*

22. **Erros tipográficos** Um jornal descobre que a média de erros tipográficos para cada página é quatro. Encontre a probabilidade de que (a) exatamente três erros tipográficos sejam encontrados em uma única página, (b) no máximo três erros sejam encontrados em uma página e (c) mais do que três erros tipográficos sejam encontrados em uma página.

23. **Maiores furacões** É considerado um furacão grande aqueles cuja velocidade do vento atinja 111 milhas, ou mais, por hora. Durante o século XX, o número médio de grandes furacões a atingirem os EUA por ano foi de 0,6. Encontre a probabilidade de que em um dado ano, (a) exatamente um grande furacão atinja o território americano, (b) no máximo um furacão atinja o território americano e (c) mais de um grande furacão atinja o território americano. *(Fonte: National Hurricane Center.)*

24. **Precipitação** O número médio de dias com índice de 0,01 polegada ou mais de precipitações mensais em Lewistown, Idaho, é de cerca de 8,7. Encontre a probabilidade de que em um dado mês, (a) haja exatamente 9 dias com índice de precipitação maior ou igual a 0,01 polegada, (b) haja no máximo 9 dias com índice de precipitação maior ou igual a 0,01 polegada e (c) haja mais do que 9 dias com índice de precipitação maior ou igual 0,01 polegadas. *(Fonte: National Climatic Data Center.)*

Expandindo conceitos

25. **Aproximando a distribuição binomial** Um fabricante de automóveis descobre que 1 em cada 2.500 automóveis produzidos tem um defeito de fabricação. (a) Use uma distribuição binomial para encontrar a probabilidade de encontrar quatro carros com defeitos em uma amostra aleatória de 6.000 carros. (b) A distribuição de Poisson pode ser usada para aproximar a distribuição binomial para grandes valores de n e pequenos valores de p. Repita (a) usando uma distribuição de Poisson e compare os resultados.

26. **Distribuição hipergeométrica** Experimentos binomiais exigem que uma amostragem seja feita com devoluções, pois cada tentativa deve ser independente das outras. A **distribuição hipergeométrica** também tem dois resultados: sucesso e fracasso. Porém, a amostragem é feita sem devoluções. Dada uma população de N itens tendo k sucessos e $N - k$ fracassos, a probabilidade de selecionar uma amostra de tamanho n que tenha x sucessos e $n - k$ fracassos é dada por:

$$P(x) = \frac{({}_kC_x)({}_{N-k}C_{n-x})}{{}_NC_n}$$

Em um carregamento de 15 microchips, dois têm defeito e 13 não apresentam defeitos. Uma amostra de três microchips é escolhida aleatoriamente. Encontre a probabilidade de (a) os três microchips não terem defeitos, (b) um microchip ter defeito e dois não terem e (c) dois microchips apresentarem defeitos e um não apresentar.

Distribuição geométrica: média e variância

Para os exercícios 27 e 28, a média de uma distribuição geométrica é $\mu = 1/p$ e a variância é $\sigma^2 = q/p^2$.

27. **Loteria diária** Uma loteria diária escolhe três bolas numeradas de 0 a 9. A probabilidade de se ganhar na loteria é de 1/1.000. Seja x a quantidade de vezes que você joga na loteria antes de ganhar pela primeira vez. (a) Encontre a média, a variância e o desvio padrão. Interprete os resultados. (b) Quantas vezes você espera ter que jogar na loteria antes de ganhar? Assumimos que custa \$ 1 para jogar e os vencedores recebem \$ 500. Você esperaria ganhar ou perder dinheiro ao jogar nessa loteria? Explique.

28. **Erros nos salários** Uma empresa assume que 0,5% de seus pagamentos anuais foram calculados incorretamente. A empresa tem 200 funcionários e examinou os registros da folha de pagamento de um mês. (a) Encontre a média, a variância e o desvio padrão. Interprete os resultados. (b) Quantas folhas de pagamento você esperaria ter que examinar antes de encontrar uma folha com erro?

Distribuição de Poisson: variância

Nos exercícios 29 e 30, use o fato de que a variância de uma distribuição de Poisson é $\sigma^2 = \mu$.

29. **Tiger Woods** Em um ano recente, o número médio de tacadas por buraco do jogador de golfe Tiger Woods era de aproximadamente 3,8. (a) Encontre a variância e o desvio padrão. Interprete os resultados. (b) O quão provável é que Tiger jogue uma rodada de 18 buracos e faça mais de 72 tacadas? *(Fonte: PGATour.com.)*

30. **Neve** A média da quantidade de neve que cai em Bridgeport, Connecticut, em janeiro é de 7,6 polegadas. (a) Encontre a variância e o desvio padrão. Interprete os resultados. (b) Encontre a probabilidade de que a incidência de neve em Bridgeport no mês de janeiro exceda 12 polegadas. *(Fonte: National Climatic Data Center.)*

Usos e abusos — estatística no mundo real

Usos

Há ocorrências incontáveis de distribuições de probabilidade binomial nas áreas de negócios, ciência, engenharia e outras.

Por exemplo, suponha que você trabalhe para uma agência de marketing e precise criar um anúncio de TV para a marca de creme dental A. O fabricante do creme diz que 40% dos consumidores de pasta de dente preferem sua marca. Para verificar se o que ele diz faz sentido, sua agência está conduzindo uma pesquisa. De 100 consumidores de creme dental escolhidos aleatoriamente, você percebe que somente 35 (ou 35%) preferem a marca A. Há a possibilidade de o que o fabricante disse ainda ser verdade? E se a sua amostra aleatória de 100 pesquisou apenas 25 pessoas (ou 25%) que expressam preferência pela marca A? Você ainda teria uma boa justificativa para continuar com a propaganda?

Saiba que as características das distribuições de probabilidade binomiais lhe ajudarão a responder esse tipo de pergunta. Quando você tiver concluído este curso, você será capaz de tomar decisões educadas acerca da racionalidade da declaração do fabricante.

Ética

Suponha que o fabricante da pasta de dentes também declare que quatro em cada cinco dentistas recomendam a marca A de pasta de dentes. A sua agência quer mencionar esse dado na propaganda de TV, mas ao determinar como a amostra do fabricante foi coletada, você descobre que os dentistas foram pagos para recomendar a pasta de dente. Incluir essa declaração ao fazer o anúncio não seria ético.

Abusos

Interpretando os resultados mais prováveis Um mal uso comum das distribuições de probabilidade binomial é pensar que o resultado "mais provável" é o resultado que vai acontecer na maioria das vezes. Por exemplo, imagine que você escolhe, aleatoriamente, um comitê de quatro pessoas dentre uma grande população que tem 50% de mulheres e 50% de homens. A composição mais provável do comitê é que ele tenha dois homens e duas mulheres. Embora este seja o resultado mais provável, a probabilidade de ele acontecer é de somente 0,375. Há uma chance de 0,5 que o comitê tenha um homem e três mulheres ou três homens e uma mulher. Portanto, caso nenhum desses resultados ocorra, você não deve dizer que a seleção foi incomum ou preconceituosa.

Exercícios

Nos exercícios 1 e 2, suponha que a declaração do fabricante seja verdadeira — 40% dos consumidores de creme dental preferem a marca A. Use o gráfico e ferramentas tecnológicas para responder às perguntas.

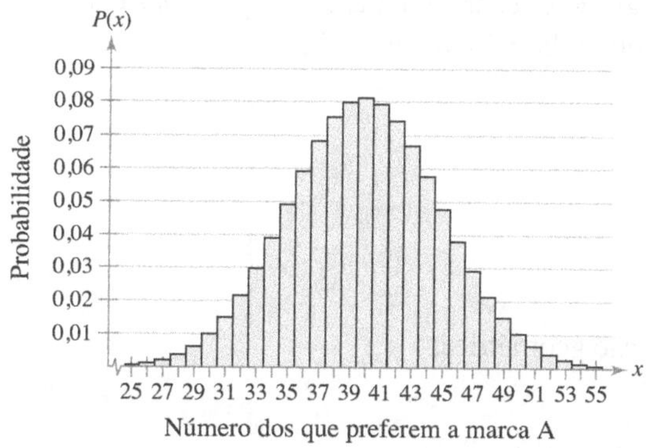

1. ***Interpretando o resultado "mais provável".*** Em uma amostra aleatória de 100, qual é o resultado mais provável? Quão provável ele é?

2. *Interpretando o resultado "mais provável".* Em uma amostra aleatória de 100, qual é a probabilidade de que entre 35 e 45 pessoas, inclusive, prefiram a marca A? Explique seu raciocínio.
3. Suponha que em uma amostra aleatória de 100, você tenha encontrado 36 pessoas que preferem a marca A. A declaração do fabricante seria confiável? Explique.
4. Suponha que em uma amostra aleatória de 100, você tenha encontrado 25 pessoas que preferem a marca A. A declaração do fabricante seria confiável? Explique.

Resumo do capítulo

O que você aprendeu?	Exemplo (s)	Exercícios de revisão
Seção 4.1		
■ Como diferenciar variáveis aleatórias discretas das contínuas.	1	1 a 4
■ Como determinar se uma distribuição é uma distribuição de probabilidade.	3 a 4	5 a 10
■ Como construir uma distribuição de probabilidade discreta e seu gráfico, e encontrar a média, a variância e o desvio padrão de uma distribuição de probabilidade discreta: $\mu = \Sigma x P(x)$ $\sigma^2 = \Sigma(x-\mu)^2 P(x)$ $\sigma = \sqrt{\sigma^2} = \sqrt{\Sigma(x-\mu)^2 P(x)}.$	2, 5 e 6	11 a 14
■ Como encontrar o valor esperado de uma distribuição de probabilidade discreta.	7	15 e 16
Seção 4.2		
■ Como determinar se um experimento de probabilidade é um experimento binomial.	1	17 e 18
■ Como encontrar probabilidades binomiais usando a fórmula de probabilidade binomial, uma tabela de probabilidade binomial e tecnologia: $P(x) = {}_nC_x p^x q^{n-x} = \frac{n!}{(n-x)!x!} p^x q^{n-x}.$	2, 4 a 6	19 a 22
■ Como construir uma distribuição binomial e seu gráfico, achar a média, a variância e o desvio padrão de uma distribuição de probabilidade binomial: $\mu = np$ $\sigma^2 = npq$ $\sigma = \sqrt{npq}.$	3, 7 e 8	23 a 26
Seção 4.3		
■ Como encontrar probabilidades usando distribuição geométrica: $p(x) = pq^{x-1}.$	1	27 e 28
■ Como encontrar probabilidades usando a distribuição de Poisson: $p(x) = \frac{\mu^x e^{-\mu}}{x!}.$	2 e 3	29 e 30

Exercícios de revisão

Seção 4.1

Nos exercícios de 1 a 4, decida se a variável aleatória *x* é discreta ou contínua.

1. *x* representa o número de bombas sendo usadas em um posto de gasolina.
2. *x* representa o peso de um caminhão em uma estação de pesagem.
3. *x* representa a quantidade de combustível colocado em um posto de gasolina.
4. *x* representa o número de pessoas que ativam um detector de metal em um aeroporto a cada hora.

Nos exercícios de 5 a 10, decida se a distribuição é uma distribuição de probabilidade. Caso não seja, identifique a propriedade que não está de acordo com a distribuição.

5. Quatro é o limite diário de robalos a serem tirados de um lago. A variável aleatória *x* representa o número de peixes capturados em um dia.

x	0	1	2	3	4
P(*x*)	0,36	0,23	0,08	0,14	0,29

6. A variável aleatória *x* representa o número de multas que um policial aplica por turno.

x	0	1	2	3	4	5
P(*x*)	0,09	0,23	0,29	0,16	0,21	0,02

7. Uma loja de cartões guarda registros sobre hábitos de compras dos clientes. A variável aleatória ***x*** representa o número de cartões vendidos para um único cliente em uma visita à loja.

x	1	2	3	4	5	6	7
P(*x*)	0,68	0,14	0,08	0,05	0,02	0,02	0,01

8. A variável aleatória ***x*** representa o número de aulas que um aluno universitário frequenta em um dado semestre.

x	1	2	3	4	5	6	7	8
P(*x*)	$\frac{1}{80}$	$\frac{2}{75}$	$\frac{1}{10}$	$\frac{12}{25}$	$\frac{27}{20}$	$\frac{1}{5}$	$\frac{2}{25}$	$\frac{1}{120}$

9. Em uma pesquisa, usuários de Internet responderam quantos endereços de e-mail possuem. A variável aleatória *x* representa o número de endereços de e-mail.

x	1	2	3
P(*x*)	0,26	0,31	0,43

10. A variável aleatória *x* representa o número diário de funcionários que avisam a empresa que estão doentes.

x	0	1	2	3	4	5	6
P(*x*)	0,156	0,318	0,227	0,091	0,136	0,045	0,045

Nos exercícios de 11 a 14:

(a) use a tabela de distribuição de frequências para construir uma distribuição de probabilidade.

(b) represente graficamente a distribuição de probabilidade usando um histograma.

(c) encontre a média, a variância e o desvio padrão da distribuição de probabilidade.

11. O número de páginas em uma seção de uma amostra de textos estatísticos.

Páginas	Seções
2	3
3	12
4	72
5	115
6	169
7	120
8	83
9	48
10	22
11	6

12. O número de tacadas, por jogo, dadas por um jogador de beisebol durante uma temporada recente.

Tacadas	Jogos
0	29
1	62
2	33
3	12
4	3
5	1

13. Uma pesquisa entrevistou 200 casas sobre quantas televisões possuem.

Televisões	Casas
0	3
1	38
2	83
3	52
4	18
5	5
6	1

14. Uma estação de TV vende anúncios em blocos de 15, 30, 60, 90 e 120 segundos. A distribuição das vendas para um dia (24h) é dada a seguir.

Duração (em segundos)	Número
15	76
30	445
60	30
90	3
120	12

Nos exercícios 15 e 16, encontre o valor esperado para a variável aleatória.

15. Uma pessoa tem oito tipos de ações diferentes. A variável aleatória *x* representa os tipos de ações mostrando uma perda em um dia específico.

x	0	1	2	3	4	5	6	7	8
P(*x*)	0,02	0,11	0,18	0,32	0,15	0,09	0,05	0,05	0,03

16. Um bar local oferece um prato especial com asinhas de frango às terças-feiras. O dono do bar compra as asas de frango em lotes de 300. A variável aleatória *x* representa o número de lotes usados às terças.

x	1	2	3	4
P(*x*)	$\frac{1}{9}$	$\frac{1}{3}$	$\frac{1}{2}$	$\frac{1}{18}$

Seção 4.2

Nos exercícios 17 e 18, decida se o experimento é binomial. Caso não seja, identifique a propriedade a qual ele não atende. Caso seja, liste os valores de *n*, *p* e *q* e os valores que *x* pode assumir.

17. Saquinhos de M&M's contêm 24% M&Ms azuis. Um M&M é tirado de cada um dos 12 saquinhos. A variável aleatória representa o número de M&M's azuis escolhidos. *(Fonte: Mars, Inc.)*

18. Uma moeda é lançada repetidamente até que 15 caras são obtidas. A variável aleatória *x* representa o número de lançamentos.

Nos exercícios de 19 a 22, encontre as probabilidades indicadas.

19. Um em cada quatro adultos está atualmente de dieta. Em uma amostra aleatória de oito pessoas, qual é a probabilidade de que o número de pessoas de dieta seja:
    (a) exatamente três?
    (b) no mínimo três?
    (c) maior que três? *(Fonte: Wirthlin Worldwide.)*

20. Uma em cada quatro pessoas nos Estados Unidos tem ações no mercado de capitais. Em uma amostra aleatória de 12 pessoas, qual é a probabilidade de que o número de pessoas que tenha ações seja:
    (a) exatamente duas?
    (b) no mínimo duas?
    (c) mais do que duas? *(Fonte: Pew Research Center.)*

21. Quarenta e três por cento dos adultos dos Estados Unidos recebem menos de cinco ligações telefônicas por dia. Em uma amostra aleatória de sete adultos, qual é a probabilidade de que o número de pessoas que recebem menos de cinco ligações diárias seja:
    (a) exatamente três?
    (b) no mínimo três?
    (c) maior que três? *(Fonte: Wirthlin Worldwide.)*

22. Em um dia normal, 31% das pessoas nos Estados Unidos que têm acesso à Internet se conectam para saber das notícias. Em uma amostra aleatória de cinco pessoas que têm acesso à Internet naquele país, qual é a probabilidade de que o número dos que admitiram usar a Internet para saber o que está acontecendo no mundo seja:
    (a) exatamente dois?
    (b) no mínimo dois?
    (c) maior que dois? *(Fonte: Pew Research Center.)*

Nos exercícios de 23 a 26:
(a) *construa uma distribuição binomial.*
(b) *represente graficamente a distribuição binomial usando um histograma.*
(c) *encontre a média, a variância e o desvio padrão da distribuição binomial.*

23. Sessenta e três por cento dos adultos nos Estados Unidos alugam fitas de vídeo ou DVDs pelo menos uma vez ao mês. Considere uma amostra aleatória de cinco americanos que responderam se alugam ao menos um vídeo por mês.

24. Sessenta e oito por cento das famílias dizem que seus filhos influenciam o destino de suas férias. Considere uma amostra aleatória de seis famílias que responderam se seus filhos os influenciam na hora de escolher o destino das férias da família. *(Fonte: YPB&R.)*

25. Recentemente, 40% dos caminhões vendidos por uma empresa eram movidos a diesel. Considere uma amostra aleatória de quatro caminhões vendidos pela empresa.

26. Em um dia normal, 15% das pessoas nos Estados Unidos que têm acesso à Internet verificam a previsão do tempo enquanto estão navegando. Considere uma amostra aleatória de cinco pessoas naquele país com acesso à Internet que responderam que verificam a previsão do tempo quando estão on-line. *(Fonte: Pew Research Center.)*

Seção 4.3

Nos exercícios 27 e 28, encontre as probabilidades indicadas usando a distribuição geométrica. Se for conveniente, use tecnologia para encontrar as probabilidades.

27. No período de promoção, uma empresa de refrigerantes coloca uma tampinha premiada a cada seis garrafas. Caso você compre uma garrafa do refrigerante por dia, encontre a probabilidade de você achar a sua primeira tampinha premiada
    (a) no quarto dia.
    (b) dentro de quatro dias.
    (c) em algum momento depois de três dias.

28. Em um ano recente, Barry Bonds acertou 73 *home runs* nos 153 jogos que participou. Assuma que sua produção de *home runs* tenha ficado no mesmo nível na temporada seguinte. Qual a probabilidade de que ele tenha acertado seu primeiro *home run*:
    (a) no primeiro jogo da temporada.
    (b) no segundo jogo da temporada.
    (c) no primeiro ou segundo jogo da temporada.
    (d) dentro dos três primeiros jogos da temporada. *(Fonte: Major League Baseball.)*

Nos exercícios 29 e 30, encontre as probabilidades indicadas usando a distribuição de Poisson. Se for conveniente, use uma tabela de probabilidade de Poisson ou ferramentas de tecnologia para encontrar as probabilidades.

29. Durante um período de 36 anos, os raios mataram 2.457 pessoas nos Estados Unidos. Suponha que esse número ainda seja verdadeiro e que se mantenha constante durante o ano. Encontre a probabilidade de que amanhã:
    (a) ninguém, nos EUA, seja atingido e morto por um raio.
    (b) uma pessoa seja atingida e morta por raio.
    (c) mais de uma pessoa seja atingida e morta por um raio. *(Fonte: National Weather Service.)*

30. Estima-se que, no mundo inteiro, tubarões matem 10 pessoas a cada ano. Encontre a probabilidade de que no mínimo três pessoas sejam mortas por um tubarão este ano:
    (a) supondo que estas estimativas são verdadeiras.
    (b) supondo que a estimativa seja, na verdade, cinco pessoas ao ano.
    (c) supondo que a estimativa seja, na verdade, 15 pessoas ao ano. *(Fonte: International Shark Attack File.)*

Teste do capítulo

Faça este teste como se você estivesse fazendo uma prova em sala. Depois compare suas respostas com as respostas dadas no final do livro.

1. Decida se a variável aleatória, *x*, é discreta ou contínua. Explique seu raciocínio.
    (a) *x* representa o número de tornados que atingiram o Kansas durante o mês de maio.
    (b) *x* representa a quantidade de resíduos (em pounds) produzidos nos Estados Unidos todos os dias.
2. A tabela lista o número de incidências de furacões que atingiram o território dos Estados Unidos (de 1901 a 2004), sendo eles de várias intensidades de acordo com a escala Saffir-Simpson. *(Fonte: National Hurricane Center.)*

Intensidade	Número de furacões
1	70
2	41
3	49
4	13
5	3

    (a) Construa a distribuição de probabilidade dos dados.
    (b) Represente graficamente a distribuição binomial usando um histograma de probabilidades.
    (c) Encontre a média, a variância e o desvio padrão da distribuição de probabilidade e interprete os resultados.
    (d) Encontre a probabilidade de que um furacão escolhido aleatoriamente para estudos adicionais tenha uma intensidade de no mínimo quatro.
3. Uma técnica cirúrgica é feita em quatro pacientes. Disseram que há uma chance de 80% de sucesso para a cirurgia.
    (a) Construa uma distribuição binomial.
    (b) Represente graficamente a distribuição binomial usando um histograma de probabilidades.
    (c) Encontre a média, a variância e o desvio padrão da distribuição de probabilidade e interprete os resultados.
    (d) Encontre a probabilidade de a cirurgia ter sucesso para exatamente dois pacientes.
    (e) Encontre a probabilidade de a cirurgia ter sucesso para menos de dois pacientes.
4. Um jornal descobre que o número médio de erros tipográficos por página é cinco. Encontre a probabilidade de que:
    (a) exatamente cinco erros tipográficos sejam encontrados em uma página.
    (b) menos que cinco erros tipográficos sejam encontrados em uma página.
    (c) nenhum erro tipográfico seja encontrado em uma página.

Juntando tudo

Estatística real – decisões reais

O Centro de Controle e Prevenção de Doenças (CDC) recebeu uma solicitação de lei para publicar um relatório sobre tecnologias de reprodução assistida (RTA). O RTA inclui todos os tratamentos de fertilidade nos quais o óvulo e o esperma são usados. Esses procedimentos geralmente envolvem a retirada dos óvulos de dentro dos ovários da mulher, a combinação deles com os espermas no laboratório e a recolocação dos óvulos dentro do corpo da mulher ou, ainda, a doação destes para outra mulher.

Você está ajudando a preparar o relatório CDC e seleciona, de forma aleatória, 10 ciclos de RTA para uma revisão especial. Nenhum dos ciclos resultou em uma gravidez clínica. Seu gerente acha impossível selecionar aleatoriamente 10

Resultados dos ciclos de RTA

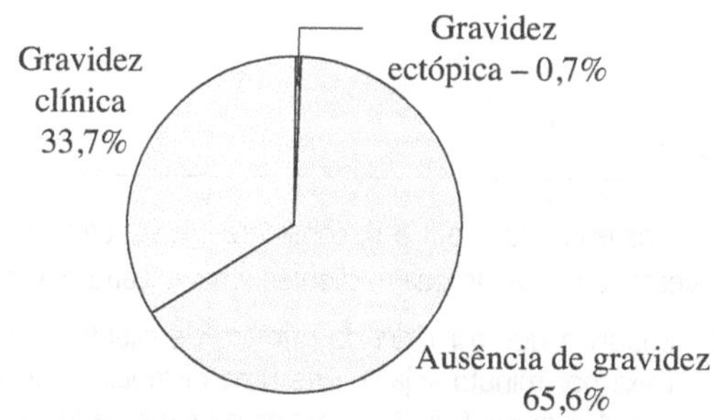

(Fonte: Centers for Disease Control and Prevention.)

Gravidez e nascidos vivos, por ciclos de RTA, entre mulheres de 40 anos ou mais

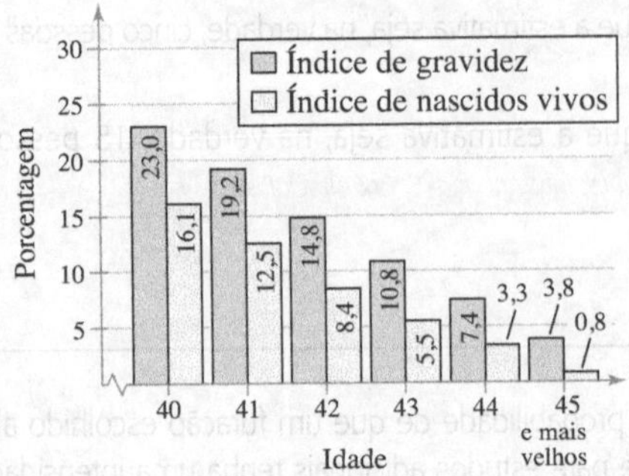

ciclos de RTA que não resultaram em uma gravidez clínica. Use a informação fornecida adiante e o seu conhecimento sobre estatística para determinar se o seu gerente está correto.

Exercícios

1. **Como você faria?**

(a) Como você determinaria, se o ponto de vista do gerente está correto, que é impossível selecionar 10 ciclos de RTA aleatoriamente que não resultaram em nenhuma gravidez clínica?

(b) Qual distribuição de probabilidade você acha que melhor descreve a situação? Você acha que a distribuição dos números de gravidezes clínicas é discreta ou contínua? Por quê?

2. **Respondendo à pergunta.**

Escreva uma explicação que responda à seguinte pergunta: "É possível selecionar 10 ciclos de RTA aleatoriamente que não resultaram em nenhuma gravidez clínica?" Inclua em sua explicação a distribuição de probabilidade apropriada e seus cálculos da probabilidade da ausência de ocorrência de gravidez clínica em 10 ciclos de RTA.

3. **Amostras suspeitas?**

Quais das seguintes amostras você consideraria suspeita se alguém lhe dissesse que a amostra foi coletada de forma aleatória? Você acreditaria que as amostras foram escolhidas aleatoriamente? Por quê (não)?

(a) Selecionando aleatoriamente 10 ciclos de RTA entre mulheres de 40 anos, das quais oito resultaram em gravidez clínica.

(b) Selecionando aleatoriamente 10 ciclos de RTA entre mulheres de 41 anos, dentre as quais nenhuma apresentou gravidez clínica.

Tecnologia

MINITAB | EXCEL | TI-83/84

MINITAB

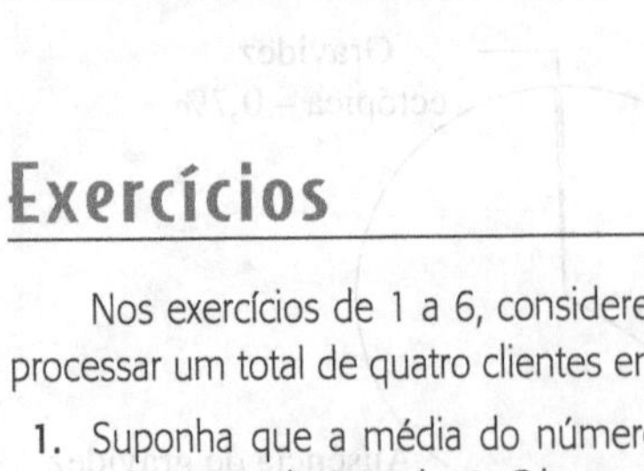

Usando a distribuição de Poisson como modelos de Queuing

Queuing significa esperar em fila para ser servido. Há muitos exemplos de *queuing* na vida cotidiana: esperar em um semáforo, esperar na fila para passar no caixa de um supermercado, esperar um elevador, esperar um telefonema e assim por diante.

As distribuições de Poisson são usadas para modelar e prever o número de pessoas (ligações, programas de computador, veículos) que chegarão à fila. Nos exercícios a seguir, você deverá usar distribuições de Poisson para analisar os *queues* no caixa de um supermercado.

Exercícios

Nos exercícios de 1 a 6, considere um supermercado que pode processar um total de quatro clientes em seu caixa por minuto.

1. Suponha que a média do número de clientes que chegam ao caixa por minuto seja 4. Crie uma distribuição de Poisson com $\mu = 4$ para $x = 0$ a 20. Compare seus resultados com o histograma no canto inferior direito da página anterior.

2. MINITAB foi usado para gerar 20 números aleatórios com distribuições de Poisson para $\mu = 4$. O número aleatório representa o número de chegadas ao caixa por minuto, em um período de 20 minutos.

3	3	3	3	5	5	6	7	3	6
3	5	6	3	4	6	2	2	4	1

Durante cada um dos quatro primeiros minutos, somente quatro clientes chegaram. Esses clientes foram atendidos, então não havia ninguém esperando depois de quatro minutos.

(a) Quantos clientes estavam esperando depois de 5 minutos? E depois de 6 minutos? 7 minutos? 8 minutos?

(b) Crie uma tabela que mostre o número de clientes esperando ao final de 1 até 20 minutos.

3. Crie uma lista de 20 números aleatórios com distribuição de Poisson para $\mu = 4$. Crie uma tabela que mostre o número de clientes esperando ao final de 1 até 20 minutos.

4. Suponha que a média cresça para 5 chegadas por minuto. Você ainda só pode atender a quatro pessoas por minuto. Quantas pessoas você acha que estarão esperando na fila depois de 20 minutos?

5. Simule o cenário do Exercício 4. Faça isso criando uma lista de 20 números aleatórios com distribuição de Poisson para $\mu = 5$. Depois, crie uma tabela que mostre o número de clientes esperando na fila depois de 20 minutos.

6. Suponha que a média do número de chegadas por minuto seja 5. Qual é a probabilidade de que 10 clientes cheguem durante o primeiro minuto?

7. Suponha que a média do número de chegadas por minuto seja 4.

(a) Qual é a probabilidade de que três, quatro ou cinco clientes cheguem durante o terceiro minuto?

(b) Qual é a probabilidade de que mais de quatro clientes cheguem durante o primeiro minuto?

(c) Qual é a probabilidade de que mais de quatro clientes cheguem durante cada um dos quatro primeiros minutos?

Capítulo 5

Distribuições de probabilidades normais

Onde estamos

Do capítulo 1 ao 4, você aprendeu como coletar e descrever dados, encontrar a probabilidade de um evento e analisar distribuições de probabilidade discretas. Você também aprendeu que, se uma amostra é usada para fazer inferências sobre uma população, então é imprescindível que a amostragem não favoreça um grupo. Suponha, por exemplo, que você quisesse determinar o índice de mastites (infecções causadas por bactérias que podem alterar a produção de leite) em um rebanho leiteiro. Como você organizaria o estudo? Quando o *Animal Health Service* realizou esse estudo, foi usada uma amostragem aleatória e então, ela foi classificada de acordo com raça, habitação, higiene, saúde, administração do leite e máquinas de leite. Uma das conclusões a qual eles chegaram foi que os rebanhos que tinham vacas Vermelhas e Brancas como raça predominante tinham um maior número de ocorrências de mastites que rebanhos que tinham vacas Holstein-Friesian como raça predominante.

Para onde vamos

No Capítulo 5, você vai aprender como reconhecer distribuições normais (curva em forma de sino) e como usar suas propriedades em aplicações de vida real. Suponha que você tenha trabalhado no zoológico da Carolina do Norte e estava coletando dados sobre características físicas de tartarugas de caixa orientais no zoológico. Para quais das seguintes características você esperaria ter uma distribuição simétrica com curva em forma de sino: comprimento da carapaça (casca de cima), comprimento do plastrão (casca de baixo), largura da carapaça, largura do plastrão, peso ou comprimento total? Os quatro gráficos ao lado, por exemplo, mostram o comprimento da carapaça e do plastrão de tartarugas de caixa orientais macho e fêmea. Perceba que a distribuição relativa ao comprimento da carapaça da tartaruga macho tem forma de sino, mas as outras três distribuições são inclinadas para a direita.

Comprimento da carapaça de tartarugas de caixa orientais fêmeas

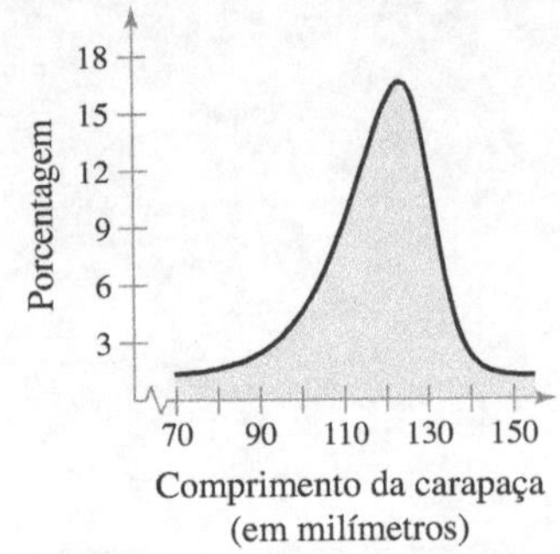

Comprimento da carapaça de tartarugas de caixa orientais machos

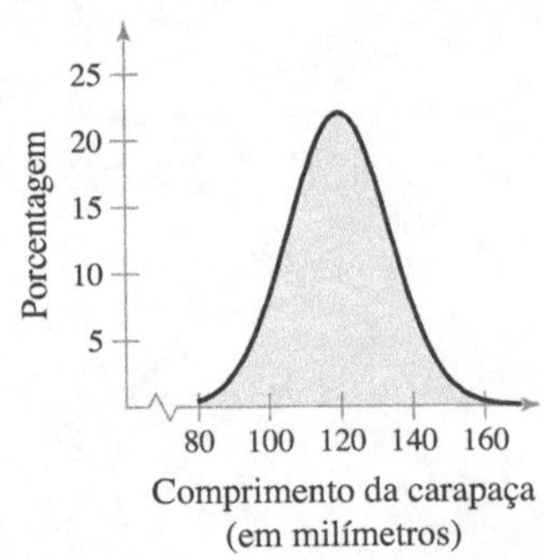

Comprimento do plastrão de tartarugas de caixa orientais fêmeas

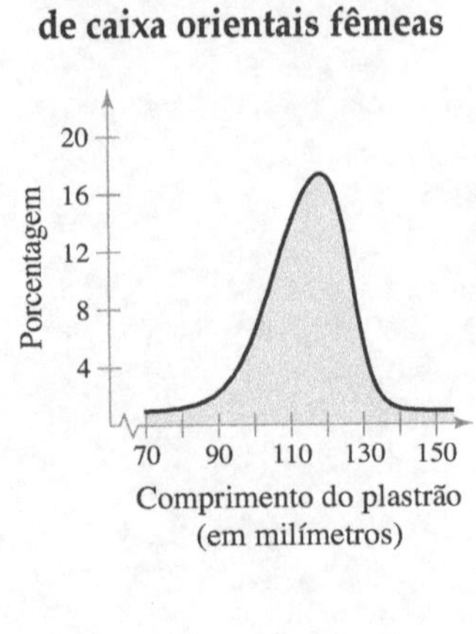

Comprimento do plastrão de tartarugas de caixa orientais macho

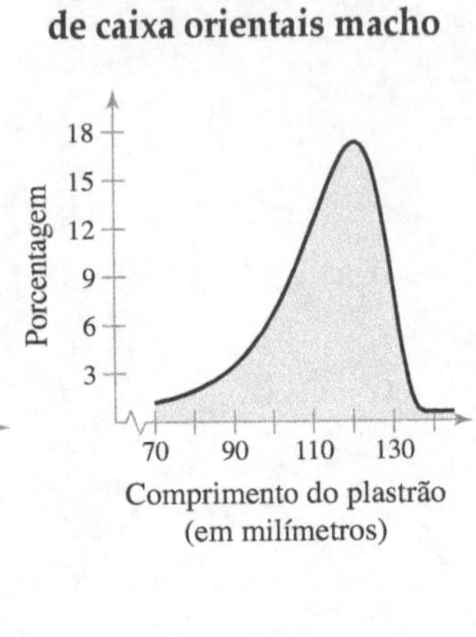

5.1 Introdução à distribuição normal e distribuição normal padrão

Propriedades de uma distribuição normal ⟶ A distribuição normal padrão

Propriedades de uma distribuição normal

Na Seção 4.1, você diferenciou as variáveis aleatórias contínuas e discretas, e aprendeu que uma **variável aleatória contínua** tem um número infinito de valores possíveis que podem ser representados por um intervalo na reta numérica, cuja distribuição de probabilidade é chamada de **distribuição de probabilidade contínua**. Neste capítulo, você vai estudar a distribuição de probabilidade contínua mais importante em estatística — a distribuição normal. Distribuições normais podem ser usadas para modelar muitos grupos de mensuração de dados na natureza, indústria e negócios. A pressão sanguínea dos humanos, por exemplo, o tempo de vida de grupos televisivos e até mesmo custos domésticos são todos, normalmente, variáveis aleatórias distribuídas.

O que você deve aprender

- Como interpretar gráficos de distribuições de probabilidade normal.
- Como encontrar áreas sob a curva normal padrão.

Importante

Para aprender como determinar se uma amostra aleatória é tirada de uma distribuição normal, veja o Apêndice C.

Instruções

Propriedades de uma distribuição normal

Uma **distribuição normal** é uma distribuição de probabilidade contínua para uma variável aleatória x. O gráfico de uma distribuição normal é chamado de **curva normal**. Uma distribuição normal tem as seguintes propriedades:

1. A média, a mediana e a moda são iguais.
2. Uma curva normal tem forma de sino e é simétrica em torno da média.
3. A área total sob a curva normal é igual a um.
4. À medida que a curva normal se distancia cada vez mais da média, ela se aproxima do eixo x, mas nunca o toca.
5. Entre $\mu - \sigma$ e $\mu + \sigma$ (no centro da curva), o gráfico se curva para baixo. O gráfico se curva para cima à esquerda de $\mu - \sigma$ e à direita de $\mu + \sigma$. Os pontos nos quais a curva muda de crescente para descrescente são chamados de *pontos de inflexão*.

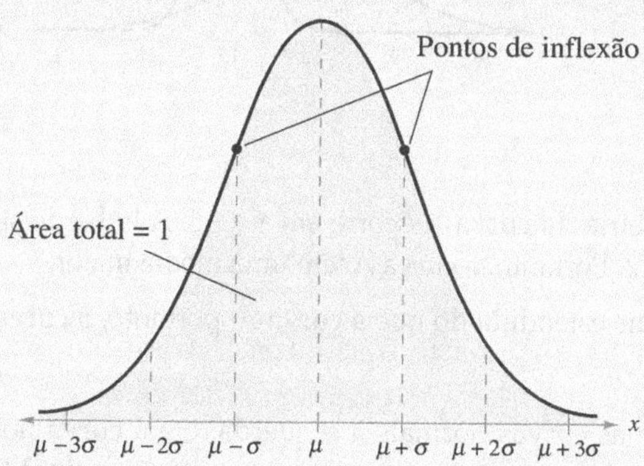

Você aprendeu que uma distribuição de probabilidade discreta pode ser representada graficamente com um histograma. Para uma distribuição de probabilidade contínua, você pode usar a **função densidade de probabilidade (fdp)**. Uma curva normal com média μ e desvio padrão σ pode ser representada graficamente usando a função densidade de probabilidade normal.

Importante

Uma função densidade de probabilidade tem duas condições.

1. A área total sob a curva deve ser igual a 1.
2. A função nunca pode ser negativa.

$$y = \frac{1}{\sigma\sqrt{2\pi}}\, e^{-(x-\mu)^2/2\sigma^2}$$

Uma curva normal depende completamente dos dois parâmetros μ e σ porque $e \approx 2{,}718$ e $\pi \approx 3{,}14$ são constantes.

Dica de estudo

Aqui estão as instruções para o gráfico da distribuição normal em uma TI-83/84.

[Y =] [2nd] DISTR

1: normalpdf(

Entre x e os valores de μ e σ separados por vírgulas.

[GRAPH]

Uma distribuição normal pode ter qualquer média e qualquer desvio padrão positivo. Esses dois parâmetros μ e σ determinam completamente o formato da curva normal. A média dá a localização da linha de simetria e o desvio padrão descreve o quanto os dados são estendidos.

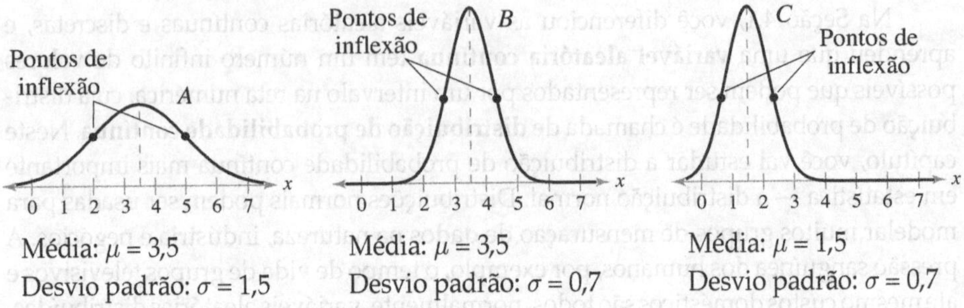

Perceba que a curva A e a curva B têm a mesma média, e a curva B e a curva C têm o mesmo desvio padrão. A área total sob cada curva é 1.

Exemplo 1

Entendendo a média e o desvio padrão

1. Qual curva normal tem uma média maior?
2. Qual curva normal tem um desvio padrão maior?

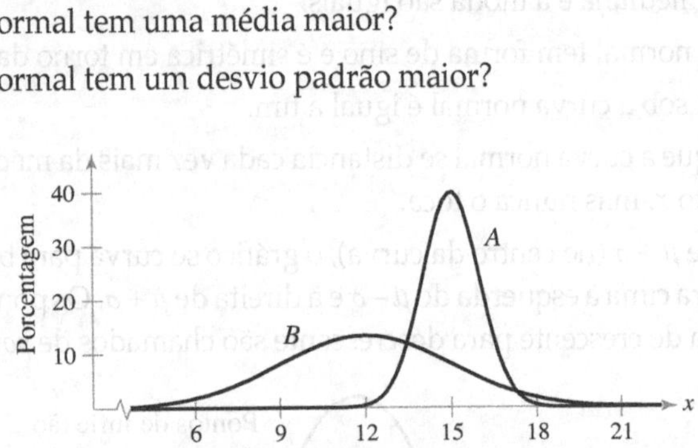

Solução

1. A linha de simetria da curva A ocorre em $x = 15$. A linha de simetria da curva B ocorre em $x = 12$. Portanto, a curva A tem uma média maior.
2. A curva B é mais estendida do que a curva A; portanto, a curva B tem um desvio padrão maior.

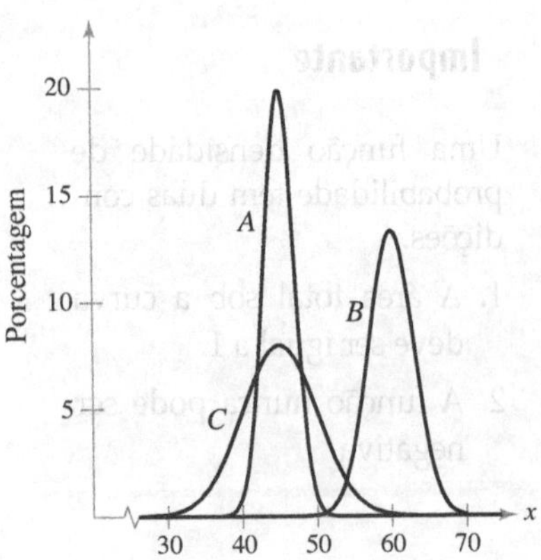

Tente você 1 Considere as curvas normais à esquerda. Qual curva normal tem a média maior? Qual curva normal tem o desvio padrão maior? Justifique suas respostas.

a. Encontre a localização da *linha de simetria* de cada curva. Tire conclusões sobre qual média é a maior.

b. Determine qual curva normal é *mais estendida*. Tire conclusões sobre qual desvio padrão é o maior.

Resposta na p. A40

Exemplo 2

Interpretando gráficos de distribuições normais

As alturas (em pés) de árvores de carvalho adultas são normalmente distribuídas. A curva normal representada a seguir mostra essa distribuição. Qual é a média da altura de uma árvore de carvalho adulta? Estime o desvio padrão dessa distribuição normal.

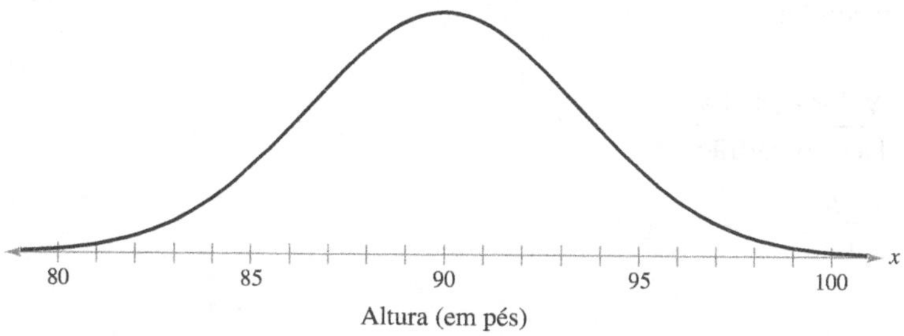

Solução

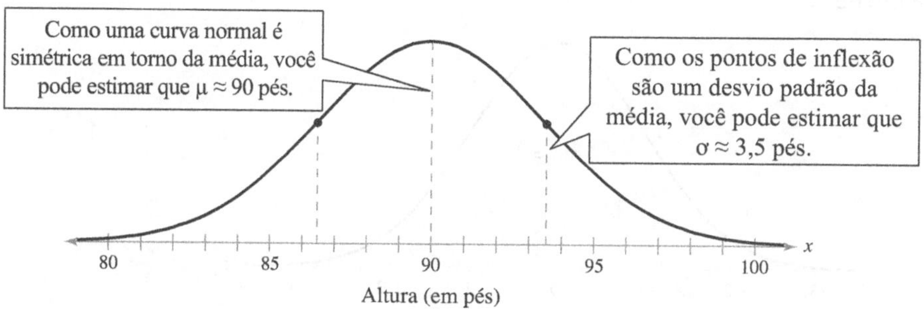

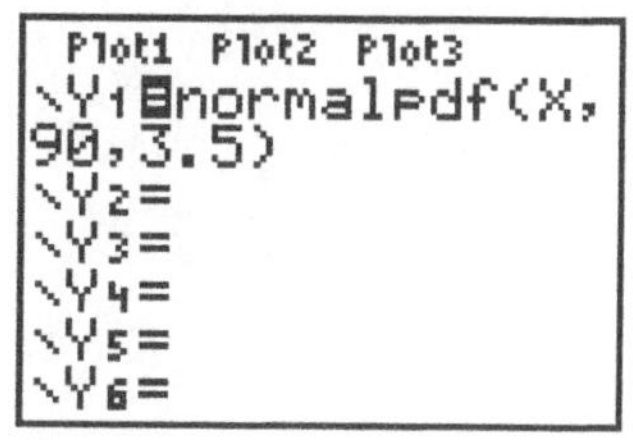

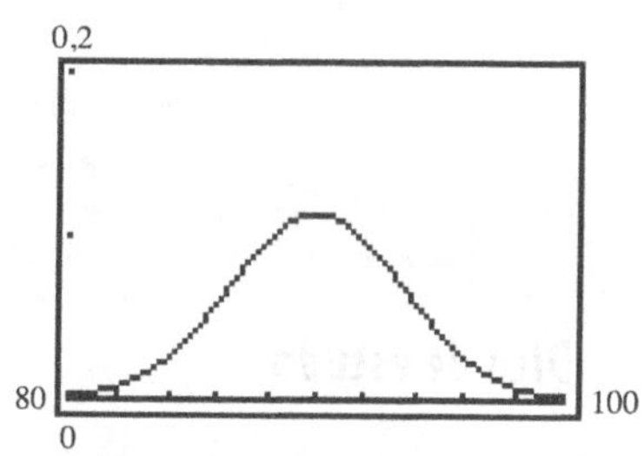

Uma vez que você determina a média e o desvio padrão, você pode usar uma TI-83/84 para representar a curva normal no Exemplo 2 graficamente.

Interpretação

As alturas de árvores de carvalho normalmente são distribuídas com uma média de cerca de 90 pés e um desvio padrão de aproximadamente 3,5 pés.

Tente você 2 Os diâmetros (em pés) de árvores de carvalho adultas são normalmente distribuídos; a curva normal a seguir representa essa distribuição. Qual é o diâmetro médio de uma árvore de carvalho adulta? Estime o desvio padrão dessa distribuição normal.

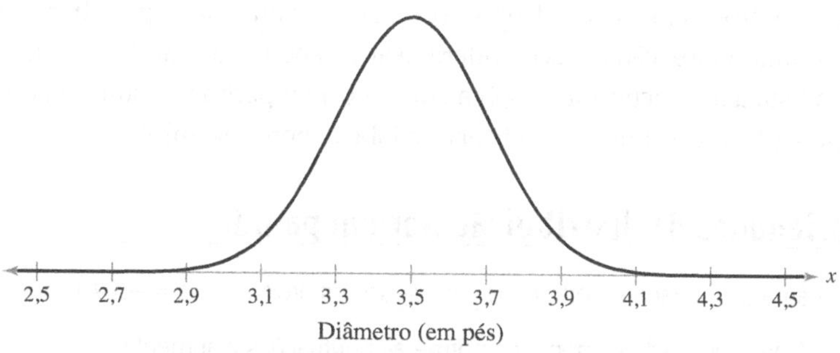

a. Encontre a *linha de simetria* e identifique a média.

b. Estime os *pontos de inflexão* e identifique o desvio padrão.

Resposta na p. A40

Importante

Como toda distribuição normal pode ser transformada em distribuição normal padrão, você pode usar o z-escore e a curva normal padrão para encontrar áreas (e também a probabilidade) sob qualquer curva normal.

A distribuição normal padrão

Existe uma infinidade de distribuições normais, cada uma com sua própria média e desvio padrão. A distribuição normal com uma média de 0 e um desvio padrão de 1 é chamada de **distribuição normal padrão**. A escala horizontal do gráfico da distribuição normal padrão correponde ao z-escore. Na Seção 2.5, você aprendeu que um z-escore é uma medida de posição que indica o número de desvios padrão de um valor a partir da média. Lembre-se que você pode transformar um valor x em z-escore usando a fórmula:

$$z = \frac{\text{Valor} - \text{Média}}{\text{Desvio padrão}}$$

$$z = \frac{x - \mu}{\sigma}.$$ Arredonde para o centésimo mais próximo.

Definição

A **distribuição normal padrão** é uma distribuição normal com uma média de 0 e um desvio padrão de 1.

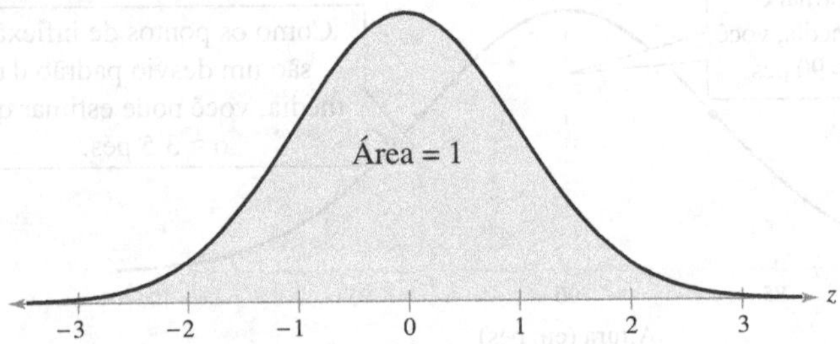

Distribuição normal padrão

Dica de estudo

É importante que você saiba a diferença entre x e z. A variável aleatória x é, às vezes, chamada de pontuação bruta e representa valores em uma distribuição normal não padrão, enquanto z representa valores na distribuição normal padrão.

Se cada valor de uma variável aleatória x distribuída normalmente é transformado em um z-escore, o resultado será a distribuição normal padrão. Quando essa transformação acontece, a área que cai no intervalo sob a curva normal não padrão é a *mesma* que aquela sob a curva normal padrão dentro das fronteiras z correspondentes.

Na Seção 2.4, você aprendeu a usar a regra empírica para aproximar áreas sob uma curva normal quando os valores da variável aleatória x correspondiam a desvios padrão −3, −2, −1, 0, 1, 2, 3 da média. Agora, você vai aprender a calcular áreas correspondentes a outros valores de x. Depois de usar a fórmula dada para transformar um valor x em uma pontuação z, você poderá usar a Tabela Normal Padrão no Apêndice B. A tabela lista a área acumulada sob a curva normal padrão à esquerda de z para z-escores de −3,49 a 3,49. Enquanto observa a tabela, note o seguinte:

Propriedades da distribuição normal padrão

1. A área acumulada é perto de 0 para z-escores próximas a $z = -3{,}49$.
2. A área acumulada aumenta conforme as pontuações z aumentam.
3. A área acumulada para $z = 0$ é 0,5000.
4. A área acumulada é próxima a 1 para z-escores próximas a $z = 3{,}49$.

Exemplo 3

Usando a tabela normal padrão

1. Encontre a área acumulada que corresponde a z-escore de 1,15.
2. Encontre a área acumulada que corresponde a z-escore de –0,24.

Solução

1. Encontre a área que corresponde à $z = 1{,}15$ encontrando 1,1 na coluna à esquerda e depois cruzando a fileira para a coluna sob 0,05. O número naquela fileira e coluna é 0,8749. Então, a área à esquerda de $z = 1{,}15$ é 0,8749.

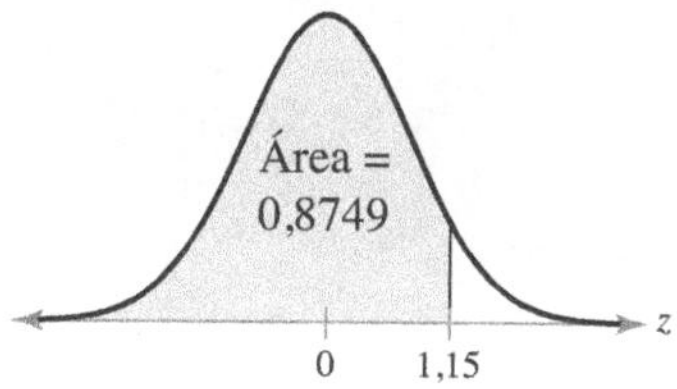

z	0,00	0,01	0,02	0,03	0,04	0,05	0,06
0,0	0,5000	0,5040	0,5080	0,5120	0,5160	0,5199	0,5239
0,1	0,5398	0,5438	0,5478	0,5517	0,5557	0,5596	0,5636
0,2	0,5793	0,5832	0,5871	0,5910	0,5948	0,5987	0,6026
0,9	0,8159	0,8186	0,8212	0,8238	0,8264	0,8289	0,8315
1,0	0,8413	0,8438	0,8461	0,8485	0,8508	0,8531	0,8554
1,1	0,8643	0,8665	0,8686	0,8708	0,8729	0,8749	0,8770
1,2	0,8849	0,8869	0,8888	0,8907	0,8925	0,8944	0,8962
1,3	0,9032	0,9049	0,9066	0,9082	0,9099	0,9115	0,9131
1,4	0,9192	0,9207	0,9222	0,9236	0,9251	0,9265	0,9279

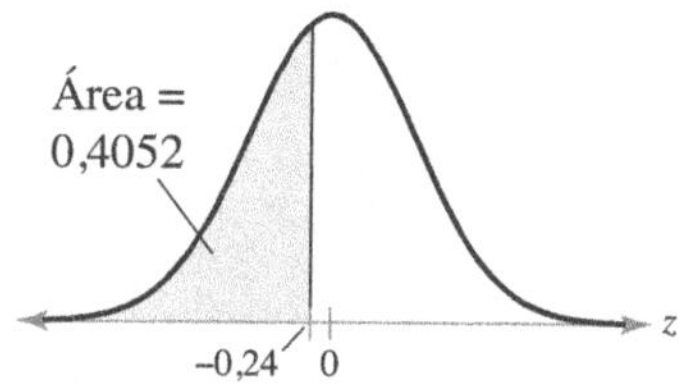

2. Encontre a área que corresponde a $z = -0{,}24$ encontrando –0,2 na coluna à esquerda e depois cruzando a fileira para a coluna sob 0,04. O número naquela fileira e coluna é 0,4052. Então, a área à esquerda de $z = -0{,}24$ é 0,4052.

z	0,09	0,08	0,07	0,06	0,05	0,04	0,03
3,4	0,0002	0,0003	0,0003	0,0003	0,0003	0,0003	0,0003
3,3	0,0003	0,0004	0,0004	0,0004	0,0004	0,0004	0,0004
3,2	0,0005	0,0005	0,0005	0,0006	0,0006	0,0006	0,0006
0,5	0,2776	0,2810	0,2843	0,2877	0,2912	0,2946	0,2981
0,4	0,3121	0,3156	0,3192	0,3228	0,3264	0,3300	0,3336
0,3	0,3483	0,3520	0,3557	0,3594	0,3632	0,3669	0,3707
0,2	0,3859	0,3897	0,3936	0,3974	0,4013	0,4052	0,4090
0,1	0,4247	0,4286	0,4325	0,4364	0,4404	0,4443	0,4483
0,0	0,4641	0,4681	0,4721	0,4761	0,4801	0,4840	0,4880

Tente você 3 Você também pode usar um computador ou calculadora para encontrar a área acumulada que corresponde ao z-escore, conforme está na margem à direita.

1. Encontre a área sob a curva à esquerda do z-escore de –2,19.
2. Encontre a área sob a curva à esquerda do z-escore de 2,17.

Localize a pontuação *z* dada e *encontre a área* que corresponde a ela na Tabela Normal Padrão.

Resposta na p. A40

Dica de estudo

Aqui você encontra instruções para determinar a área que corresponde a $z = -0{,}24$ em uma TI-83/84.

Para especificar um limite menor neste caso, use –10.000.

[2nd] DISTR

2: normalcdf(

–10000, –.24 [)]

[ENTER]

```
normalcdf(-10000
,-.24
         .405165175
```

Quando o z-escore não estiver na tabela, use a entrada mais próxima dele. Se o z-escore dado estiver exatamente entre dois z-escores, então use a área entre as áreas correspondentes.

Você pode usar as instruções seguintes para encontrar os vários tipos de áreas sob a curva normal padrão.

Instruções

Encontrando áreas sob a curva normal padrão

1. Esboce a curva normal padrão e a sombra da área apropriada sob a curva.
2. Encontre a área seguindo as direções para cada um dos casos.

a. Para encontrar a área à *esquerda* de z, encontre a área que corresponde a z na Tabela Normal Padrão.

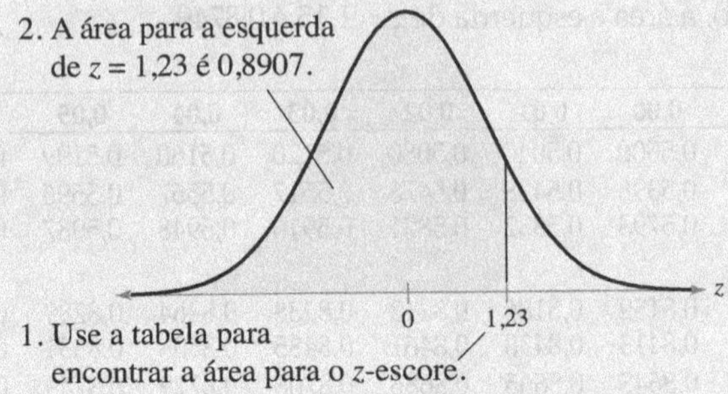

b. Para encontrar a área à *direita* de z, use a Tabela Normal Padrão para encontrar a área que corresponde a z. Então, subtraia a área de 1.

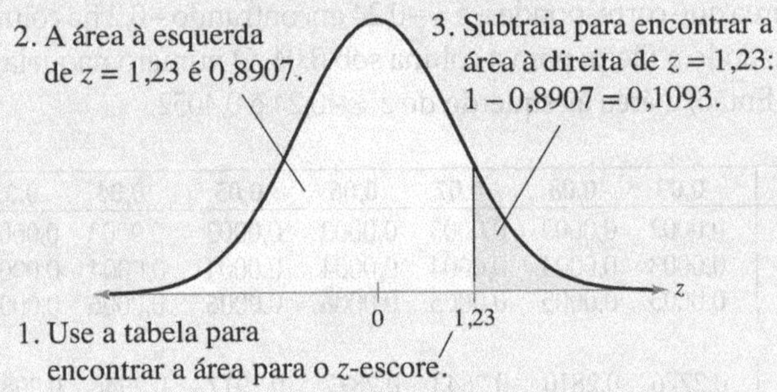

c. Para encontrar a área *entre* duas pontuações z, encontre a área correspondente para cada z-escore na Tabela Normal Padrão. Então, subtraia a área menor da área maior.

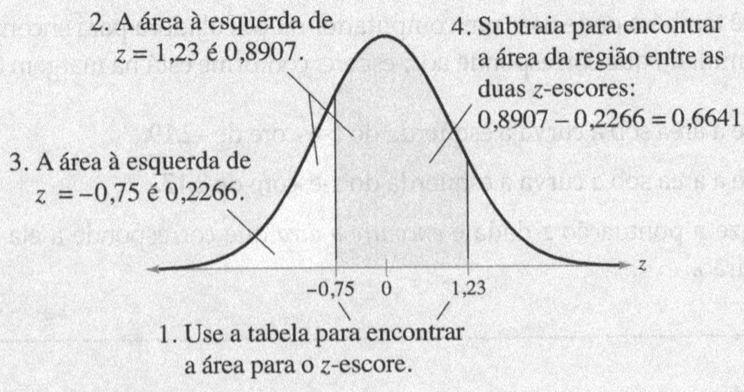

Exemplo 4

Encontrando a área sob a curva normal padrão

Encontre a área sob a curva normal padrão à esquerda de $z = -0{,}99$.

Solução

A área sob a curva normal padrão à esquerda de $z = -0{,}99$ é exibida a seguir:

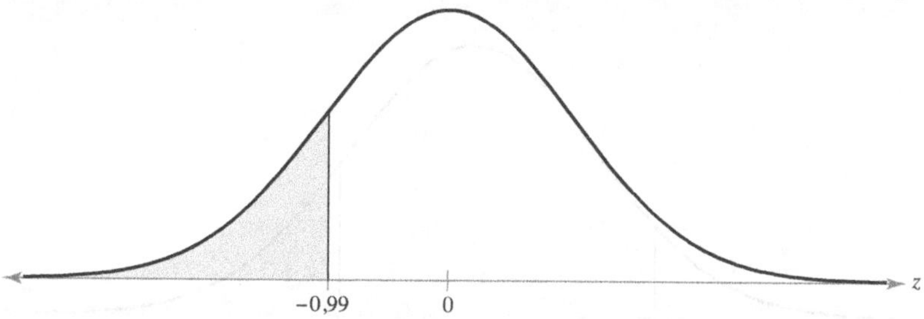

Com base na Tabela Normal Padrão, esta área é igual a 0,1611.

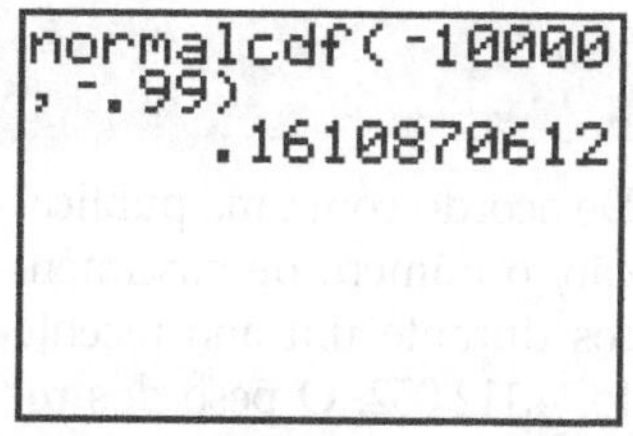

Usando uma TI-83/84, você pode encontrar a área automaticamente.

Tente você 4 Encontre a área sob a curva normal padrão à esquerda de $z = 2{,}13$.

a. *Desenhe* a curva normal padrão e sombreie a área sob a curva e à esquerda de $z = 2{,}13$.

b. Use a Tabela Normal Padrão para *encontrar a área* que corresponde a $z = 2{,}13$.

Resposta na p. A40

Importante

Como a distribuição normal é uma distribuição de probabilidade contínua, a área sob a curva normal padrão à esquerda de um *z*-escore nos dá a probabilidade de que *z* seja menor que aquele *z*-escore. Por exemplo, no Exemplo 4, a área à esquerda de $z = -0{,}99$ é 0,1611. Então, $P(z < -0{,}99) = 0{,}1611$, que é lido como "a probabilidade de que *z* seja menor do que −0,99 é 0,1611."

Exemplo 5

Encontrando a área sob a curva normal padrão

Encontre a área sob a curva normal padrão à direita de $z = 1{,}06$.

Solução

A área sob a curva normal padrão à direita de $z = 1{,}06$ é exibida a seguir:

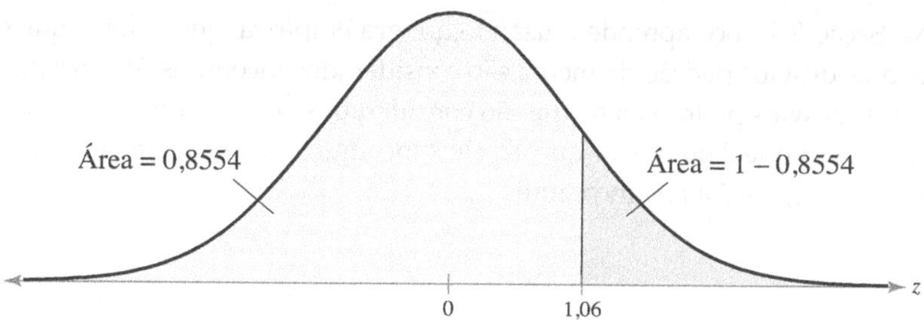

Com base na Tabela Normal Padrão, a área à esquerda de $z = 1{,}06$ é 0,8554. Como a área total sob a curva é 1, a área à direita de $z = 1{,}06$ é:

$$\text{Área} = 1 - 0{,}8554$$
$$= 0{,}1446.$$

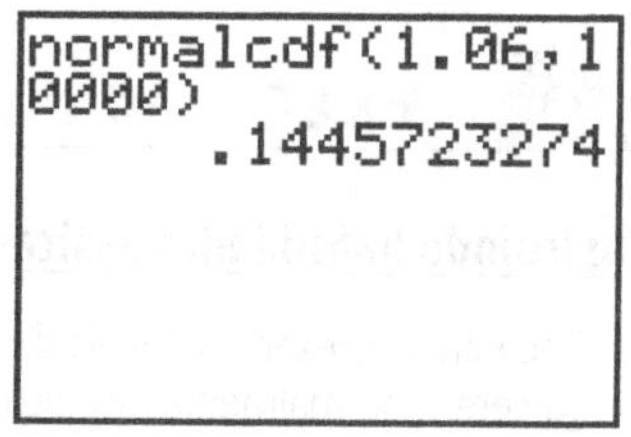

Use 10.000 para o limite superior.

Tente você 5 Encontre a área sob a curva normal padrão à direita de $z = -2{,}16$.

a. *Desenhe* a curva normal padrão e sombreie a área sob a curva e à direita de $z = -2{,}16$.

b. Use a Tabela Normal Padrão para *encontrar a área* à esquerda de $z = -2{,}16$.

c. *Subtraia* a área de 1.

Resposta na p. A40

Retratando o mundo

De acordo com uma publicação, o número de nascimentos durante um ano recente foi 4.112.052. O peso dos recém-nascidos pode ser aproximado por uma distribuição normal, como mostra o gráfico a seguir. (*Fonte: National Center for Health Statistics.*)

Peso de recém-nascidos

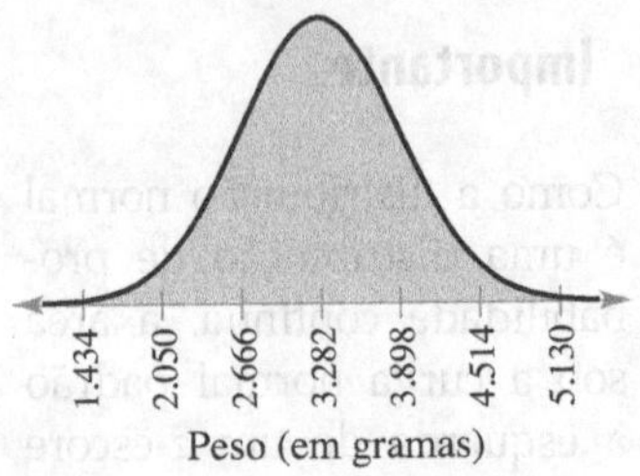

Encontre o z-escore que corresponda ao peso de 2.000, 3.000 e 4.000 gramas. Algum desses bebês é excepcionalmente pesado ou leve?

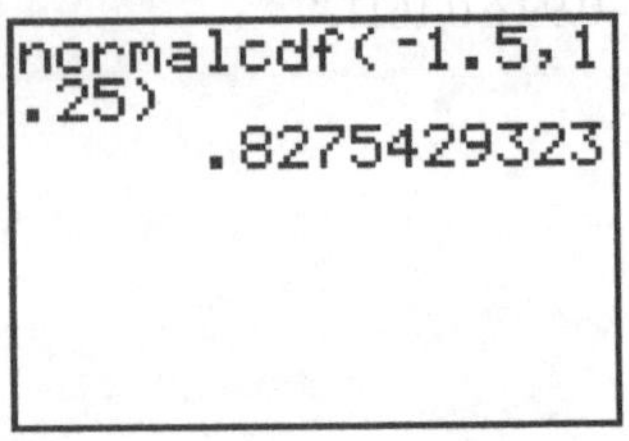

Ao usar tecnologia, seus resultados podem diferir um pouco daqueles encontrados ao usar a Tabela Normal Padrão.

Exemplo 6

Encontrando a área sob a curva normal padrão

Encontre a área sob a curva normal padrão entre $z = -1{,}5$ e $z = 1{,}25$.

Solução

A área sob a curva normal padrão entre $z = -1{,}5$ e $z = 1{,}25$ é exibida a seguir:

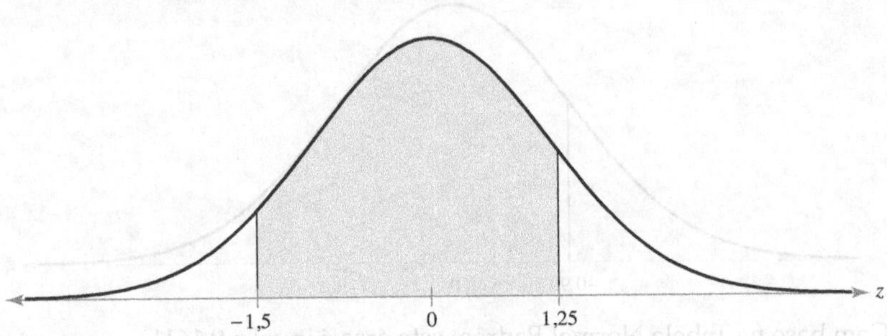

Com base na Tabela Normal Padrão, a área à esquerda de $z = 1{,}25$ é 0,8944 e a área à esquerda de $z = -1{,}5$ é 0,0668. Então, a área entre $z = -1{,}5$ e $z = 1{,}25$ é:

$$\text{Área} = 0{,}8944 - 0{,}0668$$
$$= 0{,}8276.$$

Interpretação

Portanto, 82,76% da área sob a curva está entre $z = -1{,}5$ e $z = 1{,}25$.

Tente você 6 Encontre a área sob a curva normal padrão entre $z = -2{,}16$ e $z = -1{,}35$.

a. Use a Tabela Normal Padrão para *encontrar* a área à esquerda de $z = -1{,}35$.

b. Use a Tabela Normal Padrão para *encontrar* a área à esquerda de $z = -2{,}16$.

c. *Subtraia* a área menor da área maior.

Resposta na p. A40

Na Seção 2.4 você aprendeu, usando a regra empírica, que valores que estão a mais de dois desvios padrão da média são considerados incomuns. Valores que ultrapassam três desvios padrão da média são considerados *muito* incomuns. Então, se um *z*-escore é maior que 2 ou menor que −2, ele é incomum. Se o *z*-escore for maior que 3 ou menor que −3, ele é *muito* incomum.

5.1 Exercícios

Construindo habilidades básicas e conceitos

1. Encontre três exemplos reais de variável contínua. Quais você julga serem normalmente distribuídas? Por quê?
2. Qual é a área total sob a curva normal?
3. Desenhe duas curvas normais que tenham a mesma média, mas desvios padrão diferentes. Descreva o que é similar e o que é diferente entre elas.
4. Desenhe duas curvas normais que tenham médias diferentes, mas os mesmos desvios padrão. Descreva o que é similar e o que é diferente entre elas.
5. Qual é a média da distribuição normal padrão? Qual é o desvio padrão da distribuição normal padrão?
6. Descreva como você pode transformar uma distribuição normal não padrão em uma distribuição normal padrão.

7. **Entendendo o conceito** Por que é correto dizer "uma" distribuição normal e "a" distribuição normal padrão?

8. **Entendendo o conceito** Se um *z*-escore é zero, qual das seguintes afirmações deve ser correta? Explique.
   (a) A média é zero.
   (b) O valor *x* correspondente é zero.
   (c) O valor *x* correspondente é o mesmo da média.

Análise gráfica

Nos exercícios de 9 a 14, determine se os gráficos podem representar uma variável com uma distribuição normal. Explique seu raciocínio.

9.

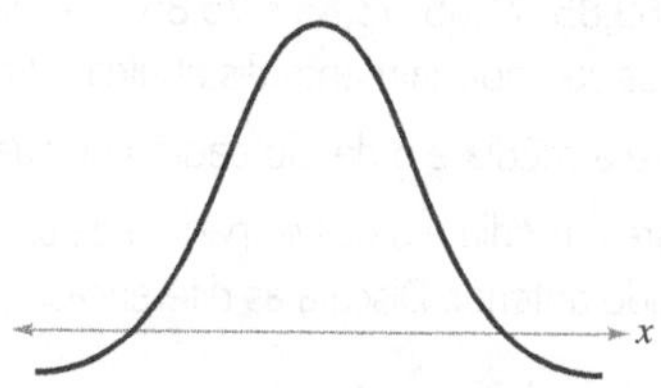

10.

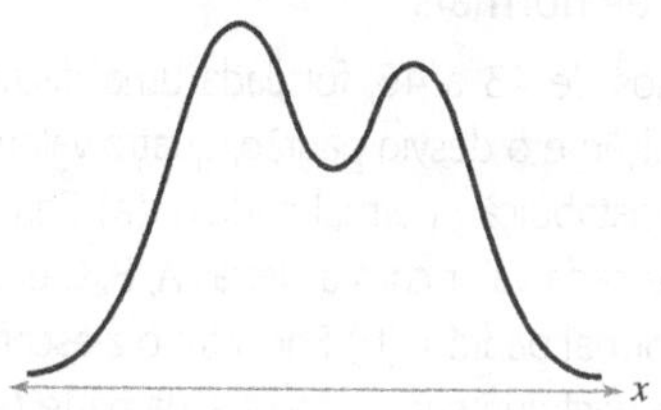

11.

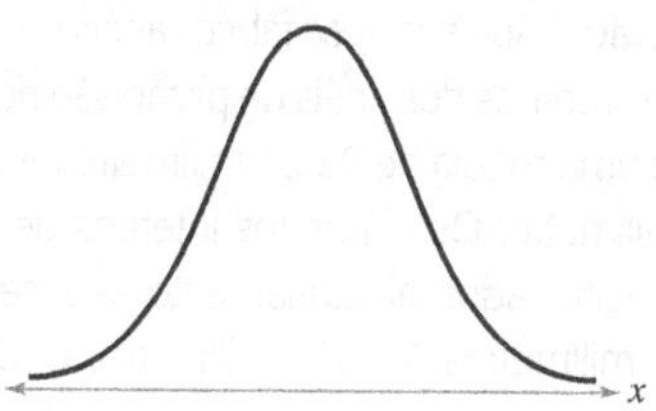

12.

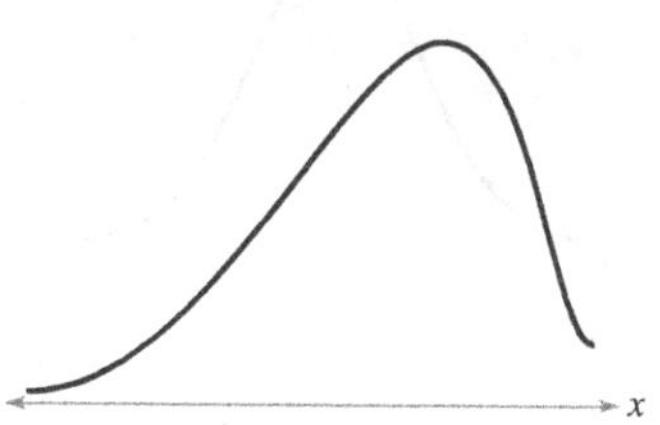

13.

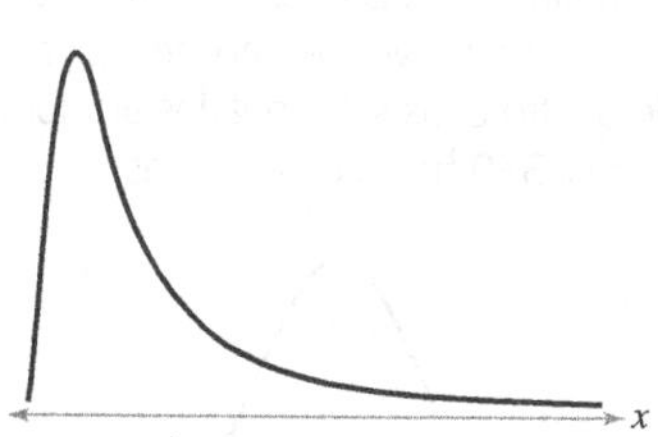

14.

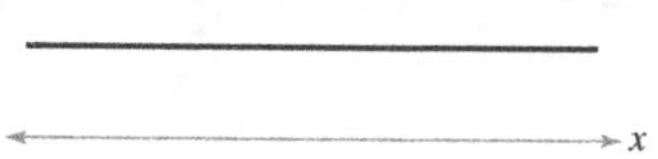

Análise gráfica

Nos exercícios 15 e 16, determine se o histograma representa dados com uma distribuição normal. Explique seu raciocínio.

15.

Tempo de espera em um consultório dentário

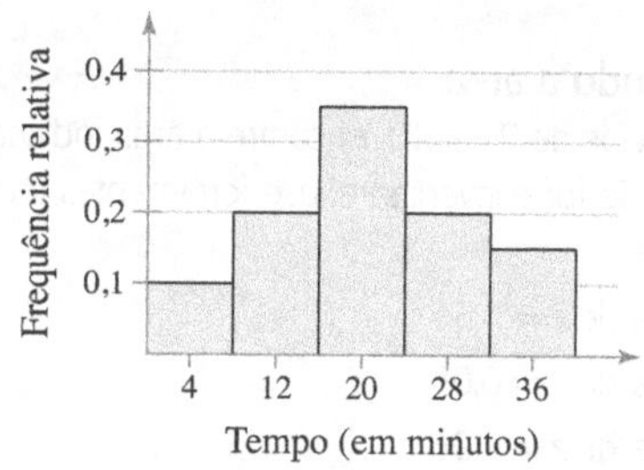

16.

Perda de peso

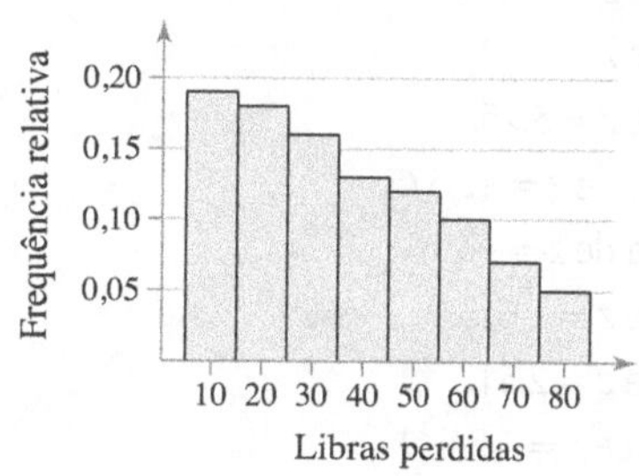

Análise gráfica

Nos exercícios de 17 a 20, encontre a área da região indicada sob a curva normal padrão. Se for conveniente, use ferramentas tecnológicas para encontrar a área.

17.

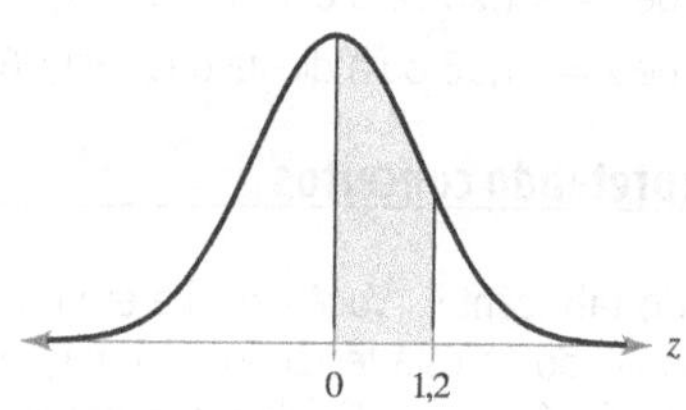

18.

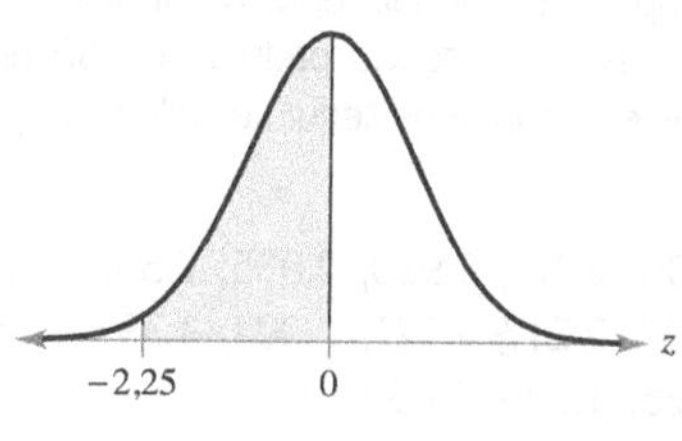

19.

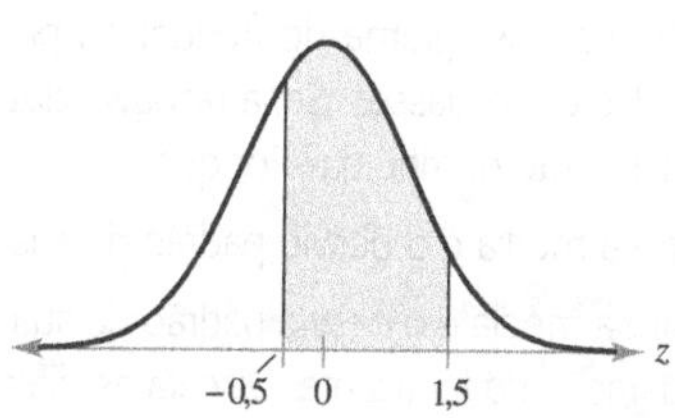

20.

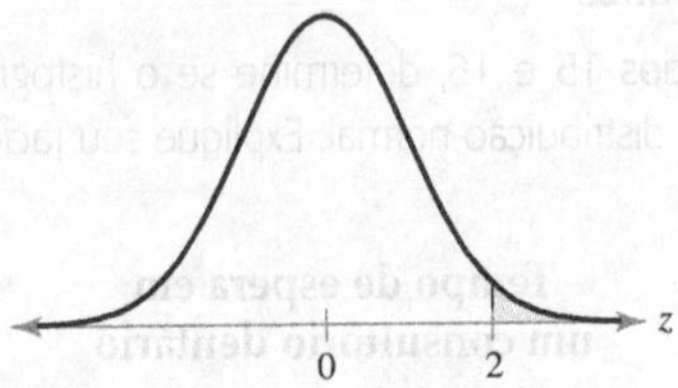

Encontrando a área

Nos exercícios de 21 a 40, encontre a área indicada sob a curva normal padrão. Se for conveniente, use ferramentas tecnológicas para encontrar a área.

21. À esquerda de $z = 1{,}36$.
22. À esquerda de $z = 0{,}08$.
23. À esquerda de $z = 1{,}96$.
24. À esquerda de $z = 1{,}28$.
25. À direita de $z = -0{,}65$.
26. À direita de $z = -1{,}95$.
27. À direita de $z = 1{,}28$.
28. À direita de $z = 3{,}25$.
29. À esquerda de $z = -2{,}575$.
30. À esquerda de $z = -3{,}16$.
31. À direita de $z = 1{,}615$.
32. À direita de $z = 2{,}51$.
33. Entre $z = 0$ e $z = 1{,}54$.
34. Entre $z = 0$ e $z = 2{,}86$.
35. Entre $z = -1{,}53$ e $z = 0$.
36. Entre $z = -0{,}51$ e $z = 0$.
37. Entre $z = -1{,}96$ e $z = 1{,}96$.
38. Entre $z = -2{,}33$ e $z = 2{,}33$.
39. À esquerda de $z = -1{,}28$ ou à direita de $z = 1{,}28$.
40. À esquerda de $z = -1{,}96$ ou à direita de $z = 1{,}96$.

Usando e interpretando conceitos

41. **Afirmação do fabricante** Você trabalha em uma publicação da Consumer Watchdog e está testando a afirmação do anúncio de um fabricante de lâmpadas. O fabricante declara que a vida útil de uma lâmpada é normalmente distribuída, com uma média de 2.000 horas e um desvio padrão de 250 horas. Você testa 20 lâmpadas e encontra os seguintes números para vida útil das lâmpadas:

2.210, 2.406, 2.267, 1.930, 2.005, 2.502, 1.106, 2.140, 1.949, 1.921, 2.217, 2.121, 2.004, 1.397, 1.659, 1.577, 2.840, 1.728, 1.209, 1.639

(a) Desenhe um histograma de frequência para mostrar esses dados. Use cinco classes. Seria razoável dizer que a vida útil é normalmente distribuída? Por quê?

(b) Encontre a média e o desvio padrão de sua amostra.

(c) Compare a média e o desvio padrão de sua amostra com os da declaração do fabricante. Discuta as diferenças.

42. **Altura dos homens** Você está fazendo um estudo sobre a altura de homens de 20 a 29 anos. Um estudo anterior mostrou que a altura é normalmente distribuída, com uma média de 69,6 polegadas e um desvio padrão de 3,0 polegadas. Você escolhe, aleatoriamente, uma amostra de 30 homens e descobre as seguintes alturas: *(Adaptado do National Center for Health Statistics.)*

72,1, 71,2, 67,9, 67,3, 69,5, 68,6, 68,8, 69,4, 73,5, 67,1, 69,2, 75,7, 71,1, 69,6, 70,7, 66,9, 71,4, 62,9, 69,2, 64,9, 68,2, 65,2, 69,7, 72,2, 67,5, 66,6, 66,5, 64,2, 65,4, 70,0

(a) Desenhe um histograma de frequência para mostrar esses dados. Use sete classes com valor médio de 63,85, 65,85, 67,85, 69,85, 71,85, 73,85 e 75,85. Seria razoável dizer que as alturas são normalmente distribuídas? Por quê?

(b) Encontre a média e o desvio padrão de sua amostra.

(c) Compare a média e o desvio padrão de sua amostra com os do estudo anterior. Discuta as diferenças.

Computando e interpretando os z-escores de distribuições normais

Nos exercícios de 43 a 46, foi dada uma distribuição normal, a média da distribuição e o desvio padrão, quatro valores da distribuição e um gráfico da distribuição normal padrão. (a) Sem converter para z escores, relacione cada valor com as letras A, B, C e D no gráfico dado da distribuição normal padrão. (b) Encontre o z-escore que corresponde a cada valor e verifique suas respostas da parte (a). (c) Determine se algum dos valores é incomum.

43. **Anéis de pistão** Sua empresa fabrica anéis de pistão para carros. Os diâmetros internos dos anéis de pistão são normalmente distribuídos, com uma média de 93,01 milímetros e um desvio padrão de 0,005 milímetro. Os diâmetros internos de quatro dos anéis de pistão selecionados aleatoriamente são de 93,014 milímetros, 93,018 milímetros, 93,004 milímetros e 92,994 milímetros.

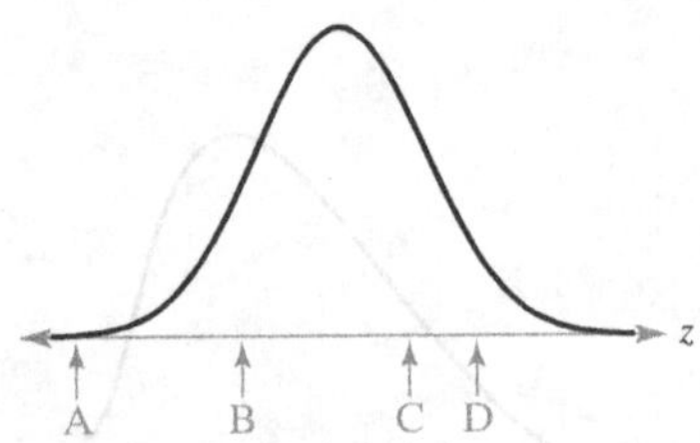

44. **Ovos de cambaxirra** O período de incubação de ovos de cambaxirras é normalmente distribuído com uma média de tempo de 336 horas e um desvio padrão de 3,5 horas. O tempo de incubação de quatro ovos selecionados aleatoriamente é de 328 horas, 338 horas, 330 horas e 341 horas.

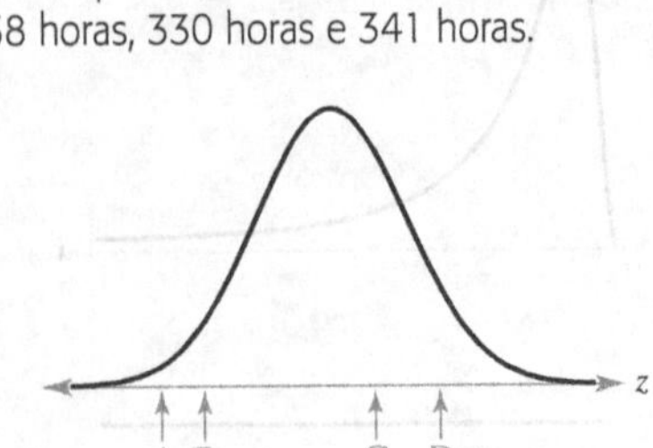

45. **Pontuação do SAT** O SAT é um exame usado por faculdades e universidades para avaliar os candidatos. As pontuações do exame são normalmente distribuídas. Em um ano recente, a pontuação média do teste foi de 1.518 e o desvio padrão foi de 308. As pontuações dos testes de quatro alunos escolhidos aleatoriamente são 1.406, 1.848, 2.177 e 1.186. *(Fonte: College Board Online.)*

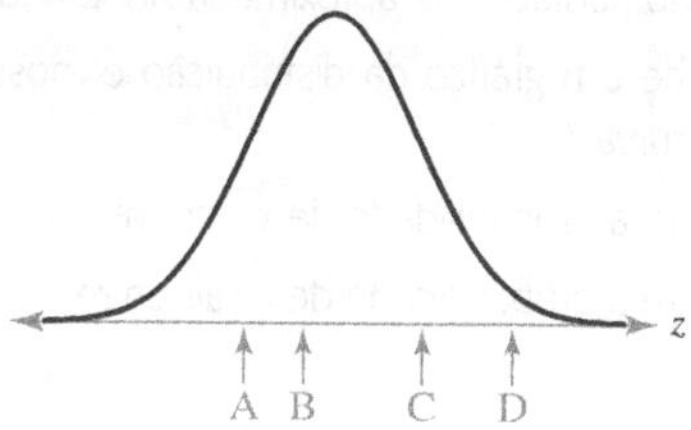

46. **Pontuação do ACT** O ACT é um exame usado por faculdades e universidades para avaliar candidatos. As pontuações do exame são normalmente distribuídas. Em um ano recente, a pontuação média do teste foi de 21,0 e o desvio padrão foi de 4,8. As pontuações dos testes de quatro alunos escolhidos aleatoriamente são 18, 32, 14 e 25. *(Fonte: ACT, Inc.)*

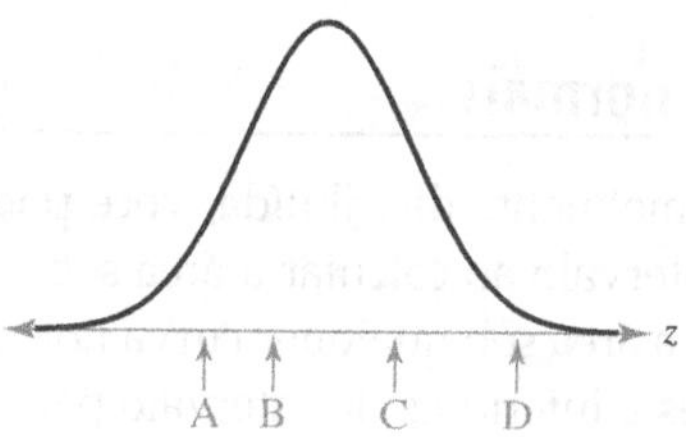

Análise gráfica

Nos exercícios de 47 a 52, encontre a probabilidade de z ocorrer na região indicada. Se for conveniente, use ferramentas de tecnologia para encontrar a probabilidade.

47.

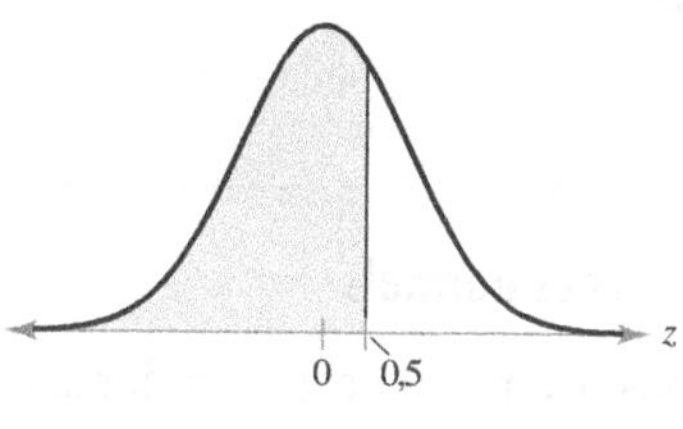

48.

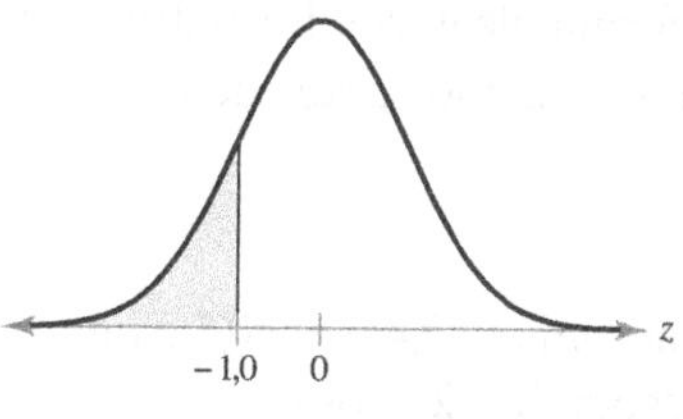

49.

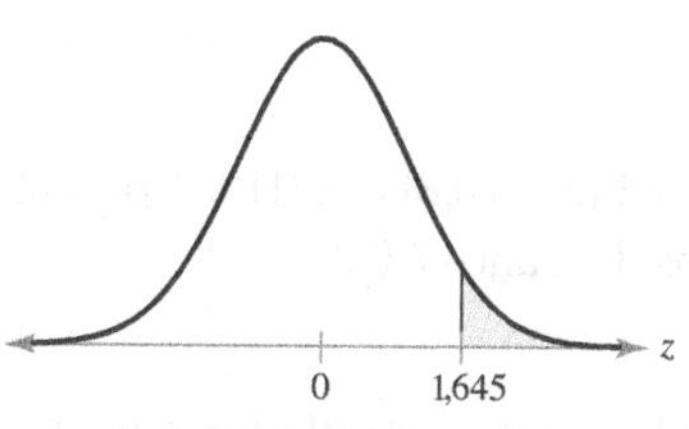

50.

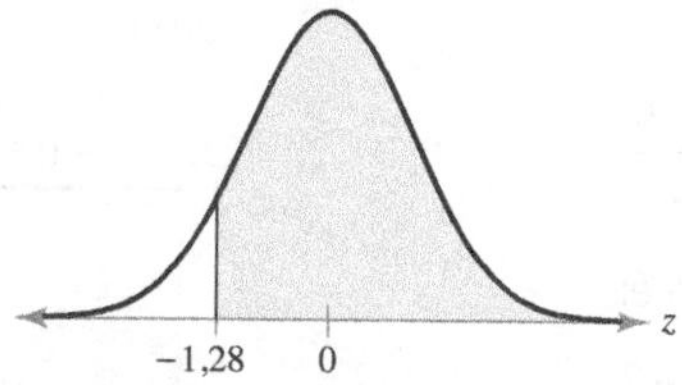

51.

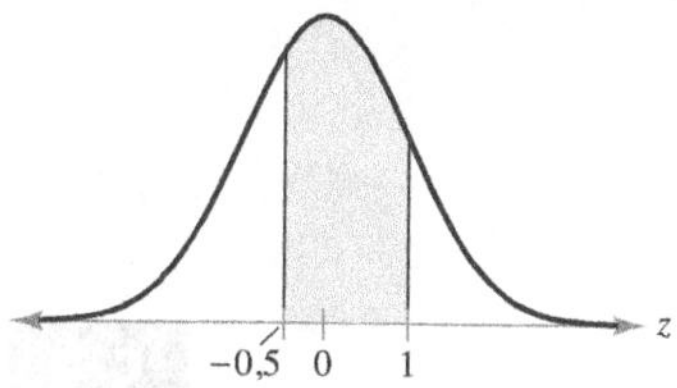

52.

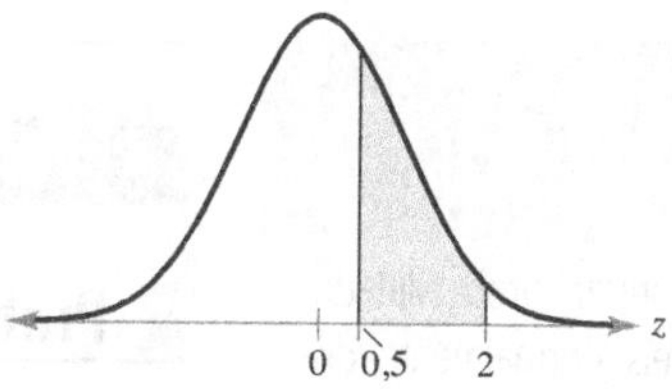

Encontrando probabilidades

Nos exercícios de 53 a 62, encontre a probabilidade indicada usando a distribuição normal padrão. Se for conveniente, use ferramentas de tecnologia para encontrar a probabilidade.

53. $P(z < 1{,}45)$.
54. $P(z < 0{,}45)$.
55. $P(z > -0{,}95)$.
56. $P(z > -1{,}85)$.
57. $P(-0{,}89 < z < 0)$.
58. $P(-2{,}08 < z < 0)$.
59. $P(-1{,}65 < z < 1{,}65)$.
60. $P(-1{,}54 < z < 1{,}54)$.
61. $P(z < -2{,}58 \text{ ou } z > 2{,}58)$.
62. $P(z < -1{,}54 \text{ ou } z > 1{,}54)$.

Expandindo conceitos

63. **Redação** Desenhe uma curva normal com uma média de 60 e um desvio padrão de 12. Descreva como você construiu a curva e discuta suas características.

64. **Redação** Desenhe uma curva com uma média de 450 e um desvio padrão de 50. Descreva como você construiu a curva e discuta suas características.

65. **Distribuição uniforme** Outra distribuição contínua é a distribuição uniforme. Um exemplo é $f(x) = 1$ para $0 \leq x \leq 1$. A média dessa distribuição para este exemplo é 0,5 e o desvio padrão é de aproximadamente 0,29. O gráfico dessa distribuição para este exemplo é um quadrado com altura e largura iguais a 1 unidade. Em geral, a função densidade para uma distribuição uniforme no intervalo de $x = a$ para $x = b$ é dada por:

$$f(x) = \frac{1}{b - a}.$$

A média é:

$$\frac{a+b}{2}$$

e a variância é:

$$\frac{(b-a)^2}{12}.$$

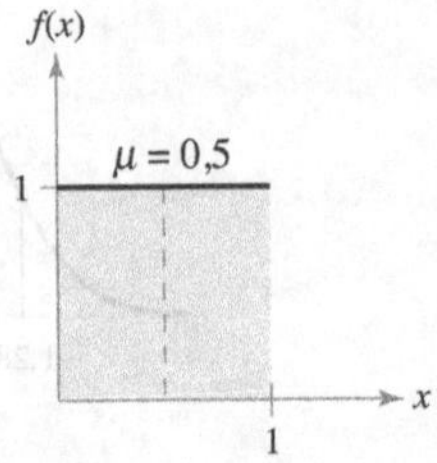

(a) Verifique que a área sob a curva é 1.

(b) Encontre a probabilidade de x cair entre 0,25 e 0,5.

(c) Encontre a probabilidade de x cair entre 0,3 e 0,7.

66. Distribuição uniforme. Considere que a função densidade uniforme $f(x) = 0{,}1$ para $10 \leq x \leq 20$. A média dessa distribuição é 15 e o desvio padrão é de aproximadamente 2,89.

(a) Desenhe um gráfico da distribuição e mostre como a área sob a curva é 1.

(b) Encontre a probabilidade de x cair entre 12 e 15.

(c) Encontre a probabilidade de x cair entre 13 e 18.

5.2 Distribuições normais: encontrando probabilidades

O que você deve aprender

- Como encontrar probabilidades para variáveis normalmente distribuídas usando uma tabela e usando tecnologia.

Probabilidade e distribuições normais

Probabilidade e distribuições normais

Se uma variável aleatória x é normalmente distribuída, você pode encontrar a probabilidade de x cair em um dado intervalo ao calcular a área sob a curva normal para um dado intervalo. Para encontrar a área sob qualquer curva normal, você pode, primeiro, converter os limites superiores e inferiores do intervalo para z-escores. Depois, usar a distribuição normal padrão para encontrar a área. Por exemplo, considere uma curva normal com $\mu = 500$ e $\sigma = 100$, como no gráfico superior à esquerda. O valor de x um desvio padrão acima da média é $\mu + \sigma = 500 + 100 = 600$. Agora, considere a curva normal padrão no segundo gráfico à esquerda. O valor de z um desvio padrão acima da média é $\mu + \sigma = 0 + 1 = 1$. Como um z-escore de 1 corresponde a um valor x de 600, e áreas não são mudadas com uma transformação para uma curva normal padrão, as áreas sombreadas no gráfico são iguais.

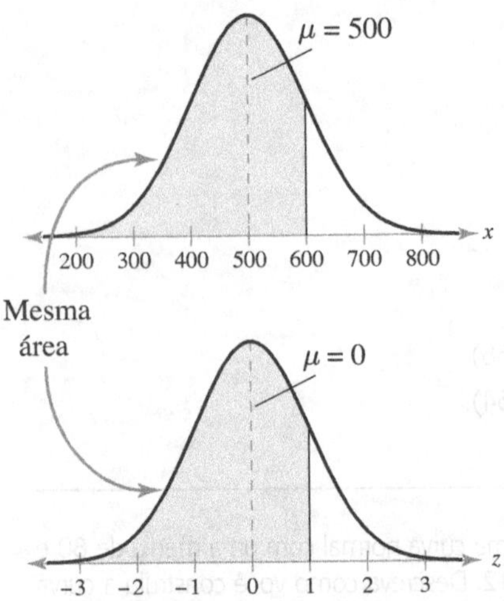

Exemplo 1

Encontrando probabilidades para distribuições normais

Uma pesquisa indica que as pessoas usam seus computadores por uma média de 2,4 anos antes de trocá-los por uma máquina nova. O desvio padrão é 0,5 anos. Um dono de computador é selecionado de forma aleatória. Encontre a probabilidade de que ele vá usar o computador por menos de 2 anos antes de trocá-lo. A variável x é normalmente distribuída.

Solução

O gráfico mostra uma curva normal com $\mu = 2{,}4$ e $\sigma = 0{,}5$ e uma área sombreada para x menor que 2. O z-escore que corresponde a 2 anos é:

$$z = \frac{x-\mu}{\sigma} = \frac{2-2{,}4}{0{,}5} = -0{,}80.$$

A Tabela Normal Padrão mostra que $P(z < -0{,}8) = 0{,}2119$. A probabilidade de que o computador seja substituído em menos de 2 anos é 0,2119.

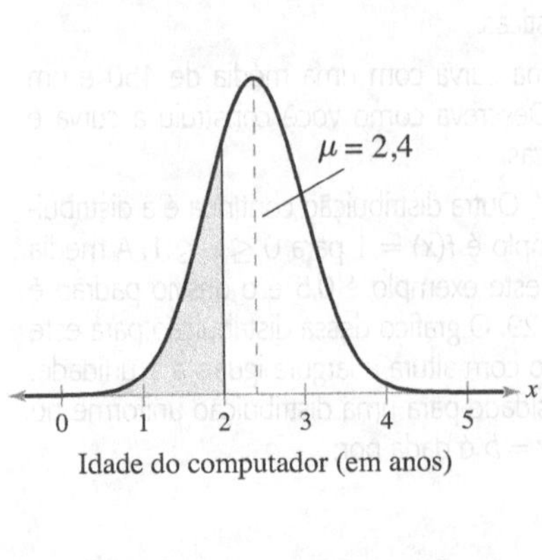

Interpretação

Portanto, 21,19% dos donos vão trocar o computador em menos de 2 anos.

Tente você 1 Um Ford Focus de transmissão manual percorre uma média de 24 milhas por galão (mpg) na cidade, dirigindo com um desvio médio de 1,6 mpg. Um Focus é selecionado aleatoriamente. Qual é a probabilidade que percorra mais do que 28 metros por galão? Suponha que a quilometragem da gasolina seja normalmente distribuída. *(Adaptado de U.S. Department of Energy.)*

a. *Construa* um gráfico.

b. *Encontre o z-escore* que corresponde a 28 milhas por galão.

c. *Encontre a área* à direita do *z*-escore.

d. *Escreva* o resultado como uma sentença.

Resposta na p. A40

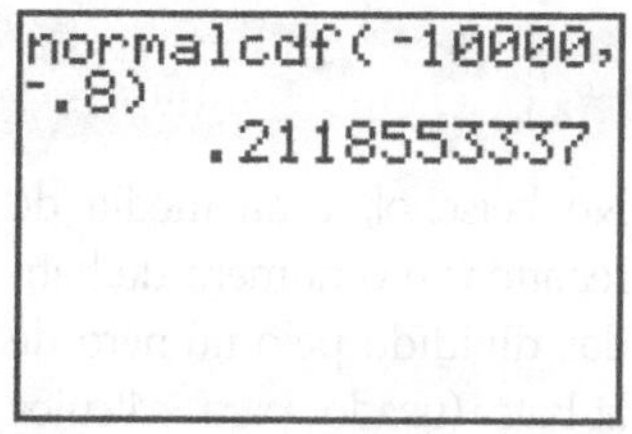

No Exemplo 1, você pode usar uma TI-83/84 para encontrar a probabilidade uma vez que o limite superior seja convertido para um *z*-escore.

Dica de estudo

Outra forma de escrever a resposta para o Exemplo 1 é P(x < 2) = 0,2119.

Exemplo 2

Encontrando probabilidades para distribuições normais

Uma pesquisa indica que para cada ida ao supermercado, uma pessoa gasta uma média de 45 minutos, com um desvio padrão de 12 minutos naquela loja. Esse tempo gasto na loja é normalmente distribuído e representado pela variável *x*. Uma pessoa entra na loja. (a) Encontre a probabilidade, para cada intervalo de tempo listado a seguir, que essa pessoa fique na loja. (b) Interprete sua resposta se 200 pessoas entrarem na loja. Quantos compradores você esperaria que houvesse na loja para cada intervalo de tempo listado a seguir?

1. Entre 24 e 54 minutos.
2. Mais que 39 minutos.

Solução

1. (a) O gráfico à direita mostra uma curva normal com $\mu = 45$ minutos e $\sigma = 12$ minutos. A área para *x* entre 24 e 54 minutos está sombreada. Os *z*-escores que correspondem a 24 minutos e a 54 minutos são:

$$z_1 = \frac{24-45}{12} = -1{,}75 \quad \text{e} \quad z_2 = \frac{54-45}{12} = 1{,}75.$$

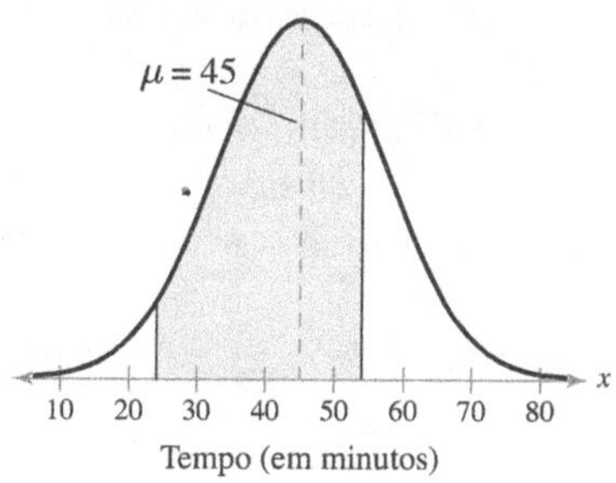

Então, a probabilidade de que um consumidor fique na loja por um período entre 24 e 54 minutos é:

$$\begin{aligned} P(24 < x < 54) &= P(-1{,}75 < z < 0{,}75) \\ &= P(z < 0{,}75) - P(z < -1{,}75) \\ &= 0{,}7734 - 0{,}0401 = 0{,}7333. \end{aligned}$$

(b) ***Interpretação***

Então, 73,33% dos consumidores estarão na loja entre 24 e 54 minutos. Se 200 pessoas entrarem na loja, você esperaria por 200 (0,7333) = 146,66 (ou cerca de 147) consumidores para estarem na loja entre 24 e 54 minutos.

2. (a) O gráfico à direita mostra uma curva normal com $\mu = 45$ minutos e $\sigma = 12$ minutos. A área para *x* maior que 39 minutos está sombreada. O *z*-escore que corresponde a 39 minutos é:

$$z = \frac{39-45}{12} = -0{,}5.$$

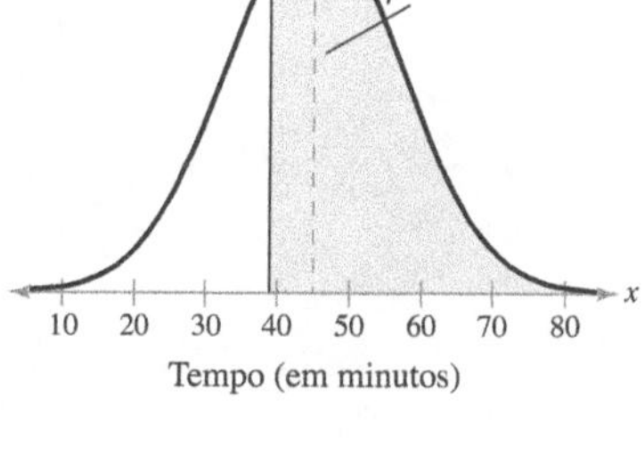

Então, a probabilidade que uma pessoa fique na loja por mais de 39 minutos é:

$P(x > 39) = P(z > -0{,}5) = 1 - P(z < -0{,}5) = 1 - 0{,}3085 = 0{,}6915.$

> **Retratando o mundo**
>
> No beisebol, uma média de rebatidas é o número de batidas dividido pelo número de at-bats (usado para cálculos estatísticos no beisebol). As médias de rebatidas de mais de 750 jogadores da Liga de Beisebol em um ano recente podem ser aproximadas pela distribuição normal, conforme mostra o gráfico a seguir. A média de rebatidas é 0,269 e o desvio padrão é 0,009.
>
> **Liga de beisebol**
>
> 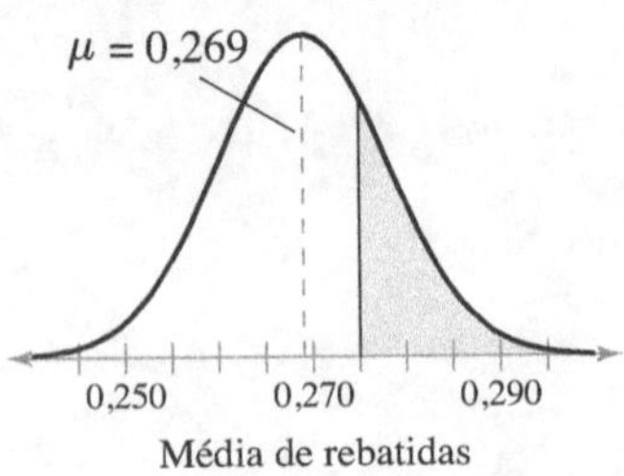
>
>
> *Quantos por cento dos jogadores têm uma média de rebatidas de 0,275 ou maior que isso? Se há 40 jogadores em uma escalação, quando você esperaria ter uma média de rebatidas de 0,275 ou superior a isso?*

(b) ***Interpretação***

Se 200 pessoas entram na loja, então você esperaria 200 (0,6915) = 138,3 (ou cerca de 138) pessoas que fiquem na loja por mais de 39 minutos.

Tente você 2 Qual é a probabilidade de que o consumidor no Exemplo 2 fique no supermercado entre 33 e 60 minutos?

a. *Construa* um gráfico.

b. *Encontre o z- escore* que corresponde a 60 minutos e 33 minutos.

c. *Encontre a área acumulada* para cada z-escore e *subtraia* a área menor da área maior.

d. *Interprete* sua resposta se 150 pessoas entrarem na loja. Quantas pessoas você esperaria que ficassem na loja entre 33 e 60 minutos?

Resposta na p. A40

Outra forma de encontrar probabilidades normais é usar uma calculadora ou computador. Você pode encontrar probabilidades normais usando o MINITAB, o Excel e a TI-83/84.

Exemplo 3

Usando tecnologia para encontrar probabilidades normais

Suponha que os níveis de colesterol dos homens nos Estados Unidos sejam normalmente distribuídos, com uma média de 215 miligramas por decilitro e um desvio padrão de 25 miligramas por decilitro. Você seleciona aleatoriamente um homem dos Estados Unidos. Qual é a probabilidade de que o nível de colesterol dele seja menor que 175? Use uma ferramenta tecnológica para encontrar a probabilidade.

Solução

O MINITAB, o Excel e a TI-83/84 têm recursos que lhe permitem encontrar as probabilidades normais sem converter para *z*-escores. Para cada um, você deve especificar a média e o desvio padrão da população, bem como o(s) valor(es) *x* que determina o intervalo.

MINITAB

```
Cumulative Distribution Funcion
Normal with mean = 215.000 and standard deviation = 25.0000
     x        P(X<=x)
175.0000      0.0548
```

EXCEL

	A	B	C
1	NORMDIST(175,215,25,TRUE)		
2			0.054799

TI-83/84

```
normalcdf(0,175,215,25)
          .0547992894
```

A partir das telas, você pode ver a probabilidade que o nível de colesterol do homem escolhido seja menor que 175 é de aproximadamente 0,0548 ou 5,48%.

Tente você 3 Um homem dos Estados Unidos é escolhido aleatoriamente. Qual é a probabilidade de que o nível de colesterol dele esteja entre 190 e 225. Use uma ferramenta de tecnologia.

a. *Leia o guia de usuário* da ferramenta de tecnologia que você está usando.

b. *Coloque os dados apropriados* para obter a probabilidade.

c. *Escreva* o resultado como uma sentença.

Resposta na p. A40

O Exemplo 3 mostra uma entre várias formas de encontrar probabilidades normais usando o MINITAB, o Excel e a TI-83/84.

5.2 Exercícios

Contruindo habilidades básicas e conceitos

Probabilidades computacionais

Nos exercícios de 1 a 6, suponha que a variável aleatória x seja normalmente distribuída com média $\mu = 86$ e desvio padrão $\sigma = 5$. Encontre a probabilidade indicada.

1. $P(x < 80)$.
2. $P(x < 100)$.
3. $P(x > 92)$.
4. $P(x > 75)$.
5. $P(70 < x < 80)$.
6. $P(85 < x < 95)$.

Análise gráfica

Nos exercícios de 7 a 12, suponha que um membro seja selecionado aleatoriamente de uma população representada pelo gráfico. Encontre a probabilidade de que um membro selecionado aleatoriamente esteja na área sombreada do gráfico. Suponha que a variável x seja normalmente distribuída.

7.

Pontuação em leitura crítica no SAT

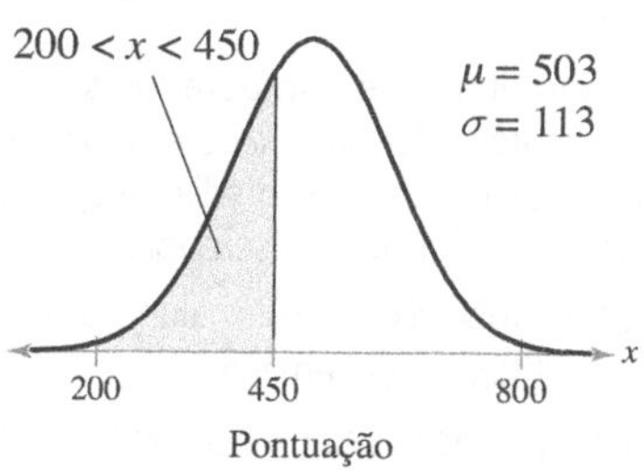

(*Fonte: College Board Online.*)

8.

Pontuação em matemática no SAT

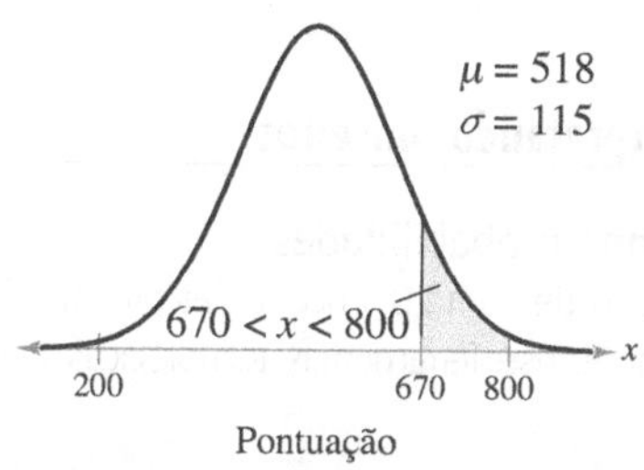

(*Fonte: College Board Online.*)

9.

Mulheres norte-americanas com idade entre 20-34: colesterol total

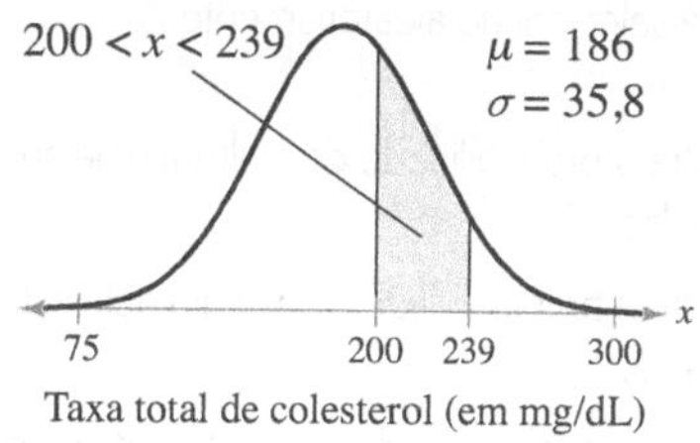

(*Adaptado de National Center for Health Statistics.*)

10.

Mulheres norte-americanas com idade entre 55-64: colesterol total

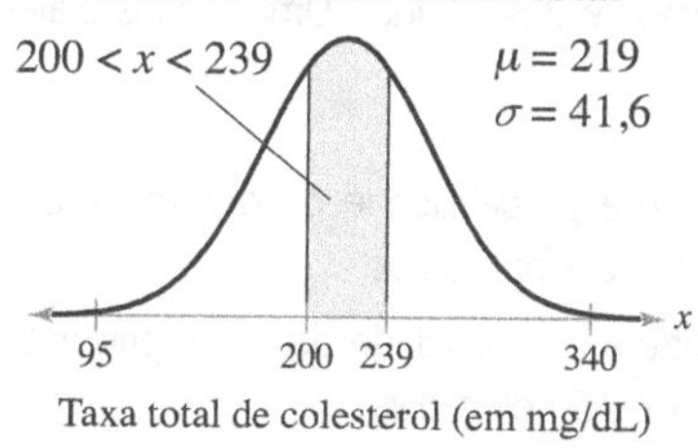

11.

Toyota Camry: distância de frenagem em uma superfície seca

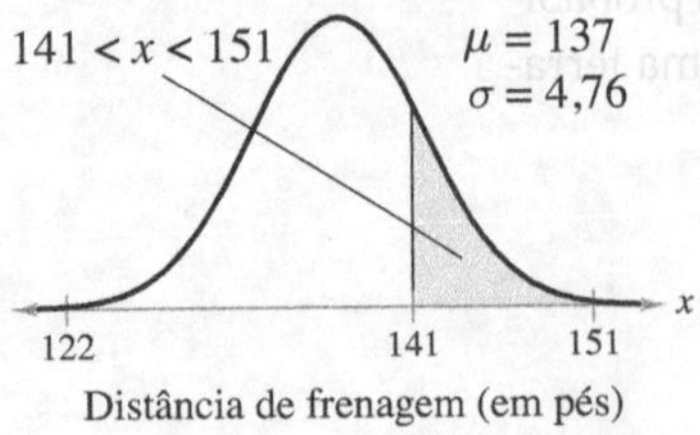

(*Adaptado de Consumer Reports.*)

12.

Toyota Camry: distância de frenagem em uma superfície molhada

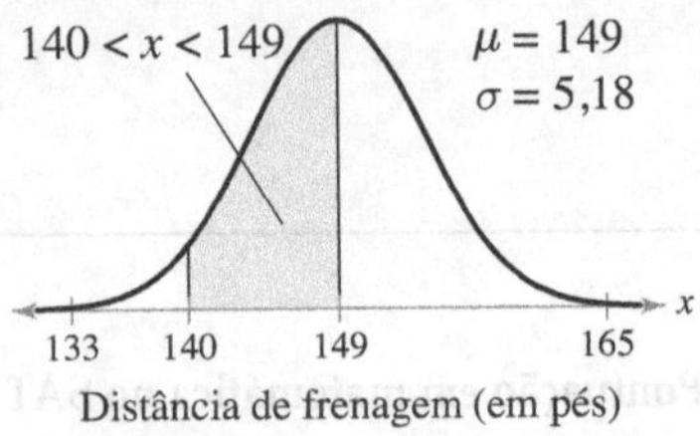

(*Adaptado de Consumer Reports.*)

Usando e interpretando conceitos

Encontrando probabilidades

Nos exercícios de 13 a 20, encontre as probabilidades indicadas. Se for conveniente, use ferramentas tecnológicas para encontrar as probabilidades.

13. **Altura de homens** Uma pesquisa foi conduzida para medir a altura de homens norte-americanos. Na pesquisa, os homens foram agrupados por idade. De 20 a 29 anos, as alturas foram normalmente distribuídas, com uma média de 69,6 polegadas e um desvio padrão de 3,0 polegadas. Um homem que participou do estudo é selecionado aleatoriamente. (*Adaptado de National Center for Health Statistics.*)
    (a) Encontre a probabilidade de a altura dele ser menor que 66 polegadas.
    (b) Encontre a probabilidade de a altura dele estar entre 66 e 72 polegadas.
    (c) Encontre a probabilidade de a altura dele ser maior que 72 polegadas.

14. **Comprimento de peixes** O comprimento das corvinas é normalmente distribuído, com uma média de 10 polegadas e um desvio padrão de 2 polegadas. Uma corvina é aleatoriamente escolhida. (*Adaptado de National Marine Fisheries Service, Fisheries Statistics and Economics Division.*)
    (a) Encontre a probabilidade de o comprimento do peixe ser menor que 7 polegadas.
    (b) Encontre a probabilidade de o comprimento do peixe estar entre 7 e 15 polegadas.
    (c) Encontre a probabilidade de o comprimento do peixe ser maior que 15 polegadas.

15. **Pontuação no ACT** Em um ano recente, a pontuação de alunos do ensino médio nos exames ACT que tinham uma nota média de 3,50 a 4,00 era normalmente distribuída, com uma média de 24,2 e um desvio padrão de 4,3. Um aluno com uma nota média de 3,50 a 4,00 que fez o ACT durante esse tempo é selecionado aleatoriamente. (*Fonte: ACT, Inc.*)
    (a) Encontre a probabilidade de a pontuação do aluno no ACT ser menor que 17.
    (b) Encontre a probabilidade de a pontuação do aluno no ACT estar entre 20 e 29.
    (c) Encontre a probabilidade de a pontuação do aluno no ACT ser maior que 32.

16. **Beagles** O peso de beagles adultos machos é normalmente distribuído, com uma média de 25 libras e um desvio padrão de 3 libras. Um beagle é escolhido aleatoriamente.
    (a) Encontre a probabilidade de o peso do beagle ser menor que 23 libras.
    (b) Encontre a probabilidade de o peso do beagle estar entre 23 e 25 libras.
    (c) Encontre a probabilidade de o peso do beagle ser maior que 27 libras.

17. **Uso do computador** Uma pesquisa foi conduzida para medir o número de horas que adultos nos Estados Unidos passam em frente ao computador todas as semanas. Na pesquisa, o número de horas era normalmente distribuído, com uma média de 7 horas e um desvio padrão de 1 hora. Um participante da pesquisa é escolhido aleatoriamente.
    (a) Encontre a probabilidade de esse participante passar menos que 5 horas por semana em frente ao computador.
    (b) Encontre a probabilidade de esse participante passar entre 5,5 e 9,5 horas por semana em frente ao computador.
    (c) Encontre a probabilidade de esse participante passar mais de 10 horas por semana em frente ao computador.

18. **Contas de consumo** As contas de consumo mensais em uma cidade são normalmente distribuídas com uma média de $ 100 e um desvio padrão de $ 12. Uma conta de consumo é escolhida aleatoriamente.
    (a) Encontre a probabilidade de a conta de consumo ser menor que $ 70.
    (b) Encontre a probabilidade de a conta de consumo estar entre $ 90 e $ 120.
    (c) Encontre a probabilidade de a conta de consumo ser maior que $ 140.

19. **Agenda do laboratório de computadores** O tempo que um aluno usa o laboratório de computadores todas as semanas é normalmente distribuído, com uma média de 6,2 horas e um desvio padrão de 0,9 hora. Um aluno é selecionado aleatoriamente.
    (a) Encontre a probabilidade de o aluno usar o laboratório por menos de 4 horas por semana.
    (b) Encontre a probabilidade de o aluno usar o laboratório entre 5 e 7 horas por semana.
    (c) Encontre a probabilidade de o aluno usar o laboratório por mais de 8 horas por semana.

20. **Agenda de um ginásio de esportes** O tempo que um atleta usa uma ***starclimber*** (equipamento de ginástica) é normalmente distribuído, com uma média de 20 minutos e um desvio padrão de 5 minutos. Um atleta é selecionado aleatoriamente.

(a) Encontre a probabilidade de um atleta usar a ***stairclimber*** por menos de 17 minutos.

(b) Encontre a probabilidade de um atleta usar a ***stairclimber*** entre 20 e 28 minutos.

(c) Encontre a probabilidade de um atleta usar a ***stairclimber*** por mais de 30 minutos.

Usando distribuições normais

Nos exercícios de 21 a 30, responda as questões sobre as distribuições normais especificadas.

21. **Pontuação em leitura crítica no SAT** Use a distribuição normal das pontuações de leitura crítica no SAT do Exercício 7 para as quais a média é 503 e o desvio padrão é 113.

(a) Qual é a porcentagem das pontuações verbais do SAT que são menores que 600?

(b) Se 1.000 pontuações verbais do SAT são escolhidas aleatoriamente, por volta de quantas você espera serem maiores que 550?

22. **Pontuação em matemática no SAT** Use a distribuição normal das pontuações em matemática no SAT do Exercício 8, cuja média é 518 e o desvio padrão é 115.

(a) Qual é a porcentagem das pontuações em matemática no SAT que são menores que 500?

(b) Se 1.500 pontuações em matemática no SAT são selecionadas aleatoriamente, por volta de quantas você espera que sejam maiores que 600?

23. **Colesterol** Use a distribuição normal dos níveis totais de colesterol em mulheres do Exercício 9, para os quais a média é 186 miligramas por decilitro e o desvio padrão é de 35,8 miligramas por decilitro.

(a) Qual porcentagem de mulheres tem um nível total de colesterol menor que 200 miligramas por decilitro de sangue?

(b) Se 250 mulheres norte-americanas, com idade entre 20 e 34, são selecionadas aleatoriamente; cerca de quantas você espera que tenham um nível de colesterol total maior que 240 miligramas por decilitro de sangue?

24. **Colesterol** Use a distribuição normal dos níveis totais de colesterol em mulheres do Exercício 10, para os quais a média é 219 miligramas por decilitro e o desvio padrão é de 41,6 miligramas por decilitro de sangue.

(a) Qual porcentagem de mulheres tem um nível total de colesterol menor que 239 miligramas por decilitro de sangue?

(b) Se 200 mulheres norte-americanas, com idade entre 55 e 64 são selecionadas aleatoriamente, cerca de quantas você espera que tenham um nível de colesterol total maior que 200 miligramas por decilitro de sangue?

25. **Comprimento de peixes** Use a distribuição normal dos comprimentos de peixes do Exercício 14 para as quais a média é 10 polegadas e o desvio padrão é de 2 polegadas.

(a) Qual porcentagem de peixes são maiores que 11 polegadas?

(b) Se 200 peixes são selecionados aleatoriamente, cerca de quantos você espera que sejam menores que 8 polegadas?

26. **Beagles** Use a distribuição normal dos pesos de beagles do Exercício 16 para os quais a média é 25 libras e o desvio padrão é de 3 libras.

(a) Qual porcentagem de beagles tem um peso maior que 30 libras?

(b) Se 50 beagles são selecionados aleatoriamente, cerca de quantos você espera que pesem menos que 22 libras?

27. **Uso de computador** Use a distribuição normal do uso de computadores do Exercício 17, para o qual a média é 7 horas e o desvio padrão é de 1 hora.

(a) Qual porcentagem de adultos passa mais de 4 horas por semana nos computadores em casa?

(b) Se 35 adultos dos Estados Unidos são selecionados aleatoriamente, cerca de quantos você espera que respondam passar menos de 5 horas por semana em frente ao computador em casa?

28. **Contas de consumo** Use a distribuição normal das contas de consumo do Exercício 18 para a qual a média é \$ 100 e o desvio padrão é de \$ 12.

(a) Qual é a porcentagem de contas de consumo que são maiores que \$ 125?

(b) Se 300 contas de consumo são selecionadas aleatoriamente, cerca de quantas você espera que sejam menores que \$ 90?

29. **Vida útil de baterias** A vida útil de uma bateria é normalmente distribuída, com uma média de 2.000 horas e um desvio padrão de 30 horas. Qual é a porcentagem de baterias que têm uma vida útil maior que 2.065 horas? Seria incomum se uma bateria tivesse uma expectativa de vida maior que 2.065 horas? Explique seu raciocínio.

30. **Amendoins** Suponha que o consumo anual de amendoins seja normalmente distribuído, com uma média de 5,9 libras por pessoa e um desvio padrão de 1,8 libras por pessoa. Qual é a porcentagem de pessoas de consomem, anualmente, menos que 3,1 libras de amendoim? Seria incomum se uma pessoa consumisse menos que 3,1 libras de amendoim por ano? Explique seu raciocínio.

Expandindo conceitos

Tabelas de controle

Controle Estatístico de Processos (CEP) é o uso da estatística para monitorar e melhorar a qualidade de um processo, como produção de uma peça de motor. Em CEP, informações sobre o processo são reunidas para determinar se um processo atende todas as condições necessárias. Uma ferramenta usada em CEP é a tabela de controle. Quando medidas individuais de uma variável x são normalmente distribuídas, uma tabela de controle pode ser usada para detectar processos que possivelmente estejam fora de controle conforme o que segue:

(1) Um ponto está situado a mais de três desvios padrão da média.

(2) Há nove pontos consecutivos que caem em um lado da média.

(3) No mínimo dois dos três pontos consecutivos estão situados a mais de dois desvios padrão da média.

Nos exercícios de 31 a 34, uma tabela de controle é apresentada. Cada tabela tem linhas horizontais desenhadas na média μ, em $\mu \pm 2\sigma$, e $\mu \pm 3\sigma$. Determine se o processo apresentado está sob controle ou fora de controle. Explique.

31. Uma engrenagem foi desenvolvida para ter um diâmetro de 3 polegadas. O desvio padrão do processo é de 0,2 polegada.

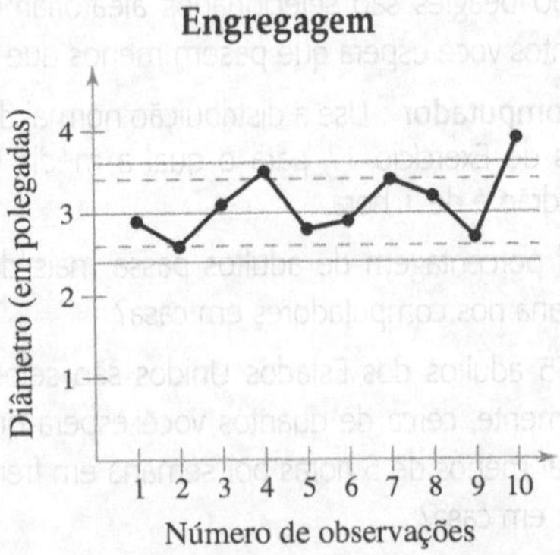

32. Um prego foi desenvolvido para ter um comprimento de 4 polegadas. O desvio padrão do processo é de 0,12 polegada.

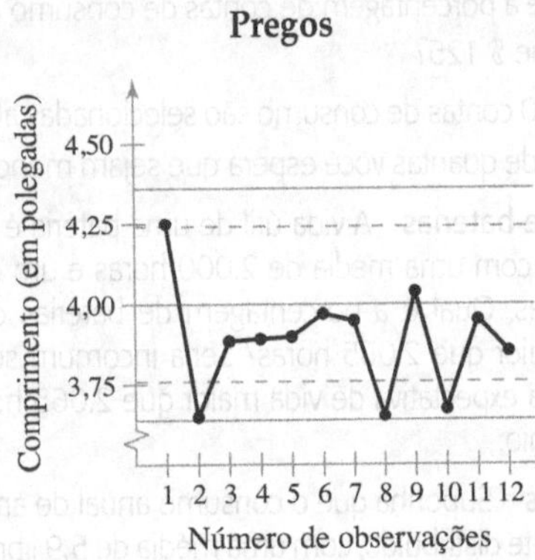

33. Uma máquina de distribuição de água foi desenvolvida para encher garrafas com um litro de líquido. O desvio padrão do processo é de 0,1 litro.

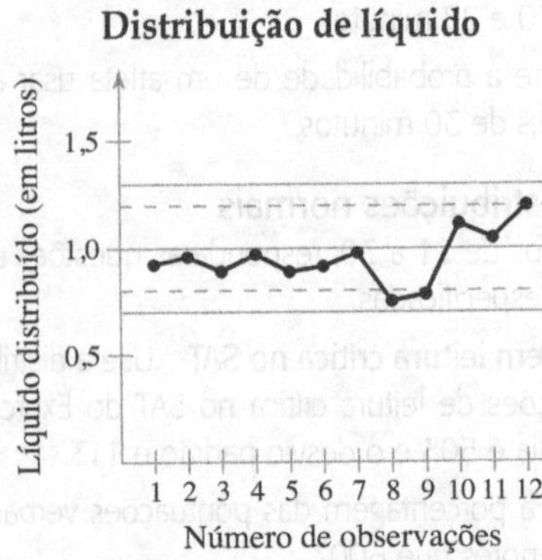

34. Uma peça de motor foi desenvolvida para ter um diâmetro de 55 milímetros. O desvio padrão do processo é de 0,001 milímetro.

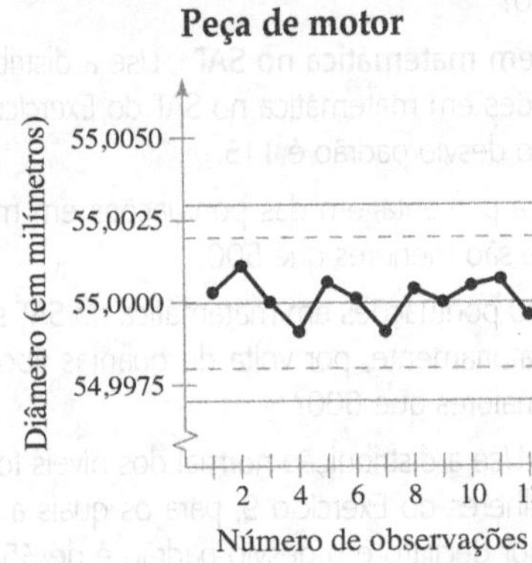

5.3 Distribuições normais: encontrando valores

Encontrando z-escores ⟶ Transformando um z-escore em um valor x ⟶ Encontrando um dado de valor específico para uma dada probabilidade

O que você deve aprender

- Como encontrar um z-escore dada a área sob a curva normal.
- Como transformar um z-escore em um valor x.
- Como encontrar o valor de um dado específico de uma distribuição normal dada a probabilidade.

Encontrando z-escores

Na Seção 5.2, foi dada uma variável aleatória x normalmente distribuída e você encontrou a probabilidade que x pudesse estar em um dado intervalo ao calcular a área sob a curva normal para um dado intervalo.

Mas, e se lhe fosse dado uma probabilidade e você quisesse encontrar o valor? Por exemplo, uma universidade pode querer saber qual é a pontuação mais baixa que um aluno pode tirar em uma prova seletiva e ainda estar no topo 10%, ou uma pesquisa médica pode querer saber os valores de corte para selecionar os 90% de pacientes intermediários por idade. Nesta seção, você vai aprender como encontrar um valor, dada uma área sob uma curva normal (ou uma probabilidade), como pode ser observado no exemplo a seguir.

Exemplo 1

Encontrando um z-escore, dada uma área

1. Encontre o z-escore que corresponda à área acumulada de 0,3632.
2. Encontre o z-escore que tenha 10,75% da área de distribuição à sua direita.

Solução

1. Encontre o *z*-escore que corresponda a uma área de 0,3632 ao localizar 0,3632 na Tabela Normal Padrão. Os valores no início da fileira correspondente e no topo da coluna correspondente dão o *z*-escore. Para esta área, o valor da fileira é –0,3 e o valor da coluna é 0,05. Então, o *z*-escore é –0,35.

z	0,09	0,08	0,07	0,06	0,05	0,04	0,03
3,4	0,0002	0,0003	0,0003	0,0003	0,0003	0,0003	0,0003
0,5	0,2776	0,2810	0,2843	0,2877	0,2912	0,2946	0,2981
0,4	0,3121	0,3156	0,3192	0,3228	0,3264	0,3300	0,3336
0,3	0,3483	0,3520	0,3557	0,3594	0,3632	0,3669	0,3707
0,2	0,3859	0,3897	0,3936	0,3974	0,4013	0,4052	0,4090

2. Como a área à direita é 0,1075, a área acumulada é 1 – 0,1075 = 0,8925. Encontre o *z*-escore que corresponda a uma área de 0,8925 ao localizar 0,8925 na Tabela Normal Padrão. Para essa área, o valor da fileira é 1,2 e o valor da coluna é 0,04. Então, o *z*-escore é 1,24.

z	0,00	0,01	0,02	0,03	0,04	0,05	0,06
0,0	0,5000	0,5040	0,5080	0,5120	0,5160	0,5199	0,5239
1,0	0,8413	0,8438	0,8461	0,8485	0,8508	0,8531	0,8554
1,1	0,8643	0,8665	0,8686	0,8708	0,8729	0,8749	0,8770
1,2	0,8849	0,8869	0,8888	0,8907	0,8925	0,8944	0,8962
1,3	0,9032	0,9049	0,9066	0,9082	0,9099	0,9115	0,9131

Você também pode usar um computador ou calculadora para encontrar os *z*-escores que correspondam às áreas acumuladas dadas, como você pode verificar na dica de estudo ao lado.

Tente você 1

1. Encontre o *z*-escore que tenha 96,16% da área de distribuição à direita.
2. Encontre o *z*-escore para o qual 95% da área de distribuição esteja entre –*z* e *z*.

a. *Determine* a área acumulada.

b. *Localize* a área na Tabela Normal Padrão.

c. *Encontre o z-escore* que corresponda à área.

Resposta na p. A40

Dica de estudo

Aqui temos instruções para encontrar o *z*-escore que corresponda à área dada em uma TI-83/84.

2nd DISTR

3: invNorm(

Entre com a área acumulada.

ENTER

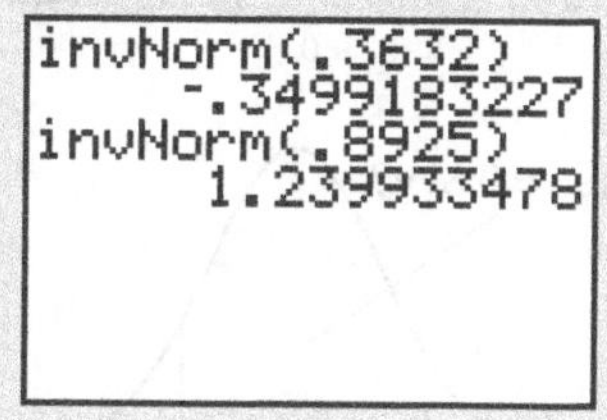

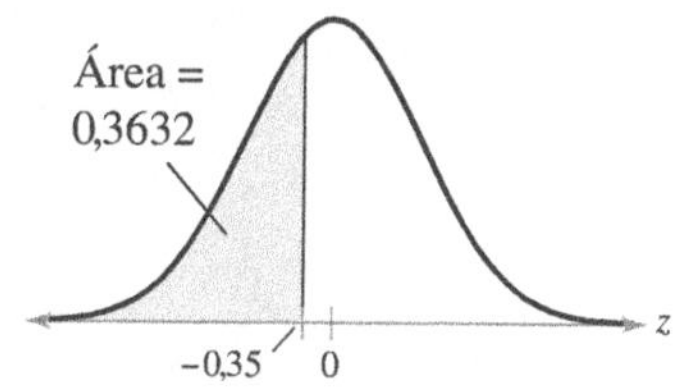

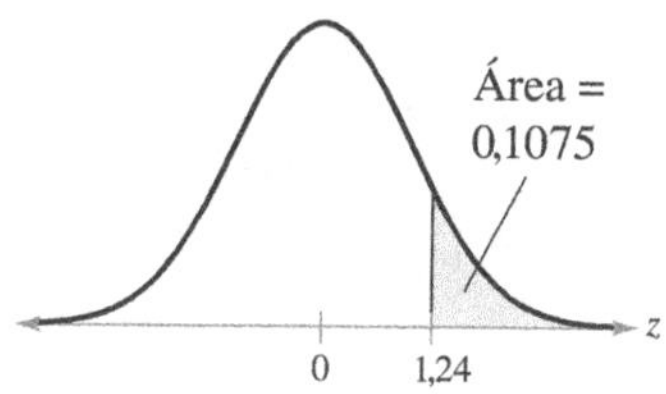

Na Seção 2.5, você aprendeu que os percentis dividem um conjunto de dados em cem partes iguais. Para encontrar um *z*-escore que corresponda a um percentil, você pode usar a Tabela Normal Padrão. Lembre-se que um valor *x* representa o 83º ponto porcentual, então 83% dos valores dos dados estão abaixo de *x* e 17% dos valores dos dados estão acima de *x*.

Exemplo 2

Encontrando um *z*-escore dado um percentil

Encontre o *z*-escore que corresponda a cada percentil.

1. P_5 **2.** P_{50} **3.** P_{90}

Solução

1. Para encontrar o *z*-escore que corresponda à P_5, encontre o *z*-escore que corresponda a uma área de 0,05 (ver figura) ao localizar 0,05 na Tabela Normal Padrão.

Dica de estudo

Na maioria dos casos, a área dada não será encontrada na tabela, então use a entrada mais próxima a ela. Se a área dada estiver no meio de duas entradas, use o *z*-escore no meio entre os *z*-escores correspondentes. Por exemplo, na parte 1 do Exemplo 2, o *z*-escore entre –1,64 e –1,65 é –1,645.

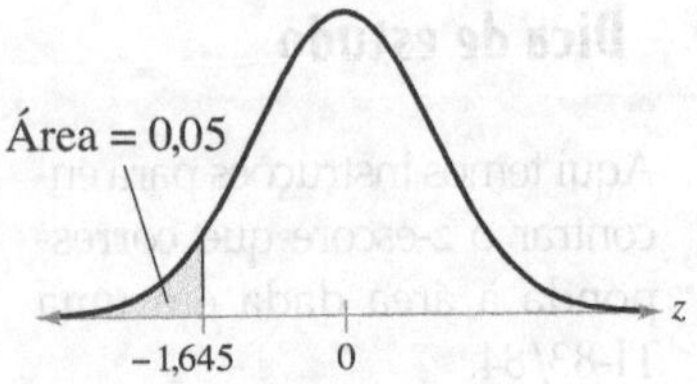

As áreas mais próximas a 0,05 na tabela são 0,0495 ($z = -1{,}65$) e 0,0505 ($z = -1{,}64$). Como 0,05 está na metade do caminho entre as duas áreas na tabela, use o *z*-escore que esteja na metade entre –1,64 e –1,65. Então, o *z*-escore que corresponde a uma área de 0,05 é –1,645.

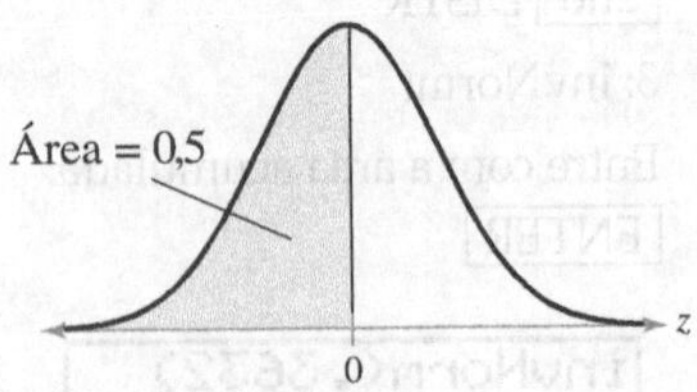

2. Para encontrar o *z*-escore que corresponda a P_{50}, encontre o *z*-escore que corresponde a uma área de 0,5 (ver figura) ao localizar 0,5 na Tabela Normal Padrão. A área mais próxima a 0,5 na tabela é 0,5000, então o *z*-escore que corresponde a uma área de 0,5 é 0,00.

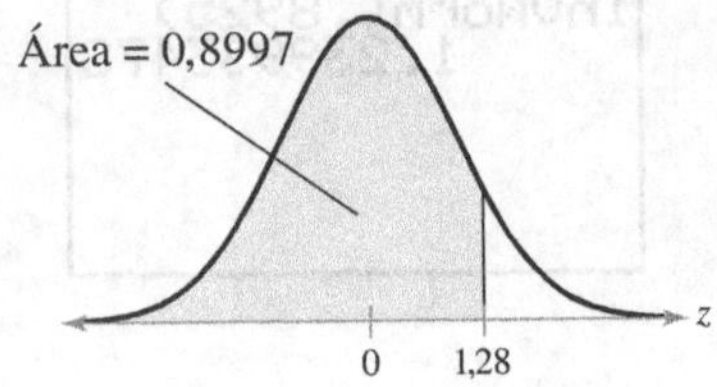

3. Para encontrar o *z*-escore que corresponda a P_{90}, encontre o *z*-escore que corresponde a uma área de 0,9 (ver figura) ao localizar 0,9 na Tabela Normal Padrão. A área mais próxima a 0,9 na tabela é 0,8997, então o *z*-escore que corresponde a uma área de 0,9 é 1,28.

Tente você 2 Encontre o *z*-escore que corresponda a cada percentil.

1. P_{10} 2. P_{20} 3. P_{99}

a. *Escreva* o percentil como uma área. Se necessário, desenhe um gráfico da área para visualizar o problema.

b. *Localize* a área na Tabela Normal Padrão. Se a área não está na tabela, use a área mais próxima. (Veja a dica de estudo anterior)

c. *Identifique* o z-escore que corresponde à área.

Resposta na p. A40

Transformando um *z*-escore para um valor *x*

Veja que para transformar um valor *x* para um *z*-escore, você pode usar a fórmula:

$$z = \frac{x - \mu}{\sigma}.$$

Essa fórmula dá *z* em termos de *x*. Se você resolver essa fórmula para *x*, você chega uma nova fórmula que dá *x* em termos de *z*.

$z = \dfrac{x - \mu}{\sigma}$	*Fórmula para z em termos de x.*
$z\sigma = x - \mu$	*Multiplique cada lado de σ.*
$\mu + z\sigma = x$	*Adicione μ para cada lado.*
$x = \mu + z\sigma.$	*Troque os lados.*

Transforme um *z*-escore em um valor *x*

Para transformar um *z*-escore padrão em um dado de valor *x* em uma dada população, use a fórmula:

$$x = \mu + z\sigma.$$

Exemplo 3

Encontrando um valor *x* que corresponda a um *z*-escore

As velocidades de veículos ao longo de uma autoestrada são normalmente distribuídas, com uma média de 67 milhas por hora, e um desvio padrão de 4 milhas por hora. Encontre as velocidades x que correspondam aos z-escores de 1,96, –2,33 e 0. Interprete seus resultados.

Solução

O valor x que corresponde a cada pontuação padrão é calculado usando a fórmula $x = \mu + z\sigma$.

$z = 1{,}96$: $x = 67 + 1{,}96(4) = 74{,}84$ milhas por hora

$z = -2{,}33$: $x = 67 + (-2{,}33)(4) = 57{,}68$ milhas por hora

$z = 0$: $x = 67 + 0(4) = 67$ milhas por hora

Interpretação

Você pode ver que 74,84 milhas por hora está acima da média, 57,68 está abaixo da média e 67 é igual à média.

Tente você 3 As contas de consumo mensais em uma cidade são distribuídas normalmente, com uma média de \$ 70 e um desvio padrão de \$ 8. Encontre os valores x que correspondam aos z-escores de –0,75, 4,29 e –1,82. O que você pode concluir?

a. *Identifique* μ e σ da distribuição normal não padrão.

b. *Transforme* cada z-escore para um valor x.

c. *Interprete* os resultados.

Resposta na p. A40

Retratando o mundo

De acordo com a Associação Médica Americana, a média numérica das horas que todos os médicos passam cuidando dos pacientes por semana é de aproximadamente 52,8 horas. Essas horas podem ser aproximadas por uma distribuição normal. Suponha que o desvio padrão seja de 3 horas.

Horas que os médicos passam cuidando dos pacientes

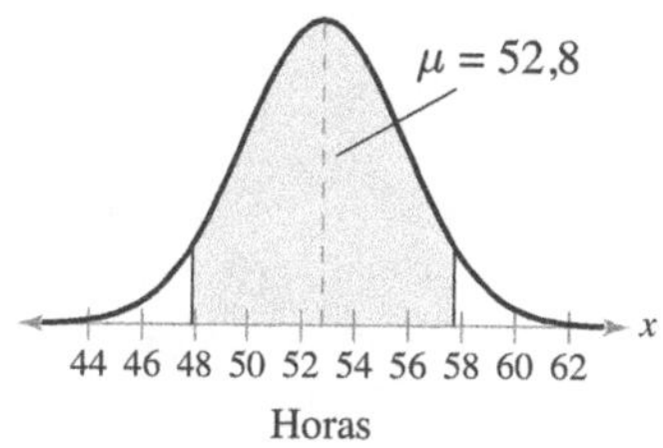

Entre quais dois valores o centro 90% dos dados está situado?

Encontrando um dado de valor específico para uma dada probabilidade

Você também pode usar a distribuição normal para encontrar um dado de valor específico (valor x) para uma dada probabilidade, como no Exemplo 4.

Exemplo 4

Encontrando um dado de valor específico

As pontuações para um teste de serviço civil são normalmente distribuídas, com uma média de 75 e um desvio padrão de 6,5. Para ser adequado ao emprego de serviço civil, você deve ter pontuação dentro dos 5% primeiros. Qual é a menor pontuação que você pode conseguir e ainda assim ser adequado ao emprego?

Solução

Examine as pontuações dos 5% primeiros que correspondem à região sombreada a seguir:

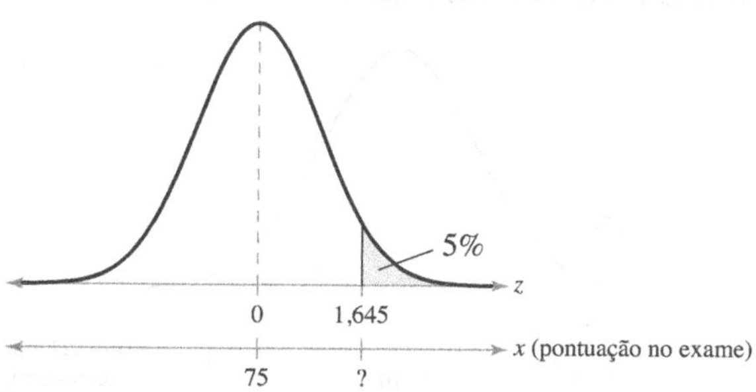

Uma pontuação no exame nos 5% primeiros é qualquer pontuação acima do 95º percentil. Para encontrar a pontuação que representa o 95º percentil, você deve antes encontrar o z-escore que corresponda à área acumulada de 0,95. A partir da

Dica de estudo

Aqui estão as instruções para encontrar um valor específico de x para uma dada probabilidade em uma TI-83/84.

[2nd] [DISTR]

3: invNorm(

Coloque os valores para a área sob a distribuição normal, a média específica e o desvio padrão específico separados por vírgulas.

[ENTER]

```
invNorm(.95,75,6
.5)
     85.69154857
```

Tabela Normal Padrão, você pode verificar que as áreas mais próximas a 0,95 são 0,9495 ($z = 1{,}64$) e 0,9505 ($z = 1{,}65$). Como 0,95 está na metade entre as duas áreas na tabela, use o *z*-escore que está na metade entre 1,64 e 1,65. Isto é, $z = 1{,}645$. Usando a equação $x = \mu + z\sigma$, você tem:

$$\begin{aligned} x &= \mu + z\sigma \\ &= 75 + 1{,}645\,(6{,}5) \\ &\approx 85{,}69. \end{aligned}$$

Interpretação

A menor pontuação que você pode conseguir e ainda assim ser adequado ao emprego é 86.

Tente você 4 As distâncias de frenagem de uma amostra de Hondas Accord são normalmente distribuídas. Em uma superfície seca, a distância de frenagem média era 142 pés e o desvio padrão era 6,51 pés. Qual é a maior distância de frenagem em uma superfície seca que um desses Honda Accord poderiam ter e ainda estarem no 1% do topo? *(Adaptado de Consumer Reports.)*

a. *Desenhe* um gráfico.

b. *Encontre o z-escore* que corresponda à área dada.

c. *Encontre* x usando a equação $x = \mu + z\sigma$.

d. *Interprete* o resultado.

Resposta na p. A40

Exemplo 5

Encontrando um dado de valor específico

Em uma amostra escolhida aleatoriamente de 1.169 de homens com idade entre 35 e 44 anos, a média do nível de colesterol total era de 210 miligramas por decilitro com um desvio padrão de 38,6 miligramas por decilitro. Suponha que os níveis totais de colesterol sejam normalmente distribuídos. Encontre o nível total de colesterol mais alto que um homem nesta faixa etária pode ter no 1% mais baixo. *(Adaptado de National Center for Health Statistics.)*

Solução

Níveis totais de colesterol no 1% mais baixo correspondem a região sombreada a seguir.

```
invNorm(.01,210,
38.6)
          120.2029719
```

Usando uma TI-83/84, você pode encontrar o nível de colesterol mais alto automaticamente.

Níveis totais de colesterol em homens entre 35 e 44 anos

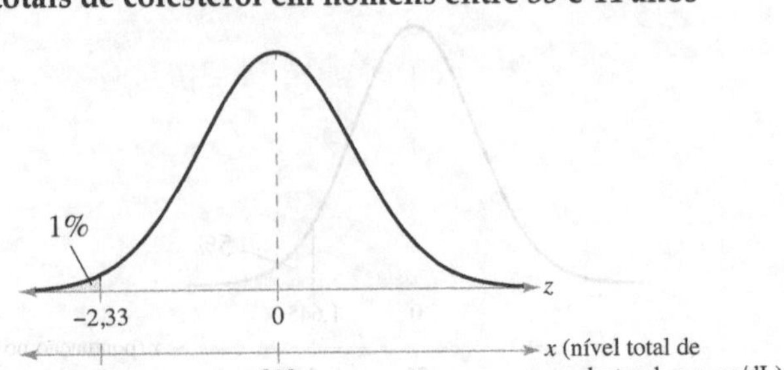

Um nível de colesterol total no menor 1% é qualquer nível abaixo do primeiro percentil. Para encontrar o nível que representa o primeiro percentil, você antes deve achar o *z*-escore que corresponde à área acumulada de 0,01. A partir da Tabela Normal

Padrão, você pode encontrar que a área mais próxima a 0,01 é 0,0099. Então, o z-escore que corresponde a uma área de 0,01 é $z = -2,33$. Usando a equação $x = \mu + z\sigma$, você tem:

$$x = \mu + z\sigma$$
$$= 210 + (-2,33)(38,6)$$
$$\approx 120,06.$$

Interpretação

O valor que separa o 1% mais baixo dos níveis totais de colesterol de homens com idade entre 35 e 44 anos dos 99% mais altos é de aproximadamente 120.

Tente você 5 O espaço de tempo que um funcionário trabalhou em uma corporação é normalmente distribuído, com uma média de 11,2 anos e um desvio padrão de 2,1 anos. Em um corte da empresa, os 10% menores em termos de tempo de casa são cortados. Qual é o espaço de tempo máximo que um funcionário pode ter trabalhado e ainda assim ser cortado?

a. *Desenhe* um gráfico.

b. *Encontre o z-escore* que corresponda à área dada.

c. *Encontre x* usando a equação $x = \mu + z\sigma$.

d. *Interprete* o resultado.

Resposta na p. A41

5.3 Exercícios

Construindo habilidades básicas e conceitos

Nos exercícios de 1 a 24, use a Tabela Normal Padrão para encontrar o z-escore que corresponda ao percentil ou área acumulada dada. Se a área não estiver na tabela, use o número mais próximo àquela área. Se a área estiver na metade entre duas entradas, use o z-escore que esteja entre os escores correspondentes. Se conveniente, use uma ferramenta tecnológica para encontrar o z-escore.

1. 0,7580.
2. 0,2090.
3. 0,6331.
4. 0,0918.
5. 0,4364.
6. 0,0080.
7. 0,9916.
8. 0,7995.
9. 0,05.
10. 0,85.
11. 0,94.
12. 0,01.
13. P_1.
14. P_{15}.
15. P_{20}.
16. P_{55}.
17. P_{88}.
18. P_{67}.
19. P_{25}.
20. P_{50}.
21. P_{75}.
22. P_{90}.
23. P_{35}.
24. P_{65}.

Análise gráfica

Nos exercícios de 25 a 30, encontre o(s) z-escore(s) indicado(s) no gráfico. Se for conveniente, use ferramentas tecnológicas para encontrar o(s) z-escore(s).

25.

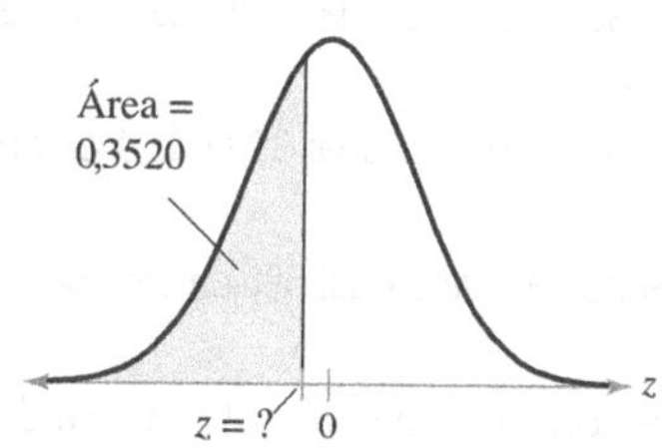

26.

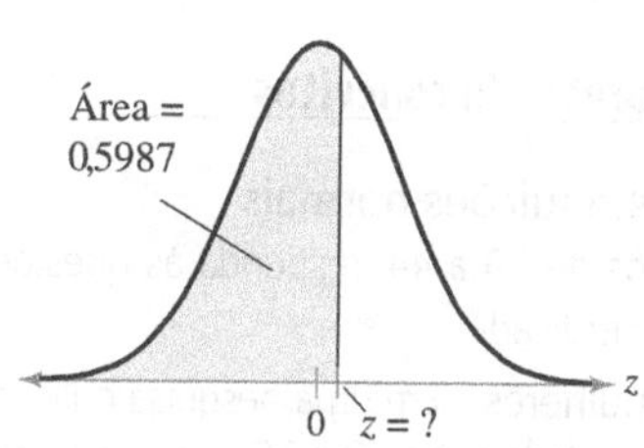

27.

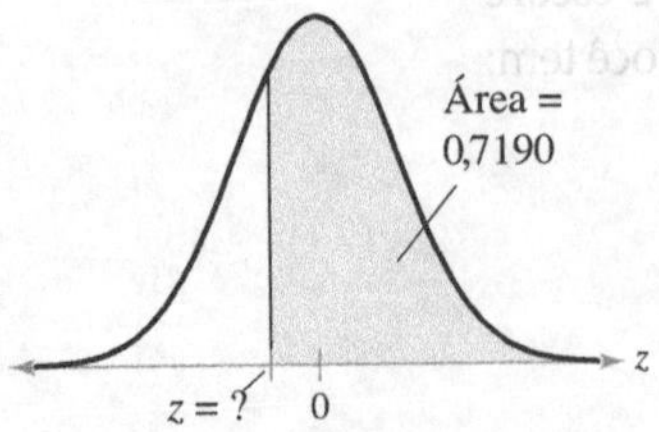

28.

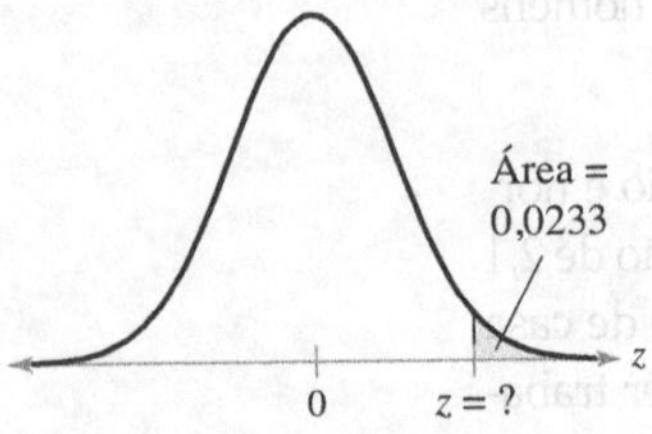

29.

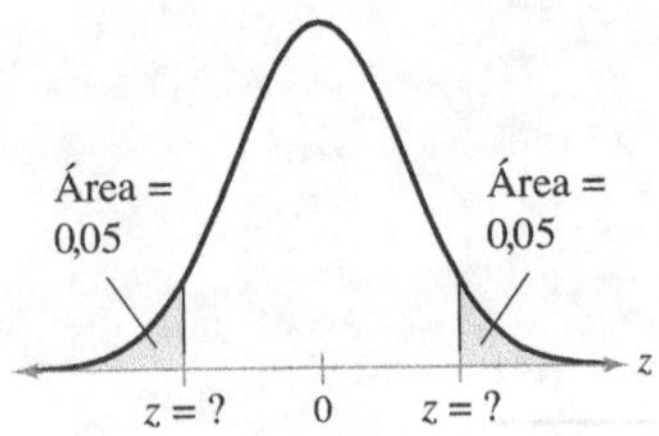

30.

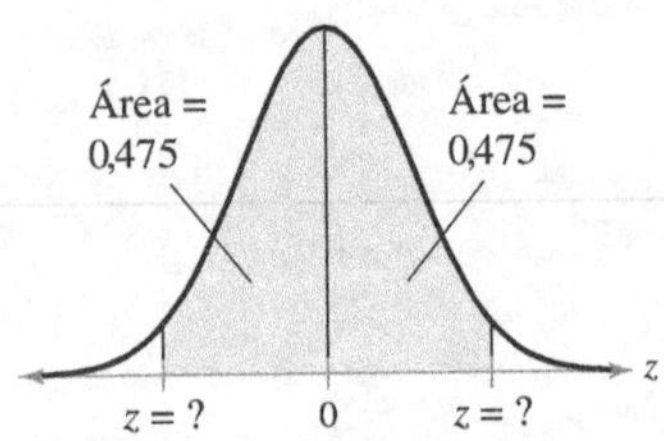

Nos exercícios de 31 a 38, encontre o *z*-escore indicado.

31. Encontre o *z-escore* que tenha 11,9% da área de distribuição à esquerda.

32. Encontre o *z-escore* que tenha 78,5% da área de distribuição à esquerda.

33. Encontre o *z-escore* que tenha 11,9% da área de distribuição à direita.

34. Encontre o *z-escore* que tenha 78,5% da área de distribuição à direita.

35. Encontre o *z-escore* para o qual 80% da área de distribuição esteja entre $-z$ e z.

36. Encontre o *z-escore* para o qual 99% da área de distribuição esteja entre $-z$ e z.

37. Encontre o *z-escore* para o qual 5% da área de distribuição esteja entre $-z$ e z.

38. Encontre o *z-escore* para o qual 12% da área de distribuição esteja entre $-z$ e z.

Usando e interpretando conceitos

Usando distribuições normais

Nos exercícios de 39 a 44, responda às questões sobre a distribuição normal especificada.

39. **Altura das mulheres** Em uma pesquisa entre mulheres dos Estados Unidos (idade entre 20 e 29 anos), a altura média era 64,1 polegadas com um desvio padrão de 2,71 polegadas. *(Adaptado de National Center for Health Statistics.)*

(a) Qual altura representa o 95º percentil?

(b) Qual altura representa o primeiro quartil?

40. **Altura dos homens** Em uma pesquisa entre homens dos Estados Unidos (idade entre 20 e 29 anos), a altura média era de 69,6 polegadas com um desvio padrão de 3,0 polegadas. *(Adaptado de National Center for Health Statistics.)*

(a) Qual altura representa o 90º percentil?

(b) Qual altura representa o primeiro quartil?

41. **Maçãs** A utilização anual de maçãs (em libras) *per capita* nos Estados Unidos pode ser aproximada por uma distribuição normal, como pode ser visto no gráfico. *(Adaptado de U.S. Department of Agriculture.)*

(a) Qual utilização anual de maçãs *per capita* representa o 10º percentil?

(b) Qual utilização anual de maçãs *per capita* representa o 3º quartil?

Utilização anual de maçãs *per capita* nos EUA

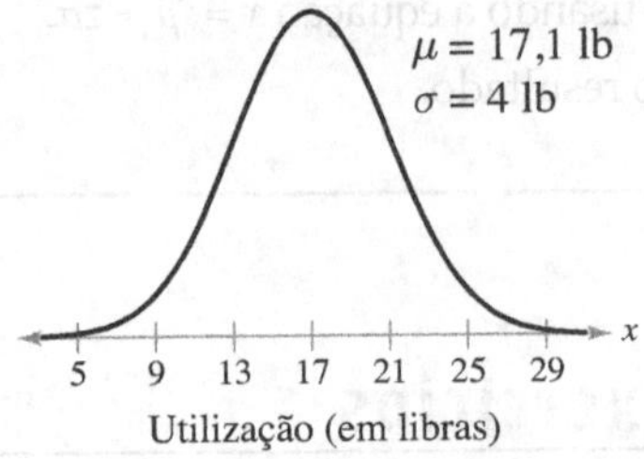

42. **Laranjas** A utilização anual de laranjas (em libras) *per capita* nos Estados Unidos pode ser aproximada por uma distribuição normal, como pode ser visto no gráfico. *(Adaptado de U.S. Department of Agriculture.)*

(a) Qual utilização anual de laranjas *per capita* representa o 5º percentil?

(b) Qual utilização anual de laranjas *per capita* representa o terceiro quartil?

Utilização anual de laranjas *per capita* nos EUA

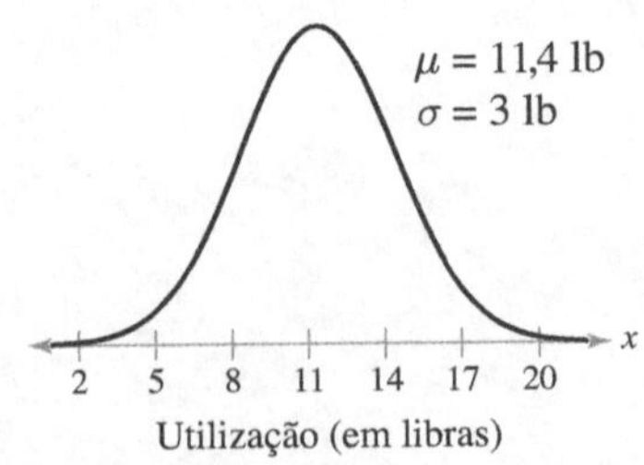

43. **Tempo de espera para transplante de coração** O tempo de espera (em dias) por um transplante de coração em Ohio e Michigan para pacientes com tipo sanguíneo A^+ pode ser aproximado por uma distribuição normal, como pode ser visto no gráfico. *(Adaptado de Organ Procurement and Transplant Network.)*

(a) Qual é o menor tempo de espera por um coração que ainda assim colocaria um paciente dentro dos maiores 30% em tempo de espera?

(b) Qual é o maior tempo de espera por um coração que ainda colocaria um paciente nos últimos 10% de tempo de espera?

Tempo de espera por um coração

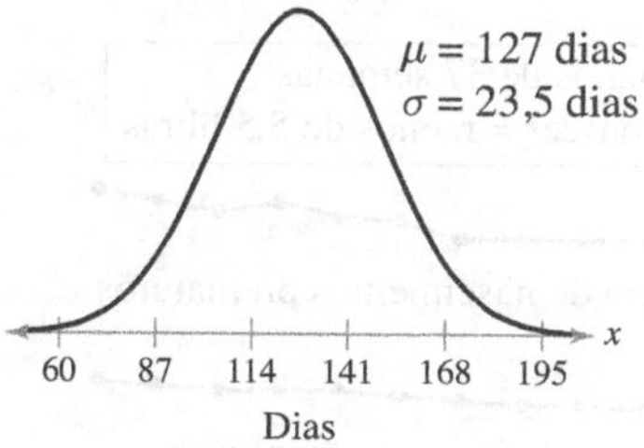

44. **Sorvete** O consumo anual de sorvete (em libras) *per capita* nos Estados Unidos pode ser aproximado por uma distribuição normal, como pode ser visto no gráfico. *(Adaptado de U.S. Department of Agriculture.)*
   (a) Qual é o menor valor de consumo de sorvete anual *per capita* que ainda assim pode ser enquadrado dentro dos 25% de maior consumo?
   (b) Qual é o maior valor de consumo de sorvete anual *per capita* que ainda assim pode ser enquadrado nos menores 15% de consumo?

Consumo anual *per capita* de sorvete nos EUA

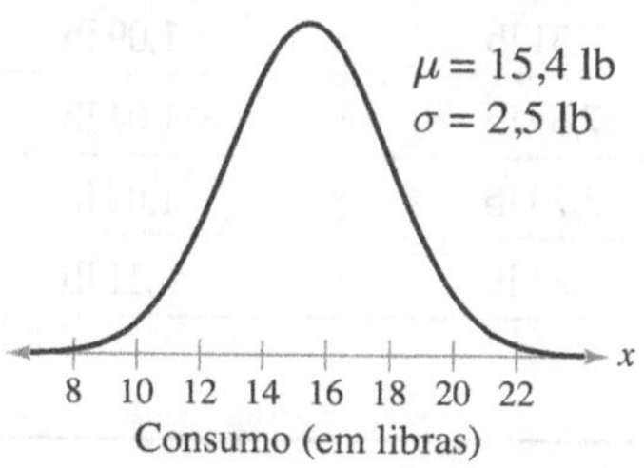

45. **Caixas de cereais** Os pesos do conteúdo de uma caixa de cereais são normalmente distribuídos com um peso médio de 20 onças e um desvio padrão de 0,07 onça. Caixas nos 5% mais baixos não atendem às condições mínimas de peso e devem ser embaladas novamente. Qual é o peso mínimo exigido para uma caixa de cereais?

46. **Sacos de cenoura baby** Os pesos de sacos de cenouras baby são normalmente distribuídas com uma média de 32 onças e um desvio padrão de 0,36 onça. Sacos nos 4,5% níveis mais altos são muito pesados e devem ser embalados novamente. Qual é o máximo que um saco de cenoura baby pode pesar sem precisar ser reembalado?

Expandindo conceitos

47. **Redigindo uma garantia** Você vende uma marca de pneus de automóveis que tem uma expectativa de vida que é normalmente distribuída, com uma vida média de 30.000 milhas e um desvio padrão de 2.500 milhas. Você quer dar uma garantia de troca de pneus grátis que não durem muito. Como você poderia honrar sua garantia se você está disposto a trocar 10% dos pneus que vende?

48. **Notas de estatísticas** Em uma grande seção de uma sala de estatística, os pontos para o exame final são normalmente distribuídos com uma média de 72 e um desvio padrão de 9. As notas serão dadas de acordo com as seguintes regras:
   - As 10% mais altas recebem A;
   - Os próximos 20% recebem B;
   - Os 40% medianos recebem C;
   - Os próximos 20% recebem D;
   - E os últimos 10% recebem F.

   Encontre a menor nota que determinaria um A, um B, um C e um D.

Notas de exame final

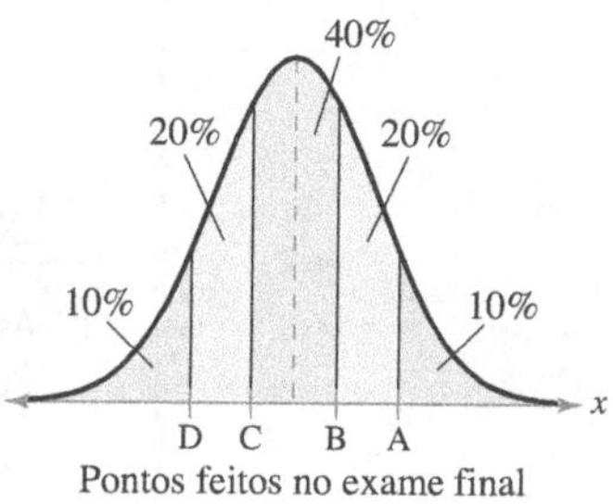

49. **Máquina de vendas** Uma máquina de venda automática distribui café em um copo de 8 onças. A quantidade de café no copo é normalmente distribuída com um desvio padrão de 0,03 onça. Você pode deixar o café transbordar 1% das vezes. Qual quantidade você deveria marcar como a quantidade média de café a ser distribuído?

Estudo de caso

Pesos de bebês nascidos nos Estados Unidos

O *National Center for Health Statistics (NCHS)* mantém registros de muitos aspectos relacionados à saúde das pessoas, inclusive o peso de todos os bebês nascidos nos Estados Unidos.

O peso que um bebê tem ao nascer é relacionado ao seu período de gestação (período entre a concepção e o nascimento). Para um dado período de gestação, os pesos dos bebês ao nascerem podem ser aproximados por uma distribuição normal. As médias e os desvios padrão dos pesos dos bebês no nascimento para vários períodos de gestação são dados a seguir.

Um dos vários objetivos do NCHS é reduzir a porcentagem de bebês nascidos com subpeso. Como você pode verificar no gráfico a seguir, o problema de subpeso aumentou de 1990 para 2004.

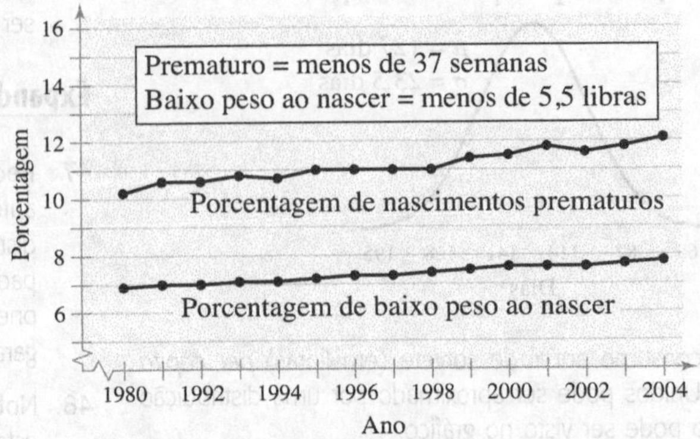

Período de gestação	Média de peso no nascimento	Desvio padrão
Menos que 28 semanas	1,88 lb	1,20 lb
28 a 31 semanas	4,08 lb	1,85 lb
32 a 35 semanas	5,71 lb	1,47 lb
36 semanas	6,44 lb	1,19 lb
37 a 39 semanas	7,31 lb	1,09 lb
40 semanas	7,69 lb	1,04 lb
41 semanas	7,79 lb	1,08 lb
42 semanas ou mais	7,61 lb	1,11 lb

Exercícios

1. As distribuições dos pesos nos nascimentos para três períodos gestacionais são mostradas. Relacione as curvas com os períodos gestacionais. Explique seu raciocínio.

(a)

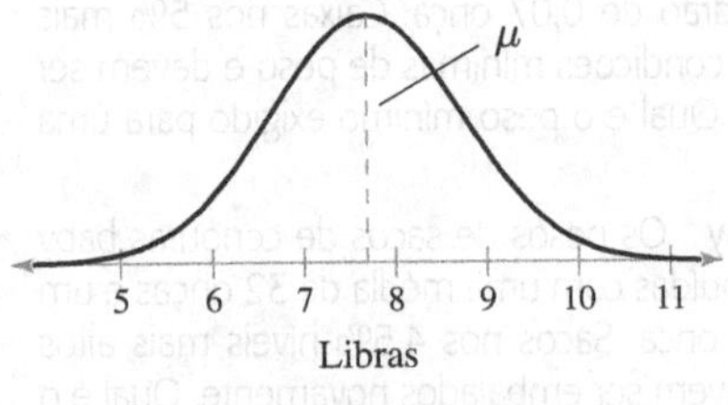

(b)

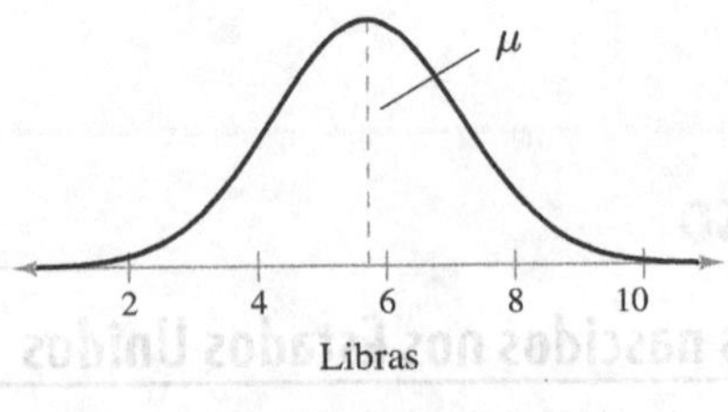

(c)

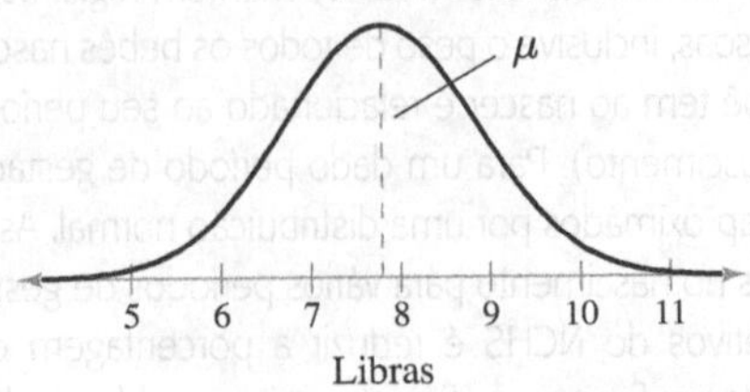

2. Qual porcentagem de bebês nascidos em cada período gestacional tem subpeso (abaixo de 5,5 libras)?
   (a) Menos que 28 semanas.
   (b) De 32 a 35 semanas.
   (c) De 37 a 39 semanas.
   (d) 42 semanas ou mais.
3. Descreva os pesos dos 10% de bebês mais pesados nascidos em cada período gestacional. Explique seu raciocínio.
   (a) De 37 a 39 semanas.
   (b) 42 semanas ou mais.
4. Para cada período gestacional, qual é a probabilidade de que um bebê pese entre 6 e 9 libras ao nascer?
   (a) De 32 a 35 semanas.
   (b) De 37 a 39 semanas.
   (c) 42 semanas ou mais.
5. Um peso menor que 3,3 libras é classificado pelo NCHS como "peso muito baixo". Qual é a probabilidade de que um bebê tenha um peso muito baixo para cada período gestacional?
   (a) Menos que 28 semanas.
   (b) De 32 a 35 semanas.
   (c) De 37 a 39 semanas.

5.4 Distribuições de amostragem e o teorema do limite central

Distribuição amostral ⟶ O teorema do limite central ⟶ Probabilidade e o teorema do limite central

O que você deve aprender

- Como encontrar distribuições de amostragens e verificar suas propriedades.
- Como interpretar o teorema do limite central.
- Como aplicar o teorema do limite central para encontrar a probabilidade de uma média da amostra.

Distribuição amostral

Nas seções anteriores, você estudou a relação entre a média de uma população e os valores de uma variável aleatória. Nesta seção, você vai estudar a relação entre uma média da população e as médias das amostragens tiradas da população.

Definição

Uma **distribuição amostral** é a distribuição de probabilidade de uma estatística da amostra que é formada quando amostras de tamanho *n* são repetidamente colhidas de uma população. Se a estatística da amostra é a sua média, temos uma **distribuição amostral de médias das amostras.**

Considere, por exemplo, o seguinte diagrama de Venn. O retângulo representa uma grande população e cada círculo representa uma amostra de tamanho n. Como os valores da amostra podem variar, as médias amostrais também podem variar. A média da amostra 1 é $\bar{x}_1$; a média da amostra 2 é $\bar{x}_2$, e assim por diante. A distribuição de amostragem das médias para amostras de tamanho n para essa população consiste de $\bar{x}_1$, $\bar{x}_2$ e $\bar{x}_3$, e assim por diante. Se as amostras são descritas com reposições, um número infinito de amostras pode ser descrito por meio da população.

Importante

As médias das amostras podem variar de uma para outra e também podem variar de uma média de população. Esse tipo de variação deve ser esperado e é chamado de *erro amostral.*

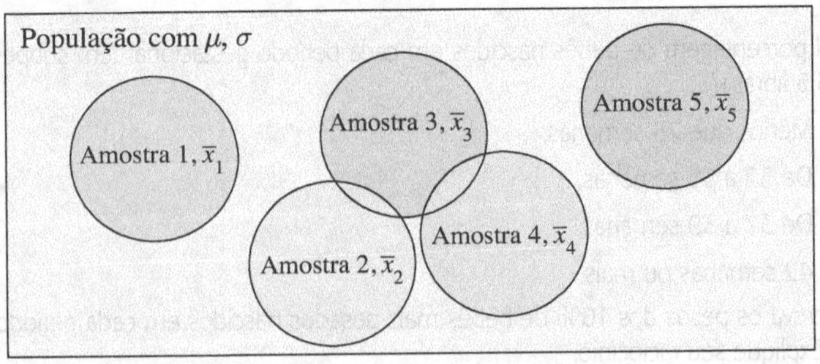

Propriedades de distribuições amostrais das médias de amostras

1. A média das amostras $\mu_{\bar{x}}$ é igual a média da população μ.

   $$\mu_{\bar{x}} = \mu.$$

2. O desvio padrão das médias $\sigma_{\bar{x}}$ é igual ao desvio padrão da população σ dividida pela raiz quadrada de n.

   $$\sigma_{\bar{x}} = \frac{\sigma}{\sqrt{n}}.$$

O desvio padrão de uma distribuição amostral de médias das amostras é chamado de **erro padrão da média.**

Histograma de probabilidade da população de x

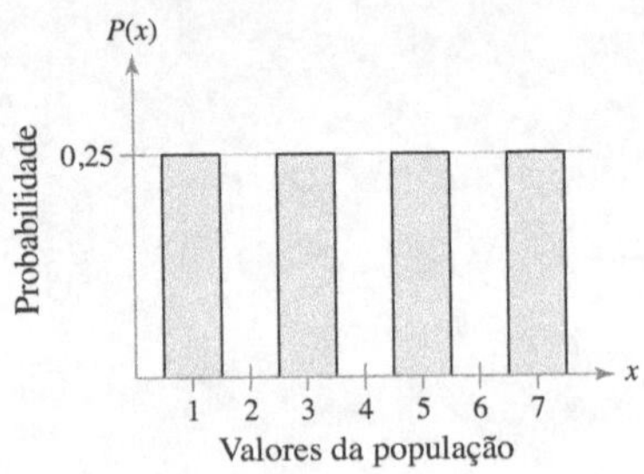

$\bar{x}$	f	Probabilidade
1	1	0,0625
2	2	0,1250
3	3	0,1875
4	4	0,2500
5	3	0,1875
6	2	0,1250
7	1	0,0625

Para explorar mais este tópico, veja 5.4 Atividades na p. 232.

Dica de estudo

Reveja a Seção 4.1 para encontrar a média e o desvio padrão de uma distribuição de probabilidade.

Exemplo 1

Uma distribuição amostral de média das amostras

Você escreve os valores da população {1, 3, 5, 7} em pedaços de papel e os coloca em uma caixa. Então, você seleciona dois papéis aleatoriamente, com substituições. Liste todas as amostras possíveis de tamanho $n = 2$ e calcule a média de cada. Essas médias formam a distribuição amostral de média das amostras. Encontre a média, a variância e o desvio padrão da média das amostras. Compare seus resultados com a média $\mu = 4$, variância $\sigma^2 = 5$, e desvio padrão $\sigma = \sqrt{5} \approx 2,236$ da população.

Solução

Liste todas as 16 amostras de tamanho 2 da população e a média de cada amostra.

Amostra	Média da amostra, $\bar{x}$	Amostra	Média da amostra, $\bar{x}$
1,1	1	5,1	3
1,3	2	5,3	4
1,5	3	5,5	5
1,7	4	5,7	6
3,1	2	7,1	4
3,3	3	7,3	5
3,5	4	7,5	6
3,7	5	7,7	7

Depois de construir uma distribuição de probabilidade para a média das amostras, você pode representar a distribuição amostral graficamente usando um histograma de probabilidade como pode ser visto a seguir. Note que o formato do histograma é em forma de sino e simétrico, similar a uma curva normal. A média, a variância e o desvio padrão da média das amostras são:

$$\mu_{\bar{x}} = 4$$

$$(\sigma_{\bar{x}})^2 = \frac{5}{2} = 2{,}5 \quad \text{e} \quad \sigma_{\bar{x}} = \sqrt{\frac{5}{2}} = \sqrt{2{,}5} \approx 1{,}581.$$

Esses resultados respondem aos critérios das propriedades das distribuições amostrais porque

$$\mu_{\bar{x}} = \mu = 4 \quad \text{e} \quad \sigma_{\bar{x}} = \frac{\sigma}{\sqrt{n}} = \frac{\sqrt{5}}{\sqrt{2}} \approx \frac{2{,}236}{\sqrt{2}} \approx 1{,}581.$$

Histograma de probabilidade de distribuição amostral de $\bar{x}$

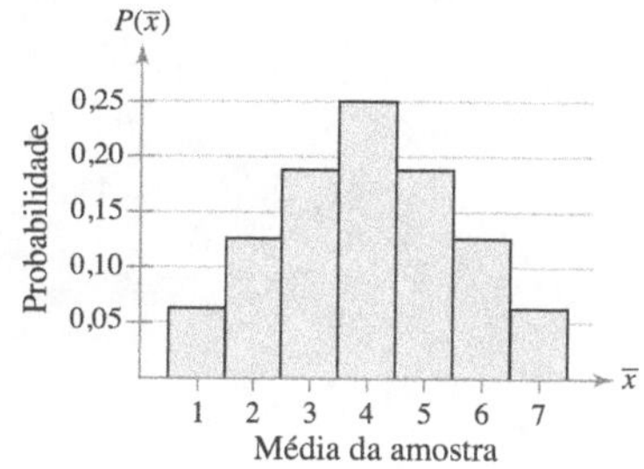

Tente você 1 Liste todas as amostras possíveis de $n = 3$, com substituição, a partir da população {1, 3, 5, 7}. Calcule a média, a variância e o desvio padrão de cada média das amostras. Compare esses valores com os parâmetros da população correspondentes.

a. *Forme* todas as amostras possíveis de tamanho 3 e encontre a média de cada.

b. *Faça* uma distribuição de probabilidade das médias das amostras e *encontre* a média, a variância e o desvio padrão.

c. *Compare* a média, a variância e o desvio padrão das médias das amostras com os da população.

Resposta na p. A41

O teorema do limite central

O teorema do limite central fundamenta o ramo inferencial da estatística. Esse teorema descreve a relação entre a distribuição amostral de médias das amostras e a população das quais as amostras são tiradas. O teorema do limite central é uma ferramenta importante que fornece a informação que você vai precisar ao usar estatísticas amostrais para fazer inferências sobre a média de uma população.

1. Se amostras de tamanho n, onde $n \geq 30$, são tiradas de qualquer população com uma média μ e um desvio padrão σ, então a distribuição amostral de médias das amostras se aproxima da distribuição normal. Quanto maior o tamanho da amostra, maior a aproximação.
2. Se uma população é normalmente distribuída, a distribuição amostral de médias das amostras é normalmente distribuída para *qualquer* amostra de tamanho n.

Em qualquer dos casos, a distribuição amostral de média das amostras tem uma média igual a média da população:

$$\mu_{\bar{x}} = \mu. \qquad \text{Média}$$

A distribuição amostral das médias das amostras tem uma variância igual a $1/n$ vezes a variância da população e um desvio padrão igual ao desvio padrão da população dividido pela raiz quadrada de n.

$$\sigma_{\bar{x}}^2 = \frac{\sigma^2}{n} \qquad \text{Variância}$$

$$\sigma_{\bar{x}} = \frac{\sigma}{\sqrt{n}} \qquad \text{Desvio padrão}$$

O desvio padrão da distribuição amostral de médias das amostras $\sigma_{\bar{x}}$, também é chamado de **erro padrão da média**.

Importante

A distribuição de médias das amostras tem a mesma média que a população, mas o seu desvio padrão é menor que o desvio padrão da população. Isso nos diz que a distribuição de médias das amostras tem o mesmo centro que a população, mas não é tão estendido.

Além disso, a distribuição de médias das amostras torna-se cada vez menos estendida (maior concentração na média) conforme o tamanho da amostra n aumenta.

1. Distribuição populacional qualquer:

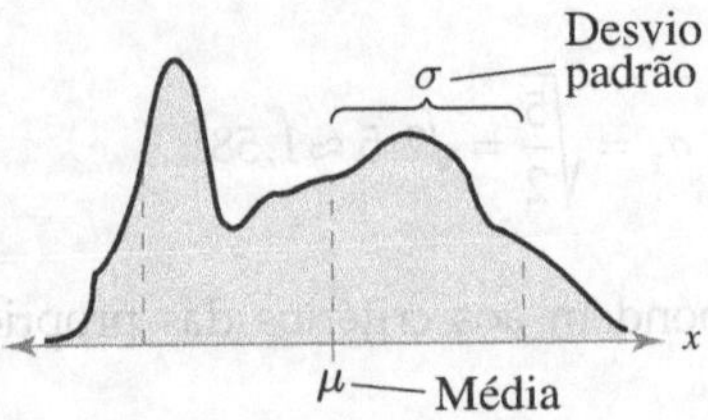

Distribuição de médias das amostras, $n \geq 30$

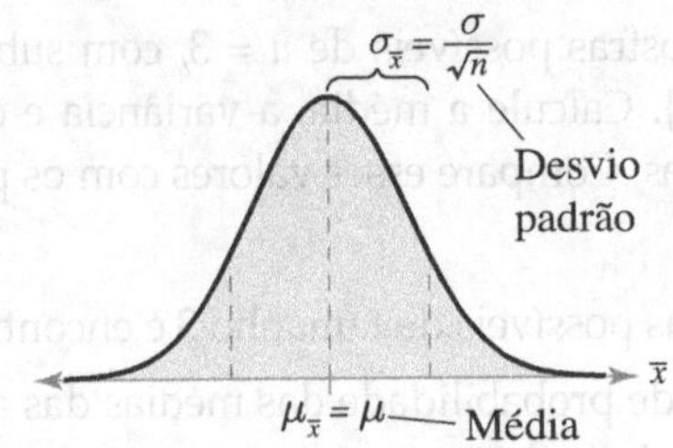

2. Distribuição populacional normal:

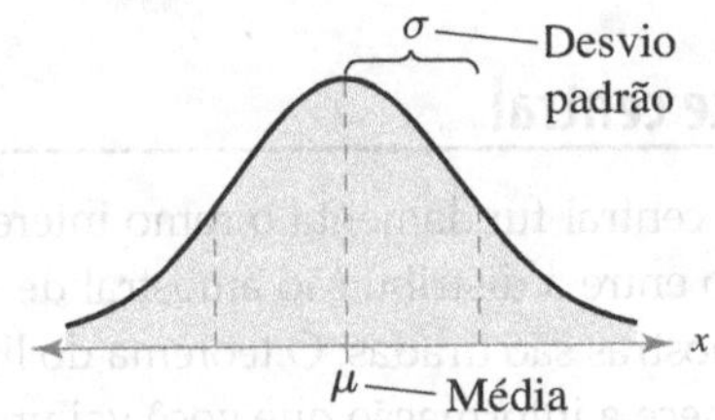

Distribuição de médias das amostras (qualquer n)

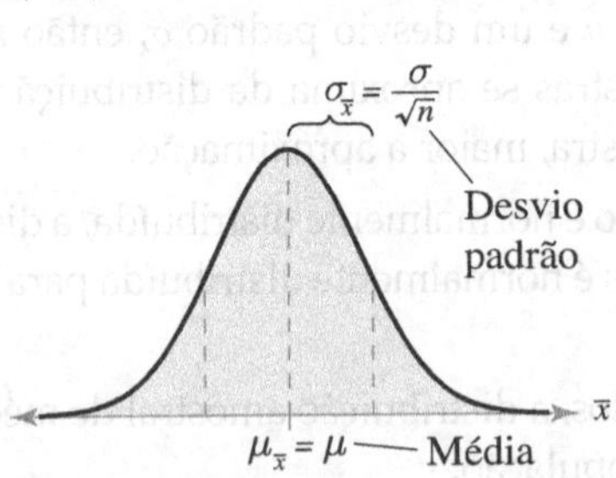

Retratando o mundo

Em um ano recente, havia mais de 5 milhões de pais nos Estados Unidos que recebiam pensão. O histograma a seguir mostra a distribuição das crianças por pai com a custódia. O número médio de crianças era 1,7 e o desvio padrão era de 0,9. *(Adaptado de U.S. Census Bureau.)*

Pensão

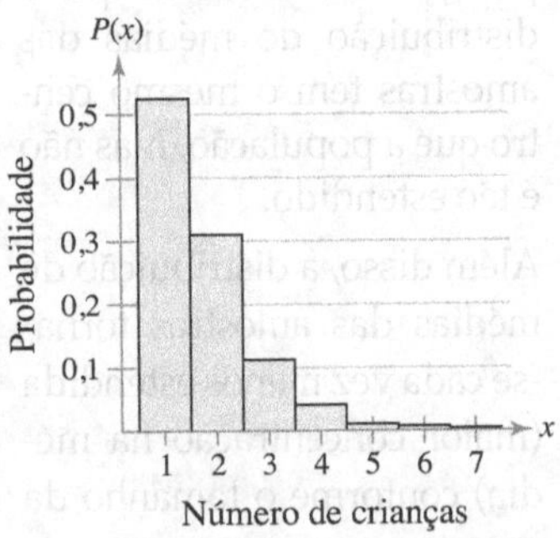

Você escolhe aleatoriamente 35 pais que recebem pensão e pergunta quantas crianças sob a custódia deles estão recebendo pensão. Qual é a probabilidade de que a média das amostras seja entre 1,5 e 1,9 crianças?

Exemplo 2

Interpretando o teorema de limite central

As contas de telefone de residências de uma cidade têm uma média de $ 64 e um desvio padrão de $ 9, como pode ser visto no gráfico a seguir. Amostras aleatórias de 36 contas de telefone são escolhidas desta população e a média de cada amostra é determinada. Encontre a média e o erro padrão da média da distribuição amostral. Depois, desenhe um gráfico da distribuição amostral de médias das amostras.

Distribuição para todas as contas de telefone

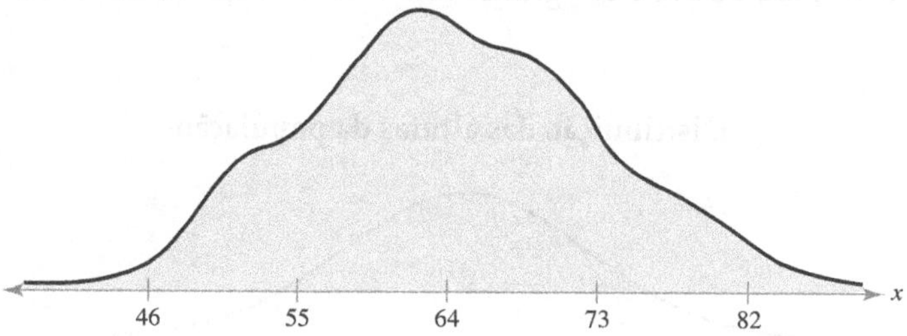

Solução

A média da distribuição amostral é igual à média da população e o erro padrão da média é igual ao desvio padrão da população dividido por $\sqrt{n}$. Então,

$$\mu_{\bar{x}} = \mu = 64 \quad \text{e} \quad \sigma_{\bar{x}} = \frac{\sigma}{\sqrt{n}} = \frac{9}{\sqrt{36}} = 1{,}5.$$

Interpretação

De acordo com o teorema do limite central, uma vez que o tamanho da amostra é maior que 30, a distribuição amostral pode ser representada pelo gráfico de uma distribuição normal, com μ = US$ 64 e σ = US$ 1,50.

Distribuição das médias das amostras com n = 36

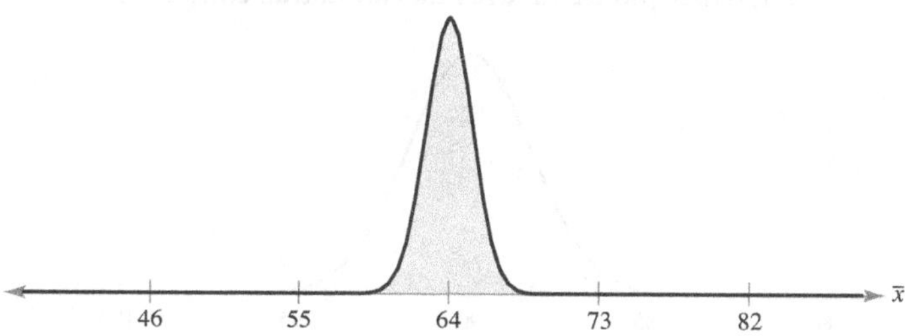

Tente você 2 Suponha que amostras aleatórias de tamanho 100 sejam tiradas da população do Exemplo 2. Encontre a média e o erro padrão da média da distribuição amostral. Desenhe um gráfico da distribuição amostral e compare-o com a distribuição de amostragem do Exemplo 2.

a. *Encontre* $\mu_{\bar{x}}$ e $\sigma_{\bar{x}}$.

b. *Identifique* o tamanho da amostra. Se $n \geq 30$, desenhe uma curva normal com média $\mu_{\bar{x}}$ e desvio padrão $\sigma_{\bar{x}}$.

c. *Compare* os resultados com os resultados no Exemplo 2.

Resposta na p. A41

Exemplo 3

Interpretando o teorema do limite central

As alturas de árvores de carvalho adultas são normalmente distribuídas, com uma média de 90 pés e desvio padrão de 3,5 pés, como podemos ver no gráfico a seguir. Amostras aleatórias de tamanho 4 são tiradas de uma população e a média de cada amostra é determinada. Encontre a média e o erro padrão da média da distribuição amostral. Depois, desenhe um gráfico com a distribuição amostral de médias das amostras.

Distribuição das alturas da população

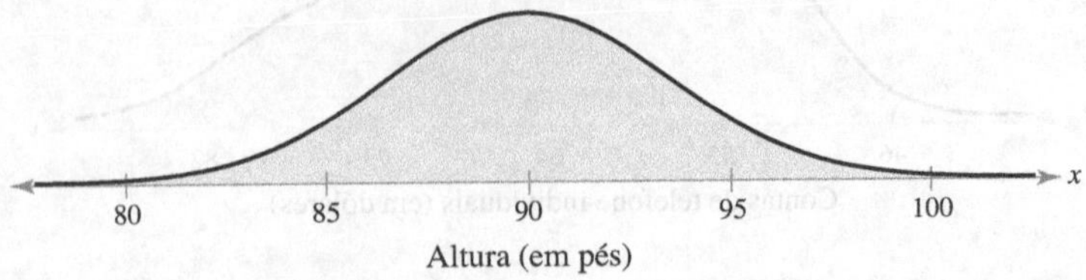

Solução

A média da distribuição amostral é igual à média da população e o erro padrão da média é igual ao desvio padrão da população dividido por $\sqrt{n}$. Então,

$$\mu_{\bar{x}} = \mu = 90 \text{ pés} \quad \text{e} \quad \sigma_{\bar{x}} = \frac{\sigma}{\sqrt{n}} = \frac{3,5}{\sqrt{4}} = 1,75 \text{ pés}.$$

Interpretação

Com base no teorema de limite central, como a população é normalmente distribuída, a distribuição amostral de médias das amostras também é normalmente distribuída, como mostra o gráfico a seguir.

Distribuição de médias das amostras com $n = 4$

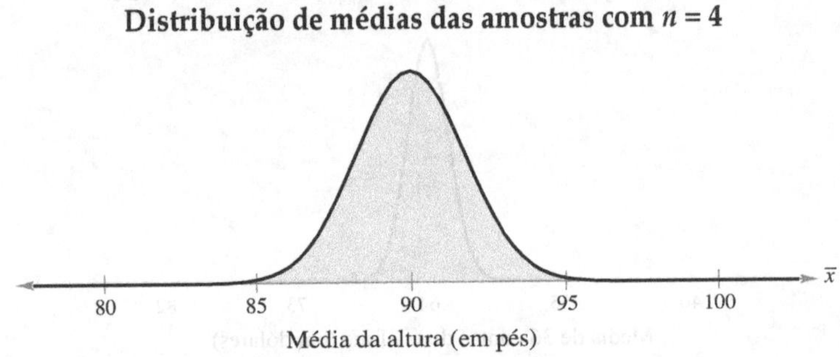

Tente você 3 Os diâmetros de uma árvore de carvalho adulta são normalmente distribuídos, com uma média de 3,5 pés e um desvio padrão de 0,2 pés, como mostra o gráfico a seguir. Amostras aleatórias de tamanho 16 são recolhidas da população e a média de cada amostra é determinada. Encontre a média e o erro padrão para a média da distribuição amostral. Depois, desenhe um gráfico da distribuição amostral.

Distribuição dos diâmetros da população

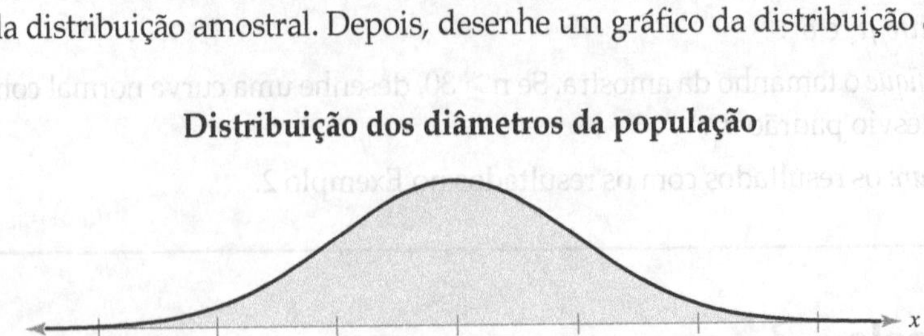

a. *Encontre* $\mu_{\bar{x}}$ e $\sigma_{\bar{x}}$.

b. *Desenhe* uma curva normal com média $\mu_{\bar{x}}$ e desvio padrão $\sigma_{\bar{x}}$.

Resposta na p. A41

Probabilidade e o teorema do limite central

Na Seção 5.2, você aprendeu como encontrar a probabilidade de que uma variável aleatória x caia em um dado intervalo de valores da população. De uma maneira parecida, você pode encontrar a probabilidade de que uma média da amostra $\bar{x}$ caia em um dado intervalo da distribuição amostral de $\bar{x}$. Para transformar x em um z-escore, você pode usar a fórmula:

$$z = \frac{\text{Valor} - \text{Média}}{\text{Desvio padrão}} = \frac{\bar{x} - \mu_{\bar{x}}}{\sigma_{\bar{x}}} = \frac{\bar{x} - \mu}{\sigma / \sqrt{n}}.$$

Exemplo 4

Encontrando probabilidades para distribuições de amostragem

O gráfico à direita mostra o período que as pessoas passam dirigindo todos os dias. Você seleciona aleatoriamente 50 motoristas com idade entre 15 e 19 anos. Qual é a probabilidade de que a média de tempo que eles passam dirigindo todos os dias seja entre 24,7 e 25,5 minutos? Suponha que $\sigma = 1{,}5$ minutos.

Distribuição das médias de amostras com $n = 50$

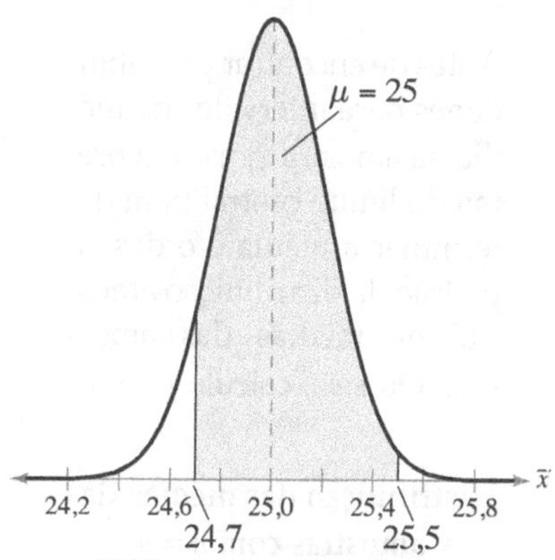

z-escore Distribuição de médias das amostras com $n = 50$

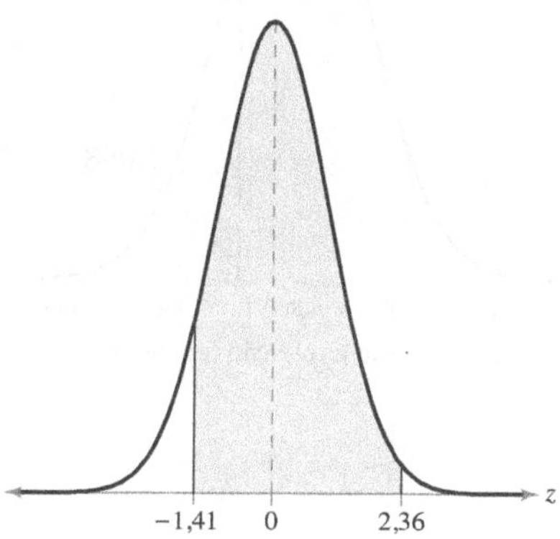

Solução

O tamanho da amostra é maior que 30, então você pode usar o teorema do limite central para concluir que a distribuição de médias das amostras é aproximadamente normal com uma média e um desvio padrão de:

$$\mu_{\bar{x}} = \mu = 25 \text{ minutos} \quad \text{e} \quad \sigma_{\bar{x}} \frac{\sigma}{\sqrt{n}} = \frac{1{,}5}{\sqrt{50}} \approx 0{,}21213 \text{ minutos.}$$

O gráfico dessa distribuição, à direita, tem uma área sombreada entre 24,7 e 25,5 minutos. Os z-escores que correspondem às médias das amostras de 24,7 e 25,5 minutos são:

$$z_1 = \frac{24{,}7 - 25}{1{,}5/\sqrt{50}} \approx \frac{-0{,}3}{0{,}21213} \approx -1{,}41 \quad \text{e}$$

$$z_2 = \frac{25{,}5 - 25}{1{,}5/\sqrt{50}} \approx \frac{0{,}5}{0{,}21213} \approx 2{,}36.$$

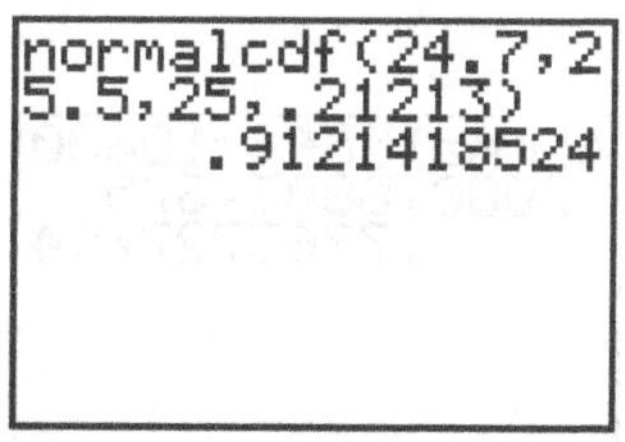

No Exemplo 4, você pode usar uma TI-83/84 para encontrar a probabilidade automaticamente, uma vez que o erro padrão da média seja calculado.

Então, a probabilidade de que a média de tempo que 50 pessoas passam dirigindo por dia entre 24,7 e 25,5 minutos é:

$$
\begin{aligned}
P(24,7 < \bar{x} < 25,5) &= P(-1,41 < z < 2,36) \\
&= P(z < 2,36) - P(z < -1,41) \\
&= 0,9909 - 0,0793 = 0,9116.
\end{aligned}
$$

Interpretação

Na amostra de 50 motoristas de idade entre 15 e 19 anos, 91,16% terá uma média entre 24,7 e 25,5 minutos dirigindo, como mostra o gráfico anterior. Isso implica que, supondo que um valor de $\mu = 25$ seja correto, somente 8,84% da amostra estará fora do intervalo dado.

Tente você 4 Você seleciona 100 motoristas do Exemplo 4 com idades entre 15 e 19 anos aleatoriamente. Qual é a probabilidade de que a média de tempo que eles passam dirigindo todos os dias esteja entre 24,7 e 25,5 minutos? Use $\mu = 25$ e $\sigma = 1,5$ minutos.

a. Use o teorema do limite central para *encontrar* $\mu_{\bar{x}}$ e $\sigma_{\bar{x}}$ e *desenhe* a distribuição amostral de médias das amostras.

b. *Encontre* os *z*-escores que correspondam a $\bar{x} = 24,7$ minutos e $\bar{x} = 25,5$ minutos.

c. *Encontre a área acumulada* que corresponda a cada *z*-escore e calcule a probabilidade.

Resposta na p. A41

Dica de estudo

Antes de encontrar probabilidades para intervalos da média da amostra $\bar{x}$, use o teorema do limite central para determinar a média e o desvio padrão da distribuição amostral de médias das amostras. Ou seja, calcule $\mu_{\bar{x}}$ e $\sigma_{\bar{x}}$.

Exemplo 5

Encontrando probabilidades para distribuições amostrais

Os gastos médios com quarto e refeição por ano de faculdades de quatro anos são de $ 6.803. Você seleciona aleatoriamente 9 faculdades de quatro anos. Qual é a probabilidade de que a média de quarto e refeição seja menor que $ 7.088? Suponha que os gastos com quarto e refeição sejam normalmente distribuídos, com um desvio padrão de $ 1.125. (*Fonte: National Center for Education Statistics.*)

Solução

Como a população é normalmente distribuída, você pode usar o teorema do limite central para concluir que a distribuição das médias das amostras é normalmente distribuída, com uma média de $ 6.803 e um desvio padrão de $ 375.

$$\mu_{\bar{x}} = \mu = 6.803 \quad \text{e} \quad \sigma_{\bar{x}} = \frac{\sigma}{\sqrt{n}} = \frac{1.125}{\sqrt{9}} = 375.$$

Distribuição das médias das amostras com $n = 9$

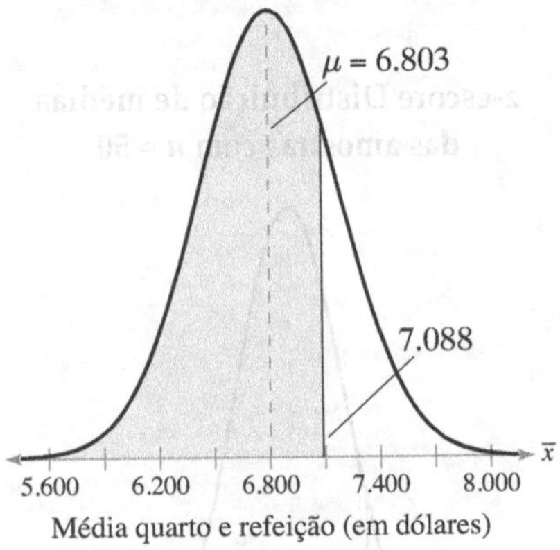

O gráfico dessa distribuição está à esquerda. A área à esquerda de $ 7.088 está sombreada. O *z*-escore que corresponde a $ 7.088 é:

$$z = \frac{7.088 - 6.803}{1.125/\sqrt{9}} = \frac{285}{375} = 0,76.$$

Então, a probabilidade de que a média dos gastos de quarto e refeição seja menor que $ 7.088 é:

$$P(\bar{x} < 7.088) = P(z < 0,76) = 0,7764.$$

Interpretação

Então, 77,64% das amostras com $n = 9$ terão uma média menor que $ 7.088 e 22,36% dessas médias das amostras estarão situadas fora do intervalo.

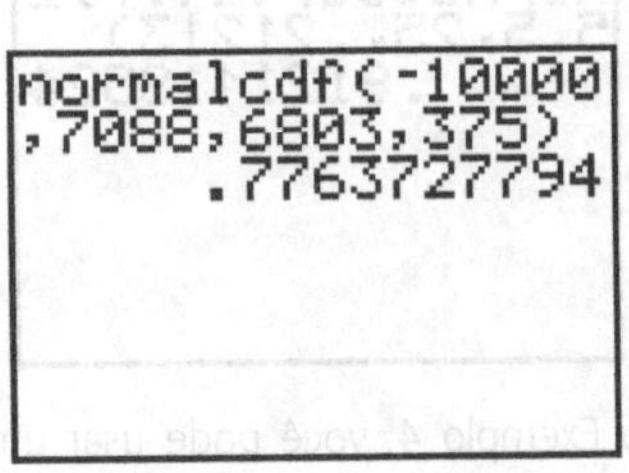

No Exemplo 5, você pode usar uma TI-83/84 para encontrar a probabilidade automaticamente.

Tente você 5 O preço médio de venda de uma casa de família padrão nos Estados Unidos é \$ 306.258. Você seleciona 12 casas de família de forma aleatória. Qual é a probabilidade de que a média do preço de vendas seja maior que \$ 280.000? Suponha que os preços de vendas sejam normalmente distribuídos com um desvio padrão de \$ 44,00. (*Fonte: Federal Housing Finance Board.*)

a. Use o teorema do limite central para *encontrar* $\mu_{\bar{x}}$ e $\sigma_{\bar{x}}$ e *desenhe* a distribuição de amostragem das médias das amostras.

b. *Encontre* os z-escores que correspondam a $\bar{x}$ = \$ 280.000.

c. *Encontre a área acumulada* que corresponda a cada z-escore e calcule a probabilidade.

Resposta na p. A41

O teorema do limite central também pode ser usado para investigar eventos incomuns. Um evento incomum ocorre com uma probabilidade menor que 5%.

Exemplo 6

Encontrando probabilidades para *x* e $\bar{x}$

Um auditor de banco declara que as contas de cartões de crédito são normalmente distribuídas, com uma média de \$ 2.870 e um desvio padrão de \$ 900.

1. Qual é a probabilidade de que um titular de cartão de crédito aleatoriamente selecionado tenha uma conta menor que \$ 2.500?
2. Você seleciona 25 titulares de cartões de crédito de forma aleatória. Qual é a probabilidade de que a média da conta deles seja menor que \$ 2.500?
3. Compare as probabilidades de (1) e (2) e interprete sua resposta nos termos da declaração do auditor.

Solução

1. Neste caso, lhe pediram para encontrar a probabilidade associada com certo valor de uma variável *x*. O z-escore que corresponde a *x* – \$ 2.500 é:

$$z = \frac{x-\mu}{\sigma} = \frac{2.500 - 2.870}{900} \approx -0,41.$$

Então, a probabilidade de que o titular do cartão tenha uma conta menor que \$ 2.500 é $P(x < 2.500) = P(z < -0,41) = 0,3409$.

2. Aqui, lhe pediram para encontrar a probabilidade associada com uma média da amostra $\bar{x}$. O z-escore que corresponde a $\bar{x}$ = \$ 2.500 é:

$$z = \frac{\bar{x}-\mu_{\bar{x}}}{\sigma_{\bar{x}}} = \frac{\bar{x}-\mu}{\sigma/\sqrt{n}} = \frac{2.500 - 2.870}{900/\sqrt{25}} = \frac{-370}{180} \approx -2,06.$$

Portanto, a probabilidade de que a média das contas de cartão de crédito de 25 titulares de banco seja menor que \$ 2.500 é:

$$P(\bar{x} < 2.500) = P(z < -2,06) = 0,0197.$$

3. ***Interpretação***

Embora haja uma chance de 34% de que um indivíduo tenha uma conta menor que \$ 2.500, há somente uma chance de 2% de que a média de uma amostra de 25 pes-

Dica de estudo

Para encontrar probabilidades para membros individuais de uma população com uma variável aleatória *x* normalmente distribuída, use a fórmula:

$$z = \frac{x-\mu}{\sigma}.$$

Para encontrar probabilidades para a média $\bar{x}$ de uma amostra de tamanho *n*, use a fórmula:

$$z = \frac{\bar{x}-\mu_{\bar{x}}}{\sigma_{\bar{x}}}.$$

soas tenha uma conta menor que $ 2.500. Como há somente uma chance de 2% que a média de uma amostra de 25 tenha uma conta menor que $ 2.500, este é um evento incomum. Então, é possível que a amostra seja incomum, ou é possível que a declaração do auditor de que a média é $ 2.870 esteja incorreta.

Tente você 6 Um analista de preços declara que os preços de receptores de um sistema sonoro são normalmente distribuídos, com uma média de $ 625 e um desvio padrão de $ 150. (1) Qual é a probabilidade de um receptor aleatoriamente selecionado custar menos que $ 700? (2) Você seleciona 10 receptores aleatoriamente. Qual é a probabilidade de que o custo médio deles seja menor que $ 700? (3) Compare essas duas probabilidades.

a. *Encontre* o z-escore que corresponda a x e $\overline{x}$.

b. Use a Tabela Normal Padrão para *encontrar a probabilidade* associada com cada z-escore.

c. *Compare as* probabilidades e *interprete* sua resposta.

Resposta na p. A41

5.4 Exercícios

Construindo habilidades básicas e conceitos

Nos exercícios de 1 a 4, uma população tem uma média $\mu = 100$ e um desvio padrão $\sigma = 15$. Encontre a média e o desvio padrão de uma distribuição amostral das médias das amostras com o tamanho da amostra n.

1. $n = 50$.
2. $n = 100$.
3. $n = 250$.
4. $n = 1.000$.

Verdadeiro ou falso?

Nos exercícios de 5 a 8, determine se a sentença é verdadeira ou falsa. Reescreva as sentenças falsas de forma que fiquem verdadeiras.

5. Conforme o tamanho de uma amostra aumenta, a distribuição das médias amostrais também aumenta.
6. Conforme o tamanho de uma amostra aumenta, o desvio padrão de uma distribuição das médias das amostras também aumenta.
7. Uma distribuição de amostragem é normal somente se a população for normal.
8. Se o tamanho de uma amostra é no mínimo 30, você pode usar os z-escores para determinar a probabilidade de uma média de amostra estar situada em um dado intervalo da distribuição de amostragem.

Verificando propriedades de distribuições amostrais

Nos exercícios 9 e 10, encontre a média e o desvio padrão da população. Liste todas as amostras (com reposição) do tamanho dado a partir daquela população. Encontre a média e o desvio padrão da distribuição amostral e compare-os com a média e o desvio padrão da população.

9. O número dos filmes que todas as quatro pessoas de uma família viram no mês passado é 4, 2, 8 e 0. Use um tamanho 3 como amostra.
10. Quatro pessoas em um rodízio de carros pagaram as seguintes quantias por multas este semestre: $ 120, $ 140, $ 180 e $ 220. Use um tamanho 2 como amostra.

Análise gráfica

Nos exercícios 11 e 12, o gráfico de uma distribuição de população é representado com sua média e desvio padrão. Suponha que uma amostra de tamanho 11 seja escolhida para cada população. Decida qual dos gráficos classificados (a) – (c) poderia melhor representar a distribuição amostral de médias das amostras para cada gráfico. Explique seu raciocínio.

11. O tempo de espera (em segundos) em um semáforo de trânsito durante o sinal vermelho

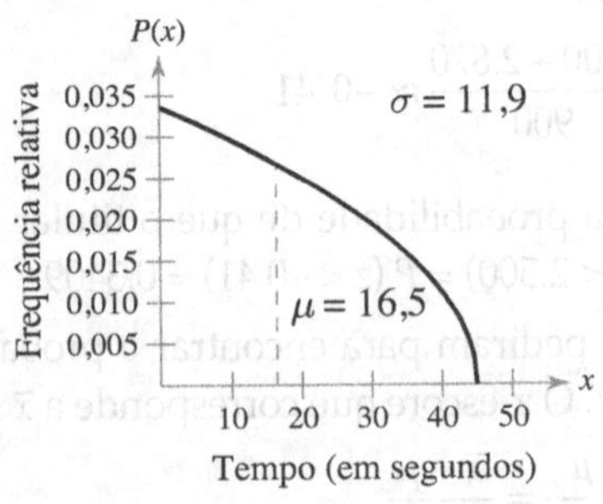

(a)

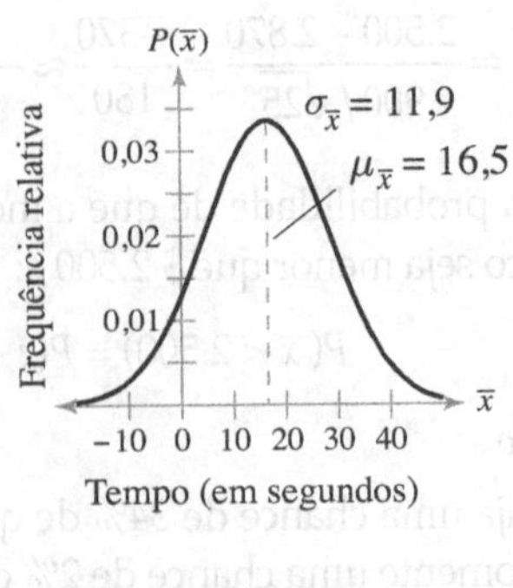

(b)

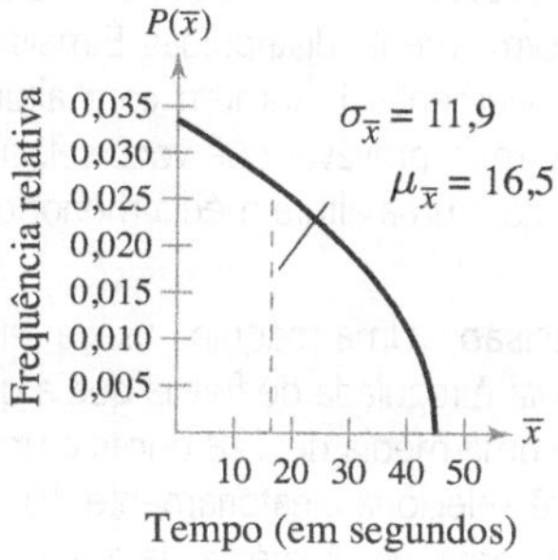

(c)

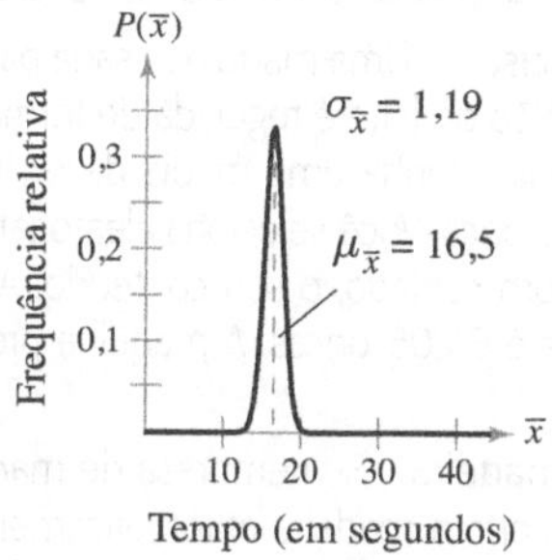

12. A quantidade de neve anual (em pés) para um estado central de Nova York.

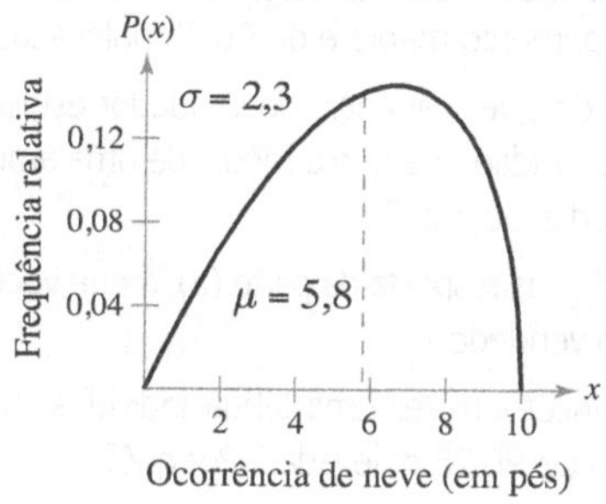

(a)

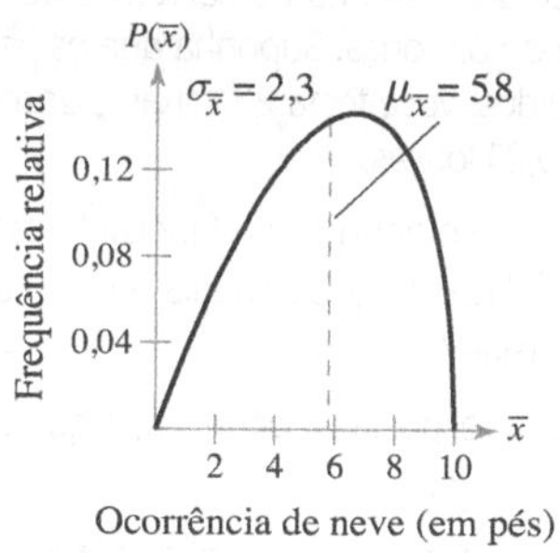

(b)

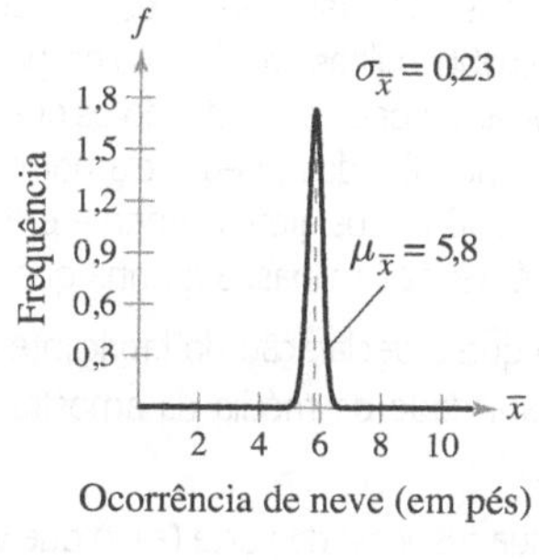

(c)

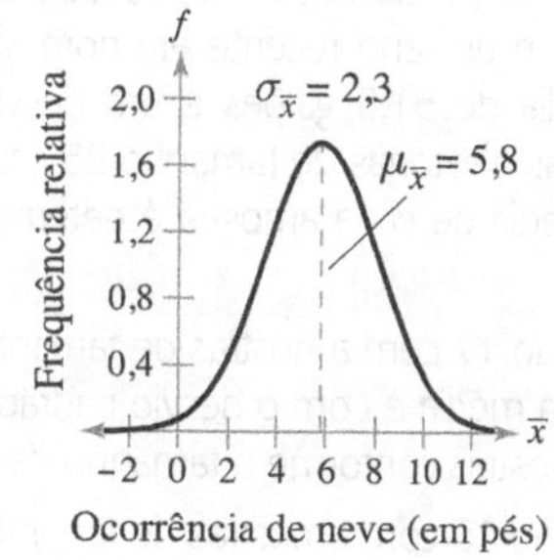

Encontrando probabilidades

Nos exercícios de 13 a 16, a média da população e desvio padrão são dados. Encontre a probabilidade pedida e determine se a média da amostra dada seria considerada incomum. Se for conveniente, use ferramentas tecnológicas para encontrar a probabilidade.

13. Para uma amostra de $n = 36$, encontre a probabilidade de uma média da amostra ser menor que 12,2 se $\mu = 12$ e $\sigma = 0,95$.

14. Para uma amostra de $n = 100$, encontre a probabilidade de uma média da amostra ser maior que 12,2 se $\mu = 12$ e $\sigma = 0,95$.

15. Para uma amostra de $n = 75$, encontre a probabilidade de uma média da amostra ser maior que 221 se $\mu = 220$ e $\sigma = 3,9$.

16. Para uma amostra de $n = 36$, encontre a probabilidade de uma média da amostra ser menor que 12.750 ou maior que 12.753 se $\mu = 12.750$ e $\sigma = 1,7$.

Usando e interpretando conceitos

Usando o teorema do limite central

Nos exercícios de 17 a 22, use o teorema do limite central para encontrar a média e o erro padrão da média da distribuição amostral indicada. Depois, desenhe um gráfico das distribuições amostrais.

17. **Alturas das árvores** As alturas de árvores aceráceas são normalmente distribuídas, com uma média de 87,5 pés e um desvio padrão de 6,25 pés. Amostras aleatórias de tamanho 12 são retiradas de uma população e a média de cada amostra é determinada.

18. **Ovos de moscas** O número de ovos que moscas domésticas põem durante seu tempo de vida é normalmente distribuído, com uma média de 800 ovos e um desvio padrão de 100 ovos. Amostras aleatórias de tamanho 15 são coletadas dessa população e a média de cada amostra é determinada.

19. **Câmeras digitais** O preço médio de câmeras digitais em uma loja de eletrônicos é $ 224, com um desvio padrão de $ 8. Amostras aleatórias de tamanho 40 são recolhidas dessa população e a média de cada amostra é determinada.

20. **Idade dos funcionários** A idade média de funcionários de uma grande corporação é 47,2 anos, com um desvio padrão de 3,6 anos. Amostras aleatórias de tamanho 36 são retiradas dessa população e a média de cada amostra é determinada.

21. **Carne vermelha consumida** O consumo ***per capita*** de carne vermelha nos Estados Unidos em um ano recente era normalmente distribuído, com uma média de 110 libras e um desvio padrão de 38,5 libras. Amostras aleatórias de tamanho 20 são tiradas dessa população e a média de cada amostra é determinada. *(Adaptado de U.S. Department of Agriculture.)*

22. **Refrigerantes** O consumo *per capita* de refrigerantes nos Estados Unidos em um ano recente era normalmente distribuído, com uma média de 51,5 galões e um desvio padrão de 17,1 galões. Amostras aleatórias de tamanho 25 são tiradas dessa população e a média de cada amostra é determinada. *(Adaptado de U.S. Department of Agriculture.)*

23. Repita o Exercício 17 com amostras de tamanho 24 e 36. O que acontece com a média e com o desvio padrão da distribuição de médias das amostras conforme o tamanho da amostra aumenta?

24. Repita o Exercício 18 com amostras de tamanho 30 e 45. O que acontece com a média e com o desvio padrão da distribuição de médias das amostras conforme o tamanho da amostra aumenta?

Encontrando probabilidades

Nos exercícios de 25 a 36, encontre as probabilidades. Se for conveniente, use ferramentas de tecnologia para encontrar as probabilidades.

25. **Salário de encanadores** A média da população de salários anuais de encanadores é \$ 46.700. Uma amostra aleatória de 42 encanadores é escolhida dessa população. Qual é a probabilidade de que a média salarial da amostra seja menos que \$ 44.000? Suponha que $\sigma = 5.600$. *(Adaptado de Salary.com.)*

26. **Salário de enfermeiras** A média da população de salários anuais de enfermeiras registradas é \$ 59.100. Uma amostra aleatória de 35 enfermeiras registradas é escolhida dessa população. Qual é a probabilidade de que a média salarial da amostra seja menos que \$ 55.000? Suponha que $\sigma = \$\ 1.700$. *(Adaptado de Salary.com.)*

27. **Preço da gasolina: New England** Durante certa semana, o preço médio da gasolina na região de New England era \$ 2,818 por galão. Uma amostra aleatória de 32 postos de gasolina é retirada da população. Qual é a probabilidade de que o preço médio da amostra esteja entre \$ 2,768 e \$ 2,918 durante aquela semana? Suponha que $\sigma = \$\ 0{,}045$. *(Adaptado de Energy Information Admistration.)*

28. **Preço da gasolina: Califórnia** Durante certa semana, o preço médio da gasolina na Califórnia foi \$ 3,305 por galão. Uma amostra aleatória de 38 postos de gasolina é retirada da população. Qual é a probabilidade de que o preço médio da amostra esteja entre \$ 3,310 e \$ 3,320 durante aquela semana? Suponha que $\sigma = \$\ 0{,}049$. *(Adaptado de Energy Information Admistration.)*

29. **Alturas das mulheres** A altura média das mulheres nos Estados Unidos (com idades entre 20 e 29 anos) é de 64,1 polegadas. Uma amostra aleatória de 60 mulheres dentro dessa faixa etária é selecionada. Qual é a probabilidade de que a altura média dessa amostra seja maior que 66 polegadas? Suponha que $\sigma = 2{,}71$ polegadas. *(Fonte: National Center for Health Statistics.)*

30. **Alturas dos homens** A altura média dos homens nos Estados Unidos (com idades entre 20 e 29 anos) é de 69,6 polegadas. Uma amostra aleatória de 60 homens dessa faixa etária é selecionada. Qual é a probabilidade que a altura média dessa amostra seja maior que 70 polegadas? Suponha que $\sigma = 3{,}0$ polegadas. *(Fonte: National Center for Health Statistics.)*

31. **Qual é mais provável?** Suponha que as alturas dadas no Exercício 29 sejam normalmente distribuídas. É mais provável que você selecione aleatoriamente 1 mulher com altura menor que 70 polegadas ou é mais provável que você selecione uma amostra de 20 mulheres com uma altura média menor que 70 polegadas? Explique.

32. **Qual é mais provável?** Suponha que as alturas dadas no Exercício 30 sejam normalmente distribuídas. É mais provável que você selecione aleatoriamente 1 homem com altura menor que 65 polegadas ou é mais provável que você selecione uma amostra de 15 homens com uma altura média menor que 65 polegadas? Explique.

33. **Tome uma decisão** Uma máquina usada para encher latas de um galão de tinta é regulada de forma que a quantidade de tinta distribuída tem uma média de 128 onças e um desvio médio de 0,20 onça. Você seleciona aleatoriamente 40 latas e mede, com cuidado, o seu conteúdo. A média da amostra de latas é 127,9 onças. A máquina precisa ser reiniciada? Explique.

34. **Tome uma decisão** Uma máquina usada para encher contêineres de meio galão de leite é regulada de forma que a quantidade de leite distribuída tenha uma média de 64 onças e um desvio padrão de 0,11 onça. Você seleciona aleatoriamente 40 contêineres e mede, com cuidado, o seu conteúdo. A média da amostra de contêineres é 64,05 onças. A máquina precisa ser reiniciada? Explique.

35. **Cortador de madeira** Sua empresa de madeira comprou uma máquina que corta a madeira automaticamente. O vendedor da máquina anuncia que ela corta madeiras de um comprimento médio de 8 pés (96 polegadas) com um desvio padrão de 0,5 polegadas. Suponha que os comprimentos sejam normalmente distribuídos. Você seleciona aleatoriamente 40 tábuas e descobre que o comprimento médio é de 96,25 polegadas.
    (a) Supondo que o anúncio do vendedor esteja correto, qual é a probabilidade de que a média de uma amostra seja 96,25 polegadas ou mais?
    (b) Usando sua resposta da parte (a), o que você acha do anúncio do vendedor?
    (c) Seria incomum ter uma tábua individual com um comprimento de 96,25 polegadas? Por quê?

36. **Peso de caixinhas de sorvete** Um fabricante anuncia que o peso médio de sua caixinha de sorvete é de 10 onças com um desvio padrão de 0,5 onça. Suponha que os pesos sejam normalmente distribuídos. Você testa 25 caixas e descobre que seu peso médio é de 10,21 onças.
    (a) Supondo que o anúncio do fabricante esteja correto, qual é a probabilidade de que a média de uma amostra seja 10,21 onças ou mais?
    (b) Usando sua resposta da parte (a), o que você acha do anúncio do vendedor?
    (c) Seria incomum ter uma caixinha individual com um peso de 10,21 onças? Por quê?

37. **Vida útil de pneus** Um fabricante declara que a vida útil de seus pneus é de 50.000 milhas. Você trabalha para uma agência de proteção ao consumidor e está testando os pneus desse fabricante. Suponha que a vida útil dos pneus seja normalmente distribuída. Você seleciona 100 pneus aleatoriamente e os testa. A média da vida útil deles é 49.721 milhas. Suponha que $\sigma = 800$ milhas.
    (a) Supondo que a declaração do fabricante esteja correta, qual é a probabilidade da média da amostra ser 49.721 milhas ou menos?
    (b) Usando sua resposta da parte (a), o que você acha da declaração do fabricante?

(c) Seria incomum ter um pneu individual com a vida útil de 49.721 milhas? Por quê?

38. Pastilhas de freio Um fabricante de pastilhas de freio declara que suas pastilhas vão durar 38.000 milhas. Você trabalha para uma agência de proteção ao consumidor e está testando as pastilhas desse fabricante. Suponha que a vida útil das pastilhas de freio seja normalmente distribuída. Você seleciona 50 pastilhas de freio aleatoriamente. Nos testes, a média de vida das pastilhas é de 37.650 milhas. Suponha que $\sigma = 1.000$ milhas.

(a) Supondo que a declaração do fabricante esteja correta, qual é a probabilidade da média da amostra ser 37.650 milhas ou menos?

(b) Usando sua resposta da parte (a), o que você acha da declaração do fabricante?

(c) Seria incomum ter uma única pastilha de freio com a vida útil de 37.650 milhas? Por quê?

Expandindo conceitos

39. Pontuação no SAT A média da pontuação de matemática no SAT é 518 com um desvio padrão de 115. Uma escola, em particular, declara que seus alunos conseguem pontuações incomuns em matemática. Uma amostra aleatória de 50 alunos dessa escola foi selecionada e a pontuação média em matemática no SAT foi 530. A escola foi correta em sua declaração? Explique. *(Fonte: College Board Online.)*

40. Máquina de calibragem Uma máquina em uma fábrica é calibrada para produzir um dardo com diâmetro médio de 4 polegadas e um desvio médio de 0,5 polegada. Um engenheiro pega uma amostra aleatória de 100 dardos e descobre que o diâmetro médio deles é de 4,2 polegadas. Quais são as possíveis consequências do que ele descobriu?

Fator de correção finita

A fórmula para o erro padrão da média dada no teorema de limite central é baseada em uma hipótese de que a população tem infinitos membros.

$$\sigma_{\bar{x}} = \frac{\sigma}{\sqrt{n}}.$$

Este é o caso sempre que uma amostragem é feita com reposição (cada membro é colocado de volta depois de selecionado) porque o processo de amostragem poderia ser indefinidamente continuado. A fórmula também é válida se o tamanho da amostra é pequeno quando comparado ao da população. Porém, quando a amostragem é feita sem reposição e o tamanho da amostra n é maior que 5% da população finita de tamanho

$$N\left(\frac{n}{N} > 0,05\right),$$

há um número finito de amostras possíveis. **Um fator de correção finita,**

$$\sqrt{\frac{N-n}{N-1}},$$

deve ser usado para ajustar o erro padrão. A distribuição amostral de médias das amostras serão normais, com uma média igual à média da população, e o erro padrão da média será:

$$\sigma_{\bar{x}} = \frac{\sigma}{\sqrt{n}}\sqrt{\frac{N-n}{N-1}}.$$

Nos exercícios 41 e 42, determine se o fator de correção finita deve ser usado. Caso seja, use-o em seus cálculos quando encontrar a probabilidade.

41. Preço da gasolina Em uma amostra de 800 postos de gasolina, o preço médio da gasolina comum na bomba era \$ 2,876 por galão e o desvio médio era \$ 0,009 por galão. Uma amostra aleatória de tamanho 55 é extraída da população. Qual é a probabilidade de que o preço médio por galão seja menor que \$ 2,871? *(Adaptado de U.S. Department of Energy.)*

42. Old Faithful Em uma amostra de 500 erupções do gêiser Old Faithful no Parque Nacional Yellowstone, a duração média das erupções era 3,32 minutos e o desvio padrão era 1,9 minuto. Uma amostra aleatória de tamanho 30 é colhida desta população. Qual é a probabilidade de que a duração média da erupção seja entre 2,5 minutos e 4 minutos? *(Adaptado de Yellowstone National Park.)*

Distribuição amostral de proporções amostrais

A média das amostras não é apenas estatística com uma distribuição amostral. Cada amostra estatística, como a média das amostras, o desvio padrão da amostra e a proporção da amostra, tem uma distribuição amostral. Para um tamanho aleatório de amostragem n, **a proporção de amostra** é o número de indivíduos com as mesmas características específicas dividido pelo número de amostras. A **distribuição amostral de proporções amostrais** é a distribuição formada quando proporções de amostras de tamanho n são tiradas repetidamente de uma população cuja probabilidade de um indivíduo com uma característica específica seja p.

Nos exercícios de 43 a 45, suponha que três nascimentos sejam aleatoriamente escolhidos. Há dois resultados igualmente possíveis para cada nascimento, um menino (b) ou uma menina (g). O número de meninos pode ser 0, 1, 2 ou 3, que corresponde as proporções de amostra de 0, 1/3, 2/3 e 1.

43. Liste as oito amostras possíveis ao selecionar aleatoriamente três nascimentos. Por exemplo, seja *bbb* representante de uma amostra de três meninos. Faça uma tabela que mostre cada amostra, o número de meninos em cada amostra e a proporção de meninos em cada amostra.

44. Use a tabela do Exercício 43 para montar a distribuição amostral da proporção do nascimento dos três meninos. O que você consegue perceber sobre a dispersão do histograma se comparado à distribuição de probabilidade binomial para o número de meninos em cada amostra?

45. Perceba que $x = 1$ representa um menino e $x = 0$ representa uma menina. Usando esses valores, encontre a média da amostra para cada um deles. O que você consegue perceber?

46. Monte uma distribuição amostral da proporção de nascimento de meninos.

47. Transplantes de coração. Cerca de 75% de todos os pacientes que têm corações femininos transplantados vão sobreviver por no mínimo três anos. Noventa pacientes com corações femininos transplantados são escolhidos aleatoriamente. Qual é a probabilidade de que a proporção de amostra para sobrevivência por no mínimo três anos seja menor que 70%? Suponha que a distribuição amostral da proporção seja uma distribuição normal. A média de proporção da amostra é igual à proporção da população p e o desvio médio é igual a $\sqrt{\frac{pq}{n}}$. *(Fonte: American Heart Association.)*

5.4 Atividades

Distribuições amostrais

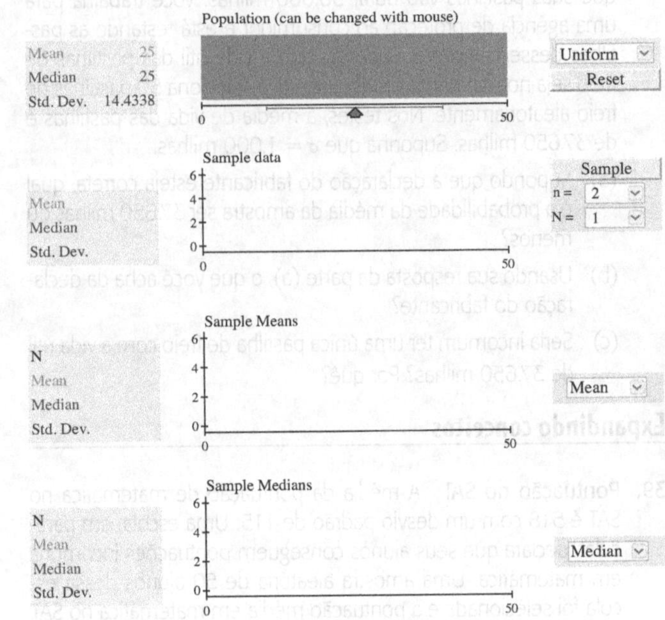

O Applet de *distribuições amostrais* permite que você investigue distribuições de amostragem ao retirar amostras de uma população repetidamente. O gráfico superior (à direita) mostra a distribuição de uma amostragem. Várias opções são disponíveis para a distribuição de população (uniforme, curva em forma de sino, assimétrica, binária e padrão). Quando clicamos em SAMPLE, *N* amostras aleatórias de tamanho *n* serão repetidamente selecionadas de uma população. A amostra estatística especificada na parte inferior dos dois planos será atualizada de acordo com cada amostra. Se *N* é ajustado para e *n* é menor ou igual a 50, serão exibidos, de forma animada, os pontos selecionados da população caindo no segundo gráfico e os valores estatísticos resumidos correspondentes caindo no terceiro e quarto gráficos. Clique em RESET para interromper uma animação e limpar os resultados existentes. Estatísticas resumidas para cada gráfico serão exibidas no painel à esquerda do plano.

Explore

Passo 1 Especifique uma distribuição.

Passo 2 Especifique um valor para *n*.

Passo 3 Especifique um valor para *N*.

Passo 4 Especifique o que deve ser exibido abaixo de cada gráfico.

Passo 5 Clique em SAMPLE para gerar as distribuições de amostragem.

Chegando a conclusões

1. Faça uma simulação usando $n = 30$ e $N = 10$ para uma distribuição uniforme, com curva em forma de sino e assimétrica. Qual é a média da distribuição amostral de médias das amostras para cada distribuição? Para cada distribuição, o resultado foi o que você esperava?
2. Faça uma simulação usando $n = 50$ e $N = 10$ para uma distribuição em forma de sino. Qual é o desvio padrão da distribuição amostral de médias das amostras? De acordo com a fórmula, qual deveria ser o desvio padrão da distribuição amostral de médias das amostras? O resultado foi o que você esperava?

5.5 Aproximações normais para distribuições binomiais

Aproximando uma distribuição binomial ⟶ Correção pela continuidade ⟶ Aproximando probabilidades binomiais

O que você deve aprender

- Como decidir quando uma distribuição normal pode se aproximar da distribuição binomial.
- Como encontrar a correção pela continuidade.
- Como usar a distribuição normal para aproximar as probabilidades binomiais.

Aproximando uma distribuição binomial

Na Seção 4.2 você aprendeu como encontrar probabilidades binomiais. Por exemplo, se um procedimento cirúrgico tem uma chance de 85% de sucesso e um médico faz o procedimento em 10 pacientes, é fácil encontrar a probabilidade de exatamente duas cirurgias com sucesso.

Mas e se o médico fizer a cirurgia em 150 pacientes e você quiser encontrar a probabilidade de ocorrência de *menos* de 100 cirurgias com sucesso? Para fazer isso usando a técnica descrita na Seção 4.2 você teria que usar a fórmula binomial 100 vezes e encontrar a soma das probabilidades resultantes. Esse método não é prático, claro. Um método melhor é usar uma distribuição normal para aproximar a distribuição binomial.

Aproximação da distribuição binomial pela normal

Se $np \geq 5$ e $nq \geq 5$, então uma variável aleatória x é aproximada e normalmente distribuída, com média

$$\mu = np$$

e desvio padrão

$$\sigma = \sqrt{npq}.$$

Dica de estudo

Propriedades de um experimento binomial:

- n tentativas independentes.
- Dois resultados possíveis: sucesso ou falha.
- Probabilidade de sucesso é p; probabilidade de falha é $1 - p = q$.
- p é constante para cada tentativa.

Para ver por que esse resultado é válido, veja as seguintes distribuições binomiais para $p = 0{,}25$ e $n = 4$, $n = 10$, $n = 25$ e $n = 50$. Perceba que, à medida que n aumenta, o histograma aproxima-se de uma curva normal.

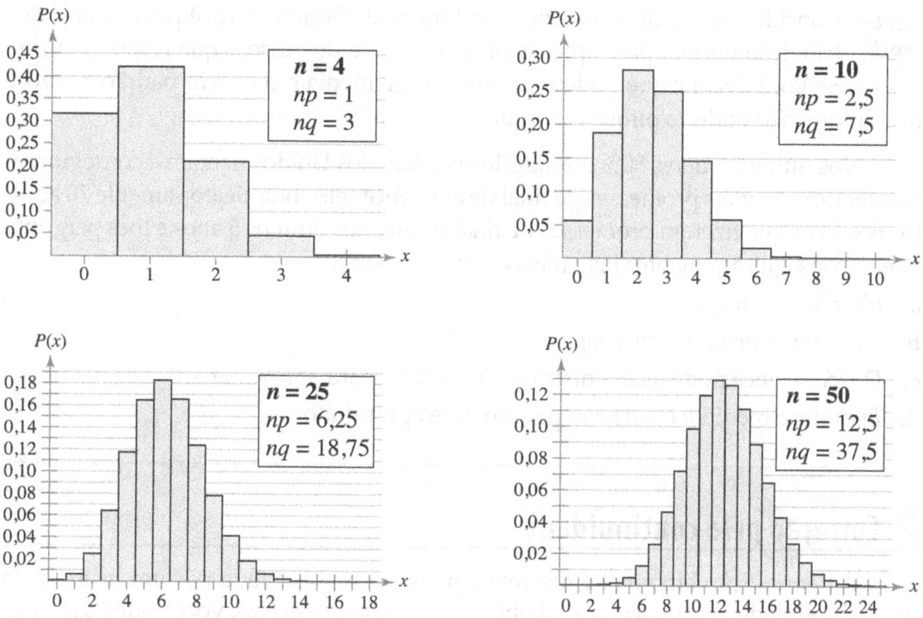

Exemplo 1

Aproximando a distribuição binomial

Dois experimentos binomiais são listados. Decida se você pode usar a distribuição normal para aproximar x, o número de pessoas que responderam sim. Se você decidir que não é possível, explique o porquê. *(Fonte: Opinion Research Corporation.)*

1. Para 51% dos adultos nos Estados Unidos, a promessa de final de ano mais importante foi a de se exercitar mais. Você seleciona aleatoriamente 65 adultos nos Estados Unidos cuja promessa foi a de se exercitar mais e lhes pergunta se a promessa foi cumprida.
2. Quinze por cento dos adultos nos Estados Unidos não fazem promessas de final de ano. Você seleciona 15 adultos nos Estados Unidos aleatoriamente e pergunta a cada um se eles fizeram promessas de final de ano.

Solução

Neste experimento binomial, $n = 65$, $p = 0{,}51$ e $q = 0{,}49$. Portanto,

$$np = (65)(0{,}51) = 33{,}15$$

e

$$nq = (65)(0{,}49) = 31{,}85.$$

Como np e nq são maiores que 5, você pode usar a distribuição normal com

$$\mu = 33{,}15$$

e

$$\sigma = \sqrt{npq} = \sqrt{65 \cdot 0{,}51 \cdot 0{,}49} \approx 4{,}03.$$

para aproximar a distribuição de x.

2. Neste experimento binomial, $n = 15$, $p = 0{,}15$ e $q = 0{,}85$. Portanto,

$$np = (15)(0{,}15) = 2{,}25$$

e

$$nq = (15)(0{,}85) = 12{,}75.$$

Como $np < 5$, você não consegue usar a distribuição normal para aproximar a distribuição de x.

Tente você 1 Considere o seguinte experimento binomial. Decida se você pode usar a distribuição normal para aproximar x, o número de pessoas que respondeu sim. Se você decidir que pode usar, encontre a média e o desvio padrão. Se você decidir que não pode, explique o porquê. (*Fonte: Opinion Research Corporation*)

Nos últimos 5 anos, 80% dos adultos nos Estados Unidos fizeram e conseguiram manter uma ou mais promessas de final de ano. Você seleciona aleatoriamente 70 adultos nos EUA que fizeram promessas de final de ano nos últimos 5 anos e lhes pergunta se eles conseguiram manter pelo menos uma promessa.

a. *Identifique n, p e q.*

b. *Encontre* os produtos np e nq.

c. *Decida* se você pode usar a distribuição normal para aproximar x.

d. *Encontre* a média μ e o desvio padrão σ, se apropriado.

Resposta na p. A41

Correção pela continuidade

A distribuição binomial é discreta e pode ser representada por um histograma de probabilidade. Para calcular probabilidades binomiais exatas, você pode usar a fórmula binomial para cada valor de x e adicionar os resultados. Geometricamente, isso corresponde a adicionar as áreas das barras no histograma de probabilidade. Lembre-se que cada barra tem uma largura de uma unidade e x é o ponto médio do intervalo.

Quando você usa uma distribuição normal *contínua* para aproximar uma probabilidade binomial, você precisa mover uma unidade 0,5 para a esquerda e direita do centro para incluir todos os valores possíveis de x no intervalo. Quando você fizer isso, você estará fazendo uma **correção pela continuidade**.

Probabilidade binomial exata

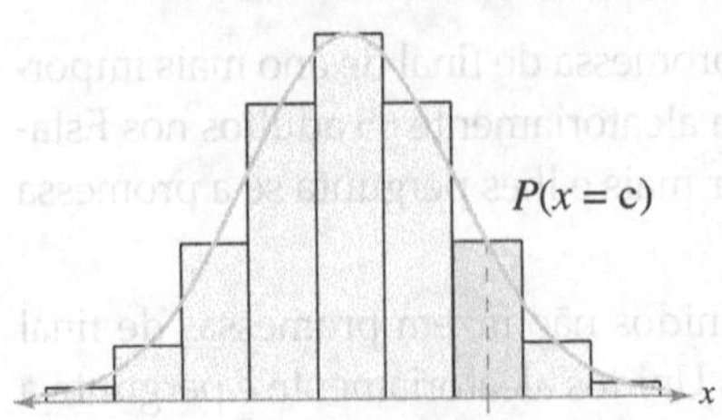

Aproximação normal

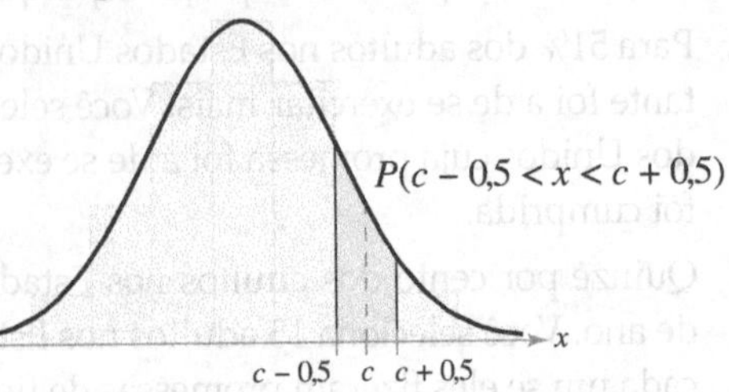

Exemplo 2

Usando uma correção pela continuidade

Use uma correção pela continuidade para converter cada um dos seguintes intervalos binomiais em um intervalo de distribuição normal.

1. A probabilidade de conseguir entre 270 e 310 sucessos, inclusive.
2. A probabilidade de conseguir no mínimo 159 sucessos.
3. A probabilidade de conseguir menos que 63 sucessos.

Solução

1. Os valores do ponto médio discreto são 270, 271, ..., 310. O intervalo correspondente à distribuição normal contínua é:

   $269{,}5 < x < 310{,}5.$

2. Os valores do ponto médio discreto são 158, 159, 160, ... O intervalo correspondente à distribuição normal contínua é:

   $x > 157{,}5.$

3. Os valores do ponto médio discreto são ..., 60, 61, 62. O intervalo correspondente à distribuição normal contínua é:

   $x > 62{,}5.$

Tente você 2 Use uma correção pela continuidade para converter cada um dos seguintes intervalos binomiais em intervalos de distribuição normal.

1. A probabilidade de conseguir 57 e 83 sucessos, inclusive.
2. A probabilidade de conseguir no máximo 54 sucessos.

a. Liste os *valores do ponto médio* para a probabilidade binomial.

b. Use a *correção pela continuidade* para escrever o intervalo de distribuição normal.

Resposta na p. A41

Aproximando probabilidades binomiais

Instruções

Usando a distribuição normal para aproximar probabilidades binomiais

Em palavras	*Em símbolos*
1. Verifique se a distribuição binomial se aplica.	Especifique n, p e q
2. Determine se você pode usar a distribuição normal para aproximar x, a variável binomial.	np é ≥ 5? nq é ≥ 5?
3. Encontre a média μ e o desvio padrão σ para a distribuição.	$\mu = np$ $\sigma = \sqrt{npq}$
4. Aplique a correção pela continuidade apropriada. Sombreie a área correspondente sob a curva normal.	Adicione ou subtraia 0,5 do último ponto.
5. Encontre o(s) z-escore(s) correspondente(s).	$z = \dfrac{x - \mu}{\sigma}$
6. Encontre a probabilidade.	Use a Tabela Normal Padrão.

Dica de estudo

Para usar a correção pela continuidade, simplesmente subtraia 0,5 do menor valor e adicione 0,5 para o maior.

Retratando o mundo

Em uma pesquisa entre adultos nos EUA, as pessoas responderam se a justiça deveria permitir que médicos ajudassem pacientes que estão morrendo e querem acabar com suas vidas. Os resultados da pesquisa podem ser vistos no seguinte gráfico de setores:

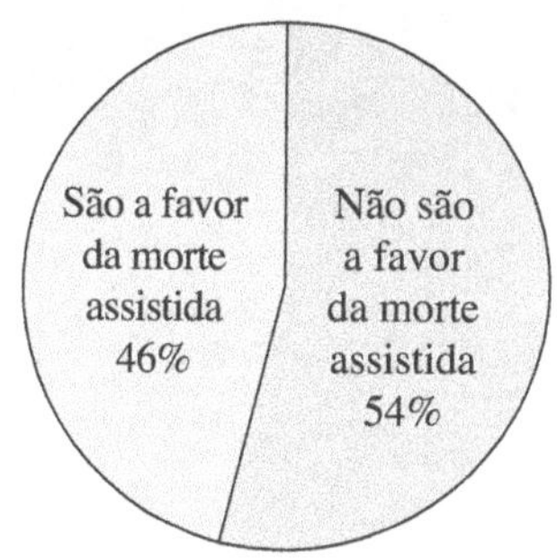

Suponha que essa pesquisa seja uma indicação verdadeira da proporção da população que é a favor da morte assistida para pacientes terminais. Se você pegar uma amostra de 50 adultos aleatoriamente, qual é a probabilidade de que entre 21 e 25, inclusive, sejam a favor da morte assistida?

Exemplo 3

Aproximando uma probabilidade binomial

Cinquenta e um por cento dos adultos nos Estados Unidos cujas promessas de final de ano foram de ser exercitar mais alcançaram seus objetivos. Você seleciona aleatoriamente 65 adultos nos EUA que fizeram tais promessas e lhes pergunta se eles cumpriram a promessa. Qual é a probabilidade de que menos de 40 deles respondam sim? *(Fonte: Opinion Research Corporation.)*

Solução

Pelo Exemplo 1, você sabe que pode usar uma distribuição normal com $\mu = 33{,}15$ e $\sigma \approx 4{,}03$ para aproximar a distribuição binomial. Lembre-se de aplicar a correção pela continuidade para o valor de x. Na distribuição binomial, os valores possíveis do centro "menores que 40" são:

...37, 38, 39.

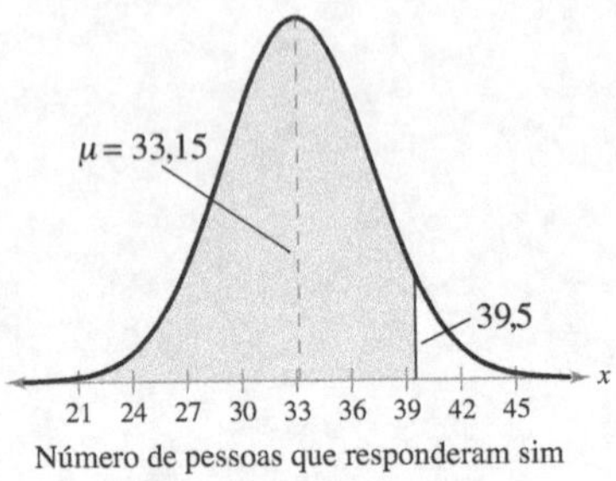

Para usar a distribuição normal, adicione 0,5 ao limite 39 à direita para conseguir $x = 39{,}5$. O gráfico à esquerda mostra uma curva normal com $\mu = 33{,}15$ e $\sigma \approx 4{,}03$ e uma área sombreada de 39,5 à esquerda. O z-escore que corresponde a $x = 39{,}5$ é:

$$z = \frac{39{,}5 - 33{,}15}{\sqrt{65 \cdot 0{,}51 \cdot 0{,}49}}$$

$$\approx 1{,}58.$$

Usando a Tabela Normal Padrão,

$P(z < 1{,}58) = 0{,}9429.$

Interpretação

A probabilidade de que menos de 40 pessoas respondam sim é de aproximadamente 0,9429, ou aproximadamente 94%.

Tente você 3 Nos últimos 5 anos, 80% dos adultos nos Estados Unidos fizeram e conseguiram manter uma ou mais promessas de final de ano. Você seleciona aleatoriamente 70 adultos nos EUA que fizeram promessas de final de ano nos últimos 5 anos e lhes pergunta se eles conseguiram manter pelo menos uma promessa (ver Tente você 1). *(Fonte: Opinion Research Corporation.)*

a. Determine se você pode usar a distribuição normal para aproximar a variável binomial (ver parte (c) do Tente você 1).

b. *Encontre* a média μ e o desvio padrão σ para a distribuição (ver parte (d) do Tente você 1).

c. *Aplique* a correção pela continuidade apropriada e desenhe um gráfico.

d. Encontre o *z-escore* correspondente.

e. *Use* a Tabela Normal Padrão para encontrar a área à esquerda de z e calcule a probabilidade.

Resposta na p. A41

Exemplo 4

Aproximando uma probabilidade binomial

Trinta e oito por cento das pessoas nos EUA admitem bisbilhotar nos armários de banheiro de outras pessoas. Você seleciona aleatoriamente 200 pessoas nos EUA e lhes pergunta se eles bisbilhotam no armário do banheiro de outras pessoas. Qual é a probabilidade de que pelo menos 70 digam sim? (*Fonte: USA TODAY.*)

Solução

Como $np = 200 \cdot 0{,}38 = 76$ e $nq = 200 \cdot 0{,}62 = 124$, a variável binomial x é aproximadamente distribuída normalmente com:

$$\mu = np = 76 \quad \text{e} \quad \sigma = \sqrt{200 \cdot 0{,}38 \cdot 0{,}62} \approx 6{,}86.$$

Usando a correção pela continuidade, você pode reescrever a probabilidade discreta $P(x \geq 70)$ como uma probabilidade contínua $P(x \geq 69{,}5)$. O gráfico mostra uma curva normal com $\mu = 76$ e $\sigma = 6{,}86$, e uma área sombreada à direita de 69,5. O z-escore que corresponde a 69,5 é:

$$z = \frac{(69{,}5 - 76)}{6{,}86} \approx -0{,}95.$$

Então, a probabilidade de que no mínimo 70 respondam sim é:

$$P(x \geq 69{,}5) = P(z \geq -0{,}95) = 1 - P(z \leq -0{,}95)$$
$$= 1 - 0{,}1711 = 0{,}8289.$$

Dica de estudo

Em uma distribuição discreta, há uma diferença entre $P(x \geq c)$ e $P(x > c)$. Isso é verdadeiro porque a probabilidade de que x seja exatamente c não é zero. Em uma distribuição contínua, entretanto, não há diferença entre $P(x \geq c)$ e $P(x > c)$ porque a probabilidade de que x seja exatamente c é zero.

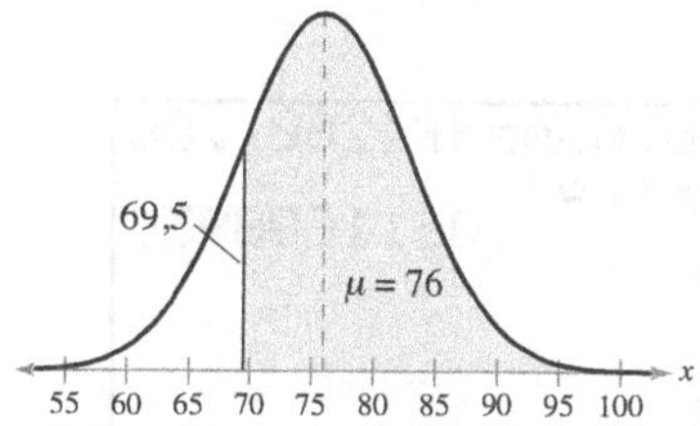

Tente você 4 No Exemplo 4, qual é a probabilidade de que no máximo 85 pessoas respondam sim?

a. *Determine* se você pode usar a distribuição normal para aproximar a variável binomial (ver Exemplo 4).

b. *Encontre* a média μ e o desvio padrão σ para a distribuição (ver Exemplo 4).

c. *Aplique* uma correção pela continuidade para reescrever $P(x \leq 85)$ e desenhe um gráfico.

d. *Encontre* o z-escore correspondente.

e. *Use* a Tabela Normal Padrão para encontrar a área à esquerda de z e calcular a probabilidade.

Resposta na p. A41

Exemplo 5

Aproximando uma probabilidade binomial

Uma pesquisa informa que 86% dos usuários de Internet usam o Internet Explorer® Windows® como browser. Você seleciona aleatoriamente 200 usuários de Internet e lhes pergunta se eles usam Internet Explorer como browser. Qual é a probabilidade de que exatamente 176 pessoas respondam sim? (*Fonte: OneStat.com.*)

Solução

Como $np = 200 \cdot 0{,}86 = 172$ e $nq = 200 \cdot 0{,}14 = 28$, a variável binomial x é aproximada e normalmente distribuída com

$$\mu = np = 172 \quad \text{e} \quad \sigma = \sqrt{npq} = \sqrt{200 \cdot 0{,}86 \cdot 0{,}14} \approx 4{,}91.$$

Usando a correção pela continuidade, você pode reescrever a probabilidade discreta $P(x = 176)$ como a probabilidade contínua $P(175{,}5 < x < 176{,}5)$. O gráfico a seguir mostra uma curva normal com $\mu = 172$ e $\sigma = 4{,}91$ e uma área sombreada entre 175,5 e 176,5.

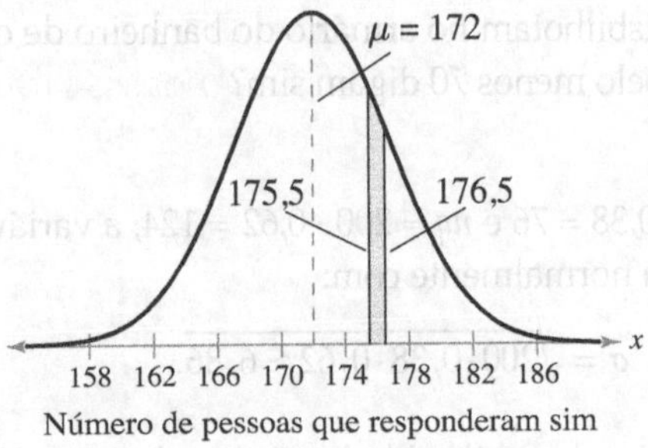

Os z-escores que correspondem a 175,5 e 176,5 são:

$$z_1 = \frac{175{,}5 - 172}{\sqrt{200 \cdot 0{,}86 \cdot 0{,}14}} \quad \text{e} \quad z_2 = \frac{176{,}5 - 172}{\sqrt{200 \cdot 0{,}86 \cdot 0{,}14}}.$$

A aproximação no Exemplo 5 é apenas um pouco menor que a possibilidade exata encontrada usando o binompdf (comando na TI-84/85).

Portanto, a probabilidade de que exatamente 176 usuários de Internet digam que usam o Internet Explorer é:

$$\begin{aligned}P(175{,}5 < x < 176{,}5) &= P(0{,}71 < z < 0{,}92)\\ &= P(z < 0{,}92) - P(z < 0{,}71)\\ &= 0{,}8212 - 0{,}7611\\ &= 0{,}0601.\end{aligned}$$

Interpretação

A probabilidade de que exatamente 176 dos usuários de Internet digam usar o Internet Explorer como browser é de aproximadamente 0,0601, ou cerca de 6%.

Tente você 5 No Exemplo 5, qual é a probabilidade de que exatamente 170 respondam sim?

a. *Determine* se você pode usar uma distribuição normal para aproximar a variável binomial (ver Exemplo 5).

b. *Encontre* a média μ e o desvio padrão σ para a distribuição (ver Exemplo 5).

c. *Aplique* uma correção pela continuidade para reescrever $P(x = 170)$ e desenhar um gráfico.

d. *Encontre* os z-escores correspondentes.

e. *Use* a Tabela Normal Padrão para encontrar a área à esquerda de cada z-escore e calcule a probabilidade.

Resposta na p. A42

5.5 Exercícios

Construindo habilidades básicas e conceitos

Nos exercícios de 1 a 4, o tamanho da amostra n, a probabilidade de sucesso p e a probabilidade de fracasso q são dadas para um experimento binomial. Decida se você pode usar a distribuição normal para aproximar a variável aleatória x.

1. $n = 24, p = 0{,}85, q = 0{,}15$.
2. $n = 15, p = 0{,}70, q = 0{,}30$.
3. $n = 18, p = 0{,}90, q = 0{,}10$.
4. $n = 20, p = 0{,}65, q = 0{,}35$.

Aproximando uma distribuição binomial

Nos exercícios de 5 a 8, um experimento binomial é dado. Decida se você pode usar a distribuição normal para aproximar a distribuição binomial. Se você puder, encontre a média e o desvio padrão. Se não for possível, explique o porquê.

5. **Contratos de casa** Uma pesquisa entre adultos norte-americanos descobriu que 85% leem todas as partes, ou pelo menos o suficiente, para entender um contrato de compra ou venda de casa antes de assinarem. Você pergunta a 10 adultos escolhidos aleatoriamente se eles fazem o mesmo. *(Fonte: FindLaw.com.)*

6. **Doação de órgãos** Uma pesquisa entre adultos norte-americanos descobriu que 63% das pessoas gostariam de ter seus órgãos transplantados em pessoas que precisassem deles caso eles morressem em um acidente. Você seleciona aleatoriamente 20 adultos e pergunta se eles também têm esse desejo. (*Fonte: USA TODAY.*)

7. **Câncer de próstata** Em um ano recente, a *American Cancer Society* declarou que o índice de sobrevivência por cinco anos de todos os homens diagnosticados com câncer de próstata foi de 99%. Você seleciona aleatoriamente 10 homens que foram diagnosticados com câncer de próstata e calcula seu índice de sobrevivência por cinco anos. (*Fonte: American Cancer Society.*)

8. **Semanas de trabalho** Uma pesquisa entre trabalhadores nos Estados Unidos descobriu que 8,6% deles trabalham menos que 40 horas por semana. Você seleciona aleatoriamente 30 trabalhadores nos EUA e lhes pergunta se eles trabalham menos que 40 horas por semana.

Nos exercícios de 9 a 12, relacione a probabilidade binomial com a sentença correta.

Probabilidade	Sentença
9. $P(x \geq 65)$	(a) P (há menos que 65 sucessos)
10. $P(x \leq 65)$	(b) P (há no máximo 65 sucessos)
11. $P(x < 65)$	(c) P (há mais que 65 sucessos)
12. $P(x > 65)$	(d) P (há no mínimo 65 sucessos)

Nos exercícios de 13 a 16, use a correção de continuidade e relacione a sentença de probabilidade binomial à sentença de distribuição normal correspondente.

Probabilidade binomial	Probabilidade normal
13. $P(x > 109)$	(a) $P(x > 109{,}5)$
14. $P(x \geq 109)$	(b) $P(x < 108{,}5)$
15. $P(x \leq 109)$	(c) $P(x \leq 109{,}5)$
16. $P(x < 109)$	(d) $P(x \geq 108{,}5)$

Usando e interpretando conceitos

Análise gráfica

Nos exercícios 17 e 18, escreva a probabilidade binomial e a probabilidade normal para a região sombreada do gráfico. Encontre o valor de cada probabilidade e compare os resultados.

17.

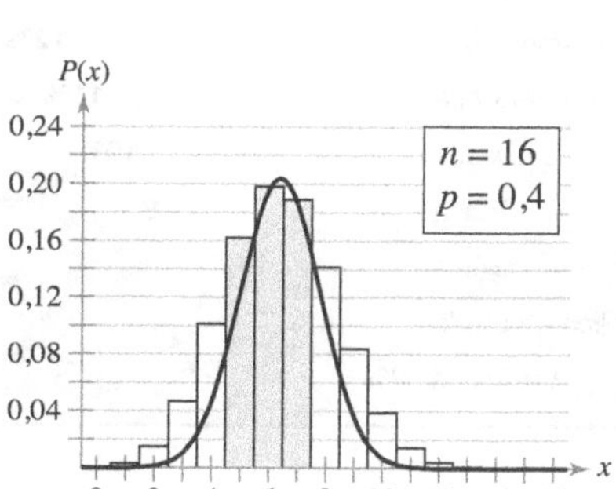

18.

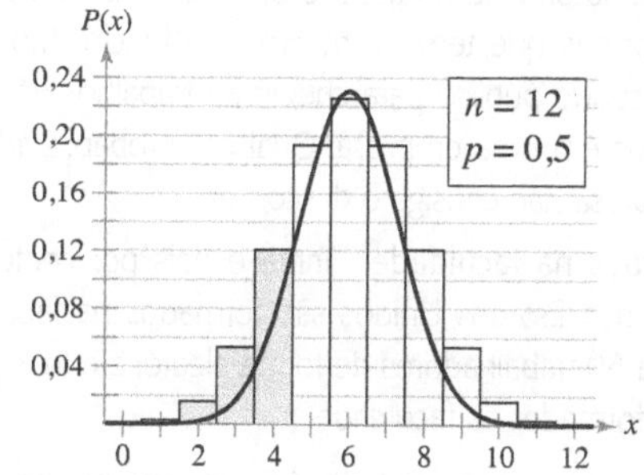

Aproximando probabilidades binomiais

Nos exercícios de 19 a 24, decida se você pode usar a distribuição normal para aproximar as probabilidades binomiais. Se for possível, use a distribuição normal para aproximar as probabilidades indicadas e monte os gráficos. Se não for possível, explique o porquê e use a distribuição binomial para encontrar as probabilidades indicadas.

19. **Tipo sanguíneo O⁻** Sete por cento das pessoas nos EUA têm tipo sanguíneo O⁻. Você seleciona 30 pessoas nos Estados Unidos aleatoriamente e lhes pergunta se o tipo sanguíneo deles é O⁻. (*Fonte: American Association of Blood Banks.*)
   (a) Encontre a probabilidade de que exatamente 10 pessoas digam ter tipo sanguíneo O⁻.
   (b) Encontre a probabilidade de que no mínimo 10 pessoas digam ter tipo sanguíneo O⁻.
   (c) Encontre a probabilidade de que menos de 10 pessoas digam ter tipo sanguíneo O⁻.
   (d) Uma campanha de doação de sangue gostaria de conseguir pelo menos cinco doadores com tipo sanguíneo O⁻. Há 100 doadores. Qual é a probabilidade de que não haja doares de tipo sanguíneo O⁻ suficientes?

20. **Tipo sanguíneo A⁺** Trinta e quatro por cento das pessoas nos EUA têm tipo sanguíneo A⁺. Você seleciona 32 pessoas nos Estados Unidos aleatoriamente e lhes pergunta se o tipo sanguíneo delas é A⁺. (*Fonte: American Association of Blood Banks.*)
   (a) Encontre a probabilidade de que exatamente 12 pessoas digam ter tipo sanguíneo A⁺.
   (b) Encontre a probabilidade de que no mínimo 12 pessoas digam ter tipo sanguíneo A⁺.
   (c) Encontre a probabilidade de que menos de 12 pessoas digam ter tipo sanguíneo A⁺.
   (d) Uma campanha de doação de sangue gostaria de conseguir pelo menos 60 doadores com tipo sanguíneo A⁺. Há 150 doadores. Qual é a probabilidade de que não haja doares de tipo sanguíneo A ⁺ suficientes?

21. **Transporte público** Cinco por cento dos trabalhadores dos Estados Unidos usam transporte público para chegar ao trabalho. Você seleciona 250 trabalhadores aleatoriamente e lhes pergunta se eles também fazem isso. (*Fonte: U.S. Census Bureau.*)
   (a) Encontre a probabilidade de que exatamente 16 trabalhadores digam sim.
   (b) Encontre a probabilidade de que no mínimo 9 trabalhadores digam sim.
   (c) Encontre a probabilidade de que menos de 16 trabalhadores digam sim.

(d) Uma autoridade do trânsito oferece taxas de desconto para empresas que têm no mínimo 30 funcionários que usam transporte público para chegar ao trabalho. Há 500 funcionários em uma empresa. Qual é a probabilidade de que a empresa não consiga o desconto?

22. **Graduações na faculdade** Trinta e dois por cento dos trabalhadores nos Estados Unidos são formados na faculdade. Você seleciona 50 trabalhadores de forma aleatória e lhes pergunta se eles são formados na faculdade. *(Fonte: U.S. Bureau of Labor Statistics.)*

(a) Encontre a probabilidade de que exatamente 12 pessoas tenham se formado na faculdade.

(b) Encontre a probabilidade de que no mínimo 14 pessoas tenham se formado na faculdade.

(c) Encontre a probabilidade de que menos de 18 pessoas tenham se formado na faculdade.

(d) Um comitê está procurando por 30 pessoas que tenham se formado na faculdade para serem voluntárias em uma feira de profissões. O comitê seleciona, aleatoriamente, 150 trabalhadores. Qual é a probabilidade de que não haja pessoas formadas na faculdade suficientes para a feira?

23. **Biscoito preferido** Cinquenta e dois por cento dos adultos dizem que os biscoitos com pedaços de chocolate são seus preferidos. Você escolhe 40 adultos de forma aleatória e lhes pergunta se os biscoitos com pedaços de chocolate são seus preferidos. *(Fonte: Wearever.)*

(a) Encontre a probabilidade de que no máximo 23 pessoas digam que os biscoitos com pedaços de chocolate são seus preferidos.

(b) Encontre a probabilidade de que no mínimo 18 pessoas digam que os biscoitos com pedaços de chocolate são seus preferidos.

(c) Encontre a probabilidade de que mais de 20 pessoas digam que os biscoitos com pedaços de chocolate são seus preferidos.

(d) Uma comunidade que promove a venda de biscoitos para arrecadar fundos preparou 350 biscoitos com pedaços de chocolate. O evento atrai 650 consumidores e cada um compra seu biscoito preferido. Qual é a probabilidade de que não haja biscoitos com pedaços de chocolate suficientes para todos?

24. **Semanas longas de trabalho** Uma pesquisa entre trabalhadores nos Estados Unidos descobriu que 2,9% deles trabalham mais de 70 horas por semana. Você seleciona aleatoriamente 10 trabalhadores nos EUA e lhes pergunta se eles trabalham mais de 70 horas por semana.

(a) Encontre a probabilidade de que no máximo 3 pessoas digam trabalhar mais de 70 horas por semana.

(b) Encontre a probabilidade de que no mínimo 1 pessoa diga trabalhar mais de 70 horas por semana.

(c) Encontre a probabilidade de que mais de 2 pessoas digam trabalhar mais de 70 horas por semana.

(d) Uma grande empresa está preocupada com o excesso de trabalho dos funcionários que trabalham mais de 70 horas semanais. A empresa seleciona, aleatoriamente, 50 funcionários. Qual é a probabilidade de que não haja nenhum funcionário trabalhando mais que 70 horas por semana?

25. **Casa maior** Uma pesquisa entre proprietários de casas nos Estados Unidos descobriu que 24% deles sentem que suas casas são muito pequenas para a família. Você seleciona, aleatoriamente, 25 proprietários de casas e lhes pergunta se eles sentem que suas casas são muito pequenas para suas famílias.

(a) Verifique que a distribuição normal pode ser usada para aproximar a distribuição binomial.

(b) Encontre a probabilidade de que mais de oito proprietários digam que suas casas são muito pequenas para sua família.

(c) É incomum que 8 entre 25 proprietários digam que suas casas são muito pequenas? Por quê?

26. **Dirigindo para o trabalho** Uma pesquisa entre trabalhadores nos Estados Unidos descobriu que 80% usam o próprio veículo para chegar ao trabalho. Você seleciona, aleatoriamente, 40 trabalhadores e lhes pergunta se eles usam veículo próprio para chegar ao local de trabalho.

(a) Verifique se a distribuição normal pode ser usada para aproximar a distribuição binomial.

(b) Encontre a probabilidade de que no máximo 26 trabalhadores digam que usam seu próprio veículo para chegar ao trabalho.

(c) É incomum que 26 de 40 trabalhadores digam que usam seu próprio veículo para chegar ao trabalho?

Expandindo conceitos

Ficando saudável

Nos exercícios de 27 e 28, use as informações a seguir. O gráfico mostra o resultado de uma pesquisa entre adultos nos Estados Unidos com idade entre 33 e 51 anos que responderam se praticam algum esporte. Setenta por cento dos adultos disseram que praticam pelo menos um esporte regularmente, e eles informaram seus esportes preferidos.

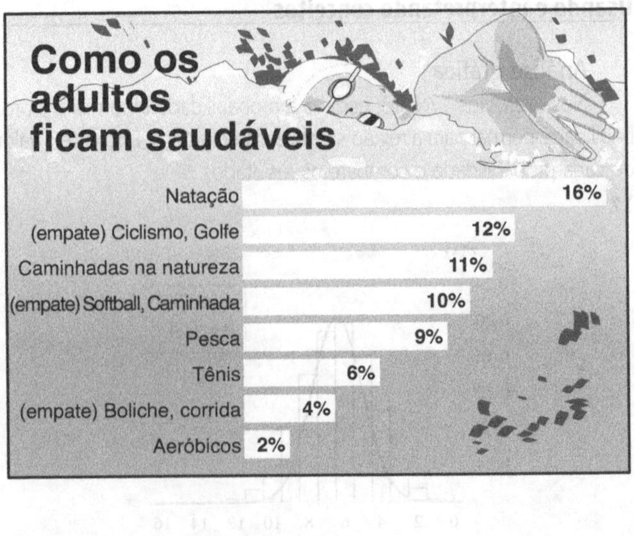

27. Você seleciona aleatoriamente 250 pessoas nos Estados Unidos com idade entre 33 e 51 anos e lhes pergunta se elas praticam pelo menos um esporte regularmente. Você descobre que 60% dizem que não. O quão apurado é o resultado? Você acha que a amostra é boa? Explique seu raciocínio.

28. Você seleciona, aleatoriamente, 300 pessoas nos Estados Unidos com idade entre 33 e 51 anos e lhes pergunta se elas praticam de pelo menos um esporte regularmente. Dos 200 que respondem que sim, 9% dizem que participam de caminhadas na natureza. O quão apurado é o resultado? Você acha que a amostra é boa? Explique seu raciocínio.

Testando uma droga

Nos exercícios 29 e 30, use as informações a seguir. Um fabricante declara que uma droga cura uma doença rara na pele em 75% das vezes. A declaração é verificada ao testar a droga em 100 pacientes. Se no mínimo 70 pacientes forem curados, a declaração será aceita.

29. Encontre a probabilidade de que a declaração seja recusada supondo que ela seja verdadeira.

30. Encontre a probabilidade de que a declaração seja aceita supondo que a verdadeira probabilidade de que a droga cure a doença na pele seja de 65%.

Usos e abusos – estatística no mundo real

Usos

Distribuições normais As distribuições normais podem ser usadas para descrever muitas das situações de vida real e são amplamente usadas nos campos das ciências, negócios e psicologia. Essas são as distribuições de probabilidade mais importantes da estatística e podem ser usadas para aproximar outras distribuições, como as distribuições discretas binomiais.

As aplicações mais incríveis das distribuições normais estão no teorema do limite central. Esse teorema afirma que não importa que tipo de distribuição uma população possa ter; contanto que o tamanho da amostra seja pelo menos 30, a distribuição das médias amostrais será aproximadamente normal. Se a população em si for normal, então a distribuição de médias amostrais será normal, não importando quão pequena seja a amostra.

A distribuição normal é essencial para a teoria de amostragem, a qual forma a base da inferência estatística, que você começará estudar no próximo capítulo.

Abusos

Eventos incomuns Suponha que uma população seja normalmente distribuída com média de 100 e desvio padrão de 15. Não seria incomum para um valor individual retirado dessa população ser 115 ou mais. De fato, isso ocorrerá quase 16% das vezes. *Seria*, entretanto, bem incomum retirar amostras aleatórias de valores 100 a partir da população e obter uma amostra com uma média 115 ou mais. Devido ao fato de a população ser normalmente distribuída, a média da distribuição da amostra será 100 e o desvio padrão 1,5. Uma média de 115 fica a 10 desvios padrão acima da média. Esse seria um evento extremamente incomum. Quando um evento tão incomum assim ocorre, é uma boa ideia questionar o valor original da média afirmado.

Embora as distribuições normais sejam comuns em muitas populações, as pessoas tentam fazer estatísticas ***não normais*** se encaixarem na distribuição normal. Essas estatísticas usadas para distribuições normais são frequentemente não apropriadas quando a distribuição é obviamente não normal.

Exercícios

1. **É incomum?** Uma população é normalmente distribuída com uma média de 100 e desvio padrão de 15. Determine se o evento a seguir é incomum. Explique seu raciocínio.
   (a) A média da amostra de 3 é 115 ou mais.
   (b) A média da amostra de 20 é 105 ou mais.
2. **Encontrando o erro** A idade média dos estudantes em uma escola de ensino médio é 16,5 com desvio padrão de 0,7. Você usa a Tabela Normal Padrão para ajudar a determinar que a probabilidade de selecionar um estudante aleatoriamente e encontrar a idade dele(a) como sendo mais de 17,5 é de aproximadamente 8%. Qual é o erro neste problema?
3. Dê um exemplo de uma distribuição que pode ser não normal.

Resumo do capítulo

O que você aprendeu?	Exemplo(s)	Exercícios de revisão
Seção 5.1		
■ Como interpretar gráficos de distribuição de probabilidade normal.	1 e 2	1 e 2
■ Como encontrar e interpretar z-escores: $z = \dfrac{x - \mu}{\sigma}$.	3	3 e 4
■ Como encontrar áreas sob a curva normal padrão.	4 a 6	5 a 16
Seção 5.2		
■ Como encontrar probabilidades para variáveis normalmente distribuídas.	1 a 3	17 a 24
Seção 5.3		
■ Como encontrar um z-escore dada a área sob a curva normal.	1 e 2	25 a 30
■ Como transformar um z-escore em um valor x: $x = \mu + z\sigma$.	3	31 e 32
■ Como encontrar um valor de dado específico da distribuição normal dada a probabilidade.	4 e 5	33 a 36
Seção 5.4		
■ Como encontrar distribuições de amostragem e verificar suas propriedades.	1	37 e 38
■ Como interpretar o teorema do limite central $\mu_{\bar{x}} = \mu, \quad \sigma_{\bar{x}} = \dfrac{\sigma}{\sqrt{n}}$.	2 e 3	39 e 40
■ Como aplicar o teorema do limite central para encontrar a probabilidade de uma média amostral.	4 a 6	41 e 46
Seção 5.5		
■ Como decidir quando a distribuição normal pode aproximar a distribuição binomial $\mu = n \cdot p, \quad \sigma = \sqrt{npq}$.	1	47 e 48
■ Como encontrar a correção pela continuidade.	2	49 e 52
■ Como usar a distribuição normal para aproximar as probabilidades binomiais.	3 a 5	53 e 54

Exercícios de revisão

Seção 5.1

Nos exercícios 1 e 2, use o gráfico para estimar μ e σ.

1.

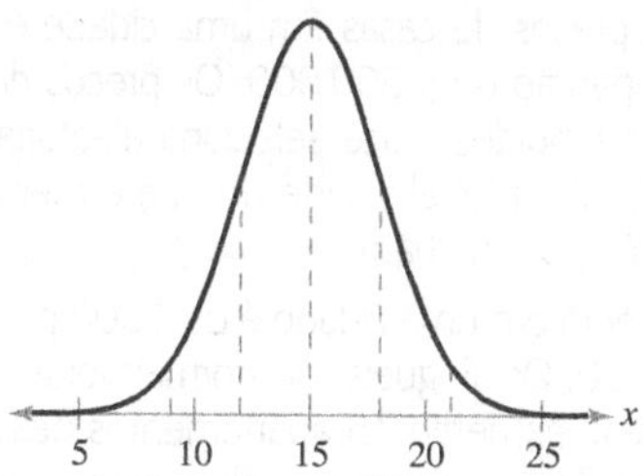

2.

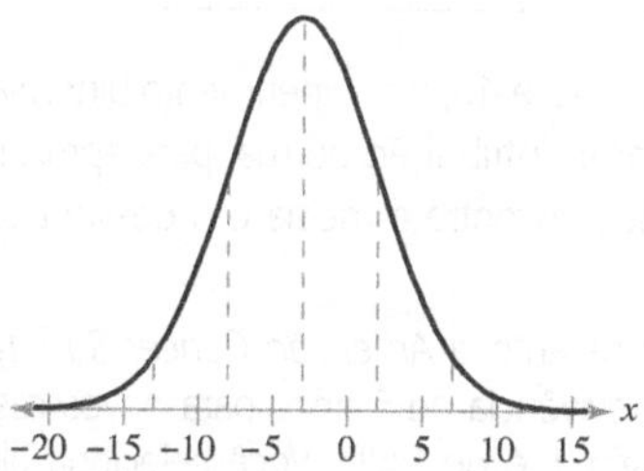

Nos exercícios 3 e 4, use as informações a seguir e os escores padrão para investigar observações sobre a população normal. Um lote de 2.500 resistores é normalmente distribuído, com resistência média de 1,5 ohms e desvio padrão de 0,08 ohms. Quatro resistores são selecionados aleatoriamente e testados. As resistências são medidas como 1,32, 1,54, 1,66 e 1,78 ohms.

3. A quantos desvios padrão da média estão essas observações?
4. Essas observações são incomuns?

Nos exercícios de 5 a 16, use a tabela normal padrão para encontrar a área indicada sob a curva normal padrão. Se for conveniente, use a tecnologia para encontrar a área.

5. À esquerda de $z = 0{,}33$.
6. À esquerda de $z = 2{,}55$.
7. À esquerda de $z = -0{,}27$.
8. À esquerda de $z = 1{,}72$.
9. À direita de $z = 1{,}68$.
10. À direita de $z = 0{,}12$.
11. Entre $z = -1{,}64$ e a média.
12. Entre $z = -1{,}55$ e $z = 1{,}04$.
13. Entre $z = 0{,}05$ e $z = 1{,}71$.
14. Entre $z = -1{,}96$ e $z = 1{,}96$.
15. À esquerda de $z = -1{,}5$ e à direita de $z = 1{,}5$.
16. À esquerda de $z = 0{,}64$ e à direita de $z = 2{,}16$.

Seção 5.2

Nos exercícios de 17 a 22, encontre as probabilidades indicadas. Se for conveniente, use a tecnologia.

17. $P(z < 1{,}28)$.
18. $P(z > -0{,}74)$.
19. $P(-2{,}15 < z < 1{,}55)$.
20. $P(0{,}42 < z < 3{,}15)$.
21. $P(z < -2{,}50 \text{ ou } z > 2{,}50)$.
22. $P(z < 0 \text{ ou } z > 1{,}68)$.

Nos exercícios 23 e 24, encontre as probabilidades indicadas.

23. Um estudo descobriu que a média da distância de migração da tartaruga verde era de 2.200 quilômetros e desvio padrão de 625 quilômetros. Assumindo que as distâncias são normalmente distribuídas, encontre a probabilidade de que uma tartaruga verde selecionada aleatoriamente migre:
    (a) a distância de menos que 1.900 quilômetros.
    (b) a distância entre 2.000 e 2.500 quilômetros.
    (c) uma distância maior que 2.450 quilômetros.
    (Adaptado de Dorling Kinfdersley Visual Encyclopedia.)
24. O menor mamífero do mundo é o morcego nariz de porco, com média de peso de 1,5 gramas e desvio padrão de 0,25 gramas. Assumindo que os pesos sejam normalmente distribuídos, encontre a probabilidade de selecionar aleatoriamente um morcego cujo peso seja:
    (a) entre 1,0 e 2,0 gramas.
    (b) entre 1,6 e 2,2 gramas.
    (c) mais do que 2,2 gramas.
    (Adaptado de Dorling Kinfdersley Visual Encyclopedia.)

Seção 5.3

Nos exercícios de 25 a 30, use a Tabela Normal Padrão e encontre o *z*-escore que corresponda à área acumulada dada ou percentil. Se a área não estiver na tabela, use a entrada mais próxima da área. Se for conveniente, use a tecnologia para encontrar o *z*-escore.

25. 0,4721.
26. 0,1.
27. 0,8708.
28. P_2.
29. P_{85}.
30. P_{20}.

Nos exercícios de 31 a 36, use a informação a seguir. Em uma superfície seca, a distância de frenagem (em metros) de um Ford Expedition pode ser aproximada pela distribuição normal, como mostrada no gráfico. *(Fonte: National Highway Traffic Safety Administration.)*

Distância de frenagem de um Ford Expedition

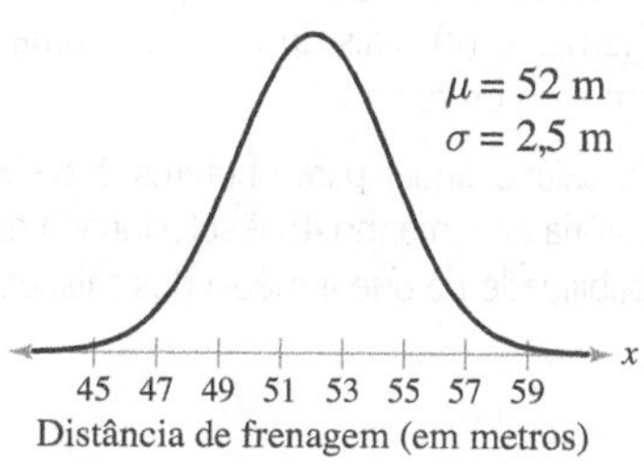

31. Encontre a distância de frenagem de um Ford Expedition que corresponda a $z = -2,4$.

32. Encontre a distância de frenagem de um Ford Expedition que corresponda a $z = 1,2$.

33. Qual distância de frenagem de um Ford Expedition representa o 95º percentil?

34. Qual distância de frenagem de um Ford Expedition representa o terceiro quartil?

35. Qual a menor distância de frenagem de um Ford Expedition que pode estar nas 10% maiores distâncias de frenagem?

36. Qual a maior distância de frenagem de um Ford Expedition que pode estar nas menores 5% distâncias de frenagem?

Seção 5.4

Nos exercícios 37 e 38, use a população dada para encontrar a média e o desvio padrão da população e a média e o desvio padrão da distribuição amostral. Compare os valores.

37. Uma empresa tem 5 executivos. O número de minutos de horas extras de trabalho por semana reportados para cada um é de 90, 300, 120, 160 e 210. Retire os nomes de três executivos dessa população, com reposição.

38. Há 4 residentes dividindo uma casa. O número de vezes que cada um lava seu carro a cada mês é 1, 2, 0 e 3. Retire dois nomes desta população, com reposição.

Nos exercícios 39 e 40, use o teorema do limite central para encontrar a média e o erro padrão da média da distribuição amostral indicada. Então, faça o gráfico da distribuição amostral.

39. O consumo de frutas processadas nos Estados Unidos em um ano recente era normalmente distribuído, com média de 144,3 libras e desvio padrão de 51,6 libras. Amostras aleatórias de tamanho 35 são retiradas dessa população. (*Adaptado de U.S. Departament of Agriculture.*)

40. O consumo de vegetais processados nos Estados Unidos em um ano recente era normalmente distribuído, com média de 218,2 libras e desvio padrão de 68,1 libras. Amostras aleatórias de tamanho 40 são retiradas dessa população. (*Adaptado de U.S. Departament of Agriculture.*)

Nos exercícios de 41 a 46, encontre as probabilidades para as distribuições amostrais.

41. Refira-se ao Exercício 23. Uma amostra de 12 tartarugas verdes é selecionada aleatoriamente. Encontre a probabilidade de que a média da amostra da distância migrada seja (a) menos que 1.900 quilômetros, (b) entre 2.000 e 2.500 quilômetros e (c) maior do que 2.450 quilômetros. Compare sua resposta com a do Exercício 23.

42. Refira-se ao Exercício 24. Uma amostra de 7 morcegos nariz de porco é selecionada aleatoriamente. Encontre a probabilidade de que a média amostral seja (a) entre 1,0 e 2,0 gramas, (b) entre 1,6 e 2,2 gramas e (c) mais do que 2,2 gramas. Compare sua resposta com a do Exercício 24.

43. A média do salário anual para choferes é de $ 29.200. Uma amostra aleatória de tamanho 45 é selecionada dessa população. Qual a probabilidade de que a média dos salários anuais seja (a) menos do que $ 29.000 e (b) mais do que 31.000? Assuma $\sigma =$ $ 1.500 (*Fonte: salary.com.*)

44. O valor médio de terras e construções por acre para fazendas é de $ 1.300. Uma amostra aleatória de tamanho 36 é retirada. Qual a probabilidade de que o valor médio de terras e construções por acre seja (a) menos que $ 1.400 e (b) mais do que $ 1.150? Assuma $\sigma =$ $ 250.

45. A média de preços de casas em uma cidade é de $ 1,5 milhão com desvio padrão de $ 500.000. Os preços das casas são normalmente distribuídos. Você seleciona aleatoriamente 15 casas na cidade. Qual a probabilidade de que a média de preços seja menor que $ 1,125 milhão?

46. O aluguel médio em uma cidade é de $ 500 por mês com desvio padrão de $ 30. Os aluguéis são normalmente distribuídos. Você seleciona aleatoriamente 15 apartamentos nessa cidade. Qual a probabilidade de que o preço médio seja mais que $ 525?

Seção 5.5

Nos exercícios 47 e 48, um experimento binomial é dado. Decida se você pode usar a distribuição normal para aproximar a distribuição binomial. Se puder, encontre a média e o desvio padrão. Se não, explique o porquê.

47. Em um ano recente, a *American Cancer Society* disse que o índice de sobrevivência de 5 anos para novos casos de câncer de rim no estágio 1 é de 95%. Você seleciona aleatoriamente 12 homens que eram novos casos de câncer de rim estágio 1 este ano e calcula seus índices de sobrevivência de cinco anos. (*Fonte: American Cancer Society.*)

48. Uma pesquisa indica que 59% dos homens compraram perfume no ano passado. Você seleciona aleatoriamente 15 homens e pergunta a eles se compraram perfume no ano passado. (*Fonte: USA TODAY.*)

Nos exercícios de 49 a 52, escreva a probabilidade binomial como uma probabilidade normal usando a correção pela continuidade.

	Probabilidade binomial	Probabilidade normal
49.	$P(x \geq 25)$.	$P(x > ?)$.
50.	$P(x \leq 36)$.	$P(x < ?)$.
51.	$P(x = 45)$.	$P(? < x < ?)$.
52.	$P(x = 50)$.	$P(? < x < ?)$.

Nos exercícios 53 e 54, decida se você pode usar a distribuição normal para aproximar a distribuição binomial. Se puder, aproxime as probabilidades indicadas e faça seus gráficos. Se não puder, explique o porquê e use a distribuição binomial para encontrar as probabilidades indicadas.

53. Setenta por cento das crianças com idades de 12 a 17 anos mantêm pelo menos parte de suas economias em poupanças. Você seleciona aleatoriamente 45 crianças e pergunta se elas fazem isso. Encontre a probabilidade de que no máximo 20 crianças digam sim. (*Fonte: International Communications Research for Merril Lynch.*)

54. Trinta e três por cento dos adultos classificaram as escolas públicas como excelentes ou boas para preparar estudantes para faculdade. Você seleciona aleatoriamente 12 adultos e pergunta a eles se também acham isso. Encontre a probabilidade de que mais de cinco adultos digam sim. (*Fonte: Marist Institute for Public Opinion.*)

Teste do capítulo

Faça este teste como se você estivesse fazendo uma prova em sala. Depois, compare suas respostas com as respostas dadas no final do livro.

1. Encontre cada probabilidade normal padrão.
   (a) $P(z > -2{,}10)$.
   (b) $P(z < 3{,}22)$.
   (c) $P(-2{,}33 < z < 2{,}33)$.
   (d) $P(z < -1{,}75 \text{ ou } z > -0{,}75)$.
2. Encontre cada probabilidade normal para os parâmetros dados.
   (a) $\mu = 5{,}5$, $\sigma = 0{,}08$, $P(5{,}36 < x < 5{,}64)$.
   (b) $\mu = -8.2$, $\sigma = 7{,}84$, $P(-5{,}00 < x < 0)$.
   (c) $\mu = 18{,}5$, $\sigma = 9{,}25$, $P(x < 0 \text{ ou } x > 37)$.

Nos exercícios de 3 a 10, use a informação a seguir. Em um ano recente, alunos da 8ª série de uma escola pública de Minnesota que estavam fazendo um teste de matemática tiveram nota média de 290 com desvio padrão de 37. As notas possíveis podem variar de 0 a 500. Assuma que as notas são normalmente distribuídas. *(Fonte: National Center for Educational Statistics.)*

3. Encontre a probabilidade de que um estudante tenha nota maior que 320.
4. Encontre a probabilidade de que um estudante tenha nota entre 250 e 300.
5. Qual porcentagem de estudantes tem uma nota maior que 250?
6. Se 2.000 estudantes são selecionados aleatoriamente, quantos você esperaria ter nota menor que 280?
7. Qual a menor nota que ainda colocaria um estudante nas 5% de notas mais altas?
8. Qual a nota mais alta que ainda colocaria um estudante nos 25% de notas mais baixas?
9. Uma amostra aleatória de 60 estudantes é retirada de uma população. Qual a probabilidade de que a nota média do teste seja maior do que 300?
10. Você tem maior possibilidade de selecionar aleatoriamente um estudante com nota maior que 300 ou de selecionar uma amostra de 15 estudantes com média de nota de teste maior do que 300? Explique.

Nos exercícios 11 e 12, use a informação a seguir. Em uma pesquisa com adultos, 75% apoiam o uso de pesquisa de DNA por cientistas para encontrar novas maneiras para prevenir ou tratar doenças. Você seleciona aleatoriamente 24 adultos e pergunta a eles se concordam. *(Fonte: Harris Interactive.)*

11. Decida se você pode usar a distribuição normal para aproximar a distribuição binomial. Se puder, encontre a média e o desvio padrão. Se não, explique o porquê.
12. Encontre a probabilidade de que no máximo 15 pessoas digam que apoiam a pesquisa com DNA para encontrar novas maneiras para prevenir ou tratar doenças.

Juntando tudo

Estatística real – decisões reais

Você trabalha para uma empresa de doces como analista de processos estatísticos. Seu trabalho é analisar processos e ter certeza de que esses estão sob controle estatístico. Em um dos processos, uma máquina deve despejar 11,4 onças de balas de menta em um saco. (Assuma que o processo possa ser aproximado pela distribuição normal.) A amplitude aceitável de pesos para as balas de menta é entre 11,25 e 11,55 onças, inclusive.

Em razão de um erro na válvula de liberação, a configuração da máquina de liberação "muda" de 11,4 onças. Para checar se a máquina está colocando os pesos corretos nos sacos, você seleciona aleatoriamente três amostras de cinco sacos de balas e encontra o peso médio (em onças) de cada uma. Um colega de trabalho perguntou porque você retirou três amostras de tamanho 5 individualmente em vez de escolher aleatoriamente e medir 15 sacos de balas individualmente para checar a configuração da máquina. (*Nota*: ambas as amostras são selecionadas sem reposição.)

Exercícios

1. *Amostragens individuais*

   Você seleciona um saco de balas de menta e mede seu peso. Assuma que a máquina mude e esteja enchendo sacos com um peso médio de 11,56 onças e um desvio padrão de 0,05 onça.

   (a) Qual a probabilidade de que você selecione um saco de balas que ***não*** esteja fora da amplitude aceitável? Em outras palavras, você não detecta que a máquina tenha mudado? (Veja a figura.)

   (b) Você seleciona aleatoriamente 15 sacos de balas de menta. Qual a probabilidade de que você selecione pelo menos um saco que *não* esteja fora da amplitude aceitável?

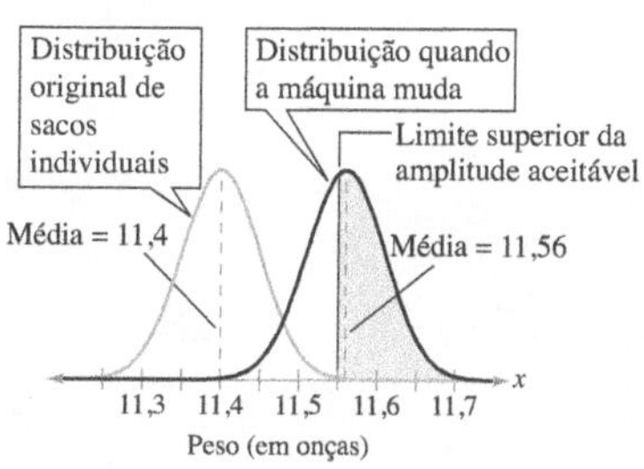

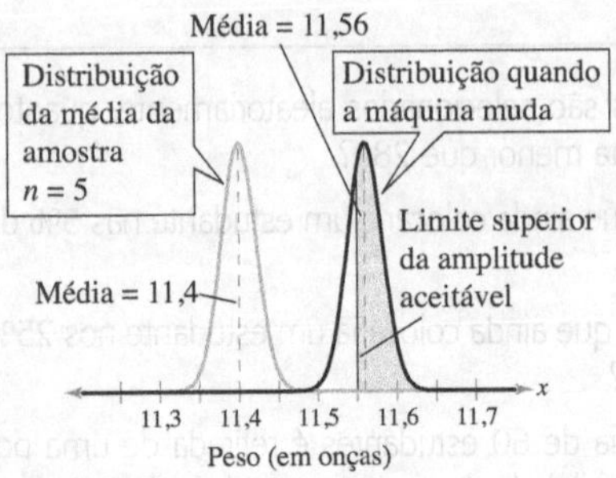

2. *Amostragens de grupos de 5*

Você seleciona cinco sacos de balas de menta e encontra seu peso médio. Assuma que a máquina mude e esteja enchendo sacos com peso médio de 11,56 onças e desvio padrão de 0,05.

(a) Qual a probabilidade de que você selecione uma amostra de cinco sacos de balas de menta que tenham uma média que *não* esteja fora da amplitude aceitável? (Veja a figura.)

(b) Você seleciona aleatoriamente três amostras de cinco sacos de balas. Qual a probabilidade de que você selecione pelo menos uma amostra de cinco sacos de balas que tenha uma média que *não* esteja fora da amplitude aceitável?

(c) O que é mais sensível à mudança — uma medida individual ou a média?

3. *Escrevendo uma explicação*

Escreva um parágrafo para seu colega de trabalho explicando por que você retirou 3 amostras de tamanho 5 e encontrou a média de cada amostra em vez de escolher aleatoriamente e medir 15 sacos de balas individualmente para checar as configurações da máquina.

Tecnologia

MINITAB | EXCEL | TI-83/84

Distribuição de idade nos Estados Unidos

Um dos trabalhos do *U.S. Census Bureau* é manter registros das distribuições de idade no país. A distribuição de idade de 2005 é mostrada a seguir.

Distribuição de idade nos Estados Unidos

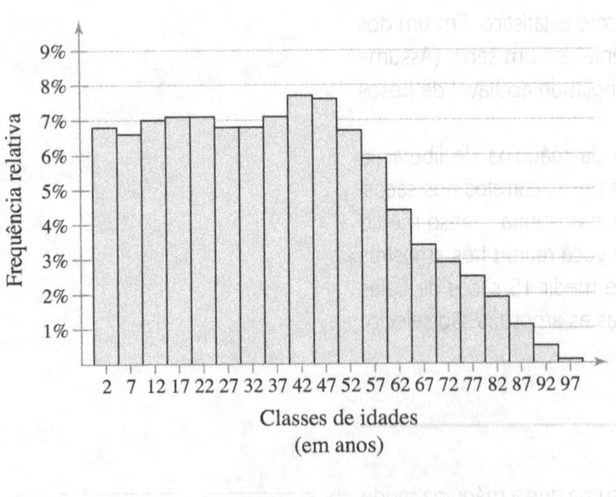

Fronteiras de classes	Pontos médios de classe	Frequência relativa
0-4	2	6,8%
5-9	7	6,6%
10-14	12	7,0%
15-19	17	7,1%
20-24	22	7,1%
25-29	27	6,8%
30-34	32	6,8%
35-39	37	7,1%
40-44	42	7,7%
45-49	47	7,6%
50-54	52	6,7%
55-59	57	5,9%
60-64	62	4,4%
65-69	67	3,4%
70-74	72	2,9%
75-79	77	2,5%
80-84	82	1,9%
85-89	87	1,1%
90-94	92	0,5%
95-99	97	0,1%

Exercícios

Usamos a ferramenta tecnológica para selecionar amostras com $n = 40$ a partir da distribuição de idade dos Estados Unidos. As médias de 36 amostras estão a seguir.

28,14, 31,56, 36,86, 32,37, 36,12, 39,53, 36,19, 39,02, 35,62, 36,30, 34,38, 32,98, 36,41, 30,24, 34,19, 44,72, 38,84, 42,87, 38,90, 34,71, 34,13, 38,25, 38,04, 34,07, 39,74, 40,91, 42,63, 35,29, 35,91, 34,36, 36,51, 36,47, 32,88, 37,33, 31,27, 35,80

1. Entre com a distribuição de idades dos Estados Unidos na ferramenta tecnológica. Use a ferramenta para encontrar a idade média nos Estados Unidos.
2. Entre com o conjunto de médias amostrais na ferramenta tecnológica. Encontre a média do conjunto de médias amostrais. Como ela se compara com a idade média nos Estados Unidos? Concorda com o resultado previsto pelo teorema do limite central?
3. As idades das pessoas nos Estados Unidos são normalmente distribuídas? Explique.
4. Faça o histograma de frequência relativa para as 36 médias amostrais. Use 9 classes. O histograma tem aproximadamente forma de sino e é simétrico? Isso concorda com o resultado previsto pelo teorema do limite central?
5. Use a ferramenta tecnológica para encontrar o desvio padrão das idades das pessoas nos Estados Unidos
6. Use a ferramenta tecnológica para encontrar o desvio padrão do conjunto de 36 médias amostrais. Como ela se compara com o desvio padrão das idades? Ela concorda com o resultado previsto pelo teorema do limite central?

Revisão acumulada — capítulos 3 a 5

Capítulos 3–5

1. Uma pesquisa com empregados nos Estados Unidos descobriu que 56% não usam todo o período de férias. Você seleciona aleatoriamente 30 empregados e pergunta a eles se usam todo o período de férias. *(Fonte: Rasmussen Reports.)*
   (a) Verifique que a distribuição normal pode ser usada para aproximar a distribuição binomial.
   (b) Encontre a probabilidade de que pelo menos 14 empregados digam que não usam todo o período de férias.
   (c) É incomum que 14 de 30 empregados digam que não usam todo o período de férias? Por quê?

Nos exercícios 2 e 3, use a distribuição de probabilidade para encontrar:

(a) média;
(b) variância;
(c) desvio padrão;
(d) valor esperado da distribuição de probabilidade;
(e) interprete os resultados.

2. A tabela mostra a distribuição dos tamanhos das residências de famílias nos Estados Unidos em um ano recente. *(Fonte: U.S. Census Bureau.)*

x	2	3	4	5	6	7
$P(x)$	0,421	0,233	0,202	0,093	0,033	0,017

3. A tabela mostra a distribuição de faltas por jogo para um jogador em um ano recente numa temporada da NBA. *(Fonte: NBA.com.)*

x	0	1	2	3	4	5	6
$P(x)$	0,012	0,049	0,159	0,256	0,244	0,195	0,085

4. Use a distribuição de probabilidade do Exercício 3 para encontrar a probabilidade de selecionar aleatoriamente um jogo no qual o jogador teve (a) menos que quatro faltas, (b) pelo menos três faltas e (c) entre 2 e 4 faltas, inclusive.
5. De um grupo com 16 candidatos, 9 homens e 7 mulheres, os escritórios de presidente, vice-presidente, secretário e tesoureiro serão preenchidos. (a) De quantas maneiras diferentes os escritórios podem ser preenchidos? (b) Qual a probabilidade de que todos os quatro escritórios sejam preenchidos por mulheres?

Nos exercícios de 6 a 11, use a Tabela Normal Padrão para encontrar a área sob a curva normal padrão.

6. À esquerda de $z = 1,54$.
7. À esquerda de $z = -3,08$.
8. À direita de $z = -0,84$.
9. Entre $z = 0$ e $z = 3,09$.
10. Entre $z = -1,22$ e $z = -0,26$.
11. À esquerda de $z = 0,12$ ou à direita de $z = 1,72$.
12. Setenta e oito por cento dos graduados de faculdades dizem que passaram 2 anos ou menos em seu primeiro emprego de tempo integral após a graduação. Você seleciona aleatoriamente 10 graduados e pergunta quanto tempo cada um ficou em seu primeiro emprego de tempo integral após a graduação. Encontre a probabilidade de que o número dos que dizem que passaram menos de 2 anos seja:
    (a) exatamente 6.
    (b) pelo menos 6.
    (c) menos de 6. *(Fonte: Experience.com.)*
13. Um vendedor de peças de automóveis descobre que 1 de cada 200 peças vendidas tem defeito. Use a distribuição geométrica para encontrar a probabilidade de que (a) a primeira peça defeituosa seja a décima vendida, (b) a primeira peça defeituosa seja a primeira, segunda ou terceira vendida e (c) nenhuma das dez primeiras peças vendidas seja defeituosas.
14. A tabela mostra os resultados de uma pesquisa na qual 3.188.100 professores da rede pública e 438.800 professores da rede privada foram questionados sobre sua experiência no ensino em tempo integral. *(Adaptado de U.S. National Center for Educations Statistics.)*

	Rede pública	Rede privada	Total
Menos do que 3 anos	388.500	106.600	495.100
3 a 9 anos	1.048.000	144.900	1.192.900
10 a 20 anos	833.350	98.300	931.800
20 anos ou mais	918.100	89.000	1.007.100
Total	3.188.100	438.800	3.626.900

(a) Encontre a probabilidade de que um professor de escola privada selecionado aleatoriamente tenha entre 10 e 20 anos de experiência.

(b) Dado que um professor selecionado aleatoriamente tenha entre 3 e 9 anos de experiência, encontre a probabilidade de que ele esteja na rede pública.

(c) Os eventos "ser professor de rede pública" e "ter 20 anos de experiência ou mais" são dependentes ou independentes? Explique.

(d) Encontre a probabilidade de que um professor selecionado aleatoriamente esteja na rede pública ou tenha menos de 3 anos de experiência.

(e) Encontre a probabilidade de que um professor selecionado aleatoriamente tenha de 3 a 9 anos de experiência ou seja da rede privada.

15. A pressão inicial para pneus de bicicletas, quando enchidos pela primeira vez, é normalmente distribuída, com média de 70 libras por polegada quadrada (psi) e desvio padrão de 1,2 psi.

(a) Amostras aleatórias de tamanho 40 são retiradas dessa população e a média de cada amostra é determinada. Use o teorema do limite central para encontrar a média e o erro padrão da média da distribuição amostral. Então, faça um gráfico da distribuição amostral das médias amostrais.

(b) Uma amostra aleatória de 15 pneus é retirada dessa população. Qual a probabilidade de que a média da pressão dos pneus da amostra, $\bar{x}$, seja menos do que 69 psi?

16. O tempo de vida útil da bateria de um carro é normalmente distribuído, com média de 44 meses e desvio padrão de 5 meses.

(a) Uma bateria é selecionada aleatoriamente. Encontre a probabilidade de que a vida útil da bateria seja menos de 36 meses.

(b) Uma bateria é selecionada aleatoriamente. Encontre a probabilidade de que a vida útil da bateria esteja entre 42 e 60 meses.

(c) Qual a menor expectativa de vida útil que uma bateria de carro pode ter e ainda estar nos 5% mais altos de expectativa de vida?

17. Um florista tem 12 tipos diferentes de flores dos quais os arranjos florais podem ser feitos. (a) Se um arranjo central for feito usando 4 tipos diferentes de flores, quantos arranjos centrais podem ser feitos? (b) Qual a probabilidade de que os arranjos centrais de 4 flores sejam de rosas, gérberas, hortênsias e copos de leite?

18. Quarenta e um por cento dos adultos dizem que compram o presente no período de uma semana do evento. Você seleciona aleatoriamente 20 adultos e pergunta a eles com quanta antecedência compram presentes. Use a fórmula binomial para encontrar a probabilidade de que o número dos que dizem comprar dentro de uma semana do evento seja (a) exatamente 8, (b) pelo menos 6 e (c) no máximo 13. *(Fonte: Harris interactive.)*

Parte 3

Estatística inferencial

Capítulo 6

Intervalos de confiança

Onde estamos

Nos capítulos de 1 a 5, você estudou estatística descritiva (como coletar e descrever dados) e probabilidade (como encontrar probabilidades e analisar distribuições de probabilidade discretas e contínuas). Os fabricantes de automóveis usam estatística descritiva para analisar os dados coletados durantes testes de veículos conduzidos em seus laboratórios.

Para onde vamos

Neste capítulo, começaremos nossos estudos de estatística inferencial — a segunda maior ramificação da estatística. Por exemplo, com a média da amostra da linha de carros de passeio do fabricante de automóveis, o EPA pode estimar o índice médio de economia de combustível como sendo 31,1 milhas por galão para *toda* a linha de carros de passeios. Como essa estimativa consiste de um único número representado por um ponto em uma linha de números, ele é chamado de estimativa pontual. O problema de uma estimativa pontual é que ela raramente se iguala ao parâmetro exato (média, desvio padrão ou proporção) de uma população.

Para obter a certificação CAFE, o fabricante de automóveis realiza seu próprio teste de dados de economia de combustível ou o EPA (*United States Environmental Protection Agency*) obtém um veículo e o testa. O EPA testa a média de economia de combustível de aproximadamente 30% das linhas de veículos existentes. Em um ano recente, o EPA testou uma amostra de 18 carros da linha de carros de passeios de um fabricante de automóveis. O índice da média de economia de combustível foi de 31,1 milhas por galão.

Aqui aprenderemos como fazer estimativas mais significativas especificando um intervalo de valores em uma linha de números juntamente com a afirmação de quão confiante você está de que seu intervalo contém o parâmetro populacional. Suponha que o EPA queira estar 99% confiante de sua estimativa para o índice médio de economia de combustível para toda linha de carros de passeio do fabricante. Aqui está uma visão mais geral de como construir uma estimativa de intervalo.

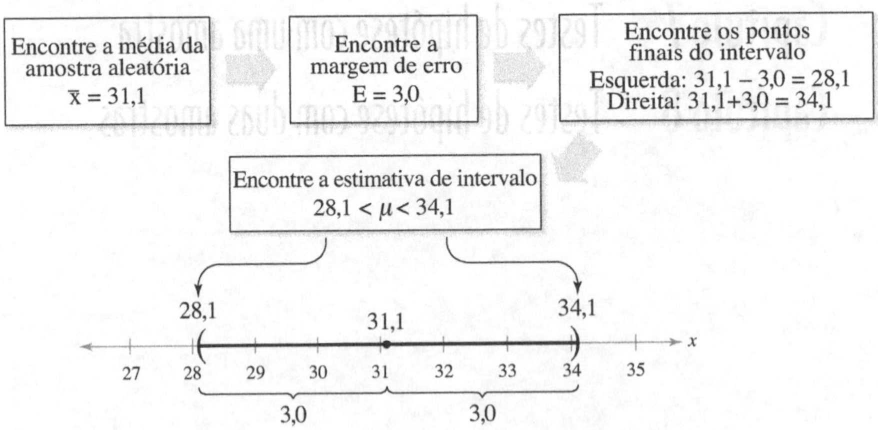

Então, o EPA pode estar 90% confiante de que o índice médio de economia de combustível para toda linha de automóveis de passeio do fabricante está entre 28,1 e 34,1 milhas por galão.

6.1 Intervalos de confiança para a média (amostras grandes)

Estimando os parâmetros populacionais ⟶ Intervalos de confiança para a média populacional ⟶ Tamanho da amostra

Estimando os parâmetros populacionais

Neste capítulo, você aprenderá uma importante técnica de inferência estatística — usar amostras estatísticas para estimar o valor de um parâmetro populacional desconhecido. Nesta seção, você aprenderá como usar amostras estatísticas para fazer a estimativa do parâmetro populacional μ quando o tamanho da amostra for pelo menos 30 ou quando a população é normalmente distribuída e o desvio σ é conhecido. Para fazer tal inferência, comece encontrando o ponto de uma estimativa pontual.

O que você deve aprender

- Como encontrar uma estimativa pontual e uma margem de erro.
- Como construir e interpretar intervalos de confiança para a média populacional.
- Como determinar o tamanho mínimo da amostra necessária quando na estimativa de μ.

Definição

Uma **estimativa pontual** é um valor único estimado para um parâmetro populacional. A estimativa pontual menos tendenciosa de uma média populacional μ é a média amostral $\bar{x}$.

A validade de um método de estimativa aumenta se uma amostra estatística não for tendenciosa e tiver baixa variabilidade. Uma estatística não é tendenciosa se não superestima ou subestima o parâmetro populacional. No Capítulo 5, aprendemos que a média de todas as médias amostrais possíveis de mesmos tamanhos se iguala à média populacional. Como resultado, $\bar{x}$ é um estimador não tendencioso de μ. Quando o erro padrão, $\sigma/\sqrt{n}$, de uma média amostral for reduzindo aumentando-se n, ele se torna menos variável.

Exemplo 1

Encontrando uma estimativa pontual

Pesquisadores de mercado usam o número de frases por anúncio como medida de legibilidade de anúncios de revistas. A seguir, representamos uma amostra aleatória do número de frases encontrado em 50 anúncios. Encontre a estimativa pontual da média populacional μ. (*Fonte: Journal of Advertising Research.*)

9	20	18	16	9	9	11	13	22	16	5	18	6	6	5	12	25
17	23	7	10	9	10	10	5	11	18	18	9	9	17	13	11	7
14	6	11	12	11	6	12	14	11	9	18	12	12	17	11	20	

Solução

A média amostral dos dados é:

$$\bar{x}=\frac{\sum x}{n}=\frac{620}{50}=12,4.$$

Então, a estimativa pontual para o comprimento da média de todos os anúncios de revista é 12,4 frases.

Tente você 1 Outra amostra aleatória do número de frases encontrado em 30 anúncios de revistas é listada à direita. Use essa amostra para encontrar outra estimativa pontual para μ.

Dados da amostra

Número de frases					
16	9	14	11	17	12
99	18	13	12	5	9
17	6	11	17	18	20
6	14	7	11	12	12
5	11	18	6	4	13

a. *Encontre* a média amostral.

b. *Estime* o comprimento da média de frases da população.

Resposta na p. A42

No Exemplo 1, a probabilidade de que a média populacional seja exatamente 12,4 é praticamente zero. Então, em vez de estimar μ como sendo exatamente 12,4 usando uma estimativa pontual, você pode estimar que μ está em um *intervalo*. Isso se chama *fazer uma estimativa intervalar*.

Definição

Uma **estimativa intervalar** é um intervalo, ou amplitude de valores, usado para estimar um parâmetro populacional.

Embora possamos assumir que a estimativa pontual do Exemplo 1 não seja igual à média real da população, provavelmente está muito próxima a ela. Para formar uma estimativa intervalar, use a estimativa pontual como centro do intervalo e depois adicione e subtraia a margem de erro. Por exemplo, se a margem de erro for 2,1, então uma estimativa intervalar seria dada por 12,4 ± 2,1 ou $10{,}3 < \mu < 14{,}5$. A estimativa pontual e a estimativa intervalar estão a seguir:

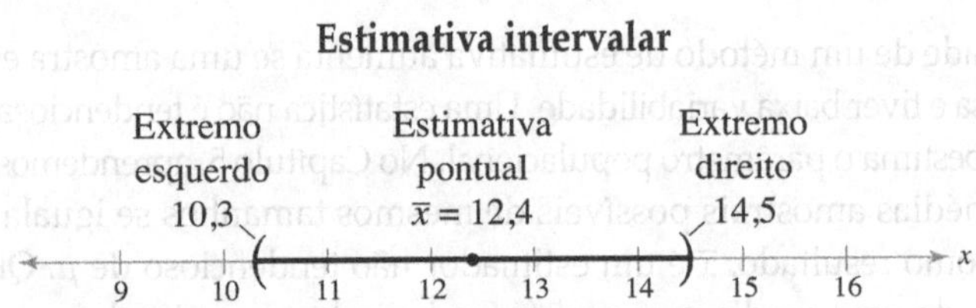

Antes de encontrar a margem de erro para uma estimativa intervalar, devemos primeiro determinar quão confiante você estará de que sua estimativa intervalar contenha a média populacional μ.

Definição

O **nível de confiança c** é a probabilidade de que o intervalo estimado contenha o parâmetro populacional.

Você sabe, pelo teorema do limite central, que quando $n \geq 30$, a distribuição de amostragem das médias amostrais é uma distribuição normal. O nível de confiança c é a área sob a curva normal padrão entre os **valores críticos**, $-z_c$ e z_c. Podemos ver no gráfico que c é a porcentagem da área sob a curva normal entre $-z_c$ e z_c. A área remanescente é $1 - c$, então a área em cada cauda é $\frac{1}{2}(1 - c)$. Por exemplo, se $c = 90\%$, então 5% da área está à esquerda de $-z_c = 1{,}645$ e 5% está à direita de $z_c = 1{,}645$.

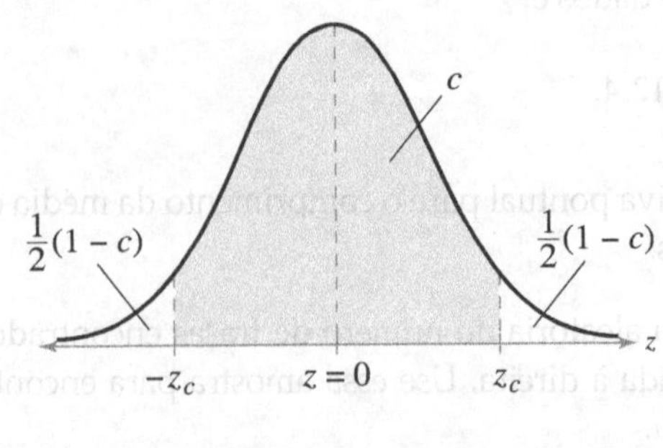

Se $c = 90\%$	
$c = 0{,}90$	Área na região central (em cinza)
$1 - c = 0{,}10$	Área nas regiões extremas (em branco)
$\frac{1}{2}(1 - c) = 0{,}05$	Área em cada cauda
$-z_c = -1{,}645$	Valor crítico separando a cauda esquerda
$z_c = 1{,}645$	Valor crítico separando a cauda direita

A diferença entre a estimativa pontual e o valor real do parâmetro é chamada de **erro de amostragem**. Quando μ é estimado, o erro de amostragem é a diferença de $\bar{x} - \mu$. Na maioria dos casos, é claro, μ é desconhecido e $\bar{x}$ varia de amostra para amostra. Entretanto, você pode calcular o valor máximo para o erro se souber o nível de confiança e a distribuição de amostragem.

Definição

Dado o nível de confiança ***c***, a **margem de erro** (às vezes chamada também de erro máximo da estimativa ou tolerância de erro) ***E*** é a maior distância possível entre o ponto de estimativa e o valor do parâmetro que está estimando.

$$E = z_c \sigma_{\bar{x}} = z_c \frac{\sigma}{\sqrt{n}}$$

Para usar essa técnica, assumimos que o desvio padrão da amostra é conhecido. Esse caso é raro, mas quando ***n*** ≥ 30, o desvio padrão da amostra ***s*** pode ser usado no lugar de σ.

Exemplo 2

Encontrando a margem de erro

Use os dados do Exemplo 1 e um nível de confiança de 95% para encontrar a margem de erro para a média do número de frases em todos os anúncios de revistas. Assuma que o desvio padrão da amostra seja de aproximadamente 5,0.

Solução

O *z*-escore que corresponde ao nível de confiança de 95% é 1,96. Isso implica que 95% da área sob a curva normal padrão está dentro de 1,96 desvios padrão da média. (Você pode aproximar a distribuição das médias amostrais com uma curva normal por meio do teorema do limite central, pois $n = 50 \geq 30$.) Você não sabe o desvio padrão σ, mas porque ≥ 30, você pode usar s no lugar de σ.

Usando os valores $z_c = 1{,}96$, $\sigma \approx s \approx 5{,}0$ e $n = 50$.

$$E = z_c \frac{\sigma}{\sqrt{n}}$$

$$\approx 1{,}96 \cdot \frac{5{,}0}{\sqrt{50}}$$

$$\approx 1{,}4$$

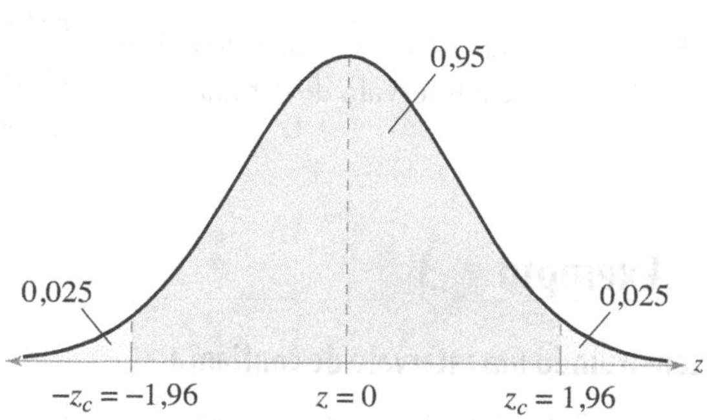

Dica de estudo

Neste curso, usaremos normalmente níveis de confiança de 90%, 95% e 99%. Os z-escores correspondentes a esses níveis de confiança estão a seguir:

Nível de confiança	z_c
90%	1,645
95%	1,96
99%	2,575

Importante

Os valores críticos são valores que separam amostras estatísticas que são prováveis das amostras estatísticas que são improváveis ou incomuns.

Retratando o mundo

Muitos investidores escolhem fundos mútuos como uma maneira de investir em ações. A média do índice anual de retorno para fundos mútuos em um ano recente foi estimada retirando-se uma amostra aleatória de 44 fundos mútuos. A média do índice anual de retorno para a amostra foi de 14,73%, com desvio padrão de 7,23%. (*Fonte: Marketwatch.Inc.*)

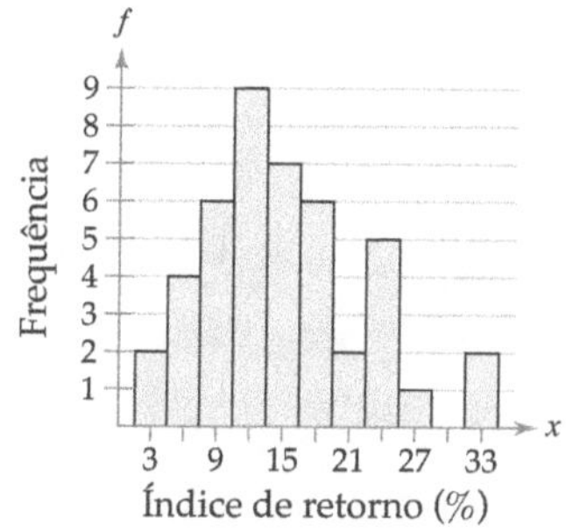

Para um intervalo de confiança de 95%, qual seria a margem de erro para a média populacional do índice de retorno?

Dica de estudo

Lembre-se de que você pode calcular o desvio padrão *s* da amostra usando a fórmula:

$$s=\sqrt{\frac{\sum(x-\bar{x})^2}{n-1}},$$

ou a fórmula de atalho:

$$s=\sqrt{\frac{\sum x^2-(\sum x)^2/n}{n-1}}.$$

Entretanto, a maneira mais conveniente para encontrar o desvio padrão da amostra é usar a função *1-Var Stats* em uma calculadora gráfica.

Dica de estudo

Quando você calcula um intervalo de confiança para uma média populacional, a regra geral de arredondamento é arredondar para o mesmo número de casas decimais da média da amostra.

Lembre-se de que o arredondamento é feito no último passo.

Ver os passos MINITAB na p. 290.

Interpretação

Você está 95% confiante de que a margem de erro para a média populacional é de aproximadamente 1,4 frases.

Tente você 2 Use os dados fornecidos no Tente você 1 e um nível de confiança de 95% para encontrar a margem de erro para o número médio de frases em um anúncio de revista.

a. *Identifique* z_c, *n* e *s*.

b. *Encontre E* usando z_c, $\sigma \approx s$ e *n*.

c. *Estabeleça* a margem de erro.

Resposta na p. A42

Intervalos de confiança para a média populacional

Usando uma estimativa pontual e a margem de erro, você pode construir uma estimativa intervalar de um parâmetro populacional tal como μ. Essa estimativa intervalar é chamada de intervalo de confiança.

Definição

Um **intervalo de confiança c** para a média populacional μ é:

$$\bar{x}-E<\mu<\bar{x}+E.$$

A probabilidade de que o intervalo de confiança contenha μ é **c**.

Instruções

Encontrando um intervalo de confiança para a média populacional ($n \geq 30$ ou σ é conhecido como uma população normalmente distribuída)

Em palavras	*Em símbolos*
1. Encontre a estatística amostral *n* e $\bar{x}$.	$\bar{x}=\frac{\sum x}{n}$
2. Especifique σ, se for conhecido. Caso contrário, encontre o desvio padrão amostral *s* e use-o como uma estimativa para σ.	$s=\sqrt{\frac{\sum(x-\bar{x})^2}{n-1}}$
3. Encontre o valor crítico z_c que corresponda ao nível de confiança dado.	Use a Tabela Normal Padrão ou tecnologia.
4. Encontre a margem de erro *E*.	$E=z_c\frac{\sigma}{\sqrt{n}}$
5. Encontre os extremos esquerdo e direito e forme o intervalo de confiança.	Extremo esquerdo: $\bar{x}-E$ Extremo direito: $\bar{x}+E$ Intervalo: $\bar{x}-E<\mu<\bar{x}+E$

Exemplo 3

Construindo um intervalo de confiança

Construa um intervalo de confiança de 95% para a média do número de frases em todos os anúncios de revista.

Solução

Nos exemplos 1 e 2, você descobriu que $\bar{x} = 12{,}4$ e $E = 1{,}4$. O intervalo de confiança está a seguir:

Extremo esquerdo — *Extremo direito*

$$\bar{x} - E = 12{,}4 - 1{,}4 = 11{,}0 \qquad \bar{x} + E = 12{,}4 + 1{,}4 = 13{,}8.$$

$$11{,}0 < \mu < 13{,}8$$

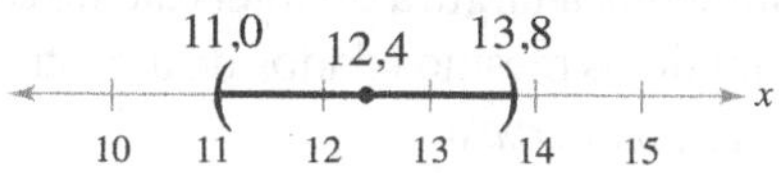

Interpretação

Com 95% de confiança, você pode dizer que a média populacional do número de frases está entre 11,0 e 13,8.

Tente você 3 Use os dados fornecidos no Tente você 1 para construir um intervalo de confiança de 95% para a média do número de frases em todos os anúncios das revistas. Compare seu resultado com o intervalo encontrado no Exemplo 3.

a. *Encontre* $\bar{x}$ e E.
b. *Encontre* os extremos esquerdo e direito do intervalo de confiança.
c. *Estabeleça* o intervalo de confiança de 95% e compare com o Exemplo 3.

Resposta na p. A42

Exemplo 4

Construindo um intervalo de confiança usando a tecnologia

Use a tecnologia para construir um intervalo de confiança de 99% para o número médio de frases em todos os anúncios de revistas, usando a amostra do Exemplo 1.

Solução

Para usar a ferramenta tecnológica para resolver o problema, coloque os dados e lembre-se de que o desvio padrão da amostra é $s \approx 5{,}0$. Então, use o comando de intervalo de confiança para calcular o intervalo de confiança (*1-Sample Z* para o MINITAB). O monitor deve se parecer com o mostrado a seguir. Para construir um intervalo de confiança usando uma TI-83/84, siga as instruções da margem.

MINITAB

Z Confidence Intervals

The assumed sigma = 5

Variable	N	Mean	StDev	SE Mean	99.0% CIxc
C1	50	12.4	5.010	0.709	(10.579, 14.221)

Então, um intervalo de confiança de 99% para μ é (10,6, 14,2).

Interpretação

Com 99% de confiança, você pode dizer que a média populacional do número de frases está entre 10,6 e 14,2.

Tente você 4 Use os dados da amostra do Exemplo 1 e a ferramenta tecnológica para construir intervalos de confiança de 75%, 85% e 99% para o número médio de frases em todos os anúncios de revistas. Como a largura dos intervalos de confiança muda conforme o nível de confiança aumenta?

Dica de estudo

Outras maneiras de representar um intervalo de confiança são $(\bar{x} - E, \bar{x} + E)$ e $\bar{x} \pm E$. Por exemplo, no Exemplo 3, você poderia escrever o intervalo de confiança como (11,0, 13,8) ou $12{,}4 \pm 1{,}4$.

Importante

A amplitude de um intervalo de confiança é $2E$. Examine a fórmula para E para ver porque uma amostra maior tende a lhe fornecer um intervalo de confiança mais estreito para o mesmo nível de confiança.

Dica de estudo

Usando uma TI-83/84, você pode entrar com os dados originais em uma lista para construir o intervalo de confiança ou entrar as estatísticas descritivas.

[STAT]

Escolha o menu TESTS

7:ZInterval . . .

Selecione a opção de entrada de dados se você entrou com os dados originais. Selecione a entrada *Stats* se você entrou com as estatísticas descritivas. Em cada caso, coloque os valores apropriados, então selecione *Calculate*. Seus resultados podem diferir levemente dependendo do método usado. Para o Exemplo 4, os valores originais de dados foram colocados.

```
ZInterval
 (10.579,14.221)
 x̄=12.4
 Sx=5.010193691
 n=50
```

a. *Entre* os dados.

b. *Use* o comando apropriado para construir cada intervalo de confiança.

c. *Compare* as larguras dos intervalos de confiança para $c = 0{,}75$, $0{,}85$ e $0{,}99$.

Resposta na p. A42

No Exemplo 4 e no Tente você 4, os mesmos dados amostrais foram usados para construir intervalos de confiança com níveis de confiança diferentes. Note que, conforme o nível de confiança aumenta, a largura do intervalo de confiança também aumenta. Em outras palavras, quando os mesmos dados de amostra são usados, *quanto maior o nível de confiança, mais largo é o intervalo.*

Se a população for normalmente distribuída e o desvio padrão populacional σ for conhecido, você pode usar a distribuição de amostragem normal para qualquer tamanho de amostra, como mostrado no Exemplo 5.

Exemplo 5

Construindo um intervalo de confiança, σ conhecido

Veja os passos TI-83/84 na p. 290.

O diretor de admissão de uma faculdade deseja estimar a idade média de todos os estudantes matriculados. Em uma amostra aleatória de 20 estudantes, a idade média encontrada é 22,9 anos. Baseado em estudos anteriores, o desvio padrão conhecido é 1,5 anos e a população é normalmente distribuída. Construa um intervalo de confiança de 90% para a média de idade da população.

Solução

Usando $n = 20$, $\bar{x} = 22{,}9$, $\sigma = 1{,}5$ e $z_c = 1{,}645$, a margem de erro no intervalo de confiança de 90% é:

$$E = z_c \frac{\sigma}{\sqrt{n}} = 1{,}645 \cdot \frac{1{,}5}{\sqrt{20}} \approx 0{,}6\,.$$

O intervalo de confiança de 90% pode ser escrito como $\bar{x} \pm E = 22{,}9 \pm 0{,}6$ ou como a seguir:

Extremo esquerdo — $\bar{x} - E = 22{,}9 - 0{,}6 = 22{,}3$

Extremo direito — $\bar{x} + E = 22{,}9 + 0{,}6 = 23{,}5$

$$22{,}3 < \mu < 23{,}5$$

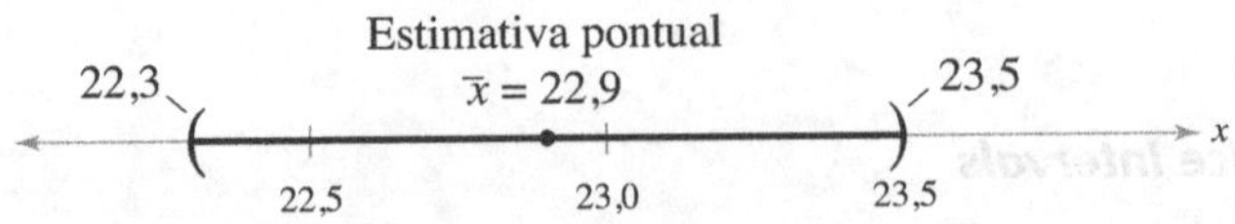

Interpretação

Com 90% de confiança, você pode dizer que a média de todas as idades de todos os estudantes está entre 22,3 e 23,5 anos.

Tente você 5 Construa um intervalo de confiança de 90% da média de idade da população para os estudantes de faculdade do Exemplo 5 se o tamanho da amostra for aumentado para 30 estudantes. Compare suas respostas com o Exemplo 5.

a. *Identifique n, $\bar{x}$, σ e z_c e encontre E.*

b. *Encontre* os extremos esquerdo e direito do intervalo de confiança.

c. *Especifique* o intervalo de confiança de 90% e compare sua resposta com o Exemplo 5.

Resposta na p. A42

Depois de construir um intervalo de confiança, é importante que você interprete os resultados corretamente. Considere o intervalo de confiança de 90% construído no Exemplo 5. Devido ao fato de μ já existir, ele está no intervalo ou não está. *Não* é correto dizer "Há uma probabilidade de 90% de que a média real esteja no intervalo (22,3, 23,5)". A maneira correta de interpretar seu intervalo de confiança é "Se um número grande de amostras for coletado e o intervalo de confiança for criado para cada amostra, aproximadamente 90% desses intervalos conterão μ".

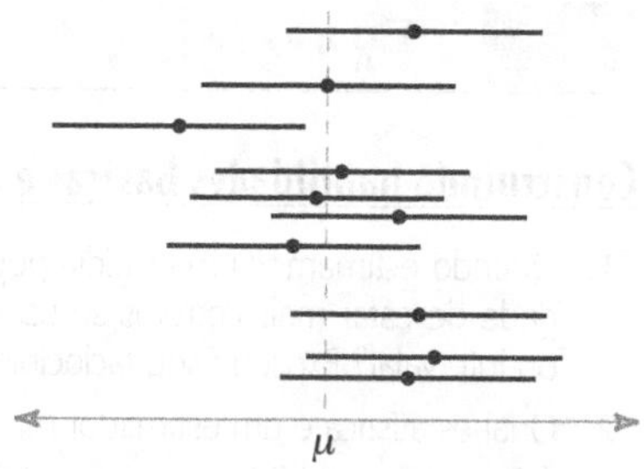

Os segmentos horizontais representam os intervalos de confiança de 90% para diferentes amostras de mesmo tamanho. No final das contas, 9 de cada 10 de tais intervalos conterão μ.

Tamanho da amostra

Para a mesma amostra estatística, conforme o nível de confiança aumenta, o intervalo de confiança fica mais largo. Conforme o intervalo de confiança fica mais largo, a precisão da estimativa decresce. Uma maneira de aumentar a precisão de uma estimativa sem decrescer o nível de confiança é aumentar o tamanho da amostra. Mas, qual tamanho de amostra necessário para garantir certo nível de confiança para uma margem de erro dada?

Encontre o tamanho mínimo de amostra para estimar μ

Dado o nível de confiança **c** e uma margem de erro **E**, o tamanho mínimo da amostra **n** necessário para estimar a média populacional μ é:

$$n = \left(\frac{z_c \sigma}{E}\right)^2.$$

Se σ for desconhecido, você pode estimá-lo usando **s**, dado que você tenha uma amostra preliminar com pelo menos 30 membros.

Importante

Usando a fórmula para a margem de erro E, você pode derivar n como mostrado a seguir:

$$E = z_c \frac{\sigma}{\sqrt{n}}$$

$$E\sqrt{n} = z_c \sigma$$

$$\sqrt{n} = \frac{z_c \sigma}{E}$$

$$n = \left(\frac{z_c \sigma}{E}\right)^2.$$

Exemplo 6

Determinando um tamanho mínimo de amostra

Você quer estimar o número médio de frases em anúncios de revista. Quantos anúncios de revista devem ser incluídos na amostra se você quer estar 95% confiante de que a média amostral esteja dentro de uma frase da média populacional?

Solução

Usando $c = 0{,}95$, $z_c = 1{,}96$, $\sigma \approx s \approx 5{,}0$ (do Exemplo 2) e $E = 1$, você pode encontrar o tamanho mínimo de amostra n:

$$n = \left(\frac{z_c \sigma}{E}\right)^2 \approx \left(\frac{1{,}96 \cdot 5{,}0}{1}\right)^2 = 96{,}04.$$

Quando necessário, arredonde para obter um número inteiro. Então, você deve incluir pelo menos 97 anúncios de revista em sua amostra.

Interpretação

Você já tem 50, então você precisa de mais 47. Note que 97 é o número *mínimo* de anúncios de revista para serem incluídos na amostra. Você pode incluir, caso queira.

Tente você 6 Quantos anúncios de revista devem ser incluídos na amostra se você quiser estar 95% confiante de que a média amostral está dentro de duas frases da média populacional? Compare sua resposta com o Exemplo 6.

a. *Identifique* z_c, E e s.

b. *Use* z_c, E e $\sigma \approx s$ para encontrar o tamanho mínimo de amostra n.

c. *Especifique* quantos anúncios de revista devem ser incluídos na amostra e compare sua resposta com o Exemplo 6.

Resposta na p. A42

Importante

Quando necessário, arredonde para obter um número inteiro quando determinar um tamanho mínimo de amostra.

6.1 Exercícios

Construindo habilidades básicas e conceitos

1. Quando estimamos uma média populacional, temos a probabilidade de estar mais corretos se usarmos uma estimativa pontual ou intervalar? Explique seu raciocínio.
2. Qual estatística é um estimador menos tendencioso para μ?
   (a) s (b) $\bar{x}$ (c) a mediana (d) a moda
3. Dada a mesma estatística amostral, que nível de confiança produziria o intervalo de confiança mais largo? Explique
   (a) 90% (b) 95% (c) 98% (d) 99%
4. Qual é o efeito na largura do intervalo de confiança quando aumentamos o tamanho da amostra? Explique.
   (a) a largura aumenta (b) a largura diminui (c) não há efeito

Nos exercícios de 5 a 8, encontre o valor crítico z_c, necessário para formar um intervalo de confiança no nível de confiança dado.

5. $c = 0{,}80$.
6. $c = 0{,}85$.
7. $c = 0{,}75$.
8. $c = 0{,}97$.

Análise gráfica

Nos exercícios de 9 a 14, use os valores no número de linha para encontrar o erro de amostragem.

9.
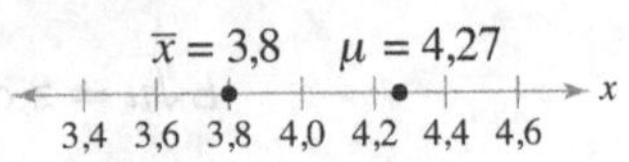

10.
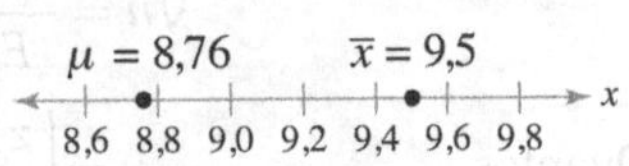

11.
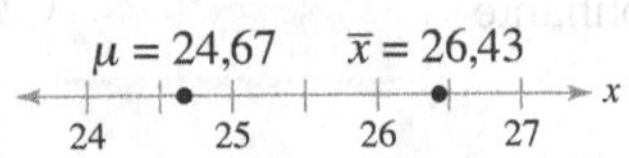

12.
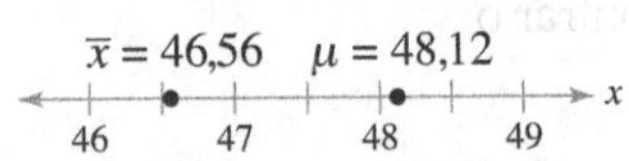

13.
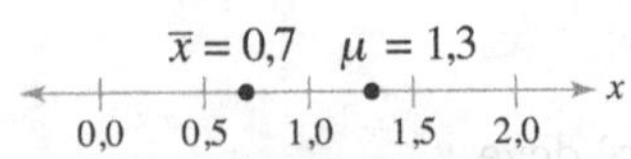

14.
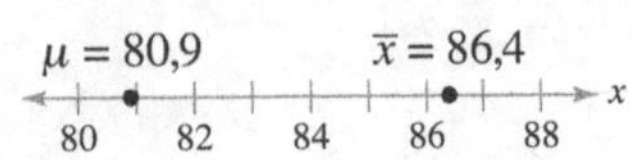

Nos exercícios de 15 a 18, encontre a margem de erro para o valor de c, n e s dados:

15. $c = 0{,}90$ $s = 2{,}5$ $n = 36$
16. $c = 0{,}95$ $s = 3{,}0$ $n = 60$
17. $c = 0{,}80$ $s = 1{,}3$ $n = 75$
18. $c = 0{,}975$ $s = 4{,}6$ $n = 100$

Relacione

Nos exercícios de 19 a 22, relacione o nível de confiança c com sua representação na linha de números, dado $\bar{x} = 57{,}2$, $s = 7{,}1$ e $n = 50$.

19. $c = 0{,}88$.
20. $c = 0{,}90$.
21. $c = 0{,}95$.
22. $c = 0{,}98$.

(a)
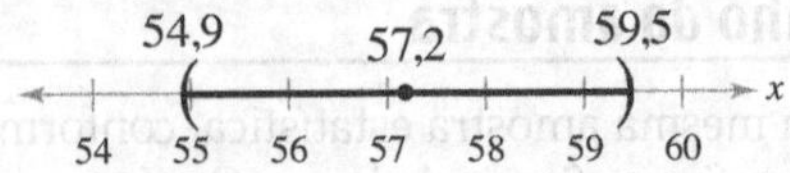

(b)
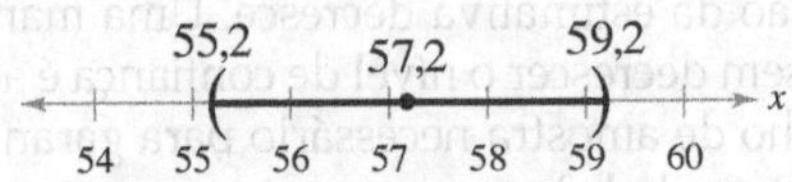

(c)
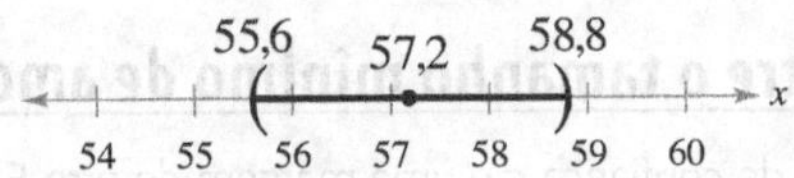

(d)
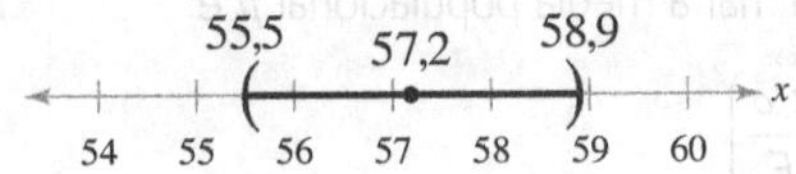

Nos exercícios de 23 a 26, construa o intervalo de confiança indicado para a média populacional μ. Se for conveniente, use a tecnologia para construir o intervalo de confiança.

23. $c = 0{,}90$ $\bar{x} = 15{,}2$ $s = 2{,}0$ $n = 60$
24. $c = 0{,}95$ $\bar{x} = 31{,}39$ $s = 0{,}8$ $n = 82$
25. $c = 0{,}95$ $\bar{x} = 4{,}27$ $s = 0{,}3$ $n = 42$
26. $c = 0{,}99$ $\bar{x} = 13{,}5$ $s = 1{,}5$ $n = 100$

Nos exercícios de 27 a 30, use o intervalo de confiança dado para encontrar a margem de erro e a média amostral.

27. (0,264, 0,494).
28. (3,144, 3,176).
29. (1,71, 2,05).
30. (21,61, 30,15).

Nos exercícios de 31 a 34, encontre o tamanho mínimo da amostra n necessário para estimar μ para os valores dados de c, s e E.

31. $c = 0{,}90$ $s = 6{,}8$ $E = 1$
32. $c = 0{,}95$ $s = 2{,}5$ $E = 1$
33. $c = 0{,}80$ $s = 4{,}1$ $E = 2$
34. $c = 0{,}98$ $s = 10{,}1$ $E = 2$

Usando e interpretando conceitos

Encontrando a margem de erro

Nos exercícios 35 e 36, use o intervalo de confiança dado para encontrar a margem de erro estimada. Então, encontre a média amostral.

35. **Mudas** Um biólogo reporta um intervalo de confiança de (2,1, 3,5) quando estimou a altura média (em centímetros) de uma amostra de mudas.
36. **Preço dos livros** Um gerente de loja reporta um intervalo de confiança de (44,07, 80,97) quando estimou o preço médio (em dólares) de uma amostra de livros.

Construindo intervalos de confiança

Nos exercícios de 37 a 40, você sabe a média amostral e o desvio padrão da amostra. Use essa informação para construir os intervalos de confiança de 90% e 95% para a média populacional. Qual intervalo é mais largo? Se for conveniente, use a tecnologia para construir intervalos de confiança.

37. **Churrasqueira a gás** Uma amostra aleatória de 32 churrasqueiras a gás tem média de preço de \$ 630,90 e desvio padrão de \$ 56,70.

38. **Preço de ações** De uma amostra de 35 dias em um ano recente, o preço de fechamento das ações da Hasbro tem média de \$ 23,20 e desvio padrão de \$ 4,34. *(Fonte: Marketwatch,Inc.)*

39. **Bebidas à base de suco** Uma amostra aleatória de 31 doses de oito onças de bebidas à base de diferentes sucos tem média de 99,3 calorias e desvio padrão de 41,5 calorias. *(Adaptado de The Beverage Institute for Health and Wellness.)*

40. **Concentração de cloreto de sódio** Em 36 amostras selecionadas aleatoriamente de água do mar, a média da concentração de cloreto de sódio era de 23 cm^3/m^3 e o desvio padrão era de 6,7 cm^3/m^3. *(Adaptado de Dorling Kindersley visual encyclopedia.)*

41. **Custos de reparos: máquinas de lavar** Você trabalha para uma agência de defesa do consumidor e quer encontrar a média de custo de reparos de máquina de lavar. Como parte de seu estudo, você seleciona aleatoriamente 40 custos de reparos e descobre que a média é \$ 120. O desvio padrão da amostra é \$ 17,50. Construa um intervalo de confiança de 95% para a média do custo de reparos da população. *(Adaptado de Consumer Reports.)*

42. **Custos de reparos: refrigeradores** Em uma amostra aleatória de 60 refrigeradores, a média de custos de reparos é de \$ 150 e o desvio padrão é de \$ 15,50. Construa um intervalo de confiança de 99% para a média de custos de reparos da população. *(Adaptado de Consumer Reports.)*

43. Repita o Exercício 41, mudando o tamanho da amostra para $n = 80$. Que intervalo de confiança é mais largo? Explique.

44. Repita o Exercício 42, mudando o tamanho da amostra para $n = 40$. Que intervalo de confiança é mais largo? Explique.

45. **Tempo de natação** Uma amostra aleatória de 48 nadadores de 200 metros tem um tempo médio de 3,12 minutos e desvio padrão de 0,09 minutos. Construa um intervalo de confiança de 95% para o tempo médio da população.

46. **Hotéis** Uma amostra aleatória de 61 quartos de hotel com uma única cama em Phoenix, no Arizona, tem média de custo de \$ 107,05 e desvio padrão de \$ 28,10. Construa um intervalo de confiança de 99% para o custo médio da população.

47. Repita o Exercício 45, usando o desvio padrão de $s = 0{,}06$ minutos. Qual intervalo de confiança é mais largo? Explique.

48. Repita o Exercício 46, usando o desvio padrão de $s = \$\ 32{,}50$. Qual intervalo de confiança é mais largo? Explique.

49. Se todas as outras quantidades continuarem as mesmas, como a mudança indicada afeta a largura do intervalo de confiança?
    (a) Aumente o nível de confiança.
    (b) Aumente o tamanho da amostra.
    (c) Aumente o desvio padrão.

50. Descreva como você formaria um intervalo de confiança para estimar a idade média populacional para os estudantes de sua escola.

Construindo intervalos de confiança

Nos exercícios 51 e 52, use a informação dada para construir os intervalos de confiança de 90% e 99% para a média populacional. Qual intervalo é mais largo? Se for conveniente, use a tecnologia para construir os intervalos de confiança.

51. **Tempo de leitura de jornal** Um editor quer estimar a média do tempo (em minutos) que todos os adultos passam lendo o jornal. Para determinar essa estimativa, o editor retira uma amostra aleatória de 15 pessoas e obtém o resultado a seguir.

    11, 9, 8, 10, 10, 9, 7, 11, 11, 7, 6, 9, 10, 8, 10.

    Baseado em estudos anteriores, o editor assume σ como 1,5 minutos e que a população dos tempos é normalmente distribuída.

52. **Uso do computador** Uma empresa de computadores quer estimar o número médio de horas diárias que todos os adultos usam o computador em casa. Em uma amostra aleatória de 21 adultos, a média de tempo que um computador é usado em casa era de 1,7 horas. Baseado em estudos anteriores, a empresa assume σ como 0,6 horas e que a população dos tempos é normalmente distribuída. *(Adaptado de National Association for Sport & Physical Education.)*

53. Determine o tamanho mínimo da amostra necessário se você quiser estar 95% confiante de que a média amostral esteja uma unidade da média populacional dada $\sigma = 4{,}8$. Assuma que a população é normalmente distribuída.

54. Determine o tamanho mínimo de amostra se você quiser estar 99% confiante de que a média amostral está dentro de duas unidades da média populacional dado $\sigma = 1{,}4$. Assuma a população como sendo normalmente distribuída.

55. **Conteúdo de colesterol em queijo** Uma empresa de processamento de queijos quer estimar a média do conteúdo de colesterol de todas as porções de uma onça de queijo. A estimativa deve estar dentro de 0,5 miligramas da média populacional.
    (a) Determine o tamanho mínimo de amostra necessário para construir um intervalo de confiança de 95% para a média populacional. Assuma o desvio populacional de 2,8 miligramas.
    (b) Repita a parte (a) usando um intervalo de confiança de 99%.
    (c) Qual nível de confiança requer um tamanho de amostra maior? Explique.

56. **Idade dos estudantes universitários** Um diretor de admissões quer estimar a idade média de todos os estudantes matriculados na faculdade. A estimativa deve estar dentro de 1 ano da média populacional. Assuma que a população de idades é normalmente distribuída.
    (a) Determine o tamanho mínimo de amostra necessário para construir um intervalo de confiança de 90% para a média populacional. Assuma o desvio padrão da população como 1,2 anos.
    (b) Repita a parte (a) usando um intervalo de confiança de 99%.
    (c) Qual nível de confiança requer um maior tamanho de amostra? Explique.

57. **Volume de latas de tintas** Um fabricante de tintas usa uma máquina para encher galões de tinta (veja a figura a seguir).
    Tolerância de erro = 0,25 onças

(a) O fabricante quer estimar o volume médio de tinta que a máquina está colocando nas latas dentro de 0,25 onças. Determine o tamanho mínimo de amostra necessário para construir um intervalo de confiança de 90% para a média populacional. Assuma que o desvio padrão populacional é de 0,85 onças.

(b) Repita a parte (a) usando uma tolerância de erro de 0,15 onças. Qual tolerância de erro requer maior tamanho de amostra? Explique.

58. **Máquina de distribuição de água** Uma indústria de bebidas usa uma máquina para encher garrafas de um litro de água (veja a figura). Assuma que a população de volumes é normalmente distribuída.

Tolerância de erro = 1 ml.

(a) A empresa quer estimar o volume médio de água que a máquina coloca nas garrafas dentro de 1 mililitro. Determine o tamanho mínimo de amostra necessário para construir um intervalo de confiança de 95% para a média da população. Assuma o desvio padrão da população como sendo de 3 mililitros.

(b) Repita a parte (a) usando uma tolerância de erro de 2 mililitros. Que tolerância de erro requer maior tamanho de amostra? Explique.

59. **Corte de folhas de plástico** Uma máquina corta plástico em folhas que têm 50 pés de comprimento (600 polegadas). Assuma que a população dos comprimentos é normalmente distribuída.

(a) A empresa quer estimar o comprimento médio que a máquina está cortando dentro de 0,125 polegada. Determine o tamanho mínimo de amostra necessário para construir um intervalo de confiança de 95% para a média populacional. Assuma o desvio padrão da população como sendo 0,25 polegada.

(b) Repita a parte (a) usando uma tolerância de erro de 0,0625 polegada. Que tolerância de erro requer o maior tamanho de amostra? Explique.

60. **Pulverizador de tinta** Uma empresa usa um pulverizador de tinta automatizado para aplicar tinta em móveis de metal. A empresa configura o pulverizador para aplicar um-mil (1/1.000 de polegada) de espessura.

(a) A empresa quer estimar a média da espessura que o pulverizador aplica dentro de 0,0425 mil. Determine o tamanho mínimo de amostra necessário para construir um intervalo de confiança de 90% para a média da população. Assuma que o desvio padrão da população seja de 0,15 mil.

(b) Repita a parte (a) usando uma tolerância de erro de 0,02125 mil. Que tolerância de erro requer um tamanho maior de amostra? Explique.

61. **Bolas de futebol** Um fabricante de bolas de futebol quer estimar a circunferência média de bolas de futebol dentro de 0,1 polegada.

(a) Determine o tamanho mínimo de amostra necessário para construir um intervalo de confiança de 99% para a média da população. Assuma que o desvio padrão populacional seja de 0,25 polegada.

(b) Repita a parte (a) usando um desvio padrão de 0,3 polegadas. Que desvio padrão requer um maior tamanho de amostra? Explique.

62. **Minibolas de futebol** Um fabricante de bolas de futebol quer estimar a circunferência média de minibolas de futebol dentro de 0,15 polegada.

(a) Determine o tamanho mínimo de amostra necessário para construir um intervalo de confiança de 99% para a média da população. Assuma que o desvio padrão populacional seja de 0,20 polegadas.

(b) Repita a parte (a) usando um desvio padrão de 0,10 polegadas. Que desvio padrão requer um maior tamanho de amostra? Explique.

63. Se todas as outras quantidades se mantiverem as mesmas, como a mudança indicada afeta a necessidade de tamanho mínimo de amostra?

(a) Aumente o nível de confiança.

(b) Aumente a tolerância de erro.

(c) Aumente o desvio padrão.

64. Quando estimamos a média populacional, por que não construir um intervalo de confiança de 99% todas as vezes?

Usando a tecnologia

Nos exercícios de 65 a 68, você tem os dados da amostra. Use uma ferramenta tecnológica para construir um intervalo de confiança de 95% para a média da população. Interprete sua resposta.

65. **Tarifação** Uma amostra aleatória dos preços das tarifas aéreas (em dólares) para a passagem de ida de Atlanta, GA, até Pittsburg, PA. *(Adaptado de Newsweek.)*

21	4 4	Chave: 21 | 4 = 214
22	3 3 4 4 4 6 6 8	
23	6 6 6 9 9 9 9 9	
24	5 5 9 9 9	
25	3 3 4 4 4 6 6 6	

66. **Tarifação** Uma amostra aleatória dos preços das tarifas aéreas (em dólares) para a passagem de ida de Chicago, IL, até Minneapolis, MN. *(Adaptado de Newsweek.)*

8	1 1 1 1	Chave: 8 | 1 = 81
8	6 6 6 9 9 9 9 9	
9	4 4 4 4 4	
9	8 8 9 9	
10	3 3 3 4 4	
10	9 9 9 9	
11	5 5 5 5	
11	9 9	
12	4	

67. **Precipitação anual** Uma amostra aleatória de precipitação anual (em polegadas) em Archorage, Alaska. *(Fonte: Alaska Climate Research Center.)*

13,24	16,13	16,10	16,23	19,27
16,50	12,25	19,16	12,08	13,09
13,42	14,54	15,51	14,75	19,17
17,68	14,97	15,51	14,93	17,31
16,89	13,12	11,65	18,30	14,37
12,52	18,79	16,68	19,53	19,81

68. **Precipitação anual** Uma amostra aleatória de precipitação anual (em polegadas) em Nome, Alaska. *(Fonte: Alaska Climate Research Center.)*

18,31	19,87	19,76	17,10	19,06	14,93	9,08	20,66	12,29
20,14	24,38	22,15	24,25	13,67	20,80	14,30	7,39	20,09
9,93	14,97	17,13	10,44	22,06	19,25	14,92	13,05	14,17
15,46	16,27	15,23	13,43	17,62	17,49			

Expandindo conceitos

Fator de correção de população finita

Nos exercícios 69 e 70, use a informação a seguir.

Nesta seção, você estudou a formação de intervalos de confiança para estimar a média populacional quando a população é grande ou infinita. Quando a população for finita, a fórmula que determina o erro padrão da média $\sigma_{\bar{x}}$ precisa ser ajustada. Se N for o tamanho da população e n for o tamanho da amostra (onde $n \geq 0,05\,N$), o erro padrão da média é:

$$\sigma_{\bar{x}} = \frac{\sigma}{\sqrt{n}}\sqrt{\frac{N-n}{N-1}}.$$

A expressão $\sqrt{(N-n)/(N-1)}$ é chamada de *fator de correção de população finita*. A margem de erro é:

$$E = z_c \frac{\sigma}{\sqrt{n}}\sqrt{\frac{N-n}{N-1}}.$$

69. Determine o fator de correção de população finita para cada um dos dados que vêm a seguir:
    (a) $N = 1.000$ e $n = 500$.
    (b) $N = 1.000$ e $n = 100$.
    (c) $N = 1.000$ e $n = 75$.
    (d) $N = 1.000$ e $n = 50$.
    (e) O que acontece ao fator de correção de população finita conforme o tamanho da amostra diminui, mas o tamanho da população N continua o mesmo?

70. Determine o fator de correção de população finita para cada um dos dados que vêm a seguir:
    (a) $N = 100$ e $n = 50$.
    (b) $N = 400$ e $n = 50$.
    (c) $N = 700$ e $n = 50$.
    (d) $N = 1.000$ e $n = 50$.
    (e) O que acontece ao fator de correção de população finita conforme o tamanho da população N aumenta, mas o tamanho da amostra n continua o mesmo?

71. **Tamanhos de amostras** A equação para determinar o tamanho da amostra

$$n = \left(\frac{z_c\sigma}{E}\right)^2$$

pode ser obtida resolvendo-se a equação para margem de erro para n. Mostre que isso é verdadeiro e justifique cada passo.

$$E = \frac{z_c\sigma}{\sqrt{n}}$$

Estudo de caso

Altura dos ombros dos ursos negros dos Apalaches

O Appalachian Bear Rescue (ABR) é uma organização sem fins lucrativos localizada perto do Parque Nacional de Great Smoky Mountains. Os programas da ABR incluem a reabilitação de ursos negros órfãos e machucados bem como a pesquisa e educação sobre eles. A ABR fornece o ambiente mais natural possível para a reabilitação dos ursos negros antes de colocá-los de volta à natureza.

Recentemente, Katie Settlage realizou um estudo para aprender mais sobre a população desses ursos do parque. Ela e sua equipe de pesquisadores descobriram 68 ursos negros no parque e tiraram medidas como tamanho das patas, peso e alturas dos ombros. Os gráficos ramo-e-folhas a seguir mostram a altura dos ombros (em centímetros) de 40 machos e 28 fêmeas do estudo.

Altura dos ombros (em cm) de ursos machos

4	9
5	7
6	8 9
7	1 1 2 2 2 2 2 3 3 3 4 4 5 5 6 6 7 8 8
8	1 2 3 4 4 5 6 7 9
9	0 0 3 6 7 9
10	2
11	4

Chave: 4 | 9 = 49

Altura dos ombros (em cm) de ursos fêmeas

5	0
6	7 8
7	1 2 3 3 3 3 3 4 4 5 5 5 5 5 5 6 9
8	1 2 2 3 3 4 5
9	3

Chave: 5 | 0 = 50

Exercícios

1. Use a amostra para encontrar uma estimativa pontual para a média da altura dos ombros de:
   (a) ursos machos (b) ursos fêmeas
2. Encontre o desvio padrão da amostra da altura dos ombros para:
   (a) ursos machos (b) ursos fêmeas
3. Use a amostra para construir um intervalo de confiança de 95% para a média da altura dos ombros de:
   (a) ursos machos (b) ursos fêmeas
4. Use a amostra para construir um intervalo de confiança de 95% para a média da altura dos ombros de todos os ursos no estudo. Como seus resultados diferem daqueles do Exercício 3? Explique.
5. Um pesquisador quer estimar a média das alturas dos ombros para ambos os ursos macho e fêmea dentro de 0,5 centímetros. Determine o tamanho mínimo de amostra necessário para construir um intervalo de confiança de 99% para a média da população das alturas dos ombros de:
   (a) ursos machos. Assuma o desvio padrão da amostra de 12,4 centímetros.
   (b) ursos fêmeas. Assuma o desvio padrão da amostra de 7,8 centímetros.

6.2 Intervalos de confiança para a média (amostras pequenas)

O que você deve aprender

- Como interpretar a distribuição t e usar a tabela da distribuição t.
- Como construir intervalos de confiança quando $n < 30$, a população é normalmente distribuída e σ é desconhecido.

A distribuição t ⟶ Intervalos de confiança e a distribuição t

A distribuição t

Em muitas situações de vida real, o desvio padrão da população é desconhecido. Além disso, por causa das diversas limitações como tempo e custo, frequentemente não é prático coletar amostras de tamanho 30 ou mais. Então, como podemos construir um intervalo de confiança para uma média de uma população dadas tais circunstâncias? Se a variável aleatória for normalmente distribuída (ou aproximadamente normalmente distribuída), você pode usar a distribuição t.

Definição

Se a distribuição de uma variável aleatória x for aproximadamente normal, então

$$t = \frac{\bar{x} - \mu}{\frac{s}{\sqrt{n}}}$$

segue uma **distribuição t**.

Valores críticos de t são denotados por t_c. Diversas propriedades da distribuição t estão a seguir.

1. A distribuição t tem forma de sino e é simétrica sobre a média.
2. A distribuição t é uma família de curvas, cada uma determinada por um parâmetro chamado de grau de liberdade. Os **graus de liberdade** são o número de escolhas livres deixadas depois que uma amostra estatística tal como $\bar{x}$ é calculada. Quando usamos a distribuição t para estimar a média da população, os graus de liberdade são iguais ao tamanho da amostra menos um.

   g.l. $= n - 1$. *Graus de liberdade*
3. A área total sob a curva t é 1 ou 100%.
4. A média, a mediana e a moda da distribuição t são iguais a zero.
5. Conforme os graus de liberdade aumentam, a distribuição t aproxima a distribuição normal. Depois de 30 g.l., a distribuição t está muito próxima à distribuição normal padrão z.

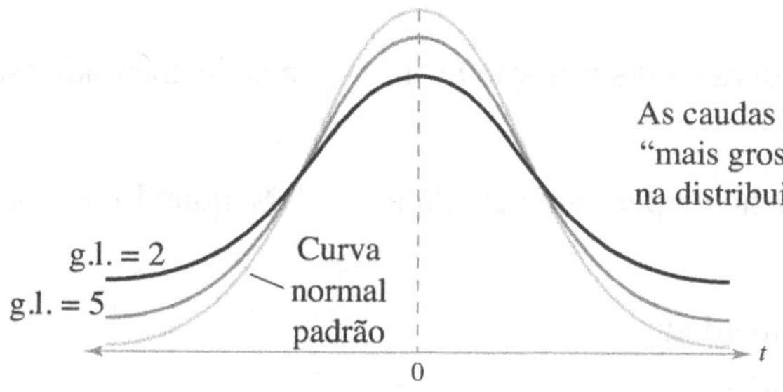

Referência histórica

William S. Gosset (1876–1937)

Desenvolveu a distribuição t enquanto trabalhava na indústria de cervejas Guinness, em Dublin, na Irlanda. Gosset publicou suas descobertas usando o pseudônimo de Student. A distribuição t às vezes é chamada de distribuição t de Student. (Veja na p. 28 outros nomes que foram importantes para a história da estatística.)

A Tabela 5 do Apêndice B lista os valores críticos de t para os intervalos de confiança e os graus de liberdade selecionados.

Exemplo 1

Encontrando os valores críticos de t

Encontre o valor crítico t_c para uma confiança de 95% quando o tamanho da amostra é 15.

Solução

Em razão de $n = 15$, os graus de liberdade são:

g.l. $= n - 1 = 15 - 1 - 14.$

Uma porção da Tabela 5 é mostrada. Usando g.l. = 14 e $c = 0{,}95$, você pode encontrar o valor crítico t_c, como mostrado pelas áreas destacadas na tabela.

	Nível de confiança, c	0,50	0,80	0,90	0,95	0,98
	Unicaudal, α	0,25	0,10	0,05	0,025	0,01
g.l.	Bicaudal, α	0,50	0,20	0,10	0,05	0,02
1		1,000	3,078	6,314	12,706	31,821
2		0,816	1,886	2,920	4,303	6,965
3		0,765	1,638	2,353	3,182	4,541
12		0,695	1,356	1,782	2,179	2,681
13		0,694	1,350	1,771	2,160	2,650
14		0,692	1,345	1,761	2,145	2,624
15		0,691	1,341	1,753	2,131	2,602
16		0,690	1,337	1,746	2,120	2,583
28		0,683	1,313	1,701	2,048	2,467
29		0,683	1,311	1,699	2,045	2,462
∞		0,674	1,282	1,645	1,960	2,326

Dica de estudo

Diferentemente da tabela z, os valores críticos para um intervalo de confiança específico podem ser encontrados na coluna nomeada por c na linha do g.l. apropriado. (O símbolo α será explicado no Capítulo 7.)

Pela tabela, você pode ver que $t_c = 2{,}145$. O gráfico mostra a distribuição t para 14 graus de liberdade, $c = 0{,}95$ e $t_c = 2{,}145$.

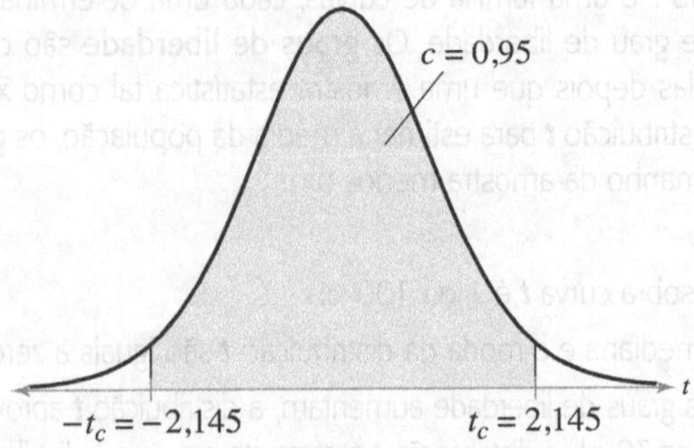

Importante

Para 30 ou mais graus de liberdade, os valores críticos para a distribuição t estão próximos ao valor crítico correspondente para a distribuição normal. Além disso, os valores na última coluna da tabela marcada ∞ g.l. correspondem exatamente aos valores da distribuição normal.

Interpretação

Então, 95% da área sob a curva da distribuição t com 14 graus de liberdade está entre $t = \pm 2{,}145$.

Tente você 1 Encontre o valor crítico t_c para uma confiança de 90% quando o tamanho de amostra é 22.

a. *Identifique* os graus de liberdade.

b. *Identifique* o nível de confiança c.

c. *Use* a Tabela 5 do Apêndice B para encontrar t_c.

Resposta na p. A42

Intervalos de confiança e a distribuição *t*

Construir um intervalo de confiança usando a distribuição t é similar a construir um intervalo de confiança usando a distribuição normal — ambos usam uma estimativa pontual $\bar{x}$ e uma margem de erro E.

Instruções

Construindo um intervalo de confiança para a média: distribuição t

Em palavras	*Em símbolos*
1. Identifique a amostra estatística n, $\bar{x}$ e s.	$\bar{x} = \dfrac{\sum x}{n}$; $s = \sqrt{\dfrac{\sum(x-\bar{x})^2}{n-1}}$
2. Identifique os graus de liberdade, o nível de confiança c e valores críticos t_c.	g.l. $= n - 1$
3. Encontre a margem de erro E.	$E = t_c \dfrac{s}{\sqrt{n}}$
4. Encontre os extremos esquerdo e direito e forme os intervalos de confiança.	Extremo esquerdo: $\bar{x} - E$ Extremo direito: $\bar{x} + E$ Intervalo: $\bar{x} - E < \mu < \bar{x} + E$

Exemplo 2

Construindo um intervalo de confiança

Você seleciona aleatoriamente 16 cafeterias e mede a temperatura do café vendido em cada uma delas. A média de temperatura da amostra é 162,0°F com desvio padrão da amostra de 10,0°F. Encontre um intervalo de confiança de 95% para a temperatura média. Assuma que as temperaturas são aproximadamente normalmente distribuídas.

Solução

Em razão de o tamanho da amostra ser menor que 30, σ é desconhecido e as temperaturas são aproximadamente normalmente distribuídas, você pode usar a distribuição t. Usando $n = 16$, $\bar{x} = 162{,}0$, $s = 10{,}0$, $c = 0{,}95$ e g.l. $= 15$, você pode usar a Tabela 5 para encontrar que $t_c = 2{,}131$. A margem de erro no intervalo de confiança de 95% é:

$$E = t_c \frac{s}{\sqrt{n}} = 2{,}131 \cdot \frac{10}{\sqrt{16}} \approx 5{,}3 .$$

O intervalo de confiança está a seguir.

Extremo esquerdo | *Extremo direito*

$\bar{x} - E = 162 - 5{,}3 = 156{,}7$ | $\bar{x} + E = 162 + 5{,}3 = 167{,}3$

$$156{,}7 < \mu < 167{,}3$$

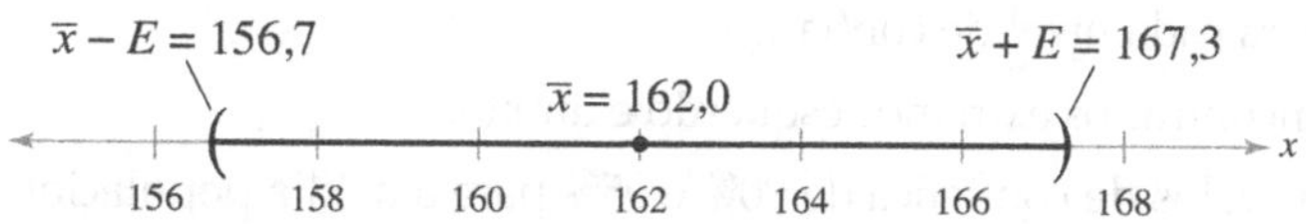

Interpretação

Com 95% de confiança, podemos dizer que a média da temperatura do café vendido está entre 156,7 °F e 167,3 °F.

Tente você 2 Encontre os intervalos de confiança de 90% e 99% para a média da temperatura.

a. *Encontre* t_c e E para cada nível de confiança.

b. *Use* $\bar{x}$ e E para encontrar os extremos esquerdo e direito.

c. *Estabeleça* os intervalos de confiança de 90% e 99% para a média da temperatura.

Resposta na p. A42

Dica de estudo

Para uma TI-83/84, construir um intervalo de confiança usando a distribuição t é similar a construir um intervalo de confiança usando a distribuição normal.

[STAT]

Escolha o menu TESTS

8: TInterval...

Selecione a opção de entrada de *Data* se você entrar com os dados originais. Selecione a opção de entrada *Stats* se você entrar com estatísticas descritivas. Em cada caso, entre os valores apropriados, então, selecione *Calculate*. Para o Exemplo 2, as estatísticas descritivas foram colocadas.

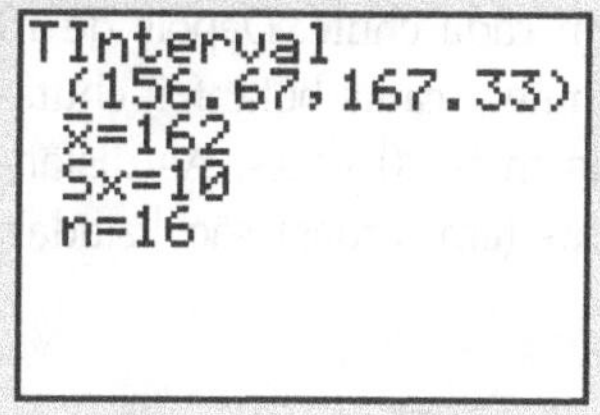

Ver passos MINITAB na p. 290

Exemplo 3

Construindo um intervalo de confiança

Você seleciona aleatoriamente 20 instituições que realizam financiamento para compra da casa própria e determina o atual índice de juros do financiamento em cada. A média da amostra dos juros é de 6,22%, com desvio padrão de 0,42%. Encontre o intervalo de confiança de 99% para a média populacional do índice de juros do financiamento. Assuma que os índices de juros são aproximadamente normalmente distribuídos.

Solução

Por causa do tamanho da amostra ser menor que 30, σ ser desconhecido e os índices de juros serem aproximadamente normalmente distribuídos, você pode usar a distribuição t. Usando $n = 20$, $\bar{x} = 6{,}22$, $s = 0{,}42$, $c = 0{,}99$ e g.l. $= 19$, você pode usar a Tabela 5 para encontrar que $t_c = 2.861$. A margem de erro no intervalo de confiança de 99% é:

Para explorar mais este tópico, ver 6.2 Atividades na p. 269.

Ver passos TI-83/84 na p. 291.

$$E = t_c \frac{s}{\sqrt{n}}$$
$$= 2{,}861 \cdot \frac{0{,}42}{\sqrt{20}}$$
$$\approx 0{,}27.$$

O intervalo de confiança vem a seguir.

Extremo esquerdo — $\bar{x} - E = 6{,}22 - 0{,}27 = 5{,}95$

Extremo direito — $\bar{x} + E = 6{,}22 + 0{,}27 = 6{,}49$

$$5{,}95 < \mu < 6{,}49$$

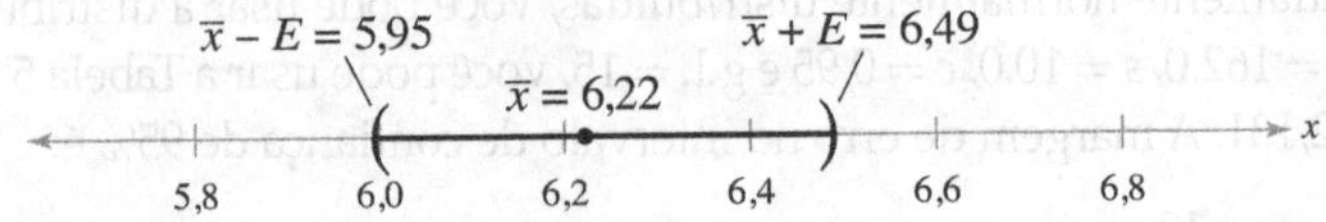

Interpretação

Com 99% de confiança, podemos dizer que a média populacional do índice de juros do financiamento está entre 5,95% e 6,49%.

Tente você 3 Encontre os intervalos de confiança de 90% e 95% para média populacional de índice de juros. Compare as larguras dos intervalos.

a. *Encontre* t_c e E para cada nível de confiança.

b. *Use* $\bar{x}$ e E para encontrar os extremos esquerdo e direito.

c. *Estabeleça* os intervalos de confiança de 90% e 95% para a média populacional dos índices de juros e compare suas larguras.

Resposta na p. A42

O fluxograma descreve quando usamos a distribuição normal para construir um intervalo de confiança para a média da população e quando usamos a distribuição t.

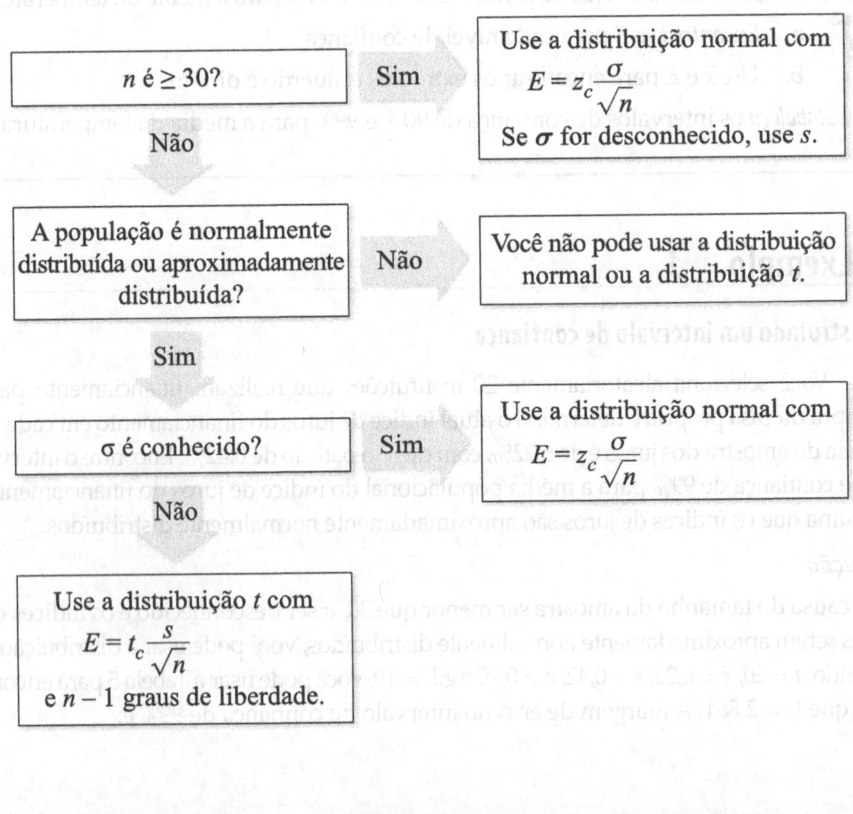

Retratando o mundo

Duas bolas de futebol americano, uma cheia de ar e outra de hélio, foram chutadas em um dia sem vento na Universidade Estadual de Ohio. As bolas de futebol foram alternadas em cada chute. Depois de 10 chutes, cada bola foi chutada mais 20 vezes. As distâncias (em jardas) são listadas. (*Fonte: The Columbus Dispatch.*)

Cheias de ar

1	9
2	0 0 2 2 2
2	5 5 5 5 6 6
2	7 7 7 8 8 8 8 8 9 9 9
3	1 1 1 2
3	3 4 Chave: 1 | 9 = 19

Cheias de hélio

1	1 2
1	4
1	
2	2
2	3 4 6 6 6
2	7 8 8 8 9 9 9 9
3	0 0 0 0 1 1 2 2
3	3 4 5
3	9 Chave: 1 | 1 = 11

Assuma que as distâncias são normalmente distribuídas para cada bola. Aplique um fluxograma à esquerda de cada bola. Encontre um intervalo de confiança de 95% para a distância média que cada bola percorreu. Os intervalos de confiança se sobrepõem? O que este resultado diz a você?

Exemplo 4

Escolhendo a distribuição normal ou a distribuição *t*

Você seleciona aleatoriamente 25 casas construídas recentemente. A média amostral do custo da construção é $ 181.000 e o desvio padrão da população é de $ 28.000. Assumindo que os custos com a construção são normalmente distribuídos, você deve usar a distribuição normal, a distribuição *t* ou nenhuma delas para construir um intervalo de confiança de 95% para a média populacional dos custos de construção? Explique seu raciocínio.

Solução

Em razão de a população ser normalmente distribuída e o desvio padrão ser conhecido, você deve usar a distribuição normal.

Tente você 4 Você seleciona aleatoriamente 18 atletas adultos do sexo masculino e mede a frequência cardíaca em repouso de cada um. A média amostral da frequência cardíaca é 64 batimentos por minuto com desvio padrão da amostra de 2,5 batimentos por minuto. Assumindo que as frequências cardíacas são normalmente distribuídas, devemos usar a distribuição normal, a distribuição *t* ou nenhuma delas para construir um intervalo de confiança de 90% para a média da frequência cardíaca? Explique seu raciocínio.

Use um fluxograma para determinar qual distribuição deve ser usada para construir o intervalo de confiança de 90% para média da frequência cardíaca.

Resposta na p. A42

6.2 Exercícios

Construindo habilidades básicas e conceitos

Nos exercícios de 1 a 4, encontre o valor crítico t_c para o nível de confiança dado c e o tamanho da amostra n.

1. $c = 0{,}90, n = 10$.
2. $c = 0{,}95, n = 12$.
3. $c = 0{,}99, n = 16$.
4. $c = 0{,}98, n = 20$.

Nos exercícios de 5 a 8, encontre a margem de erro para os valores dados c, s e n.

5. $c = 0{,}95, s = 5, n = 16$.
6. $c = 0{,}99, s = 3, n = 6$.
7. $c = 0{,}90, s = 2{,}4, n = 12$.
8. $c = 0{,}98, s = 4{,}7, n = 9$.

Nos exercícios de 9 a 12, construa o intervalo de confiança indicado para a média populacional μ usando (a) uma distribuição t, (b) se você tiver usado incorretamente uma distribuição normal, qual intervalo deveria ser mais largo?

9. $c = 0{,}90, \bar{x} = 12{,}5, s = 2{,}0, n = 6$.
10. $c = 0{,}95, \bar{x} = 13{,}4, s = 0{,}85, n = 8$.
11. $c = 0{,}98, \bar{x} = 4{,}3, s = 0{,}34, n = 14$.
12. $c = 0{,}99, \bar{x} = 24{,}7, s = 4{,}6, n = 10$.

Usando e interpretando conceitos

Construindo intervalos de confiança

Nos exercícios 13 e 14, você tem a média amostral e o desvio padrão da amostra. Assuma que a variável é normalmente distribuída e use uma distribuição t para construir um intervalo de confiança de 95% para a média populacional μ. Qual a margem de erro de μ? Se for conveniente, use a tecnologia para construir o intervalo de confiança.

13. **Custos de reparos: micro-ondas** Em uma amostra aleatória de 5 fornos de micro-ondas, a média de custos de reparos era de $ 75,00 e desvio padrão era $ 12,50. (*Adaptado de Consumer Reports*)
14. **Custos de reparos: computadores** Em uma amostra aleatória de 7 computadores, a média de custos de reparos era de $ 100,00 e desvio padrão de $ 42,50. (*Adaptado de Consumer Reports*)
15. Você realizou uma pesquisa sobre os custos de reparo de fornos micro-ondas e descobriu que o desvio padrão é $\sigma = \$\ 15$. Repita o Exercício 13 usando a distribuição normal com os cálculos apropriados para o desvio padrão que é conhecido. Compare os resultados.
16. Você realizou uma pesquisa sobre os custos de reparo de computadores e descobriu que o desvio padrão é $\sigma = \$\ 50$. Repita o Exercício 14 usando a distribuição normal com os cálculos apropriados para o desvio padrão que é conhecido. Compare os resultados.

Construindo intervalos de confiança

Nos exercícios 17 e 18, você tem a média amostral e o desvio padrão amostral. Assuma que a variável é normalmente distribuída e use a distribuição normal ou a distribuição *t* para construir um intervalo de confiança de 90% para a média populacional μ. Se for conveniente, use a tecnologia para construir um intervalo de confiança.

17. **Lixo gerado** (a) Em uma amostra aleatória de 10 adultos norte-americanos, a média de lixo gerado por pessoa por dia era de 4,54 libras e o desvio padrão era de 1,21 libras. (b) Repita a parte (a) assumindo que as mesmas estatísticas vêm de uma amostra de tamanho 500. Compare os resultados. *(Adaptado de U.S. Environment Protection Agency.)*

18. **Lixo reciclado** (a) Em uma amostra aleatória de 12 adultos norte-americanos, a média de lixo reciclado por pessoa por dia era de 1,46 libras e o desvio padrão era de 0,28 libras. (b) Repita a parte (a) assumindo que as mesmas estatísticas vêm de uma amostra de tamanho 600. Compare os resultados. *(Adaptado de U.S. Environment Protection Agency.)*

Construindo intervalos de confiança

Nos exercícios 19 a 22, um conjunto de dados é fornecido. Para cada conjunto de dados, (a) encontre a média amostral, (b) encontre o desvio padrão da amostra e (c) construa um intervalo de confiança de 99% para a média populacional μ. Assuma que a população de cada conjunto de dados seja normalmente distribuída. Se for conveniente, use uma ferramenta tecnológica.

19. **Biologia** As rendas mensais para 10 pessoas selecionadas aleatoriamente, cada uma com graduação em biologia. *(Adaptado de U.S. Bureau of Labor Statistics.)*

4.625,68 4.289,72 4.461,22 4.519,46 4.714,27
4.408,73 4.391,45 4.318,54 4.576,12 4.296,41

Bacharelado em biologia

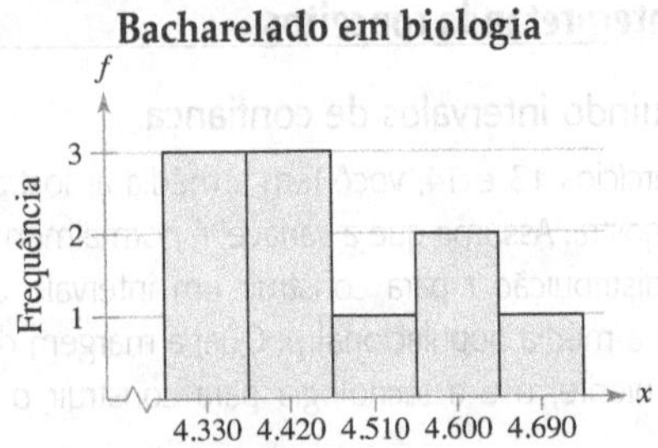

Bacharelado em economia

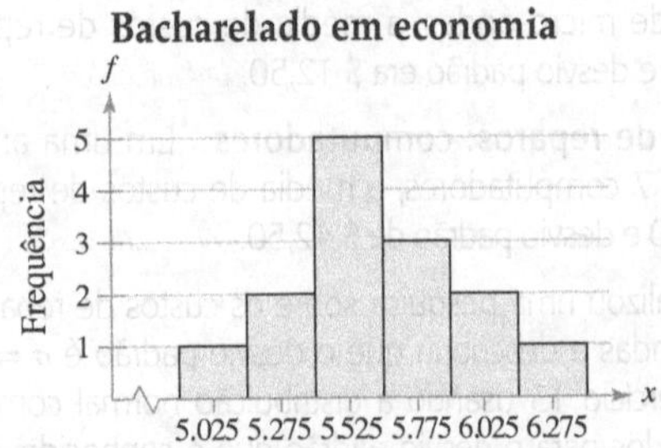

20. **Economia** As rendas mensais para 14 pessoas selecionadas aleatoriamente, cada uma com bacharelado em economia. *(Adaptado de U.S. Bureau of Labor Statistics.)*

5.418,76 5.278,63 5.912,05 6.118,35 5.647,86 5.714,38 5.365,19
5.524,91 5.761,57 4.924,16 5.494,66 5.619,74 6.205,64 5.801,23

21. **Notas SAT** As notas do teste SAT para 12 alunos do último ano do ensino médio são selecionadas aleatoriamente.

1.704 1.940 1.518 2.005 1.432 1.872
1.998 1.658 1.825 1.670 2.210 1.380

22. **GPA** A média de pontos das notas (GPA) para 15 estudantes universitários selecionados aleatoriamente.

2,3 3,3 2,6 1,8 0,2 3,1 4,0 0,7
2,3 2,0 3,1 3,4 1,3 2,6 2,6

Escolhendo a distribuição

Nos exercícios de 23 a 28, use a distribuição normal ou a distribuição *t* para construir um intervalo de confiança de 95% para a média populacional. Justifique sua decisão. Se nenhuma das distribuições puder ser usada, explique o porquê. Se for conveniente, use a tecnologia para construir o intervalo de confiança.

23. **Raios** Em uma amostra aleatória de 70 raios, o comprimento médio era de 1,25 polegadas e o desvio padrão era de 0,05 polegadas.

24. **Preço das torradeiras** Você retira aleatoriamente uma amostra de 12 torradeiras do modelo duas fatias de pão e descobre que a média do preço era de $ 57,79 e o desvio padrão era de $ 19,05. Assuma que os preços são normalmente distribuídos.

25. **Carros esportivos: milhas por galão** Você faz uma pesquisa aleatória de 25 carros esportivos e registra as milhas por galão para cada. Os dados estão listados a seguir. Assuma que as milhas por galão são normalmente distribuídas.

15 27 24 24 20 21 24 14 21
25 21 13 21 25 22 21 25 24
22 24 24 22 21 24 24

26. **Notas ACT** Em um ano recente, o desvio padrão das notas do teste ACT para todos os estudantes era de 4,8. As notas ACT para 20 estudantes selecionados aleatoriamente são listados a seguir. Assuma que as notas de teste são normalmente distribuídas. *(Fonte: ACT.Inc.)*

26 22 23 12 19 25 23 21 25 10
17 26 23 24 20 14 21 23 20 22

27. **Tempo de espera nos hospitais** Em uma amostra aleatória de 19 pacientes no departamento de emergência de um hospital, o tempo médio de espera (em minutos) antes de serem atendidos pelo médico era de 23 minutos e o desvio padrão era de 11 minutos. Assuma que os tempos de espera não são normalmente distribuídos.

28. **Custos de barracas de *camping* para uma pessoa** Em uma amostra aleatória de 18 barracas de *camping* para uma única pessoa, o preço médio era de $ 144,19 e o desvio padrão era de $ 61,32. Assuma os preços como sendo normalmente distribuídos.

Expandindo conceitos

29. **Fabricação de bolas de tênis** Uma empresa fabrica bolas de tênis. Quando suas bolas de tênis são derrubadas em uma superfície de concreto de uma altura de 100 polegadas, a empresa quer que a altura média que as bolas saltem para cima seja de 55,5 polegadas. Essa média é mantida testando periodicamente amostras aleatórias de 25 bolas de tênis. Se o valor *t* está entre $-t_{0,99}$ e $t_{0,99}$, a

empresa estará satisfeita pois está fabricando bolas de tênis aceitáveis. Uma amostra aleatória de 25 bolas é selecionada e testada. A média de altura que as bolas saltam é de 56,0 polegadas e desvio padrão de 0,25 polegadas. Assuma que as alturas que as bolas saltam são aproximadamente normalmente distribuídas. A empresa está fabricando bolas aceitáveis? Explique seu raciocínio.

30. **Fabricação de lâmpadas** Uma empresa fabrica lâmpadas. A empresa quer que as lâmpadas tenham média de vida útil de 1.000 horas. Essa média é mantida testando periodicamente amostras aleatórias de 16 lâmpadas. Se o valor t estiver entre $-t_{0,99}$ e $t_{0,99}$, a empresa estará satisfeita pois está fabricando lâmpadas aceitáveis. Uma amostra de 16 lâmpadas selecionadas aleatoriamente é testada. A vida útil média é de 1.015 horas e o desvio padrão de 25 horas. Assuma que as vidas úteis são aproximadamente normalmente distribuídas. A empresa está fabricando lâmpadas aceitáveis? Explique seu raciocínio.

6.2 Atividades

Intervalo de confiança para a média (o impacto de não saber o desvio padrão)

Applet O applet *intervalos de confiança para uma média (o impacto de não saber o desvio padrão)* permite que você investigue visualmente intervalos de confiança para a média populacional. Você pode especificar o tamanho da amostra n, a forma da distribuição (normal ou assimétrica à direita), a média real da população (média) e o desvio padrão populacional real (desvio padrão). Quando você clica em SIMULATE, 100 amostras separadas de tamanho n serão selecionadas de uma população com esses parâmetros populacionais. Para cada uma das 100 amostras, um intervalo de confiança Z de 95% (sendo desvio padrão conhecido) e o intervalo de confiança de 95% T (desvio padrão desconhecido) são mostrados no gráfico a seguir. O intervalo de confiança de 95% Z é mostrado em verde e o intervalo de confiança de 95% T é mostrado em azul. Se um intervalo não contém a média real, ele é mostrado em vermelho. Simulações adicionais podem ser realizadas clicando-se em SIMULATE múltiplas vezes. O número acumulado de vezes que cada tipo de intervalo contém a média real também é mostrado. Pressione CLEAR para limpar os resultados existentes e começar uma nova simulação.

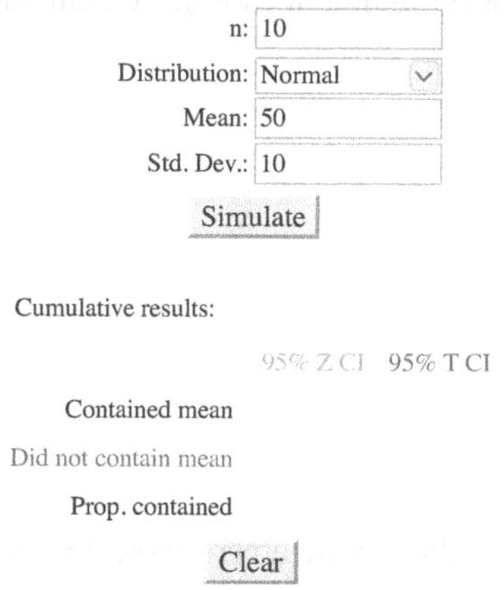

Explore

Passo 1 Especifique um valor para n.

Passo 2 Especifique uma distribuição.

Passo 3 Especifique um valor para a média.

Passo 4 Especifique um valor para o desvio padrão.

Passo 5 Clique em SIMULATE para gerar os intervalos de confiança.

Chegando a conclusões

1. Configure $n = 30$, média $= 25$, desvio padrão $= 5$, e a distribuição normal. Realize a simulação de modo que pelos menos 1.000 intervalos de confiança sejam gerados. Compare a proporção dos intervalos de confiança de 95% Z e os intervalos de confiança de 95% T que contêm a média populacional. Isso é o que você esperaria? Explique.
2. Em uma amostra aleatória de 24 estudantes de ensino médio, o número médio de horas de sono por noite durante a semana escolar era de 7,26 horas e desvio padrão de 1,19 horas. Assuma que os tempos de sono são normalmente distribuídos. Faça a simulação para $n = 10$ de modo que pelo menos 500 intervalos de confiança sejam gerados. Qual proporção dos intervalos de confiança de 95% Z e os intervalos de confiança de 95% T que contêm a média populacional? Devemos usar um intervalo de confiança T ou Z para a média do número de horas de sono? Explique.

6.3 Intervalos de confiança para as proporções populacionais

Estimativa pontual para proporção populacional p ⟶ Intervalos de confiança para proporções populacionais p ⟶ Aumentando o número de amostras para aumentar a precisão

O que você deve aprender

- Como encontrar uma estimativa pontual para a proporção populacional.
- Como construir um intervalo de confiança para a proporção populacional.
- Como determinar o tamanho mínimo da amostra quando estimamos a proporção populacional.

Estimativa pontual para a proporção populacional p

Lembre-se da Seção 4.2 que a probabilidade de sucesso em uma única tentativa de um experimento binomial é p. Essa probabilidade é uma **proporção** populacional. Nesta seção, você aprenderá como estimar uma proporção populacional p usando um intervalo de confiança. Como no caso dos intervalos de confiança para μ, você irá começar com uma estimativa pontual.

Definição

A estimativa pontual para p, a proporção populacional de sucessos, é dada pela proporção de sucessos em uma amostra e é denotada por

$$\hat{p} = \frac{x}{n},$$

onde x é o número de sucessos em uma amostra e n é o número na amostra. O ponto de estimativa para a proporção de falhas é $\hat{q} = 1 - \hat{p}$. Os símbolos $\hat{p}$ e $\hat{q}$ são lidos como "p chapéu" e "q chapéu".

Exemplo 1

Encontrando uma estimativa pontual para p

Em uma pesquisa com 1.219 adultos norte-americanos, 354 disseram que seu esporte favorito para assistir é futebol americano. Encontre uma estimativa pontual para a proporção populacional de adultos norte-americanos que dizem que seu esporte favorito é futebol. *(Adaptado de The Harris Poll.)*

Solução

Usando $n = 1.219$ e $x = 354$,

$$\begin{aligned}\hat{p} &= \frac{x}{n}\\ &= \frac{354}{1.219}\\ &\approx 0{,}290402\\ &\approx 29{,}0\%.\end{aligned}$$

Importante

Nas duas primeiras seções, estimativas foram feitas para dados quantitativos. Nesta seção, as proporções de amostra são usadas para fazer estimativas para dados qualitativos.

Tente você 1 Em uma pesquisa com 1.006 adultos norte-americanos, 181 disseram que Abraham Lincoln foi o melhor presidente. Encontre um ponto de estimativa para a proporção populacional de adultos que dizem que Lincoln foi o melhor presidente. *(Adaptado de The Gallup Poll.)*

a. *Identifique* x e n.

b. *Use* x e n para encontrar $\hat{p}$.

Resposta na p. A42

Intervalos de confiança para proporções populacionais *p*

Construir um intervalo de confiança para uma proporção populacional p é similar a construir um intervalo de confiança para uma média populacional. Você começa com um ponto estimado e calcula a margem de erro.

Definição

Um **intervalo de confiança c** para a proporção populacional p é:

$$\hat{p} - E < p < \hat{p} + E,$$

onde

$$E = z_c\sqrt{\frac{\hat{p}\hat{q}}{n}}.$$

A probabilidade de que o intervalo de confiança contenha p é c.

Na Seção 5.5, você aprendeu que uma distribuição binomial pode ser aproximada pela distribuição normal se $np \geq 5$ e $nq \geq 5$. Quando $n\hat{p} \geq 5$ e $n\hat{q} \geq 5$, a distribuição de amostragem para p é aproximadamente normal com uma média de

$$\mu_{\hat{p}} = p$$

e um erro padrão de

$$\sigma_{\hat{p}} = \sqrt{\frac{pq}{n}}.$$

Instruções

Construindo um intervalo de confiança para a média: distribuição *t*

Em palavras	*Em símbolos*
1. Identifique as estatísticas da amostra n e x	
2. Encontre a estimativa pontual $\hat{p}$	$\hat{p} = \frac{x}{n}$
3. Verifique que a distribuição de amostragem de $\hat{p}$ pode ser aproximada pela distribuição normal.	$n\hat{p} \geq 5$, $n\hat{q} \geq 5$
4. Encontre o valor crítico z_c que corresponde ao nível de confiança c dado.	Use a tabela normal padrão.
5. Encontre a margem de erro E.	$E = z_c\sqrt{\frac{\hat{p}\hat{q}}{n}}$
6. Encontre os extremos esquerdo e direito e forme o intervalo de confiança.	Extremo esquerdo: $\hat{p} - E$ Extremo direito: $\hat{p} + E$ Intervalo: $\hat{p} - E < p < \hat{p} + E$

Retratando o mundo

Uma pesquisa realizada com 1.002 adultos norte-americanos perguntou sobre o meio ambiente. Dos pesquisados, 551 disseram que em 10 anos ou mais acreditam que o meio ambiente estará pior do que hoje. (*Adaptado de PollingReport.com.*)

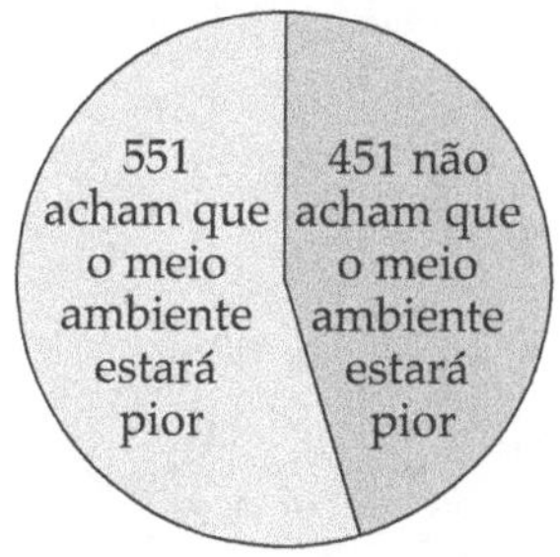

Encontre o intervalo de confiança de 90% para a proporção de adultos nos Estados Unidos que acham que o meio ambiente estará pior.

Dica de estudo

Aqui estão as instruções para construir um intervalo de confiança para a proporção populacional em uma TI 83/84.

STAT

Escolha o menu de TESTS

A: 1 – PropZInt.

Entre os valores para x e n, e nível de confiança c (C-Level). Então selecione *Calculate*.

Os passos MINITAB e TI-83/84 são mostrados nas p. 290 e 291.

Dica de estudo

Perceba que no Exemplo 2 o intervalo de confiança para a proporção p é arredondado até a terceira casa decimal. Essa regra de arredondamento será usada por todo o livro.

Exemplo 2

Construindo um intervalo de confiança para p

Construa um intervalo de 95% de confiança para a proporção de adultos nos Estados Unidos que diz ter o futebol como esporte preferido para assistir.

Solução

Pelo Exemplo 1, $\hat{p} \approx 0{,}290402$. Então,

$$\hat{q} = 1 - 0{,}290402 = 0{,}709598.$$

Usando $n = 1.219$, você pode verificar que a distribuição de amostragem para $\hat{p}$ pode ser aproximada por uma distribuição normal

$$n\hat{p} \approx 1.219 \cdot 0{,}290402 \approx 354 > 5$$

e

$$n\hat{p} \approx 1.219 \cdot 0{,}709598 \approx 865 > 5.$$

Usando $z_c = 1{,}96$, a margem de erro é:

$$E = z_c\sqrt{\frac{\hat{p}\hat{q}}{n}} \approx 1{,}96\sqrt{\frac{(0{,}290402)(0{,}709598)}{1.219}} \approx 0{,}025.$$

O intervalo de 95% de confiança se dá conforme o seguinte.

Extremo esquerdo

$$\hat{p} - E = 0{,}29 - 0{,}025 = 0{,}265$$

Extremo direito

$$\hat{p} + E = 0{,}29 + 0{,}025 = 0{,}315$$

$$0{,}265 < p < 0{,}315$$

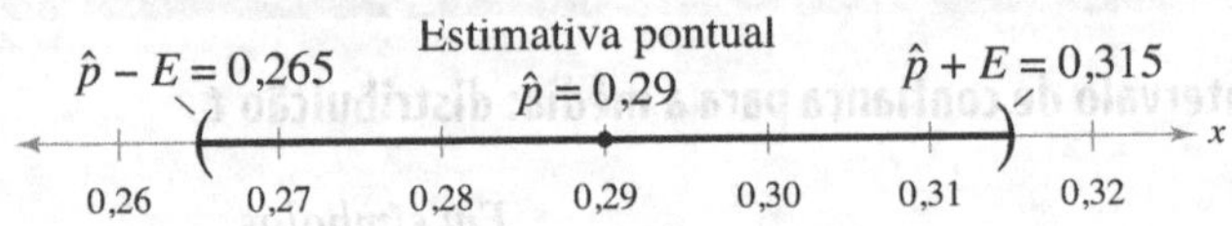

Interpretação

Com a confiança de 95%, é possível afirmar que a proporção de adultos que dizem ter o futebol como esporte preferido seja entre 26,5% e 31,5%.

Tente você 2 Use os dados do Tente você 1 para construir um intervalo de 90% de confiança para uma proporção de adultos que diz que Abraham Lincoln foi o melhor presidente.

a. *Encontre* $\hat{p}$ e $\hat{q}$.

b. *Verifique* se a distribuição amostral de $\hat{p}$ pode ser aproximada pela distribuição normal.

c. *Encontre* z_c e E.

d. *Use* $\hat{p}$ e E *para* encontrar os extremos esquerdo e direito.

e. *Especifique* o intervalo de confiança de 90% para a proporção de adultos que dizem que Abraham Lincoln foi o melhor presidente.

Resposta na p. A 42

O nível de confiança de 95% usado no Exemplo 2 é típico de pesquisa de opinião. O resultado, entretanto, geralmente não é classificado como um intervalo de confiança. Pelo contrário, o resultado do Exemplo 2 seria classificado como "29% com uma margem de erro de ±2,5%".

Exemplo 3

Construindo um intervalo de confiança para p

O gráfico a seguir foi feito com base em uma pesquisa entre 900 norte-americanos adultos. Construa um intervalo de 99% de confiança para a população de adultos que acham que os adolescentes são os motoristas mais perigosos. (*Adaptado de The Gallup Organization.*)

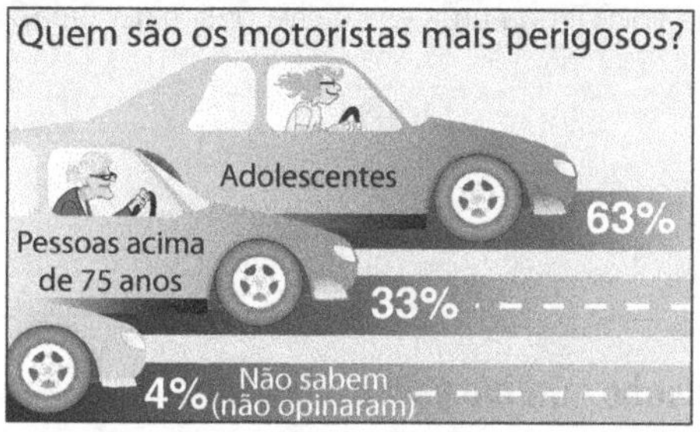

Solução

A partir do gráfico, $\hat{p} = 0{,}63$. Então,

$$\hat{q} = 1 - 0{,}63 = 0{,}37.$$

Usando esses valores e os valores de $n = 900$ e $z_c = 2{,}575$, a margem de erro é:

$$e = z_c\sqrt{\frac{\hat{p}\hat{q}}{n}} \approx 2{,}575\sqrt{\frac{(0{,}63)(0{,}37)}{900}} \approx 0{,}041.$$

Use a Tabela 4 no Apêndice B para estimar que z_c está entre 2,57 e 2,58.

O intervalo de confiança de 99% é o seguinte:

Extremo esquerdo

$\hat{p} - E = 0{,}63 - 0{,}041 = 0{,}589$

Extremo direito

$\hat{p} + E = 0{,}63 + 0{,}041 = 0{,}671$

$$0{,}589 < p < 0{,}671$$

Interpretação

Com confiança de 99%, você pode afirmar que a proporção de adultos que acham que os adolescentes são os motoristas mais perigosos está entre 58,9% e 67,1%.

Tente você 3 Use as informações da pesquisa do Exemplo 3 para construir um intervalo de confiança de 99% para a proporção de adultos que consideram que as pessoas com mais de 75 anos são os motoristas mais perigosos.

a. *Identifique* n *e* $\hat{p}$.
b. *Use* $\hat{p}$ para encontrar $\hat{q}$.
c. *Verifique* se a distribuição de amostragem de $\hat{p}$ é aproximadamente normal.
d. *Identifique* o valor fundamental z_c que corresponde ao dado nível de confiança.
e. *Encontre* os extremos à esquerda e à direita do intervalo de confiança.
f. *Especifique* o intervalo de confiança 99% para a proporção de adultos que consideram que as pessoas acima dos 75 anos são os motoristas mais perigosos.

Resposta na p. A42

Importante

No Exemplo 3 perceba que $np \geq 5$ e $nq \geq 5$. Então, a distribuição de amostragem de $\hat{p}$ é aproximadamente normal.

Aumentando o número de amostras para aumentar a precisão

Uma forma de aumentar a precisão do intervalo de confiança sem diminuir o nível de confiança é aumentar o número da amostra.

Importante

A razão para usar 0,5 como valores para $\hat{p}$ e $\hat{q}$ quando não há estimativa preliminar disponível é que esses valores rendem um valor máximo para o produto $\hat{p}\hat{q} = \hat{p}(1 - \hat{p})$. Em outras palavras, se você não estimar os valores de $\hat{p}$ e $\hat{q}$, você deve pagar a penalidade de usar uma amostra de tamanho maior.

Encontrando o tamanho mínimo da amostra para estimar *p*

Dado o intervalo de confiança *c* e a margem de erro *E*, o tamanho mínimo da amostra *n* necessário para estimar *p* é:

$$n = \hat{p}\hat{q}\left(\frac{z_c}{E}\right)^2.$$

Essa fórmula assume que você tenha uma estimativa preliminar para $\hat{p}$ e $\hat{q}$. Se não, use $\hat{p} = 0,5$ e $\hat{q} = 0,5$.

Exemplo 4

Determinando um tamanho mínimo para a amostra

Você está analisando uma campanha política e quer estimar, com 95% de confiança, a proporção dos eleitores registrados que irão votar no seu candidato. Sua estimativa deve ter uma margem de erro de 3% da população real. Encontre o número mínimo da amostra necessária se (1) não há nenhuma estimativa prévia e (2) uma estimativa prévia $\hat{p} = 0,31$. Compare seus resultados.

Solução

1. Como você não tem uma estimativa prévia para $\hat{p}$, use $\hat{p} = 0,5$ e $\hat{q} = 0,5$. Usando $z_c = 1,96$ e $E = 0,03$, você pode solucionar para n:

$$n = \hat{p}\hat{q}\left(\frac{z_c}{E}\right)^2 = (0,5)(0,5)\left(\frac{1,96}{0,03}\right)^2 \approx 1.067,11.$$

Em razão de n ser decimal, arredonde para o próximo número inteiro, 1.068.

2. Você tem uma estimativa de $\hat{p} = 0,31$. Então $\hat{q} = 0,69$. Usando $z_c = 1,96$ e $E = 0,03$, você pode solucionar para n:

$$n = \hat{p}\hat{q}\left(\frac{z_c}{E}\right)^2 = (0,31)(0,69)\left(\frac{1,96}{0,03}\right)^2 \approx 913,02.$$

Como n é um decimal, arredonde para o número inteiro mais próximo de 914.

Interpretação

Sem nenhuma estimativa prévia, o tamanho mínimo da amostra deve ser 1.068 eleitores. Com uma estimativa prévia de $\hat{p} = 0,31$, o tamanho da amostra deve ser no mínimo 914 eleitores. Então, você precisaria de um tamanho de amostra maior se não há nenhuma estimativa prévia.

Tente você 4 Você quer estimar, com confiança de 90% e com 2% da população, a proporção de homens com idade entre 20 e 34 anos que têm pressão alta. Encontre o número mínimo necessário se (1) não há nenhuma estimativa prévia e (2) uma pesquisa anterior descobriu que 6,4% dos homens nessa faixa etária têm pressão alta. (*Fonte: National Center for Health Statistics.*)

a. *Identifique* $\hat{p}$, $\hat{q}$, z_c e E. Se $\hat{p}$ for desconhecido, use 0,5.

b. *Use* $\hat{p}$, $\hat{q}$, z_c, e E para encontrar o número mínimo da amostra n.

c. *Determine* quantos homens devem ser incluídos na amostra.

Resposta na p. A42

6.3 Exercícios

Construindo habilidades básicas e conceitos

Verdadeiro ou falso?

Nos exercícios 1 e 2, determine se a sentença é verdadeira ou falsa. Se for falsa, reescreva-a de forma que se torne verdadeira.

1. Para estimar o valor de p, a proporção populacional de sucessos, use o ponto estimado x.
2. O ponto estimado para a proporção de fracassos é $1 - \hat{p}$.

Encontrando $\hat{p}$ e $\hat{q}$

Nos exercícios de 3 a 12, seja p a proporção populacional para a condição dada. Encontre as estimativas de ponto para p e q.

3. **Reciclagem** Em uma pesquisa entre 1.002 norte-americanos adultos, 752 declaram fazer reciclagem. *(Adaptado de ABC News Poll.)*
4. **Caridade** Em uma pesquisa entre 2.939 norte-americanos adultos, 2.439 declaram ter contribuído com caridade nos últimos 12 meses. *(Adaptado de Harris Interactive.)*
5. **Obeso ou acima do peso** Um estudo entre 4.431 norte-americanos adultos descobriu que 2.938 eram obesos ou estavam acima do peso. *(Adaptado de National Health and Nutrition Examination Survey.)*
6. **Comendo carne** Dentre os 458 norte-americanos adultos entrevistados, 224 comem carne diariamente. *(Adaptado de Greenfield Online.)*
7. **Planos para o Futuro** Dentre as 848 crianças pesquisadas, 144 planejam entrar para um grupo voluntário no futuro. *(Adaptado de National Geographic Kids.)*
8. **Férias** Em uma pesquisa entre 1.003 norte-americanos adultos, 110 declaram que iriam à Europa nas férias se não fosse o custo necessário. *(Adaptado de The Gallup Poll.)*
9. **Parar de fumar** Em uma pesquisa feita entre 284 fumantes, 204 deles declararam que querem parar de fumar. *(Adaptado de American Lung Association.)*
10. **Feliz no trabalho** Em uma pesquisa feita entre 1.003 adultos norte-americanos, 662 declararam que seriam felizes caso passassem o resto da carreira em seu emprego atual. *(Adaptado de Maritz Poll.)*
11. **Auditoria de impostos** Em uma pesquisa feita entre 1.000 adultos norte-americanos, 230 disseram que estavam, de alguma forma, preocupados com a possibilidades de sofrerem uma auditoria em seus impostos. *(Adaptado de Rasmussen Reports.)*
12. **Viagem cansativa** Em uma pesquisa entre 3.224 adultos norte-americanos, 1.515 disseram que voar é a forma mais cansativa de viajar. *(Adaptado de Travelocity.)*

Usando e interpretando conceitos

13. **Pesquisa eleitoral** Uma pesquisa eleitoral anunciou que um candidato teve uma aceitação de 48% com uma margem de erro de 3%. Construa um intervalo de confiança para a proporção de adultos que aprovam o candidato.
14. **Correio** Uma pesquisa mostrou que 51% dos adultos preferem receber propagandas pelo correio. A margem de erro E é de 5,2%. Construa um intervalo de confiança para a proporção de adultos que preferem receber propagandas pelo correio. *(Fonte: Cable & Telecommunications Association for Marketing.)*

Construindo um intervalo de confiança

Nos exercícios de 15 a 20, construa intervalos de confiança de 95% e 99% para a proporção populacional p usando as estatísticas de amostras indicadas. Qual é o maior intervalo? Se for conveniente, use ferramentas de tecnologia para construir o intervalo.

15. Use as estatísticas no Exercício 3.
16. Use as estatísticas no Exercício 4.
17. Use as estatísticas no Exercício 5.
18. Use as estatísticas no Exercício 6.
19. Use as estatísticas no Exercício 7.
20. Use as estatísticas no Exercício 8.
21. **Planos de viagem** Você é um agente de viagens que quer estimar, com 95% de confiança, a proporção de pessoas em férias que planejam viajar para fora dos Estados Unidos nos próximos 12 meses. Sua estimativa deve ter uma margem de erro de 3% da proporção real.
    (a) Não há estimativas prévias. Encontre o tamanho mínimo da amostra necessária.
    (b) Encontre o tamanho mínimo da amostra necessária usando um estudo anterior que mostrou que 26% dos pesquisados declararam que planejavam viajar para fora dos Estados Unidos nos próximos 12 meses. *(Fonte: Wirthlin Worldwide.)*
    (c) Compare os resultados das partes (a) e (b).
22. **Uso de serviços on-line** Você é um agente de viagens e quer estimar, com 98% de confiança, a proporção de pessoas em férias que usam um serviço on-line ou a Internet para fazer reservas de viagem. Sua estimativa deve ter uma margem de erro de 4%.
    (a) Não há estimativas prévias. Encontre o tamanho mínimo da amostra necessária.
    (b) Encontre o tamanho mínimo da amostra necessária usando um estudo anterior que mostrou que 30% dos pesquisados disseram que usavam um serviço on-line ou a Internet para fazer reservas de viagem. *(Fonte: Travel Industry Association of America.)*
    (c) Compare os resultados das partes (a) e (b).
23. **Conserto de câmeras de vídeo** Você quer estimar, com 96% de confiança, a proporção de câmeras de vídeo que precisam de conserto ou que têm problemas ao completarem cinco anos de uso. Sua estimativa deve ter uma margem de erro de 2,5%.
    (a) Não há estimativas prévias. Encontre o tamanho mínimo da amostra necessária.
    (b) Encontre o tamanho mínimo da amostra necessária usando um estudo anterior que mostrou que 25% das câmeras precisaram de conserto ou tiveram problemas ao completarem cinco anos de uso. *(Fonte: Consumer Reports.)*
    (c) Compare os resultados das partes (a) e (b).

24. **Conserto de computadores** Você quer estimar, com 97% de confiança e com margem de erro 3,5%, a proporção de computadores que precisam de conserto ou têm problemas ao completarem três anos de uso.
   (a) Não há estimativas prévias. Encontre o tamanho mínimo da amostra necessária.
   (b) Encontre o tamanho mínimo da amostra necessária usando um estudo anterior que mostrou que 19% dos computadores precisaram de conserto ou tiveram problemas ao completarem três anos de uso. *(Fonte: Consumer Reports.)*
   (c) Compare os resultados das partes (a) e (b).

Construindo intervalos de confiança

Nos exercícios 25 e 26, use as informações a seguir. A tabela mostra os resultados de uma pesquisa em que 400 adultos do leste, 400 adultos do sul, 400 adultos do centro-oeste e 400 adultos do oeste responderam se consideram o congestionamento um problema sério em sua comunidade. *(Adaptado deThe Harris Poll.)*

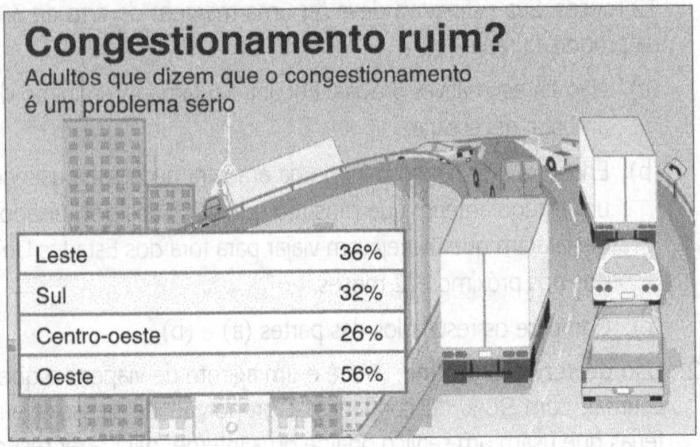

25. **Leste e sul** Construa um intervalo de confiança de 99% para:
   (a) a proporção de adultos do leste que dizem que o congestionamento é um problema sério.
   (b) a proporção de adultos do sul que dizem que o congestionamento é um problema sério. É possível que essas duas proporções sejam iguais? Explique seu raciocínio.
26. **Centro-oeste e oeste** Construa um intervalo de confiança de 99% para:
   (a) a proporção de adultos do centro-oeste que dizem que o congestionamento é um problema sério.
   (b) a proporção de adultos do leste que dizem que o congestionamento é um problema sério. É possível que essas duas proporções sejam iguais? Explique seu raciocínio.

Construindo intervalos de confiança

Nos exercícios 27 e 28, use as informações a seguir. O gráfico mostra os resultados de uma pesquisa na qual 2.563 adultos dos Estados Unidos, 1.125 adultos da França e 1.086 adultos da Alemanha responderam se acreditavam que as atividades humanas estão contribuindo para o aumento da temperatura global. *(Fonte: The Harris Poll.)*

27. **Aquecimento global** Construa um intervalo de confiança de 99% para:
   (a) a proporção de adultos dos Estados Unidos que diz que as atividades humanas estão contribuindo para o aumento da temperatura global.
   (b) a proporção de adultos da França que diz que as atividades humanas estão contribuindo para o aumento da temperatura global.
   (c) a proporção de adultos da Alemanha que diz que as atividades humanas estão contribuindo para o aumento da temperatura global.
28. **Aquecimento global** Determine se é possível que as seguintes proporções sejam iguais. Explique seu raciocínio.
   (a) A proporção de adultos do Exercício 27 (a) e a proporção de adultos do Exercício 27 (b).
   (b) A proporção de adultos do Exercício 27 (b) e a proporção de adultos do Exercício 27 (c).
   (c) A proporção de adultos do Exercício 27 (a) e a proporção de adultos do Exercício 27 (c).

Expandindo conceitos

Pesquisas de jornal

Nos exercícios 29 e 30, traduza o trecho do jornal em um intervalo de confiança para p. Aproxime o valor do nível de confiança c.

29. Em uma pesquisa entre 8.451 adultos norte-americanos, 31,4% disseram que estavam tomando vitamina E como um suplemento. A margem de erro da pesquisa é de 1% para mais ou para menos. *(Fonte: Decision Analyst, Inc.)*
30. Em uma pesquisa entre 1.001 adultos norte-americanos, 27% disseram que fumaram um cigarro na semana anterior. A margem de erro da pesquisa é de 3% para mais ou para menos. *(Fonte: The Gallup Organization.)*
31. **Por que verificar?** Por que é necessário verificar se $n\hat{p} \geq 5$ e $n\hat{q} \geq 5$?
32. **Tamanho da amostra** A equação para determinar o tamanho da amostra $n = \hat{p}\hat{q}[zc/E]^2$ pode ser obtido ao resolver a equação para a margem de erro $E = z_c\sqrt{(\hat{p}\hat{q})/n}$ para n. Mostre que isso é verdade e justifique cada passo.

33. **Valor máximo para $\hat{p}\hat{q}$** Complete as tabelas para valores diferentes de $\hat{p}$ e $\hat{q} = 1 - \hat{p}$. A partir da tabela, qual valor de $\hat{p}$ parece dar o valor máximo do produto $\hat{p}\hat{q}$?

$\hat{p}$	$\hat{q} = 1 - \hat{p}$	$\hat{p}\hat{q}$
0,0	1,0	0,00
0,1	0,9	0,09
0,2	0,8	
0,3		
0,4		
0,5		
0,6		
0,7		
0,8		
0,9		
1,0		

$\hat{p}$	$\hat{q} = 1 - \hat{p}$	$\hat{p}\hat{q}$
0,45		
0,46		
0,47		
0,48		
0,49		
0,50		
0,51		
0,52		
0,53		
0,54		
0,55		

6.3 Atividades

Intervalos de confiança para uma proporção

Applet *Os intervalos de confiança para uma proporção* applet permitem que você investigue visualmente os intervalos de confiança para uma proporção. Você pode especificar o tamanho da amostra n e a proporção real p. Quando você clica SIMULATE, 100 amostras separadas de tamanho n serão selecionadas de uma população com uma proporção de sucessos iguais a p. Para cada uma das 100 amostras, um intervalo de confiança de 95% (em verde) e um intervalo de confiança de 99% (em azul) são mostrados no gráfico a seguir. Cada um desses intervalos é calculado usando a aproximação normal padrão. Se um intervalo não contém a proporção real, é mostrada em vermelho. Note que um intervalo de confiança de 99% é sempre mais largo que o intervalo de 95%. Simulações adicionais podem ser realizadas clicando SIMULATE várias vezes. O número acumulado de vezes que cada tipo de intervalo contém a proporção real também é mostrado. Pressione CLEAR para limpar resultados existentes e começar uma nova simulação.

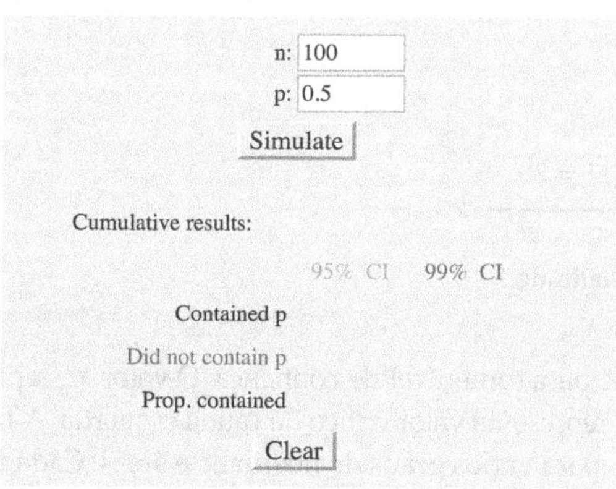

Explore

Passo 1 Especifique um valor para n.

Passo 2 Especifique um valor para p.

Passo 5 Clique SIMULATE para gerar intervalos de confiança.

Chegando a conclusões

1. Faça a simulação para $p = 0,6$ e $n = 10, 20, 40$ e 100. Limpe os resultados depois de cada tentativa. Qual proporção de intervalos de confiança para que cada nível de confiança contenha a proporção populacional? O que acontece com a proporção dos intervalos de confiança que contém a proporção populacional para cada nível de confiança conforme o tamanho da amostra aumenta?
2. Faça a simulação para $p = 0,4$ e $n = 100$ de modo que pelo menos 1.000 intervalos de confiança sejam gerados. Compare a proporção de intervalos de confiança que contém a proporção populacional para cada nível de confiança. Isso é o que você esperaria? Explique.

6.4 Intervalos de confiança para variância e desvio padrão

O que você deve aprender

- Como usar a tabela da distribuição qui-quadrado.
- Como usar a distribuição qui-quadrado para construir um intervalo de confiança para variância e desvio padrão.

A distribuição qui-quadrado → Intervalos de confiança para σ^2 e σ

A distribuição qui-quadrado

Na produção, é necessário controlar o quanto um processo varia. Por exemplo, o fabricante de uma peça de automóvel deve produzir milhares de peças a serem usadas em um processo de fabricação. É importante que as peças variem muito pouco ou nada. Como você pode medir, e consequentemente controlar, a variação nas peças? Você pode começar com uma estimativa pontual.

Definição

A **estimativa pontual para σ^2** é s^2 e a **estimativa pontual para σ** é s; s^2 é a melhor estimativa não tendenciosa para σ^2.

Dica de estudo

A letra grega χ é pronunciada "*ki*", que rima com a letra grega mais familiar π.

Você pode usar uma *distribuição qui-quadrado* para construir um intervalo de confiança para a variância e desvio padrão.

Definição

Se a variável aleatória x tem distribuição normal, então a distribuição de:

$$\chi^2 = \frac{(n-1)s^2}{\sigma^2}.$$

forma uma **distribuição qui-quadrado** para amostras de qualquer tamanho $n > 1$. Quatro propriedades da distribuição qui-quadrado estão a seguir.

1. Todos valores qui-quadrado χ^2 são maiores ou iguais a zero.
2. A distribuição qui-quadrado é uma família de curvas, cada uma determinada pelos graus de liberdade. Para formar um intervalo de confiança para σ^2, use a distribuição χ^2 com graus de liberdade iguais a um a menos do que o tamanho da amostra.
   g.l. $= n - 1$ graus de liberdade
3. A área abaixo da curva da distribuição qui-quadrado é igual a um.
4. As distribuições qui-quadrado são assimétricas positivas.

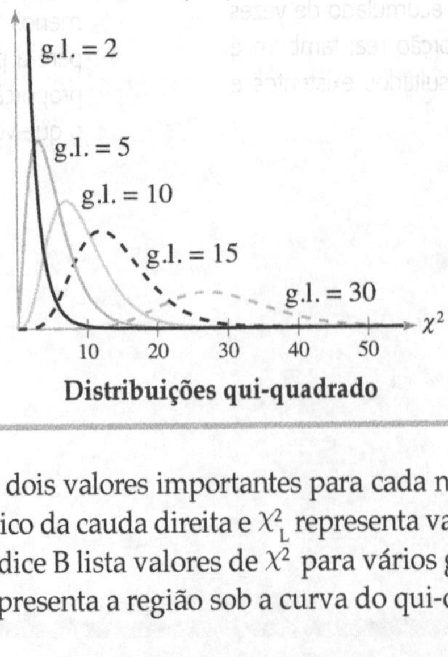

Distribuições qui-quadrado

Há dois valores importantes para cada nível de confiança. O valor χ^2_R representa valor crítico da cauda direita e χ^2_L representa valor crítico da cauda esquerda. A Tabela 6 no Apêndice B lista valores de χ^2 para vários graus de liberdade e áreas. Cada área na tabela representa a região sob a curva do qui-quadrado à *direita* do valor crítico.

Exemplo 1

Encontrando valores críticos para χ^2

Encontre os valores críticos χ^2_R e χ^2_L e um intervalo de confiança de 90% quando o tamanho da amostra for 20.

Solução

Como o tamanho da amostra é 20, há:

g.l. $= n - 1 = 20 - 1 = 19$ graus de liberdade.

As áreas à direita de χ^2_R e χ^2_L são:

$$\text{área à direita de } \chi^2_R = \frac{1-c}{2} = \frac{1-0{,}90}{2} = 0{,}05$$

e

$$\text{área à direita de } \chi^2_L = \frac{1+c}{2} = \frac{1+0{,}90}{2} = 0{,}95.$$

Parte da Tabela 6 é exibida. Usando g.l. = 19 e as áreas 0,95 e 0,05, você pode encontrar os valores críticos, como exibido pelas áreas destacadas na tabela.

Graus de liberdade	α						
	0,995	0,99	0,975	0,95	0,90	0,10	0,05
1	—	—	0,001	0,004	0,016	2,706	3,841
2	0,010	0,020	0,051	0,103	0,211	4,605	5,991
3	0,072	0,115	0,216	0,352	0,584	6,251	7,815
15	4,601	5,229	6,262	7,261	8,547	22,307	24,996
16	5,142	5,812	6,908	7,962	9,312	23,542	26,296
17	5,697	6,408	7,564	8,672	10,085	24,769	27,587
18	6,265	7,015	8,231	9,390	10,865	25,989	28,869
19	6,844	7,633	8,907	10,117	11,651	27,204	30,144
20	7,434	8,260	9,591	10,851	12,443	28,412	31,410

χ^2_L χ^2_R

Por meio da tabela, você pode ver que $\chi^2_R = 30{,}144$ e $\chi^2_L = 10{,}117$.

Interpretação

Então, 90% da área sob a curva está situada entre 10,117 e 30,144.

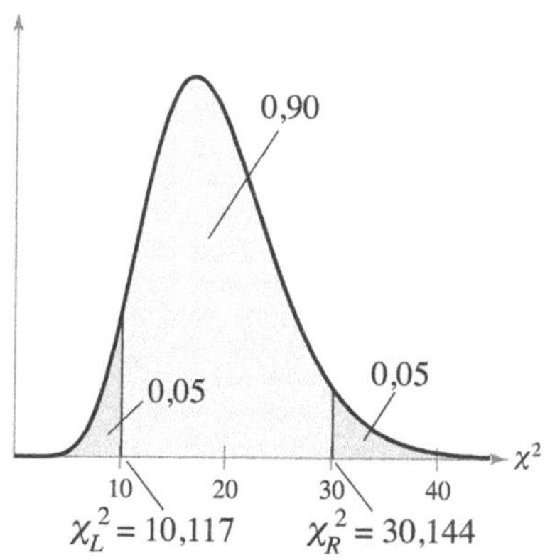

Tente você 1 Encontre os valores críticos χ^2_R e χ^2_L e os intervalos de confiança 95% quando o tamanho da amostra for 25.

a. *Identifique* os graus de liberdade e o nível de confiança.

b. *Encontre* a área à direita de χ^2_R e χ^2_L.

c. *Use* a Tabela 6 do Apêndice B para encontrar χ^2_R e de χ^2_L.

Resposta na p. A42

Intervalos de confiança para σ^2 e σ

Você pode usar os valores críticos χ^2_R e χ^2_L para construir intervalos de confiança para a variância e desvio padrão de uma população. Como é de se esperar o melhor ponto estimado para a variância s^2 e a melhor estimativa pontual para o desvio padrão é s.

Dica de estudo

Para os valores críticos com nível de confiança c, os valores a seguir são os que você vê na Tabela 6 no Apêndice B.

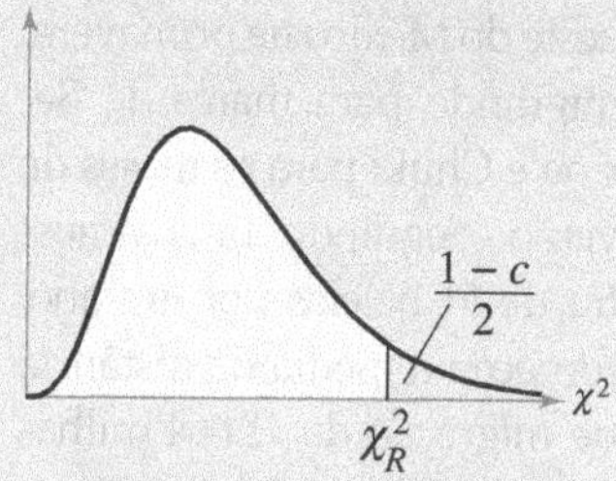

Área à direita de χ^2_R

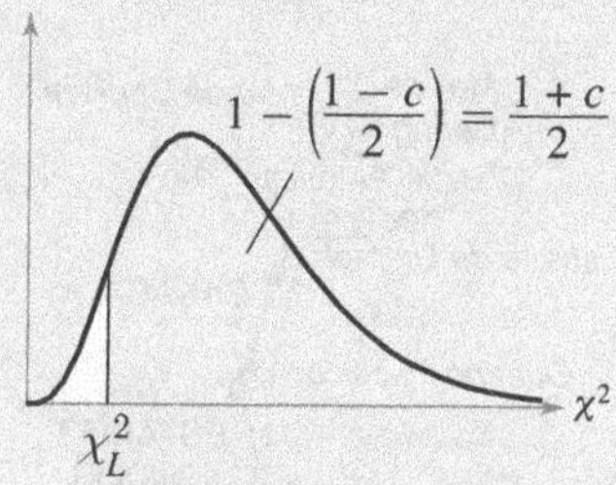

Área à direita de χ^2_L

O resultado é que você pode concluir que a área entre os valores críticos da esquerda e direita é c.

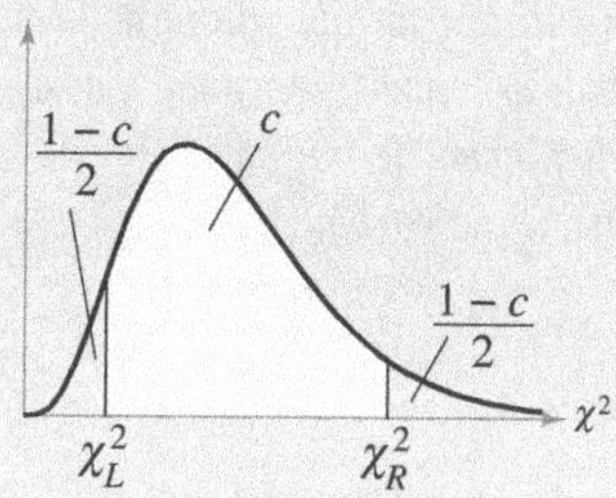

Retratando o mundo

A baleia cinza tem a maior distância de migração anual de todos os mamíferos. As baleias deixam Baja, Califórnia e o oeste do México na primavera, migrando para mares de Bering e Chuki para os meses de verão. Seguindo uma amostra de 51 baleias por um ano, forneceu a média da distância de migração de 11.064 milhas com desvio padrão de 860 milhas. *(Adaptado de National Marine Fisheries Services.)*

Construa um intervalo de confiança para o desvio padrão para as distâncias de migração das baleias cinzas. Assuma que as distâncias de migração têm distribuição normal.

Definição

Um intervalo de confiança **c** para variância e desvio padrão populacional é:

Intervalo de confiança para σ^2:

$$\frac{(n-1)s^2}{\chi^2_R} < \sigma^2 < \frac{(n-1)s^2}{\chi^2_L}.$$

Intervalo de confiança para σ:

$$\sqrt{\frac{(n-1)s^2}{\chi^2_R}} < \sigma < \sqrt{\frac{(n-1)s^2}{\chi^2_L}}.$$

A probabilidade de que o intervalo de confiança contenha σ^2 ou σ é c.

Instruções

Construindo um intervalo de confiança para variância e desvio padrão

	Em palavras	*Em símbolos*
1.	Verifique que a população tem distribuição normal.	
2.	Identifique a estatística da amostra n e os graus de liberdade.	g.l. $= n - 1$
3.	Encontre a estimativa pontual s^2.	$s^2 = \frac{\sum(x-\bar{x})^2}{n-1}$
4.	Encontre os valores críticos X^2_R e X^2_L que correspondem ao nível de confiança c.	Use a Tabela 6 no Apêndice B
5.	Encontre os extremos esquerdo e direito e forme intervalos de confiança para a variância da população.	Extremo esquerdo Extremo direito $\frac{(n-1)s^2}{\chi^2_R} < \sigma^2 < \frac{(n-1)s^2}{\chi^2_L}$
6.	Encontre o intervalo de confiança para o desvio padrão retirando a raiz quadrada para cada extremo.	$\sqrt{\frac{(n-1)s^2}{\chi^2_R}} < \sigma < \sqrt{\frac{(n-1)s^2}{\chi^2_L}}$

Exemplo 2

Construindo um intervalo de confiança

Você seleciona aleatoriamente 30 amostras de um antialérgico e as pesa. O desvio padrão da amostra é 1,20 miligramas. Supondo que os pesos são normalmente distribuídos, construa intervalos de confiança de 99% para a variância e o desvio padrão da população.

Solução

As áreas à direita de χ^2_R e χ^2_L são:

$$\text{área à direita de } \chi^2_R = \frac{1-c}{2} = \frac{1-0,99}{2} = 0,005$$

e

$$\text{área à esquerda de } \chi^2_L = \frac{1+c}{2} = \frac{1+0,99}{2} = 0,995.$$

Usando os valores $n = 30$, g.l. $= 29$, $c = 0{,}99$, os valores críticos e os valores de χ^2_R e χ^2_L são $\chi^2_R = 52{,}336$ e $\chi^2_L = 13{,}121$.

Usando os valores críticos e $s = 1{,}20$, o intervalo de confiança para σ^2 é o seguinte:

Extremo esquerdo

$$\frac{(n-1)s^2}{\chi^2_R} = \frac{(30-1)(1{,}20)^2}{52.336} \approx 0{,}80$$

Extremo direito

$$\frac{(n-1)s^2}{\chi^2_L} = \frac{(30-1)(1{,}20)^2}{13.121} \approx 3{,}18$$

$$0{,}80 < \sigma^2 < 3{,}18$$

O intervalo de confiança σ é:

$$\sqrt{\frac{(30-1)(1{,}20)^2}{52{,}336}} < \sigma < \sqrt{\frac{(30-1)(1{,}20)^2}{13{,}121}}$$

$$0{,}89 < \sigma < 1{,}78.$$

Interpretação

Com 99% de confiança, podemos dizer que a variância populacional está entre 0,80 e 3,18. O desvio padrão da população está entre 0,89 e 1,78 miligramas.

Dica de estudo

Quando um intervalo de confiança para uma variância ou desvio padrão populacional é calculado, a regra geral de arredondamento é arredondar para o mesmo número de casas decimais dadas para a variância da amostra e o desvio padrão.

Tente você 2 Encontre os intervalos de confiança de 90% e 95% para a variância e o desvio padrão da população de pesos dos remédios.

a. *Encontre os valores críticos* χ^2_R e χ^2_L para cada intervalo de confiança.

b. *Use* n, s, χ^2_R e χ^2_L para encontrar os extremos à esquerda e à direita para cada intervalo de confiança para a variância.

c. *Encontre* as raízes quadradas dos extremos para cada intervalo de confiança.

d. *Especifique* os intervalos de confiança *de* 90% e 95% para a variância e o desvio padrão da população.

Resposta na p. A42

6.4 Exercícios

Construindo habilidades básicas e conceitos

Nos exercícios de 1 a 6, encontre os valores críticos χ^2_R e χ^2_L para o dado nível de confiança c e tamanho da amostra n.

1. $c = 0{,}90$, $n = 10$.
2. $c = 0{,}99$, $n = 13$.
3. $c = 0{,}95$, $n = 22$.
4. $c = 0{,}98$, $n = 26$.
5. $c = 0{,}99$, $n = 30$.
6. $c = 0{,}80$, $n = 29$.

Usando e interpretando conceitos

Construindo intervalos de confiança

Nos exercícios de 7 a 20, suponha que cada amostra tenha sido retirada de uma população normalmente distribuída e construa os intervalos de confiança indicados para (a) a variância da população σ^2 e (b) o desvio padrão da população σ.

7. **Vitaminas** Para analisar a variação das pílulas de suplemento vitamínico, você seleciona aleatoriamente 14 pílulas e as pesa. Os resultados (em miligramas) são apresentados. Use um nível de 90% de confiança.

500,000	499,995	500,010	499,997	500,015
499,988	500,000	499,996	500,020	500,002
499,998	499,996	500,003	500,000	

8. **Xarope para tosse** Você seleciona, aleatoriamente, e mede o conteúdo de 15 frascos de xarope para tosse. Os resultados (em onças fluidas) são apresentados a seguir. Use um nível de 90% confiança.

4,211	4,246	4,269	4,241	4,260
4,293	4,189	4,248	4,220	4,239
4,253	4,209	4,300	4,256	4,290

9. **Baterias de carros** O número de horas da capacidade de reserva de 18 baterias de automóveis escolhidos aleatoriamente é apresentado a seguir. Use um nível de 99% de confiança. (*Adaptado de Consumer Reports.*)

1,70 1,60 1,94 1,58 1,74 1,60
1,86 1,72 1,38 1,46 1,64 1,49
1,55 1,70 1,75 0,88 1,77 2,07

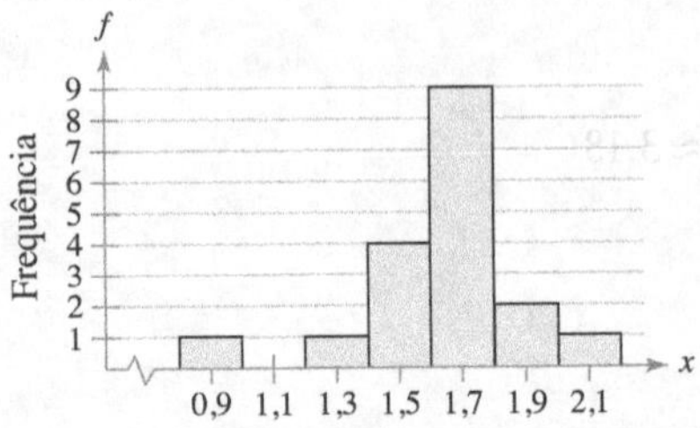

10. **Parafusos** Você seleciona aleatoriamente e mede o comprimento de 17 parafusos. Os resultados (em polegadas) são apresentados. Use um nível de 95% de confiança.

1,286 1,138 1,240 1,132 1,381 1,137
1,300 1,167 1,240 1,401 1,241 1,171
1,217 1,360 1,302 1,331 1,383

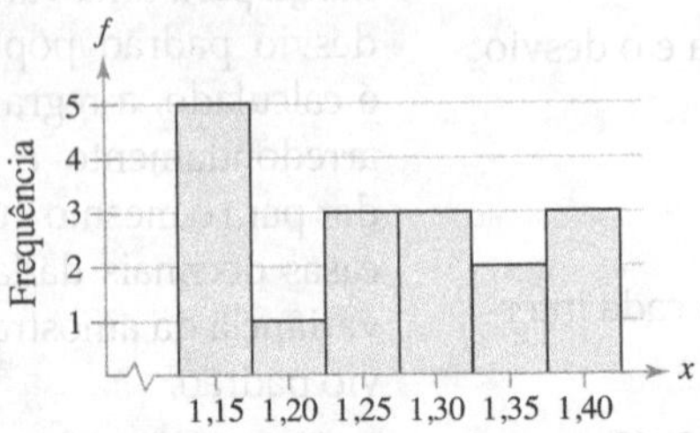

11. **Máquina para cortar grama** Um fabricante de máquinas para cortar grama está tentando determinar o desvio padrão da vida de um de seus modelos de máquinas. Para fazê-lo, ele seleciona aleatoriamente 12 máquinas que foram vendidas anos atrás e descobre que o desvio padrão da amostra é 3,25 anos. Use um nível de 99% de confiança. *(Adaptado de Consumer Reports.)*

12. **Sistemas de *home theater*** Uma revista publica uma reportagem sobre os preços de sistemas de *home theaters*. O artigo afirma que 14 sistemas aleatoriamente escolhidos tiveram um desvio padrão de $ 123. Use um nível de 95% de confiança. *(Adaptado de Consumer Reports.)*

13. **Hotéis** Como parte de seu planejamento de férias, você contata 10 hotéis escolhidos de forma aleatória dentro da sua área de destino e anota o preço dos quartos de cada um. Os resultados são apresentados no gráfico ramo-e-folhas. Use um nível de 90% de confiança.

Chave: 8 | 3 = 83

6	0 3
7	
8	3
9	0
10	2 8
11	3 8
12	2
13	
14	1

14. **Frequência de pulso** As frequências de pulso de uma amostra aleatória de 16 adultos são apresentadas no gráfico ramo-e-folhas. Use um nível de 95% de confiança.

Chave: 6 | 2 = 62

6	2
6	5 8 9
7	0 1 4 4
7	6 6 7 9 9
8	0 0
8	7

15. **Qualidade da água** Como parte de uma pesquisa sobre a qualidade da água, você testa a dureza da água em vários fluxos d'água. Os resultados são apresentados na figura. Use um nível de 95% de confiança.

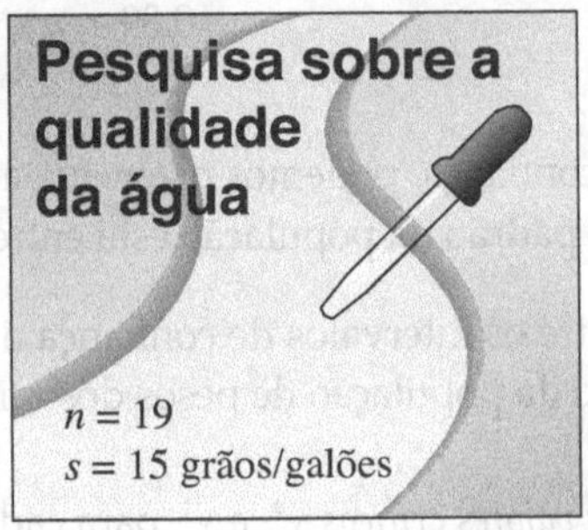

16. **Custos de websites** Como parte de uma pesquisa, você pergunta a uma amostra de empresários o quanto eles estariam dispostos a pagar por um website para suas empresas. Os resultados são apresentados na figura. Use um nível de 90% de confiança.

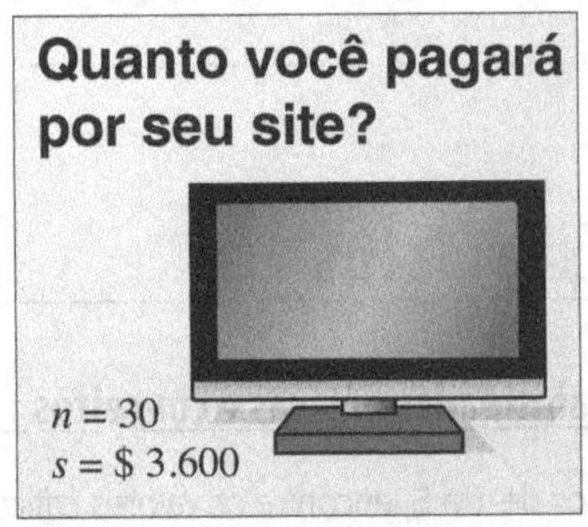

17. **Renda mensal** As rendas mensais de 14 indivíduos selecionados aleatoriamente que se formaram recentemente como bacharéis em economia têm um desvio padrão de $ 342. Use um nível de 95% de confiança. *(Adaptado de U.S. Bureau of Labor Statistics.)*

18. **Precipitação anual** A média de precipitação anual (em polegadas) de uma amostra aleatória de 30 anos em Anchorage, Alaska, tem um desvio padrão de 2,46 polegadas. Use um nível de 99% de confiança. *(Fonte: Alaska Climate Research Center.)*

19. **Tempo de espera** O tempo de espera (em minutos) de uma amostra aleatória de 22 pessoas em um banco tem um desvio padrão de 3,6 minutos. Use um nível de 98% de confiança.

20. **Motocicletas** Os preços de uma amostra aleatória de 20 motocicletas novas têm um desvio padrão de $ 3.900. Use um nível de 90% de confiança.

Expandindo conceitos

21. **Peso de pílulas de vitaminas** Você está analisando a amostra de pílulas de suplementos vitamínicos do Exercício 7. O desvio padrão da população de pesos das pílulas deve ser menor que 0,015 miligramas. O intervalo de confiança que você construiu para s sugere que a variação nos pesos das pílulas esteja dentro de um nível aceitável? Explique seu raciocínio.

22. **Conteúdo dos frascos de xarope para tosse** Você está analisando a amostra de frascos de xarope do Exercício 8. O desvio padrão da população de conteúdos dos frascos deve ser menor que 0,025 onças fluidas. O intervalo de confiança que você construiu para σ sugere que a variação no conteúdo dos frascos esteja dentro de um nível aceitável? Explique seu raciocínio.

Usos e abusos – estatística no mundo real

Usos

Agora, você sabe que informações completas sobre os parâmetros populacionais não estão frequentemente disponíveis. As técnicas deste capítulo podem ser usadas para fazer estimativas de intervalos desses parâmetros de modo que você possa tomar decisões fundamentadas.

Do que você aprendeu neste capítulo, você sabe que as estimativas pontuais (estatísticas amostrais) dos parâmetros populacionais são normalmente próximas, mas raramente são iguais ao valor real do parâmetro que estão estimando. Lembrar disso pode ajudar a tomar boas decisões em sua carreira e no dia a dia. Por exemplo, suponha que o resultado de uma pesquisa diga a você que 52% de uma população planeja votar a favor do zoneamento de uma parte de uma cidade em área residencial e comercial. Você sabe que isso é somente uma estimativa pontual da real proporção que votará a favor do zoneamento. Se o intervalo de estimativa for $0{,}49 < p < 0{,}55$, então você sabe que isso significa que é possível que o item não receba a maioria dos votos.

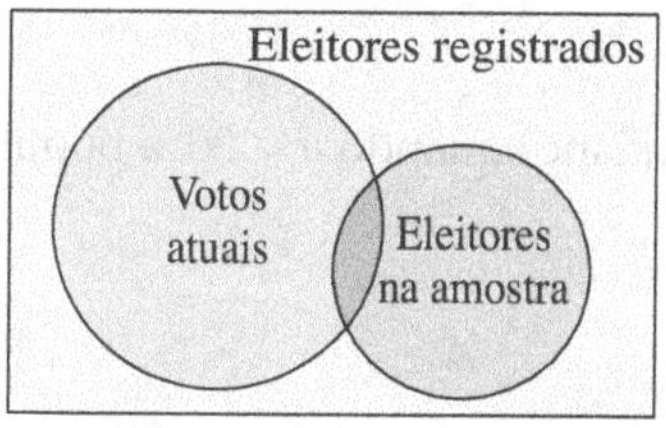

Abusos

Amostras não representativas Há muitas maneiras nas quais pesquisas podem resultar em previsões incorretas. Quando você vir os resultados de uma pesquisa, lembre-se de questionar o tamanho da amostra, a técnica de amostragem e a questão usada. Por exemplo, suponha que você queira saber a proporção de pessoas que votarão a favor do zoneamento. A partir do diagrama apresentado, você pode ver que mesmo se sua amostra for grande o suficiente, ela pode não consistir dos eleitores reais.

Usar uma amostra menor pode ser a única maneira de fazer uma estimativa, mas esteja atento ao fato de que uma mudança em um valor de dado pode mudar completamente os resultados. Geralmente, quanto maior o tamanho da amostra, mais acertado será o resultado.

Questão de pesquisa tendenciosa Nas pesquisas, também é importante analisar as palavras usadas nas questões. Por exemplo, a questão sobre o zoneamento pode ser apresentada como: "Sabendo que o zoneamento irá resultar em mais negócios contribuindo para impostos escolares, você apoiaria o zoneamento?"

Exercícios

1. ***Amostras não representativas*** Encontre um exemplo de uma pesquisa que foi mostrada em um jornal ou revista. Descreva diferentes maneiras de que a amostra poderia não ser representativa da população.
2. ***Questão de pesquisa tendenciosa*** Encontre um exemplo de uma pesquisa que esteja em um jornal ou revista. Descreva diferentes maneiras de que as questões dessa pesquisa possam ser tendenciosas.

Resumo do capítulo

O que você aprendeu?	Exemplos	Exercícios de revisão
Seção 6.1		
■ Como encontrar uma estimativa pontual e a margem de erro: $E = z_c \frac{\sigma}{\sqrt{n}}$.	1 e 2	1 e 2
■ Como construir e interpretar intervalos de confiança para a média populacional: $\bar{x} - E < \mu < \bar{x} + E$.	3 a 5	3 e 4
■ Como determinar o tamanho mínimo necessário da amostra quando estimamos μ: $n = \left(\frac{z_c \sigma}{E}\right)^2$.	6	5 a 8
Seção 6.2		
■ Como interpretar a distribuição t e usar a tabela da distribuição: $t = \frac{(\bar{x} - \mu)}{(s/\sqrt{n})}$.	1	9 a 12
■ Como construir intervalos de confiança quando $n < 30$, a população é normalmente distribuída e σ é desconhecido: $\bar{x} - E < \mu < \bar{x} + E, \quad E = t_c \frac{s}{\sqrt{n}}$.	2 a 4	13 a 22
Seção 6.3		
■ Como encontrar uma estimativa pontual para a proporção populacional: $\hat{p} = \frac{x}{n}$.	1	23 a 30
■ Como construir um intervalo de confiança para proporção populacional: $\hat{p} - E < p < \hat{p} + E, \quad E = zc\sqrt{\frac{\hat{p}\hat{q}}{n}}$.	2 e 3	31 a 38
■ Como determinar o tamanho mínimo de amostra necessária quando estimamos uma proporção populacional: $n = \hat{p}\hat{q}\left(\frac{z_c}{E}\right)^2$.	4	39 e 40
Seção 6.4		
■ Como interpretar a distribuição qui-quadrado e usar a tabela da distribuição qui-quadrado: $\chi^2 = \frac{(n-1)s^2}{\sigma^2}$.	1	41 a 44
■ Como usar a distribuição qui-quadrado para construir um intervalo de confiança para variância e desvio padrão: $\frac{(n-1)s^2}{\chi_R^2} < \sigma^2 < \frac{(n-1)s^2}{\chi_L^2}, \sqrt{\frac{(n-1)s^2}{\chi_R^2}} < \sigma < \sqrt{\frac{(n-1)s^2}{\chi_L^2}}$.	2	45 a 48

Exercícios de revisão

Seção 6.1

Nos exercícios 1 e 2, encontre (a) a estimativa pontual da média da população e (b) a margem de erro para um intervalo de 90% de confiança.

1. Horário de despertar de 40 pessoas que começam a trabalhar às 8h (em minutos passados das 5h).

135	145	95	140	135	95	110	50
90	165	110	125	80	125	130	110
25	75	65	100	60	125	115	135
95	90	140	40	75	50	130	85
100	160	135	45	135	115	75	130

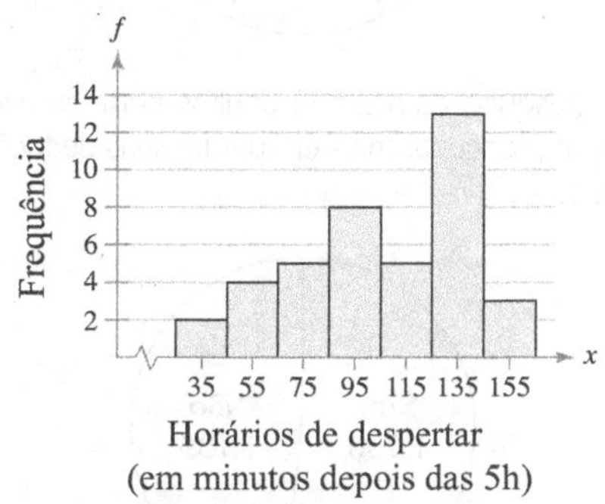

2. Distância até o trabalho de 32 pessoas (em milhas).

12	9	7	2	8	7	3	27
21	10	13	3	7	2	30	7
6	13	6	14	4	1	10	3
13	6	2	9	2	12	16	18

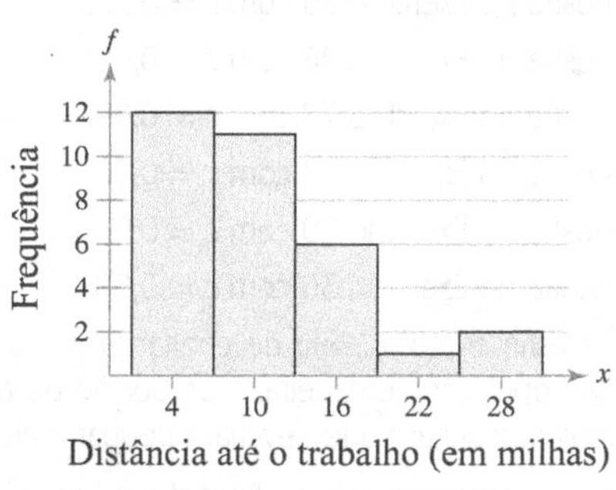

Nos exercícios 3 e 4, construa o intervalo de confiança indicado para a média da população μ. Se for conveniente, use ferramentas de tecnologia para construir o intervalo de confiança.

3. $c = 0{,}95, \bar{x} = 10{,}3, s = 0{,}277, n = 100$.
4. $c = 0{,}90, \bar{x} = 0{,}0925, s = 0{,}0013, n = 45$.

Nos exercícios de 5 a 8, determine o tamanho mínimo da amostra para estimar μ.

5. Use os resultados do Exercício 1. Determine o tamanho mínimo da pesquisa necessário para se obter um nível de 95% de confiança em que a média da amostra de horários de despertar esteja dentro de uma margem de erro de 10 minutos da média verdadeira.
6. Use os resultados do Exercício 1. Agora, suponha que você queira um nível de 99% de confiança com um erro máximo de 2 minutos. Quantas pessoas você precisaria pesquisar?
7. Use os resultados do Exercício 2. Determine o tamanho mínimo da pesquisa necessária para ter 95% de confiança em que a média da amostra da distância até o trabalho esteja dentro de uma margem de erro de 2 milhas da média verdadeira.
8. Use os resultados do Exercício 2. Agora suponha que você queira um nível de 98% de confiança com um erro máximo de 0,5 milhas. Quantas pessoas você precisaria pesquisar?

Seção 6.2

Nos exercícios de 9 a 12, encontre o valor crítico t_c para o dado nível de confiança c e um tamanho da amostra n.

9. $c = 0{,}95, n = 8$.
10. $c = 0{,}90, n = 22$.
11. $c = 0{,}98, n = 15$.
12. $c = 0{,}99, n = 30$.

Nos exercícios de 13 a 16, encontre a margem de erro para μ.

13. $c = 0{,}90, s = 25{,}6, n = 16, \bar{x} = 72{,}1$.
14. $c = 0{,}95, s = 1{,}1, n = 25, \bar{x} = 3{,}5$.
15. $c = 0{,}98, s = 0{,}9, n = 12, \bar{x} = 6{,}8$.
16. $c = 0{,}99, s = 16{,}5, n = 20, \bar{x} = 25{,}2$.

Nos exercícios de 17 a 20, construa o intervalo de confiança para μ usando as estatísticas do exercício. Se for conveniente, use ferramentas de tecnologia para construir o intervalo de confiança.

17. Exercício 13.
18. Exercício 14.
19. Exercício 15.
20. Exercício 16.
21. Em uma amostra de 15 CD players que estavam no conserto, o custo médio do conserto era de \$ 80 e o desvio padrão era de \$ 14. Construa um intervalo de 90% de confiança para μ. Suponha que o custo para o conserto seja normalmente distribuído. *(Adaptado de Consumer Reports.)*
22. Repita o Exercício 21 usando um intervalo de 99% de confiança.

Seção 6.3

Nos exercícios de 23 a 30, seja p a proporção da população que responde sim, use as informações dadas para encontrar $\hat{p}$ e $\hat{q}$.

23. Em uma pesquisa com 2.000 adultos norte-americanos, 560 disseram que acreditam que seus médicos dizem a verdade. *(Adaptado de Pew Research Center.)*

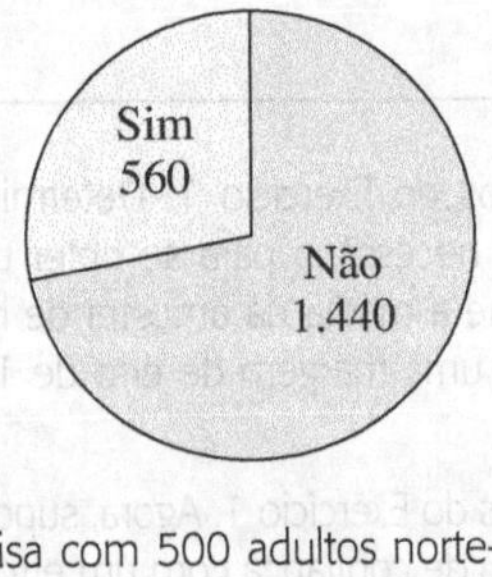

24. Em uma pesquisa com 500 adultos norte-americanos, 425 disseram que confiariam no que seus médicos disseram. *(Adaptado de The Harris Poll.)*

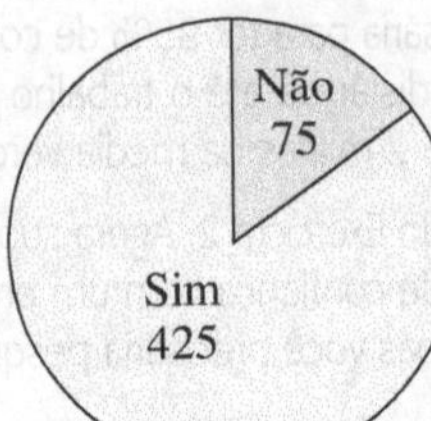

25. Em uma pesquisa com 2.010 adultos norte-americanos, 442 disseram que nos últimos 3 anos uma organização os notificou de terem perdido, terem sido roubados ou de terem jogado fora indevidamente suas informações pessoais. *(Adaptado de The Harris Poll.)*

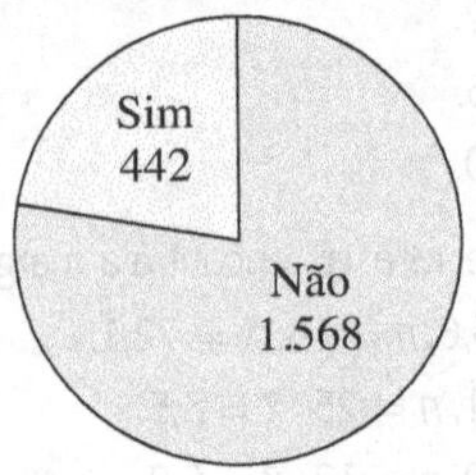

26. Em uma pesquisa com 800 adultos norte-americanos, 90 fazem pagamento mínimo de seu cartão de crédito. *(Adaptado de Cambridge Consumer Credit Index.)*

27. Em uma pesquisa com 644 adolescentes norte-americanos, 116 dizem que os líderes de negócios são éticos. *(Fonte: USA TODAY.)*

28. Em uma pesquisa com 1.007 norte-americanos adultos, 594 dizem que aprovam os sindicatos. *(Adaptado de The Gallup Organization.)*

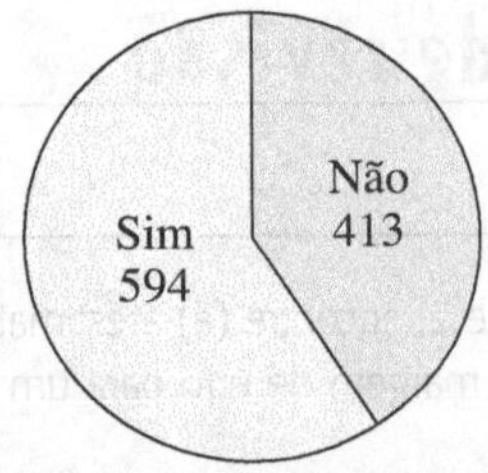

29. Em uma pesquisa com 4.813 adultos norte-americanos, 2.021 disseram ter Internet com acesso de alta velocidade em casa. *(Adaptado de Pew Internet and American Life Project.)*

30. Em uma pesquisa com 2.365 adultos norte-americanos, 1.230 disseram se preocupar mais em perder suas deduções ao preencher suas taxas. *(Adaptado de USA TODAY.)*

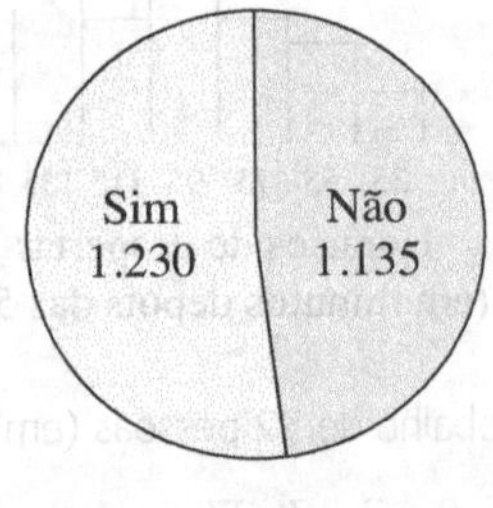

Nos exercícios de 31 a 38, construa o intervalo de confiança indicado para a proporção populacional p. Se for conveniente, use ferramentas de tecnologia para construir o intervalo de confiança.

31. Use a amostra no Exercício 23 com $c = 0{,}95$.
32. Use a amostra no Exercício 24 com $c = 0{,}99$.
33. Use a amostra no Exercício 25 com $c = 0{,}90$.
34. Use a amostra no Exercício 26 com $c = 0{,}98$.
35. Use a amostra no Exercício 27 com $c = 0{,}99$.
36. Use a amostra no Exercício 28 com $c = 0{,}90$.
37. Use a amostra no Exercício 29 com $c = 0{,}95$.
38. Use a amostra no Exercício 30 com $c = 0{,}98$.
39. Você quer estimar, com 95% de confiança e margem de erro de 5% da população verdadeira, a proporção de adultos norte-americanos que acham que deveriam poupar mais dinheiro.
    (a) Não há estimativas prévias. Encontre o tamanho mínimo da amostra necessária.
    (b) Encontre o tamanho mínimo da amostra necessária, usando um estudo prévio que descobriu que 63% dos adultos norte-americanos acham que deveriam estar poupando mais dinheiro. *(Fonte: Pew Research Center.)*
    (c) Compare os resultados das partes (a) e (b).
40. Repita o Exercício 39 parte (b), usando um nível de 99% de confiança e uma margem de erro de 2,5%. Como esse tamanho de amostra se compara à sua resposta no Exercício 39 parte (b)?

Seção 6.4

Nos exercícios de 41 a 44, encontre os valores críticos χ^2_R e χ^2_L para o dado nível de confiança c e tamanho de amostra *n*.

41. $c = 0,95, n = 13.$
42. $c = 0,98, n = 25.$
43. $c = 0,90, n = 8.$
44. $c = 0,99, n = 10.$

Nos exercícios de 45 a 48, construa os intervalos de confiança indicados para σ^2 e σ. Suponha que as amostras sejam retiradas, cada uma, de uma população normalmente distribuída.

45. Uma amostra aleatória do conteúdo líquido (em onças fluidas) de 16 latas de bebidas é dada. Use um nível de 95% de confiança.

14,816 14,863 14,814 14,998
14,965 14,824 14,884 14,838
14,916 15,021 14,874 14,856
14,860 14,772 14,980 14,919

46. Repita o Exercício 45 usando um nível de 99% de confiança.

47. Uma amostra aleatória do sódio (em miligramas) contido em 24 caixas de cereais é dada. Use um nível de 90% de confiança.

290,8 292,5 288,0 291,9 290,3
291,4 290,0 290,3 289,9 289,3
291,2 290,6 289,8 289,7 291,1
292,9 288,7 290,9 289,9 290,6
291,4 289,7 290,0 291,3

48. Repita o Exercício 47 usando um nível de 95% de confiança.

Teste do capítulo

Faça este teste como se você estivesse fazendo uma prova em sala. Depois, compare suas respostas com as respostas dadas no final do livro.

1. Os dados a seguir representam o custo de reparos (em dólares) para uma amostra aleatória de 30 máquinas de lavar louça. *(Adaptado de Consumer Reports.)*

41,82 52,81 57,80 68,16 73,48 78,88 88,13 88,79
90,07 90,35 91,68 91,72 93,01 95,21 95,34 96,50
100,05 101,32 103,59 104,19 105,62 111,32 117,14 118,42
118,77 119,01 120,70 140,52 141,84 147,06

(a) Encontre uma estimativa pontual da média da população.
(b) Encontre a margem de erro para um nível de 95% de confiança.
(c) Construa um intervalo de 95% de confiança para a média da população e interprete os resultados.

2. Você quer estimar a média dos custos com reparos de máquinas de lavar louças. A estimativa deve ter margem de erro de $ 10 em relação a média da população. Determine o tamanho exigido da amostra para construir um intervalo de 99% de confiança para uma média da população. Suponha que o desvio padrão da população seja $ 22,50. *(Adaptado de Consumer Reports.)*

3. O conjunto de dados a seguir representa a média de jardas por intercepção para uma amostra aleatória de recebedores no futebol americano de uma temporada recente. *(Fonte: National Football League.)*

11,1 14,4 12,8 12,0 15,2 13,9 11,7 13,2 11,6 13,7

(a) Encontre a média da amostra.
(b) Encontre o desvio padrão da amostra.
(c) Use a distribuição *t* para construir um intervalo de 90% de confiança para uma média da população e interprete os resultados. Suponha que a população do conjunto de dados seja normalmente distribuída.
(d) Repita a parte (c), supondo que $\sigma = 2,63$ jardas. Compare os resultados.

4. Em uma amostra aleatória de sete engenheiros aeroespaciais, a renda média mensal foi de $ 6.824 e o desvio padrão foi de $ 340. Suponha que as rendas mensais sejam normalmente distribuídas e use uma distribuição *t* para construir um intervalo de 95% de confiança para a média da população de renda mensal de engenheiros aeroespaciais. *(Adaptado de U.S. Bureau of Labor Statistics.)*

5. Em uma pesquisa com 1.037 adultos dos Estados Unidos com idades entre 65 ou mais, 643 se preocupavam em contrair gripe. *(Fonte: Harvard School for Public Health.)*

(a) Encontre uma estimativa pontual para a proporção populacional *p* daqueles que se preocupavam em contrair gripe.
(b) Construa um intervalo de 90% de confiança para a proporção populacional.
(c) Encontre o tamanho mínimo da amostra necessário para estimar a proporção populacional no nível de 99% de confiança para assegurar que a estimativa esteja de acordo com a margem de erro de 4% da proporção populacional.

6. Consulte o conjunto de dados no Exercício 1. Suponha que a população do custo do reparo de máquinas de lavar louça seja normalmente distribuída.

(a) Construa um intervalo de 95% de confiança para a variância da população.
(b) Construa um intervalo de 95% de confiança para o desvio padrão da população.

Juntando tudo

Estatística real – decisões reais

Como parte dos esforços da U.S. Environmental Protection Agency (EPA) proteger a "saúde humana e salvaguardar o ambiente natural", o EPA conduz o Urban Air Toxies Monitoring Program (UATMP) – programa de monitoramento de tóxicos nos ares urbanos. O programa reuniu milhares de amostras de ar e as analisou para concentração de mais de 50 componentes orgânicos diferentes, tais como formaldeídos (usados para preservar vacinas, armazenar espécimes biológicos e na produção de adesivos permanentes e como isolante). Os formaldeídos também são encontrados na fumaça de queimadas nas florestas, no escapamento de automóveis e na fumaça do tabaco. Os resultados do UATMP são usados para obter percepção sobre os efeitos da poluição do ar e determinar se os esforços para limpeza do ar estão funcionando.

Por exemplo, usando amostras de ar de uma grande cidade, o EPA pode analisar e estimar a concentração média de formaldeídos no ar usando intervalos de confiança de 95%. Eles podem comparar o intervalo com os resultados de anos anteriores para ver se há tendências e se houve mudanças significativas na quantia de formaldeídos no ar.

Você trabalha para EPA e foi pedido para interpretar os resultados mostrados no gráfico a seguir, que mostra a estimativa pontual para a média de concentração populacional e o intervalo de confiança de 95% para μ para formaldeídos num período de 3 anos. Os dados são baseados nas amostras de ar de uma cidade.

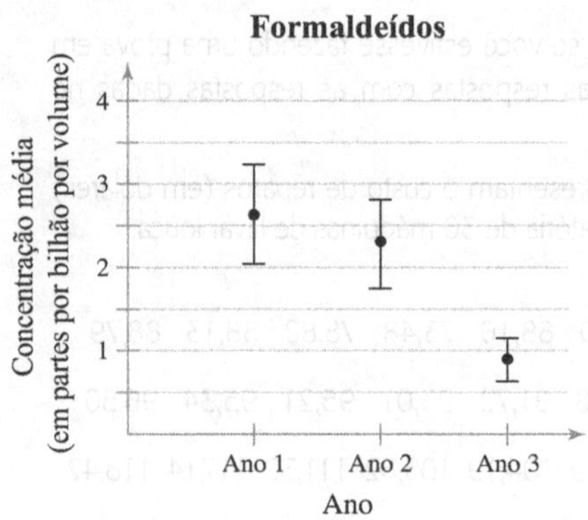

Exercícios

1. ***Interpretando os resultados***
   Considere o gráfico da média dos níveis de concentração de formaldeído. Para os anos a seguir, decida se houve mudança na média dos níveis de concentração de formaldeído. Explique seu raciocínio.
   (a) do Ano 1 para o Ano 2.
   (b) do Ano 2 para o Ano 3.
   (c) do Ano 1 para o Ano 3.
2. ***O que podemos concluir?***
   Usando os resultados do Exercício 1, o que podemos concluir sobre os esforços para reduzir a concentração de formaldeídos no ar?
3. ***Como você acha que eles fizeram?***
   Como você acha que a EPA construiu o intervalo de confiança de 95% para a média populacional de concentração dos compostos orgânicos no ar? O que temos a seguir responde à questão (você não precisa fazer nenhum cálculo).
   (a) Que distribuição de amostragem você acha que foi usada? Por quê?
   (b) Você acha que eles usaram o desvio padrão da amostra ao calcular a margem de erro? Por quê? Se não, eles poderiam ter usado?

Tecnologia

MINITAB | EXCEL | TI-83/84

A Gallup Organization (www. galluppoll.com)

Pesquisa dos mais admirados

Desde 1948, a Gallup Organization conduz a "pesquisa dos mais admirados". A metodologia para a pesquisa de 2006 está descrita abaixo.

Pergunta da pesquisa

Que homem você ouviu ou leu a respeito, que esteja vivo hoje em dia, em qualquer parte do mundo, você mais admira? Quem seria sua segunda escolha?*

"Esses resultados são baseados em entrevistas por telefone com uma amostra de 1.010 adultos selecionados aleatoriamente, com idades acima de 18 anos, conduzida de 11 a 14 de dezembro de 2006. Para os resultados baseados nessa amostra, podemos dizer com 95% de confiança que o erro máximo atribuível à amostragem e outros efeitos aleatórios é ± 3 pontos porcentuais. Além do erro de amostragem, a montagem da questão e dificuldades práticas ao conduzir as pesquisas podem introduzir erro ou tendenciosidade nos resultados das pesquisas de opinião pública."

Exercícios

1. Em 2006, o homem mais mencionado foi George W. Bush em 13%. Use a tecnologia para encontrar um intervalo de confiança de 95% para a proporção que teria escolhido George W. Bush.
2. O intervalo de confiança obtido no Exercício 1 concorda com a afirmação da Gallup de que a proporção é 13% mais ou menos 3%? Explique.
3. Em 2006, a mulher mais mencionada foi Hillary Clinton. A segunda foi Oprah Winfrey, que foi nomeada por 9% das pessoas na amostra. Use a ferramenta tecnológica para encontrar o intervalo de confiança de 95% para a proporção da população que escolheram a Oprah Winfrey.
4. Use a ferramenta tecnológica para simular a pesquisa da pessoa mais admirada. Assuma que a proporção populacional real que mais admira Oprah Winfrey é 12%. Faça a simulação diversas vezes usando $n = 1.010$.
   (a) Qual foi o menor valor obtido por $\hat{p}$?
   (b) Qual foi o maior valor obtido por $\hat{p}$?
5. É possível que a proporção real de população que mais admira Oprah Winfrey seja de 12% ou mais? Explique seu raciocínio.

MINITAB

Generate 200 rows of data

Store in column(s): C1

Number of trials: 1010

Probability of success: .12

*Os entrevistados responderam a uma pergunta idêntica sobre a mulher mais admirada.

Usando a tecnologia para construir intervalos de confiança

Aqui estão algumas telas do MINITAB e TI-83/84 para exemplificação neste capítulo. Para duplicar os resultados do MINITAB, você precisa dos dados originais. Para a TI-83/84, você pode simplesmente inserir as estatísticas descritivas. As respostas podem ser um pouco diferentes por conta do arredondamento.

(Veja Exemplo 3, p. 254.)

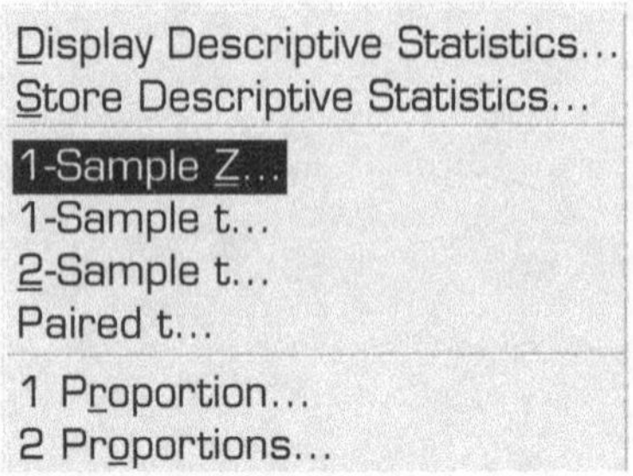

9 20 18 16 9 9 11 13 22 16 5 18 6 6 5 12 25
17 23 7 10 9 10 10 5 11 18 18 9 9 17 13 11 7
14 6 11 12 11 6 12 14 11 9 18 12 12 17 11 20

MINITAB

Z Confidence Intervals

The assumed sigma = 5

Variable	N	Mean	StDev	SE Mean	95,0% CI
CI	50	12.4	5.010	0.707	(11.014, 13.786)

(Veja Exemplo 2, p. 265)

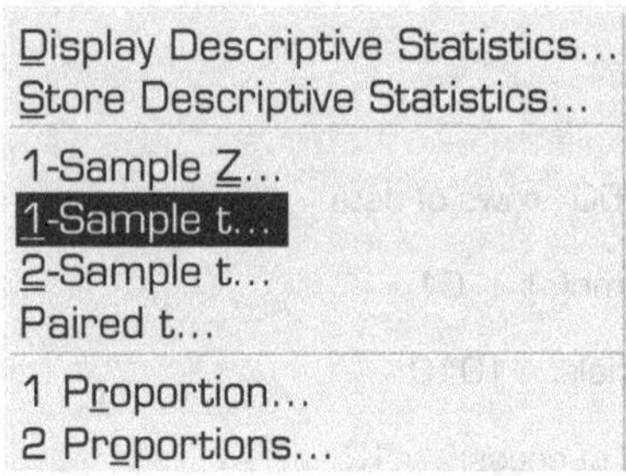

159° 173° 162° 151° 173° 162° 148° 172°
167° 170° 151° 153° 172° 143° 166° 170°

MINITAB

T Confidence Intervals

Variable	N	Mean	StDev	SE Mean	95.0% CI
C3	16	162.00	10.00	2.50	(156.67, 167.33)

(Veja Exemplo 2, p. 272.)

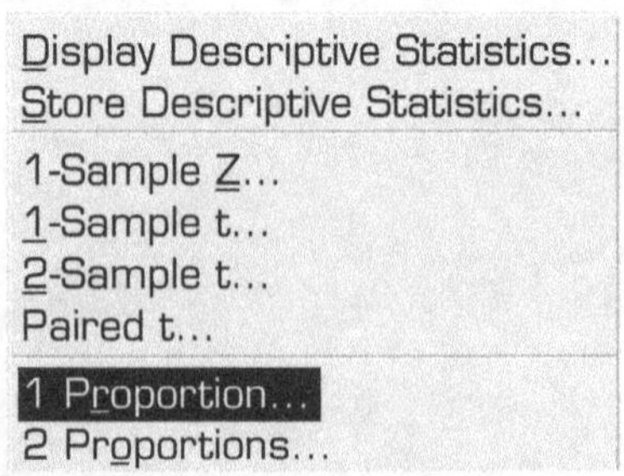

MINITAB

Test and Confidence Interval for One Proportion

Test of p = 0.29 vs p not = 0.29

Sample	X	N	Samplep	95.0%CI	Z-Value	P-Value
1	354	1219	0.290402	(0.264919, 0.315885)	0.03	0.975

(Ver Exemplo 5, p. 256)

TI-83/84

```
EDIT CALC TESTS
1: Z-Test...
2: T-Test...
3: 2-SampZTest...
4: 2-SampTTest...
5: 1-PropZTest...
6: 2-PropZTest...
7↓ ZInterval...
```

TI-83/84

```
ZInterval
  Inpt: Data Stats
  σ: 1.5
  x̄: 22.9
  n: 20
  C-Level: .9
  Calculate
```

TI-83/84

```
ZInterval
  (22.348, 23.452)
  x̄= 22.9
  n= 20
```

(Ver Exemplo 3, p. 265)

TI-83/84

```
EDIT CALC TESTS
2↑ T-Test...
3: 2-SampZTest...
4: 2-SampTTest...
5: 1-PropZTest...
6: 2-PropZTest...
7: ZInterval...
8↓ TInterval...
```

TI-83/84

```
TInterval
  Inpt: Data Stats
  x̄: 6.22
  Sx: .42
  n: 20
  C-Level: .99
  Calculate
```

TI-83/84

```
TInterval
  (5.9513, 6.4887)
  x̄= 6.22
  Sx= .42
  n= 20
```

(Ver Exemplo 2, p. 272)

TI-83/84

```
EDIT CALC TESTS
5↑ 1-PropZTest...
6: 2-PropZTest...
7: ZInterval...
8: TInterval...
9: 2-SampZInt...
0: 2-SampTInt...
A↓ 1-PropZInt...
```

TI-83/84

```
1-PropZInt
  x: 354
  n: 1219
  C-Level: .95
  Calculate
```

TI-83/84

```
1-PropZInt
  (.26492, .31589)
  p̂= .2904019688
  n= 1219
```

Capítulo **7**

Testes de hipótese com uma amostra

Onde estamos

No Capítulo 6, você começou a estudar estatística inferencial. Naquele capítulo, você aprendeu a formar um intervalo de confiança estimado para um parâmetro populacional, tal como a proporção de pessoas nos Estados Unidos que concordam com certa afirmação. Por exemplo, em uma pesquisa por todos os Estados Unidos, realizada por *Harris Interactive* em nome do Business Sofware Alliance (BSA), foram entrevistados estudantes americanos com idades entre 8 e 18 anos e perguntado a eles sobre suas atitudes em relação a lei de direitos autorais e comportamento na Internet. Aqui estão alguns dos resultados.

Pergunta da pesquisa	Número pesquisado	Número de quem respondeu sim
Você já fez *download* de música na Internet sem pagar por isso?	1.644	526
Você não fez *download* de músicas sem pagar pois não quer problemas com as leis?	1.644	690
Fazer *download* de música sem pagar é sempre errado?	1.644	986
Você já fez *download* de software de Internet sem pagar?	1.644	230

Para onde vamos

Neste capítulo, você continuará estudando estatística inferencial. Mas, agora, em vez de fazer estimativas sobre um parâmetro populacional, você aprenderá como testar uma afirmação sobre um parâmetro.

Por exemplo, suponha que você trabalhe para a *Harris Interactive* e deva testar a afirmação de que a proporção de alunos norte-americanos entre 8 e 18 anos que fazem *download* de música da Internet sem pagar é $p = 0{,}25$. Para testar a afirmação, você retira uma amostra aleatória de $n = 1.644$ estudantes e descobre que 526 desses fazem *download* de música na Internet sem pagar. Sua estatística amostral é $\hat{p} \approx 0{,}320$.

Sua estatística amostral difere o suficiente da afirmação ($p = 0{,}25$) para decidir que a afirmação é falsa? A resposta está na distribuição de amostragem das proporções amostrais retiradas de uma população na qual $p = 0{,}25$. O gráfico a seguir mostra que sua estatística amostral está acima de 6 erros padrão do valor da afirmação. Se a afirmação for verdadeira, a probabilidade de que a estatística amostral esteja a 6 erros padrão ou mais do valor afirmado é muito pequena. Alguma coisa está errada! Se sua amostra for verdadeiramente aleatória, então você pode concluir que a proporção real da população de estudantes não é 0,25. Em outras palavras, você testou a afirmação original (hipótese) e decidiu rejeitá-la.

Distribuição amostral

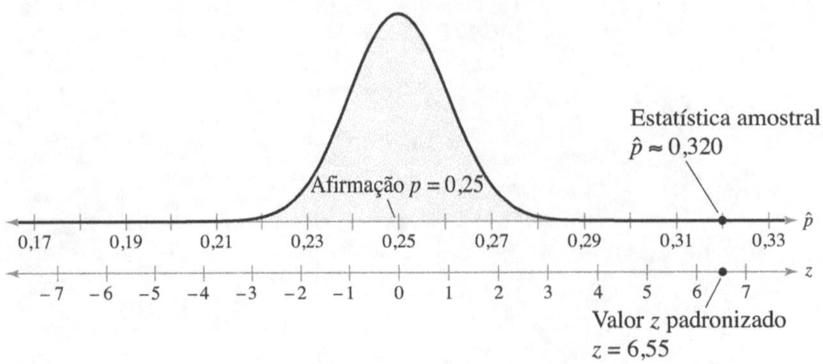

7.1 Introdução aos testes de hipótese

Teste de hipótese ⟶ Estabelecendo uma hipótese ⟶ Tipos de erros e nível de significância ⟶ Testes estatísticos e valores P ⟶ Tomando e interpretando uma decisão ⟶ Estratégias para testes de hipótese

Teste de hipótese

No restante deste livro, você estudará uma importante técnica em estatística inferencial chamada de teste de hipótese. Um **teste de hipótese** é um processo que usa estatísticas amostrais para testar a afirmação sobre o valor de um parâmetro populacional. Pesquisas em campos tais como medicina, psicologia e negócios confiam nos testes de hipótese para a tomada de decisões fundamentadas sobre novos medicamentos, tratamentos e estratégias de mercado.

Por exemplo, suponha que um fabricante de automóveis anuncie que seu novo carro híbrido tem média de milhagem de 50 milhas por galão. Como poderíamos mostrar que esse anúncio é falso?

Obviamente, você não pode testar *todos* os veículos, mas você ainda pode tomar uma decisão razoável sobre a média da milhagem retirando-se uma amostra aleatória da população de veículos e medindo a milhagem de cada um. Se a média da amostra diferir o suficiente da média do anúncio, você pode decidir que o anúncio está errado.

Por exemplo, para testar que a média de milhagem de todos os veículos híbridos desse tipo é $\mu = 50$ milhas por galão, você pode retirar uma amostra aleatória de $n = 30$ veículos e medir a milhagem de cada. Suponha que você obtenha uma média amostral de $\bar{x} = 47$ milhas por galão com desvio padrão amostral de $s = 5{,}5$ milhas por galão. Isso indica que a anúncio do fabricante é falso?

Para decidir, você faz algo incomum — *você assume que o anúncio está correto!* Ou seja, você assume que $\mu = 50$. Então, você examina a distribuição de amostragem das médias amostrais (com $n = 30$) retirada de uma população na qual $\mu = 50$ e $\sigma = 5{,}5$. Pelo teorema do limite central, você sabe que essa distribuição de amostragem é normal com média de 50 e desvio padrão de

$$\frac{5{,}5}{\sqrt{30}} \approx 1.$$

No gráfico a seguir, note que sua média amostral de $\bar{x} = 47$ milhas por galão é muito improvável — está a aproximadamente 3 erros padrão da média afirmada. Usando as técnicas que você estudou no Capítulo 5, você pode determinar que se o anúncio for verdadeiro, a probabilidade de se obter uma média amostral de 47 ou menos é de aproximadamente 0,0013. Este é um evento incomum. Sua suposição de que o anúncio da empresa está correto o levou para um resultado improvável. Então, ou você teve uma amostra muito incomum ou o anúncio é provavelmente falso. A conclusão lógica é que o anúncio é provavelmente falso.

Distribuição de amostragem de $\bar{x}$

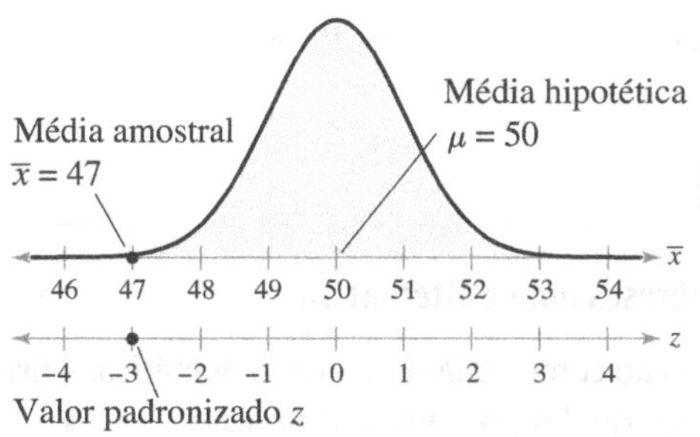

O que você deve aprender

- Uma introdução prática ao teste de hipótese.
- Como estabelecer uma hipótese nula e uma hipótese alternativa.
- Como identificar os erros tipo I e tipo II e interpretar o nível de significância.
- Como saber se devemos usar o teste estatístico uni ou bicaudal e encontrar um valor P.
- Como tomar e interpretar decisões baseadas em resultados de um teste estatístico.
- Como escrever uma afirmação para um teste de hipóteses.

Importante

Conforme você estuda este capítulo, não fique confuso sobre os conceitos de certeza e importância. Por exemplo, mesmo se você tiver muita certeza de que a média de milhagem de certo tipo de veículo híbrido não é 50 milhas por galão, a real média de milhagem pode estar muito próxima a esse valor e a diferença pode não ser importante.

Estabelecendo uma hipótese

Uma afirmação sobre um parâmetro populacional é chamada de **hipótese estatística**. Para testar um parâmetro populacional, você deve afirmar cuidadosamente um par de hipóteses — uma que represente a afirmação e outra, seu complemento. Quando uma dessas hipóteses for falsa, a outra deve ser verdadeira. Qualquer uma das hipóteses — a *hipótese nula* ou a *hipótese alternativa* — pode representar a afirmação original.

Importante

O termo 'hipótese nula' foi introduzido por Ronald Fisher (veja p. 28). Se a afirmação na hipótese nula não for verdadeira, então, a hipótese alternativa deve ser verdadeira.

Definição

1. Uma **hipótese nula** H_0 é uma hipótese estatística que contém uma afirmação de igualdade, tal como $\leq$, $=$ ou $\geq$.
2. A **hipótese alternativa** H_a é o complemento da hipótese nula. É uma afirmação que deve ser verdadeira se H_0 for falsa e contém uma afirmação de desigualdade estrita, tal como $>$, $\neq$ ou $<$.

H_0 é lido como "H subzero" ou "hipótese nula" e H_a é lido como "H sub-a" ou hipótese alternativa.

Retratando o mundo

Uma amostra de 25 pacientes selecionados aleatoriamente com estágio inicial de pressão alta passou por um ajuste quiroprático para ajudá-los a baixar a pressão arterial. Depois de oito semanas, a média da queda na pressão arterial sistólica dos pacientes foi de 14 milímetros de mercúrio. Então, afirma-se que a média da queda na pressão arterial sistólica de todos os pacientes que passaram por esse ajuste quiroprático especial é de 14 milímetros de mercúrio. (*Adaptado de The Journal Human Hypertension.*)

Determine as hipóteses nula e alternativa para essa afirmação.

Para escrever as hipóteses nula e alternativa, traduza a afirmação feita sobre o parâmetro populacional de uma afirmação verbal para uma afirmação matemática. Então, escreva seu complemento. Por exemplo, se o valor da afirmação for k e o parâmetro populacional for μ, então alguns pares possíveis de hipóteses nula e alternativa são:

$$\begin{cases} H_0: \mu \leq k \\ H_a: \mu > k \end{cases} \quad \begin{cases} H_0: \mu \geq k \\ H_a: \mu < k \end{cases} \quad \begin{cases} H_0: \mu = k \\ H_a: \mu \neq k \end{cases}$$

Sem considerarmos qual dos três pares de hipóteses você poderá usar, sempre assuma que $\mu = k$ e examine a distribuição amostral com base em sua suposição. Dentro dessa distribuição amostral, você vai determinar se a estatística amostral é ou não incomum.

A tabela a seguir mostra a relação entre possíveis afirmações verbais sobre o parâmetro μ e as hipóteses nula ou alternativa correspondentes. Afirmações similares podem ser feitas para testar outros parâmetros populacionais como p, σ ou σ^2.

Formulação verbal H_0 *A média é*	**Formulação matemática**	**Formulação verbal H_a** *A média é*
...maior ou igual a k. *...pelo menos k.* *...não menos que k.*	$\begin{cases} H_0: \mu \geq k \\ H_a: \mu < k \end{cases}$	*...menor que k.* *...abaixo de k.* *...menos que k.*
...menos ou igual a k. *...no máximo k.* *...não mais do que k.*	$\begin{cases} H_0: \mu \leq k \\ H_a: \mu > k \end{cases}$	*...maior que k.* *...acima de k.* *...mais do que k.*
...igual a k. *... k.* *...exatamente k.*	$\begin{cases} H_0: \mu = k \\ H_a: \mu \neq k \end{cases}$	*...não igual a k.* *...diferente de k.* *...não k.*

Exemplo 1

Estabelecendo as hipóteses nula e alternativa

Escreva a afirmação como uma sentença matemática. Afirme as hipóteses nula e alternativa e identifique qual representa a afirmação.

1. Uma universidade publica que a proporção de seus estudantes que se graduaram em 4 anos é de 82%.
2. Um fabricante de torneiras anuncia que o índice médio de fluxo de água de certo tipo de torneira é menor que 2,5 galões por minuto.
3. Uma indústria de cereais anuncia que o peso médio dos conteúdos de suas caixas de 20 onças de cereal é mais do que 20 onças.

Solução

1. A afirmação "a proporção... é 82%" pode ser escrita como $p = 0{,}82$. Seu complemento é $p \neq 0{,}82$. Em razão de $p = 0{,}82$ conter a afirmação de igualdade, ela se torna a hipótese nula. Neste caso, a hipótese nula representa a afirmação.

   H_0: $p = 0{,}82$ *(Afirmação)*

   H_a: $p \neq 0{,}82$

2. A afirmação "a média... é menor que 2,5 galões por minuto" pode ser escrita como $\mu < 2{,}5$. Seu complemento é $\mu \geq 2{,}5$. Devido ao fato de $\mu \geq 2{,}5$ conter a afirmação de igualdade, ela se torna a hipótese nula. Neste caso, a hipótese alternativa representa a afirmação.

   H_0: $\mu \geq 2{,}5$ galões por minuto

   H_a: $\mu < 2{,}5$ galões por minuto *(Afirmação)*

3. A afirmação "a média... é mais do que 20 onças" pode ser escrita como $\mu > 20$. Seu complemento é $\mu \leq 20$. Em razão de $\mu \leq 20$ conter a afirmação de igualdade, ela se torna a hipótese nula. Neste caso, a hipótese alternativa representa a afirmação.

   H_0: $\mu \leq 20$ onças

   H_a: $\mu > 20$ onças *(Afirmação)*

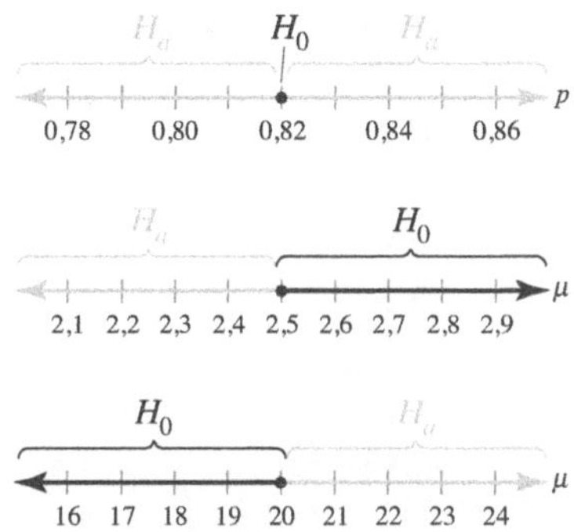

Em cada um desses gráficos, note que cada ponto na linha dos números está em H_0 ou H_a, mas não há ponto em ambas.

Tente você 1 Escreva a afirmação como uma sentença matemática. Afirme as hipóteses nula e alternativa e identifique qual representa a afirmação.

1. Um analista de consumo reporta que a vida útil média de certo tipo de bateria automotiva não é de 74 meses.
2. Um fabricante de televisores publica que a variância da vida útil de certo tipo de televisor é menor ou igual a 3,5.
3. Uma estação de rádio publica que sua proporção de audiência de ouvintes locais é maior que 39%.

a. *Identifique* a afirmação verbal e *escreva* a sentença matemática.
b. *Escreva* o complemento da afirmação.
c. *Identifique* as hipóteses nula e alternativa e *determine* qual representa a afirmação.

Resposta na p. A42

Tipos de erros e nível de significância

Não importa qual das hipóteses represente a afirmação, você começa o teste de hipótese assumindo que a condição de igualdade na hipótese nula é verdadeira. Então, quando realizar um teste de hipótese, você toma uma dessas duas decisões:

1. rejeita a hipótese nula ou,
2. falha ao rejeitar a hipótese nula.

Pelo fato de sua decisão ser baseada em uma amostra ao invés de ser baseada na população inteira, há sempre a possibilidade de você tomar a decisão errada.

Por exemplo, suponha que você afirme que certa moeda seja tendenciosa. Para testar sua afirmação, você joga a moeda 100 vezes e obtém 49 caras e 51 coroas. Você provavelmente concordaria que não há evidência para apoiar sua afirmação. Mesmo assim, é possível que a moeda seja tendenciosa e você tenha um resultado incomum.

Mas, e se você joga a moeda 100 vezes e obtém 21 caras e 79 coroas? Seria uma ocorrência rara obter somente 21 caras de 100 jogadas com uma moeda imparcial. Então, você tem provavelmente evidências suficientes para apoiar sua afirmação de que a moeda é tendenciosa. Entretanto, você não pode ter 100% de certeza. É possível que a moeda seja imparcial e que você tenha obtido um resultado incomum.

Se p representa a proporção de caras, a afirmação "a moeda é tendenciosa" pode ser escrita como a afirmação matemática $p \neq 0{,}5$. Se complemento "a moeda é imparcial" é escrita como $p = 0{,}5$. Então, nossas hipóteses nula e alternativa são:

H_0: $p = 0{,}5$

H_a: $p \neq 0{,}5$ *(Afirmação)*

Lembre-se, a única maneira de ter certeza absoluta se H_0 é verdadeira ou falsa é testar a população inteira. Pelo fato de sua decisão — rejeitar H_0 ou falhar em rejeitar H_0 — ser baseada em uma amostra, você deve aceitar que sua decisão pode estar errada. Você pode rejeitar a hipótese nula quando ela é, na verdade, verdadeira. Ou, você pode falhar em rejeitar a hipótese nula quando ela é, na verdade, falsa.

Definição

Um **erro tipo I** ocorre se a hipótese nula for rejeitada quando é verdadeira.

Um **erro tipo II** ocorre se a hipótese nula não for rejeitada quando é falsa.

A tabela a seguir mostra os quatro resultados possíveis de um teste de hipótese.

	A verdade de H_0	
Decisão	**H_0 é verdadeira**	**H_0 é falsa**
Não rejeite H_0	Decisão correta	Erro tipo II
Rejeite H_0	Erro tipo I	Decisão correta

	Verdade sobre o acusado	
Veredito	**Inocente**	**Culpado**
Não culpado	Justiça	Erro tipo II
Culpado	Erro tipo I	Justiça

O teste de hipótese, às vezes, é comparado ao sistema legal usado nos Estados Unidos. Sob esse sistema, os passos a seguir são utilizados:

1. Uma acusação por escrito é escrita cuidadosamente.
2. O acusado é assumido como inocente (H_0) até que se prove o contrário. O ônus da prova fica com a acusação. Se a evidência não for forte o suficiente, não há condenação. Um veredito "não culpado" não prova que o acusado é inocente.
3. A evidência precisa ser conclusiva além da dúvida cabível. O sistema assume que há mais danos ao se condenar um inocente (erro tipo I) do que não condenando um culpado (erro tipo II).

Exemplo 2

Identificando erros tipos I e II

O limite USDA para contaminação por salmonela por frango é de 20%. Um inspetor de carnes reporta que o frango produzido por uma empresa excede o limite USDA. Você realiza um teste de hipóteses para determinar se a afirmação do inspetor de carne é verdadeira. Quando irá ocorrer um erro tipo I ou tipo II? Qual é mais sério?

(Fonte: United States Department of Agriculture.)

Solução

Deixe p representar a proporção de frangos contaminados. A afirmação do inspetor de carnes é "mais do que 20% está contaminado". Você pode escrever as hipóteses nula e alternativa como vem a seguir.

H_0: $p \leq 0{,}2$ A proporção é menor que ou igual a 20%.

H_a: $p > 0{,}2$ *(Afirmação)* A proporção é maior que 20%.

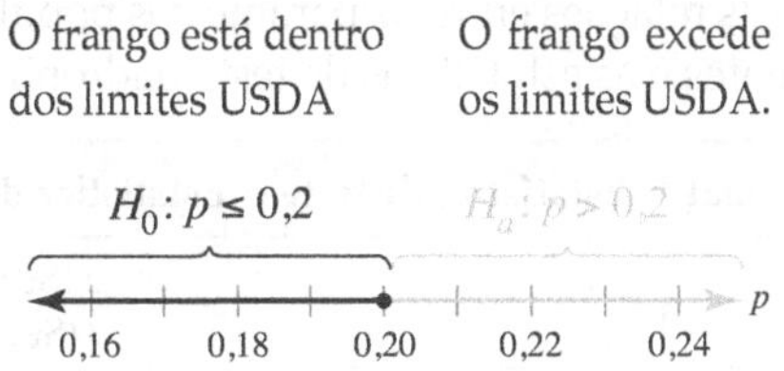

Um erro tipo I ocorrerá se a proporção real de frango contaminado for menor ou igual a 0,2, mas você decidir rejeitar H_0. Um erro tipo II ocorrerá se a real proporção de frango contaminado for maior que 0,2, mas você não rejeita H_0. Com um erro tipo I, você pode criar um pânico sobre saúde e causar danos às vendas de produtores de frango que, na verdade, estão dentro dos limites USDA. Com um erro tipo II, você pode estar permitindo que frangos que excedam o limite de contaminação sejam vendidos ao consumidor. Um erro tipo II pode resultar em doenças ou mesmo mortes.

Tente você 2 Uma empresa especializada na fabricação de paraquedas afirma que o índice de falha de seu principal paraquedas não é mais do que 1%. Você realiza um teste de hipótese para determinar se a afirmação da empresa é falsa. Quando ocorrerá um erro tipo I ou tipo II? Qual é mais sério?

a. *Afirme* a hipótese nula e alternativa.

b. *Escreva* os possíveis erros tipo I e II.

c. *Determine* qual erro é mais sério.

Resposta na p. A43

Você rejeitará a hipótese nula quando a estatística amostral da distribuição de amostragem é incomum. Você já identificou eventos incomuns como aqueles que acontecem com probabilidade de 0,05 ou menos. Quando usamos testes estatísticos, um evento incomum às vezes requer ter uma probabilidade de 0,10 ou menos, 0,05 ou menos ou 0,01 ou menos. Pelo fato de haver uma variação de amostra para amostra, sempre há a possibilidade de que você rejeite a hipótese nula quando ela é, na verdade, verdadeira. Em outras palavras, embora a hipótese nula seja verdadeira, sua estatística amostral está determinada a ser um evento incomum na distribuição de amostragem. Você pode diminuir a probabilidade de fazer isso diminuindo o *nível de significância.*

Definição

Em um teste de hipótese, o **nível de significância** é sua probabilidade máxima permissível para cometer um erro tipo I. Ele é denotado por α, a letra grega minúscula alfa.

A probabilidade de um erro tipo II é denotada por β, a letra grega minúscula beta.

Configurando-se o nível de significância em um valor pequeno, você está dizendo que quer que a probabilidade de rejeitar uma hipótese nula verdadeira seja pequena. Os três níveis de significância comumente usados são $\alpha = 0{,}10$, $\alpha = 0{,}05$ e $\alpha = 0{,}01$.

Importante

Quando você decresce α (a probabilidade máxima permissível de se cometer o erro tipo I), você provavelmente aumentará β. O valor $1 - \beta$ é chamado de poder de teste. Ele representa a probabilidade de de rejeitar a hipótese nula quando a hipótese alternativa for verdadeira. O valor do poder é difícil (e às vezes impossível) de se encontrar na maioria dos casos.

Testes estatísticos e valores P

Depois de afirmar as hipóteses nula e alternativa e especificar o nível de significância, o próximo passo no teste de hipótese é obter uma amostra aleatória de uma população e calcular as estatísticas amostrais como média e desvio padrão. A estatística que é comparada com o parâmetro na hipótese nula é chamada de **estatística do teste**. O tipo de teste usado e a distribuição de amostragem são baseados na estatística do teste.

Neste capítulo, você aprenderá sobre vários testes estatísticos com uma amostra. A tabela a seguir mostra as relações entre os parâmetros populacionais e suas estatísticas de teste correspondentes e as estatísticas de teste padronizadas.

Parâmetro populacional	Estatística de teste	Estatística de teste padronizada
μ	$\bar{x}$	z (Seção 7.2, $n \geq 30$, t (Seção 7.3, $n < 30$)
p	$\hat{p}$	z (Seção 7.4)
σ^2	s^2	χ^2 (Seção 7.5)

Uma maneira de se decidir se rejeitamos a hipótese nula é determinar se a probabilidade de se obter uma estatística de teste padronizada (ou uma que seja mais extrema) é menor que o nível de significância.

Definição

Se a hipótese nula for verdadeira, um **valor *P*** (ou **valor de probabilidade**) de um teste de hipótese é a probabilidade de se obter uma estatística amostral com valores tão extremos ou mais extremos do que aquela determinada a partir dos dados da amostra.

O valor *P* de um teste de hipótese depende da natureza do teste. Há três tipos de teste de hipótese — teste unicaudal esquerdo, unicaudal direito e bicaudal. O tipo de teste depende da localização da região da distribuição de amostragem que favoreça a rejeição de H_0. Essa região é indicada pela hipótese alternativa.

Definição

1. Se a hipótese alternativa H_a contém o símbolo de menos que (<), o teste de hipótese será um **teste unicaudal à esquerda.**

Teste unicaudal à esquerda

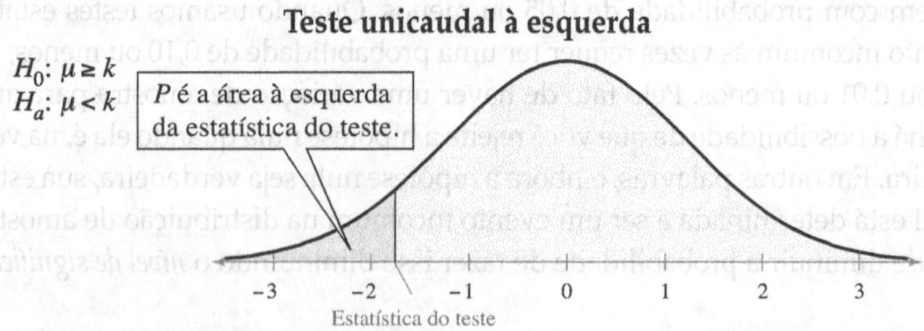

2. Se a hipótese alternativa H_a contém o símbolo maior que igualdade (>), o teste de hipótese é um **teste unicaudal à direita.**

Teste unicaudal à direita

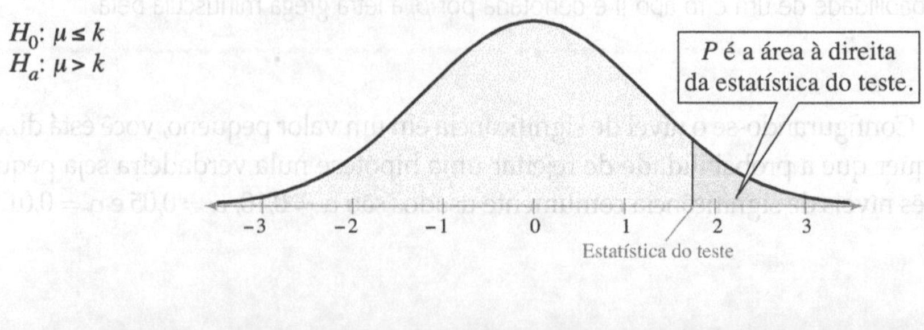

3. Se hipótese alternativa H_a contém o símbolo de não igualdade ($\neq$), o teste de hipótese é um **teste bicaudal.** Em um teste bicaudal, cada cauda tem uma área de $\frac{1}{2}$ *P*.

Teste bicaudal

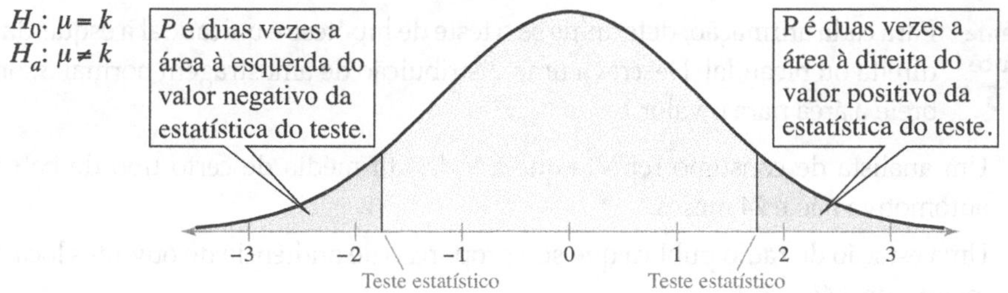

Dica de estudo

O terceiro tipo de teste é chamado de teste bicaudal porque a evidência que poderia apoiar a hipótese alternativa poderia estar em qualquer cauda da distribuição de amostragem.

Quanto menor o valor *P* do teste, mais evidência há para se rejeitar a hipótese nula. Um valor *P* muito pequeno indica um evento incomum. Lembre-se, entretanto, que mesmo um valor *P* muito baixo não constitui prova de que a hipótese nula é falsa, somente que esta é provavelmente falsa.

Exemplo 3

Identificando a natureza de um teste de hipótese

Para cada afirmação, estabeleça em palavras e símbolos H_0 e H_a. Então, determine se o teste de hipótese é unicaudal à esquerda, à direita ou bicaudal. Descreva uma distribuição de amostragem normal e sombreie a área para o valor *P*.

1. Uma universidade publica que a proporção de seus estudantes que se graduaram em 4 anos é de 82%.
2. Um fabricante de torneiras anuncia que o índice médio de fluxo de água de certo tipo de torneira é menor que 2,5 galões por minuto (gpm).
3. Uma indústria de cereais anuncia que o peso médio dos conteúdos de suas caixas de 20 onças de cereal é mais do que 20 onças.

Solução

	Em símbolos	*Em palavras*
1.	H_0: $p = 0{,}82$	A proporção de estudantes que se graduaram em 4 anos é 82%.
	H_a: $p \neq 0{,}82$	A proporção de estudantes que se graduaram em 4 anos não é 82%.

Pelo fato de H_0 conter o símbolo $\neq$, o teste é de hipótese bicaudal. O gráfico da distribuição de amostragem normal à esquerda mostra a área sombreada para o valor *P*.

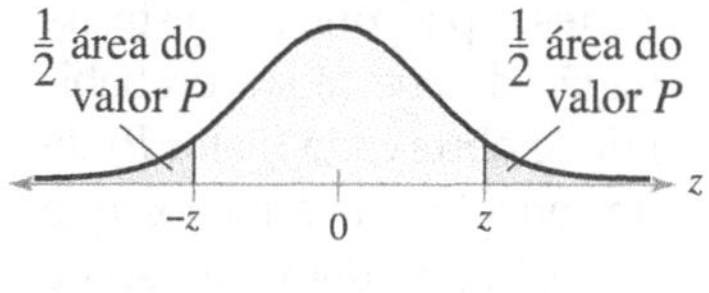

2.	H_0: $\mu \geq 2{,}5$ gpm	A média do índice de fluxo de certo tipo de torneira é maior ou igual a 2,5 gpm.
	H_a: $\mu < 2{,}5$ gpm	A média do índice de fluxo de certo tipo de torneira é menor que 2,5 gpm.

Devido ao fato de H_0 conter o símbolo $<$, o teste é de hipótese unicaudal à esquerda. O gráfico da distribuição de amostragem normal à esquerda mostra a área sombreada para o valor *P*.

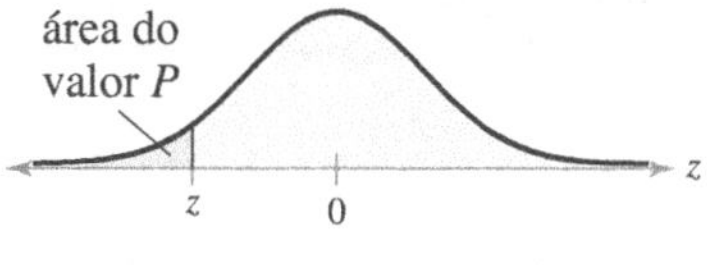

3.	H_0: $\mu \leq 20$ oz	A média do peso dos conteúdos das caixas de cereal é menor ou igual a 20 onças.
	H_a: $\mu > 20$ oz	A média do peso dos conteúdos das caixas de cereal é maior que 20 onças.

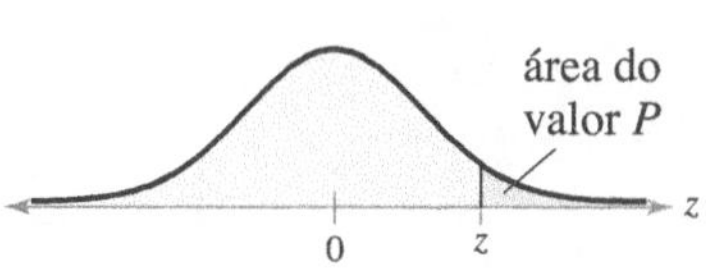

Pelo fato de H_0 conter o símbolo >, o teste é de hipóteses unicaudal à direita. O gráfico da distribuição de amostragem normal à esquerda mostra a área sombreada para o valor *P*.

Tente você 3 Para cada afirmação, determine se o teste de hipótese é unicaudal à esquerda, à direita ou bicaudal. Descreva uma distribuição de amostragem normal e sombreie a área para o valor *P*.

1. Um analista de consumo reporta que a vida útil média de certo tipo de bateria automotiva não é 74 meses.
2. Uma estação de rádio publica que sua proporção de audiência de ouvintes locais é maior que 39%.

a. *Escreva* H_0 e H_a.

b. *Determine* se o teste é unicaudal à esquerda, à direita ou bicaudal.

c. *Descreva* uma distribuição de amostragem normal e sombreie a área para o valor *P*.

Resposta na p. A43

Tomando e interpretando uma decisão

Para concluirmos o teste de hipótese, você deve tomar uma decisão e interpretá-la. Há somente dois resultados possíveis para um teste de hipótese: (1) rejeitar a hipótese nula e (2) falhar em rejeitar a hipótese nula.

Importante

Neste capítulo, você aprenderá que há dois tipos básicos de **regra de decisão** para decidir rejeitar ou falhar ao rejeitar H_0. A regra de decisão descrita nesta página é baseada em valores *P*. O segundo tipo básico de regra de decisão é baseado em regiões de rejeição. Quando a estatística de teste padronizada está na região de rejeição, a probabilidade observada (valor *P*) de um erro tipo I é menos que α. Você aprenderá mais sobre as regiões de rejeição na próxima seção.

Regra de decisão baseada em um valor P

Para usar um valor *P* para chegar a uma conclusão em um teste de hipótese, compare o valor *P* com α.

1. Se $P \leq \alpha$, então rejeite *H*.
2. Se $P > \alpha$, então falhe em rejeitar *H*.

Falhar em rejeitar a hipótese nula não significa que você tenha aceitado a hipótese nula como verdadeira. Isso simplesmente significa que não há evidência suficiente para rejeitar a hipótese nula. Se você quiser apoiar a afirmação, afirme de modo que se torne a hipótese alternativa. Se você não quiser apoiar a afirmação, afirme de modo que se torne a hipótese nula. A tabela a seguir ajudará você a interpretar sua decisão.

	Afirmação	
Decisão	**Afirmação é H_0**	**Afirmação é H_a**
Rejeitar H_0	Há evidência suficiente para rejeitar a afirmação.	Há evidência suficiente para apoiar a afirmação.
Falhar ao rejeitar H_0	Não há evidência suficiente para rejeitar a afirmação.	Não há evidência suficiente para apoiar a afirmação.

Exemplo 4

Interpretando uma decisão

Você realiza um teste de hipótese para cada uma das afirmações. Como você deve interpretar sua decisão se rejeitar H_0? E se você falhar em rejeitar H_0?

1. H_0 *(Afirmação)*: uma universidade alega que a proporção de seus estudantes que se graduaram em 4 anos é de 82%.
2. H_a *(Afirmação)*: a *Consumer Reports* afirma que a média das distâncias de frenagem (em superfície seca) para um Honda Civic é menos que 136 pés.

Solução

1. A afirmação é representada por H_0, então se rejeitar H_0, você deve concluir que "há evidência suficiente para indicar que a afirmação da universidade é falsa". Se você falha em rejeitar H_0, então você deve concluir que "não há evidência suficiente para indicar que a afirmação da universidade (índice de graduação em 4 anos de 82%) é falsa".
2. A afirmação representada por H_a, então a hipótese nula é "a média de distância de frenagem... é maior ou igual a 136 pés". Se você rejeitar H_0, então você deve concluir que "há evidência suficiente para apoiar a afirmação da *Consumer Report* de que a distância de frenagem para um Honda Civic é menos que 136 pés". Se você falha em rejeitar H_0, então você deve concluir que "não há evidência suficiente para apoiar a afirmação da *Consumer Report* de que a distância de frenagem para um Honda Civic é menos que 136 pés".

Tente você 4 Você realiza um teste de hipóteses para a afirmação a seguir. Como você deve interpretar sua decisão se você rejeitar H_0? Se você falha em rejeitar H_0?

H_a *(Afirmação)*: uma estação de rádio publica que sua proporção de audiência de ouvintes locais é maior que 39%.

a. Interprete sua decisão se você rejeitar a hipótese nula.
b. Interprete sua decisão se você falhar em rejeitar a hipótese nula.

Resposta na p. A43

As instruções gerais para o teste de hipótese estão resumidas a seguir.

Instruções para o teste de hipótese

1. Expresse a afirmação verbal e matematicamente. Identifique a hipótese nula e a alternativa.

   H_0: ? H_a: ?
2. Especifique o nível de significância.

   $\alpha = ?$
3. Determine a distribuição amostral padronizada e faça o gráfico.

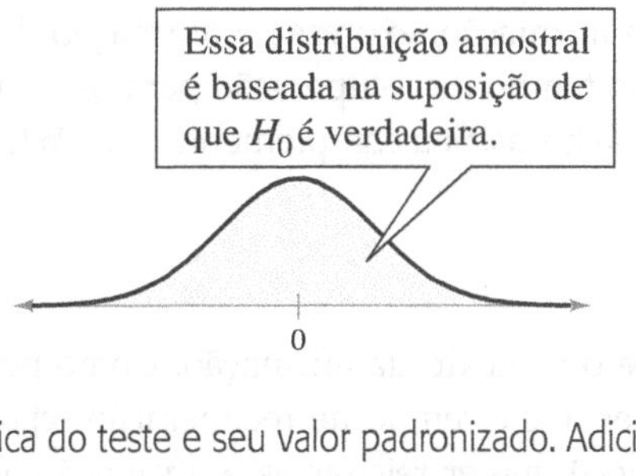

4. Calcule a estatística do teste e seu valor padronizado. Adicione ao gráfico.

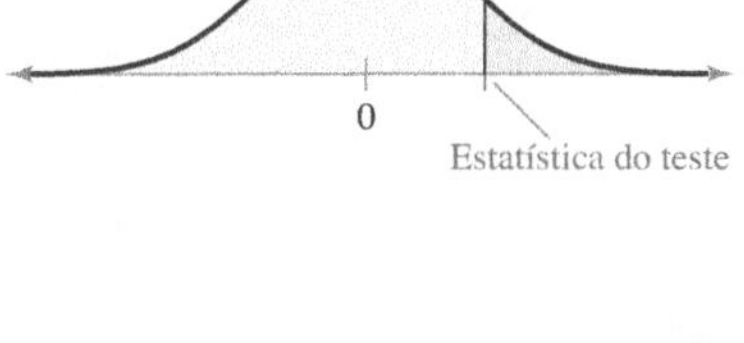

5. Encontre o valor *P*.
6. Use a seguinte regra de decisão:

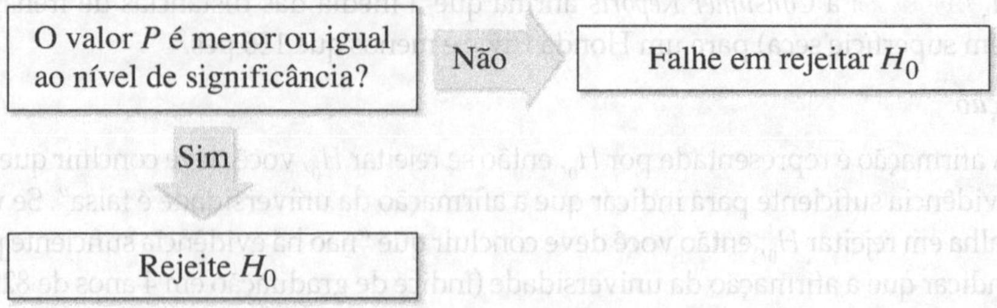

7. Escreva a afirmação para interpretar sua decisão no contexto da afirmação original.

Nas instruções dadas, os gráficos mostram um teste unicaudal à direita. Entretanto, as mesmas instruções básicas também se aplicam para testes unicaudais à esquerda e testes bicaudais.

Estratégias para testes de hipótese

Em um tribunal, a estratégia usada pelo advogado depende de ele estar representando a defesa ou a acusação. De maneira similar, a estratégia que você usará no teste de hipótese deve depender de você estar tentando apoiar ou rejeitar a afirmação. Lembre-se de que você não pode usar um teste de hipótese se você quiser apoiar sua afirmação se ela for a hipótese nula. Então, como pesquisador, se você quiser uma conclusão que apoie sua afirmação, monte sua afirmação de modo que ela seja a hipótese alternativa. Se você quiser rejeitar a afirmação, forme-a de modo que seja a hipótese nula.

Exemplo 5

Escrevendo a hipótese

Uma equipe de pesquisa médica está investigando os benefícios de um novo tratamento cirúrgico. Uma das afirmações é que a média do tempo de recuperação para os pacientes após o novo tratamento é menos do que 96 horas. Como você escreveria as hipóteses nula e alternativa se (1) você é parte da equipe e quer apoiar a afirmação? (2) você é de uma equipe adversária e quer rejeitar a afirmação?

Solução

1. Para responder à questão, primeiro pense no contexto da afirmação. Em razão de você querer apoiar a afirmação, expresse a afirmação da hipótese alternativa de modo que a média do tempo de recuperação para os pacientes seja menos que 96 horas. Então, H_a:$\mu < 96$ horas. Seu complemento, $\mu \geq 96$ horas será a hipótese nula.

   H_0: $\mu \geq 96$

   H_a: $\mu < 96$ *(Afirmação)*

2. Primeiro pense sobre o contexto da afirmação. Como pesquisador de uma outra equipe, você não quer que o tempo de recuperação seja menos do que 96 horas. Devido ao fato de você querer rejeitar essa afirmação, faça a afirmação como a hipótese nula. Então, H_0: $\mu \leq 96$ horas. Seu complemento, $\mu > 96$ horas será a hipótese alternativa.

   H_0: $\mu \leq 96$ *(Afirmação)*

   H_a: $\mu > 96$

Tente você 5

1. Você representa uma indústria química que está sendo processada por danos na pintura de automóveis causados pela tinta. Você quer apoiar a afirmação que a média dos custos de reparos por automóvel é menos que $ 650. Como você escreveria as hipóteses nula e alternativa?
2. Você faz parte de uma equipe de pesquisa que está investigando a temperatura média de adultos humanos (ver p. 319). A afirmação comumente aceita é que a temperatura média é de aproximadamente 98,6 °F. Você quer mostrar que essa afirmação é falsa. Como você escreveria as hipóteses nula e alternativa?

a. *Determine* se você quer apoiar ou rejeitar a afirmação.

b. *Escreva* as hipóteses nula e alternativa.

Resposta na p. A43

7.1 Exercícios

Construindo habilidades básicas e conceitos

1. Quais são os dois tipos de hipóteses usados no teste de hipótese? Como elas são relacionadas?
2. Descreva os dois tipos de erro possíveis em uma decisão de teste de hipótese?

Verdadeiro ou falso?

Nos exercícios de 3 a 8, determine se a afirmação é verdadeira ou falsa. Se for falsa, reescreva como uma frase verdadeira.

3. No teste de hipótese, você assume a hipótese alternativa como verdadeira.
4. Uma hipótese estatística é uma afirmação sobre a amostra.
5. Se você decidir rejeitar a hipótese nula, você pode apoiar a hipótese alternativa.
6. O nível de significância é a probabilidade máxima que permite que você rejeite a hipótese nula quando ela é verdadeira.
7. Um valor *P* grande em um teste irá favorecer uma rejeição da hipótese nula.
8. Se você quiser apoiar a afirmação, escreva-a como sua hipótese nula.

Afirmando hipóteses

Nos exercícios de 9 a 14, use os dados para representar a afirmação. Escreva sua alternativa e determine qual é a H_0 e qual é H_a.

9. $\mu \leq 645$.
10. $\mu < 128$.
11. $\alpha \neq 5$.
12. $\alpha^2 \geq 1{,}2$.
13. $p < 0{,}45$.
14. $p = 0{,}21$.

Análise gráfica

Nos exercícios de 15 a 18, relacione a hipótese alternativa com seu gráfico. Então, afirme a hipótese nula e faça o gráfico.

15. H_a: $\mu > 3$. (a) 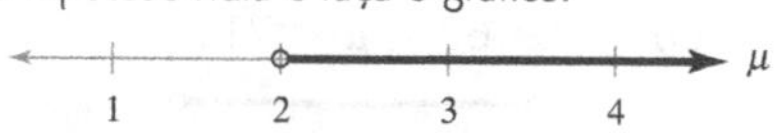

16. H_a: $\mu < 3$. (b) 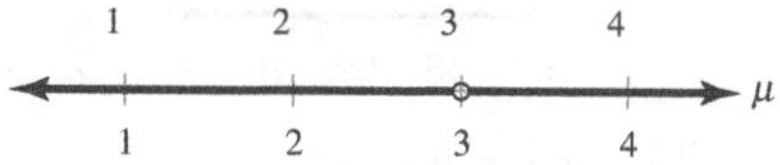

17. H_a: $\mu \neq 3$. (c) 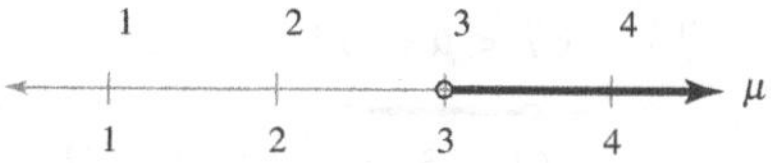

18. H_a: $\mu > 2$. (d) 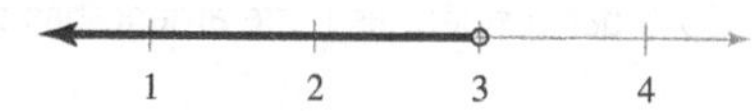

Identificando testes

Nos exercícios de 19 a 22, determine se o teste de hipótese com as hipóteses nula e alternativa dadas é unicaudal à esquerda, à direita ou bicaudal.

19. H_0: $\mu \leq 8{,}0$.
H_a: $\mu > 8{,}0$.
20. H_0: $\sigma \geq 5{,}2$.
H_a: $\sigma < 5{,}2$.
21. H_0: $\sigma^2 = 142$.
H_a: $\sigma^2 \neq 142$.
22. H_0: $p = 0{,}25$.
H_a: $p \neq 0{,}25$.

Usando e interpretando conceitos

Afirmando uma hipótese

Nos exercícios de 23 a 28, estabeleça a afirmação matematicamente. Escreva as hipóteses nula e alternativa. Identifique qual é a afirmação.

23. **Lâmpadas** Um fabricante de lâmpadas afirma que a vida útil média de certo tipo de lâmpada é mais do que 750 horas.
24. **Erros de embarque** Conforme a afirmação do departamento de embarque de uma empresa, o número de erros de embarque por milhão de embarques tem desvio padrão de menos de 3.
25. **Preço base para um ATV** O desvio padrão do preço base de certo tipo de veículo para qualquer tipo de terreno não é mais do que $ 320.
26. **Estudantes universitários** Uma organização de pesquisas reporta que 28% dos residentes em Ann Harbor, Michigan, são estudantes universitários. *(Adaptado de U.S. Census Bureau.)*
27. **Cintos de segurança** Os resultados de um estudo recente mostram que a proporção de pessoas nos Estados Unidos que usam cintos de segurança quando estão em um carro ou caminhão é de 81%. *(Fonte: National Center for Statistics and Analysis.)*
28. **Tempo de secagem** Uma empresa afirma que sua marca de tinta tem tempo médio de secagem de menos de 45 minutos.

Identificando erros

Nos exercícios de 29 a 34, escreva as sentenças descrevendo os erros tipo I e II para o teste de hipótese da afirmação indicada.

29. **Compradores que retornam** Uma loja de móveis afirma que pelo menos 60% de seus novos clientes irão retornar à loja para comprar mais móveis.

30. **Alfabetização** Um estudo afirma que a proporção de adultos nos Estados Unidos que são analfabetos em inglês é de 5%. *(Fonte: National Center for Education Statistics.)*

31. **Xadrez** Um clube de xadrez local afirma que o tempo de duração de uma partida tem desvio padrão de mais que 12 minutos.

32. **Gene da diabetes** De acordo com um estudo recente, 50% de todos os norte-americanos carrega uma variação do gene que aumenta o risco de diabetes. *(Adaptado de American Journal of Clinic Nutrition.)*

33. **Computadores** De acordo com uma pesquisa recente, 88% dos estudantes universitários têm computador. *(Fonte: Harris Poll.)*

34. **Televisão via satélite** De acordo com uma pesquisa recente, 30% das residências norte-americanas têm televisão via satélite. *(Fonte: J.D. Power and Associates.)*

Identificando testes

Nos exercícios de 35 a 40, determine se o teste de hipótese para cada afirmação é unicaudal à esquerda, à direita ou bicaudal.

35. **Alarmes de segurança** Pelo menos 14% de todos os proprietários de residências têm um alarme de segurança.

36. **Relógios** Um fabricante de relógios de pêndulo afirma que o tempo médio de perdas de seus relógios não é mais de 0,02 segundos por dia.

37. **Câncer de pulmão** Um relatório de governo afirma que a proporção de casos de câncer de pulmão causados por cigarro é de 87%. *(Fonte: LungCancer.org.)*

38. **Pneus** A vida útil média de certo pneu não é mais do que 80.000 milhas. *(Adaptado de Goodyear.)*

39. **Índice de retorno** Um analista de finanças afirma que o índice de retorno de um título norte-americano de 15 anos tem desvio padrão de 5,3%.

40. **Sonhos** Um instituto de pesquisas afirma que a duração média da maioria dos sonhos é maior do que 10 minutos. *(Adaptado de The Lucidity Institute.)*

Interpretando uma decisão

Nos exercícios de 41 a 46, considere cada afirmação. Se o teste de hipótese for realizado, como você deve interpretar a decisão de

(a) rejeitar a hipótese nula?

(b) falhar em rejeitar a hipótese nula?

41. **Revelação de filmes** Uma indústria de filmes fotográficos afirma que a média do número de filmes revelados para uma câmera de uso único de 24 fotos é mais do que 22.

42. **Pesos de carregamentos** Um trabalhador do governo afirma que o desvio padrão da média do peso de todos os carregamentos do U.S. Postal Service (serviço postal norte-americano) é de 0,40 libras.

43. **Ganhos por hora** O U.S. Department of Labour (departamento do trabalho norte-americano) afirma que a proporção de trabalhadores horistas que ganham mais do que $ 11,55 por hora é maior do que 75%. *(Adaptado de U.S. Bureau of labor Statistics.)*

44. **Milhagem de gasolina** Um fabricante automotivo afirma que o desvio padrão para a milhagem de gasolina de seus modelos é de 3,9 milhas por galão.

45. **Preços dos SUV (utilitário esportivo)** Um fabricante automotivo afirma que a média do preço de SUVs pequenos é menos do que $ 26.860. *(Adaptado de Consumer Reports.)*

46. **Calorias** Um fabricante de bebida para atletas afirma que o conteúdo calórico médio de suas bebidas é de 72 calorias por porção.

47. **Escrevendo a hipótese: medicina** Sua equipe de pesquisas médicas está investigando o custo médio de um suprimento para 30 dias de certo medicamento para o coração. Uma indústria farmacêutica acha que o custo médio é menos do que $ 60. Você quer apoiar essa afirmação. Como você escreveria as hipóteses nula e alternativa?

48. **Escrevendo a hipótese: empresa de táxis** Uma empresa de táxis afirma que o tempo médio de viagem entre dois destinos é de aproximadamente 21 minutos. Você trabalha para uma empresa de ônibus e quer rejeitar essa afirmação. Como você escreveria as hipóteses nula e alternativa?

49. **Escrevendo a hipótese: fabricante de refrigeradores** Um fabricante de refrigeradores afirma que a média do tempo de vida útil dos refrigeradores de seu concorrente é menos de 15 anos. Você deve realizar um teste de hipóteses para testar essa afirmação. Como você escreveria as hipóteses nula e alternativa se:

    (a) você representa o fabricante e quer apoiar a afirmação?

    (b) você representa o concorrente e quer rejeitar a afirmação?

50. **Escrevendo a hipótese: provedor de Internet** Um provedor de Internet tenta obter anunciantes e afirma que o tempo médio que um consumidor passa on-line por dia é mais que 28 minutos. Você deve testar essa afirmação. Como você escreveria as hipóteses nula e alternativa se:

    (a) você representa o provedor de Internet e quer apoiar a afirmação?

    (b) você representa um concorrente e quer rejeitar a afirmação?

Expandindo conceitos

51. **Entendendo o conceito** Por que a diminuição da probabilidade de um erro tipo I aumenta a probabilidade de um erro tipo II?

52. **Entendendo o conceito** Por que não usar um nível de significância de $\alpha = 0$?

Análise gráfica

Nos exercícios de 53 a 56, você tem a hipótese nula e três intervalos de confiança que representam três amostragens. Decida se cada intervalo de confiança indica que você deve rejeitar H_0. Explique seu raciocínio.

53. H_0: $\mu \geq 70$

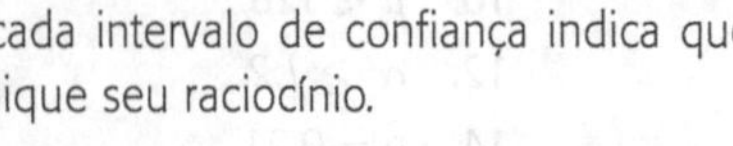

(a) $67 < \mu < 71$

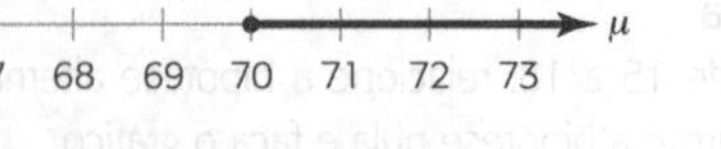

(b) $67 < \mu < 69$

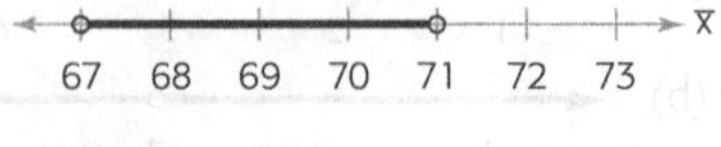

(c) $69{,}5 < \mu < 72{,}5$

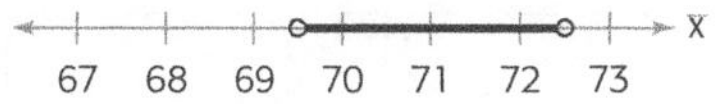

54. H_0: $\mu \leq 54$

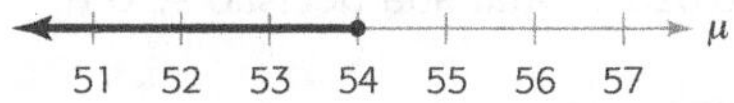

(a) $53{,}5 < \mu < 56{,}5$

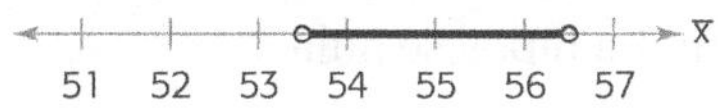

(b) $51{,}5 < \mu < 54{,}5$

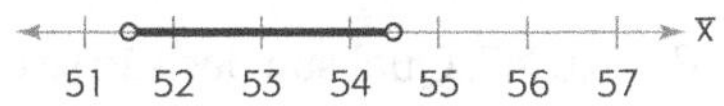

(c) $54{,}5 < \mu < 55{,}5$

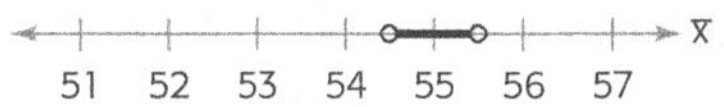

55. H_0: $p \leq 0{,}20$

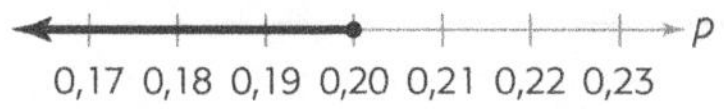

(a) $0{,}21 < p < 0{,}23$

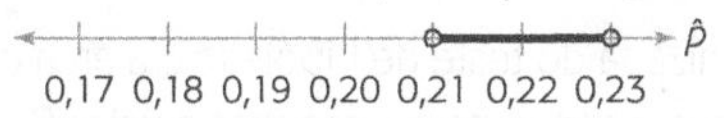

(b) $0{,}19 < p < 0{,}23$

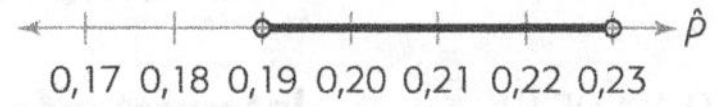

(c) $0{,}175 < p < 0{,}205$

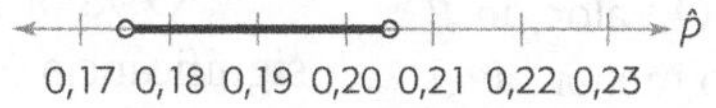

56. H_0: $p \geq 0{,}73$

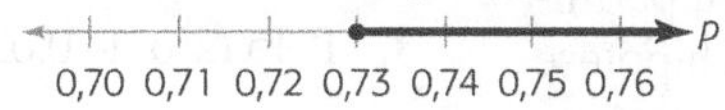

(a) $0{,}73 < p < 0{,}75$

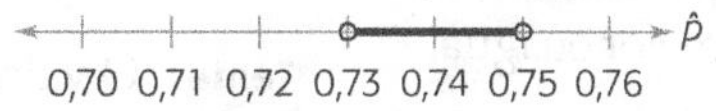

(b) $0{,}715 < p < 0{,}725$

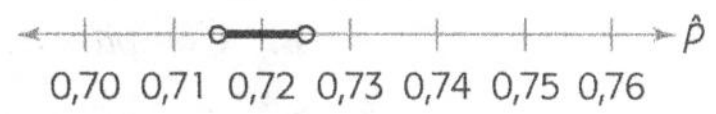

(c) $0{,}695 < p < 0{,}745$

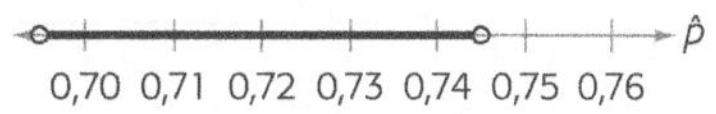

7.2 Testes de hipóteses para a média (amostras grandes)

Usando valores *P* para tomada de decisões ⟶ Usando o valor *P* para um teste *z* ⟶ Regiões de rejeição e valores críticos ⟶ Usando regiões de rejeição para um teste *z*

O que você deve aprender

- Como encontrar valores *P* e usá-los para testar a média μ.
- Como usar valores *P* para um teste *z*.
- Como encontrar valores críticos e regiões de rejeição em uma distribuição normal.
- Como usar as regiões de rejeição para um teste *z*.

Usando valores P para tomada de decisões

No Capítulo 5, você aprendeu que quando o tamanho da amostra for pelo menos 30, a distribuição de amostragem para $\bar{x}$ (a média amostral) é normal. Na Seção 7.1, você aprendeu que uma maneira de obter uma conclusão em um teste de hipóteses é usar um valor *P* para a estatística do teste, tal como $\bar{x}$. Lembre-se de que quando você assume a hipótese nula como verdadeira, um valor *P* (ou valor de probabilidade) de um teste de hipóteses é a probabilidade de se obter uma estatística amostral com um valor tão extremo ou mais extremo que aquele determinado a partir dos dados da amostra. A regra de decisão para um teste de hipóteses baseado em um valor *P* está a seguir.

Regra de decisão baseada em um valor *P*

Para usar um valor *P* para tomar uma decisão em um teste de hipóteses, compare o valor *P* com α.

1. Se $P \leq \alpha$, então rejeite H_0.
2. Se $P > \alpha$, então falhe em rejeitar H_0.

Importante

Quanto menor o valor de P, mais evidência há a favor da rejeição de H_0. O valor de P fornece a você o menor nível de significância para o qual a estatística da amostra permite que você rejeite a hipótese nula. No Exemplo 1, você rejeitaria H_0 em qualquer nível de significância maior ou igual a 0,0237.

Exemplo 1

Interpretando um valor *P*

O valor P para o teste de hipótese é $P = 0{,}0237$. Qual sua decisão se o nível de significância é (1) $\alpha = 0{,}05$ e (2) $\alpha = 0{,}01$?

Solução

1. Pelo fato de $0{,}0237 < 0{,}05$, você deve rejeitar a hipótese nula.
2. Pelo fato de $0{,}0237 > 0{,}01$, você deve falhar em rejeitar a hipótese nula.

Tente você 1 O valor P para o teste de hipóteses é $P = 0{,}0347$. Qual sua decisão se o nível de significância for (1) $\alpha = 0{,}01$ e (2) $\alpha = 0{,}05$.

a. *Compare* o valor P com o nível de significância.

b. *Tome* sua decisão.

Resposta na p. A43

Encontrando o valor P para o teste de hipótese

Depois de determinar a estatística do teste padronizada do teste de hipótese e a área correspondente da estatística do teste, realize um dos passos a seguir para encontrar o valor P.

a. Para o teste unicaudal à esquerda, $P =$ (área na cauda esquerda).

b. Para o teste unicaudal à direita, $P =$ (área na cauda direita).

c. Para o teste bicaudal, $P =$ (área na cauda da estatística do teste).

Exemplo 2

Encontrando o valor *P* para o teste unicaudal à esquerda

Encontre o valor P para o teste de hipótese unicaudal à esquerda com estatística de teste $z = -2{,}23$. Decida se rejeita H_0 se o nível de significância for $\alpha = 0{,}01$.

Teste unicaudal à esquerda

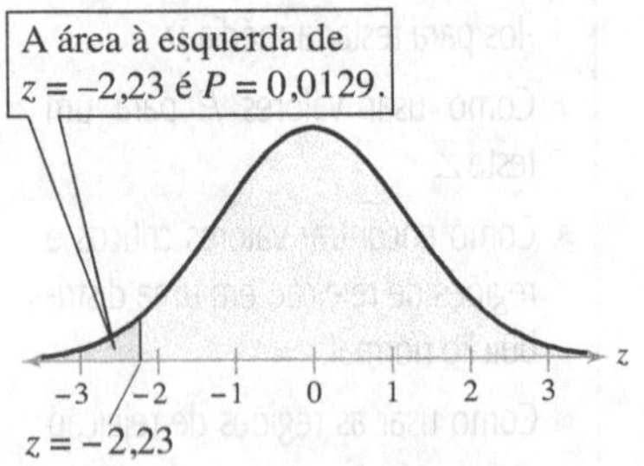

Solução

O gráfico mostra a curva normal padrão com área sombreada à esquerda de $z = -2{,}23$. Para o teste unicaudal à esquerda,

$$P = \text{(área na cauda esquerda)}$$

Da Tabela 4 no Apêndice B, a área que corresponde a $z = -2{,}23$ é 0,0129, que é a área na cauda à esquerda. Então, o valor P para o teste de hipótese unicaudal à esquerda com uma estatística de teste $z = -2{,}23$ é $P = 0{,}0129$.

Interpretação

Como o valor $P = 0{,}0129$ é maior que 0,01, você deve falhar em rejeitar H_0.

Tente você 2 Encontre o valor P para o teste de hipótese unicaudal à esquerda com estatística de teste $z = -1{,}62$. Decida se rejeita H_0 se o nível de significância for $\alpha = 0{,}05$.

a. *Use* a Tabela 4 no Apêndice B para localizar a área que corresponde a $z = -1{,}62$.

b. *Calcule* o valor P para o teste unicaudal à esquerda, a área da cauda à esquerda.

c. *Compare* o valor P com α e *decida* se rejeita H_0.

Resposta na p. A43

Exemplo 3

Encontrando o valor *P* para um teste bicaudal

Encontre o valor P para o teste bicaudal com estatística do teste de $z = 2{,}14$. Decida se rejeita H_0 se o nível de significância for $\alpha = 0{,}05$.

Solução

O gráfico mostra a curva normal padrão com áreas sombreadas à esquerda de $z = -2{,}14$ e à direita de $z = 2{,}14$. Para o teste bicaudal,

$P = 2$ (área na cauda da estatística do teste).

Da Tabela 4, a área correspondente a $z = 2{,}14$ é 0,9838. A área na cauda direita é $1 - 0{,}9838 = 0{,}0162$. Então, o valor P para o teste de hipóteses bicaudal com estatística de teste $z = 2{,}14$ é $P = 2\,(0{,}0162) = 0{,}0324$.

Teste bicaudal

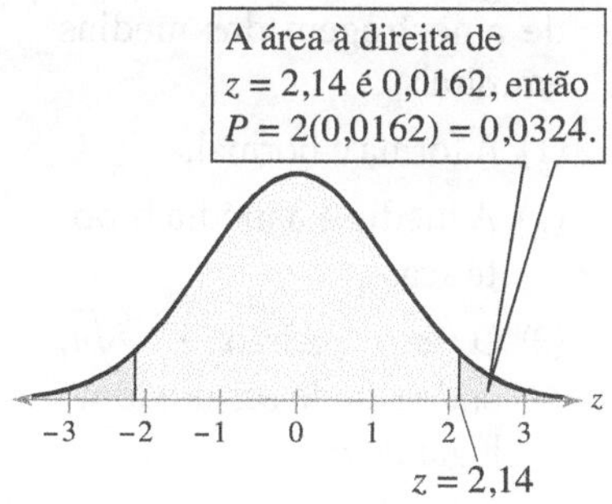

Interpretação

Como o valor $P = 0{,}0324$ é menor que 0,05, você deve rejeitar H_0.

Tente você 3 Encontre o valor P para o teste de hipótese bicaudal com estatística do teste $z = 2{,}31$. Decida se rejeita H_0 se o nível de significância for $\alpha = 0{,}01$.

a. *Use* a Tabela 4 no Apêndice B para localizar a área que corresponde a $z = 2{,}31$.

b. *Calcule* o valor P para o teste bicaudal, duas vezes a área na cauda da estatística do teste.

c. *Compare* o valor P com α e *decida* se rejeita H_0.

Resposta na p. A43

Usando o valor *P* para um teste *z*

O teste z para a média é usado nas populações nas quais a distribuição de amostragem das médias amostrais é normal. Para usar o teste z, você precisa encontrar o valor padronizado para a estatística do teste $\bar{x}$.

$$z = \frac{(\text{Média amostral}) - (\text{média hipotética})}{\text{Erro padrão}}$$

Teste *z* para a média μ

O **teste *z* para a média** μ é um teste estatístico para uma média populacional. O teste z pode ser usado quando a população é normal e σ é conhecido, ou para qualquer população quando o tamanho da amostra n for pelo menos 30. A **estatística do teste** é a média amostral $\bar{x}$ e a **estatística do teste padronizado** é z.

$$z = \frac{\bar{x} - \mu}{\sigma / \sqrt{n}}$$

Lembre-se de que $\dfrac{\sigma}{\sqrt{n}} =$ erro padrão $= \sigma_{\bar{x}}$.

Quando $n \geq 30$, você pode usar o desvio padrão da amostra s no lugar de σ.

Dica de estudo

Com todos os testes de hipóteses, é útil esboçar a distribuição de amostragem. Seu esboço deve conter a estatística de teste padronizada.

Importante

Quando o tamanho da amostra for pelo menos 30, sabemos o seguinte sobre a distribuição de amostragem das médias amostrais:

(1) A forma é normal.

(2) A média é a média hipotética.

(3) O erro padrão é $s/\sqrt{n}$, onde s pode ser usado no lugar de σ.

Instruções

Usando valores *P* para um teste *z* para média μ

Em palavras	*Em símbolos*
1. Declare a afirmação verbal e matematicamente. Identifique as hipóteses nula e alternativa.	Afirme H_0 e H_a.
2. Especifique o nível de significância.	Identifique α.
3. Determine a estatística do teste padronizado.	$z = \dfrac{\bar{x} - \mu}{\sigma\sqrt{n}}$ ou se $n \geq 30$, use $\sigma \approx s$
4. Encontre a área que corresponde a z.	Use a Tabela 4 no Apêndice B.
5. Encontre o valor *P*:	
a. Para um teste unicaudal à esquerda, *P* = (área na cauda esquerda)	
b. Para um teste unicaudal à direita, *P* = (área na cauda direita)	
c. Para um teste bicaudal, *P* = (área na cauda da estatística do teste)	
6. Tome uma decisão para rejeitar ou falhar em rejeitar a hipótese nula.	Rejeitar H_0 se o valor *P* for menor ou igual a α. Caso contrário, falhe em rejeitar H_0.
7. Interprete a decisão no x contexto da afirmação original.	

Exemplo 4

Teste de hipóteses usando valor *P*

Em um anúncio, uma pizzaria afirma que a média de seu tempo de entrega é menor que 30 minutos. Uma seleção aleatória de 36 tempos de entrega tem média amostral de 28,5 minutos e desvio padrão de 3,5 minutos. Há evidência suficiente para apoiar a afirmação em $\alpha = 0{,}01$? Use um valor *P*.

Solução

A afirmação é "a média de tempo de entrega é menor que 30 minutos". Então, as hipóteses nula e alternativa são:

H_0: $\mu \geq 30$ minutos e H_a: $\mu < 30$ minutos. *(Afirmação)*

O nível de confiança é $\alpha = 0{,}01$. A estatística do teste padronizado é:

$$z = \frac{\bar{x} - \mu}{\sigma\sqrt{n}}$$ *Pelo fato de $n \geq 30$, use o teste z*

$$= \frac{28{,}5 - 30}{3{,}5/\sqrt{36}}$$ *Pelo fato de $n \geq 30$, use $s \approx \sigma = 3{,}5$. Assuma $\mu = 30$.*

$$\approx -2{,}57.$$

Na Tabela 4 do Apêndice B, a área correspondente a $z = -2{,}57$ é 0,0051. Como esse teste é um teste unicaudal à esquerda, o valor *P* é igual a área à esquerda de $z = -2{,}57$. Então, $P = 0{,}0051$. Pelo fato do valor *P* ser menos que $\alpha = 0{,}01$, você deve rejeitar a hipótese nula.

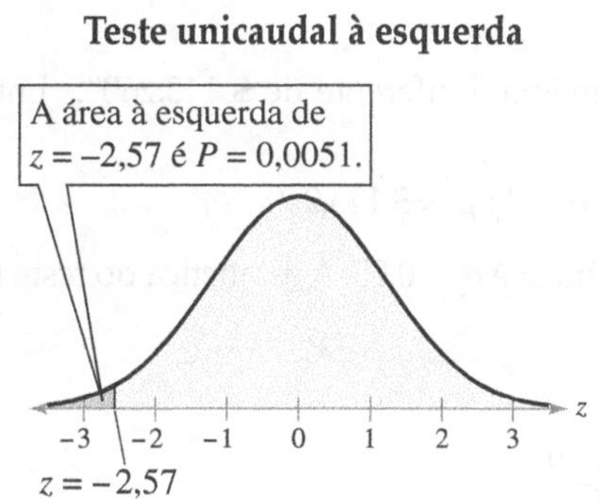

Interpretação

No nível de significância 1%, você tem evidência suficiente para concluir que a média do tempo de entrega é menor que 30 minutos.

Tente você 4 Proprietários de casas afirmam que a velocidade média de veículos que passam por sua rua é maior que o limite de velocidade de 35 milhas por hora. Uma amostra aleatória de 100 automóveis tem média de velocidade de 36 milhas por hora e desvio padrão de 4 milhas por hora. Há evidência suficiente para apoiar a afirmação em $\alpha = 0{,}05$. Use um valor *P*.

a. *Identifique* a afirmação. Então, *estabeleça* as hipóteses nula e alternativa.

b. *Identifique* o nível de significância.

c. *Encontre* a estatística do teste padronizado *z*.

d. *Encontre* o valor *P*.

e. *Decida* se rejeita a hipótese nula.

f. *Interprete* a decisão no contexto da afirmação original.

Resposta na p. A43

Exemplo 5

Teste de hipóteses usando valores *P*

Você acha que a informação do investimento médio de franquia mostrada no gráfico é incorreta, então você seleciona aleatoriamente 30 franquias e determina o investimento necessário para cada. A média amostral de investimento é \$ 135.000 com desvio padrão de \$ 30.000. Há evidência suficiente para apoiar sua afirmação em $\alpha = 0{,}05$. Use um valor *P*.

Veja passos MINITAB na p. 349.

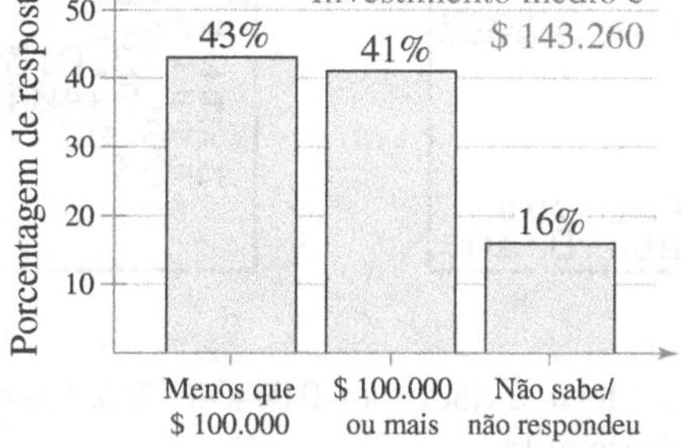

Solução

A afirmação é "a média é diferente de \$ 143.260". Então, as hipóteses nula e alternativa são:

H_0: $\mu = \$\ 143.260$ e H_a: $\mu \neq \$\ 143.260$. *(Afirmação)*

O nível de significância é $\alpha = 0{,}05$. A estatística do teste padronizada é:

$$z = \frac{\bar{x} - \mu}{\sigma\sqrt{n}}$$ *Como $n \geq 30$, use o teste z.*

$$= \frac{135.000 - 143.260}{30.000/\sqrt{30}}$$ *Como de $n \geq 30$, use $\sigma \approx s = 30.000$.* *Assuma $\mu = 143.260$.*

$$\approx -1{,}51.$$

Teste bicaudal

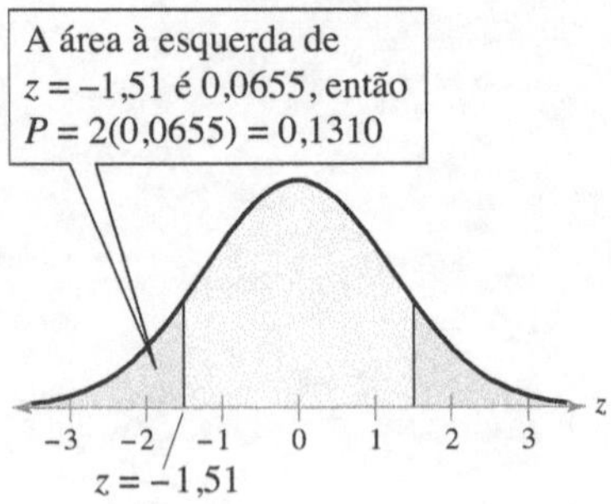

Na Tabela 4 do Apêndice B, a área correspondente a $z = -1{,}51$ é 0,0655. Como se trata de um teste bicaudal, o valor *P* é igual a duas vezes a área à esquerda de $z = -1{,}51$.

Então,

$P = 2(0{,}0655) = 0{,}1310.$

Pelo fato do valor *P* ser maior que α, você deve falhar em rejeitar a hipótese nula.

Interpretação

Não há evidência suficiente no nível de significância de 5% para concluir que a média de investimento de franquia é diferente de \$ 143.260.

Tente você 5 Um de seus distribuidores reporta uma média de 150 vendas por dia para o direito de distribuição. Você suspeita que essa média não seja correta, então você seleciona aleatoriamente 35 dias e determina o número de vendas a cada dia. A média amostral é 143 vendas diárias com desvio padrão de 15 vendas. Em $\alpha = 0{,}01$, há evidência suficiente para duvidar da média reportada pelo distribuidor? Use o valor *P*.

a. *Identifique* a afirmação. Então, *estabeleça* as hipóteses nula e alternativa.

b. *Identifique* o nível de significância.

c. *Encontre* a estatística do teste padronizado *z*.

d. *Encontre* o valor *P*.

e. *Decida* se rejeita a hipótese nula.

f. *Interprete* a decisão no contexto da afirmação original.

Resposta na p. A43

Dica de estudo

Usando a TI-83/84, você pode tanto entrar com os dados originais em uma lista para encontrar o valor *P* quanto entrar com as estatísticas descritivas.

STAT

Escolha o menu de TESTS

1: Z-Test. . .

Selecione a opção de entrada de dados (Data) se você entrou com os dados originais. Selecione a opção de entrada Stats se você entrou com estatísticas descritivas. Em cada caso, entre com os valores apropriados incluindo o tipo de teste de hipótese correspondente indicado pela hipótese alternativa. Então, selecione Calculate.

Exemplo 6

Usando a ferramenta de tecnologia para encontrar o valor *P*

Qual tela da TI-83/84 abaixo representa a decisão que você deve tomar usando um nível de significância de $\alpha = 0{,}05$?

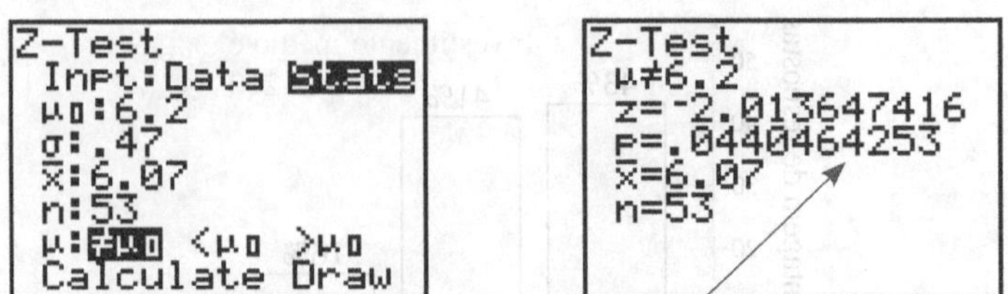

Solução

O valor *P* para esse teste é dado por 0,0440464253. Como *P* é menor que 0,05, você deve rejeitar a hipótese nula.

Tente você 6 Para o teste de hipótese da TI-83/84 mostrado no Exemplo 6, tome uma decisão no nível de significância de $\alpha = 0{,}01$.

a. *Compare* o valor *P* com o nível de significância.

b. *Tome* a decisão.

Resposta na p. A43

Regiões de rejeição e valores críticos

Outro método para decidir se rejeita a hipótese nula é determinar se a estatística do teste padronizada está dentro de uma amplitude de valores chamada de região de rejeição da distribuição de amostragem.

Definição

Uma **região de rejeição** (ou **região crítica**) da distribuição amostral é a amplitude de valores para a qual a hipótese nula não é provável. Se uma estatística de teste está nessa região, a hipótese nula é rejeitada. Um **valor crítico** z_0 separa a região de rejeição da região de não rejeição.

Importante

Se a estatística de teste está na região de rejeição, isso seria considerado um evento incomum.

Instruções

Encontrando os valores críticos em uma distribuição normal

1. Especifique o nível de significância α.
2. Decida se o teste é unicaudal à esquerda, à direita ou bicaudal.
3. Encontre o(s) valor(es) crítico(s) z_0. Se o teste de hipótese for:
   (a) *caudal à esquerda*, encontre o z-escore que corresponda à área de α.
   (b) *caudal à direita*, encontre o z-escore que corresponda à área de $1 - \alpha$.
   (c) *bicaudal*, encontre o z-escore que corresponda a $\frac{1}{2}\alpha$ e $1 - \frac{1}{2}\alpha$.
4. Faça a distribuição normal padrão. Desenhe uma linha vertical em cada valor crítico e sombreie a região de rejeição.

Exemplo 7

Encontrando um valor crítico para um teste unicaudal à esquerda

Encontre o valor crítico e a região de rejeição para um teste unicaudal à esquerda com $\alpha = 0{,}01$.

Solução

O gráfico à direita mostra a curva normal padrão com a área sombreada de 0,01 na cauda esquerda. Na Tabela 4 do Apêndice B, o z-escore que corresponde a uma área de 0,01 é –2,33. Então, o valor crítico é $z_0 = -2{,}33$. A região de rejeição está à esquerda desse valor crítico.

Nível de significância de 1%

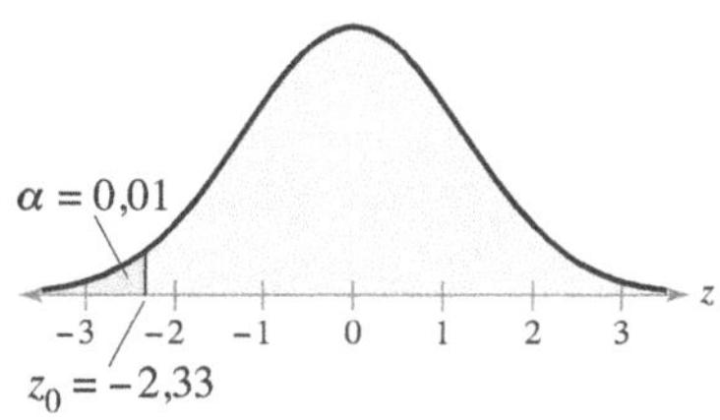

Tente você 7 Encontre o valor crítico e a região de rejeição para o teste unicaudal à esquerda com $\alpha = 0{,}10$.

a. *Desenhe* o gráfico da curva normal padrão com uma área de α na cauda esquerda.

b. *Use* a Tabela 4 para localizar a área que esteja mais próxima a α.

c. *Encontre* o z-escore que corresponda a essa área.

d. *Identifique* a área de rejeição.

Resposta na p. A43

Se você não puder encontrar a área exata na Tabela 4, use a área que seja mais próxima. Por exemplo, no Exemplo 7 a área mais próxima de 0,01 é 0,0099. Quando a área é exatamente o meio entre duas áreas na tabela, use o *z*-escore do meio entre os *z*-escores correspondentes.

Exemplo 8

Encontrando valores críticos para o teste bicaudal

Encontre o valor crítico e a região de rejeição do teste bicaudal com $\alpha = 0{,}05$.

Solução

O gráfico à esquerda mostra a curva normal padrão com as áreas sombreadas de $\frac{1}{2}\alpha = 0{,}225$ em cada cauda. A área à esquerda de $-z_0$ é $\frac{1}{2}\alpha = 0{,}025$ e a área à esquerda de z_0 é $1 - \frac{1}{2}\alpha = 0{,}975$. Na Tabela 4, os *z*-escores que correspondem às áreas 0,025 e 0,975 são –1,96 e 1,96, respectivamente. Então, os valores críticos são $-z_0 = -1{,}96$ e $z_0 = 1{,}96$. As regiões de rejeição estão à esquerda de $-z_0$ e à direita de z_0.

Nível de significância de 5%

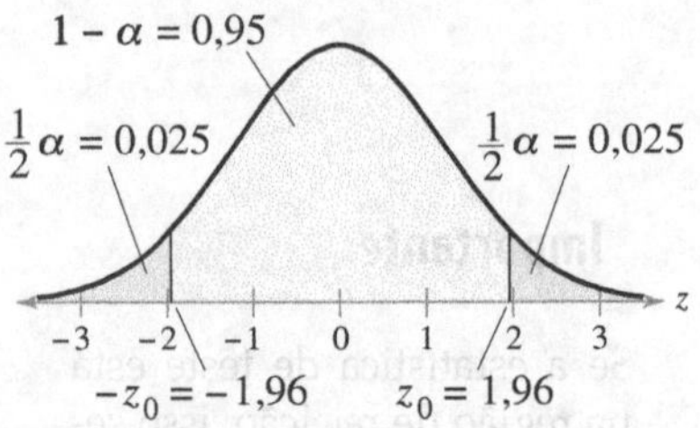

Tente você 8 Encontre o valor crítico e a região de rejeição do teste bicaudal com $\alpha = 0{,}08$.

a. *Desenhe* o gráfico da curva normal padrão com uma área de $\frac{1}{2}\alpha$ em cada cauda.

b. *Use* a Tabela 4 para localizar a área mais próxima a $\frac{1}{2}\alpha$ e $1 - \frac{1}{2}\alpha$.

c. *Encontre* o *z*-escore que corresponda a essas áreas.

d. *Identifique* as áreas de rejeição.

Resposta na p. A43

Dica de estudo

Note no Exemplo 8 que os valores críticos são opostos. Isso é sempre verdadeiro para os testes *z* bicaudais.

A tabela lista os valores críticos para os níveis de significância mais comumente usados.

Alfa	Cauda	z
0,10	Esquerda	–1,28
	Direita	1,28
	Bicaudal	±1,645
0,05	Esquerda	–1,645
	Direita	1,645
	Bicaudal	±1,96
0,01	Esquerda	–2,33
	Direita	2,33
	Bicaudal	±2,575

Usando regiões de rejeição para um teste *z*

Para concluir um teste de hipótese usando região(ões) de rejeição, você toma uma decisão e a interpreta, como a seguir.

Regra de decisão baseada na região de rejeição

Para usar a região de rejeição para conduzir um teste de hipótese, calcule a estatística do teste padronizado *z*. Se a estatística do teste padronizado:

1. estiver na região de rejeição, então rejeite H_0.
2. não estiver na região de rejeição, então falhe em rejeitar H_0.

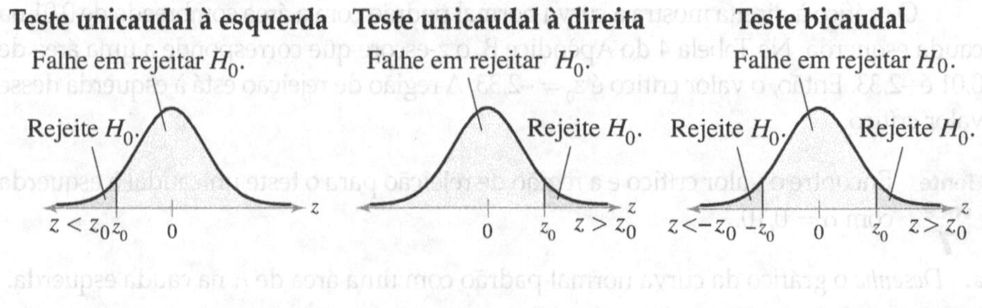

Falhar em rejeitar a hipótese nula não significa que você aceitou a hipótese nula como verdadeira. Simplesmente significa que não há evidência suficiente para rejeitar a hipótese nula.

Instruções

Usando regiões de rejeição para um teste z para média μ

Em palavras	*Em símbolos*
1. Declare a afirmação verbal e matematicamente. Identifique as hipóteses nula e alternativa.	Afirme H_0 e H_a.
2. Especifique o nível de significância.	Identifique α.
3. Faça a distribuição de amostragem.	
4. Determine o valor crítico.	Use a Tabela 4 no Apêndice B.
5. Determine a região de rejeição.	
6. Encontre a estatística do teste padronizada.	$z = \dfrac{\bar{x} - \mu}{\sigma / \sqrt{n}}$, ou se $n \geq 30$ use $\sigma \approx s$.
7. Tome uma decisão para rejeitar ou falhar em rejeitar a hipótese nula.	Rejeitar H_0 se z estiver na região de rejeição. Caso contrário, falhe em rejeitar H_0.
8. Interprete a decisão no contexto da afirmação original.	

Exemplo 9

Testando μ com uma amostra grande

Funcionários de uma grande firma de contabilidade afirmam que a média dos salários dos contadores é menor que a de seu concorrente, que é \$ 45.000. Uma amostra aleatória de 30 dos contadores da firma tem média de salário de \$ 43.500 com desvio padrão de \$ 5.200. Com $\alpha = 0{,}05$, teste a afirmação dos funcionários.

Solução

A afirmação é: "a média dos salários é menor que \$ 45.000". Então, a hipótese nula e a alternativa podem ser escritas como:

H_0: $\mu \geq \$\ 45.000$ e H_a: $\mu < \$\ 45.000$ *(Afirmação)*

Em razão de o teste ser unicaudal à esquerda e o nível de significância ser $\alpha = 0{,}05$, o valor crítico é $z_0 = -1{,}645$ e a região de rejeição é $z < -1{,}645$. A estatística do teste padronizada é:

$$z = \frac{\bar{x} - \mu}{\sigma\sqrt{n}}$$ *Devido a $n \geq 30$, use teste z.*

$$= \frac{43.500 - 45.000}{5.200/\sqrt{30}}$$ *Devido a $n \geq 30$, use $\sigma \approx s = 5.200$. Assuma $\mu = 45.000$*

$$\approx -1{,}58.$$

O gráfico mostra a localização da região de rejeição e da estatística de teste padronizado z. Em virtude de z não estar na região de rejeição, você falha em rejeitar a hipótese nula.

Interpretação

Não há evidência suficiente no nível de significância de 5% para apoiar a afirmação dos funcionários de que a média do salário é menor que \$ 45.000.

Retratando o mundo

A cada ano, a Environmental Protection Agency (EPA), agência de proteção ambiental, publica relatórios da milhagem de gasolina para todas as marcas de modelos de veículos de passeio. Em um ano recente, o carro compacto com transmissão automática que teve a melhor milhagem foi o Honda Civic híbrido. Ele obteve uma média de milhagem de 49 milhas por galão (na cidade) e 51 milhas por galão (na estrada). Suponha que a Honda acredite que o Honda Civic híbrido exceda as 51 milhas por galão na estrada. Para apoiar sua afirmação, ela testa 34 carros na estrada e obtém uma média amostral de 52,1 milhas por galão, com desvio padrão de 2,3 milhas por galão. (*Fonte: EPA.*)

A evidência é suficiente para apoiar a afirmação de que as milhas por galão na estrada do Honda Civic excedam aquela estimada pelo EPA? Use um teste z com $\alpha = 0{,}01$.

Veja passos TI-83/84 na p. 350.

Nível de significância de 5%

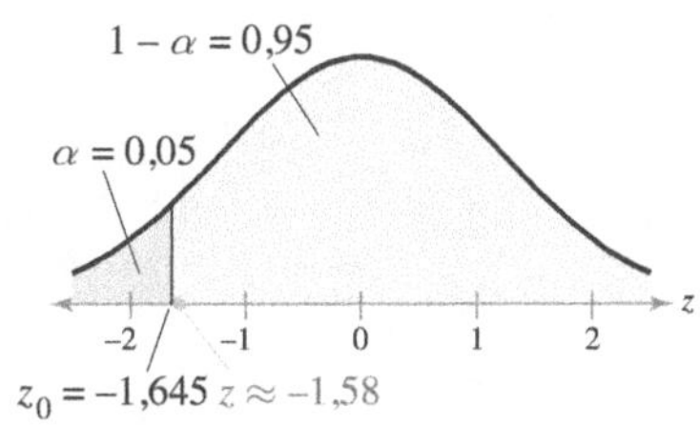

Tenha certeza de que você entendeu a decisão tomada neste exemplo. Embora sua amostra tenha uma média de $ 43.500, você não pode (no nível de significância de 5%) apoiar a afirmação dos funcionários de que a média dos salários dos contadores é menor que $ 45.000. A diferença entre sua estatística de teste e a média hipotética ocorre provavelmente por causa de erro de amostragem.

Tente você 9 O CEO* de uma empresa afirma que a média de um dia de trabalho dos contadores da firma é menos do que 8,5 horas. Uma amostra aleatória de 35 dos contadores da empresa tem uma média de 8,2 horas com desvio padrão de 0,5 horas. Em $\alpha = 0{,}01$, teste a afirmação do CEO.

a. *Identifique* a afirmação e *estabeleça* H_0 e H_a.

b. *Identifique* o nível de significância α.

c. *Encontre* o valor crítico z_0 e identifique a região de rejeição.

d. *Encontre* a estatística de teste padronizado z.

e. *Faça* um gráfico. *Decida* se rejeita a hipótese nula.

f. *Interprete* a decisão no contexto da afirmação original.

Resposta na p. A43

Exemplo 10

Testando μ com amostras grandes

O departamento de agricultura dos Estados Unidos reporta que o custo médio para se criar um filho até a idade de 2 anos na zona rural é de $ 10.460. Você acredita que esse valor está incorreto, então você seleciona uma amostra aleatória de 900 crianças (com idade de 2 anos) e descobre que a média dos custos é $ 10.345 com desvio padrão de $ 1.540. Com $\alpha = 0{,}05$, há evidência suficiente para concluir que a média do custo é diferente de $ 10.460? (*Adaptado de U.S. Department of Agriculture Center for Nutrition Policy e Promotion.*)

Solução

Você quer apoiar a afirmação de que "a média de custos é diferente de $ 10.460". Então, as hipóteses nula e alternativa são:

$$H_0: \mu = \$\ 10.460$$

e

$$H_a: \mu \neq \$\ 10.460. \text{ (Afirmação)}$$

Em razão de o teste ser bicaudal e o nível de significância ser $\alpha = 0{,}05$, os valores críticos são $-z_0 = -1{,}96$ e $z_0 = 1{,}96$. As regiões de rejeição são $z < -1{,}96$ e $z > 1{,}96$. A estatística do teste padronizado é:

$$z = \frac{\bar{x} - \mu}{\sigma\sqrt{n}}$$ *Em razão de n ≥ 30, use teste z*

$$= \frac{10.345 - 10.460}{1.540/\sqrt{900}}$$ *Em razão de n ≥ 30, use teste z* *Assuma μ = $ 10.460*

$$\approx -2{,}24.$$

```
Z-Test
μ≠10460
z=-2.24025974
p=.025073983
x̄=10345
n=900
```

Usando a TI-83/84, você pode encontrar a estatística do teste padronizada automaticamente.

* *Chief Executive Officer* — sigla em inglês para diretor geral ou diretor-executivo; é usado para designar a pessoa com mais alta responsabilidade em uma empresa.

O gráfico mostra a localização da região de rejeição e da estatística de teste padronizada z. Em virtude de z estar na região de rejeição, você deve rejeitar a hipótese nula.

Interpretação

Você tem evidência suficiente para concluir que a média do custo de se criar uma criança desde o nascimento até os 2 anos em uma área rural é significantemente diferente de $ 10.460 no nível de significância de 5%.

Nível de significância de 5%

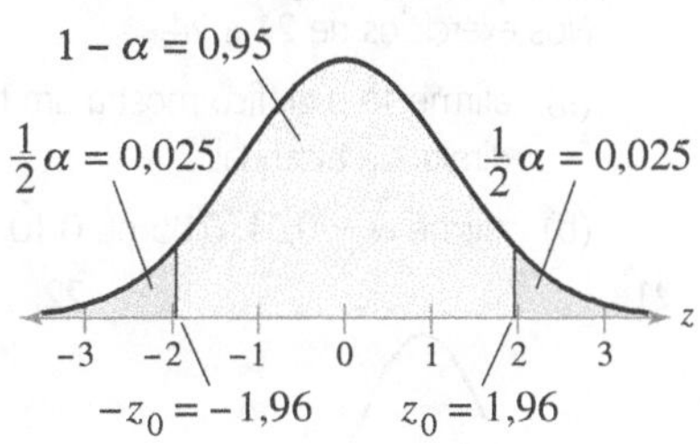

Tente você 10 Usando a informação e os resultados do Exemplo 10, determine se há evidência suficiente para apoiar a afirmação de que a média do custo de se criar uma criança desde o nascimento até os 2 anos em uma área rural é diferente de $ 10.460. Use $\alpha = 0,01$.

a. *Identifique* o nível de significância α.

b. *Encontre* o valor crítico z_0 e identifique a região de rejeição.

c. *Faça* um gráfico. *Decida* se rejeita a hipótese nula.

d. *Interprete* a decisão no contexto da afirmação original.

Resposta na p. A43

7.2 Exercícios

Construindo habilidades básicas e conceitos

Nos exercícios de 1 a 6, encontre o valor *P* para o teste de hipótese indicado com a estatística de teste padronizada *z* dada. Decida se deve rejeitar H_0 para o nível de significância α.

1. Teste unicaudal à esquerda, $z = -1,20$ $\alpha = 0,10$.
2. Teste unicaudal à esquerda, $z = -1,69$, $\alpha = 0,05$.
3. Teste unicaudal à direita, $z = 2,34$, $\alpha = 0,01$.
4. Teste unicaudal à direita, $z = 1,23$, $\alpha = 0,10$.
5. Teste bicaudal, $z = -1,56$, $\alpha = 0,05$.
6. Teste bicaudal, $z = 2,30$, $\alpha = 0,01$.

Análise gráfica

Nos exercícios de 7 a 12 relacione cada valor *P* com o gráfico que mostre sua área. Os gráficos são nomeados de (a) a (f):

(a)

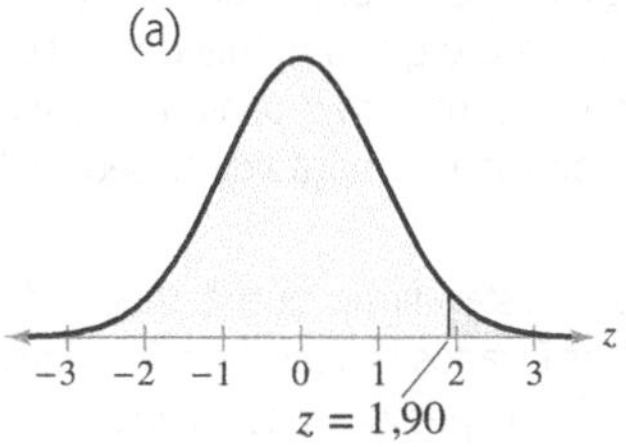

(b)

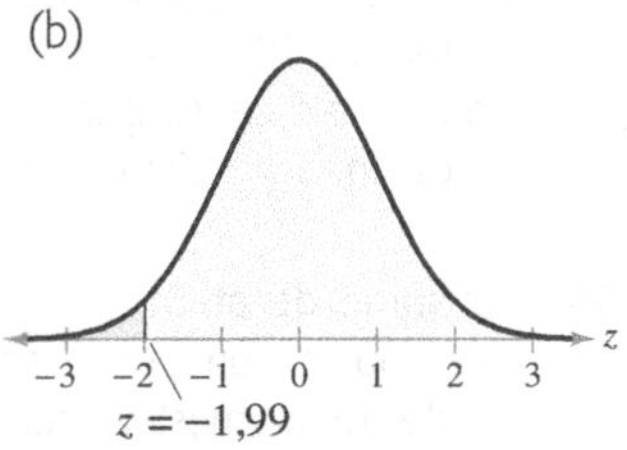

(c)

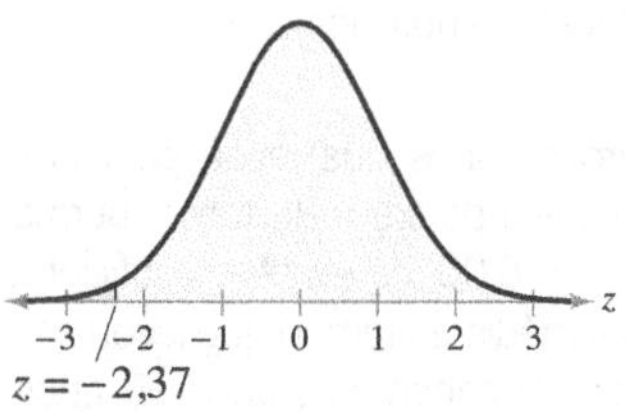

(d)

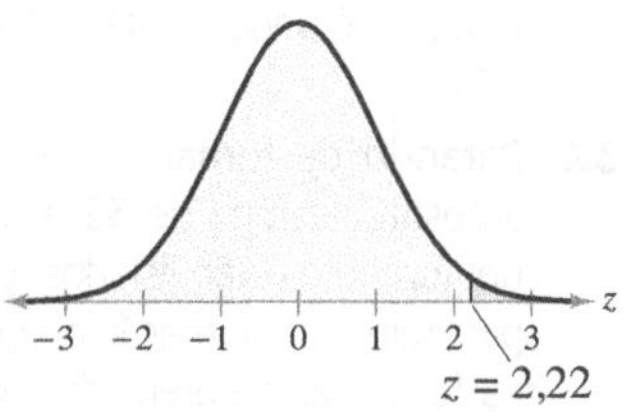

(e)

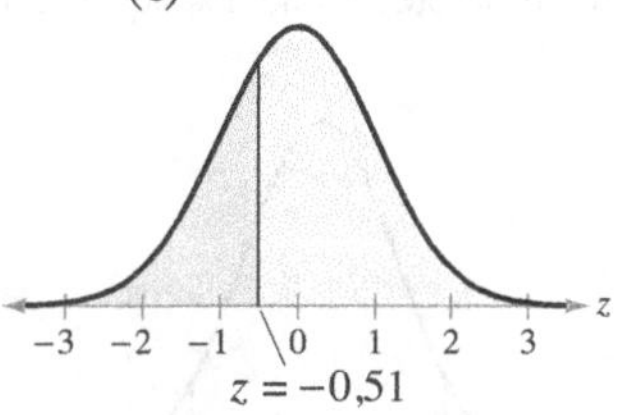

(f)

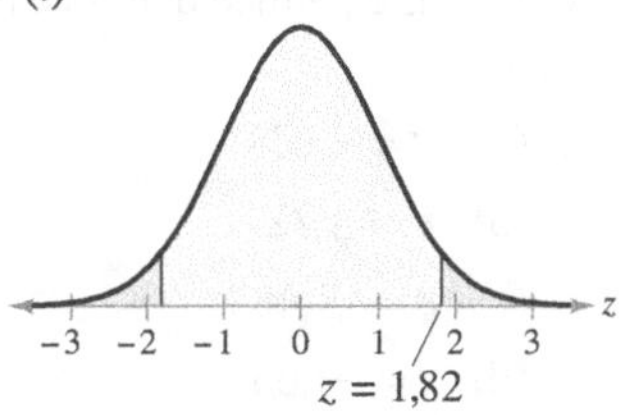

7. $P = 0,0089$.
8. $P = 0,0132$.
9. $P = 0,3050$.
10. $P = 0,0688$.
11. $P = 0,0233$.
12. $P = 0,0287$.
13. Dado H_0: $\mu = 100$, H_a: $\mu \neq 100$ e $P = 0,0461$:
    (a) você rejeita ou falha ao rejeitar H_0 no nível de significância 0,01?
    (b) você rejeita ou falha ao rejeitar H_0 no nível de significância 0,05?
14. Dado H_0: $\mu \geq 8,5$, H_a: $\mu < 8,5$ e $P = 0,0691$:
    (a) você rejeita ou falha ao rejeitar H_0 no nível de significância 0,01?
    (b) você rejeita ou falha ao rejeitar H_0 no nível de significância 0,05?

Encontrando valores críticos

Nos exercícios de 15 a 20, encontre os valores críticos para o tipo indicado de teste e nível de significância α.

15. Teste unicaudal à direita, $\alpha = 0,05$.
16. Teste unicaudal à direita, $\alpha = 0,08$.
17. Teste unicaudal à esquerda, $\alpha = 0,03$.
18. Teste unicaudal à esquerda, $\alpha = 0,09$.
19. Teste bicaudal, $\alpha = 0,02$.
20. Teste bicaudal, $\alpha = 0,10$.

Análise gráfica

Nos exercícios de 21 a 24,

(a) afirme se o gráfico mostra um teste unicaudal à esquerda, à direita ou bicaudal.

(b) afirme $\alpha = 0{,}01$, 0,05 ou 0,10.

21.

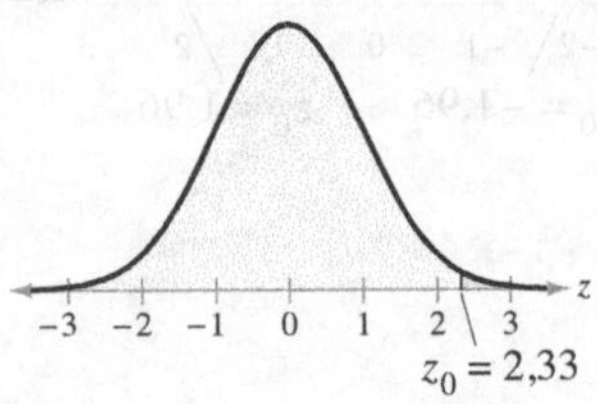

22.

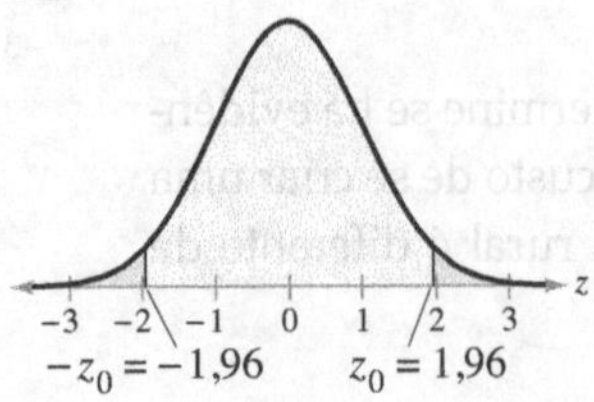

23.

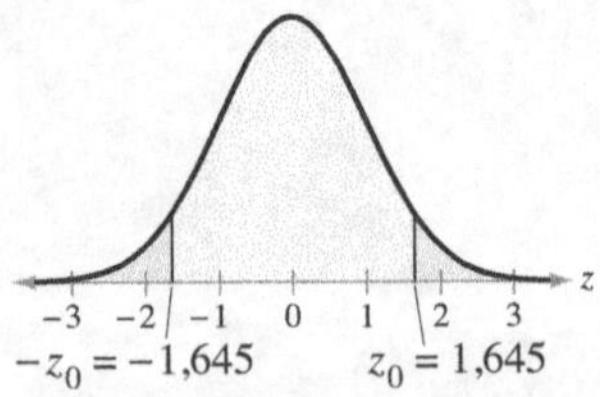

24.

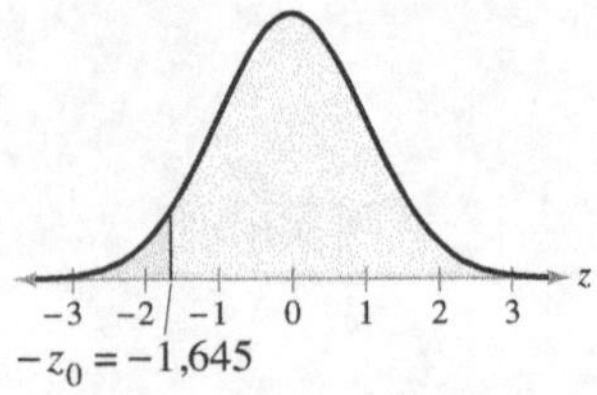

Análise gráfica

Nos exercícios de 25 a 28, afirme se cada estatística de teste padronizada z permite que você rejeite a hipótese nula. Explique seu raciocínio.

25. (a) $z = 1{,}631$.
(b) $z = 1{,}723$.
(c) $z = -1{,}464$.
(d) $z = -1{,}655$.

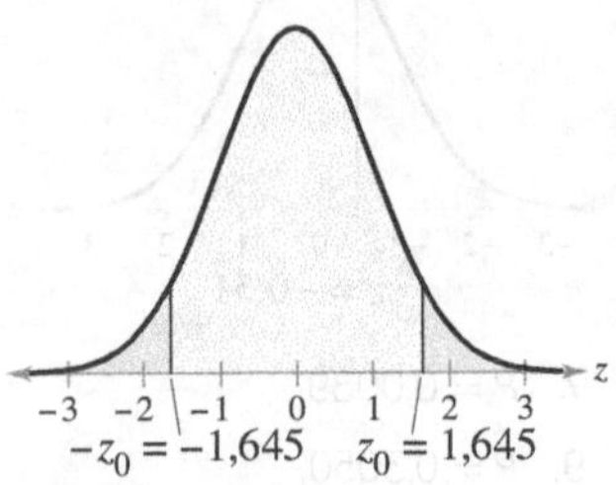

26. (a) $z = 1{,}98$.
(b) $z = -1{,}89$.
(c) $z = 1{,}65$.
(d) $z = -1{,}99$.

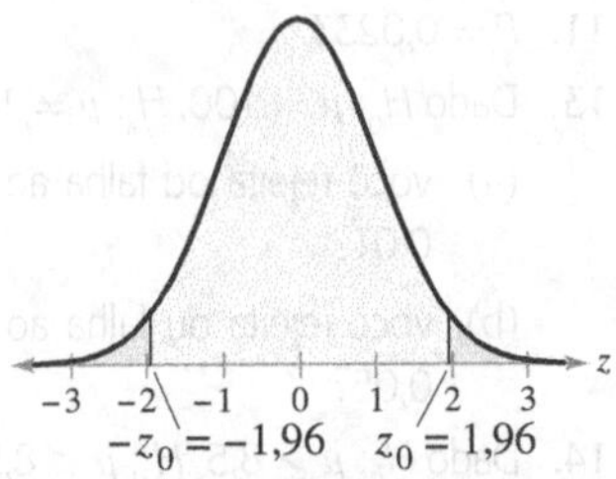

27. (a) $z = -1{,}301$.
(b) $z = 1{,}203$.
(c) $z = 1{,}280$.
(d) $z = 1{,}286$.

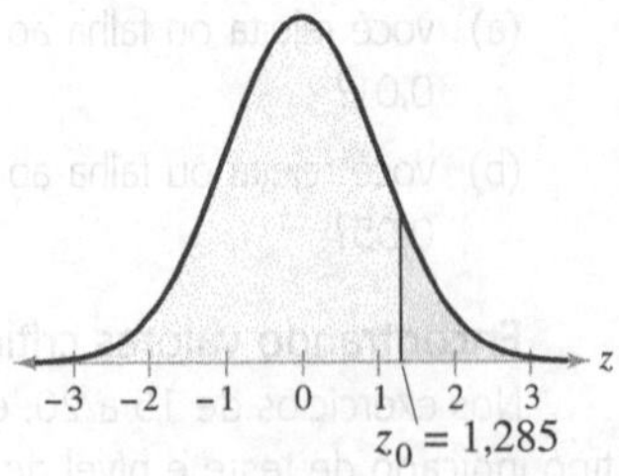

28. (a) $z = 2{,}557$.
(b) $z = -2{,}755$.
(c) $z = 2{,}585$.
(d) $z = -2{,}475$.

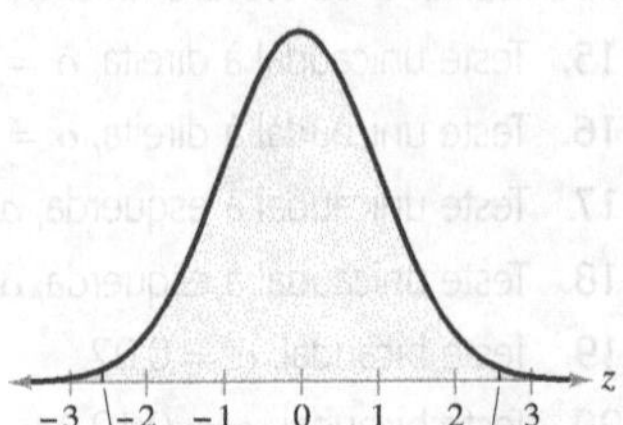

Nos exercícios de 29 a 32, teste a afirmação sobre a média populacional μ no nível de significância usando as estatísticas amostrais dadas.

29. Afirmação: $\mu = 40$, $\alpha = 0{,}05$, estatística amostral: $\overline{x} = 39{,}2$, $s = 3{,}23$, $n = 75$.

30. Afirmação: $\mu > 1.030$, $\alpha = 0{,}05$, estatística amostral: $\overline{x} = 1.035$, $s = 23$, $n = 50$.

31. Afirmação: $\mu \neq 6.000$, $\alpha = 0{,}01$, estatística amostral: $\overline{x} = 5.800$, $s = 350$, $n = 35$.

32. Afirmação: $\mu \leq 22.500$, $\alpha = 0{,}01$, estatística amostral: $\overline{x} = 23.250$, $s = 1.200$, $n = 45$.

Usando e interpretando conceitos

Testando afirmações usando valores *P*

Nos exercícios de 33 a 38:

(a) escreva a afirmação matematicamente e identifique H_0 e H_a.

(b) encontre a estatística de teste padronizada z e sua área correspondente. Se for conveniente, use a tecnologia.

(c) encontre valores P. Se for conveniente, use a tecnologia.

(d) decida se rejeita ou falha em rejeitar a hipótese nula.

(e) interprete a decisão no contexto da afirmação original.

33. **Testes de matemática** Em Illinois, uma amostra aleatória de 85 alunos da oitava série tem nota média de 282 com desvio padrão de 35 em um teste nacional de matemática. O resultado do teste informa o administrador de uma escola estadual que a nota média no teste para os alunos da oitava série do estado é mais do que 275. Em $\alpha = 0{,}04$, há evidência o suficiente para apoiar a afirmação do administrador? *(Adaptado de National Center for Education Statistics.)*

34. **Sistema de chuveiros de incêndio** Um fabricante de chuveiros para proteção contra incêndios afirma que a média de temperatura de ativação é de pelo menos 135 °F. Para testar a afirmação, você seleciona uma amostra de 32 sistemas e descobre que a média de temperatura de ativação é 133 °F com desvio padrão de 3,3 °F. No nível de significância $\alpha = 0{,}10$, você tem evidência suficiente para apoiar a afirmação do fabricante?

35. **Bebedores de chá** Uma sociedade de bebedores de chá estima que a média de consumo de chá por uma pessoa nos Estados Unidos é mais do que 8 galões por ano. Em uma amostra aleatória de 100 pessoas, você descobre que a média de consumo de chá é de 7,9 galões por ano, com desvio padrão de 2,67 galões. Em $\alpha = 0{,}07$, você pode apoiar a afirmação da sociedade? *(Adaptado de U.S. Department of Agriculture.)*

36. **Consumo de atum** Um nutricionista afirma que a média de consumo de atum por pessoa nos Estados Unidos é de 3,1 libras por dia. Uma amostra aleatória de 60 pessoas nos Estados Unidos mostra que a média de consumo de atum por uma pessoa é de 2,9 libras por ano com desvio padrão de 0,94 libras. Em $\alpha = 0{,}08$, você pode rejeitar a afirmação do nutricionista? *(Adaptado de U.S. Department of Agriculture.)*

37. **Parando de fumar** O número de anos que levou para uma amostra aleatória de 32 ex-fumantes pararem de fumar permanentemente estão listados. Em $\alpha = 0{,}05$, há evidência suficiente para rejeitar a afirmação de que a média do tempo que levou para os fumantes pararem de fumar permanentemente é 15 anos? *(Adaptado de The Gallup Organization.)*

15,7 13,2 22,6 13,0 10,7 18,1 14,7 7,0 17,3 7,5 21,8
12,3 19,8 13,8 16,0 15,5 13,1 20,7 15,5 9,8 11,9 16,9
7,0 19,3 13,2 14,6 20,9 15,4 13,3 11,6 10,9 21,6

38. **Salários** Um político do Alabama afirma que a média dos salários anuais para gerentes de engenharia no Alabama é mais do que a média nacional, \$ 100.800. Os salários anuais (em dólares) para uma amostra aleatória de 34 gerentes de engenharia no Alabama estão listados. Se, $\alpha = 0{,}03$, há evidência o suficiente para apoiar a afirmação do político? *(Adaptado de America's Career InfoNet.)*

92,860 94,975 88,714 82,917 98,117 102,415
96,216 98,234 86,719 79,821 94,556 97,612
99,963 101,415 89,714 90,648 96,159 99,176
101,519 94,161 97,178 98,736 100,317 94,932
89,714 93,198 95,117 97,482 99,632 100,589
93,613 92,144 91,716 96,031

Testando as afirmações

Nos exercícios de 39 a 46, (a) escreva uma afirmação matemática e identifique H_0 e H_a, (b) encontre os valores críticos e identifique as regiões de rejeição, (c) encontre a estatística do teste padronizado, (d) decida se rejeita ou falha ao rejeitar a hipótese nula e (e) interprete a decisão no contexto da afirmação original.

39. **Conteúdo de cafeína nas bebidas à base de cola** Uma empresa fabricante de bebidas à base de cola afirma que a média do conteúdo de cafeína por garrafa de 12 onças é de 40 miligramas. Você quer testar essa afirmação. Durante os testes, você descobre que uma amostra aleatória de 30 garrafas de 12 onças de bebida à base de cola tem média de conteúdo de cafeína de 39,2 miligramas com desvio padrão de 7,5 miligramas. Em $\alpha = 0{,}01$, você pode rejeitar a afirmação da empresa? *(Adaptado de American Beverages Association.)*

40. **Conteúdo de cafeína no café** Uma cafeteria afirma que as bebidas recém-preparadas têm média de conteúdo de cafeína de 140 miligramas por 8 onças. Você quer testar a afirmação. Você descobre que uma amostra aleatória de 42 porções de 8 onças tem uma média de conteúdos de cafeína de 146 miligramas e desvio padrão de 22 miligramas. Em $\alpha = 0{,}05$, você têm evidência suficiente para rejeitar a afirmação da cafeteria? *(Adaptado de American Beverages Association.)*

41. **Lâmpadas** Um fabricante de lâmpadas garante que a média de vida útil de certo tipo de lâmpada é de pelo menos 750 horas. Uma amostra aleatória de 36 lâmpadas tem média de vida útil de 745 horas com desvio padrão de 60 horas. Em $\alpha = 0{,}02$, você tem evidências suficientes para rejeitar a afirmação do fabricante?

42. **Conteúdo de sódio em cereais** Você trabalha para uma organização nacional de saúde e deve monitorar a quantidade de sódio em certa marca de cereal. Você descobre que uma amostra aleatória de 52 porções de cereais tem média de quantidade de sódio de 232 miligramas com desvio padrão de 10 miligramas. Em $\alpha = 0{,}04$, você pode concluir que a média da quantidade de sódio por porção de cereal é maior que 230 miligramas?

43. **Níveis de dióxido de nitrogênio** Um cientista estima que a média do nível de dióxido de nitrogênio em Calgary é maior que 32 partes por bilhão. Você quer testar essa estimativa. Para isso, você determina os níveis de dióxido de nitrogênio para 34 dias selecionados aleatoriamente. Os resultados (em partes por bilhão) estão listados a seguir. Em $\alpha = 0{,}06$, você pode apoiar a estimativa do cientista? *(Adaptado de Clean Air Strategic Alliance.)*

24 36 44 35 44 34 29 40 39 43 41 32
33 29 29 43 25 39 25 42 29 22 22 25
14 15 14 29 25 27 22 24 18 17

44. **Lâmpadas fluorescentes** Um fabricante de lâmpadas fluorescentes garante que a vida útil média de certo tipo de lâmpada é de pelo menos 10.000 horas. Você quer testar essa garantia. Para fazer isso, você registra a vida útil de uma amostra aleatória de 32 lâmpadas fluorescentes. Os resultados (em horas) são mostrados a seguir. Em $\alpha = 0{,}09$, você tem evidência suficiente para rejeitar a afirmação do fabricante?

8,800 9,155 13,001 10,250 10,002 11,143 8,234 10,402
10,016 8,015 6,110 11,005 11,555 9,254 6,991 12,006
10,420 8,302 8,151 10,980 10,186 10,003 8,814 11,445
6,277 8,632 7,265 10,584 9,397 11,987 7,556 10,380

45. **Perda de peso** Um programa de perda de peso afirma que os participantes do programa têm média de perda de peso de pelo menos 10 libras após 1 mês. Você trabalha para uma associação médica e deve testar essa afirmação. Uma amostra aleatória de 30 participantes do programa e suas perdas de peso (em libras) depois de um mês são listadas no diagrama ramo-e-folhas a seguir. Em $\alpha = 0{,}03$, você tem evidência para rejeitar a afirmação do programa?

Perda de peso (em libras) após um mês

5	7 7	Chave: 5|7 = 5,7
6	6 7	
7	0 1 9	
8	2 2 7 9	
9	0 3 5 6 8	
10	2 5 6 6	
11	1 2 5 7 8	
12	0 7 8	
13	8	
14		
15	0	

46. **Simulação de incêndio** Uma empresa de engenharia afirma que a média de tempo que leva para um funcionário evacuar o prédio durante uma simulação de incêndio é menor que 60 segundos. Você quer testar essa afirmação. Uma amostra aleatória de 50 funcionários e seus tempos de saída do prédio (em segundos) estão listados no diagrama ramo-e-folhas a seguir. Em $\alpha = 0{,}01$, você pode apoiar a afirmação da empresa?

Tempos de saída do prédio (em segundos)

0	7 9	Chave: 0|7=7
1	1 9 9	
2	2 6 7 9 9	
3	1 1 6 7 7 9 9	
4	1 1 3 3 3 4 6 6 7	
5	2 3 4 5 7 8 8 8 9 9	

6	1 3 3 4 6 6 7
7	4 6 9
8	4 6
9	4
10	2

Expandindo conceitos

47. **Uso de energia elétrica** Você acredita que a média anual de uso de quilowatts por hora dos clientes residenciais nos Estados Unidos é menor que 11.500. Você realiza alguma pesquisa e descobre que uma amostra aleatória de 30 consumidores residenciais têm média de uso de 11.400 quilowatts por hora com desvio padrão de 320 quilowatts. Você conduziu um experimento estatístico onde H_0: $\mu \geq 11.500$ e H_a:< 11.500. Em $\alpha = 0{,}01$, explique por que você não pode rejeitar H_0. *(Adaptado de Edison Eletric Institute.)*

48. **Milhas por viagem de veículos** Você acredita que a média anual de milhas de viagem de um veículo (VMT) por residência é maior que 22.000 milhas. Você realiza algumas pesquisas e descobre que uma amostra aleatória de 36 residências nos Estados Unidos tem média anual de 22.200 milhas de VMT com desvio padrão de 775 milhas. Você conduz um experimento estatístico onde H_0: $\mu \leq 22.000$ e H_a:> 22.000. Em $\alpha = 0{,}05$, explique por que você não pode rejeitar H_0. *(Adaptado de U.S. Federal Highway Administration.)*

49. **Usando valores diferentes de α e n** No Exercício 47, você acredita que H_0 não é válida. O que permite que você rejeite H_0?
    (a) Use os mesmos valores, mas aumente α de 0,01 para 0,02.
    (b) Use os mesmos valores, mas aumente α de 0,01 para 0,05.
    (c) Use os mesmos valores, mas aumente n de 30 para 50.
    (d) Use os mesmos valores, mas aumente n de 30 para 100.

50. **Usando valores diferentes de α e n** No Exercício 48, você acredita que H_0 não é válida. O que permite que você rejeite H_0?
    (a) Use os mesmos valores, mas aumente α de 0,05 para 0,06.
    (b) Use os mesmos valores, mas aumente α de 0,05 para 0,07.
    (c) Use os mesmos valores, mas aumente n de 36 para 40.
    (d) Use os mesmos valores, mas aumente n de 36 para 80.

51. **Redação** Explique a diferença entre um teste z clássico para μ e o teste z para μ usando um valor P.

7.2 Atividades

Teste de hipótese para média

Applet O applet *teste de hipótese para a média* permite que você investigue visualmente o teste de hipóteses para uma média. Você pode especificar o tamanho da amostra n, a forma da distribuição (Normal ou *Right*), a proporção populacional real (*Mean*), o desvio padrão populacional real (*Std. Dev.*), o valor nulo para a média (*Null mean*) e a alternativa para o teste (*Alternative*). Quando você clica em SIMULATE, serão selecionadas 100 amostras separadas de tamanho n de uma população com esses parâmetros populacionais. Para cada uma das 100 amostras, um teste de hipótese baseado na estatística Z é realizado e os resultados de cada teste são mostrados nos gráficos à direita. A estatística do teste para cada um é mostrada no gráfico superior e o valor P é mostrado no gráfico inferior. As linhas preta e cinza representam os limites para rejeição da hipótese nula com níveis de teste de 0,05 e 0,01, respectivamente. Simulações adicionais podem ser feitas clicando-se em SIMULATE múltiplas vezes. O número acumulado de vezes que cada teste rejeita a hipótese nula também é mostrado. Pressione CLEAR (LIMPAR) para limpar os resultados existentes e comece uma nova simulação.

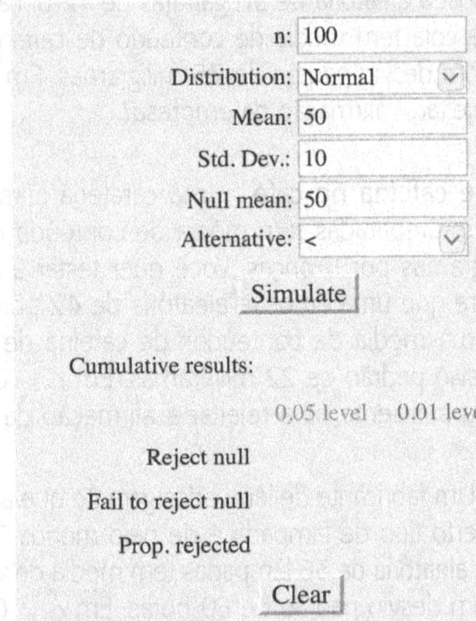

Explore

Passo 1 Especifique um valor para n.
Passo 2 Especifique a distribuição.
Passo 3 Especifique um valor para a média.
Passo 4 Especifique um valor para o desvio padrão.
Passo 5 Especifique um valor para a média nula.
Passo 6 Especifique a hipótese alternativa.
Passo 7 Clique em SIMULATE para gerar o teste de hipóteses.

Chegando a conclusões

1. Configure $n = 30$, média $= 40$, *Std. Dev.* $= 5$, média nula $= 40$, hipótese alternativa de "não igual a" e distribuição "normal". Faça a simulação de modo que pelo menos 1.000 testes de hipótese sejam realizados. Compare a proporção de rejeições de hipótese nula para os níveis 0,05 e 0,01. Isso é o que você esperaria?
2. Suponha que a hipótese nula seja rejeitada no nível 0,01. Ela será rejeitada no nível 0,05? Suponha que a hipótese nula seja rejeitada no nível 0,05. Ela será rejeitada no nível 0,01? Explique
3. Configure $n = 50$, média $= 25$, *Std. Dev.* $= 3$, média nula $= 27$, hipótese alternativa de "<" e distribuição "normal". Faça a simulação de modo que pelo menos 1.000 testes de hipótese sejam realizados. Compare a proporção de rejeições de hipótese nula para os níveis 0,05 e 0,01. Isso é o que você esperaria? Explique.

Estudo de caso

Temperatura corporal humana: o que é normal?

Em um artigo no *Journal of Statistics Education* (volume 4, ano 2), Allen Shoemaker descreve um estudo que foi reportado no Journal of the American Medical Association (JAMA)*. É geralmente aceito que a média da temperatura de um adulto humano seja de 98,6 °F. No artigo, Shoemaker usa dados do artigo da JAMA para testar essa hipótese. Aqui está um resumo do teste.

Afirmação: A temperatura de adultos é 98,6 °F.

H_0: $\mu = 98{,}6$ °F *(Afirmação)* H_a:$\mu \neq 98{,}6$ °F

Tamanho da amostra: $n = 130$.
População: Temperatura de adultos humanos (Fahrenheit).
Distribuição: Aproximadamente normal.
Estatística do teste: $\bar{x} = 98{,}25$, $s = 0{,}73$.

Temperatura dos homens (em graus Fahrenheit)

96	3
96	79
97	0111234444
97	556667888899
98	000000112222334444
98	556666666778889
99	0001234
99	5
100	
100	

Chave: 96 | 3 = 96,3

Temperatura das mulheres (em graus Fahrenheit)

96	4
96	79
97	224
97	677888999
98	00000122222233344444
98	5666677777788888889
99	00112234
99	9
100	0
100	8

Chave: 96 | 4 = 96,4

Exercícios

1. Complete o teste de hipótese para todos os adultos (homens e mulheres) realizando os passos a seguir. Use o nível de significância de $\alpha = 0{,}05$.
   (a) Faça um gráfico da distribuição de amostragem.
   (b) Determine os valores críticos e os adicione ao gráfico.
   (c) Determine as regiões de rejeição e os sombreie no gráfico.
   (d) Encontre a estatística de teste padronizado. Adicione ao gráfico.
   (e) Tome a decisão de rejeitar ou falhar em rejeitar a hipótese nula.
   (f) Interprete a decisão no contexto da afirmação original.
2. Se você diminuir o nível de significância para $\alpha = 0{,}01$, sua decisão muda? Explique seu raciocínio.
3. Teste a hipótese de que a média da temperatura dos homens é 98,6 °F. O que podemos concluir no nível de significância de $\alpha = 0{,}01$?
4. Teste a hipótese de que a média da temperatura das mulheres é de 98,6 °F. O que podemos concluir no nível de significância de $\alpha = 0{,}01$?
5. Use uma amostra de 130 temperaturas para formar um intervalo de confiança de 99% para a média da temperatura dos adultos humanos.
6. A temperatura corporal "normal" convencional foi estabelecida por Carl Wunderlich mais de 100 anos atrás. O que, no procedimento de amostragem de Wunderlich, você acredita que possa tê-lo levado a uma conclusão errônea?

* Dados do artigo JAMA foram coletados de homens e mulheres saudáveis, com idades entre 18 e 40 anos, no Maryland Center for Vaccine Development (centro para desenvolvimento de vacinas) da Universidade de Maryland, Baltimore.

7.3 Testes de hipótese para a média (amostras pequenas)

Valores críticos em uma distribuição t ⟶ Teste t para a média μ ($n < 30$ e σ desconhecido) ⟶ Usando valores P com um teste t

O que você deve aprender

- Como encontrar valores críticos em uma distribuição t.
- Como usar o teste t para testar a média μ.
- Como usar a tecnologia para encontrar valores P e usá-los com um teste t para testar a média μ.

Valores críticos em uma distribuição t

Na Seção 7.2, você aprendeu a realizar um teste de hipótese para uma média populacional quando o tamanho da amostra for pelo menos 30. Na vida real, frequentemente não é prático coletar amostras de tamanho 30 ou mais. Entretanto, se a população tiver uma distribuição normal, ou aproximadamente normal, você ainda pode testar a média populacional μ. Para isso, você pode usar a distribuição de amostragem t com $n - 1$ graus de liberdade.

Teste unicaudal à esquerda

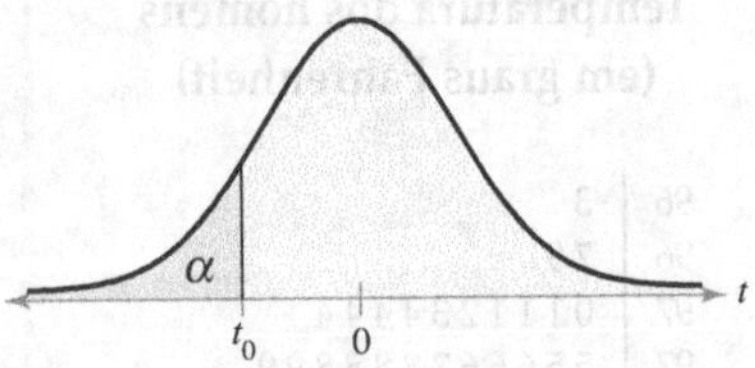

Teste unicaudal à direita

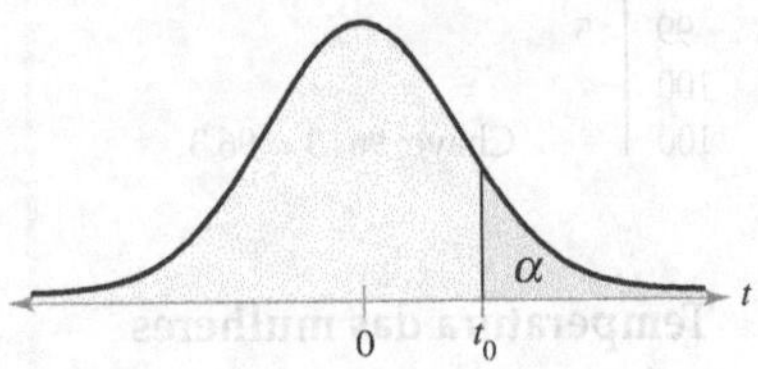

Teste bicaudal

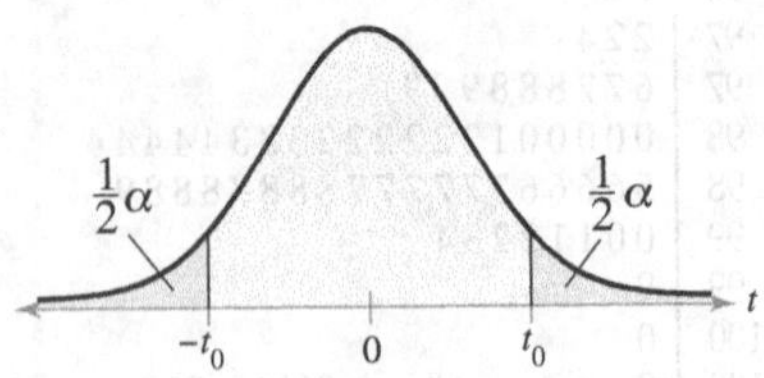

Instruções

Encontrando valores críticos em uma distribuição t

1. Identifique o nível de confiança α.
2. Identifique os graus de liberdade g.l. $= n - 1$.
3. Encontre os valores críticos usando a Tabela 5 no Apêndice B na fileira com $n - 1$ graus de liberdade. Se o teste de hipóteses for:
   a. *unicaudal à esquerda*, use a coluna "Unicaudal α" com sinal negativo.
   b. *unicaudal à direita*, use a coluna "Unicaudal α" com sinal positivo.
   c. *bicaudal*, use a coluna "Bicaudal" com sinal positivo e negativo.

Exemplo 1

Encontrando valores críticos para t

Encontre o valor crítico t_0 para um teste unicaudal à esquerda dado $\alpha = 0{,}05$ e $n = 21$

Solução

Os graus de liberdade são:

g.l. = n – 1 = 21 – 1 = 20.

Para encontrar o valor crítico, use a Tabela 5 no Apêndice B com g.l. = 20 e 0,05 na coluna "unicaudal, α". Como o teste é unicaudal à esquerda, o valor crítico é negativo. Então,

$$t_0 = -1{,}725.$$

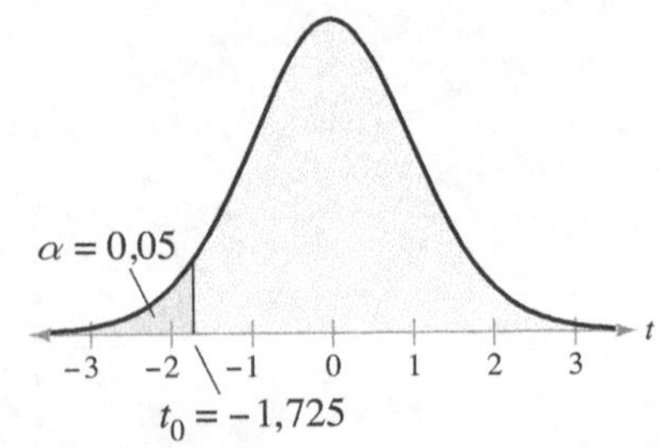

Tente você 1 Encontre o valor crítico t_0 para um teste unicaudal à esquerda dado $\alpha = 0{,}01$ e $n = 14$.

a. *Encontre* o valor t na Tabela 5 do Apêndice B. Use g.l. = 14 e $\alpha = 0{,}01$ na coluna "Unicaudal, α".

b. *Use* sinal negativo.

Resposta na p. A43

Exemplo 2

Encontrando valores críticos para t

Encontre o valor crítico t_0 para um teste unicaudal à direita dado $\alpha = 0{,}01$ e $n = 17$.

Solução

Os graus de liberdade são:

$$\begin{aligned} \text{g.l.} &= n - 1 \\ &= 17 - 1 \\ &= 16. \end{aligned}$$

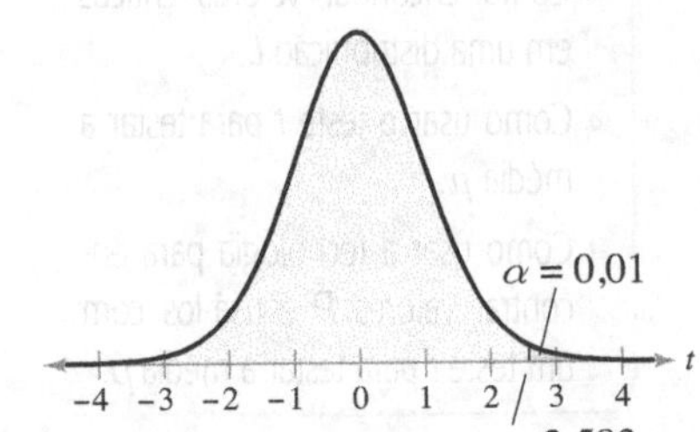

Para encontrar o valor crítico, use a Tabela 5 no Apêndice B com g.l. = 16 e 0,01 na coluna "Unicaudal, α". Pelo fato de o teste ser unicaudal à direita, o valor crítico é positivo. Então:

$t_0 = 2{,}583.$

Tente você 2 Encontre o valor crítico t_0 para um teste unicaudal à direita dado $\alpha = 0{,}05$ e $n = 9$.

a. *Encontre* o valor t na Tabela 5 do Apêndice B. Use g.l. = 8 e $\alpha = 0{,}05$ na coluna "Unicaudal, α".

b. *Use* sinal positivo.

Resposta na p. A43

Exemplo 3

Encontrando valores críticos para t

Encontre o valor crítico t_0 para um teste bicaudal dado $\alpha = 0{,}05$ e $n = 26$.

Solução

Os graus de liberdade são:

$$\begin{aligned} \text{g.l.} &= n - 1 \\ &= 26 - 1 \\ &= 25. \end{aligned}$$

Para encontrar o valor crítico, use a Tabela 5 com g.l. = 25 e $\alpha = 0{,}05$ na coluna "Bicaudal, α". Como o teste é bicaudal, um valor crítico é positivo e outro é negativo. Então:

$-t_0 = -2{,}060$ e $t_0 = 2{,}060.$

Importante

Para aprender como determinar se a amostra aleatória é retirada de uma distribuição normal, veja o Apêndice C.

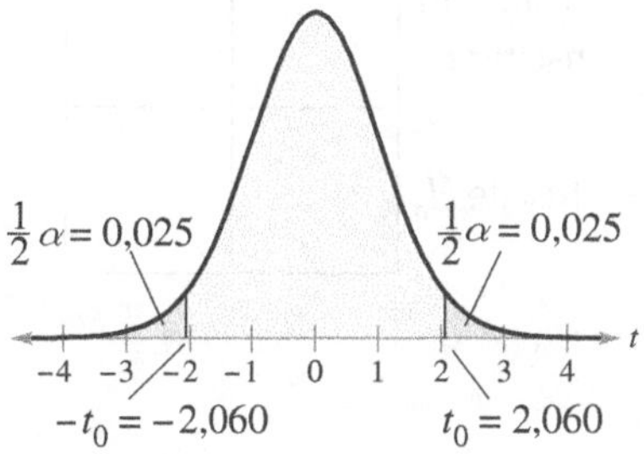

Tente você 3 Encontre o valor crítico t_0 para um teste bicaudal dado $\alpha = 0{,}01$ e $n = 16$.

a. *Encontre* o valor t na Tabela 5 usando g.l. = 15 e $\alpha = 0{,}01$ na coluna "Bicaudal, α".

b. *Use* sinal positivo e negativo.

Resposta na p. A43

Teste t para uma média μ ($n < 30$ e σ desconhecido)

Para testar uma afirmação sobre a média μ usando uma amostra pequena ($n < 30$) de uma distribuição normal ou aproximadamente normal quando σ for desconhecido, você pode usar uma distribuição de amostragem t.

$$t = \frac{(\text{Média amostral}) - (\text{Média hipotética})}{\text{Erro padrão}}$$

Teste t para uma média μ

O **teste t para uma média** é um teste estatístico para uma média populacional. O teste t pode ser usado quando a população for normal ou aproximadamente normal, α for desconhecido e $n < 30$. A **estatística do teste** é $\bar{x}$ e a **estatística do teste padronizado** é t.

$$t = \frac{\bar{x} - \mu}{s / \sqrt{n}}$$

Os graus de liberdade são g.l. = $n - 1$.

Retratando o mundo

Com base em um teste t, foi tomada uma decisão em relação a enviar cargas de caminhão de lixo contaminado com cádmio para um aterro sanitário ou para um aterro sanitário de lixo tóxico. Os caminhões foram amostrados de modo a determinar se o nível de cádmio excede a quantia permitida de 1 miligrama por litro para o aterro sanitário. No estudo, a hipótese nula era $\mu \leq 1$. (*Fonte: Pacific Southwest National Laboratory.*)

	H_0 verdadeiro	H_0 falso
Falhe em rejeitar H_0		
Rejeite H_0		

Descreva os erros tipo I e II possíveis dessa situação.

Instruções

Usando teste t para uma média μ (amostras pequenas)

Em palavras	*Em símbolos*
1. Expresse a afirmação matemática e verbalmente. Identifique a hipótese nula e alternativa.	Afirme H_0 e H_a.
2. Especifique o nível de significância.	Identifique α.
3. Identifique os graus de liberdade e faça a distribuição de amostragem.	g.l. = $n - 1$
4. Determine quaisquer valores críticos.	Use a Tabela 5 no Apêndice B.
5. Determine quaisquer regiões de rejeição.	
6. Encontre a estatística do teste padronizado.	$t = \frac{\bar{x} - \mu}{s/\sqrt{n}}$
7. Tome uma decisão de rejeitar ou falhar em rejeitar a hipótese nula.	Se t estiver na região de rejeição, rejeite H_0. Caso contrário, falhe em rejeitar H_0.
8. Interprete a decisão no contexto da afirmação original.	

Lembre-se de que quando você toma uma decisão, a possibilidade de erro tipo I ou tipo II existe.

Se você preferir usar valores P, veja a p. 324 para aprender como usar valores P para o teste t da média μ (amostras pequenas).

Veja passos MINITAB na p. 349.

Exemplo 4

Testando μ com uma amostra pequena

Um revendedor de carros usados diz que o preço médio de um Honda Pilot LX 2005 é de pelo menos \$ 23.900. Você suspeita que essa afirmação é incorreta e descobre que uma amostra aleatória de 14 veículos similares tem média de preço de \$ 23.000 e desvio padrão de \$ 1.113. Há evidências suficientes para rejeitar a afirmação do revendedor em $\alpha = 0,05$? Assuma que a população é normalmente distribuída. (*Adaptado de Kelley Blue Book.*)

Solução

A afirmação é: "a média de preço é de pelo menos \$ 23.900". Então, as hipóteses nula e alternativa são:

H_0: $\mu \geq 23.900$ (*Afirmação*)

e

H_a: $\mu <$ \$ 23.900.

O teste é unicaudal à esquerda, o nível de significância é $\alpha = 0{,}05$ e os g.l. = 14 – 1 = 13 graus de liberdade. Então, o valor crítico é $t_0 = -1{,}771$. A região de rejeição é $t < -1{,}771$. A estatística de teste padronizada é:

$$t = \frac{\overline{x} - \mu}{s/\sqrt{n}} \quad \text{Como } n < 30 \text{, use teste } t$$

$$= \frac{23.000 - 23.900}{1.113/\sqrt{14}} \quad \text{Assuma } \mu = 23.900$$

$$\approx -3{,}026.$$

O gráfico mostra a localização da região de rejeição e a estatística de teste padronizado t. Porque t está na região de rejeição, você deve decidir rejeitar a hipótese nula.

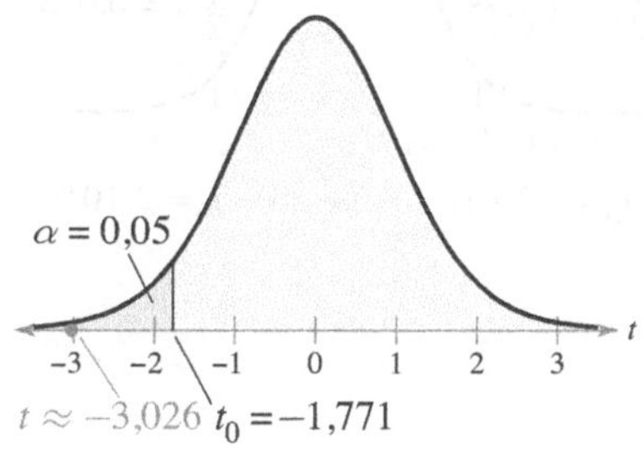

Interpretação

Há evidência suficiente no nível de significância de 5% para rejeitar a afirmação de que a média de preço do Honda Pilot LX 2005 é de pelo menos \$ 23.900.

Tente você 4 Um corretor de seguros diz que a média do custo do seguro do Honda Pilot LX 2005 é de pelo menos \$ 1.350. Uma amostra aleatória de 9 cotas de seguro similares tem média de custo de \$ 1.290 e desvio padrão de \$ 70. Há evidência suficiente para rejeitar a afirmação do corretor em $\alpha = 0{,}01$? Assuma que a população é normalmente distribuída.

a. *Identifique* a afirmação e expresse H_0 e H_a.

b. *Identifique* o nível de significância α e os graus de liberdade g.l.

c. *Encontre* o valor crítico t_0 e identifique a região de rejeição.

d. *Use* o teste t para encontrar a estatística de teste padronizada t.

e. Faça o gráfico. *Decida* se rejeita ou falha em rejeitar a hipótese nula.

f. *Interprete* a decisão no contexto da afirmação original.

Resposta na p. A43

Exemplo 5

Veja passos TI-83/84 na p. 350.

Testando μ com amostra pequena

Uma indústria afirma que a média do nível do pH na água do rio mais próximo é de 6,8. Você seleciona 19 amostras de água e mede os níveis de pH de cada uma. A média amostral e o desvio padrão são de 6,7 e 0,24, respectivamente. Há evidência suficiente para rejeitar a afirmação da indústria em $\alpha = 0{,}05$? Assuma que a população é normalmente distribuída.

Solução

A afirmação é: "a média do nível de pH é 6,8". Então, a hipótese nula e a alternativa são:

H_0: $\mu = 6{,}8$ *(Afirmação)*

e

H_a: $\mu \neq 6{,}8$.

O teste é bicaudal, o nível de significância é $\alpha = 0{,}05$ e há g.l. = 19 – 1 = 18 graus de liberdade. Então, os valores críticos são $-t_0 = -2{,}101$ e $t_0 = 2{,}101$. As regiões de rejeição são $t < -2{,}101$ e $t > 2{,}101$. A estatística de teste padronizada é:

$$t = \frac{\overline{x} - \mu}{s/\sqrt{n}} \quad \text{Porque } n < 30 \text{, use teste } t.$$

$$= \frac{6,7-6,8}{0,24/\sqrt{19}} \quad \text{Assuma } \mu = 6,8.$$
$$\approx -1,816.$$

Nível de significância de 5%

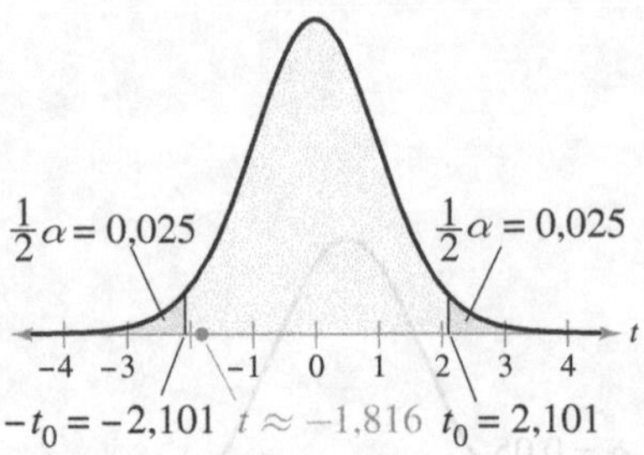

O gráfico mostra a localização da região de rejeição e a estatística de teste padronizada *t*. Porque *t* não está na região de rejeição, você deve decidir não rejeitar a hipótese nula.

Interpretação

Não há evidência suficiente no nível de significância de 5% para rejeitar a afirmação de que a média do nível de pH é de 6,8.

Tente você 5 A empresa também afirma que a média de condutividade do rio é de 1.890 miligramas por litro. A condutividade de uma amostra de água é uma medida do total de sólidos dissolvidos na amostra. Você seleciona aleatoriamente 19 amostras de água e mede a condutividade por litro de cada. A média da amostra e o desvio padrão são de 1.500 miligramas por litro e 700 miligramas por litro, respectivamente. Há evidência suficiente para rejeitar a afirmação da indústria em $\alpha = 0,01$? Assuma que a população é normalmente distribuída.

a. *Identifique* a afirmação e expresse H_0 e H_a.

b. *Identifique* o nível de significância α e os graus de liberdade g.l.

c. *Encontre* valores críticos $\pm t_0$ e identifique as regiões de rejeição.

d. *Use* o teste *t* para encontrar a estatística de teste padronizada *t*.

e. Faça o gráfico. *Decida* se rejeita ou falha em rejeitar a hipótese nula.

f. *Interprete* a decisão no contexto da afirmação original.

Resposta na p. A44

Usando valores *P* com um teste *t*

Suponha que você queira encontrar um valor *P*, dado $t = 1,98$, 15 graus de liberdade e um teste unicaudal à direita. Usando a Tabela 5 no Apêndice B, você pode determinar que *P* está entre $\alpha = 0,025$ e $\alpha = 0,05$, mas não pode determinar exatamente um valor para *P*. Nesses casos, você pode usar a tecnologia para fazer um teste de hipótese e encontrar o valor exato de *P*.

Exemplo 6

Usando valores *P* com um teste *t*

A American Automobile Association afirma que a média de custo de uma refeição diária para uma família de 4 pessoas que viaja de férias para a Flórida é de \$ 118. Uma amostra aleatória de 11 famílias tem média diária de custo de refeição de \$ 128 com desvio padrão de \$ 20. Há evidência suficiente para rejeitar a afirmação em $\alpha = 0,10$? Assuma que a população é normalmente distribuída. (*Fonte: American Automobile Association.*)

Solução

A exibição da TI-83/84 na próxima página mostra como configurar o teste de hipótese. Os outros dois à esquerda mostram os resultados possíveis, dependendo se você clicar em "Calculate ou "Draw".

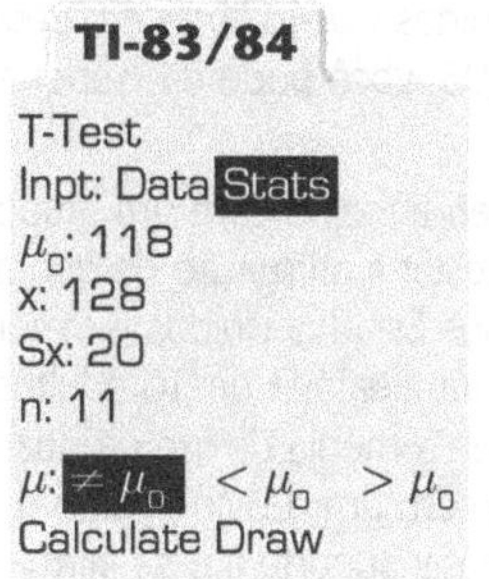

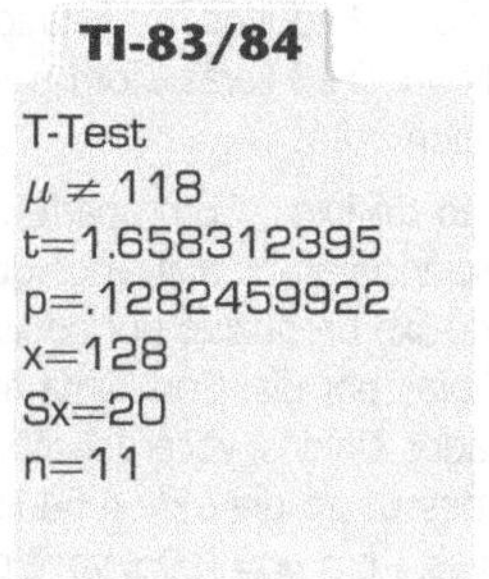

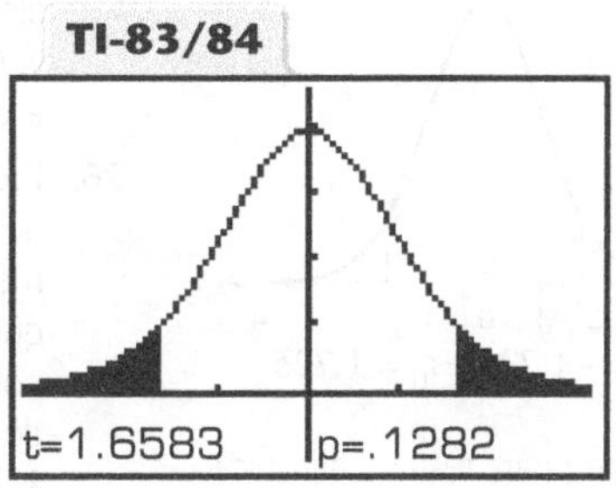

A partir das exibições, podemos ver que $P \approx 0{,}1282$. Em razão de $P > 0{,}10$, você deve falhar em rejeitar a hipótese nula. Em outras palavras, não há evidência suficiente para rejeitar a afirmação no nível de significância de 10%.

Tente você 6 A American Automobile Association afirma que a média de custo de hospedagem noturna para uma família de 4 pessoas que viaja de férias para a Flórida é de pelo menos \$ 185. Uma amostra aleatória de 6 famílias tem média de custo de hospedagem por noite de \$ 172 com desvio padrão de \$ 15. Há evidência suficiente para rejeitar a afirmação em $\alpha = 0{,}05$? Assuma que a população é normalmente distribuída. (*Fonte: American Automobile Association.*)

a. *Use* uma TI-83/84 para encontrar o valor *P*.
b. *Compare* *P* com o nível de significância α.
c. *Tome* uma decisão.
d. *Interprete* a decisão no contexto da afirmação original.

Resposta na p. A44

Dica de estudo

Note que o display da TI-83/84 à esquerda no Exemplo 6 também mostra a estatística do teste padronizado $t \approx 1{,}6583$. Se você estiver usando a TI-83/84 e tem os dados originais de uma amostra, lembre-se de que você pode colocá-los na lista e usar a opção de Entrada de Dados ao invés da opção de entrada de Stats. Para usar o MINITAB para realizar um teste *t* de uma amostra você deve ter os dados originais.

7.3 Exercícios

Construindo habilidades básicas e conceitos

1. Explique como encontrar valores críticos para uma distribuição de amostragem *t*.
2. Explique como usar um teste *t* para testar uma média hipotética μ dada uma amostra pequena ($n < 30$). Qual suposição sobre a população é necessária?

Nos exercícios de 3 a 14, encontre o(s) valor(es) crítico(s) para os testes *t*, níveis de significância α e o tamanho da amostra *n* indicado.

3. Teste unicaudal à direita, $\alpha = 0{,}05$, $n = 23$.
4. Teste unicaudal à direita, $\alpha = 0{,}01$, $n = 11$.
5. Teste unicaudal à esquerda, $\alpha = 0{,}025$, $n = 19$.
6. Teste unicaudal à esquerda, $\alpha = 0{,}05$, $n = 14$.
7. Teste bicaudal, $\alpha = 0{,}01$, $n = 27$.
8. Teste bicaudal, $\alpha = 0{,}05$, $n = 10$.
9. Teste unicaudal à direita, $\alpha = 0{,}10$, $n = 20$.
10. Teste unicaudal à direita, $\alpha = 0{,}05$, $n = 8$.
11. Teste unicaudal à esquerda, $\alpha = 0{,}01$, $n = 28$.
12. Teste unicaudal à esquerda, $\alpha = 0{,}005$, $n = 12$.
13. Teste bicaudal, $\alpha = 0{,}02$, $n = 5$.
14. Teste bicaudal, $\alpha = 0{,}10$, $n = 22$.

Análise gráfica

Nos exercícios de 15 a 18, determine se a estatística padrão de teste *t* indica que você deve rejeitar a hipótese nula. Explique.

15. (a) $t = 2{,}091$.
(b) $t = 0$.
(c) $t = -1{,}08$.
(d) $t = -2{,}096$.

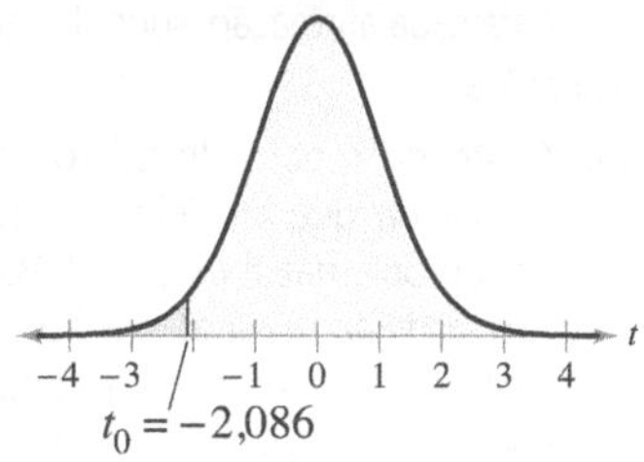

16. (a) $t = 1{,}308$.
(b) $t = -1{,}389$.
(c) $t = 1{,}650$.
(d) $t = -0{,}998$.

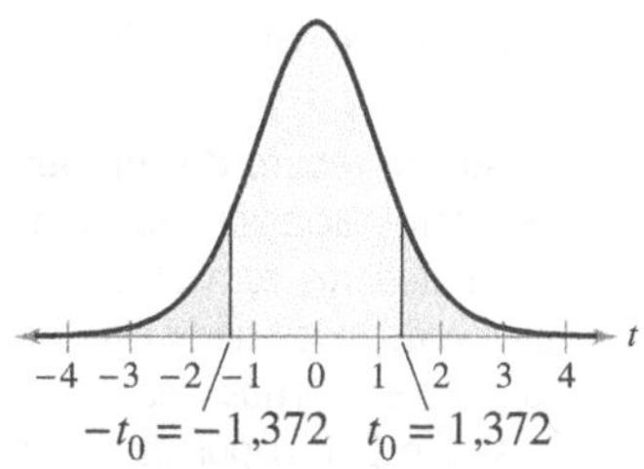

17. (a) $t = -2{,}502$.
(b) $t = 2{,}203$.
(c) $t = 2{,}680$.
(d) $t = -2{,}703$.

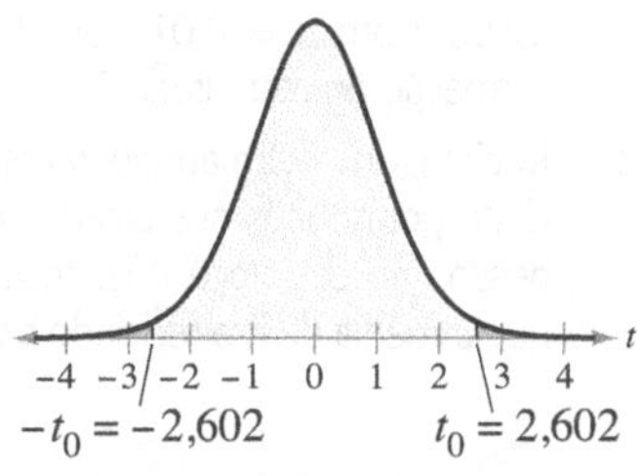

18. (a) $t = 1{,}705$.
(b) $t = -1{,}755$.
(c) $t = -1{,}585$.
(d) $t = 1{,}745$.

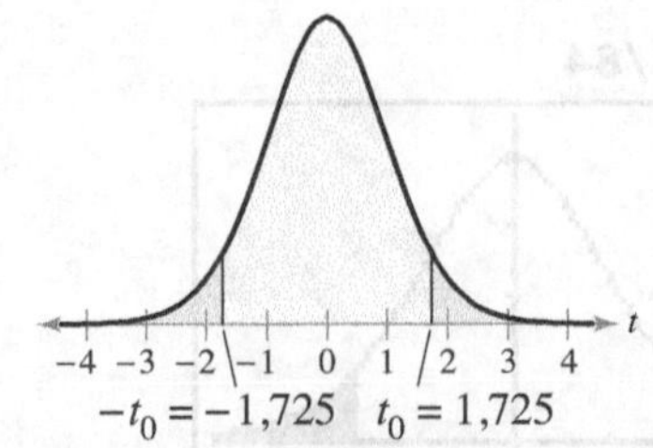

Nos exercícios de 19 a 22, use um teste *t* para testar a afirmação sobre a média da população μ no dado nível de significância α usando a amostra estatística dada. Para cada afirmação, suponha que a população seja normalmente distribuída.

19. Afirmação: $\mu = 15$; $\alpha = 0{,}01$
Amostra estatística: $\bar{x} = 13{,}9$, $s = 3{,}23$, $n = 6$.
20. Afirmação: $\mu > 25$; $\alpha = 0{,}05$
Amostra estatística: $\bar{x} = 26{,}2$, $s = 2{,}32$, $n = 17$.
21. Afirmação: $\mu \geq 8.000$; $\alpha = 0{,}01$
Amostra estatística: $\bar{x} = 7.700$, $s = 450$, $n = 25$.
22. Afirmação: $\mu \neq 52.200$; $\alpha = 0{,}05$
Amostra estatística: $\bar{x} = 53.220$, $s = 1.200$, $n = 4$.

Usando e interpretando conceitos

Testando afirmações

Nos exercícios de 23 a 28:

(a) escreva a afirmação matematicamente e identifique H_0 e H_a.

(b) encontre o(s) valor(es) crítico(s) e identifique a(s) região(ões) de rejeição.

(c) encontre o teste padrão estatístico. Se conveniente, use tecnologia.

(d) decida se deve rejeitar ou falhar em rejeitar a hipótese nula.

(e) interprete a decisão em cada um dos contextos de afirmação original.

Para cada afirmação, suponha que a população seja normalmente distribuída.

23. **Custo de reparo de micro-ondas** Um restaurador de micro-ondas diz que a média do custo para conserto de micro-ondas com problemas é de $ 100. Você trabalha para esse restaurador e quer testar essa afirmação. Você descobre que uma amostra aleatória de 5 fornos micro-ondas tem uma média de custo para conserto de $ 75 e um desvio padrão de $ 12,50. Com $\alpha = 0{,}01$, você tem evidências para dar suporte à afirmação do restaurador? *(Adaptado de Consumer Reports.)*

24. **Custo de reparo de computadores** Um restaurador de computadores acredita que a média do custo para conserto de computadores com problemas é maior que $ 95. Para testar a afirmação, você determina os custos do conserto de 7 computadores escolhidos aleatoriamente e descobre que a média dos custos é $ 100 por computador, com um desvio padrão de $ 42,50. Com $\alpha = 0{,}01$, você tem evidências para dar suporte à afirmação do restaurador? *(Adaptado de Consumer Reports.)*

25. **Reciclagem** Um ambientalista estima que a média de lixo reciclado por adultos nos Estados Unidos seja maior que 1 libra por pessoa ao dia. Você quer testar essa afirmação. Você descobre que a média de lixo reciclado por pessoa ao dia para uma amostra aleatória de 12 adultos nos Estados Unidos é 1,46 libras e o desvio padrão é 0,28 libras. Com $\alpha = 0{,}05$, você pode dar suporte a essa afirmação? *(Adaptado de U.S. Environmental Protection Agency.)*

26. **Produção de lixo** Como parte do seu trabalho com um grupo de consciência ambiental, você quer testar a afirmação de que a média de lixo produzido por adultos nos Estados Unidos é maior que 4 libras por dia. Com uma amostra aleatória de 10 adultos nos Estados Unidos, você descobre que a média de lixo produzido por pessoa ao dia é de 4,54 libras com um desvio padrão de 1,21 libras. Com $\alpha = 0{,}05$, você pode dar suporte a essa afirmação? *(Adaptado de U.S. Environmental Protection Agency.)*

27. **Pagamento anual** Uma afirmação do serviço de informações de empregabilidade diz que a média de pagamento anual para um homem trabalhador de período integral maior de 25 anos e sem diploma no ensino médio é de $ 25.000. O pagamento anual de uma amostra aleatória de 10 trabalhadores é listado. Com $\alpha = 0{,}05$, teste a afirmação de que a média salarial seja $ 25.000. *(Adaptado de U.S. Bureau of Labor Statistics.)*

26.185 23.814 22.374 25.189 26.318
20.767 30.782 29.541 24.597 28.955

28. **Pagamento anual** Uma afirmação do serviço de informações de empregabilidade diz que a média de pagamento anual para uma mulher trabalhadora de período integral maior de 25 anos e sem diploma no ensino médio é de $ 19.100. O pagamento anual de uma amostra aleatória de 12 trabalhadoras é listado. Com $\alpha = 0{,}05$, teste a afirmação de que a média salarial seja $ 19.100. *(Adaptado de U.S. Bureau of Labor Statistics.)*

18.165 16.012 18.794 18.803 19.864 19.177
17.328 21.445 20.354 19.143 18.316 19.237

Testar afirmações usando valores *P*

Nos exercícios de 29 a 34, (a) escreva a afirmação matematicamente e identifique H_0 e H_a, (b) use tecnologia para encontrar o valor P, (c) decida entre rejeitar ou não a hipótese nula e (d) interprete a decisão no contexto da afirmação original. Suponha que a população seja normalmente distribuída.

29. **Consumo de refrigerante** Para o seu estudo sobre hábitos alimentares entre adolescentes homens, você seleciona aleatoriamente 20 adolescentes e pergunta a cada um deles quantas porções de 12 onças de refrigerante ele bebe todos os dias. Os resultados são listados a seguir. Com $\alpha = 0{,}05$, há evidência suficiente para dar suporte à afirmação de que adolescentes homens bebem menos que três porções de 12 onças de refrigerante todos os dias? *(Adaptado de National School Supply and Equipment Association.)*

2,1 2,3 2,4 1,2 0,8 2,1 2,0 2,2 2,5 2,1
1,6 2,1 1,8 2,2 2,0 2,8 3,2 0,5 1,4 1,2

30. **Materiais escolares** Uma empresa que produz materiais escolares diz que os professores gastam uma média de mais que $ 550 de seu dinheiro em materiais escolares em um ano. Uma amostra aleatória da quantidade (em dólares) que 24 professores gastaram em materiais escolares em um ano recente é listada a seguir. Com $\alpha = 0{,}05$, há evidência suficiente para dar suporte à afirmação da empresa? *(Adaptado de National School Supply and Equipment Association.)*

715 623 582 721 602 621 462 320 532 566 686 532
603 420 684 713 531 888 482 361 560 910 546 860

31. **Tamanho da sala** Você recebe uma revista de uma grande universidade. A revista indica que a média do tamanho das salas para cursos integrais é menor que 32 alunos. Você quer testar essa afirmação. Você seleciona 18 salas aleatoriamente e determina o tamanho de cada uma. Os resultados são listados a seguir. Com $\alpha = 0{,}01$, você pode dar suporte à afirmação do reitor? *(Adaptado de National Center for Education Statistics.)*

35 28 29 33 32 40 26 25 29

28 30 36 33 29 27 30 28 25

32. **Hora-aula do corpo docente de uma faculdade** O reitor de uma universidade estima que o número médio de aulas dadas por professores de um curso integral todas as semanas seja 11,0. Como membro do conselho estudantil, você quer testar essa afirmação. Uma amostra aleatória do número de horas em sala para oito professores do curso integral em uma semana é listada a seguir. Com $\alpha = 0{,}01$, você pode dar suporte à afirmação do reitor? *(Adaptado de National Center for Education Statistics.)*

11,8 8,6 12,6 7,9 6,4 10,4 13,6 9,1

33. **Comendo fora** Uma associação de restaurantes diz que as famílias comuns nos Estados Unidos gastam uma média de $ 2.634 por ano em comida fora de casa. Você é um repórter de uma publicação nacional sobre consumo e quer testar essa afirmação. Você seleciona aleatoriamente 12 famílias norte-americanas e descobre quanto cada uma gastou com comida fora de casa por ano. Você pode rejeitar a afirmação da associação de restaurantes com $\alpha = 0{,}02$? *(Adaptado de U.S. Bureau of Labor Statistics.)*

3.013 1.724 1.949 3.516 2.475 2.767

2.231 4.512 2.926 3.148 2.188 2.978

34. **Custos de alojamentos** Uma associação de viagens diz que o custo diário de alojamentos para uma família nos Estados Unidos é de $ 152. Você trabalha para uma publicação de turismo e quer testar essa afirmação. Você seleciona aleatoriamente 10 famílias norte-americanas e descobre quanto cada uma gasta com alojamento em uma viagem de apenas uma noite. Com $\alpha = 0{,}02$, você pode rejeitar a afirmação da associação de viagens? *(Adaptado de The American Automobile Association.)*

164 137 142 155 119 104 74 204 148 181

Expandindo conceitos

35. **Balanço de cartões de crédito** Para testar a afirmação de que a média do balanço de cartões de crédito entre as famílias que têm um balanço maior que $ 2.328, você pesquisa e encontra que uma amostra aleatória de 6 titulares de cartões têm uma média de $ 2.528 do balanço de cartão de crédito, com um desvio padrão de $ 325. Você conduz um experimento estatístico onde H_0: $\mu \leq$ $ 2.328 e H_a: $\mu >$ $ 2.328. Com $\alpha = 0{,}01$, explique por que você não pode rejeitar H_0. Suponha que a população seja normalmente distribuída. *(Adaptado de Myvesta.)*

36. **Usando valores diferentes para α e n** No Exercício 35, você acredita que H_0 não é válido. Qual das seguintes opções te permite rejeitar H_0? (a) Use os mesmos valores, mas aumente α de 0,01 para 0,05. (b) Use os mesmos valores, mas aumente α de 0,01 para 0,10. (c) Use os mesmos valores, mas aumente n de 6 para 12. (d) Use os mesmos valores, mas aumente n de 6 para 24.

Decidindo sobre uma distribuição

Nos exercícios 37 e 38, decida se você deve usar uma distribuição de amostragem normal ou uma distribuição de amostragem t para fazer o teste de hipótese. Justifique. Depois, use a distribuição para testar a afirmação. Escreva um parágrafo curto sobre os resultados do teste e o que você pode concluir sobre a afirmação.

37. **Quilometragem de combustível** Uma empresa de carros diz que a média de quilometragem de combustível para o seu sedã de luxo é no mínimo 23 milhas por galão (mpg). Você acredita que a afirmação esteja incorreta e descobre que uma amostra aleatória de 5 carros tem uma média de 22 mpg e um desvio padrão de 4 mpg. Suponha que a quilometragem de combustível de todos os sedãs de luxo da empresa seja normalmente distribuída. Com $\alpha = 0{,}05$, teste a afirmação da empresa. *(Adaptado de Consumer Report.)*

38. **Mestrado** Uma publicação sobre educação declara que o preço médio por um ano de estudo em uma escola de mestrado para um aluno de período integral de uma instituição pública seja menor que $ 23.000. Uma amostra aleatória de 50 escolas de mestrado tem uma média de preço de $ 21.856 e um desvio padrão de $ 3.163 por ano. Com $\alpha = 0{,}01$, teste a afirmação da publicação. *(Adaptado de National Center for Education Statistics.)*

7.4 Teste de hipótese para proporções

Teste de hipótese para proporções

Teste de hipótese para proporções

Nas seções 7.2 e 7.3, você aprendeu como fazer um teste de hipótese para uma média populacional. Nesta seção, você vai aprender como testar uma proporção populacional p.

Testes de hipótese para proporções ocorrem quando um político quer saber a proporção de seus constituintes que estão a favor de certo projeto de lei ou quando um engenheiro de qualidade testa a proporção de peças com problemas.

Se $np \geq 5$ e $nq \geq 5$ para uma distribuição binomial, então uma distribuição amostral para $\hat{p}$ é normal com:

$$\mu_{\hat{p}} = p \quad \text{e} \quad \sigma_{\hat{p}} = \sqrt{pq/n}.$$

O que você deve aprender

- Como usar o teste z para testar uma proporção populacional p.

Teste z para uma proporção p

O **teste z para uma proporção** é um teste estatístico para uma proporção populacional p. O teste z pode ser usado quando uma distribuição binomial é dada como $np \geq 5$ e $nq \geq 5$. O teste estatístico é a proporção de amostra p e o teste padrão estatístico é z.

$$z = \frac{\hat{p} - \mu_{\hat{p}}}{\sigma_{\hat{p}}} = \frac{\hat{p} - p}{\sqrt{pq / n}}$$

Importante

Um teste de hipótese para uma proporção p também pode ser feito usando valores P. Use as instruções na p. 308 para uso de valores P para um teste z para uma média μ, mas no passo 3, encontre o teste padrão estatístico usando a fórmula:

$$z = \frac{\hat{p} - p}{\sqrt{pq/n}}$$

Os outros passos do teste são os mesmos.

Instruções

Usando um teste z para uma proporção p

Verifique que $np \geq 5$ e $nq \geq 5$.

Em palavras	*Em símbolos*
1. Determine a afirmação verbal e matematicamente. Identifique a hipótese nula e a alternativa.	Determine H_0 e H_a.
2. Especifique o nível de significância.	Identifique α.
3. Esboce a distribuição de amostragem.	
4. Determine quaisquer valores críticos.	Use a Tabela 4 no Apêndice B.
5. Determine quaisquer regiões de rejeição.	
6. Encontre o teste padrão estatístico.	$z = \frac{\hat{p} - p}{\sqrt{pq/n}}$
7. Decida entre rejeitar ou não a hipótese nula.	Se z está na região de rejeição, rejeite H_0. Caso contrário, não rejeite H_0.
8. Interprete a decisão no contexto da afirmação original.	

Veja passos TI-83/84 na p. 350.

Exemplo 1

Teste de hipótese para uma proporção

Um centro de pesquisas declara que menos de 20% dos usuários de Internet nos Estados Unidos têm rede sem fio em suas casas. Em uma amostra aleatória de 100 adultos, 15% dizem que têm rede sem fio em casa. Com $\alpha = 0{,}01$, há evidências suficientes para apoiar a declaração do pesquisador? (*Adaptado de Pew Research Center.*)

Solução

Os produtos $np = 100(0{,}20) = 20$ e $nq = 100(0{,}80) = 80$ são maiores que 5. Então, você pode usar um teste z. A afirmação é "menos que 20% têm uma rede sem fio em casa". Então, a hipótese nula e a alternativa são:

$$H_0: p \geq 0{,}2 \quad \text{e} \quad H_a: p < 02. \quad \text{(Afirmação)}$$

Como o teste é unicaudal à esquerda e o nível de significância é $\alpha = 0{,}01$, o valor crítico é $z_0 = -2{,}33$ e a região de rejeição é $z < -2{,}33$. A estatística padrão do teste:

$$z = \frac{\hat{p} - p}{\sqrt{pq/n}}$$ Como $np \geq 5$ e $nq \geq 5$, você pode usar o teste z.

$$= \frac{0{,}15 - 0{,}2}{\sqrt{(0{,}2)(0{,}8)/100}}$$ Suponha que $p = 0{,}2$.

$$= -1{,}25.$$

O gráfico mostra a localização da região de rejeição e o teste padrão estatístico z. Como z não é uma região de rejeição, você não deve rejeitar a hipótese nula.

Interpretação

No nível de significância de 1%, não há evidência o bastante para apoiar a afirmação que menos que 20% dos usuários de Internet nos Estados Unidos têm rede sem fio em casa.

Tente você 1 Um centro de pesquisa declara que menos de 30% de usuários de celulares cujos aparelhos têm acesso à Internet, usam esse serviço quando estão em casa. Em uma amostra aleatória de 86 adultos, 20% dizem ter usado seus aparelhos para acessar à Internet em casa. Com $\alpha = 0{,}05$, há evidência suficiente para apoiar a declaração do centro de pesquisa? (*Adaptado de Pew Research Center.*)

a. *Verifique* que $np \geq 5$ e $nq \geq 5$.

b. *Identifique* a afirmação e determine H_0 e H_a.

c. *Identifique* o valor de significância α.

d. *Encontre* o valor crítico z_0 e identifique a região de rejeição.

e. *Use* o teste z para encontrar a estatística de teste padronizado z.

f. *Decida* se deve rejeitar a hipótese nula. Use um gráfico se necessário.

g. *Interprete* a decisão no contexto da afirmação original.

Resposta na p. A44

Para usar um valor P para fazer o teste de hipótese no Exemplo 1, use a Tabela 4 para encontrar a área correspondente a $z = -1{,}25$. A área é 0,1056. Como este é um teste unicaudal à esquerda, o valor P é igual à área à esquerda de $z = -1{,}25$. Então, $P = 0{,}1056$. Como o valor P é maior que $\alpha = 0{,}01$, você não deve rejeitar a hipótese nula. Note que este é o mesmo resultado obtido no Exemplo 1.

Exemplo 2

Teste de hipóteses para uma proporção

A Zogby Internacional declara que 45% das pessoas nos Estados Unidos são a favor de tornar a venda do cigarro ilegal dentro dos próximos 10 anos. Você decide testar essa afirmação e entrevista uma amostra de 200 pessoas, dentre as quais, 49% são a favor da lei. Com $\alpha = 0{,}05$, há evidência o bastante para apoiar a afirmação?

Solução

Os produtos $np = 200\,(0{,}45) = 90$ e $nq = 200(0{,}55) = 110$ são maiores que 5. Então, você pode usar um teste z. A afirmação é: "45% das pessoas nos Estados Unidos são a favor de tornar a venda do cigarro ilegal dentro dos próximos 10 anos". Portanto, a hipótese nula e a alternativa são:

H_0: $p = 0{,}45$ (*Afirmação*) e H_a: $p \neq 0{,}45$.

Dica de estudo

Lembre-se de que quando você decide não rejeitar H_0, um erro de tipo II é possível. Por exemplo, no Exemplo 1 a hipótese nula, $p \geq 0{,}2$, pode ser falsa.

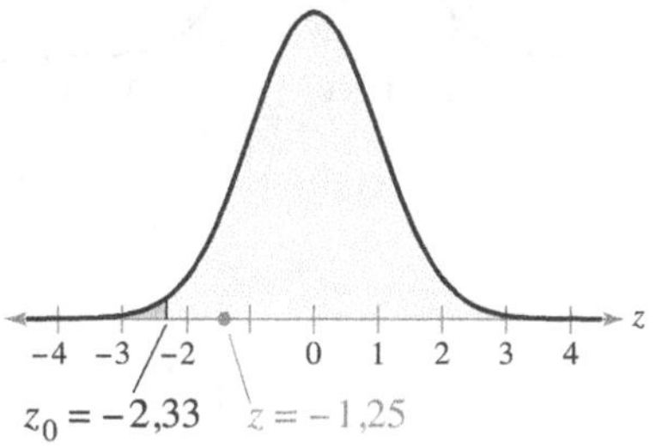

Retratando o mundo

Um estudo recente declarou que, em um período de 30 dias, 53,7% das crianças de 3 anos de idade nos Estados Unidos foram medicadas com remédios de venda livre, como o Tylenol. Para testar essa afirmação, você conduziu uma pesquisa por telefone com 300 pais de crianças de três anos escolhidos aleatoriamente. Na pesquisa, você descobriu que 166 crianças foram medicadas com remédios de venda livre nos 30 dias que precediam a pesquisa. (*Fonte: Journal of the American Medical Association.*)

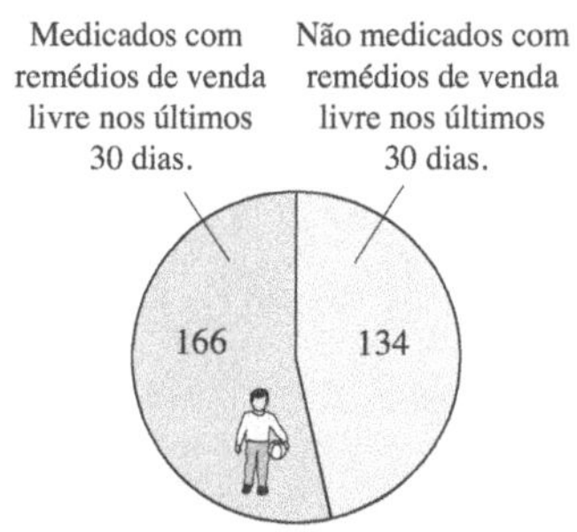

Com $\alpha = 0{,}05$, há evidência o bastante para rejeitar a afirmação?

Veja passos MINITAB na p. 349.

Como o teste é bicaudal e o nível de significância é $\alpha = 0{,}05$, os valores críticos são $-z_0 = -1{,}96$ e $z_0 = 1{,}96$. As regiões de rejeição são $z < -1{,}96$ e $z > 1{,}96$. A estatística de teste padronizado é:

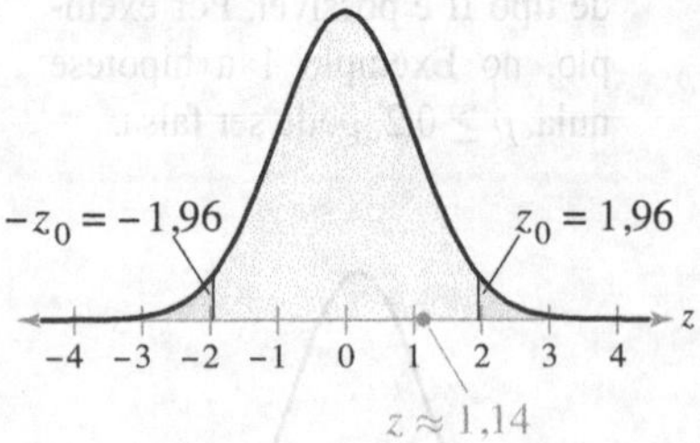

$$z = \frac{\hat{p} - p}{\sqrt{pq/n}}$$ Como $np \geq 5$ e $nq \geq 5$, você pode usar o teste z.

$$= \frac{0{,}49 - 0{,}45}{\sqrt{(0{,}45)(0{,}55)/200}}$$ Suponha que $p = 0{,}45$.

$$\approx 1{,}14.$$

O gráfico mostra a localização da área de rejeição e o teste padrão estatístico z. Como z não está na área de rejeição, você não deve rejeitar a hipótese nula.

Interpretação

No nível de significância de 5%, não há evidência o bastante para rejeitar a afirmação que 45% das pessoas nos Estados Unidos são a favor de tornar a venda de cigarros ilegal dentro dos próximos 10 anos.

Tente você 2 Uma pesquisa da Roper (Centro de Pesquisa de Opinião Pública) declara que 5% dos adultos norte-americanos têm sonhos vívidos com OVNIS. Você decide testar essa afirmação e entrevista uma amostra aleatória de 250 adultos norte-americanos sobre essa questão. Dos pesquisados, 8% responderam que sim. Com $\alpha = 0{,}01$, há evidência suficiente para rejeitar a afirmação?

a. *Verifique* que $np \geq 5$ e $nq \geq 5$.

b. *Identifique* a afirmação e determine H_0 e H_a.

c. *Identifique* o valor de significância α.

d. *Encontre* os valores críticos $-z_0$ e z_0 e identifique a região de rejeição.

e. *Use* o teste z para encontrar a estatística de teste padronizado z.

f. *Decida* se deve rejeitar a hipótese nula. Use um gráfico se necessário.

g. *Interprete* a decisão no contexto da afirmação original.

Resposta na p. A44

Exemplo 3

Teste de hipóteses para uma proporção

O centro de pesquisas Pew afirma que mais de 55% dos adultos norte-americanos assistem seus noticiários locais regularmente. Você decide testar essa afirmação e entrevista uma amostra de 425 adultos nos Estados Unidos sobre esse assunto. Dos 425 entrevistados, 255 responderam que assistem seus noticiários locais regularmente. Com $\alpha = 0{,}05$, há evidência o suficiente para apoiar essa afirmação do centro de pesquisas Pew?

Solução

Os produtos $np = 425(0{,}55) \approx 234$ e $nq = 425(0{,}45) \approx 191$ são maiores que 5. Então, você pode usar um teste z. A afirmação é "mais de 55% dos adultos norte-americanos assistem seus noticiários locais". Então, a hipótese nula e a alternativa são:

H_0: $p \leq 0{,}55$ e H_a: $p > 0{,}55$. *(Afirmação)*

Como o teste é unicaudal à direita e o nível de significância é $\alpha = 0{,}05$, o valor crítico é $z_0 = 1{,}645$ e a região de rejeição é $z > 1{,}645$. A estatística de teste padronizada é:

$$z=\frac{\hat{p}-p}{\sqrt{pq/n}}$$ Como $np \geq 5$ e $nq \geq 5$, você pode usar o teste z.

$$=\frac{(x/n)-p}{\sqrt{pq/n}}$$ $\hat{p}=x/n$.

$$=\frac{(255/425)-0,55}{\sqrt{(0,55)(0,45)/425}}$$ Assuma $p = 0,55$.

$$\approx 2,07.$$

O gráfico mostra a localização da região de rejeição e o teste padrão estatístico z. Como z está na região de rejeição, você deve rejeitar a hipótese nula.

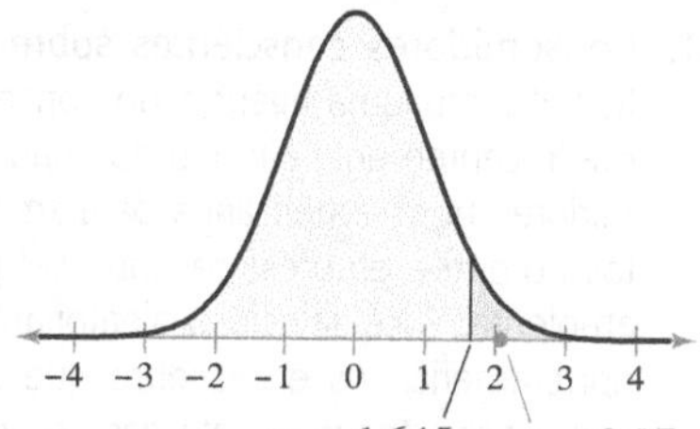

Interpretação

No nível de significância de 5%, há evidência o bastante para dar suporte à afirmação de que mais que 55% dos adultos norte-americanos assistem seus noticiários locais regularmente.

Tente você 3 O centro de pesquisas Pew afirma que mais de 30% dos adultos norte-americanos assistem regularmente o canal de previsão do tempo. Você decide testar essa afirmação e entrevista uma amostra aleatória de 75 adultos sobre esse tópico. Dos 75 adultos, 27 responderam que assistem o canal de previsão do tempo. Com $\alpha = 0,01$, há evidência o bastante para apoiar tal afirmação?

a. *Verifique* que $np \geq 5$ e $nq \geq 5$.

b. *Identifique* a afirmação e determine H_0 e H_a.

c. *Identifique* o valor de significância α.

d. *Encontre* o valor crítico de z_0 e identifique a região de rejeição.

e. *Use* o teste z para encontrar a estatística de teste padronizado z.

f. *Decida* se deve rejeitar a hipótese nula. Use um gráfico se necessário.

g. *Interprete* a decisão no contexto da afirmação original.

Resposta na p. A44

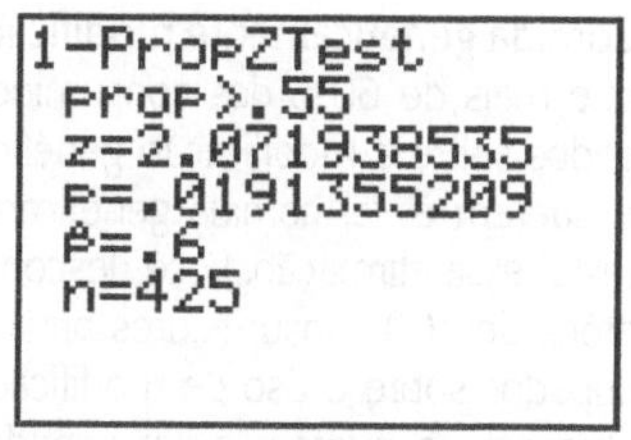

Usando uma TI-83/84, você pode encontrar o teste padrão estatístico automaticamente.

Para explorar mais este tópico, veja 7.4 Atividades na p. 332.

7.4 Exercícios

Construindo habilidades básicas e conceitos

1. Explique como testar uma proporção populacional p.
2. Explique como decidir quando uma distribuição normal pode ser usada para aproximar uma distribuição binomial.

Nos exercícios de 3 a 8, decida se é possível usar a distribuição de amostragem normal, significância α dado, usando as amostras estatísticas dadas.

3. Afirmação: $p \neq 0,25$; $\alpha = 0,05$. Amostras estatísticas $\hat{p} = 0,239$, $n = 105$.
4. Afirmação: $p \leq 0,30$; $\alpha = 0,05$. Amostras estatísticas $\hat{p} = 0,35$, $n = 500$.
5. Afirmação: $p < 0,12$; $\alpha = 0,01$. Amostras estatísticas $\hat{p} = 0,10$, $n = 20$.
6. Afirmação: $p > 0,125$; $\alpha = 0,01$. Amostras estatísticas $\hat{p} = 0,2325$, $n = 45$.
7. Afirmação: $p \geq 0,48$; $\alpha = 0,10$. Amostras estatísticas $\hat{p} = 0,40$, $n = 70$.
8. Afirmação: $p = 0,80$; $\alpha = 0,10$. Amostras estatísticas $\hat{p} = 0,875$, $n = 16$.

Usando e interpretando conceitos

Testando afirmações

Nos exercícios de 9 a 14, (a) escreva a afirmação matematicamente e identifique H_0 e H_a, (b) encontre o(s) valor(es) crítico(s) e identifique a(s) região(ões) de rejeição, (c) encontre a estatística de teste padronizado, (d) decida se deve ou não rejeitar a hipótese nula, e (e) interprete a decisão no contexto da afirmação original. Se conveniente, use tecnologia para encontrar o teste padrão estatístico.

9. **Fumantes** Um pesquisador médico diz que no mínimo 20% dos adultos norte-americanos são fumantes. Em uma amostra aleatória de 200 adultos norte-americanos, 18,5% dizem que são fumantes.

Com $\alpha = 0{,}01$, há evidência o suficiente para rejeitar a afirmação do pesquisador? *(Adaptado de U.S. National Center for Health Statistics.)*

10. **Você toma café da manhã?** Um centro de pesquisas estima que não mais que 40% dos adultos norte-americanos tomam café da manhã todos os dias. Em uma amostra aleatória de 250 adultos norte-americanos, 41,6% dizem que tomam café todos os dias. Com $\alpha = 0{,}01$, há evidência o suficiente para rejeitar a afirmação do pesquisador? *(Adaptado de Harris Interactive.)*

11. **Consumidores conscientes sobre o meio ambiente** Você trabalha em uma agência de conservação do meio ambiente que recentemente afirmou que não mais que 30% dos consumidores norte-americanos pararam de comprar certos produtos porque a empresa responsável pelo produto polui o meio ambiente. Você seleciona aleatoriamente 1.050 consumidores norte-americanos e descobre que 32% pararam de comprar certos produtos por conta das preocupações em relação à poluição. Com $\alpha = 0{,}03$, você pode apoiar a afirmação da agência? *(Adaptado de Wirthlin Worldwide.)*

12. **Comida geneticamente modificada** Um ambientalista afirma que mais de 60% dos consumidores britânicos estão preocupados sobre a modificação genética na produção de alimentos e querem evitar comida geneticamente modificada. Você quer testar essa afirmação. Você descobre que, em uma amostra aleatória de 100 consumidores britânicos, 65% dizem estar preocupados sobre o uso de modificação genética na produção de alimentos e querem evitar comida geneticamente modificada. Com $\alpha = 0{,}10$, você pode apoiar a afirmação do ambientalista? *(Adaptado de Consumers Association.)*

13. **Encontrando um agente imobiliário** No seu trabalho para uma imobiliária, você descobre que, em uma amostra de 1.762 compradores de casas, 722 conheceram seu agente imobiliário através de um amigo. Com $\alpha = 0{,}02$, você pode rejeitar a afirmação de que 44% dos compradores conheceram seu agente imobiliário através de um amigo? *(Adaptado de USA TODAY.)*

14. **Você gosta de voar?** Um pesquisador declara que 24% dos adultos nos Estados Unidos têm medo de voar. Você quer testar essa afirmação. Você descobre que, em uma amostra aleatória de 1.075 adultos nos Estados Unidos, 292 têm medo de voar. Com $\alpha = 0{,}05$, você pode rejeitar essa afirmação? *(Fonte: Marist Institute for Public Opinion.)*

Amostra grátis

Nos exercícios 15 e 16, use o gráfico que mostra o que os adultos pensam sobre a eficiência de amostras grátis.

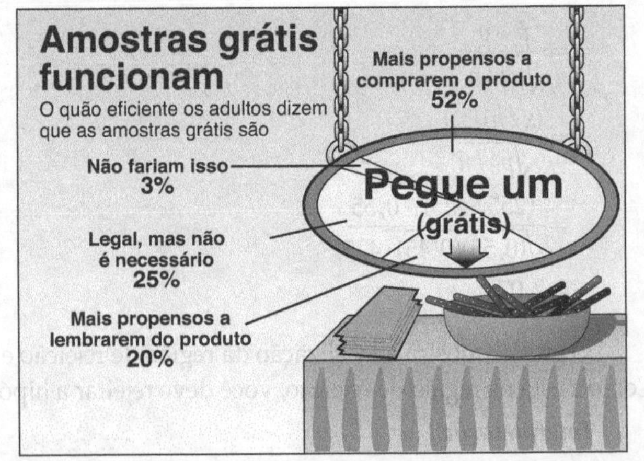

15. **As amostras grátis funcionam?** Você entrevista uma amostra aleatória de 50 adultos. Os resultados da pesquisa mostram que 48% deles disseram que são mais propensos a comprarem um produto quando há amostras grátis. Com $\alpha = 0{,}05$, você pode rejeitar a afirmação de que no mínimo 52% dos adultos são mais propensos a comprarem um produto quando há amostras grátis?

16. **As amostras grátis deveriam ser usadas?** Use suas conclusões do Exercício 15 para escrever um parágrafo sobre o uso de amostras grátis. Você acha que uma empresa deveria usar amostras grátis para fazer as pessoas comprarem um produto? Explique.

Expandindo conceitos

Fórmula alternativa

Nos exercícios 17 e 18, use as informações a seguir. Quando você sabe o número de sucessos x, o tamanho da amostra n e a probabilidade p, pode ser mais fácil usar a fórmula:

$$z = \frac{x - np}{\sqrt{npq}}.$$

para encontrar o teste padrão estatístico quando usar um teste z para uma proporção p.

17. Refaça o Exercício 13 usando a fórmula alternativa e compare os resultados.

18. A fórmula alternativa é derivada da fórmula:

$$z = \frac{\hat{p} - p}{\sqrt{pq/n}} = \frac{(x/n) - p}{\sqrt{pq/n}}.$$

Use essa fórmula para obter a fórmula alternativa. Justifique cada passo.

7.4 Atividades

Teste de hipótese para uma proporção

Applet O applet de *teste de hipótese para uma proporção* permite que você investigue visualmente os testes de hipótese para uma proporção. Você pode especificar o tamanho da amostra, n, a proporção verdadeira (*True p*), o valor nulo para a proporção (*Null p*), e a alternativa para o teste (*Alternative*). Quando você clica em SIMULATE, 100 amostras separadas de tamanho n serão selecionadas de uma população com uma proporção de sucessos igual a *True p*. Para cada uma das 100 amostras, um teste de hipóteses baseado no z estatístico é feito e os resultados de cada teste são mostrados nos planos à direita. O teste estatístico para cada teste é mostrado no plano superior e o valor P é exibido no plano superior. As linhas pretas e cinzas representam os atalhos para rejeitar a hipótese nula com os testes nível 0,05 e 0,01, respectivamente. Simulações adicionais podem ser feitas ao clicar em SIMULATE múltiplas vezes. O número cumulativo de vezes que cada teste rejeita a hipótese nula também é exibido. Pressione CLEAR para limpar os resultados existentes e começar uma nova simulação.

Explore

Passo 1 Especifique um valor para *n*.
Passo 2 Especifique um valor para a proporção verdadeira.
Passo 3 Especifique um valor para a proporção nula.
Passo 4 Especifique uma hipótese alternativa.
Passo 5 Clique em SIMULATE para gerar os testes de hipóteses.

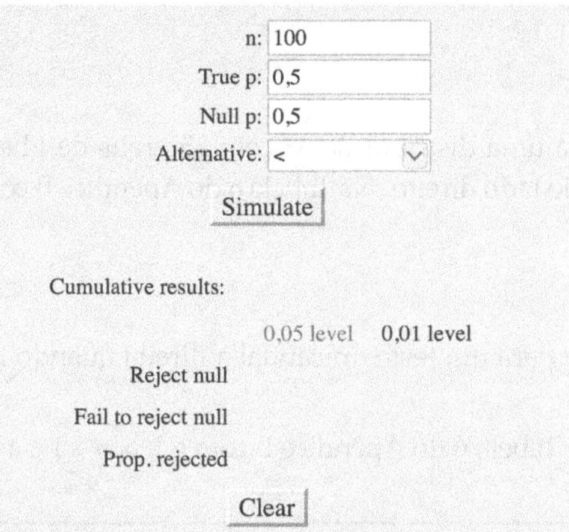

Chegando a conclusões

1. Configure $n = 25$, p verdadeiro $= 0{,}35$, p nulo $= 0{,}35$, e a hipótese alternativa para "não igual". Faça a simulação para que no mínimo 1.000 testes de hipóteses sejam feitos. Compare a proporção de rejeições de hipóteses nulas para o nível 0,05 e o nível 0,01. É o que você esperava? Explique.
2. Configure $n = 50$, p verdadeiro $= 0{,}6$, p nulo $= 0{,}4$, e a hipótese alternativa para "<". Qual é a hipótese nula? Faça a simulação para que no mínimo 1.000 testes de hipóteses sejam feitos. Compare a proporção de hipóteses nulas para o nível 0,05 e para o nível 0,01. Faça o teste de hipótese para cada nível. Use os resultados dos testes de hipóteses para explicar os resultados da simulação.

7.5 Teste de hipótese para variância e desvio padrão

O que você deve aprender

- Como encontrar os valores críticos para um teste χ^2.
- Como usar o teste χ^2 para testar uma variância ou um desvio padrão.

Valores críticos para um teste χ^2 ⟶ O teste qui-quadrado

Valores críticos para um teste χ^2

Na vida real, sempre é importante produzir resultados previsíveis consistentes. Por exemplo, considere uma empresa que produz bolas de golfe. O produtor deve produzir milhões de bolas de golfe, cada uma tendo o mesmo tamanho e o mesmo peso. Há uma tolerância de variação muito pequena. Se a população for normal, você pode testar a variância e o desvio padrão do processo usando a distribuição qui-quadrado com $n - 1$ graus de liberdade.

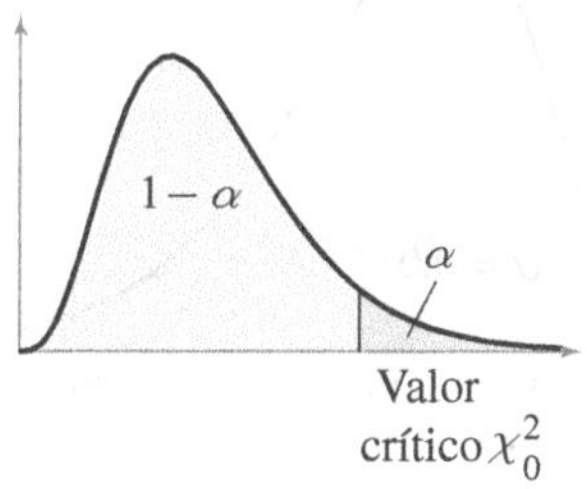

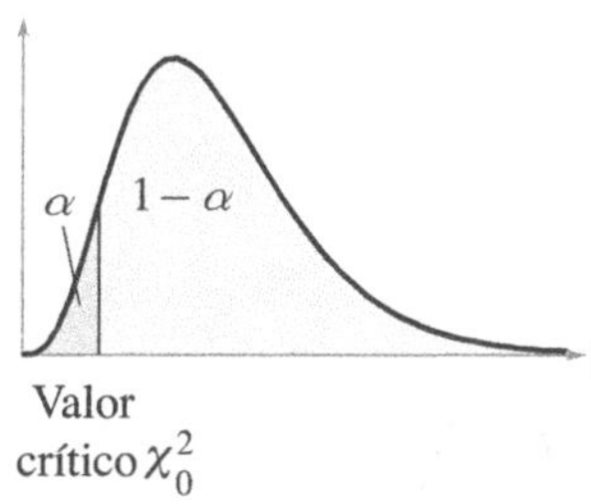

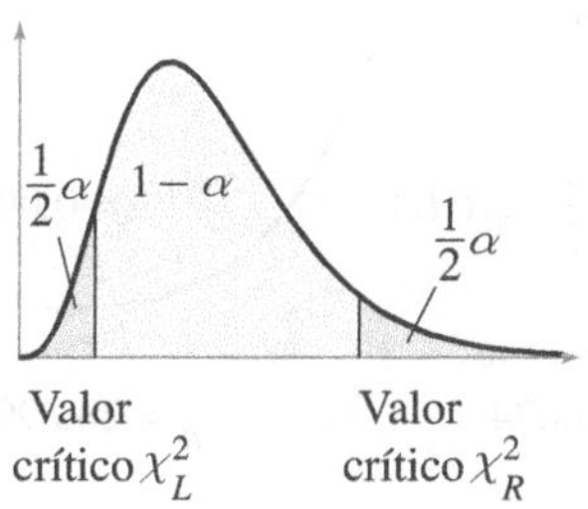

Instruções

Encontrando valores críticos para o teste χ^2

1. Especifique o nível de significância α.
2. Determine os graus de liberdade g.l. = n – 1.
3. Os valores críticos para a distribuição χ^2 são encontrados na Tabela 6 do Apêndice B. Para encontrar os valores críticos para um:
   a. teste unicaudal à direita, use o valor que corresponde a g.l. e α.
   b. teste unicaudal à esquerda, use o valor que corresponde a g.l. e $1 - \alpha$.
   c. teste bicaudal, use os valores que correspondem a g.l. e $\frac{1}{2}\alpha$ e g.l. e $1 - \frac{1}{2}\alpha$.

Exemplo 1

Encontrando valores críticos para χ^2

Encontre o valor crítico χ^2 para um teste bicaudal quando $n = 26$ e $\alpha = 0{,}10$.

Solução

Os graus de liberdade são:

g.l. $= n - 1 = 26 - 1 = 25.$

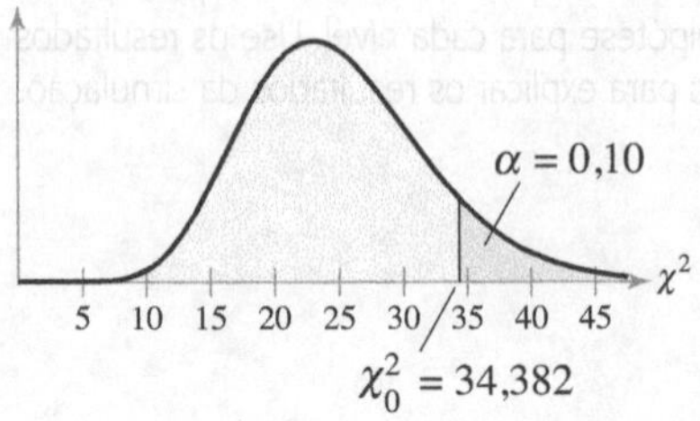

O gráfico à esquerda mostra uma distribuição χ^2 com 25 graus de liberdade e uma área sombreada de $\alpha = 0{,}10$ do lado direito. Na Tabela 6 do Apêndice B com g.l. = 25 e $\alpha = 0{,}10$, o valor crítico é:

$\chi^2_0 = 34{,}382.$

Tente você 1 Encontre o valor χ^2 crítico para um teste unicaudal à direita quando $n = 18$ e $\alpha = 0{,}01$.

Encontre o valor usando a Tabela 6 do Apêndice B com g.l. $= n - 1$ e a área α.

Resposta na p. A44

Exemplo 2

Encontrando valores críticos para χ^2

Encontre o valor crítico χ^2 para um teste unicaudal à esquerda quando $n = 11$ e $\alpha = 0{,}01$.

Solução

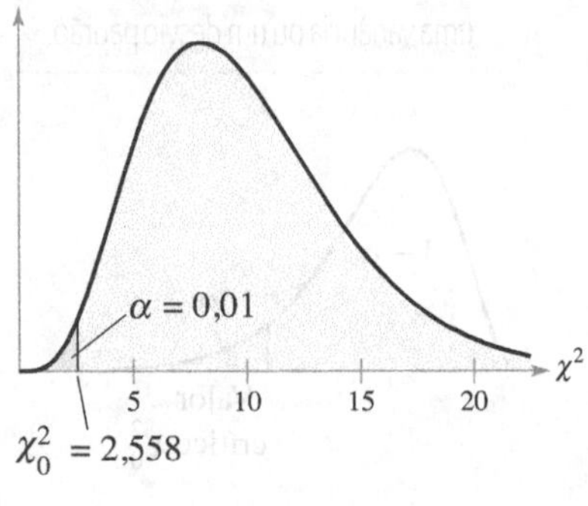

Os graus de liberdade são g.l. $= n - 1 = 11 - 1 = 10$. O gráfico à esquerda mostra uma distribuição χ^2 com 10 graus de liberdade e uma área sombreada de $\alpha = 0{,}01$ do lado esquerdo. A área à direita do valor crítico é:

$1 - \alpha = 1 - 0{,}01 = 0{,}99.$

Na Tabela 6 do Apêndice B com g.l. = 10 e a área $1 - \alpha = 0{,}99$, o valor crítico é $\chi^2_0 = 2{,}558$.

Tente você 2 Encontre o valor crítico χ^2 para um teste unicaudal à esquerda quando $n = 30$ e $\alpha = 0{,}05$.

Encontre o valor usando a Tabela 6 do Apêndice B com g.l. $= n - 1$ e a área $1 - \alpha$.

Resposta na p. A44

Exemplo 3

Encontrando valores críticos para χ^2

Encontre os valores críticos χ^2 para um teste bicaudal quando $n = 13$ e $\alpha = 0{,}01$.

Solução

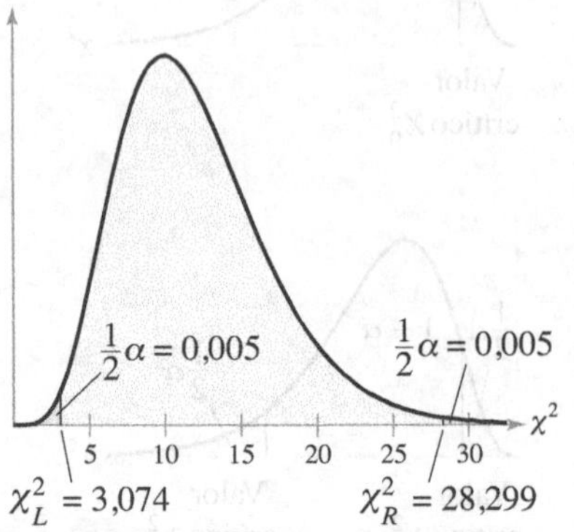

Os graus de liberdade são g.l. $= n - 1 = 13 - 1 = 12$. O gráfico à esquerda mostra uma distribuição χ^2 com 12 graus de liberdade e uma área sombreada de $\frac{1}{2}\alpha = 0{,}005$ de cada lado. As áreas à direita dos valores críticos são:

$\frac{1}{2}\alpha = 0{,}005$

e

$$1-\frac{1}{2}\alpha=0,995.$$

Na Tabela 6 do Apêndice B com g.l. = 12 e as áreas 0,005 e 0,995, os valores críticos são $\chi^2_L = 3,074$ e $\chi^2_R = 28,299$.

Tente você 3 Encontre os valores críticos χ^2 para um teste bicaudal quando $n = 19$ e $\alpha = 0,05$.

a. *Encontre* o primeiro valor crítico χ^2_R usando a Tabela 6 com g.l. = n – 1 e a área $\frac{1}{2}\alpha$.

b. *Encontre* o segundo valor crítico χ^2_L usando a Tabela 6 com g.l. = n – 1 e a área $1-\frac{1}{2}\alpha$.

Resposta na p. A44

Note que, como as distribuições qui-quadrado não são simétricas (como distribuições t ou normais), em um teste bicaudal os dois valores críticos não são opostos. Cada valor crítico deve ser calculado separadamente.

O teste qui-quadrado

Para testar uma variância σ^2 ou um desvio padrão σ de uma população que é normalmente distribuída, você pode usar o teste χ^2. O teste χ^2 para uma variância ou desvio padrão não é tão sólido quanto os testes para a média da população μ ou a proporção da população p. Então, é essencial que, ao fazer um teste χ^2 para uma variância ou desvio padrão, a população seja normalmente distribuída. Os resultados podem ser equivocados caso a população não seja normal.

Teste χ^2 para uma variância σ^2 ou desvio padrão σ

O **teste χ^2 para uma variância ou desvio padrão** é um teste estatístico para uma variância populacional ou desvio padrão. O teste χ^2 pode ser usado quando a população é normal. O **teste estatístico** é s^2 e o **teste padrão estatístico:**

$$\chi^2 = \frac{(n-1)s^2}{\sigma^2}$$

segue uma distribuição qui-quadrado com graus de liberdade g.l. = n – 1.

Instruções

Usando o teste χ^2 para uma variância ou desvio padrão

Em palavras	*Em símbolos*
1. Determine a afirmação verbal e matematicamente. Identifique a hipótese nula e alternativa.	Determine H_0 e H_a.
2. Especifique o nível de significância.	Identifique α.
3. Determine os graus de liberdade e esboce a distribuição de amostragem.	g.l. = n – 1
4. Determine quaisquer valores críticos.	Use Tabela 6 no Apêndice B.
5. Determine quaisquer regiões de rejeição.	
6. Encontre a estatística de teste padronizado.	$x^2 = \frac{(n-1)s^2}{\sigma^2}$.
7. Decida entre rejeitar ou não a hipótese nula.	Se χ^2 está na região de rejeição, rejeite H_0. Caso contrário, não rejeite H_0.
8. Interprete a decisão no contexto da afirmação original.	

Retratando o mundo

Um centro comunitário afirma que o nível de cloro em sua piscina tem um desvio padrão de 0,46 partes por milhão (ppm). Uma amostra dos níveis de cloro da piscina, em 25 vezes aleatórias durante um mês, produz um desvio padrão de 0,61 ppm. (*Adaptado de American Pool Supply.*)

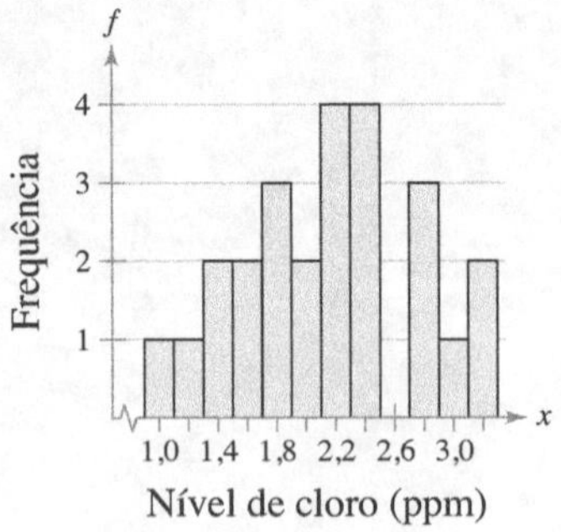

Com $\alpha = 0,05$, há evidência o suficiente para rejeitar a afirmação?

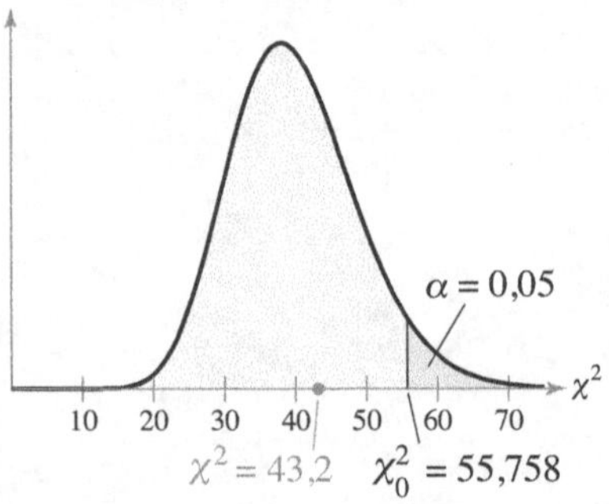

Exemplo 4

Usando um teste de hipótese para a variância populacional

Uma empresa de processamento de laticínios declara que a variância da quantidade de gordura no leite integral processado por ela é de não mais que 0,25. Você suspeita que essa afirmação esteja errada e descobre que uma amostra aleatória de 41 contêineres de leite tem uma variância de 0,27. Com $\alpha = 0,05$, há evidência suficiente para rejeitar a declaração da empresa? Suponha que a população seja normalmente distribuída.

Solução

A afirmação é "a variância é de não mais que 0,25". Portanto, a hipótese nula e a alternativa são:

$H_0: \sigma^2 \leq 0,25$ *(Afirmação)* e $H_a: \sigma^2 > 0,25.$

O teste é unicaudal à direita, o nível de significância é $\alpha = 0,05$, e há g.l. $= 41 - 1 = 40$ graus de liberdade. Então, o valor crítico é:

$$\chi_0^2 = 55,758.$$

A região de rejeição é $\chi^2 > 55,758$. O teste padrão estatístico é:

$$\chi^2 = \frac{(n-1)s^2}{\sigma^2} \quad \text{Use o teste qui-quadrado.}$$

$$= \frac{(41-1)(0,27)}{0,25} \quad \text{Suponha que } \sigma^2 = 0,25.$$

$$= 43,2.$$

O gráfico mostra a localização da região de rejeição e a estatística de teste padronizado χ^2. Como χ^2 não estão na área de rejeição, você não deve rejeitar a hipótese nula.

Interpretação

No nível de significância de 5%, não há evidência o bastante para rejeitar a afirmação da empresa de que a variância da quantidade de gordura no leite integral não é maior que 0,25.

Tente você 4 Uma empresa de garrafas afirma que a variância da quantidade de bebidas em uma garrafa de 12 onças não é maior que 0,40. Uma amostra aleatória de 31 garrafas tem uma variância de 0,75. Com $\alpha = 0,01$, há evidência para rejeitar a afirmação da empresa? Suponha que a população seja normalmente distribuída.

a. *Identifique* a afirmação e determine H_0 e H_a.

b. *Identifique* o nível de significância α e os graus de liberdade g.l.

c. *Encontre* o valor crítico e *identifique* a região de rejeição.

d. *Use* o teste χ^2 para encontrar a estatística de teste padronizado χ^2.

e. *Decida* entre rejeitar a hipótese nula ou não. Use um gráfico se necessário.

f. *Interprete* a decisão em um contexto da afirmação original.

Resposta na p. A44

Dica de estudo

Embora você esteja testando um desvio padrão no Exemplo 5, a estatística χ^2 exige variâncias. Não se esqueça de fazer os quadrados dos desvios padrão dados para calcular essas variações.

Exemplo 5

Usando um teste de hipótese para o desvio padrão

Um restaurante afirma que o desvio padrão no tempo de servir é menor que 2,9 minutos. Uma amostra aleatória de 23 tempos de serviço tem um desvio padrão de

2,1 minutos. Com $\alpha = 0{,}10$, há evidência o bastante para dar suporte à afirmação do restaurante? Suponha que a população seja normalmente distribuída.

Solução

A afirmação é "o desvio padrão é menor que 2,9 minutos". Portanto, a hipótese nula e a alternativa são:

H_0: $\sigma \geq 2{,}9$ minutos e H_a: $\sigma < 2{,}9$ minutos. *(Afirmação)*

O teste é unicaudal à esquerda, o nível de significância é $\alpha = 0{,}10$, e há:

$$\text{g.l.} = 23 - 1 = 22,$$

graus de liberdade. Então, o valor crítico é:

$$\chi_0^2 = 14{,}042.$$

A região de rejeição é $\chi^2 < 14{,}042$. A estatística de teste padronizado é:

$$\chi^2 = \frac{(n-1)s^2}{\sigma^2}$$ Use o teste qui-quadrado.

$$= \frac{(23-1)(2,1)^2}{2,9^2}$$ Suponha que $\sigma = 2{,}9$.

$$\approx 11{,}536.$$

O gráfico mostra a localização da região de rejeição e a estatística de teste padronizada χ^2. Como χ^2 está na área de rejeição, você deve rejeitar a hipótese nula.

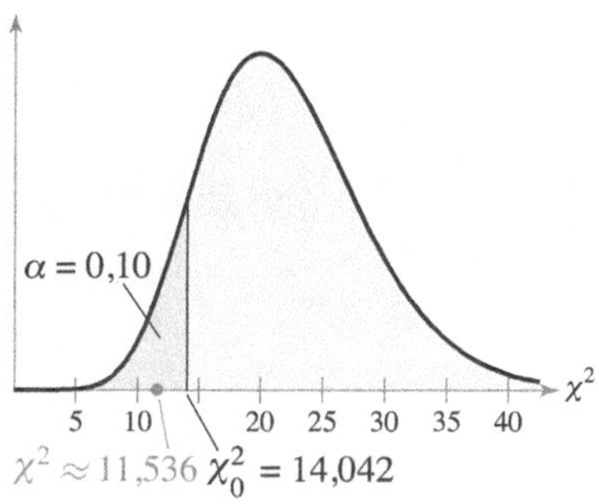

Interpretação

No nível de significância de 10%, há evidência o bastante para dar suporte à afirmação de que o desvio padrão para o tempo de serviço é menor que 2,9 minutos.

Tente você 5 Um chefe de polícia afirma que o desvio padrão para o tempo de resposta aos atendimentos é menor que 3,7 minutos. Uma amostra aleatória de 9 respostas tem um desvio padrão de 3,0 minutos. Com $\alpha = 0{,}05$, há evidência o bastante para apoiar a afirmação do chefe de polícia? Suponha que a população seja normalmente distribuída.

a. *Identifique* a afirmação e determine H_0 e H_a.

b. *Identifique* o nível de significância α e os graus de liberdade g.l.

c. *Encontre* o valor crítico e *identifique* a região de rejeição.

d. *Use* o teste χ^2 para encontrar a estatística de teste padronizada χ^2.

e. *Decida* entre rejeitar a hipótese nula ou não. *Use* um gráfico se necessário.

f. *Interprete* a decisão em um contexto da afirmação original.

Resposta na p. A44

Exemplo 6

Usando um teste de hipótese para a variância populacional

Um fabricante de artigos esportivos afirma que a variância da força em uma certa linha de pesca é de 15,9. Uma amostra aleatória de 15 cilindros de linha tem uma variância de 21,8. Com $\alpha = 0{,}05$, há evidencia suficiente para rejeitar a afirmação do fabricante? Suponha que a população seja normalmente distribuída.

Solução

A afirmação é "a variância é 15,9". Portanto, a hipótese nula e a alternativa são:

H_0: $\sigma^2 = 15{,}9$ minutos *(Afirmação)* e H_a: $\sigma^2 \neq 15{,}9$.

O teste é bicaudal, o nível de significância é $\alpha = 0{,}05$, e há:

$$\begin{aligned} \text{g.l.} &= 15-1 \\ &= 14, \end{aligned}$$

graus de liberdade. Então, os valores críticos são $\chi^2_L = 5{,}629$ e $\chi^2_R = 26{,}119$.

As regiões de rejeição são $\chi^2 < 5{,}629$ e $\chi^2 > 26{,}119$. A estatística de teste padronizado é:

$$\begin{aligned} \chi^2 &= \frac{(n-1)s^2}{\sigma^2} && \textit{Use o teste qui-quadrado.} \\ &= \frac{(15-1)(21,8)}{15,9} && \textit{Suponha que } \sigma = 15{,}9. \\ &\approx 19{,}195. \end{aligned}$$

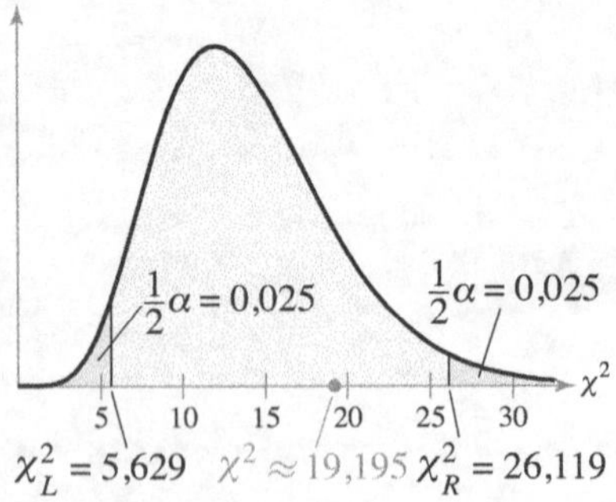

O gráfico mostra a localização das regiões de rejeição e o teste padrão estatístico χ^2. Como χ^2 não está na área de rejeição, você não deve rejeitar a hipótese nula.

Interpretação

No nível de significância de 5%, não há evidência o suficiente para rejeitar a afirmação que a variância na força da linha de pesca é 15,9.

Tente você 6 Um fabricante de pneus afirma que a variância dos diâmetros em certo modelo de pneu é de 8,6. Uma amostra aleatória de 10 pneus tem uma variância de 4,3. Com $\alpha = 0{,}01$, há evidência o suficiente para rejeitar a afirmação do fabricante? Suponha que a população seja normalmente distribuída.

a. *Identifique* a afirmação e determine H_0 e H_a.

b. *Identifique* o nível de significância α e os graus de liberdade g.l.

c. *Encontre* os valores críticos e *identifique* a região de rejeição.

d. *Use* o teste χ^2 para encontrar a estatística de teste padronizado χ^2.

e. *Decida* entre rejeitar a hipótese nula ou não. *Use* um gráfico se necessário.

f. *Interprete* a decisão em um contexto da afirmação original.

Resposta na p. A44

7.5 Exercícios

Construindo habilidades básicas e conceitos

1. Explique como encontrar os valores críticos em uma distribuição de amostragem χ^2.
2. Explique como testar uma variância populacional ou um desvio padrão de população.

Nos exercícios de 3 a 8, encontre os valores críticos para o teste indicado para uma variância populacional, tamanho da amostra n e nível de significância α.

3. Teste unicaudal à direita, $\alpha = 0{,}05$, $n = 27$.
4. Teste unicaudal à direita, $\alpha = 0{,}10$, $n = 10$.
5. Teste unicaudal à esquerda, $\alpha = 0{,}01$, $n = 7$.
6. Teste unicaudal à esquerda, $\alpha = 0{,}05$, $n = 24$.
7. Teste bicaudal, $\alpha = 0{,}10$, $n = 16$.
8. Teste bicaudal, $\alpha = 0{,}01$, $n = 29$.

Análise gráfica

Nos exercícios de 9 a 12, determine se a estatística de teste padronizado χ^2 permite que você rejeite a hipótese nula.

9. (a) $\chi^2 = 2{,}091$.
(b) $\chi^2 = 0$.
(c) $\chi^2 = 1{,}086$.
(d) $\chi^2 = 6{,}3471$.

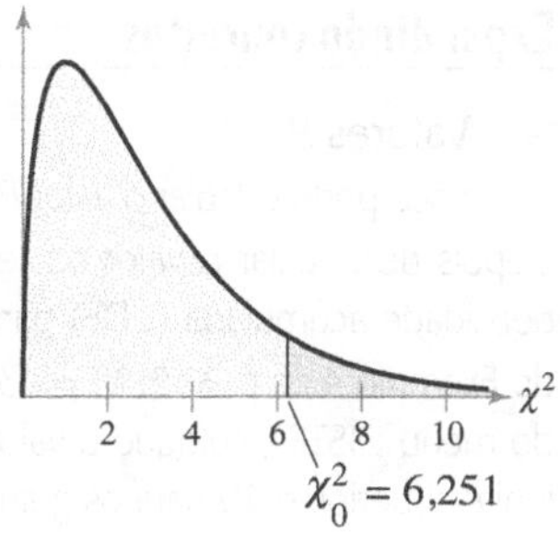

10. (a) $\chi^2 = 0{,}771$.
(b) $\chi^2 = 9{,}486$.
(c) $\chi^2 = 0{,}701$.
(d) $\chi^2 = 9{,}508$.

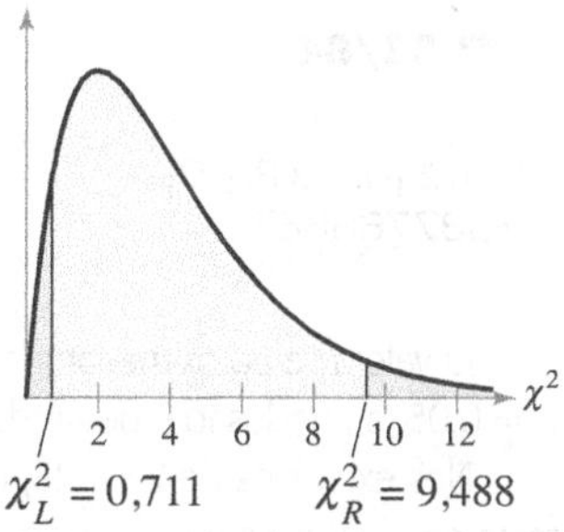

11. (a) $\chi^2 = 22{,}302$.
(b) $\chi^2 = 23{,}309$.
(c) $\chi^2 = 8{,}457$.
(d) $\chi^2 = 8{,}577$.

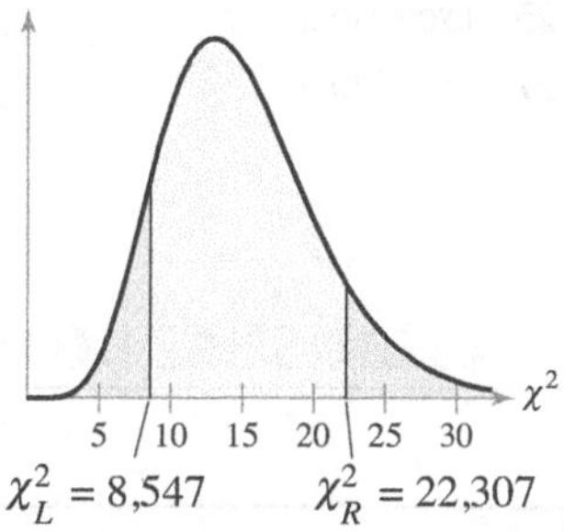

12. (a) $\chi^2 = 10{,}065$.
(b) $\chi^2 = 10{,}075$.
(c) $\chi^2 = 10{,}585$.
(d) $\chi^2 = 10{,}745$.

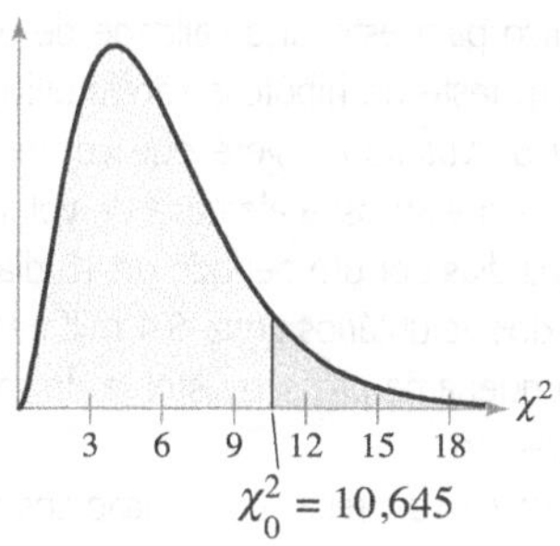

Nos exercícios de 13 e 14, use um teste χ^2 para testar a afirmação sobre a variância populacional σ^2 ou desvio padrão σ em um dado nível de significância α usando a amostra estatística dada. Suponha que a população seja normalmente distribuída.

13. Afirmação: $\sigma^2 = 0{,}52$, $\alpha = 0{,}05$. Amostra estatística: $s^2 = 0{,}508$, $n = 18$.

14. Afirmação: $\sigma < 40$ $\alpha = 0{,}01$. Amostra estatística: $s = 40{,}8$, $n = 12$.

Usando e interpretando conceitos

Testando afirmações

Nos exercícios de 15 a 24, (a) escreva a afirmação matematicamente e identifique H_0 e H_a, (b) encontre os valores críticos e identifique as regiões de rejeição, (c) use o teste χ^2 para encontrar o teste padrão estatístico, (d) decida entre rejeitar ou não a hipótese nula, e (e) interprete a decisão no contexto da afirmação original. Para cada afirmação, suponha que a população seja normalmente distribuída.

15. **Vida de equipamentos** Uma grande empresa de equipamentos estima que a variância na vida de seus equipamentos seja 3. Você trabalha para um grupo de defesa do consumidor e lhe é pedido para testar essa afirmação. Você descobre que uma amostra aleatória das vidas de 27 dos equipamentos da empresa tem uma variância de 2,8. Com $\alpha = 0{,}05$, você tem evidência suficiente para rejeitar a afirmação do fabricante? *(Adaptado de Consumer Reports.)*

16. **Quilometragem de combustível de veículos híbridos** Um fabricante automotivo acredita que a variância da quilometragem de combustível para seus veículos híbridos seja 6. Você trabalha para uma agência de conservação de energia e quer testar essa afirmação. Você descobre que uma amostra aleatória das milhas por galão de 28 veículos híbridos tem uma variância de 4,25. Com $\alpha = 0{,}05$, você tem evidência suficiente para rejeitar a afirmação do fabricante? *(Adaptado de Freen Hybrid.)*

17. **Testes de avaliação de Ciências** Em um teste de avaliação de Ciências, as pontuações de uma amostra aleatória de 22 alunos de oitava série têm um desvio padrão de 33,4 pontos. Esse resultado faz um fiscal de prova afirmar que o desvio padrão para alunos de oitava série no exame é menos que 36 pontos. Com $\alpha = 0{,}10$, você tem evidência suficiente para apoiar a afirmação do fiscal? *(Adaptado de National Center for Educational Statistics.)*

18. **Testes de avaliação de História Americana** O administrador de uma escola estadual diz que o desvio padrão de notas de testes dos alunos de oitava série que fizeram um teste de avaliação de História Americana é menor que 30 pontos. Você trabalha para o administrador e lhe é pedido para testar essa afirmação. Você seleciona aleatoriamente 18 provas e descobre que os testes têm um desvio padrão de 33,6 pontos. Com $\alpha = 0{,}01$, há evidência suficiente para apoiar a afirmação do administrador? *(Adaptado de National Center for Educational Statistics.)*

19. **Tempo de espera em um hospital** O representante de um hospital afirma que o desvio padrão do tempo de espera que os pacientes passam no departamento de emergência do hospital não é maior que 0,5 minutos. Uma amostra aleatória de 25 tempos de espera tem um desvio padrão de 0,7 minutos. Com $\alpha = 0{,}10$, você pode rejeitar a afirmação do representante do hospital?

20. **Período de estadia** Um médico diz que o desvio padrão do período de estadia de pacientes envolvidos em batidas de carro nas quais o veículo atingiu uma árvore é de 6,14 dias. Uma amostra aleatória de 20 períodos de estadia de pacientes envolvidos nesse tipo de acidente tem um desvio padrão de 6,5 dias. Com $\alpha = 0{,}05$, você pode rejeitar a afirmação do médico? *(Adaptado de National Highway Traffic Safety Administration.)*

21. **Taxa total** Um agente de seguros diz que o desvio padrão do total de taxas hospitalares para pacientes envolvidos em batidas de carro nas quais o veículo tenha atingido uma barricada de construção é de menos que \$ 3.500. Uma amostra aleatória de 28 taxas hospitalares totais para pacientes envolvidos nesse tipo de batida tem um desvio padrão de \$ 4.100. Com $\alpha = 0{,}10$, você pode apoiar a afirmação do agente? *(Adaptado de National Highway Traffic Safety Administration.)*

22. **Taxas de quarto de hotel** Uma agência de viagens estima que o desvio padrão das taxas de serviço de quarto de hotéis em

uma cidade não ultrapassa $ 30. Você trabalha para um grupo de defesa do consumidor e precisa testar essa afirmação. Você descobre que uma amostra aleatória de 21 hotéis tem um desvio padrão de $ 35,25, Com $\alpha = 0,01$, há evidência suficiente para você rejeitar a afirmação da agência?

23. **Salários** O salário anual de 16 atuários escolhidos aleatoriamente está listado a seguir. Com $\alpha = 0,05$, você pode concluir que o desvio padrão dos salários anuais é maior que $ 20.000? *(Adaptado de America's Career InfoNet.)*

68.146	57.529	108.761	68.433	64.600	99.548
71.286	60.516	84.014	119.920	120.975	91.345
62.852	76.852	88.522	95.794		

24. **Salários** Um serviço de informação de empregos diz que o desvio padrão dos salários anuais para gerentes de relações públicas é de no mínimo $ 14.500. Os salários anuais para 18 gerentes de relações públicas escolhidos aleatoriamente são listados. Com $\alpha = 0,10$, você pode rejeitar essa afirmação? *(Adaptado de America's Career InfoNet.)*

62.514	75.721	54.649	76.764	94.224	85.077
74.595	75.362	87.399	87.742	90.140	74.416
59.813	80.567	76.310	105.438	59.581	56.805

Expandindo conceitos

Valores *P*

Você pode calcular o valor *P* para um teste χ^2 usando tecnologia. Depois de calcular o valor do teste χ^2, você pode usar a função de densidade acumulada (CDF) para calcular a área sob a curva. A partir do Exemplo 4 na p. 336, $\chi^2 = 43,2$. Usando uma TI-83/84 (escolha 7 do menu DISTR), coloque o valor 0 para o limite inferior, 43,2 para o limite superior, e 40 para os graus de liberdade como a seguir.

TI-83/84

```
χ² cdf (0, 43.2, 40)
.6637768667
```

O valor *P* é aproximadamente 1 – 0,6638 = 0,3362. Como $P > \alpha = 0,05$, a conclusão é deixar de rejeitar H_0.

Nos exercícios de 25 a 28, use o método do valor *P* para fazer o teste de hipótese para o exercício indicado.

25. Exercício 21.
26. Exercício 22.
27. Exercício 23.
28. Exercício 24.

Usos e abusos — estatística no mundo real

Usos

Testando hipóteses Testar hipóteses é importante em diferentes áreas porque o teste dá um procedimento científico para estimar a validade de uma afirmação sobre uma população. Alguns dos conceitos em teste de hipótese são intuitivos, mas outros, não. Por exemplo, o *American Journal of Clinical Nutrition* sugere que comer chocolate ao leite pode ajudar a prevenir ataques do coração. Uma amostra aleatória de voluntários saudáveis comeu 3,5 libras de chocolate ao leite todos os dias por um período de 15 dias. Depois dos 15 dias, a média de pressão sistólica do sangue dos voluntários tinha 6,4 milímetros a menos. Um teste de hipóteses poderia mostrar se essa queda na pressão sistólica do sangue é significante ou apenas por causa de um erro de amostragem.

Inferências cuidadosas devem ser feitas em relação aos resultados. Em outra parte do estudo, foi descoberto que o chocolate branco não teve os mesmos resultados. Então, a inferência de benefícios na saúde não pode ser estendida a todos os tipos de chocolate. Você também não poderia inferir que deve comer grandes quantidades de chocolate porque os resultados podem pesar sobre riscos conhecidos, como ganho de peso, acne e refluxo de ácido.

Abusos

Não usar uma amostra aleatória Toda a teoria do teste de hipótese é baseada no fato de a amostra ser aleatoriamente selecionada. Se a amostra não é aleatória, então você não pode usá-la para inferir nada sobre um parâmetro populacional.

Tentativa de provar uma hipótese nula Se o valor *P* para o teste de hipótese for maior que o nível de significância, você não provou que a hipótese nula seja verdadeira — somente que não há evidência suficiente para rejeitá-la. Por exemplo, com um valor *P* maior que o nível de significância, um pesquisador não poderia provar que não há benefício em comer chocolate ao leite — somente que não há evidência suficiente para dar suporte a afirmação de que haja um benefício.

Erros de tipo I ou de tipo II Lembre-se de que um erro de tipo I é rejeitar a hipótese nula, que é verdadeira e o erro de tipo II é falhar em rejeitar uma hipótese nula, que é falsa. Você pode diminuir a probabilidade de um erro tipo I ao diminuir o nível de significância. Geralmente, se você diminui a probabilidade de acontecer um erro de tipo I, você aumenta a probabilidade de acontecer um erro de tipo II. Você pode diminuir as chances de cometer os dois erros ao aumentar o tamanho das amostras.

Exercícios

Nos exercícios de 1 a 4, suponha que você trabalhe em um departamento de pesquisa de mercado. Você precisa escrever um relatório sobre a afirmação de que 57% dos compradores de carros novos considerariam a ideia de comprar um carro híbrido.

25. **Não usar uma amostra aleatória** Como você poderia escolher uma amostra aleatória para testar essa hipótese?
26. **Tentativa de provar uma hipótese nula** Qual é a hipótese nula nessa situação? Descreva como seu relatório poderia ser incorreto na tentativa de provar a hipótese nula.
27. **Erro do tipo I** Descreva como seu relatório pode apresentar um erro do tipo I.
28. **Erro do tipo II** Descreva como seu relatório pode apresentar um erro do tipo II.

Você consideraria a ideia de comprar um carro híbrido?

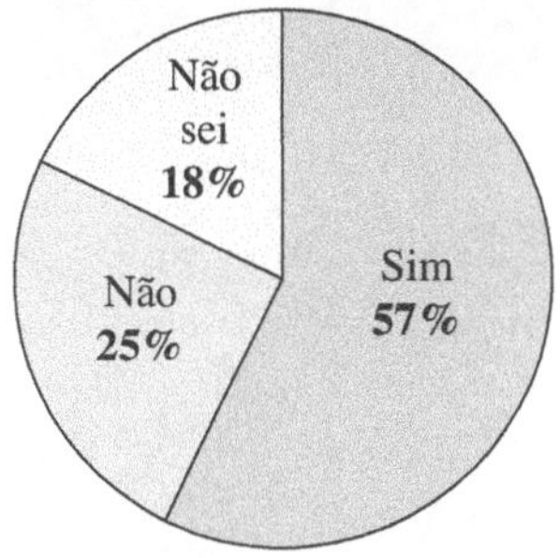

Um resumo do teste de hipótese

No teste de hipótese, talvez mais que qualquer área de estatística, pode ser difícil ver a floresta para todas as árvores. Para ajudá-lo a ver a floresta — a ideia geral —, este capítulo apresenta um resumo do que você estudou.

Escrevendo as hipóteses

- Você tem um parâmetro populacional μ, p, σ^2 ou σ.
- Reescreva a afirmação e seu complemento usando $\underbrace{\leq, \geq, =}_{H_0}$ e $\underbrace{>, <, \neq}_{H_a}$.
- Identifique a afirmação. Ela é H_0 ou H_a?

Especificando um nível de significância

- Especifique α, a probabilidade máxima de aceitar ou rejeitar um H_0 válido (um erro de tipo I).

Especificando um tamanho de amostra

- Especifique o tamanho da sua amostra n.

Escolhendo o teste

- Qualquer população.
- População normalmente distribuída.

- **Média:** H_0 descreve uma média populacional hipotética μ.
  - Use um **teste *z*** para qualquer população se $n \geq 30$.
  - Use um **teste *z*** se a população for normal e σ for conhecido para qualquer n.
  - Use um **teste *t*** se a população for normal e $n < 30$, mas σ for desconhecido.

- **Proporção:** H_0 descreve uma proporção populacional hipotética p.
  - Use um **teste *z*** para qualquer população se $np \geq 5$ e $nq \geq 5$.

- **Variância ou desvio padrão:** H_0 descreve uma variância populacional hipotética σ^2 ou um desvio padrão σ.
  - Use um teste χ^2 se a população for normal.

Importante

Tamanhos de amostras grandes geralmente aumentam o custo e o esforço de testar uma hipótese, mas elas tendem a tornar a decisão mais confiável.

Fazendo uma distribuição de amostragem

- Use H_0 para decidir se o teste é unicaudal à esquerda, unicaudal à direita ou bicaudal.

Encontrando a estatística padrão do teste

- Retire uma amostra aleatória de tamanho n da população.
- Compute a estatística do teste $\bar{x}$, $\hat{p}$ ou s^2.
- Encontre a estatística de teste padronizada z, t ou χ^2.

Tomando uma decisão

Opção 1. Decisão tomada a partir da região de rejeição:

- Use α para encontrar os valores críticos z_0, t_0 ou χ_0^2 e a(s) região(ões) de rejeição.
- **Regra de decisão**

  Rejeite H_0 se a estatística de teste padronizada está na região de rejeição.

  Não rejeite H_0 se a estatística de teste padronizada não está na região de rejeição.

Opção 2. Decisão tomada a partir do valor P:

- Use a estatística de teste padronizada ou uma ferramenta de tecnologia para encontrar o valor P.
- **Regra de decisão:**

  Rejeite H_0 se $P \leq \alpha$.

  Não rejeite H_0 se $P > \alpha$.

Teste z para uma média hipotética μ (Seção 7.2)

Teste estatístico: $\bar{x}$

Valor crítico: z_0 (Use a Tabela 4.)

Se $n \geq 30$, s pode ser usado no lugar de σ. A distribuição de amostragem das médias de amostra é uma distribuição normal.

Teste padrão estatístico: z

Média da amostra → $\bar{x}$; *Média hipotética* → μ

$$z = \frac{\bar{x} - \mu}{\sigma / \sqrt{n}}.$$

Desvio padrão populacional → σ; *Tamanho da amostra* → n

Dica de estudo

Caso o seu teste padrão estatístico seja z ou t, lembre-se que esses valores medem desvios padrão a partir da média. Valores que estejam fora de +/– 3 indicam que H_0 é muito improvável. Valores que estejam fora de +/– 5 indicam que H_0 é quase impossível.

Unicaudal à esquerda **Bicaudal** **Unicaudal à direita**

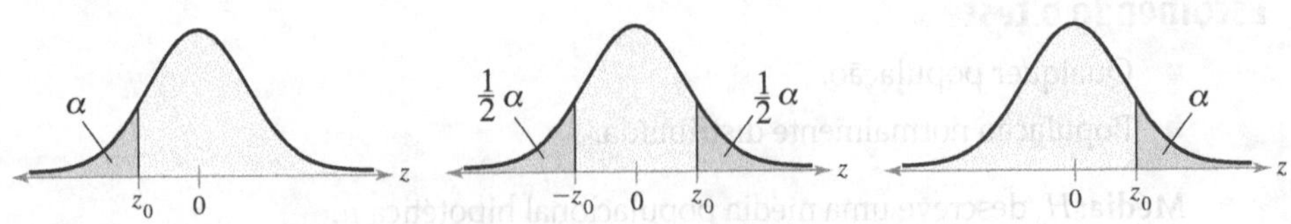

Teste z para uma proporção p hipotética (Seção 7.4)

Teste estatístico: $\hat{p}$

Valor crítico: z_0 (Use a Tabela 4.)

A distribuição de amostragem das proporções de amostra é uma distribuição normal.

Teste padrão estatístico: z

Proporção da amostra → $\hat{p}$; *Proporção hipotética* → p

$$z = \frac{\hat{p} - p}{\sqrt{pq/n}}$$

$q = 1 - p$; *Tamanho da amostra* → n

Teste *z* para uma média hipotética μ (Seção 7.3)

Teste estatístico: $\bar{x}$

Valor crítico: t_0 (Use a Tabela 5.)

A distribuição de amostragem das médias amostrais é aproximada por uma distribuição *t* com g.l. = n – 1.

Teste padrão estatístico: *t*

$$t = \frac{\bar{x} - \mu}{s/\sqrt{n}}$$

Média da amostra ($\bar{x}$); Média hipotética (μ); Desvio padrão da amostra (s); Tamanho da amostra (n)

Unicaudal à esquerda | **Bicaudal** | **Unicaudal à direita**

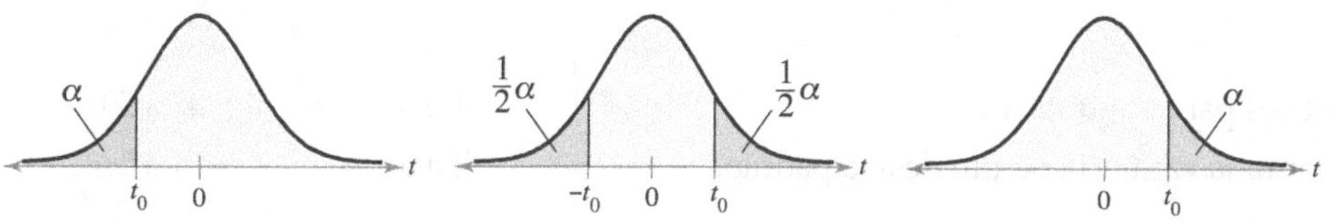

Teste χ^2 para uma variância hipotética σ^2 ou desvio padrão σ (Seção 7.5)

Teste estatístico s^2

Valor crítico: χ^2_0 (Use a Tabela 6.)

A distribuição de amostragem é aproximada por uma distribuição de qui-quadrado com g.l. = $n - 1$.

Teste padrão estatístico: χ^2

$$\chi^2 = \frac{(n-1)s^2}{\sigma^2}$$

Tamanho da amostra (n); Variância da amostra (s^2); Variância hipotética (σ^2)

Unicaudal à esquerda | **Bicaudal** | **Unicaudal à direita**

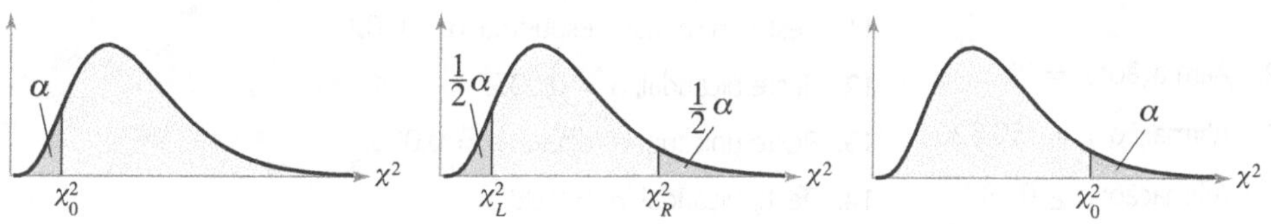

Resumo do capítulo

O que você aprendeu?	Exemplo(s)	Exercícios de revisão
Seção 7.1		
■ Como determinar uma hipótese nula e uma hipótese alternativa.	1	1 a 6
■ Como identificar os erros de tipo I e tipo II.	2	7 a 10
■ Como escolher entre o uso dos testes estatísticos unicaudal ou bicaudal.	3	7 a 10
■ Como interpretar uma decisão feita com base nos resultados de um teste estatístico.	4	7 a 10
Seção 7.2		
■ Como encontrar os valores críticos para um teste *z*.	7 e 8	11 a 14
■ Como usar regiões de rejeição para um teste *z*.	9 e 10	15 a 18, 21 e 22
■ Como encontrar valores *P* e usá-los para testar uma média μ.	1 a 6	19 a 22

Seção 7.3

■ Como encontrar valores críticos em uma distribuição t.	1 a 3	23 a 26
■ Como usar o teste t para testar uma média μ.	4 e 5	27 a 34
■ Como usar tecnologia para encontrar valores P e usá-los com um teste t para testar uma média μ.	6	35 e 36

Seção 7.4

■ Como usar o teste z para testar uma proporção populacional p.	1 a 3	37 a 46

Seção 7.5

■ Como encontrar os valores críticos para um teste χ^2.	1 a 3	47 a 50
■ Como usar o teste χ^2 para testar uma variância ou um desvio padrão.	4 a 6	51 a 56

Exercícios de revisão

Seção 7.1

Nos exercícios de 1 a 6, use a afirmação dada para determinar uma hipótese nula e uma hipótese alternativa. Identifique qual hipótese representa a afirmação.

1. Afirmação: $\mu \leq 1.479$.
2. Afirmação: $\mu = 95$.
3. Afirmação: $p < 0{,}205$.
4. Afirmação: $\mu \neq 150.020$.
5. Afirmação: $\sigma > 6{,}2$.
6. Afirmação: $p \geq 0{,}78$.

Nos exercícios de 7 a 10, faça o seguinte:

(a) Determine a hipótese nula e a alternativa.

(b) Determine quando um erro do tipo I ou II ocorre para um teste de hipótese da afirmação.

(c) Determine se o teste de hipótese é unicaudal à esquerda, à direita ou bicaudal. Explique.

(d) Como você deve interpretar uma decisão que rejeita a hipótese nula?

(e) Como você deve interpretar uma decisão que não rejeita a hipótese nula?

7. Um centro de pesquisas acredita que a proporção de alunos de faculdade que ocasional ou frequentemente chegam atrasados às aulas é de 63%. *(Adaptado de Higher Education Research Institute at UCLA.)*
8. Um fabricante de pneus garante que a durabilidade de certo tipo de pneu é de no mínimo 30.000 milhas.
9. Um produtor de sopa diz que o desvio padrão de sódio contido em uma porção de certa sopa é no máximo 50 miligramas. *(Adaptado de Consumer Reports.)*
10. Um produtor de barras de cereais energéticas afirma que a média do número de gramas de carboidratos em uma barra é menor que 25.

Seção 7.2

Nos exercícios de 11 a 14, encontre os valores críticos para o teste z indicado e nível de significância α.

11. Teste unicaudal à esquerda, $\alpha = 0{,}02$.
12. Teste bicaudal, $\alpha = 0{,}005$.
13. Teste unicaudal à direita, $\alpha = 0{,}025$.
14. Teste bicaudal, $\alpha = 0{,}08$.

Nos exercícios de 15 a 18, use um teste z para testar a afirmação sobre a média da população μ no nível de significância α usando as amostras estatísticas dadas. Se conveniente, use tecnologia.

15. Afirmação: $\mu \leq 45$, $\alpha = 0{,}05$. Amostra estatística: $\bar{x} = 47{,}2$, $s = 6{,}7$, $n = 42$.
16. Afirmação: $\mu \neq 0$, $\alpha = 0{,}05$. Amostra estatística: $\bar{x} = -0{,}69$, $s = 2{,}62$, $n = 60$.
17. Afirmação: $\mu < 5{,}500$, $\alpha = 0{,}01$. Amostra estatística: $\bar{x} = 5{,}497$, $s = 0{,}011$, $n = 36$.
18. Afirmação: $\mu = 7.450$, $\alpha = 0{,}05$. Amostra estatística: $\bar{x} = 7{,}512$, $s = 243$, n 57.

Nos exercícios 19 e 20, use um valor P para testar a afirmação sobre a média da população μ usando as amostras estatísticas dadas. Determine sua decisão para os níveis de significância $\alpha = 0{,}10$, $\alpha = 0{,}05$, e $\alpha = 0{,}01$. Se conveniente, use tecnologia.

19. Afirmação: $\mu \leq 0{,}05$. Amostra estatística: $\bar{x} = 0{,}057$, $s = 0{,}018$, $n = 32$.
20. Afirmação: $\mu \neq 230$. Amostra estatística: $\bar{x} = 216{,}5$, $s = 17{,}3$, $n = 48$.

Nos exercícios 21 e 22, teste a afirmação sobre a média da população μ usando as regiões de rejeição ou um valor P. Se conveniente, use tecnologia.

21. Uma agência de turismo em Nova York afirma que a média diária do custo das refeições e acomodação para uma família de quatro pessoas viajando no estado é de $ 326. Você trabalha em um serviço de proteção ao consumidor e quer testar essa afirmação. Em uma amostra aleatória de 50 famílias de quatro pessoas viajando em Nova York, a média diária do custo das refeições e acomodação é $ 318 com um desvio padrão de $ 25. Com $\alpha = 0{,}05$, há evidência o suficiente para rejeitar a afirmação da agência? *(Adaptado de American Automobile Association.)*

22. Uma agência de turismo no Havaí afirma que a média diária do custo das refeições e acomodação para uma família de quatro pessoas viajando no estado é de $ 650. Você trabalha em um serviço de proteção ao consumidor e quer testar essa afirmação. Em uma amostra aleatória de 45 famílias de quatro pessoas viajando Havaí, a média diária do custo das refeições e acomodação é $ 657 com um desvio padrão de $ 40. Com $\alpha = 0{,}05$, há evidência o suficiente para rejeitar a afirmação da agência? *(Adaptado de American Automobile Association.)*

Seção 7.3

Nos exercícios de 23 a 26, encontre os valores críticos para o teste *t*, nível de significância α e tamanho da amostra *n* indicados.

23. Teste bicaudal, $\alpha = 0{,}05$, $n = 20$.

24. Teste unicaudal à direita, $\alpha = 0{,}01$, $n = 8$.

25. Teste unicaudal à esquerda, $\alpha = 0{,}10$, $n = 15$.

26. Teste bicaudal, $\alpha = 0{,}05$, $n = 12$.

Nos exercícios de 27 a 32, use um teste *t* para testar a afirmação sobre a média da população μ no dado nível de significância α usando as amostras estatísticas dadas. Para cada afirmação, suponha que a população seja normalmente distribuída. Se conveniente, use tecnologia.

27. Afirmação: $\mu \neq 95$, $\alpha = 0{,}05$. Amostra estatística: $\bar{x} = 94{,}1$, $s = 1{,}53$, $n = 12$.

28. Afirmação: $\mu > 12.700$, $\alpha = 0{,}05$. Amostra estatística: $\bar{x} = 12.804$, $s = 248$, $n = 21$.

29. Afirmação: $\mu \geq 0$, $\alpha = 0{,}10$. Amostra estatística: $\bar{x} = -0{,}45$, $s = 1{,}38$, $n = 16$.

30. Afirmação: $\mu = 4{,}20$, $\alpha = 0{,}02$. Amostra estatística: $\bar{x} = 4{,}41$, $s = 0{,}26$, $n = 9$.

31. Afirmação: $\mu \leq 48$, $\alpha = 0{,}01$. Amostra estatística: $\bar{x} = 52$, $s = 2{,}5$, $n = 7$.

32. Afirmação: $\mu < 850$, $\alpha = 0{,}025$. Amostra estatística: $\bar{x} = 875$, $s = 25$, $n = 14$.

Nos exercícios 33 e 34, use um teste *t* para investigar a afirmação. Para cada afirmação, suponha que cada população seja normalmente distribuída. Se conveniente, use tecnologia.

33. Uma revista de ginástica anuncia que o custo médio mensal de entrar para um clube é de $ 25. Você trabalha em um grupo de defesa do consumidor e precisa testar essa afirmação. Você descobre que uma amostra aleatória de 18 clubes tem um custo médio mensal de $ 26,25 e um desvio padrão de $ 3,23. Com $\alpha = 0{,}10$, há evidência suficiente para rejeitar a afirmação do anúncio?

34. Um restaurante afirma que seus hambúrgueres não têm mais que 10 gramas de gordura. Você trabalha em uma agência de saúde nutricional e precisa testar essa afirmação. Você descobre que uma amostra aleatória de 9 hambúrgueres tem uma média de 13,5 gramas de gordura e um desvio padrão de 5,8 gramas. Com $\alpha = 0{,}01$, você pode rejeitar a afirmação do restaurante?

Nos exercícios 35 e 36, use um *t* estatístico e seu valor *P* para testar a afirmação sobre a média da população μ usando os dados fornecidos. Suponha que a população seja normalmente distribuída. Se conveniente, use tecnologia.

35. Uma publicação educacional afirma que os gastos médios por aluno nos ensinos fundamental e secundário são de, no mínimo, $ 10.200. Você quer testar essa afirmação e seleciona 16 áreas escolares aleatoriamente e descobre os gastos médios por aluno. Os resultados estão listados a seguir. Com $\alpha = 0{,}01$, você pode rejeitar a afirmação da publicação? *(Adaptado de National Center for Education Statistics.)*

9.242 10.857 10.377 8.935 9.545 9.974,
9.847 10.641 9.364 10.157 9.784 9.962
10.065 9.851 9.763 9.969

36. Uma grande universidade diz que a média de horas/aulas semanais de professores integrais é superior a 9 horas. Uma amostra aleatória do número de horas/aulas para 11 professores integrais para uma semana é listado. Com $\alpha = 0{,}05$, teste a afirmação da univerdade. *(Adaptado de National Center for Education Statistics.)*

10,7 9,8 11,6 9,7 7,6 11,3
14,1 8,1 11,5 8,5 6,9

Seção 7.4

Nos exercícios de 37 a 44, decida se é possível aplicar a distribuição de amostragem para aproximar a distribuição binomial. Se for possível, use o teste *z* para testar a afirmação sobre a proporção populacional *p* no dado nível de significância α usando as amostras estatísticas dadas. Se conveniente, use tecnologia.

37. Afirmação: $p = 0{,}15$, $\alpha = 0{,}05$. Amostra estatística: $\hat{p} = 0{,}09$, $n = 40$.

38. Afirmação: $p < 0{,}70$, $\alpha = 0{,}01$. Amostra estatística: $\hat{p} = 0{,}50$, $n = 68$.

39. Afirmação: $p < 0{,}08$, $\alpha = 0{,}05$. Amostra estatística: $\hat{p} = 0{,}03$, $n = 45$.

40. Afirmação: $p = 0{,}50$, $\alpha = 0{,}10$. Amostra estatística: $\hat{p} = 0{,}71$, $n = 129$.

41. Afirmação: $p \geq 0{,}04$, $\alpha = 0{,}10$. Amostra estatística: $\hat{p} = 0{,}03$, $n = 30$.

42. Afirmação: $p \neq 0{,}34$, $\alpha = 0{,}01$. Amostra estatística: $\hat{p} = 0{,}29$, $n = 60$.

43. Afirmação: $p \neq 0{,}20$, $\alpha = 0{,}01$. Amostra estatística: $\hat{p} = 0{,}23$, $n = 56$.

44. Afirmação: $p \leq 0{,}80$, $\alpha = 0{,}10$. Amostra estatística: $\hat{p} = 0{,}85$, $n = 43$.

Nos exercícios 45 e 46, teste a afirmação sobre a proporção populacional *p*. Se conveniente, use tecnologia.

45. Uma agência de pesquisas de opinião afirma que mais de 40% dos adultos compram os presentes na mesma semana do evento. Em uma pesquisa aleatória de 2.730 pessoas nos Estados Unidos, 1.130 disseram que compram o presente na mesma semana do evento. Teste a afirmação da agência com nível $\alpha = 0{,}10$. O que você consegue concluir? *(Adaptado de Harris Interactive.)*

46. O "Western blot" é um exame de sangue para testar a presença do vírus HIV. Às vezes, o teste dá alguns resultados falsos positivos para HIV. Um pesquisador médico afirma que a taxa de falsos po-

sitivos é de 2%. Um estudo recente de 300 doadores de sangue escolhidos aleatoriamente que não têm HIV receberam 3 falsos positivos como resultado. Teste a afirmação do pesquisador de que no nível $\alpha = 0{,}05$, há uma taxa de 2% de falsos positivos. *(Adaptado de Centers for Disease Control and Prevention.)*

Seção 7.5

Nos exercícios de 47 a 50, encontre os valores críticos para os testes χ^2 para uma variância populacional, tamanho da amostra n e nível de significância α.

47. Teste unicaudal à direita, $n = 20$, $\alpha = 0{,}05$.
48. Teste bicaudal, $n = 14$, $\alpha = 0{,}01$.
49. Teste unicaudal à direita, $n = 25$, $\alpha = 0{,}10$.
50. Teste unicaudal à esquerda, $n = 6$, $\alpha = 0{,}05$.

Nos exercícios de 51 a 54, use o teste χ^2 para testar a afirmação que a variância populacional σ^2 ou desvio padrão σ no dado nível de significância α e usando a amostra estatística dada. Suponha que a população seja normalmente distribuída.

51. Afirmação: $\sigma^2 > 2$; $\alpha = 0{,}10$. Amostra estatística: $s^2 = 2{,}95$, $n = 18$.
52. Afirmação: $\sigma^2 \leq 60$; $\alpha = 0{,}025$. Amostra estatística: $s^2 = 72{,}7$, $n = 15$.
53. Afirmação: $\sigma = 1{,}25$; $\alpha = 0{,}05$. Amostra estatística: $s = 1{,}03$, $n = 6$.
54. Afirmação: $\sigma \neq 0{,}035$; $\alpha = 0{,}01$. Amostra estatística: $s = 0{,}026$, $n = 16$.

Nos exercícios 55 e 56, teste a afirmação sobre a variância populacional e o desvio padrão. Para cada afirmação, suponha que a população seja normalmente distribuída.

55. Um fabricante de parafusos faz um tipo de parafuso para ser usado em contêineres. O fabricante precisa ter certeza de que todos os parafusos são parecidos em espessura, então ele programa uma tolerância máxima para a variância da espessura do parafuso de 0,01. Uma amostra aleatória das espessuras de 28 parafusos tem uma variância de 0,064. Teste a afirmação do fabricante de que a variância é no máximo 0,01 com um nível $\alpha = 0{,}005$. O que você pode concluir?
56. Um engarrafador precisa ter certeza de que seus distribuidores de líquido estão programados apropriadamente. Um desvio padrão de líquido engarrafado não pode ser maior que 0,0025 litro. Uma amostra aleatória de 14 garrafas tem um desvio padrão de 0,0031 litros. Teste a afirmação do engarrafador de que o desvio padrão não é maior que 0,0025 litros com um nível $\alpha = 0{,}01$. O que você pode concluir?

Teste do capítulo

Faça este teste como se você estivesse fazendo uma prova em sala. Depois compare suas respostas com as respostas dadas no final do livro. Se conveniente, use tecnologia.

Para este teste, faça o seguinte:

(a) Escreva a afirmação matematicamente e identifique H_0 e H_a.

(b) Determine se o teste de hipótese é unicaudal ou bicaudal e se você deve usar um teste z, um teste t ou um teste χ^2. Explique seu raciocínio.

(c) Se necessário, encontre o(s) valor(es) crítico(s) e identifique a(s) região(ões) de rejeição.

(d) Encontre o teste estatístico apropriado. Se necessário, encontre o valor P.

(e) Decida se deve rejeitar ou não a hipótese nula. Depois, interprete a decisão no contexto da afirmação original.

1. Uma associação de cultivadores de frutas cítricas acredita que a média de utilização de frutas cítricas frescas pelas pessoas nos Estados Unidos seja de, no mínimo, 22 libras por ano. Uma amostra aleatória de 103 pessoas nos Estados Unidos utiliza uma média de 21,6 libras de frutas cítricas frescas ao ano, com um desvio padrão de 7 libras. Com $\alpha = 0{,}02$, você pode rejeitar a afirmação da associação? *(Adaptado de U.S. Department of Agriculture.)*
2. Um fabricante de automóveis estima que a quilometragem de combustível de um de seus veículos utilitários é de, no mínimo, 20 milhas por galão. Uma amostra aleatória de 8 desses veículos teve uma média de 18 milhas por galão e um desvio padrão de 5 milhas por galão. Com $\alpha = 0{,}05$, você pode rejeitar a afirmação do fabricante? Suponha que a população seja normalmente distribuída. *(Adaptado de Consumer Reports.)*
3. Um fabricante de fornos de micro-ondas anuncia que no máximo 10% de seus micro-ondas precisam de conserto durante os 5 primeiros anos de uso. Em uma amostra aleatória de 57 micro-ondas que têm 5 anos de uso, 13% precisaram de conserto. Com $\alpha = 0{,}04$, você pode rejeitar a afirmação do fabricante de que no máximo 10% de seus micro-ondas precisam de conserto durante os 5 primeiros anos de uso? *(Adaptado de Consumer Reports.)*
4. O administrador de uma escola estadual diz que o desvio padrão das piores pontuações dos testes de leitura no SAT é 113. Uma amostra aleatória de 14 pontuações críticas tem um desvio padrão de 108. Com $\alpha = 0{,}01$, teste a afirmação do administrador. O que você pode concluir? Suponha que a população seja normalmente distribuída. *(Adaptado de College Board Online.)*
5. Um serviço de informações sobre vagas de emprego declara que a média salarial anual para trabalhadores homens com idade entre 25 e 34, que trabalham período integral e têm nível superior, é de $ 48.718. Em uma amostra aleatória de 12 trabalhadores que atendem às condições apresentadas, a média salarial anual é de $ 47.164 e o desvio padrão é de $ 6.500. Você pode rejeitar a afirmação do serviço? Use um valor P e $\alpha = 0{,}05$. Suponha que a população seja normalmente distribuída. *(Adaptado de U.S. Census Bureau.)*
6. Uma agência de turismo no Kansas afirma que a média diária do custo das refeições e acomodação para uma família de quatro pessoas viajando no Estado é de $ 201. Você trabalha em um serviço de proteção ao consumidor e quer testar essa afirmação. Em uma amostra aleatória de 35 famílias de quatro pessoas viajando no Kansas, a média diária do custo das refeições e acomodação é $ 216 com um desvio padrão de $ 30. Você tem evidência suficiente para rejeitar a afirmação da agência? Use um valor P e $\alpha = 0{,}05$. *(Adaptado de American Automobile Association.)*

Juntando tudo

Estatística real – decisões reais

Você trabalha no departamento de relações públicas de uma administração do seguro social. Num esforço para planejar melhores campanhas publicitárias, o departamento decide fazer uma pesquisa para descobrir as opiniões das pessoas nos Estados Unidos sobre o sistema de seguro social. Uma das questões usadas, os resultados de cada resposta e a idade da pessoa que respondeu estão listados na tabela.

Seu departamento acredita que menos de 40% das pessoas nos Estados Unidos espera que o serviço social seja capaz de pagar todos os benefícios a que elas têm direito de acordo com a lei vigente. Seu departamento acredita também que a idade média das pessoas nos Estados Unidos que iriam dizer sim para essa pergunta é 60 anos ou mais. Como analista de pesquisa do departamento, você deve trabalhar com os dados e determinar se essas afirmações podem ser apoiadas ou rejeitadas.

www.socialsecurity.gov

Quando se aposentar, você espera que o seguro social seja capaz de pagar todos os benefícios aos quais você tem direito por lei ou não?

Idade	Resposta
83	Sim
37	Não
49	Não
27	Sim
27	Não
59	Sim
44	Sim
46	Não
25	Não
30	Não
72	Sim
66	Não
47	Não
47	Não
50	Sim
76	Sim
51	Sim
58	Não
79	Sim
69	Sim
66	Não
35	Sim
47	Não
29	Sim
76	Não
31	Sim
40	Não
61	Sim
30	Sim
71	Não
64	Não
18	Não

(*Adaptado de Newsweek.*)

Exercícios

1. **Como você faria?**
   (a) Que técnica de amostragem você usaria para selecionar a amostra para o estudo? Por quê? Que técnica de amostragem você usaria se quisesse selecionar amostras para 4 grupos de idades: 18–34, 35–44, 45–54 e 55 ou mais?
   (b) Que técnica da parte (a) fornece a você uma amostra representativa da população?
   (c) Identifique possíveis falhas ou tendenciosidades no seu estudo.
2. **Testando a proporção**
   Teste a afirmação de que menos de 40% das pessoas nos Estados Unidos esperam que o serviço social seja capaz de pagar todos os benefícios a que têm direito por lei. Use $\alpha = 0{,}10$. Escreva um parágrafo que interprete a decisão do teste. A decisão apoia a afirmação de seu departamento?
3. **Testando a média**
   Teste a afirmação de que a média da idade das pessoas nos Estados Unidos que dizem sim para a pergunta da pesquisa mostrada na tabela é de 60 anos ou mais. Use $\alpha = 0{,}10$ e assuma que a população é normalmente distribuída. Escreva um parágrafo que interprete a decisão do teste. Há evidência suficiente para rejeitar a afirmação de seu departamento?
4. **Suas conclusões**
   Com base em suas análises das respostas para esta questão da pesquisa, o que você diria para seu departamento?

Tecnologia

MINITAB | EXCEL | TI-83/84

O caso das mulheres desaparecidas

53% ➡ 29% ➡ 9% ➡ 0%

De 1966 a 1968, o Dr. Benjamin Spock e outros tentaram conspirar e violar o Selective Service Act, encorajando a resistência à guerra do Vietnã. Em uma série de três seleções, nenhuma mulher foi selecionada para estar no júri durante o julgamento do Dr. Spock. Em 1969, Hans Zeisel escreveu um artigo no ***The University of Chicago Law Review*** usando estatística e teste de hipóteses para argumentar que a seleção de júri foi tendenciosa contra o Dr. Benjamin Spock. Dr. Spock foi um famoso pediatra e autor de livros sobre criação de filhos. Milhões de mães leram seus livros e seguiram seus conselhos. Zeisel argumentou que, mantendo as mulheres fora do júri, a corte prejudicou o veredito.

O processo de seleção do júri para o julgamento do Dr. Spock é mostrado a seguir.

Estágio 1 — O secretário da Corte Distrital Federal selecionou 350 pessoas "aleatoriamente" do diretório da cidade de Boston. O diretório continha diversas centenas de nomes, 53% dos quais eram mulheres. Entretanto, apenas 102 das 350 pessoas eram mulheres.

Estágio 2 — O juiz do julgamento, juiz Ford, selecionou 100 pessoas "aleatoriamente" das 350 pessoas. Esse grupo foi chamado de convocados e continha apenas 9 mulheres.

Estágio 3 — O secretário da corte designou números para os membros convocados e, um a um, foram interrogados pelos advogados de acusação e defesa até que 12 membros do júri fossem selecionados. Nesse estágio, somente uma jurada mulher foi interrogada e ela foi eliminada pela acusação sob sua cota de contestação decisória para a qual ele não deu um motivo.

Exercícios

1. O display MINITAB a seguir mostra um teste de hipótese para a afirmação de que a proporção de mulheres no diretório da cidade é de $p = 0{,}53$. No teste, $n = 350$ e $\hat{p} = 0{,}2914$. Você deve rejeitar a afirmação? Qual o nível de significância? Explique.
2. No Exercício 1, você rejeita a afirmação de que $p = 0{,}53$, mas a afirmação é verdadeira. Que tipo de erro é esse?
3. Se você rejeitar uma afirmação verdadeira com um nível de significância que é virtualmente zero, o que podemos inferir sobre a aleatoriedade do processo de amostragem?
4. Descreva um teste de hipótese para a seleção "aleatória" dos convocados do juiz Ford. Use a afirmação:

$$p = \frac{102}{350} \approx 0{,}2914.$$

   (a) Escreva as hipóteses nula e alternativa.
   (b) Use a tecnologia para fazer o teste.
   (c) Tome uma decisão.
   (d) Interprete a decisão no contexto da afirmação original. A seleção do juiz Ford dos 100 convocados pode ter sido aleatória?

MINITAB

Test and Confidence Interval for One Proportion

Test of p = 0.53 vs p. not = 0.53

Sample	x	N	Sample p	99.0% CI	Z-Value	P-Value
1	102	350	0.291429	(0.228862, 0.353995)	−8.94	0.000

Usando tecnologia para efetuar testes de hipótese

Aqui estão algumas imagens de MINITAB e da TI-83/84 para alguns exemplos neste capítulo. Para duplicar os resultados do MINITAB, você precisa dos dados originais. Para a TI-83/84, você pode simplesmente adicionar as estatísticas descritivas.

(Veja Exemplo 5, p. 309)

Dados para investimentos para 30 franquias

\$ 70.700	\$ 69.400	\$ 90.600	\$ 85.500	\$ 97.100	\$ 100.800
\$ 114.700	\$ 119.600	\$ 123.600	\$ 127.200	\$ 131.200	\$ 132.000
\$ 134.400	\$ 136.700	\$ 138.500	\$ 140.900	\$ 143.300	\$ 143.900
\$ 151.100	\$ 151.700	\$ 157.200	\$ 159.800	\$ 163.000	\$ 163.500
\$ 169.300	\$ 167.400	\$ 168.800	\$ 168.800	\$ 159.100	\$ 170.200

MINITAB

Z-Test of the Mean

Test of mu = 143260 vs mu not = 143260
The assumed sigma = 30000

Variable	N	Mean	St.Dev	SE Mean	z	P
C1	30	135000	30000	5477	-1.51	0.13

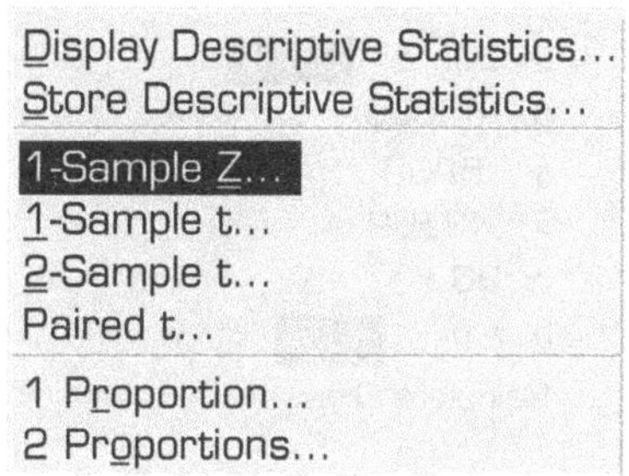

(Veja Exemplo 4, p. 322)

Dados para preços de 14 Honda Pilot LXs

\$ 21.200	\$ 21.500	\$ 21.700	\$ 22.000	\$ 22.500
\$ 22.700	\$ 22.900	\$ 23.200	\$ 23.500	\$ 23.700
\$ 24.000	\$ 24.100	\$ 24.300	\$ 24.700	

MINITAB

Z-Test of the Mean

Test of mu = 23900 vs mu < 23900

Variable	N	Mean	St.Dev	SE Mean	z	P
C1	14	23000	1113	297	-3.03	0.005

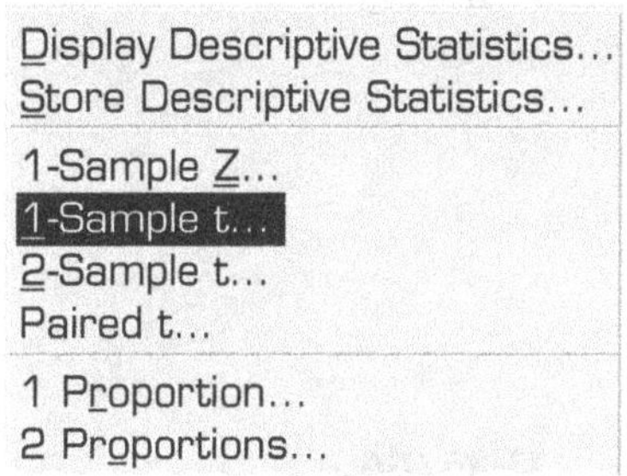

(Veja Exemplo 2, p. 329)

MINITAB

Test and Confidence Interval for One Proportion

Test of p = 0.45 vs p not = 0.45

Sample	X	N	Sample p	95.0 % CI	Z-Value	P-Value
1	98	200	0.490000	(0.420719, 0.559281)	1.14	0.256

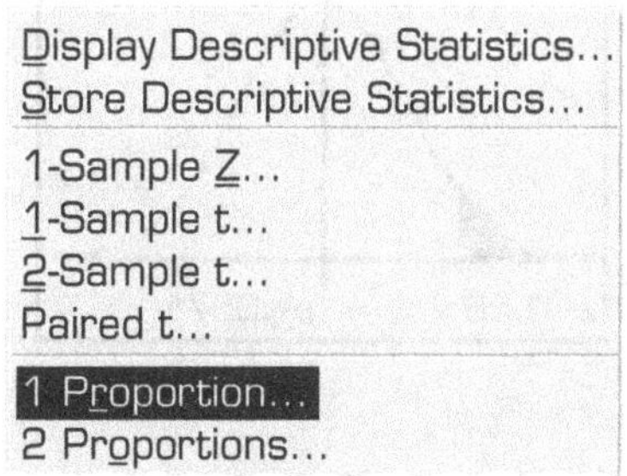

(Veja Exemplo 9, p. 313)

TI-83/84

EDIT CALC **TESTS**
1: Z-Test...
2: T-Test...
3: 2-SampZTest...
4: 2-SampTTest...
5: 1-PropZTest...
6: 2-PropZTest...
7↓ZInterval...

TI-83/84

Z-Test
Inpt:Data **Stats**
μ_0: 45000
s : 5200
$\bar{x}$: 43500
n: 30
μ: ≠ μ_0 **< μ_0** >μ_0
Calculate Draw

TI-83/84

Z-Test
μ < 45000
z= −1.579968916
p= .0570569964
$\bar{x}$= 43500
n= 30

TI-83/84

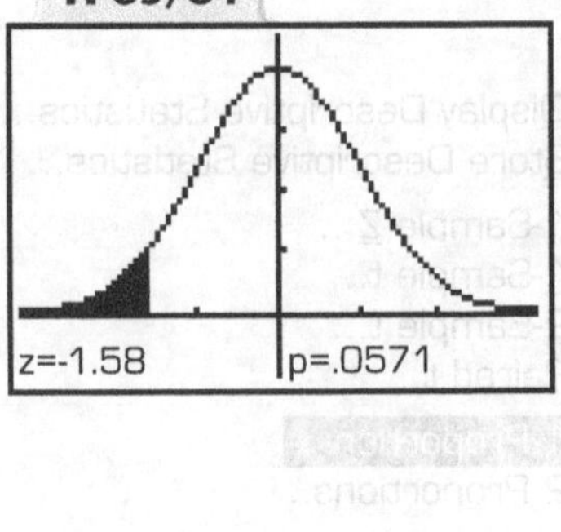

(Ver Exemplo 5, p. 323)

TI-83/84

EDIT CALC **TESTS**
1: Z-Test...
2: T-Test...
3: 2-SampZTest...
4: 2-SampTTest...
5: 1-PropZTest...
6: 2-PropZTest...
7↓ZInterval...

TI-83/84

T-Test
Inpt:Data **Stats**
μ_0: 6.8
$\bar{x}$: 6.7
Sx: .24
n: 19
μ: **≠ μ_0** < μ_0 >μ_0
Calculate Draw

TI-83/84

T-Test
μ ≠ 6.8
t= −1.816207893
p= .0860316039
$\bar{x}$= 6.7
Sx= .24
n= 19

TI-83/84

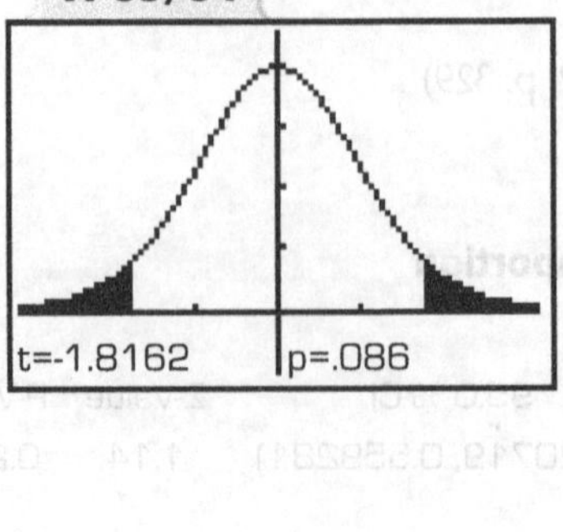

(Veja Exemplo 1, p. 328)

TI-83/84

EDIT CALC **TESTS**
1: Z-Test...
2: T-Test...
3: 2-SampZTest...
4: 2-SampTTest...
5: 1-PropZTest...
6: 2-PropZTest...
7↓ZInterval...

TI-83/84

1-PropZTest
p_0: .2
x: 15
n: 100
prop≠p_0 **< p_0** >p_0
Calculate Draw

TI-83/84

1-PropZTest
prop< .2
z= −1.25
p= .105649839
$\hat{p}$= .15
n= 100

TI-83/84

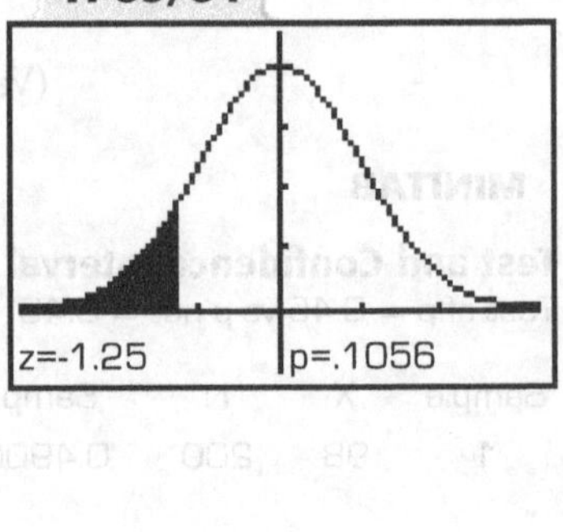

Capítulo 8

Testes de hipótese com duas amostras

Onde estamos

No Capítulo 6, você foi apresentado à estatística inferencial e aprendeu como formar intervalos de confiança para estimar um parâmetro. Depois, no Capítulo 7, você aprendeu como testar uma afirmação sobre um parâmetro populacional, baseando a sua decisão na estatística amostral e suas distribuições.

A *National Youth Tobacco Survey* (*NYTS*) é um estudo conduzido pelo *Centers for Disease Control and Prevention* (Centro para Prevenção e Controle de Doenças) para fornecer informações sobre o uso de produtos derivados de tabaco por estudantes. Como parte de um estudo recente, uma amostra aleatória de 6.869 estudantes do ensino médio do sexo masculino foi pesquisada. As proporções a seguir foram encontradas.

Estudantes do ensino médio do sexo masculino ($n = 6.869$)

Característica	Frequência	Proporção
Fumam cigarros (ao menos um nos últimos 30 dias)	1.484	0,216
Fumam charutos (ao menos um nos últimos 30 dias)	1.264	0,184
Usam tabaco mastigável (ao menos uma vez nos últimos 30 dias)	680	0,099

Para onde vamos

Neste capítulo, você continuará seu estudo sobre estatística inferencial e teste de hipóteses. Agora, no entanto, ao invés de testar uma hipótese sobre uma única população, você aprenderá como testar uma hipótese que compara duas populações.

Por exemplo, no estudo da *NYTS*, uma amostra aleatória de 6.869 estudantes do ensino médio do sexo feminino também foi pesquisada. Aqui estão as conclusões para esse segundo grupo.

Estudantes do ensino médio do sexo feminino ($n = 6.869$)

Característica	Frequência	Proporção
Fumam cigarros (ao menos um nos últimos 30 dias)	1.497	0,218
Fumam charutos (ao menos um nos últimos 30 dias)	522	0,076
Usam tabaco mastigável (ao menos uma vez nos últimos 30 dias)	82	0,012

Com base nestas duas amostras, você pode concluir que existe uma proporção significativamente maior de estudantes que fumam cigarros, charutos ou usam tabaco mastigável entre estudantes do sexo masculino do que entre estudantes do sexo feminino? Ou as diferenças nas proporções podem ser ao acaso?

Neste capítulo, você aprenderá que pode responder a essas perguntas testando a hipótese de que as duas proporções são iguais. Para a proporção dos estudantes que usam tabaco mastigável, por exemplo, o valor P para a hipótese de que $p_1 = p_2$ é de cerca de 0,0000. Então, é quase impossível que dois grupos que usam tabaco mastigável tenham experimentado a mesma proporção.

8.1 Testando a diferença entre as médias (amostras grandes e independentes)

O que você deve aprender

- Como decidir se duas amostras são independentes ou dependentes.
- Uma introdução ao teste de hipótese de duas amostras para a diferença entre dois parâmetros populacionais.
- Como realizar um teste z de duas amostras para a diferença entre duas médias μ_1 e μ_2 usando amostras grandes e independentes.

Amostras dependentes e independentes ⟶ Uma descrição geral do teste de hipótese de duas amostras ⟶ Teste z de duas amostras para a diferença entre as médias

Amostras dependentes e independentes

No Capítulo 7, você estudou métodos para testar uma afirmação sobre o valor de um parâmetro populacional. Neste capítulo, você aprenderá como testar uma afirmação comparando parâmetros de duas populações. Quando você compara as médias de duas populações diferentes, o método usado tanto para amostrar como para dimensionar a amostra determinará o tipo de teste que você utilizará.

Definição

Duas amostras são **independentes** se a amostra selecionada de uma das populações não é relacionada à amostra selecionada da segunda população. Duas amostras são **dependentes** se cada membro de uma amostra corresponde a um membro da outra amostra. Amostras dependentes também são chamadas de **amostras emparelhadas** ou **amostras relacionadas.**

Amostras independentes

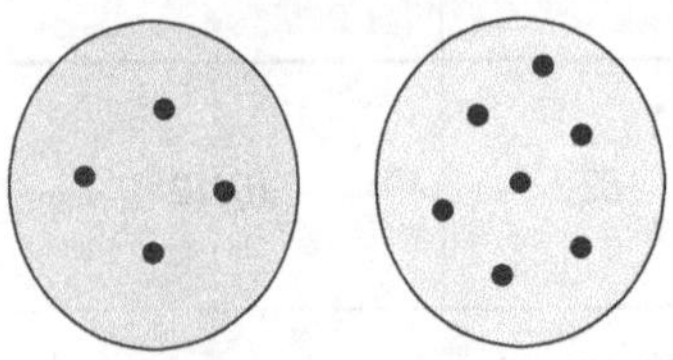

Amostras dependentes

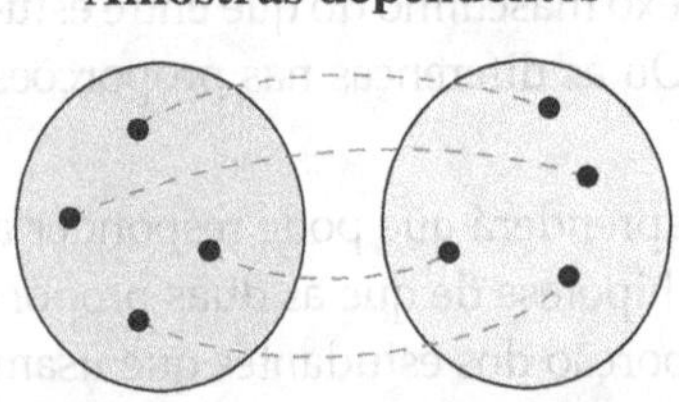

Exemplo 1

Amostras dependentes e independentes

Classifique cada par de amostras como independente ou dependente e justifique sua resposta.

1. Amostra 1: Ritmo cardíaco em descanso de 35 indivíduos antes de tomar café.
   Amostra 2: Ritmo cardíaco em descanso dos mesmos indivíduos depois de beber duas xícaras de café.
2. Amostra 1: Nota de teste para 35 estudantes de Estatística.
   Amostra 2: Nota de teste para 42 estudantes de Biologia que não estudam Estatística.

Solução

1. As amostras são dependentes. Já que o ritmo cardíaco em descanso dos mesmos indivíduos é analisado, as amostras são relacionadas. As amostras podem ser emparelhadas em relação a cada indivíduo.
2. As amostras são independentes. Não é possível formar uma relação entre os membros das amostras; os tamanhos das amostras são diferentes e os dados representam notas de teste para diferentes indivíduos.

Tente você 1 Classifique cada par de amostras como independente ou dependente.

1. Amostra 1: Altura de 27 mulheres adultas.
   Amostra 2: Altura de 27 homens adultos.
2. Amostra 1: Nota de teste bimestral de 14 estudantes de Química.
   Amostra 2: Nota de prova final dos mesmos 14 estudantes de Química.
   Determine se as amostras são independentes ou dependentes.

Resposta na p. A45

Uma descrição geral do teste de hipótese de duas amostras

Nesta seção, você aprenderá como testar uma afirmação comparando as médias de duas populações diferentes usando amostras independentes.

Por exemplo, suponha que você esteja desenvolvendo um plano de marketing para um provedor de serviço de Internet e queira determinar se há uma diferença entre a quantidade de tempo que estudantes universitários do sexo masculino e feminino passam conectados cada dia. A única maneira com a qual você pode concluir com certeza que há uma diferença é fazendo um censo de todos os estudantes universitários, calculando a média diária de vezes que estudantes do sexo masculino e do sexo feminino passam conectados e encontrando a diferença. Com certeza, não é prático fazer esse censo. No entanto, você ainda pode determinar com algum grau de certeza se tal diferença existe.

Importante

Amostras dependentes frequentemente envolvem duplas idênticas, antes e depois de resultados para a mesma pessoa ou objeto, ou resultados de combinações individuais para características específicas.

Você pode começar assumindo que não há diferença na média das duas populações. Isto é, $\mu_1 - \mu_2 = 0$. Então, retirando-se uma amostra aleatória de cada população, e usando o resultado da estatística de teste de duas amostras $\bar{x}_1 - \bar{x}_2$, você pode desempenhar um teste de hipótese de duas amostras. Suponha que você obtenha os seguintes resultados:

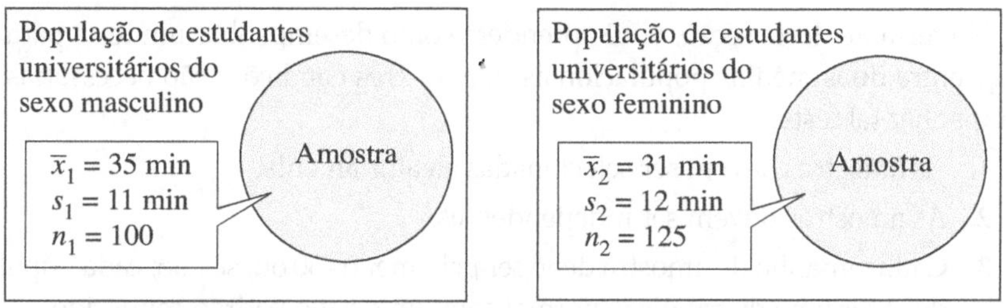

Importante

Os membros nas duas amostras não são relacionados ou agrupados, então as amostras são independentes.

O gráfico a seguir mostra a distribuição amostral de $\bar{x}_1 - \bar{x}_2$, para muitas amostras similares retiradas de cada população, sob a suposição de que $\mu_1 - \mu_2 = 0$. Pelo gráfico, você pode ver que é bem improvável obter médias amostrais que difiram por 4 minutos se a diferença real é 0. A diferença de médias amostrais seria mais de 2,5 erros padrões da diferença hipotética de 0! Então, você pode concluir que existe uma diferença significativa na quantidade de tempo que estudantes universitários do sexo masculino e do sexo feminino passam conectados por dia.

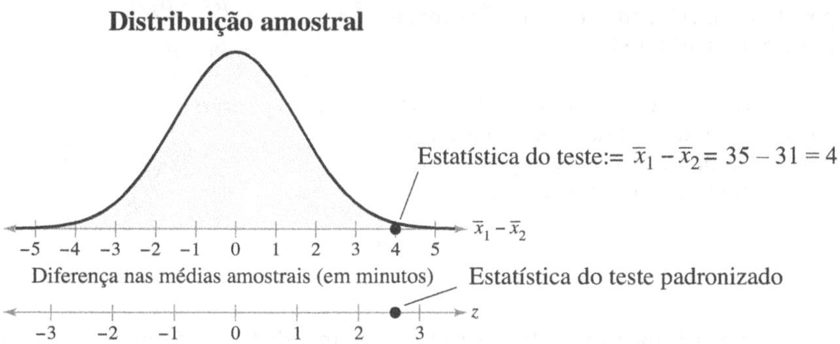

É importante lembrar que quando você desempenha um teste de hipótese de duas amostras usando amostras independentes, você está testando uma afirmação a respeito da diferença de parâmetros em duas populações, não o valor dos próprios parâmetros.

Definição

Para um teste de hipótese de duas amostras com amostras independentes,

1. A ***hipótese nula*** H_0 é uma hipótese estatística que geralmente diz que não há diferença entre os parâmetros de duas populações. A hipótese nula sempre contém o símbolo $\leq$, $=$ ou $\geq$.

Dica de estudo

Você também pode escrever as hipóteses nula e alternativa como a seguir.

$$\begin{cases} H_0: \mu_1 - \mu_2 = 0 \\ H_a: \mu_1 - \mu_2 \neq 0 \end{cases}$$

$$\begin{cases} H_0: \mu_1 - \mu_2 \leq 0 \\ H_a: \mu_1 - \mu_2 > 0 \end{cases}$$

$$\begin{cases} H_0: \mu_1 - \mu_2 \geq 0 \\ H_a: \mu_1 - \mu_2 < 0 \end{cases}$$

2. A *hipótese alternativa* H_a é uma hipótese estatística que é verdadeira quando H_0 é falso. A hipótese alternativa contém o símbolo >, ≠ ou <.

Para escrever uma hipótese nula e uma hipótese alternativa para um teste de hipótese de duas amostras com amostras independentes, traduza a afirmação feita sobre o parâmetro populacional de uma afirmação verbal para uma equação matemática. Por exemplo, se a afirmação é sobre dois parâmetros populacionais μ_1 e μ_2, então alguns pares de hipóteses nulas e alternativas são:

$$\begin{cases} H_0: \mu_1 = \mu_2 \\ H_a: \mu_1 \neq \mu_2 \end{cases}, \quad \begin{cases} H_0: \mu_1 \leq \mu_2 \\ H_a: \mu_1 > \mu_2 \end{cases} \quad \text{e} \quad \begin{cases} H_0: \mu_1 \geq \mu_2 \\ H_a: \mu_1 < \mu_2 \end{cases}$$

Independentemente de cada hipótese que você usar, você sempre presumirá que não existe diferença entre a média populacional, ou $\mu_1 = \mu_2$.

Teste z de duas amostras para a diferença entre médias

No restante desta seção, você aprenderá como desempenhar um teste para a diferença entre duas médias populacionais μ_1 e μ_2. Três condições são necessárias para desempenhar tal teste.

1. As amostras devem ser selecionadas aleatoriamente.
2. As amostras devem ser independentes.
3. Cada tamanho de amostra deve ser pelo menos 30 ou, se não, cada população deve ter uma distribuição normal com um desvio padrão conhecido.

Se esses requisitos são alcançados, então a **distribuição amostral para $\bar{x}_1 - \bar{x}_2$ (a diferença média das amostras)** é uma distribuição normal com média e erro padrão como a seguir.

Distribuição amostral para $\bar{x}_1 - \bar{x}_2$

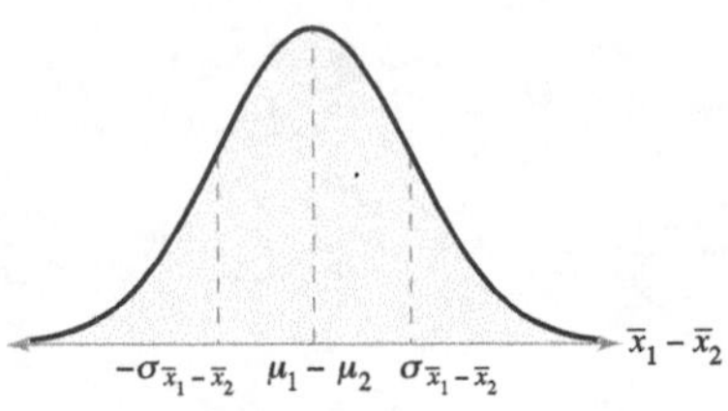

Em palavras	Em símbolos
A média da diferença da média amostral é a diferença presumida entre as duas médias populacionais. Quando nenhuma diferença é presumida, a média é 0.	Média $= \mu_{\bar{x}_1-\bar{x}_2} = \mu_{\bar{x}_1} - \mu_{\bar{x}_2} = \mu_1 - \mu_2$
A variância de distribuição amostral é a soma das variâncias das distribuições amostrais individuais para $\bar{x}_1 - \bar{x}_2$. O erro padrão é a raiz quadrada da soma das variâncias.	Erro padrão $= \sigma_{\bar{x}_1-\bar{x}_2} = \sqrt{\sigma_{\bar{x}_1}^2 + \sigma_{\bar{x}_2}^2} = \sqrt{\frac{\sigma_1^2}{n_1} + \frac{\sigma_2^2}{n_2}}$

Já que a distribuição amostral para $\bar{x}_1 - \bar{x}_2$ é uma distribuição normal, você pode usar o teste *z* para testar a diferença entre duas médias populacionais μ_1 e μ_2. Note que a estatística de teste padronizado tem a forma de:

$$z = \frac{\text{(Diferença observada)} - \text{(Diferença hipotética)}}{\text{Erro padrão}}.$$

Teste z de duas amostras para a diferença entre médias

Um **teste *z* de duas amostras** pode ser usado para testar a diferença entre duas médias populacionais μ_1 e μ_2 quando uma grande amostra (ao menos 30) é selecionada aleatoriamente de cada população e as amostras são ***independentes***. A estatística de teste é $\bar{x}_1 - \bar{x}_2$ e teste estatístico normal é:

$$z = \frac{(\bar{x}_1 - \bar{x}_2) - (\mu_1 - \mu_2)}{\sigma_{\bar{x}_1 - \bar{x}_2}}, \text{ onde } \sigma_{\bar{x}_1 - \bar{x}_2} = \sqrt{\frac{\sigma_1^2}{n_1} + \frac{\sigma_2^2}{n_2}}.$$

Quando as amostras são grandes, você pode usar s_1 e s_2 no lugar de σ_1 e σ_2. Se as amostras não são grandes, você ainda pode usar um teste z de duas amostras, contanto que as populações sejam distribuídas normalmente e os desvios padrões populacionais sejam conhecidos.

Se a hipótese nula diz $\mu_1 = \mu_2$, $\mu_1 \leq \mu_2$ ou $\mu_1 \geq \mu_2$, então presume-se que $\mu_1 = \mu_2$ e a expressão $\mu_1 - \mu_2$ é igual a 0 no teste anterior.

Instruções

Usando um teste z de duas amostras para a diferença entre médias (amostras grandes e independentes)

Em palavras	*Em símbolos*
1. Expresse a afirmação matematicamente. Identifique as hipóteses nula e alternativa.	Use H_0 e H_a.
2. Especifique o nível de significância.	Identifique α.
3. Faça um esboço da distribuição amostral.	
4. Determine o(s) valor(es) crítico(s).	Use a Tabela 4 no Apêndice B.
5. Determine a(s) região(ões) de rejeição	
6. Encontre a estatística do teste padronizada.	$z = \dfrac{(\bar{x}_1 - \bar{x}_2) - (\mu_1 - \mu_2)}{\sigma_{\bar{x}_1 - \bar{x}_2}}$.
7. Tome a decisão de rejeitar ou falhar em rejeitar a hipótese nula.	Se z está na área de rejeição, rejeite H_0. Do contrário, falhe em rejeitar H_0.
8. Interprete a decisão no contexto da afirmação original.	

Um teste de hipótese para a diferença entre médias também pode ser efetuado usando valores *P*. Use as mesmas instruções acima, pulando as etapas 4 e 5. Depois de encontrar a estatística de teste padronizado, use a Tabela Normal Padrão para calcular o valor *P*. Então, tome a decisão de rejeitar ou falhar em rejeitar a hipótese nula. Se *P* é menor ou igual a α, rejeite H_0. Do contrário, falhe em rejeitar H_0.

Exemplo 2

Teste z de duas amostras para a diferença entre médias

Uma organização de educação de consumidores afirma que há uma diferença entre a média da dívida do cartão de crédito de homens e mulheres nos Estados Unidos. Os resultados de uma pesquisa aleatória de 200 indivíduos de cada grupo são mostrados a seguir. As duas amostras são independentes. Os resultados apoiam a afirmação da organização? Use $\alpha = 0{,}05$. (*Adaptado de Myvesta.*)

Solução

Você quer testar a afirmação de que há uma diferença na média da dívida de cartão do crédito de homens e mulheres nos Estados Unidos. Então, as hipóteses nula e alternativa são:

$H_0: \mu_1 = \mu_2$ e $H_a: \mu_1 \neq \mu_2$. (*Afirmação*)

Retratando o mundo

Existem cerca 23.600 funcionários federais civis trabalhando em Michigan e cerca de 25.100 em Massachusetts. Em uma pesquisa, 200 funcionários federais em cada estado foram perguntados sobre seus salários. Os resultados são mostrados a seguir. (*Adaptado de United States Office of Personnel Management.*)

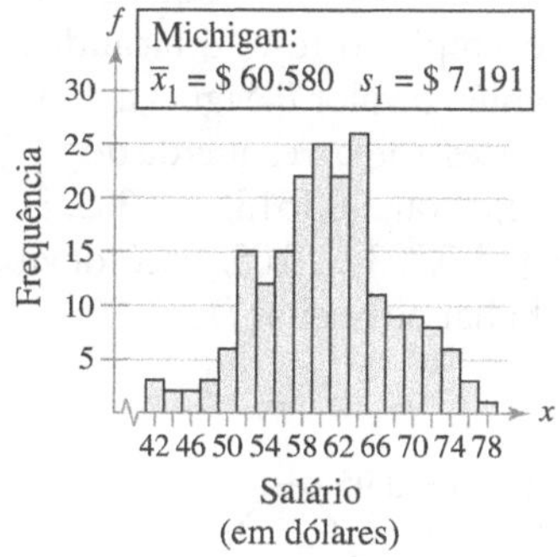

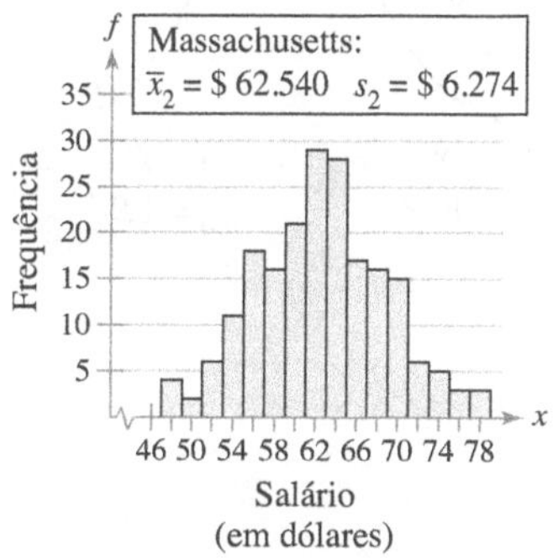

Existe evidência suficiente para concluir que há uma diferença nas rendas médias de funcionários federais civis em Michigan e Massachusetts usando $\alpha = 0{,}05$?

Veja passos TI-83/84 na p. 391.

Estatística amostral para débitos em cartões de crédito

Mulheres	Homens
$\bar{x}_1 = \$\ 2.290$	$\bar{x}_2 = \$\ 2.370$
$s_1 = \$\ 750$	$s_2 = \$\ 800$
$n_1 = 200$	$n_2 = 200$

Dica de estudo

No Exemplo 2, você também pode usar um valor *P* para realizar o teste de hipótese. Por exemplo, o teste é bicaudal, então o valor *P* é igual a duas vezes a área à esquerda de $z = -1{,}03$ ou $2(0{,}1515) = 0{,}303$. Já que $0{,}303 > 0{,}05$, você deve falhar ao rejeitar H_0.

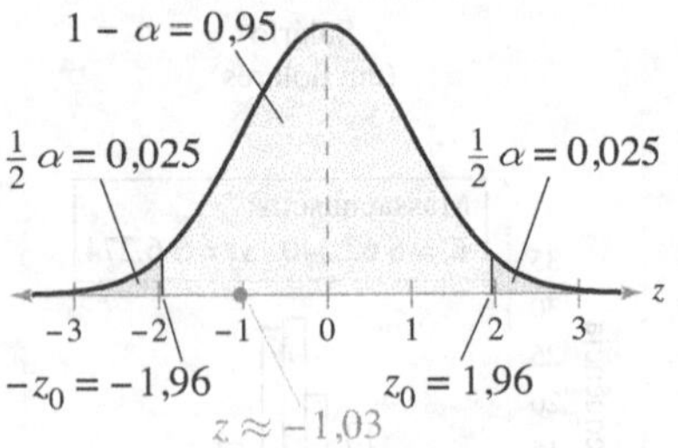

Já que o teste é bicaudal e o nível de significância é de $\alpha = 0{,}05$, os valores críticos são $-z_0 = -1{,}96$ e $z_0 = 1{,}96$. As regiões de rejeição são $z < -1{,}96$ e $z > 1{,}96$. Já que ambas as amostras são grandes, s_1 e s_2 são usados em lugar de σ_1 e σ_2 para calcular o erro padrão.

$$\sigma_{\bar{x}_1 - \bar{x}_2} = \sqrt{\frac{s_1^2}{n_1} + \frac{s_2^2}{n_2}} = \sqrt{\frac{750^2}{200} + \frac{800^2}{200}} \approx 77{,}5403$$

A estatística de teste padronizado é:

$$z = \frac{(\bar{x}_1 - \bar{x}_2) - (\mu_1 - \mu_2)}{\sigma_{\bar{x}_1 - \bar{x}_2}} \qquad \text{Use o teste } z$$

$$\approx \frac{(2.290 - 2.370) - 0}{77{,}5403} \qquad \text{Assuma } \mu_1 = \mu_2 \text{, portanto } \mu_1 - \mu_2 = 0.$$

$$\approx -1{,}03.$$

O gráfico à esquerda mostra a localização das áreas de rejeição e a estatística de teste padronizada *z*. Já que *z* não está na área de rejeição, você deve falhar em rejeitar a hipótese nula.

Interpretação

No nível de significância de 5%, há evidência suficiente para apoiar a afirmação da organização de que existe uma diferença na média da dívida do cartão de crédito entre homens e mulheres.

Tente você 2 Uma pesquisa indica que a média *per capita* da taxa de cartão de crédito para residentes de New Hampshire e Nova York é \$ 3.900 e \$ 3.500 por ano, respectivamente. A pesquisa incluiu uma amostra selecionada aleatoriamente de tamanho 50 de cada estado e desvios padrões das amostras são \$ 900 (NH) e \$ 500 (NY). As duas amostras são independentes. Em $\alpha = 0{,}01$, existe evidência suficiente para concluir que há uma diferença na média das taxas de cartão de crédito? (*Adaptado de Card Management Information Services and the U.S. Census Bureau.*)

a. *Identifique* a afirmação e estabeleça H_0 e H_a.
b. *Especifique* o nível de significância α.
c. *Encontre* os valores críticos e identifique as áreas de rejeição.
d. *Use* o teste *z* para encontrar a estatística de teste padronizada *z*.
e. *Decida* se rejeitará a hipótese nula. Use o gráfico, se necessário.
f. *Interprete* a decisão no contexto da afirmação original.

Resposta na p. A45

Exemplo 3

Usando tecnologia para desempenhar um teste *z* de duas amostras

Estatística amostral para custo diário de refeições e acomodações para uma família de quatro pessoas

Texas	Virgínia
$\bar{x}_1 = \$\ 248$	$\bar{x}_2 = \$\ 252$
$s_1 = \$\ 15$	$s_2 = \$\ 22$
$n_1 = 50$	$n_2 = 35$

A *American Automobile Association* afirma que a média do custo diário para refeições e acomodações para férias no Texas é menor do que a mesma média de custos para férias na Virgínia. A tabela à esquerda mostra os resultados de uma pesquisa aleatória de turistas em cada Estado. As duas amostras são independentes. Em $\alpha = 0{,}01$, existe evidência suficiente para apoiar a afirmação? [$H_0 : \mu_1 \geq \mu_2$] e [H_a: $\mu_1 < \mu_1$ (afirmação)].

Solução

As duas primeiras telas mostram como configurar o teste de hipótese usando uma TI-83/84. As telas restantes mostram os resultados possíveis, dependendo se você seleciona *Calculate* ou *Draw*.

TI-83/84

```
2-SampZTest
 Inpt:Data Stats
 σ1:15
 σ2:22
 x̄1:248
 n1:50
 x̄2:252
↓n2:35
```

TI-83/84

```
2-SampZTest
↑σ2:22
 x̄1:248
 n1:50
 x̄2:252
 n2:35
 μ1:≠μ2 <μ2 >μ2
 Calculate Draw
```

TI-83/84

```
2-SampZTest
 μ1<μ2
 z=-.9343200811
 p=.1750693839
 x̄1:248
 x̄2:252
↓n1:50
```

TI-83/84

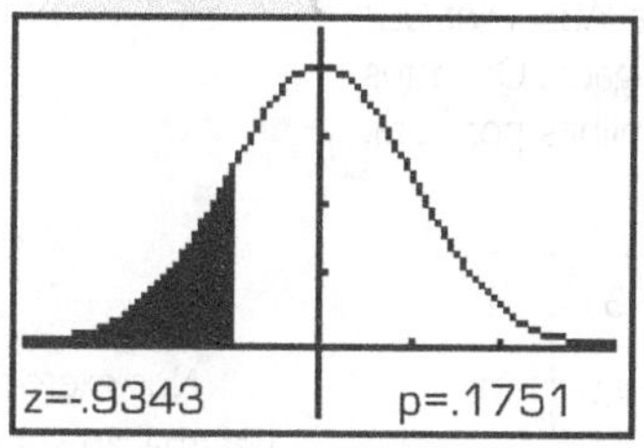

Dica de estudo

Note que a TI-83/84 demonstra $P \approx 0{,}1751$. Já que $P > \alpha$, você deve falhar em rejeitar a hipótese nula.

Para usar MINITAB para desempenhar um teste z de duas amostras, você deve usar dados brutos.

Já que o teste é unicaudal à esquerda e $\alpha = 0{,}01$, a área de rejeição é $z < -2{,}33$. A estatística de teste padronizada $z \approx -0{,}93$ não está na região de rejeição, então você deve falhar ao rejeitar a hipótese nula.

Interpretação

No nível de significância de 1%, não existe evidência suficiente para apoiar a afirmação da *American Automobile Association.*

Tente você 3 A *American Automobile Association* afirma que a média do custo diário para refeições e acomodações para férias em Maryland é maior do que a mesma média de custos para férias no Colorado. A tabela à direita mostra os resultados de uma pesquisa aleatória de turistas em cada estado. As duas amostras são independentes. Em $\alpha = 0{,}05$, existe evidência suficiente para apoiar a afirmação?

a. *Use* a TI-83/84 para encontrar a estatística de teste ou o valor P.

b. *Tome* uma decisão e *interprete.*

Resposta na p. A45

Estatística amostral para custo diário de refeições e acomodações para uma família de quatro pessoas

Maryland	Colorado
$\bar{x}_1 = \$\,293$	$\bar{x}_2 = \$\,286$
$s_1 = \$\,22$	$s_2 = \$\,18$
$n_1 = 150$	$n_2 = 200$

8.1 Exercícios

Construindo habilidades básicas e conceitos

1. Qual a diferença entre duas amostras dependentes e duas amostras independentes? Dê um exemplo de duas amostras dependentes e duas amostras independentes.
2. Explique como desempenhar um teste z de duas amostras para a diferença entre as médias de duas populações usando amostras grandes e independentes.
3. Descreva outra maneira com a qual você pode desempenhar um teste de hipótese para a diferença entre as médias de duas populações usando amostras grandes e independentes.
4. Quais condições são necessárias para se usar o teste z para testar a diferença entre duas médias populacionais?

Nos exercícios de 5 a 12, classifique as duas amostras dadas como independente ou dependente. Explique seu raciocínio.

5. Amostra 1: A nota do SAT para 35 estudantes do ensino médio que não fizeram um curso preparatório para o SAT.
   Amostra 2: A nota do SAT para 40 estudantes do ensino médio que fizeram um curso preparatório para o SAT.
6. Amostra 1: A nota do SAT para 44 estudantes do ensino médio.
   Amostra 2: A nota do SAT para os mesmos 44 estudantes do ensino médio depois de fazer um curso preparatório para o SAT.

7. Amostra 1: O peso de 51 adultos.
Amostra 2: O peso dos mesmos 51 adultos depois de participarem de um programa de dieta e exercício por um mês.

8. Amostra 1: O peso de 40 mulheres.
Amostra 2: O peso de 40 homens.

9. Amostra 1: A velocidade média de 23 lanchas usando um *design* antigo de casco.
Amostra 2: A velocidade média de 14 lanchas usando um *design* novo de casco.

10. Amostra 1: A milhagem de combustível de 10 carros.
Amostra 2: A milhagem de combustível dos mesmos 10 carros usando um combustível alternativo.

11. A tabela mostra a distância de frenagem (em pés) para cada 4 conjuntos diferentes de pneus com o sistema ABS (*Antilock Braking System*) ligado e com o sistema ABS desligado. Os testes foram feitos no gelo com carros andando a 15 milhas por hora. *(Fonte: Consumer Reports.)*

Conjunto de pneus	1	2	3	4
Distância de frenagem com ABS	42	55	43	61
Distância de frenagem sem ABS	58	67	59	75

12. A tabela mostra o ritmo cardíaco (em batimentos por minuto) de 5 pessoas antes e depois de se exercitarem.

Pessoa	1	2	3	4	5
Ritmo cardíaco antes do exercício	65	72	85	78	93
Ritmo cardíaco depois do exercício	127	135	140	136	150

Nos exercícios de 13 a 16, (a) encontre a estatística de teste, (b) encontre a estatística de teste padronizada, (c) decida se a estatística de teste padronizada está na área de rejeição e (d) decida se você deve rejeitar ou falhar em rejeitar a hipótese nula. As amostras são aleatórias e independentes.

13. Afirmação: $\mu_1 = \mu_2$, $\alpha = 0{,}05$. Estatística amostral $\overline{x}_1 = 16$, $s_1 = 1{,}1$, $n_1 = 50$ e $\overline{x}_2 = 14$, $s_2 = 1{,}5$, $n_2 = 50$.

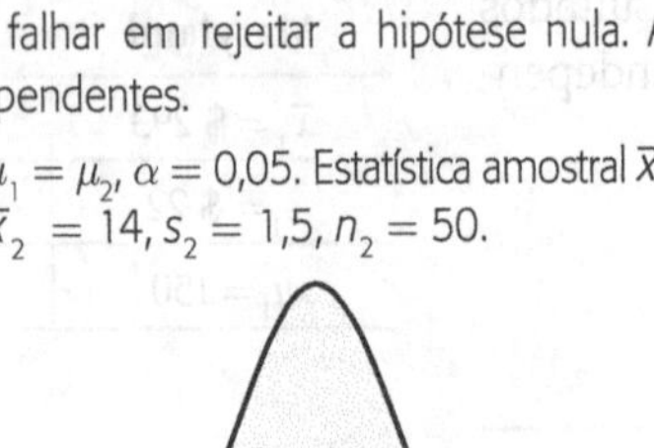

14. Afirmação $\mu_1 > \mu_2$, $\alpha = 0{,}10$. Estatística amostral $\overline{x}_1 = 500$, $s_1 = 30$, $n_1 = 100$ e $\overline{x}_2 = 510$, $s_2 = 15$, $n_2 = 75$.

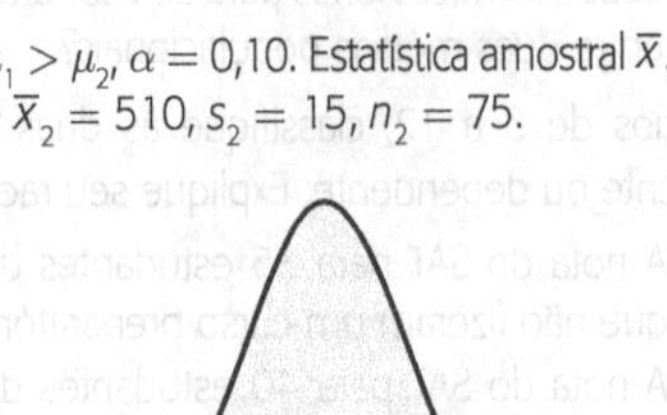

15. Afirmação $\mu_1 < \mu_2$, $\alpha = 0{,}01$. Estatística amostral $\overline{x}_1 = 1.225$, $s_1 = 75$, $n_1 = 35$ e $\overline{x}_2 = 1.195$, $s_2 = 105$, $n_2 = 105$.

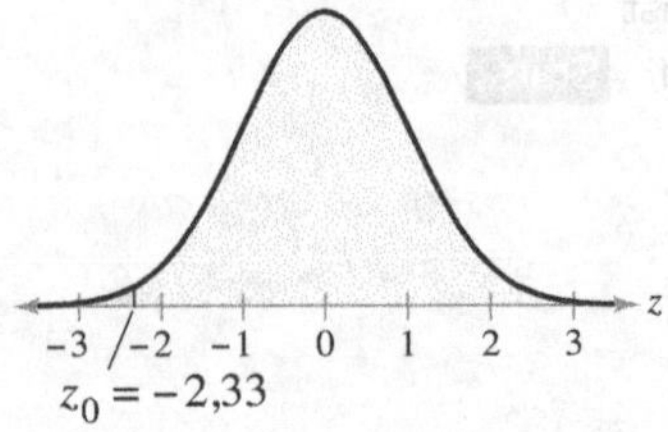

16. Afirmação $\mu_1 \leq \mu_2$, $\alpha = 0{,}03$. Estatística amostral $\overline{x}_1 = 5.004$, $s_1 = 136$, $n_1 = 144$ e $\overline{x}_2 = 4.895$, $s_2 = 215$, $n_2 = 156$.

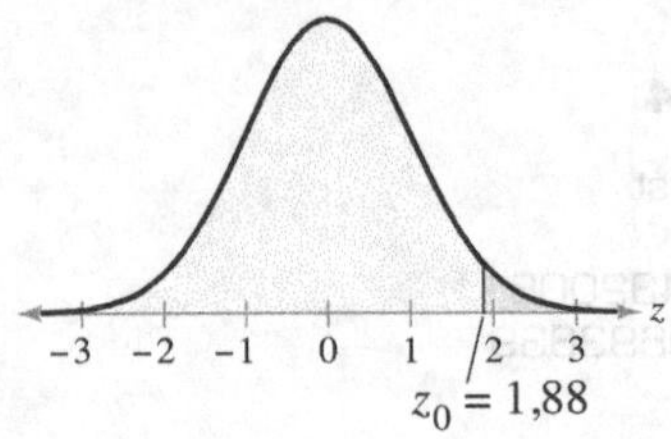

Nos exercícios 17 e 18, use a estatística amostral dada para testar a afirmação sobre a diferença de duas médias populacionais μ_1 e μ_2 no nível de significância α dado.

17. Afirmação $\mu_1 > \mu_2$, $\alpha = 0{,}01$. Estatística $\overline{x}_1 = 5{,}2$, $s_1 = 0{,}2$, $n_1 = 45$ e $\overline{x}_2 = 5{,}5$, $s_2 = 0{,}3$, $n_2 = 37$.

18. Afirmação $\mu_1 \neq \mu_2$, $\alpha = 0{,}05$. Estatística $\overline{x}_1 = 52$, $s_1 = 2{,}5$, $n_1 = 70$ e $\overline{x}_2 = 45$, $s_2 = 5{,}5$, $n_2 = 60$.

Usando e interpretando conceitos

Testando a diferença entre duas médias

Nos exercícios de 19 a 32, (a) identifique a afirmação e expresse H_0 e H_a, (b) use a Tabela 4 no Apêndice B para encontrar o(s) valor(es) crítico(s) e identificar a(s) região(ões) de rejeição, (c) encontre a estatística de teste padronizada z, (d) decida em rejeitar ou falhar em rejeitar a hipótese nula e (e) interprete a decisão no contexto da afirmação original. Se for conveniente, use tecnologia para resolver o problema. Em cada exercício, assuma que as amostras são selecionadas aleatoriamente e são independentes.

19. **Distâncias de frenagem** Um engenheiro de segurança registra a distância de frenagem de dois tipos de pneus. Cada amostra selecionada aleatoriamente tem 35 pneus. Os resultados dos testes são mostrados na figura. Em $\alpha = 0{,}10$, o engenheiro pode apoiar a afirmação de que a distância de frenagem média é diferente para os dois tipos de pneus? *(Adaptado de Consumer Reports.)*

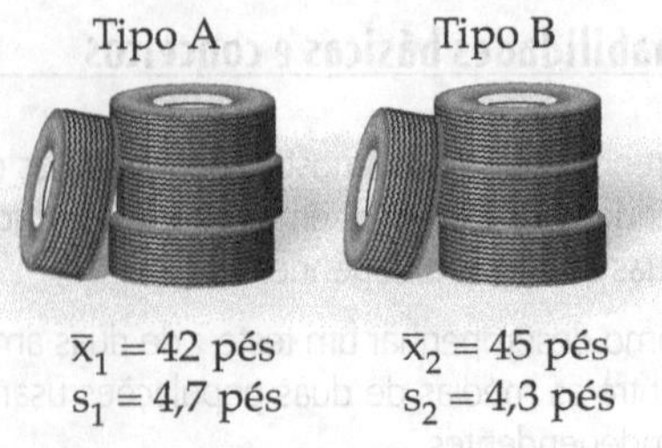

20. **Distâncias de frenagem** Para comparar as distâncias de frenagem para dois tipos de pneus, um engenheiro de segurança conduz 50 testes de freio para cada um dos dois tipos de pneus.

Os resultados dos testes são mostrados na figura. Em $\alpha = 0{,}10$, o engenheiro pode apoiar a afirmação de que a média da distância de freio para o Tipo C é maior do que a média da distância de freio para o Tipo D? *(Adaptado de Consumer Reports.)*

Tipo C Tipo D

$\bar{x}_1 = 55$ pés $\bar{x}_2 = 51$ pés
$s_1 = 5{,}3$ pés $s_2 = 4{,}9$ pés

21. **Custos de reparo: fornos de micro-ondas** Você quer comprar um forno de micro-ondas e escolherá o Modelo A se os custos de reparo forem mais baixos que os custos de reparo do Modelo B. Você pesquisa os custos de reparo de 47 fornos do Modelo A e 55 fornos do Modelo B. Os resultados da sua pesquisa são mostrados na figura. Em $\alpha = 0{,}01$, você compraria o Modelo A? *(Adaptado de Consumer Reports.)*

Modelo A Modelo B

$\bar{x}_1 = \$\,75$ $\bar{x}_2 = \$\,80$
$s_1 = \$\,12{,}50$ $s_2 = \$\,20$

22. **Custos de reparo: aspiradores de pó** Você quer comprar um aspirador de pó e um vendedor lhe diz que os custos de reparo para o Modelo A e para o Modelo B são iguais. Você pesquisa os custos de reparo de 34 aspiradores de pó do Modelo A e 46 do Modelo B. Os resultados da pesquisa são mostrados na figura. Em $\alpha = 0{,}01$, você pode rejeitar a afirmação do vendedor? *(Adaptado de Consumer Reports.)*

Modelo A Modelo B

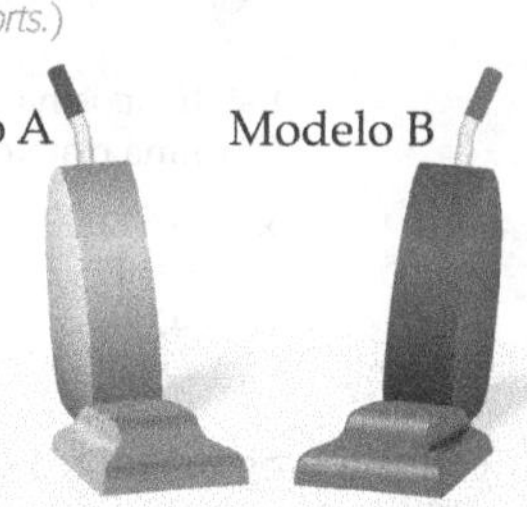

$\bar{x}_1 = \$\,50$ $\bar{x}_2 = \$\,60$
$s_1 = \$\,10$ $s_2 = \$\,18$

23. **Notas no ACT** A média na nota do ACT para 43 estudantes do sexo masculino do ensino médio é de 21,1 e o desvio padrão é de 5,0. A média na nota do ACT para 56 estudantes do sexo feminino do ensino médio é de 20,9 e o desvio padrão é de 4,7. Em $\alpha = 0{,}01$, você pode rejeitar a afirmação de que estudantes do ensino médio do sexo masculino e do sexo feminino têm a mesma média de notas do ACT? *(Adaptado do ACT Inc.)*

24. **Notas no ACT** Um conselheiro escolar afirma que estudantes do ensino médio em programas preparatórios para faculdades têm uma nota no ACT maior do que aqueles em um programa geral. A média de nota no ACT para 49 estudantes do ensino médio que estão em um programa preparatório para faculdade é de 22,2 e o desvio padrão é de 4,8. A média de nota no ACT para 44 estudantes do ensino médio que estão em um programa geral é de 20,0 e o desvio padrão é de 5,4. Em $\alpha = 0{,}10$, você pode apoiar a afirmação do conselheiro? *(Adaptado de ACT Inc.)*

25. **Custos de acomodação** Uma associação de viagem diz que a média de custo de acomodação por dia para uma família viajando na Carolina do Norte é a mesma que na Carolina do Sul. A média de custo de acomodação por dia para 35 famílias viajando na Carolina do Norte é \$ 131 e o desvio padrão é de \$ 26. A média de custo de acomodação para 35 famílias viajando na Carolina do Sul é \$ 136 e o desvio padrão é de \$ 19. Em $\alpha = 0{,}10$, existe evidência suficiente para rejeitar a afirmação da associação de viagem? *(Adaptado de American Automobile Association.)*

26. **Dinheiro gasto comendo fora** Uma associação de restaurantes diz que famílias nos Estados Unidos chefiadas por pessoas com menos de 25 anos de idade gastam menos com comida fora de casa do que famílias chefiadas por pessoas com idade entre 55 e 64 anos. A quantia média gasta por 30 famílias chefiadas por pessoas com menos de 25 anos é de \$ 2.015 e o desvio padrão é de \$ 113. A quantia média gasta por 30 famílias chefiadas por pessoas com idade entre 55 e 64 anos é de \$ 2.715 e o desvio padrão é de \$ 97. Em $\alpha = 0{,}05$, você pode apoiar a afirmação da associação de restaurantes? *(Adaptado de Bureau of Labor Statistics.)*

27. **Custos de acomodação** Refira-se ao Exercício 25. Mais duas amostras são retiradas, uma da Carolina do Norte e uma da Carolina do Sul. Para 50 famílias viajando na Carolina do Norte, $\bar{x}_1 = \$\,145$ e $s_1 = \$\,28$. Para 50 famílias viajando na Carolina do Sul, $\bar{x}_2 = \$\,138$ e $s_2 = \$\,24$. Use $\alpha = 0{,}10$. As novas amostras conduzem a uma conclusão diferente?

28. **Dinheiro gasto comendo fora** Refira-se ao Exercício 26. Mais duas amostras são retiradas, uma de cada grupo. Para 40 famílias chefiadas por pessoas com menos de 25 anos de idade, $\bar{x}_1 = \$\,2.130$ e $s_1 = \$\,124$. Para 40 famílias chefiadas por pessoas com idade entre 55 e 64 anos, $\bar{x}_2 = \$\,2.655$ e $s_2 = \$\,116$. Use $\alpha = 0{,}05$. As novas amostras conduzem a uma conclusão diferente?

29. **Assistindo mais TV** Um sociólogo afirma que crianças entre 6 e 17 anos passavam mais tempo assistindo televisão em 1981 do que crianças de 6 a 17 anos passam hoje. Um estudo foi conduzido em 1981 para descobrir o tempo que crianças de 6 a 17 anos assistiam televisão nos dias da semana. Os resultados (em horas por dia da semana) são mostrados a seguir.

2,0 2,5 2,1 2,3 2,1 1,6 2,6 2,1 2,1 2,4 2,1 2,1 1,5 1,7 2,1
2,3 2,5 3,3 2,2 2,9 1,5 1,9 2,4 2,2 1,2 3,0 1,0 2,1 1,9 2,2

Recentemente, um estudo similar foi conduzido. Os resultados são mostrados a seguir.

2,9 1,8 0,9 1,6 2,0 1,7 2,5 1,1 1,6 2,0 1,4 1,7 1,7 1,9 1,6
1,7 1,2 2,0 2,6 1,6 1,5 2,5 1,6 2,1 1,7 1,8 1,1 1,4 1,2 2,3

Em $\alpha = 0{,}025$, você pode apoiar a afirmação do sociólogo? *(Adaptado de University of Michigan's Institute for Social Research.)*

30. **Passar mais tempo estudando** Um sociólogo acha que garotos do ensino médio passavam menos tempo estudando em 1981 do que garotos do ensino médio passam hoje. Um estudo foi conduzido em 1981 para encontrar o tempo que garotos do ensino médio passavam estudando nos dias da semana. Os resultados (em minutos por dia da semana) são mostrados a seguir.

31,9 35,4 28,0 39,1 30,5 31,9 33,0 29,6 35,7 30,2
38,8 35,9 37,1 36,2 32,6 36,9 24,2 28,5 28,7 41,1
33,8 32,1 28,7 35,4 36,6 34,3 35,5 34,2 33,8 25,3
27,7 21,9 30,0 36,8 26,9

Recentemente, um estudo similar foi conduzido. Os resultados são mostrados a seguir.

44,7 54,6 41,1 46,7 43,0 46,6 42,9 48,7 50,0 47,9 47,2
58,0 51,0 41,1 49,6 51,3 39,0 45,6 49,8 54,4 47,1 45,5
52,8 49,4 47,2 54,8 40,2 45,4 48,6 50,0 51,5 55,0 44,7
42,2 52,0

Em $\alpha = 0{,}03$, você pode apoiar a afirmação do sociólogo? *(Adaptado de University of Michigan's Institute for Social Research.)*

31. **Diâmetro de lavadoras** Um engenheiro de produção afirma que não há diferença nas lavadoras com os seguintes diâmetros (em polegadas).

0,861 0,864 0,882 0,887 0,858 0,879 0,887 0,876 0,870
0,894 0,884 0,882 0,869 0,859 0,887 0,875 0,863 0,887
0,882 0,862 0,906 0,880 0,877 0,864 0,873 0,860 0,866
0,869 0,877 0,863 0,875 0,883 0,872 0,879 0,861

O segundo método produz lavadoras com estes diâmetros (em polegadas).

0,705 0,703 0,715 0,711 0,690 0,720 0,702 0,686 0,704
0,712 0,718 0,695 0,708 0,695 0,699 0,715 0,691 0,696
0,680 0,703 0,697 0,694 0,714 0,694 0,672 0,688 0,700
0,715 0,709 0,698 0,696 0,700 0,706 0,695 0,715

Em $\alpha = 0{,}01$, você pode rejeitar a afirmação do engenheiro de produção?

32. **Diâmetro de porcas** Um engenheiro de produção afirma que não há diferença no diâmetro médio de uma porca feita por dois métodos diferentes. O primeiro método produz porcas com os seguintes diâmetros (em centímetros).

3,330 3,337 3,329 3,354 3,325 3,343 3,333 3,347 3,332
3,358 3,353 3,335 3,341 3,331 3,327 3,326 3,337 3,336
3,323 3,347 3,329 3,345 3,329 3,338 3,353 3,339 3,338
3,338 3,350 3,320 3,364 3,340 3,348 3,339 3,336 3,321
3,316 3,352 3,320 3,336

O segundo método produz porcas com estes diâmetros (em centímetros).

3,513 3,490 3,498 3,504 3,483 3,512 3,494 3,514 3,495
3,489 3,493 3,499 3,497 3,495 3,496 3,485 3,506 3,517
3,484 3,498 3,522 3,505 3,501 3,491 3,500 3,499 3,475
3,486 3,501 3,496 3,504 3,513 3,511 3,501 3,487 3,508
3,515 3,505 3,496 3,505

Em $\alpha = 0{,}04$, você pode rejeitar a afirmação do engenheiro de produção?

33. **Entendendo o conceito** Explique por que a hipótese nula H_0: $\mu_1 = \mu_2$ é equivalente à hipótese nula $H_0 : \mu_1 - \mu_2 = 0$.
34. **Entendendo o conceito** Explique por que a hipótese nula H_0 : $\mu_1 \geq \mu_2$ é equivalente à hipótese nula $H_0 : \mu_1 - \mu_2 \geq 0$.

Expandindo conceitos

Testando uma diferença além de zero

Às vezes, um pesquisador está interessado em testar uma diferença em médias diferentes de zero. Por exemplo, você pode querer determinar se crianças hoje passam uma média de 9 horas por semana a mais na creche (ou pré-escola) do que crianças passavam 20 anos atrás. Nos exercícios de 35 a 38, teste a diferença entre duas médias usando uma hipótese nula de H_0: $\mu_1 - \mu_2 = k$, H_0: $\mu_1 - \mu_2 \geq k$, ou H_0: $\mu_1 - \mu_2 \leq k$. A fórmula para o teste z ainda é:

$$z = \frac{(\bar{x}_1 - \bar{x}_2) - (\mu_1 - \mu_2)}{\sigma_{\bar{x}_1 - \bar{x}_2}} \quad \text{onde} \quad \sigma_{\bar{x}_1 - \bar{x}_2} = \sqrt{\frac{\sigma_1^2}{n_1} + \frac{\sigma_2^2}{n_2}}.$$

35. **Tempo na creche ou pré-escola** Em 1981, um estudo com 70 crianças selecionadas aleatoriamente (com menos de 3 anos de idade) constatou que a média de tempo gasto em creche ou pré-escola por semana era de 11,5 horas com um desvio padrão de 3,8 horas. Um estudo recente de 65 crianças selecionadas aleatoriamente (com menos de 3 anos de idade) constatou que a média de tempo gasto em creche ou pré-escola por semana era de 20 horas e o desvio padrão era de 6,7 horas. Em $\alpha = 0{,}01$, teste a afirmação de que crianças passam 9 horas por semana a mais em creche ou pré-escola hoje do que em 1981. *(Adaptado de University of Michigan's Institute for Social Research.)*
36. **Tempo assistindo TV** Um estudo recente de 48 crianças selecionadas aleatoriamente (idade entre 6 e 8) constatou que a média de tempo gasto assistindo televisão a cada semana era de 12,95 horas e o desvio padrão era de 4,31 horas. O tempo médio de televisão assistida por 56 crianças selecionadas aleatoriamente (idade entre 9 e 11) por semana era de 15,02 horas e o desvio padrão era de 4,99 horas. Em $\alpha = 0{,}05$, teste a afirmação de que o tempo médio por semana em que crianças de 6 a 8 anos assistem televisão é 2 horas menor do que de crianças entre 9 e 11 anos. *(Adaptado de University of Michigan's Institute for Social Research.)*
37. **Salário dos estatísticos** A diferença entre a média anual de salário dos estatísticos em Massachusetts e Carolina do Norte é maior que \$ 6.000? Para decidir, você seleciona uma amostra aleatória de estatísticos de cada estado. Os resultados de cada pesquisa são mostrados na figura. Em $\alpha = 0{,}10$, o que você deve concluir? *(Adaptado de America's Career InfoNet.)*

Estatísticos em Massachusetts:
$\bar{x}_1 = \$\ 67.900$
$s_1 = \$\ 8.875$
$n_1 = 45$

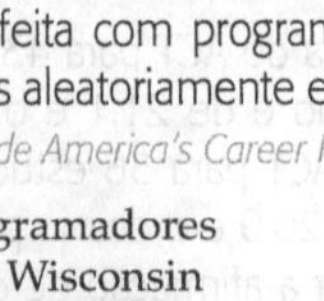

Estatísticos na Carolina do Norte:
$\bar{x}_2 = \$\ 64.000$
$s_2 = \$\ 9.175$
$n_2 = 42$

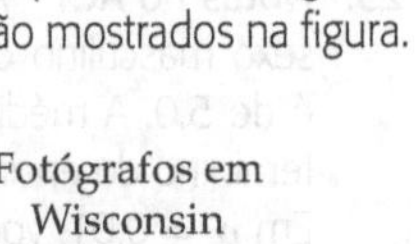

38. **Salários de fotógrafos e programadores de computador** Em $\alpha = 0{,}05$, teste a afirmação de que a diferença entre a média salarial para programadores de computador e a média salarial para fotógrafos em Wisconsin é maior que \$ 30.000. Os resultados da pesquisa feita com programadores de computador e fotógrafos escolhidos aleatoriamente em Wisconsin são mostrados na figura. *(Adaptado de America's Career InfoNet.)*

Programadores em Wisconsin

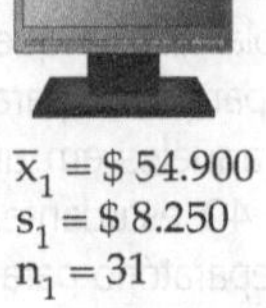

$\bar{x}_1 = \$\ 54.900$
$s_1 = \$\ 8.250$
$n_1 = 31$

Fotógrafos em Wisconsin

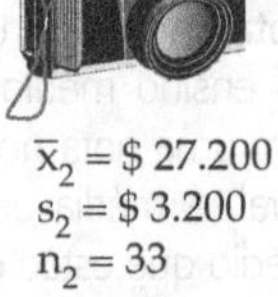

$\bar{x}_2 = \$\ 27.200$
$s_2 = \$\ 3.200$
$n_2 = 33$

Construindo intervalos de confiança para $\mu_1 - \mu_2$

Você pode construir um intervalo de confiança para a diferença entre duas médias populacionais $\mu_1 - \mu_2$ usando o seguinte se $n_1 \geq 30$ e $n_2 \geq 30$, ou ambas as populações são distribuídas normalmente. Também, as amostras devem ser selecionadas aleatoriamente e independentes.

$$(\bar{x}_1 - \bar{x}_2) - z_c\sqrt{\frac{\sigma_1^2}{n_1} + \frac{\sigma_2^2}{n^2}} < \mu_1 - \mu_2 < (\bar{x}_1 - \bar{x}_2) + z_c\sqrt{\frac{\sigma_1^2}{n_1} + \frac{\sigma_2^2}{n_2}}.$$

Nos exercícios 39 e 40, construa o intervalo de confiança indicado para $\mu_1 - \mu_2$.

39. **Dieta DASH e pressão sanguínea sistólica** Um estudo foi conduzido para ver se uma dieta específica e um programa de exercício chamado Programa DASH (*Dietary Approaches to Stop Hypertension*), o qual enfatiza o consumo de frutas, vegetais e produtos de baixa gordura derivados do leite, pode reduzir a pressão sanguínea sistólica mais do que um programa de exercícios e dieta tradicionais. Após 6 meses, 269 pessoas usando a dieta DASH tiveram a média de pressão sanguínea sistólica de 123,1 mmHg e um desvio padrão de 9,9 mmHg. Depois do mesmo período, 268 pessoas usando um programa de exercícios e dieta tradicionais tiveram a média de pressão sanguínea sistólica de 125 mmHg e um desvio padrão de 10,1 mmHg. Antes do estudo, cada grupo tinha a mesma média de pressão sanguínea sistólica. Construa um intervalo de confiança de 95% para $\mu_1 - \mu_2$, onde μ_1 é a média de pressão sanguínea sistólica para o grupo usando a dieta DASH e o programa de exercícios e μ_2 é a média de pressão sanguínea sistólica para o grupo usando um programa de exercícios e dieta tradicionais. *(Fonte: The Journal of the American Medical Association.)*

40. **Comparando drogas contra câncer** Dois grupos de pacientes com câncer colorretal são tratados com drogas diferentes. Os 140 pacientes do Grupo A são tratados usando a droga irinotecano e os 127 pacientes do Grupo B são tratados usando a droga fluoruracil. O número médio de meses que o Grupo A não reportou dores relacionadas ao câncer era de 10,3 e o desvio padrão era de 1,2. O número médio de meses que o Grupo B não reportou dores relacionadas ao câncer era de 8,5 e o desvio padrão era de 1,5. Construa um intervalo de confiança de 95% para $\mu_1 - \mu_2$, onde μ_1 é a média do número de meses que o Grupo A não reportou dores relacionadas ao câncer e μ_2 é a média do número de meses que o Grupo B não reportou dores relacionadas ao câncer. *(Adaptado de The Lancet.)*

41. **Tome uma decisão** Refira-se ao estudo no Exercício 39. Em $\alpha = 0{,}05$, teste a afirmação de que a média da pressão sanguínea sistólica para o grupo usando a dieta DASH e o programa de exercício é menor do que a média da pressão sanguínea sistólica para o grupo usando programa de exercícios e a dieta tradicionais. Você recomendaria usar a dieta DASH e o programa de exercícios em vez de usar a o programa de exercícios e dieta tradicionais? Explique seu raciocínio.

42. **Tome uma decisão** Refira-se ao estudo no Exercício 40. Em $\alpha = 0{,}05$, teste a afirmação de que a média do número de meses no alívio de dores relacionadas ao câncer obtida com irinotecano é maior do que a média do número de meses no alívio de dores relacionadas ao câncer obtida com fluorouracil. Você recomendaria usar irinotecano a fluorouracil para aliviar as dores relacionadas ao câncer? Explique seu raciocínio.

43. **Entendendo o conceito** Compare o intervalo de confiança que você construiu no Exercício 39 com o resultado do teste de hipótese do Exercício 41. Explique por que você rejeitaria a hipótese nula se o intervalo de confiança contivesse apenas números negativos.

44. **Entendendo o conceito** Compare o intervalo de confiança que você construiu no Exercício 40 com o resultado do teste de hipótese do Exercício 42. Explique por que você rejeitaria a hipótese nula se o intervalo de confiança contivesse apenas números positivos.

Estudo de caso

Dietas e perda de peso

Um estudo no ***The Journal of The American Medical Association*** descreve os efeitos de dietas em controle de peso. No estudo, 311 mulheres foram separadas aleatoriamente em quatro grupos. O primeiro grupo seguiu a dieta Atkins, que é baseada no consumo muito baixo de carboidrato. O segundo grupo seguiu a dieta LEARN (na sigla em inglês: *lifestyle, exercise, attitudes, relationships, nutrition* — estilo de vida, exercícios, atitudes, relacionamentos e nutrição), que é baseada no baixo consumo de gordura e alto consumo de carboidrato. O terceiro grupo seguiu a dieta Ornish, que é baseada no consumo muito alto de carboidrato. O quarto grupo seguiu a dieta Zone, que é baseada no baixo consumo de carboidrato.

Cada grupo recebeu instruções semanais para dois meses; houve também um acompanhamento de um ano desde o início do estudo. As médias de perda de peso de cada grupo após um ano de dieta são mostradas na tabela seguinte.

	Atkins $n_1 = 77$	LEARN $n_2 = 79$	Ornish $n_3 = 76$	Zone $n_4 = 79$
Perda de peso (em libras)	$\bar{x}_1 = 10{,}36$ $s_1 = 15{,}79$	$\bar{x}_2 = 5{,}73$ $s_2 = 12{,}50$	$\bar{x}_3 = 4{,}85$ $s_3 = 13{,}73$	$\bar{x}_4 = 3{,}53$ $s_4 = 12{,}00$

Exercícios

Nos exercícios de 1 a 4, desempenhe um teste z de duas amostras para determinar se as médias de perda de peso dos dois grupos indicados são diferentes. Para cada exercício, escreva sua conclusão como uma frase. Use $\alpha = 0{,}05$.

1. Teste a perda de peso das pessoas no grupo Atkins contra as pessoas do grupo LEARN.
2. Teste a perda de peso das pessoas no grupo Ornish contra as pessoas do grupo Zone.
3. Teste a perda de peso das pessoas no grupo LEARN contra as pessoas do grupo Zone.
4. Teste a perda de peso das pessoas no grupo Atkins contra as pessoas do grupo Ornish.
5. Suponha que, em outro estudo, 42 pessoas usassem um suplemento de ervas e uma dieta de baixa caloria e alto teor de fibras para perder peso. A média de perda de peso deste grupo foi de 7,05 libras e o desvio padrão de 7,28 libras.
   (a) Teste a média de perda de peso deste grupo com o grupo Atkins descrito anteriormente. Use $\alpha = 0{,}01$.
   (b) Teste a média de perda de peso deste grupo com o grupo Zone descrito anteriormente. Use $\alpha = 0{,}01$.
6. Em quais comparações nos exercícios 1 a 5 você encontrou uma diferença na perda de peso? Escreva um resumo das suas descobertas.

8.2 Testando a diferença entre as médias (amostras pequenas e independentes)

O que você deve aprender

- Como realizar um teste t de duas amostras para a diferença entre duas médias populacionais μ_1 e μ_2 usando amostras pequenas e independentes.

Dica de estudo

Você aprenderá a testar as diferenças nas variâncias em duas populações no Capítulo 10. Neste capítulo, cada exemplo e exercício mostrará se as variâncias são iguais.

O teste *t* de duas amostras para a diferença entre médias

O teste *t* de duas amostras para a diferença entre médias

Como você aprendeu, na vida real não é prático colher amostras de tamanho 30 ou mais de cada uma de duas populações. No entanto, se ambas populações tiverem uma distribuição normal, você ainda pode testar a diferença entre as suas médias. Nesta seção, você aprenderá como usar um teste t para testar a diferença entre as médias de duas populações μ_1 e μ_2 usando amostras independentes de cada população. As condições a seguir são necessárias para usar um teste t para amostras pequenas e independentes.

1. As amostras devem ser selecionadas aleatoriamente.
2. As amostras devem ser independentes. Lembre-se de que duas amostras são independentes se a amostra coletada de uma população não está relacionada com a amostra selecionada da segunda população.
3. Cada população deve ter uma distribuição normal.

Quando essas condições são alcançadas, a distribuição amostral para a diferença entre as médias da amostra $\bar{x}_1 - \bar{x}_2$ é aproximada por uma distribuição t com média $\mu_1 - \mu_2$. Então, você pode usar um teste t para testar a diferença entre duas médias populacionais μ_1 e μ_2. O erro padrão e os graus de liberdade da distribuição amostral dependem se as variâncias das populações σ_1^2 e σ_2^2 são iguais.

Teste t de duas amostras para a diferença entre médias

Um **teste *t* de duas amostras** é usado para testar a diferença entre duas médias populacionais μ_1 e μ_2 quando uma amostra é selecionada aleatoriamente de cada população. Desempenhar este teste requer que cada população seja distribuída normalmente, e que as amostras sejam independentes. A estatística de teste padronizada é:

$$t = \frac{(\bar{x}_1 - \bar{x}_2) - (\mu_1 - \mu_2)}{\sigma_{\bar{x}_1 - \bar{x}_2}}.$$

Variâncias são iguais: Se as variâncias da população são iguais, então a informação das duas amostras é combinada para calcular uma **estimativa coligada do desvio padrão $\hat{\sigma}$.**

$$\hat{\sigma} = \sqrt{\frac{(n_1 - 1)s_1^2 + (n_2 - 1)s_2^2}{n_1 + n_2 - 2}}$$

O erro padrão para a distribuição de amostragem de $\bar{x}_1 - \bar{x}_2$ é:

$$\sigma_{\bar{x}_1 - \bar{x}_2} = \hat{\sigma} \times \sqrt{\frac{1}{n_1} + \frac{1}{n_2}}$$ Variâncias iguais.

e $\text{g.l.} = n_1 + n_2 - 2.$

Variâncias não iguais: Se as variâncias da população não são iguais, então o erro padrão é:

$$\sigma_{\bar{x}_1 - \bar{x}_2} = \sqrt{\frac{s_1^2}{n_1} + \frac{s_2^2}{n_2}}$$ Variâncias não iguais.

e g.l. = menor que $n_1 - 1$ ou $n_2 - 1$.

Os requisitos para o teste z descrito na Seção 8.1 e o teste t descrito nesta seção são mostrados no fluxograma a seguir.

Testes para duas amostras independentes

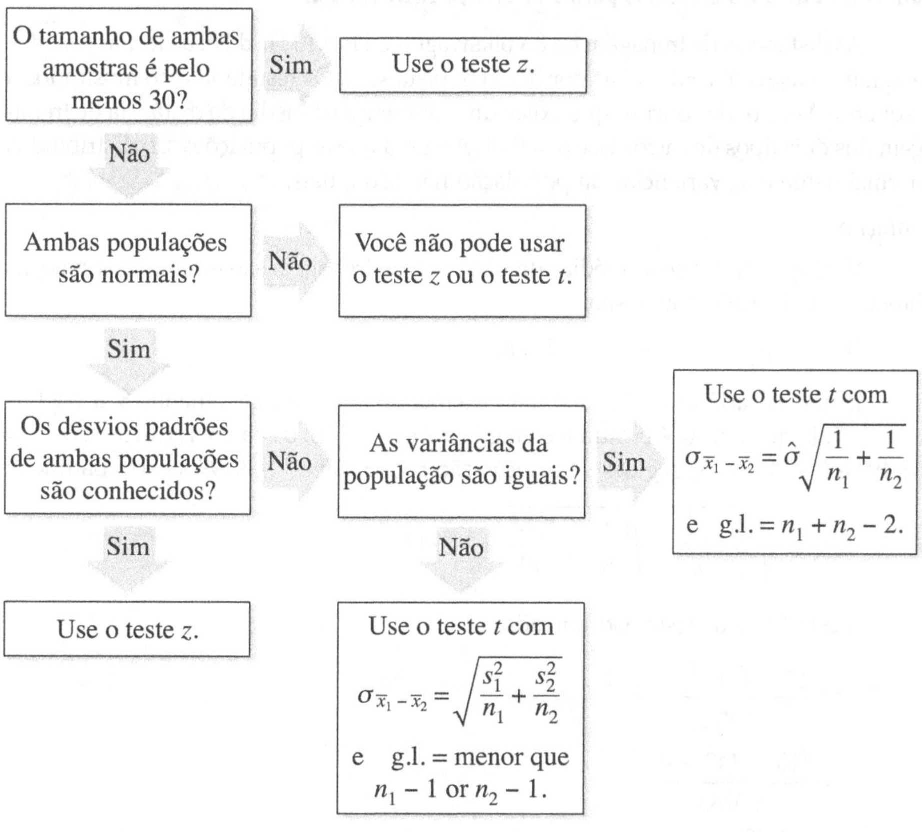

Retratando o mundo

Um estudo publicado pela *American Psychological Association* na revista *Neuropsychology* relatou que crianças com treino musical mostraram melhor memória verbal do que crianças sem treino musical. O estudo também mostrou que quanto maior o treino musical, melhor a memória verbal. Suponha que você tenha tentado reproduzir os resultados como a seguir. Um teste de memória verbal com uma possibilidade de 100 pontos foi administrado em 90 crianças. Metade teve treino musical, enquanto a outra metade exerceu a função de grupo de controle e não teve treino musical. As 45 crianças com treino tiveram uma nota média de 83,12 com um desvio padrão de 5,7. Os 45 estudantes no grupo de controle tiveram uma nota média de 79,9 com um desvio padrão de 6,2.

Em $\alpha = 0,05$, há evidência suficiente para apoiar a afirmação de que treino musical aumenta as notas em um teste de memória verbal? Assuma que as populações são normalmente distribuídas e que as variâncias da população são iguais.

Instruções

Usando o teste *t* em duas amostras para as diferenças entre as médias (amostras pequenas e independentes)

Em palavras	*Em símbolos*
1. Expresse a afirmação. Identifique as hipóteses nula e alternativa.	Afirme H_0 e H_a.
2. Especifique o nível de significância.	Identifique α.
3. Identifique os graus de liberdade e faça a distribuição de amostragem.	g.l. $= n_1 + n_2 - 2$ ou g.l. = menor que $n_1 - 1$ ou $n_2 - 1$.
4. Determine os valores críticos.	Use a Tabela 5 no Apêndice B. Se $n > 29$, use a última coluna (∞) na tabela da distribuição *t*.
5. Determine a(s) região(ões) de rejeição.	
6. Encontre a estatística de teste padronizada.	$t = \dfrac{(\bar{x}_1 - \bar{x}_2) - (\mu_1 - \mu_2)}{\sigma_{\bar{x}_1 - \bar{x}_2}}$.
7. Tome a decisão de rejeitar ou falhar em rejeitar a hipótese nula.	Se *t* estiver na região de rejeição, rejeite H_0. Caso contrário, falhe em rejeitar H_0.
8. Interprete a decisão no contexto da afirmação original.	

Exemplo 1

Ver passos MINITAB na p. 390.

Um teste *t* de duas amostras para a diferença entre médias

As distâncias de frenagem de 8 Volkswagen GTIs e 10 Ford Focus foram testadas enquanto viajavam a 60 milhas por hora em pista seca. Os resultados são mostrados à esquerda. Você pode concluir que existe uma diferença na média da distância de frenagem dos dois tipos de carro? Use $\alpha = 0{,}01$. Assuma que as populações são distribuídas normalmente e as variâncias da população não são iguais. *(Adaptado de Consumer Reports.)*

Estatística amostral para distância de frenagem em pista seca

GTI	Focus
$\bar{x} = 134$ pés	$\bar{x}_2 = 143$ pés
$s_1 = 6{,}9$ pés	$s_2 = 2{,}6$ pés
$n_1 = 8$	$n_2 = 10$

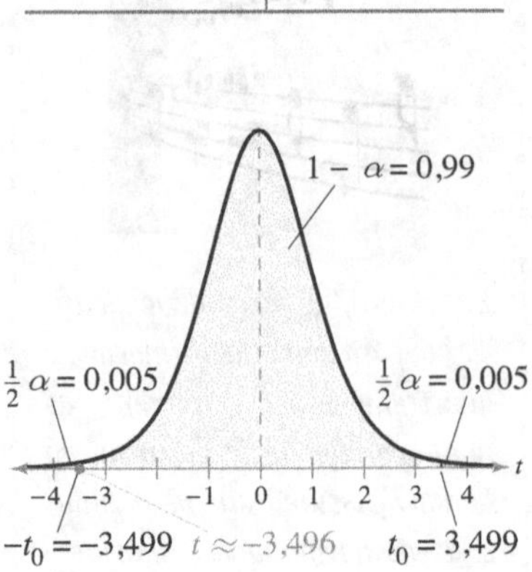

Solução

Você quer testar se as médias da distância de frenagem são diferentes. Então, as hipóteses nula e alternativa são:

H_0: $\mu_1 = \mu_2$ e H_a: $\mu_1 \neq \mu_2$. *(Afirmação.)*

Já que as variâncias não são iguais e a menor amostra é de tamanho 8, use g.l. = 8 − 1 = 7. Já que o teste é bicaudal com g.l. = 7 e $\alpha = 0{,}01$, os valores críticos são $-t_0 = -3{,}499$ e $t_0 = 3{,}499$. As regiões de rejeição são $t < -3{,}499$ e $t > 3{,}499$. O erro padrão é:

$$\sigma_{\bar{x}_1 - \bar{x}_2} = \sqrt{\frac{s_1^2}{n_1} + \frac{s_2^2}{n_2}} = \sqrt{\frac{6{,}9^2}{8} + \frac{2{,}6^2}{10}} \approx 2{,}5743.$$

A estatística de teste padronizado é:

$$t = \frac{(\bar{x}_1 - \bar{x}_2) - (\mu_1 - \mu_2)}{\sigma_{\bar{x}_1 - \bar{x}_2}} \quad \textit{Use o teste t.}$$

$$\approx \frac{(134 - 143) - 0}{2{,}5743} \quad \textit{Assuma } \mu_1 = \mu_2, \textit{ então } \mu_1 - \mu_2 = 0.$$

$$\approx -3{,}496.$$

O gráfico na página anterior mostra a localização das regiões de rejeição e a estatística de teste padronizada t. Já que t não está na região de rejeição, você deve falhar ao rejeitar a hipótese nula.

Interpretação

No nível de significância 1%, não há evidência suficiente para concluir que as médias das distâncias de frenagem dos carros são diferentes.

Tente você 1 A distância de frenagem (em pés) dos mesmos carros do Exemplo 1 foi testada enquanto viajavam em pista molhada a 60 milhas por hora. Os resultados são mostrados à direita. Você pode concluir que as médias de distância de frenagem são diferentes? Use $\alpha = 0{,}05$. Assuma que as populações são normalmente distribuídas e que as variâncias das populações não são iguais. (*Adaptado de Consumer Reports*)

Estatística amostral para distância de frenagem em pista molhada

GTI	Focus
$\bar{x} = 141$ pés	$\bar{x}_2 = 151$ pés
$s_1 = 7$ pés	$s_2 = 3{,}1$ pés
$n_1 = 8$	$n_2 = 10$

a. *Identifique* a afirmação e aponte H_0 e H_a.
b. *Especifique* o nível de significância α.
c. *Determine* os graus de liberdade.
d. *Encontre* os valores críticos e *identifique* as regiões de rejeição.
e. *Use* o teste t para encontrar a estatística de teste padronizada t.
f. *Decida* se rejeita a hipótese nula. Use um gráfico se necessário.
g. *Interprete* a decisão no contexto original da afirmação.

Resposta na p. A45

Exemplo 2

Ver passos TI-83/84 na p. 391.

Um teste *t* de duas amostras para a diferença entre médias

Um fabricante afirma que o alcance de chamada (em pés) do seu telefone sem fio 2,4 GHz é maior do que o do seu principal concorrente. Você realiza um estudo usando 14 telefones selecionados aleatoriamente deste fabricante e 16 telefones similares — do concorrente — selecionados aleatoriamente. Os resultados são mostrados à direita. Em $\alpha = 0{,}05$, você pode apoiar a afirmação do fabricante? Assuma que as populações são normalmente distribuídas e as variâncias de população são iguais.

Estatística amostral para alcance de chamada

Fabricante	Concorrente
$\bar{x} = 1.275$ pés	$\bar{x}_2 = 1.250$ pés
$s_1 = 45$ pés	$s_2 = 130$ pés
$n_1 = 14$	$n_2 = 16$

Solução

A afirmação é: "a média de alcance do telefone sem fio do fabricante é maior que a média de alcance do principal concorrente". Então, as hipóteses nula e alternativa são:

$H_0: \mu_1 \leq \mu_2$ e $H_a: \mu_1 > \mu_2$. (*Afirmação.*)

Já que as variâncias são iguais, g.l. $= n_1 + n_2 - 2 = 14 + 16 - 2 = 28$. Já que o teste é um teste unicaudal à direita, g.l. $= 28$, e $\alpha = 0{,}05$, o valor crítico é $t_0 = 1{,}701$. A região de rejeição é $t > 1{,}701$. O erro padrão é:

$$\sigma_{\bar{x}_1-\bar{x}_2} = \sqrt{\frac{(n_1-1)s_1^2+(n_2-1)s_2^2}{n_1+n_2-2}} \cdot \sqrt{\frac{1}{n_1}+\frac{1}{n_2}}$$

$$= \sqrt{\frac{(13)(45^2)+(15)(30^2)}{14+16-2}} \cdot \sqrt{\frac{1}{14}+\frac{1}{16}} \approx 13{,}8018.$$

A estatística de teste padronizada é:

$$t = \frac{(\bar{x}_1-\bar{x}_2)-(\mu_1-\mu_2)}{\sigma_{\bar{x}_1-\bar{x}_2}} \qquad \text{Use o teste } t.$$

$$\approx \frac{(1.275-1.250)-0}{13{,}8018} \qquad \text{Assuma } \mu_1 = \mu_2\text{, então } \mu_1 - \mu_2 = 0.$$

$$\approx 1{,}811.$$

Dica de estudo

É importante notar que quando se usa uma TI-83/84 para um teste t de duas amostras, é preciso selecionar o *Pooled*: opção de input *Yes* quando as variâncias são iguais.

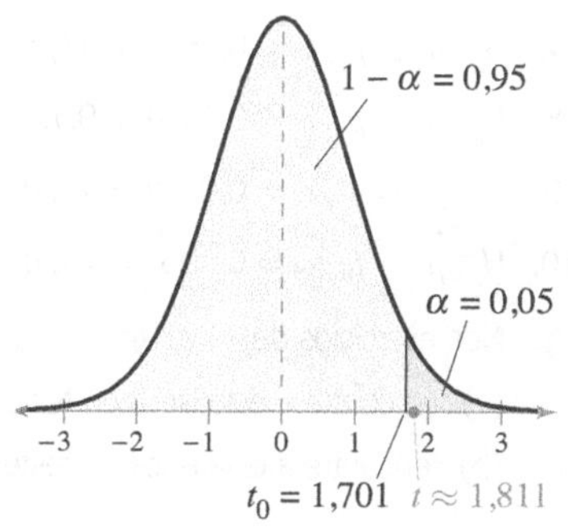

O gráfico na página anterior mostra a localização da região de rejeição e a estatística de teste padronizada t. Já que t está na região de rejeição, você deve decidir se rejeitará a hipótese nula.

Interpretação

No nível de significância 5%, há evidência suficiente para apoiar a afirmação do fabricante de que o seu telefone tem um alcance de chamada maior do que o do concorrente.

Tente você 2 Um fabricante afirma que o uso de quilowatts de seus monitores de tela plana é menor do que o do seu concorrente principal. Você realiza um estudo e obtém os resultados mostrados à esquerda. Em $\alpha = 0{,}10$, existe evidência suficiente para apoiar a afirmação do fabricante? Assuma que as populações são normalmente distribuídas e as variâncias das populações são iguais.

Estatística amostral para uso de quilowatt

Fabricante	Concorrente
$\bar{x} = 32$	$\bar{x}_2 = 35$
$s_1 = 2{,}1$	$s_2 = 1{,}8$
$n_1 = 12$	$n_2 = 15$

a. *Identifique* a afirmação e indique H_0 e H_a.

b. *Especifique* o nível de significância α.

c. *Determine* os graus de liberdade.

d. *Encontre* o valor crítico e identifique a região de rejeição.

e. *Use* o teste t para encontrar a estatística de teste padronizada t.

f. *Decida* se rejeita a hipótese nula. Use um gráfico se necessário.

g. *Interprete* a decisão no contexto da afirmação original.

Resposta na p. A45

8.2 Exercícios

Construindo habilidades básicas e conceitos

1. Explique como desempenhar um teste t de duas amostras para a diferença entre médias de duas populações.
2. Quais condições são necessárias para usar um teste t para testar a diferença entre duas médias populacionais?

Nos exercícios de 3 a 10, use a Tabela 5 no Apêndice B para encontrar o(s) valor(es) crítico(s) para as hipóteses alternativas indicadas, nível de significância α e amostras de tamanho n_1 e n_2. Assuma que as amostras são independentes, normais e aleatórias e que as variâncias da população são (a) iguais e (b) não iguais.

3. $H_a: \mu_1 \neq \mu_2$, $\alpha = 0{,}10$, $n_1 = 11$, $n_2 = 14$.
4. $H_a: \mu_1 > \mu_2$, $\alpha = 0{,}01$, $n_1 = 12$, $n_2 = 15$.
5. $H_a: \mu_1 < \mu_2$, $\alpha = 0{,}025$, $n_1 = 15$, $n_2 = 9$.
6. $H_a: \mu_1 \neq \mu_2$, $\alpha = 0{,}05$, $n_1 = 19$, $n_2 = 22$.
7. $H_a: \mu_1 > \mu_2$, $\alpha = 0{,}05$, $n_1 = 13$, $n_2 = 8$.
8. $H_a: \mu_1 < \mu_2$, $\alpha = 0{,}10$, $n_1 = 9$, $n_2 = 4$.
9. $H_a: \mu_1 \neq \mu_2$, $\alpha = 0{,}01$, $n_1 = 12$, $n_2 = 17$.
10. $H_a: \mu_1 > \mu_2$, $\alpha = 0{,}005$, $n_1 = 7$, $n_2 = 11$.

Nos exercícios de 11 a 14:

(a) encontre a estatística de teste.

(b) encontre a estatística de teste padronizada.

(c) decida se a estatística de teste padronizada (a) está na região de rejeição.

(d) decida se você deve rejeitar ou falhar ao rejeitar a hipótese nula.

11. $H_0: \mu_1 = \mu_2$, $\alpha = 0{,}01$
Estatística amostral: $\bar{x}_1 = 33{,}7$, $s_1 = 3{,}5$, $n_1 = 10$ e $\bar{x}_2 = 35{,}5$, $s_2 = 2{,}2$, $n_2 = 7$.
Assuma $\sigma_1^2 = \sigma_2^2$.

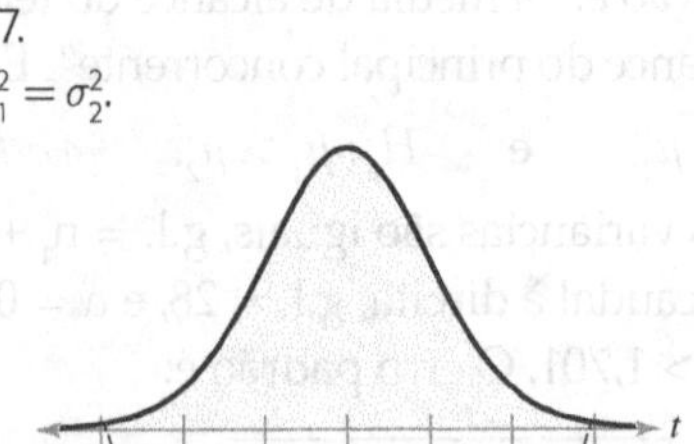

12. $H_0: \mu_1 \geq \mu_2$, $\alpha = 0{,}10$
Estatística amostral: $\bar{x}_1 = 0{,}515$, $s_1 = 0{,}305$, $n_1 = 11$ e $\bar{x}_2 = 0{,}475$, $s_2 = 0{,}215$, $n_2 = 9$.
Assuma $\sigma_1^2 = \sigma_2^2$.

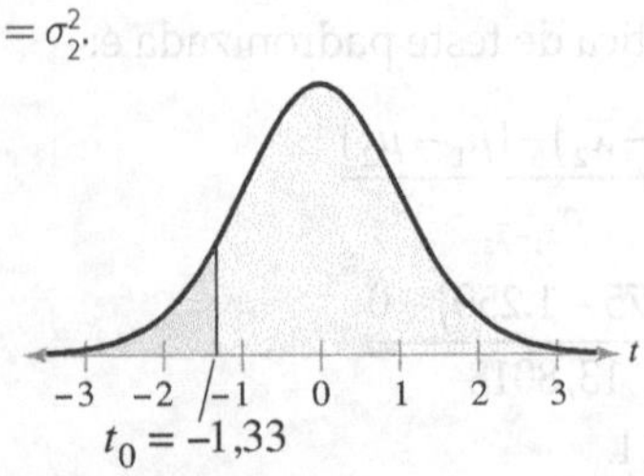

13. H_0: $\mu_1 \leq \mu_2$, $\alpha = 0{,}05$
Estatística amostral: $\bar{x}_1 = 2.250$, $s_1 = 175$, $n_1 = 13$ e $\bar{x}_2 = 2.305$, $s_2 = 52$, $n_2 = 10$.
Assuma $\sigma_1^2 \neq \sigma_2^2$.

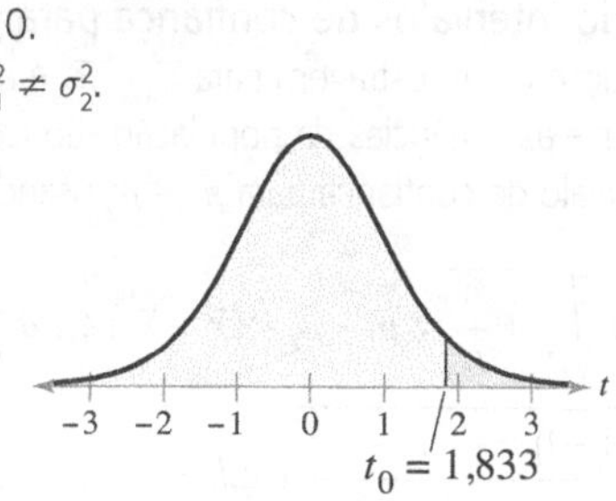

14. H_0: $\mu_1 \leq \mu_2$, $\alpha = 0{,}01$
Estatística amostral: $\bar{x}_1 = 45$, $s_1 = 4{,}8$, $n_1 = 16$ e $\bar{x}_2 = 50$, $s_2 = 1{,}2$, $n_2 = 14$.
Assuma $\sigma_1^2 \neq \sigma_2^2$.

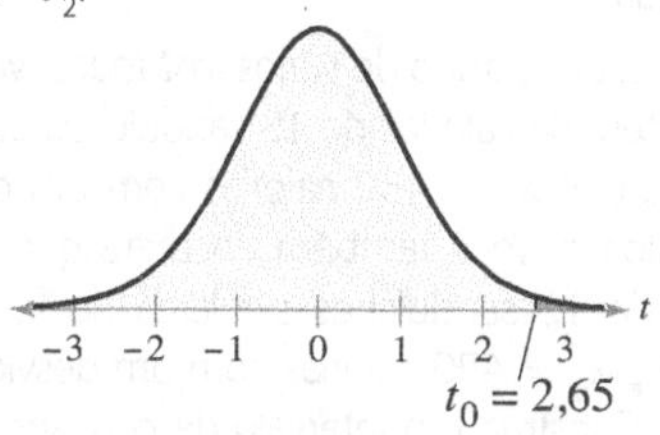

Usando e interpretando conceitos

Testando a diferença entre duas médias

Nos exercícios de 15 a 24, (a) identifique a afirmação e aponte H_0 e H_a, (b) encontre o(s) valor(es) crítico(s) e identifique a(s) região(ões) de rejeição, (c) encontre a estatística de teste padronizada, (d) decida em rejeitar ou falhar em rejeitar a hipótese nula, e (e) interprete a decisão no contexto original da afirmação. Se conveniente, use tecnologia para resolver esse problema. Em cada exercício, assuma que as populações têm distribuições aproximadamente normais.

15. **Intrusão do footwell** (compartimento na parte frontal do carro, cuja função é acomodar os pés) Um atuário de seguros afirma que a média de intrusões de footwell para carros pequenos e médios é igual. Testes de impacto a 40 milhas por hora foram realizados em 12 carros pequenos selecionados aleatoriamente e em 17 carros médios selecionados aleatoriamente. A quantia média que o footwell irrompe nas pernas do motorista foi medida. A média de intrusão do footwell nos carros pequenos foi de 10,1 cm com desvio padrão de 4,11 cm. Para os carros médios foi de 8,3 cm com desvio padrão de 4,02 cm. Em $\alpha = 0{,}10$, você pode rejeitar a afirmação? Assuma que as variâncias populacionais sejam iguais. *(Adaptado de Insurance Institute for Highway Safety.)*

16. **Intrusão do footwell** As intrusões do footwell para pick-ups pequenas e veículos utilitários esportivos em diversos testes de impacto a 40 milhas por hora foram comparadas. Para 5 pick-ups selecionadas aleatoriamente e testadas para impacto, a média de intrusão do footwell foi de 11 cm com desvio padrão de 4,07 cm. Para 9 utilitários esportivos selecionados aleatoriamente e testados, a média de intrusão foi de 10,6 cm com desvio padrão de 6,62. Em $\alpha = 0{,}05$, você pode rejeitar a afirmação de que a média de intrusão do footwell para esses tipos de veículo são iguais? Assuma as variâncias populacionais como iguais. *(Adaptado de Insurance Institute for Highway Safety.)*

17. **Custos de reparo: parachoque** Em testes de batida a 5 milhas por hora, a média do custo de reparo no parachoque de 14 carros pequenos selecionados aleatoriamente é \$ 473 com um desvio padrão de \$ 190. Em testes similares de 23 carros de tamanho médio selecionados aleatoriamente, a média do custo de reparo no parachoque é \$ 741 com um desvio padrão de \$ 205. Em $\alpha = 0{,}10$, você pode concluir que a média do custo de reparo no parachoque é menor em carros pequenos do que em carros de tamanho médio? Assuma que as variâncias de população são iguais. *(Adaptado de Insurance Institute for Highway Safety.)*

18. **Custos de reparo: parachoque** Testes de batida a 5 milhas por hora foram efetuados em 5 pick-ups pequenas selecionadas aleatoriamente e 8 SUVs pequenas selecionadas aleatoriamente. Para as pick-ups pequenas, a média do custo de reparo do parachoque foi \$ 1.090 e o desvio padrão de \$ 403. Para as SUVs pequenas, a média do custo de reparo do parachoque foi \$ 485 e o desvio padrão de \$ 382. Em $\alpha = 0{,}10$, você pode concluir que a média do custo de reparo do parachoque é maior para pick-ups pequenas do que para SUVs? Assuma que as variâncias da população são iguais. *(Adaptado de Insurance Institute for Highway Safety.)*

19. **Remuneração anual** Um diretor de departamento pessoal da Pensilvânia afirma que a média da renda anual é maior em Allegheny County do que em Erie County. Em Allegheny County, uma amostra aleatória de 19 moradores tem uma média de renda anual de \$ 42.200 e um desvio padrão de \$ 8.600. Em Erie County, uma amostra aleatória de 15 moradores tem uma média de renda anual de \$ 37.900 e um desvio padrão de \$ 5.500. Em $\alpha = 0{,}10$, você pode apoiar a afirmação do diretor de departamento pessoal? *(Adaptado de U.S. Census Bureau.)*

20. **Remuneração anual** Uma amostra aleatória de 17 moradores de Escambia County na Flórida tem uma média de renda anual de \$ 36.700 e um desvio padrão de \$ 7.800. Em Miami-Dade County na Flórida, uma amostra aleatória de 18 moradores tem uma média de renda anual de \$ 34.700 e um desvio padrão de \$ 7.375. Teste a afirmação em $\alpha = 0{,}01$ de que as médias de renda anual em Escambia e Miami-Dade Counties não são as mesmas. Assuma que as variâncias de população são iguais.

21. **Resistência à tensão** A resistência à tensão de um metal é uma medida da habilidade de resistir e não rasgar quando ele é puxado no comprimento. Um novo tipo de tratamento experimental produziu barras de aço com as seguintes resistências a tensão (em newtons por mm²).

Método experimental:

363 355 305 350 340
373 311 348 338 320

O método antigo produziu barras de aço com as seguintes resistências à tensão (em newtons por mm²).

Método antigo:

362 382 368 398 381 391 400
410 396 411 385 385 395

Em $\alpha = 0{,}01$, o tratamento novo faz alguma diferença na resistência à tensão das barras de aço? Assuma que as variâncias da população são iguais e que as amostras são aleatórias.

22. **Resistência à tensão** Um engenheiro quer comparar as resistências à tensão de barras de aço que são produzidas usando um método convencional e um método experimental. Para tal, o engenheiro seleciona aleatoriamente barras de aço que são fabri-

cadas usando cada método e registra as seguintes resistências à tensão (em newtons por mm²).

Método experimental:

395 389 421 394 407 411 389 402 422

416 402 408 400 386 411 405 389

Método convencional:

362 352 380 382 413 384 400

378 419 379 384 388 372 383

Em $\alpha = 0{,}10$, o engenheiro pode afirmar que o método experimental produz aço com maior resistência à tensão? O engenheiro deve recomendar o uso do método experimental? Assuma que as variâncias de população não são iguais.

23. Métodos de ensino Um novo método de ensinar a ler está sendo testado em estudantes da terceira série. Um grupo de estudantes de terceira série selecionados aleatoriamente é ensinado usando o novo currículo. Um grupo de controle de estudantes da terceira série selecionado aleatoriamente é ensinado usando o currículo antigo. A nota do teste de leitura dos dois grupos é mostrada no diagrama ramo-e-folhas:

Currículo antigo		Currículo novo
9	3	
9 9	4	3
9 8 8 4 3 3 2 1	5	2 4
7 6 4 2 2 1 0 0	6	0 1 1 4 7 7 7 7 7 8 9 9
	7	0 1 1 2 3 3 4 9
	8	2 4

Chave:
9|4 = 49 (currículo antigo)
4|3 = 43 (currículo novo)

Em $\alpha = 0{,}10$, existe evidência suficiente para concluir que o novo método de ensinar a ler gera notas maiores nos testes de leitura do que o método antigo? Você recomendaria mudar para o novo método? Assuma que as variâncias de população são iguais.

24. Métodos de ensino Dois métodos de ensino e seus efeitos em notas de testes de ciência estão sendo examinados. Um grupo de estudantes selecionado aleatoriamente é ensinado em sessões tradicionais de laboratório. Um segundo grupo de estudantes selecionado aleatoriamente é ensinado usando um software de simulação interativa. As notas do teste de ciência dos dois grupos são mostradas no diagrama ramo-e-folhas:

Laboratório tradicional		Software de simulação interativa
4	6	
9 9 8 8 7 6 6 3 2 1 0	7	0 4 5 5 7 7 8
9 8 5 1 1 1 0 0	8	0 0 3 4 7 8 8 9 9
2 0	9	3 9

Chave:
0|9 = 90 (tradicional)
9|1 = 91 (interativo)

Em $\alpha = 0{,}05$, você pode apoiar a afirmação de que a média nas notas dos testes de ciência é mais baixa para estudantes que aprenderam usando o método tradicional de laboratório do que para os estudantes que aprenderam usando o software de simulação interativa? Assuma que as variâncias de população são iguais.

Expandindo conceitos

Construindo intervalos de confiança para $\mu_1 - \mu_2$

Se a distribuição de amostragem para $\bar{x}_1 - \bar{x}_2$ é aproximada para uma distribuição t e as variâncias da população são iguais, você pode construir um intervalo de confiança para $\mu_1 - \mu_2$ usando o seguinte:

$$(\bar{x}_1 - \bar{x}_2) - t_c\hat{\sigma}\sqrt{\frac{1}{n_1} + \frac{1}{n_2}} < \mu_1 - \mu_2 < (\bar{x}_1 - \bar{x}_2) + t_c\hat{\sigma}\sqrt{\frac{1}{n_1} + \frac{1}{n_2}},$$

$$\text{onde } \hat{\sigma} = \sqrt{\frac{(n_1 - 1)s_1^2 + (n_2 - 1)s_2^2}{n_1 + n_2 - 2}} \text{ e } g.l. = n_1 + n_2 - 2.$$

Nos exercícios 25 e 26, construa um intervalo de confiança para $\mu_1 - \mu_2$. Assuma que as populações são aproximadamente normais com variâncias iguais.

25. Calorias Em um estudo de vários *fast-foods*, você encontra que a média do teor de calorias de 15 sanduíches de frango grelhado do Burger King é $\bar{x}_1 = 450$ calorias com um desvio padrão de $s_1 = 6{,}2$ calorias. Você também encontra que a média do teor de calorias de 12 sanduíches similares de frango grelhado do McDonald's é $\bar{x}_2 = 420$ calorias com um desvio padrão de $s_2 = 8{,}1$ calorias. Construa um intervalo de confiança de 95% para a diferença na média do teor de calorias dos sanduíches de frango grelhado. *(Adaptado de Burger King Brands, Inc. e McDonald's Corporation.)*

26. Proteína Uma nutricionista quer comparar a média do teor de proteína de sanduíches de frango grelhado do Burger King e do McDonald's. Para tal, ela seleciona aleatoriamente vários sanduíches de frango grelhado de cada restaurante e mede o teor de proteína (em gramas) de cada. Os resultados estão listados a seguir. Construa um intervalo de confiança de 95% para a diferença na média do teor de proteína dos sanduíches de frango grelhado. *(Adaptado de Burger King Brands, Inc. e McDonald's Corporation.)*

Restaurante	Média do teor de proteína	Desvio padrão	Tamanho da amostra
Burger King	$\bar{x}_1 = 37$ gramas	$s_1 = 2{,}1$ gramas	$n_1 = 15$
McDonald's	$\bar{x}_2 = 32$ gramas	$s_2 = 1{,}8$ gramas	$n_2 = 12$

Construindo intervalos de confiança para $\mu_1 - \mu_2$

Se a distribuição da amostra para $\bar{x}_1 - \bar{x}_2$ é aproximada para uma distribuição t e as variâncias da população não são iguais, você pode construir um intervalo de confiança para $\mu_1 - \mu_2$ usando o seguinte:

$$(\bar{x}_1 - \bar{x}_2) - t_c\sqrt{\frac{s_1^2}{n_1} + \frac{s_2^2}{n_2}} < \mu_1 - \mu_2 < (\bar{x}_1 - \bar{x}_2) + t_c\sqrt{\frac{s_1^2}{n_1} + \frac{s_2^2}{n_2}}.$$

Nos exercícios 27 e 28, construa o intervalo de confiança indicado para $\mu_1 - \mu_2$. Assuma que as populações são aproximadamente normais com variâncias desiguais.

27. Colesterol Para comparar a média do teor de colesterol (em mg) de sanduíches de frango grelhado do Burger King e do McDonald's, você seleciona aleatoriamente vários sanduíches de frango grelhado de cada restaurante e mede seus teores de colesterol. Os resultados estão listados a seguir. Construa um intervalo de confiança de 90% para a diferença na média do teor de colesterol dos sanduíches de frango grelhado. *(Adaptado de Burger King Brands, Inc. e McDonald's Corporation.)*

Restaurante	Média do teor de colesterol	Desvio padrão	Tamanho da amostra
Burger King	$\bar{x}_1 = 75$ mg	$s_1 = 3{,}64$ mg	$n_1 = 16$
McDonald's	$\bar{x}_2 = 70$ mg	$s_2 = 2{,}12$ mg	$n_2 = 14$

28. **Carboidratos** Um estudo de fast food encontra que a média do teor de carboidrato de 16 sanduíches de frango grelhado do Burger King é $\bar{x}_1 = 53$ gramas com um desvio padrão de $s_1 = 2{,}57$ gramas. O estudo também encontra que a média do teor de carboidrato de 14 sanduíches de frango grelhado do McDonald's é $\bar{x}_2 = 51$ gramas com um desvio padrão de $s_2 = 1{,}53$ gramas. Construa um intervalo de confiança 90% para a diferença na média do teor de carboidrato. *(Adaptado de Burger King Brands, Inc. e McDonald's Corporation.)*

8.3 Testando a diferença entre as médias (amostras dependentes)

Teste *t* para a diferença entre médias

O que você deve aprender

- Como realizar um teste *t* para testar a média das diferenças para uma população de dados emparelhados.

Teste *t* para a diferença entre médias

Nas seções 8.1 e 8.2, você realizou testes de hipóteses de duas amostras com amostras independentes usando o teste estatístico $\bar{x}_1 - \bar{x}_2$ (a diferença entre as médias de duas amostras). Para desempenhar um teste de hipótese de duas amostras com amostras dependentes, você usará uma técnica diferente. Você primeiro encontrará a diferença d para cada dado emparelhado:

$d = x_1 - x_2$. *Diferença entre entradas para dados emparelhados.*

A estatística do teste é a média $\bar{d}$ dessas diferenças:

$$\bar{d} = \frac{\sum d}{n}.$$ *Média das diferenças entre entradas de dados emparelhados nas amostras dependentes.*

As condições a seguir são requeridas para conduzir o teste:

1. As amostras devem ser selecionadas aleatoriamente.
2. As amostras devem ser dependentes (emparelhadas).
3. Ambas populações devem ser normalmente distribuídas.

Se esses requisitos são alcançados, então a distribuição de amostras para $\bar{d}$, a média das diferenças das entradas de dados emparelhadas nas amostras dependentes, é aproximada por uma distribuição t com $n - 1$ graus de liberdade, onde n é o número de dados emparelhados.

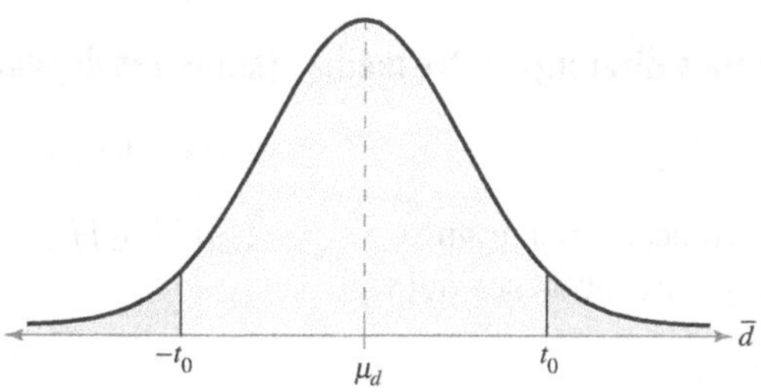

Os símbolos a seguir são usado para o teste t para μ_d. Embora fórmulas sejam dadas para a média e o desvio padrão de diferenças, você deve usar uma ferramenta de tecnologia para calcular essas estatísticas.

Dica de estudo

Você também pode calcular o desvio padrão da diferença entre entrada de dados emparelhados usando a fórmula de atalho:

$$s_d = \sqrt{\frac{\sum d^2 - \left[\frac{(\sum d)^2}{n}\right]}{n-1}}.$$

Símbolo	Descrição
n	Número de dados emparelhados
d	Diferença entre entradas para dados emparelhados, $d = x_1 - x_2$
μ_d	Média hipotética das diferenças de dados emparelhados na população
$\bar{d}$	Média das diferenças entre entradas de dados emparelhados nas amostras dependentes: $\bar{d} = \frac{\sum d}{n}$
s_d	Desvio padrão das diferenças entre entradas de dados emparelhados nas amostras dependentes: $s_d = \sqrt{\frac{\sum(d-\bar{d})^2}{n-1}}$.

Quando você usa uma distribuição t para aproximar a distribuição de amostragem para $\bar{d}$, a média das diferenças entre entradas de dados emparelhados, você pode usar um teste t para testar a afirmação sobre a média das diferenças para uma população de dados emparelhados.

Teste *t* para a diferença entre médias

Um teste t pode ser usado para testar a diferença de duas médias de população quando uma amostra é selecionada aleatoriamente de cada população. Os requisitos para efetuar este teste são que cada população seja normal e que cada membro da primeira amostra seja emparelhado com um membro da segunda amostra. A **estatística de teste** é:

$$\bar{d} = \frac{\sum d}{n}$$

e a **estatística de teste** padronizada é:

$$t = \frac{\bar{d} - \mu_d}{s_d / \sqrt{n}}.$$

Os graus de liberdade são:

g.l. $= n - 1$.

Instruções

Usando o teste *t* para a diferença entre médias (amostras dependentes)

	Em palavras	*Em símbolos*
1.	Expresse a afirmação matematicamente. Identifique as hipóteses nula e alternativa.	Use H_0 e H_a.
2.	Especifique o nível de significância.	Identifique α.
3.	Identifique os graus de liberdade e faça a distribuição de amostragem.	g.l. $= n - 1$.

Retratando o mundo

O fabricante de um moderador de apetite afirma que quando o seu produto é tomado enquanto se segue uma dieta de baixa gordura com exercícios regulares por 4 meses, a perda média de peso é de 20 libras. Para testar a afirmação, você estudou 12 pessoas que fazem dieta, selecionadas aleatoriamente, que tomaram um moderador de apetite por 4 meses. As pessoas seguiram uma dieta de baixa gordura com exercícios regulares durante os 4 meses. Os resultados são mostrados na tabela a seguir. *(Adaptado de NetHealth, Inc.)*

Perda de peso de 12 pessoas que fazem dieta (em libras)

	Peso original	4º mês
1	185	168
2	194	177
3	213	196
4	198	180
5	244	229
6	162	144
7	211	197
8	273	252
9	178	161
10	192	178
11	181	161
12	209	193

O seu estudo oferece evidência suficiente para rejeitar a afirmação do fabricante em um nível de significância de $\alpha = 0{,}10$? Assuma que os pesos são normalmente distribuídos.

4. Determine o(s) valor(es) crítico(s).	Use a Tabela 5 no Apêndice B. Se $n > 29$, use a última fileira (∞) na tabela de distribuição t.
5. Determine a(s) região(ões) de rejeição.	
6. Calcule $\bar{d}$ e s_d.	$\bar{d} = \dfrac{\sum d}{n}$ $s_d = \sqrt{\dfrac{\sum(d-\bar{d})^2}{n-1}}$
7. Encontre a estatística de teste padronizada.	$t = \dfrac{\bar{d} - \mu_d}{s_d / \sqrt{n}}$
8. Tome a decisão de rejeitar ou falhar em rejeitar a hipótese nula.	Se t está na região de rejeição, rejeite H_0. Do contrário, falhe em rejeitar H_0.
9. Interprete a decisão no contexto da afirmação original.	

Exemplo 1

Veja os passos para o MINITAB na p. 390.

O teste *t* para a diferença entre médias

Um fabricante de tacos de golfe afirma que os golfistas podem diminuir seus placares usando os tacos de golfe recém-projetados por ele. Oito jogadores de golfe são escolhidos aleatoriamente e é pedido a cada um que forneça seu mais recente placar. Após usar os novos tacos por um mês, é pedido novamente aos jogadores que forneçam seus placares mais recentes. Os placares para cada um são mostrados na tabela. Assumindo que os placares de golfe são distribuídos normalmente, existe evidência suficiente para apoiar a afirmação do fabricante para $\alpha = 0{,}10$?

Jogador de golfe	1	2	3	4	5	6	7	8
Placar (projeto antigo)	89	84	96	82	74	92	85	91
Placar (projeto novo)	83	83	92	84	76	91	80	91

Dica de estudo

Você também pode usar tecnologia e um valor P para desempenhar o teste de hipótese para a diferença entre médias. No Exemplo 1, você pode entrar com os dados no MINITAB (como mostrado na p. 390) e encontrar $P \approx 0{,}089$. Já que $P < \alpha$, você deve decidir em rejeitar a hipótese nula.

Solução

A afirmação é que "golfistas podem diminuir seus placares". Em outras palavras, o fabricante afirma que os placares, usando os tacos antigos, será maior do que os placares usando os novos. Cada diferença é dada por:

d = (placar antigo) – (placar novo).

As hipóteses nula e alternativa são:

H_0: $\mu_d \leq 0$ e H_a: $\mu_d > 0$. *(Afirmação.)*

Já que o teste é um teste unicaudal à direita, $\alpha = 0{,}10$ e g.l. $= 8 - 1 = 7$, o valor crítico é $t_0 = 1{,}415$. A área de rejeição é $t > 1{,}415$. Usando a tabela a seguir, você pode calcular $\bar{d}$ e s_d como mostrado. Note que a fórmula de atalho é usada para calcular o desvio padrão.

Antigo	Novo	d	d^2
89	83	6	36
84	83	1	1
96	92	4	16
82	84	−2	4
74	76	−2	4
92	91	1	1
85	80	5	25
91	91	0	0
		$\sum = 13$	$\sum = 87$

$$\bar{d} = \frac{\sum d}{n} = \frac{13}{8} = 1{,}625$$

$$s_d = \sqrt{\frac{\sum d^2 - \left[\frac{\left(\sum d\right)^2}{n}\right]}{n-1}} = \sqrt{\frac{87 - \frac{13^2}{8}}{8-1}} \approx 3{,}0677$$

A estatística de teste padronizada é:

$$t = \frac{\bar{d} - \mu_d}{s_d / \sqrt{n}}$$ *Use o teste t.*

$$\approx \frac{1{,}625 - 0}{3{,}0677 / \sqrt{8}}$$ *Assuma $\mu_d = 0$.*

$$\approx 1{,}498.$$

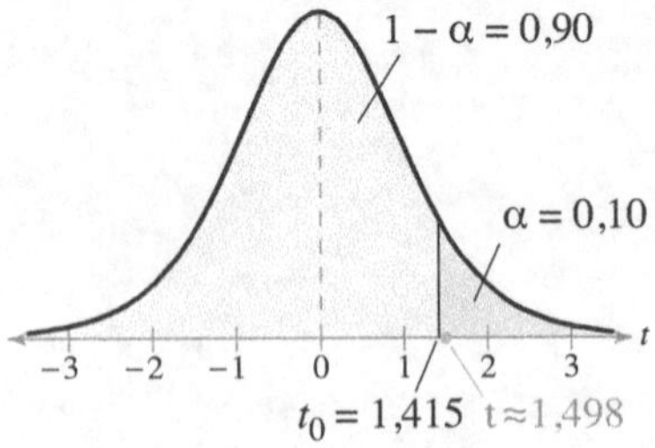

O gráfico à esquerda mostra a localização da região de rejeição e a estatística de teste padronizada t. Já que t está na região de rejeição, você deve decidir em rejeitar a hipótese nula. Há evidência suficiente para apoiar a afirmação do fabricante de tacos de golfe.

Interpretação

No nível de significância de 10%, os resultados deste teste indicam que depois de os jogadores de golfe usarem os novos tacos, seus placares foram significativamente menores.

Importante

Note que no Exemplo 1, é possível que o placar tenha melhorado por outros motivos. Muitos anúncios usam indevidamente os resultados estatísticos insinuando uma causa e um efeito que não foi substanciado pelo teste.

Tente você 1 Um médico afirma que uma droga experimental aumenta o índice cardíaco de um indivíduo. Foram selecionados 12 indivíduos para um teste e, então, o índice cardíaco de cada um é medido. Os indivíduos recebem, então, a droga e depois de uma hora têm seu índice cardíaco medido novamente. Os resultados são listados à esquerda. Assumindo que os índices cardíacos são normalmente distribuídos, há evidência suficiente para apoiar a afirmação do médico em $\alpha = 0{,}05$?

Índice cardíaco

Antes	Depois
72	73
81	80
76	79
74	76
75	76
80	80
68	74
75	77
78	75
76	74
74	76
77	78

a. *Identifique* a afirmação e expresse H_0 e H_a.

b. *Especifique* o nível de significância e os graus de liberdade.

c. *Encontre* os valores críticos t_0 e *identifique* a região de rejeição.

d. *Calcule* $\bar{d}$ e s_d.

e. *Use* o teste t para encontrar a estatística de teste padronizada.

f. *Decida* se rejeita ou falha em rejeitar a hipótese nula.

g. *Interprete* a decisão no contexto da afirmação original.

Resposta na p. A45

Exemplo 2

O teste *t* para a diferença entre as médias

Um legislador estadual quer determinar se seu índice de desempenho (0–100) mudou do ano passado para este. A tabela a seguir mostra o índice de desempenho do legislador para 16 eleitores selecionados aleatoriamente para o ano passado e para este. Em $\alpha = 0{,}01$, há evidência suficiente para concluir que o desempenho do legislador mudou? Assuma que os índices de desempenho são normalmente distribuídos.

Eleitor	1	2	3	4	5	6	7	8
Índice (ano passado)	60	54	78	84	91	25	50	65
Índice (esse ano)	56	48	70	60	85	40	40	55

Eleitor	9	10	11	12	13	14	15	16
Índice (ano passado)	68	81	75	45	62	79	58	63
Índice (esse ano)	80	75	78	50	50	85	53	60

Dica de estudo

Se você preferir usar a ferramenta de tecnologia para este tipo de teste, entre os dados em duas colunas em cada qual você calcula a diferença de cada par. Você pode fazer um teste *t* de uma amostra em uma coluna de diferença, como mostrado no Capítulo 7.

Solução

Se há mudança no índice de desempenho do legislador, haverá uma diferença entre os índices "deste ano" e "do ano passado". Em virtude do legislador querer ver se há diferença, as hipóteses nula e alternativa são:

$$H_0: \mu_d = 0$$

e

$$H_a: \mu_d \neq 0. \text{ (Afirmação.)}$$

Em razão de o teste ser bicaudal, $\alpha = 0{,}01$ e g.l. $= 16 - 1 = 15$, os valores críticos são $t_0 = -2{,}947$ e $t_0 = 2{,}947$. As regiões de rejeição são $t < -2{,}947$ e $t > 2{,}947$.

Usando a tabela à direita, você pode calcular $\bar{d}$ e s_d como é mostrado a seguir:

$$\bar{d} = \frac{\sum d}{n} = \frac{53}{16} = 3{,}3125$$

$$s_d = \sqrt{\frac{\sum d^2 - \left[\frac{(\sum d)^2}{n}\right]}{n-1}} = \sqrt{\frac{1.581 - \frac{53^2}{16}}{16-1}} \approx 9{,}6797$$

Antes	Depois	d	d^2
60	56	4	16
54	48	6	36
78	70	8	64
84	60	24	576
91	85	6	36
25	40	–15	225
50	40	10	100
65	55	10	100
68	80	–12	144
81	75	6	36
75	78	–3	9
45	50	–5	25
62	50	12	144
79	85	–6	36
58	53	5	25
63	60	3	9
		$\sum = 53$	$\sum = 1.581$

A estatística de teste padronizada é:

$$t = \frac{\bar{d} - \mu_d}{s_d / \sqrt{n}} \quad \text{Use o teste } t.$$

$$\approx \frac{3{,}3125 - 0}{9{,}6797 / \sqrt{16}} \quad \text{Assuma } \mu_d = 0.$$

$$\approx 1{,}369.$$

O gráfico à direita mostra a localização da região de rejeição e a estatística de teste padronizada *t*. Já que *t* não está na região de rejeição, você deve falhar ao rejeitar a hipótese nula.

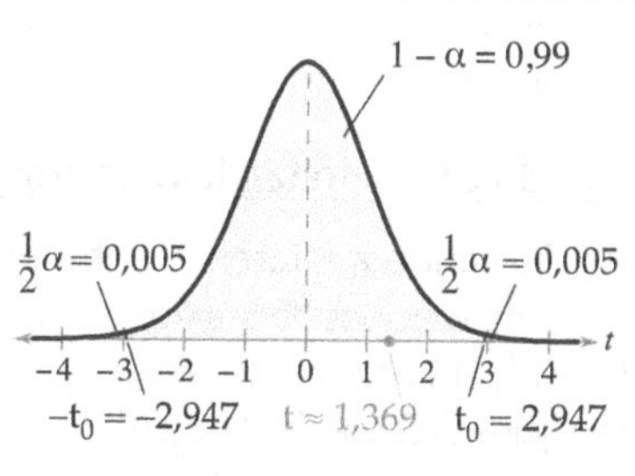

Interpretação

No nível de significância de 1%, não há evidência suficiente para concluir que a classificação de desempenho do legislador mudou.

Tente você 2 Um pesquisador médico quer determinar se uma droga muda a temperatura do corpo. Sete sujeitos são selecionados para teste aleatoriamente, e a temperatura do corpo (em graus Fahrenheit) de cada um é medida. A droga, então, é dada aos sujeitos e, após 20 minutos, a temperatura do corpo de cada um é medida novamente. Os resultados estão listados na tabela a seguir. Em $\alpha = 0{,}05$, há evidência suficiente para concluir que a droga muda a temperatura do corpo? Assuma que as temperaturas do corpo são distribuídas normalmente.

Sujeito	1	2	3	4	5	6	7
Temperatura inicial	101,8	98,5	98,1	99,4	98,9	100,2	97,9
Segunda temperatura	99,2	98,4	98,2	99	98,6	99,7	97,8

a. *Identifique* a afirmação e expresse H_0 e H_a.
b. *Especifique* o nível de significância α e os graus de liberdade g.l.
c. *Encontre* os valores críticos e as regiões de rejeição.
d. *Calcule* $\bar{d}$ e s_d.
e. *Use* o teste t para encontrar a estatística de teste padronizada t.
f. *Decida* se rejeita a hipótese nula. Use um gráfico se necessário.
g. *Interprete* a decisão no contexto da afirmação original.

Resposta na p. A45.

8.3 Exercícios

Construindo habilidades básicas e conceitos

1. Quais condições são necessárias para se usar o teste t de amostras dependentes para a média da diferença de duas populações?
2. Explique o que os símbolos $\bar{d}$ e s_d representam.

Nos exercícios de 3 a 8, teste a afirmação sobre a média da diferença de duas populações. Use o teste t para amostras aleatórias dependentes no nível de significância dado com as estatísticas dadas. O teste é caudal à direita, caudal à esquerda ou bicaudal? Assuma que as populações são normalmente distribuídas.

3. Afirmação: $\mu_d < 0$, $\alpha = 0{,}05$. Estatística: $\bar{d} = 1{,}5$, $s_d = 3{,}2$, $n = 14$.
4. Afirmação: $\mu_d = 0$, $\alpha = 0{,}01$. Estatística: $\bar{d} = 3{,}2$, $s_d = 8{,}45$, $n = 8$.
5. Afirmação: $\mu_d \leq 0$, $\alpha = 0{,}10$. Estatística: $\bar{d} = 6{,}5$, $s_d = 9{,}54$, $n = 16$.
6. Afirmação: $\mu_d > 0$, $\alpha = 0{,}05$. Estatística: $\bar{d} = 0{,}55$, $s_d = 0{,}99$, $n = 28$.
7. Afirmação: $\mu_d \geq 0$, $\alpha = 0{,}01$. Estatística: $\bar{d} = -2{,}3$, $s_d = 1{,}2$, $n = 15$.
8. Afirmação: $\mu_d \neq 0$, $\alpha = 0{,}10$. Estatística: $\bar{d} = -1$, $s_d = 2{,}75$, $n = 20$.

Usando e interpretando conceitos

Testando a diferença entre duas médias

Nos exercícios de 9 a 20, (a) Identifique a afirmação e expresse H_0 e H_a, (b) encontre os valores críticos e identifique a(s) região(ões) de rejeição, (c) calcule $\bar{d}$ e s_d, (d) use o teste t para encontrar a estatística de teste padronizada t, (e) decida em rejeitar ou falhar em rejeitar a hipótese nula, e (f) interprete a decisão no contexto da afirmação original. Se conveniente, use tecnologia para resolver o problema. Para cada amostra selecionada aleatoriamente, assuma que a distribuição da população é normal.

9. **Notas do SAT** A tabela mostra as notas de leitura crítica para 14 estudantes nas duas primeiras vezes que fizeram o SAT. Em $\alpha = 0{,}01$, há evidência suficiente para concluir que as notas do SAT para leitura crítica dos estudantes melhorou na segunda vez que eles fizeram o SAT?

Estudante	1	2	3	4	5	6	7
Nota no primeiro SAT	445	510	429	452	629	433	551
Nota no segundo SAT	446	571	517	478	610	453	516

Estudante	8	9	10	11	12	13	14
Nota no primeiro SAT	358	477	325	513	636	571	442
Nota no segundo SAT	478	532	399	531	648	603	461

10. **Notas do SAT** Um curso preparatório para o SAT afirma que melhora as notas do teste dos estudantes. A tabela mostra a nota de leitura crítica para 10 estudantes nas duas primeiras vezes que eles fizeram o SAT. Antes de fazer o SAT pela segunda vez, cada estudante fez um curso para tentar melhorar a sua nota do SAT para leitura crítica. Teste a afirmação em $\alpha = 0{,}01$.

Estudante	1	2	3	4	5	6	7
Nota no primeiro SAT	308	456	352	433	306	471	422
Nota no segundo SAT	400	524	409	491	348	583	451

Estudante	8	9	10
Nota no primeiro SAT	370	320	418
Nota no segundo SAT	408	391	450

11. **Milhagem de gasolina** A tabela mostra as milhagens de gasolina (em milhas por galão) de oito carros com e sem uso de um aditivo de combustível. Em $\alpha = 0{,}10$, há evidência suficiente para concluir que o aditivo de combustível melhorou a milhagem de gasolina?

Carro	1	2	3	4	5	6	7	8
Milhagem de gasolina sem aditivo	23,1	25,4	21,9	24,3	19,9	21,2	25,9	24,8
Milhagem de gasolina com aditivo	23,6	27,7	23,6	26,8	22,1	22,4	26,3	26,6

12. **Milhagem de gasolina** Para testar se um aditivo de combustível melhora a milhagem de gasolina, investigadores mediram a milhagem de gasolina (em milhas por galão) de nove carros com e sem o aditivo de combustível. Os resultados são mostrados na tabela. Em $\alpha = 0{,}10$, você pode concluir que o aditivo de combustível melhorou a milhagem de gasolina?

Carro	1	2	3	4	5	6	7	8	9
Milhagem de gasolina sem aditivo	17,8	20,3	28,7	23,1	16,9	18,7	21,7	18,6	29,2
Milhagem de gasolina com aditivo	19,7	22,1	30,4	23,4	17,8	21,6	23,5	20,5	30,1

13. **Perda de peso** Um nutricionista afirma que um determinado programa de exercícios ajudará participantes a perder peso após um mês. A tabela mostra os pesos de 12 adultos antes de participarem do programa de exercício e 1 mês depois de participarem do programa. Em $\alpha = 0{,}10$, você pode concluir que o programa de exercício ajuda os participantes a perder peso?

Participante	1	2	3	4	5	6
Peso antes do programa de exercícios	157	185	120	212	230	165
Peso depois do programa de exercícios	150	181	121	206	215	169

Participante	7	8	9	10	11	12
Peso antes do programa de exercícios	207	251	196	140	137	172
Peso depois do programa de exercícios	210	232	188	138	145	172

14. **Perda de peso** A tabela mostra os pesos de 14 adultos antes de um programa de dieta e 2 semanas após o programa. Em $\alpha = 0{,}10$, há evidência suficiente para concluir que o programa ajudou os adultos a perder peso?

Participante	1	2	3	4	5	6	7
Peso antes do programa de dieta	194	234	265	188	170	212	139
Peso depois do programa de dieta	190	235	255	187	175	209	139

Participante	8	9	10	11	12	13	14
Peso antes do programa de dieta	280	291	210	190	155	166	198
Peso depois do programa de dieta	277	285	212	194	152	167	196

15. **Dor de cabeça** Um fisioterapeuta sugere que terapia de tecido mole e manipulação vertebral ajudam a reduzir a duração de tempo que pacientes sofrem de dores de cabeça. A tabela mostra o número de horas por dia que 11 pacientes sofreram de dor de cabeça antes e depois de 7 semanas recebendo terapia de tecido mole e manipulação vertebral. Em $\alpha = 0{,}01$, há evidência suficiente para apoiar a afirmação do fisioterapeuta? *(Adaptado de The Journal of the American Medical Association.)*

Paciente	1	2	3	4	5	6
Horas de dor de cabeça diária (antes)	2,8	2,4	2,8	2,6	2,7	2,9
Horas de dor de cabeça diária (depois)	1,6	1,3	1,6	1,4	1,5	1,6

Paciente	7	8	9	10	11
Horas de dor de cabeça diária (antes)	3,2	2,9	4,1	1,6	2,5
Horas de dor de cabeça diária (depois)	1,7	1,6	1,8	1,2	1,4

16. **Força de aderência** Um fisioterapeuta sugere que uma dosagem de 600 mg de vitamina C aumentará a resistência muscular. A tabela mostra o número de repetições que 15 homens fizeram em um dinamômetro (aparelho que mede força de aderência) até que a força de aderência de três tentativas consecutivas fosse de 50% da força máxima de aderência deles. Em $\alpha = 0{,}05$, teste a afirmação de que a vitamina C irá aumentar a resistência muscular. *(Adaptado de Journal of Sports Medicine and Physical Fitness.)*

Participante	1	2	3	4	5	6	7	8
Repetições usando placebo	417	279	678	636	170	699	372	582
Repetições usando Vitamina C	145	185	387	593	248	245	349	902

Participante	9	10	11	12	13	14	15
Repetições usando placebo	363	258	288	526	180	172	278
Repetições usando Vitamina C	159	122	264	1.052	218	117	185

17. **Pressão sanguínea** Uma indústria farmacêutica garante que sua nova droga reduz a pressão sistólica do sangue. A tabela mostra a pressão sistólica do sangue (em mmHg) de oito pacientes antes de tomar a nova droga e duas horas depois de tomar a droga. Em $\alpha = 0{,}05$, você pode concluir que a nova droga reduz a pressão sistólica do sangue?

Paciente	1	2	3	4	5	6	7	8
Pressão sistólica do sangue (antes)	201	171	186	162	165	167	175	148
Pressão sistólica do sangue (depois)	192	165	167	155	148	144	152	134

18. **Pressão sanguínea** A pressão diastólica do sangue (em mmHg) de nove pacientes antes de tomar uma nova droga e duas horas depois de tomar a droga é mostrada na tabela a seguir. Em $\alpha = 0{,}05$, você pode concluir que a nova droga reduz a pressão diastólica do sangue?

Paciente	1	2	3	4	5	6	7	8	9
Pressão diastólica do sangue (antes)	103	122	106	112	125	97	107	118	112
Pressão diastólica do sangue (depois)	98	121	107	105	108	89	102	114	101

19. **Classificação de produtos** Uma empresa quer determinar se a classificação de seus produtos por consumidores (0–10) mudou do ano passado para este ano. A tabela mostra a classificação dos produtos da empresa feita pelos mesmos oito consumidores do ano passado para este ano. Em $\alpha = 0{,}05$, há evidência suficiente para concluir que a classificação do produto mudou?

Consumidor	1	2	3	4	5	6	7	8
Classificação (ano passado)	5	7	2	3	9	10	8	7
Classificação (este ano)	5	9	4	6	9	9	9	8

20. **Classificação de desempenho** Uma fábrica quer determinar se a classificação de desempenho do seu gerente (0–100) mudou do último mês para este mês. A tabela mostra a classificação de desempenho dos mesmos 6 gerentes do último mês e deste mês. Em $\alpha = 0{,}05$, há evidência suficiente para concluir que a classificação de desempenho mudou?

Gerente	1	2	3	4	5	6
Classificação (mês passado)	85	96	70	76	81	78
Classificação (este mês)	88	85	89	86	92	89

Expandindo conceitos

Construindo intervalo de confiança para μ_d

Para construir um intervalo de confiança para μ_d, use a desigualdade seguinte:

$$\bar{d} - t_c \frac{s_d}{\sqrt{n}} < \mu_d < \bar{d} + t_c \frac{s_d}{\sqrt{n}}.$$

Nos exercícios 21 e 22, construa o intervalo de confiança indicado para μ_d. Assuma que as populações são normalmente distribuídas.

21. **Teste de droga** Um especialista em distúrbios do sono quer testar a eficácia de uma nova droga que foi reportada por aumentar o número de horas de sono que pacientes têm durante a noite. Para tal, o especialista seleciona aleatoriamente 16 pacientes e grava o número de horas de sono que cada um tem com e sem a nova droga. Os resultados de duas noites de estudo são mostrados a seguir. Construa um intervalo de confiança de 90% para μ_d.

Paciente	1	2	3	4	5	6	7	8	9
Horas de sono sem a droga	1,8	2,0	3,4	3,5	3,7	3,8	3,9	3,9	4,0
Horas de sono usando a droga	3,0	3,6	4,0	4,4	4,5	5,2	5,5	5,7	6,2

Paciente	10	11	12	13	14	15	16
Horas de sono sem a droga	4,9	5,1	5,2	5,0	4,5	4,2	4,7
Horas de sono usando a droga	6,3	6,6	7,8	7,2	6,5	5,6	5,9

22. **Teste de medicamento natural** Um remédio feito de ervas é testado em 14 pacientes com distúrbios do sono selecionados aleatoriamente. A tabela mostra o número de horas de sono que pacientes conseguem em uma noite sem o uso do remédio e o número de horas de sono que os pacientes conseguem em outra noite depois que o remédio foi administrado. Construa um intervalo de confiança de 95% para μ_d.

Paciente	1	2	3	4	5	6	7
Horas de sono sem o remédio	1,0	1,4	3,4	3,7	5,1	5,1	5,2
Horas de sono usando o remédio de ervas	2,9	3,3	3,5	4,4	5,0	5,0	5,2

Paciente	8	9	10	11	12	13	14
Horas de sono sem o remédio	5,3	5,5	5,8	4,2	4,8	2,9	4,5
Horas de sono usando o remédio de ervas	5,3	6,0	6,5	4,4	4,7	3,1	4,7

8.4 Testando a diferença entre as proporções

Teste z de duas amostras para a diferença entre proporções

Teste z de duas amostras para a diferença entre proporções

Nesta seção, você aprenderá como usar um teste z para testar a diferença entre duas proporções de população p_1 e p_2 usando uma proporção amostral de cada população. Se uma afirmação é sobre dois parâmetros populacionais p_1 e p_2, então alguns pares possíveis de hipóteses nula e alternativa são:

$$\begin{cases} H_0 : p_1 = p_2 \\ H_a : p_1 \neq p_2 \end{cases}, \quad \begin{cases} H_0 : p_1 \leq p_2 \\ H_a : p_1 > p_2 \end{cases}, \quad \text{e} \quad \begin{cases} H_0 : p_1 \geq p_2 \\ H_a : p_1 < p_2 \end{cases}.$$

Independentemente de qual hipótese você usar, você sempre assumirá que não há diferença entre as proporções populacionais, ou $p_1 = p_2$.

Por exemplo, suponha que você queira determinar se a proporção de estudantes universitários do sexo feminino que receberam diploma de bacharel em quatro anos é diferente da proporção de estudantes universitários do sexo masculino que receberam diploma de bacharel em quatro anos. As condições a seguir são necessárias para usar um teste z para testar tal diferença.

1. As amostras devem ser selecionadas aleatoriamente.
2. As amostras devem ser independentes.
3. As amostras devem ser grandes o suficiente para usar uma distribuição normal de amostragem.

Isto é, $n_1 p_1 \geq 5$, $n_1 q_1 \geq 5$, $n_2 p_2 \geq 5$ e $n_2 q_2 \geq 5$.

Se essas condições são alcançadas, então a **distribuição de amostragem para $\hat{p}_1 - \hat{p}_2$, a diferença entre as proporções de amostra**, é uma distribuição normal com média:

$$\mu_{\hat{p}_1 - \hat{p}_2} = p_1 - p_2,$$

e erro padrão:

$$\sigma_{\hat{p}_1 - \hat{p}_2} = \sqrt{\frac{p_1 q_1}{n_1} + \frac{p_2 q_2}{n_2}}.$$

Note que você precisa saber as proporções de população para calcular o erro padrão. Já que um teste de hipótese $p_1 - p_2$ é baseado na suposição de que $p_1 = p_2$, você pode calcular uma estimativa ponderada de p_1 e p_2 usando:

$$\bar{p} = \frac{x_1 + x_2}{n_1 + n_2}, \text{onde } x_1 = n_1 \hat{p}_1 \text{ e } x_2 = n_2 \hat{p}_2.$$

Com a estimativa ponderada $\bar{p}$, o erro padrão da distribuição de amostragem para $\hat{p}_1 - \hat{p}_2$ é:

$$\sigma_{\hat{p}_1 - \hat{p}_2} = \sqrt{\bar{p}\bar{q}\left(\frac{1}{n_1} + \frac{1}{n_2}\right)}, \text{onde } \bar{q} = 1 - \bar{p}.$$

Observe também que você precisa conhecer as proporções de população ao verificar que as amostras são grandes o suficiente para serem aproximadas pela distribuição normal. Mas quando determina se o teste z pode ser usado para a diferença entre proporções para um experimento binomial, você deve usar $\bar{p}$ no lugar de p_1 e p_2 e usar $\bar{q}$ no lugar de q_1 e q_2.

O que você deve aprender

■ Como desempenhar um teste z para a diferença entre duas proporções de população p_1 e p_2.

Dica de estudo

Os símbolos a seguir são usados no teste z para $p_1 - p_2$. Veja seções 4.2 e 5.5 para rever a distribuição binomial.

Símbolo	Descrição
p_1, p_2	Proporções de população.
x_1, x_2	Número de sucessos em cada amostra.
n_1, n_2	Tamanho de cada amostra.
$\hat{p}_1, \hat{p}_2$	Proporções de amostra de sucessos.
$\bar{p}$	Estimativa ponderada para p_1 e p_2.

Retratando o mundo

Um estudo encontrou uma diferença na proporção de homens adultos que usam medicamentos alternativos, como remédios de ervas, massagem, cura espiritual e acupuntura. Neste estudo, 400 mulheres selecionadas aleatoriamente foram perguntadas se elas tinham usado ao menos uma terapia médica alternativa durante o último ano. Os resultados estão mostrados a seguir. (*Adaptado de The Journal of the American Medical Association.*)

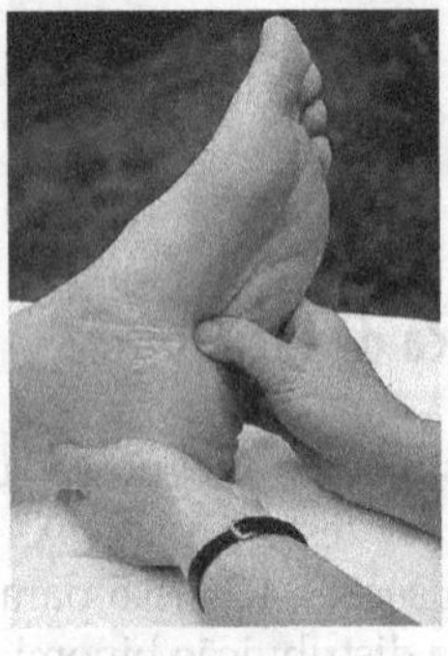

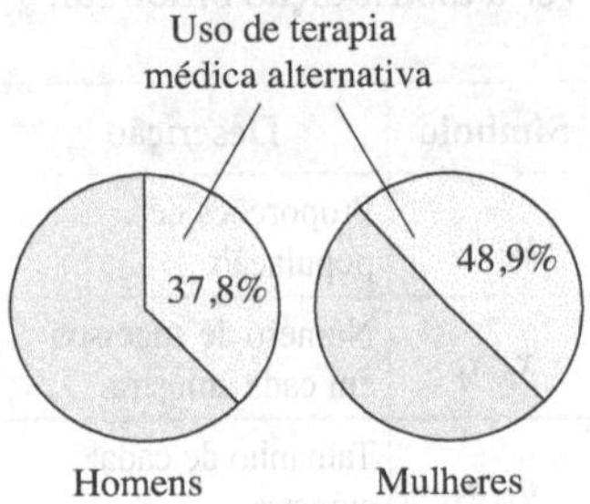

Em $\alpha = 0{,}05$, há evidência suficiente para apoiar a afirmação de que há uma diferença significativa no uso de medicina alternativa entre homens e mulheres?

Se a distribuição de amostra para $\hat{p}_1 - \hat{p}_2$ é normal, você pode usar um teste z de duas amostras para testar a diferença entre duas proporções de população p_1 e p_2.

Teste z de duas amostras para a diferença entre proporções

Um teste z de duas amostras é usado para testar a diferença entre duas proporções de população p_1 e p_2 quando uma amostra é selecionada aleatoriamente de cada população. A **estatística de teste** é:

$$\hat{p}_1 - \hat{p}_2,$$

e a **estatística de teste padronizada** é:

$$z = \frac{(\hat{p}_1 - \hat{p}_2) - (p_1 - p_2)}{\sqrt{\bar{p}\bar{q}\left(\frac{1}{n_1} + \frac{1}{n_2}\right)}},$$

onde:

$$\bar{p} = \frac{x_1 + x_2}{n_1 + n_2} \quad \text{e} \quad \bar{q} = 1 - \bar{p}$$

Nota: $n_1\bar{p}$, $n_1\bar{q}$, $n_2\bar{p}$, e $n_2\bar{q}$ devem ser pelo menos 5.

Se a hipótese nula indica $p_1 = p_2$, $p_1 \leq p_2$ ou $p_1 \geq p_2$, então $p_1 = p_2$ é assumido e a expressão $p_1 - p_2$ é igual a 0 no teste anterior.

Instruções

Usando um teste z de duas amostras para a diferença entre proporções

	Em palavras	*Em símbolos*
1.	Indique a afirmação. Identifique as hipóteses nula e alternativa.	Use H_0 e H_a.
2.	Especifique o nível de significância.	Identifique α.
3.	Determine o(s) valor(es) crítico(s).	Use a Tabela 4 no Apêndice B.
4.	Determine a(s) região(ões) de rejeição.	
5.	Encontre a estimativa ponderada de p_1 e p_2.	$\bar{p} = \frac{x_1 + x_2}{n_1 + n_2}$
6.	Encontre a estatística de teste padronizada.	$z = \frac{(\hat{p}_1 - \hat{p}_2) - (p_1 - p_2)}{\sqrt{\bar{p}\bar{q}\left(\frac{1}{n_1} + \frac{1}{n_2}\right)}}$
7.	Tome a decisão de rejeitar ou falhar em rejeitar a hipótese nula.	Se z está na área de rejeição, rejeite H_0. Do contrário, falhe em rejeitar H_0.
8.	Interprete a decisão no contexto da afirmação original.	

Para usar valores P em um teste para a diferença entre proporções, use as mesmas instruções como acima, pulando os passos 3 e 4. Depois de encontrar a estatística de teste padronizado, use a Tabela Normal Padrão para calcular o valor P. Então, tome a decisão de rejeitar ou falhar ao rejeitar a hipótese nula. Se P é menor ou igual a α, rejeite H_0. Do contrário, falhe ao rejeitar H_0.

Exemplo 1

Veja os passos para a TI-83/84 na p. 391.

Um teste z de duas amostras para a diferença entre proporções

Em um estudo de 200 mulheres adultas selecionadas aleatoriamente e 250 homens adultos, ambos usuários de Internet, 30% das mulheres e 38% dos homens disseram que planejam comprar on-line ao menos uma vez durante o mês seguinte. Em $\alpha = 0{,}10$, teste a afirmação de que há uma diferença entre a proporção de mulheres e a proporção de homens, usuários de Internet, que planejam comprar on-line.

Estatística amostral para usuários de Internet

Mulheres	Homens
$n_1 = 200$	$n_2 = 250$
$\hat{p}_1 = 0{,}30$	$\hat{p}_2 = 0{,}38$
$n_1\hat{p}_1 = 60$	$n_2\hat{p}_2 = 95$

Solução

Você quer determinar se há uma diferença entre as proporções. Então, as hipóteses nula e alternativa são:

$$H_0: p_1 = p_2 \quad \text{e} \quad H_a: p_1 \neq p_2. \quad \textit{(Afirmação)}$$

Já que esse teste é bicaudal e o nível de significância é de $\alpha = 0{,}10$, os valores críticos são $-z_0 = -1{,}645$ e $z_0 = 1{,}645$. As áreas de rejeição são $z < -1{,}645$ e $z > 1{,}645$. A estimativa ponderada da proporção da população é:

$$\bar{p} = \frac{x_1 + x_2}{n_1 + n_2} = \frac{60 + 95}{200 + 250} = \frac{155}{450} \approx 0{,}3444$$

e

$$\bar{q} = 1 - \bar{p} = 1 - 0{,}3444 = 0{,}6556.$$

Dica de estudo

Para encontrar x_1 e x_2, use:

$$x_1 = n_1\hat{p}_1 \quad \text{e}$$
$$x_2 = n_2\hat{p}_2$$

Já que 200(0,3444), 200(0,6556), 250(0,3444) e 250(0,6556) são pelo menos 5, você pode usar um teste z de duas amostras. A estatística de teste padronizada é:

$$z = \frac{(\hat{p}_1 - \hat{p}_2) - (p_1 - p_2)}{\sqrt{\bar{p}\bar{q}\left(\frac{1}{n_1} + \frac{1}{n_2}\right)}} \approx \frac{(0{,}30 - 0{,}38) - 0}{\sqrt{(0{,}3444)\,(0{,}6556)\left(\frac{1}{200} + \frac{1}{250}\right)}} \approx -1{,}77.$$

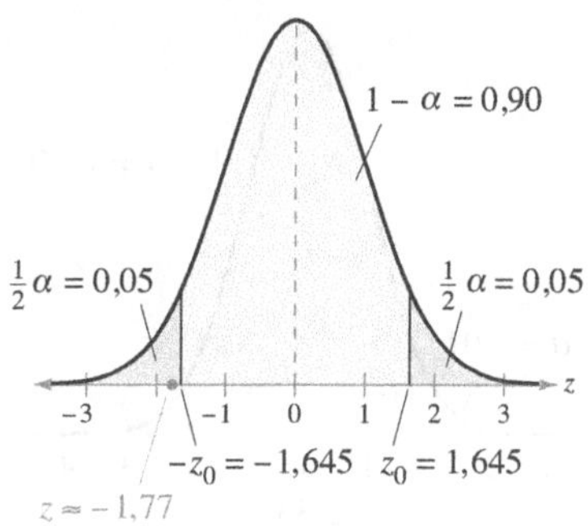

O gráfico à direita mostra a localização das áreas de rejeição e a estatística de teste padronizada. Já que z está na área de rejeição, você deve decidir em rejeitar a hipótese nula.

Interpretação

Você tem evidência suficiente no nível de significância 10% para concluir que existe uma diferença entre a proporção de mulheres e a proporção de homens, usuários de Internet, que planejam comprar on-line.

Tente você 1 Considere os resultados do estudo da NYTS discutido no capítulo introdutório. Em $\alpha = 0{,}05$, existe uma diferença entre as proporções de estudantes do ensino médio do sexo masculino e do sexo feminino que fumam cigarros?

a. *Identifique* a afirmação e diga H_0 e H_a.

b. *Especifique* o nível de significância α.

c. *Encontre* os valores críticos e identifique as áreas de rejeição.

d. *Encontre* $\bar{p}$ *e* $\bar{q}$.

e. *Verifique* que $n_1\bar{p}$. $n_1\bar{q}$. $n_2\bar{p}$ e $n_2\bar{q}$ são no mínimo cinco.

f. *Use* o teste z de duas amostras para encontrar a estatística de teste padronizada z.

g. *Decida* se rejeitará a hipótese nula.

h. *Interprete* a decisão no contexto da afirmação original.

Resposta na p. A45

Exemplo 2

Um teste *z* de duas amostras para a diferença entre proporções

Uma equipe de pesquisa médica conduziu um estudo para testar o efeito de um medicamento na redução de colesterol. Ao final do estudo, os pesquisadores descobriram que dos 4.700 sujeitos selecionados aleatoriamente que tomaram o medicamento, 301 morreram de doenças do coração. Dos 4.300 sujeitos selecionados aleatoriamente que tomaram um placebo, 357 morreram de doenças do coração. Em $\alpha = 0{,}01$, você pode concluir que a taxa de mortalidade por doenças do coração é menor para aqueles que tomaram a medicação do que para aqueles que tomaram o placebo? (*Adaptado de New England Journal of Medicine.*)

Estatística amostral para medicamento de redução de colesterol

Receberam medicação	Receberam placebo
$n_1 = 4.700$	$n_2 = 4.300$
$x_1 = 301$	$x_2 = 357$
$\hat{p}_1 = 0{,}064$	$\hat{p}_2 = 0{,}083$

Dica de estudo

Para encontrar $\hat{p}_1$ e $\hat{p}_2$, use:

$$\hat{p}_1 = \frac{x_1}{n_1} \quad \text{e}$$

$$\hat{p}_2 = \frac{x_2}{n_2}.$$

Solução

Você quer determinar se a taxa de mortalidade por doenças do coração é menor para aqueles que tomaram a medicação do que para aqueles que tomaram o placebo. Então, as hipóteses nula e alternativa são:

$$H_0\text{: } p_1 \geq p_2 \quad \text{e} \quad H_a\text{: } p_1 < p_2. \quad \text{(Afirmação)}$$

Já que o teste é unicaudal à esquerda e o nível de significância é $\alpha = 0{,}01$, o valor crítico é $z_0 = -2{,}33$. A área de rejeição é $z < -2{,}33$. A estimativa ponderada de p_1 e p_2 é

$$\overline{p} = \frac{x_1 + x_2}{n_1 + n_2} = \frac{301 + 357}{4.700 + 4.300} = \frac{658}{9.000} \approx 0{,}0731$$

e $\overline{q} = 1 - \overline{p} = 1 - 0{,}0731 = 0{,}9269$. Como 4.700 (0,0731), 4.700 (0,9269), 4.300 (0,0731) e 4.300(0,9269) são pelo menos 5, você pode usar um teste *z* de duas amostras

$$z = \frac{(\hat{p}_1 - \hat{p}_2) - (p_1 - p_2)}{\sqrt{\overline{p}\,\overline{q}\left(\frac{1}{n_1} + \frac{1}{n_2}\right)}} \approx \frac{(0{,}064 - 0{,}083) - 0}{\sqrt{(0{,}0731)(0{,}9269)\left(\frac{1}{4.700} + \frac{1}{4.300}\right)}} \approx -3{,}46.$$

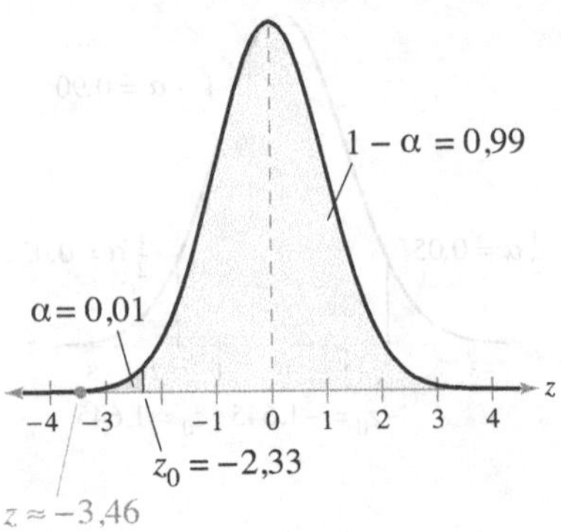

O gráfico à esquerda mostra a localização da área de rejeição e a estatística de teste padronizada. Já que *z* está na área de rejeição, você deve decidir em rejeitar a hipótese nula.

Interpretação

No nível de significância de 1%, há evidência suficiente para concluir que a taxa de mortalidade por doenças do coração é menor para aqueles que tomaram a medicação do que para aqueles que tomaram o placebo.

Tente você 2 Considere os resultados do estudo da NYTS discutido no capítulo introdutório. Em $\alpha = 0{,}05$, você pode concluir que a proporção de estudantes do ensino médio do sexo masculino que fumam charutos é maior do que a proporção de estudantes do ensino médio do sexo feminino que fumam charutos?

a. *Identifique* a afirmação e estabeleça H_0 e H_a.

b. *Especifique* o nível de significância α.

c. *Encontre* os valores críticos e *identifique* as áreas de rejeição.

d. *Encontre* $\overline{p}$ e $\overline{q}$.

e. *Verifique* que $n_1\overline{p}$, $n_1\overline{q}$, $n_2\overline{p}$ e $n_2\overline{q}$ são no mínimo cinco.

f. *Use* o teste z de duas amostras para encontrar a estatística de teste padronizada z.

g. *Decida* se rejeitará a hipótese nula.

h. *Interprete* a decisão no contexto da afirmação original.

Resposta na p. A45

8.4 Exercícios

Construindo habilidades básicas e conceitos

1. Explique como desempenhar um teste z de duas amostras para a diferença entre duas proporções de população.
2. Quais condições são necessárias para usar o teste z para testar a diferença entre duas proporções de população.

Nos exercícios de 3 a 6, teste a afirmação sobre a diferença entre duas proporções de população p_1 e p_2 para o nível de significância dado α e a estatística amostral dada. O teste é unicaudal à direita, caudal à esquerda ou bicaudal? Assuma que as estatísticas amostrais são independentes das amostras aleatórias.

3. Afirmação: $p_1 \neq p_2$, $\alpha = 0{,}01$.
   Estatística amostral: $x_1 = 35$, $n_1 = 70$ e $x_2 = 36$, $n_2 = 60$.
4. Afirmação: $p_1 < p_2$, $\alpha = 0{,}05$.
   Estatística amostral: $x_1 = 471$, $n_1 = 785$ e $x_2 = 372$, $n_2 = 465$.
5. Afirmação: $p_1 \leq p_2$, $\alpha = 0{,}10$.
   Estatística amostral: $x_1 = 344$, $n_1 = 860$ e $x_2 = 304$, $n_2 = 800$.
6. Afirmação: $p_1 = p_2$, $\alpha = 0{,}05$.
   Estatística amostral: $x_1 = 29$, $n_1 = 45$ e $x_2 = 25$, $n_2 = 30$.

Usando e interpretando conceitos

Testando a diferença entre duas proporções

Nos exercícios de 7 a 16, (a) identifique a afirmação e expresse H_0 e H_a, (b) encontre o(s) valor(es) críticos e identifique a(s) área(s) de rejeição, (c) encontre a estatística de teste padronizada, (d) decida em rejeitar ou falhar ao rejeitar a hipótese nula e (e) interprete a decisão no contexto da afirmação original. Se conveniente, use tecnologia para resolver o problema. Assuma que as amostras aleatórias são independentes.

7. **Uso de medicina alternativa** Em um estudo de 1.539 adultos em 1991, 520 disseram que tinham usado medicina alternativa (por exemplo, remédios populares e homeopatia) no ano anterior. Em um estudo mais recente com 2.055 adultos, 865 disseram que haviam usado medicina alternativa no ano anterior. Em $\alpha = 0{,}05$, você pode rejeitar a afirmação de que a proporção de adultos usando medicina alternativa não mudou desde 1991? *(Adaptado de The Journal of the American Medical Association.)*

Você usou medicina alternativa no último ano?

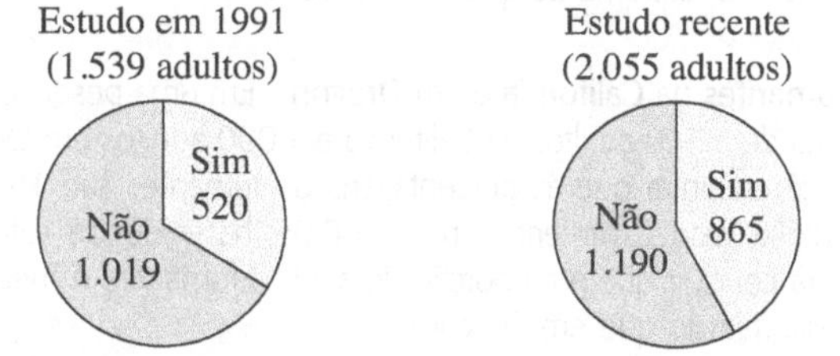

8. **Antidepressivos** Uma equipe de pesquisa médica estudou pacientes usando uma droga antidepressiva para se recuperar de depressão crônica. De 77 pacientes que usaram a droga por 2 anos, 5 sofreram uma nova crise de depressão. De 84 pacientes que usaram a droga por 7 meses, 19 sofreram uma nova crise de depressão. Em $\alpha = 0{,}10$, você pode rejeitar a afirmação de que as proporções de pacientes sofrendo novas crises de depressão são as mesmas para os dois grupos? *(Adaptado de The Journal of the American Medical Association.)*

Você sofreu uma nova crise de depressão?

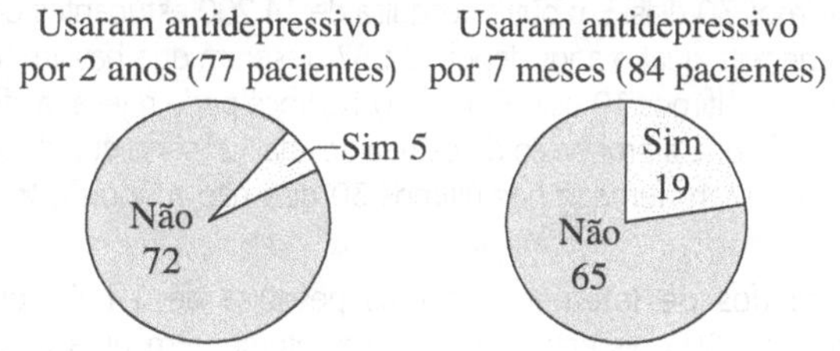

9. **Porções recomendadas de vegetais** Em uma pesquisa com 5.240 cidadãos mais velhos do sexo masculino, 2.201 disseram que comem o número de porções recomendadas de vegetais diariamente. Em uma pesquisa com 6.180 cidadãs mais velhas, 2.348 disseram que também comem o número de porções recomendadas de vegetais diariamente. Em $\alpha = 0{,}10$, você pode rejeitar a afirmação de que as proporções de cidadãos mais velhos que disseram comer o número de porções recomendadas de vegetais diariamente são as mesmas para os dois grupos? *(Adaptado de USDA Economic Research Service.)*

10. **Porções recomendadas de frutas** Em uma pesquisa com 1.245 cidadãos mais velhos do sexo masculino, 361 disseram que comem o número de porções recomendadas de frutas diariamente. Em uma pesquisa com 1.065 cidadãs mais velhas, 341

disseram que comem o número de porções recomendadas de frutas diariamente. Em $\alpha = 0{,}01$, você pode apoiar a afirmação de que a proporção de cidadãos mais velhos que disseram comer o número de porções recomendadas de frutas diariamente é menor para homens do que para mulheres? *(Adaptado de USDA Economic Research Service.)*

11. **Fumantes no Alabama e no Missouri** Uma pesquisa de estado para estado encontrou que as proporções de adultos fumantes no Alabama e Missouri eram de 24,8% e 23,4%, respectivamente. (Suponha que o número de entrevistados de cada estado tenha sido 2.000.) Em $\alpha = 0{,}01$, você pode apoiar a afirmação de que a proporção de adultos fumantes é maior no Alabama do que no Missouri? *(Adaptado de The Centers for Disease Control and Prevention.)*

12. **Fumantes na Califórnia e em Oregon** Em uma pesquisa aleatória de 1.500 adultos na Califórnia e 1.000 adultos em Oregon, você encontra que as porcentagens de fumantes são 15,2% e 18,5%, respectivamente. Em $\alpha = 0{,}05$, há evidência suficiente para concluir que a proporção de adultos fumantes é menor na Califórnia do que em Oregon? *(Adaptado de The Centers for Disease Control and Prevention.)*

13. **Fumantes: homem e mulher.** Em uma pesquisa de 9.300 homens da 12ª série, 2.083 disseram que haviam fumado nos últimos 30 dias. Em uma pesquisa de 4.900 mulheres da 12ª série, 985 disseram que haviam fumado nos últimos 30 dias. Em $\alpha = 0{,}01$, você pode apoiar a afirmação de que a proporção de homens da 12ª série que disseram ter fumado nos últimos 30 dias é menor do que a proporção de mulheres da 12ª série que disseram ter feito o mesmo? *(Adaptado de Monitoring the Future Study, University of Michigan.)*

14. **Fumantes: antes e agora** Em uma pesquisa de 12.900 estudantes da 12ª série, 3.444 disseram que haviam fumado nos últimos 30 dias. Em outra pesquisa de 14.200 estudantes da 12ª série feita quatro anos depois, 3.067 disseram que haviam fumado nos últimos 30 dias. Em $\alpha = 0{,}10$, você pode rejeitar a afirmação de que a proporção de estudantes da 12ª série que disseram que haviam fumado nos últimos 30 dias não mudou? *(Adaptado de Monitoring the Future Study, University of Michigan.)*

15. **Usuários de Internet** Em uma pesquisa de 1.150 homens adultos, 805 disseram que usam a Internet. Em uma pesquisa de 1.050 mulheres, 746 disseram que usam a Internet. Em $\alpha = 0{,}05$, você pode rejeitar a afirmação de que as proporções de usuários da Internet são as mesmas para os dois grupos? *(Adaptado de Pew Internet and American Life Project.)*

16. **Usuários de Internet** Em uma pesquisa de 485 adultos que moram em uma área urbana, 354 disseram que usam a Internet. Em uma pesquisa de 315 adultos que moram em uma área rural, 189 disseram que usam a Internet. Em $\alpha = 0{,}05$, você pode apoiar a afirmação de que as proporções de adultos que usam a Internet é maior para adultos que moram em uma área urbana do que para adultos que moram em uma área rural? *(Adaptado de Pew Internet and American Life Project.)*

Tempo de TV para adolescentes

Nos exercícios de 17 a 20, refira-se à figura a seguir. Assuma que a pesquisa incluiu 700 meninos e 500 meninas e que as amostras são aleatórias e independentes.

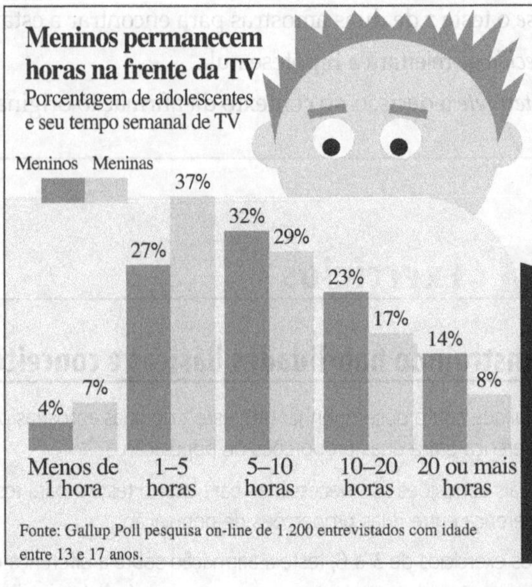

17. **Menos de uma hora de TV** Em $\alpha = 0{,}01$, você pode apoiar a afirmação de que a proporção de meninas que assiste menos de 1 hora de TV por semana é maior do que a proporção de meninos?

18. **Dez a vinte horas de TV** Um representante de marketing de televisão acredita que a proporção de adolescentes que assistem de 10 a 20 horas de TV por semana é maior para meninos do que para meninas. Se a crença do representante é baseada nos resultados da pesquisa, há evidência suficiente para apoiá-la? Use $\alpha = 0{,}01$.

19. **Uma a cinco horas de TV** Com base na pesquisa, uma organização educacional informa que a proporção de adolescentes que assistem de 1 a 5 horas de TV por semana é maior para meninas do que para meninos. Usando $\alpha = 0{,}05$, você pode apoiar a afirmação da organização?

20. **Cinco a dez horas de TV.** Em $\alpha = 0{,}05$, você pode rejeitar a afirmação de que a proporção de adolescentes que assistem de 5 a 10 horas de TV por semana é a mesma para meninos e meninas?

Saindo de casa

Nos exercícios 21 a 24, refira-se à figura a seguir. Assuma que a pesquisa incluiu 13.300 homens e 13.200 mulheres em 2000 e 14.100 homens e 13.800 mulheres em 2006, e assuma que as amostras são aleatórias e independentes. *(Adaptado de U.S. Census Bureau.)*

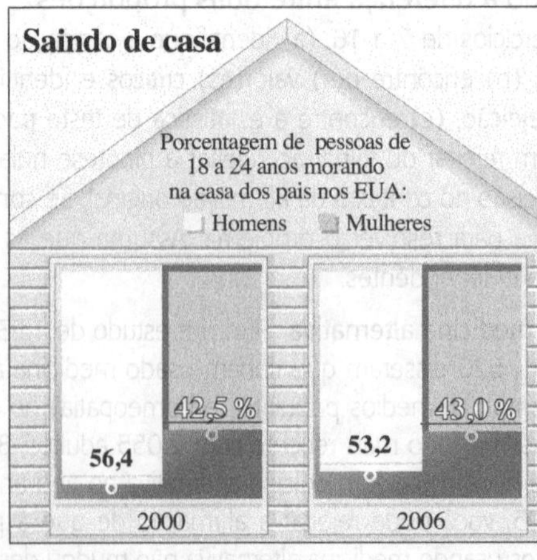

21. **Homens: antes e agora** Em $\alpha = 0{,}05$, você pode apoiar a afirmação de que a proporção de homens de idades entre 18 e 24 anos morando na casa dos pais foi maior em 2000 do que em 2006?

22. **Mulheres: antes e agora** Em $\alpha = 0{,}05$, você pode apoiar a afirmação de que a proporção de mulheres de idade entre 18 e 24 anos morando na casa dos pais foi maior em 2000 do que em 2006?

23. **Antes: homens e mulheres** Em $\alpha = 0{,}01$, você pode rejeitar a afirmação de que a proporção de pessoas de 18 a 24 anos morando na casa dos pais em 2000 era a mesma para homens e mulheres?

24. **Agora: homens e mulheres** Em $\alpha = 0{,}01$, você pode rejeitar a afirmação de que a proporção de pessoas de 18 a 24 anos morando na casa dos pais em 2006 era a mesma para homens e mulheres?

Expandindo conceitos

Construindo intervalos de confiança para $p_1 - p_2$

Você pode construir um intervalo de confiança para a diferença entre duas proporções de população $p_1 - p_2$, usando a seguinte desigualdade:

$$(\hat{p}_1 - \hat{p}_2) - z_c\sqrt{\frac{\hat{p}_1\hat{q}_1}{n_1} + \frac{\hat{p}_2\hat{q}_2}{n_2}} < p_1 - p_2 < (\hat{p}_1 - \hat{p}_2) + z_c\sqrt{\frac{\hat{p}_1\hat{q}_1}{n_1} + \frac{\hat{p}_2\hat{q}_2}{n_2}}.$$

Nos exercícios 25 e 26, construa o intervalo de confiança indicado para $p_1 - p_2$. Assuma que as amostras são aleatórias e independentes.

25. **Estudantes planejando cursar engenharia** Vários anos atrás, uma pesquisa de 1.068.000 estudantes fazendo o SAT revelou que 8,8% de estudantes estavam planejando cursar engenharia na faculdade. Em uma pesquisa recente de 1.476.000 estudantes fazendo o SAT, 8,3% de estudantes estavam planejando cursar engenharia. Construa um intervalo de confiança para a diferença entre as proporções $p_1 - p_2$. (*Fonte: College Board.*)

26. **Estudantes planejando cursar ciências sociais** Em um certo ano, o porcentual de estudantes fazendo o SAT que disse ter a intenção de cursar ciências sociais em uma faculdade era de 11,6%. Dez anos depois, 9,2% disse ter a intenção de cursar ciências sociais na faculdade. Construa um intervalo de confiança de 95% para a diferença entre as proporções $p_1 - p_2$. Assuma que 1.068.000 estudantes foram pesquisados no primeiro ano e 1.476.000 estudantes foram pesquisados dez anos depois. (*Fonte: College Board.*)

Usos e abusos — estatística no mundo real

Usos

Teste de hipótese com duas amostras O teste de hipótese permite que você decida se diferenças em amostras indicam diferenças reais nas populações ou se são meramente erro amostral. Por exemplo, um estudo conduzido em 2 grupos de crianças de 4 anos de idade comparou o comportamento das crianças que frequentaram a pré-escola com aquelas que ficaram em casa com um dos pais. Comportamento agressivo como roubar brinquedos, empurrar outras crianças e começar brigas foi medido em ambos grupos. O estudo mostrou que crianças que frequentaram pré-escola foram três vezes mais capazes de ser agressivas do que aquelas que ficaram em casa. Essas estatísticas foram usadas para convencer pais a manter seus filhos em casa até eles começarem a escola já com 5 anos de idade.

Abusos

Financiamento de estudo O estudo não mencionou que é normal para crianças de 4 anos de idade demonstrar comportamento agressivo. Pais que mantêm seus filhos em casa mas os levam para brincar em grupo também observam seus filhos sendo agressivos. Psicólogos sugeriram que este é o modo que as crianças aprendem a interagir com os outros. As crianças que ficaram em casa eram menos agressivas, mas o comportamento delas era considerado anormal. Um estudo de acompanhamento realizado por um grupo diferente demonstrou que as crianças que ficaram em casa antes de ir para a escola acabaram sendo mais agressivas numa idade mais avançada do que aquelas que tinham frequentado a pré-escola.

O primeiro estudo foi custeado por um grupo de apoio às mães que usou as estatísticas para promover sua própria agenda pré-decidida. Ao lidar com estatísticas, sempre saiba quem está pagando por um estudo. (*Fonte: British Broadcasting Corporation.*)

Usando amostras não representativas Em comparações de dados coletados de duas diferentes amostras, deve-se tomar cuidado para garantir que não existam variáveis que confundem. Por exemplo, suponha que você esteja examinando uma afirmação de que um novo medicamento de artrite diminui dor nas articulações.

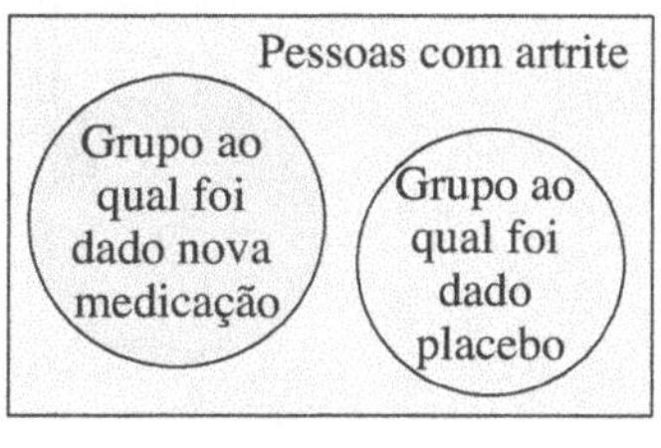

Se o grupo ao qual é dada a medicação está acima dos 60 anos de idade e o grupo ao qual é dado o placebo está abaixo dos 40 anos, outras variâncias além da medicação podem afetar o resultado do estudo. Ao procurar por outros abusos em um estudo, considere como a afirmação no estudo foi determinada. Quais eram os tamanhos das amostras? As amostras eram aleatórias? Elas eram independentes? A amostragem foi conduzida por um pesquisador não tendencioso?

Exercícios

1. **Usando amostras não representativas.** Assuma que você trabalha para a Food and Drug Administration (www.fda.gov). Uma companhia farmacêutica se candidatou para aprovação ao mercado de uma nova medicação para artrite. A pesquisa envolveu um grupo teste ao qual foi dado a medicação e um outro grupo teste ao qual foi dado placebo. Descreva algumas maneiras que os grupos testes possam não ter sido representantes das populações completas de pessoas com artrite.
2. **Pesquisa médica frequentemente envolve teste cego e duplamente cego.** Explique o que esses dois termos significam.

Resumo do capítulo

O que você aprendeu?	Exemplo(s)	Exercícios de revisão
Seção 8.1		
■ Como decidir se duas amostras são independentes ou dependentes.	1	1 e 2
■ Como desempenhar um teste *z* de duas amostras para a diferença entre duas médias μ_1 e μ_2 usando amostras grandes e independentes: $z=\dfrac{(\overline{x}_1-\overline{x}_2)-(\mu_1-\mu_2)}{\sigma_{\overline{x}_1-\overline{x}_2}}$.	2 e 3	3 a 8
Seção 8.2		
■ Como desempenhar um teste *t* para a diferença entre duas médias populacionais μ_1 e μ_2 usando amostras pequenas e independentes: $t=\dfrac{(\overline{x}_1-\overline{x}_2)-(\mu_1-\mu_2)}{\sigma_{\overline{x}_1-\overline{x}_2}}$.	1 a 2	9 a 16
Seção 8.3		
■ Como desempenhar um teste *t* para testar a média das diferenças para uma população de dados emparelhados: $t=\dfrac{\overline{d}-\mu_d}{s_d/\sqrt{n}}$.	1 e 2	17 a 22

Teste de hipótese de duas amostras para médias populacionais

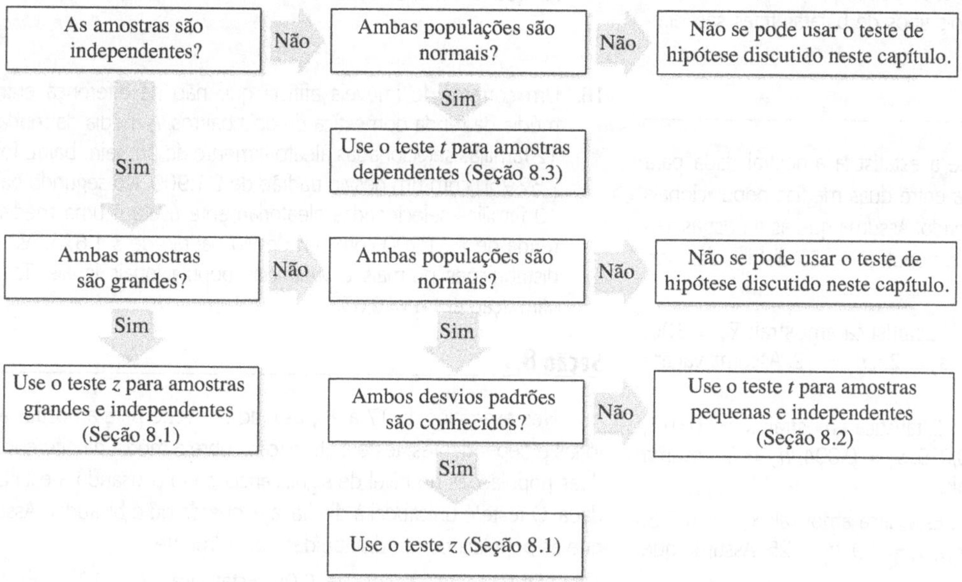

Seção 8.4

■ Como desempenhar um teste z para a diferença entre duas proporções populacionais p_1 e p_2: $$z = \frac{(\hat{p}_1 - \hat{p}_2) - (p_1 - p_2)}{\sqrt{\bar{p}\bar{q}\left(\frac{1}{n_1} + \frac{1}{n_2}\right)}}.$$	1 e 2	23 a 28

Exercícios de revisão

Seção 8.1

Nos exercícios 1 e 2, classifique as duas amostras dadas como independentes ou dependentes. Explique sua argumentação.

1. Amostra 1: Vezes de conclusão de labirinto para 14 ratos padrões de laboratório.
   Amostra 2: Vezes de conclusão de labirinto para 14 ratos de laboratório reproduzidos para taxa metabólica maior.
2. Amostra 1: Vezes de conclusão de labirinto para 43 ratos.
   Amostra 2: Vezes de conclusão de labirinto para aqueles 43 ratos depois de uma prática de labirinto de duas semanas.

Nos exercícios de 3 a 6, use a estatística amostral dada (amostras independentes) para testar a afirmação sobre a diferença entre duas médias populacionais μ_1 e μ_2 no nível de significância α dado.

3. Afirmação: $\mu_1 \geq \mu_2$, $\alpha = 0{,}05$. Estatística amostral: $\bar{x}_1 = 1{,}28$, $s_1 = 0{,}30$, $n_1 = 96$ e $\bar{x}_2 = 1{,}34$, $s_2 = 0{,}23$, $n_2 = 85$.
4. Afirmação: $\mu_1 = \mu_2$, $\alpha = 0{,}01$. Estatística amostral: $\bar{x}_1 = 5.595$, $s_1 = 52$, $n_1 = 156$ e $\bar{x}_2 = 5.575$, $s_2 = 68$, $n_2 = 216$.
5. Afirmação: $\mu_1 < \mu_2$, $\alpha = 0{,}10$. Estatística amostral: $\bar{x}_1 = 0{,}28$, $s_1 = 0{,}11$, $n_1 = 41$ e $\bar{x}_2 = 0{,}33$, $s_2 = 0{,}10$, $n_2 = 34$.
6. Afirmação: $\mu_1 \neq \mu_2$, $\alpha = 0{,}05$. Estatística amostral: $\bar{x}_1 = 87$, $s_1 = 14$, $n_1 = 410$ e $\bar{x}_2 = 85$, $s_2 = 15$, $n_2 = 340$.

Nos exercícios 7 e 8, (a) identifique a afirmação e diga H_0 e H_a, (b) encontre o(s) valor(es) crítico(s) e identifique a(s) região(ões) de rejeição, (c) encontre a estatística de teste padronizada z, (d) decida em rejeitar ou falhar ao rejeitar a hipótese nula, e (e) interprete a decisão no contexto da afirmação original. Se conveniente, use tecnologia para resolver o problema.

7. Em um estudo de *fast-food*, um nutricionista encontra que a média do teor calórico de 36 sanduíches de peixe do Wendy selecionados aleatoriamente é de 480 calorias com um desvio padrão de 32 calorias. A média do teor calórico de 41 sanduíches de peixe do Long John Silver selecionados aleatoriamente é de 470 calorias com um desvio padrão de 54 calorias. Em $\alpha = 0{,}05$, há evidência suficiente para o nutricionista concluir que o sanduíche do Long John Silver tem menos calorias do que o sanduíche do Wendy? *(Adaptado de Wendy's International Inc. e Long John Silver's.)*
8. Um estudo de nutrição à base de *fast-food* comparou o teor calórico de batatas fritas. Trinta e oito porções de batatas fritas médias do Burger King selecionadas aleatoriamente tiveram uma média de 360 calorias e um desvio padrão de 50 calorias, e 35 porções de batatas fritas médias do McDonald's selecionadas aleatoria-

mente tiveram uma média de 380 calorias e um desvio padrão de 45 calorias. Em $\alpha = 0{,}10$, você pode apoiar a afirmação de que os teores calóricos dos dois tipos de batatas fritas são diferentes? *(Adaptado de Burger King Brands, Inc. e McDonald's Corporation.)*

Seção 8.2

Nos exercícios de 9 a 14, use a estatística amostral dada para testar a afirmação sobre a diferença entre duas médias populacionais μ_1 e μ_2 no nível de significância α dado. Assuma que as amostras são aleatórias e independentes e que as populações são distribuídas normalmente aproximadamente.

9. Afirmação: $\mu_1 = \mu_2$, $\alpha = 0{,}05$. Estatística amostral: $\bar{x}_1 = 300$, $s_1 = 26$, $n_1 = 19$ e $\bar{x}_2 = 290$, $s_2 = 22$, $n_2 = 12$. Assuma variâncias iguais.
10. Afirmação: $\mu_1 = \mu_2$, $\alpha = 0{,}10$. Estatística amostral: $\bar{x}_1 = 0{,}015$, $s_1 = 0{,}011$, $n_1 = 8$ e $\bar{x}_2 = 0{,}019$, $s_2 = 0.004$, $n_2 = 6$. Assuma que as variâncias não são iguais.
11. Afirmação: $\mu_1 \leq \mu_2$, $\alpha = 0{,}05$. Estatística amostral: $\bar{x}_1 = 183{,}5$, $s_1 = 1{,}3$, $n_1 = 25$ e $\bar{x}_2 = 184{,}7$, $s_2 = 3{,}9$, $n_2 = 25$. Assuma que as variâncias não são iguais.
12. Afirmação: $\mu_1 \geq \mu_2$, $\alpha = 0{,}01$. Estatística amostral: $\bar{x}_1 = 24{,}5$, $s_1 = 2{,}95$, $n_1 = 19$ e $\bar{x}_2 = 26{,}4$, $s_2 = 2{,}15$, $n_2 = 20$. Assuma variâncias iguais.
13. Afirmação: $\mu_1 \neq \mu_2$, $\alpha = 0{,}01$. Estatística amostral: $\bar{x}_1 = 61$, $s_1 = 3{,}3$, $n_1 = 5$ e $\bar{x}_2 = 55$, $s_2 = 1{,}2$, $n_2 = 7$. Assuma variâncias iguais.
14. Afirmação: $\mu_1 \geq \mu_2$, $\alpha = 0{,}10$. Estatística amostral: $\bar{x}_1 = 520$, $s_1 = 25$, $n_1 = 7$ e $\bar{x}_2 = 500$, $s_2 = 55$, $n_2 = 6$. Assuma que as variâncias não são iguais.

Nos exercícios 15 e 16, (a) identifique a afirmação e estabeleça H_0 e H_a, (b) encontre o(s) valor(es) crítico(s) e identifique a(s) área(s) de rejeição, (c) encontre a estatística de teste padronizada, (d) decida em rejeitar ou falhar ao rejeitar a hipótese nula e (e) interprete a decisão no contexto da afirmação original. Se conveniente, use tecnologia para resolver o problema.

15. Um estudo de métodos para ensinar leitura na 3ª série foi realizado. Uma sala de aula de 21 estudantes participou em atividades de leitura direta por oito semanas. Outra sala de aula de 23 estudantes seguiu o mesmo currículo sem as atividades. Estudantes em ambas as salas de aula então fizeram o mesmo teste de leitura.

A seguir estão as notas dos testes de leitura para a primeira sala de aula (tratamento).

24 43 58 71 43 49
61 44 67 49 53 56
59 52 62 54 57 33
46 43 57

A seguir estão as notas dos testes de leitura para a segunda sala de aula (controle).

42 43 55 26 62 37
33 41 19 54 20 85
46 10 17 60 53 42
37 42 55 28 48

Diagnósticos sugerem que as informações são amostradas de uma população normal e as variâncias populacionais são iguais. Teste a afirmação de que alunos da 3ª série ensinados com as atividades de leitura direta obtiveram notas maiores do que aqueles que foram ensinados sem as atividades. Use $\alpha = 0{,}05$. *(Fonte: StatLib/Schmitt, Maribeth C., The Effects of an Elaborated Directed Reading Activity on the Metacomprehension Skills of Third Graders.)*

16. Um corretor de imóveis afirma que não há diferença entre a média da renda doméstica de dois bairros. A média da renda de 12 famílias selecionadas aleatoriamente do primeiro bairro foi de \$ 32.750 com um desvio padrão de \$ 1.900. No segundo bairro, 10 famílias selecionadas aleatoriamente tiveram uma média de renda de \$ 31.200 com um desvio padrão de \$ 1.825. Assuma distribuições normais e variâncias populacionais iguais. Teste a afirmação em $\alpha = 0{,}05$.

Seção 8.3

Nos exercícios de 17 a 20, usando um teste para amostras aleatórias e dependentes, teste a afirmação sobre a média da diferença de duas populações no nível de significância dado α usando a estatística dada. O teste é unicaudal à direita, à esquerda ou é bicaudal? Assuma que as populações são distribuídas normalmente.

17. Afirmação: $\mu_d = 0$, $\alpha = 0{,}05$. Estatística: $\bar{d} = 10$, $s_d = 12{,}4$, $n = 100$.
18. Afirmação: $\mu_d < 0$, $\alpha = 0{,}01$. Estatística: $\bar{d} = 3{,}2$, $s_d = 1{,}38$, $n = 25$.
19. Afirmação: $\mu_d \leq 6$, $\alpha = 0{,}10$. Estatística: $\bar{d} = 10{,}3$, $s_d = 1{,}24$, $n = 33$.
20. Afirmação: $\mu_d \neq 15$, $\alpha = 0{,}05$. Estatística: $\bar{d} = 17{,}5$, $s_d = 4{,}05$, $n = 37$.

Nos exercícios 21 e 22, (a) identifique a afirmação e determine H_0 e H_a, (b) encontre o(s) valor(es) crítico(s) e identifique a(s) região(ões) de rejeição, (c) calcule $\bar{d}$ e s_d, (d) use o teste t para encontrar a estatística de teste padronizada t, (e) decida em rejeitar ou falhar ao rejeitar a hipótese nula e (f) interprete a decisão no contexto da afirmação original. Se conveniente, use tecnologia para resolver o problema. Para cada amostra, assuma que a distribuição da população é normal.

21. Um pesquisador médico quer testar os efeitos de suplementos de cálcio na pressão sistólica do sangue dos homens. Em parte do estudo, 10 homens selecionados aleatoriamente tiveram um suplemento de cálcio administrado por 12 semanas. O pesquisador mede a pressão sistólica do sangue dos homens no início e no final das 12 semanas de estudo e registra os resultados mostrados a seguir. Em $\alpha = 0{,}10$, o pesquisador pode afirmar que a pressão sistólica do sangue dos homens diminuiu? *(Fonte: The Journal of the American Medical Association.)*

Paciente	1	2	3	4	5	6	7	8	9	10
Antes	107	110	123	129	112	111	107	112	136	102
Depois	100	114	105	112	115	116	106	102	125	104

22. Em um estudo testando os efeitos de um suplemento de ervas na pressão sistólica do sangue em homens, 11 homens selecionados aleatoriamente tiveram um suplemento de ervas administrado por 15 semanas. As medidas a seguir são das pressões sistólicas do sangue de cada indivíduo antes e depois do período de tratamento de 15 semanas. Em $\alpha = 0{,}10$, você pode apoiar a afirmação de que a pressão sistólica do sangue foi reduzida? *(Adaptado de The Journal of the American Medical Association.)*

Paciente	1	2	3	4	5	6	7	8	9	10	11
Antes	123	109	112	102	98	114	119	112	110	117	130
Depois	124	97	113	105	95	119	114	114	121	118	133

Seção 8.4

Nos exercícios de 23 a 26, teste a afirmação sobre a diferença entre duas proporções populacionais p_1 e p_2 no nível de significância dado α usando a estatística amostral dada. O teste é caudal à direita, à esquerda ou é bicaudal? Assuma que as amostras estatísticas são de amostras aleatórias e independentes.

23. Afirmação: $p_1 = p_2$, $\alpha = 0{,}05$. Estatística amostral: $x_1 = 425$, $n_1 = 840$ e $x_2 = 410$, $n_2 = 760$.

24. Afirmação: $p_1 \leq p_2$, $\alpha = 0{,}01$. Estatística amostral: $x_1 = 36$, $n_1 = 100$ e $x_2 = 46$, $n_2 = 200$.

25. Afirmação: $p_1 > p_2$, $\alpha = 0{,}10$. Estatística amostral: $x_1 = 261$, $n_1 = 556$ e $x_2 = 207$, $n_2 = 483$.

26. Afirmação: $p_1 < p_2$, $\alpha = 0{,}05$. Estatística amostral: $x_1 = 86$, $n_1 = 900$ e $x_2 = 107$, $n_2 = 1.200$.

Nos exercícios 27 e 28, (a) identifique a afirmação e estabeleça H_0 e H_a, (b) encontre o(s) valor(es) crítico(s) e identifique a(s) região(ões) de rejeição, (c) encontre a estatística de teste padronizada, (d) decida em rejeitar ou falhar ao rejeitar a hipótese nula e (e) interprete a decisão no contexto da afirmação original. Se conveniente, use tecnologia para resolver o problema. Assuma que as amostras são independentes.

27. Em uma amostra aleatória de 800 adultos norte-americanos em 2003, 398 consideraram que a quantia de imposto federal sobre a renda que eles tinham que pagar era muito alta. Em um ano recente, em uma amostra aleatória de 1.000 adultos norte-americanos, 530 consideraram a quantia muito alta. Em $\alpha = 0{,}10$, você pode rejeitar a afirmação de que as proporções de adultos norte-americanos que consideraram a quantia de imposto federal sobre a renda que eles pagam é muito alta foram as mesmas para os dois anos? *(Adaptado de Gallup Poll.)*

Estudo feito em 2003 (800 adultos norte-americanos)

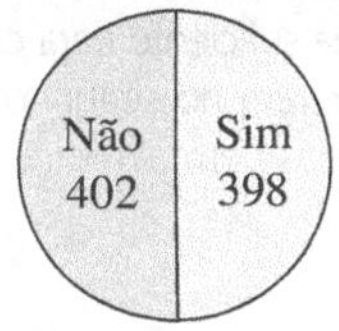

Estudo feito recentemente (1.000 adultos norte-americanos)

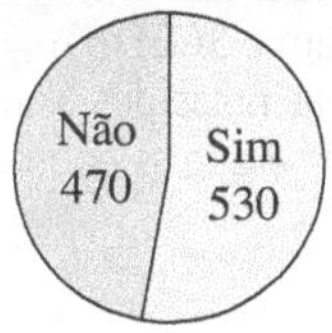

28. Em uma amostra aleatória de 6.164 estudantes fazendo o teste de argumentação SAT que estavam planejando se graduar em Ciências Militares, 986 eram mulheres. Em uma amostra aleatória de 42.890 estudantes planejando se graduar em Ciências da Informação ou da Computação, 5.576 eram mulheres. Em $\alpha = 0{,}05$, teste a afirmação de que a proporção de mulheres com intenção de graduação em Ciências Militares era maior do que a proporção de mulheres com intenção de graduação em Ciências da Informação ou da Computação. *(Adaptado de College Board.)*

Planejando se formar em Ciências Militares

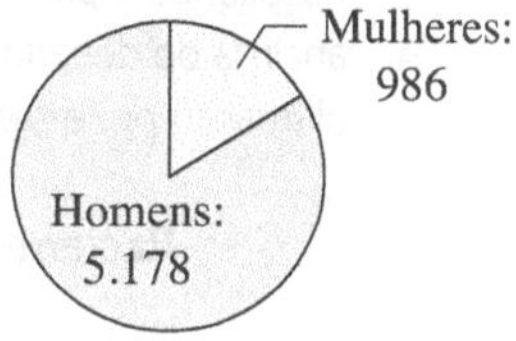

Planejando se formar em Ciências da Informação ou da Computação

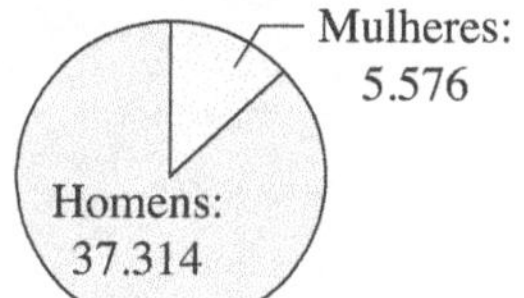

Teste do capítulo

Faça este teste como se você estivesse fazendo uma prova em sala. Depois, compare suas respostas com as respostas dadas no final do livro.

Para o teste, faça o seguinte:

(a) Escreva a afirmação matematicamente e identifique H_0 e H_a.

(b) Determine se o teste de hipótese é um teste unicaudal ou bicaudal e se deverá usar um teste *z* ou um teste *t*. Explique sua argumentação.

(c) Encontre o(s) valor(es) crítico(s) e identifique a(s) região(ões) de rejeição.

(d) Use o teste apropriado para encontrar a estatística de teste apropriada. Se conveniente, use tecnologia.

(e) Decida em rejeitar ou falhar ao rejeitar a hipótese nula.

(f) Interprete a decisão no contexto da afirmação original.

1. A nota média em uma avaliação de Ciências para 49 estudantes homens do ensino médio, selecionados aleatoriamente, foi de 149 com um desvio padrão de 35. A nota média no mesmo teste para 50 estudantes mulheres do ensino médio, selecionadas aleatoriamente, foi de 145 com um desvio padrão de 33. Em $\alpha = 0{,}05$, você pode apoiar a afirmação de que a nota média na avaliação de Ciências para homens foi maior do que para mulheres? *(Adaptado de National Center for Education Statistics.)*

2. Um professor de Ciências afirma que as notas médias em uma avaliação de Ciências para meninos e meninas da 4ª série são iguais. A nota média para 13 meninos selecionados aleatoriamente é 153 com um desvio padrão de 32, e a nota média para 15 meninas selecionadas aleatoriamente é 149 com um desvio padrão de 30. Em $\alpha = 0{,}01$, você pode rejeitar a afirmação do professor? Assuma que as populações são distribuídas normalmente e as variâncias são iguais. *(Adaptado de National Center for Education Statistics.)*

3. Em uma amostra aleatória de 6.382 motoristas de idade entre 21 e 24 anos envolvidos em acidentes fatais, 32% tiveram uma concentração de álcool no sangue de 0,08% ou maior. Em uma amostra aleatória de 11.179 motoristas de idade 25 a 34 anos envolvidos em acidentes fatais, 27% tiveram uma concentração

de álcool no sangue de 0,08% ou maior. Em $\alpha = 0,10$, você pode apoiar a afirmação de que a proporção de motoristas envolvidos em acidentes fatais com uma concentração de álcool no sangue de 0,08% ou maior é maior para motoristas de idade entre 21 e 24 anos do que para motoristas de idade entre 25 e 34 anos? *(Fonte: U.S. National Highway Safety Traffic Administration.)*

4. A tabela mostra as notas de Matemática para 12 estudantes selecionados aleatoriamente para a primeira e a segunda vez que eles fizeram o SAT. Em $\alpha = 0,05$, há evidência suficiente para concluir que as notas dos alunos no SAT melhoraram no segundo teste? Assuma que as populações são distribuídas normalmente.

Estudante	1	2	3	4	5	6
Primeira Nota	457	419	343	539	394	413
Segunda Nota	532	523	427	607	444	490

Estudante	7	8	9	10	11	12
Primeira Nota	392	421	439	340	493	339
Segunda Nota	428	524	532	397	550	357

Juntando tudo

Estatística real – decisões reais

Você trabalha para o Departamento de Estatística do Centro Nacional para Estatística de Saúde. Em um esforço para determinar se a duração média de estadia em hospital para pacientes diagnosticados com pneumonia é diferente hoje em dia de como era 9 anos atrás, seu departamento decide analisar os dados de uma seleção aleatória de registros hospitalares. Os resultados para vários pacientes de 17 anos e mais novos são mostrados nos histogramas para 9 anos atrás e para este ano.

Seu departamento acredita que há uma diferença entre a duração média de estadia em hospital para pacientes (de 17 anos e mais novos) diagnosticados com pneumonia. Como o analista do departamento de pesquisa, é sua função trabalhar com os dados e determinar se a afirmação pode ser apoiada.

Pacientes com 17 anos ou menos com pneumonia (9 anos atrás)

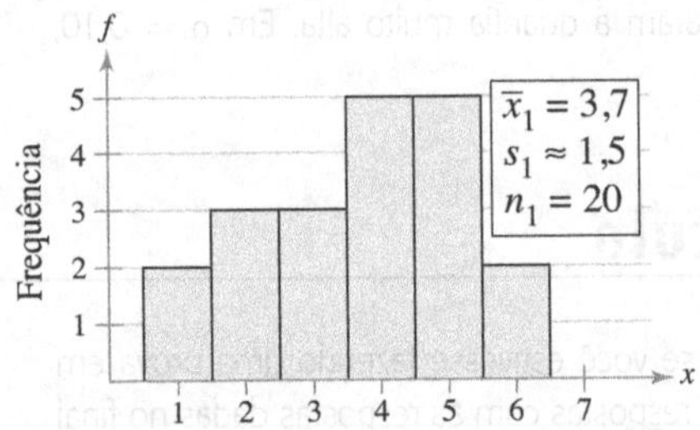

Pacientes com 17 anos ou menos com pneumonia (este ano)

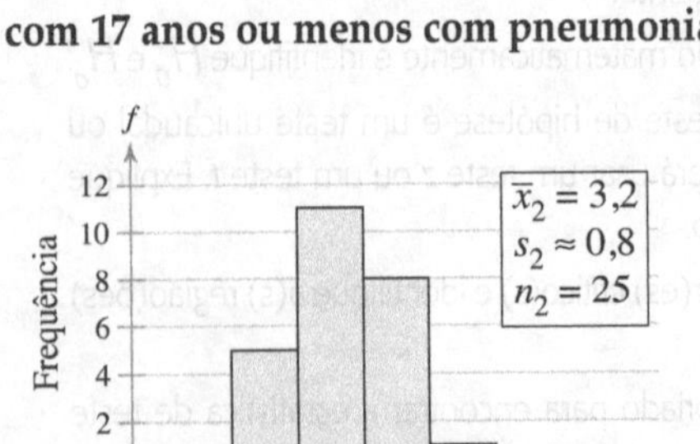

Exercícios

1. **Como você faria isto?**
   (a) Qual técnica de amostragem você usaria para selecionar a amostra para o estudo? Por quê? Qual técnica de amostragem você usaria se dividisse os registros hospitalares de acordo com quatro regiões geográficas (nordeste, sul, centro-oeste e oeste), selecionasse uma região aleatoriamente e obtivesse os registros de cada hospital naquela região?
   (b) Qual técnica na parte (a) seria a mais fácil de ser implementada? Por quê?
   (c) Identifique possíveis falhas ou tendências no seu estudo.
2. **Escolhendo um teste**
   Para testar a afirmação de que há uma diferença na duração média da estadia em hospital para pacientes (com 17 anos e mais novos) diagnosticados com pneumonia, você deverá usar um teste z ou um teste t? As amostras são independentes ou dependentes? Você precisa saber qual é cada distribuição da população? Você precisa saber alguma coisa sobre as variâncias da população?
3. **Testando uma média**
   Teste a afirmação de que há uma diferença entre a duração média de estadia em hospital para pacientes (com 17 anos ou menos) diagnosticados com pneumonia. Assuma que as populações são normais e as variâncias da população não são iguais. Use $\alpha = 0{,}05$. Escreva um parágrafo que interprete a decisão do teste. A decisão apoia a afirmação do seu departamento?

Tecnologia

MINITAB **EXCEL** **TI-83/84**

Cara ou coroa

No artigo "Tails over Heads" no *Washington Post* (13 de outubro de 1996), o jornalista William Casey descreve um de seus hobbies — registrar cada moeda que ele encontra na rua. De 1º de janeiro de 1985 até o artigo ser escrito, Casey encontrou 11.902 moedas.

A cada moeda encontrada, Casey registra hora, dia, localização, valor, localização da casa da moeda e se a moeda está indicando cara ou coroa. No artigo, Casey indica que 6.130 moedas foram encontradas indicando "coroa" e 5.772 foram encontradas indicando "cara". Das 11.902 moedas encontradas, 43 foram feitas na casa da moeda de São Francisco, 7.133 foram feitas na Filadélfia e 4.726 foram feitas em Denver.

Uma simulação da experiência de Casey pode ser feita em MINITAB como mostrado a seguir. Um histograma de frequência dos resultados de uma simulação é mostrado à direita.

Simulação de lançamento de moeda

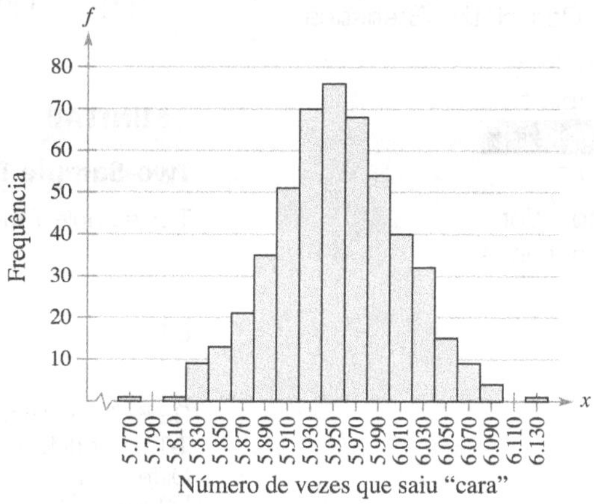

MINITAB

Generate [500] rows of data	Number of trials: [11902]
Store in column(s)	Probability of success: [.5]
[C1]	

CALC, RANDOM DATA, BINOMIAL DISTRIBUTION

Exercícios

1. Use a ferramenta de tecnologia para desempenhar um teste *z* de uma amostra para testar a hipótese de que a probabilidade de uma "moeda encontrada" estar indicando "cara" é 0,5. Use $\alpha = 0{,}01$. Use a informação de Casey como sua amostra e escreva sua conclusão como uma frase.
2. A informação de Casey difere significativamente do acaso? Se a resposta for afirmativa, qual pode ser a razão?
3. Na simulação mostrada, qual porcentagem das tentativas teve "caras" menor ou igual ao número de "coroas" na informação de Casey? Use a ferramenta de tecnologia para repetir a simulação. Seus resultados são comparáveis?

Nos exercícios 4 e 5, use a ferramenta de tecnologia para desempenhar um teste *z* de duas amostras para decidir se há uma diferença nas datas em que as moedas foram feitas e nos valores das moedas encontradas em uma rua de 1985 até 1996. Escreva sua conclusão como uma frase. Use $\alpha = 0{,}05$.

4. Data que as moedas foram feitas (anos).

Filadélfia:	Denver:
$\bar{x}_1 = 1.984{,}8$	$\bar{x}_2 = 1.983{,}4$
$s_1 = 8{,}6$	$s_2 = 8{,}4$

5. Valor das moedas (dólares).

Filadélfia:	Denver:
$\bar{x}_1 = \$\ 0{,}034$	$\bar{x}_2 = \$\ 0{,}033$
$s_1 = \$\ 0{,}054$	$s_2 = \$\ 0{,}052$

Usando tecnologia para efetuar testes de hipótese de duas amostras

Aqui estão algumas cópias impressas de MINITAB e T1-83/84 para vários exemplos neste capítulo. Para duplicar os resultados do MINITAB, você precisa da informação original. Para a T1-83/84, você pode simplesmente entrar com a estatística descritiva.

(Veja Exemplo 1, p. 364.)

Distâncias de frenagem (em pés) para 8 Volkswagen GTIs

127 132 143 127 132 141 142 128

Distância de frenagem (em pés) para 10 Ford Focus

141 140 147 141 140 143 145 145 146 142

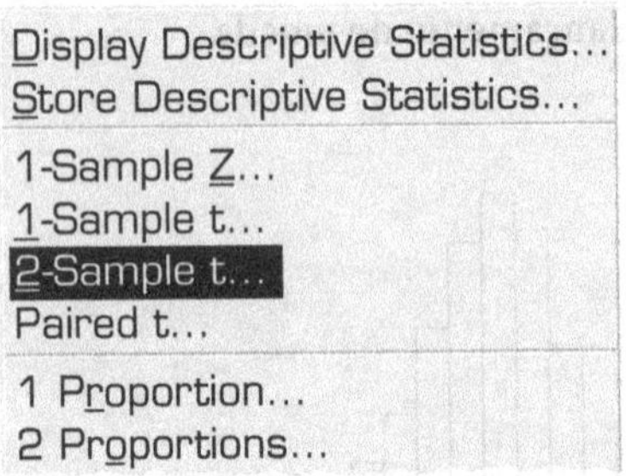

MINITAB

Two-Sample T-Test and Confidence Interval

```
Two-sample T for C1 vs C2
        N     Mean    StDev    SE
                               Mean
C1      8     134     6.93     2.4
C2      10    143     2.58     0.82
99% CI for difference: (-17.66, -0.336)
T-Test of difference = 0 (vs not = ) T-Value = -3.49
Difference = mu C1 - mu C2
Estimate for difference: - 9.00
```

(Veja Exemplo 1, p. 371.)

Placares de golfe, clube com projeto novo e antigo

Jogador de golfe	1	2	3	4	5	6	7	8
Placar (projeto antigo)	89	84	96	82	74	92	85	91
Placar (projeto novo)	83	83	92	84	76	91	80	91

```
Display Descriptive Statistics...
Store Descriptive Statistics...
1-Sample Z...
1-Sample t...
2-Sample t...
Paired t...
1 Proportion...
2 Proportions...
```

MINITAB

```
Paired T-Test
Paired T for C1 - C2
              N     Mean     StDev     SE Mean
C1            8     86.63    6.89      2.43
C2            8     85.00    5.81      2.05
Difference    8     1.63     3.07      1.08

T-Test of mean difference = 0 (vs>0): T-Value = 1.50 P_Value = 0.089
```

(Ver Exemplo 2, p. 355)

TI-83/84

```
EDIT CALC TESTS
1: Z-Test...
2: T-Test...
3: 2-SampZTest...
4: 2-SampTTest...
5: 1-PropZTest...
6: 2-PropZTest...
7↓ZInterval...
```

TI-83/84

```
2-SampZTest
 Inpt:Data Stats
 σ1: 750
 σ2: 800
 x̄1: 2290
 n1: 200
 x̄2: 2370
↓n2: 200
```

TI-83/84

```
2-SampZTest
↑σ2: 800
 x̄1: 2290
 n1: 200
 x̄2: 2370
 n2: 200
 μ1: ≠μ2 <μ2 >μ2
 Calculate Draw
```

TI-83/84

```
2-SampZTest
 μ1 ≠μ2
 z= -1.031721408
 p= .3022026809
 x̄1= 2290
 x̄2= 2370
↓n1= 200
```

(Ver Exemplo 2, p. 365)

TI-83/84

```
EDIT CALC TESTS
1: Z-Test...
2: T-Test...
3: 2-SampZTest...
4: 2-SampTTest...
5: 1-PropZTest...
6: 2-PropZTest...
7↓ZInterval...
```

TI-83/84

```
2-SampTTest
 Inpt:Data Stats
 x̄1: 1275
 Sx1: 45
 n1: 14
 x̄2: 1250
 Sx2: 30
↓n2: 16
```

TI-83/84

```
2-SampTTest
↑n1: 14
 x̄2: 1250
 Sx2: 30
 n2: 16
 μ1: ≠μ2 <μ2 >μ2
 Pooled: No Yes
 Calculate Draw
```

TI-83/84

```
2-SampTTest
 μ1 > μ2
 t= 1.811358919
 p= .0404131295
 df= 28
 x̄1= 1275
↓x̄2= 1250
```

(Veja Exemplo 1, p. 379)

TI-83/84

```
EDIT CALC TESTS
1: Z-Test...
2: T-Test...
3: 2-SampZTest...
4: 2-SampTTest...
5: 1-PropZTest...
6: 2-PropZTest...
7↓ZInterval...
```

TI-83/84

```
2-PropZTest
 x1: 60
 n1: 200
 x2: 95
 n2: 250
 p1: ≠p2 < p2 > p2
 Calculate Draw
```

TI-83/84

```
2-PropZTest
 p1 ≠ p2
 z= -1.774615984
 p= .0759612188
 p̂1= .3
 p̂2= .38
↓p̂= .3444444444
```

Revisão acumulada – capítulos 6 a 8

1. Em uma pesquisa de 1.000 adultos, 570 dizem que é um tanto ou muito provável que exista vida em outros planetas. *(Adaptado de Rasmussen Reports.)*
   (a) Construa um intervalo de confiança de 95% para a proporção de adultos que dizem que é um tanto ou muito provável que exista vida em outros planetas.
   (b) Um pesquisador afirma que mais de 60% de adultos acreditam que é um tanto ou muito provável que exista vida em outros planetas. Em $\alpha = 0{,}05$, você pode apoiar a afirmação do pesquisador? Interprete a decisão no contexto da afirmação original.
2. Um pneumologista sugere que banir o fumo nos bares reduzirá a quantidade de óxido nítrico expirado por trabalhadores asmáticos do bar. A tabela mostra os níveis de óxido nítrico (em partes por bilhão) de uma amostra de 12 trabalhadores asmáticos antes da proibição do fumo e um mês após a proibição do fumo. Em $\alpha = 0{,}05$, teste a afirmação de que a proibição do fumo nos bares reduzirá a quantidade de óxido nítrico expirado pelos trabalhadores asmáticos do bar. Assuma que a população está normalmente distribuída. Interprete a decisão no contexto da afirmação original. *(Adaptado de The Journal of the American Medical Associaton.)*

Trabalhador	1	2	3	4	5	6	7	8	9	10	11	12
Óxido nítrico expirado antes da proibição	34	37	41	29	36	35	38	30	33	31	33	35
Óxido nítrico expirado depois da proibição	24	31	35	21	29	37	26	21	25	28	23	30

Nos exercícios de 3 a 6, construa o intervalo de confiança indicado para a média populacional μ. Qual distribuição você usou para criar o intervalo de confiança?

3. $c = 0{,}95$, $\bar{x} = 26{,}97$, $s = 3{,}4$, $n = 42$.
4. $c = 0{,}90$, $\bar{x} = 3{,}46$, $s = 1{,}63$, $n = 16$.
5. $c = 0{,}99$, $\bar{x} = 12{,}1$, $s = 2{,}64$, $n = 26$.
6. $c = 0{,}95$, $\bar{x} = 8{,}21$, $s = 0{,}62$, $n = 8$.
7. Um pediatra afirma que o peso médio no nascimento para um bebê único é maior do que o peso médio em um bebê que tem um gêmeo. O peso médio no nascimento de uma amostra aleatória de 85 bebês únicos é 3.086 gramas com um desvio padrão de 563 gramas. O peso médio no nascimento de uma amostra aleatória de 68 bebês que têm um gêmeo é 2.263 gramas com um desvio padrão de 624 gramas. Em $\alpha = 0{,}10$, você pode apoiar a afirmação do pediatra? Interprete a decisão no contexto da afirmação original.

Nos exercícios de 8 a 11, use a afirmação dada para dizer a hipótese nula e a hipótese alternativa. Identifique quais hipóteses representam a afirmação.

8. Afirmação: $\mu < 33$.
9. Afirmação: $p \geq 0{,}19$.
10. Afirmação: $\sigma = 0{,}63$.
11. Afirmação: $\mu \neq 2{,}28$.
12. A média do número de medicação crônica tomada por uma amostra aleatória de 26 idosos em uma comunidade tem um desvio padrão amostral de 3,1 medicações. Assuma que a população está distribuída normalmente. *(Adaptado de The Journal of the American Medical Association.)*
    (a) Construa um intervalo de confiança de 99% para a variância da população.
    (b) Construa um intervalo de confiança de 99% para o desvio padrão da população.
    (c) Um farmacêutico acredita que o desvio padrão da média do número de medicação crônica tomada por idosos na comunidade é menor que 2,5 medicações. Em $\alpha = 0{,}01$, você pode apoiar a afirmação do farmacêutico? Interprete a decisão no contexto da afirmação original.
13. Um instrutor de tênis afirma que a tensão nas cordas das raquetes usadas para potência é menor do que a tensão nas cordas das raquetes usadas para controle. A média da tensão das cordas de uma amostra aleatória de 15 raquetes para potência é 57,9 libras com um desvio padrão de 0,8 libra. A média da tensão das cordas de uma amostra aleatória de raquetes para controle é 61,1 libras com um desvio padrão de 0,6 libra. Em $\alpha = 0{,}05$, você pode apoiar a afirmação do instrutor de tênis? Interprete a decisão no contexto da afirmação original. Assuma que as populações são distribuídas normalmente e que as variâncias são iguais.
14. Após cirurgia cardíaca, um teste de caminhada de 6 minutos é desempenhado para admissão em um programa de reabilitação. O número de metros caminhados por uma amostra aleatória de 26 adultos está listado. Assuma que a população está normalmente distribuída. *(Adaptado de CHEST: The Cardiopulmonary and Critical CareJournal.)*

347	186	331	98	508	133	302	391	246
319	274	212	435	168	89	116	416	424
316	374	288	335	367	298	380	349	

    (a) Construa um intervalo de confiança de 95% para a média de distância caminhada da população.
    (b) Um fisioterapeuta afirma que a média da distância percorrida é menor que 280 metros. Em $\alpha = 0{,}10$, você pode apoiar a afirmação? Interprete a decisão no contexto da afirmação original.
15. Um grupo de pesquisa médica estudou o número de lesões na cabeça e no pescoço sofridas por jogadores de hóquei. Dos 319 jogadores que usaram proteção completa no rosto, 195 sofreram uma lesão. Dos 323 jogadores que usaram meia proteção, 204 sofreram uma lesão. Em $\alpha = 0{,}10$, você pode rejeitar a afirmação de que as proporções de jogadores sofrendo lesões na cabeça e no pescoço são as mesmas para os dois grupos? Interprete a decisão no contexto da afirmação original. *(Fonte: The Journal of the American Medical Association.)*
16. Em um teste nacional de avaliação de matemática, uma amostra aleatória de 120 estudantes da 12ª série tem uma nota média de 150 com um desvio padrão de 34. *(Adaptado de National Center for Education Statistics.)*
    (a) Construa um intervalo de confiança de 90% para nota média no teste da população.
    (b) Este resultado de teste leva um administrador escolar a afirmar que a nota média para todos os estudantes da 12ª série que fizeram o teste é de no mínimo 145. Em $\alpha = 0{,}05$, você pode rejeitar a afirmação do administrador? Interprete a decisão no contexto da afirmação original.

Parte 4

Mais inferências estatísticas

Capítulo 9

Correlação e regressão

Onde estamos

Nos capítulos de 1 a 8, você estudou estatísticas descritivas, probabilidade e estatística inferencial. Uma das técnicas que você aprendeu em estatísticas descritivas era fazer o gráfico dos dados emparelhados usando um diagrama de dispersão (Seção 2.2). Por exemplo, os orçamentos e os ganhos brutos mundiais de 25 dos filmes mais caros da 20th Century Fox são mostrados a seguir e na forma de gráfico.

20th Century Fox

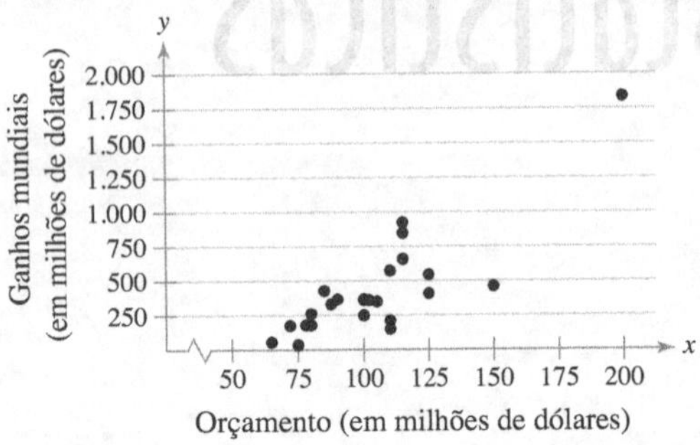

25 dos filmes mais caros da 20th Century Fox

Orçamento (em milhões de dólares)	Ganhos brutos mundiais (em milhões de dólares)
200	1.835,4
150	459,4
125	406,4
125	542,7
115	924,3
115	656,7
115	848,5
110	571,1
110	211,4
110	150,5
105	348,8
102	358,8
100	365,3
100	359,1
100	249,0
90	365,0
87,5	329,5
85	427,2
80	260,7
80	179,1
78	179,3
75	34
75	36,8
72	176,1
65	56,4

Para onde vamos

Neste capítulo, você irá estudar como descrever e testar a significância das relações entre duas variáveis quando os dados são apresentados em pares ordenados. Por exemplo, no diagrama de dispersão para os filmes da 20th Century Fox, parece que os maiores ganhos brutos tendem a corresponder aos maiores orçamentos e os menores ganhos tendem a corresponder aos menores orçamentos. Essa relação é descrita dizendo-se que os ganhos brutos mundiais são correlacionados positivamente aos orçamentos dos filmes. Graficamente, a relação pode ser descrita desenhando-se uma linha, chamada de linha de regressão, que ajusta os pontos o mais próximo possível. O segundo diagrama de dispersão a seguir mostra 25 dos filmes mais caros distribuídos pela Warner Brothers. A partir do diagrama de dispersão, parece que não há correlação linear entre os ganhos brutos mundiais e os orçamentos dos filmes.

20th Century Fox

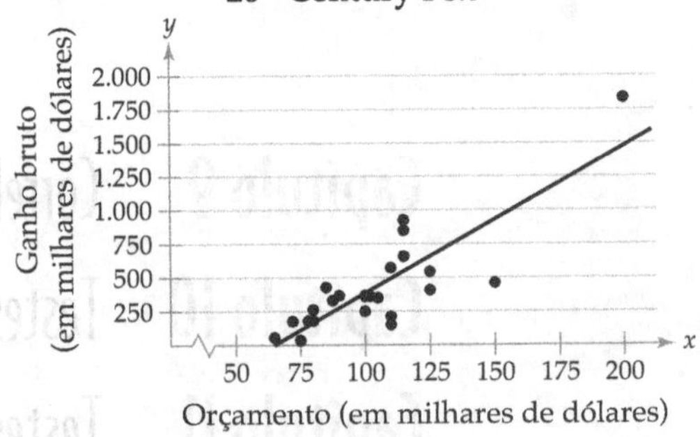

Warner Brothers

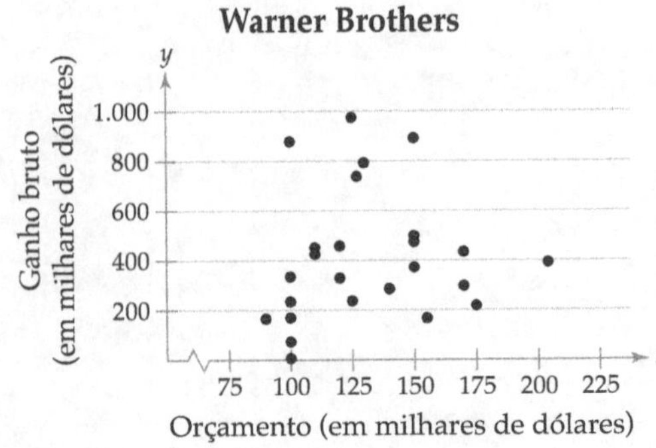

9.1 Correlação

Uma visão geral da correlação ⟶ Coeficiente de correlação ⟶ Usando uma tabela para testar o coeficiente de correlação ρ ⟶ Teste de hipótese para um coeficiente de correlação ρ de uma população ⟶ Correlação e causalidade

O que você deve aprender

- Uma introdução a correlação linear, variáveis dependentes e independentes e tipos de correlação.
- Como encontrar o coeficiente de correlação.
- Como testar o coeficiente de correlação ρ de uma população usando uma tabela.
- Como realizar um teste de hipótese para o coeficiente de correlação ρ de uma população.
- Como distinguir entre correlação e causalidade.

Uma visão geral da correlação

Suponha que um inspetor de segurança queira determinar se existe uma relação entre o número de horas de treinamento para um funcionário e o número de acidentes envolvendo este mesmo funcionário. Ou suponha que uma psicóloga queira saber se existe uma relação entre o número de horas que uma pessoa dorme a cada noite e o tempo de reação da pessoa. Como você determinaria se a relação existe?

Nesta seção, você estudará como descrever que tipo de relação, ou correlação, existe entre duas variáveis quantitativas e como determinar se a correlação é significante.

Definição

Uma **correlação** é uma relação entre duas variáveis. Os dados podem ser representados por pares ordenados (x, y), onde x é a **variável independente** (ou **explanatória**) e y é a **variável dependente** (ou **resposta**).

Na Seção 2.2, você aprendeu que o gráfico dos pares ordenados (x, y) é chamado de **diagrama de dispersão**. No diagrama de dispersão, os pares ordenados (x, y) são colocados no gráfico como pontos em um plano coordenado. A variável independente (explanatória) x é medida pelo eixo horizontal, e a variável dependente (resposta) y é medida pelo eixo vertical. Um diagrama de dispersão pode ser usado para determinar se existe uma correlação linear (linha reta) entre duas variáveis. Os diagramas de dispersão mostram diversos tipos de correlação.

Correlação linear negativa

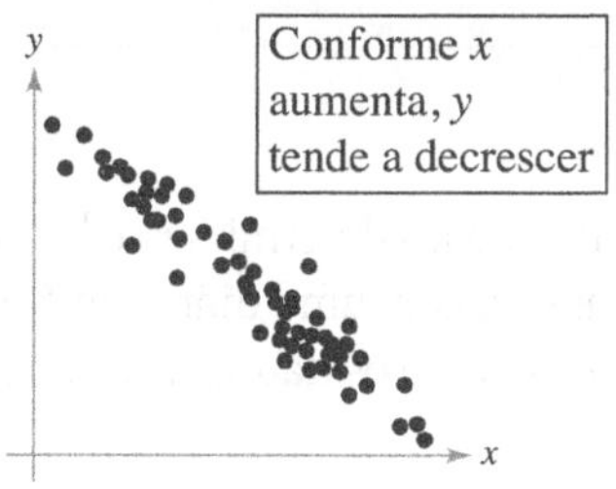

Correlação linear positiva

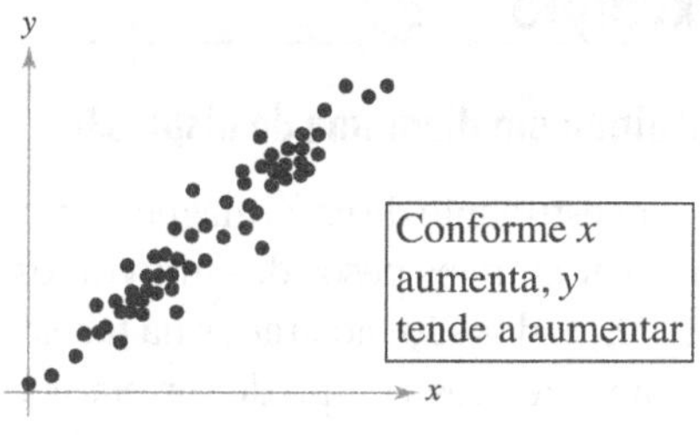

Não há correlação

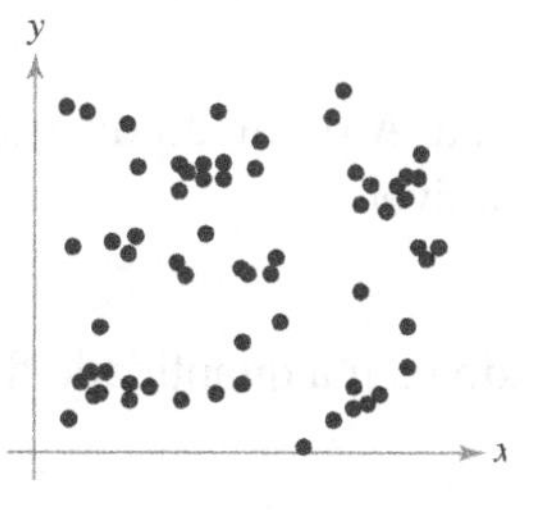

Correlação não linear

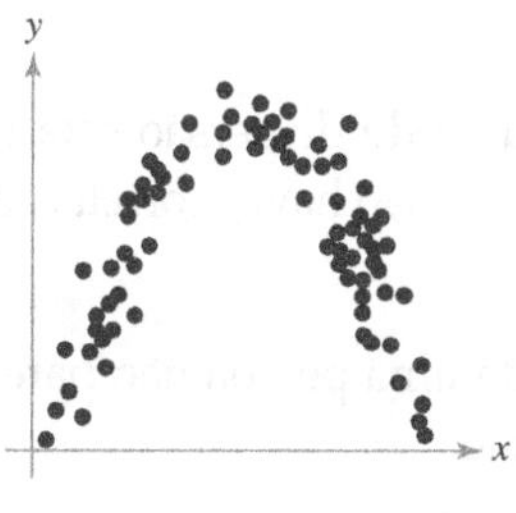

Exemplo 1

Gastos com propaganda (1.000s de $), x	Vendas da empresa (1.000s de $), y
2,4	225
1,6	184
2,0	220
2,6	240
1,4	180
1,6	184
2,0	186
2,2	215

Construindo o diagrama de dispersão

Um gerente de marketing conduziu um estudo para determinar se há uma relação entre o dinheiro gasto com propaganda e as vendas da empresa. Os dados são mostrados na tabela à esquerda. Coloque os dados em um diagrama de dispersão e determine se parece haver uma correlação linear positiva e negativa ou se parece não haver correlação linear.

Solução

O diagrama de dispersão é mostrado à direita. A partir do diagrama de dispersão, parece haver uma correlação linear positiva entre as variáveis.

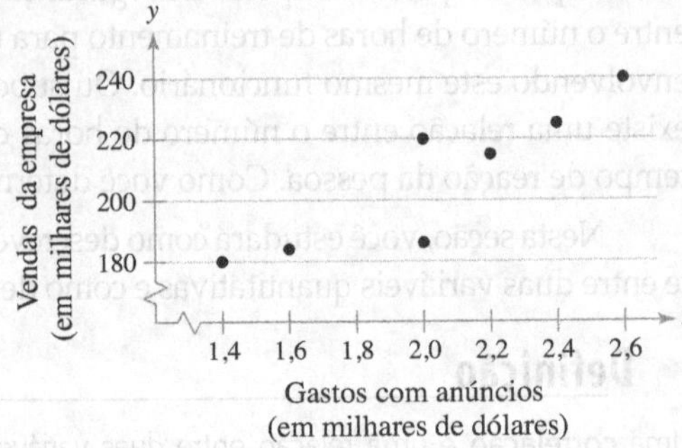

Interpretação

Lendo da esquerda para a direita, conforme os gastos com propaganda aumentam, as vendas tendem a aumentar.

Nível de renda (1.000s de $), x	Porcentagem de doações y
50	8
65	6
48	10
42	9
59	5
72	3

Tente você 1 Um sociólogo conduziu um estudo para determinar se há uma relação linear entre o nível de renda familiar e a porcentagem doada para caridade. Os dados são mostrados na tabela à esquerda. Mostre os dados em um diagrama de dispersão e determine o tipo de correlação.

a. *Desenhe* e *nomeie* os eixos x e y.

b. *Faça o gráfico* de cada par ordenado.

c. Parece haver uma correlação linear? Se sim, *interprete* a correlação no contexto dos dados.

Resposta na p. A46

Exemplo 2

Construindo um diagrama de dispersão

Um estudante de enfermagem conduz um estudo para determinar se há uma relação linear entre os pesos dos indivíduos (em libras) e o consumo diário de água (em onças). Os dados são mostrados na tabela a seguir. Organize os dados no diagrama de dispersão e descreva o tipo de correlação.

Peso, x	142	201	119	102	141	124	220	154
Água, y	54	86	32	50	64	82	39	21

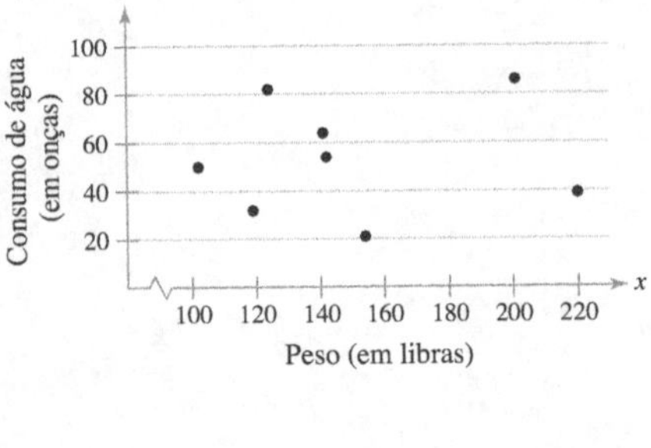

Solução

O diagrama de dispersão está mostrado à esquerda. A partir do diagrama de dispersão, parece não haver correlação linear entre as variáveis.

Interpretação

O peso de uma pessoa não parece estar relacionado com a quantidade de água que ela consome.

Tente você 2 Um gerente de marketing conduz um estudo para determinar se há uma relação linear entre a idade da pessoa e o número de revistas que cada pessoa assina. Os dados são mostrados na tabela a seguir. Mostre os dados no diagrama de dispersão e determine o tipo de correlação.

Idade, x	55	48	26	21	33	50	64	35
Assinaturas, y	2	3	0	4	3	0	6	1

a. *Desenhe* e *nomeie* os eixos x e y.

b. *Faça o gráfico* de cada par ordenado.

c. Parece haver uma correlação linear? Se sim, *interprete* a correlação no contexto dos dados.

Resposta na p. A46

Dica de estudo

Salve quaisquer dados colocados em uma ferramenta tecnológica, pois eles serão usados ao longo deste capítulo.

Exemplo 3

Construindo um diagrama de dispersão usando uma ferramenta tecnológica

O Old Faithful, localizado no Parque Nacional Yellowstone, é o gêiser mais famoso do mundo. A duração (em minutos) de diversas erupções do Old Faithful e os tempos (em minutos) até que as próximas erupções aconteçam são mostrados na tabela à direita. Usando uma TI-83/84, represente os dados em um diagrama de dispersão. Determine o tipo de correlação.

Duração, x	Tempo, y	Duração, x	Tempo, y
1,80	56	3,78	79
1,82	58	3,83	85
1,90	62	3,88	80
1,93	56	4,10	89
1,98	57	4,27	90
2,05	57	4,30	89
2,13	60	4,43	89
2,30	57	4,47	86
2,37	61	4,53	89
2,82	73	4,55	86
3,13	76	4,60	92
3,27	77	4,63	91
3,65	77		

Solução

Comece entrando com os valores x na List 1 e os valores y na List 2. Use o *Stat Plot* para construir o diagrama de dispersão. O gráfico deve se parecer com o mostrado a seguir. A partir do diagrama de dispersão, parece haver uma correlação linear positiva.

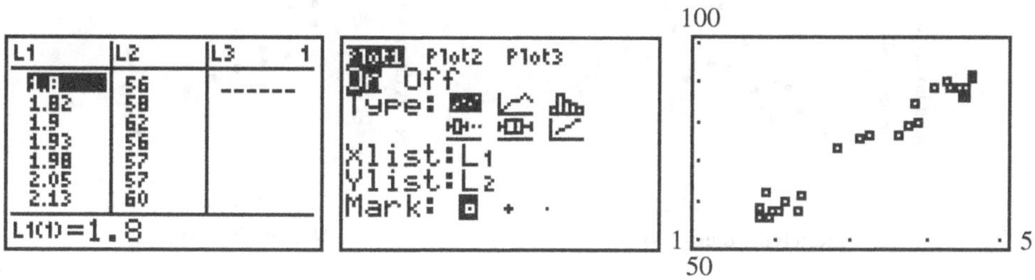

Interpretação

Você pode concluir que quanto maior a duração da erupção, mais tempo leva para que a próxima erupção aconteça.

Dica de estudo

Você também pode usar o MINITAB e Excel para construir os diagramas de dispersão.

Tente você 3 Considere os dados da abertura do capítulo na p. 394 sobre 25 dos filmes mais caros da 20th Century Fox. Use a ferramenta tecnológica para representar em um diagrama de dispersão. Determine o tipo de correlação.

a. *Entre* os dados na List 1 e na List 2.

b. *Construa* o diagrama de dispersão.

c. Parece haver uma correlação linear? Se sim, *interprete* a correlação no contexto dos dados.

Resposta na p. A46

Coeficiente de correlação

Interpretar a correlação usando um diagrama de dispersão pode ser subjetivo. Uma maneira mais precisa de se medir o tipo e a força de uma correlação linear entre duas variáveis é calcular o coeficiente de correlação. Embora a fórmula para o coeficiente de correlação amostral seja dada, é mais conveniente usar uma ferramenta tecnológica para calcular esse valor.

Definição

O **coeficiente de correlação** é uma medida da força e direção de uma relação linear entre duas variáveis. O símbolo r representa o coeficiente de correlação amostral. Uma fórmula para r é:

$$r = \frac{n\sum xy - (\sum x)(\sum y)}{\sqrt{n\sum x^2 - (\sum x)^2}\sqrt{n\sum y^2 - (\sum y)^2}},$$

onde n é o número de pares de dados.

O coeficiente de correlação populacional é representado por ρ (a letra minúscula grega rô, pronuncia-se "row").

Importante

O nome formal de r é "coeficiente de correlação produto-momento de Pearson". Este nome é em homenagem ao estatístico inglês Karl Pearson (1857–1936).

A amplitude do coeficiente de correlação é –1 para 1. Se x e y têm uma correlação linear positiva forte, r está próximo de 1. Se x e y têm uma correlação linear negativa forte, r está próximo de –1. Se não há correlação linear ou uma correlação linear fraca, r está próximo a zero. É importante lembrar que se r está próximo a 0, isso não significa que não há relação entre x e y, significa somente que não há *relação linear*. Diversos exemplos são mostrados.

Correlação positiva forte $r = 0{,}81$

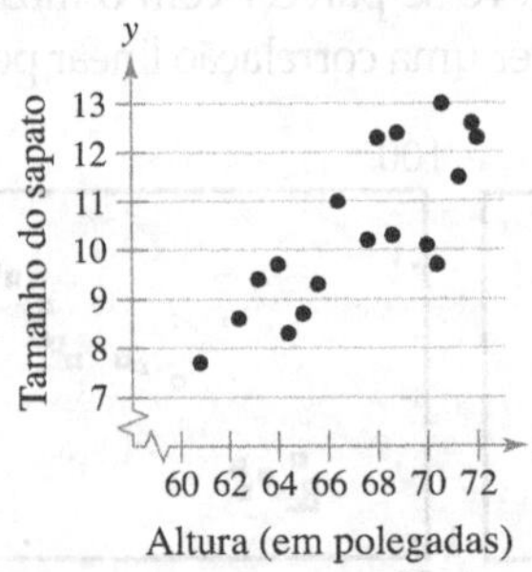

Correlação negativa forte $r = -0{,}92$

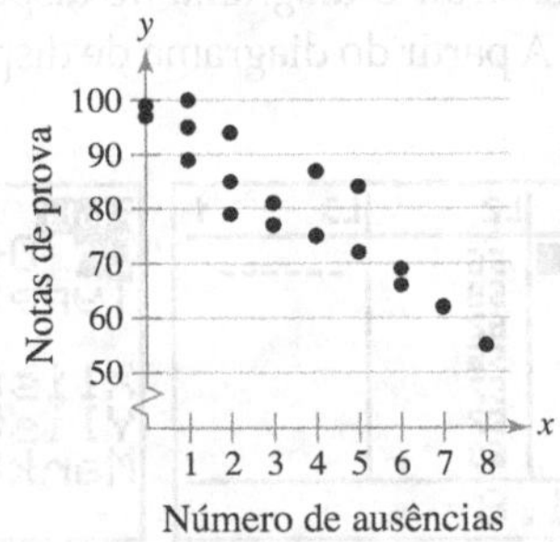

Correlação linear positiva fraca $r = 0{,}45$

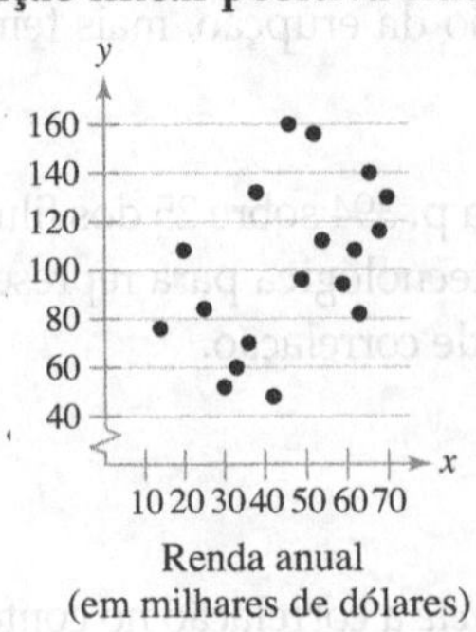

Não há correlação $r = 0{,}04$

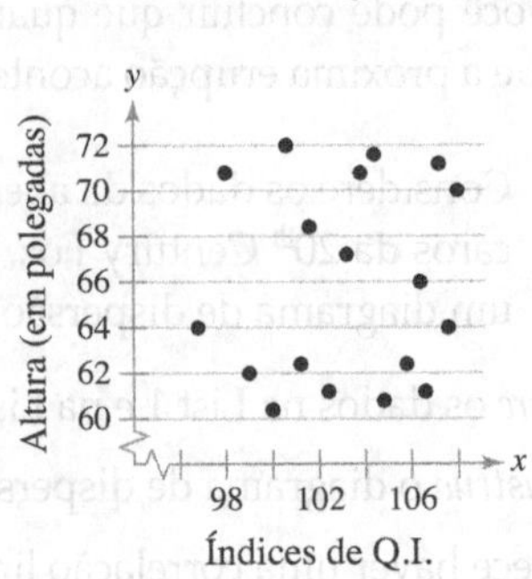

Instruções

Calculando um coeficiente de correlação

Em palavras	*Em símbolos*
1. Encontre a soma dos valores x.	Σx
2. Encontre a soma dos valores y.	Σy
3. Multiplique cada valor x por seu valor y correspondente e encontre a soma.	Σxy
4. Faça o quadrado de cada valor x e encontre a soma.	Σx^2
5. Faça o quadrado de cada valor y e encontre a soma.	Σy^2
6. Use essas 5 somas para calcular o coeficiente de correlação.	$r=\dfrac{n\sum xy-(\sum x)(\sum y)}{\sqrt{n\sum x^2-(\sum x)^2}\sqrt{n\sum y^2-(\sum y)^2}}$

Dica de estudo

Σx^2 significa fazer o quadrado de cada valor e somá-los. $(\Sigma x)^2$ significa adicionar os valores e fazer o quadrado da soma.

Exemplo 4

Encontrando o coeficiente de correlação

Calcule o coeficiente de correlação para os dados dos gastos com propaganda e vendas da empresa informados no Exemplo 1. O que podemos concluir?

Solução

Use a tabela para ajudar a calcular o coeficiente.

Gastos com propaganda (1.000s de $), x	Vendas da empresa (1.000s de $), y	xy	x^2	y^2
2,4	225	540	5,76	50.625
1,6	184	294,4	2,56	33.856
2,0	220	440	4	48.400
2,6	240	624	6,76	57.600
1,4	180	252	1,96	32.400
1,6	184	294,4	2,56	33.856
2,0	186	372	4	34.596
2,2	215	473	4,84	46.225
$\Sigma x = 15{,}8$	$\Sigma y = 1.634$	$\Sigma xy = 3.289{,}8$	$\Sigma x^2 = 32{,}44$	$\Sigma y^2 = 337.558$

Com essas somas e $n = 8$, o coeficiente de correlação é:

$$r=\frac{n\sum xy-(\sum x)(\sum y)}{\sqrt{n\sum x^2-(\sum x)^2}\sqrt{n\sum y^2-(\sum y)^2}}$$

$$=\frac{8(3.289,8)-(15,8)(1.634)}{\sqrt{8(32,44)-15,8^2}\sqrt{8(337.558)-1.634^2}}$$

$$=\frac{501,2}{\sqrt{9,88}\sqrt{30.508}}\approx 0,9129.$$

O resultado $r \approx 0{,}913$ sugere uma correlação linear positiva forte.

Interpretação

Conforme aumenta o gasto com propaganda, as vendas da empresa também aumentam.

Dica de estudo

Note que o coeficiente de correlação *r* no Exemplo 4 é arredondado em três posições decimais. Essa *regra de arredondamento* será usada por todo livro.

Tente você 4

Calcule o coeficiente de correlação para o nível de renda e a porcentagem de doações dados no Tente você 1. O que podemos concluir?

Renda (1.000s de $), x	Porcentagem de doação, y
50	8
65	6
48	10
42	9
59	5
72	3

a. *Identifique n.*

b. *Use a tabela* para calcular Σx, Σy, Σxy, Σx^2 e Σy^2.

c. *Use a soma resultante e n* para calcular *r*.

d. O que podemos concluir?

Resposta na p. A46

Exemplo 5

Usando a tecnologia para encontrar o coeficiente de correlação

Use a ferramenta tecnológica para calcular o coeficiente de correlação para os dados do Old Faithful fornecidos no Exemplo 3. O que podemos concluir?

Solução

O MINITAB, o Excel ou a TI-83/84 têm, cada um, características que permitem calcular o coeficiente de correlação para conjuntos de dados emparelhados. Tente usar cada uma dessas ferramentas para encontrar *r*. Você deve obter resultados similares para o que temos a seguir.

MINITAB

```
Correlation: C1, C2
Pearson correlation of C1 and C2 = 0,979
```

EXCEL

	A	B	C
26	CORREL(A1:A25,B1:B25)		
27			0.978659

Antes de usar a TI-83/84 para calcular *r*, você deve entrar o Diagnostic On command (comando de diagnóstico). Para fazer isso, entre com a combinação de teclas:

[2nd] [0]

Cursor para *DiagnosticOn*

[ENTER] [ENTER]

Para explorar mais este tópico, veja 9.1 Atividades na p. 408.

As telas a seguir descrevem como encontrar *r* usando uma TI-83/84 com os dados armazenados na List 1 e na List 2. Para começar, use a tecla STAT.

TI-83/84

```
EDIT CALC TESTS
1: 1-Var Stats
2: 2-Var Stats
3: Med-Med
4: LinReg(ax+b)
5: QuadReg
6: CubicReg
7: Quart Reg
```

TI-83/84

```
LinReg(ax+b) L1,
L2
```

TI-83/84

```
LinReg
 y=ax+b
 a=12.48094391
 b=33.68290034
 r2=.9577738551
 r=.9786592129
```

Coeficiente de correlação

O resultado $r \approx 0{,}979$ sugere uma correlação linear positiva forte.

Tente você 5 Calcule o coeficiente de correlação para os dados da abertura do capítulo na p. 394 sobre 25 dos filmes mais caros da 20º Century Fox. O que podemos concluir?

a. *Entre* os dados.
b. Use a característica apropriada para *calcular r*.
c. O que podemos concluir?

Resposta na p. A46

Usando uma tabela para testar o coeficiente de correlação ρ

Uma vez calculado r, o coeficiente de correlação da amostra, você vai querer determinar se há evidência suficiente para decidir se o coeficiente de correlação ρ é significante. Em outras palavras, baseado em alguns poucos pares de dados, você pode fazer uma inferência sobre uma população de todos pares de dados? Lembre-se de que você está usando dados amostrais para tomar uma decisão sobre dados de uma população, então é sempre possível que sua inferência esteja errada. Nos estudos de correlação, uma pequena porcentagem de vezes nas quais você decide que a correlação é significativa, quando ela na verdade não é, é chamada de *nível de significância.* Ela é tipicamente configurada em α = 0,01 ou 0,05. Quando α = 0,05, você provavelmente irá decidir que o coeficiente de correlação da população é significante quando ela realmente não é em 5% das vezes (é claro, em 95% das vezes você irá determinar corretamente que o coeficiente de correlação é significativo). Quando α = 0,01, você irá cometer esse tipo de erro somente 1% das vezes. Quando você usar um nível de significância mais baixo, entretanto, você pode falhar em identificar algumas correlações significantes.

Dica de estudo

O nível de significância é denotado por α, a letra grega minúscula alfa.

Para que o coeficiente de correlação seja significante, seu valor absoluto deve estar próximo a 1. Para determinar se o coeficiente de correlação de uma população ρ é significante, use os valores críticos dados na Tabela 11 no Apêndice B. Uma parte da tabela está a seguir. Se $|r|$ for maior que o valor crítico, há evidência suficiente para decidir que a correlação é significante. Caso contrário, não há evidência suficiente para dizer que a correlação é significante. Por exemplo, para determinar se ρ é significante para cinco pares de dados (n = 5) no nível de significância α = 0,01, você precisa comparar $|r|$ com um valor crítico de 0,959, como mostrado na tabela.

Número n de pares de dados na amostra

Valores críticos para α = 0,05 e α = 0,01

n	α = 0,05	α = 0,01
4	0,950	0,990
5	0,878	0,959
6	0,811	0,917

Se $|r|$ > 0,959, a correlação é significante. Caso contrário, não há evidência suficiente para concluir que a correlação é significante. As instruções para esse processo estão a seguir.

Dica de estudo

Se você determinar que a correlação linear é significante, então você será capaz de escrever a equação para a linha que melhor descreve os dados. Essa linha, chamada de linha de regressão, pode ser usada para prever o valor de y quando dado o valor de x. Você aprenderá como escrever essa equação na próxima seção.

Instruções

Usando a tabela 11 para o coeficiente de correlação ρ

Em palavras	*Em símbolos*
1. Determine o número de pares de dados na amostra.	Determine n.

2. Especifique o nível de significância. — Especifique α.
3. Encontre o valor crítico. — Use a tabela 11 no Apêndice B.
4. Decida se a correlação é significativa. — Se $|r|$ > valor crítico, a correlação é significante. Caso contrário, não há evidência suficiente para concluir que a correlação é significante.
5. Interprete a decisão no contexto da afirmação original.

Importante

Note que quanto menos pontos de dados em seu estudo, mais forte a evidência deve ser para concluir que o coeficiente de correlação é significante.

Exemplo 6

Usando a Tabela 11 para o coeficiente de correlação

No Exemplo 5, você usou 25 pares de dados para encontrar $r \approx 0{,}979$. O coeficiente de correlação é significante? Use $\alpha = 0{,}05$.

Solução

O número de pares de dados é 25, então $n = 25$. O nível de significância é $\alpha = 0{,}05$. Usando a tabela 11, encontre o valor crítico na coluna $\alpha = 0{,}05$ que corresponde a fileira com $n = 25$. O número na coluna e fileira é 0,396.

n	$\alpha = 0{,}05$	$\alpha = 0{,}01$
4	0,950	0,990
5	0,878	0,959
6	0,811	0,917
7	0,754	0,875
8	0,707	0,834
9	0,666	0,798
10	0,632	0,765
11	0,602	0,735
12	0,576	0,708
13	0,553	0,684
14	0,532	0,661
19	0,456	0,575
20	0,444	0,561
21	0,433	0,549
22	0,423	0,537
23	0,413	0,526
24	0,404	0,515
25	0,396	0,505
26	0,388	0,496
27	0,381	0,487
28	0,374	0,479
29	0,367	0,471

Como $|r| \approx 0{,}979 > 0{,}396$, você pode decidir que a correlação populacional é significante.

Interpretação

No nível de significância, há evidência suficiente para concluir que há correlação linear significante entre a duração das erupções do Old Faithful e o tempo entre as erupções.

Tente você 6

No Tente você 4, você calculou a correlação dos dados da renda com a porcentagem de doação como sendo $r \approx -0{,}916$. O coeficiente de correlação é significante? Use $\alpha = 0{,}01$.

a. *Determine* o número de pares de dados na amostra.

b. *Especifique* o nível de significância.

c. *Encontre* o valor crítico. Use a tabela 11 no Apêndice B.

d. *Compare* $|r|$ com o valor crítico e *decida* se a correlação é significante.

e. *Interprete* a decisão no contexto da afirmação original.

Resposta na p. A46

Teste de hipótese para um coeficiente de correlação ρ de uma população

Você também pode usar um teste de hipóteses para determinar se o coeficiente de correlação de amostra r fornece evidência suficiente para concluir que o coeficiente de correlação ρ de uma população é significante. Um teste de hipótese para ρ pode ser uni ou bicaudal. As hipóteses nula e alternativa para os testes estão a seguir.

H_0: $\rho \geq 0$ (não há correlação negativa significante) **Teste unicaudal à esquerda**
H_a: $\rho < 0$ (correlação negativa significante)

H_0: $\rho \leq 0$ (não há correlação positiva significante) **Teste unicaudal à direita**
H_a: $\rho > 0$ (correlação positiva significante)

H_0: $\rho = 0$ (não há correlação significante) **Teste bicaudal**
H_a: $\rho \neq 0$ (correlação significante)

Neste texto, você irá considerar somente o teste de hipótese bicaudal para ρs.

O teste t para o coeficiente de correlação

Um **teste t** pode ser usado se a correlação entre duas variáveis for significante. A **estatística de teste** é r e a **estatística de teste padronizada**

$$t = \frac{r}{\sigma_r} = \frac{r}{\sqrt{\dfrac{1-r^2}{n-2}}}$$

segue uma distribuição t com $n - 2$ graus de liberdade.

Instruções

Usando um teste t para o coeficiente de correlação ρ

	Em palavras	*Em símbolos*
1.	Identifique as hipóteses nula e alternativa.	Afirme H_0 e H_a.
2.	Especifique o nível de significância.	Identifique α.
3.	Identifique os graus de liberdade.	g.l. $= n - 2$.
4.	Determine os valores críticos e as regiões de rejeição.	Use a tabela 5 no Apêndice B.
5.	Encontre a estatística de teste padronizada.	$t = \dfrac{r}{\sqrt{\dfrac{1-r^2}{n-2}}}$.
6.	Tome uma decisão de rejeitar ou falhar em rejeitar a hipótese nula.	Se t estiver na região de rejeição, rejeite H_0. Caso contrário, falhe em rejeitar H_0.
7.	Interprete a decisão no contexto da afirmação original.	

Exemplo 7

O teste *t* para o coeficiente de correlação

No Exemplo 4, você usou 8 pares de dados para encontrar $r \approx 0{,}9129$. Teste a significância desse coeficiente de correlação. Use $\alpha = 0{,}05$.

Solução

As hipóteses nula e alternativa são:

H_0: $\rho = 0$ (não há correlação) e H_a: $\rho \neq 0$ (correlação significante)

Por haver oito pares de dados na amostra, há 8 – 2 = 6 graus de liberdade. Como o teste é bicaudal, $\alpha = 0{,}05$ e g.l. = 6, os valores críticos são $-t_0 = -2{,}447$ e $t_0 = 2{,}447$. As regiões de rejeição são $t < -2{,}447$ e $t > 2{,}447$. Usando o teste *t*, a estatística de teste padronizada é:

$$t = \frac{r}{\sqrt{\frac{1-r^2}{n-2}}}$$

$$= \frac{0{,}9129}{\sqrt{\frac{1-(0{,}9129)^2}{8-2}}} \approx 5{,}478.$$

O gráfico a seguir mostra a localização das regiões de rejeição e a estatística de teste padronizada.

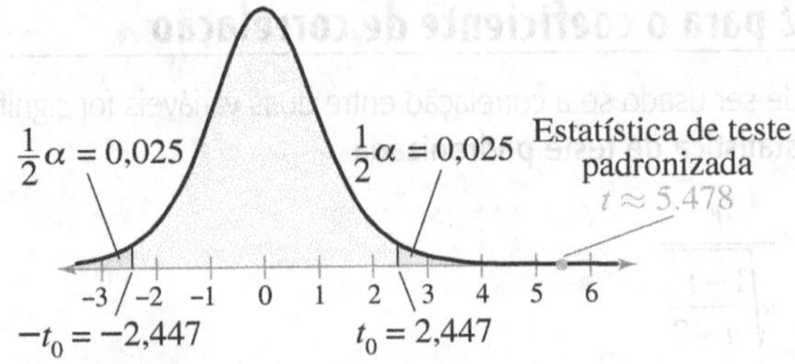

Uma vez que *t* está na região de rejeição, você deve decidir rejeitar a hipótese nula.

Interpretação

No nível de significância de 5%, há evidência suficiente para concluir que há correlação linear significante entre os gastos com propaganda e as vendas da empresa.

Importante

No Exemplo 7, você pode usar a tabela 11 no Apêndice B para testar o coeficiente de correlação de uma população ρ. Dado $n = 8$ e $\alpha = 0{,}05$, o valor crítico da tabela 11 é 0,707. Porque:

$$|r| \approx 0{,}913 > 0{,}707,$$

o coeficiente de correlação é significante. Note que esse é o mesmo resultado obtido usando-se o teste *t* para o coeficiente de correlação populacional ρ.

Dica de estudo

Tenha certeza de ver no Exemplo 7 que a rejeição da hipótese nula significa que há evidência suficiente de que a correlação é significante.

Tente você 7

No Tente você 5, você calculou o coeficiente de correlação de 25 dos filmes mais caros da 20º Century Fox como sendo $r \approx 0{,}83773$. Teste a significância dessa correlação. Use $\alpha = 0{,}01$.

a. *Apresente* as hipóteses nula e alternativa.

b. *Especifique* o nível de significância.

c. *Identifique* os graus de liberdade.

d. *Determine* os valores críticos e as regiões de rejeição.

e. *Encontre* a estatística de teste padronizada.

f. *Tome decisão* de rejeitar ou falhar em rejeitar a hipótese nula.

g. *Interprete* a decisão no contexto da afirmação original.

Resposta na p. A46

Correlação e causalidade

O fato de duas variáveis serem fortemente correlacionadas não implica uma relação de causa e efeito entre elas. Um estudo mais profundo é usualmente necessário para determinar se há uma relação causal entre as variáveis.

Se houver correlação significante entre duas variáveis, o pesquisador deve considerar as possibilidades a seguir.

1. **Há uma relação direta de causa e efeito entre as variáveis?**

   Ou seja, x causa y? Por exemplo, considere a relação entre os gastos com propaganda e as vendas da empresa, discutida durante essa seção. É razoável concluir que gastar mais com propaganda irá resultar em mais vendas.

2. **Há uma relação de causa e efeito reversa entre as variáveis?**

   Ou seja, y causa x? Por exemplo, considere os dados do Old Faithful que foram discutidos nesta seção. Essas variáveis têm uma correlação linear positiva e é possível concluir que a duração de uma erupção afeta o tempo antes da próxima erupção. Entretanto, também é possível que o tempo entre as erupções afete a duração da próxima erupção.

3. **É possível que a relação entre as variáveis possa ser causada por uma terceira variável ou talvez pela combinação de diversas outras variáveis?**

   Por exemplo, considere os orçamentos e os ganhos brutos dos 25 filmes mais caros da 20th Century Fox listados na abertura deste capítulo. Embora essas variáveis tenham uma correlação linear positiva, podemos duvidar de que só porque os orçamentos decrescem, os ganhos mundiais também vão decrescer. A relação é provavelmente por causa de diversas outras variáveis, tais como propaganda, o ator ou atriz no filme e outros filmes que estavam nos cinemas na mesma época.

4. **É possível que a relação entre duas variáveis seja uma coincidência?**

   Por exemplo, embora seja possível encontrar uma correlação significante entre o número de espécies de animais que vivem em certas regiões e o número de pessoas que tem mais de dois carros nas mesmas regiões, é muito improvável que as variáveis sejam diretamente relacionadas. A relação ocorre provavelmente por causa da coincidência.

Determinar quais dos casos acima é válido para o conjunto de dados pode ser difícil. Por exemplo, considere o seguinte: suponha que uma pessoa tenha erupções cutâneas cada vez que come camarão em certo restaurante. A conclusão natural é que a pessoa é alérgica a camarão. Entretanto, depois de um estudo mais completo de um alergista, descobre-se que essa pessoa não é alérgica a camarão, mas ao tipo de tempero usado pelo chef no camarão.

Retratando o mundo

O diagrama de dispersão a seguir mostra os resultados de uma pesquisa conduzida como um projeto de grupo por estudantes de uma classe de estatística do ensino médio na região de São Francisco. Na pesquisa, 125 estudantes do ensino médio foram questionados sobre sua nota média (GPA) e o número de bebidas com cafeína consumidas por eles a cada dia.

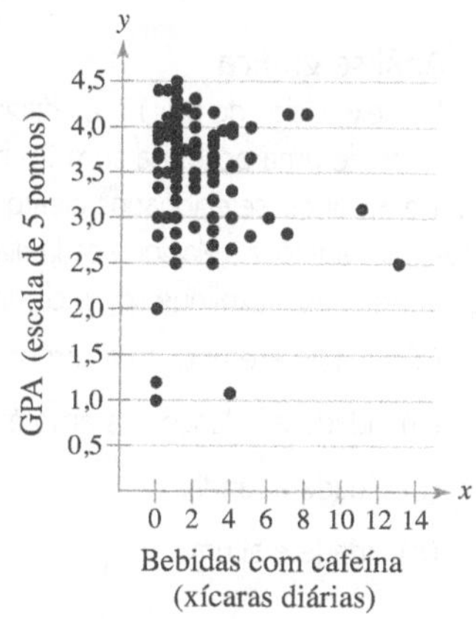

Que tipo de correlação, se houver alguma, o diagrama de dispersão mostra entre o consumo de cafeína e GPA?

9.1 Exercícios

Construindo habilidades básicas e conceitos

1. Cada valor de r indica uma forte correlação: $r = 0{,}834$ ou $r = -0{,}925$? Explique seu raciocínio.
2. Quais dos valores a seguir não poderiam representar um coeficiente de correlação?
   (a) $r = -0{,}902$. (b) $r = 0{,}887$.
   (c) $r = -1{,}045$. (d) $r = 0{,}023$.
3. Explique como decidir se o coeficiente de correlação amostral indica se o coeficiente de correlação de população é significante.
4. Discuta as diferenças entre r e ρ.

Análise gráfica

Nos exercícios de **5** a **8**, os diagramas de dispersão dos conjuntos de dados emparelhados são mostrados. Determine se há uma correlação linear positiva, uma correlação linear negativa ou se não há correlação entre as variáveis.

5.
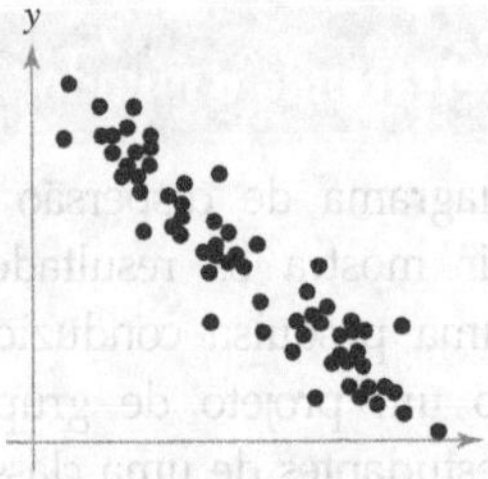
6.
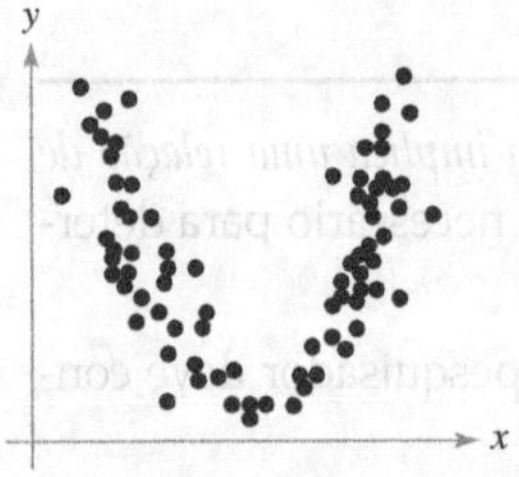
7.
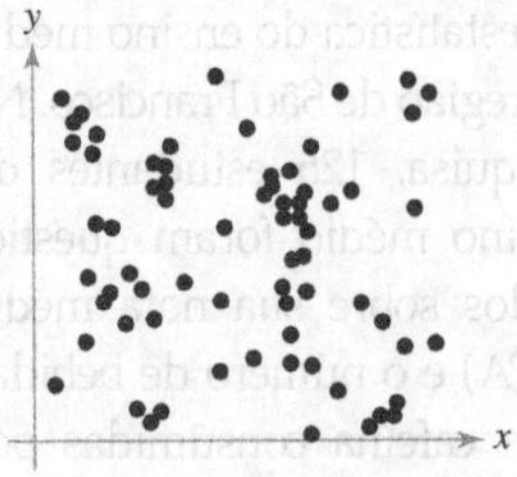
8.
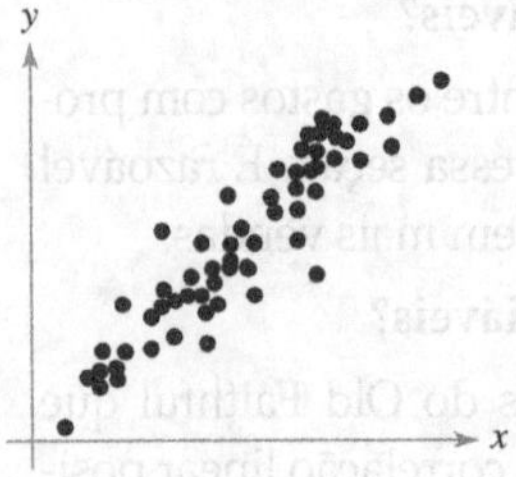

Análise gráfica

Nos exercícios de **9** a **12**, os diagramas de dispersão mostram os resultados de uma pesquisa com 20 homens adultos com idades entre 24 e 35 anos, selecionados aleatoriamente. Usando a idade como variável explanatória, relacione cada diagrama de dispersão com a descrição apropriada. Explique seu raciocínio.

(a) Idade e temperatura corporal.

(b) Idade e balanço dos empréstimos estudantis.

(c) Idade e renda.

(d) Idade e altura.

9.
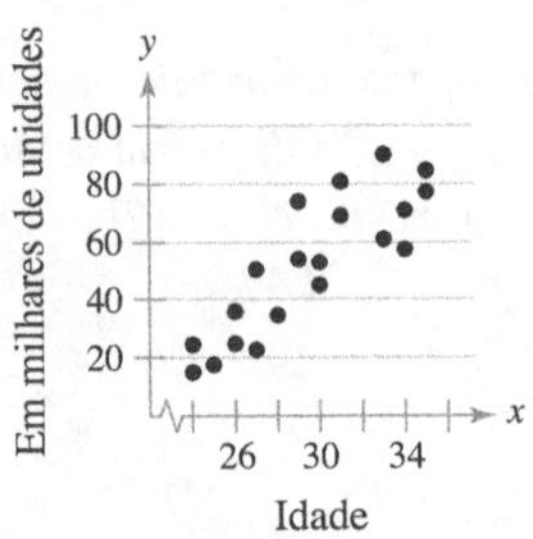

10.
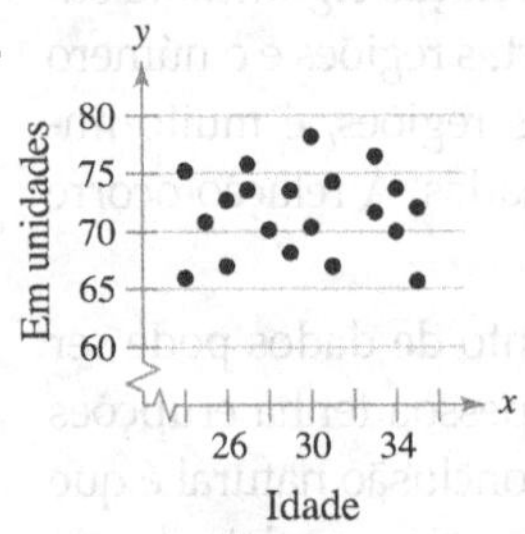

11.
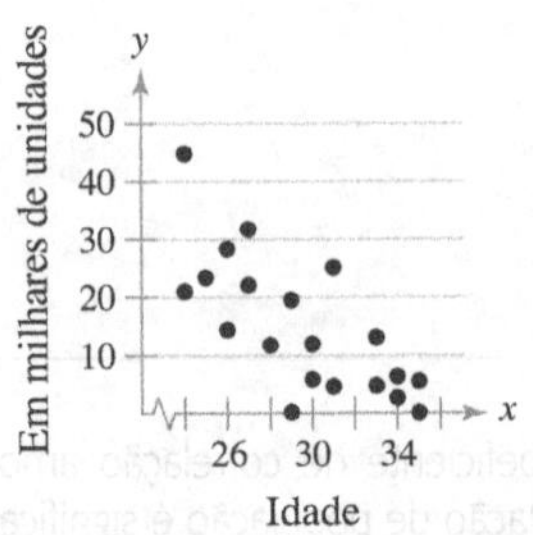

12.
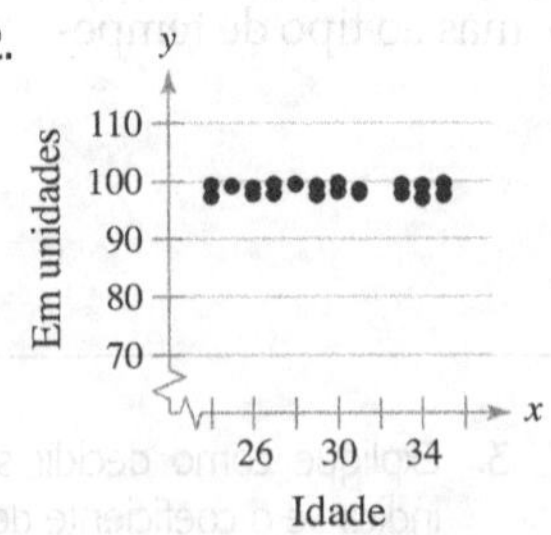

Nos exercícios **13** e **14**, identifique a variável explanatória e a variável de resposta.

13. Um nutricionista quer determinar se a quantidade de água consumida por dia por pessoas de mesmo peso e a mesma dieta pode ser usada para prever a perda de peso dos indivíduos.

14. Uma empresa de seguros contrata um atuário para determinar se o número de horas de aulas de direção pode ser usado para prever o número de acidentes de trânsito por motorista.

Usando e interpretando conceitos

Construindo um diagrama de dispersão e determinando a correlação

Nos exercícios de **15** a **22**, (a) mostre os dados em um diagrama de dispersão, (b) calcule o coeficiente de correlação r e (c) chegue a uma decisão sobre o tipo de correlação.

15. Idade e pressão sistólica A idade (em anos) de 10 homens e a pressão sanguínea sistólica.

Idade, x	16	25	39	45	49
Pressão sistólica, y	109	122	143	132	199

Idade, x	64	70	29	57	22
Pressão sistólica, y	185	199	130	175	118

16. Idade e vocabulário A idade (em anos) de 11 crianças e o número de palavras em seu vocabulário.

Idade, x	1	2	3	4	5	6
Tamanho do vocabulário, y	3	440	1.200	1.500	2.100	2.600

Idade, x	3	5	2	4	6
Tamanho do vocabulário, y	1.100	2.000	500	1525	2.500

17. Horas de estudo e notas de testes O número de horas que 13 estudantes passam estudando para um teste e suas notas nos testes.

Horas gastas estudando, x	0	1	2	4	4	5	5	5	6	6	7	7	8
Notas dos testes, y	40	41	51	48	64	69	73	75	68	93	84	90	95

18. Horas on-line e notas de teste O número de horas que 12 estudantes passam on-line durante o fim de semana e a nota de cada estudante que fizeram um teste na segunda-feira seguinte.

Horas gastas on-line, x	0	1	2	3	3	5
Nota do teste, y	96	85	82	74	95	68

Horas gastas on-line, x	5	5	6	7	7	10
Nota do teste, y	76	84	58	65	75	50

19. Orçamentos dos filmes e ganhos brutos Os orçamentos (em milhões de dólares) e os ganhos brutos mundiais (em milhões de dólares) para os oito filmes mais caros já feitos. *(Adaptado de The Numbers.)*

Orçamento, x	207	204	200	200	180	175	175	170
Ganhos brutos, y	553	391	1.835	784	749	218	255	433

20. **Velocidade do som** A altitude (em milhares de pés) e a velocidade do som (em pés por segundo).

Altitude, x	0	5	10	15	20	25
Velocidade do som, y	1.116,3	1.096,9	1.077,3	1.057,2	1.036,8	1.015,8

Altitude, x	30	35	40	45	50
Velocidade do som, y	994,5	969,0	967,7	967,7	967,7

21. **Ganhos e dividendos** Os ganhos por cota de mercado e os dividendos por cota de mercado para 10 empresas de serviços de telecomunicações em um ano recente. (*Fonte: The Value Line Investment Survey.*)

Ganhos por cota, x	2,34	1,96	1,39	3,07	0,65
Dividendos por cota, y	1,33	1,07	1,15	0,25	1,00

Ganhos por cota, x	5,21	0,88	3,23	2,54	1,03
Dividendos por cota, y	1,00	1,59	1,20	1,62	0,20

22. **Crimes e prisões** O número de crimes reportados (em milhões) e o número de prisões reportadas (em milhões) pelo Departamento de Justiça dos Estados Unidos por 14 anos. (*Adaptado de National Crime Victimization Survey and Uniform Crime Reports.*)

Crimes, x	1,66	1,65	1,60	1,55	1,44	1,40	1,32
Prisões, y	0,72	0,72	0,78	0,80	0,73	0,72	0,68

Crimes, x	1,23	1,22	1,23	1,22	1,18	1,16	1,19
Prisões, y	0,64	0,63	0,63	0,62	0,60	0,59	0,60

Testando afirmações

Nos exercícios de **23** a **28**, use a tabela 11 no Apêndice B como mostrado no Exemplo 6 ou faça um teste de hipótese usando a tabela 5 no Apêndice B como mostrado no Exemplo 7 para formar uma conclusão sobre o coeficiente de correlação indicado. Se for conveniente, use a ferramenta tecnológica para resolver o problema.

23. **Distâncias de frenagem: superfície seca** Os pesos (em libras) de oito veículos e a variabilidade das suas distâncias de frenagem (em pés) quando param em uma superfície seca são mostrados na tabela. Podemos concluir que há correlação linear significante entre o peso do veículo e a variabilidade da distância de frenagem em superfície seca? Use $\alpha = 0,01$. (*Adaptado de National Highway Traffic Safety Administration.*)

Peso, x	5.940	5.340	6.500	5.100	5.850	4.800	5.600	5.890
Variabilidade na distância de frenagem, y	1,78	1,93	1,91	1,59	1,66	1,50	1,61	1,70

24. **Distâncias de frenagem: superfície molhada** Os pesos (em libras) de oito veículos e a variabilidade das suas distâncias de frenagem (em pés) quando param em uma superfície molhada são mostrados na tabela. Em $\alpha = 0,05$, podemos concluir que há correlação linear significante entre o peso do veículo e a variabilidade da distância de frenagem em superfície molhada? (*Adaptado de National Highway Traffic Safety Administration.*)

Peso, x	5.890	5.340	6.500	4.800	5.940	5.600	5.100	5.850
Variabilidade na distância de frenagem, y	2,92	2,40	4,09	1,72	2,88	2,53	2,32	2,78

25. **Horas de estudo e notas de testes** O número de horas que 13 alunos passam estudando para um teste e suas notas são mostrados na tabela. Há evidência suficiente para concluir que há uma correlação linear significativa entre os dados? Use $\alpha = 0,01$. (Use o valor de r encontrado no Exercício 17.)

Horas gastas estudando, x	0	1	2	4	4	5	5	5	6	6	7	7	8
Nota do teste, y	40	41	51	48	64	69	73	75	68	93	84	90	95

26. **Horas on-line e notas de testes** Um instrutor quer mostrar para os estudantes que há uma correlação linear entre o número de horas que eles passam on-line durante o fim de semana e a nota em um teste realizado na segunda-feira seguinte. O número de horas gastas on-line e as notas de teste para 12 estudantes selecionados aleatoriamente são mostrados na tabela. Em $\alpha = 0,05$, há evidência suficiente para o instrutor concluir que há correlação linear significativa entre os dados? (Use o valor de r encontrado no Exercício 18.)

Horas gastas on-line, x	0	1	2	3	3	5
Nota do teste, y	96	85	82	74	95	68

Horas gastas on-line, x	5	5	6	7	7	10
Nota dos testes, y	76	84	58	65	75	50

27. **Ganhos e dividendos** A tabela a seguir mostra os ganhos por cota e os dividendos por cota para 10 empresas de serviços de telecomunicações em um ano recente. Em $\alpha = 0,01$, podemos concluir que há uma correlação linear significante entre os ganhos por cota e o dividendo por cota? (Use o valor r encontrado no Exercício 21.) (*Fonte: The Value Line Investment Survey.*)

Ganhos por cota, x	2,34	1,96	1,39	3,07	0,65
Dividendos por cota, y	1,33	1,07	1,15	0,25	1,00

Ganhos por cota, x	5,21	0,88	3,23	2,54	1,03
Dividendos por cota, y	1,00	1,59	1,20	1,62	0,20

28. **Crimes e prisões** A tabela a seguir mostra o número de crimes reportados (em milhões) e o número de prisões reportados (em milhões) pelo Departamento de Justiça dos Estados Unidos por 14 anos. Em $\alpha = 0{,}05$, podemos concluir que há correlação linear significante entre o número de crimes e o número de prisões? (Use o valor de r encontrado no Exercício 22.) *(Adaptado de National Crime Victmization Survey and Uniform Crime Reports.)*

Crimes, x	1,66	1,65	1,60	1,55	1,44	1,40	1,32
Prisões, y	0,72	0,72	0,78	0,80	0,73	0,72	0,68
Crimes, x	1,23	1,22	1,23	1,22	1,18	1,16	1,19
Prisões, y	0,64	0,63	0,63	0,62	0,60	0,59	0,60

Expandindo conceitos

Trocando x e y

Nos exercícios **29** e **30**, calcule o coeficiente de correlação r, deixando a coluna 1 representar os valores x e a coluna 2, os valores y. Então, calcule o coeficiente de correlação r, deixando coluna 2 representar os valores x e a coluna 1, os valores y. Que efeito tem a troca das variáveis explanatória e de resposta no coeficiente de correlação?

29.

Coluna 1	16	25	39	45	49	64	70
Coluna 2	109	122	143	132	199	185	199

30.

Coluna 1	0	1	2	3	3	5	5	5	6	7
Coluna 2	96	85	82	74	95	68	76	84	58	65

31. **Redação** Use a biblioteca da escola, a Internet ou alguma outra fonte de referência para encontrar um conjunto de dados da vida real com uma relação de causa e efeito indicada. Escreva um parágrafo descrevendo cada variável e explique por que você acha que as variáveis têm a relação de causa e efeito indicada.

(a) ***Causa e efeito direta:*** mudanças em uma variável causam mudanças na outra.

(b) ***Outros fatores:*** a relação entre as variáveis é causada por uma terceira variável.

(c) ***Coincidência:*** a relação entre as variáveis é coincidência.

9.1 Atividades

Correlação a olho

Applet O applet *correlação a olho* permite que você suponha o coeficiente de correlação da amostra r para um conjunto de dados. Quando o applet carregar, um conjunto de dados consistindo de 20 pontos é mostrado. Pontos podem ser adicionados ao gráfico clicando-se no mouse. Pontos no gráfico podem ser removidos clicando-se no ponto e arrastando-o para a lixeira. Todos os pontos no gráfico podem ser removidos simplesmente clicando-se dentro da lixeira. Você pode entrar com um valor para r no campo "Guess" e então clicar em SHOW R! para ver se você está dentro 0,1 do valor real. Quando clicar em NEW DATA, um novo conjunto de dados é gerado.

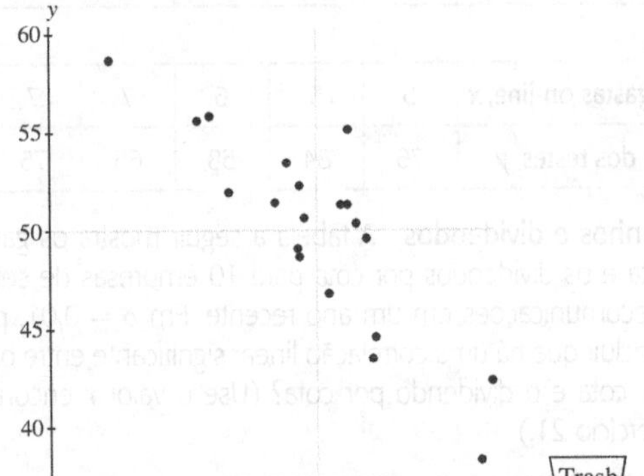

Explore

Passo 1 Adicione 5 pontos ao gráfico.
Passo 2 Entre com uma suposição para r.
Passo 3 Clique em SHOW R!
Passo 4 Clique em NEW DATA.
Passo 5 Remova cinco pontos do gráfico.
Passo 6 Entre uma suposição para r.
Passo 7 Clique em SHOW R!

Tirando conclusões

1. Gere um novo conjunto de dados. Usando seu conhecimento de correlação, tente supor o valor de r para o conjunto de dados. Repita isso 10 vezes. Quantas vezes você acertou? Descreva como você encontrou cada valor r.
2. Descreva como criar um conjunto de dados com cada valor de r que seja aproximadamente 1.
3. Descreva como criar um conjunto de dados com cada valor de r que seja aproximadamente 0.
4. Tente criar um conjunto de dados com valor de r que seja aproximadamente –0,9. Então, tente criar um conjunto de dados com valor de r que seja aproximadamente 0,9. O que você fez de diferente para criar os dois conjuntos de dados?

9.2 Regressão linear

Linhas de regressão ⟶ Aplicações das linhas de regressão

O que você deve aprender

- Como encontrar a equação da linha de regressão.
- Como prever valores y usando uma equação de regressão.

Linhas de regressão

Após verificar se a correlação linear entre duas variáveis é significante, o próximo passo é determinar a equação da linha que melhor modela os dados. Essa linha é chamada de linha de regressão e sua equação pode ser usada para prever os valores de y para um dado valor de x. Embora muitas linhas possam ser desenhadas através de um conjunto de pontos, uma linha de regressão é determinada por um critério específico.

Considere o diagrama de dispersão e a linha mostrados a seguir. Para cada ponto de dado, d_i representa a diferença entre o valor y observado e o valor y previsto para um dado valor x na linha. Essas diferenças são chamadas de **resíduos** e podem ser positivas, negativas ou zero. Quando o ponto está acima da linha, d_i é positivo. Quando o ponto é abaixo da linha, d_i é negativo. Se o valor y observado é igual ao valor y previsto, $d_i = 0$. De todas as linhas possíveis que podem ser desenhadas através de um conjunto de dados, a linha de regressão é a linha para a qual a soma dos quadrados de todos os resíduos:

$$\Sigma d_i^2$$

é um mínimo.

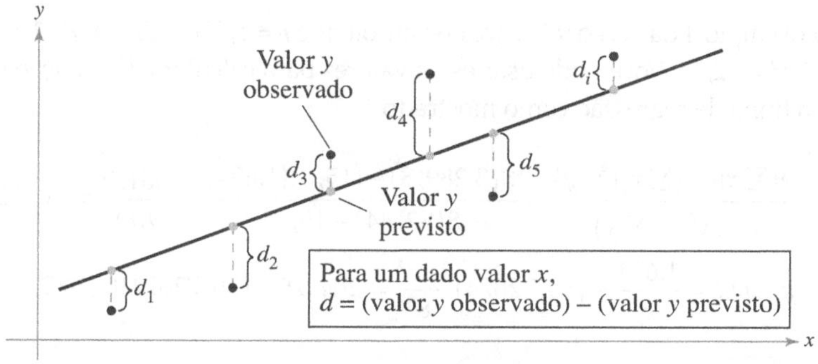

Definição

Uma **linha de regressão**, também chamada de **linha de melhor ajuste**, é a linha para a qual a soma dos quadrados dos resíduos é um mínimo.

Dica de estudo

Quando determinar a equação de uma linha de regressão, construir um diagrama de dispersão dos dados para verificar os valores discrepantes pode ajudar, e ele pode influenciar bastante uma linha de regressão. Você também deve verificar os espaços e as concentrações nos dados.

Em álgebra, você aprendeu que é possível escrever a equação de uma reta ao encontrar sua inclinação m e a interseção em y,b. A equação tem a forma:

$$y = mx + b.$$

Lembre-se de que a inclinação de uma reta é a proporção de sua elevação sobre seu percurso e a interseção y é o valor y do ponto no qual a linha cruza o eixo y. É o valor y quando $x = 0$.

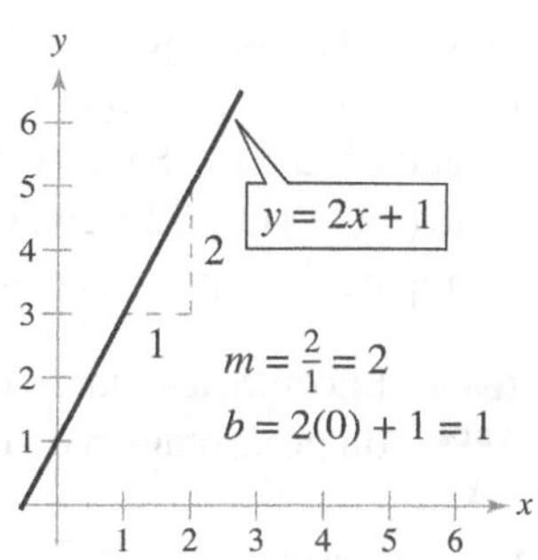

Em álgebra, você usou dois pontos para determinar a equação da reta. Em estatística, você vai usar cada ponto no conjunto de dados para determinar a equação da reta de regressão.

Dica de estudo

Perceba que tanto a inclinação m quanto a interseção y b no Exemplo 1 são arredondados para três casas. Essa regra de arredondamento será usada por todo o texto.

A equação de uma reta de regressão permite que você use a variável x independente (explanatória) para fazer previsões para a variável y dependente (resposta).

A equação de uma reta de regressão

A equação de uma reta de regressão para uma variável independente x e uma variável dependente y é:

$$\hat{y} = mx + b,$$

onde $\hat{y}$ é o valor y previsto para um dado valor x. A inclinação m e a interseção y b são dadas por

$$m = \frac{n\sum xy - (\sum x)(\sum y)}{n\sum x^2 - (\sum x)^2} \quad \text{e} \quad b = \bar{y} - m\bar{x} = \frac{\sum y}{n} - m\frac{\sum x}{n},$$

onde $\bar{y}$ é a média dos valores y no conjunto de dados e $\bar{x}$ é a média dos valores x. A linha de regressão sempre passa pelo ponto $(\bar{x}, \bar{y})$.

Exemplo 1

Encontrando a equação de uma reta de regressão

Encontre a equação da reta de regressão para os gastos com propaganda e dados sobre as vendas da empresa usados na Seção 9.1.

Custo de propaganda (1.000s de \$), x	Vendas da empresa (1.000s de \$), y
2,4	225
1,6	184
2,0	220
2,6	240
1,4	180
1,6	184
2,0	186
2,2	215

Solução

No Exemplo 4 da Seção 9.1, você encontrou que $n = 8$, $\Sigma x = 15{,}8$, $\Sigma y = 1.634$, $\Sigma xy = 3.289{,}8$ e $\Sigma x^2 = 32{,}44$. Você pode usar esses valores para calcular a inclinação e a interseção y da linha de regressão como mostrado.

$$m = \frac{n\sum xy - (\sum x)(\sum y)}{n\sum x^2 - (\sum x)^2} = \frac{8(3.289{,}8) - (15{,}8)(1.634)}{8(32{,}44) - 15{,}8^2} = \frac{501{,}2}{9{,}88} \approx 50{,}72874$$

$$b = \bar{y} - m\bar{x} = \frac{1.634}{8} - (50{,}72874)\frac{15{,}8}{8} = 204{,}25 - (50{,}72874)(1{,}975) \approx 104{,}0607.$$

Então, a equação da reta de regressão é:

$$\hat{y} = 50{,}729x + 104{,}061.$$

Para desenhar a linha de regressão, use quaisquer dois valores x dentro da faixa de dados e calcule seus valores y correspondentes a partir da reta de regressão. Então, desenhe uma reta através dos dois pontos. A reta de regressão e o diagrama de dispersão dados são apresentados à direita. Se você posiciona o ponto $(\bar{x}, \bar{y}) = (1{,}975, 204{,}25)$, você vai perceber que a linha passa por esse ponto.

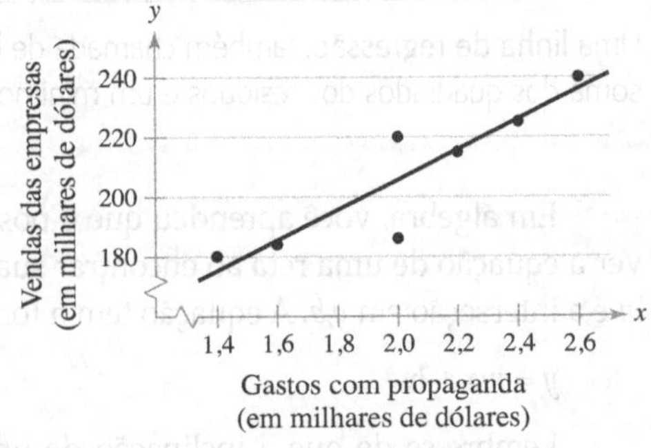

Tente você 1 Encontre a equação da reta de regressão para o nível de rendimento e os dados da porcentagem de contribuição usados na Seção 9.1.

Nível de rendimento (1.000s de \$), x	Porcentagem de contribuição, y
50	8
65	6
48	10
42	9
59	5
72	3

a. *Identifique* n, Σx, Σy, Σxy e Σx^2 do Tente você 4 da Seção 9.1.

b. *Calcule* a inclinação m.

c. *Calcule* a interseção-y b.

d. *Escreva* a equação da linha de regressão.

Resposta na p. A46

Duração, x	Tempo, y	Duração, x	Tempo, y
1,80	56	3,78	79
1,82	58	3,83	85
1,90	62	3,88	80
1,93	56	4,10	89
1,98	57	4,27	90
2,05	57	4,30	89
2,13	60	4,43	89
2,30	57	4,47	86
2,37	61	4,53	89
2,82	z73	4,55	86
3,13	76	4,60	92
3,27	77	4,63	91
3,65	77		

Exemplo 2

Usando tecnologia para encontrar uma equação de regressão

Use uma ferramenta de tecnologia para encontrar a equação da linha de regressão para os dados do Old Faithful usados na Seção 9.1.

Solução

MINITAB, Excel e a TI-83/84 têm características que automaticamente calculam uma equação de regressão. Tente usar essa tecnologia para encontrar a equação de regressão. Você deve obter resultados parecidos com os seguintes.

MINITAB

Regression Analysis: C2 versus C1

```
The regression equation is
C2 = 33.7 + 12.5 C1

Predictor      Coef     SE Coef      T       P
Constant     33.683      1.894    17.79   0.000
C1          12.4809     0.5464    22.84   0.000

S= 2.88153     RSq = 95.8%     RSq(adj)=95.6%
```

EXCEL

	A	B	C	D
1	Slope:			
2	INDEX(LINEST(known_y's,known_x's),1)			
3				12.48094
4				
5	Y-intercept:			
6	INDEX(LINEST(known_y's,known_x's),2)			
7				33.6829

MINITAB

```
LinReg
y = ax+b
a = 12.48094391
b = 33.68290034
r² = 9577738551
r = 9786592129
```

Para explorar mais este tópico, veja 9.2 Atividades na p. 417.

Nas telas mostradas, você pode ver que a equação de regressão é:

$$\hat{y} = 12{,}481x + 33{,}683.$$

A tela da TI-83/84 à direita mostra a linha de regressão e um diagrama de dispersão dos dados na mesma janela. Para fazer isso, use o *Stat Plot* para construir o diagrama de dispersão e inserir a equação de regressão como y_1.

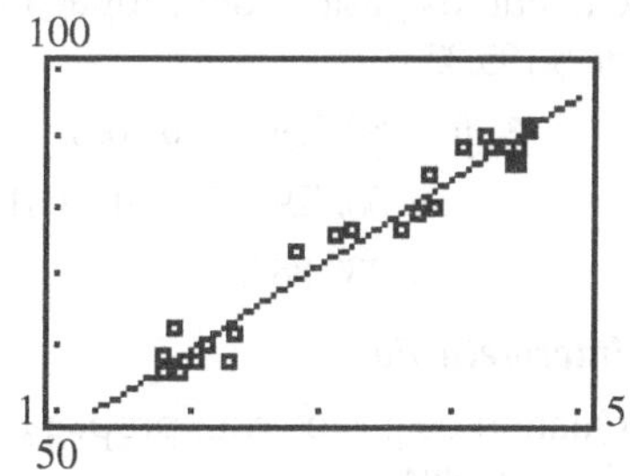

Tente você 2 Use uma ferramenta de tecnologia para encontrar a equação da linha de regressão para o orçamento e os gastos brutos de 25 dos filmes mais caros do século XX dados na abertura do capítulo, na p. 394.

a. *Insira* os dados.

b. *Faça os passos necessários* para calcular o coeficiente de inclinação e a interseção-y.

c. *Especifique* a equação de regressão.

Resposta na p. A46

Dica de estudo

Se a correlação entre x e y não é significante, o melhor valor y previsto é $\bar{y}$, que é a média dos valores y no conjunto de dados.

Retratando o mundo

O diagrama de dispersão a seguir mostra a relação entre o número de veículos motorizados em um estado e o número de veículos motorizados que causaram mortes. *(Adaptado de U.S. Federal Highway Traffic Safety Administration.)*

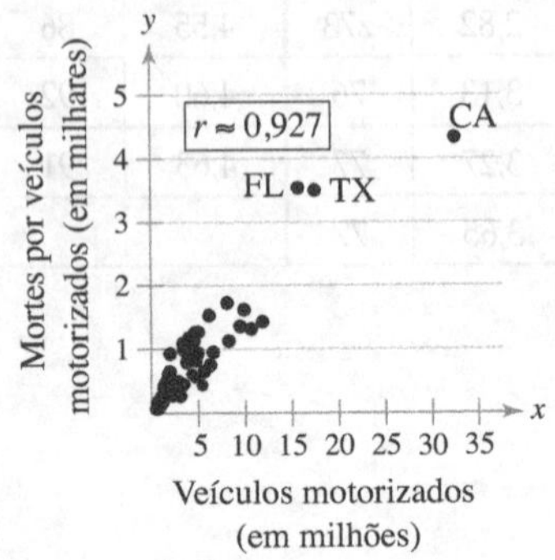

Descreva a correlação entre essas duas variáveis em palavras. Use o diagrama de dispersão para prever o número de mortes causadas por veículos motorizados em um estado que tem 16 milhões de veículos motorizados. A equação de regressão para esse diagrama de dispersão é $\hat{y} = 0{,}148x + 0{,}155$. Use essa equação para fazer uma previsão. (Suponha que x e y tenham uma correlação linear significante.) Como sua previsão algébrica se compara com a gráfica?

Aplicações das linhas de regressão

Após encontrar a equação de uma linha de regressão, você pode usar a equação para prever valores y sobre a amplitude de dados se a correção entre x e y é significante. Por exemplo, um executivo de publicidade poderia projetar as vendas da empresa com base nos gastos de propaganda. Para prever valores y, substitua o valor x dado na equação de regressão e então calcule $\hat{y}$, o valor y previsto.

Exemplo 3

Prevendo valores *y* usando equações de regressão

A equação de regressão para os dados sobre gastos com propaganda (em milhares de dólares) e vendas da empresa (em milhares de dólares) é:

$$\hat{y} = 50{,}729x + 104{,}061.$$

Use essa equação para prever as vendas *esperadas* da empresa para os seguintes gastos com propaganda. (Reveja o Exemplo 7 da Seção 9,1, no qual x e y têm uma correlação linear significante.)

1. 1,5 mil dólares. **2.** 1,8 mil dólares. **3.** 2,5 mil dólares.

Solução

Para prever as vendas esperadas pela empresa, substitua cada gasto com propaganda por x na equação de regressão. Depois, calcule $\hat{y}$.

1. $$\hat{y} = 50{,}729x + 104{,}061 = 50{,}729(1{,}5) + 104{,}061 \approx 180{,}155.$$

Interpretação

Quando os gastos com propaganda somam \$ 1.500, as vendas da empresa são cerca de \$ 180.155.

2. $$\hat{y} = 50{,}729x + 104{,}061 = 50{,}729(1{,}8) + 104{,}061 \approx 195{,}373.$$

Interpretação

Quando os gastos com propaganda somam \$ 1.800, as vendas da empresa são cerca de \$ 195.373.

3. $$\hat{y} = 50{,}729x + 104{,}061 = 50{,}729(2{,}5) + 104{,}061 = 230{,}884.$$

Interpretação

Quando os gastos com propaganda somam \$ 2.500, as vendas da empresa são cerca de \$ 230.884.

Valores de previsão são significantes somente para valores x na (ou próximos à) faixa dos dados. Os valores x do conjunto original de dados variam de 1,4 a 2,6. Portanto, não seria apropriado usar a linha de regressão $\hat{y} = 50{,}729x + 104{,}061$ para prever as vendas da empresa por gastos com propaganda, tais como 0,5 (\$ 500) ou 5,0 (\$ 5.000).

Tente você 3 A equação de regressão para os dados do Old Faithfuk é $\hat{y} = 12{,}481x + 33{,}683$. Use isso para prever o tempo até que a próxima erupção para cada uma das erupções a seguir. (Reveja o Exemplo 6 da Seção 9,1, no qual x e y têm uma correlação linear significante.)

1. 2 minutos
2. 3,32 minutos

a. *Substitua* cada valor por x dentro da equação de regressão.

b. *Calcule* $\hat{y}$.

c. *Especifique* o tempo previsto até a próxima erupção para cada erupção.

Resposta na p. A46

9.2 Exercícios

Construindo habilidades básicas e conceitos

Nos exercícios de 1 a 8, relacione a descrição na coluna esquerda à descrição na coluna direita.

1. Linha de regressão.
2. Resíduos.
3. O valor y do ponto de dados correspondente a x_i.
4. O valor y para um ponto na linha de regressão correspondente a x_i.
5. Inclinação.
6. Interseção y.
7. A média dos valores y.
8. O ponto pelo qual uma linha de regressão sempre passa.

a. A diferença entre o valor y observado do ponto de dados e o valor y previsto na linha para o mesmo ponto de dados.

b. $\hat{y}_i$.

c. A linha de melhor ajuste.

d. y_i.

e. b.

f. $(\bar{x}, \bar{y})$.

g. m.

h. $\bar{y}$.

Análise gráfica

Nos exercícios de 9 a 12, relacione a equação de regressão com o gráfico apropriado. (Note que os eixos x e y estão interrompidos.)

9. $\bar{y} = -1{,}04x + 50{,}3$.
10. $\bar{y} = 1{,}662x + 83{,}34$.
11. $\bar{y} = 0{,}00114x + 2{,}53$.
12. $\bar{y} = -0{,}667x + 52{,}6$.

(a)

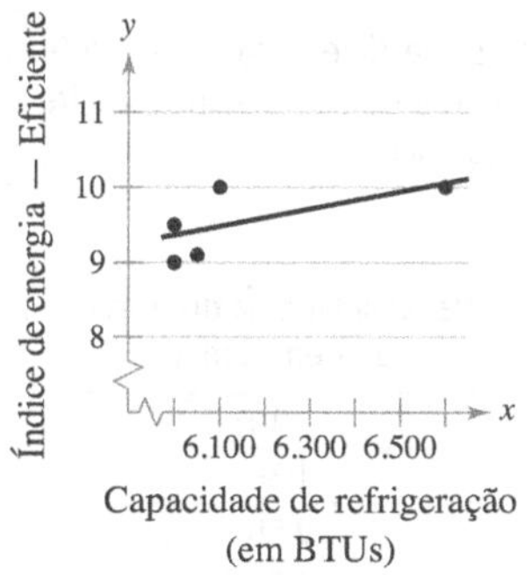

(b)

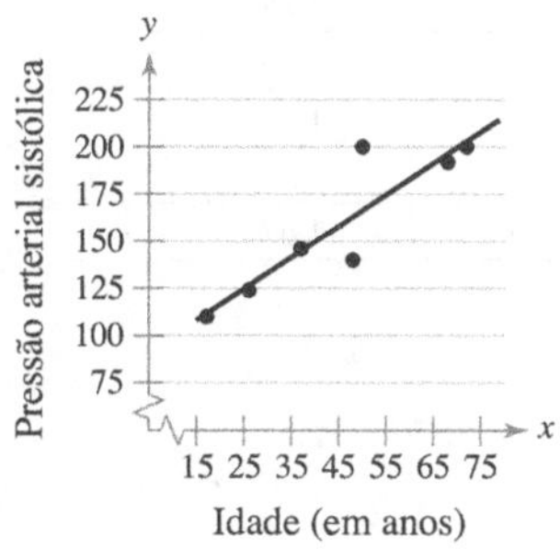

(c)

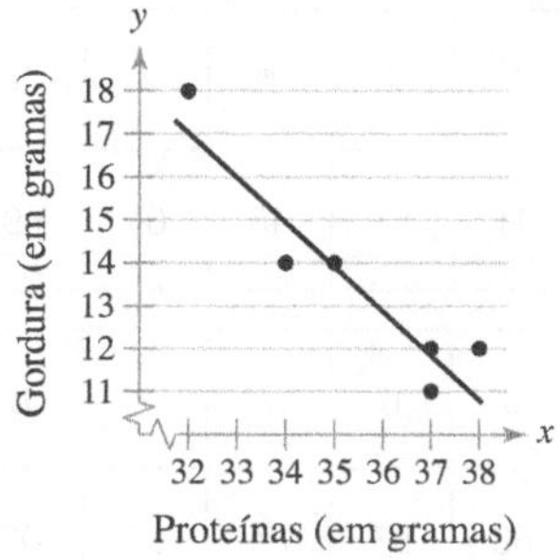

(d)

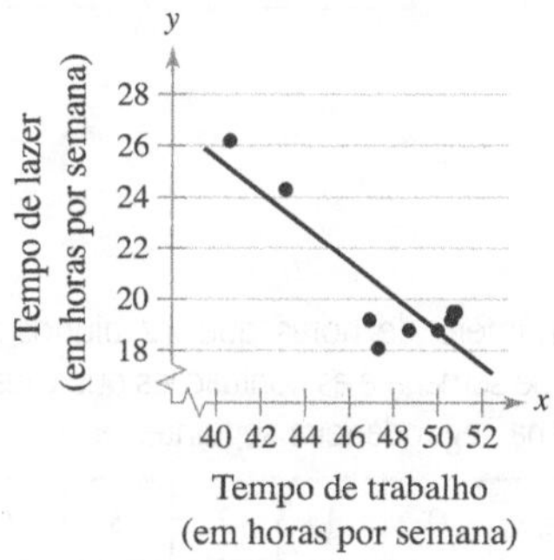

Usando e interpretando conceitos

Encontrando a equação de uma linha de regressão

Nos exercícios de 13 a 22, encontre a equação da linha de regressão para os dados apresentados. Depois, construa um diagrama de dispersão dos dados e desenhe a linha de regressão. (Cada par de variáveis tem uma correlação importante). Então, use a equação de regressão para prever o valor de y para cada um dos valores x dados, se importante. Caso o valor x não seja importante para prever o valor de y, explique o porquê. Se conveniente, use tecnologia para resolver o problema.

13. **Altura de prédios em Miami** As alturas (em pés) e o número de andares de nove prédios famosos em Miami. *(Fonte: Emporis Building.)*

Altura, x	764	625	520	510	492	484	450	430	410
Andares, y	55	47	51	28	39	34	33	31	40

(a) $x = 500$ pés.
(b) $x = 650$ pés.
(c) $x = 310$ pés.
(d) $x = 725$ pés.

14. **Idade e vocabulário** A idade (em anos) de sete crianças e o número de palavras que compõem o vocabulário.

Idade, x	3	4	4	5	6	2	3
Tamanho do vocabulário, y	1.100	1.300	1.500	2.100	2.600	460	1.200

(a) $x = 2$ anos.
(b) $x = 3$ anos.
(c) $x = 6$ anos.
(d) $x = 12$ anos.

15. **Horas de estudo e pontuação em teste** O número de horas que 13 alunos passaram estudando para um teste e a pontuação nele.

Horas gastas estudando, x	0	1	2	4	4	5	5
Pontuação no teste, y	40	41	51	48	64	69	73

Horas gastas estudando, x	5	6	6	7	7	8
Pontuação no teste, y	75	68	93	84	90	95

(a) $x = 3$ horas.
(b) $x = 6{,}5$ horas.
(c) $x = 13$ horas.
(d) $x = 4{,}5$ horas.

16. **Horas on-line** O número de horas que 12 alunos passaram on-line durante o fim de semana e as pontuações que cada um conseguiu em um teste na segunda-feira seguinte.

Horas gastas on-line, x	0	1	2	3	3	5
Pontuação no teste, y	96	85	82	74	95	68

Horas gastas on-line, x	5	5	6	7	7	10
Pontuação no teste, y	76	84	58	65	75	50

(a) $x = 4$ horas.
(b) $x = 8$ horas.
(c) $x = 9$ horas.
(d) $x = 15$ horas.

17. **Cachorro-quente** Conteúdo calórico e sódio. O conteúdo calórico e o sódio contido (em miligramas) em 10 cachorros-quentes. *(Fonte: Consumer Reports.)*

Calorias, x	150	170	120	120	90
Sódio, y	420	470	350	360	270

Calorias, x	180	170	140	90	110
Sódio, y	550	530	460	380	330

(a) $x = 170$ calorias.
(b) $x = 100$ calorias.
(c) $x = 140$ calorias.
(d) $x = 210$ calorias.

18. **Árvores: altura e diâmetro** A altura (em pés) e o diâmetro do tronco (em polegadas) de 11 árvores.

Altura, x	70	72	75	76	71	73
Diâmetro do tronco, y	8,3	10,5	11,0	11,4	9,2	10,9

Altura, x	85	78	77	80	82
Diâmetro do tronco, y	14,9	14,0	16,3	18,0	15,8

(a) $x = 74$ pés.
(b) $x = 81$ pés.
(c) $x = 95$ pés.
(d) $x = 79$ pés.

19. **Número do sapato e altura** O número dos sapatos e a altura (em polegadas) de 14 homens.

Número do sapato, x	8,5	9,0	9,0	9,5	10,0	10,0	10,5
Altura, y	66,0	68,5	67,5	70,0	70,0	72,0	71,5

Número do sapato, x	10,5	11,0	11,0	11,0	12,0	12,0	12,5
Altura, y	69,5	71,5	72,0	73,0	73,5	74,0	74,0

(a) $x =$ tamanho 11,5.
(b) $x =$ tamanho 8.
(c) $x =$ tamanho 15,5.
(d) $x =$ tamanho 10,0.

20. **Idade e horas de sono** A idade (em anos) e o número de horas dormidas em um dia de 10 crianças.

Idade, x	0,1	0,2	0,4	0,7	0,6	0,9
Horas dormidas, y	14,9	14,5	13,9	14,1	13,9	13,7

Idade, x	0,1	0,2	0,4	0,9
Horas dormidas, y	14,3	13,9	14,0	14,1

(a) $x = 0{,}3$ ano.
(b) $x = 3{,}9$ ano.
(c) $x = 0{,}6$ ano.
(d) $x = 0{,}8$ ano.

21. **Distância de frenagem: superfície seca** O peso (em libras) de oito veículos e a variabilidade de sua distância de frenagem (em pés) ao parar em uma superfície seca. *(Adaptado de National Highway Traffic Safety Administration.)*

Peso, x	Variabilidade na distância de frenagem, y
5.720	2,19
4.050	1,36
6.130	2,58
5.000	1,74
5.010	1,78
4.270	1,69
5.500	1,80
5.550	1,87

(a) $x = 4.500$ libras.
(b) $x = 6.000$ libras.
(c) $x = 7.500$ libras.
(d) $x = 5.750$ libras.

22. **Distância de frenagem: superfície molhada** O peso (em libras) de oito veículos e a variabilidade de sua distância de frenagem (em pés) ao parar em uma superfície molhada *(Adaptado de National Highway Traffic Safety Administration.)*

Peso, x	5.720	4.050	6.130	5.000	5.010	4.270	5.500	5.550
Variabilidade na distância de frenagem, y	3,78	2,43	4,63	2,88	3,25	2,76	3,42	3,51

(a) $x = 4.800$ libras.
(b) $x = 5.850$ libras.
(c) $x = 4.075$ libras.
(d) $x = 3.000$ libras.

23. **Redação** Explique como prever valores y usando a equação de uma linha de regressão.

24. **Redação** Dado um conjunto de dados e uma linha de regressão correspondente, descreva todos os valores de x que forneçam previsões significantes para y.

Salário de engenheiro elétrico

Nos exercícios de 25 a 29, use as informações a seguir. Você trabalha para um analista de salários e reúne os dados apresentados na tabela. A tabela mostra as idades de 13 engenheiros elétricos e seus salários anuais. *(Adaptado de Payscale, Inc.)*

25. **Correlação** Usando o diagrama de dispersão dos dados sobre os salários de engenheiros elétricos apresentados, que tipo de correlação, se é que há alguma, você acha que os dados têm? Explique.

Idade (em anos), x	Salário anual (em milhares), y
22	53,5
25	56,3
29	59,8
34	63,1
39	65,9
43	69,7
48	73,6
53	75,8
56	78,1
61	80,3
64	79,4
67	76,3
69	72,4

Engenheiro elétrico

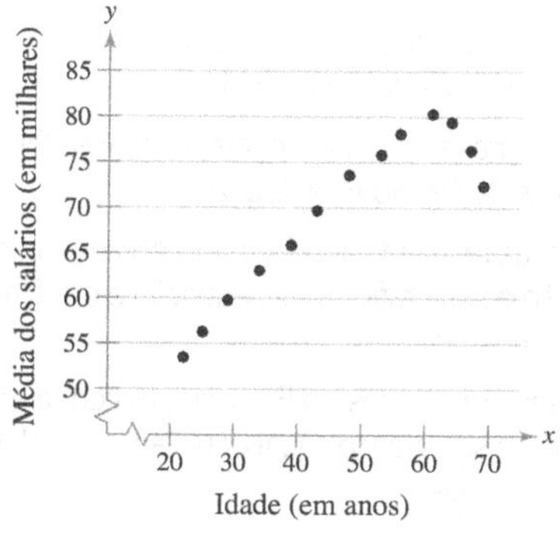

26. **Linha de regressão** Encontre uma equação da linha de regressão para os dados. Faça um diagrama de dispersão dos dados e desenhe a linha de regressão.

27. **Usando a linha de regressão** O analista usou a linha de regressão que você encontrou no Exercício 26 para prever o salário anual de um engenheiro elétrico que tenha $x = 74$ anos de idade. Essa previsão é válida? Explique.

28. **Correlação significante?** O analista afirma que a população tem uma correlação significante para $\alpha = 0{,}01$. Verifique essa afirmação.

29. **Causa e efeito** Escreva um parágrafo descrevendo a relação de causa e efeito entre a idade e o salário anual de engenheiros elétricos.

Expandindo conceitos

Alternando x e y

Nos exercícios 30 e 31, faça o seguinte:

(a) Encontre a equação da linha de regressão para os dados fornecidos, deixando a coluna 1 representar os valores x e a coluna 2 os valores y. Faça um diagrama de dispersão para os dados e desenhe a linha de regressão.

(b) Encontre a equação da linha de regressão para os dados fornecidos, deixando a fileira 2 representar os valores x e a fileira 1, os valores y. Faça um diagrama de dispersão dos dados e desenhe uma linha de regressão.

(c) Qual efeito teremos na linha de regressão se trocarmos as variáveis explanatórias e respostas?

30.

Fileira 1	16	25	39	45	49	64	70
Fileira 2	109	122	143	132	199	185	199

31.

Fileira 1	0	1	2	3	3	5	5	5	6	7
Fileira 2	96	85	82	74	95	68	76	84	58	65

Diagrama residual

Um **diagrama residual** permite estimar os dados de correlação e verificar possíveis problemas com um modelo de regressão. Para construir um diagrama residual, faça um diagrama de dispersão de $(x, y - \hat{y})$, onde $y - \hat{y}$ seja o resíduo de cada valor y. Se o diagrama resultante mostra qualquer tipo de padrão, a linha de regressão não é uma boa representação da relação entre as duas variáveis. Se ele não mostra nenhum tipo de padrão, isto é, os resíduos oscilam sobre 0, então a linha de regressão é uma boa representação. Fique atento ao fato de que, se um ponto no diagrama residual parece estar fora do padrão dos outros pontos, então ele deve ter um valor discrepante.

Nos exercícios 32 e 33, (a) encontre a equação da linha de regressão, (b) construa um diagrama de dispersão e desenhe a linha de regressão, (c) construa um diagrama residual, (d) determine se há algum padrão no diagrama residual e explique o que ele sugere sobre a relação entre as variáveis.

32.

x	8	4	15	7	6	3	12	10	5
y	18	11	29	18	14	8	25	20	12

33.

x	38	34	40	46	43	48	60	55	52
y	24	22	27	32	30	31	27	26	28

Pontos influentes

Um **ponto influente** é um ponto no conjunto de dados que pode influenciar muito o gráfico de uma linha de regressão. Um valor discrepante pode ou não ser um ponto influente. Para determinar se um ponto é influente, encontre duas linhas de regressão: uma incluindo todos os pontos no conjunto de dados e a outra excluindo o ponto influente possível. Se a inclinação ou interseção y da linha de regressão mostra mudanças significantes, o ponto pode ser considerado influente. Um ponto influente pode ser removido de um conjunto de dados somente se houver uma justificativa apropriada.

Nos exercícios 34 e 35, (a) construa um diagrama de dispersão dos dados, (b) identifique quaisquer valores discrepantes e (c) determine se o ponto é influente. Explique seu raciocínio.

34.

x	1	3	6	8	12	14
y	4	7	10	9	15	3

35.

x	5	6	9	10	14	17	19	44
y	32	33	28	26	25	23	23	8

36. **Abertura do capítulo** Considere os dados da abertura do capítulo na p. 394 na relação de 25 dos filmes mais caros que foram distribuídos pela 20th Century Fox. O ponto de dado (200, 1.835,4) é discrepante? Caso seja, ele é influente? Explique.

Transformações para conseguir linearidade

Quando um modelo linear não é apropriado para representar os dados, outros modelos podem ser usados. Em alguns casos, os valores de x e y devem ser transformados para encontrar um modelo apropriado. Em uma **transformação logarítmica**, os logaritmos das variáveis são usados em vez de usar as variáveis originais ao criar um diagrama de dispersão e calcular a linha de regressão.

Nos exercícios de 37 a 40, use os dados apresentados na tabela que mostra o número de bactérias presentes após certo número de horas.

37. Encontre a equação da linha de regressão para os dados. Depois, construa um diagrama de dispersão de (x, y) e desenhe, juntamente, a linha de regressão.

38. Substitua cada valor y na tabela com seu logaritmo, $\log y$. Encontre a equação da linha de regressão para os dados transformados. Depois, construa um diagrama de dispersão de $(x, \log y)$ e desenhe também uma linha de regressão. O que você percebe?

39. Uma **equação exponencial** é uma equação de regressão não-linear da forma $y = ab^x$. Use uma ferramenta de tecnologia para encontrar a equação exponencial para os dados originais. Note que você também pode encontrar esse modelo ao resolver a equação $\log y = mx + b$ do Exercício 38 para y.

40. Compare seus resultados no Exercício 39 com a equação da linha de regressão e seu gráfico no Exercício 37. Qual equação é o melhor modelo para os dados? Explique.

Nos exercícios de 41 a 44, use os dados apresentados na tabela.

Número de horas, x	Número de bactérias, y
1	165
2	280
3	468
4	780
5	1.310
6	1.920
7	4.900

x	y
1	695
2	410
3	256
4	110
5	80
6	75
7	68
8	74

41. Encontre a equação da linha de regressão para os dados. Depois, construa um diagrama de dispersão de (x, y) e desenhe, juntamente com o gráfico, uma linha de regressão.

42. Substitua cada valor x e valor y na tabela com seu logaritmo. Encontre a equação da linha de regressão para os dados transformados. Depois, construa um diagrama de dispersão de $(\log x, \log y)$ e desenhe uma linha de regressão com ela. O que você percebe?

43. Uma **equação de potência** é uma equação de regressão não linear da forma $y = ax^b$. Use uma ferramenta de tecnologia para encontrar a equação de potência para os dados originais. Note que você também pode encontrar esse modelo ao resolver a equação $\log y = m(\log x) + b$ do Exercício 42 para y.

44. Compare seus resultados no Exercício 43 com a equação da linha de regressão e seu gráfico no Exercício 41. Qual equação é o melhor modelo para os dados? Explique.

Equação logarítmica

Nos exercícios de 45 a 48, use as informações a seguir e uma ferramenta de tecnologia. A **equação logarítmica** é uma equação de regressão não linear da forma $y = a + b \ln x$.

45. Encontre e represente graficamente a equação logarítmica para os dados apresentados no Exercício 19.

46. Encontre e represente graficamente a equação logarítmica para os dados apresentados no Exercício 20.

47. Compare seus resultados no Exercício 45 com a equação da linha de regressão e seu gráfico. Qual equação é o melhor modelo para os dados? Explique.

48. Compare seus resultados no Exercício 46 com a equação da linha de regressão e seu gráfico. Qual equação é o melhor modelo para os dados? Explique.

9.2 Atividades

Regressão a olho

Applet O applet ***regressão a olho*** permite que você estime, de forma interativa, a linha de regressão para um conjunto de dados. Quando o applet carrega, um conjunto de dados consistindo de 20 é mostrado. Pontos no diagrama podem ser acrescentados ao clicar com o mouse. Pontos no diagrama podem ser removidos ao clicar no ponto e arrastá-lo para dentro da lixeira. Você pode mover a linha verde do diagrama ao clicar e arrastar as extremidades. Você deve tentar mover a linha para minimizar a soma dos quadrados dos resíduos, também conhecido como a soma dos erros ao quadrado (SSE). Note que a linha de regressão minimiza o SSE. O SSE para a linha verde e para a linha de regressão é dado a seguir no diagrama. Clique em SHOW REGRESSION LINE! para ver a linha de regressão no diagrama. Clique em NEW DATA para gerar um novo conjunto de dados.

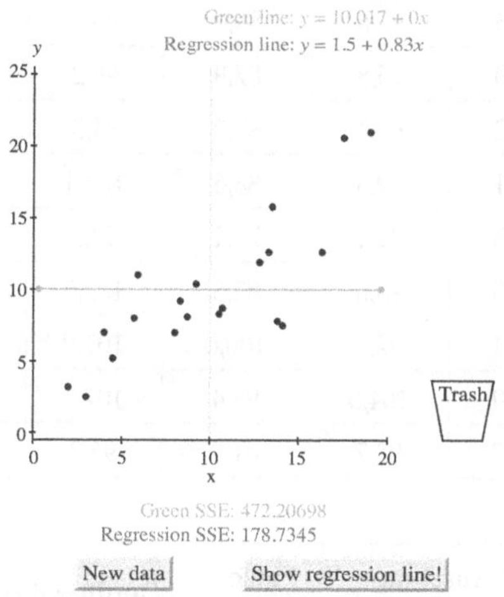

Explore

Passo 1 Mova as extremidades da linha verde para tentar aproximar a linha de regressão.

Passo 2 Clique em SHOW REGRESSION LINE!

Tirando conclusões

1. Clique em NEW DATA para gerar um novo conjunto de dados. Tente mover a linha verde para onde a linha de regressão deva estar. Depois, clique em SHOW REGRESSION LINE! Repita isso cinco vezes. Descreva como você moveu cada linha verde.
2. Em um diagrama em branco, coloque 10 pontos para que eles tenham uma correlação positiva forte. Grave a equação da linha de regressão. Depois, acrescente um ponto no canto superior esquerdo do diagrama e grave a equação da linha de regressão. Como a linha de regressão muda?
3. Remova o ponto do canto superior esquerdo do diagrama. Acrescente mais 10 pontos para que ainda haja uma correlação positiva forte. Grave a equação da linha de regressão. Adicione um ponto no canto superior esquerdo do diagrama e grave a equação da linha de regressão. Como a linha de regressão muda?
4. Use os resultados dos exercícios 2 e 3 para descrever o que acontece com a inclinação da linha de regressão quando um valor discrepante é adicionado conforme o tamanho da amostra aumenta.

Estudo de caso

Correlação da medição dos corpos

Em um estudo publicado em ***Medicine and Science in Sports and Exercise*** (volume 17, nº 2, p. 189) são dadas as medições de 252 homens (idades entre 22 e 81). Dentre as 14 medições tiradas de cada homem, algumas têm uma correlação significante e outras, não. Por exemplo, o diagrama de dispersão a seguir mostra que a circunferência do quadril e do abdome dos homens tem uma correlação linear forte ($r = 0,85$). A tabela parcial lista somente as nove primeiras fileiras dos dados.

Circunferência de quadril e abdome

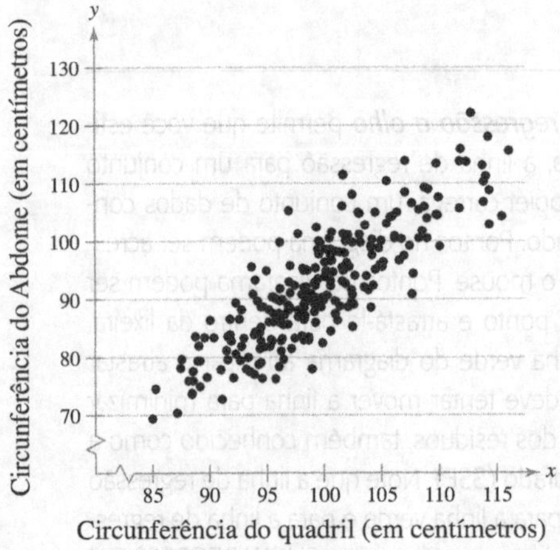

Idade (anos)	Peso (lb)	Altura (in.)	Pescoço (cm)	Peito (cm)	Abdome (cm)	Quadril (cm)	Coxa (cm)
22	173,25	72,25	38,5	93,6	83,0	98,7	58,7
22	154,00	66,25	34,0	95,8	87,9	99,2	59,6
23	154,25	67,75	36,2	93,1	85,2	94,5	59,0
23	198,25	73,50	42,1	99,6	88,6	104,1	63,1
23	159,75	72,25	35,5	92,1	77,1	93,9	56,1
23	188,15	77,50	38,0	96,6	85,3	102,5	59,1
24	184,25	71,25	34,4	97,3	100,0	101,9	63,2
24	210,25	74,75	39,0	104,5	94,4	107,8	66,0
24	156,00	70,75	35,7	92,7	81,9	95,3	56,4

Joelho (cm)	Tornozelo (cm)	Bíceps (cm)	Antebraço (cm)	Pulso (cm)	Gordura do corpo (%)
37,3	23,4	30,5	28,9	18,2	6,1
38,9	24,0	28,8	25,2	16,6	25,3
37,3	21,9	32,0	27,4	17,1	12,3
41,7	25,0	35,6	30,0	19,2	11,7
36,1	22,7	30,5	27,2	18,2	9,4
37,6	23,2	31,8	29,7	18,3	10,3
42,2	24,0	32,2	27,7	17,7	28,7
42,0	25,6	35,7	30,6	18,8	20,9
36,5	22,0	33,5	28,3	17,3	14,2

Exercícios

1. Usando sua intuição, classifique os seguintes pares (x, y) como tendo uma correlação fraca ($0 < r < 0,5$), uma correlação moderada ($0,5 < r < 0,8$) ou uma correlação forte ($0,8 < r < 1,0$).

(a) (peso, pescoço) (b) (peso, altura)
(c) (idade, gordura do corpo) (d) (peito, quadril)
(e) (idade, pulso) (f) (tornozelo, pulso)
(g) (antebraço, altura) (h) (bíceps, antebraço)
(i) (peso, gordura do corpo) (j) (joelho, coxa)
(k) (quadril, abdome) (l) (abdome, quadril)

2. Agora, use uma ferramenta de tecnologia para encontrar a correlação coeficiente para cada par no Exercício 1. Compare seus resultados com aqueles obtidos por intuição.
3. Use uma ferramenta de tecnologia para encontrar a linha de regressão para cada par no Exercício 1 que tenha uma correlação forte.
4. Use os resultados do Exercício 3 para prever o seguinte:
   (a) A circunferência do pescoço de um homem cujo peso seja 180 libras.
   (b) A circunferência do abdome de um homem cuja circunferência do quadril seja 100 centímetros.
5. Há pares de circunferências que tenham correlações coeficientes mais fortes que 0,85? Use uma ferramenta de tecnologia e intuição para chegar a uma conclusão.

9.3 Medidas de regressão e intervalos de previsão

Variação sobre uma linha de regressão ⟶ Coeficiente de determinação ⟶ Erro padrão da estimativa ⟶ Intervalos de previsão

Variação sobre uma linha de regressão

Nesta seção, você vai estudar duas medidas usadas nos estudos de correlação e regressão — o coeficiente de determinação e o erro padrão de estimativa. Você também vai aprender como construir um intervalo de previsão para y usando uma linha de regressão e um dado valor de x. Antes de estudar esses conceitos, você precisa entender os três tipos de variação sobre uma linha de regressão.

Para encontrar a variação total, a variação explicada e a variação não explicada sobre uma linha de regressão, você deve primeiro calcular o **desvio total**, o **desvio explicado** e o **desvio não explicado** para cada par pedido (x_i, y_i) em um conjunto de dados. Esses desvios são demonstrados no gráfico.

Desvio total $= y_i - \bar{y}$

Desvio explicado $= \hat{y}_i - \bar{y}$

Desvio não explicado $= y_i - \hat{y}_i$

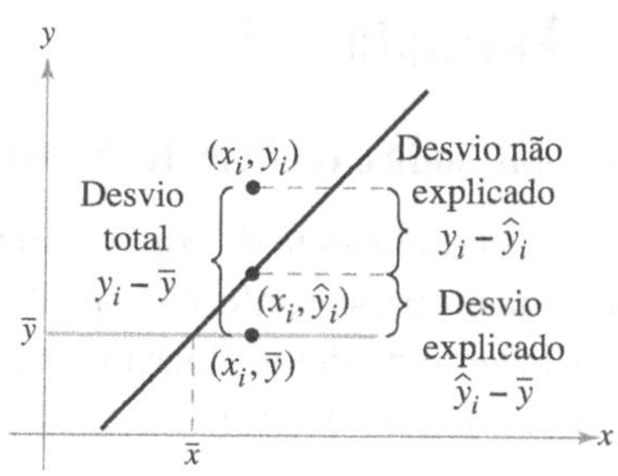

Depois de calcular os desvios para cada ponto de dado (x_i, y_i), você pode encontrar a variação total, a variação explicada e a variação não explicada.

O que você deve aprender

- Como interpretar os três tipos de variação sobre uma linha de regressão.
- Como encontrar e interpretar o coeficiente de determinação.
- Como encontrar e interpretar o erro padrão de estimativa para uma linha de regressão.
- Como construir e interpretar um intervalo de previsão para y.

Definição

A **variação total** sobre uma linha de regressão é a soma dos quadrados das diferenças entre o valor y e cada par pedido e a média de y.

Variação total $= \Sigma (y_i - \bar{y})^2$

Dica de estudo

Considere os dados sobre propaganda e vendas usadas nesse capítulo com uma linha de regressão de:

$\hat{y} = 50{,}729x + 104{,}061.$

Usando os pontos de dados (2,0, 220), você pode encontrar o desvio total, explicado e não explicado, como segue:

Desvio total:

$$y_i - \bar{y} = 220 - 204{,}24$$
$$= 15{,}75.$$

Desvio explicado:

$$\hat{y}i - \bar{y} = 205{,}519 - 204{,}25$$
$$= 1{,}269.$$

Desvio não explicado:

$$y_i - \hat{y}_i = 220 - 205{,}519$$
$$= 14{,}481.$$

A **variação explicada** é a soma dos quadrados das diferenças entre cada valor *y* previsto e a média de *y*.

$$\text{Variação explicada} = \Sigma\,(\hat{y}_i - \bar{y})^2$$

A **variação não explicada** é a soma dos quadrados das diferenças entre o valor *y* de cada par pedido e cada valor *y* previsto correspondente.

$$\text{Variação não explicada} = \Sigma\,(y_i - \hat{y}_i)^2$$

A soma das variações explicadas e não explicadas é igual a variação total.

$$\text{Variação total} = \text{Variação explicada} + \text{Variação não explicada}$$

Como o nome indica, a *variação explicada* pode ser explicada pela relação entre *x* e *y*. A variação não explicada não pode ser explicada por uma relação entre *x* e *y* e isso é em razão do acaso ou outras variáveis.

Coeficiente de determinação

Você já sabe como calcular o coeficiente de correlação *r*. O quadrado desse coeficiente é chamado de coeficiente de determinação. Isso mostra que o coeficiente de determinação é igual à relação da variação explicada com a variação total.

Definição

O **coeficiente de determinação** r^2 é a relação da variação explicada com a variação total. Isto é,

$$r^2 = \frac{\text{Variação explicada}}{\text{Variação total}}.$$

É importante que você interprete o coeficiente de determinação corretamente. Por exemplo, se o coeficiente de correlação é $r = 0{,}90$, então o coeficiente de determinação é:

$$r^2 = 0{,}90^2$$
$$= 0{,}81.$$

Isso significa que 81% da variação de *y* podem ser explicados pela relação entre *x* e *y*; 19% restante da variação é não explicada e é em razão de outros fatores ou a erro de amostra.

Exemplo 1

Encontrando o coeficiente de determinação

O coeficiente de correlação para os gastos de propaganda e dados sobre as vendas da empresa conforme calculado no Exemplo 4 da Seção 9.1 é $r \approx 0{,}913$. Encontre o coeficiente de determinação. O que isso lhe diz sobre a variação explicada dos dados sobre a linha de regressão? E sobre a variação não explicada?

Solução

O coeficiente de determinação é:

$$r^2 = (0{,}913)^2$$
$$\approx 0{,}834.$$

Interpretação

Cerca de 83,4% da variação nas vendas da empresa pode ser explicada pela variação em gastos com propaganda. Cerca de 16,6% da variação é não explicada e por causa do acaso ou outras variáveis.

Tente você 1 O coeficiente de correlação para os dados do Old Faithful conforme calculado no Exemplo 5 da Seção 9.1 é $r \approx 0{,}979$. Encontre o coeficiente de determinação. O que isso lhe diz sobre a variação explicada dos dados sobre a linha de regressão? E sobre a variação não explicada?

a. *Identifique* o coeficiente de correlação r.

b. *Calcule* o coeficiente de determinação r^2.

c. Qual porcentagem de variação no tempo é explicada? Qual porcentagem é não explicada?

Resposta na p. A46

Erro padrão da estimativa

Quando um valor $\hat{y}$ é previsto de um valor x, a previsão é um ponto estimado. Você pode construir um intervalo estimado para $\hat{y}$, mas antes você precisa calcular o erro padrão da estimativa.

Definição

O **erro padrão da estimativa** s_e, é o desvio padrão dos valores y_i observados sobre o valor $\hat{y}_i$ previsto para um dado valor x_i. Ele é dado por:

$$s_e = \sqrt{\frac{\Sigma(y_i - \hat{y}_i)^2}{n-2}},$$

onde n é o número de pares pedidos no conjunto de dados.

Com base nessa fórmula, você pode ver que o erro padrão da estimativa é a raiz quadrada da variação não explicada dividido por $n - 2$. Então, quanto mais próximos os valores y observados para os valores y previstos, menor será o erro padrão da estimativa.

Instruções

Encontrando o erro padrão da estimativa s_e

Em palavras	*Em símbolos*
1. Faça uma tabela que inclua a coluna exibida a seguir.	$x_i, y_i, \hat{y}_i, (y_0 - \hat{y}_i), (y_i - \hat{y}_i)^2$
2. Use a equação de regressão para calcular os valores y previstos.	$\hat{y}_i = mx_i + b$
3. Calcule a soma dos quadrados das diferenças entre cada valor y observado e o valor y previsto correspondente.	$\Sigma(y_i - \hat{y}_i)^2$
4. Encontre o erro padrão da estimativa.	$s_e = \sqrt{\frac{\Sigma(y_i - \hat{y}_i)^2}{n-2}}$

Você também pode encontrar o erro padrão da estimativa usando a fórmula a seguir:

$$s_e = \sqrt{\frac{\Sigma y^2 - b\Sigma y - m\Sigma xy}{n-2}}.$$

Retratando o mundo

Janette Benson (Psychology Department, University of Denver) fez um estudo relacionando a idade em que as crianças engatinham (em semanas depois do nascimento) com a média mensal da temperatura seis meses depois do nascimento. Os resultados de Janette são baseados em uma amostra de 414 crianças. Janette Benson acredita que a razão para a correlação entre a temperatura e a idade de engatinhar é que, em meses frios, os pais tendem a empacotar as crianças em roupas mais restritivas e cobertores. Essa situação não permite às crianças tantas oportunidades para se moverem e começarem a engatinhar.

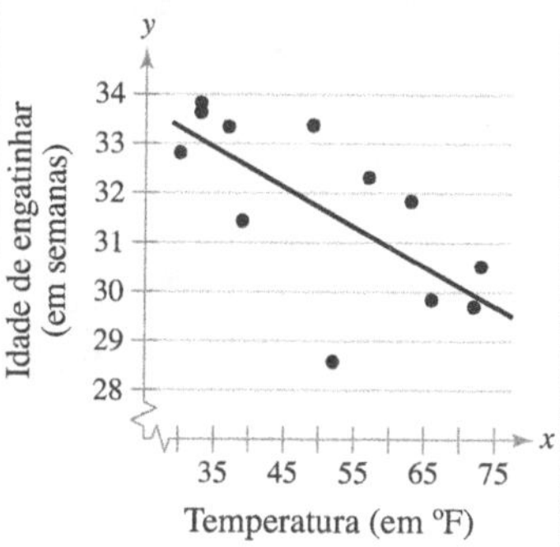

O coeficiente de correlação é $r = 0{,}70$. Qual porcentagem da variação nos dados pode ser explicada? Qual porcentagem é em razão do acaso, erro de amostragem, ou outros fatores?

A fórmula é fácil de usar se você já calculou a inclinação m, a interseção-y b e várias somas. Por exemplo, a linha de regressão para o conjunto de dados a seguir é $\hat{y}_i = 1{,}84247x + 51{,}77413$, e os valores das somas são $\Sigma y^2 = 80.877{,}5$, $\Sigma y = 1.137$, e $\Sigma xy = 11.940{,}25$. Quando a fórmula alternativa é usada, o erro padrão da estimativa é:

$$s_e = \sqrt{\frac{\sum y^2 - b\sum y - m\sum xy}{n-2}}$$

$$= \sqrt{\frac{80.877{,}5 - 51{,}77413(1.137) - 1{,}84247(11.940{,}25)}{16-2}} \approx 0{,}877.$$

Tamanho de sapato, x	Altura dos homens (em polegadas), y
10,0	70,0
10,5	71,0
9,5	70,0
11,0	72,0
12,0	74,0
8,5	66,0
9,0	68,5
13,0	76,0
10,5	71,5
10,5	70,5
10,0	72,0
9,5	70,0
10,0	71,0
10,5	69,5
11,0	71,5
12,0	73,5

Exemplo 2

Encontrando o erro padrão da estimativa

A equação de regressão para os gastos de propaganda e dados sobre as vendas da empresa conforme calculado no Exemplo 1 da Seção 9.2 é:

$\hat{y} = 50{,}729x + 140{,}061.$

Encontre o erro padrão da estimativa.

Solução

Use uma tabela para calcular a soma das diferenças elevadas ao quadrado para cada valor y observado e o valor y previsto correspondente.

x_i	y_i	$\hat{y}_i$	$(y_i - \hat{y}_i)^2$
2,4	225	225,81	0,6561
1,6	184	185,23	1,5129
2,0	220	205,52	209,6704
2,6	240	235,96	16,3216
1,4	180	175,08	24,2064
1,6	184	185,23	1,5129
2,0	186	205,52	381,0304
2,2	215	215,66	0,4356
			$\Sigma = 635{,}3463$

Variação não explicada

Quando $n = 8$ e $\Sigma (y_i - \hat{y}_i)^2 = 635{,}3463$ são usados, o erro padrão da estimativa é:

$$s_e = \sqrt{\frac{\Sigma(y_i - \hat{y}_i)^2}{n-2}}$$

$$= \sqrt{\frac{635{,}3463}{8-2}}$$

$$= 10{,}290.$$

Interpretação

O erro padrão da estimativa das vendas da empresa para um gasto específico de propaganda é cerca de $ 10.290.

Tente você 2 Um pesquisador reúne os dados exibidos à esquerda e conclui que há uma relação significativa entre a quantidade de tempo de propaganda em rádios (em minutos por semana) e as vendas semanais de um produto (em centenas de dólares). Encontre o erro padrão da estimativa. Use a equação de regressão:

$\hat{y} = 1{,}405x + 7{,}311.$

Tempo de propaganda no rádio	Vendas semanais
15	26
20	32
20	38
30	56
40	54
45	78
50	80
60	88

$\hat{y} = 1{,}405x + 7{,}311$.

a. *Use uma tabela* para calcular a soma das diferenças elevadas ao quadrado de cada valor y observado e o valor y previsto correspondente.

b. *Identifique* o número n dos dados pedidos no conjunto de dados.

c. *Calcule* s_e.

d. *Interprete* os resultados.

Resposta na p. A46

Intervalos de previsão

Duas variáveis têm uma **distribuição normal bivariada** se, para quaisquer valores de x fixos, os valores de y correspondentes são normalmente distribuídos. Como as equações de regressão são determinadas usando dados das amostras e porque supõe-se que x e y tenham uma distribuição normal bivariada, você pode construir um intervalo de previsão para o valor real de y. Para construir um intervalo de previsão, use uma distribuição t com $n - 2$ graus de liberdade.

Distribuição normal bivariada

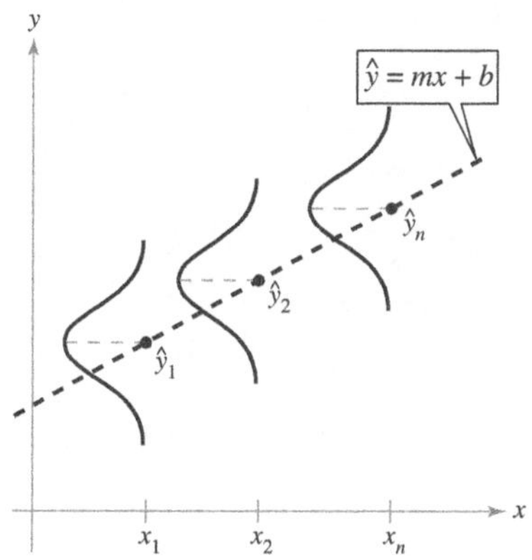

Definição

Dada uma equação de regressão linear $\hat{y}_i = mx + b$ e x_0, um valor específico de x, um **intervalo c de previsão** para y é:

$$\hat{y}_i - E < y < \hat{y} + E,$$

onde:

$$E = t_c s_e \sqrt{1 + \frac{1}{n} + \frac{n(x_0 - \bar{x})^2}{n\sum x^2 - (\sum x)^2}}.$$

O ponto estimado é $\hat{y}$ e a margem de erro é E. A probabilidade de que o intervalo previsto contenha y é c.

Instruções

Construa o intervalo de previsão para y para um valor específico de x

Em palavras	*Em símbolos*
1. Identifique o número de pares pedidos no conjunto de dados n e os graus de liberdade.	g.l. $= n - 2$
2. Use a equação de regressão e o valor x dado para encontrar o ponto estimado $\hat{y}$.	$\hat{y}_i = mx_i + b$
3. Encontre o valor crítico t_c que corresponde ao nível de confiança c dado.	Use a tabela 5 no Apêndice B.
4. Encontre o erro padrão da estimativa s_e.	$s_e = \sqrt{\frac{\sum(y_i - \hat{y}_i)^2}{n-2}}$
5. Encontre a margem de erro E.	$E = t_c s_e \sqrt{1 + \frac{1}{n} + \frac{n(x_0 - \bar{x})^2}{n\sum x^2 - (\sum x)^2}}$.
6. Encontre as extremidades direita e esquerda e forme o intervalo de previsão.	Extremidade esquerda: $\hat{y} - E$. Extremidade direita: $\hat{y} + E$. Intervalo: $\hat{y} - E < y < \hat{y} + E$.

Dica de estudo

As fórmulas para s_e e E usa as quantidades $\Sigma(y_i - \hat{y}_i)^2$, $(\Sigma x)^2$, e Σx^2. Use uma tabela para calcular essas quantidades.

Exemplo 3

Construindo um intervalo de previsão

Usando os resultados do Exemplo 2, construa um intervalo de previsão 95% para as vendas da empresa quando os gastos com propaganda são $ 2.100. O que você pode concluir?

Solução

Como $n = 8$, há:

$$8 - 2 = 6$$

graus de liberdade. Usando a equação de regressão:

$$\hat{y} = 50{,}729x + 104{,}061$$

e

$$x = 2{,}1.$$

O ponto estimado é:

$$\hat{y} = 50{,}729x + 104{,}061$$
$$= 50{,}729(2{,}1) + 104{,}061$$
$$\approx 210{,}592.$$

A partir da tabela 5, o valor crítico é $t_c = 2{,}447$ e a partir do Exemplo 2, $s_e \approx 10{,}290$. Usando esses valores, a margem de erro é:

$$E = t_c s_e \sqrt{1 + \frac{1}{n} + \frac{n(x_0 - \bar{x})^2}{n(\sum x^2) - (\sum x)^2}}$$

$$= (2{,}447)(10{,}290)\sqrt{1 + \frac{1}{8} + \frac{8(2{,}1 - 1{,}975)^2}{8(32{,}44) - (15{,}8)^2}}$$

$$\approx 26{,}857.$$

Usando $\hat{y} = 210{,}592$ e $E = 26{,}857$, o intervalo de previsão é:

Ponto final esquerdo	Ponto final direito
$210{,}592 - 26{,}857 = 183{,}735$	$210{,}592 + 26{,}857 = 237{,}449$

$$183{,}735 < y < 237{,}449.$$

Interpretação

Você pode ter 95% de confiança que quando os gastos com propaganda são $ 2.100, as vendas da empresa serão entre $ 183.735 e $ 237.449.

Importante

Quanto maior a diferença entre x e $\bar{x}$, mais amplo é o intervalo de previsão. Por exemplo, no Exemplo 3 os intervalos de previsão 95% para $1{,}4 < x < 2{,}6$ são exibidos a seguir.

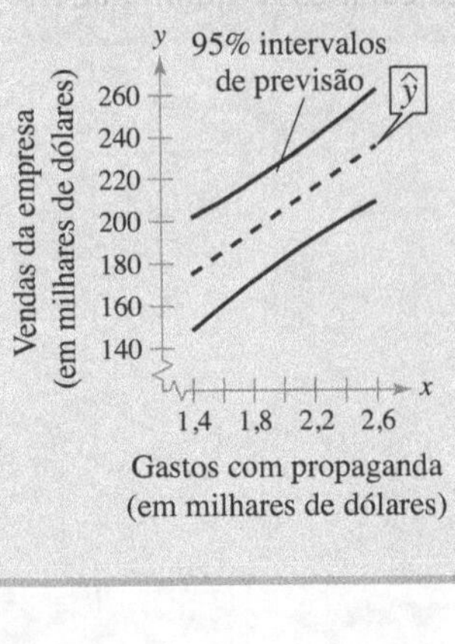

Tente você 3 Construa um intervalo de previsão 95% para vendas da empresa quando os gastos com propaganda são $ 2.500. O que você pode concluir?

a. *Especifique* n, g.l., t_c, s_e.

b. *Calcule* $\hat{y}$ quando $x = 2{,}5$.

c. *Calcule* a margem de erro E.

d. *Construa* o intervalo de previsão.

e. *Interprete* os resultados.

Resposta na p. A46

9.3 Exercícios

Construindo habilidades básicas e conceitos

Análise gráfica

Nos exercícios de 1 a 3, use o gráfico para responder a pergunta.

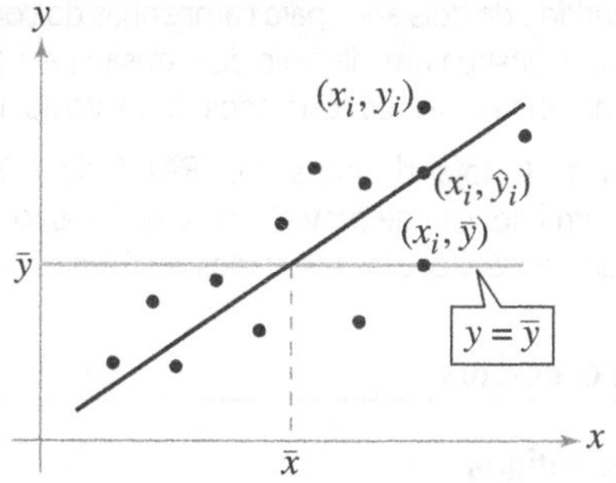

1. Descreva a variação total sobre uma linha de regressão em palavras e em símbolos.
2. Descreva a variação explicada sobre uma linha de regressão em palavras e em símbolos.
3. Descreva a variação não explicada sobre uma linha de regressão em palavras e em símbolos.
4. O coeficiente de determinação é a relação de quais tipos de variações? O que é medido pelo coeficiente de determinação?

Nos exercícios de 5 a 8, use o valor do coeficiente de correlação linear para calcular o coeficiente de determinação. O que isso lhe diz sobre a variação explicada dos dados sobre a linha de regressão? E sobre a variação não explicada?

5. $r = 0{,}350$.
6. $r = -0{,}275$.
7. $r = -0{,}891$.
8. $r = 0{,}964$.

Usando e interpretando conceitos

Encontrando tipos de variações e o coeficiente de determinação

Nos exercícios de 9 a 16, use os dados para encontrar (a) o coeficiente de determinação e interprete o resultado, e (b) o erro padrão da estimativa se, e interprete o resultado.

9. **Oferta de ações** O número de oferta de ações públicas iniciais emitidas em um período recente de 12 anos e o total de lucro dessas ofertas (em milhões de dólares norte-americanos) é exibido na tabela. A equação da linha de regressão é $\hat{y} = 40{,}049x + 21.843{,}09$. (*Fonte: Securities Data Co.*)

Número de emissões, *x*	412	461	687	483	317	487	385	81	70	68	186	169
Lucros, *y*	17.784	28.745	42.572	32.478	34.585	65.069	65.628	34.368	22.136	10.122	32.380	28.677

10. **Cigarros** A tabela mostra o número de cigarros consumidos (em bilhões) nos Estados Unidos e o número de cigarros exportados (em bilhões) dos Estados Unidos por sete anos. A equação da linha de regressão é $\hat{y} = 0{,}671x - 136{,}771$. (*Adaptado de Alcohol and Tabacco Tax and Trade Bureau.*)

Cigarros consumidos nos EUA, *x*	435	430	425	415	400	388	376
Cigarros exportados dos EUA, *y*	166	154	145	130	127	122	124

11. **Espaço de varejo e vendas** A tabela mostra o espaço total (em bilhões) de um espaço de varejo em shopping centers e suas vendas (em bilhões de dólares norte-americanos) por 11 anos. A equação da linha de regressão é $\hat{y} = 549{,}448x - 1.881{,}694$. (*Adaptado de International Council of Shopping Centers.*)

Espaço total, *x*	5,0	5,1	5,2	5,3	5,5	5,6	5,7	5,8	5,9	6,0	6,1
Vendas, *y*	893,8	933,9	980,0	1.032,4	1.105,3	1.181,1	1.221,7	1.277,2	1.339,2	1.432,6	1.530,4

12. **Trabalho e tempo de lazer.** O número médio de horas de trabalho por semana e o número médio de horas de lazer por semana entre pessoas nos Estados Unidos por 10 anos recentes são mostrados na tabela a seguir. A equação da linha de regressão é $\hat{y} = -0{,}646x + 50{,}734$. (*Fonte: Louis Harris & Associates.*)

Nº médio de h. de trabalho por semana, *x*	40,6	43,1	46,9	47,3	46,8	48,7	50,0	50,7	50,6	50,8
Nº médio de h. de lazer por semana, *y*	26,2	24,3	19,2	18,1	16,6	18,8	18,8	19,5	19,2	19,5

13. **Ganhos de homens e mulheres** A tabela mostra a média dos ganhos semanais (em dólares norte-americanos) de homens e mulheres que trabalham período integral por cinco anos. A equação da linha de regressão é $\hat{y} = 1{,}369x - 402{,}687$. (*Fonte: U.S. Bureau of Labor Statistics.*)

Ganhos semanais médios para homens, *x*	670	679	695	713	722
Ganhos semanais médios para mulheres, *y*	512	529	552	573	585

14. **Comparecimento dos eleitores** A idade média da população eleitora dos Estados Unidos (em milhões) nas eleições federais de oito anos eleitorais não presidenciais podem ser observados na tabela. Os dados podem ser modelados pela equação de regressão $\hat{y} = 0{,}342x + 5{,}990$. *(Adaptado de Federal Election Commission.)*

Idade dos eleitores, x	146,3	158,4	169,9	178,6
Comparecimento nas eleições federais, y	55,9	58,9	67,6	65,0
Idade dos eleitores, x	185,8	193,7	200,9	215,5
Comparecimento nas eleições federais, y	67,9	75,1	73,1	79,8

15. **Dinheiro de campanha** O dinheiro arrecadado e gasto (em milhões de dólares norte-americanos) por todas as campanhas do congresso norte-americano por 8 períodos de 2 anos recentes são mostrados na tabela. Os dados podem ser modelados pela equação de regressão $\hat{y} = 0{,}943x + 21{,}541$. *(Fonte: Federal Election Commission.)*

Dinheiro arrecadado, x	471,7	659,3	740,5	790,5	781,3	1.047,3	969,5	1.206,1
Dinheiro gasto, y	446,3	680,2	725,2	765,3	740,4	1.005,6	936,3	1.156,8

16. **Bens** A tabela mostra o total de bens (em milhões de dólares norte-americanos) de contas individuais de aposentadoria (IRAs) e planos de pensão federal por nove anos. A equação da linha de regressão é $\hat{y} = 0{,}21x + 288{,}18$. *(Fonte: Investment Company Institute.)*

IRAs, x	1.467	1.728	2.150	2.651	2.629
Planos de pensão federal, y	606	659	716	774	797
IRAs, x	2.619	2.533	3.080	3.475	
Planos de pensão federal, y	860	894	959	1.024	

Construindo e interpretando intervalos de previsão

Nos exercícios de 17 a 24, construa o intervalo de previsão indicado e interprete os resultados.

17. **Lucros** Construa um intervalo de previsão de 95% para os lucros das ofertas públicas iniciais do Exercício 9 quando o número de emissões for 712.

18. **Cigarros consumidos** Construa um intervalo de previsão de 95% para os cigarros exportados pelos EUA no Exercício 10 quando o número de cigarros consumidos nos EUA for 450 bilhões.

19. **Vendas no varejo** Usando os resultados do Exercício 11, construa um intervalo de previsão de 90% para vendas de shopping centers quando o espaço total dos shopping centers for 4,5 bilhões.

20. **Horas de lazer** Usando os resultados do Exercício 12, construa um intervalo de previsão de 90% para o número médio de horas de lazer por semana quando o número médio de horas de trabalho por semana for 45,1.

21. **Ganhos de mulheres** Quando a média semanal de ganhos de trabalhadores homens é \$ 650, encontre um intervalo de previsão de 99% para a média semanal dos ganhos de trabalhadoras mulheres. Use os resultados do Exercício 13.

22. **Prevendo comparecimento de eleitores** Quando a idade da população eleitora é 210 milhões, construa um intervalo de previsão de 99% para o comparecimento de eleitores em eleições federais. Use os resultados do Exercício 14.

23. **Gastos com campanha** Um total de \$ 775,8 milhões é arrecadado em um período de dois anos para campanhas do congresso norte-americano. Construa um intervalo de previsão para o dinheiro gasto nas campanhas. Use os resultados do Exercício 15 e $c = 0{,}95$.

24. **Bens totais** O total de bens nos IRAs é de \$ 2.500 bilhões. Construa um intervalo de previsão para os bens totais nos planos federais de pensão. Use os resultados do Exercício 16 e $c = 0{,}90$.

Expandindo conceitos

Veículos antigos

Nos exercícios de 25 a 31, use as informações exibidas abaixo.

(Fonte: Polk Co.)

25. **Diagrama de dispersão** Construa um diagrama de dispersão dos dados. Mostre $\bar{y}$ e $\bar{x}$ no gráfico.

26. **Linha de regressão** Encontre e represente graficamente a linha de regressão.

27. **Desvio** Calcule o desvio explicado, o desvio não explicado e o desvio total para cada ponto.

28. **Variação** Encontre a (a) variação explicada, (b) variação não explicada e (c) a variação total.

29. **Coeficiente de determinação** Encontre o coeficiente de determinação. O que você pode concluir?

30. **Erro de estimativa** Encontre o erro padrão da estimativa s_0 e interprete os resultados.

31. **Intervalo de previsão** Construa um intervalo de previsão de 95% para a média de idade de caminhões em uso quando a média de idade dos carros em uso for 8,6 anos.

32. **Coeficiente de correlação e inclinação** Revise que a fórmula para o coeficiente de correlação r é:

$$r = \frac{n\sum xy - (\sum x)(\sum y)}{\sqrt{n\sum x^2 - (\sum x)^2}\sqrt{n\sum y^2 - (\sum y)^2}}$$

e a fórmula para a inclinação m de uma linha de regressão é:

$$m = \frac{n\sum xy - (\sum x)(\sum y)}{n\sum x^2 - (\sum x)^2}$$

Dado um conjunto de dados, por que a inclinação m da linha de regressão dos dados sempre tem o mesmo sinal do coeficiente de correlação r?

Teste de hipótese para inclinação

Nos exercícios 33 e 34, use as informações a seguir.

Ao testar a inclinação M da linha de regressão para a população, você geralmente testa se a inclinação é zero, ou $H_0 : M = 0$. Uma inclinação de zero indica que não há relação linear entre x e y. Para fazer o teste t para a inclinação M, use o teste padrão estatístico:

$$t = \frac{m}{s_e}\sqrt{\sum x^2 - \frac{(\sum x)^2}{n}}.$$

com n – 2 graus de liberdade. Depois, usando os valores críticos encontrados na Tabela 5 no Apêndice B, decida se deve rejeitar ou não a hipótese nula. Você também pode usar a característica *LinReg Test* em uma TI-83/84 para calcular o teste padrão estatístico assim como o valor P correspondente. Se $P \leq \alpha$, então rejeite a hipótese nula. Se $P > \alpha$, então não rejeite H_0.

33. A tabela a seguir mostra os pesos (em libras) e o número de horas dormidas em um dia por uma amostra aleatória de crianças. Teste a afirmação que $M \neq 0$. Use $\alpha = 0{,}01$. Depois, interprete os resultados no contexto do problema. Se conveniente, use tecnologia para resolver o problema.

Peso, x	8,1	10,2	9,9	7,2	6,9	11,2	11	15
Horas dormidas, y	14,8	14,6	14,1	14,2	13,8	13,2	13,9	12,5

34. A tabela a seguir mostra as idades (em anos) e salários (em milhares de dólares) para uma amostra aleatória de engenheiros numa empresa. Teste a afirmação de que $M \neq 0$. Use $\alpha = 0{,}05$. Depois, interprete os resultados no contexto do problema. Se conveniente, use tecnologia para resolver o problema.

Idade, x	25	34	29	30	42	38	49	52	35	40
Salário, y	57,5	61,2	59,9	58,7	87,5	67,4	89,2	85,3	69,5	75,1

Intervalos de confiança para interseção *y* e a inclinação

Você pode construir intervalos de confiança para uma interseção y B e inclinação M da linha de regressão y = Mx + B para a população ao usar as seguintes desigualdades.

interseção-*y* *B*: $b - E < B < b + E$

$$\text{onde } E = t_c s_e \sqrt{\frac{1}{n} + \frac{\bar{x}^2}{\sum x^2 - \frac{(\sum x)^2}{n}}} \quad \text{e}$$

inclinação *M*: $m - E < M < m + E$

$$\text{onde } E = \frac{t_c s_e}{\sqrt{\sum x^2 - \frac{(\sum x)^2}{n}}}.$$

Os valores de m e b são obtidos de amostras de dados, e o valor crítico t_c é obtido usando a Tabela 5 no Apêndice B com $n - 2$ graus de liberdade.

Nos exercícios 35 e 36, construa o intervalo de confiança indicado.

35. Construa um intervalo de confiança de 94% para B e M usando os gastos com propaganda e dados sobre as vendas de empresas encontrados no Exemplo 2.

36. Construa um intervalo de confiança de 99% para B e M usando os gastos com propaganda e os dados sobre as vendas da empresa encontrados no Exemplo 2.

9.4 Regressão múltipla

Encontrando uma equação de regressão múltipla → Prevendo valores *y*

O que você deve aprender

- Como usar tecnologia para encontrar uma equação de regressão múltipla, o erro padrão da estimativa e o coeficiente de determinação.
- Como usar uma equação de regressão múltipla para prever valores *y*.

Encontrando uma equação de regressão múltipla

Em muitos casos, um modelo de previsão melhor pode ser encontrado para uma variável dependente (resposta) ao usar mais que uma variável independente (explanatória). Por exemplo, uma forma mais coerente de prever as vendas da empresa discutida nas seções anteriores pode ser feita ao considerar o número de funcionários no grupo de vendas assim como os gastos com propaganda. Modelos que contenham mais de uma variável independente são modelos de regressão múltiplas.

Definição

Uma **equação de regressão múltipla** tem a forma:

$$\hat{y} = b + m_1x_1 + m_2x_2 + m_3x_3 + ... + m_kx_k,$$

onde $x_1, x_2, x_3, \ldots, x_k$ são variáveis independentes, **b** é a interseção **y** e **y** é a variável dependente.

Importante

Como a matemática associada com regressão múltipla é complicada, essa seção foca em como usar tecnologia para encontrar uma equação de regressão múltipla e como interpretar os resultados.

Dica de estudo

No Exemplo 1, é importante que você interprete os coeficientes m_1, m_2 e m_3 corretamente. Por exemplo, se x_2 e x_3 são mantidos constantes e x_1 aumenta por 1, então y aumenta por \$ 364. Da mesma forma, se x_1 e x_3 são mantidos constantes e x_2 cresce por 1, então y aumenta por \$ 228. Se x_1 e x_2 são mantidos constantes e x_3 aumenta por 1, então y aumenta por \$ 267.

A interseção-y b é o valor de y quando todos os x_i são 0. Cada coeficiente m_i é a quantidade de mudança em y quando a variável independente x_i é mudada por uma unidade e todas as outras variáveis independentes são mantidas constantes.

Exemplo 1

Encontrando uma equação de regressão múltipla

Um pesquisador quer determinar como os salários dos funcionários de certa empresa são relacionados ao período de emprego, experiências passadas e educação. O pesquisador seleciona oito funcionários da empresa e obtém os seguintes dados.

Funcionário	Salário, y	Emprego (em anos), x_1	Experiência (em anos), x_2	Educação (em anos), x_3
A	57.310	10	2	16
B	57.380	5	6	16
C	54.135	3	1	12
D	56.985	6	5	14
E	58.715	8	8	16
F	60.620	20	0	12
G	59,200	8	4	18
H	60.320	14	6	17

Use MINITAB para encontrar uma equação de regressão múltipla que modele os dados.

Solução

Entre os valores y em C1 e os valores x_1, x_2 e x_3 em C2, C3 e C4, respectivamente. Selecione "Regression > Regression..." a partir do menu *Stat*.

Usando os salários como a variável de resposta e os dados remanescentes como indicadores, você deve obter resultados semelhantes ao que vemos a seguir:

MINITAB

Regression Analysis: Salary, y versus x1, x2, x3

The regression equation is
Salary, y = 49764 + 364 x1 + 228 x2 + 267 x3

Predictor	Coef	SE COEF	T	P
Constant	49764 — b	1981	25.12	0.000
x1	364.41 — m_1	48.32	7.54	0.002
x2	227.6 — m_2	123.8	1.84	0.140
x3	266.9 — m_3	147.4	1.81	0.144

S = 659.490 R-Sq = 94.4% R-Sq(adj) = 90.2%

A equação de regressão é $\hat{y} = 49.764 + 364x_1 + 228x_2 + 267x_3$.

Tente você 1 Um professor de estatística quer determinar como as notas finais dos alunos são relacionadas às notas de provas de meio de curso, aplicadas na metade do período letivo, e o número de aulas perdidas. O professor seleciona 10 alunos de sua classe e obtém os seguintes dados.

Aluno	Nota final, y	Nota da prova de meio de curso, x_1	Aulas perdidas, x_2
1	81	75	1
2	90	80	0
3	86	91	2
4	76	80	3
5	51	62	6
6	75	90	4
7	44	60	7
8	81	82	2
9	94	88	0
10	93	96	1

Use tecnologia para encontrar uma equação de regressão múltipla que modele os dados.

a. *Entre* os dados.

b. *Calcule* a linha de regressão.

Resposta na p. A46

O MINITAB mostra muito mais que a equação de regressão e os coeficientes de variáveis independentes. Por exemplo, ele também mostra o erro padrão da estimativa, denotada por S, e o coeficiente de determinação, denotado por R-Sq. No Exemplo 1, $S = 659{,}490$ e R-$Sq = 94{,}4\%$. Então, o erro padrão da estimativa é \$ 659,49. O coeficiente de determinação mostra que 94,4% da variação em y pode ser explicado pelo modelo de regressão múltipla. Os 5,6% restantes são não explicados e são devidos a outros fatores ou ao acaso.

Prevendo valores *y*

Depois de encontrar a equação da linha de regressão múltipla, você pode usar a equação para prever valores y sobre a faixa de dados. Para prever valores y, substitua o valor dado para cada variável independente dentro da equação, depois calcule $\hat{y}$.

Exemplo 2

Prevendo valores *y* usando equações de regressão múltipla

Use a equação de regressão encontrada no Exemplo 1 para prever o salário de um funcionário dadas as seguintes condições.

1. 12 anos no emprego atual, 5 anos de experiência e 16 anos de educação.
2. 4 anos no emprego atual, 2 anos de experiência e 12 anos de educação.
3. 8 anos no emprego atual, 7 anos de experiência e 17 anos de educação.

Solução

Para prever o salário de cada funcionário, substitua os valores para x_1, x_2 e x_3 dentro da equação de regressão. Depois, calcule $\hat{y}$.

1. $\hat{y} = 49.764 + 364x_1 + 228x_2 + 267x_3$

$= 49.764 + 364(12) + 228(5) + 267(16)$

$= 59.544.$

Retratando o mundo

Em um lago na Finlândia, 159 peixes de 7 espécies foram pescados e medidos com o peso G, comprimento L, altura H e espessura W (H e W são porcentagens de L). A equação de regressão para G e L é:

$G = -488 + 28{,}2L$

$r = 0{,}925.$

Quando todas as quatro variáveis são usadas, a equação de regressão é:

$G = -711 + 28{,}2L +$

$1{,}46H + 13{,}4W,$

$r = 0{,}931.$

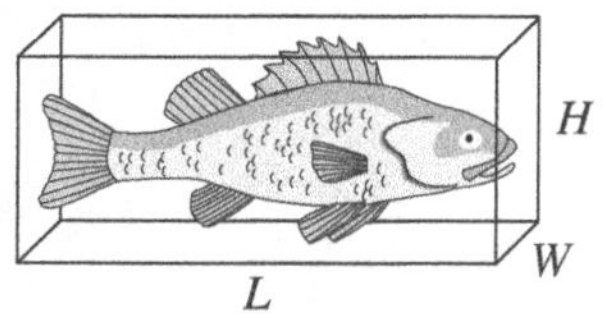

Preveja o peso de um peixe com as seguintes medidas: $L = 40$, $H = 17$, e $W = 11$. Como suas previsões variam quando você usa uma única variável versus muitas variáveis? Qual você acha que é mais coerente?

O salário previsto do funcionário é $ 59.544.

2. $\hat{y} = 49.764 + 364x_1 + 228x_2 + 267x_3$

$= 49.764 + 364(4) + 228(2) + 267(12)$

$= 54.880.$

O salário previsto do funcionário é $ 54.880.

3. $\hat{y} = 49.764 + 364x_1 + 228x_2 + 267x_3$

$= 49.764 + 364(8) + 228(7) + 267(17)$

$= 58.811.$

Tente você 2

Use a equação de regressão encontrada no Tente Você 1 para prever a nota final de um aluno dada as seguintes condições.

1. Um aluno tem uma pontuação 89 no exame de meio de curso e falta em 1 aula.
2. Um aluno tem uma pontuação 78 no exame de meio de curso e falta em 3 aulas.
3. Um aluno tem uma pontuação 83 no exame de meio de curso e falta em 2 aulas.

a. *Substitua* a pontuação de meio de curso por x_1 dentro da equação de regressão.

b. *Substitua* o número correspondente de aulas perdidas por x_2 dentro da equação de regressão.

c. *Calcule* $\hat{y}$.

d. Qual é a nota final de cada um dos alunos?

Resposta na p. A46

9.4 Exercícios

Construindo habilidades básicas e conceitos

Prevendo valores y

Nos exercícios de 1 a 4, use a equação de regressão múltipla para prever os valores y dados os valores das variáveis independentes.

1. **Produção de algodão** A equação usada para prever a produção algodão (em libras) é:

$$\hat{y} = 640 - 0{,}105x_1 + 0{,}124x_2.$$

onde x_1 é o número de acres plantados (em milhares), e x_2 é o número de acres colhidos (em milhares). *(Fonte: U.S. National Agricultural Statistics Services.)*

(a) $x_1 = 13.500, x_2 = 12.000.$

(b) $x_1 = 15.000, x_2 = 13.500.$

(c) $x_1 = 14.000, x_2 = 13.500.$

(d) $x_1 = 14.500, x_2 = 13.000.$

2. **Produção de trigo** Para prever a produção anual de trigo (em alqueires por acre), use a equação:

$$\hat{y} = 17 - 0{,}000642\,x_1 + 0{,}00125\,x_2.$$

onde x_1 é o número de acres plantados (em milhares), e x_2 é o número de acres colhidos (em milhares). *(Fonte: U.S. National Agricultural Statistics Services.)*

(a) $x_1 = 60.000, x_2 = 45.000.$

(b) $x_1 = 62.500, x_2 = 53.000.$

(c) $x_1 = 57.500, x_2 = 50.000.$

(d) $x_1 = 59.000, x_2 = 48.500.$

3. **Volume de árvores de *black cherry*** O volume (em pés cúbicos) de árvores de *black cherry* pode ser modelado pela equação

$$\hat{y} = -52{,}2 + 0{,}3\,x_1 + 4{,}5\,x_2.$$

onde x_1 é a altura das árvores (em pés), e x_2 é diâmetro das árvores (em polegadas). *(Fonte: Journal of the Royal Statistical Society.)*

(a) $x_1 = 70, x_2 = 8{,}6.$

(b) $x_1 = 65, x_2 = 11{,}0.$

(c) $x_1 = 83, x_2 = 17{,}6.$

(d) $x_1 = 87, x_2 = 19{,}6.$

4. **Ganhos por ação** Os ganhos por ação (em dólares) para a corporação McDonald's são dados pela equação:

$$\hat{y} = -0{,}415 + 0{,}0009\,x_1 + 0{,}168\,x_2,$$

onde x_1 representa a renda total (em bilhões de dólares), e x_2 representa a equidade dos acionistas. *(Fonte: McDonald's Corporation.)*

(a) $x_1 = 15{,}2, x_2 = 10{,}3.$

(b) $x_1 = 19{,}8, x_2 = 14{,}5.$

(c) $x_1 = 12{,}1, x_2 = 9{,}1.$

(d) $x_1 = 21{,}5, x_2 = 15{,}8.$

Usando e interpretando conceitos

Encontrando uma equação de regressão múltipla

Nos exercícios 5 e 6, use tecnologia para encontrar a equação de regressão múltipla para os dados mostrados na tabela. Depois, responda as perguntas a seguir.

(a) Qual é o erro padrão da estimativa?

(b) Qual é o coeficiente de determinação?

(c) Interprete os resultados de (a) e (b).

5. **Vendas** A área total (em bilhões) do espaço de varejo em shopping centers, o número (em milhares) de shopping centers e as vendas (em bilhões de dólares) para shopping centers em um período recente de 11 anos são mostrados na tabela. *(Adaptado de International Council of Shopping Centers.)*

Vendas, y	Área total, x_1	Nº de shopping centers, x_2
893,8	5,0	41,2
933,9	5,1	42,1
980,0	5,2	43,0
1.032,4	5,3	43,7
1.105,3	5,5	44,4
1.181,1	5,6	45,1
1.221,7	5,7	45,8
1.277,2	5,8	46,4
1.339,2	5,9	47,1
1.432,6	6,0	47,8
1.530,4	6,1	48,7

6. **Equidade dos acionistas** A tabela a seguir mostra as vendas líquidas (em bilhões de dólares), os ativos totais (em bilhões de dólares) e a equidade dos acionistas (em bilhões de dólares) para o Walmart em um período recente de seis anos. *(Adaptado de Wal-Mart Stores, Inc.)*

Equidade dos acionistas, y	Vendas líquidas, x_1	Ativos totais, x_2
35,2	201,2	79,3
39,5	226,5	90,2
43,6	252,8	102,5
49,4	281,5	117,1
53,2	308,9	135,6
61,6	345,0	151,2

Expandindo conceitos

r^2 ajustado

O cálculo do r2, o coeficiente de determinação depende do número de pontos dos dados e do número de variáveis independentes. Um valor ajustado de r2, baseado no número de graus de liberdade, conforme:

$$r^2_{ajustado} = 1 - \left[\frac{(1-r^2)(n-1)}{n-k-1}\right],$$

onde n é o número de pontos de dados e k é o número de variáveis independentes.

Nos exercícios 7 e 8, depois de calcular o $r^2_{ajustado}$, determine a porcentagem da variação em y que pode ser explicada pela relação entre variáveis, de acordo com $r^2_{ajustado}$. Compare esse resultado com o resultado obtido usando r^2.

7. Calcule $r^2_{ajustado}$ para os dados no Exercício 5.
8. Calcule $r^2_{ajustado}$ para os dados no Exercício 6.

Usos e abusos – estátistica no mundo real

x	1	0	−1	0
y	0	1	0	−1

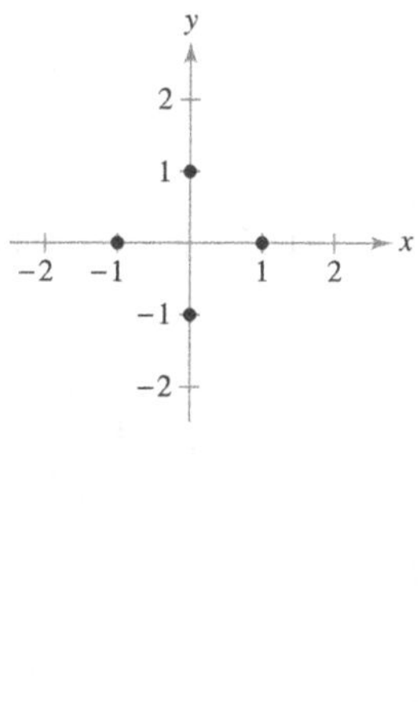

Usos

Correlação e regressão A análise da correlação e regressão pode ser usada para determinar se há uma relação significativa entre duas variáveis. Se houver, você pode usar uma das variáveis para prever o valor da outra variável. Por exemplo, educadores usam a análise da correlação e regressão para determinar se há uma relação significativa entre a pontuação dos alunos no SAT e suas notas médias no primeiro ano da faculdade. Consequentemente, muitas faculdades e universidades usam a pontuação de candidatos de ensino médio no SAT como indicadora do sucesso inicial de um aluno na faculdade.

Abusos

Confundindo correlação e causalidade O abuso mais comum em correlação em estudos é confundir os conceitos de correlação com os da causalidade (ver p. 405). Uma pontuação boa no SAT não causa boas notas na faculdade. Há outras variáveis como bons hábitos de estudo e motivação, que contribuem para ambos. Quando uma correlação forte é encontrada entre duas variáveis, procure outras variáveis que são correlacionadas com ambas.

Considerando somente a correlação linear A correlação estudada neste capítulo é a correlação linear. Quando o coeficiente de correlação é próximo a 1 ou a −1, os pontos dos dados podem ser modelados por uma linha reta. É possível que um coeficiente de correlação esteja próximo a zero, mas ainda há uma correlação forte de um tipo diferente. Considere os dados listados na página anterior. O valor do coeficiente de correlação é 0, porém os dados são perfeitamente correlacionados com a equação $x^2 + y^2 = 1$, conforme mostrado no gráfico.

Ética Quando os dados são colhidos, todos os dados devem ser usados ao calcular as estatísticas. Neste capítulo, você aprendeu que antes de encontrar a equação da linha de regressão, é de grande auxílio construir um diagrama de dispersão dos dados para verificar os valores discrepantes, os buracos e os agrupamentos nos dados. Um pesquisador não pode usar somente os pontos de dados que se encaixam em suas hipóteses, ou aqueles que mostram uma correlação significativa. Embora eliminar os valores discrepantes possa ajudar um conjunto de dados coincidir com os padrões previstos ou se encaixar na linha de regressão, não é ético corrigir os dados dessa forma. Um valor discrepante ou outro ponto que influencia um modelo de regressão pode ser removido somente se for justificável.

Na maioria dos casos, a melhor e muitas vezes mais segura abordagem para apresentar medições estatísticas é com ou sem um valor discrepante incluso. Ao fazer isso, a decisão de reconhecer o valor discrepante é do leitor.

Exercícios

1. **Confundindo correlação e causalidade** Encontre um exemplo de um artigo em jornal ou revista que confunda correlação e causalidade. Discuta outras variáveis que podem contribuir para a relação entre as variáveis.
2. **Considerando somente a correlação linear** Encontre um exemplo de duas variáveis reais que tenham uma correlação não linear.

Resumo do capítulo

O que você aprendeu?	Exemplo(s)	Exercícios de revisão
Seção 9.1		
■ Como construir um diagrama de dispersão.	1 a 3	1 a 4
■ Como encontrar o coeficiente de correlação: $r=\dfrac{n\sum xy-(\sum x)(\sum y)}{\sqrt{n\sum x^2-(\sum x)^2}\sqrt{n\sum y^2-(\sum y)^2}}$.	4 e 5	1 a 4
■ Como fazer um teste de hipóteses para um coeficiente de correção populacional ρ: $t=\dfrac{r}{\sqrt{\dfrac{1-r^2}{n-2}}}$.	7	5 a 10
Seção 9.2		
■ Como encontrar a equação de uma linha de regressão, $\hat{y} = mx + b$: $m=\dfrac{n\sum xy-(\sum x)(\sum y)}{n\sum x^2-(\sum x)^2}$, $b=\bar{y}-m\bar{x}=\dfrac{\sum y}{n}-m\dfrac{\sum x}{n}$.	1 e 2	11 a 14
■ Como prever valores y usando uma equação de regressão.	3	15 a 18

Seção 9.3		
■ Como encontrar e interpretar o coeficiente de determinação r^2.	1	19 a 24
■ Como encontrar e interpretar o erro padrão da estimativa para uma linha de regressão: $s_e=\sqrt{\frac{\Sigma(y_i-\hat{y}_i)^2}{n-2}}=\sqrt{\frac{\Sigma y^2-b\Sigma y-m\Sigma xy}{n-2}}$.	2	23 e 24
■ Como construir e interpretar um intervalo de previsão para y, $\hat{y}-E<y<\hat{y}+E$. $E=t_c s_e\sqrt{1+\frac{1}{n}+\frac{n(x_0-\bar{x})^2}{n\Sigma x^2-(\Sigma x)^2}}$.	3	25 a 30
Seção 9.4		
■ Como usar tecnologia para encontrar uma equação de regressão múltipla, o erro padrão da estimativa e o coeficiente de determinação.	1	31 e 32
■ Como usar uma equação de regressão múltipla para prever valores y. $\hat{y}=b+m_1x_1+m_2x_2+m_3x_3+\ldots+m_kx_k$.	2	33 e 34

Exercícios de revisão

Nos exercícios 1 a 4, mostre os dados em um diagrama de dispersão. Depois, encontre o coeficiente de correlação r da amostra. Determine se há uma correlação linear positiva, uma correlação linear negativa, ou se não há correlação linear entre as variáveis. O que você conclui?

1. As idades de oito vacas (em anos) e sua produção de leite (em galões) por semana.

Idade, x	4	4	6	7	7	8	10	11
Produção de leite, y	37,0	35,4	33,3	33,1	32,3	33,7	30,2	29,6

2. O número de conversíveis vendidos em uma concessionária de carros em um mês e a média de temperatura mensal (em graus Fahrenheit).

Conversíveis vendidos, x	0	3	6	5	7	8
Temperatura mensal média, y	42	50	58	62	75	77

3. O QI e o tamanho do cérebro, conforme medido pelo contagem total de pixels (em milhares) a partir de um IRM, para nove alunas de faculdade. *(Adaptado de Intelligence.)*

QI, x	138	140	96	83	101	135	85	77	88
Contagem de pixels y	991	856	879	865	808	791	799	794	894

4. O consumo *per capita* de açúcar (em quilogramas) e o número médio de cáries de crianças de 11 e 12 anos de sete países.

Consumo de açúcar, x	2,1	5,0	6,3	6,5	7,7	8,7	11,6
Cáries, y	0,59	1,51	1,55	1,70	2,18	2,10	2,73

Nos exercícios 5 e 6, use as amostras estatísticas dadas para testar a afirmação entre o coeficiente de correlação populacional ρ no nível de significância α indicado.

5. Afirmação: $\rho \neq 0$, $\alpha = 0{,}01$. Amostras estatísticas: $r = 0{,}24$, $n = 26$.
6. Afirmação: $\rho \neq 0$, $\alpha = 0{,}05$. Amostras estatísticas: $r = -0{,}55$, $n = 22$.

Nos exercícios 7 a 10, teste a afirmação sobre o coeficiente de correlação populacional ρ no nível de significância α indicado. Depois, interprete a decisão no contexto da afirmação original.

7. Consulte os dados no Exercício 1. Com $\alpha = 0{,}05$, teste a afirmação de que há uma correlação linear entre a idade da vaca e a produção de leite.
8. Consulte os dados no Exercício 2. Há evidência suficiente para concluir que há uma correlação linear entre o número de conversíveis vendidos e a temperatura mensal média? Use $\alpha = 0{,}05$.
9. Consulte os dados no Exercício 3. Com $\alpha = 0{,}01$, teste a afirmação de que há uma correlação linear entre o QI de uma aluna de faculdade e o tamanho do cérebro.
10. Consulte os dados nos Exercício 4. Há evidência suficiente para concluir que há uma correlação linear entre o consumo de açúcar e as cáries dentárias? Use $\alpha = 0{,}01$.

Seção 9.2

Nos exercícios 11 a 14, encontre a equação da linha de regressão para os dados fornecidos. Depois, construa um diagrama de dispersão dos dados e desenhe a linha de regressão. Você consegue supor o sinal e a grandeza de *r*? Calcule *r* e verifique sua suposição. Se conveniente, use tecnologia para resolver o problema.

11. As alturas (em polegadas) de irmãos e irmãs adultos de 11 famílias.

Irmã, *x*	65	62	63	68	63	67	64	60	67	65	68
Irmão, *y*	70	69	66	74	72	74	70	67	68	72	74

12. O número de casas (em milhões) com múltiplos aparelhos de TV e o tempo médio (em minutos) gasto por dia assistindo televisão por nove anos. *(Adaptado de Nielsen Media Research.)*

Casas, *x*	72,4	73,9	76,2	76,8	78,4	80,3	82,8	86,6	89,5
Tempo, *y*	435	446	455	460	464	478	481	491	494

13. As idades (em anos) e o número de horas de sono em uma noite de sete adultos.

Idade, *x*	35	20	59	42	68	38	75
Horas de sono, *y*	7	9	5	6	5	8	4

14. As cilindradas do motor (em polegadas cúbicas) e a eficiência do combustível (em milhas por galão) de sete automóveis.

Cilindradas, *x*	170	134	220	305	109	256	322
Eficiência do combustível, *y*	29,5	34,5	23,0	17,0	33,5	23,0	15,5

Nos exercícios 15 a 18, use as equações de regressão encontradas nos exercícios de 11 a 14 para prever o valor de *y* para cada valor *x*, se for significativo. Se não for, explique o porquê. (Correlação entre *x* e *y* nos exercícios 11 a 14 é significativa para $\alpha = 0,05$).

15. Consulte o Exercício 11. Qual altura você suporia para um homem cuja irmã tenha (a) 61 polegadas? (b) 66 polegadas? (c) 75 polegadas? (d) 50 polegadas?
16. Consulte o Exercício 12. Qual tempo médio gasto por dia assistindo TV por casa você suporia para (a) 60 milhões de casas com múltiplos aparelhos de TV? (b) 85 milhões de casas com múltiplos aparelhos de TV? (c) 75 milhões de casas com múltiplos aparelhos de TV? (d) 97 milhões de casas com múltiplos aparelhos de TV?
17. Consulte o Exercício 13. Quantas horas de sono você suporia para um adulto de idade (a) 18 anos? (b) 25 anos? (c) 85 anos? (d) 50 anos?
18. Consulte o Exercício 14. Qual valor de eficiência de combustível você suporia para um carro com motor de cilindradas de (a) 86 polegadas cúbicas? (b) 198 polegadas cúbicas? (c) 289 polegadas cúbicas? (d) 407 polegadas cúbicas?

Seção 9.3

Nos exercícios 19 a 22, use o valor do coeficiente de correlação linear *r* para encontrar o coeficiente de determinação. Interprete os resultados.

19. $r = -0,553$.
20. $r = -0,962$.
21. $r = 0,181$.
22. $r = 0,740$.

Nos exercícios 23 e 24, use os dados para encontrar (a) o coeficiente de determinação r^2 e interprete o resultado e (b) o erro padrão da estimativa s_e e interprete o resultado.

23. A tabela mostra a área de oito espaços (em pés quadrados) e a capacidade de resfriamento (em BTU por hora) de ar condicionados usados neles. A equação de regressão é $\hat{y} = 9,468x + 3002,991$. *(Adaptado de Consumer Reports.)*

Espaços, *x*	730	485	205	420	550	590	385	630
Capacidade de resfriamento, *y*	10.200	7.000	5.300	6.800	7.250	9.000	6.900	9.400

24. A tabela mostra a área de cozinhas (em polegadas quadradas) de 18 grelhas a gás e seus preços (em dólares). A equação de regressão é $\hat{y} = 1,454x - 532,053$. *(Fonte: Lowe's.)*

Área, *x*	780	530	942	660	600	732	660	640	869
Preço, *y*	359	98	547	299	449	799	699	199	1.049

Área, *x*	860	700	942	890	733	732	464	869	600
Preço, *y*	499	248	597	999	428	849	99	999	399

Nos exercícios 25 a 28, construa o intervalo de previsão indicado e interprete os resultados.

25. Construa um intervalo de previsão de 90% para a altura de um homem no Exercício 11 cuja irmã tenha 64 polegadas de altura.
26. Construa um intervalo de previsão de 90% para a média diária de tempo gasto assistindo TV por casa no Exercício 12 quando 74 milhões de casas têm múltiplos aparelhos de televisão.
27. Construa um intervalo de previsão de 95% para o número de horas dormidas para um adulto no Exercício 13 que tenha 45 anos de idade.
28. Construa um intervalo de previsão de 95% para a eficiência do combustível de um automóvel no Exercício 14 que tenha um motor de cilindradas de 265 polegadas cúbicas.
29. Construa um intervalo de previsão de 99% para a capacidade de resfriamento de um ar condicionado do Exercício 23 que é usado em um espaço de 720 pés quadrados.
30. Construa um intervalo de previsão de 99% para o preço de uma grelha a gás do Exercício 24 com uma cozinha de área 900 polegadas quadradas.

Seção 9.4

Nos exercícios 31 e 32, use os dados na tabela, que mostra o conteúdo em miligramas de monóxido de carbono, alcatrão e nicotina, em 14 marcas de cigarros norte-americanos. *(Fonte: Federal Trade Commission.)*

Monóxido de carbono, y	Alcatrão, x_1	Nicotina, x_2
15	16	1,1
17	16	1,0
11	10	0,8
12	11	0,9
14	13	0,8
16	14	0,8
14	16	1,2
16	16	1,2
10	10	0,8
18	19	1,4
17	17	1,2
11	12	1,0
10	9	0,7
14	15	1,2

31. Use tecnologia para encontrar a equação de regressão múltipla a partir dos dados.

32. Encontre o erro padrão da estimativa s_e e o coeficiente de determinação r^2. Qual porcentagem da variação de y pode ser explicada pela equação de regressão?

Nos exercícios 33 e 34, use a equação de regressão múltipla para prever ao valores y para os valores dados das variáveis independentes.

33. Uma equação que pode ser usada para prever a economia de combustível (em milhas por galão) para automóveis é $\hat{y} = 41{,}3 - 0{,}004x_1 - 0{,}0049x_2$, onde x_1 são as cilindradas do motor (em polegadas cúbicas) e x_2 é o peso do veículo (em libras).
   (a) $x_1 = 305, x_2 = 3.750$.
   (b) $x_1 = 225, x_2 = 3.100$.
   (c) $x_1 = 105, x_2 = 2.200$.
   (d) $x_1 = 185, x_2 = 3.000$.

34. Use a equação de regressão encontrada no Exercício 31.
   (a) $x_1 = 10, x_2 = 0{,}7$.
   (b) $x_1 = 15, x_2 = 1{,}1$.
   (c) $x_1 = 13, x_2 = 0{,}8$.
   (d) $x_1 = 9, x_2 = 0{,}8$.

Teste do capítulo

Faça este teste como se você estivesse fazendo uma prova em sala. Depois compare suas respostas com as respostas no final do livro.

Para os exercícios 1 a 8, use os dados na tabela, que mostra os rendimentos e desperdícios pessoais (ambos em trilhões de dólares) de norte-americanos em 11 anos recentes. *(Adaptado de U.S. Commerce Department Bureau of Economic Analysis.)*

Rendimentos pessoais, x	Desperdícios pessoais, y
6,5	5,5
6,9	5,8
7,4	6,1
7,8	6,5
8,4	7,0
8,7	7,4
8,9	7,6
9,2	8,0
9,7	8,5
10,2	9,1
10,9	9,6

1. Construa um diagrama de dispersão para os dados. Os dados parecem ter uma correlação linear positiva, uma correlação linear negativa, ou não ter nenhuma correlação linear? Explique.
2. Calcule o coeficiente de correlação r. O que você pode concluir?
3. Teste o nível de significância do coeficiente de correlação r. Use $\alpha = 0{,}05$.
4. Encontre a equação da linha de regressão dos dados. Desenhe a linha de regressão no diagrama de dispersão.
5. Use a equação de regressão para prever os desperdícios pessoais quando os rendimentos pessoais são 6,2 trilhões de dólares.
6. Encontre o coeficiente de determinação r^2 e interprete os resultados.
7. Encontre o erro padrão de estimativa s_e e interprete os resultados.
8. Construa um intervalo de previsão de 95% para os desperdícios pessoais quando os rendimentos pessoais forem 7,6 trilhões de dólares. Interprete os resultados.
9. A equação usada para prever a produção de girassóis (em libras) é:

$$\hat{y} = 924 - 0{,}604x_1 + 0{,}813x_2,$$

onde x_1 é o número de acres plantados (em milhares) e x_2 é o número de acres colhidos (em milhares). Use a equação de regressão para prever os valores y para os dados valores das variáveis independentes listados a seguir. Depois, determine qual variável tem uma influência maior no valor de y. *(Fonte: U.S. National Agricultural Statistics Service.)*

(a) $x_1 = 2.643, x_2 = 2.518$.

(b) $x_1 = 3.506, x_2 = 3.383$.

(c) $x_1 = 1.894, x_2 = 1.726$.

(d) $x_1 = 2.344, x_2 = 2.197$.

Juntando tudo

Estatística real – decisões reais

O Centro de Desenvolvimento Infantil, parte do Departamento de Psicologia da University of Denver, é um centro de pesquisas que se concentra no desenvolvimento cognitivo e de percepção em crianças de 2 meses a 3 anos de idade. Alunos de pós-graduação, de pós-doutorado e membros da equipe de pesquisa fazem estudos para ver como as crianças pensam e agem sob circunstâncias particulares.

Você é um membro da equipe de pesquisa no Centro de Desenvolvimento Infantil na University of Denver e está interessado em determinar se bebês demoram mais para aprender a engatinhar durante meses de inverno do que em meses de verão. Você decide anotar a idade (em semanas) de cada criança quando ela consegue engatinhar e a temperatura (em graus Fahrenheit) quando a criança engatinha. Você quer determinar se há uma correlação significativa entre a idade média para engatinhar e a média de temperatura.

Média de temperatura do mês, x	Idade média que as crianças engatinham, y
33	33,64
30	32,82
33	33,83
37	33,35
48	33,38
57	32,32
66	29,84
73	30,52
72	29,70
63	31,84
52	28,58
39	31,44

(Fonte: Janette Benson – Infant Behavior and Development.)

Exercícios

1. **Analisando os dados**

(a) Os dados na tabela à esquerda mostram a temperatura média (em graus Fahrenheit) para cada mês e a média de idade (em semanas) de crianças que começaram a engatinhar durante aquele mês. Construa um diagrama de dispersão dos dados. Use o gráfico para determinar se há uma correlação linear positiva, uma correlação linear negativa, ou se não há correlação linear entre a média em que as crianças começam a engatinhar e a média de temperatura do mês.

(b) Calcule o coeficiente de correlação r e verifique sua conclusão na parte (a).

(c) Teste a significância do coeficiente de correlação encontrado na parte (b). Use $\alpha = 0,05$.

(d) Encontre a equação da linha de regressão para a temperatura e a média que as crianças começam a engatinhar. Adicione o gráfico da linha de regressão em seu diagrama de dispersão na parte (a). A linha de regressão parece ser uma boa adaptação?

(e) Você pode usar a equação da linha de regressão para prever a média de idade em que as crianças começam a engatinhar dada a temperatura? Por quê?

(f) Encontre o coeficiente de determinação r^2 e o erro padrão da estimativa s_e e interprete os resultados.

2. **O que você acha?**

De acordo com a sua análise, você concordaria ou não com o seguinte? Por quê?

Como há uma correlação linear significante entre a média mensal de temperatura e a média de idade em que as crianças começam a engatinhar, os pais podem considerar a temperatura ao determinar quando seus bebês vão engatinhar.

Tecnologia

MINITAB EXCEL TI-83/84

U.S. Food and Drug Administration FDA

Nutrientes em cereais de café da manhã

A U.S. Food and Drug Administration (FDA) exige rótulos de nutrientes para a maioria das comidas. Sob os regulamentos da FDA, produtores são obrigados a listar a quantidade de certos nutrientes em suas comidas, tais como calorias, açúcar, gordura e carboidratos. Essas informações nutricionais são mostradas na tabela de "Fatos Nutricionais" no pacote das comidas.

A tabela a seguir mostra o conteúdo nutricional para um copo de cada um dos 21 cereais de café da manhã diferentes.

C = calorias.

S = açúcar em gramas.

F = gordura em gramas.

R = carboidratos em gramas.

Cereais	C	S	F	R
Apple Jacks	120	15	0,5	28
Berry Burst Cheerios	100	8	1	22
Cheerios	100	1	2	20
Cocoa Puffs	110	12	1,5	23
Cookie Crisp	100	11	1	22
Corn Chex	120	3	0,5	26
Corn Flakes	100	2	0	24
Corn Pops	120	14	0	28
Count Chocula	110	14	1	23
Crispix	110	3	0	25
Froot Loops	120	13	1	26
Frosted Flakes	110	11	0	27
Honey Nut Cheerios	110	9	1,5	22
Lucky Charms	110	11	1	22
Multi Grain Cheerios	110	6	1	23
Product 19	100	4	0	25
Raisin Bran	190	19	1,5	45
Rice Krispies	120	3	0	29
Special K	120	4	0,5	22
Trix	120	13	1,5	28
Wheaties	100	4	0,5	22

Exercícios

1. Use uma ferramenta de tecnologia para desenhar um diagrama de dispersão dos seguintes pares (x, y) no conjunto de dados.
   (a) (calorias, açúcar).
   (b) (calorias, gordura).
   (c) (calorias, carboidratos).
   (d) (açúcar, gordura).
   (e) (açúcar, carboidratos).
   (f) (gordura, carboidratos).
2. A partir do diagrama de dispersão no Exercício 1, quais pares de variáveis parecem ter uma correlação linear forte?
3. Use uma ferramenta de tecnologia para encontrar o coeficiente de correlação para cada par de variáveis no Exercício 1. Qual tem a correlação linear mais forte?
4. Use uma ferramenta de tecnologia para encontrar uma equação de uma linha de regressão para as seguintes variáveis.
   (a) (calorias, açúcar).
   (b) (calorias, carboidratos).
5. Use os resultados do Exercício 4 para prever o seguinte:
   (a) O açúcar contido em um copo de cereal que tenha um conteúdo calórico de 120 calorias.
   (b) O carboidrato contido em um copo de cereal que tenha um conteúdo calórico de 120 calorias.
6. Use uma ferramenta de tecnologia para encontrar equações de regressão múltiplas das fórmulas a seguir.
   (a) $C = b + m_1S + m_2F + m_3R$.
   (b) $C = b + m_1S + m_2R$.
7. Use os resultados do Exercício 6 para prever o conteúdo calórico de 1 copo de cereal que tenha 10 gramas de açúcar e 25 gramas de carboidratos.

Capítulo 10

Testes qui-quadrado e a distribuição F

Onde estamos

O *Insurance Institute for Highway Safety* compra veículos novos a cada ano e faz testes de colisões batendo os veículos em obstáculos a 40 milhas por hora para comparar o quanto veículos diferentes protegem os motoristas em uma batida frontal. Nesse teste, 40% do comprimento do veículo no lado do motorista bate no obstáculo. As forças e impactos que ocorrem durante um teste de colisão são medidos equipando bonecos de teste com instrumentos especiais e colocando-os dentro do carro. Os resultados do teste de colisão incluem dados sobre ferimentos na cabeça, peito e pernas. Para um número baixo de testes de colisão, o potencial de ferimento é baixo. Se o número de testes de colisão for alto, então o potencial de ferimento será alto. Usando as técnicas do Capítulo 8, você pode determinar se a média de potencial de ferimentos no peito é a mesma em pickups e minivans. (Suponha que a população de variâncias seja igual.) As amostras estatísticas são as seguintes: (*Fonte: Insurance Institute for Highway Safety.*)

Veículo	Número	Média de ferimentos no peito	Desvio padrão
Minivans	$n_1 = 25$	$\bar{x}_1 = 33{,}0$	$s_1 = 6{,}75$
Pickups	$n_2 = 20$	$\bar{x}_2 = 29{,}6$	$s_2 = 4{,}60$

Para as médias de ferimentos no peito, o valor P para a hipótese de que $\mu_1 = \mu_2$ é por volta de 0,061. Com $\alpha = 0{,}05$, você não deve rejeitar a hipótese nula. Então, você não tem evidência suficiente para concluir que há uma diferença significante nas médias do potencial de ferimentos no peito em uma batida frontal a 40 milhas por hora de minivans e pickups.

Para onde vamos

No Capítulo 8, você aprendeu como testar uma hipótese que compara duas populações ao basear suas decisões em amostras estatísticas e suas distribuições. Neste capítulo, você vai aprender como testar uma hipótese que compara três ou mais populações.

Por exemplo, além dos testes de colisão de minivans e pickups, um terceiro grupo de veículos também foi testado. Os resultados dos três tipos de veículos são:

Veículo	Número	Média de ferimentos no peito	Desvio padrão
Minivans	$n_1 = 25$	$\bar{x}_1 = 33{,}0$	$s_1 = 6{,}75$
Pickups	$n_2 = 20$	$\bar{x}_2 = 29{,}6$	$s_2 = 4{,}60$
Utilitário desportivo médio	$n_3 = 43$	$\bar{x}_3 = 35{,}0$	$s_3 = 5{,}33$

Com base nas três amostras, há evidência suficiente de uma diferença em potencial de ferimentos no peito entre minivans, pickups e utilitários desportivos médios em uma batida frontal a 40 milhas por hora?

Neste capítulo, você vai aprender que é possível responder a essa pergunta testando a hipótese de que três médias sejam iguais. Para as médias de ferimentos no peito, o valor P para a hipótese de que $\mu_1 = \mu_2 = \mu_3$ é cerca de 0,003. Com $\alpha = 0{,}05$, você pode rejeitar a hipótese nula. Então, você pode concluir que para os três tipos de veículos testados, pelo menos uma das médias de potencial de ferimentos no peito em uma colisão frontal a 40 milhas por hora é diferente das outras.

10.1 Testes de ajuste

O que você deve aprender

- Como usar a distribuição qui-quadrado para testar se uma distribuição de frequência se encaixa em uma distribuição afirmada.

Teste de ajuste qui-quadrado

Teste de ajuste qui-quadrado

Suponha que um executivo de marketing esteja planejando uma nova campanha publicitária e queira determinar a proporção de ouvintes de rádio e uma região específica de transmissão que preferem cada um dos seis tipos de música. Para determinar essas proporções, o executivo pode fazer um experimento polinomial. Um **experimento polinomial** é um experimento de probabilidade que consiste em um número fixo de testes nos quais há mais de dois resultados possíveis para cada teste independente. A probabilidade para cada resultado é fixo e cada resultado é classificado em **categorias**. (Lembre que na Seção 4.2 vimos que um experimento **binomial** tem apenas dois resultados possíveis.)

Agora, suponha que o executivo queira testar a afirmação de uma estação de rádio em relação à distribuição das proporções de preferência musical. Para fazê-lo, o executivo poderia comparar a distribuição de proporções obtidas no experimento polinomial com a distribuição específica da estação de rádio. Como o executivo pode comparar as distribuições? A resposta é: fazendo um teste de ajuste qui-quadrado.

Definição

Um **teste de ajuste qui-quadrado** é usado para testar se uma distribuição de frequência se encaixa em uma distribuição esperada.

Importante

Os testes de hipóteses descritos nas seções 10.1 e 10.2 podem ser usados para dados qualitativos.

Para começar um teste de ajuste qui-quadrado, você deve primeiro determinar uma hipótese nula e uma alternativa. Geralmente, a hipótese nula determina que a distribuição de frequência se encaixa na distribuição específica e a hipótese alternativa determina que a distribuição de frequência não se encaixa na distribuição específica.

Por exemplo, suponha que a estação de rádio afirme que a distribuição de preferências musicais dos ouvintes numa área específica de transmissão seja a seguinte:

Distribuição de preferências musicais

Clássica	4%	Antigas	2%
Country	36%	Pop	18%
Gospel	11%	Rock	29%

Para testar a afirmação da estação de rádio, o executivo pode fazer um teste de ajuste qui-quadrado usando as seguintes hipóteses nulas e alternativas.

H_0: A distribuição de preferências musicais na região de transmissão é de 4% clássica, 36% country, 11% gospel, 2% antigas, 18% pop e 29% rock. *(Afirmação.)*

H_a: A distribuição de preferências musicais difere das distribuições esperadas ou afirmadas.

Para calcular o teste estatístico para o teste de ajuste qui-quadrado, você pode usar frequências observadas e frequências esperadas. Para calcular as frequências esperadas, você deve supor que a hipótese nula seja verdadeira.

Definição

A **frequência observada** O de uma categoria é a frequência da categoria observada nos dados da amostra.

A **frequência esperada** E de uma categoria é a frequência calculada para a categoria. Frequências esperadas são obtidas supondo a distribuição específica (ou hipotética). A frequência esperada para a i-ésima categoria é:

$$E_i = np_i,$$

onde n é o número de tentativas (o tamanho da amostra) e p_i é a probabilidade afirmada da i-ésima categoria.

Exemplo 1

Encontrando frequências observadas e frequências esperadas

Um executivo de marketing seleciona aleatoriamente 500 ouvintes de rádio de uma região de transmissão e pergunta a cada um se eles preferem música clássica, country, gospel, antiga, pop ou rock. Os resultados podem ser observados na tabela abaixo. Encontre as frequências observadas e as frequências esperadas para cada tipo de música.

Solução

A frequência observada para cada tipo de música é o número de ouvintes de rádio que escolhem um tipo específico de música. A frequência esperada para cada tipo de música é o produto do número de ouvintes na pesquisa e a probabilidade de que um ouvinte vá escolher um tipo específico de música. As frequências observadas e as frequências esperadas são exibidas na tabela a seguir.

Tipo de música	% de ouvintes	Frequência observada	Frequência esperada
Clássica	4%	8	500(0,04) = 20
Country	36%	210	500(0,36) = 180
Gospel	11%	72	500(0,11) = 55
Antiga	2%	10	500(0,02) = 10
Pop	18%	75	500(0,18) = 90
Rock	29%	125	500(0,29) = 145

Tente você 1 Suponha que o executivo selecione aleatoriamente 300 ouvintes de rádios na região de transmissão. Encontre as frequências esperadas para cada tipo de música.

Multiplique 300 pela probabilidade de que um ouvinte escolha cada tipo específico de música.

Resposta na p. A47

Para o teste de ajuste qui-quadrado ser usado, as seguintes observações devem ser verdadeiras.

1. As frequências observadas devem ser obtidas usando uma amostra aleatória.
2. Cada frequência esperada deve ser maior ou igual a 5.

Se a frequência esperada de uma categoria é menor que 5, pode ser possível combiná-la com outra categoria para atender às exigências.

Retratando o mundo

Com qual frequência os adultos vão ao médico? De acordo com a distribuição na tela a seguir, 45,8% de todos os adultos

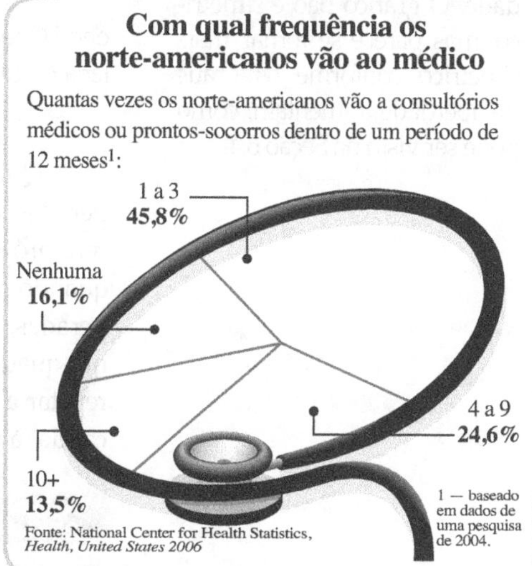

norte-americanos vão ao médico de 1 a 3 vezes por ano.

Uma amostra de 274 adultos responde quantas vezes vão ao médico no período de um ano: 1 a 3, 4 a 9, 10 ou mais, ou nenhuma. Qual é a frequência esperada para cada resposta?

Resultados da pesquisa (n = 500)	
Clássica	8
Country	210
Gospel	72
Antiga	10
Pop	75
Rock	125

Importante

A soma das frequências esperadas sempre se iguala à soma das frequências observadas. Por exemplo, no Exemplo 1, a soma das frequências observadas e a soma das frequências esperadas são, ambas, 500.

Dica de estudo

Lembre-se de que uma distribuição qui-quadrado é graficamente representada de forma positiva e seu formato é determinado pelos graus de liberdade. O gráfico não é simétrico, mas parece se tornar mais simétrico conforme os graus de liberdade aumentam, como pode ser visto na Seção 6.4.

Teste de ajuste qui-quadrado

Se as condições listadas anteriormente são satisfeitas, então a distribuição de amostragem para o teste de ajuste qui-quadrado é aproximado por uma distribuição qui-quadrado com $k - 1$ graus de liberdade, onde k é o número de categorias. A estatística de teste para o teste de ajuste qui-quadrado é:

$$\chi^2 = \sum \frac{(O-E)^2}{E},$$

onde O representa a frequência observada de cada categoria e E representa a frequência esperada de cada categoria.

Quando as frequências observadas praticamente se comparam às frequências esperadas, as diferenças entre O e E serão pequenas e a estatística de teste qui-quadrado será próxima a 0. Sendo assim, a hipótese nula não é passível de ser rejeitada. Porém, quando há grandes discrepâncias entre as frequências observadas e as frequências esperadas, as diferenças entre O e E serão grandes, resultando em uma grande estatística qui-quadrada. Uma estatística de teste grande qui-quadrado é uma evidência para rejeitar a hipótese nula. Então, o teste de ajuste qui-quadrado é sempre um teste unicaudal à direita.

Instruções

Fazendo um teste de ajuste qui-quadrado

	Em palavras	*Em símbolos*
1.	Identifique a afirmação. Determine as hipóteses nula e alternativa.	Determine H_0 e H_a.
2.	Especifique o nível de significância.	Identifique α.
3.	Identifique os graus de liberdade.	g.l. = $k - 1$
4.	Determine o valor crítico.	Use a Tabela 6 no Apêndice B.
5.	Determine a região de rejeição.	
6.	Calcule a estatística de teste.	$\chi^2 = \sum \frac{(O-E)^2}{E}$
7.	Decida se deve rejeitar ou não a hipótese nula.	Se X^2 está na região de rejeição, rejeite H_0. Caso contrário, não rejeite H_0
8.	Interprete a decisão no contexto da afirmação original.	

Exemplo 2

Fazendo um teste de ajuste qui-quadrado

As preferências musicais de ouvintes de uma estação de rádio em uma região de transmissão são distribuídas conforme mostra a tabela a seguir (tabela a). Você seleciona aleatoriamente 500 ouvintes e pergunta se eles preferem música clássica, country, gospel, antiga, pop ou rock. Os resultados da pesquisa são exibidos na tabela b da página seguinte. Usando $\alpha = 0{,}01$, faça um teste de ajuste qui-quadrado para testar se as distribuições são diferentes.

Distribuição de preferências musicais			
Clássica	4%	Antiga	2%
Country	36%	Pop	18%
Gospel	11%	Rock	29%

(a)

Resultados da pesquisa (n = 500)			
Clássica	8	Antiga	10
Country	210	Pop	75
Gospel	72	Rock	125

(b)

Solução

As frequências observadas e esperadas podem ser vistas na tabela à direita. As frequências esperadas foram calculadas no Exemplo 1. Como as frequências observadas foram obtidas usando uma amostra aleatória e cada frequência esperada é no mínimo 5, você pode usar um teste de ajuste qui-quadrado para testar a distribuição proposta. As hipóteses nulas e alternativas são as seguintes.

Tipo de música	Frequência observada	Frequência Esperada
Clássica	8	20
Country	210	180
Gospel	72	55
Antiga	10	10
Pop	75	90
Rock	125	145

H_0: A distribuição de preferências musicais na região de transmissão é de 4% música clássica, 36% country, 11% gospel, 2% antiga, 18% pop e 29% rock.

H_a: A distribuição de preferências musicais difere da distribuição esperada ou afirmada. (*Afirmação.*)

Como há 6 categorias, a distribuição qui-quadrado tem $k - 1 = 6 - 1 = 5$ graus de liberdade. Com g.l. = 5 e $\alpha = 0{,}01$, o valor crítico é $\chi^2_0 = 15{,}086$. Com as frequências observadas e esperadas, o teste estatístico qui-quadrado é:

$$\chi^2 = \sum \frac{(O-E)^2}{E}$$

$$= \frac{(8-20)^2}{20} + \frac{(210-180)^2}{180} + \frac{(72-55)^2}{55} + \frac{(10-10)^2}{10}$$

$$+ \frac{(75-90)^2}{90} + \frac{(125-145)^2}{145}$$

$$\approx 22{,}713.$$

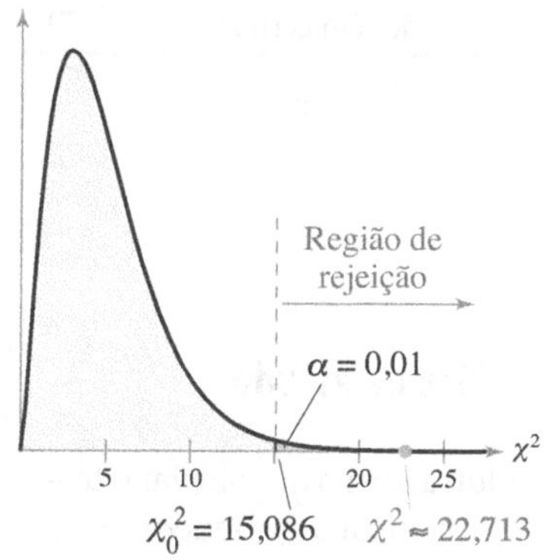

O gráfico mostra a localização da região de rejeição e o teste estatístico qui-quadrado. Como χ^2 está na região de rejeição, você deve decidir rejeitar a hipótese nula.

Interpretação

Com 1% de nível de significância, há evidência suficiente para concluir que a distribuição de preferências musicais difere da distribuição esperada ou da afirmação da estação de rádio.

Tente você 2 Um sociólogo afirma que a distribuição de idades dos moradores de certa cidade é diferente do que era 10 anos antes. A distribuição das idades 10 anos antes pode ser vista na tabela à direita. Você seleciona aleatoriamente 400 moradores e registra a idade de cada um deles. Os resultados da pesquisa podem ser observados na tabela. Com $\alpha = 0{,}05$, faça um teste de ajuste qui-quadrado para determinar se a distribuição mudou.

Idades	Distribuição de idade anterior	Resultado das pesquisas
0 a 9	16%	76
10 a 19	20%	84
20 a 29	8%	30
30 a 39	14%	60
40 a 49	15%	54
50 a 59	12%	40
60 a 69	10%	42
70+	5%	14

a. *Verifique* que a frequência esperada é de, no mínimo, 5 para cada categoria.

b. *Identifique* a distribuição afirmada e determine H_0 e H_a.

c. *Especifique* o nível de significância α.

d. *Identifique* os graus de liberdade.

e. *Determine* o valor crítico e a região de rejeição.

f. *Calcule* o teste estatístico qui-quadrado.

g. *Decida* se deve rejeitar a hipótese nula. Use um gráfico se necessário.

h. *Interprete* a decisão no contexto da afirmação original.

Resposta na p. A47

Exemplo 3

Fazendo um teste de ajuste qui-quadrado

A figura à direita mostra duas distribuições que descrevem opiniões sobre qual é o motivo mais importante para se economizar dinheiro. Você trabalha em uma empresa de serviços financeiros e quer testar a distribuição que descreve a opinião dos homens. Para testar a distribuição, você seleciona aleatoriamente 400 homens e pergunta a cada um qual é o motivo mais importante para eles — economizar dinheiro para a aposentadoria ou economizar dinheiro para a educação no nível superior de seus filhos. Os resultados são exibidos na tabela à esquerda. Com $\alpha = 0{,}05$, teste a distribuição afirmada ou esperada.

(Adaptado de Rasmussen Reports.)

Resultados da pesquisa entre homens (n = 400)	
Aposentadoria	186
Educação superior dos filhos	143
Não têm certeza	71

Solução

As frequências observadas e as frequências esperadas estão na tabela a seguir. Como os homens foram aleatoriamente selecionados e cada frequência esperada é no mínimo 5, você pode usar o teste de ajuste qui-quadrado para testar a distribuição afirmada.

Respostas	Frequência observada	Frequência esperada
Aposentadoria	186	400(0,44) = 176
Educação superior dos filhos	143	400(0,40) = 160
Não têm certeza	71	400(0,16) = 64

A hipótese nula e a alternativa são as seguintes:

H_0: A distribuição das opiniões dos homens em relação a economizar para aposentadoria é de 44%, para a educação no ensino superior de seus filhos é de 40% e os que não têm certeza representam 16%. (*Afirmação.*)

H_a: A distribuição das opiniões dos homens em relação ao que economizar difere da distribuição afirmada ou da esperada.

Como há três categorias, a distribuição qui-quadrado tem $k - 1 = 3 - 1 = 2$ graus de liberdade. Usando g.l. = 2 e $\alpha = 0{,}05$, o valor crítico é $\chi^2_0 = 5{,}991$. Com as frequências observadas e esperadas, o teste estatístico qui-quadrado é conforme o que está apresentado na tabela:

O	E	$O - E$	$(O - E)^2$	$\dfrac{(O-E)^2}{E}$
186	176	10	100	0,568182
143	160	−17	289	1,80625
71	64	7	49	0,765625
				$\chi^2 = \sum \dfrac{(O-E)^2}{E} \approx 3{,}140$

Dica de estudo

Outra forma de calcular o teste estatístico qui-quadrado é organizar os dados em uma tabela como a do Exemplo 3.

O gráfico mostra a localização da região de rejeição e o teste estatístico qui-quadrado. Como χ^2 não está na região de rejeição, você deve decidir não rejeitar a hipótese nula.

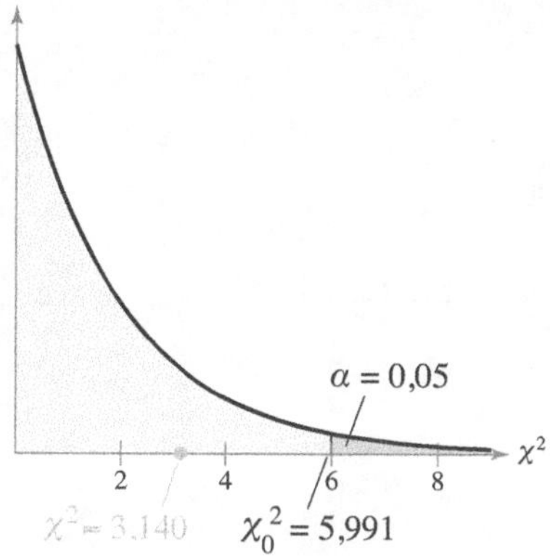

Interpretação

Com um nível de 5% de significância, não há evidência suficiente para opor-se à distribuição esperada ou afirmada das opiniões entre homens.

Tente você 3 Você também quer testar a distribuição que descreve a opinião das mulheres. Para testar a distribuição, você seleciona aleatoriamente 300 mulheres e pergunta o que é mais importante — economizar para a aposentadoria ou para a educação superior de seus filhos. Os resultados podem ser vistos na tabela à direita. Com $\alpha = 0{,}01$, teste a distribuição esperada ou afirmada. O que você pode concluir?

Resultado da pesquisa entre mulheres (n = 300)	
Aposentadoria	129
Educação superior dos filhos	149
Não têm certeza	22

a. *Verifique* que a frequência esperada é de, no mínimo, 5 para cada categoria.

b. *Identifique* a distribuição afirmada e determine H_0 e H_a.

c. *Especifique* o nível de significância α.

d. *Identifique* os graus de liberdade.

e. *Determine* o valor crítico e a região de rejeição.

f. Use as frequências esperadas e observadas para *calcular o teste estatístico qui-quadrado.*

g. *Decida* se deve rejeitar a hipótese nula. Use um gráfico se necessário.

h. *Interprete* a decisão no contexto da afirmação original.

Resposta na p. A47

O teste de ajuste qui-quadrado é geralmente usado para determinar se uma distribuição é uniforme. Para tais testes, as frequências esperadas das categorias são iguais. Ao testar uma distribuição uniforme, você pode encontrar a frequência esperada de cada categoria ao dividir o tamanho das amostras pelo número de categorias. Por exemplo, suponha que uma empresa acredite que o número de vendas feitas por sua área de vendas é uniforme durante todos os 5 dias úteis da semana. Se as amostras consistem em 1.000 vendas, então o valor esperado das vendas para cada dia será 1.000/5 = 200.

Exemplo 4

Fazendo um teste de ajuste qui-quadrado

O fabricante de M&M's afirma que o número de unidades de M&M's de cores diferentes em embalagens de M&M's de chocolate amargo é uniformemente distribuído. Para testar essa afirmação, você seleciona aleatoriamente uma embalagem que contenha 500 M&M's de chocolate amargo. Os resultados podem ser vistos na tabela. Usando $\alpha = 0{,}10$, faça um teste de ajuste qui-quadrado para testar as distribuições esperadas e afirmadas. O que você pode concluir? *(Adaptado de Mars Incorporated.)*

Cor	Frequência, *f*
Marrom	80
Amarelo	95
Vermelho	88
Azul	83
Laranja	76
Verde	78

Solução

A afirmação é que a distribuição é uniforme, então as frequências esperadas das cores são iguais. Para encontrar cada frequência esperada, divida o tamanho das frequências pelo número de cores. Então, para cada cor, $E = 500/6 \approx 83{,}33$. Como cada frequência esperada é no mínimo 5 e os M&M's foram selecionados aleatoriamente, você pode usar o teste de ajuste qui-quadrado para testar a distribuição afirmada. As hipóteses nula e alternativa são as seguintes.

H_0: A distribuição de M&M's de cores diferentes em embalagens de M&M's de chocolate amargo é uniforme. (*Afirmação.*)

H_a: A distribuição de M&M's de cores diferentes em embalagens de M&M's de chocolate amargo não é uniforme.

Como há seis categorias, a distribuição qui-quadrado tem $k - 1 = 6 - 1 = 5$ graus de liberdade. Usando g.l. = 5 e $\alpha = 0{,}10$, o valor crítico é $\chi^2_0 = 9{,}236$. Com as frequências observadas e esperadas, o teste estatístico qui-quadrado é mostrado na tabela a seguir:

O	E	$O - E$	$(O - E)^2$	$\frac{(O-E)^2}{E}$
80	83,3	–3,33	11,09	0,1330853234
95	83,3	11,67	136,19	1,634345374
88	83,3	4,67	21,81	0,2617304692
83	83,3	–0,33	0,11	0,0013200528
76	83,3	–7,33	53,73	0,6447857914
78	83,3	–5,33	28,41	0,3409336373
				$\chi^2 = \sum \frac{(O-E)^2}{E} \approx 3{,}016$

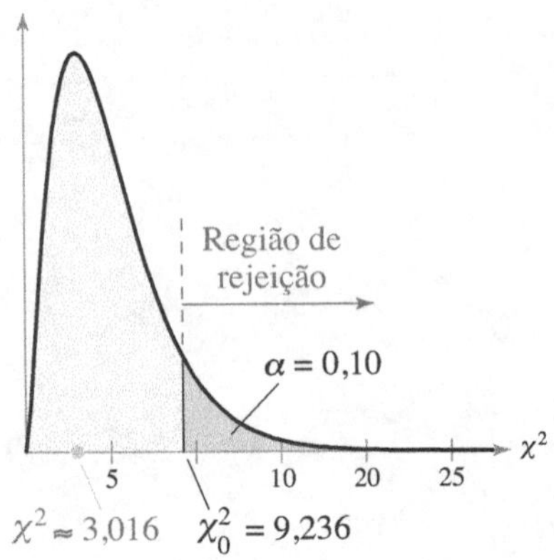

O gráfico mostra a localização da região de rejeição e o teste estatístico qui-quadrado. Como χ^2 não está na região de rejeição, você deve decidir não rejeitar a hipótese nula.

Interpretação

Com um nível de 10% de significância, não há evidência suficiente para opor-se à afirmação de que a distribuição de M&M's de cores diferentes em embalagens de M&M's de chocolate amargo seja uniforme.

Tente você 4 O produtor de M&M's afirma que o número de M&M's de cores diferentes em embalagens de M&M's de amendoim é uniformemente distribuído. Para testar essa afirmação, você seleciona aleatoriamente uma embalagem que contenha 180 M&M's de amendoim. Os resultados são exibidos na tabela. Usando α = 0,05, faça um teste de ajuste qui-quadrado para testar as distribuições afirmadas e esperadas. O que você pode concluir? (*Adaptado de Mars Incorporated.*)

Cor	Frequência, f
Marrom	22
Amarelo	27
Vermelho	22
Azul	41
Laranja	41
Verde	27

a. *Verifique* que a frequência esperada é de, no mínimo, 5 para cada categoria.
b. *Identifique* a distribuição afirmada e determine H_0 e H_a.
c. *Especifique* o nível de significância α.
d. *Identifique* os graus de liberdade.
e. *Determine* o valor crítico e a região de rejeição.
f. Calcule o teste estatístico qui-quadrado.
g. *Decida* se deve rejeitar a hipótese nula. Use um gráfico se necessário.
h. *Interprete* a decisão no contexto da afirmação original.

Resposta na p. A47

10.1 Exercícios

Construindo habilidades básicas e conceitos

1. O que é um experimento polinomial?
2. Quais condições são necessárias para usar o teste de ajuste qui-quadrado?

Encontrando frequências esperadas

Nos exercícios de 3 a 6, encontre a frequência esperada para os valores de n e p_i dados.

3. $n = 150, p_i = 0,3$.
4. $n = 500, p_i = 0,9$.
5. $n = 230, p_i = 0,25$.
6. $n = 415, p_i = 0,08$.

Usando e interpretando conceitos

Fazendo um teste de ajuste qui-quadrado.

Nos exercícios de 7 a 18, (a) identifique a afirmação e determine H_0 e H_a, (b) determine o valor crítico e a região de rejeição, (c) calcule o teste estatístico χ^2 e (d) decida se deve rejeitar ou não a hipótese nula. Depois, interprete a decisão no contexto da afirmação original.

7. **Uso de cartão de crédito** Resultados de uma pesquisa feita dois anos atrás perguntou a alunos universitários quais são suas maiores motivações para usar um cartão de crédito e suas respostas estão apresentadas no gráfico. Para determinar se essa distribuição mudou, você seleciona aleatoriamente 425 alunos e pergunta a cada um deles quais são suas maiores motivações para usar um cartão de crédito. Os resultados podem ser observados na tabela. Você pode concluir que houve uma mudança na distribuição afirmada ou esperada? Use $\alpha = 0,05$.

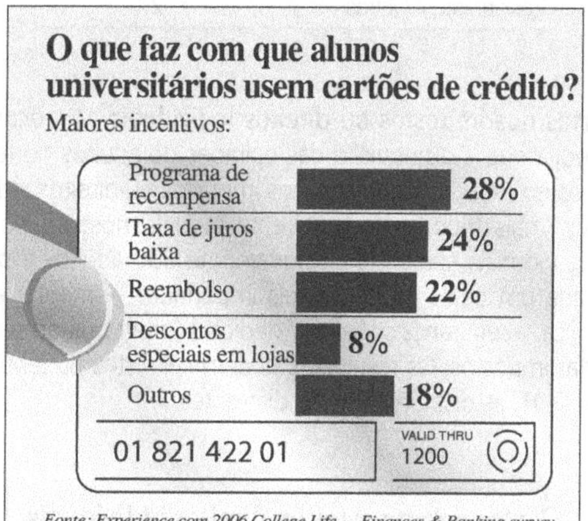

Fonte: Experience.com 2006 College Life — Finances & Banking survey of 4891 college students. Margin of error ±2 percentage points.

Resultados da pesquisa	
Respostas	**Frequência, f**
Programa de recompensa	112
Taxa de juros baixas	98
Reembolso	107
Descontos especias de lojas	46
Outros	62

8. **Café** Os resultados de uma pesquisa de cinco anos atrás, que perguntou onde consumidores de café geralmente bebem sua primeira xícara de café do dia, são exibidos no gráfico. Para determinar se essa distribuição mudou, você seleciona aleatoriamente 581 consumidores de café e pergunta a cada um deles onde eles geralmente tomam sua primeira xícara de café do dia. Os resultados são mostrados na tabela. Você pode concluir que houve uma mudança na distribuição afirmada ou esperada? Use $\alpha = 0{,}05$. *(Fonte: TeleNation.)*

Resultados da pesquisa	
Respostas	**Frequência, *f***
Em casa	389
No trabalho	110
No caminho para o trabalho	55
Restaurante / Outros	27

9. **Cortes nos impostos ou direitos individuais.** Um economista acredita que a distribuição das opiniões de adultos norte-americanos em relação aos cortes nos impostos ou direitos individuais serem mais importantes é diferente daquela mostrada no gráfico. O economista seleciona aleatoriamente 600 adultos e pergunta a cada um deles o que é mais importante — manter a saúde pública, a segurança social e o Medicaid (programa de saúde) ou cortar impostos. Os resultados podem ser vistos na tabela. Com $\alpha = 0{,}01$, as distribuições são diferentes?

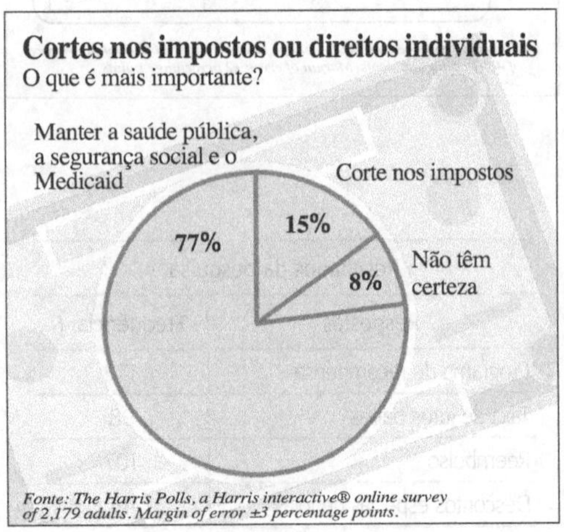

Resultados da pesquisa	
Respostas	**Frequência, *f***
Manter a saúde pública, a segurança social e o Medicaid	431
Cortes nos impostos	107
Não têm certeza	62

10. **Razões pelas quais trabalhadores saem dos empregos** Um diretor de pessoal acredita que a distribuição das razões pelas quais trabalhadores saem de seus empregos é diferente daquelas apresentadas no gráfico. O diretor seleciona aleatoriamente 200 trabalhadores que deixaram seus empregos recentemente e pergunta a cada um deles o motivo. Os resultados podem ser observados na tabela. Com $\alpha = 0{,}01$, as distribuições são diferentes? *(Fonte: Robert Half International, Inc.)*

Resultados da pesquisa	
Respostas	**Frequência, *f***
Limitação de potencial de crescimento	78
Falta de reconhecimento	52
Salário baixo / poucos benefícios	30
Insatisfação com a gerência	25
Cansados / não sabem	15

11. **Acidentes com bicicletas: dia da semana** Uma organização de segurança de ciclistas afirma que acidentes fatais com bicicletas são uniformemente distribuídos durante a semana. A tabela mostra o dia da semana no qual 782 acidentes fatais com bicicletas aleatoriamente escolhidos aconteceram. Com $\alpha = 0{,}10$, você pode rejeitar a afirmação de que a distribuição seja uniforme? *(Fonte: National Highway Traffic Safety Administration.)*

Dia	Frequência, *f*	Dia	Frequência, *f*
Domingo	108	Quinta-feira	123
Segunda-feira	112	Sexta-feira	105
Terça-feira	105	Sábado	118
Quarta-feira	111		

12. **Acidentes com bicicletas: mês do ano** Uma organização de segurança de ciclistas conduziu um estudo sobre 783 acidentes fatais com bicicletas escolhidos aleatoriamente. A tabela mostra o número de acidentes que ocorreram em cada mês. Com $\alpha = 0{,}10$, você pode concluir que os acidentes fatais com bicicletas não são uniformemente distribuídos por mês? *(Fonte: National Highway Traffic Safety Administration.)*

Mês	Frequência, f	Mês	Frequência, f
Janeiro	37	Julho	66
Fevereiro	42	Agosto	86
Março	43	Setembro	81
Abril	62	Outubro	94
Maio	79	Novembro	57
Junho	93	Dezembro	43

13. **Mortes em colisões: objeto atingido** O gráfico de pizza mostra a distribuição de mortes em colisões em rodovias com respeito ao objeto atingido. Depois que as placas de sinalização foram colocadas na rodovia, um estudo sobre 691 mortes em colisões foi conduzido para checar se houve uma mudança na distribuição. Os resultados são exibidos na tabela: Você pode concluir que houve uma mudança na distribuição? Use $\alpha = 0{,}01$. *(Adaptado de Insurance Institute for Highway Safety.)*

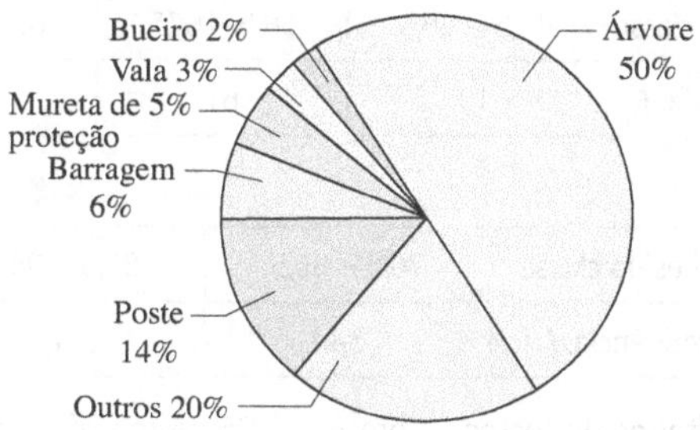

Resultados da pesquisa	
Objeto atingido	**Frequência, f**
Árvore	375
Poste	86
Barragem	53
Mureta de proteção	42
Vala	27
Bueiro	18
Outros	90

14. **Mortes em colisões: período do dia** O gráfico de pizza mostra a distribuição dos horários do dia que mortes em rodovias aconteceram no ano anterior. Os resultados de um estudo recente sobre 627 mortes em rodovias selecionadas aleatoriamente podem ser vistos na tabela. Com $\alpha = 0{,}01$, a distribuição mudou? *(Adaptado de Insurance Institute for Highway Safety.)*

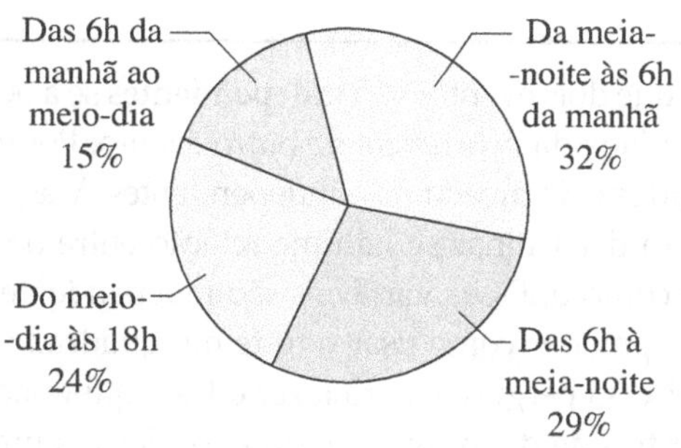

Resultados da pesquisa	
Horário do dia	**Frequência, f**
Da meia-noite às 6h	224
Das 6h ao meio-dia	128
Do meio-dia às 18h	115
Das 18h à meia-noite	160

15. **Escolaridade** Uma organização de serviço social relata que o nível de escolaridade de mães que recebem auxílio-alimentação é uniformemente distribuído. Para testar essa afirmação, você seleciona aleatoriamente 99 mães que recebem auxílio-alimentação atualmente e registra a escolaridade de cada uma. Os resultados podem ser observados na tabela a seguir. Com $\alpha = 0{,}025$, você pode rejeitar a afirmação de que a distribuição seja uniforme? *(Adaptado de U.S. Census Bureau.)*

Resposta	Frequência, f
Ensino médio incompleto	37
Ensino médio completo	40
Ensino superior (1 ano ou mais)	22

16. **Nascimentos por estação** Um médico acredita que o número de nascimentos por estação é uniformemente distribuído. Para testar essa afirmação, você seleciona aleatoriamente 2.247 nascimentos e registra a estação na qual eles aconteceram. Os resultados são mostrados a seguir. Com $\alpha = 0{,}01$, você pode rejeitar a afirmação de que a distribuição seja uniforme? *(Adaptado de National Center for Health Statistics.)*

Estação do ano	Frequência, f
Primavera	564
Verão	603
Outono	555
Inverno	525

17. **Acidentes de trabalho fatais** O gráfico de pizza mostra a distribuição nacional de acidentes de trabalho fatais nos Estados Unidos. Você acredita que a distribuição de acidentes de trabalho fatais é diferente na região oeste dos EUA e seleciona aleatoriamente 6.231 acidentes de trabalho fatais que ocorreram naquela região e registra como cada um ocorreu. Os resultados podem ser vistos na tabela. Com $\alpha = 0{,}05$, você pode concluir que a distribuição de acidentes de trabalho fatais na região oeste dos Estados Unidos é diferente da distribuição nacional? *(Adaptado de U.S. Bureau of Labor Statistics.)*

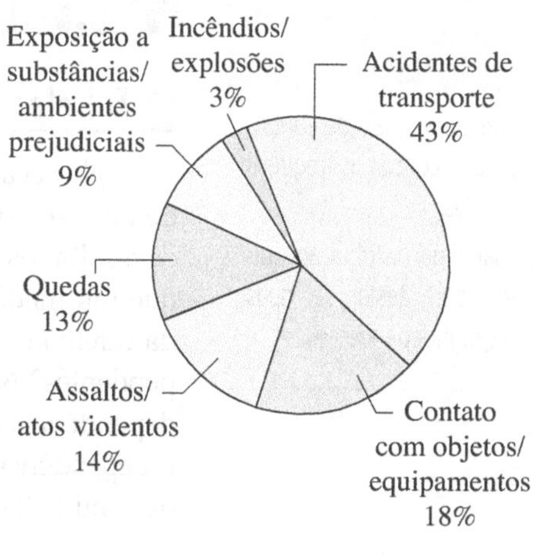

Resultados do estudo: região Oeste Americano	
Causa	Frequência, f
Acidentes de transporte	2.891
Contato com objetos / equipamentos	1.159
Assaltos / atos violentos	804
Quedas	754
Exposição à substâncias / ambientes prejudiciais	531
Incêndios / explosões	92

18. Horas trabalhadas por alunos universitários Um conselho de educação diz que 22% de alunos ainda não formados não trabalham, 26% trabalham de 1 a 20 horas por semana, 18% trabalham de 21 a 34 horas por semana e 34% trabalham 35 horas ou mais por semana. Você seleciona aleatoriamente 120 alunos universitários e junta os resultados em uma tabela. Com $\alpha = 0{,}01$, você pode rejeitar a afirmação do conselho? *(Adaptado de American Council on Education.)*

Respostas	Frequência, f
Não trabalhavam	29
Trabalhavam de 1 a 20 horas	26
Trabalhavam de 21 a 34 horas	25
Trabalhavam 35 horas ou mais	40

Expandindo conceitos

Testes de normalidade

Usando um teste de ajuste qui-quadrado, você pode decidir com certo grau de certeza se uma variável é normalmente distribuída. Em todos os testes qui-quadrado de normalidade, as hipóteses nulas e alternativas são:

H_0: A variável tem uma distribuição normal.

H_a: A variável não tem uma distribuição normal.

Para determinar as frequências esperadas ao fazer um teste qui-quadrado de normalidade, primeiro encontre a média e o desvio padrão da distribuição de frequência. Então, use a média e o desvio padrão para calcular o z-escore para cada limite. Então, use os z-escores para calcular a área sob a curva normal padrão para cada classe. Multiplicar as áreas de classe resultantes pelo tamanho da amostra produz a frequência esperada para cada classe.

Nos exercícios **19** e **20**, (a) encontre as frequências esperadas, (b) determine o valor crítico e a região de rejeição, (c) calcule o teste estatístico χ^2 e (d) decida se deve rejeitar ou não a hipótese nula. Depois, interprete a decisão no contexto da afirmação original.

19. Resultados de testes A distribuição de frequência mostra os resultados de 200 pontuações em testes. Os resultados dos testes são normalmente distribuídos? Use $\alpha = 0{,}01$.

Limites da classe	49,5 – 58,5	58,5 – 67,5	67,5 – 76,5	76,5 – 85,5	85,5 – 94,5
Frequência, f	19	61	82	34	4

20. Resultados de testes Com $\alpha = 0{,}05$, teste a afirmação de que 400 resultados de testes exibidos na distribuição de frequência são normalmente distribuídos.

Limites da classe	50,5 – 60,5	60,5 – 70,5	70,5 – 80,5	80,5 – 90,5	90,5 – 100,5
Frequência, f	28	106	151	97	18

10.2 Independência

Tabelas de contingência ⟶ Teste qui-quadrado para independência

O que você deve aprender

- Como usar uma tabela de contingência para encontrar as frequências esperadas.
- Como usar uma distribuição qui-quadrado para testar se duas variáveis são independentes.

Tabelas de contingência

Na Seção 3.2, você aprendeu que dois eventos são **independentes** se a ocorrência de um evento não afeta a probabilidade da ocorrência de outro evento. Por exemplo, os resultados do lançamento de dados e de moedas são independentes. Mas, suponha que um médico pesquisador queira determinar se há uma relação entre o consumo da cafeína e o risco de ataque do coração. Essas variáveis são independentes ou dependentes? Nesta seção, você vai aprender como usar o teste qui-quadrado para independência de modo a responder essa pergunta. Para fazer o teste qui-quadrado de independência, você vai usar amostras de dados que são organizados em uma tabela de contingência.

Definição

Uma **tabela de contingência** r **x** c mostra as frequências observadas para duas variáveis. As frequências observadas são arranjadas nas fileiras r e colunas c. A interseção de uma fileira e uma coluna é chamada de **célula**.

Por exemplo, a tabela a seguir é uma tabela de contingência 2 x 5. Ela tem duas fileiras e cinco colunas, e mostra os resultados de uma amostra aleatória de 550 presidentes de empresas classificados por idade e tamanho da empresa. A partir da tabela, você pode ver que 108 dos presidentes entre 50 e 59 anos dirigem empresas pequenas ou médias, e 85 dos presidentes nessa faixa etária dirigem grandes empresas.

Tamanho da empresa	Idade				
	39 ou menos	40 – 49	50 – 59	60 – 69	70 ou mais
Pequenas/médias	42	69	108	60	21
Grandes	5	18	85	120	22

(Adaptado de Grant Thornton LLP, the Segal Company.)

Supondo que duas variáveis do estudo em uma tabela de contingência sejam independentes, você pode usar a tabela de contingência para encontrar a frequência esperada para cada célula. A fórmula para calcular a frequência esperada para cada célula é dada a seguir.

Dica de estudo

Em uma tabela de contingência, a notação $E_{r,c}$ representa a frequência esperada para a célula na fileira r, coluna c. Por exemplo, na tabela à esquerda, $E_{1,4}$ representa a frequência esperada para a célula na fileira 1, coluna 4.

Encontrando a frequência esperada para células da tabela de contingência

A frequência esperada para uma célula $E_{r,c}$ em uma tabela de contingência é:

$$\text{Frequência esperada } E_{r,c} = \frac{(\text{Soma das fileiras } r) \times (\text{Soma das colunas } c)}{\text{Tamanho da amostra}}.$$

Quando você encontra a soma de cada fileira e coluna em uma tabela de contingência, você está calculando as **frequências marginais**. Uma frequência marginal é a frequência em que toda uma categoria de uma das variáveis ocorre. Por exemplo, na tabela anterior, a frequência marginal de presidentes de empresas entre 40 e 49 anos é 69 + 18 = 87. As frequências observadas no interior de uma tabela de contingência são chamadas de **frequências conjuntas**. As frequências marginais para a tabela de contingência no Exemplo 1 foram calculadas.

Importante

No Exemplo 1, uma vez que a frequência esperada para $E_{1,1}$ foi calculada como 25,64, você pode determinar a frequência esperada para $E_{2,1}$ que é 47 – 25,64 = 21,36. Isto é, a frequência esperada para a última célula em cada fileira ou coluna pode ser encontrada subtraindo do total.

Exemplo 1

Encontrando frequências esperadas

Encontre a frequência esperada para cada célula na tabela de contingência. Suponha que as variáveis, a idade e o tamanho da empresa sejam independentes.

Tamanho da empresa	Idade: 39 ou menos	40 a 49	50 a 59	60 a 69	70 ou mais	Total
Pequena/média	42	69	108	60	21	300
Grande	5	18	85	120	22	250
Total	47	87	193	180	43	550

Solução

Depois de calcular as frequências marginais, você pode usar a fórmula

$$\text{Frequência esperada } E_{r,c} = \frac{(\text{Soma das fileiras } r) \times (\text{Soma das colunas } c)}{\text{Tamanho da amostra}}$$

para encontrar cada frequência esperada.

$$E_{1,1} = \frac{300 \cdot 47}{550} \approx 25,64 \quad E_{1,2} = \frac{300 \cdot 87}{550} \approx 47,45 \quad E_{1,3} = \frac{300 \cdot 193}{550} \approx 105,27$$

$$E_{1,4} = \frac{300 \cdot 180}{550} \approx 98,18 \quad E_{1,5} = \frac{300 \cdot 43}{550} \approx 23,45 \quad E_{2,1} = \frac{250 \cdot 47}{550} \approx 21,36$$

$$E_{2,2} = \frac{250 \cdot 87}{550} \approx 39,55 \quad E_{2,3} = \frac{250 \cdot 193}{550} \approx 87,73 \quad E_{2,4} = \frac{250 \cdot 180}{550} \approx 81,82$$

$$E_{2,5} = \frac{250 \cdot 43}{550} \approx 19,55$$

Tente você 1 O consultor de marketing de uma agência de viagem quer determinar se certas preocupações com a viagem são relacionadas ao propósito dela. Uma amostra aleatória de 300 pessoas que estão viajando é selecionada e cada uma delas responde qual é a sua preocupação principal. Os resultados são classificados conforme a tabela de contingência. Supondo que as variáveis preocupações sobre a viagem e propósitos da viagem são independentes, encontre a frequência esperada para cada célula. *(Adaptado de NPD Group for Embassy Suites.)*

Motivo da viagem	Preocupações com a viagem: Quarto de hotel	Assento no avião	Aluguel do carro	Outras
Negócios	36	108	14	22
Lazer	38	54	14	14

a. *Calcule* as frequências marginais.

b. *Determine* o tamanho da amostra.

c. *Use a fórmula* para encontrar a frequência esperada para cada célula.

Resposta na p. A47

Teste qui-quadrado para independência

Depois de encontrar as frequências esperadas, você pode testar se as variáveis são independentes usando um teste qui-quadrado para independência.

Definição

O **teste qui-quadrado para independência** é usado para testar a independência de duas variáveis. Usando um teste qui-quadrado, você pode determinar se a ocorrência de uma das variáveis afeta a probabilidade de ocorrência de outra variável.

Retratando o mundo

Um pesquisador quer determinar se existe uma relação entre o período de trabalho (meio período ou integral) e dois acordos empregatícios diferentes. Os resultados de uma amostra aleatória de 884 trabalhadores podem ser vistos na tabela de contingência. *(Adaptado de U.S. Bureau of Labor Statistics.)*

Período	Acordo empregatício: Contrato	Tradicional
Integral	12	720
Meio período	4	148

O pesquisador pode usar essa amostra para testar a independência usando um teste qui-quadrado de independência? Por quê?

Para usar o teste qui-quadrado para independência, as seguintes condições devem ser preenchidas:

1. As frequências observadas devem ser obtidas usando uma amostra aleatória.
2. Cada frequência esperada deve ser maior ou igual a 5.

Teste qui-quadrado para independência

Se as condições listadas são preenchidas, então a distribuição de amostragem para o teste qui-quadrado para independência é aproximado pela distribuição qui-quadrada com:

$$(r-1)(c-1),$$

graus de liberdade, onde r e c são os números de fileiras e colunas, respectivamente, de uma tabela de contingência. A estatística de teste para o teste qui-quadrado de independência é:

$$\chi^2 = \sum \frac{(O-E)^2}{E},$$

onde O representa as frequências observadas e E representa as frequências esperadas.

Para começar o teste de independência, você primeiro deve determinar uma hipótese nula e uma hipótese alternativa. Para o teste qui-quadrado de independência, as hipóteses nula e alternativa sempre serão alguma variação das sentenças a seguir:

H_0: As variáveis são independentes.

H_a: As variáveis são dependentes.

As frequências esperadas são calculadas na hipótese de que duas variáveis são independentes. Se as variáveis são independentes, então você pode esperar pequenas diferenças entre as frequências observadas e frequências esperadas. Quando as frequências observadas quase se encaixam com as frequências esperadas, as diferenças entre O e E serão menores e o teste estatístico qui-quadrado será próximo a 0. Assim, a hipótese nula não deve ser rejeitada.

Porém, se as variáveis são dependentes, haverá grandes discrepâncias entre as frequências observadas e as frequências esperadas. Quando as diferenças entre O e E são grandes, o teste estatístico qui-quadrado também será grande. Uma estatística de teste qui-quadrado é a evidência para rejeitar a hipótese nula. Então, o teste qui-quadrado para independência sempre é um teste unicaudal à direita.

Dica de estudo

Uma tabela de contingência com três fileiras e quatro colunas terá:

$(3-1)(4-1) = (2)(3) = 6$ g.l.

Instruções

Fazendo um teste qui-quadrado para independência

	Em palavras	*Em símbolos*
1.	Identifique a afirmação. Determine as hipóteses nulas e alternativas.	Determine H_0 e H_a.
2.	Especifique o nível de significância.	Identifique α.
3.	Identifique os graus de liberdade.	g.l. = $(r-1)(c-1)$
4.	Determine o valor crítico.	Use a tabela 6 no Apêndice B.
5.	Determine a região de rejeição.	
6.	Calcule a estatística de teste.	$\chi^2 = \sum \frac{(O-E)^2}{E}$
7.	Decida se deve rejeitar ou não a hipótese nula.	Se χ^2 estiver na região de rejeição, rejeite H_0. Caso contrário, não rejeite H_0.
8.	Interprete a decisão no contexto da afirmação original.	

Exemplo 2

Fazendo um teste qui-quadrado para independência

A tabela de contingência mostra os resultados de uma amostra aleatória de 550 presidentes de empresas classificados por idade e tamanho da empresa. As frequências esperadas são exibidas entre parênteses. Com $\alpha = 0{,}01$, você pode concluir que a idade dos presidentes é relacionada ao tamanho da empresa?

	Idade dos presidentes das empresas					
Tamanho da empresa	**39 ou menos**	**40 a 49**	**50 a 59**	**60 a 69**	**70 ou mais**	**Total**
Pequena / média	42 (25,64)	69 (47,45)	108 (105,27)	60 (98,18)	21 (23,45)	300
Grande	5 (21,36)	18 (39,55)	85 (87,73)	120 (81,82)	22 (19,55)	250
Total	47	87	193	180	43	550

Solução

As frequências esperadas foram calculadas no Exemplo 1. Como cada frequência esperada é de no mínimo 5 e os presidentes foram selecionados aleatoriamente, você pode usar o teste qui-quadrado de independência para testar se as variáveis são independentes. A hipótese nula e a alternativa são as seguintes.

H_0: As idades dos presidentes das empresas são independentes do tamanho das empresas.

H_a: As idades dos presidentes das empresas são dependentes do tamanho das empresas. *(Afirmação.)*

Como a tabela de contingência tem duas fileiras e cinco colunas, a distribuição qui-quadrado tem $(r - 1)(c - 1) = (2 - 1)(5 - 1) = 4$ graus de liberdade. Como g.l. = 4 e $\alpha = 0{,}01$, o valor crítico é $\chi^2_0 = 13{,}277$. Com as frequências observadas e esperadas, a estatística de teste qui-quadrado é:

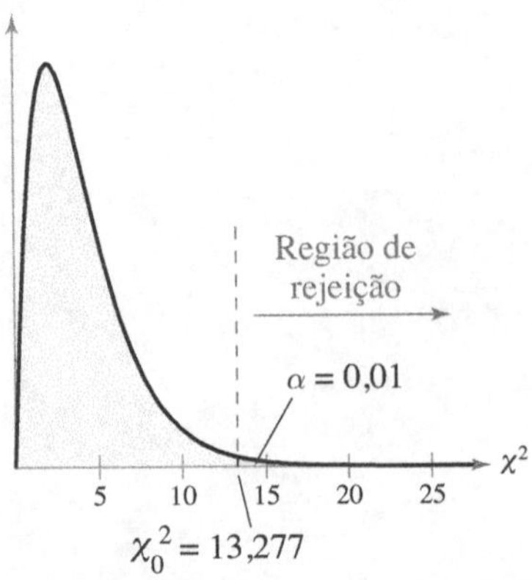

O	E	$O - E$	$(O - E)^2$	$\frac{(O-E)^2}{E}$
42	25,64	16,36	267,6496	10,4388
69	47,45	21,55	464,4025	9,7872
108	105,27	2,73	7,4529	0,0708
60	98,18	–38,18	1457,7124	14,8473
21	23,45	–2,45	6,0025	0,2560
5	21,36	–16,36	267,6496	12,5304
18	39,55	–21,55	464,4025	11,7422
85	87,73	–2,73	7,4529	0,0850
120	81,82	38,18	1457,7124	17,8161
22	19,55	2,45	6,0025	0,3070
				$\chi^2 = \sum \frac{(O-E)^2}{E} \approx 77{,}881$

O gráfico na página anterior mostra a localização da região de rejeição. Como $\chi^2 \approx 77{,}881$ está na região de rejeição, você deve optar por rejeitar a hipótese nula.

Interpretação

Há evidência suficiente em um nível de 1% de significância para concluir que a idade dos presidentes das empresas e o tamanho das empresas são dependentes.

Tente você 2 O consultor de marketing de uma agência de viagem quer determinar se certas preocupações com a viagem são relacionadas ao propósito dela. Uma amostra aleatória de 300 pessoas que estão viajando é selecionada e cada um deles responde qual é a sua preocupação principal. Os resultados são classificados conforme a tabela de contingência. Com $\alpha = 0{,}01$, o consultor pode concluir que as preocupações com a viagem dependem do propósito de suas viagens? (*Adaptado de NPD Group for Embassy Suites.*)

	Preocupações com a viagem				
Motivo da viagem	**Quarto de hotel**	**Assento no avião**	**Aluguel do carro**	**Outras**	**Total**
Negócios	36 (44,4)	108 (97,2)	14 (16,8)	22 (21,6)	180
Lazer	38 (29,6)	54 (64,8)	14 (11,2)	14 (14,4)	120
Total	74	162	28	36	300

a. *Identifique* a afirmação e determine H_0 e H_a.
b. *Especifique* o nível de significância α.
c. *Determine* os graus de liberdade.
d. *Determine* o valor crítico e a região de rejeição.
e. Use as frequências observadas e esperadas para *calcular o teste estatístico qui-quadrado.*
f. *Decida* entre rejeitar ou não a hipótese nula. Use um gráfico se necessário.
g. *Interprete* a decisão no contexto da afirmação original.

Resposta na p. A47

TI-83/84

χ^2-Test
Observed: [A]
Expected: [B]
Calculate Draw

Exemplo 3

Usando tecnologia para um teste qui-quadrado para independência

O gerente de um clube de saúde quer determinar se o número de dias por semana que alunos universitários passam fazendo exercícios está relacionado ao gênero. Uma amostra aleatória de 275 alunos é selecionada e os resultados são classificados conforme pode ser visto na tabela. Com $\alpha = 0{,}05$, há evidência suficiente para concluir que o número de dias gastos com exercícios por semana está relacionado ao gênero do aluno?

	Dias por semana gastos com exercícios				
Gênero	**0 a 1**	**2 a 3**	**4 a 5**	**6 a 7**	**Total**
Homens	40	53	26	6	125
Mulheres	34	68	37	11	150
Total	74	121	63	17	275

TI-83/84

χ^2-Test
χ^2= 3.4933572223
P=.321624691
df=3

TI-83/84

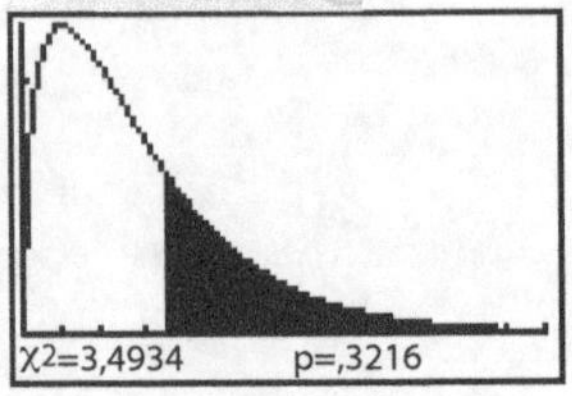

Dica de estudo

Você também pode usar um valor *P* para fazer um teste qui-quadrado de independência. Por exemplo, no Exemplo 3, note que a TI-83/84 mostra $P = 0{,}321624691$. Como $P > \alpha$, você não deve rejeitar a hipótese nula.

Solução

As hipóteses nula e alternativa podem ser determinadas como:

H_0: O número de dias gastos com exercícios por semana é independente do gênero.

H_a: O número de dias gastos com exercícios por semana depende do gênero. (*Afirmação.*)

Usando uma TI-83/84, insira as frequências observadas na Matrix A e as frequências esperadas na Matrix B, certificando-se que cada frequência esperada seja maior ou igual a 5. Escolha o menu TESTS e selecione C:χ^2 – Test. Então, ajuste o teste qui-quadrado como na tela mostrada na página anterior.

As telas à esquerda (nesta página) mostram os resultados após selecionar *Calculate* ou *Draw*. Como g.l. = 3 e $\alpha = 0{,}05$, o valor crítico é $\chi^2_0 = 7{,}815$. Então, a região de rejeição é $\chi^2 > 7{,}815$. O teste estatístico $\chi^2 \approx 3{,}493$ não está na região de rejeição, portanto você não deve rejeitar a hipótese nula.

Interpretação

Não há evidência suficiente para concluir que o número de dias gastos com exercícios por semana tem relação com o gênero.

Tente você 3 Um pesquisador quer determinar se o número de minutos que adultos ficam on-line todos os dias está relacionado ao seu gênero. Uma amostra aleatória de 450 adultos é selecionada e os resultados são classificados conforme a tabela a seguir. Com $\alpha = 0{,}05$, há evidência suficiente para concluir que o número de minutos que adultos ficam on-line diariamente está relacionado ao seu gênero?

	Minutos que adultos ficam on-line diariamente					
Gênero	**0 a 15**	**15 a 30**	**30 a 45**	**45 a 60**	**60 ou mais**	**Total**
Masculino	19	36	75	90	55	275
Feminino	21	72	45	19	18	175
Total	40	108	120	109	73	450

a. *Identifique* a afirmação e determine H_0 e H_a.

b. *Use* uma ferramenta de tecnologia para colocar as frequências observadas e esperadas nas matrizes.

c. *Determine* o valor crítico e a região de rejeição.

d. *Use* uma ferramenta de tecnologia para encontrar o teste estatístico qui-quadrado.

e. *Decida* entre rejeitar ou não a hipótese nula. Use um gráfico se necessário.

f. *Interprete* a decisão no contexto da afirmação original.

Resposta na p. A47

10.2 Exercícios

Construindo habilidades básicas e conceitos

1. Explique como encontrar a frequência esperada para uma célula na tabela de contingência.
2. Explique o motivo pelo qual o teste qui-quadrado para independência é sempre um teste unicaudal à direita.

Verdadeiro ou falso?

Nos exercícios de 3 a 6, determine se a sentença é verdadeira ou falsa. Se for falsa, reescreva-a de forma que ela se torne verdadeira.

3. Para usar o teste qui-quadrado para independência, cada frequência observada deve ser maior ou igual a 5.

4. Uma tabela de contingência com duas fileiras e cinco colunas terá (2)(5) = 10 graus de liberdade.

5. Se duas variáveis do teste qui-quadrado para independência são dependentes, então você pode esperar uma diferença mínima entre as frequências observadas e as frequências esperadas.

6. Se o teste estatístico para o teste qui-quadrado de independência é grande, você vai, na maioria das vezes, rejeitar a hipótese nula.

Encontrando frequências esperadas

Nos exercícios de 7 a 12, (a) calcule as frequências marginais e (b) encontre a frequência esperada para cada célula na tabela de contingência. Suponha que as variáveis sejam independentes.

7.

	Atleta tem	
Resultado	Alongou-se	Não se alongou
Lesão	18	22
Não tem lesão	211	189

8.

	Tratamento	
Resultado	Tomou a vacina contra a gripe	Não tomou a vacina contra a gripe
Contraiu gripe	54	157
Não contraiu gripe	196	103

9.

	Tratamento		
Resultado	Remédio de marca conhecida	Genérico	Placebo
Apresentaram melhora	24	21	10
Não apresentaram melhora	12	13	45

10.

	Avaliação		
Tamanho do restaurante	Excelente	Médio	Ruim
100 lugares ou menos	182	203	165
Mais de 100 lugares	180	311	159

11.

	Tipo de carro			
Gênero	Compacto	Grande	Utilitário desportivo	Caminhão/ van
Homem	28	39	21	22
Mulher	24	32	20	14

12.

	Idade			
Resultado	18 a 30	31 a 42	43 a 61	62 ou mais
Dispostos a comprar um automóvel híbrido	72	66	73	69
Não dispostos a comprar um automóvel híbrido	14	21	19	21

Usando e interpretando conceitos

Fazendo um teste qui-quadrado para independência

Nos exercícios de 13 a 24, desenvolva o teste qui-quadrado para independência indicado fazendo o seguinte:

(a) Identifique a afirmação e determine a hipótese nula e a alternativa.

(b) Determine os graus de liberdade, encontre o valor crítico e identifique a região de rejeição.

(c) Calcule o teste estatístico. Se for conveniente, use tecnologia.

(d) Decida se deve rejeitar ou não a hipótese nula. Depois, interprete a decisão no contexto da afirmação original.

13. **Conquistas e localização da escola** Atingir um nível básico de habilidade em uma matéria está relacionado à localização da escola? Os resultados de uma amostra aleatória de alunos pela localização da escola e o número de alunos que atingiram níveis básicos de habilidade em três matérias estão demonstrados na tabela de contingência. Com $\alpha = 0,01$, teste a hipótese de que as variáveis sejam independentes. *(Adaptado de USA TODAY.)*

	Matéria		
Localização da escola	Leitura	Matemática	Ciências
Urbano	43	42	38
Suburbano	63	66	65

14. **Atitudes em relação à segurança** Os resultados de uma amostra aleatória de alunos pelo tipo de escola e suas atitudes em relação às decisões de segurança tomadas pelos funcionários de uma escola podem ser observados na tabela. Com $\alpha = 0,01$, você pode concluir que as atitudes em relação às decisões de segurança tomadas pelos funcionários da escola são relacionadas ao tipo de escola? *(Adaptado de USA TODAY.)*

	Funcionários da escola que	
Tipo de escola	Tomaram todas as decisões necessárias para a segurança dos alunos	Tomaram algumas decisões em relação à segurança dos alunos
Pública	40	51
Particular	64	34

15. **Notas de nossos líderes** A tabela de contingência mostra como uma amostra aleatória de calouros universitários classificou os líderes de três tipos de instituições. Com $\alpha = 0,05$, você pode concluir que as notas são relacionadas à instituição? *(Adaptado de Louis Harris for Northwestern Mutual Life Insurance.)*

	Nota				
Instituições	A	B	C	D	F
Militar	25	46	19	5	3
Religioso	18	44	24	7	5
Mídia / imprensa	5	23	37	21	12

16. **Classificação de escolas públicas** A tabela de contingência mostra como uma amostra aleatória de adultos classificou as escolas públicas locais e como eles classificaram as escolas públicas nacionalmente. Com $\alpha = 0,05$, você pode concluir que as classificações dos adultos são relacionadas ao tipo de escola? *(Adaptado de USA TODAY.)*

	Classificação			
Tipo de Escola	Excelente	Boa	Média	Ruim
Local	120	405	263	151
Nacional	41	238	481	179

17. **Transtorno Obsessivo-Compulsivo (TOC)** Os resultados de uma amostra aleatória de pacientes com TOC tratados com um remédio ou com um placebo podem ser observados na tabela de contingência. Com $\alpha = 0{,}10$, você pode concluir que o tratamento é relacionado ao resultado? Com base nesses resultados, você recomendaria usar o remédio como parte de um tratamento do transtorno obsessivo-compulsivo? *(Adaptado de The Journal of the American Medical Association.)*

	Tratamento	
Resultado	Remédio	Placebo
Melhoraram	39	25
Não apresentaram melhora	54	70

18. **Síndrome da fadiga crônica** A tabela de contingência mostra os resultados de uma amostra aleatória dos pacientes com síndrome da fadiga crônica tratados com um remédio ou com um placebo. Com $\alpha = 0{,}10$, você pode concluir que o tratamento e o resultado são dependentes? Com base nesses resultados, você recomendaria usar o remédio como parte de um tratamento de síndrome da fadiga crônica? *(Adaptado de The Journal of the American Medical Association.)*

	Tratamento	
Resultado	Remédio	Placebo
Melhoraram	20	19
Não apresentaram melhora	10	16

19. **Educação continuada** Você trabalha em um departamento de educação continuada de uma faculdade e quer determinar se as razões dadas por trabalhadores para continuar estudando está relacionada ao tipo de trabalho. No seu estudo, você coleta aleatoriamente os dados exibidos na tabela de contingência. Com $\alpha = 0{,}01$, você pode concluir que a razão e o tipo de trabalhador são dependentes? Como você usaria essa informação nos seus esforços de marketing? *(Adaptado de USA TODAY.)*

	Razão		
Tipo de trabalhador	Profissional	Pessoal	Profissional e pessoal
Técnico	30	36	41
Outros	47	25	30

20. **Idades e objetivos** Você está investigando o relacionamento entre as idades dos adultos norte-americanos e qual aspecto do desenvolvimento profissional eles consideram ser o mais importante. Você coleta aleatoriamente os dados mostrados na tabela de contingência. Com $\alpha = 0{,}01$, há evidência suficiente para concluir que a idade está relacionada a qual aspecto do desenvolvimento profissional que é considerado como o mais importante? *(Adaptado de Harris Interactive.)*

	Aspecto de desenvolvimento profissional		
Idade	Aprender novas habilidades	Melhoria salarial	Caminho profissional
18 a 26 anos	31	22	21
27 a 41 anos	27	31	33
42 a 61 anos	19	14	8

21. **Veículos e colisões** Você trabalha em uma empresa de seguros e está estudando a relação entre tipos de batidas e os veículos envolvidos. Como parte do seu estudo, você seleciona aleatoriamente 3.059 colisões de veículos e organiza os dados resultantes como pode ser observado na tabela de contingência. Com $\alpha = 0{,}05$, você pode concluir que o tipo de colisões depende do tipo de veículo? *(Adaptado de Insurance Institute for Highway Safety.)*

	Veículo		
Tipo de colisão	Carro	Pickup	Utilitário desportivo
Somente um veículo	832	365	300
Múltiplos veículos	1.149	237	176

22. **Acidentes relacionados ao consumo de álcool** A tabela de contingência mostra os resultados de uma amostra aleatória de passageiros de veículos feridos fatalmente (com concentração de álcool no sangue maior ou igual a 0,08) por idade e gênero. Com $\alpha = 0{,}05$, você pode concluir que a idade é relacionada ao gênero nesses acidentes? *(Adaptado de Insurance Institute for Highway Safety.)*

	Idade					
Gênero	16 a 20	21 a 30	31 a 40	41 a 50	51 a 60	61 ou mais
Homem	31	108	61	52	27	17
Mulher	6	18	15	14	5	3

23. **Coautor de artigos** A tabela de contingência apresenta uma amostra aleatória de artigos de engenharia, psicologia e biologia e se eles foram feitos com coautoria. Com $\alpha = 0{,}10$, você pode concluir que o assunto e a coautoria estão relacionados? *(Adaptado de CHI Research, Inc.)*

	Assunto		
Coautoria	Engenharia	Psicologia	Biologia
Livros com coautoria	47	44	50
Livros com coautoria internacional	17	9	16
Livros sem coautoria	36	47	34

24. **Velocidade de acesso à Internet de bibliotecas** A tabela de contingência apresenta uma amostra aleatória de bibliotecas urbanas, suburbanas e rurais. Na tabela, kbps representa kilobits por segundo e mbps representa megabits por segundo. Com $\alpha = 0{,}01$, você pode concluir que o *status* das bibliotecas e a velocidade de acesso à Internet estão relacionados? *(Adaptado de Information Use Management and Policy Institute.)*

	Status metropolitano		
Velocidade de acesso	**Urbano**	**Suburbano**	**Rural**
128 kbps ou menos	6	7	19
129 kpbs a 1,5 mbps	52	46	43
1,5 mbps ou mais	33	26	13

Expandindo conceitos

Teste de homogeneidade das proporções

Outro teste qui-quadrado que envolve uma tabela de contingência é o teste de homogeneidade das proporções. Esse teste é usado para determinar se várias proporções são iguais quando amostras são tiradas de populações diferentes. Depois de tirar amostras aleatórias de populações diferentes, você pode testar se a proporção de elementos em uma categoria é a mesma para cada população usando as mesmas instruções ao fazer o teste qui-quadrado para independência. A hipótese nula e a alternativa são sempre alguma variação das seguintes sentenças.

H_0: As proporções são iguais.

H_a: No mínimo uma das proporções é diferente das outras.

Fazer um teste de homogeneidade das proporções requer que as frequências observadas sejam obtidas usando uma amostra aleatória, e cada frequência esperada deve ser maior ou igual a 5.

25. **Mortes em colisões de veículos motorizados** A tabela de contingência mostra os resultados de uma amostra aleatória de mortes em colisões de veículos motorizados por idade e gênero. Com $\alpha = 0{,}05$, faça um teste de homogeneidade das proporções sobre a afirmação de que as proporções de mortes em colisões de veículos motorizados envolvendo homens ou mulheres são as mesmas para cada faixa etária. *(Adaptado de Insurance Institute for Highway Safety.)*

	Idade			
Gênero	**16 a 24**	**25 a 34**	**35 a 44**	**45 a 54**
Homem	101	73	64	60
Mulher	38	23	24	23

	Idade			
Gênero	**55 a 64**	**65 a 74**	**75 a 84**	**85 ou mais**
Homem	38	24	20	8
Mulher	18	14	15	6

26. **Transtorno obsessivo-compulsivo (TOC)** A tabela de contingência mostra os resultados de uma amostra aleatória de pacientes com transtorno obsessivo-compulsivo tratados com um remédio ou com um placebo. Com $\alpha = 0{,}10$, você pode concluir que o tratamento é relacionado ao resultado? Com base nesses resultados, você recomendaria usar o remédio como parte de um tratamento de TOC? *(Adaptado de The Journal of the American Medical Association.)*

	Tratamento	
Resultado	**Remédio**	**Placebo**
Apresentou melhora	39	25
Não apresentou melhora	54	70

Tabelas de contingência e frequências relativas

Nos exercícios de **27** a **33**, use as informações a seguir.

As frequências em uma tabela de contingência podem facilmente ser escritas como frequências relativas ao dividir cada frequência pelo tamanho da amostra. A tabela de contingência a seguir mostra o número de adultos norte-americanos (em milhões) com 25 anos ou mais e o *status* de empregabilidade e grau de escolaridade. *(Adaptado de U.S. Census Bureau.)*

	Grau de escolaridade			
Status	**Ensino médio incompleto**	**Ensino médio completo**	**Ensino superior, sem título**	**Ensino superior completo, com títulos avançados**
Empregado	11,5	35,9	21,3	51,4
Desempregado	1,1	2,1	1,0	1,4
Não está na força de trabalho	15,4	22,7	9,4	15,4

27. Reescreva a tabela de contingência usando frequências relativas.
28. Qual porcentagem de adultos norte-americanos com 25 anos ou mais têm ensino superior, mas sem títulos acadêmicos, e estão empregados?
29. Qual porcentagem de adultos norte-americanos com 25 anos ou mais têm títulos acadêmicos e não estão na força de trabalho?
30. Qual porcentagem de adultos norte-americanos com 25 anos ou mais estão empregados, mas não completaram o ensino médio?
31. Qual porcentagem de adultos norte-americanos com 25 anos ou mais estão empregados?
32. Qual porcentagem de adultos norte-americanos com 25 anos ou mais não terminaram o ensino médio?
33. Explique por que você não pode fazer um teste qui-quadrado de independência nesses dados.

Frequências relativas condicionais

Nos exercícios **34** a **41**, use a tabela de contingência dos exercícios de **27** a **33** e as informações a seguir.

Frequências relativas também podem ser calculadas com base no total das fileiras (dividindo cada entrada de fileira pelo valor total da fileira) ou no total das colunas (dividindo cada entrada de coluna pelo valor total da coluna). Essas frequências são chamadas **frequências relativas condicionais** e podem ser usadas para determinar se existe uma associação entre duas categorias em uma tabela de contingência.

34. Calcule as frequências relativas condicionais na tabela de contingência baseadas no total das fileiras.
35. Qual porcentagem de adultos norte-americanos com 25 anos ou mais, que não estão empregados, têm somente o ensino médio concluído?
36. Qual porcentagem de adultos norte-americanos com 25 anos ou mais, que não estão na força de trabalho, têm ensino superior, mas nenhum título?

37. Calcule as frequências relativas condicionais na tabela de contingência com base no total das colunas.
38. Qual porcentagem de adultos norte-americanos com 25 anos ou mais, que têm um título, não estão na força de trabalho?
39. Qual porcentagem de adultos norte-americanos com 25 anos ou mais, que não concluíram o ensino médio, estão desempregados?
40. Use seus resultados do Exercício 37 para construir um gráfico de barras que mostre as porcentagens de adultos norte-americanos com 25 anos ou mais baseado em seu status de empregabilidade. Cada categoria de *status* de empregabilidade terá quatro barras, representando os quatro níveis de escolaridade mencionados na tabela de contingência.
41. Quais conclusões você pode tirar do gráfico de barras que você construiu no Exercício 40?

Estudo de caso

Fatos sobre a segurança no trânsito

Distribuição de fatalidades no trânsito

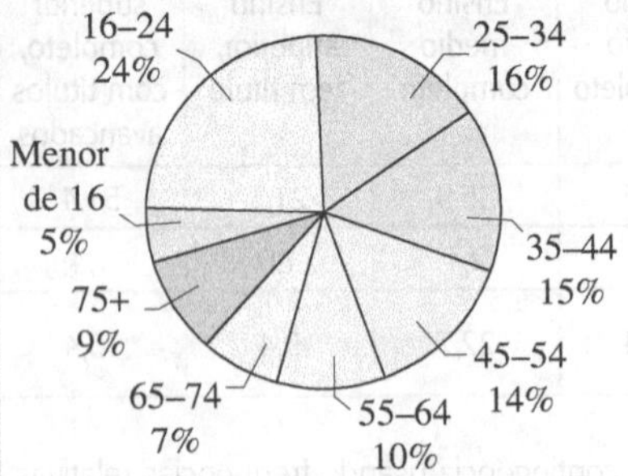

A cada ano, a *National Highway Traffic Safety Administration* (NHTSA) junto com o *National Center for Statistics and Analysis* (NCSA) publica o ***Traffic Safety Facts*** – fatos de segurança no trânsito, que resume os casos de colisões de veículos motorizados no trânsito dos Estados Unidos. O ***Traffic Safety Facts 2005*** inclui tendências de dados dos 32 estados no NHTSA'S *State Data System* (Sistema de Dados Estaduais da NHTSA).

Em 2005, houve 43.443 fatalidades nos Estados Unidos como resultado de colisões de veículos motorizados. O gráfico de pizza à esquerda mostra a distribuição nacional de fatalidades no trânsito de acordo com a faixa etária das pessoas envolvidas. Por exemplo, 16% de todas as fatalidades envolvendo veículos motorizados continham adultos de idade entre 25 e 34 anos. Usando os dados dos 32 estados no Sistema de Dados Estaduais da NHTSA como amostra, a tabela de contingência mostra o número de fatalidades com veículos motorizados de acordo com a idade e a localização geográfica dentro dos Estados Unidos.

Fatalidades com veículos motorizados

Idade	Região		
	Região leste norte-americana	Região central norte-americana	Região oeste norte-americana
Menor de 16	651	841	414
16 a 24	3.309	3.478	1.655
25 a 34	2.255	2.346	1.154
35 a 44	2.132	2.163	1.021
45 a 54	1.977	1.994	955
55 a 64	1.359	1.361	668
65 a 74	941	939	386
75 +	1.354	1.190	498

Exercícios

1. Em 2005, quantas pessoas nos Estados Unidos com idades entre 16 e 24 anos morreram por conta de colisões de veículos motorizados?
2. Supondo que as variáveis região e idade sejam independentes, em qual região o número de fatalidades com veículos motorizados na faixa etária de 16 a 24 excedeu o número esperado de fatalidades?
3. Supondo que as variáveis região e idade sejam independentes, em qual região o número de fatalidades com veículos motorizados na faixa etária de 25 a 34 excedeu o número esperado de fatalidades?

4. Com $\alpha = 0{,}05$, faça um teste qui-quadrado de independência para determinar se as variáveis região e idade são independentes. O que você pode concluir?

Nos exercícios de **5** a **7**, faça um teste de ajuste qui-quadrado para comparar a distribuição nacional de fatalidades com veículos motorizados com a distribuição de cada região dos Estados Unidos. Use a distribuição nacional como uma distribuição afirmada. Use $\alpha = 0{,}05$.

5. Compare a distribuição da amostra de fatalidades com veículos motorizados da região leste dos Estados Unidos com a distribuição nacional. O que você pode concluir?
6. Compare a distribuição da amostra de fatalidades com veículos motorizados da região central dos Estados Unidos com a distribuição nacional. O que você pode concluir?
7. Compare a distribuição da amostra de fatalidades com veículos motorizados da região oeste dos Estados Unidos com a distribuição nacional. O que você pode concluir?
8. Além das variáveis usadas neste estudo de caso, quais outras variáveis você considera importante ao estudar a distribuição das fatalidades com veículos motorizados?

10.3 Comparando duas variâncias

Distribuição *F* ⟶ Teste *F* de duas amostras para variâncias

O que você deve aprender

- Como interpretar a distribuição *F* e usar uma tabela *F* para encontrar valores críticos.
- Como fazer um teste *F* de duas amostras para comparar duas variâncias.

Distribuição *F*

No Capítulo 8 você aprendeu como fazer testes de hipóteses para comparar médias e proporções populacionais. Na Seção 8.2, você viu que o teste *t* para a diferença entre duas médias populacionais depende de as variâncias populacionais serem iguais. Para determinar se as variâncias populacionais são iguais, você pode fazer um teste *F* com amostra dupla.

Nesta seção, você vai aprender sobre a distribuição *F* e como usá-la para comparar duas variâncias.

Definição

Deixe s^2_1 e s^2_2 representar as variâncias de amostras de duas populações. Se as duas populações são normais e as variâncias populacionais σ_1^2 e σ_2^2 são iguais, então a distribuição de amostragem de

$$F = \frac{s_1^2}{s_2^2}$$

é chamada de **distribuição *F***. Várias propriedades da distribuição *F* são conforme o que segue.

1. A distribuição *F* é uma família de curvas determinadas por dois tipos de graus de liberdade: os graus de liberdade correspondentes à variância no numerador, estipulados por $g.l._N$, e os graus de liberdade correspondentes à variância no denominador, estipulados por $g.l._D$.
2. Distribuições *F* são representadas graficamente de forma positiva.
3. A área total sob cada curva de uma distribuição *F* é igual a 1.
4. Valores *F* são sempre maiores ou iguais a zero.
5. Para todas as distribuições *F*, o valor médio de *F* é aproximadamente 1.

Dica de estudo

Na distribuição de amostragem de $F = \frac{s_1^2}{s_2^2}$, a maior variância está sempre no numerador. Então, F é sempre maior ou igual a 1. Sendo assim, todos os testes unicaudais são unicaudais à direita, e para todos os testes bicaudais, você só precisa encontrar o valor crítico caudal à direita.

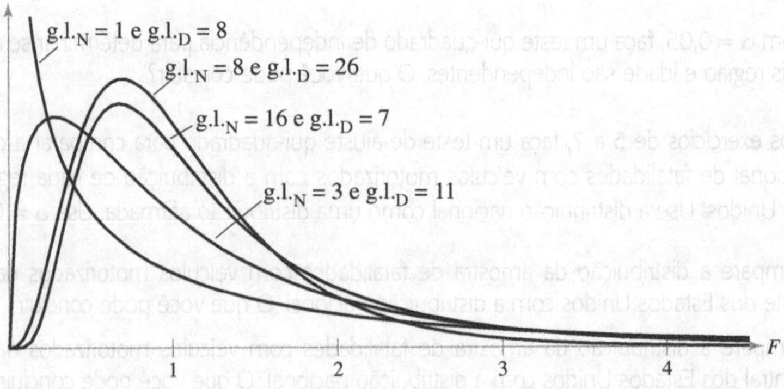

Distribuições F

A tabela 7 no Apêndice B lista os valores críticos para a distribuição F para níveis de significância selecionados α e graus de liberdade, $g.l._N$ e $g.l._D$.

Instruções

Encontrando valores críticos para a distribuição *F*

1. Especifique o nível de significância α.
2. Determine os graus de liberdade para o numerador, $g.l._N$.
3. Determine os graus de liberdade para o denominador, $g.l._D$.
4. Use a tabela 7 no Apêndice B para encontrar os valores críticos. Se o teste de hipótese for:
   a. unicaudal, use α da tabela F.
   b. bicaudal, use $\frac{1}{2}\alpha$ da tabela F.

Exemplo 1

Encontrando valores *F* críticos para um teste unicaudal à direita

Encontre o valor F crítico para um teste unicaudal à direita quando $\alpha = 0{,}05$, $g.l._N = 6$ e $g.l._D = 29$.

Solução

Uma parte da Tabela 7 está reproduzida a seguir. Usando a tabela F $\alpha = 0{,}05$ com $g.l._N = 6$ e $g.l._D = 29$, você pode encontrar o valor crítico conforme as áreas em destaque na tabela.

$g.l._D$: Graus de liberdade, denominador	$\alpha = 0{,}05$							
	$g.l._N$: Graus de liberdade, numerador							
	1	**2**	**3**	**4**	**5**	**6**	**7**	**8**
1	161,4	199,5	215,7	224,6	230,2	234,0	236,8	238,9
2	18,51	19,00	19,16	19,25	19,30	19,33	19,35	19,37

26	4,23	3,37	2,98	2,74	2,59	2,47	2,39	2,32
27	4,21	3,35	2,96	2,73	2,57	2,46	2,37	2,31
28	4,20	3,34	2,95	2,71	2,56	2,45	2,36	2,29
29	4,18	3,33	2,93	2,70	2,55	(2,43)	2,35	2,28
30	4,17	3,32	2,92	2,69	2,53	2,42	2,33	2,27

Pela tabela, você pode ver que o valor crítico é $F_0 = 2{,}43$. O gráfico mostra a distribuição F para $\alpha = 0{,}05$, $g.l._N = 6$, $g.l._D = 29$, e $F_0 = 2{,}43$.

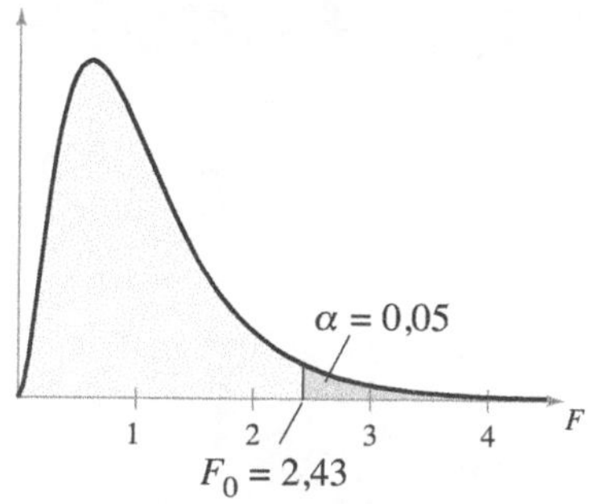

Tente você 1 Encontre o valor crítico *F* para um teste unicaudal à direita quando $\alpha = 0{,}01$, $g.l._N = 3$ e $g.l._D = 15$.

a. *Especifique* o nível de significância α.

b. *Use* a tabela 7 no Apêndice B para encontrar os valores críticos.

Resposta na p. A47

Quando fizer um teste de hipótese bicaudal usando a distribuição *F*, você só precisa encontrar o valor crítico unicaudal à direita. Porém, você deve lembrar de usar a tabela *F* $\frac{1}{2}\alpha$.

Dica de estudo

Quando usar a Tabela 7 no Apêndice B para encontrar um valor crítico, você vai perceber que alguns dos valores para $g.l._N$ ou $g.l._D$ não estão na tabela. Se $g.l._N$ ou $g.l._D$ estiver exatamente no meio entre os dois valores na tabela, então use o valor crítico entre os valores críticos correspondentes. Porém, em alguns casos, é mais fácil usar uma ferramenta de tecnologia para calcular o valor *P*, compará-lo ao nível de significância e aí decidir se deve rejeitar a hipótese nula.

Exemplo 2

Encontrando valores *F* críticos para um teste bicaudal

Encontre o valor *F* crítico para um teste bicaudal quando $\alpha = 0{,}05$, $g.l._N = 4$ e $g.l._D = 8$.

Solução

Uma parte da tabela 7 está reproduzida a seguir. Usando:

$$\frac{1}{2}\alpha = \frac{1}{2}(0{,}05) = 0{,}025,$$

e usando a tabela *F* com $g.l._N = 4$, e $g.l._D = 8$, você pode encontrar valores críticos conforme as áreas em destaque na tabela:

$g.l._D$: Graus de liberdade, denominador	$\alpha = 0{,}025$							
	$g.l._N$: Graus de liberdade, numerador							
	1	**2**	**3**	**4**	**5**	**6**	**7**	**8**
1	647,8	799,5	864,2	899,6	921,8	937,1	948,2	956,7
2	38,51	39,00	39,17	39,25	39,30	39,33	39,36	39,37
3	17,44	16,04	15,44	15,10	14,88	14,73	14,62	14,54
4	12,22	10,65	9,98	9,60	9,36	9,20	9,07	8,98
5	10,01	8,43	7,76	7,39	7,15	6,98	6,85	6,76
6	8,81	7,26	6,60	6,23	5,99	5,82	5,70	5,60
7	8,07	6,54	5,89	5,52	5,29	5,12	4,99	4,90
8	7,57	6,06	5,42	(5,05)	4,82	4,65	4,53	4,43
9	7,21	5,71	5,08	4,72	4,48	4,32	4,20	4,10

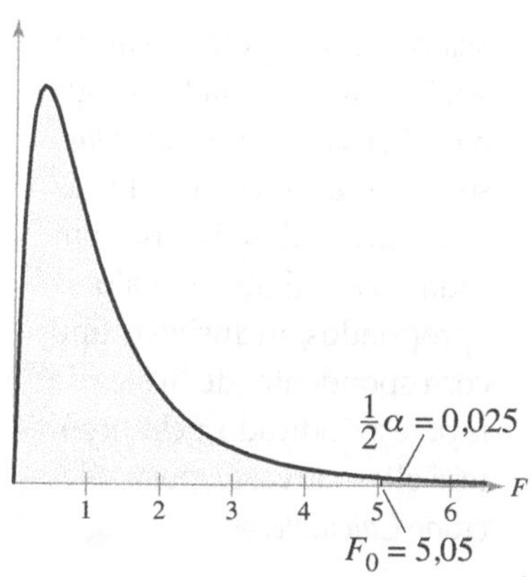

Com base na tabela, o valor crítico é $F_0 = 5{,}05$. O gráfico ao lado da tabela mostra que a distribuição F para $\frac{1}{2}\alpha = 0{,}025$, g.l.$_N = 4$, g.l.$_D = 8$ e $F_0 = 5{,}05$.

Tente você 2 Encontre o valor F crítico para um teste bicaudal quando $\alpha = 0{,}01$, g.l.$_N = 2$ e g.l.$_D = 5$.

a. Especifique o nível de significância α.

b. Use a Tabela 7 no Apêndice B com $\frac{1}{2}\alpha$ para encontrar o valor crítico.

Resposta na p. A47

Teste *F* de duas amostras para variâncias

No restante desta seção, você vai aprender como fazer um teste F de duas amostras para comparar duas variâncias populacionais usando uma amostra de cada população. Esse teste tem três condições a serem obedecidas.

1. As amostras devem ser aleatoriamente selecionadas.
2. As amostras devem ser independentes.
3. Cada população deve ter uma distribuição normal.

Se essas exigências são preenchidas, você pode usar o teste F para comparar as variâncias populacionais σ_1^2 e σ_2^2.

Teste *F* de duas amostras para variâncias

Um teste F de duas amostras para comparar duas variâncias populacionais σ_1^2 e σ_2^2 quando uma variável é aleatoriamente selecionada de cada população. As populações devem ser independentes e normalmente distribuídas. O teste estatístico é:

$$F = \frac{s_1^2}{s_2^2},$$

onde s_1^2 e s_2^2 representam as variâncias das amostras com $s_1^2 \geq s_2^2$. Os graus de liberdade para o numerador é g.l.$_N = n_1 - 1$ e os graus de liberdade para o denominador é g.l.$_D = n_2 - 1$, onde n_1 é o tamanho da amostra tendo variâncias s_1^2 e n_2 é o tamanho da amostra tendo variância s_2^2.

Dica de estudo

Aqui temos algumas instruções para fazer um teste F de duas amostras para comparar σ_1^2 e σ_2^2 em uma TI-83/84.

STAT

Escolha o menu TESTS.

D: 2-SampFTest

Selecione a opção *Data* se você digitou os dados originais. Selecione a opção *Stats* se você está colocando as estatísticas descritivas. Em cada caso, digite os valores apropriados, inclusive o tipo correspondente de teste de hipótese indicado pela hipótese alternativa. Depois, selecione *Calculate*.

Instruções

Usando um teste *F* com amostra dupla para comparar σ_1^2 e σ_2^2

Em palavras	*Em símbolos*
1. Identifique a afirmação. Determine a hipótese nula e a alternativa.	Determine H_0 e H_a.
2. Especifique o nível de significância.	Identifique α.
3. Identifique os graus de liberdade.	g.l.$_N = n_1 - 1$ g.l.$_D = n_2 - 1$
4. Determine o valor crítico.	Use a tabela 7 no Apêndice B.
5. Determine a região de rejeição.	
6. Calcule a estatística de teste.	$F = \frac{s_1^2}{s_2^2}$
7. Decida se deve rejeitar ou não a hipótese nula.	Se F estiver na região de rejeição, rejeite H_0. Caso contrário, não rejeite H_0.
8. Interprete a decisão no contexto da afirmação original.	

Exemplo 3

Fazendo um teste F com duas amostras

Um gerente de restaurante está fazendo um sistema que diminui a variância de tempo que os clientes esperam antes de terem suas refeições servidas. Com o antigo sistema, uma amostra aleatória de 10 clientes teve uma variância de 400. Com o novo sistema, uma amostra aleatória de 21 clientes teve uma variância de 256. Com $\alpha = 0{,}10$, há evidência suficiente para convencer o gerente a mudar para o novo sistema? Suponha que ambas as populações sejam normalmente distribuídas.

Solução

Como 400 > 256, $s^2_1 = 400$ e $s^2_2 = 256$. Então, s^2_1 e σ^2_1 representam a amostra das variâncias da população e da amostra no sistema antigo, respectivamente. Com a afirmação "a variância do tempo de espera no novo sistema é menor que a variância do tempo de espera no sistema antigo", a hipótese nula e a alternativa são:

H_0: $\sigma^2_1 \le \sigma^2_2$ e H_a: $\sigma^2_1 > \sigma^2_2$. (*Afirmação.*)

Como o teste é unicaudal à direita com $\alpha = 0{,}10$, g.l.$_N = n_1 - 1 = 10 - 1 = 9$, e g.l.$_D = n_2 - 1 = 21 - 1 = 20$, o valor crítico é $F_0 = 1{,}96$. Com o teste F, o teste estatístico é:

$$F = \frac{s_1^2}{s_2^2} = \frac{400}{256} \approx 1{,}56.$$

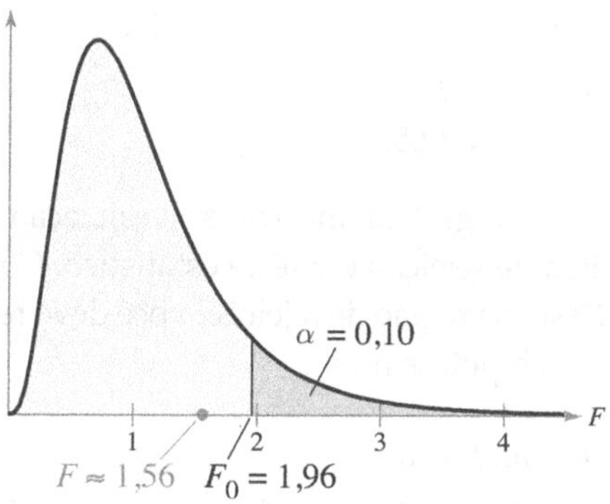

O gráfico mostra a localização da área de rejeição e o teste estatístico. Como F não está na área de rejeição, você não deve rejeitar a hipótese nula.

Interpretação

Não há evidência suficiente para convencer o gerente a trocar para o novo sistema.

Tente você 3 Um médico pesquisador afirma que uma solução intravenosa especialmente tratada diminui a variância de tempo necessário para os nutrientes entrarem na corrente sanguínea. Amostras independentes de cada tipo de solução são aleatoriamente selecionadas e os resultados são exibidos na tabela à direita. Com $\alpha = 0{,}01$, há evidência suficiente para apoiar a afirmação do pesquisador? Suponha que as populações sejam normalmente distribuídas.

a. *Identifique* a afirmação e determine H_0 e H_a.

b. *Especifique* o nível de significância α.

c. *Identifique* os graus de liberdade para o numerador e para o denominador.

d. *Determine* o valor crítico e a região de rejeição.

e. Use o teste F *para calcular o teste estatístico F.*

f. *Decida* se deve rejeitar a hipótese nula. Use um gráfico se necessário.

g. *Interprete* a decisão no contexto da afirmação original.

Resposta na p. A47

Solução normal	Solução tratada
$n = 25$	$n = 20$
$s^2 = 180$	$s^2 = 56$

Retratando o mundo

A localização tem efeito na variância no preço de imóveis? Uma amostra aleatória dos preços de vendas (em milhares de dólares) de condomínios vendidos no sul da Flórida pode ser visto na tabela. A primeira coluna representa os preços de vendas de condomínios em Miami, e a segunda coluna lista os preços de vendas de condomínios em Fort Lauderdale. (*Adaptado de Florida Association of Realtors and the University of Florida Real Estate Research Center.*)

Miami	Fort Lauderdale
265,0	199,0
272,0	215,9
271,0	210,2
255,9	198,6
250,5	195,0
315,0	195,0
295,0	185,7
275,0	190,0
260,0	197,0
258,9	201,0

Supondo que a população de preços de vendas seja normalmente distribuída, é possível usar um teste F de duas amostras para comparar as variâncias populacionais?

Exemplo 4

Ações A	Ações B
$n_2 = 30$	$n_1 = 31$
$s_2 = 3,5$	$s_1 = 5,7$

Fazendo um teste *F* com duas amostras

Você quer comprar ações em uma empresa e está decidindo entre duas ações diferentes. Como o risco de uma ação pode ser associado com o desvio padrão dos preços em seu dia de fechamento, você seleciona aleatoriamente amostras dos preços de um dia de fechamento para cada ação e obtém os resultados à esquerda. Com $\alpha = 0,05$, você pode concluir que uma das duas ações é um investimento mais arriscado que a outra? Suponha que os preços de fechamento da ação sejam normalmente distribuídos.

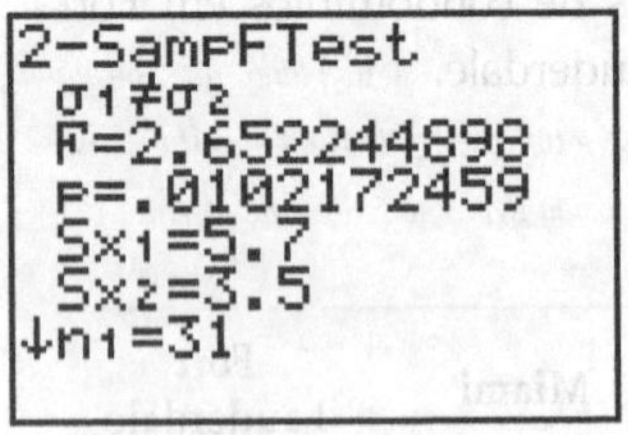

Usando uma TI-83/84, você pode encontrar o teste estatístico *F* no Exemplo 4 automaticamente. Perceba que você também pode usar o valor *P* para fazer o teste *F* de duas amostras. O valor *P* mostrado é cerca de 0,0102. Como 0,0102 < 0,05, você deve decidir rejeitar a hipótese nula.

Solução

Como $5,7^2 > 3,5^2$, $s^2_1 = 5,7^2$, e $s^2_2 = 3,5^2$. Então, s^2_1 e σ^2_1 representam a amostra e as variâncias populacionais para as ações B, respectivamente. Com a afirmação "uma das ações é um investimento mais arriscado que a outra", a hipótese nula e a alternativa são:

H_0: $\sigma^2_1 = \sigma^2_2$ e H_a: $\sigma^2_1 \neq \sigma^2_2$. (*Afirmação.*)

Como o teste é bicaudal com $\frac{1}{2}\alpha = \frac{1}{2}(0,05) = 0,025$, g.l.$_N = n_1 - 1 = 31 - 1 = 30$ e g.l.$_D = n_2 - 1 = 30 - 1 = 29$, o valor crítico é $F_0 = 2,09$. Com o teste *F*, o teste estatístico é:

$$F = \frac{s_1^2}{s_2^2}$$

Amostra quadrada do desvio padrão para obter variâncias da amostra.

$$= \frac{5,7^2}{3,5^2}$$

$$\approx 2,65.$$

O gráfico mostra a localização da área de rejeição e o teste estatístico. Como *F* está na região de rejeição, você deve rejeitar a hipótese nula.

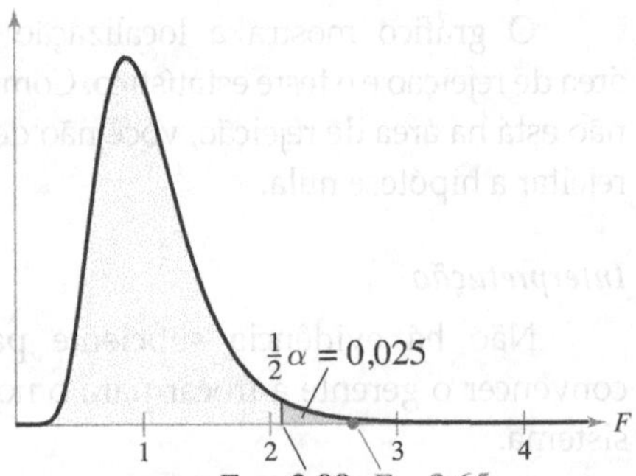

Interpretação

Há evidência suficiente para apoiar a afirmação de que uma das duas ações seja um investimento mais arriscado.

Localização A	Localização B
$n = 16$	$n = 22$
$s = 0,95$	$s = 0,78$

Tente você 4 Um biólogo afirma que os níveis de pH do solo em duas localizações geográficas têm desvios padrão iguais. Amostras independentes de cada localização são selecionadas aleatoriamente e os resultados podem ser vistos à esquerda. Com $\alpha = 0,01$, há evidência suficiente para rejeitar a afirmação do biólogo? Suponha que os níveis de pH sejam normalmente distribuídos.

a. *Identifique* a afirmação e determine H_0 e H_a.

b. *Especifique* o nível de significância α.

c. *Identifique* os graus de liberdade para o numerador e para o denominador.

d. *Determine* o valor crítico e a região de rejeição.

e. Use o teste *F para calcular o teste estatístico F*.

f. *Decida* se deve rejeitar a hipótese nula. Use um gráfico se necessário.

g. *Interprete* a decisão no contexto da afirmação original.

Resposta na p. A48

10.3 Exercícios

Construindo habilidades básicas e conceitos

1. Explique como encontrar o valor crítico para um teste *F*.
2. Liste cinco propriedades da distribuição *F*.
3. Liste três condições que devem ser obedecidas para usar um teste *F* com duas amostras.
4. Explique como determinar os valores de $g.l._N$ e $g.l._D$ ao fazer um teste *F* com duas amostras.

Nos exercícios de **5** a **10**, encontre o valor *F* crítico com um teste unicaudal à direita usando o nível de significância α indicado e graus de liberdade $g.l._N$ e $g.l._D$.

5. $\alpha = 0{,}05$, $g.l._N = 9$, $g.l._D = 16$.
6. $\alpha = 0{,}01$, $g.l._N = 2$, $g.l._D = 24$.
7. $\alpha = 0{,}01$, $g.l._N = 5$, $g.l._D = 13$.
8. $\alpha = 0{,}05$, $g.l._N = 6$, $g.l._D = 19$.
9. $\alpha = 0{,}10$, $g.l._N = 10$, $g.l._D = 15$.
10. $\alpha = 0{,}025$, $g.l._N = 7$, $g.l._D = 3$.

Nos exercícios de 11 a 16, teste a afirmação sobre as diferenças entre duas variâncias populacionais σ^2_1 e σ^2_2 no nível de significância dado α usando as amostras estatísticas dadas. Suponha que as amostras estatísticas sejam de amostras independentes aleatoriamente selecionadas e que cada população tenha uma distribuição normal.

11. Afirmação: $\sigma^2_1 > \sigma^2_2$, $\alpha = 0{,}10$.
    Amostras estatísticas: $s^2_1 = 773$,
    $n_1 = 5$; $s^2_2 = 765$, $n_2 = 6$.
12. Afirmação: $\sigma^2_1 = \sigma^2_2$, $\alpha = 0{,}05$.
    Amostras estatísticas: $s^2_1 = 310$,
    $n_1 = 7$; $s^2_2 = 297$, $n_2 = 8$.
13. Afirmação: $\sigma^2_1 \leq \sigma^2_2$, $\alpha = 0{,}01$.
    Amostras estatísticas: $s^2_1 = 842$,
    $n_1 = 11$; $s^2_2 = 836$, $n_2 = 10$.
14. Afirmação: $\sigma^2_1 \neq \sigma^2_2$, $\alpha = 0{,}05$.
    Amostras estatísticas: $s^2_1 = 245$,
    $n_1 = 31$; $s^2_2 = 112$, $n_2 = 28$.
15. Afirmação: $\sigma^2_1 = \sigma^2_2$, $\alpha = 0{,}01$.
    Amostras estatísticas: $s^2_1 = 9{,}8$,
    $n_1 = 13$; $s^2_2 = 2{,}5$, $n_2 = 20$.
16. Afirmação: $\sigma^2_1 > \sigma^2_2$, $\alpha = 0{,}05$.
    Amostras estatísticas: $s^2_1 = 44{,}6$,
    $n_1 = 16$; $s^2_2 = 39{,}3$, $n_2 = 12$.

Usando e interpretando conceitos

Comparando duas variâncias

Nos exercícios de **17** a **24**, (a) identifique a afirmação e determine H_0 e H_a, (b) determine o valor crítico e a região de rejeição, (c) calcule o teste estatístico, (d) decida se deve rejeitar ou não a hipótese nula e (e) interprete a decisão no contexto da afirmação original. Se for conveniente, use tecnologia para resolver o problema. Em cada exercício, suponha que as amostras sejam independentes e que cada população tenha uma distribuição normal.

17. **Vida de aparelhos** A empresa A afirma que a variância da vida de seus aparelhos é menor que a variância da vida dos aparelhos da empresa B. Uma amostra aleatória da vida de 20 aparelhos da empresa A tem uma variância de 2,6. Uma amostra aleatória da vida de 25 aparelhos da empresa B tem uma variância de 2,8. Em $\alpha = 0{,}05$, você pode apoiar a afirmação da empresa A?
18. **Consumo de combustível** Um fabricante de automóveis afirma que a variância do consumo de combustível para seus veículos híbridos é menor que a variância do consumo de combustível para os veículos híbridos de um grande concorrente. Uma amostra aleatória de consumo de combustível de 19 dos veículos do fabricante tem uma variância de 16,2. Uma amostra aleatória do consumo de combustível de 21 dos veículos do concorrente tem uma variância de 32,5. Com $\alpha = 0{,}05$, você pode apoiar a afirmação do fabricante? *(Adaptado de GreenHybrid.)*
19. **Testes de avaliação de Ciências** Em uma entrevista recente, um administrador de escola estadual declarou que os desvios padrão das notas em um teste de avaliação de Ciências de alunos da 8ª série são iguais nos Distritos 1 e 2. Uma amostra aleatória de 12 notas do teste no Distrito 1 tem um desvio padrão de 36,8 pontos e uma amostra aleatória de 14 notas do teste no Distrito 2 tem um desvio padrão de 32,5 pontos. Você pode rejeitar a afirmação do administrador? Use $\alpha = 0{,}10$. *(Adaptado de National Center for Educational Statistics.)*
20. **Testes de avaliação de História** Um administrador de escola declara que os desvios padrão das notas em um teste de avaliação de História de alunos da 8ª série são iguais nos Distritos 1 e 2. Como prova, o administrador dá os resultados de um estudo de notas de testes em cada distrito. O estudo mostra que uma amostra aleatória de 10 notas no Distrito 1 têm um desvio padrão de 33,9 pontos e uma amostra aleatória de 13 notas no Distrito 2 têm um desvio padrão de 30,2 pontos. Em $\alpha = 0{,}01$, você pode rejeitar a afirmação do administrador? *(Adaptado de National Center for Educational Statistics.)*
21. **Tempo de espera** Uma amostra aleatória de 25 tempos de espera (em minutos) antes de os pacientes verem um profissional médico no departamento de emergência de um hospital teve um desvio padrão de 0,7 minuto. Depois que um novo processo de admissão foi implantado, uma amostra aleatória de 21 tempos de espera teve um desvio padrão de 0,5 minuto. Com $\alpha = 0{,}10$, você pode apoiar a declaração do hospital que o desvio padrão do tempo de espera diminuiu?
22. **Preço de quartos** Uma brochura de marketing de uma agência de viagens indica que os desvios padrão do preço de quartos de hotel de duas cidades são iguais. Uma amostra aleatória de 31 preços de quartos de hotéis em uma cidade tem um desvio padrão de \$ 39,50 e uma amostra aleatória de 28 quartos de hotéis em outra cidade tem um desvio padrão de \$ 23,75. Você pode rejeitar a afirmação da agência? Use $\alpha = 0{,}01$.
23. **Salários anuais** Os salários anuais para uma amostra aleatória de 16 atuários trabalhando em Nova York têm um desvio padrão de \$ 14.900. Os salários anuais para uma amostra de 17 atuários trabalhando na Califórnia têm um desvio padrão de \$ 9.600. Usando essas informações, você pode concluir que o desvio padrão dos salários anuais de atuários em Nova York é maior que na Califórnia? Use $\alpha = 0{,}05$. *(Adaptado de America's Career InfoNet.)*

Atuários em Nova York	Atuários na Califórnia
$s_1 = \$\ 14.900$	$s_2 = \$\ 9.600$
$n_1 = 16$	$n_2 = 17$

24. **Salários anuais** Um serviço de informações de empregabilidade afirma que o desvio padrão dos salários anuais para gerentes de relações púbicas é maior na Flórida que na Louisiana. Os salários anuais de uma amostra aleatória de 28 gerentes de relações públicas na Flórida têm um desvio padrão de \$ 10.100. Os salários anuais de uma amostra aleatória de 24 gerentes de relações públicas em Louisiana têm um desvio padrão de \$ 6.400. Com $\alpha = 0{,}05$, você pode apoiar a declaração do serviço? *(Adaptado de America's Career InfoNet.)*

Gerentes de relações públicas na Flórida	Gerentes de relações públicas em Louisiana
$s_1 = \$\ 10.100$	$s_2 = \$\ 6.400$
$n_1 = 28$	$n_2 = 24$

Expandindo conceitos

Encontrando valores *F* críticos unicaudais à esquerda

Nesta seção, você aprendeu que se s_1^2 é maior que s_2^2, você só precisa calcular o valor crítico *F* unicaudal à direita para um teste bicaudal. Para outras aplicações da distribuição *F*, você vai precisar calcular o valor *F* crítico unicaudal à esquerda. Para calcular o valor *F* crítico unicaudal à esquerda, faça o seguinte:

(1) Alterne os valores para $g.l._N$ e $g.l._D$.

(2) Encontre o valor *F* correspondente na tabela 7.

(3) Calcule a recíproca do valor *F* para obter o valor *F* crítico unicaudal à esquerda.

Nos exercícios 25 e 26, encontre os valores *F* críticos unicaudais à direita e à esquerda para um teste bicaudal com os valores dados de α, $g.l._N$ e $g.l._D$.

25. $\alpha = 0{,}05$, $g.l._N = 6$, $g.l._D = 3$.

26. $\alpha = 0{,}10$, $g.l._N = 20$, $g.l._D = 15$.

Intervalo de confiança para σ_1^2 / σ_2^2

Quando s_1^2 e s_2^2 são variâncias de amostras selecionadas aleatoriamente e independentes de populações normalmente distribuídas, então um intervalo de confiança para σ_1^2 / σ_2^2 é:

$$\frac{s_1^2}{s_2^2} F_L < \frac{\sigma_1^2}{\sigma_2^2} < \frac{s_1^2}{s_2^2} F_R.$$

onde F_L é o valor *F* crítico unicaudal à esquerda e F_R é o valor *F* crítico unicaudal à direita.

Nos exercícios 27 e 28, construa o intervalo de confiança indicado para σ_1^2 / σ_2^2. Suponha que as amostras sejam independentes e que cada população tenha uma distribuição normal.

27 **Conteúdo de colesterol** Em um estudo recente sobre o conteúdo de colesterol em sanduíches de frango grelhado servidos em restaurantes de *fast-food*, um nutricionista descobriu que uma amostra aleatória de sanduíches do Burger King e do McDonald's tiveram a amostra estatística apresentada na tabela. Construa um intervalo de 95% de confiança para σ_1^2 / σ_2^2, no qual σ_1^2 e σ_2^2 são as variâncias do conteúdo de colesterol de sanduíches de frango grelhado do Burger King e do McDonald's, respectivamente. *(Adaptado de Burger King Brands, Inc. and McDonald's Corporation.)*

Conteúdo de colesterol em sanduíches de frango grelhado

Restaurante	Burger King	McDonald's
Variância da amostra	$s_1^2 = 10{,}89$	$s_2^2 = 9{,}61$
Tamanho da amostra	$n_1 = 16$	$n_2 = 12$

28. **Conteúdo de carboidrato** Um estudo sobre *fast-food* descobriu que o conteúdo de carboidrato de 15 sanduíches de frango grelhado do Burger King que foram aleatoriamente selecionados tiveram uma variância de 5,29. O estudo também descobriu que o conteúdo de carboidrato de 12 sanduíches de frango grelhado do McDonald's que foram aleatoriamente selecionados tiveram uma variância de 3,61. Construa um intervalo de 95% de confiança para σ_1^2 / σ_2^2, no qual σ_1^2 e σ_2^2 são as variâncias do conteúdo de carboidrato em sanduíches de frango grelhado do Burger King e do McDonald's, respectivamente. *(Adaptado de Burger King Brands, Inc. and McDonald's Corporation.)*

Conteúdo de carboidrato em sanduíches de frango grelhado

Restaurante	Burger King	McDonald's
Variância da amostra	$s_1^2 = 5{,}29$	$s_2^2 = 3{,}61$
Tamanho da amostra	$n_1 = 16$	$n_2 = 12$

10.4 Análise da variância

Análise da variância com um fator (ANOVA unidirecional) ⟶ Análise da variância com dois fatores (ANOVA bidirecional)

O que você deve aprender

- Como usar a análise de variância com um fator para testar afirmações envolvendo três ou mais médias.
- Uma introdução da análise de variância com dois fatores.

Análise da variância com um fator (ANOVA unidirecional)

Suponha que um médico pesquisador esteja analisando a eficiência de três tipos de analgésicos e queira determinar se há uma diferença na média de tempo que cada um leva para aliviar a dor. Para determinar se essa diferença existe, o pesquisador pode usar a distribuição *F* com uma técnica chamada *análise da variância*. Como uma variável independente está sendo estudada, o processo é chamado de *análise da variância com um fator*.

Definição

Análise da variância com um fator é uma técnica de teste de hipótese usada para comparar médias de três ou mais populações. A análise da variância geralmente é abreviada como **ANOVA.**

Para começar a análise da variância com um fator, você deve determinar uma hipótese alternativa e uma nula. Para um teste da variância com um fator, as hipóteses nulas e alternativas são sempre parecidas com as sentenças a seguir.

H_0: $\mu_1 = \mu_2 = \mu_3 = ... = \mu_k$ (Todas as médias populacionais são iguais).

H_a: pelo menos uma das médias é diferente das demais.

Quando você rejeita a hipótese nula em uma ANOVA, você pode concluir que, no mínimo, uma das médias é diferente das demais. Sem fazer outros testes estatísticos, porém, você não consegue determinar qual das médias é diferente.

Em um teste da variância com um fator, as seguintes condições devem ser observadas.

1. Cada amostra deve ser selecionada aleatoriamente de uma população normal ou aproximadamente normal.
2. As amostras devem ser independentes entre si.
3. Cada população deve ter a mesma variância.

O teste estatístico de um teste da variância com um fator é a razão entre duas variâncias: a variância entre amostras e a variâncias dentro das amostras.

$$\text{Teste estatístico} = \frac{\text{Variância entre amostras}}{\text{Variância dentro das amostras}}$$

1. A variância entre amostras MS_B mede as diferenças relacionadas ao tratamento dado a cada amostra e, às vezes, é chamada de **média entre quadrados**.
2. A variância dentro das amostras MS_W mede as diferenças relacionadas aos lançamentos dentro da mesma amostra. Essa variância, às vezes chamada de **média dos quadrados internos**, se dá por causa do erro de amostragem.

Teste de análise de variância de um fator

Se as condições para uma análise simples do teste de variância estão sendo obedecidas, então a distribuição de amostragem para o teste é aproximado pela distribuição *F*. O teste estatístico é:

$$F = \frac{MS_B}{MS_W}$$

Os graus de liberdade para o teste F são:

$$g.l._N = k - 1$$

e

$$g.l._D = N - k,$$

onde k é o número de amostras e N é a soma dos tamanhos das amostras.

Se há pouca ou nenhuma diferença entre as médias, então MS_B será aproximadamente igual a MS_W e o teste estatístico será aproximadamente 1. Valores de F próximos a 1 sugerem que você não deve rejeitar a hipótese nula. Porém, se uma das médias difere significativamente das outras, MS_B será maior que MS_W e o teste estatístico será maior que 1. Valores de F significantemente maiores que 1 sugerem que você rejeite a hipótese nula. Como tais, todos os testes de análise da variância simples são unicaudais à direita. Isto é, se o teste estatístico for maior que o valor crítico, H_0 será rejeitada.

Dica de estudo

As notações n_i, $\bar{x}_i$ e s^2_i representam o tamanho da amostra, média e variância da amostra i, respectivamente. $\bar{\bar{x}}$ às vezes é chamado de grande média.

Instruções

Encontrando o teste estatístico para um teste ANOVA simples (de um fator)

Em palavras	*Em símbolos*
1. Encontre a média e a variância de cada amostra.	$\bar{x} = \frac{\sum x}{n}$ $\quad s^2 = \frac{\sum (x - \bar{x})^2}{n-1}$
2. Encontre a média de todos os lançamentos em todas as amostras (a grande média).	$\bar{\bar{x}} = \frac{\sum x}{N}$
3. Encontre a soma dos quadrados entre as amostras.	$SS_B = \sum n_i (\bar{x} - \bar{\bar{x}})^2$
4. Encontre a soma dos quadrados internos das amostras.	$SS_W = \sum (n_i - 1) s_i^2$
5. Encontre a variância entre as amostras.	$MS_B = \frac{SS_B}{k-1} = \frac{SS_B}{g.l._N}$
6. Encontre a variância interna das amostras.	$MS_W = \frac{SS_W}{N-k} = \frac{SS_W}{g.l._D}$
7. Encontre a estatística de teste.	$F = \frac{MS_B}{MS_W}$

A notação SS_B representa a soma dos quadrados entre grupos.

$$SS_B = n_1 (\bar{x}_1 - \bar{\bar{x}})^2 + n_2 (\bar{x}_2 - \bar{\bar{x}})^2 + \cdots + n_k (\bar{x}_k - \bar{\bar{x}})^2$$
$$= \sum n_i (\bar{x}_i - \bar{\bar{x}})^2$$

A notação SS_W representa a soma dos quadrados internos dos grupos.

$$SS_W = (n_1 - 1)s_1^2 + (n_2 - 1)s_2^2 + \cdots + (n_k - 1)s_k^2$$
$$= \sum (n_i - 1) s_i^2$$

Instruções

Fazendo uma análise simples do teste de variância de um fator

Em palavras	*Em símbolos*
1. Identifique a afirmação. Determine as hipóteses nula e alternativa.	Determine H_0 e H_a.
2. Especifique o nível de significância.	Identifique α.
3. Identifique os graus de liberdade.	$g.l._N = k - 1$ $g.l._D = N - k$
4. Determine o valor crítico.	Use a tabela 7 no apêndice B.
5. Determine a região de rejeição.	
6. Calcule a estatística de teste.	$F = \frac{MS_B}{MS_W}$
7. Decida entre rejeitar ou não a hipótese nula.	Se F estiver na região de rejeição, rejeite H_0. Caso contrário, não rejeite H_0.
8. Interprete a decisão no contexto da afirmação original.	

As tabelas são uma forma conveniente de resumir os resultados de uma análise simples do teste de variância. Tabelas com resumo ANOVA são definidas da seguinte forma:

Tabela de resumo ANOVA

Variação	Soma dos quadrados	Graus de liberdade	Média dos quadrados	F
Entre	SS_B	$g.l._N$	$MS_B = \frac{SS_B}{g.l._N}$	$\frac{MS_B}{MS_W}$
Interna	SS_W	$g.l._D$	$MS_W = \frac{SS_W}{g.l._D}$	

Exemplo 1

Fazendo um teste ANOVA simples

Um médico pesquisador quer determinar se há uma diferença na média de tempo que três tipos de analgésicos levam para aliviar a dor de cabeça. Várias pessoas que sofrem com dores de cabeça são selecionadas aleatoriamente e tomam um dos três medicamentos. Cada pessoa diz o tempo (em minutos) que o medicamento começou a fazer efeito. Os resultados podem ser conferidos na tabela. Com $\alpha = 0{,}01$, você pode concluir que a médias de tempo são diferentes? Suponha que cada população de tempo de alívio seja normalmente distribuída e que a população de variâncias seja igual.

Medicamento 1	Medicamento 2	Medicamento 3
12	16	14
15	14	17
17	21	20
12	15	15
	19	
$\bar{x}_1 = \frac{56}{4} = 14$	$\bar{x}_2 = \frac{85}{5} = 17$	$\bar{x}_3 = \frac{66}{4} = 16,5$
$s_1^2 = 6$	$s_2^2 = 8,5$	$s_3^2 = 7$

Solução

As hipóteses nulas e alternativas são conforme o que segue:

H_0: $\mu_1 = \mu_2 = \mu_3$.

H_a: No mínimo uma média é diferente das demais. *(Afirmação.)*

Como temos $k = 3$ amostras, $g.l._N = k - 1 = 3 - 1 = 2$. A soma dos tamanhos da amostra é $N = n_1 + n_2 + n_3 = 4 + 5 + 4 = 13$. Então, $g.l._D = N - k = 13 - 3 = 10$. Usando $g.l._N = 2$, $g.l._D = 10$, e $\alpha = 0,01$, o valor crítico é $F_0 = 7,56$. Para encontrar o teste estatístico, primeiro calcule $\bar{\bar{x}}$, MS_B e MS_W.

$$\bar{\bar{x}} = \frac{\sum x}{N} = \frac{56+85+66}{13} \approx 15,92$$

$$MS_B = \frac{SS_B}{g.l._N} = \frac{\sum n_i(\bar{x}_i - \bar{\bar{x}})^2}{k-1}$$

$$\approx \frac{4(14-15,92)^2 + 5(17-15,92)^2 + 4(16,5-15,92)^2}{3-1}$$

$$\approx \frac{21,92}{2} = 10,96$$

$$MS_W = \frac{SS_W}{g.l._D} = \frac{\sum (n_i - 1)s_i^2}{N-k}$$

$$= \frac{(4-1)(6)+(5-1)(8,5)+(4-1)(7)}{13-1} = \frac{73}{10} = 7,3$$

Usando $MS_B = 10,96$ e $MS_W = 7,3$, o teste estatístico é:

$$F = \frac{MS_B}{MS_W} = \frac{10,96}{7,3} \approx 1,50.$$

O gráfico mostra a localização da região de rejeição e o teste estatístico. Como F não está na região de rejeição, você não deve rejeitar a hipótese nula.

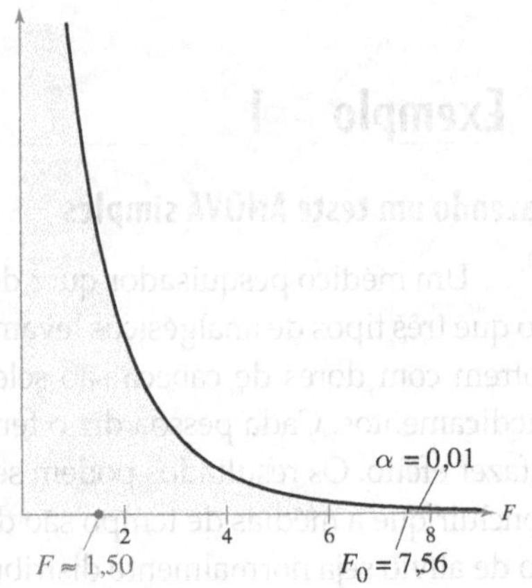

Interpretação

Não há evidência suficiente no nível de significância 1% para concluir que há diferença no tempo médio que três analgésicos levam para aliviar dores de cabeça.

Retratando o mundo

Pássaros cucos adultos não cuidam de seus próprios ovos. Eles botam seus ovos em ninhos de outros pássaros, como pardais, pintarroxos e cambaxirras. Esses pássaros adotam os ovos de cucos, chocando e cuidando deles como se fossem seus próprios ovos. Um biólogo está estudando o tamanho dos ovos de cucos encontrados em ninhos de pardais, pintarroxos e cambaxirras. Os comprimentos de ovos aleatoriamente selecionados podem ser observados na tabela.

Ninho hospedeiro		
Pardal	**Pintarroxo**	**Cambaxirra**
24,08	22,66	20,89
22,95	22,51	20,97
22,82	21,44	22,31
23,98	22,70	21,54
24,59	22,15	20,19
22,95	22,75	21,38
25,16	23,02	20,50
23,39	21,72	20,99
23,74	21,49	20,83
21,15	22,15	20,74
23,81	22,15	21,40
22,40	22,28	21,90
24,17	22,98	

Com $\alpha = 0,05$, você pode concluir que o comprimento médio de ovos de cucos encontrados em um tipo de ninho é diferente dos outros? Suponha que cada população de comprimentos de ovos de cucos seja normalmente distribuída e que as variâncias da população sejam iguais.

A tabela de resumo ANOVA para o Exemplo 1 é mostrada a seguir:

Variação	Soma dos quadrados	Graus de liberdade	Média dos quadrados	F
Entre	21,92	2	10,96	1,50
Interna	73	10	7,3	

Tente você 1 Um analista de vendas quer determinar se há uma diferença na média de vendas mensais de uma empresa em quatro regiões diferentes. Vários vendedores de cada região são selecionados aleatoriamente e cada um fornece suas quantias de vendas (em milhares de dólares) do mês anterior. Os resultados podem ser vistos na tabela. Com $\alpha = 0{,}05$, o analista pode concluir que há uma diferença na média mensal de vendas entre as regiões de vendas? Suponha que cada população de vendas seja normalmente distribuída e que as variâncias populacionais sejam iguais.

Norte	Leste	Sul	Oeste
34	47	40	21
28	36	30	30
18	30	41	24
24	38	29	37
	44		23
$\bar{x}_1 = 26$	$\bar{x}_2 = 39$	$\bar{x}_3 = 35$	$\bar{x}_4 = 27$
$s_1^2 \approx 45{,}33$	$s_2^2 = 45$	$s_3^2 \approx 40{,}67$	$s_4^2 = 42{,}5$

a. *Determine* H_0 e H_a.
b. *Especifique* o nível de significância α.
c. *Identifique* os graus de liberdade para o numerador e para o denominador.
d. *Determine* o valor crítico e a região de rejeição.
e. *Calcule* o teste estatístico F.
f. *Decida* se deve rejeitar a hipótese nula. Use um gráfico se necessário.
g. *Interprete* a decisão no contexto da afirmação original.

Resposta na p. A48

O uso de tecnologia no processo ANOVA simples facilita muito o processo. Ao usar uma ferramenta de tecnologia como Excel, MINITAB ou TI-83/84 para fazer a análise simples do teste de variância, você pode usar valores P para decidir se deve rejeitar a hipótese nula. Se o valor P for menor que α, você deve rejeitar H_0.

Exemplo 2

Usando tecnologia para fazer testes ANOVA

Três empresas de aviação oferecem voos entre Corydon e Lincolnville. Vários tempos de voo selecionados aleatoriamente (em minutos) entre as cidades para cada empresa podem ser observados à direita. Suponha que as populações de tempo de voo sejam normalmente distribuídas, as amostras sejam independentes e as variâncias populacionais sejam iguais. Com $\alpha = 0{,}01$, você pode concluir que há uma diferença nas médias de tempo dos voos? Use uma ferramenta tecnológica.

Empresa de aviação 1	Empresa de aviação 2	Empresa de aviação 3
122	119	120
135	133	158
126	143	155
131	149	126
125	114	147
116	124	164
120	126	134
108	131	151
142	140	131
113	136	141

Solução

As hipóteses nula e alternativa são:

H_0: $\mu_1 = \mu_2 = \mu_3$.

H_a: No mínimo uma média é diferente das outras. (*Afirmação.*)

Os resultados obtidos ao fazer o teste em uma TI-83/84 são exibidos a seguir. A partir dos resultados, você pode ver que $P \approx 0{,}006$. Como $P < \alpha$, você deve rejeitar a hipótese nula.

Dica de estudo

Aqui temos instruções para fazer a análise simples do teste de variância na TI-83/84. Comece inserindo os dados na List 1, List 2 e assim por diante, de acordo com os dados.

[STAT]

Escolha o menu TESTS.

F: ANOVA(

Então, entre L1, L2 e assim por diante, separados por vírgulas.

TI-83/84

```
One-way ANOVA
F=6.13023478
p=.0063828069
Factor
 df=2
 SS=1806.46667
↓MS=903.233333
```

TI-83/84

```
One-way ANOVA
↑ MS=903.233333
Error
 df=27
 SS=3978.2
 MS=147.340741
Sxp=12.1383994
```

Interpretação

Há evidência suficiente para apoiar a afirmação. Então, você pode concluir que há uma diferença na média dos tempos de voo.

Tente você 2 Os dados mostrados na tabela representam as médias das notas de alunos no primeiro, segundo, terceiro e quarto anos. Com $\alpha = 0{,}05$, você pode concluir que há diferença entre as médias das notas? Suponha que as populações das médias das notas sejam normalmente distribuídas e que as variâncias populacionais sejam iguais. Use uma ferramenta tecnológica.

Aluno de 1º ano	2,34	2,38	3,31	2,39	3,40	2,70	2,34			
Aluno de 2º ano	3,26	2,22	3,26	3,29	2,95	3,01	3,13	3,59	2,84	3,00
Aluno de 3º ano	2,80	2,60	2,49	2,83	2,34	3,23	3,49	3,03	2,87	
Aluno de 4º ano	3,31	2,35	3,27	2,86	2,78	2,75	3,05	3,31		

a. *Insira* os dados.

b. *Faça* o teste ANOVA.

c. *Compare* o valor P resultante com o dado nível de significância α.

d. *Interprete* os resultados.

Resposta na p. A48

Importante

As condições para um teste ANOVA com dois fatores são as mesmas condições para o teste ANOVA com um fator, com o adicional de que todas as amostras devem ter o mesmo tamanho.

Análise de variância com dois fatores (ANOVA bidirecional)

Quando você quer testar o efeito de duas variáveis independentes, ou fatores, na variável dependente, você pode usar um **teste de variância com dois fatores.** Por exemplo, suponha que um médico pesquisador queira testar o efeito do gênero *e* tipo de medicamento na média de tempo que analgésicos levam para causar alívio. Para fazer este experimento, o pesquisador pode usar o seguinte planejamento em blocos de análise de variância com dois fatores:

Tipo de medicamento \ Gênero	M	F
I	Homens que tomaram o tipo I	Mulheres que tomaram o tipo I
II	Homens que tomaram o tipo II	Mulheres que tomaram o tipo II
III	Homens que tomaram o tipo III	Mulheres que tomaram o tipo III

Um teste ANOVA com dois fatores tem três hipóteses nulas — uma para cada efeito principal e uma para o efeito de interação. Um **efeito principal** é o efeito de uma variável independente na variável dependente e o **efeito de interação** é o efeito de ambas variáveis independentes na variável dependente. Por exemplo, as hipóteses para o experimento dos analgésicos são as seguintes:

Hipóteses para os efeitos principais:

H_0: O gênero não tem efeito na média de tempo que um analgésico leva para aliviar a dor.

H_a: O gênero tem um efeito na média de tempo que um analgésico leva para aliviar a dor.

H_0: O tipo de medicamento não tem efeito na média de tempo que um analgésico leva para aliviar a dor.

H_a: O tipo de medicamento tem um efeito na média de tempo que um analgésico leva para aliviar a dor.

Hipóteses para os efeitos de interação:

H_0: Não há efeito de interação entre o gênero e o tipo de medicamento na média de tempo que um analgésico leva para aliviar a dor.

H_a: Há um efeito de interação entre o gênero e o tipo de medicamento na média de tempo que um analgésico leva para aliviar a dor.

Para testar essas hipóteses, você pode fazer um teste ANOVA com dois fatores. Usando a distribuição *F*, um teste ANOVA com dois fatores calcula um teste *F* estatístico para cada hipótese. Como resultado, é possível rejeitar nenhuma, uma, duas ou todas as hipóteses nulas. As estatísticas envolvidas com um teste ANOVA com dois fatores estão além do escopo deste curso. Porém, você pode usar uma ferramenta de tecnologia como o MINITAB para fazer o teste ANOVA com dois fatores.

Importante

Se o gênero e o tipo de medicamento não têm influência no tempo que um analgésico leva para aliviar a dor, então não haverá uma diferença significativa nas médias de tempos de alívio de dor.

10.4 Exercícios

Construindo habilidades básicas e conceitos

1. Determine uma hipótese nula e alternativa para um teste ANOVA simples (com um fator).
2. Quais condições são necessárias para usar um teste ANOVA simples (com um fator)?
3. Descreva a diferença entre a variância entre amostras MS_B e a variância interna das amostras MS_N.
4. Descreva as hipóteses para um teste ANOVA com dois fatores.

Usando e interpretando conceitos

Fazendo um teste ANOVA simples (com um fator)

Nos exercícios de 5 a 16, faça o teste ANOVA simples:

(a) identificando a afirmação e determinando H_0 e H_a.

(b) identificando os graus de liberdade para o numerador e o denominador, determinando o valor crítico e determinando a região de rejeição.

(c) calculando o teste estatístico.

(d) decidindo rejeitar ou não a hipótese nula e interpretando a decisão no contexto da afirmação original.

Suponha que cada amostra seja sorteada de uma população normal ou aproximadamente normal, que as amostras sejam independentes uma das outras e que as populações tenham as mesmas variâncias. Se conveniente, use tecnologia para resolver o problema.

5. **Pasta de dente** A tabela mostra o custo por onça (em dólares) de uma amostra aleatória de pastas de dente que apresentam poder de remoção de manchas muito bom, bom ou médio. Com $\alpha = 0{,}05$, você pode concluir que as médias de custo por onça são diferentes? *(Fonte: Consumer Reports.)*

Poder de remoção de manchas muito bom	Poder de remoção de manchas bom	Poder de remoção de manchas médio
0,47	0,60	0,34
0,49	0,64	0,46
0,33	1,05	1,31
1,52	2,73	0,44
0,64	0,58	0,60
0,36	0,75	
0,41	0,22	
0,37	0,33	
0,48	0,42	
0,50	0,46	
0,51	0,98	
0,35	1,16	

6. **Bateria de automóveis** Os preços (em dólares) de 17 baterias de automóveis aleatoriamente selecionadas são exibidos na tabela. Os preços são classificados de acordo com o tipo de bateria. Com $\alpha = 0{,}05$, há evidência suficiente para concluir que no mínimo uma das médias dos preços de baterias é diferente das outras? *(Fonte: Consumer Report.)*

Grupo tamanho 35	60	60	90	50	80	
Grupo tamanho 65	80	60	60	90	45	85
Grupo tamanho 34/78	60	100	90	70	90	60

7. **Tratamento de terraços** A tabela mostra o preço por galão (em dólares) de uma amostra aleatória de produtos de tratamento de terraços externos. Com $\alpha = 0{,}10$, você pode rejeitar a afirmação de que a média de preço é a mesma para os três tipos de produtos de tratamentos? *(Fonte: Consumer Reports.)*

Tratamentos semitransparentes	Tratamentos levemente coloridos	Tratamentos claros
24	51	33
23	14	13
22	21	10
17	16	12
21		22
17		

8. **Gastos com leitura** A tabela mostra os gastos anuais com leitura (em dólares) de uma amostra aleatória de consumidores de quatro regiões dos Estados Unidos. Com $\alpha = 0{,}10$, você pode rejeitar a afirmação de que o gasto médio anual é o mesmo nas quatro regiões? *(Adaptado de U.S. Bureau of Labor Statistics.)*

Nordeste	Centro-oeste	Sul	Oeste
228	219	65	163
38	142	105	124
111	219	126	161
79	131	81	209
186	140	61	139
114	49	176	111
263		70	144

9. **Dias no hospital** Em um estudo recente, uma empresa de seguro de saúde investigou o número de dias que pacientes passam em um hospital. Em parte do estudo, a empresa selecionou aleatoriamente pacientes de várias partes dos Estados Unidos e registrou o número de dias que cada um passou no hospital. Os resultados do estudo são exibidos na tabela. Com $\alpha = 0{,}01$, a empresa pode rejeitar a afirmação de que a média do número de dias que os pacientes passam no hospital é a mesma nas quatro regiões? *(Adaptado de U.S. National Center for Health Statistics.)*

Nordeste	Centro-oeste	Sul	Oeste
6	6	3	3
4	6	5	4
7	7	6	6
2	3	6	4
3	5	3	6
4	4	7	6
6	4	4	5
8	3		2
9	2		

10. **Área de construção** A tabela mostra a área (em milhares) de uma amostra aleatória de construções de quatro regiões dos Estados Unidos. Com $\alpha = 0{,}10$, você pode concluir que a média da área de pelo menos uma das quatro regiões é diferente das demais? *(Adaptado de U.S. Energy Information Administration.)*

Nordeste	Centro-oeste	Sul	Oeste
16,1	12,3	13,1	14,1
20,2	13,5	15,4	16,1
17,9	7,2	11,6	12,5
13,9	12,7	5,1	11,5
26,8	14,2	15,6	12,6
14,4	16,4	16,0	17,1
20,3	5,7	12,2	6,6
12,2	17,1	7,6	21,1
10,9	20,7	24,5	8,1
19,3	15,5	7,6	3,9
19,6	13,3	11,8	16,4
18,5	9,8	14,4	15,7
21,6	17,1	15,2	12,1
		13,6	12,9

11. **Preços de moradia** Um corretor de imóveis está comparando os preços de casas em quatro cidades. Depois de selecionar aleatoriamente casas em quatro cidades e determinar o preço de cada uma, o corretor organiza os preços (em milhares de dólares) em uma tabela como a exibida abaixo. Com $\alpha = 0,10$, o corretor pode rejeitar a afirmação de que a média de preço é a mesma nas quatro cidades? *(Adaptado de National Association of Realtors.)*

Cidade A	Cidade B	Cidade C	Cidade D
207,0	257,9	253,9	200,9
179,5	215,1	138,9	215,3
224,6	199,3	234,2	285,9
220,3	201,5	198,1	210,7
282,7	221,9	226,7	321,3
240,4	248,8	173,1	202,1
120,8	267,2	190,0	217,4
238,6	158,7	188,9	328,7
208,5	177,9	157,3	257,1
254,0	187,3	237,4	284,0
207,0		128,7	201,3
		239,4	

12. **Rendimento pessoal** A tabela mostra os salários de indivíduos aleatoriamente selecionados de quatro grande áreas metropolitanas. Com $\alpha = 0,05$, você pode concluir que a média salarial é diferente em, no mínimo, uma das áreas? *(Adaptado de U.S. Bureau of Economic Analysis.)*

Pittsburgh	Dallas	Chicago	Minneapolis
34.300	39.955	36.800	37.720
34.500	38.850	40.600	47.450
32.000	34.700	32.800	42.400
35.650	29.950	43.700	40.250
36.795	39.005	32.045	37.215

13. **Preços de casas móveis** A tabela mostra os preços (em dólares) de uma amostra aleatória de casas móveis novas de quatro fabricantes. Com $\alpha = 0,05$, você pode concluir que pelo menos uma das médias de preço é diferente das demais? *(Adaptado de U.S. Census Bureau.)*

Fabricante A	Fabricante B	Fabricante C	Fabricante D
60.424	58.123	62.849	75.876
60.305	59.049	62.531	85.544
59.571	56.625	45.584	75.634
65.204	60.420	52.656	74.385
83.500	55.732	59.335	78.020
58.510	72.117	49.005	87.541
70.549	61.630	59.611	
73.873		56.427	
		51.538	

14. **Consumo de energia** A tabela mostra a energia consumida (em milhões de BTU) em um ano por uma amostra aleatória de casas de quatro regiões dos Estados Unidos. Com $\alpha = 0,10$, você pode concluir que a média de consumo de energia de pelo menos uma das regiões é diferente das demais? *(Adaptado de U.S. Energy Administration.)*

Nordeste	Centro-oeste	Sul	Oeste
85,5	59,7	59,3	24,0
93,5	177,8	71,4	39,2
137,6	64,6	95,4	120,7
113,0	82,3	99,2	54,4
144,3	163,9	59,6	101,4
98,6	182,9	53,9	62,8
69,2	101,6	65,8	37,5
157,0	135,1	53,2	117,8
57,6	92,5	184,6	91,6
	158,5		51,3
	64,9		

15. **Participação em times** A tabela mostra o número de alunas que jogaram em algum time de esportes da 9ª à 12ª série, de uma amostra aleatória de 8 escolas de um Estado. Com $\alpha = 0,01$, você pode rejeitar a afirmação de que o número médio de alunas que jogaram em algum time de esportes é igual para todas as séries?

9ª série	82	91	53	133	64	112	63	77
10ª série	77	87	58	125	51	106	58	72
11ª série	86	81	46	115	56	87	62	80
12ª série	65	77	42	102	49	84	65	82

16. **Quantia gasta em energia** A tabela mostra a quantia gasta (em dólares) com energia em um ano pela amostra aleatória de casas de quatro regiões dos Estados Unidos. Com $\alpha = 0,01$, você pode rejeitar a afirmação de que a média da quantia gasta é igual nas quatro regiões? *(Adaptado de U.S. Energy Information Administration.)*

Nordeste	Centro-oeste	Sul	Oeste
2.826	1.695	1.227	840
776	1.325	1.972	1.694
2.345	1.727	1.653	1.599
1.349	1.679	1.080	661
1.056	1.575	1.646	1.002
1.276	1.899	1.348	856
2.396	1.074	1.750	1.491
2.343	1.410		
1.029	1.485		
2.745			
1.004			

Expandindo conceitos

Usando tecnologia para fazer um teste ANOVA com dois fatores

Nos exercícios de 17 a 20, use uma ferramenta de tecnologia e os planejamentos em blocos dados para fazer um teste ANOVA com dois fatores. Use $\alpha = 0,10$. Interprete os resultados.

17. **Propagandas** Em um estudo, uma amostra aleatória de 20 adultos avaliaram a eficiência de propagandas. Cada adulto avaliou uma propaganda de rádio ou TV que durasse 30 ou 60 segundos. O planejamento em blocos mostra essas avaliações (em uma escala de 1 a 5, com 5 sendo extremamente eficiente).

Duração da propaganda	Média da propaganda: Rádio	Televisão
30 seg	2, 3, 5, 1, 3	3, 5, 4, 1, 2
60 seg	1, 4, 2, 2, 5	2, 5, 3, 4, 4

18. **Vendas de veículos** O dono de uma concessionária de carros quer determinar se o sexo de um vendedor e o tipo de veículo vendido afetam o número de veículos vendidos em um mês. O planejamento em blocos mostra o número de veículos vendidos, listados pelo tipo, em um mês, por uma amostra aleatória de oito vendedores.

Gênero	Tipo de veículo: Carro	Caminhão	Van/SUV
Homem	6, 5, 4, 5	2, 2, 1, 3	4, 3, 4, 2
Mulher	5, 7, 8, 7	1, 0, 1, 2	4, 2, 0, 1

19. **Média de pontuação** Em um estudo, uma amostra aleatória de 24 alunos de ensino médio relatou sua nota média final. O planejamento em blocos mostra a nota média de alunos homens e mulheres de quatro idades diferentes.

Gênero	Idade: Menores de 15	15–16	17–18	Acima de 18
Homem	2,5, 2,1, 3,8	4,0, 1,4, 2,0	3,5, 2,2, 2,0	3,1, 0,7, 2,8
Mulher	4,0, 2,1, 1,9	3,5, 3,0, 2,1	4,0, 2,2, 1,7	1,6, 2,5, 3,6

20. **Reparos de unidade de disco** O gerente de um serviço de reparo quer determinar se há uma diferença no tempo que os técnicos levam para consertar marcas diferentes de unidade de disco. O planejamento em blocos mostra os tempos (em minutos) que cada técnico levou para consertar três unidades de disco de cada marca.

Marca	Técnico: Técnico 1	Técnico 2	Técnico 3	Técnico 4
Marca A	67, 82, 64	42, 56, 39	69, 47, 38	70, 44, 50
Marca B	44, 62, 55	47, 58, 62	55, 45, 66	47, 29, 40
Marca C	47, 36, 68	39, 74, 51	74, 80, 70	45, 62, 59

O Teste de Scheffé

Se a hipótese nula é rejeitada em um teste ANOVA simples de três ou mais médias, um **Teste de Scheffé** pode ser feito para encontrar quais médias têm uma diferença significativa. Em um teste de Scheffé, as médias são comparadas duas de cada vez. Por exemplo, com três médias, você teria as seguintes comparações: $\bar{x}_1$ *versus* $\bar{x}_2$, $\bar{x}_1$ *versus* $\bar{x}_3$, e $\bar{x}_2$ *versus* $\bar{x}_3$. Para cada comparação, calcule:

$$\frac{(\bar{x}_a-\bar{x}_b)^2}{\dfrac{SS_w}{\sum(n_i-1)}\left[(1/n_a)+(1/n_b)\right]},$$

onde $\bar{x}_a$ e $\bar{x}_b$ são as médias sendo comparadas e n_a e n_b são os tamanhos da amostra correspondentes. Calcule o valor crítico usando os mesmos passos do teste ANOVA simples e multiplique o resultado por $k - 1$. Depois, compare o valor que é calculado usando a fórmula acima com o valor crítico. As médias têm uma diferença significativa se o valor crítico é menor que o valor calculado usando a fórmula acima.

Use as informações dadas para resolver os exercícios de 21 a 24.

21. Consulte os dados no Exercício 10. Com $\alpha = 0{,}10$, faça um teste de Scheffé para determinar quais médias têm uma diferença significativa.
22. Consulte os dados no Exercício 11. Com $\alpha = 0{,}10$, faça um teste de Scheffé para determinar quais médias têm uma diferença significativa.
23. Consulte os dados no Exercício 13. Com $\alpha = 0{,}05$, faça um teste de Scheffé para determinar quais médias têm uma diferença significativa.
24. Consulte os dados no Exercício 14. Com $\alpha = 0{,}10$, faça um teste de Scheffé para determinar quais médias têm uma diferença significativa.

Usos e abusos — estatística no mundo real

Usos

Análise da Variância Simples (ANOVA) ANOVA pode ajudá-lo a tomar decisões importantes sobre a distribuição de recursos. Por exemplo, suponha que você trabalhe em uma grande empresa e parte de sua responsabilidade seja determinar a distribuição das vendas da empresa por todo o mundo e decidir onde concentrar os esforços da empresa. Como decisões equivocadas vão custar o dinheiro da sua empresa, você quer ter certeza das decisões que vai tomar.

Abusos

Noções precipitadas Há várias formas em que os testes apresentados neste capítulo podem ser abusados. Por exemplo, é fácil aceitar noções precipitadas para afetar os resultados de um teste de ajuste qui-quadrado e um teste para independência. Ao usar o teste para verificar se uma distribuição mudou, não deixe a distribuição existente "confundir" os resultados do estudo. Da mesma forma, ao determinar se duas variáveis são independentes, não deixe sua intuição "entrar no caminho". Como com qualquer outro teste de hipótese, você deve juntar os dados apropriados e fazer o teste correspondente antes de chegar a alguma conclusão lógica.

Interpretação incorreta da rejeição da hipótese nula É importante lembrar que, ao rejeitar a hipótese nula de um teste ANOVA, você está afirmando ter evidências suficientes para determinar que ao menos uma das médias da populacão é diferente das demais. Você não está afirmando que todas sejam diferentes. Uma forma a mais de testar qual média da população é diferente das demais é explicada no *Expandindo conceitos* da seção Exercícios 1.4.

Exercícios

1. **Noções precipitadas** ANOVA depende de ter variáveis independentes. Descreva um abuso que pode ocorrer quando há variáveis dependentes. Depois, descreva como o abuso poderia ser evitado.
2. **Interpretação incorreta de rejeição de hipóteses nulas** Encontre um exemplo do uso de uma ANOVA. Neste uso, descreva o que significaria "rejeição da hipótese nula". Como essa rejeição da hipótese nula deveria ser corretamente interpretada?

Resumo do capítulo

O que você aprendeu?	Exemplo(s)	Exercícios de revisão
Seção 10.1		
■ Como usar a distribuição qui-quadrado para testar se a distribuição de uma frequência se encaixa a uma distribuição afirmada: $\chi^2 = \sum \frac{(O-E)^2}{E}$.	1 a 4	1 a 4
Seção 10.2		
■ Como usar uma tabela de contingência para encontrar as frequências esperadas. Frequência esperada $E_{r,c} = \frac{(\text{Soma das fileiras } r) \times (\text{Soma das colunas } c)}{\text{Tamanho da amostra}}$	1	5 a 8
■ Como usar uma distribuição qui-quadrado para testar se duas variáveis são independentes.	2 e 3	5 a 8
Seção 10.3		
■ Como interpretar a distribuição F e usar uma tabela F para encontrar valores críticos: $F = \frac{s_1^2}{s_2^2}$.	1 e 2	9 a 12
■ Como fazer um teste F para comparar duas variâncias.	3 e 4	13 a 18
Seção 10.4		
■ Como usar uma análise da variância simples para testar afirmações envolvendo três ou mais médias: $F = \frac{MS_B}{MS_W}$.	1 e 2	19 e 20

Exercícios de revisão

Seção 10.1

Nos exercícios de 1 a 4, use um teste de ajuste χ^2 para testar a afirmação sobre a distribuição de população. Interprete a decisão no contexto da afirmação original.

1. Um investigador de saúde pública quer testar a seguinte afirmação: De todas as pessoas dos Estados Unidos, 16% não procuraram a saúde pública no ano anterior, 46% procuraram a saúde pública de 1 a 3 vezes no ano anterior, 25% procuraram a saúde pública de 4 a 9 vezes e 13% procuraram a saúde pública 10 ou mais vezes no ano anterior. Uma amostra aleatória de pessoas nos Estados Unidos descobriu que 99 pessoas não procuraram a saúde pública no ano anterior, 376 pessoas procuraram a saúde pública de 1 a 3 vezes, 167 pessoas procuraram a saúde pública de 4 a 9 vezes e 92 pessoas procuraram a saúde pública 10 ou mais vezes no ano anterior. Teste a afirmação com $\alpha = 0{,}05$. *(Adaptado de National Center for Health Statistics.)*

2. Um instrutor de golfe quer testar a seguinte afirmação: de todos os alunos de golfe dos Estados Unidos, 65% precisam de mais ajuda com tacadas em jogos curtos, 22% precisam de mais ajuda com *approach* e *swing*, 9% precisam de mais ajuda com tacadas de longo alcance e 4% precisam de mais ajuda com *putting*. Com uma amostra aleatória de alunos de golfe, descobre-se que 276 precisam de mais ajuda com tacadas em jogos curtos, 99 precisam de mais ajuda com *approach* e *swing*, 42 precisam de mais ajuda com tacadas de longo alcance e 18 precisam de mais ajuda com *putting*. Teste a afirmação com $\alpha = 0{,}10$. *(Fonte: PGA of America.)*

3. Um executivo de recursos humanos acredita que a porcentagem de adultos que planejam usar os dias de férias no verão é diferente da porcentagem apresentada na tabela da esquerda, a seguir. O executivo seleciona aleatoriamente 800 adultos e pergunta a cada um deles quantos dias de férias eles pretendem usar no verão. Os resultados estão apresentados na tabela da direita, a seguir. Teste a afirmação do executivo com $\alpha = 0{,}10$. *(Adaptado de Harris Interactive.)*

Distribuição	
0 dias	19%
1 a 5 dias	30%
6 a 10 dias	30%
11 a 15 dias	12%
16 a 20 dias	3%
21 ou mais dias	6%

Resultado da pesquisa	
0 dias	165
1 a 5 dias	237
6 a 10 dias	245
11 a 15 dias	88
16 a 20 dias	19
21 ou mais dias	46

4. Um pesquisador jurídico está estudando a distribuição de idade de um júri comparando-a com a distribuição de idade geral dos jurados disponíveis. O pesquisador afirma que a distribuição do júri é diferente da distribuição geral dos jurados; isto é, há uma preferência clara em relação à idade na seleção do júri nesta área. A tabela mostra o número de jurados na corte de um município em um ano e a porcentagem de pessoas que residem naquela região, por idade. Teste a afirmação do pesquisador com $\alpha = 0{,}01$.

	21–29	30–39	40–49	50–59	60 ou mais
Júri	45	128	244	224	359
População	20,5%	21,7%	18,1%	17,3%	22,4%

Seção 10.2

Nos exercícios de 5 a 8, use a tabela de contingência dada para:

(a) encontrar as frequências esperadas de cada célula da tabela.

(b) fazer um teste qui-quadrado para independência.

(c) comentar sobre a relação entre as duas variáveis.

Suponha que as variáveis sejam independentes. Se conveniente, use tecnologia para resolver o problema.

5. A tabela de contingência mostra a conquista educacional de uma amostra aleatória de adultos nos Estados Unidos por idade em um ano recente. Use $\alpha = 0{,}10$. *(Adaptado de the U.S. Census Bureau.)*

	Não completaram o ensino médio	Completaram o ensino médio	Faculdade – 1–3 anos	Faculdade – 4 anos ou mais
25 a 44	556	1.359	1.217	1.347
45 ou mais	964	1.941	1.389	1.488

6. A tabela de contingência mostra os resultados de uma amostra aleatória de indivíduos por gênero e tipo de veículo que possuem. Use $\alpha = 0{,}05$.

	Tipo de veículos que possuem			
Gênero	Carro	Caminhão	Utilitário desportivo	Van
Homem	85	96	45	6
Mulher	110	75	60	3

7. A tabela de contingência mostra a distribuição de idade de uma amostra aleatória de homens e mulheres feridos fatalmente que eram passageiros de motoristas cujo conteúdo alcoólico no sangue era de, ao menos, 0,08 em um ano recente. Use $\alpha = 0{,}05$. *(Adaptado de Insurance Institute for highway Safety.)*

	Grupo de idade					
Gênero	16 a 20	21 a 30	31 a 40	41 a 50	51 a 60	61 +
Homem	155	280	265	225	155	50
Mulher	60	145	145	130	65	15

8. A tabela de contingência mostra a distribuição de uma amostra aleatória de pedestres que morreram ao serem atingidos por veículos motorizados, separados em categorias pelo horário do dia e gênero, em um ano recente. Use $\alpha = 0{,}10$. *(Adaptado de National Highway Traffic Safety Administration.)*

Gênero	Hora do dia: 00h às 5h59min	6h às 11h59min	12h às 17h59min	18h às 23h59min
Homem	654	591	909	928
Mulher	255	365	601	505

Seção 10.3

Nos exercícios de 9 a 12, encontre o valor *F* crítico de um teste unicaudal à direita usando o nível de significância α indicado e os graus de liberdade g.l.$_N$ e g.l.$_D$.

9. $\alpha = 0{,}05$, g.l.$_N = 6$, g.l.$_D = 50$.

10. $\alpha = 0{,}01$, g.l.$_N = 12$, g.l.$_D = 10$.

11. $\alpha = 0{,}10$, g.l.$_N = 5$, g.l.$_D = 12$.

12. $\alpha = 0{,}05$, g.l.$_N = 20$, g.l.$_D = 25$.

Nos exercícios 13 e 14, teste a afirmação sobre as diferenças entre duas variâncias populacionais σ^2_1 e σ^2_2 no nível de significância indicado α usando as amostras estatísticas dadas. Suponha que as amostras estatísticas sejam de amostras independentes selecionadas aleatoriamente e cada população tenha uma distribuição normal.

13. Afirmação: $\sigma^2_1 \leq \sigma^2_2$, $\alpha = 0{,}01$. Amostra estatística: $s^2_1 = 653$, $n_1 = 16$ e $s^2_2 = 270$, $n_2 = 21$.

14. Afirmação: $\sigma^2_1 \neq \sigma^2_2$, $\alpha = 0{,}10$. Amostra estatística: $s^2_1 = 112.676$, $n_1 = 6$ e $s^2_2 = 49.572$, $n_2 = 11$.

Nos exercícios de 15 a 18, teste a afirmação sobre duas variâncias populacionais no nível de significância α indicado. Interprete os resultados no contexto da afirmação. Se conveniente, use tecnologia para resolver o problema. Em cada exercício, suponha que as amostras sejam independentes e que cada população tenha uma distribuição normal.

15. Um analista agrícola está comparando a produção de trigo na região de Oklahoma. O analista afirma que a variância na produção de trigo é maior na região de Garfield que na região de Kay. Uma amostra aleatória de 21 fazendas da região de Garfield produz um desvio padrão de 0,76 alqueires por acre. Em uma amostra aleatória de 16 fazendas da região de Kay, descobriu-se que havia um desvio padrão de 0,58 alqueires por acre. Teste a afirmação do analista com $\alpha = 0{,}10$. *(Adaptado de Environmental Verification and Analysus Center – University of Oklahoma.)*

16. Uma empresa de tubos de aço afirma que a força de elasticidade de seu engate não temperado é mais variável que a de seu engate temperado. Uma amostra variável de 9 engates tem um desvio padrão de 13,1 megapascals, e uma amostra parecida de 9 engates não temperados tem um desvio padrão de 25,4 megapascals. Teste a afirmação da empresa com $\alpha = 0{,}05$.

17. A tabela mostra os resultados do teste verbal do SAT para 9 alunas selecionadas aleatoriamente e 14 alunos selecionados aleatoriamente. Suponha que os resultados do teste verbal do SAT sejam normalmente distribuídos. Com $\alpha = 0{,}01$, teste a afirmação de que a variância da nota do teste para mulheres é diferente da dos homens.

Mulher	480	610	340	630	520	690	540
Homem	560	680	360	530	380	460	630

Mulher	600	800				
Homem	310	730	710	520	560	400

18. Uma empresa de plástico que produz enchimento para painel de automóveis acabou de receber uma nova moldura que é supostamente mais consistente que sua moldura atual. Um técnico de qualidade deseja testar se essa nova moldura vai produzir enchimentos menos variáveis em diâmetro que aqueles produzidos com a moldura atual da empresa. A tabela traz amostras aleatórias independentes (de tamanho 12) de diâmetros de enchimento (em centímetros) para as novas e as atuais molduras. Com $\alpha = 0{,}05$, teste a afirmação de que a nova moldura produza enchimentos que sejam menos variáveis em diâmetros que a moldura atual produz.

Novo	9,611	9,618	9,594	9,580	9,611	9,597
Atual	9,571	9,642	9,650	9,651	9,596	9,636

Novo	9,638	9,568	9,605	9,603	9,647	9,590
Atual	9,570	9,537	9,641	9,625	9,626	9,579

Seção 10.4

Nos exercícios 19 e 20, use os dados da amostra dada para fazer um teste ANOVA simples usando o nível de significância indicado. O que você pode concluir? Suponha que cada amostra seja sorteada de uma população normal ou aproximadamente normal, que as amostras sejam independentes umas das outras e que as populações tenham as mesmas variâncias. Se conveniente, use tecnologia para resolver o problema.

19. A tabela a seguir mostra o custo da eletricidade residencial (em dólares por milhões BTU) em um ano de uma amostra aleatória de casas em quatro regiões dos Estados Unidos. Use $\alpha = 0{,}10$ para testar as diferenças entre as médias das quatro regiões. *(Adaptado de U.S. Energy Information Administration.)*

Nordeste	Centro-oeste	Sul	Oeste
40,24	18,40	22,85	35,03
28,18	26,66	29,79	31,51
35,67	28,27	18,93	20,28
34,18	21,38	21,81	28,82
39,03	24,64	25,47	24,07
30,74	20,15	23,64	27,60
32,65	29,77	19,82	29,25
29,98	25,08	28,15	18,57

20. A tabela à direita mostra o rendimento anual (em dólares) de uma amostra aleatória de famílias em quatro regiões diferentes nos Estados Unidos. Use $\alpha = 0,05$ para testar as diferenças entre as médias das quatro regiões. *(Adaptado de U.S. Census Bureau.)*

Nordeste	Centro-oeste	Sul	Oeste
66.933	49.216	46.348	63.790
58.198	72.829	70.090	56.198
67.061	70.888	34.393	52.407
43.189	51.643	44.098	50.485
64.020	49.193	32.261	53.962
	64.405	56.798	53.709
	31.119		

Teste do capítulo

Faça este teste como se você estivesse fazendo uma prova em sala. Depois compare suas respostas com as respostas no final do livro.

Para cada exercício:

(a) determine H_0 e H_a.
(b) especifique o nível de significância α.
(c) determine o valor crítico.
(d) determine a região de rejeição.
(e) calcule o teste estatístico.
(f) tome uma decisão.
(g) interprete os resultados no contexto do problema.

Se conveniente, use tecnologia para resolver o problema.

Para os exercícios **1** e **2**, use os dados a seguir, que listam os salários anuais (em milhares de dólares) de uma amostra de indivíduos selecionados aleatoriamente em três regiões metropolitanas. Assuma que os salários são normalmente distribuídos e as amostras são independentes. *(Adaptado de U.S. Bureau of Labor Statistics.)*

San Jose, CA: 65,2, 78,5, 36,4 51,8 42,1 74,9, 64,0, 65,5, 34,2, 74,3, 97,7, 42,7, 93,4.

Dallas, TX: 42,9, 56,4, 29,7, 34,0, 28,4, 35,2, 20,3, 36,9, 30,5, 62,6, 50,7, 34,4, 46,5, 38,0, 45,3, 35,5.

Ann Arbor, MI: 31,3, 29,3, 35,4, 32,6, 55,8, 38,1, 37,4, 47,2, 41,6, 31,7, 39,4, 62,1, 31,9, 47,3.

1. Em $\alpha = 0,01$, há evidência suficiente para concluir que as variâncias de salários anuais em San Jose, CA e Dallas, TX são diferentes?

2. As médias anuais de salários são iguais nas três cidades? Use $\alpha = 0,10$. Assuma que as variâncias populacionais são iguais.

Para os exercícios **3** e **4**, use a tabela a seguir, que lista a distribuição de nível educacional alcançado para pessoas nos Estados Unidos com 25 anos ou mais. Ela lista também os resultados de uma pesquisa aleatória para duas categorias de idade adicionais. *(Adaptado de U.S. Census Bureau.)*

	25 anos ou mais	35 a 44	65 a 74
Não completou o ensino médio	14,8%	35	91
Completou o ensino médio	32,2%	95	151
Faculdade, sem graduação	16,8%	51	58
Graduação em 2 anos	8,6%	30	23
Bacharel	18,1%	61	50
Pós-graduação	9,5%	29	33

3. A distribuição de pessoas nos Estados Unidos com 25 anos ou mais difere da distribuição de pessoas nos Estados Unidos que têm entre 35 e 44 anos? Use $\alpha = 0,01$.

4. A distribuição de pessoas nos Estados Unidos com 25 anos ou mais difere da distribuição de pessoas nos Estados Unidos que têm entre 65 e 74 anos? Use $\alpha = 0,05$.

Juntando tudo

Estatística real – decisões reais

O *National Fraud Information Center* (NFIC) foi estabelecido em 1992 pelo *National Consumers League* (NCL) pra combater o crescente problema de fraude de telemarketing ao melhorar a fiscalização. A NCL trabalha para proteger e promover justiça econômica e social para consumidores e trabalhadores nos Estados Unidos e também fora dos EUA. A NCL foi formada em 1899.

Você trabalha para o NFIC como analista de estatística. Você está estudando os dados sobre fraude em telemarketing. Parte de sua análise envolve verificar o teste de ajuste, o teste de independência, comparar variâncias e fazer o teste ANOVA.

Exercícios

1. **Teste de ajuste** Uma distribuição anunciada das idades de vítimas de fraude em telemarketing é exibida na tabela. Os resultados de uma pesquisa de 1.000 vítimas de fraude com telemarketing aleatoriamente selecionadas também podem ser observados na tabela. Usando $\alpha = 0{,}01$, faça um teste de ajuste qui-quadrado para testar a distribuição. O que você pode concluir? Você acha que a afirmação sobre a distribuição é válida? Por quê?

Idades	Distribuição afirmada	Resultados da pesquisa
Menos que 20	1%	30
20 a 29	14%	200
30 a 39	17%	300
40 a 49	18%	270
50 a 59	18%	150
60 a 69	12%	40
70 +	20%	10

2. **Independência** A tabela de contingência a seguir mostra os resultados de uma amostra aleatória de 2.000 vítimas de fraude de telemarketing classificadas por idade e tipo de fraude. As fraudes foram cometidas usando corridas de cavalo falsas ou ofertas de cartão de crédito.
   (a) Calcule a frequência esperada para cada célula na tabela de contingência. Suponha que as variáveis de idade e tipo de fraude sejam independentes.
   (b) Você pode concluir que a idade das vítimas seja relacionada ao tipo de fraude? Use $\alpha = 0{,}01$.

Tipo de fraude	Idade								
	Menos de 20	20 a 29	30 a 39	40 a 49	50 a 59	60 a 69	70 a 79	80 +	Total
Corridas de cavalo	10	60	70	130	90	160	280	200	1.000
Cartões de crédito	20	180	260	240	180	70	30	20	1.000
Total	30	240	330	370	270	230	310	220	2.000

Tecnologia

MINITAB **EXCEL** **TI-83/84**

Salários de professores

Em 1916, a *American Federation of Teachers* (AFT) foi formada por três grupos de professores em Chicago, Illinois e locais de Gary, Indiana; Nova York, Nova York; Scranton, Pennsylvania; e Washington, D.C. Hoje, a AFT representa mais de 1,4 milhões de professores regulares e universitários, funcionários de universidades e de apoio de escolas, funcionários municipais e estaduais e profissionais da área da saúde.

Salário de professores		
Califórnia	Ohio	Wyoming
60.645	45.300	37.300
50.622	46.400	58.022
41.400	42.650	36.800
59.000	58.025	32.440
46.150	64.800	42.250
63.200	41.200	35.600
68.400	44.980	44.600
53.400	50.425	52.935
62.378	47.300	45.500
58.873	45.700	36.160
53.395	44.850	44.200
56.000	65.200	42.260
63.200	37.760	44.185
67.400	52.426	32.450
65.405	53.800	40.200
52.200	50.200	50.786

A cada ano, a AFT publica a *Survey and Analysis of Teacher Salary Trends* — pesquisa e análise de tendências salariais de professores. Esse relatório se concentra em tendências nacionais nos salários de professores, comparações estaduais, salários iniciais para professores e dados salariais e custo de vida das 50 maiores cidades do país.

A tabela à esquerda mostra os salários de uma amostra aleatória de professores na Califórnia, Ohio e Wyoming.

Exercícios

Nos exercícios de 1 a 3, consulte as seguintes amostras. Use $\alpha = 0{,}05$.

(a) Professores da Califórnia.

(b) Professores de Ohio.

(c) Professores de Wyoming.

1. As amostras são independentes umas das outras? Explique.
2. Use uma ferramenta de tecnologia para determinar se cada amostra é de uma população normal ou aproximadamente normal.
3. Use uma ferramenta de tecnologia para determinar se as amostras foram selecionadas de populações que tenham variâncias iguais.
4. Usando os resultados dos exercícios de 1 a 3, discuta se as três condições para um teste ANOVA simples são cumpridas. Caso sejam, use uma ferramenta de tecnologia para testar a afirmação de que professores da Califórnia, Ohio e Wyoming têm a mesma média salarial. Use $\alpha = 0{,}05$.
5. Repita os exercícios de 1 a 4 usando os dados da tabela ao lado. A tabela mostra os salários de uma amostra aleatória de professores do Alaska, Nevada e Nova York.

Salários de professores		
Alaska	Nevada	Nova York
62.150	66.120	74.206
53.225	49.550	83.600
69.900	30.600	85.200
52.700	39.356	38.400
34.960	60.600	43.450
46.668	38.674	35.881
60.385	38.605	33.760
53.985	35.252	50.200
52.032	43.478	89.200
48.052	48.259	34.250
47.069	56.884	86.200
37.960	39.265	36.208
40.385	29.499	41.814
51.295	41.305	79.950
48.062	38.802	34.199
80.670	35.187	44.202

Mais soluções são dadas no Suplemento de Tecnologia. Instruções técnicas são dadas para MINITAB, Excel e TI-83/84.

Capítulo 11

Testes não paramétricos

Onde estamos

Até este ponto, você estudou dezenas de fórmulas estatísticas diferentes e testes que podem ajudar você em um processo de tomada de decisão. Condições específicas tiveram que ser atendidas para usar essas fórmulas e testes.

Comumente, acredita-se que quanto mais alto o nível de educação de uma pessoa, maior será a sua renda. Essa crença pode ser apoiada por informações próprias? As informações a seguir mostram a porcentagem de pessoas com um diploma universitário ou mais alto e a renda *per capita* (em milhares de dólares) para 50 estados em um ano recente.

Diploma universitário ou mais alto (%)	19,8	28,7	27,9	17,5	30,4	35,4	36,9	25,6	25,5	26,9	30,6	25,9	29,5	22,5	24,5	30,4	19,0
Renda *per capita* (milhares de dólares)	29,1	35,6	30,3	26,9	37,0	37,9	47,8	37,1	33,2	31,1	34,5	28,2	36,1	31,3	32,3	32,8	28,5

Diploma universitário ou mais alto (%)	19,7	24,2	36,3	36,8	24,6	34,3	21,9	24,9	25,4	25,1	23,5	32,8	36,3	27,2	30,3	25,4	27,2
Renda *per capita* (milhares de dólares)	24,8	313,3	41,8	44,3	33,1	37,4	25,3	31,9	29,4	33,6	35,9	38,4	43,8	27,6	40,5	30,6	31,4

Diploma universitário ou mais alto (%)	22,9	24,0	29,1	25,8	29,2	24,2	25,1	21,6	25,4	29,8	34,4	30,7	30,9	15,1	25,1	22,0
Renda *per capita* (milhares de dólares)	32,5	29,3	32,1	34,9	36,2	28,4	31,6	31,1	32,5	28,1	33,3	38,4	35,4	27,2	33,6	36,8

Para onde vamos

Neste capítulo, você estudará testes estatísticos adicionais que não requerem que a distribuição da população satisfaça qualquer condição específica. Cada um possui utilidade em aplicações da vida real.

Com as informações acima, a porcentagem P de pessoas com um diploma universitário ou mais alto e a renda *per capita* I (em milhares de dólares) podem ser relacionados pela equação de regressão $I = 0{,}736\ P + 13{,}612$. O coeficiente de correlação é aproximadamente 0,768. Você pode determinar que a correlação é significante usando a Tabela 11, mas os valores I não passam a exigência de normalidade.

Então, embora um simples teste de correlação possa indicar uma relação entre a porcentagem de pessoas com um diploma universitário ou mais alto e a renda *per capita* para cada estado, pode-se questionar os resultados porque as informações não se encaixam nas exigências para o teste. Você estudará testes similares neste capítulo, como o teste de correlação de postos de Spearman, que lhe dará informações adicionais. O coeficiente de correlação de postos de Spearman para essas informações é aproximadamente 0,697. Em $\alpha = 0{,}05$, há de fato uma correlação significante entre a porcentagem de pessoas com um diploma de faculdade ou mais alto e a renda *per capita* de cada Estado.

Porcentagem com diploma universitário ou mais e renda *per capita* para 50 estados

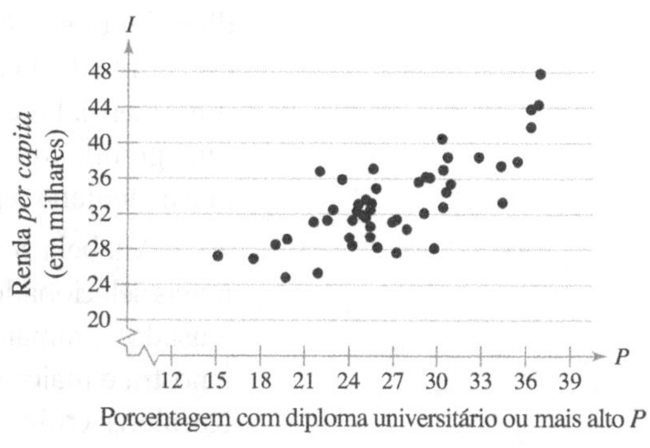

11.1 Teste dos sinais

Teste dos sinais para uma mediana de população ⟶ Teste de sinais de amostra emparelhada

O que você deve aprender

- Como usar o teste dos sinais para testar uma mediana de população.
- Como usar o teste dos sinais de amostra emparelhada para testar a diferença entre duas medianas de população (amostras dependentes).

Teste dos sinais para uma mediana de população

Muitos dos testes de hipótese estudados até aqui impuseram um ou mais requisitos para uma distribuição de população. Por exemplo, alguns testes requerem que uma população tenha uma distribuição nomal e outros testes requerem que as variâncias de população sejam iguais. E se, para um determinado teste, tais requisitos não puderem ser cumpridos? Para esses casos, estatísticos desenvolveram testes de hipótese que são de "livre distribuição". Tais testes são chamados testes não paramétricos.

Definição

Um **teste não paramétrico** é um teste de hipótese que não requer condições específicas sobre o formato das populações ou o valor de nenhum parâmetro de população.

Testes não paramétricos geralmente são mais fáceis de desempenhar do que os testes paramétricos correspondentes. No entanto, eles geralmente são menos eficientes que testes paramétricos. Evidências mais fortes são necessárias para rejeitar uma hipótese nula usando os resultados de um teste não paramétrico. Consequentemente, sempre que possível, você deve usar um teste paramétrico. Um dos testes não paramétricos mais fácil de desempenhar é o teste dos sinais.

Importante

Para muitos testes não paramétricos, estatísticos testam a mediana em vez da média.

Definição

O **teste dos sinais** é um teste não paramétrico que pode ser usado para testar uma mediana de população contra um valor hipotético k.

O teste dos sinais para uma mediana de população pode ser unicaudal à esquerda, unicaudal à direita ou bicaudal. As hipóteses nula e alternativa para cada tipo de teste são as seguintes:

Teste unicaudal à esquerda:

H_0: mediana $\geq k$ e H_a: mediana $< k$.

Teste unicaudal à direita:

H_0: mediana $\leq k$ e H_a: mediana $> k$.

Teste bicaudal:

H_0: mediana $= k$ e H_a: mediana $\neq k$.

Para usar o teste de sinais, primeiro compare cada entrada na amostra com a mediana hipotética k. Se a entrada está abaixo da mediana, designe um sinal –, se a entrada está acima da mediana, designe um sinal +; e se a entrada for igual à mediana, designe um 0 (zero). Então, compare o número dos sinais – e + (os 0 são ignorados). Se houver uma grande diferença entre o número de sinais + e o número de sinais –, é provável que a mediana seja diferente do valor hipotético e a hipótese nula deve ser rejeitada.

A tabela 8 no Apêndice B lista os valores críticos para o teste dos sinais para níveis selecionados de significância e tamanhos de amostras. Quando o teste de sinais é usado, o tamanho da amostra n é o número total de sinais + e –. Se o tamanho da amostra é maior que 25, você pode usar a distribuição normal padrão para encontrar os valores críticos.

Estatística do teste para o teste de sinais

Quando $n \leq 25$, a estatística do teste x para o teste de sinais é o menor número dos sinais + ou –. Quando $n > 25$, a estatística do teste para o teste de sinais é:

$$z = \frac{(x+0,5)-0,5n}{\frac{\sqrt{n}}{2}},$$

onde x é o menor número dos sinais + ou – e n é o tamanho da amostra, isto é, o número total dos sinais + e –.

Já que x é definido por ser o menor número dos sinais + ou –, a área de rejeição sempre está na cauda esquerda. Consequentemente, um teste de sinais para uma mediana de população é sempre um teste unicaudal à esquerda ou um teste bicaudal. Quando o teste for bicaudal, use apenas o valor crítico caudal à esquerda. (Se x é definido por ser o maior número dos sinais + ou –, a área de rejeição sempre está na cauda direita. Testes de sinais caudais à direita são apresentados nos exercícios.)

Importante

Já que os zeros são ignorados, há dois resultados possíveis quando comparamos uma entrada de informação com uma mediana hipotética: um sinal + ou um –. Se a mediana for k, então cerca da metade dos valores estará acima de k e metade estará abaixo. Portanto, a probabilidade para cada sinal é 0,5. A tabela 8 no Apêndice B é construída usando a distribuição binomial onde $p = 0,5$.

Quando $n > 25$, você pode usar a aproximação normal (com uma correção para continuidade) para a binomial. Neste caso, use $\mu = np = 0,5n$ e $\sigma = \sqrt{npq} = \frac{\sqrt{n}}{2}$.

Instruções

Desempenhando um teste de sinais para uma mediana de população

Em palavras	*Em símbolos*
1. Faça a afirmação. Identifique as hipóteses nula e alternativa.	Afirme H_0 e H_a.
2. Especifique o nível de significância.	Identifique α.
3. Determine o tamanho da amostra n designando sinais + e – para a informação de amostra.	n = número total de sinais + e –.
4. Determine o valor crítico.	Se $n \leq 25$, use tabela 8 no Apêndice B. Se $n > 25$, use tabela 4 no Apêndice B.
5. Calcule a estatística de teste.	Se $n \leq 25$, use x. Se $n > 25$, use $z = \frac{(x+0,5)-0,5n}{\frac{\sqrt{n}}{2}}$.
6. Tome a decisão de rejeitar ou falhar em rejeitar a hipótese nula.	Se a estatística de teste é menor ou igual ao valor crítico, rejeite H_0. Do contrário, falhe em rejeitar H_0.
7. Interprete a decisão no contexto da afirmação original.	

Exemplo 1

Usando o teste de sinais

Um gerente de banco afirma que o número mediano de clientes por dia não é maior que 750. Um atendente duvida da precisão dessa afirmação. O número, por dia, de clientes do banco para 16 dias selecionados aleatoriamente está listado a seguir. Em $\alpha = 0,05$, o atendente pode rejeitar a afirmação do gerente do banco?

775 765 801 742

754 753 739 751

745 750 777 769

756 760 782 789

Solução

O atendente deve desaprovar a afirmação do gerente de banco que "o número mediano de clientes por dia não é maior que 750." Então, as hipóteses nula e alternativa são:

H_0: mediana $\leq$ 750 *(Afirmação)* e H_a: mediana > 750.

A tabela seguinte mostra os resultados da comparação de cada entrada de informação com a mediana hipotética 750.

+ + + −

+ + − +

− 0 + +

+ + + +

Da tabela, você pode ver que há 3 sinais – e 12 sinais +. Então, $n = 12 + 3 = 15$. Já que $n \leq 25$, use a tabela 8 para encontrar o valor crítico. O teste é um teste caudal simples com $\alpha = 0{,}05$ e $n = 15$. Então, o valor crítico é 3. Já que $n \leq 25$, a estatística de teste x é menor do que o número de sinais + ou –. Então, $x = 3$. Já que $x = 3$ é igual ao valor crítico, o atendente deve rejeitar a hipótese nula.

Interpretação

No nível de significância de 5%, o atendente pode rejeitar a afirmação do gerente de banco de que o número mediano de clientes por dia não é maior que 750.

Tente você 1 Um gerente de supermercado afirma que o número mediano de clientes por dia é maior que 2.500. Um fornecedor quer verificar a precisão dessa afirmação. O número de clientes por dia para 24 dias selecionados aleatoriamente é mostrado a seguir. Em $\alpha = 0{,}025$, o fornecedor pode apoiar a afirmação do gerente?

Número de clientes por dia para 24 dias							
2.174	2.491	2.682	2.510	2.557	2.418	2.709	2.562
2.390	2.467	2.500	2.205	2.246	2.054	2.243	2.627
1.949	2.500	2.592	2.567	2.478	2.348	2.692	2.580

a. *Identifique* a afirmação e *determine* H_0 e H_a.

b. *Especifique* o nível de significância α.

c. *Determine* o tamanho da amostra n.

d. *Determine* o valor crítico.

e. *Calcule* o teste estatístico x.

f. *Decida* se rejeitará a hipótese nula.

g. *Interprete* a decisão no contexto da afirmação original.

Resposta na p. A48

Exemplo 2

Usando o teste dos sinais

Uma revendedora de carros afirma dar aos clientes uma oferta mediana de troca de pelo menos $ 6.000. Uma amostra aleatória de 103 transações revelou que a oferta de troca para 60 automóveis era menor que $ 6.000 e a oferta de troca para 40 automóveis era maior que $ 6.000. Em $\alpha = 0{,}01$, você pode rejeitar a afirmação da revendedora?

Solução

Para rejeitar a afirmação da revendedora, você deve desaprovar a afirmação de que "a oferta mediana de troca é de pelo menos $ 6.000". As hipóteses nula e alternativa são:

H_0: mediana ≥ 6.000 *(Afirmação)* e H_a: mediana < 6.000.

Já que $n > 25$, use a tabela 4, a Tabela Normal Padrão, para encontrar o valor crítico. Já que o teste é um teste unicaudal à esquerda com $\alpha = 0{,}01$, o valor crítico é –2,33. Das 103 transações, há 60 sinais – e 40 sinais +. Quando os zeros são ignorados, o tamanho da amostra é:

$$n = 60 + 40 = 100$$

e

$$x = 40.$$

Com esses valores, o teste estatístico é:

$$z = \frac{(40 + 0{,}5) - 0{,}5(100)}{\sqrt{100}/2} = \frac{-9{,}5}{5} = -1{,}9.$$

O gráfico à direita mostra a localização da área de rejeição e a estatística de teste z. Já que z é maior que o valor crítico, não está na área de rejeição, e você deve falhar em rejeitar a hipótese nula.

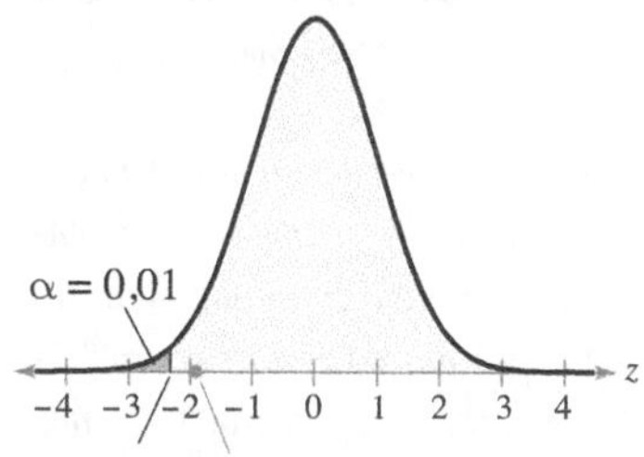

Interpretação

No nível de significância 1%, você não pode rejeitar a afirmação da revendedora de que a oferta mediana de troca é de pelo menos $ 6.000.

Tente você 2 Um corretor afirma que a mediana do preço de casas vendidas em uma certa região é $ 134.500. Uma amostra aleatória de 85 vendas de casas revela que 30 delas foram vendidas por menos de $ 134.500 e 51 casas foram vendidas por mais de $ 134.500. Em $\alpha = 0{,}10$, você pode rejeitar a afirmação do corretor?

a. *Identifique* a afirmação e *determine* H_0 e H_a.

b. *Especifique* o nível de significância α.

c. *Determine* o tamanho da amostra n.

d. *Determine* o valor crítico.

e. *Calcule* o teste estatístico z.

f. *Decida* se rejeitará a hipótese nula.

g. *Interprete* a decisão no contexto da afirmação original.

Resposta na p. A48

Dica de estudo

Quando desempenhar um teste de sinais bicaudal, lembre-se de usar apenas o valor crítico caudal à esquerda.

Retratando o mundo

A *National Confectioners Association* (associação norte-americana de fábricas) relata que as pessoas nos Estados Unidos gastam muito dinheiro em doces. Em 2006, os norte-americanos gastaram um total de $ 15,1 bilhões em doces. O *U.S. Department of Commerce* relatou que em 2006, um cidadão comum nos Estados Unidos comeu cerca de 23,9 libras de doces.

Consumo de doces

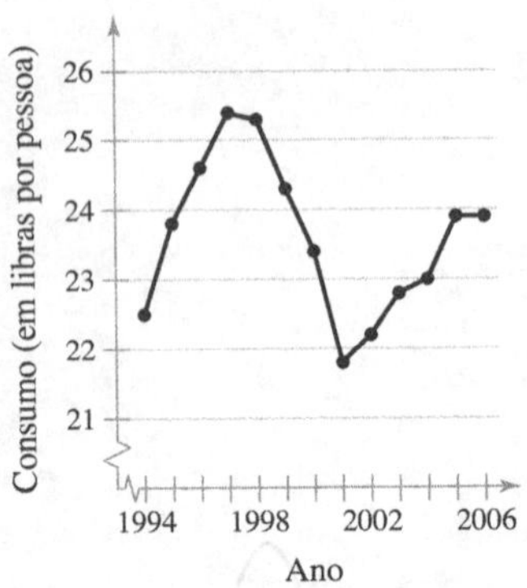

Se você fosse testar a afirmação do U.S. Department of Commerce sobre o consumo de doces por pessoa, você usaria um teste paramétrico ou um teste não paramétrico? Quais fatores você deve considerar?

Teste de sinais de amostra emparelhada

Na Seção 8.3, você aprendeu como usar um teste *t* para a diferença entre médias de amostras dependentes. Esse teste exigia que ambas populações fossem normalmente distribuídas. Se a condição paramétrica de normalidade não pode ser atendida, você pode usar o teste de sinais de amostra emparelhada para testar a diferença entre duas medianas de população. Para desempenhar o teste de sinais de amostra emparelhada para a diferença entre duas medianas de população, as condições a seguir devem ser atendidas.

1. Uma amostra deve ser selecionada aleatoriamente de cada população.
2. As amostras devem ser dependentes (emparelhadas).

O teste de sinais de amostra emparelhada pode ser unicaudal à esquerda, unicaudal à direita ou bicaudal. Esse teste é similar ao teste de sinais para uma mediana de população única. No entanto, em vez de comparar cada entrada de informação com uma mediana hipotética e registrar um +, – ou 0, você encontra a diferença entre corresponder às entradas de informação e registrar o sinal da diferença. Geralmente, para encontrar a diferença, subtraia a entrada representando a segunda variável da entrada representando a primeira variável. Então, compare o número de sinais + e –. (Os 0 (zeros) são ignorados.) Se o número de sinais + é aproximadamente igual ao número de sinais –, a hipótese nula não deve ser rejeitada. Se, no entanto, há uma diferença significante entre o número de sinais + e o número de sinais –, a hipótese nula deve ser rejeitada.

Instruções

Desempenhando um teste de sinais de amostra emparelhada

	Em palavras	*Em símbolos*
1.	Faça a afirmação. Identifique as hipóteses nula e alternativa.	Afirme H_0 e H_a.
2.	Especifique o nível de significância.	Identifique α.
3.	Determine o tamanho da amostra n encontrando a diferença para cada par de informação. Designe um sinal + para uma diferença positiva, um sinal – para uma diferença negativa e um 0 para nenhuma diferença.	n = número total de sinais + e –.
4.	Determine o valor crítico.	Use Tabela 8 no Apêndice B.
5.	Encontre a estatística de teste.	x = menor número de sinais + e –.
6.	Tome a decisão de rejeitar ou falhar em rejeitar a hipótese nula.	Se o teste estatístico é menor ou igual ao valor crítico, rejeite H_0. Do contrário, falhe em rejeitar H_0.
7.	Interprete a decisão no contexto da afirmação original.	

Exemplo 3

Usando o teste de sinais de amostra emparelhada

Um psicólogo afirma que o número de infratores reincidentes diminuirá se infratores primários completarem um curso de reabilitação em especial. Você seleciona aleatoriamente 10 presídios e registra o número de infratores reincidentes durante um período de dois anos. Então, depois de infratores primários completarem o curso, você registra o número de infratores reincidentes em cada presídio por um outro período de dois anos. Os resultados são mostrados na tabela a seguir. Em $\alpha = 0{,}025$, você pode apoiar a afirmação do psicólogo?

Presídio	1	2	3	4	5	6	7	8	9	10
Antes	21	34	9	45	30	54	37	36	33	40
Depois	19	22	16	31	21	30	22	18	17	21

Solução

Para apoiar a afirmação do psicólogo, você poderia usar as seguintes hipóteses nula e alternativa.

H_0: Número de infratores reincidentes não diminuirá.

H_a: Número de infratores reincidentes diminuirá. *(Afirmação.)*

A tabela a seguir mostra o sinal das diferenças entre "antes" e "depois" da informação.

Presídio	1	2	3	4	5	6	7	8	9	10
Antes	21	34	9	45	30	54	37	36	33	40
Depois	19	22	16	31	21	30	22	18	17	21
Sinal	+	+	−	+	+	+	+	+	+	+

Você pode ver que há 1 sinal – e 9 sinais +. Então, $n = 1 + 9 = 10$. Na Tabela 8 com $\alpha = 0{,}025$ (unicaudal simples) e $n = 10$, o valor crítico é 1. O teste estatístico x é o menor número de sinais + ou –. Então, $x = 1$. Já que x é igual ao valor crítico, você deve rejeitar a hipótese nula.

Interpretação

No nível de significância 2,5%, você pode apoiar a afirmação do psicólogo de que o número de infratores reincidentes diminuirá.

Tente você 3 Um médico pesquisador afirma que uma nova vacina diminuirá o número de resfriados em adultos. Você seleciona aleatoriamente 14 adultos e registra o número de resfriados que cada um teve em um período de um ano. Após dar a vacina a cada adulto, você registra novamente o número de resfriados que cada um teve em um período de um ano. Os resultados são mostrados na tabela à direita. Em $\alpha = 0{,}05$, você pode apoiar a afirmação do pesquisador?

Adulto	**Antes da vacina**	**Depois da vacina**
1	3	2
2	4	1
3	2	0
4	1	1
5	3	1
6	6	3
7	4	3
8	5	2
9	2	2
10	0	2
11	2	3
14	5	4
13	3	3
14	3	2

a. *Identifique* a afirmação e *determine* H_0 e H_a.

b. *Especifique* o nível de significância α.

c. *Determine* o tamanho da amostra n.

d. *Determine* o valor crítico.

e. *Encontre* a estatística de teste x.

f. *Decida* se rejeitará a hipótese nula.

g. *Interprete* a decisão no contexto da afirmação original.

Resposta na p. A48

11.1 Exercícios

Construindo habilidades básicas e conceitos

1. O que é um teste não paramétrico? Como um teste não paramétrico difere de um teste paramétrico? Quais são as vantagens e desvantagens de usar um teste não paramétrico?
2. Explique como usar o teste dos sinais para testar uma mediana de população.

Usando e interpretando conceitos

Desempenhando um teste de sinais Nos exercícios de 3 a 18, (a) escreva a afirmação matematicamente e identifique H_0 e H_a, (b) determine o valor crítico, (c) calcule a estatística de teste, (d) decida em rejeitar ou falhar em rejeitar a hipótese nula e (e) interprete a decisão no contexto da afirmação original.

3. **Taxas de cartão de crédito** Para estimar a quantidade mediana de novas taxas de cartão de crédito para o mês anterior, um contador de serviço financeiro seleciona aleatoriamente 12 contas de cartão de crédito e registra a quantidade de novas taxas para cada conta para o mês anterior. As quantidades estão listadas a seguir. Em $\alpha = 0,01$, o contador pode concluir que a quantidade da mediana de novas taxas de cartão de crédito para o mês anterior foi maior que $ 300? *(Adaptado de Board of Governors of the Federal Reserve System.)*

   $ 346,71 $ 382,59 $ 255,03 $ 202,17 $ 309,80 $ 265,88

   $ 299,41 $ 270,38 $ 296,54 $ 318,46 $ 245,92 $ 309,47

4. **Temperatura** Um meteorologista estima que a mediana da temperatura máxima diária para o mês de julho em Pittsburgh é 83 °F. As temperaturas máximas (em graus Fahrenheit) para 15 dias em julho selecionados aleatoriamente em Pittsburgh estão listadas a seguir. Em $\alpha = 0,01$, há evidência suficiente para rejeitar a afirmação do meteorologista? *(Adaptado de U.S. National Oceanic and Atmospheric Administration.)*

   74 79 81 86 90 79 81 83

   81 74 78 76 84 82 85

5. **Preço de venda de casas** Um corretor de imóveis acredita que a mediana do preço de venda de casas novas de uso residencial vendidas no último ano é $ 210.000 ou menos. O preço de venda de 8 casas selecionadas aleatoriamente estão listados a seguir. Em $\alpha = 0,05$, há evidência suficiente para rejeitar a afirmação do corretor? *(Adaptado de National Association of Realtors.)*

   $ 230.000 $ 193.250 $ 149.300 $ 204.400

   $ 135.600 $ 221.000 $ 209.000 $ 291.800

6. **Temperatura** Durante um anúncio do tempo, um meteorologista declara que a mediana da temperatura máxima para o mês de janeiro em San Diego é 66 °F. As temperautras máximas (em graus Fahrenheit) para 18 dias em janeiro selecionados aleatoriamente estão listadas a seguir. Em $\alpha = 0,01$, você pode rejeitar a afirmação do meteorologista? *(Adaptado de U.S. National Oceanic and Atmospheric Administration.)*

   78 74 72 72 70 70 72 78 74

   71 72 72 72 74 77 79 75 73

7. **Débito de cartão de crédito** Uma instituição de serviços financeiros relata que a quantidade mediana de débito de cartão de crédito para famílias que possuem tal débito é de no mínimo $ 2.200. Em uma amostra aleatória de 104 famílias que possuem débito, você vê que o débito para 60 famílias é menor que $ 2.200 e o débito para 44 famílias é maior que $ 2.200. Em $\alpha = 0,02$, você pode rejeitar a afirmação da instituição? *(Adaptado de Board of Governors of the Federal Reserve System.)*

8. **Débito financeiro** Um contador de serviço financeiro estima que a quantidade mediana de débito financeiro para famílias que possuem tal débito é menor que $ 50.000. Em uma amostra aleatória de 70 famílias que possuem débito, o débito para 24 famílias era menor que $ 50.000 e o débito para 46 famílias era maior que $ 50.000. Em $\alpha = 0,025$, você pode apoiar a estimativa do contador? *(Adaptado de Board of Governors of the Federal Reserve System.)*

9. **Doutorados em engenharia** Uma associação de engenharia conduziu um estudo para determinar a idade mediana de pessoas que receberam doutorados em engenharia. Em parte do estudo, a associação selecionou aleatoriamente 20 doutorandos em engenharia e descobriu que 4 foram conferidos antes dos 30 anos de idade, 11 foram conferidos após 30 anos de idade e 5 foram conferidos aos 30 anos de idade. Teste a afirmação da associação de que a idade mediana dos que receberam doutorados em engenharia é maior que 30 anos. Use $\alpha = 0,01$. *(Adaptado de U.S. National Science Foundation.)*

10. **Doutorados em ciências biológicas** Uma associação de ciências afirma que a idade mediana de pessoas que receberam doutorados em ciências biológicas é menor que 32 anos. Em uma amostra de 24 doutorandos em ciências biológicas, 5 foram conferidos antes dos 32 anos de idade, 13 foram conferidos após os 32 anos de idade e 6 foram conferidos aos 32 anos de idade. Em $\alpha = 0,05$, você pode apoiar a afirmação da associação? *(Adaptado de U.S. National Science Foundation.)*

11. **Tamanho da unidade** Uma organização de locatários afirma que o número mediano de cômodos em unidades alugadas é quatro. Você seleciona aleatoriamente 50 unidades alugadas e obtém os resultados mostrados a seguir. Em $\alpha = 0,05$, você pode rejeitar a afirmação da organização? *(Adaptado de U.S. Census Bureau.)*

Tamanho da unidade	Número de unidades
Menos que 4 cômodos	13
4 cômodos	17
Mais que 4 cômodos	20

12. **Pés quadrados** Uma organização de locatários acredita que a mediana de pés quadrados de unidades alugadas é 1.000. Para testar a afirmação, você seleciona aleatoriamente 22 unidades alugadas e obtém os resultados mostrados a seguir. Em $\alpha = 0,10$, você pode rejeitar a afirmação da organização? *(Adptado de U.S. Census Bureau.)*

Tamanho da unidade	Número de unidades
Menor que 1.000	5
1.000	2
Mais que 1.000	15

13. **Ganhos por hora** Uma organização trabalhista estima que a mediana de ganhos por hora paga a trabalhadores do sexo masculino é \$ 12,16. Em uma amostra aleatória de 41 trabalhadores, 16 recebem menos que \$ 12,16 por hora, 23 recebem mais que \$ 12,16 por hora e 2 recebem \$ 12,16 por hora. Em $\alpha = 0{,}01$, você pode rejeitar a afirmação da organização? *(Adaptado de U.S. Bureau of Labor Statistics.)*

14. **Ganhos por hora** Uma organização trabalhista afirma que a mediana de ganhos por hora paga a trabalhadores do sexo feminino é no máximo \$ 10,31. Em uma amostra aleatória de 23 trabalhadoras, 9 recebem menos que \$ 10,31 por hora, 11 recebem mais que \$ 10,31 por hora e 3 recebem \$ 10,31 por hora. Em $\alpha = 0{,}05$, você pode rejeitar a afirmação da organização? *(Adaptado de U.S. Bureau of Labor Statistics.)*

15. **Dor nas costas** A tabela mostra os valores de intensidade de dor nas costas para oito pacientes antes e depois de receberem acupuntura por oito semanas. Em $\alpha = 0{,}05$, há evidência suficiente para concluir que os valores de intensidade de dor nas costas diminuiu após a acupuntura? *(Adaptado de Archives of Internal Medicine.)*

Paciente	1	2	3	4	5	6	7	8
Valor de intensidade (antes)	59,2	46,3	65,4	74,0	79,3	81,6	44,4	59,1
Valor de intensidade (depois)	12,4	22,5	18,6	59,3	70,1	70,2	13,2	25,9

16. **Dor nas costas** A tabela mostra os valores de intensidade de dor nas costas para 12 pacientes antes e depois de tomarem remédios anti-inflamatórios por oito semanas. Em $\alpha = 0{,}05$, há evidência suficiente para concluir que os valores de intensidade de dor nas costas diminuiu após tomar o remédio anti-inflamatório? *(Adaptado de Archives of Internal Medicine.)*

Paciente	1	2	3	4	5	6
Valor de intensidade (antes)	71,0	42,1	79,1	57,5	64,0	60,4
Valor de intensidade (depois)	60,1	23,4	86,2	62,1	44,2	49,7

Paciente	7	8	9	10	11	12
Valor de intensidade (antes)	68,3	95,2	48,1	78,6	65,4	59,9
Valor de intensidade (depois)	58,3	72,6	51,8	82,5	63,2	47,9

17. **Melhorando as notas no SAT** Uma agência de professores particulares acredita que completando um curso em especial, os estudantes podem melhorar a nota oral no SAT. Em parte de um estudo, 12 estudantes fazem a parte oral do SAT, completam o curso em especial, então fazem a parte oral do SAT novamente. As notas dos estudantes são mostradas a seguir. Em $\alpha = 0{,}05$, há evidência suficiente para concluir que as notas dos estudantes na parte oral do SAT melhorou?

Estudante	1	2	3	4	5	6
Nota no primeiro SAT	308	456	352	433	306	471
Nota no segundo SAT	300	524	409	419	304	483

Estudante	7	8	9	10	11	12
Nota no primeiro SAT	538	207	205	351	360	251
Nota no segundo SAT	708	253	399	350	480	303

18. **Nota no SAT** Estudantes em uma determinada escola são requeridos a fazer o SAT duas vezes. A tabela mostra as notas no SAT para ambos os testes para 12 estudantes. Em $\alpha = 0{,}01$, você pode concluir que as notas dos estudantes melhorou na segunda vez que eles fizeram o SAT?

Estudante	1	2	3	4	5	6
Nota no primeiro SAT	445	510	429	452	629	453
Nota no segundo SAT	446	571	517	478	610	453

Estudante	7	8	9	10	11	12
Nota no primeiro SAT	358	477	325	513	636	571
Nota no segundo SAT	378	532	299	501	648	603

19. **Planos de viagem** Uma organização conduz uma pesquisa selecionando adultos aleatoriamente e perguntando a eles se preferem atividades não planejadas ou planejadas em viagens. Os resultados são mostrados na figura. *(Adaptado de Simmons Market Research.)*

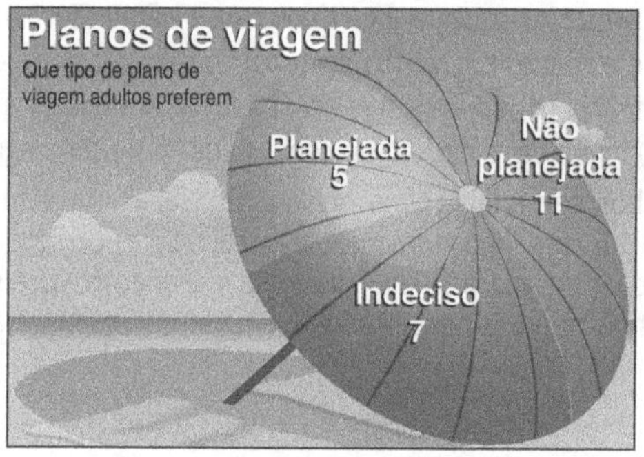

(a) Use um teste de sinais para testar a hipótese nula de que a proporção de adultos que preferem atividades não planejadas de viagem é igual à proporção daqueles que preferem as atividades planejadas. Designe um sinal + para um adulto que prefere atividades não planejadas, designe um sinal – para um adulto que prefere atividades planejadas e designe um 0 para um adulto que está indeciso. Use $\alpha = 0{,}05$.

(b) O que você pode concluir?

20. **Em contato com os pais** Uma organização conduz uma pesquisa selecionando adultos aleatoriamente e perguntando a eles com que frequência eles entram em contato com os pais pelo telefone. Os resultados são mostrados na figura. *(Adaptado de Pew Research Center.)*

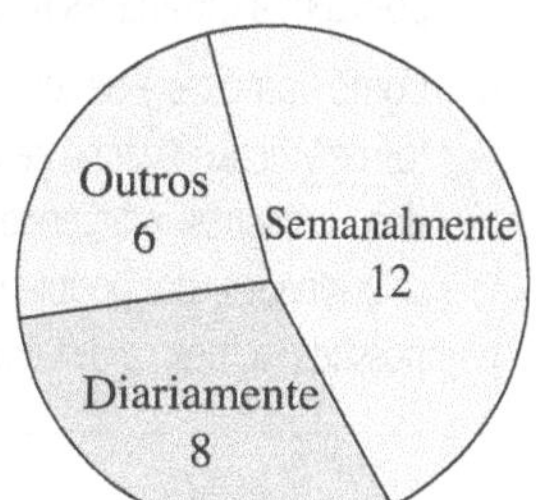

(a) Use um teste de sinais para testar a hipótese nula de que a proporção de adultos que entram em contato com os pais por telefone semanalmente é igual a proporção de adultos que o fazem diariamente. Designe um sinal + para um adulto que entra em contato com os pais por telefone semanalmente, designe um sinal – para um adulto que entra em contato com os pais por telefone diariamente e designe um 0 para um adulto que respondeu outra coisa. Use $\alpha = 0{,}05$.

(b) O que você pode concluir?

Expandindo conceitos

Mais sobre testes de sinais Quando você está usando um teste de sinais para $n > 25$ e o teste é unicaudal à esquerda, você sabe que pode rejeitar a hipótese nula se o teste estatístico

$$z = \frac{(x+0{,}5)-0{,}5\cdot n}{\frac{\sqrt{n}}{2}}$$

é menor ou igual ao valor crítico ***caudal à esquerda***, onde x é o ***menor*** número dos sinais + e –. Para um teste caudal à direita, você pode rejeitar a hipótese nula se o teste estatístico

$$z = \frac{(x-0{,}5)-0{,}5\cdot n}{\frac{\sqrt{n}}{2}}$$

é maior ou igual ao valor crítico ***caudal à direita***, onde x é o ***maior*** número dos sinais + e –.

Nos exercícios de 21 a 24, (a) escreva a afirmação matematicamente e identifique H_0 e H_a, (b) determine o valor crítico, (c) calcule o teste estatístico, (d) decida em rejeitar ou falhar em rejeitar a hipótese nula e (e) interprete a decisão no contexto da afirmação original.

21. **Ganhos semanais** Uma organização trabalhista afirma que a mediana de ganhos semanais de trabalhadores do sexo feminino é menor ou igual a \$ 585. Para testar a afirmação, você seleciona aleatoriamente 50 trabalhadoras e pede que cada uma forneça seus ganhos semanais. Os resultados são mostrados na tabela. Em $\alpha = 0{,}01$, você pode rejeitar a afirmação da organização? *(Adaptado de U.S. Bureau of Labor Statistics.)*

Ganhos semanais	Número de trabalhadoras
Menos que \$ 585	18
\$ 585	3
Mais que \$ 585	29

22. **Ganhos semanais** Uma organização trabalhista diz que a mediana de ganhos semanais de trabalhadores do sexo masculino é maior que \$ 720. Para testar essa afirmação, você seleciona aleatoriamente 70 trabalhadores e pede que cada um forneça seus ganhos semanais. Os resultados são mostrados na tabela. Em $\alpha = 0{,}01$, você pode apoiar a afirmação da organização? *(Adaptado de U.S. Bureau of Labor Statistics.)*

Ganhos semanais	Número de trabalhadores
Menor que \$ 720	23
\$ 720	2
Mais que \$ 720	45

23. **Idade das noivas** Um terapeuta matrimonial estima que a idade mediana das noivas na época do seu primeiro casamento é maior que 25,5 anos. Em uma amostra aleatória de 65 noivas, 22 têm menos de 25,5 anos de idade, 38 têm mais de 25,5 anos de idade e 5 têm 25,5 anos de idade. Em $\alpha = 0{,}05$, você pode apoiar a afirmação do terapeuta? *(Adaptado de U.S. Census Bureau.)*

24. **Idade dos noivos** Um terapeuta matrimonial estima que a idade de mediana dos noivos na época do seu primeiro casamento é menor ou igual a 27 anos. Em uma amostra aleatória de 56 noivos, 23 têm menos de 27 anos de idade, 33 têm mais de 27 anos de idade e nenhum tem 27 anos. Em $\alpha = 0{,}05$, há evidência suficiente para rejeitar a afirmação do terapeuta? *(Adaptado de U.S. Census Bureau.)*

11.2 Teste de Wilcoxon

Teste de postos de sinais de Wilcoxon ⟶ Teste de soma de postos de Wilcoxon

O que você deve aprender

- Como usar o teste de postos de sinais de Wilcoxon para determinar se duas amostras dependentes são selecionadas de populações que possuem a mesma distribuição.
- Como usar o teste de soma de postos de Wilcoxon para determinar se duas amostras independentes são selecionadas de populações que possuem a mesma distribuição.

Teste de postos de sinais de Wilcoxon

Nesta seção, você estudará o teste de postos de sinais de Wilcoxon e o teste de soma de postos de Wilcoxon. Ao contrário do teste de sinais, o ponto forte desses dois testes não paramétricos é que cada um considera a magnitude, ou tamanho, das entradas de informação.

Na Seção 8.3, você usou um teste t junto com amostras dependentes para determinar se havia uma diferença entre duas populações. Para usar o teste t para testar tal diferença, você deve presumir (ou saber) que as amostras dependentes são selecionadas aleatoriamente de populações que possuem uma distribuição normal. Mas, e se esta suposição não puder ser feita? Em vez de usar o teste t de duas amostras, você pode usar o teste de postos de sinais de Wilcoxon.

Definição

O **teste de postos de sinais de Wilcoxon** é um teste não paramétrico que pode ser usado para determinar se duas amostras *dependentes* foram selecionadas de populações que possuem a mesma distribuição.

Dica de estudo

O valor absoluto de um número é o seu valor, desconsiderando o seu sinal. Um par de barras verticais, | |, é usado para denotar o valor absoluto. Por exemplo, |3| = 3 e |−7| = 7.

Instruções

Desempenhando um teste de postos de sinais de Wilcoxon

Em palavras	*Em símbolos*
1. Escreva a afirmação. Identifique as hipóteses nula e alternativa.	Afirme H_0 e H_a.
2. Especifique o nível de significância.	Identifique α.
3. Determine o tamanho da amostra n, que é o número de pares de informações para os quais a diferença não é 0.	
4. Determine o valor crítico.	Use a tabela 9 no Apêndice B.
5. Calcule a estatística de teste w_s. **a.** Complete a tabela usando os títulos usados à direita. **b.** Encontre a soma dos postos positivos e a soma dos postos negativos. **c.** Selecione o menor dos valores absolutos das somas.	Títulos: **Amostra 1, Amostra 2, Diferença, Valor absoluto, Posto** e **Posto com sinais**. Posto com sinais leva o mesmo sinal da sua diferença correspondente.
6. Tome a decisão de rejeitar ou falhar em rejeitar a hipótese nula.	Se w_s é menor ou igual ao valor crítico, rejeite H_0. Do contrário, falhe em rejeitar H_0.
7. Interprete a decisão no contexto da afirmação original.	

Exemplo 1

Desempenhando um teste de postos de sinais de Wilcoxon

Um psicólogo do esporte acredita que ouvir música afeta a duração das sessões de exercício de atletas. A duração do tempo (em minutos) de 10 sessões de exercício de atletas, enquanto ouviam música e enquanto não ouviam música, são mostrados na tabela. Em $\alpha = 0{,}05$, você pode apoiar a afirmação do psicólogo do esporte?

Duração da sessão de exercício, com música	45	38	28	39	41	47	62	54	33	44
Duração da sessão de exercício, sem música	38	40	33	36	42	41	54	47	28	35

Solução

A afirmação é "música afeta a duração das sessões de exercício de atletas". Para testar a afirmação, use as seguintes hipóteses nula e alternativa.

Dica de estudo

Não designe um posto para quaisquer diferenças de zero. No caso de um empate entre a entrada de informações, use a média dos postos correspondentes. Por exemplo, se duas entradas de informações estão empatadas na 5ª posição, use a média de 5 e 6, que é 5,5. Se três entradas estão empatadas na 5ª posição, use a média de 5, 6 e 7, ou 6.

H_0: Não há diferença na duração das sessões de exercício de atletas.

H_a: Há diferença na duração das sessões de exercício de atletas. *(Afirmação.)*

O teste de postos de sinais de Wilcoxon é um teste bicaudal com $\alpha = 0{,}05$, e já que a diferença entre cada par de informação não é 0, $n = 10$. Da tabela 9 no Apêndice B, o valor crítico é 8. Para encontrar o teste estatístico w_s, complete a tabela como mostrado a seguir.

Duração da sessão, com música	Duração da sessão, sem música	Diferença	Valor absoluto	Posto	Postos de sinais
45	38	7	7	7,5	7,5
38	40	–2	2	2	–2
28	33	–5	5	4,5	–4,5
39	36	3	3	3	3
41	42	–1	1	1	–1
47	41	6	6	6	6
62	54	8	8	9	9
54	47	7	7	7,5	7,5
33	28	5	5	4,5	4,5
44	35	9	9	10	10

A soma dos postos negativos é:

$-1 + (-2) + (-4{,}5) = -7{,}5.$

A soma dos postos positivos é:

$(+3) + (+4{,}5) + (+6) + (+7{,}5) + (+7{,}5) + (+9) + (+10) = 47{,}5.$

A estatística de teste é o menor do valor absoluto destas duas somas. Já que $|-7{,}5| < |47{,}5|$, o teste estatístico é $w_s = 7{,}5$. Já que o teste estatístico é menor que o valor crítico, que é $7{,}5 < 8$, você deve decidir em rejeitar a hipótese nula.

Interpretação

No nível de significância 5%, você tem evidência suficiente para apoiar a afirmação de que música faz a diferença na duração das sessões de exercício de atletas.

Tente você 1 Um inspetor de controle de qualidade quer testar a afirmação de que um repelente de água em *spray* é eficaz. Para testar a afirmação, ele seleciona 12 pedaços de tecido, borrifa água em cada um e mede a quantidade de água repelida (em mililitros). Ele então aplica o repelente e repete o experimento. Os resultados são mostrados na tabela. Em $\alpha = 0{,}01$, ele pode concluir que o repelente de água é eficaz?

Sem repelente	8	7	7	4	6	10
Repelente aplicado	15	12	11	6	6	8

Sem repelente	9	5	9	11	8	4
Repelente aplicado	8	6	12	8	14	8

a. *Identifique* a afirmação e *determine* H_0 e H_a.

b. *Especifique* o nível de significância α.

c. *Determine* o tamanho da amostra n.

d. *Determine* o valor crítico.

e. *Calcule* a estatística de teste w_s, fazendo uma tabela, encontrando a soma dos postos positivos e a soma dos postos negativos, e encontrando o valor absoluto de cada.

f. *Decida* se rejeitará a hipótese nula. Use um gráfico, se necessário.

g. *Interprete* a decisão no contexto da afirmação original.

Resposta na p. A48

Teste de soma de postos de Wilcoxon

Nas Seções 8.1 e 8.2, você usou um teste z ou um teste t juntos com amostras independentes para determinar se havia uma diferença entre duas populações. Para usar esses testes para checar tal diferença, você teve que criar várias suposições em relação a distribuição de cada população. Mas, e se essas suposições não puderem ser feitas? Você ainda pode comparar as populações usando o teste de soma de postos de Wilcoxon.

Definição

O **teste de soma de postos de Wilcoxon** é um teste não paramétrico que pode ser usado para determinar se duas amostras *independentes* foram selecionadas de populações que possuem a mesma distribuição.

Um requisito para o teste de soma de postos de Wilcoxon é que o tamanho de ambas as amostras deve ser pelo menos 10. Quando calcular o teste estatístico para o teste de soma de postos de Wilcoxon, deixe n_1 representar o tamanho da amostra da menor amostra e n_2 representar o tamanho da maior amostra. Se as duas amostras têm o mesmo tamanho, não importa qual é n_1 ou n_2.

Quando calcular a soma dos postos R, use os postos para a menor das duas amostras. Se as duas amostras têm o mesmo tamanho, você pode usar os postos de cada amostra, mas você deve usar os postos da amostra que você associou com n_1.

Estatística de teste para o teste de soma de postos de Wilcoxon

Dadas duas amostras independentes, o teste estatístico z para o teste de soma de postos de Wilcoxon é:

$$z = \frac{R - \mu_R}{\sigma_R},$$

onde

R = soma dos postos para a menor amostra,

$$\mu_R = \frac{n_1(n_1 + n_2 + 1)}{2}$$

e

$$\sigma_R = \sqrt{\frac{n_1 n_2 (n_1 + n_2 + 1)}{12}}.$$

Retratando o mundo

Para ajudar a determinar se pacientes com artroscopia no joelho podem voltar a dirigir após cirurgia, o tempo de reação de direção (em milissegundos) de 10 pacientes com o joelho direito com artroscopia foi medido antes da cirurgia e 4 semanas depois da cirurgia usando um simulador de carro ligado ao computador. Os resultados são mostrados na tabela. (*Adaptado de Knee Surgery, Sports Traumatology, Arthroscopy Journal.*)

Paciente	Tempo de reação antes da cirurgia	Tempo de reação 4 semanas após cirurgia
1	720	730
2	750	654
3	735	745
4	730	640
5	755	660
6	745	670
7	730	650
8	725	730
9	770	675
10	700	705

Em $\alpha = 0{,}05$, você pode concluir que os tempos de reação mudaram significantemente quatro semanas após a cirurgia?

Dica de estudo

Use o teste de postos com sinais de Wilcoxon para amostras dependentes e o teste soma de postos de Wilcoxon para amostras independentes.

Instruções

Desempenhando um teste de soma de postos de Wilcoxon

Em palavras	*Em símbolos*
1. Escreva a afirmação. Identifique as hipóteses nula e alternativa.	Afirme H_0 e H_a.

2. Especifique o nível de significância.	Identifique α.
3. Determine o(s) valor(es) crítico(s).	Use a tabela 4 no Apêndice B.
4. Determine os tamanhos das amostras.	$n_1 \leq n_2$
5. Encontre a soma dos postos para a menor amostra.	R
a. Liste a informação combinada em ordem ascendente direita.	
b. Posicione a informação combinada.	
c. Adicione a soma dos postos para a menor amostra.	
6. Calcule a estatística de teste.	$z = \dfrac{R - \mu_R}{\sigma_R}$
7. Tome a decisão de rejeitar ou falhar em rejeitar a hipótese nula.	Se z está na área de rejeição, rejeite H_0. Do contrário, falhe em rejeitar H_0.
8. Interprete a decisão no contexto da afirmação original.	

Exemplo 2

Desempenhando um teste de soma de postos de Wilcoxon

A tabela mostra os ganhos (em milhares de dólares) de uma amostra aleatória de representantes de vendas farmacêuticas de 10 homens e 12 mulheres. Em $\alpha = 0{,}10$, você pode concluir que há uma diferença entre os ganhos de homens e mulheres?

Ganhos dos homens	58	73	94	81	78	74	66	75	97	79		
Ganhos das mulheres	66	57	81	73	65	78	71	67	64	77	80	70

Solução

A afirmação é "há diferença entre os ganhos de homens e mulheres". As hipóteses nula e alternativa para este teste são as seguintes:

H_0: Não há diferença entre os ganhos de homens e mulheres.

H_a: Há uma diferença entre os ganhos de homens e mulheres. (*Afirmação*)

Já que o teste é um teste bicaudal com $\alpha = 0{,}10$, os valores críticos são:

$$-z_0 = -1{,}645 \quad \text{e} \quad z_0 = 1{,}645.$$

As áreas de rejeição são:

$$z \leq -1{,}645 \quad \text{e} \quad z \geq 1{,}645.$$

Antes de calcular o teste estatístico, você deve encontrar os valores de R, μ_R e σ_R. A tabela mostra a informação combinada listada em ordem ascendente e os postos correspondentes.

Informação ordenada	Amostra	Posto
57	F	1
58	M	2
64	F	3
65	F	4
66	M	5,5
66	F	5,5
67	F	7
70	F	8
71	F	9
73	M	10,5
73	F	10,5

Informação ordenada	Amostra	Posto
74	M	12
75	M	13
77	F	14
78	M	15,5
78	F	15,5
79	M	17
80	F	18
81	M	19,5
81	F	19,5
94	M	21
97	M	22

Já que a amostra menor é a amostra de homens, R é a soma dos postos dos homens.

$$R = 2 + 5{,}5 + 10{,}5 + 12 + 13 + 15{,}5 + 17 + 19{,}5 + 21 + 22$$
$$= 138$$

Usando $n_1 = 10$ e $n_2 = 12$, você pode encontrar μ_R, e σ_R conforme segue:

$$\mu_R = \frac{n_1(n_1+n_2+1)}{2} = \frac{10(10+12+1)}{2} = \frac{230}{2} = 115$$

$$\sigma_R = \sqrt{\frac{n_1 n_2(n_1+n_2+1)}{12}}$$
$$= \sqrt{\frac{(10)(12)(10+12+1)}{12}}$$
$$= \sqrt{\frac{2.760}{12}}$$
$$= \sqrt{230}$$
$$\approx 15{,}17.$$

Quando $R = 138$, $\mu_R = 115$ e $\sigma_R = 15{,}17$, a estatística de teste é:

$$z = \frac{R-\mu_R}{\sigma_R}$$
$$= \frac{138-115}{15{,}17}$$
$$\approx 1{,}52.$$

No gráfico a seguir, você pode ver que o teste estatístico z não está na área de rejeição. Então, você deve decidir falhar em rejeitar a hipótese nula.

Interpretação

No nível de significância 10%, você não pode concluir que há uma diferença entre os ganhos de homens e mulheres.

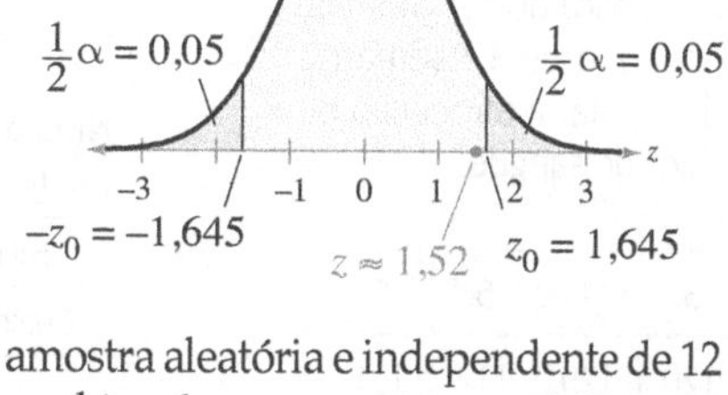

Tente você 2 Você está investigando a alegação de pagamento do seguro de automóveis (em milhares de dólares) efetuado por duas companhias de seguro. A tabela mostra uma amostra aleatória e independente de 12 alegações de pagamento efetuado por duas companhias de seguro. Em $\alpha = 0{,}05$, você pode concluir que há uma diferença nas alegações de pagamento das duas companhias?

Companhia A	6,2	10,6	2,5	4,5	6,5	7,4
Companhia B	7,3	5,6	3,4	1,8	2,2	4,7

Companhia A	9,9	3,0	5,8	3,9	6,0	6,3
Companhia B	10,8	4,1	17	3,0	4,4	5,3

a. *Identifique* a afirmação e *determine* H_0 e H_a.
b. *Especifique* o nível de significância α.
c. *Determine* o(s) valor(es) crítico(s).
d. *Determine* o tamanho das amostras n_1 e n_2.
e. *Liste* a informação combinada em ordem ascendente, faça um *ranking* da informação e encontre a soma dos postos da menor amostra.
f. *Calcule* o teste estatístico.
g. *Decida* se rejeitará a hipótese nula. Use um gráfico, se necessário.
h. *Interprete* a decisão no contexto da afirmação original.

Resposta na p. A49

11.2 Exercícios

Construindo habilidades básicas e conceitos

1. Como você sabe se deve usar um teste de postos com sinais de Wilcoxon ou um teste de soma de postos de Wilcoxon?
2. Qual é o requisito para o número da amostra de ambas as amostras quando usar o teste de soma de postos Wilcoxon?

Usando e interpretando conceitos

Desempenhando um teste de Wilcoxon Nos exercícios de 3 a 8,

(a) Escreva a afirmação matematicamente e identifique H_0 e H_a.
(b) Decida se deve usar um teste de postos com sinais de Wilcoxon ou um teste de soma de postos de Wilcoxon.
(c) Determine o(s) valor(es) crítico(s).
(d) Calcule a estatística de teste.
(e) Decida em rejeitar ou falhar em rejeitar a hipótese nula.
(f) Interprete a decisão no contexto da afirmação original.

3. **Suplementos de cálcio e pressão sanguínea** Em um estudo testando os efeitos de suplementos de cálcio e pressão sanguínea em homens, 12 homens foram escolhidos aleatoriamente e receberam um suplemento de cálcio por 12 semanas. As medidas mostradas na tabela são para a pressão diastólica do sangue para cada sujeito, tirada antes e depois do período de 12 semanas de tratamento. Em $\alpha = 0{,}01$, você pode rejeitar a afirmação de que não havia redução na pressão diastólica do sangue? *(Adaptado de The Journal of American Medicine.)*

Paciente	1	2	3	4	5	6
Antes do tratamento	108	109	120	129	112	111
Depois do tratamento	99	115	105	116	115	117

Paciente	7	8	9	10	11	12
Antes do tratamento	117	135	124	118	130	115
Depois do tratamento	108	122	120	126	128	106

4. **Comércio atacadista e fabricação** Um analista de uma indústria privada afirma que não há diferença nos salários recebidos por trabalhadores no comércio atacadista e nas indústrias de fabricação. Uma amostra aleatória de 10 trabalhadores do mercado atacadista e 10 trabalhadores da indústria e seus salários são mostrados na tabela. Em $\alpha = 0{,}10$, você pode rejeitar a afirmação do analista? *(Adaptado de U.S. Bureau of Economic Analysis.)*

Indústria	Salário (em milhares de dólares)									
Comércio atacadista	56	49	50	64	47	53	58	61	59	56
Indústria de fabricação	56	52	41	59	39	50	61	43	49	37

5. **Ganhos por diploma** Um administrador de faculdade acredita que há uma diferença nos ganhos das pessoas com diplomas universitários e aqueles com diploma de curso técnico. A tabela mostra os ganhos (em milhares de dólares) de uma amostra aleatória de 11 pessoas com diploma universitário e 10 pessoas com diploma de curso técnico. Em $\alpha = 0{,}05$, há evidência suficiente para apoiar a convicção do administrador? *(Adaptado de U.S. Census Bureau.)*

Nível do diploma mais alto	Salário (em milhares de dólares)										
Faculdade	49	45	58	71	65	45	39	51	47	55	47
Curso técnico	32	35	43	29	34	34	34	37	41	41	

6. **Idade das mães e cuidado com os bebês** Um pesquisador de cuidados neonatais conduz um estudo de uma seleção aleatória

de mães com menos de 20 anos idade e mães entre 20 e 24 anos de idade. O número de semanas que cada mãe alimentou seu bebê com leite materno é mostrado na tabela. Em $\alpha = 0{,}01$, você pode rejeitar a afirmação do pesquisador de que não há diferença no número de meses em que as mães nesses dois grupos etários alimentarm seus bebês com leite materno? *(Adaptado de U.S. National Center for Health Statistics.)*

Idade da mãe	Duração (em semanas)											
Menos de 20 anos de idade	21	24	24	30	11	17	10	28	21	12	15	
De 20 a 24 anos de idade	25	28	26	23	22	13	28	21	27	32	19	27

7. **Salários de professores** Um representante do sindicato de professores afirma que há uma diferença nos salários recebidos por professores em Massachusetts e Connecticut. Uma amostra de 12 professores em Massachusetts e 12 professores em Connecticut e seus salários são mostrados na tabela. Em $\alpha = 0{,}05$, há evidência suficiente para apoiar a afirmação do representante? *(Adaptado de National Education Association.)*

Estado	Salário (em milhares de dólares)											
Massachusetts	51	59	52	47	51	55	53	51	50	50	64	55
Connecticut	57	61	51	58	53	63	57	63	55	49	54	67

8. **Dor de cabeça** Um pesquisador médico quer determinar se um novo remédio afeta o número de horas de dor de cabeça experimentadas por pessoas que sofrem desse mal. Para tanto, o pesquisador seleciona sete pacientes e pergunta o número de horas de dor de cabeça (por dia) que cada um sente antes e depois de tomar o remédio. Os resultados são mostrados na tabela. Em $\alpha = 0{,}05$, o pesquisador pode concluir que o novo remédio afeta o número de horas de dor de cabeça?

Paciente	1	2	3	4	5	6	7
Horas de dor de cabeça (antes)	0,8	2,4	2,8	2,6	2,7	0,9	1,2
Horas de dor de cabeça (depois)	1,6	1,3	1,6	1,4	1,5	1,6	1,7

Expandindo conceitos

Teste de postos de sinais de Wilcoxon para $n > 30$ Se você está desempenhando um teste de postos de sinais de Wilcoxon e o número da amostra n é maior que 30, você pode usar a Tabela Normal Padrão e a seguinte fórmula para encontrar a estatística de teste.

$$z = \frac{w_s - \dfrac{n(n+1)}{4}}{\sqrt{\dfrac{n(n+1)(2n+1)}{24}}}$$

Nos exercícios 9 e 10, desempenhe o teste de postos de sinais de Wilcoxon indicado usando o teste estatístico para $n > 30$.

9. **Aditivo de combustível** Um engenheiro de petróleo quer saber se um certo aditivo de combustível melhora a milhagem de gás de um carro. Para decidir, o engenheiro registra a milhagem de gás (em milhas por galão) de 33 carros com e sem o aditivo. Os resultados são mostrados na tabela. Em $\alpha = 0{,}10$, o engenheiro pode concluir que a milhagem de gás melhorou?

Carro	1	2	3	4	5	6	7	8	9	10	11
Sem aditivo	36,4	36,4	36,6	36,6	36,8	36,9	37,0	37,1	37,2	37,2	36,7
Com aditivo	36,7	36,9	37,0	37,5	38,0	38,1	38,4	38,7	38,8	38,9	36,3

Carro	12	13	14	15	16	17	18	19	20	21	22
Sem aditivo	37,5	37,6	37,8	37,9	37,9	38,1	38,4	40,2	40,5	40,9	35,0
Com aditivo	38,9	39,0	39,1	39,4	39,4	39,5	39,8	40,0	40,0	40,1	36,3

Carro	23	24	25	26	27	28	29	30	31	32	33
Sem aditivo	32,7	33,6	34,2	35,1	35,2	35,3	35,5	35,9	36,0	36,1	37,2
Com aditivo	32,8	34,2	34,7	34,9	34,9	35,3	35,9	36,4	36,6	36,6	38,3

10. **Aditivo de combustível** Um engenheiro de petróleo afirma que um aditivo de combustível melhora a milhagem de gás. A tabela mostra a milhagem de gás (em milhas por galão) de 32 carros medida com e sem o aditivo de combustível. Teste a afirmação do engenheiro de petróleo em $\alpha = 0{,}05$.

Carro	1	2	3	4	5	6	7	8	9	10	11
Sem aditivo	34,0	34,2	34,4	34,4	34,6	34,8	35,6	35,7	30,2	31,6	32,3
Com aditivo	36,6	36,7	37,2	37,2	37,3	37,4	37,6	37,7	34,2	34,9	34,9

Carro	12	13	14	15	16	17	18	19	20	21	22
Sem aditivo	33,0	33,1	33,7	33,7	33,8	35,7	36,1	36,1	36,6	36,6	36,8
Com aditivo	34,9	35,7	36,0	36,2	36,5	37,8	38,1	38,2	38,3	38,3	38,7

Carro	23	24	25	26	27	28	29	30	31	32
Sem aditivo	37,1	37,1	37,2	37,9	37,9	38,0	38,0	38,4	38,8	42,1
Com aditivo	38,8	38,9	39,1	39,1	39,2	39,4	39,8	40,3	40,8	43,2

Estudo de caso

Ganhos por diploma universitário

A cada mês, o *U.S. Census Bureau* conduz o *Current Population Survey (CPS)* para o *U.S. Bureau of Labor Statistics*. A pesquisa fornece informação a respeito de características sobre a força de trabalho nos Estados Unidos, incluindo emprego, desemprego, ganhos e horas de trabalho. A pesquisa também fornece demografia em características como idade, sexo, raça, estado civil e obtenção educacional. Essa informação é essencial para interpretar a condição econômica de todo os país.

As informações do *CPS* estão disponíveis em arquivos e relatórios emitidos pelo *U.S. Census Bureau*. Um destes relatórios discute os ganhos da força de trabalho pelo tipo de diploma universitário conseguido. A tabela mostra os ganhos anuais (em dólares) pelo diploma mais alto conseguido para membros selecionados aleatoriamente da força de trabalho dos Estados Unidos em um ano recente.

Ganhos (em dólares) pelo diploma mais alto

Todas as pessoas com doutorado	Homens com doutorado	Todas as pessoas com diploma universitário	Mulheres com diploma universitário
103.890	118.363	56.589	41.162
76.554	93.022	64.943	41.165
112.718	74.763	60.523	39.423
75.622	115.783	51.626	21.161
88..569	88.354	54.633	39.196
84.117	100.291	42.097	30.373
101.662	91.342	68.245	51.228
82.322	94.295	32.128	36.078
107.724	75.840	52.349	30.297
93.570	177.225	33.100	39.950

Exercícios

1. Construa um diagrama caixa-e-bigodes para cada grupo no mesmo gráfico. Alguma das medianas de ganhos parece ser a mesma? Diferente?
   (a) Todas as pessoas com doutorado.
   (b) Homens com doutorado.
   (c) Todas as pessoas com diploma universitário.
   (d) Mulheres com diploma universitário.

Nos exercícios de 2 a 5, use o teste de postos para testar a afirmação. O que você pode concluir? Use $\alpha = 0{,}05$.

2. Os ganhos medianos para todas as pessoas com doutorado são menores ou iguais a $ 92.000.
3. Os ganhos medianos para homens com doutorado são $ 102.500.
4. Os ganhos medianos para todas as pessoas com diploma universitário são maiores ou iguais a $ 56.000.
5. Os ganhos medianos para mulheres com diploma universitário são diferentes de $ 42.000.

Nos exercícios 6 e 7, use o teste de soma de postos de Wilcoxon para testar a afirmação. Use $\alpha = 0{,}01$.

6. Não há diferença na mediana de ganhos para todas as pessoas com doutorado e a mediana de ganhos para homens com doutorado.
7. Há uma diferença na mediana de ganhos para todas as pessoas com diploma universitário e a mediana de ganhos para mulheres com diploma universitário.

11.3 Teste de Kruskal-Wallis

Teste de Kruskal-Wallis

Teste de Kruskal-Wallis

O que você deve aprender

■ Como usar o teste de Kruskal-Wallis para determinar se três ou mais amostras foram selecionadas de populações que apresentam a mesma distribuição.

Na Seção 10.4, você aprendeu como usar técnicas ANOVA com um fator para comparar as médias de três ou mais populações. Ao usar ANOVA com um fator, você deve verificar que cada amostra independente é selecionada de uma população que é distribuída normalmente, ou aproximadamente normal. Se, no entanto, você não puder verificar que as populações são normais, você ainda pode comparar as distribuições de três ou mais populações. Para tanto, você pode usar o teste de Kruskal-Wallis.

Definição

O **teste de Kruskal-Wallis** é um teste não paramétrico que pode ser usado para determinar se três ou mais amostras independentes foram selecionadas de populações que possuem a mesma distribuição.

As hipóteses nula e alternativa para o teste de Kruskal-Wallis são as seguintes:

H_0: Não há diferença na distribuição das populações.

H_a: Há diferença na distribuição das populações.

Duas condições para usar o teste de Kruskal-Wallis são que cada amostra deva ser selecionada aleatoriamente e que o tamanho de cada amostra deve ser no mínimo 5. Se essas condições são alcançadas, a distribuição de amostragem para o teste Kruskal-Wallis é aproximada por uma distribuição qui-quadrado com graus de liberdade $k - 1$, onde k é o número de amostras. Você pode calcular a estatística de teste do teste de Kruskal-Wallis usando a fórmula mostrada a seguir.

Estatística de teste para o teste de Kruskal-Wallis

Dadas três ou mais amostras independentes, o teste estatístico H para o teste de Kruskal-Wallis é:

$$H = \frac{12}{N(N+1)}\left(\frac{R_1^2}{n_1} + \frac{R_2^2}{n_2} + \cdots + \frac{R_k^2}{n_k}\right) - 3(N+1),$$

onde

k representa o número de amostras,

n_i é o tamanho da i-ésima amostra,

N é a soma dos tamanhos das amostras

e

R_i é a soma dos postos da i-ésima amostra.

Desempenhar um teste de Kruskal-Wallis consiste em combinar e classificar a informação da amostra. As informações são então separadas de acordo com a amostra e a soma dos postos de cada amostra é calculada.

Essas somas são usadas para calcular a estatística de teste H, que é uma aproximação das variâncias das somas dos postos. Se as amostras são selecionadas de populações que possuem a mesma distibuição, as somas dos postos serão aproximadamente iguais, H será menor e a hipótese nula não deve ser rejeitada.

Se, no entanto, as amostras são selecionadas de populações que não possuem a mesma distribuição, as somas dos postos serão bem diferentes, H será maior e a hipótese nula deve ser rejeitada.

Já que a hipótese nula é rejeitada somente quando H é significativamente grande, o teste de Kruskal-Wallis é sempre um teste unicaudal à direita.

Instruções

Desempenhando um teste de Kruskal-Wallis

Em palavras	*Em símbolos*
1. Diga a afirmação. Identifique as hipóteses nula e alternativa.	Afirme H_0 e H_a.
2. Especifique o nível de significância.	Identifique α.
3. Identifique os graus de liberdade.	g.l. = $k - 1$
4. Determine o valor crítico e a área de rejeição.	Use a tabela 6 no Apêndice B.
5. Encontre a soma dos postos para a menor amostra.	
a Liste a informação combinada em ordem ascendente.	
b. Classifique a informação combinada.	
6. Calcule a estatística de teste.	$H = \frac{12}{N(N+1)}\left(\frac{R_1^2}{n_1} + \frac{R_2^2}{n_2} + \cdots + \frac{R_k^2}{n_k}\right) - 3(N+1).$
7. Tome a decisão de rejeitar ou falhar em rejeitar a hipótese nula.	Se H está na área de rejeição, rejeite H_0. Do contrário, falhe em rejeitar H_0.
8. Interprete a decisão no contexto da afirmação original.	

Exemplo 1

Desempenhando um teste de Kruskal-Wallis

Você quer comparar as taxas de pagamento por hora de atuários que trabalham na Califórnia, Indiana e Maryland. Para tal, você seleciona aleatoriamente vários atuários em cada Estado e registra suas taxas de pagamento por hora. As taxas de pagamento por hora são mostradas na tabela. Em α = 0,01, você pode concluir que as distribuições das taxas de pagamento por hora dos atuários nesses três estados são diferentes? *(Adaptado de U.S. Bureau of Labor Statistics.)*

Amostra das taxas de pagamento por hora		
Califórnia — CA (Amostra 1)	Indiana — IN (Amostra 2)	Maryland — MD (Amostra 3)
40,50	33,45	49,68
44,98	40,12	44,94
47,78	38,65	48,80
43,20	35,98	49,20
37,10	35,97	40,37
49,88	45,70	48,79
42,05	42,05	53,82
52,94	35,97	45,35
41,70	38,25	53,25
43,85		43,57

Solução

Você quer testar a afirmação de que há uma diferença nas taxas de pagamento por hora na Califórnia, Indiana e Maryland. As hipósteses nula e alternativa são as seguintes:

H_0: Não há diferença nas taxas de pagamento por hora nos três estados.

H_a: Há uma diferença nas taxas de pagamento por hora nos três estados. (*Afirmação.*)

O teste é um teste unicaudal à direita com $\alpha = 0{,}01$ e g.l. $= k - 1 = 3 - 1 = 2$. Da tabela 6, o valor crítico é $\chi_0^2 = 9{,}210$. Antes de calcular a estatística de teste, você deve encontrar a soma dos postos para cada amostra. A tabela mostra as informações combinadas em ordem ascendente e os postos correspondentes.

Informação ordenada	Amostra	Posto	Informação ordenada	Amostra	Posto	Informação ordenada	Amostra	Posto
33,45	IN	1	41,70	CA	11	47,78	CA	21
35,97	IN	2,5	42,05	IN	12,5	48,79	MD	22
35,97	IN	2,5	42,05	CA	12,5	48,80	MD	23
35,98	IN	4	43,20	CA	14	49,20	MD	24
37,10	CA	5	43,57	MD	15	49,68	MD	25
38,25	IN	6	43,85	CA	16	49,88	CA	26
38,65	IN	7	44,94	MD	17	52,94	CA	27
40,12	IN	8	44,98	CA	18	53,25	MD	28
40,37	MD	9	45,35	MD	19	53,82	MD	29
40,50	CA	10	45,70	IN	20			

A soma dos postos para cada amostra é:

$R_1 = 5 + 10 + 11 + 12{,}5 + 14 + 16 + 18 + 21 + 26 + 27 = 160{,}5.$

$R_2 = 1 + 2{,}5 + 2{,}5 + 4 + 6 + 7 + 8 + 12{,}5 + 20 + 63{,}5.$

$R_3 = 9 + 15 + 17 + 19 + 22 + 23 + 24 + 25 + 28 + 29 = 211.$

Usando essas somas e os valores $n_1 = 10$, $n_2 = 9$, $n_3 = 10$ e $N = 29$, a estatística de teste é:

$$H = \frac{12}{29(29+1)}\left(\frac{160{,}5^2}{10} + \frac{63{,}5^2}{9} + \frac{211^2}{10}\right) - 3(29+1) \approx 13{,}119.$$

Retratando o mundo

As informações a seguir, selecionadas aleatoriamente, foram usadas para comparar a temperatura da água (em graus Fahrenheit) de cidades na fronteira com o Golfo do México. *(Adaptado de National Oceanographic Data Center.)*

Cedar Key, FL	Eugene Island, LA	Dauphin Island, AL
62	51	63
69	55	51
77	57	54
59	63	60
60	74	75
75	82	80
83	85	70
65	60	78
79	64	82
86	76	84
82	83	
	86	

Em $\alpha = 0{,}05$, você pode concluir que as distribuições de temperatura das três cidades são diferentes?

No gráfico seguinte, você pode ver que o teste estatístico H está na área de rejeição. Então, você deve rejeitar a hipótese nula.

Interpretação

Em um nível de 1% de significância, você pode concluir que há uma diferença nas taxas de pagamento por hora nos pagamentos dos atuários na Califórnia, Indiana e Maryland.

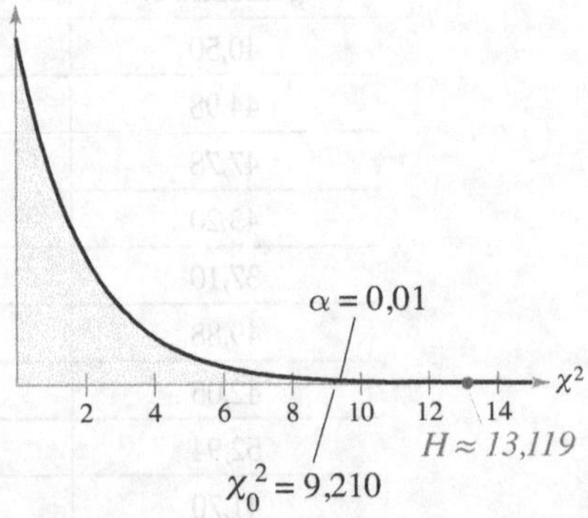

Tente você 1 Você quer comparar os salários de farmacêuticos que trabalham no Colorado, Michigan e Carolina do Norte. Para comparar os salários, você seleciona aleatoriamente 10 farmacêuticos em cada estado e registra seus salários. Os salários (em milhares de dólares) são listados na tabela. Em $\alpha = 0{,}10$, você pode concluir que as distribuições dos salários do farmacêuticos nos três estados são diferentes? *(Adaptado de U.S. Bureau of Labor Statistics)*

Amostra de salários		
CO (Amostra 1)	**MI (Amostra 2)**	**NC (Amostra 3)**
89,75	93,92	105,77
91,55	106,78	98,34
98,99	98,21	89,92
96,24	93,76	87,25
91,17	89,65	95,36
92,85	94,42	96,02
87,70	95,10	94,72
93,12	86,85	94,75
94,55	94,45	110,99
97,35	96,31	100,27

a. *Identifique* a afirmação e *determine* H_0 e H_a.
b. *Especifique* o nível de significância α.
c. *Identifique* os graus de liberdade.
d. *Determine* o valor crítico e a área de rejeição.
e. *Liste* a informação combinada em ordem ascendente, classifique a informação e encontre a soma dos postos da menor amostra.
f. *Calcule* a estatística de teste.
g. *Decida* se rejeitará a hipótese nula. Use um gráfico, se necessário.
h. *Interprete* a decisão no contexto da afirmação original.

Resposta na p. A49

11.3 Exercícios

Construindo habilidades básicas e conceitos

1. Quais são as condições para usar um teste de Kruskal-Wallis?
2. Explique por que o teste de Kruskal-Wallis é sempre um teste unicaudal à direita.

Usando e interpretando conceitos

Desempenhando um teste de Kruskal-Wallis Nos exercícios de 3 a 6, (a) escreva a afirmação matematicamente e identifique H_0 e H_a, (b) determine o valor crítico, (c) encontre as somas dos postos para cada amostra e calcule a estatística de teste, (d) decida em rejeitar ou falhar em rejeitar a hipótese nula e (e) interprete a decisão no contexto da afirmação original.

3. **Seguro de casa** A tabela mostra o prêmio anual para uma amostra aleatória de política de seguro de casa no Arizona, Flórida e Louisiana. Em $\alpha = 0{,}05$, você pode concluir que as distribuições dos prêmios anuais nesses três Estados são diferentes? *(Adaptado de Insurance Information Institute.)*

Estado	Prêmio anual (em dólares)						
Arizona	642	750	579	495	836	610	725
Flórida	1.225	1.139	929	897	944	1.079	835
Louisiana	1.369	1.115	1.289	920	995	870	1.025

4. **Seguro de casa** Um representante de seguro independente quer determinar se há uma diferença nos prêmios anuais para seguro de casa em três Estados: Nova Jersey, Nova York e Pensilvânia. Para tal, o representante seleciona aleatoriamente várias casas em cada estado e registra os prêmios anuais para cada uma na tabela abaixo. Em $\alpha = 0{,}05$, o representante pode concluir que as distribuições dos prêmios anuais nesses estados são diferentes? *(Adaptado de Insurance Information Institute.)*

Estado	Prêmio anual (em dólares)						
Nova Jersey	639	588	710	799	669	617	625
Nova York	785	890	807	693	759	975	691
Pensilvânia	593	545	650	718	479	590	

5. **Salários anuais** A tabela mostra os salários anuais para uma amostra aleatória de trabalhadores na Geórgia, Nevada, Ohio e Pensilvânia. Em $\alpha = 0{,}10$, você pode concluir que as distribuições dos salários anuais nesses quatro estados são diferentes? *(Adaptado de U.S. Census Bureau.)*

Estado	Salário anual (em milhares de dólares)						
Geórgia	31,4	40,5	35,9	24,7	46,9	37,5	42,3
Nevada	52,7	39,1	29,5	34,5	38,8	37,1	46,2
Ohio	27,1	36,4	49,9	55,2	32,9	30,1	33,9
Pensilvânia	37,3	29,5	50,9	49,8	40,2	36,9	37,5

6. **Salários anuais** Você está escrevendo um artigo sobre os salários anuais de trabalhadores em quatro estados nos Estados Unidos: Colorado, Kentucky, Mississippi e Tennessee. Os salários anuais de trabalhadores selecionados aleatoriamente de cada estado são mostrados na tabela. Você pode escrever no seu relatório que as distribuições dos salários anuais nesses quatro estados são diferentes? Use $\alpha = 0{,}10$. *(Adaptado de U.S. Census Bureau.)*

Estado	Salário anual (em milhares de dólares)						
Colorado	45,6	43,2	37,9	49,1	40,3	39,9	45,5
Kentucky	33,2	41,9	40,3	33,5	30,7	31,2	32,9
Mississippi	29,1	19,5	30,5	32,9	28,6	34,9	27,2
Tennessee	31,3	34,9	43,5	29,1	36,8	34,9	40,1

Expandindo conceitos

Comparando dois testes

Nos exercícios 7 e 8, desempenhe o teste indicado usando

(a) um teste de Kruskal-Wallis.

(b) um teste ANOVA com um fator, assumindo que cada população está normalmente distribuída e as variâncias da população são iguais.

(c) Compare os resultados.

Se conveniente, use tecnologia para resolver o problema.

7. **Estadia de pacientes em hospitais** Um segurador relata que a média do número de dias que pacientes passam em um hospital difere de acordo com a região dos Estados Unidos em que o paciente vive. A tabela mostra o número de dias que pacientes selecionados aleatoriamente passaram em um hospital em cada região dos Estados Unidos. Em $\alpha = 0{,}01$, você pode apoiar a afirmação do segurador? *(Adaptado de U.S. National Center for Health Statistics.)*

Região	Número de dias									
Nordeste	8	6	6	3	5	11	3	8	1	6
Centro-Oeste	5	4	3	9	1	4	6	3	4	7
Sul	5	8	1	5	8	7	5	1		
Oeste	2	3	6	6	5	4	3	6	5	

8. **Consumo de energia** A tabela mostra a energia consumida (em milhões de Btu) em um ano para uma amostra aleatória de casas de cada região nos Estados Unidos. Em $\alpha = 0{,}01$, você pode concluir que a média dos consumos de energia são diferentes? *(Adaptado de U.S. Energy Information Administration.)*

Região	Energia consumida (em milhões de Btu)										
Nordeste	72	106	151	138	104	108	95	134	100	174	
Centro-Oeste	84	183	194	165	120	212	148	129	113	62	97
Sul	91	40	72	91	147	74	70	67			
Oeste	74	32	78	28	106	39	118	63	70	56	

11.4 Correlação de postos

O coeficiente de correlação de postos de Spearman

> **O que você deve aprender**
>
> ■ Como usar o coeficiente de correlação de postos de Spearman para determinar se a correlação entre duas variáveis é significante.

Coeficiente de correlação de postos de Spearman

Na Seção 9.1, você aprendeu como medir a força da relação entre duas variáveis usando o coeficiente r de correlação de Pearson. Dois requisitos para o coeficiente de correlação de Pearson são que as variáveis sejam linearmente relacionadas e que a população representada por cada variável seja normalmente distribuída. Se esses requisitos não podem ser satisfeitos, você pode examinar a relação entre duas variáveis usando o equivalente não paramétrico para o coeficiente de correlação de Pearson — o coeficiente de correlação de postos de Spearman.

O coeficiente de correlação de postos de Spearman tem várias vantagens em relação ao coeficiente de correlação de Pearson. Por exemplo, o coeficiente de correlação de postos de Spearman pode ser usado para descrever a relação entre dados lineares e não lineares. O coeficiente de correlação de postos de Spearman pode ser usado para dados no nível ordinal. Ele é mais fácil de calcular à mão livre do que o coeficiente de Pearson.

Definição

O **coeficiente de correlação de postos de Spearman** r_s é uma medida da força da relação entre duas variáveis. O coeficiente de correlação de postos de Spearman é calculado usando os postos de entradas de amostras de dados emparelhados. A fórmula para o coeficiente de correlação de postos de Spearman é:

$$r_s = 1 - \frac{6\sum d^2}{n(n^2-1)},$$

onde

n é o número de entradas de informações emparelhadas,

e

d é a diferença entre os postos de uma entrada de informação emparelhada.

Os valores de r_s vão de –1 a +1, inclusive. Se os postos de pares de informações correspondentes são exatamente idênticos, r_s é igual a +1. Se os postos estão em ordem "inversa", r_s é igual a –1. Se os postos dos pares de informações correspondentes não têm relação, r_s é igual a 0.

Depois de calcular o coeficiente de correlação de postos de Spearman, você pode determinar se a correlação entre as variáveis é significante. Você pode fazer essa determinação desempenhando um teste de hipótese para o coeficente de correlação da população ρ_s. As hipóteses nula e alternativa para esse teste são as seguintes:

H_0: $\rho_s = 0$ (Não há correlação entre as variáveis).

H_a: $\rho_s \neq 0$ (Há uma correlação significante entre as variáveis).

Os valores críticos para o coeficiente de correlação de postos de Spearman estão listados na tabela 10 do Apêndice B, a qual lista os valores críticos para níveis selecionados de significância e para tamanhos de amostras de 30 ou menores. O teste estatístico para o teste de hipótese é o coeficiente de correlação de postos de Spearman r_s.

Instruções

Testando a significância do coeficiente de correlação de postos de Spearman

Em palavras	*Em símbolos*
1. Diga a afirmação. Identifique as hipóteses nula e alternativa.	Afirme H_0 e H_a.
2. Especifique o nível de significância.	Identifique α.

3. Determine o valor crítico.	Use a tabela 10 no Apêndice B.
4. Encontre a estatística de teste.	$r_s = 1 - \dfrac{6\sum d^2}{n(n^2-1)}$
5. Tome a decisão de rejeitar ou falhar em rejeitar a hipótese nula.	Se $\lvert r_s \rvert$ é maior que o valor crítico, rejeite H_0. Do contrário, falhe em rejeitar H_0.
6. Interprete a decisão no contexto da afirmação original.	

Exemplo 1

Coeficiente de correlação de postos de Spearman

A tabela mostra os preços (em dólares por 100 libras) recebidos por fazendeiros nos Estados Unidos para carne bovina e de carneiro de 1999 a 2005. Em $\alpha = 0{,}05$, você pode concluir que há uma correlação entre os preços das carnes bovina e de carneiro? *(Fonte: U.S. Department of Agriculture.)*

Ano	Carne bovina	Carne de carneiro
1999	63,4	74,5
2000	68,6	79,8
2001	71,3	66,9
2002	66,5	74,1
2003	79,7	94,4
2004	85,8	101,0
2005	89,7	110,0

Solução

As hipóteses nula e alternativa são:

H_0: $\rho_s = 0$ (Não há correlação entre os preços da carne bovina e de carneiro).

H_a: $\rho_s \neq 0$ (Há uma correlação entre os preços da bovina e de carneiro). *(Afirmação.)*

Cada conjunto de informação tem sete entradas. Da tabela 10 com $\alpha = 0{,}05$ e $n = 7$, o valor crítico é 0,786. Antes de calcular o teste estatístico, você deve encontrar $\sum d^2$, a soma dos quadrados das diferenças de postos dos conjuntos de informação. Você pode usar a tabela para calcular d^2, conforme segue:

Preço da carne bovina	Posto	Preço da carne de carneiro	Posto	d	d^2
63,4	1	74,5	3	−2	4
68,6	3	79,8	4	−1	1
71,3	4	66,9	1	3	9
66,5	2	74,1	2	0	0
79,7	5	94,4	5	0	0
85,8	6	101,0	6	0	0
89,7	7	110,0	7	0	0
					$\sum d^2 = 14$

Retratando o mundo

A tabela lista o número de homens e mulheres (em milhares) que obtiveram um diploma universitário nos Estados Unidos de 1996 a 2005. *(Adaptado de National Center for Educational Statistics.)*

Ano	Homem	Mulher
1996	522	642
1997	521	652
1998	520	644
1999	519	682
2000	530	708
2001	532	712
2002	550	742
2003	573	775
2004	595	804
2005	613	826

Existe uma correlação entre o número de homens e mulheres que obtiveram diploma universitário a cada ano? Use $\alpha = 0{,}05$.

Dica de estudo

Lembre-se de que no caso de um empate entre as entradas de informações, use a média dos postos correspondentes.

Quando $n = 7$ e $\sum d^2 = 14$, o teste estatístico é:

$$r_s = 1 - \frac{6\sum d^2}{n(n^2-1)}$$
$$= 1 - \frac{6(14)}{7(7^2-1)}$$
$$= 0{,}75.$$

Já que $|0{,}75| < 0{,}786$, você deve falhar em rejeitar a hipótese nula.

Interpretação

No nível de significância 5%, você não pode concluir que há uma correlação significante entre os preços de carne bovina e de carneiro entre 1999 e 2005.

Tente você 1 A tabela lista os preços (em dólares por alqueire) recebidos por fazendeiros nos Estados Unidos para aveia e trigo, de 1998 a 2006. Em $\alpha = 0{,}05$, você pode concluir que há uma correlação entre tais preços? *(Fonte: U.S. Department of Agriculture.)*

Ano	1998	1999	2000	2001	2002	2003	2004	2005	2006
Aveia	1,10	1,12	1,10	1,59	1,81	1,48	1,48	1,63	1,85
Trigo	2,65	2,48	2,62	2,78	3,56	3,40	3,40	3,42	4,25

a. *Afirme* as hipóteses nula e alternativa.

b. *Especifique* o nível de significância α.

c. *Determine* o valor crítico.

d. *Use* a tabela para calcular $\sum d^2$.

e. *Encontre* a estatística de teste padronizada.

f. *Decida* em rejeitar ou falhar em rejeitar a hipótese de nula.

g. *Interprete* a decisão no contexto da afirmação original.

Resposta na p. A49

11.4 Exercícios

Construindo habilidades básicas e conceitos

1. Quais são algumas vantagens do coeficiente de correlação de postos de Spearman sobre o coeficiente de correlação de Pearson?
2. O que significa quando r_s é igual a 1? O que significa quando r_s é igual a −1 ? O que significa quando r_s é igual a 0?

Usando e interpretando conceitos

Testando uma afirmação

Nos exercícios de 3 a 6, (a) identifique a afirmação e afirme H_0 e H_a, (b) determine o valor crítico usando a tabela 10 no Apêndice B, (c) encontre a estatística de teste padronizada r_s, (d) decida em rejeitar ou falhar em rejeitar a hipótese nula e (e) interprete a decisão no contexto da afirmação original.

3. **Agricultura: dívida e renda** Em um relatório agricultural, um analista de produto sugere que há uma correlação entre dívida e renda nos negócios de agricultura. A tabela mostra as dívidas totais e as rendas totais para fazendas em sete estados para um ano recente. Em $\alpha = 0{,}01$, há evidência suficiente para apoiar a afirmação do analista? *(Adaptado de U.S. Department of Agriculture.)*

Estado	Dívida (em milhões de dólares)	Renda (em milhões de dólares)
Califórnia	19.955	28.926
Illinois	10.480	8.630
Iowa	14.434	12.942
Minnesota	9.982	8.807
Nebraska	10.085	11.028
Carolina do Norte	4.235	7.008
Texas	13.286	15.268

4. **Câmeras digitais** O preço de uma câmera digital está relacionado com a sua qualidade? Para responder à pergunta, você seleciona aleatoriamente 11 câmeras digitais e determina uma nota geral e o preço de cada uma. A nota geral representa a qualidade da foto, peso e características úteis da câmera. Os resultados do estudo são mostrados na tabela. Em $\alpha = 0{,}05$, você pode concluir que há uma correlação entre a nota geral e o preço? *(Fonte: Consumer Reports.)*

Nota Geral	Preço (em dólares)
81	280
80	330
79	250
76	300
75	230
74	300

Nota Geral	Preço (em dólares)
73	280
72	230
70	200
67	240
59	100

5. **Detergente para máquina de lavar louça** A tabela mostra o placar geral e o preço por lavagem para oito detergentes de máquina de lavar louça. O placar geral representa os resultados do teste de limpeza para o detergente da máquina de lavar louça. Em $\alpha = 0{,}01$, você pode concluir que há uma correlação entre o placar geral e o preço? *(Fonte: Consumer Reports.)*

Placar geral	87	86	86	84	74	69	67	63
Custo (em centavos)	17	17	19	19	10	5	21	14

6. **Ar condicionado** A tabela mostra o placar geral e os preços para 12 modelos diferentes para aparelhos de ar condicionado. O placar geral representa o conforto, o barulho e a eficácia de energia do aparelho. Em $\alpha = 0{,}10$, você pode concluir que há uma correlação entre o placar geral e o preço? *(Fonte: Consumer Reports.)*

Placar geral	80	76	76	75	74	72
Preço (em dólares)	200	150	200	180	170	120

Placar geral	72	71	70	69	59	68
Preço (em dólares)	210	210	150	140	170	115

Notas de teste e GNP

Nos exercícios de 7 a 10, use a seguinte tabela, que mostra a nota média alcançada de pessoas de 15 anos de idade em Ciências e Matemática juntamente com o Produto Bruto Nacional (GNP) de nove países para um ano recente. (O GNP é uma medida da atividade econômica total de uma nação.) *(Adaptado de Organization for Economic Cooperation and Development; World Bank.)*

País	Média em Ciências	Média em Matemática	GNP (em bilhões de dólares)
Austrália	525	524	437
Canadá	519	533	774
República Tcheca	523	517	73
França	511	511	1.522
Itália	487	466	1.243
Japão	548	534	4.361
México	405	385	637
Espanha	487	485	701
Estados Unidos	491	483	11.013

7. **Ciências e GNP** Em $\alpha = 0{,}05$, você pode concluir que há uma correlação entre as notas alcançadas em Ciências e o GNP?

8. **Matemática e GNP** Em $\alpha = 0{,}05$, você pode concluir que há uma correlação entre as notas alcançadas em Matemática e o GNP?

9. **Ciências e Matemática** Em $\alpha = 0{,}05$, você pode concluir que há uma correlação entre as notas alcançadas em Ciências e Matemática?

10. **Escrevendo um resumo** Use os resultados dos exercícios de 7 a 9 para escrever um resumo sobre a correlação (ou a falta de correlação) entre as notas de teste e o GNP.

Expandindo conceitos

Testando o coeficiente de correlação de postos para $n > 30$

Se você está testando a significância do coeficiente de correlação de postos de Spearman e o tamanho da amostra n é maior que 30, você pode usar a fórmula a seguir para encontrar o valor crítico.

$\dfrac{\pm z}{\sqrt{n-1}}$, onde z corresponde ao nível de significância.

Nos exercícios 11 e 12, desempenhe o teste indicado.

11. **Acidentes de trabalho** A tabela mostra a média de horas de trabalho por semana e o número de acidentes de trabalho durante o exercício da função para uma amostra aleatória de indústrias nos Estados Unidos em um ano recente. Em $\alpha = 0{,}05$, você pode concluir que há uma correlação entre a média de horas de trabalho e o número de acidentes de trabalho durante o exercício da função? *(Adaptado de U.S. Bureau of Labor Statistics; National Safety Council.)*

Horas trabalhadas	47,6	44,1	45,6	45,5	45,5	47,3		45,9	45,5	43,7	44,8	42,5
Acidentes	16	33	25	33	18	20	21	18	21	28	15	26

Horas trabalhadas	46,5	42,3	45,5	41,8	43,1	44,4	44,5	43,7	44,9	47,8	46,6	45,5
Acidentes	34	32	26	28	22	19	23	20	28	24	26	29

Horas trabalhadas	43,5	42,8	44,8	43,5	47,0	44,5	50,1	46,7	43,1
Acidentes	21	28	23	26	24	20	28	26	25

12. **Acidentes de trabalho na construção** A tabela mostra a média de horas de trabalho por semana e o número de acidentes de trabalho durante o exercício da função para uma amostra aleatória de companhias de construção em um ano recente. Em $\alpha = 0{,}05$, você pode concluir que há uma correlação entre a média de horas de trabalho e o número de acidentes de trabalho durante o exercício da função? *(Adaptado de U.S. Bureau of Labor Statistics; National Safety Council.)*

Horas trabalhadas	40,5	38,3	37,8	38,2	38,6	41,2	39,0	41,0	40,6	44,1	39,7	41,2
Acidentes	12	13	19	18	22	22	17	13	15	10	18	19

Horas trabalhadas	41,1	38,2	42,3	39,2	36,1	36,2	38,7	36,0	37,3	36,5	37,9	38,0
Acidentes	13	24	12	12	13	15	18	11	24	16	13	23

Horas trabalhadas	36,7	40,1	35,5	38,2	42,3	39,0	39,6	39,1	39,6	39,1
Acidentes	14	10	5	14	13	18	15	23	15	23

11.5 Testes de corridas

O que você deve aprender

■ Como usar o teste de corridas para determinar se um conjunto de dados é aleatório.

Teste de corridas para aleatoriedade

Teste de corridas para aleatoriedade

Ao obter uma amostra de um dado, é importante que ele seja selecionado aleatoriamente. Mas como você sabe se o dado de amostra realmente é aleatório? Um modo de testar a aleatoriedade em um conjunto de dados é usar um *teste de corridas para aleatoriedade*.

Antes de usar esse teste, você deve primeiro saber como determinar o número de corridas em um conjunto de dados.

Definição

Uma **corrida** é uma sequência de dados que possuem a mesma característica. Cada corrida é precedida por e seguida de dados com uma característica diferente ou por nenhum dado. O número de dados em uma corrida é chamado de **extensão** da corrida.

Exemplo 1

Encontrando o número de corridas

Uma máquina que distribui líquidos foi projetada para encher garrafas de um litro. Um inspetor de controle de qualidade decide se cada garrafa foi enchida até um nível aceitável e passa na inspeção (*P*) ou se falha na inspeção (*F*). Determine o número de corridas para cada sequência e encontre a extensão de cada corrida.

1. *P P P P P P P P F F F F F F F F.*
2. *P F P F P F P F P F P F P F P F.*
3. *P P F F F F P F F F F P P P P P.*

Solução

1. Há duas corridas. Os primeiros 8 *P*s formam uma corrida de extensão 8 e os primeiros 8 *F*s formam outra corrida de extensão 8, como mostrado a seguir:

$\underbrace{P\,P\,P\,P\,P\,P\,P\,P}_{1^{\text{a}}\text{ corrida}}$ $\underbrace{F\,F\,F\,F\,F\,F\,F\,F}_{2^{\text{a}}\text{ corrida}}$

2. Há 16 corridas a cada extensão 1, como mostrado a seguir:

$\underbrace{P}_{1^{\text{a}}\text{ corrida}}\ \underbrace{F}_{2^{\text{a}}\text{ corrida}}\ P\ F\ P\ F\ P\ F\ P\ F\ P\ F\ P\ F\ P\ \underbrace{F}_{16^{\text{a}}\text{ Corrida}}$

3. Há 5 corridas, a primeira de extensão 2, a segunda de extensão 4, a terceira de extensão 1, a quarta de extensão 3 e a quinta de extensão 6, como mostrado a seguir:

$$\underbrace{P\,P}_{1^{\underline{a}}\text{ Corrida}}\quad \underbrace{F\,F\,F\,F}_{2^{\underline{a}}\text{ Corrida}}\quad \underbrace{P}_{3^{\underline{a}}\text{ Corrida}}\quad \underbrace{F\,F\,F}_{4^{\underline{a}}\text{ Corrida}}\quad \underbrace{P\,P\,P\,P\,P\,P}_{5^{\underline{a}}\text{ Corrida}}$$

Tente você 1 Uma máquina produz partes de motores. Um inspetor mede o diâmetro de cada parte de motor e determina se a parte passa na inspeção (*P*) ou se falha na inspeção (*F*). Os resultados são mostrados a seguir. Determine o número de corridas na sequência e encontre a extensão de cada corrida.

P P P F P F P P P P F F P F P P F F F P P P F P P P

a. *Separe a informação* cada vez que houver uma mudança na característica da informação.

b. *Conte o número de grupos* para determinar o número de corridas.

c. *Conte o número de dados* em cada corrida para determinar a extensão.

Resposta na p. A49

Quando cada valor em um conjunto de dados pode ser categorizado em uma de duas categorias separadas, você pode usar o teste de corridas para aleatoriedade para determinar se as informações são aleatórias.

Definição

O **teste de corridas para aleatoriedade** é um teste não paramétrico que pode ser usado para determinar se uma sequência de dados de amostra é aleatória.

O teste de corridas para aleatoriedade considera o número de corridas em uma sequência de dados de amostra para testar se a sequência é aleatória. Se uma sequência tem muito poucas corridas ou corridas demais, ela geralmente não é aleatória. Por exemplo, a sequência:

P P P P P P P P F F F F F F F F

do Exemplo 1, Parte 1, tem muito poucas corridas (apenas 2). A sequência:

P F P F P F P F P F P F P F P F

do Exemplo 1, Parte 2, tem corridas demais (16). Então, esses dados de amostra provavelmente não são aleatórios.

Você pode usar um teste de hipótese para determinar se o número de corridas em uma sequência de dados de amostra é muito alto ou muito baixo. O teste de corridas é um teste bicaudal, e as hipóteses nula e alternativa são:

H_0: A sequência de dados é aleatória.

H_a: A sequência de dados não é aleatória.

Quando usar o teste de corridas, deixe n_1 representar o número de dados que possui uma característica e deixe n_2 representar o número de dados que possui a segunda característica. Não importa qual característica você escolherá para representar n_1. Deixe G representar o número de corridas.

n_1 = número de dados com uma característica.

n_2 = número de dados com outra característica.

G = número de corridas.

A Tabela 12 no Apêndice B lista os valores críticos para o teste de corridas para valores selecionados de n_1 e n_2 no nível de significância $\alpha = 0{,}05$. (Neste texto, você usará apenas o nível de significância $\alpha = 0{,}05$ quando desempenhar testes de corridas.) Se n_1 ou n_2 forem maiores que 20, você pode usar a distribuição normal padrão para encontrar os valores críticos.

Você pode calcular o teste estatístico para o teste de corridas conforme segue.

Estatística de teste para o teste de corridas

Quando $n_1 \leq 20$ e $n_2 \leq 20$, o teste estatístico para o teste de corridas é G, o número de corridas. Quando $n_1 > 20$ ou $n_2 > 20$, o teste estatístico para o teste de corridas é:

$$z = \frac{G - \mu_G}{\sigma_G},$$

onde

$$\mu_G = \frac{2n_1n_2}{n_1 + n_2} + 1 \quad \text{e} \quad \sigma_G = \sqrt{\frac{2n_1n_2(2n_1n_2 - n_1 - n_2)}{(n_1 + n_2)^2(n_1 + n_2 - 1)}}.$$

Instruções

Desempenhando um teste de corridas para aleatoriedade

Em palavras	*Em símbolos*
1. Determine a afirmação. Identifique as hipóteses nula e alternativa.	Afirme H_0 e H_a.
2. Especifique o nível de significância. (Use $\alpha = 0{,}05$ para o teste de corridas.)	Identifique α.
3. Determine o número de dados que possui cada característica e o número de corridas.	Determine n_1, n_2, e G.
4. Determine os valores críticos.	Se $n_1 \leq 20$ e $n_2 \leq 20$, use a tabela 12 no Apêndice B. Se $n_1 > 20$ ou $n_2 > 20$, use a tabela 4 no Apêndice B.
5. Calcule a estatística de teste.	Se $n_1 \leq 20$ e $n_2 \leq 20$, use G. Se $n_1 > 20$ ou $n_2 > 20$, use $z = \frac{G - \mu_G}{\sigma_G}$
6. Tome a decisão de rejeitar ou falhar em rejeitar a hipótese nula.	Se G é menor ou igual ao menor valor crítico ou maior ou igual ao maior valor crítico, rejeite H_0. Do contrário, falhe ao rejeitar H_0. Ou, se z está na área de rejeição, rejeite H_0. Do contrário, falhe ao rejeitar H_0.
7. Interprete a decisão no contexto da afirmação original.	

Exemplo 2

Usando o teste de corridas

Um administrador de pessoal de uma companhia de construção registra acidentes relatados por trabalhadores durante o seu período de trabalho. A sequência a seguir mostra se alguns acidentes foram relatados durante cada mês em um ano recente. *I* representa um mês no qual ao menos um acidente foi relatado e *N* representa um mês no qual nenhum acidente foi relatado. Em $\alpha = 0{,}05$, você pode concluir que a ocorrência de acidentes em cada mês não é aleatória?

$$I\ I\ N\ N\ N\ I\ N\ I\ I\ N\ N\ N$$

Solução

A afirmação é: "A ocorrência de acidentes não é aleatória". Para testar essa afirmação, use as seguintes hipóteses nula e alternativa.

H_0: A ocorrência de acidentes é aleatória.

H_a: A ocorrência de acidentes não é aleatória. (*Afirmação.*)

Para encontrar os valores críticos, primeiro determine n_1, o número de *I*s; n_2, o número de *N*s; e *G*, o número de corridas.

$$\underbrace{II}_{1^{\text{a}}\text{ Corrida}}\quad \underbrace{NNN}_{2^{\text{a}}\text{ Corrida}}\quad \underbrace{I}_{3^{\text{a}}\text{ Corrida}}\quad \underbrace{N}_{4^{\text{a}}\text{ Corrida}}\quad \underbrace{II}_{5^{\text{a}}\text{ Corrida}}\quad \underbrace{NNN}_{6^{\text{a}}\text{ Corrida}}$$

n_1 = número de *I*s = 5.

n_2 = número de *N*s = 7.

G = número de corridas = 6.

Já que $n_1 \le 20$, $n_2 \le 20$, e $\alpha = 0{,}05$, use a tabela 12 para encontrar o menor valor crítico 3 e o maior valor crítico 11. O teste estatístico é o número de corridas $G = 6$. Já que o teste estatístico *G* está entre os valores críticos 3 e 11, você deve falhar em rejeitar a hipótese nula.

Interpretação

No nível de significância 5%, você não possui evidência suficiente para apoiar a afirmação de que a ocorrência de acidentes não é aleatória. Então, parece que os acidentes relatados por trabalhadores durante o período de trabalho do administrador ocorrem aleatoriamente.

Tente você 2 Os gêneros de 14 estudantes ao entrarem em uma sala de aula são mostrados a seguir, onde *F* representa o sexo feminino e *M* representa o sexo masculino. Em $\alpha = 0{,}05$, você pode concluir que a sequência de gêneros não é aleatória?

$$F\ F\ F\ M\ M\ F\ F\ M\ F\ M\ M\ F\ F\ F$$

a. *Identifique* a afirmação e *determine* H_0 e H_a.

b. *Especifique* o nível de significância α.

c. *Determine* n_1, n_2, e *G*.

d. *Determine* os valores críticos.

e. *Encontre* a estatística de teste *G*.

f. *Decida* se rejeitará a hipótese nula.

g. *Interprete* a decisão no contexto da afirmação original.

Resposta na p. A49

Exemplo 3

Usando o teste de corridas

Você quer determinar se a seleção de empregados recentemente contratados em uma grande companhia é aleatória em relação ao gênero. Os gêneros de 36 empregados recentemente contratados são mostrados a seguir. Em $\alpha = 0{,}05$, você pode concluir que a seleção não é aleatória?

M M F F F F M M M M M M

F F F F F M M M M M M M

F F F M M M M F M M F M

Solução

A afirmação é: "A seleção de empregados não é aleatória". Para testar essa afirmação, use as seguintes hipóteses nula e alternativa.

H_0: A seleção de empregados é aleatória.

H_a: A seleção de empregados não é aleatória. (*Afirmação*.)

Para encontrar os valores críticos, primeiro determine n_1, o número de *F*s; n_2, o número de *M*s; e *G*, o número de corridas.

$$\underbrace{MM}_{1^{\text{a}}\text{ Corrida}} \quad \underbrace{FFFF}_{2^{\text{a}}\text{ Corrida}} \quad \underbrace{MMMMMM}_{3^{\text{a}}\text{ Corrida}}$$

$$\underbrace{FFFFF}_{4^{\text{a}}\text{ Corrida}} \quad \underbrace{MMMMMMM}_{5^{\text{a}}\text{ Corrida}}$$

$$\underbrace{FFF}_{6^{\text{a}}\text{ corrida}} \quad \underbrace{MMMM}_{7^{\text{a}}\text{ corrida}} \quad \underbrace{F}_{8^{\text{a}}\text{ corrida}} \quad \underbrace{MM}_{9^{\text{a}}\text{ corrida}} \quad \underbrace{F}_{10^{\text{a}}\text{ corrida}} \quad \underbrace{M}_{11^{\text{a}}\text{ corrida}}$$

n_1 = número de *F*s = 14.

n_2 = número de *M*s = 22.

G = número de corridas = 11.

Já que $n_2 > 20$, use a tabela 4 no Apêndice B para encontrar que os valores críticos no nível de significância $\alpha = 0{,}05$ são:

$$-z_0 = -1{,}96$$

e

$$z_0 = 1{,}96.$$

Antes de calcular a estatística de teste, encontre os valores de μ_G e σ_G, como a seguir:

$$\begin{aligned}
\mu_G &= \frac{2n_1n_2}{n_1+n_2}+1 \\
&= \frac{2(14)(22)}{14+22}+1 \\
&= \frac{616}{36}+1 \\
&\approx 18{,}11.
\end{aligned}$$

$$\begin{aligned}
\sigma_G &= \sqrt{\frac{2n_1n_2(2n_1n_2-n_1-n_2)}{(n_1+n_2)^2(n_1+n_2-1)}} \\
&= \sqrt{\frac{2(14)(22)\,[2(14)(22)-14-22]}{(14+22)^2(14+22-1)}} \\
&\approx 2{,}81.
\end{aligned}$$

Você pode encontrar o teste estatístico como a seguir:

$$
\begin{aligned}
z &= \frac{G - \mu_G}{\sigma_G} \\
&= \frac{11 - 18{,}11}{2{,}81} \\
&\approx -2{,}53.
\end{aligned}
$$

No gráfico seguinte, você pode ver que o teste estatístico z está na área de rejeição. Então, você deve rejeitar a hipótese nula.

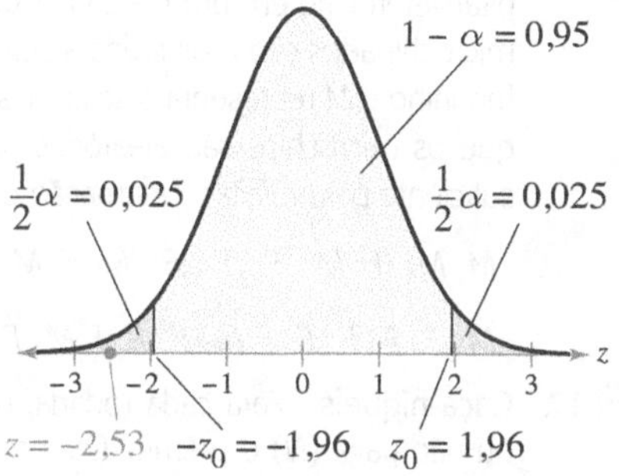

Interpretação

Você tem evidência suficiente, no nível de significância 5%, para apoiar a afirmação de que a seleção de empregados em relação ao gênero não é aleatória.

Tente você 3 Se *S* representa um dia em uma cidade pequena no qual nevou e *N* representa um dia na mesma cidade no qual não nevou. A seguir, estão os resultados da queda de neve para o mês inteiro de janeiro. Em $\alpha = 0{,}05$, você pode concluir que a sequência não é aleatória?

N N N S S N N S N S N N N N N S

N S N S N N S N S S N N N N N

a. *Identifique* a afirmação e *determine* H_0 e H_a.

b. *Especifique* o nível de significância α.

c. *Determine* n_1, n_2, e G.

d. *Determine* os valores críticos.

e. *Calcule* a estatística de teste z.

f. *Decida* se rejeitará a hipótese nula.

g. *Interprete* a decisão no contexto da afirmação original.

Resposta na p. A49

Quando n_1 ou n_2 é maior que 20, você também pode usar o valor P para desempenhar um teste de hipótese para a aleatoriedade dos dados. No Exemplo 3, você pode calcular o valor P para ser 0,011. Já que $P < \alpha$, você deve rejeitar a hipótese nula.

Retratando o mundo

A tabela abaixo mostra a conferência NFL de cada time vencedor do Super Bowl I até o Super Bowl XLI, onde *A* representa a *American Football Conference* e *N* representa a *National Football Conference*. (*Fonte: NFL.com.*)

Ano	Conferência	Ano	Conferência
1967	*N*	1988	*N*
1968	*N*	1989	*N*
1969	*A*	1990	*N*
1970	*A*	1991	*N*
1971	*A*	1992	*N*
1972	*N*	1993	*N*
1973	*A*	1994	*N*
1974	*A*	1995	*N*
1975	*A*	1996	*N*
1976	*A*	1997	*N*
1977	*A*	1998	*A*
1978	*N*	1999	*A*
1979	*A*	2000	*N*
1980	*A*	2001	*A*
1981	*A*	2002	*A*
1982	*N*	2003	*N*
1983	*N*	2004	*A*
1984	*A*	2005	*A*
1985	*N*	2006	*A*
1986	*N*	2007	*A*
1987	*N*		

Em $\alpha = 0{,}05$, você pode concluir que a sequência não é aleatória?

11.5 Exercícios

Construindo habilidades básicas e conceitos

Encontrando o número de corridas

Nos exercícios de 1 a 4, determine o número de corridas na sequência dada. Então encontre a extensão de cada corrida.

1. *T F T F T T T F F F T F.*
2. *U U D D U D U U D D U D U U.*
3. *M F M F M F F F F F F M M M F F M M M M.*
4. *A A A B B B A B B A A A A A A B A A B A B B.*
5. Encontre os valores para n_1 e n_2 no Exercício 1.
6. Encontre os valores para n_1 e n_2 no Exercício 2.
7. Encontre os valores para n_1 e n_2 no Exercício 3.
8. Encontre os valores para n_1 e n_2 no Exercício 4.

Encontrando os valores críticos

Nos exercícios de 9 a 12, use a sequência dada e a tabela 12 no Apêndice *B* para determinar o número de corridas que são consideradas muito altas e o número de corridas que são consideradas muito baixas para a informação estar em ordem aleatória.

9. *T F T F T F T F T F T F.*
10. *M F M M M M M M F F M M.*
11. *N S S S N N N N N S N S N S S N N N.*
12. *X X X X X X X Y Y Y Y Y Y Y Y Y Y Y Y Y Y.*

Usando e interpretando conceitos

Desempenhando um teste de corridas

Nos exercícios de 13 a 18, use o teste de corridas para:

(a) afirmar matematicamente e identificar H_0 e H_a.

(b) determinar os valores críticos usando a tabela 4 ou a tabela 12 no Apêndice *B*.

(c) calcular a estatística de teste.

(d) decidir em rejeitar ou falhar em rejeitar a hipótese nula.

(e) interpretar a decisão no contexto da afirmação original. Use $\alpha = 0,05$.

13. **Jogando a moeda** Um treinador registra os resultados de jogadas de moeda no início de cada jogo de futebol em uma temporada. Os resultados estão a seguir, onde *H* representa cara e *T* representa coroa. O técnico afirmou que as jogadas de moeda não foram aleatórias. Use o teste de corridas para testar a afirmação do técnico.

    H T T T H T H H T T T T H T H H

14. **Membros da câmara municipal** Um prefeito chamou membros da câmara municipal em um encontro na cidade na sequência a seguir, onde *R* representa um membro republicano da câmara e *D* representa um membro democrata. Você pode concluir que a seleção de membros não foi aleatória?

    R D D D R R D R D D R D D D R R D

    R R R R D R R R D D D R D R D R R

15. **Gerador de números** Um gerador de números produz a sequência de dígitos mostrada a seguir, onde *O* representa um dígito ímpar e *E* representa um dígito par. Teste a afirmação de que os dígitos não foram gerados aleatoriamente.

    O O O E E E E O O O O O E E E E

    O O E E E E O O O O E E E E O O

16. **Identificação canina** Um time de veterinários registra, em ordem, o sexo de cada cachorro que é microchipado em seu hospital veterinário em um mês. O sexo de cachorros recentemente microchipados são mostrados a seguir, onde *F* representa o sexo feminino e *M* representa o sexo masculino. Um veterinário afirma que os microchips são aleatórios por sexo. Você tem evidência suficiente para rejeitar a afirmação do veterinário?

    M M F M F F F F F M M M F F F

    M F F F F F M F F F M F F F

17. **Caça-níqueis** Para cada rodada, um caça-níqueis ou paga (*P*) ou não paga (*N*) o prêmio. Os resultados para uma pessoa que joga em um caça-níqueis são mostrados. Você pode concluir que a sequência não é aleatória?

    N N N N N P P N N N N N P N N N N N P

    N N N N N N N N N P N N N N N N N N N

    P N N N N N P N N P P

18. **Torneio de golfe** Um torneio de golfe oficial registra se cada jogador que já venceu é nascido nos Estados Unidos (*A*) ou nascido em outro país (*F*). Os resultados são mostrados para cada ano que o torneio existiu. Você pode concluir que a sequência não é aleatória?

    F F A F F A F F A F F A F F A F F A

    F F F F F F A F F A F F A F F A F F

    A F A F F A F F F F F A F F F F F A

    F F F A

Expandindo conceitos

Teste de corridas com dados quantitativos

Nos exercícios 19 e 20, use a informação seguinte para desempenhar um teste de corridas. Você também pode usar o teste de corridas para aleatoriedade com dados quantitativos. Primeiro, calcule a mediana. Então designe + para valores acima da mediana e − para valores abaixo da mediana. Ignore quaisquer valores que sejam iguais a mediana.

19. **Temperatura máxima diária** A sequência mostra a temperatura máxima diária (em graus Fahrenheit) para uma cidade durante o mês de julho. Teste a afirmação de que a temperatura máxima diária não acontece aleatoriamente. Use $\alpha = 0,05$.

    84 87 92 93 95 84 82 83 81 87 92

    98 99 93 84 85 86 92 91 95 84 92

    83 81 87 92 98 89 93 84 85

20. **Média na pontuação de série** A sequência mostra a média na pontuação de série (*GPAs*) de estudantes selecionados de uma sala de aula. Teste a afirmação de que a seleção de média na pontuação de série dos estudantes não foi aleatória. Use $\alpha = 0,05$.

3,8 4,0 1,8 1,9 2,5 2,3 3,6 2,4 2,1

1,8 0,7 0,9 1,3 1,8 2,9 3,5 3,9 4,0

21. Use uma ferramenta tecnológica para gerar uma sequência de 30 números entre 1 e 99. Teste a afirmação de que a sequência de números não é aleatória.

Usos e abusos – estatística no mundo real

Usos

Testes não paramétricos Antes de desempenhar vários dos testes de hipótese que você aprendeu nos capítulos anteriores, era preciso garantir que certas condições sobre a população fossem alcançadas. Por exemplo, antes de usar um teste *t*, você tinha que verificar se a população era distribuída normalmente. Uma vantagem dos testes não paramétricos mostrada neste capítulo é que eles são livres de distribuição. Isto é, eles não requerem nenhuma informação em particular sobre a população ou populações que estão sendo testadas. Outra vantagem de testes não paramétricos é que eles são mais fáceis de desempenhar do que seus equivalentes paramétricos. Isto significa que eles são mais fáceis de entender e mais rápidos para serem utilizados. Testes não paramétricos frequentemente podem ser usados quando dados estão no nível nominal ou ordinal.

Abusos

Evidência insuficiente Evidência mais forte é necessária para rejeitar a hipótese nula em um teste não paramétrico do que para rejeitar a hipótese nula em um teste paramétrico correspondente. Isto é, quando você está tentando apoiar uma afirmação representada pela hipótese nula, você pode precisar de uma amostra maior do que quando desempenhar um teste não paramétrico. Se o resultado de um teste não paramétrico falha em rejeitar a hipótese nula, você deve investigar o tamanho da amostra utilizada. Pode ser que uma amostra maior produza resultados diferentes.

Usando um teste inapropriado Em geral, quando informações sobre as populações (tal como a condição de normalidade) são conhecidas, é mais eficiente usar um teste paramétrico. No entanto, se informações sobre a população não são conhecidas, testes não paramétricos podem ser úteis.

Exercícios

1. ***Evidência insuficiente*** Dê um exemplo de um teste não paramétrico no qual não há evidência suficiente para rejeitar a hipótese nula.
2. ***Usando um teste inapropriado*** Discuta os testes não paramétricos descritos neste capítulo e combine cada teste com seu correspondente paramétrico, os quais você estudou em capítulos anteriores.

Resumo do capítulo

O que você aprendeu?	Exemplo (s)	Exercícios de revisão
Seção 11.1		
■ Como usar o teste de sinais para testar uma mediana de população: $z=\dfrac{(x+0,5)-0,5n}{\dfrac{\sqrt{n}}{2}}$	1 e 2	1 a 3 e 6
■ Como usar os sinais de amostra emparelhada para testar a diferença entre duas medianas de população (amostras dependentes).	3	4 e 5
Seção 11.2		
■ Como usar o teste de postos de sinais de Wilcoxon e o teste de soma de postos de Wilcoxon para testar a diferença entre duas distribuições de população: $z=\dfrac{R-\mu_R}{\sigma_R},\quad \mu_R=\dfrac{n_1(n_1+n_2+1)}{2},\quad \sigma_R=\sqrt{\dfrac{n_1n_2(n_1+n_2+1)}{12}}.$	1 e 2	7 e 8
Seção 11.3		
■ Como usar o teste de Kruskal-Wallis para testar diferenças entre três ou mais distribuições de população: $H=\dfrac{12}{N(N+1)}\left(\dfrac{R_1^2}{n_1}+\dfrac{R_2^2}{n_2}+\ldots+\dfrac{R_k^2}{n_k}\right)-3(N+1)$	1	9 e 10
Seção 11.4		
■ Como usar o coeficiente de correlação de postos de Spearman para determinar se a correlação entre duas variáveis é significante: $r_s=1-\dfrac{6\sum d^2}{n(n^2-1)}$	1	11 e 12
Seção 11.5		
■ Como usar o teste de corridas para determinar se um conjunto de informações é aleatório. G = número de corridas, $z=\dfrac{G-\mu_G}{\sigma_G}$, $\mu_G=\dfrac{2n_1n_2}{n_1+n_2}+1$, $\sigma_G=\sqrt{\dfrac{2n_1n_2(2n_1n_2-n_1-n_2)}{(n_1+n_2)^2(n_1+n_2-1)}}$	1 a 3	13 e 14

A tabela resume testes paramétricos e não paramétricos. Sempre use o teste paramétrico se as condições para ele são satisfeitas.

Aplicação do teste	Teste paramétrico	Teste não paramétrico
Testes de uma amostra	Teste z para uma média de população Teste t para uma média de população	Teste de sinais para uma média de população
Testes de duas amostras Amostras dependentes	Teste t para a diferença entre médias	Teste de sinais de amostra emparelhada Teste de postos de Wilcoxon
Amostras independentes	Teste z para a diferença entre médias Teste t para a diferença entre médias	Teste de soma de postos de sinais de Wilcoxon
Testes envolvendo três ou mais amostras	ANOVA com um fator	Teste de Kruskal-Wallis
Correlação	Coeficiente de correlação de Pearson	Coeficiente de correlação de postos de Spearman
Aleatoriedade	(Sem teste paramétrico)	Teste de corridas

Exercícios de revisão

Seção 11.1

Nos exercícios de 1 a 6, use um teste de postos para testar a afirmação fazendo o seguinte.

(a) Escreva a afirmação matematicamente e identifique H_0 e H_a.

(b) Determine o valor crítico.

(c) Calcule a estatística de teste.

(d) Decida em rejeitar ou falhar em rejeitar a hipótese nula.

(e) Interprete a decisão no contexto da afirmação original.

1. Uma instituição de serviços financeiros estima que o valor mediano de ações entre famílias que são donas de ações é \$ 24.300. Os valores das ações (em milhares de dólares) entre 17 famílias selecionadas aleatoriamente que são donas de ações estão listados a seguir. Em $\alpha = 0,01$, você pode rejeitar a afirmação da instituição? *(Adaptado de Board of Governors of the Federal Reserve System.)*

   14,89 28,89 19,32 30,10 25,27 20,62 23,26 11,75 31,01
   20,01 20,09 20,74 21,64 19,94 24,87 28,13 24,54

2. Uma instituição de serviços financeiros afirma que o débito mediano de cartão de crédito entre famílias que possuem débito de cartão de crédito com ganhos anuais de \$ 25.000 a \$ 49.999 é maior que \$ 2.000. Os débitos de cartão de crédito (em milhares de dólares) entre 13 famílias selecionadas aleatoriamente estão listados a seguir. Em $\alpha = 0,01$, você pode apoiar a afirmação da instituição? *(Adaptado de Board of Governors of the Federal Reserve System.)*

   2,77 1,90 1,82 1,85 1,78 2,16 2,54
   2,49 2,28 1,79 2,09 1,72 2,25

3. Uma empresa de encomenda postal acredita que a mediana de tempo de faturamento entre o recebimento de um pedido por telefone e o empacotamento deste pedido é de seis horas ou menos. Em um período de cinco dias, 78 pedidos são selecionados aleatoriamente e o tempo de faturamento é registrado em incrementos de meia hora. Oito pedidos levam seis horas, 26 pedidos levam menos de seis horas e 44 pedidos levam mais de seis horas. Em $\alpha = 0,10$, você pode rejeitar a afirmação da empresa?

4. Em um estudo testando os efeitos de suplementos de cálcio na pressão sanguínea de homens, 10 homens selecionados aleatoriamente tomaram suplemento de cálcio por 12 semanas. As medidas seguintes são para a pressão diastólica do sangue para cada homem feitas antes e depois do período de tratamento de 12 semanas. Em $\alpha = 0,05$, você pode rejeitar a afirmação de que não houve redução na pressão diastólica do sangue? *(Adaptado de American Medical Association.)*

Paciente	1	2	3	4	5	6	7
Antes do tratamento	107	110	123	129	112	111	107
Depois do tratamento	100	114	105	112	115	116	106

Paciente	8	9	10
Antes do tratamento	112	136	102
Depois do tratamento	102	125	104

5. Em um estudo testando os efeitos de um suplemento de ervas na pressão sanguínea de homens, 11 homens selecionados aleatoriamente tomaram suplemento de ervas por 12 semanas. As medidas seguintes são para a pressão diastólica do sangue para cada homem feitas antes e depois do período de tratamento de 12 semanas. Em $\alpha = 0,05$, você pode rejeitar a afirmação de que não houve redução na pressão diastólica do sangue?

Paciente	1	2	3	4	5	6	7	8	9	10	11
Antes do tratamento	123	109	112	102	98	114	119	112	110	117	130
Depois do tratamento	124	97	113	105	95	119	114	114	121	118	133

6. O escritório vocacional em uma grande universidade afirma que a mediana de salário inicial de formandos com diploma universitário em marketing é $ 40.200. Em uma amostra aleatória de 54 formandos em marketing que estavam empregados, 21 recebiam menos de $ 40.200 e 33 recebiam mais de $ 40.200. Em $\alpha = 0{,}05$, você pode rejeitar a afirmação do escritório? *(Adaptado de National Association of Colleges and Employers.)*

Seção 11.2

Nos exercícios 7 e 8, use um teste de Wilcoxon para testar a afirmação fazendo o seguinte.

(a) Decida se as amostras são dependentes ou independentes; então escolha o teste de Wilcoxon apropriado.

(b) Escreva a afirmação matematicamente e identifique H_0 e H_a.

(c) Determine o valor crítico.

(d) Calcule a estatística de teste.

(e) Decida em rejeitar ou falhar em rejeitar a hipótese nula.

(f) Interprete a decisão no contexto da afirmação original.

7. Um consultor vocacional estima que há uma diferença no tempo total para conseguir um diploma de doutorado por homens e mulheres estudantes de graduação. Uma amostra aleatória de 12 estudantes mulheres e 12 estudantes homens e os seus tempos totais para conseguir um diploma de doutorado é mostrada na tabela. Em $\alpha = 0{,}01$, você pode apoiar a afirmação do consultor? *(Adaptado de National Opinion Research Council.)*

Gênero	Tempo total (em anos)											
Feminino	13	12	10	13	12	9	11	14	7	7	9	10
Masculino	11	8	9	11	10	8	8	10	11	9	10	8

8. Um médico pesquisador afirma que uma nova droga afeta o número de horas de dor de cabeça que as pessoas experimentam. O número de horas de dor de cabeça (por dia) de 8 pacientes selecionados aleatoriamente antes e depois de tomar o remédio é mostrado na tabela. Em $\alpha = 0{,}05$, você pode apoiar a afirmação do pesquisador?

Paciente	1	2	3	4	5	6	7	8
Horas de dor de cabeça (antes)	0,9	2,3	2,7	2,4	2,9	1,9	1,2	3,1
Horas de dor de cabeça (depois)	1,4	1,5	1,4	1,8	1,3	0,6	0,7	1,9

Seção 11.3

Nos exercícios 9 e 10, use o teste de Kruskal-Wallis para testar a afirmação fazendo o seguinte.

(a) Escreva a afirmação matematicamente e identifique H_0 e H_a.

(b) Determine o valor crítico.

(c) Encontre as somas dos postos para cada amostra e calcule a estatística de teste.

(d) Decida em rejeitar ou falhar em rejeitar a hipótese nula.

(e) Interprete a decisão no contexto da afirmação original.

9. A tabela mostra o salário inicial para uma amostra aleatória de formandos em faculdade em três campos de estudo. Em $\alpha = 0{,}05$, você pode concluir que as distribuições dos salários iniciais nesses três campos de estudo são diferentes? *(Adaptado de National Association of Colleges and Employers.)*

Campo de estudo	Salário inicial (em milhares de dólares)									
Contabilidade	44,9	45,8	46,9	46,7	48,9	47,0	46,6	47,1	46,9	46,4
Ciências da computação	53,4	53,6	51,8	53,9	53,2	54,6	53,0	55,8	50,9	53,3
Engenharia civil	46,9	48,8	48,6	47,7	46,2	48,5	51,3	48,7	50,2	47,9

10. A tabela mostra o tempo total para conseguir um diploma de doutorado para uma amostra aleatória de formandos em três campos de estudo. Em $\alpha = 0{,}05$, você pode concluir que as distribuições dos tempos totais nesses três campos de estudo são diferentes? *(Adaptado de National Opinion Research Council.)*

Campo de estudo	Tempo total (em anos)										
Engenharia	7	9	8	6	10	8	7	9	8	7	9
Ciências biológicas	8	8	7	8	7	7	8	6	8	8	7
Ciências sociais	10	11	6	9	8	7	11	8	6	9	10

Seção 11.4

Nos exercícios 11 e 12, use o coeficiente de correlação de postos de Spearman para testar a afirmação fazendo o seguinte.

(a) Escreva a afirmação matematicamente e identifique H_0 e H_a.

(b) Determine o valor crítico usando a tabela 10 no Apêndice B.

(c) Encontre a estatística de teste r_s.

(d) Decida se rejeitará a hipótese nula.

(e) Interprete a decisão no contexto da afirmação original.

11. A tabela mostra a nota geral e o preço para oito televisores de LCD de 32 polegadas selecionados aleatoriamente. A nota geral representa a qualidade de imagem da TV, qualidade do som e facilidade de uso. Em $\alpha = 0{,}01$, você pode concluir que há uma correlação entre a nota geral e o preço? *(Adaptado de Consumer Reports.)*

Nota geral	72	69	67	63	60	58	57	53
Preço (em dólares)	1.500	900	1.000	1.100	800	800	1.100	950

12. A tabela mostra a nota geral e os preços para nove tintas de interior selecionadas aleatoriamente. A nota geral representa quão bem duas demãos cobrem cores escuras e a resistência a manchas, esfregões e mudança de brilho. Em $\alpha = 0{,}05$, você pode concluir que há uma correlação entre a nota geral e preço? (*Adaptado de Consumer Reports.*)

Nota geral	88	86	83	81	78	77	75	73	71
Preço (em dólares)	24	19	27	23	15	24	24	20	20

Seção 11.5

Nos exercícios 13 e 14, use o teste de corridas para (a) escrever a afirmação matematicamente e identificar H_0 e H_a, (b) determine os valores críticos usando a tabela 12 no Apêndice B, (c) calcule a estatística de teste, (d) decida em rejeitar ou falhar em rejeitar a hipótese nula e (e) interprete a decisão no contexto da afirmação original.

13. Um oficial da patrulha rodoviária para veículos que estão em alta velocidade em uma rodovia interestadual. A seguir, mostramos o gênero dos últimos 25 motoristas que foram parados, onde *F* representa as mulheres e *M* representa os homens. Em $\alpha = 0{,}05$, você pode concluir que as paradas não foram aleatórias por gênero?

F M M M F M F M F F F M M
F F F M M M F M M F F M

14. A informação a seguir representa o *status* de partida dos últimos 18 ônibus a sair de uma rodoviária, onde *T* representa um ônibus que saiu na hora certa e *L* representa um ônibus que saiu atrasado. Em $\alpha = 0{,}05$, você pode concluir que o *status* de partida dos ônibus não é aleatório?

T T T T L L L L T
L L L T T T T T T

Teste do capítulo

Faça este teste como se você estivesse fazendo uma prova em sala. Depois compare suas respostas com as respostas no final do livro. Para concluir esse teste, faça o seguinte.

(a) Escreva a afirmação matematicamente e identifique H_0 e H_a.
(b) Decida qual teste usar.
(c) Determine o(s) valor(es) crítico(s).
(d) Calcule a estatística de teste.
(e) Decida em rejeitar ou falhar em rejeitar a hipótese nula.
(f) Interprete a decisão no contexto da afirmação original.

1. Uma organização de mulheres afirma que há uma diferença nos salários recebidos por funcionários homens e mulheres de estados e governos locais. Um amostra aleatória de funcionários do estado e de governos locais de 10 mulheres e 10 homens e seus salários está listada na tabela. Em $\alpha = 0{,}10$, você pode apoiar a afirmação da organização? (*Adaptado de U.S. Equal Employment Opportunity Commission.*)

Gênero	Salário (em milhares de dólares)									
Feminino	36,2	35,8	35,4	39,0	30,8	41,3	31,8	32,6	29,8	36,9
Masculino	53,9	45,3	30,4	41,3	48,8	40,7	41,8	37,3	42,4	46,1

2. Uma organização comunitária afirma que a mediana do número anual de horas de voluntariado para voluntários é 50 horas. Em uma amostra aleatória de 24 pessoas que foram voluntárias no ano passado, 13 fizeram menos de 50 horas, 9 fizeram mais de 50 horas e 2 fizeram 50 horas. Em $\alpha = 0{,}05$, você pode rejeitar a afirmação da organização? (*Adaptado de U.S. Bureau of Labor Statistics.*)

3. Uma associação de apartamentos quer determinar se o aluguel mensal de novos apartamentos difere de acordo com a região nos Estados Unidos na qual o apartamento está. A tabela mostra o aluguel mensal (em dólares) para uma amostra aleatória em quatro regiões dos Estados Unidos. Em $\alpha = 0{,}05$, a associação pode concluir que as distribuições dos preços de aluguel mensal nessas regiões são diferentes? (*Adaptado de U.S. Census Bureau.*)

Região	Aluguel mensal (em dólares)						
Nordeste	1.075	1.025	1.225	1.050	1.100	950	950
Centro-Oeste	1.050	650	750	725	800	800	775
Sul	1.000	1.100	950	775	975	900	800
Oeste	1.300	875	950	825	1.075	1.150	1.225

4. Um meteorologista quer determinar se dias com chuva ocorrem aleatoriamente em abril na sua cidade natal. Para tal, o meteorologista registra se chove para cada dia em abril. Os resultados são mostrados a seguir, onde *R* representa um dia com chuva e *N* representa um dia sem chuva. Em $\alpha = 0{,}05$, o meteorologista pode concluir que os dias com chuva não são aleatórios?

N R R N N N N R N R R N R R R
N R R R R N N N N R N R N N R

Juntando tudo

Estatística real – decisões reais

Em um ano recente, de acordo com o *Bureau of Labor Statistics*, a mediana do número de anos que trabalhadores estiveram com seus empregadores (chamados empregado com estabilidade) era 4 anos. Informação sobre a estabilidade de emprego foi colhida desde o início dos anos 1950 usando o *Current Population Survey* (*CPS*), uma pesquisa mensal de cerca de 60.000 famílias que fornece informação sobre emprego, desemprego, ganhos, demografia e outras características da população dos Estados Unidos de 16 anos e mais velha. Em relação à estabilidade de emprego, as perguntas medem por quanto tempo os trabalhadores ficaram com seus empregadores, não por quanto tempo eles planejam ficar com seus empregadores.

stats.bls.gov

Exercícios

1. ***Como você faria?***

   (a) Qual técnica de amostragem você usaria para selecionar a amostra para o *CPS*?

   (b) Você acha que a técnica na parte (a) lhe dará uma amostra que seja representante da população dos Estados Unidos? Por quê?

   (c) Identifique possíveis falhas ou parcialidades na pesquisa com base na técnica que você escolheu na parte (a).

2. ***Há uma diferença?***

   Um representante do congresso afirma que a mediana da estabilidade para trabalhadores do seu distrito é menor que a mediana nacional de 4 anos. A afirmação é baseada nas informações do representante e é mostrada na tabela à esquerda. (Assuma que os empregados foram aleatoriamente selecionados.)

   (a) É possível que a afirmação seja verdadeira? Quais perguntas você deveria fazer sobre como as informações foram coletadas?

   (b) Como você testaria a afirmação do representante? Você pode usar um teste paramétrico ou você precisa usar um teste não paramétrico?

   (c) Estabeleça a hipótese nula e a hipótese alternativa.

   (d) Teste a afirmação usando $\alpha = 0{,}05$. O que você pode concluir?

3. ***Comparando a estabilidade de emprego para homens e mulheres***

   Um representante do congresso afirma que a mediana de estabilidade para trabalhadores do sexo masculino é maior que a mediana de estabilidade para trabalhadores do sexo feminino. A afirmação é baseada nas informações do representante e é mostrada na tabela à esquerda. (Assuma que os empregados foram selecionados aleatoriamente do distrito do representante.)

   (a) Como você testaria a afirmação do representante? Você pode usar um teste paramétrico ou você precisa usar um teste não paramétrico?

   (b) Estabeleça a hipótese nula e a hipótese alternativa.

   (c) Teste a afirmação usando $\alpha = 0{,}05$. O que você pode concluir?

Tabela para o exercício 2

Estabilidade de 20 trabalhadores		
4,6	2,6	3,3
2,8	1,5	1,9
4,0	5,0	3,9
5,1	3,7	5,4
3,6	3,9	6,2
1,7	4,6	3,1
4,4	3,6	

Tabela para o exercício 3

Estabilidade de emprego para uma amostra do sexo masculino	Estabilidade de emprego para uma amostra do sexo feminino
3,9	4,4
4,4	4,9
4,7	5,4
4,3	4,3
4,9	4,0
3,8	1,8
3,6	5,1
4,7	5,1
2,3	3,3
6,5	2,2
0,9	5,2
5,1	3,0
	1,3
	4,0

Tecnologia

MINITAB | EXCEL | TI-83/84

Renda nos Estados Unidos e pesquisa econômica

O *National Bureau of Economic Research* (NBER) é uma organização privada de pesquisa, sem fins lucrativos, não partidária. O NBER fornece informação para melhor entender como a economia nos Estados Unidos funciona. Pesquisadores no NBER se concentram em quatro tipos de pesquisa empírica: desenvolver novas medidas estatísticas, estimar modelos quantitativos de comportamento econômico, avaliar os efeitos de políticas públicas na economia dos Estados Unidos e projetar os efeitos de propostas políticas alternativas.

Um dos interesses do NBER é a mediana de renda de pessoas em diferente regiões dos Estados Unidos. A tabela a seguir mostra a renda anual (em dólares) de uma amostra aleatória de pessoas (15 anos e mais velhas) em um ano recente em quatro regiões dos Estados Unidos: nordeste, centro-oeste, sul e oeste.

Renda anual de pessoas (em dólares)			
Nordeste	Centro-Oeste	Sul	Oeste
43.501	26.000	19.755	37.000
31.645	28.200	33.668	31.118
27.997	26.975	32.005	24.934
24.000	33.625	34.534	32.000
25.000	32.189	18.000	34.378
31.900	31.475	23.700	23.500
30.328	30.500	24.000	28.900
29.000	42.000	30.798	40.415
26.450	19.665	35.455	25.228
21.600	40.178	32.500	22.000
39.200	25.370	21.400	28.776
46.450	27.660	25.600	36.564

Exercícios

Nos exercícios de 1 a 5, refira-se à renda anual das pessoas na tabela. Use $\alpha = 0{,}05$ para todos os testes.

1. Construa um diagrama caixa-e-bigodes para cada região. A mediana das rendas anuais parece diferir entre regiões?
2. Use uma ferramenta tecnológica para desempenhar um teste de postos para testar a afirmação de que a mediana da renda anual no centro-oeste é maior que $ 25.000.
3. Use uma ferramenta tecnológica para desempenhar um teste de soma de postos de Wilcoxon para testar a afirmação de que a mediana da renda anual no nordeste e no sul são as mesmas.
4. Use uma ferramenta tecnológica para desempenhar um teste de Kruskal-Wallis para testar a afirmação de que as distribuições da renda anual para todas as quatro regiões são as mesmas.
5. Use uma ferramenta tecnológica para desempenhar uma ANOVA com um fator para testar a afirmação de que a renda anual média para todas as quatro regiões é a mesma. Assuma que as populações de rendas são distribuídas normalmente, as amostras são independentes e as variâncias da população são iguais. Como os seus resultados se comparam com os do Exercício 4?
6. Repita os exercícios 1, 3, 4 e 5 usando a informação na tabela a seguir. A tabela mostra a renda anual (em dólares) de uma amostra aleatória de famílias em um ano recente em quatro regiões nos Estados Unidos: nordeste, centro-oeste, sul e oeste.

Renda anual de famílias (em dólares)			
Nordeste	Centro-Oeste	Sul	Oeste
51.210	50.420	46.000	53.478
100.665	76.000	48.587	61.795
69.000	31.800	40.200	43.652
103.600	48.000	81.000	59.000
58.980	64.956	46.009	45.500
44.700	44.788	26.000	70.890
39.566	60.500	51.100	52.778
59.950	54.576	29.556	77.800
42.000	57.660	55.421	78.625
66.720	50.000	43.600	33.800
37.995	55.000	68.222	58.320
58.850	52.336	41.885	39.580
51.700	63.250	50.000	54.034
66.000	54.200	35.900	58.550
50.999	70.700	46.362	38.692

Revisão acumulada – capítulos 9 a 11

1. A tabela a seguir mostra o tempo de vitória (em segundos) para corrida de 100 metros nas Olimpíadas de Verão para homens e mulheres de 1928 a 2004. *(Fonte: The World Almanac.)*
   (a) Exponha os dados em um diagrama de dispersão, calcule o coeficiente de correlação r e faça uma conclusão sobre o tipo de correlação.
   (b) Teste o nível de significância do coeficiente de correlação r encontrado na parte (a). Use $\alpha = 0{,}05$.
   (c) Encontre a equação da linha de regressão para os dados. Faça a linha de regressão no diagrama de dispersão
   (d) Use a linha de regressão para prever o tempo das mulheres nos 100 metros quando o tempo dos homens nos 100 metros é 9,90 segundos.

Homens, x	Mulheres, y
10,80	12,20
10,30	11,90
10,30	11,50
10,30	11,90
10,40	11,50
10,50	11,50
10,20	11,00
10,00	11,40
9,95	11,08
10,14	11,07
10,06	11,08
10,25	11,06
9,99	10,97
9,92	10,54
9,96	10,82
9,84	10,94
9,87	10,75
9,85	10,93

2. Uma agência de empregos afirma que há uma diferença nos ganhos semanais de trabalhadores que são membros do sindicato e de trabalhadores que não o são. Uma amostra aleatória de 10 membros do sindicato e 10 não membros do sindicato e seus ganhos semanais é mostrada na tabela. Em $\alpha = 0{,}05$, você pode apoiar a afirmação da agência? *(Adaptado de U.S. Bureau of Labor Statistics.)*

Trabalhador	Ganhos semanais (em dólares)									
Membro do sindicato	739	891	576	684	849	768	875	924	788	814
Não membro do sindicato	658	591	762	457	500	555	714	652	703	538

3. Uma empresa de investimentos afirma que a mediana de idade das pessoas com fundos mútuos é de 48 anos. As idades (em anos) de 20 possuidores de fundos mútuos selecionados aleatoriamente estão listadas a seguir. Em $\alpha = 0{,}01$, há evidência suficiente para rejeitar a afirmação da empresa? *(Adaptado de Investment Company Institute.)*

46 34 33 27 58 64 54 36 38 42
26 51 49 44 46 48 39 34 51 63

4. A tabela a seguir mostra as despesas residenciais de gás natural (em dólares) em um ano para uma amostra aleatória de famílias em quatro regiões dos Estados Unidos. Assuma que as populações são distribuídas normalmente, as amostras são independentes de cada uma e as variâncias da população são iguais. Em $\alpha = 0{,}10$, você pode rejeitar a afirmação que as despesas médias são iguais para todas as quatro regiões? *(Adaptado de U.S. Energy Information Administration.)*

Nordeste	Centro-Oeste	Sul	Oeste
1.358	319	448	585
529	906	333	498
714	535	701	1.005
1.053	1.083	692	457
893	793	870	265
1.445	1.263	513	318
535	796	465	509
528	736	1.035	593

5. Um administrador escolar relata que os desvios padrão das notas dos testes de leitura para estudantes da 8ª série são os mesmos no Colorado e em Utah. Uma amostra aleatória de 16 notas de testes do Colorado tem um desvio padrão de 34,6 pontos e uma amostra aleatória de 15 notas de testes de Utah tem um desvio padrão de 33,2 pontos. Em $\alpha = 0{,}10$, você pode rejeitar a afirmação do administrador? Assuma que as amostras são independentes e que cada população tem uma distribuição normal. *(Adaptado de National Center for Education Statistics.)*

6. Um representante de uma agência de empregos quer determinar se há uma diferença na renda familiar anual em quatro regiões dos Estados Unidos. Para tal, o representante aleatoriamente seleciona várias famílias em cada região e registra a renda anual de cada família na tabela. Em $\alpha = 0{,}01$, o representante pode concluir que as distribuições das rendas anuais das famílias nessas regiões são diferentes? *(Adaptado de U.S. Census Bureau.)*

Região	Renda familiar (em milhares de dólares)						
Nordeste	49,7	42,5	51,1	50,2	45,4	47,9	47,0
Centro-Oeste	43,7	48,8	39,6	42,9	45,1	46,2	46,4
Sul	38,9	40,1	43,7	36,0	40,9	43,7	41,5
Oeste	50,1	48,0	44,7	46,8	45,7	47,3	49,2

7. Um investigador de seguro de saúde quer testar a seguinte afirmação: de todas as práticas médicas nos Estados Unidos, 36% tem um médico, 32% tem de 2 a 4 médicos, 20% tem de 5 a 9 médicos, e 12% tem 10 ou mais médicos. Uma amostra aleatória de práticas médicas encontra que 116 têm 1 médico, 84 têm de 2 a 4 médicos, 66 têm de 5 a 9 médicos, e 23 têm de 10 a mais médicos. Teste a afirmação em $\alpha = 0{,}05$. *(Adaptado de National Center for Health Statistics.)*

8. A tabela mostra o comprimento do osso metacarpal (em cm) e o comprimento (em cm) de nove adultos. A equação da linha de regressão é $\hat{y} = 1{,}700x + 94.428$. *(Adaptado de American Journal of Physical Anthropology.)*

Comprimento do osso metacarpal, x	45	51	39	41	48	49	46	43	47
Altura, y	171	178	157	163	172	183	173	175	173

(a) Encontre o coeficiente de determinação e interprete os resultados.

(b) Encontre o erro padrão de estimativa e interprete os resultados.

(c) Construa um intervalo de previsão de 95% para a altura de um adulto quando o comprimento do seu osso metacarpal é de 50 cm. Interprete os resultados.

9. A tabela mostra a nota geral e o preço de oito pneus diferentes. A nota geral representa testes relacionados à segurança, tais como frenagem, manuseio e resistência à aquaplanagem. Em $\alpha = 0{,}10$, você pode concluir que há uma correlação entre a nota geral e o preço? Use o coeficiente de correlação de postos de Spearman. *(Adaptado de Consumer Report.)*

Nota geral	85	83	83	81	77	72	70	66
Preço (em dólares)	81	78	56	77	62	85	62	61

10. A equação usada para prever o rendimento de aveia (em alqueires) é $\hat{y} = 91{,}113 - 0{,}014x_1 + 0{,}018x_2$, onde x_1 é o número de acres plantados (em milhares) e x_2 é o número de acres colhidos (em milhares). Use uma equação de regressão múltipla para prever os valores de y para os valores dados das variáveis independentes listadas a seguir. *(Fonte: U.S. National Agricultural Statistics Service.)*

(a) $x_1 = 4.325, x_2 = 1.900$.

(b) $x_1 = 4.900, x_2 = 2.163$.

Apêndice A

Neste apêndice, usamos uma tabela 0-a-z como um desenvolvimento alternativo da distribuição normal padrão. Pretendemos que este apêndice seja usado depois de completar a subseção "Propriedades de uma distribuição normal", na Seção 5.1 deste livro. Se usado, este apêndice deve substituir o material da subseção "Distribuição normal padrão", da Seção 5.1, exceto os exercícios.

Distribuição normal padrão (0-a-z)

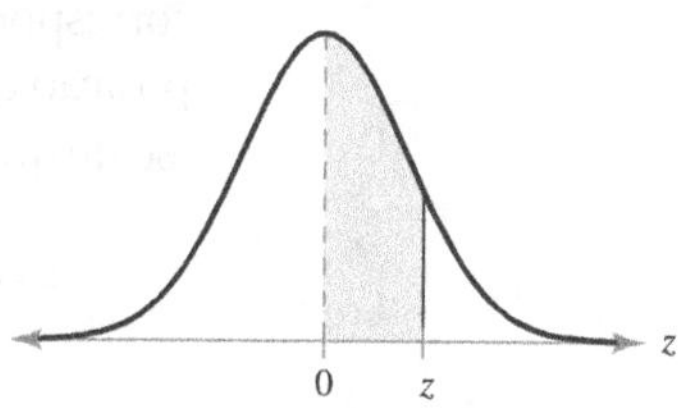

z	0,00	0,01	0,02	0,03	0,04	0,05	0,06	0,07	0,08	0,09
0,0	0,0000	0,0040	0,0080	0,0120	0,0160	0,0199	0,0239	0,0279	0,0319	0,0359
0,1	0,0398	0,0438	0,0478	0,0517	0,0557	0,0596	0,0636	0,0675	0,0714	0,0753
0,2	0,0793	0,0832	0,0871	0,0910	0,0948	0,0987	0,1026	0,1064	0,1103	0,1141
0,3	0,1179	0,1217	0,1255	0,1293	0,1331	0,1368	0,1406	0,1443	0,1480	0,1517
0,4	0,1554	0,1591	0,1628	0,1664	0,1700	0,1736	0,1772	0,1808	0,1844	0,1879
0,5	0,1915	0,1950	0,1985	0,2019	0,2054	0,2088	0,2123	0,2157	0,2190	0,2224
0,6	0,2257	0,2291	0,2324	0,2357	0,2389	0,2422	0,2454	0,2486	0,2517	0,2549
0,7	0,2580	0,2611	0,2642	0,2673	0,2704	0,2734	0,2764	0,2794	0,2823	0,2852
0,8	0,2881	0,2910	0,2939	0,2967	0,2995	0,3023	0,3051	0,3078	0,3106	0,3133
0,9	0,3159	0,3186	0,3212	0,3238	0,3264	0,3289	0,3315	0,3340	0,3365	0,3389
1,0	0,3413	0,3438	0,3461	0,3485	0,3508	0,3531	0,3554	0,3577	0,3599	0,3621
1,1	0,3643	0,3665	0,3686	0,3708	0,3729	0,3749	0,3770	0,3790	0,3810	0,3830
1,2	0,3849	0,3869	0,3888	0,3907	0,3925	0,3944	0,3962	0,3980	0,3997	0,4015
1,3	0,4032	0,4049	0,4066	0,4082	0,4099	0,4115	0,4131	0,4147	0,4162	0,4177
1,4	0,4192	0,4207	0,4222	0,4236	0,4251	0,4265	0,4279	0,4292	0,4306	0,4319
1,5	0,4332	0,4345	0,4357	0,4370	0,4382	0,4394	0,4406	0,4418	0,4429	0,4441
1,6	0,4452	0,4463	0,4474	0,4484	0,4495	0,4505	0,4515	0,4525	0,4535	0,4545
1,7	0,4554	0,4564	0,4573	0,4582	0,4591	0,4599	0,4608	0,4616	0,4625	0,4633
1,8	0,4641	0,4649	0,4656	0,4664	0,4671	0,4678	0,4686	0,4693	0,4699	0,4706
1,9	0,4713	0,4719	0,4726	0,4732	0,4738	0,4744	0,4750	0,4756	0,4761	0,4767
2,0	0,4772	0,4778	0,4783	0,4788	0,4793	0,4798	0,4803	0,4808	0,4812	0,4817
2,1	0,4821	0,4826	0,4830	0,4834	0,4838	0,4842	0,4846	0,4850	0,4854	0,4857
2,2	0,4861	0,4864	0,4868	0,4871	0,4875	0,4878	0,4881	0,4884	0,4887	0,4890
2,3	0,4893	0,4896	0,4898	0,4901	0,4904	0,4906	0,4909	0,4911	0,4913	0,4916
2,4	0,4918	0,4920	0,4922	0,4925	0,4927	0,4929	0,4931	0,4932	0,4934	0,4936
2,5	0,4938	0,4940	0,4941	0,4943	0,4945	0,4946	0,4948	0,4949	0,4951	0,4952
2,6	0,4953	0,4955	0,4956	0,4957	0,4959	0,4960	0,4961	0,4962	0,4963	0,4964
2,7	0,4965	0,4966	0,4967	0,4968	0,4969	0,4970	0,4971	0,4972	0,4973	0,4974
2,8	0,4974	0,4975	0,4976	0,4977	0,4977	0,4978	0,4979	0,4979	0,4980	0,4981
2,9	0,4981	0,4982	0,4982	0,4983	0,4984	0,4984	0,4985	0,4985	0,4986	0,4986
3,0	0,4987	0,4987	0,4987	0,4988	0,4988	0,4989	0,4989	0,4989	0,4990	0,4990
3,1	0,4990	0,4991	0,4991	0,4991	0,4992	0,4992	0,4992	0,4992	0,4993	0,4993
3,2	0,4993	0,4993	0,4994	0,4994	0,4994	0,4994	0,4994	0,4995	0,4995	0,4995
3,3	0,4995	0,4995	0,4995	0,4996	0,4996	0,4996	0,4996	0,4996	0,4996	0,4997
3,4	0,4997	0,4997	0,4997	0,4997	0,4997	0,4997	0,4997	0,4997	0,4997	0,4998

Reimpresso com permissão de Gale Mosteller, executor do espólio de Frederick Mosteller, 3830 13th Street North, Arlington, VA 22201 mosteller.g@ei.com.

A Apresentação alternativa da distribuição normal padrão

O que você deve aprender

- Como encontrar áreas sob a curva normal padrão.

A distribuição normal padrão

A distribuição normal padrão

Há infinitamente muitas distribuições normais, cada qual com sua média e desvio padrão. A distribuição normal com média 0 e desvio padrão 1 é chamada de **distribuição normal padrão**. A escala horizontal do gráfico da distribuição normal padrão corresponde a *z*-escores. Na Seção 2.5, aprendemos que um *z*-escore é uma medida de posição que indica o número de desvios padrão que um valor está da média. Lembre-se de que transformamos um valor *x* em um *z*-escore usando a fórmula:

$$z = \frac{\text{valor} - \text{média}}{\text{desvio padrão}} = \frac{x - \mu}{\sigma}.$$

Importante

Devido ao fato de toda distribuição normal poder ser transformada em uma distribuição normal padrão, você pode usar *z*-escores e a curva normal padrão para encontrar áreas (e, consequentemente, probabilidade) sob qualquer curva normal.

Definição

A **distribuição normal padrão** é uma distribuição normal com média 0 e desvio padrão 1.

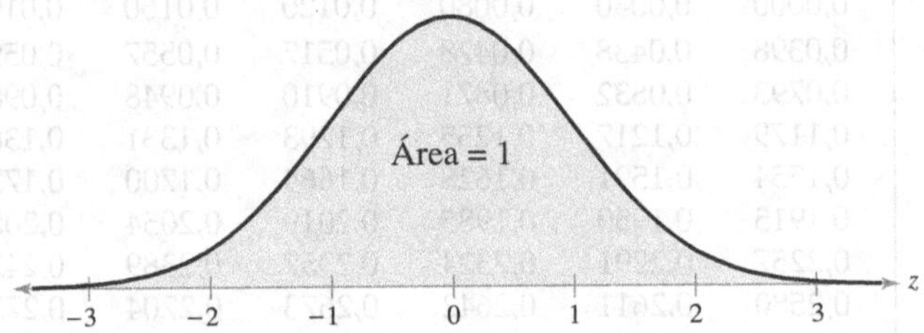

distribuição normal padrão

Se cada valor dado de uma variável aleatória *x* normalmente distribuída for transformado em um *z*-escore, o resultado será a distribuição normal padrão. Quando essa transformação acontece, a área que está no intervalo sob uma curva normal não padrão é a *mesma* que a área sob a curva normal padrão dentro das fronteiras *z* correspondentes.

Na Seção 5.1, você aprendeu a aproximar as áreas sob a curva normal quando uma variável aleatória *x* corresponde a –3, –2, –1, 0, 1, 2 ou 3 desvios padrão da média. Nesta seção, aprenderemos a calcular áreas que correspondem a outros valores *x*. Depois de transformar um valor *x* em um *z*-escore, você pode usar a Tabela Normal Padrão (0-a-z) da p. A1. A tabela lista a área sob a curva normal padrão entre 0 e o *z*-escore dado. Ao examinar a tabela, observe as propriedades a seguir.

Dica de estudo

É importante saber a diferença entre *x* e *z*. A variável aleatória *x* é, às vezes, chamada de dado bruto e representa os valores em uma distribuição normal não padrão, enquanto *z* representa valores na distribuição normal padrão.

Propriedades da distribuição normal padrão

1. A distribuição é simétrica sobre a média ($z = 0$).
2. A área sob a curva normal padrão à esquerda de $z = 0$ é 0,5 e a área à direita de $z = 0$ é 0,5.
3. A área sob a curva normal padrão aumenta conforme aumenta a distância entre 0 e **z**.

Em um primeiro momento, a tabela da p. A1 parece fornecer áreas somente para *z*-escores positivos. Entretanto, por causa da simetria da curva normal padrão, a tabela também fornece áreas para *z*-escores negativos (veja Exemplo 1).

Exemplo 1

Usando a Tabela Normal Padrão (0-a-z)

1. Encontre a área sob a curva normal padrão entre z = 0 e z = 1,15.
2. Encontre os z-escores correspondentes à área de 0,0948.

Solução

1. Encontre a área correspondente a z = 1,15 encontrando 1,1 na coluna da esquerda e então movendo-se através da linha para a coluna sob 0,05. O número na linha e coluna é 0,3749. Então, a área entre z = 0 e z = 1,15 é 0,3749.

z	0,00	0,01	0,02	0,03	0,04	0,05	0,06
0,0	0,0000	0,0040	0,0080	0,0120	0,0160	0,0199	0,0239
0,1	0,0398	0,0438	0,0478	0,0517	0,0557	0,0596	0,0636
0,2	0,0793	0,0832	0,0871	0,0910	0,0948	0,0987	0,1026
0,3	0,1179	0,1217	0,1255	0,1293	0,1331	0,1368	0,1406
0,9	0,3159	0,3186	0,3212	0,3238	0,3264	0,3289	0,3315
1,0	0,3413	0,3438	0,3461	0,3485	0,3508	0,3531	0,3554
1,1	0,3643	0,3665	0,3686	0,3708	0,3729	0,3749	0,3770
1,2	0,3849	0,3869	0,3888	0,3907	0,3925	0,3944	0,3962
1,3	0,4032	0,4049	0,4066	0,4082	0,4099	0,4115	0,4131
1,4	0,4192	0,4207	0,4222	0,4236	0,4251	0,4265	0,4279

2. Encontre os z-escores correspondentes a uma área de 0,0948 localizando 0,0948 na tabela. Os valores no começo da linha correspondente e no topo da coluna correspondente fornecem o z-escore. Para uma área de 0,0948, o valor da linha é 0,2 e o valor da coluna é 0,04. Então, os z-escores são z = –0,24 e z = 0,24.

z	0,00	0,01	0,02	0,03	0,04	0,05	0,06
0,0	0,0000	0,0040	0,0080	0,0120	0,0160	0,0199	0,0239
0,1	0,0398	0,0438	0,0478	0,0517	0,0557	0,0596	0,0636
0,2	0,0793	0,0832	0,0871	0,0910	0,0948	0,0987	0,1026
0,3	0,1179	0,1217	0,1255	0,1293	0,1331	0,1368	0,1406
0,4	0,1554	0,1591	0,1628	0,1664	0,1700	0,1736	0,1772
0,5	0,1915	0,1950	0,1985	0,2019	0,2054	0,2088	0,2123

Dica de estudo

Quando o z-escore não estiver na tabela, use a entrada mais próxima a ele. Se o z-escore dado for exatamente a metade entre dois z-escores, então use a área na metade entre as áreas correspondentes.

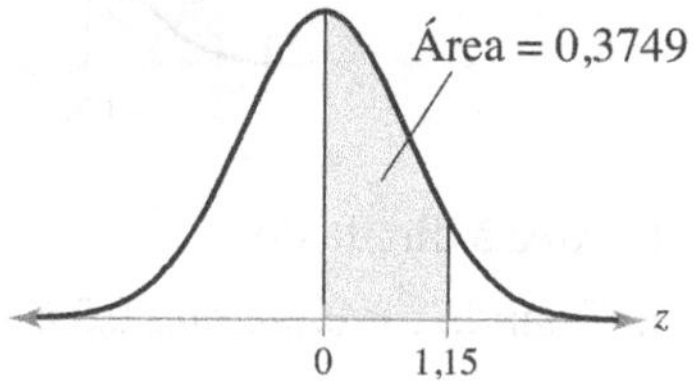

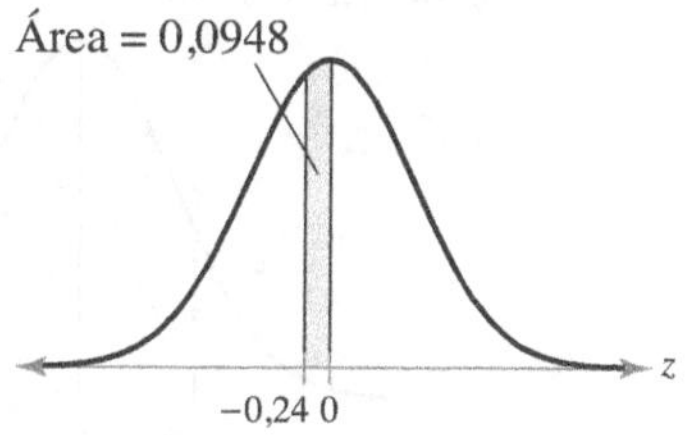

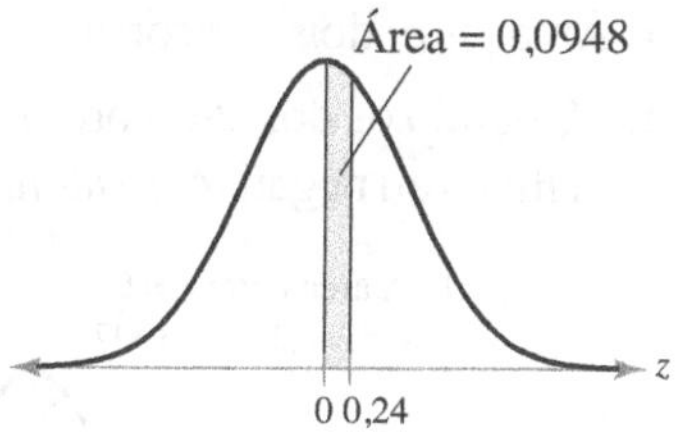

Tente você 1

1. Encontre a área sob a curva normal padrão entre z = 0 e z = –2,19. Localize o z-escore dado e *encontre a área correspondente* na Tabela Normal Padrão (0-a-z) na p. A1.
2. Encontre os z-escores que correspondem a uma área de 0,4850. Localize a área dada na Tabela Normal Padrão (0-a-z) na p. A1 e *encontre o z-escore correspondente.*

Resposta na p. A49

Use as instruções a seguir para encontrar vários tipos de áreas sob a curva normal padrão.

Instruções

Econtrando áreas sob uma curva normal padrão

1. Faça a curva normal padrão e sombreie a área apropriada sob a curva.
2. Use a Tabela Normal Padrão (0-a-z) na p. A1 para encontrar a área que corresponde aos z-escores dados.
3. Encontre a área desejada seguindo as instruções para cada caso.

a. Área à esquerda de z

i. Quando z < 0, *subtraia* a área de 0,05.

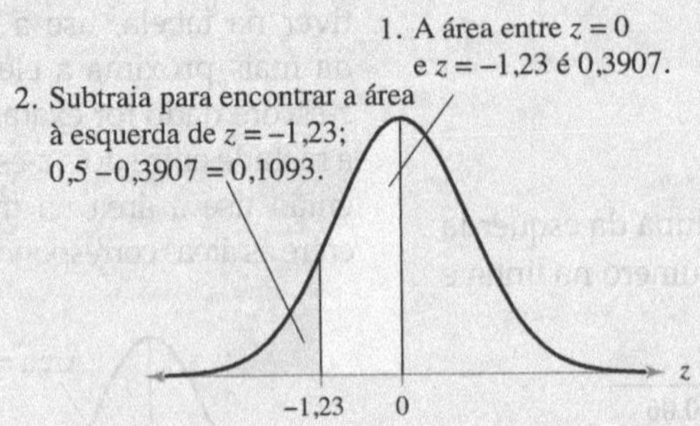

ii. Quando z > 0, *adicione* 0,5 à área.

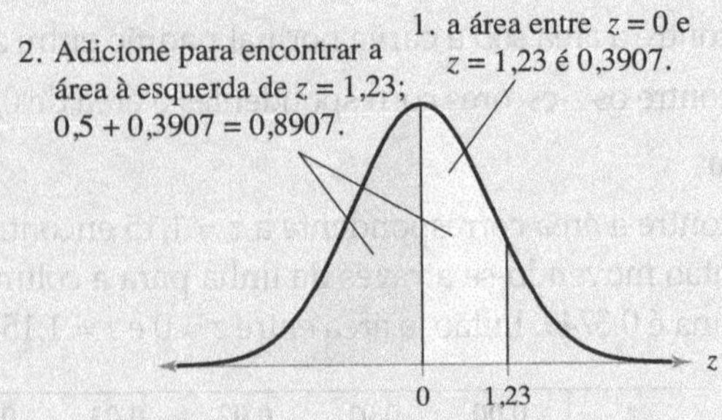

b. Área à direita de z

i. Quando z < 0, *adicione* 0,5 à área.

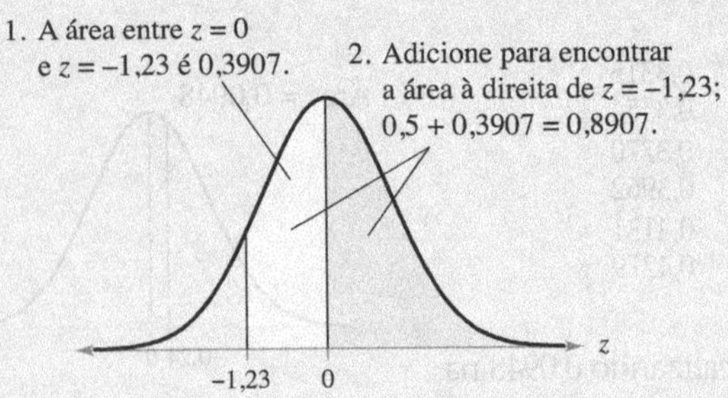

ii. Quando z > 0, *subtraia* a área de 0,5.

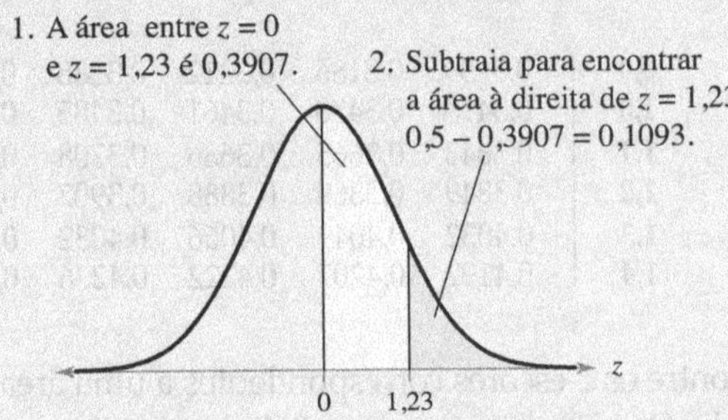

c. Área entre dois z-escores

i. Quando os dois z-escores têm o mesmo sinal (ambos positivos ou negativos), *subtraia* a área menor da área maior.

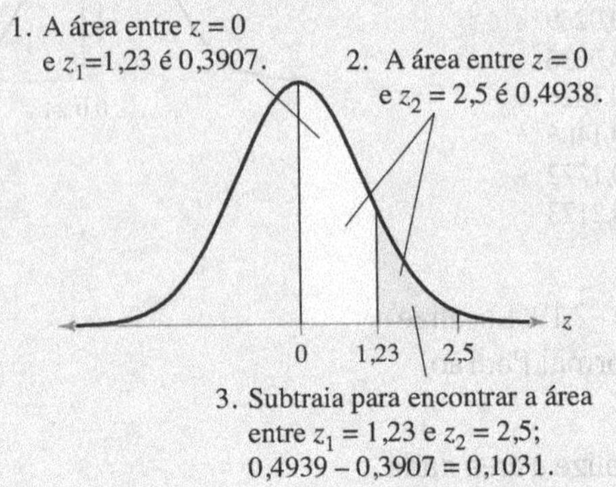

ii. Quando os dois z-escores têm sinais opostos (um negativo e um positivo), *adicione* as áreas.

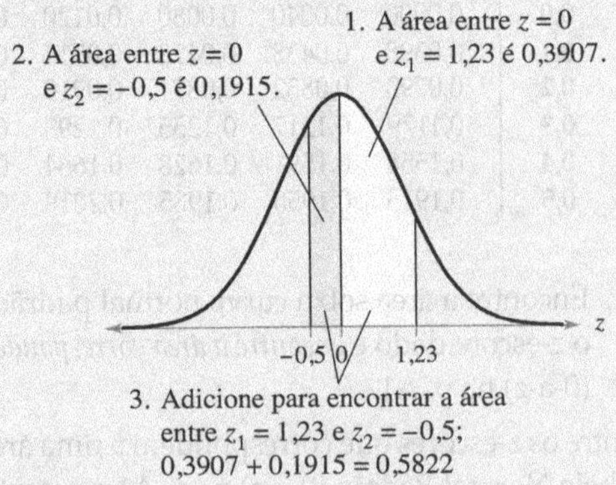

Exemplo 2

Encontrando a área sob a curva normal padrão

Encontre a área sob a curva normal padrão à esquerda de $z = -0{,}99$.

Solução

A área sob a curva normal padrão à esquerda de $z = -0{,}99$ é mostrada.

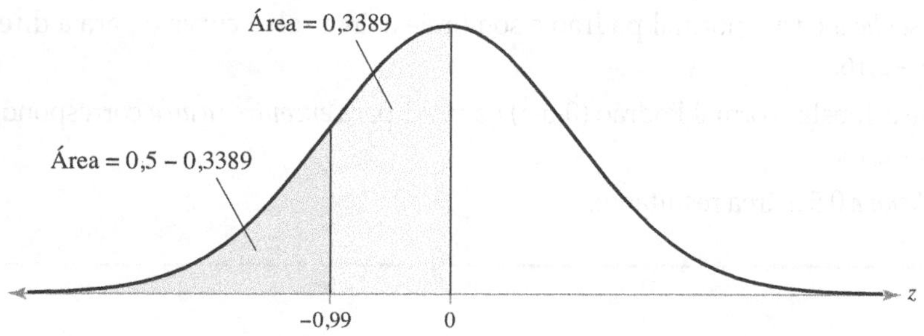

A partir da Tabela Normal Padrão (0-a-z), a área correspondente a $z = -0{,}99$ é 0,3389. Devido ao fato de a área à esquerda de $z = 0$ ser 0,5, a área à esquerda de $z = -0{,}99$ é $0{,}5 - 0{,}3389 = 0{,}1611$.

Interpretação

Em outras palavras, 16,11% da área sob a curva normal padrão está à esquerda de $z = -0{,}99$.

Importante

Devido ao fato de a distribuição normal ser uma distribuição de probabilidade contínua, a área sob a curva normal padrão à esquerda e um z-escore fornecem a probabilidade de que z seja menos que o z-escore. Por exemplo, no Exemplo 2, a área à esquerda de $z = -0{,}99$ é 0,1611. Então, $P(z < -0{,}99) = 0{,}1611$, que é lido como "a probabilidade de que z seja menor que –0,99 é 0,1611".

Tente você 2 Encontre a área sob a curva normal padrão à esquerda de $z = 2{,}13$.

a. *Desenhe* a curva normal padrão e sombreie a área sob a curva e para a esquerda de $z = 2{,}13$.

b. Use a Tabela Normal Padrão (0-a-z) na p. A1 para *encontrar a área* que corresponde a $z = 2{,}13$.

c. *Adicione* 0,5 à área resultante.

Resposta na p. A49

Exemplo 3

Encontrando área sob a curva normal padrão

Encontre a área sob a curva normal padrão à direita de $z = 1{,}06$.

Solução

A área sob a curva normal padrão à direita de $z = 1{,}06$ é mostrada.

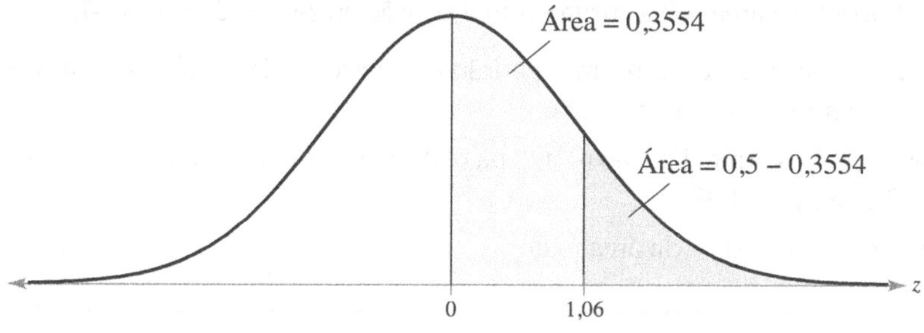

A partir da Tabela Normal Padrão (0-a-z), a área correspondente a $z = 1{,}06$ é 0,3554. Devido ao fato de a área à direita de $z = 0$ ser 0,5, a área à direita de $z = 1{,}06$ é $0{,}5 - 0{,}3554 = 0{,}1446$.

Interpretação

Em outras palavras, 14,46% da área sob a curva normal padrão está à direita de $z = 1{,}06$.

Tente você 3 Encontre a área sob a curva normal padrão à direita de $z = -2{,}16$.

> **Retratando o mundo**
>
> De acordo com uma publicação, o número de nascimentos em um ano recente foi de 4.112.052. O peso dos recém-nascidos pode ser aproximado por uma distribuição normal, como mostrado no gráfico a seguir. (*Fonte: National Center for Health Statistics.*)
>
> **Peso dos recém-nascidos**
>
> 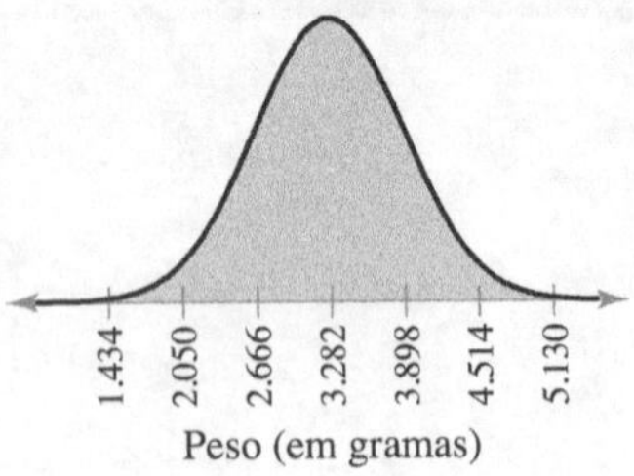
>
>
> *Encontre os z-escores correspondentes aos pesos de 2.000, 3.000 e 4.000 gramas. Algum deles é excepcionalmente pesado ou leve?*

a. *Desenhe* a curva normal padrão e sombreie a área sob a curva e para a direita de $z = -2{,}16$.

b. Use a Tabela Normal Padrão (0-a-z) na p. A1 para *encontrar a área* correspondente a $z = -2{,}16$.

c. *Adicione* 0,5 à área resultante.

Resposta na p. A49

Exemplo 4

Encontrando a área sob a curva normal padrão

Encontre a área sob a curva normal padrão entre $z = -1{,}5$ e $z = 1{,}25$.

Solução

A área sob a curva normal padrão entre $z = -1{,}5$ e $z = 1{,}25$ é mostrada.

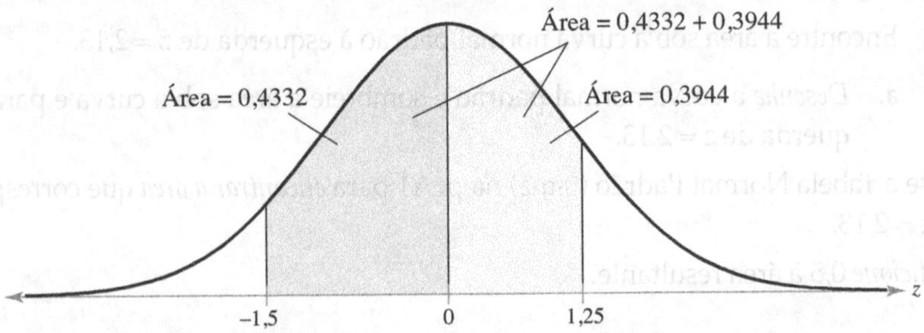

A partir da Tabela Normal Padrão, a área correspondente a $z = -1{,}5$ é 0,4332 e área correspondente a $z = 1{,}25$ é 0,3944. Para encontrar a área entre esses dois z-escores, adicione as áreas resultantes.

Área = 0,4332 + 0,3944 = 0,8276.

Interpretação

Em outras palavras, 82,76% da área sob a curva normal padrão está entre $z = -1{,}5$ e $z = 1{,}25$.

Tente você 4 Encontre a área sob a curva normal padrão entre $z = -2{,}16$ e $z = -1{,}35$.

a. *Desenhe* a curva normal padrão e sombreie a área sob a curva que esteja entre $z = -2{,}16$ e $z = 1{,}35$.

b. Use a Tabela Normal Padrão (0-a-z) na p. A1 para *encontrar a área* correspondente a $z = -2{,}16$ e a $z = -1{,}35$.

c. *Subtraia* a área menor da área maior.

Resposta na p. A50

Lembre-se de que na Seção 2.5, você aprendeu, usando a regra empírica, que os valores que estão a mais de dois desvios padrão da média são considerados incomuns. Valores que estão a mais de três desvios padrão da média são considerados muito incomuns. Então, se um z-escore for maior que 2 ou menor que −2, ele é incomum. Se um z-escore for maior que 3 ou menor que −3, ele é muito incomum.

Apêndice B

B Tabelas

Tabela 1 — números aleatórios

92630	78240	19267	95457	53497	23894	37708	79862	76471	66418
79445	78735	71549	44843	26104	67318	00701	34986	66751	99723
59654	71966	27386	50004	05358	94031	29281	18544	52429	06080
31524	49587	76612	39789	13537	48086	59483	60680	84675	53014
06348	76938	90379	51392	55887	71015	09209	79157	24440	30244
28703	51709	94456	48396	73780	06436	86641	69239	57662	80181
68108	89266	94730	95761	75023	48464	65544	96583	18911	16391
99938	90704	93621	66330	33393	95261	95349	51769	91616	33238
91543	73196	34449	63513	83834	99411	58826	40456	69268	48562
42103	02781	73920	56297	72678	12249	25270	36678	21313	75767
17138	27584	25296	28387	51350	61664	37893	05363	44143	42677
28297	14280	54524	21618	95320	38174	60579	08089	94999	78460
09331	56712	51333	06289	75345	08811	82711	57392	25252	30333
31295	04204	93712	51287	05754	79396	87399	51773	33075	97061
36146	15560	27592	42089	99281	59640	15221	96079	09961	05371
29553	18432	13630	05529	02791	81017	49027	79031	50912	09399
23501	22642	63081	08191	89420	67800	55137	54707	32945	64522
57888	85846	67967	07835	11314	01545	48535	17142	08552	67457
55336	71264	88472	04334	63919	36394	11196	92470	70543	29776
10087	10072	55980	64688	68239	20461	89381	93809	00796	95945
34101	81277	66090	88872	37818	72142	67140	50785	21380	16703
53362	44940	60430	22834	14130	96593	23298	56203	92671	15925
82975	66158	84731	19436	55790	69229	28661	13675	99318	76873
54827	84673	22898	08094	14326	87038	42892	21127	30712	48489
25464	59098	27436	89421	80754	89924	19097	67737	80368	08795
67609	60214	41475	84950	40133	02546	09570	45682	50165	15609
44921	70924	61295	51137	47596	86735	35561	76649	18217	63446
33170	30972	98130	95828	49786	13301	36081	80761	33985	68621
84687	85445	06208	17654	51333	02878	35010	67578	61574	20749
71886	56450	36567	09395	96951	35507	17555	35212	69106	01679
00475	02224	74722	14721	40215	21351	08596	45625	83981	63748
25993	38881	68361	59560	41274	69742	40703	37993	03435	18873
92882	53178	99195	93803	56985	53089	15305	50522	55900	43026
25138	26810	07093	15677	60688	04410	24505	37890	67186	62829
84631	71882	12991	83028	82484	90339	91950	74579	03539	90122
34003	92326	12793	61453	48121	74271	28363	66561	75220	35908
53775	45749	05734	86169	42762	70175	97310	73894	88606	19994
59316	97885	72807	54966	60859	11932	35265	71601	55577	67715
20479	66557	50705	26999	09854	52591	14063	30214	19890	19292
86180	84931	25455	26044	02227	52015	21820	50599	51671	65411
21451	68001	72710	40261	61281	13172	63819	48970	51732	54113
98062	68375	80089	24135	72355	95428	11808	29740	81644	86610
01788	64429	14430	94575	75153	94576	61393	96192	03227	32258
62465	04841	43272	68702	01274	05437	22953	18946	99053	41690
94324	31089	84159	92933	99989	89500	91586	02802	69471	68274
05797	43984	21575	09908	70221	19791	51578	36432	33494	79888
10395	14289	52185	09721	25789	38562	54794	04897	59012	89251
35177	56986	25549	59730	64718	52630	31100	62384	49483	11409
25633	89619	75882	98256	02126	72099	57183	55887	09320	73463
16464	48280	94254	45777	45150	68865	11382	11782	22695	41988

Reimpresso de ***A million Random Digits with 100,000 Normal Deviates***, de Rand Corporation (New York: The Free Press, 1955).
Copyright 1955 e 1983 por Rand Corporation. Usado com permissão.

Tabela 2 — distribuição binomial

Esta tabela mostra a probabilidade de x em n tentativas independentes, cada qual com uma probabilidade de sucessos p.

		p																			
n	*x*	0,01	0,05	0,10	0,15	0,20	0,25	0,30	0,35	0,40	0,45	0,50	0,55	0,60	0,65	0,70	0,75	0,80	0,85	0,90	0,95
2	0	0,980	0,902	0,810	0,723	0,640	0,563	0,490	0,423	0,360	0,303	0,250	0,203	0,160	0,123	0,090	0,063	0,040	0,023	0,010	0,002
	1	0,020	0,095	0,180	0,255	0,320	0,375	0,420	0,455	0,480	0,495	0,500	0,495	0,480	0,455	0,420	0,375	0,320	0,255	0,180	0,095
	2	0,000	0,002	0,010	0,023	0,040	0,063	0,090	0,123	0,160	0,203	0,250	0,303	0,360	0,423	0,490	0,563	0,640	0,723	0,810	0,902
3	0	0,970	0,857	0,729	0,614	0,512	0,422	0,343	0,275	0,216	0,166	0,125	0,091	0,064	0,043	0,027	0,016	0,008	0,003	0,001	0,000
	1	0,029	0,135	0,243	0,325	0,384	0,422	0,441	0,444	0,432	0,408	0,375	0,334	0,288	0,239	0,189	0,141	0,096	0,057	0,027	0,007
	2	0,000	0,007	0,027	0,057	0,096	0,141	0,189	0,239	0,288	0,334	0,375	0,408	0,432	0,444	0,441	0,422	0,384	0,325	0,243	0,135
	3	0,000	0,000	0,001	0,003	0,008	0,016	0,027	0,043	0,064	0,091	0,125	0,166	0,216	0,275	0,343	0,422	0,512	0,614	0,729	0,857
4	0	0,961	0,815	0,656	0,522	0,410	0,316	0,240	0,179	0,130	0,092	0,062	0,041	0,026	0,015	0,008	0,004	0,002	0,001	0,000	0,000
	1	0,039	0,171	0,292	0,368	0,410	0,422	0,412	0,384	0,346	0,300	0,250	0,200	0,154	0,112	0,076	0,047	0,026	0,011	0,004	0,000
	2	0,001	0,014	0,049	0,098	0,154	0,211	0,265	0,311	0,346	0,368	0,375	0,368	0,346	0,311	0,265	0,211	0,154	0,098	0,049	0,014
	3	0,000	0,000	0,004	0,011	0,026	0,047	0,076	0,112	0,154	0,200	0,250	0,300	0,346	0,384	0,412	0,422	0,410	0,368	0,292	0,171
	4	0,000	0,000	0,000	0,001	0,002	0,004	0,008	0,015	0,026	0,041	0,062	0,092	0,130	0,179	0,240	0,316	0,410	0,522	0,656	0,815
5	0	0,951	0,774	0,590	0,444	0,328	0,237	0,168	0,116	0,078	0,050	0,031	0,019	0,010	0,005	0,002	0,001	0,000	0,000	0,000	0,000
	1	0,048	0,204	0,328	0,392	0,410	0,396	0,360	0,312	0,259	0,206	0,156	0,113	0,077	0,049	0,028	0,015	0,006	0,002	0,000	0,000
	2	0,001	0,021	0,073	0,138	0,205	0,264	0,309	0,336	0,346	0,337	0,312	0,276	0,230	0,181	0,132	0,088	0,051	0,024	0,008	0,001
	3	0,000	0,001	0,008	0,024	0,051	0,088	0,132	0,181	0,230	0,276	0,312	0,337	0,346	0,336	0,309	0,264	0,205	0,138	0,073	0,021
	4	0,000	0,000	0,000	0,002	0,006	0,015	0,028	0,049	0,077	0,113	0,156	0,206	0,259	0,312	0,360	0,396	0,410	0,392	0,328	0,204
	5	0,000	0,000	0,000	0,000	0,000	0,001	0,002	0,005	0,010	0,019	0,031	0,050	0,078	0,116	0,168	0,237	0,328	0,444	0,590	0,774
6	0	0,941	0,735	0,531	0,377	0,262	0,178	0,118	0,075	0,047	0,028	0,016	0,008	0,004	0,002	0,001	0,000	0,000	0,000	0,000	0,000
	1	0,057	0,232	0,354	0,399	0,393	0,356	0,303	0,244	0,187	0,136	0,094	0,061	0,037	0,020	0,010	0,004	0,002	0,000	0,000	0,000
	2	0,001	0,031	0,098	0,176	0,246	0,297	0,324	0,328	0,311	0,278	0,234	0,186	0,138	0,095	0,060	0,033	0,015	0,006	0,001	0,000
	3	0,000	0,002	0,015	0,042	0,082	0,132	0,185	0,236	0,276	0,303	0,312	0,303	0,276	0,236	0,185	0,132	0,082	0,042	0,015	0,002
	4	0,000	0,000	0,001	0,006	0,015	0,033	0,060	0,095	0,138	0,186	0,234	0,278	0,311	0,328	0,324	0,297	0,246	0,176	0,098	0,031
	5	0,000	0,000	0,000	0,000	0,002	0,004	0,010	0,020	0,037	0,061	0,094	0,136	0,187	0,244	0,303	0,356	0,393	0,399	0,354	0,232
	6	0,000	0,000	0,000	0,000	0,000	0,000	0,001	0,002	0,004	0,008	0,016	0,028	0,047	0,075	0,118	0,178	0,262	0,377	0,531	0,735
7	0	0,932	0,698	0,478	0,321	0,210	0,133	0,082	0,049	0,028	0,015	0,008	0,004	0,002	0,001	0,000	0,000	0,000	0,000	0,000	0,000
	1	0,066	0,257	0,372	0,396	0,367	0,311	0,247	0,185	0,131	0,087	0,055	0,032	0,017	0,008	0,004	0,001	0,000	0,000	0,000	0,000
	2	0,002	0,041	0,124	0,210	0,275	0,311	0,318	0,299	0,261	0,214	0,164	0,117	0,077	0,047	0,025	0,012	0,004	0,001	0,000	0,000
	3	0,000	0,004	0,023	0,062	0,115	0,173	0,227	0,268	0,290	0,292	0,273	0,239	0,194	0,144	0,097	0,058	0,029	0,011	0,003	0,000
	4	0,000	0,000	0,003	0,011	0,029	0,058	0,097	0,144	0,194	0,239	0,273	0,292	0,290	0,268	0,227	0,173	0,115	0,062	0,023	0,004
	5	0,000	0,000	0,000	0,001	0,004	0,012	0,025	0,047	0,077	0,117	0,164	0,214	0,261	0,299	0,318	0,311	0,275	0,210	0,124	0,041
	6	0,000	0,000	0,000	0,000	0,000	0,001	0,004	0,008	0,017	0,032	0,055	0,087	0,131	0,185	0,247	0,311	0,367	0,396	0,372	0,257
	7	0,000	0,000	0,000	0,000	0,000	0,000	0,000	0,001	0,002	0,004	0,008	0,015	0,028	0,049	0,082	0,133	0,210	0,321	0,478	0,698
8	0	0,923	0,663	0,430	0,272	0,168	0,100	0,058	0,032	0,017	0,008	0,004	0,002	0,001	0,000	0,000	0,000	0,000	0,000	0,000	0,000
	1	0,075	0,279	0,383	0,385	0,336	0,267	0,198	0,137	0,090	0,055	0,031	0,016	0,008	0,003	0,001	0,000	0,000	0,000	0,000	0,000
	2	0,003	0,051	0,149	0,238	0,294	0,311	0,296	0,259	0,209	0,157	0,109	0,070	0,041	0,022	0,010	0,004	0,001	0,000	0,000	0,000
	3	0,000	0,005	0,033	0,084	0,147	0,208	0,254	0,279	0,279	0,257	0,219	0,172	0,124	0,081	0,047	0,023	0,009	0,003	0,000	0,000
	4	0,000	0,000	0,005	0,018	0,046	0,087	0,136	0,188	0,232	0,263	0,273	0,263	0,232	0,188	0,136	0,087	0,046	0,018	0,005	0,000
	5	0,000	0,000	0,000	0,003	0,009	0,023	0,047	0,081	0,124	0,172	0,219	0,257	0,279	0,279	0,254	0,208	0,147	0,084	0,033	0,005
	6	0,000	0,000	0,000	0,000	0,001	0,004	0,010	0,022	0,041	0,070	0,109	0,157	0,209	0,259	0,296	0,311	0,294	0,238	0,149	0,051
	7	0,000	0,000	0,000	0,000	0,000	0,000	0,001	0,003	0,008	0,016	0,031	0,055	0,090	0,137	0,198	0,267	0,336	0,385	0,383	0,279
	8	0,000	0,000	0,000	0,000	0,000	0,000	0,000	0,000	0,001	0,002	0,004	0,008	0,017	0,032	0,058	0,100	0,168	0,272	0,430	0,663
9	0	0,914	0,630	0,387	0,232	0,134	0,075	0,040	0,021	0,010	0,005	0,002	0,001	0,000	0,000	0,000	0,000	0,000	0,000	0,000	0,000
	1	0,083	0,299	0,387	0,368	0,302	0,225	0,156	0,100	0,060	0,034	0,018	0,008	0,004	0,001	0,000	0,000	0,000	0,000	0,000	0,000
	2	0,003	0,063	0,172	0,260	0,302	0,300	0,267	0,216	0,161	0,111	0,070	0,041	0,021	0,010	0,004	0,001	0,000	0,000	0,000	0,000
	3	0,000	0,008	0,045	0,107	0,176	0,234	0,267	0,272	0,251	0,212	0,164	0,116	0,074	0,042	0,021	0,009	0,003	0,001	0,000	0,000
	4	0,000	0,001	0,007	0,028	0,066	0,117	0,172	0,219	0,251	0,260	0,246	0,213	0,167	0,118	0,074	0,039	0,017	0,005	0,001	0,000
	5	0,000	0,000	0,001	0,005	0,017	0,039	0,074	0,118	0,167	0,213	0,246	0,260	0,251	0,219	0,172	0,117	0,066	0,028	0,007	0,001
	6	0,000	0,000	0,000	0,001	0,003	0,009	0,021	0,042	0,074	0,116	0,164	0,212	0,251	0,272	0,267	0,234	0,176	0,107	0,045	0,008
	7	0,000	0,000	0,000	0,000	0,000	0,001	0,004	0,010	0,021	0,041	0,070	0,111	0,161	0,216	0,267	0,300	0,302	0,260	0,172	0,063
	8	0,000	0,000	0,000	0,000	0,000	0,000	0,000	0,001	0,004	0,008	0,018	0,034	0,060	0,100	0,156	0,225	0,302	0,368	0,387	0,299
	9	0,000	0,000	0,000	0,000	0,000	0,000	0,000	0,000	0,000	0,001	0,002	0,005	0,010	0,021	0,040	0,075	0,134	0,232	0,387	0,630

(continua)

Distribuição de probabilidade binomial, reimpresso de Brase/Brase, ***Understandable Statistics***, 6ª edição. Copyright 1999 por Houghton Mifflin Company. Reimpresso com permissão.

Tabela 2 — distribuição binomial (*continuação*)

n	*x*	0,01	0,05	0,10	0,15	0,20	0,25	0,30	0,35	0,40	0,45	0,50	0,55	0,60	0,65	0,70	0,75	0,80	0,85	0,90	0,95
10	0	0,904	0,599	0,349	0,197	0,107	0,056	0,028	0,014	0,006	0,003	0,001	0,000	0,000	0,000	0,000	0,000	0,000	0,000	0,000	0,000
	1	0,091	0,315	0,387	0,347	0,268	0,188	0,121	0,072	0,040	0,021	0,010	0,004	0,002	0,000	0,000	0,000	0,000	0,000	0,000	0,000
	2	0,004	0,075	0,194	0,276	0,302	0,282	0,233	0,176	0,121	0,076	0,044	0,023	0,011	0,004	0,001	0,000	0,000	0,000	0,000	0,000
	3	0,000	0,010	0,057	0,130	0,201	0,250	0,267	0,252	0,215	0,166	0,117	0,075	0,042	0,021	0,009	0,003	0,001	0,000	0,000	0,000
	4	0,000	0,001	0,011	0,040	0,088	0,146	0,200	0,238	0,251	0,238	0,205	0,160	0,111	0,069	0,037	0,016	0,006	0,001	0,000	0,000
	5	0,000	0,000	0,001	0,008	0,026	0,058	0,103	0,154	0,201	0,234	0,246	0,234	0,201	0,154	0,103	0,058	0,026	0,008	0,001	0,000
	6	0,000	0,000	0,000	0,001	0,006	0,016	0,037	0,069	0,111	0,160	0,205	0,238	0,251	0,238	0,200	0,146	0,088	0,040	0,011	0,001
	7	0,000	0,000	0,000	0,000	0,001	0,003	0,009	0,021	0,042	0,075	0,117	0,166	0,215	0,252	0,267	0,250	0,201	0,130	0,057	0,010
	8	0,000	0,000	0,000	0,000	0,000	0,000	0,001	0,004	0,011	0,023	0,044	0,076	0,121	0,176	0,233	0,282	0,302	0,276	0,194	0,075
	9	0,000	0,000	0,000	0,000	0,000	0,000	0,000	0,000	0,002	0,004	0,010	0,021	0,040	0,072	0,121	0,188	0,268	0,347	0,387	0,315
	10	0,000	0,000	0,000	0,000	0,000	0,000	0,000	0,000	0,000	0,000	0,001	0,003	0,006	0,014	0,028	0,056	0,107	0,197	0,349	0,599
11	0	0,895	0,569	0,314	0,167	0,086	0,042	0,020	0,009	0,004	0,001	0,000	0,000	0,000	0,000	0,000	0,000	0,000	0,000	0,000	0,000
	1	0,099	0,329	0,384	0,325	0,236	0,155	0,093	0,052	0,027	0,013	0,005	0,002	0,001	0,000	0,000	0,000	0,000	0,000	0,000	0,000
	2	0,005	0,087	0,213	0,287	0,295	0,258	0,200	0,140	0,089	0,051	0,027	0,013	0,005	0,002	0,001	0,000	0,000	0,000	0,000	0,000
	3	0,000	0,014	0,071	0,152	0,221	0,258	0,257	0,225	0,177	0,126	0,081	0,046	0,023	0,010	0,004	0,001	0,000	0,000	0,000	0,000
	4	0,000	0,001	0,016	0,054	0,111	0,172	0,220	0,243	0,236	0,206	0,161	0,113	0,070	0,038	0,017	0,006	0,002	0,000	0,000	0,000
	5	0,000	0,000	0,002	0,013	0,039	0,080	0,132	0,183	0,221	0,236	0,226	0,193	0,147	0,099	0,057	0,027	0,010	0,002	0,000	0,000
	6	0,000	0,000	0,000	0,002	0,010	0,027	0,057	0,099	0,147	0,193	0,226	0,236	0,221	0,183	0,132	0,080	0,039	0,013	0,002	0,000
	7	0,000	0,000	0,000	0,000	0,002	0,006	0,017	0,038	0,070	0,113	0,161	0,206	0,236	0,243	0,220	0,172	0,111	0,054	0,016	0,001
	8	0,000	0,000	0,000	0,000	0,000	0,001	0,004	0,010	0,023	0,046	0,081	0,126	0,177	0,225	0,257	0,258	0,221	0,152	0,071	0,014
	9	0,000	0,000	0,000	0,000	0,000	0,000	0,001	0,002	0,005	0,013	0,027	0,051	0,089	0,140	0,200	0,258	0,295	0,287	0,213	0,087
	10	0,000	0,000	0,000	0,000	0,000	0,000	0,000	0,000	0,001	0,002	0,005	0,013	0,027	0,052	0,093	0,155	0,236	0,325	0,384	0,329
	11	0,000	0,000	0,000	0,000	0,000	0,000	0,000	0,000	0,000	0,000	0,000	0,001	0,004	0,009	0,020	0,042	0,086	0,167	0,314	0,569
12	0	0,886	0,540	0,282	0,142	0,069	0,032	0,014	0,006	0,002	0,001	0,000	0,000	0,000	0,000	0,000	0,000	0,000	0,000	0,000	0,000
	1	0,107	0,341	0,377	0,301	0,206	0,127	0,071	0,037	0,017	0,008	0,003	0,001	0,000	0,000	0,000	0,000	0,000	0,000	0,000	0,000
	2	0,006	0,099	0,230	0,292	0,283	0,232	0,168	0,109	0,064	0,034	0,016	0,007	0,002	0,001	0,000	0,000	0,000	0,000	0,000	0,000
	3	0,000	0,017	0,085	0,172	0,236	0,258	0,240	0,195	0,142	0,092	0,054	0,028	0,012	0,005	0,001	0,000	0,000	0,000	0,000	0,000
	4	0,000	0,002	0,021	0,068	0,133	0,194	0,231	0,237	0,213	0,170	0,121	0,076	0,042	0,020	0,008	0,002	0,001	0,000	0,000	0,000
	5	0,000	0,000	0,004	0,019	0,053	0,103	0,158	0,204	0,227	0,223	0,193	0,149	0,101	0,059	0,029	0,011	0,003	0,001	0,000	0,000
	6	0,000	0,000	0,000	0,004	0,016	0,040	0,079	0,128	0,177	0,212	0,226	0,212	0,177	0,128	0,079	0,040	0,016	0,004	0,000	0,000
	7	0,000	0,000	0,000	0,001	0,003	0,011	0,029	0,059	0,101	0,149	0,193	0,223	0,227	0,204	0,158	0,103	0,053	0,019	0,004	0,000
	8	0,000	0,000	0,000	0,000	0,001	0,002	0,008	0,020	0,042	0,076	0,121	0,170	0,213	0,237	0,231	0,194	0,133	0,068	0,021	0,002
	9	0,000	0,000	0,000	0,000	0,000	0,000	0,001	0,005	0,012	0,028	0,054	0,092	0,142	0,195	0,240	0,258	0,236	0,172	0,085	0,017
	10	0,000	0,000	0,000	0,000	0,000	0,000	0,000	0,001	0,002	0,007	0,016	0,034	0,064	0,109	0,168	0,232	0,283	0,292	0,230	0,099
	11	0,000	0,000	0,000	0,000	0,000	0,000	0,000	0,000	0,000	0,001	0,003	0,008	0,017	0,037	0,071	0,127	0,206	0,301	0,377	0,341
	12	0,000	0,000	0,000	0,000	0,000	0,000	0,000	0,000	0,000	0,000	0,000	0,001	0,002	0,006	0,014	0,032	0,069	0,142	0,282	0,540
15	0	0,860	0,463	0,206	0,087	0,035	0,013	0,005	0,002	0,000	0,000	0,000	0,000	0,000	0,000	0,000	0,000	0,000	0,000	0,000	0,000
	1	0,130	0,366	0,343	0,231	0,132	0,067	0,031	0,013	0,005	0,002	0,000	0,000	0,000	0,000	0,000	0,000	0,000	0,000	0,000	0,000
	2	0,009	0,135	0,267	0,286	0,231	0,156	0,092	0,048	0,022	0,009	0,003	0,001	0,000	0,000	0,000	0,000	0,000	0,000	0,000	0,000
	3	0,000	0,031	0,129	0,218	0,250	0,225	0,170	0,111	0,063	0,032	0,014	0,005	0,002	0,000	0,000	0,000	0,000	0,000	0,000	0,000
	4	0,000	0,005	0,043	0,116	0,188	0,225	0,219	0,179	0,127	0,078	0,042	0,019	0,007	0,002	0,001	0,000	0,000	0,000	0,000	0,000
	5	0,000	0,001	0,010	0,045	0,103	0,165	0,206	0,212	0,186	0,140	0,092	0,051	0,024	0,010	0,003	0,001	0,000	0,000	0,000	0,000
	6	0,000	0,000	0,002	0,013	0,043	0,092	0,147	0,191	0,207	0,191	0,153	0,105	0,061	0,030	0,012	0,003	0,001	0,000	0,000	0,000
	7	0,000	0,000	0,000	0,003	0,014	0,039	0,081	0,132	0,177	0,201	0,196	0,165	0,118	0,071	0,035	0,013	0,003	0,001	0,000	0,000
	8	0,000	0,000	0,000	0,001	0,003	0,013	0,035	0,071	0,118	0,165	0,196	0,201	0,177	0,132	0,081	0,039	0,014	0,003	0,000	0,000
	9	0,000	0,000	0,000	0,000	0,001	0,003	0,012	0,030	0,061	0,105	0,153	0,191	0,207	0,191	0,147	0,092	0,043	0,013	0,002	0,000
	10	0,000	0,000	0,000	0,000	0,000	0,001	0,003	0,010	0,024	0,051	0,092	0,140	0,186	0,212	0,206	0,165	0,103	0,045	0,010	0,001
	11	0,000	0,000	0,000	0,000	0,000	0,000	0,001	0,002	0,007	0,019	0,042	0,078	0,127	0,179	0,219	0,225	0,188	0,116	0,043	0,005
	12	0,000	0,000	0,000	0,000	0,000	0,000	0,000	0,000	0,002	0,005	0,014	0,032	0,063	0,111	0,170	0,225	0,250	0,218	0,129	0,031
	13	0,000	0,000	0,000	0,000	0,000	0,000	0,000	0,000	0,000	0,001	0,003	0,009	0,022	0,048	0,092	0,156	0,231	0,286	0,267	0,135
	14	0,000	0,000	0,000	0,000	0,000	0,000	0,000	0,000	0,000	0,000	0,000	0,002	0,005	0,013	0,031	0,067	0,132	0,231	0,343	0,366
	15	0,000	0,000	0,000	0,000	0,000	0,000	0,000	0,000	0,000	0,000	0,000	0,000	0,000	0,002	0,005	0,013	0,035	0,087	0,206	0,463

(*continua*)

Distribuição de probabilidade binomial, reimpresso de Brase/Brase, ***Understandable Statistics***, 6ª edição. Copyright 1999 por Houghton Mifflin Company. Reimpresso com permissão.

Tabela 2 — distribuição binomial (*continuação*)

		p																			
n	*x*	0,01	0,05	0,10	0,15	0,20	0,25	0,30	0,35	0,40	0,45	0,50	0,55	0,60	0,65	0,70	0,75	0,80	0,85	0,90	0,95
16	0	0,851	0,440	0,185	0,074	0,028	0,010	0,003	0,001	0,000	0,000	0,000	0,000	0,000	0,000	0,000	0,000	0,000	0,000	0,000	0,000
	1	0,138	0,371	0,329	0,210	0,113	0,053	0,023	0,009	0,003	0,001	0,000	0,000	0,000	0,000	0,000	0,000	0,000	0,000	0,000	0,000
	2	0,010	0,146	0,275	0,277	0,211	0,134	0,073	0,035	0,015	0,006	0,002	0,001	0,000	0,000	0,000	0,000	0,000	0,000	0,000	0,000
	3	0,000	0,036	0,142	0,229	0,246	0,208	0,146	0,089	0,047	0,022	0,009	0,003	0,001	0,000	0,000	0,000	0,000	0,000	0,000	0,000
	4	0,000	0,006	0,051	0,131	0,200	0,225	0,204	0,155	0,101	0,057	0,028	0,011	0,004	0,001	0,000	0,000	0,000	0,000	0,000	0,000
	5	0,000	0,001	0,014	0,056	0,120	0,180	0,210	0,201	0,162	0,112	0,067	0,034	0,014	0,005	0,001	0,000	0,000	0,000	0,000	0,000
	6	0,000	0,000	0,003	0,018	0,055	0,110	0,165	0,198	0,198	0,168	0,122	0,075	0,039	0,017	0,006	0,001	0,000	0,000	0,000	0,000
	7	0,000	0,000	0,000	0,005	0,020	0,052	0,101	0,152	0,189	0,197	0,175	0,132	0,084	0,044	0,019	0,006	0,001	0,000	0,000	0,000
	8	0,000	0,000	0,000	0,001	0,006	0,020	0,049	0,092	0,142	0,181	0,196	0,181	0,142	0,092	0,049	0,020	0,006	0,001	0,000	0,000
	9	0,000	0,000	0,000	0,000	0,001	0,006	0,019	0,044	0,084	0,132	0,175	0,197	0,189	0,152	0,101	0,052	0,020	0,005	0,000	0,000
	10	0,000	0,000	0,000	0,000	0,000	0,001	0,006	0,017	0,039	0,075	0,122	0,168	0,198	0,198	0,165	0,110	0,055	0,018	0,003	0,000
	11	0,000	0,000	0,000	0,000	0,000	0,000	0,001	0,005	0,014	0,034	0,067	0,112	0,162	0,201	0,210	0,180	0,120	0,056	0,014	0,001
	12	0,000	0,000	0,000	0,000	0,000	0,000	0,000	0,001	0,004	0,011	0,028	0,057	0,101	0,155	0,204	0,225	0,200	0,131	0,051	0,006
	13	0,000	0,000	0,000	0,000	0,000	0,000	0,000	0,000	0,001	0,003	0,009	0,022	0,047	0,089	0,146	0,208	0,246	0,229	0,142	0,036
	14	0,000	0,000	0,000	0,000	0,000	0,000	0,000	0,000	0,000	0,001	0,002	0,006	0,015	0,035	0,073	0,134	0,211	0,277	0,275	0,146
	15	0,000	0,000	0,000	0,000	0,000	0,000	0,000	0,000	0,000	0,000	0,000	0,001	0,003	0,009	0,023	0,053	0,113	0,210	0,329	0,371
	16	0,000	0,000	0,000	0,000	0,000	0,000	0,000	0,000	0,000	0,000	0,000	0,000	0,000	0,001	0,003	0,010	0,028	0,074	0,185	0,440
20	0	0,818	0,358	0,122	0,039	0,012	0,003	0,001	0,000	0,000	0,000	0,000	0,000	0,000	0,000	0,000	0,000	0,000	0,000	0,000	0,000
	1	0,165	0,377	0,270	0,137	0,058	0,021	0,007	0,002	0,000	0,000	0,000	0,000	0,000	0,000	0,000	0,000	0,000	0,000	0,000	0,000
	2	0,016	0,189	0,285	0,229	0,137	0,067	0,028	0,010	0,003	0,001	0,000	0,000	0,000	0,000	0,000	0,000	0,000	0,000	0,000	0,000
	3	0,001	0,060	0,190	0,243	0,205	0,134	0,072	0,032	0,012	0,004	0,001	0,000	0,000	0,000	0,000	0,000	0,000	0,000	0,000	0,000
	4	0,000	0,013	0,090	0,182	0,218	0,190	0,130	0,074	0,035	0,014	0,005	0,001	0,000	0,000	0,000	0,000	0,000	0,000	0,000	0,000
	5	0,000	0,002	0,032	0,103	0,175	0,202	0,179	0,127	0,075	0,036	0,015	0,005	0,001	0,000	0,000	0,000	0,000	0,000	0,000	0,000
	6	0,000	0,000	0,009	0,045	0,109	0,169	0,192	0,171	0,124	0,075	0,036	0,015	0,005	0,001	0,000	0,000	0,000	0,000	0,000	0,000
	7	0,000	0,000	0,002	0,016	0,055	0,112	0,164	0,184	0,166	0,122	0,074	0,037	0,015	0,005	0,001	0,000	0,000	0,000	0,000	0,000
	8	0,000	0,000	0,000	0,005	0,022	0,061	0,114	0,161	0,180	0,162	0,120	0,073	0,035	0,014	0,004	0,001	0,000	0,000	0,000	0,000
	9	0,000	0,000	0,000	0,001	0,007	0,027	0,065	0,116	0,160	0,177	0,160	0,119	0,071	0,034	0,012	0,003	0,000	0,000	0,000	0,000
	10	0,000	0,000	0,000	0,000	0,002	0,010	0,031	0,069	0,117	0,159	0,176	0,159	0,117	0,069	0,031	0,010	0,002	0,000	0,000	0,000
	11	0,000	0,000	0,000	0,000	0,000	0,003	0,012	0,034	0,071	0,119	0,160	0,177	0,160	0,116	0,065	0,027	0,007	0,001	0,000	0,000
	12	0,000	0,000	0,000	0,000	0,000	0,001	0,004	0,014	0,035	0,073	0,120	0,162	0,180	0,161	0,114	0,061	0,022	0,005	0,000	0,000
	13	0,000	0,000	0,000	0,000	0,000	0,000	0,001	0,005	0,015	0,037	0,074	0,122	0,166	0,184	0,164	0,112	0,055	0,016	0,002	0,000
	14	0,000	0,000	0,000	0,000	0,000	0,000	0,000	0,001	0,005	0,015	0,037	0,075	0,124	0,171	0,192	0,169	0,109	0,045	0,009	0,000
	15	0,000	0,000	0,000	0,000	0,000	0,000	0,000	0,000	0,001	0,005	0,015	0,036	0,075	0,127	0,179	0,202	0,175	0,103	0,032	0,002
	16	0,000	0,000	0,000	0,000	0,000	0,000	0,000	0,000	0,000	0,001	0,005	0,014	0,035	0,074	0,130	0,190	0,218	0,182	0,090	0,013
	17	0,000	0,000	0,000	0,000	0,000	0,000	0,000	0,000	0,000	0,000	0,001	0,004	0,012	0,032	0,072	0,134	0,205	0,243	0,190	0,060
	18	0,000	0,000	0,000	0,000	0,000	0,000	0,000	0,000	0,000	0,000	0,000	0,001	0,003	0,010	0,028	0,067	0,137	0,229	0,285	0,189
	19	0,000	0,000	0,000	0,000	0,000	0,000	0,000	0,000	0,000	0,000	0,000	0,000	0,000	0,002	0,007	0,021	0,058	0,137	0,270	0,377
	20	0,000	0,000	0,000	0,000	0,000	0,000	0,000	0,000	0,000	0,000	0,000	0,000	0,000	0,000	0,001	0,003	0,012	0,039	0,122	0,358

Tabela 3 — distribuição Poisson

	μ									
x	**0,1**	**0,2**	**0,3**	**0,4**	**0,5**	**0,6**	**0,7**	**0,8**	**0,9**	**1,0**
0	0,9048	0,8187	0,7408	0,6703	0,6065	0,5488	0,4966	0,4493	0,4066	0,3679
1	0,0905	0,1637	0,2222	0,2681	0,3033	0,3293	0,3476	0,3595	0,3659	0,3679
2	0,0045	0,0164	0,0333	0,0536	0,0758	0,0988	0,1217	0,1438	0,1647	0,1839
3	0,0002	0,0011	0,0033	0,0072	0,0126	0,0198	0,0284	0,0383	0,0494	0,0613
4	0,0000	0,0001	0,0003	0,0007	0,0016	0,0030	0,0050	0,0077	0,0111	0,0153
5	0,0000	0,0000	0,0000	0,0001	0,0002	0,0004	0,0007	0,0012	0,0020	0,0031
6	0,0000	0,0000	0,0000	0,0000	0,0000	0,0000	0,0001	0,0002	0,0003	0,0005
7	0,0000	0,0000	0,0000	0,0000	0,0000	0,0000	0,0000	0,0000	0,0000	0,0001

	μ									
x	**1,1**	**1,2**	**1,3**	**1,4**	**1,5**	**1,6**	**1,7**	**1,8**	**1,9**	**2,0**
0	0,3329	0,3012	0,2725	0,2466	0,2231	0,2019	0,1827	0,1653	0,1496	0,1353
1	0,3662	0,3614	0,3543	0,3452	0,3347	0,3230	0,3106	0,2975	0,2842	0,2707
2	0,2014	0,2169	0,2303	0,2417	0,2510	0,2584	0,2640	0,2678	0,2700	0,2707
3	0,0738	0,0867	0,0998	0,1128	0,1255	0,1378	0,1496	0,1607	0,1710	0,1804
4	0,0203	0,0260	0,0324	0,0395	0,0471	0,0551	0,0636	0,0723	0,0812	0,0902
5	0,0045	0,0062	0,0084	0,0111	0,0141	0,0176	0,0216	0,0260	0,0309	0,0361
6	0,0008	0,0012	0,0018	0,0026	0,0035	0,0047	0,0061	0,0078	0,0098	0,0120
7	0,0001	0,0002	0,0003	0,0005	0,0008	0,0011	0,0015	0,0020	0,0027	0,0034
8	0,0000	0,0000	0,0001	0,0001	0,0001	0,0002	0,0003	0,0005	0,0006	0,0009
9	0,0000	0,0000	0,0000	0,0000	0,0000	0,0000	0,0001	0,0001	0,0001	0,0002

	μ									
x	**2,1**	**2,2**	**2,3**	**2,4**	**2,5**	**2,6**	**2,7**	**2,8**	**2,9**	**3,0**
0	0,1225	0,1108	0,1003	0,0907	0,0821	0,0743	0,0672	0,0608	0,0550	0,0498
1	0,2572	0,2438	0,2306	0,2177	0,2052	0,1931	0,1815	0,1703	0,1596	0,1494
2	0,2700	0,2681	0,2652	0,2613	0,2565	0,2510	0,2450	0,2384	0,2314	0,2240
3	0,1890	0,1966	0,2033	0,2090	0,2138	0,2176	0,2205	0,2225	0,2237	0,2240
4	0,0992	0,1082	0,1169	0,1254	0,1336	0,1414	0,1488	0,1557	0,1622	0,1680
5	0,0417	0,0476	0,0538	0,0602	0,0668	0,0735	0,0804	0,0872	0,0940	0,1008
6	0,0146	0,0174	0,0206	0,0241	0,0278	0,0319	0,0362	0,0407	0,0455	0,0504
7	0,0044	0,0055	0,0068	0,0083	0,0099	0,0118	0,0139	0,0163	0,0188	0,0216
8	0,0011	0,0015	0,0019	0,0025	0,0031	0,0038	0,0047	0,0057	0,0068	0,0081
9	0,0003	0,0004	0,0005	0,0007	0,0009	0,0011	0,0014	0,0018	0,0022	0,0027
10	0,0001	0,0001	0,0001	0,0002	0,0002	0,0003	0,0004	0,0005	0,0006	0,0008
11	0,0000	0,0000	0,0000	0,0000	0,0000	0,0001	0,0001	0,0001	0,0002	0,0002
12	0,0000	0,0000	0,0000	0,0000	0,0000	0,0000	0,0000	0,0000	0,0000	0,0001

	μ									
x	**3,1**	**3,2**	**3,3**	**3,4**	**3,5**	**3,6**	**3,7**	**3,8**	**3,9**	**4,0**
0	0,0450	0,0408	0,0369	0,0334	0,0302	0,0273	0,0247	0,0224	0,0202	0,0183
1	0,1397	0,1304	0,1217	0,1135	0,1057	0,0984	0,0915	0,0850	0,0789	0,0733
2	0,2165	0,2087	0,2008	0,1929	0,1850	0,1771	0,1692	0,1615	0,1539	0,1465
3	0,2237	0,2226	0,2209	0,2186	0,2158	0,2125	0,2087	0,2046	0,2001	0,1954
4	0,1734	0,1781	0,1823	0,1858	0,1888	0,1912	0,1931	0,1944	0,1951	0,1954
5	0,1075	0,1140	0,1203	0,1264	0,1322	0,1377	0,1429	0,1477	0,1522	0,1563
6	0,0555	0,0608	0,0662	0,0716	0,0771	0,0826	0,0881	0,0936	0,0989	0,1042
7	0,0246	0,0278	0,0312	0,0348	0,0385	0,0425	0,0466	0,0508	0,0551	0,0595
8	0,0095	0,0111	0,0129	0,0148	0,0169	0,0191	0,0215	0,0241	0,0269	0,0298
9	0,0033	0,0040	0,0047	0,0056	0,0066	0,0076	0,0089	0,0102	0,0116	0,0132
10	0,0010	0,0013	0,0016	0,0019	0,0023	0,0028	0,0033	0,0039	0,0045	0,0053
11	0,0003	0,0004	0,0005	0,0006	0,0007	0,0009	0,0011	0,0013	0,0016	0,0019
12	0,0001	0,0001	0,0001	0,0002	0,0002	0,0003	0,0003	0,0004	0,0005	0,0006
13	0,0000	0,0000	0,0000	0,0000	0,0001	0,0001	0,0001	0,0001	0,0002	0,0002
14	0,0000	0,0000	0,0000	0,0000	0,0000	0,0000	0,0000	0,0000	0,0000	0,0001

(continua)

Reimpresso com permissão de W. H. Beyer, ***Handbook of Tables for Probability and Statistics***, 2ª edição, CRC Press, Boca Raton, Flórida, 1986.

Tabela 3 — distribuição Poisson (*continuação*)

	μ									
x	4,1	4,2	4,3	4,4	4,5	4,6	4,7	4,8	4,9	5,0
0	0,0166	0,0150	0,0136	0,0123	0,0111	0,0101	0,0091	0,0082	0,0074	0,0067
1	0,0679	0,0630	0,0583	0,0540	0,0500	0,0462	0,0427	0,0395	0,0365	0,0337
2	0,1393	0,1323	0,1254	0,1188	0,1125	0,1063	0,1005	0,0948	0,0894	0,0842
3	0,1904	0,1852	0,1798	0,1743	0,1687	0,1631	0,1574	0,1517	0,1460	0,1404
4	0,1951	0,1944	0,1933	0,1917	0,1898	0,1875	0,1849	0,1820	0,1789	0,1755
5	0,1600	0,1633	0,1662	0,1687	0,1708	0,1725	0,1738	0,1747	0,1753	0,1755
6	0,1093	0,1143	0,1191	0,1237	0,1281	0,1323	0,1362	0,1398	0,1432	0,1462
7	0,0640	0,0686	0,0732	0,0778	0,0824	0,0869	0,0914	0,0959	0,1002	0,1044
8	0,0328	0,0360	0,0393	0,0428	0,0463	0,0500	0,0537	0,0575	0,0614	0,0653
9	0,0150	0,0168	0,0188	0,0209	0,0232	0,0255	0,0280	0,0307	0,0334	0,0363
10	0,0061	0,0071	0,0081	0,0092	0,0104	0,0118	0,0132	0,0147	0,0164	0,0181
11	0,0023	0,0027	0,0032	0,0037	0,0043	0,0049	0,0056	0,0064	0,0073	0,0082
12	0,0008	0,0009	0,0011	0,0014	0,0016	0,0019	0,0022	0,0026	0,0030	0,0034
13	0,0002	0,0003	0,0004	0,0005	0,0006	0,0007	0,0008	0,0009	0,0011	0,0013
14	0,0001	0,0001	0,0001	0,0001	0,0002	0,0002	0,0003	0,0003	0,0004	0,0005
15	0,0000	0,0000	0,0000	0,0000	0,0001	0,0001	0,0001	0,0001	0,0001	0,0002

	μ									
x	5,1	5,2	5,3	5,4	5,5	5,6	5,7	5,8	5,9	6,0
0	0,0061	0,0055	0,0050	0,0045	0,0041	0,0037	0,0033	0,0030	0,0027	0,0025
1	0,0311	0,0287	0,0265	0,0244	0,0225	0,0207	0,0191	0,0176	0,0162	0,0149
2	0,0793	0,0746	0,0701	0,0659	0,0618	0,0580	0,0544	0,0509	0,0477	0,0446
3	0,1348	0,1293	0,1239	0,1185	0,1133	0,1082	0,1033	0,0985	0,0938	0,0892
4	0,1719	0,1681	0,1641	0,1600	0,1558	0,1515	0,1472	0,1428	0,1383	0,1339
5	0,1753	0,1748	0,1740	0,1728	0,1714	0,1697	0,1678	0,1656	0,1632	0,1606
6	0,1490	0,1515	0,1537	0,1555	0,1571	0,1584	0,1594	0,1601	0,1605	0,1606
7	0,1086	0,1125	0,1163	0,1200	0,1234	0,1267	0,1298	0,1326	0,1353	0,1377
8	0,0692	0,0731	0,0771	0,0810	0,0849	0,0887	0,0925	0,0962	0,0998	0,1033
9	0,0392	0,0423	0,0454	0,0486	0,0519	0,0552	0,0586	0,0620	0,0654	0,0688
10	0,0200	0,0220	0,0241	0,0262	0,0285	0,0309	0,0334	0,0359	0,0386	0,0413
11	0,0093	0,0104	0,0116	0,0129	0,0143	0,0157	0,0173	0,0190	0,0207	0,0225
12	0,0039	0,0045	0,0051	0,0058	0,0065	0,0073	0,0082	0,0092	0,0102	0,0113
13	0,0015	0,0018	0,0021	0,0024	0,0028	0,0032	0,0036	0,0041	0,0046	0,0052
14	0,0006	0,0007	0,0008	0,0009	0,0011	0,0013	0,0015	0,0017	0,0019	0,0022
15	0,0002	0,0002	0,0003	0,0003	0,0004	0,0005	0,0006	0,0007	0,0008	0,0009
16	0,0001	0,0001	0,0001	0,0001	0,0001	0,0002	0,0002	0,0002	0,0003	0,0003
17	0,0000	0,0000	0,0000	0,0000	0,0000	0,0000	0,0001	0,0001	0,0001	0,0001

(*continua*)

Tabela 3 — distribuição Poisson (*continuação*)

	μ									
x	6,1	6,2	6,3	6,4	6,5	6,6	6,7	6,8	6,9	7,0
0	0,0022	0,0020	0,0018	0,0017	0,0015	0,0014	0,0012	0,0011	0,0010	0,0009
1	0,0137	0,0126	0,0116	0,0106	0,0098	0,0090	0,0082	0,0076	0,0070	0,0064
2	0,0417	0,0390	0,0364	0,0340	0,0318	0,0296	0,0276	0,0258	0,0240	0,0223
3	0,0848	0,0806	0,0765	0,0726	0,0688	0,0652	0,0617	0,0584	0,0552	0,0521
4	0,1294	0,1249	0,1205	0,1162	0,1118	0,1076	0,1034	0,0992	0,0952	0,0912
5	0,1579	0,1549	0,1519	0,1487	0,1454	0,1420	0,1385	0,1349	0,1314	0,1277
6	0,1605	0,1601	0,1595	0,1586	0,1575	0,1562	0,1546	0,1529	0,1511	0,1490
7	0,1399	0,1418	0,1435	0,1450	0,1462	0,1472	0,1480	0,1486	0,1489	0,1490
8	0,1066	0,1099	0,1130	0,1160	0,1188	0,1215	0,1240	0,1263	0,1284	0,1304
9	0,0723	0,0757	0,0791	0,0825	0,0858	0,0891	0,0923	0,0954	0,0985	0,1014
10	0,0441	0,0469	0,0498	0,0528	0,0558	0,0588	0,0618	0,0649	0,0679	0,0710
11	0,0245	0,0265	0,0285	0,0307	0,0330	0,0353	0,0377	0,0401	0,0426	0,0452
12	0,0124	0,0137	0,0150	0,0164	0,0179	0,0194	0,0210	0,0227	0,0245	0,0264
13	0,0058	0,0065	0,0073	0,0081	0,0089	0,0098	0,0108	0,0119	0,0130	0,0142
14	0,0025	0,0029	0,0033	0,0037	0,0041	0,0046	0,0052	0,0058	0,0064	0,0071
15	0,0010	0,0012	0,0014	0,0016	0,0018	0,0020	0,0023	0,0026	0,0029	0,0033
16	0,0004	0,0005	0,0005	0,0006	0,0007	0,0008	0,0010	0,0011	0,0013	0,0014
17	0,0001	0,0002	0,0002	0,0002	0,0003	0,0003	0,0004	0,0004	0,0005	0,0006
18	0,0000	0,0001	0,0001	0,0001	0,0001	0,0001	0,0001	0,0002	0,0002	0,0002
19	0,0000	0,0000	0,0000	0,0000	0,0000	0,0000	0,0000	0,0001	0,0001	0,0001

	μ									
x	7,1	7,2	7,3	7,4	7,5	7,6	7,7	7,8	7,9	8,0
0	0,0008	0,0007	0,0007	0,0006	0,0006	0,0005	0,0005	0,0004	0,0004	0,0003
1	0,0059	0,0054	0,0049	0,0045	0,0041	0,0038	0,0035	0,0032	0,0029	0,0027
2	0,0208	0,0194	0,0180	0,0167	0,0156	0,0145	0,0134	0,0125	0,0116	0,0107
3	0,0492	0,0464	0,0438	0,0413	0,0389	0,0366	0,0345	0,0324	0,0305	0,0286
4	0,0874	0,0836	0,0799	0,0764	0,0729	0,0696	0,0663	0,0632	0,0602	0,0573
5	0,1241	0,1204	0,1167	0,1130	0,1094	0,1057	0,1021	0,0986	0,0951	0,0916
6	0,1468	0,1445	0,1420	0,1394	0,1367	0,1339	0,1311	0,1282	0,1252	0,1221
7	0,1489	0,1486	0,1481	0,1474	0,1465	0,1454	0,1442	0,1428	0,1413	0,1396
8	0,1321	0,1337	0,1351	0,1363	0,1373	0,1382	0,1388	0,1392	0,1395	0,1396
9	0,1042	0,1070	0,1096	0,1121	0,1144	0,1167	0,1187	0,1207	0,1224	0,1241
10	0,0740	0,0770	0,0800	0,0829	0,0858	0,0887	0,0914	0,0941	0,0967	0,0993
11	0,0478	0,0504	0,0531	0,0558	0,0585	0,0613	0,0640	0,0667	0,0695	0,0722
12	0,0283	0,0303	0,0323	0,0344	0,0366	0,0388	0,0411	0,0434	0,0457	0,0481
13	0,0154	0,0168	0,0181	0,0196	0,0211	0,0227	0,0243	0,0260	0,0278	0,0296
14	0,0078	0,0086	0,0095	0,0104	0,0113	0,0123	0,0134	0,0145	0,0157	0,0169
15	0,0037	0,0041	0,0046	0,0051	0,0057	0,0062	0,0069	0,0075	0,0083	0,0090
16	0,0016	0,0019	0,0021	0,0024	0,0026	0,0030	0,0033	0,0037	0,0041	0,0045
17	0,0007	0,0008	0,0009	0,0010	0,0012	0,0013	0,0015	0,0017	0,0019	0,0021
18	0,0003	0,0003	0,0004	0,0004	0,0005	0,0006	0,0006	0,0007	0,0008	0,0009
19	0,0001	0,0001	0,0001	0,0002	0,0002	0,0002	0,0003	0,0003	0,0003	0,0004
20	0,0000	0,0000	0,0001	0,0001	0,0001	0,0001	0,0001	0,0001	0,0001	0,0002
21	0,0000	0,0000	0,0000	0,0000	0,0000	0,0000	0,0000	0,0000	0,0001	0,0001

(*continua*)

Tabela 3 — distribuição Poisson (*continuação*)

	μ									
x	**8,1**	**8,2**	**8,3**	**8,4**	**8,5**	**8,6**	**8,7**	**8,8**	**8,9**	**9,0**
0	0,0003	0,0003	0,0002	0,0002	0,0002	0,0002	0,0002	0,0002	0,0001	0,0001
1	0,0025	0,0023	0,0021	0,0019	0,0017	0,0016	0,0014	0,0013	0,0012	0,0011
2	0,0100	0,0092	0,0086	0,0079	0,0074	0,0068	0,0063	0,0058	0,0054	0,0050
3	0,0269	0,0252	0,0237	0,0222	0,0208	0,0195	0,0183	0,0171	0,0160	0,0150
4	0,0544	0,0517	0,0491	0,0466	0,0443	0,0420	0,0398	0,0377	0,0357	0,0337
5	0,0882	0,0849	0,0816	0,0784	0,0752	0,0722	0,0692	0,0663	0,0635	0,0607
6	0,1191	0,1160	0,1128	0,1097	0,1066	0,1034	0,1003	0,0972	0,0941	0,0911
7	0,1378	0,1358	0,1338	0,1317	0,1294	0,1271	0,1247	0,1222	0,1197	0,1171
8	0,1395	0,1392	0,1388	0,1382	0,1375	0,1366	0,1356	0,1344	0,1332	0,1318
9	0,1256	0,1269	0,1280	0,1290	0,1299	0,1306	0,1311	0,1315	0,1317	0,1318
10	0,1017	0,1040	0,1063	0,1084	0,1104	0,1123	0,1140	0,1157	0,1172	0,1186
11	0,0749	0,0776	0,0802	0,0828	0,0853	0,0878	0,0902	0,0925	0,0948	0,0970
12	0,0505	0,0530	0,0555	0,0579	0,0604	0,0629	0,0654	0,0679	0,0703	0,0728
13	0,0315	0,0334	0,0354	0,0374	0,0395	0,0416	0,0438	0,0459	0,0481	0,0504
14	0,0182	0,0196	0,0210	0,0225	0,0240	0,0256	0,0272	0,0289	0,0306	0,0324
15	0,0098	0,0107	0,0116	0,0126	0,0136	0,0147	0,0158	0,0169	0,0182	0,0194
16	0,0050	0,0055	0,0060	0,0066	0,0072	0,0079	0,0086	0,0093	0,0101	0,0109
17	0,0024	0,0026	0,0029	0,0033	0,0036	0,0040	0,0044	0,0048	0,0053	0,0058
18	0,0011	0,0012	0,0014	0,0015	0,0017	0,0019	0,0021	0,0024	0,0026	0,0029
19	0,0005	0,0005	0,0006	0,0007	0,0008	0,0009	0,0010	0,0011	0,0012	0,0014
20	0,0002	0,0002	0,0002	0,0003	0,0003	0,0004	0,0004	0,0005	0,0005	0,0006
21	0,0001	0,0001	0,0001	0,0001	0,0001	0,0002	0,0002	0,0002	0,0002	0,0003
22	0,0000	0,0000	0,0000	0,0000	0,0001	0,0001	0,0001	0,0001	0,0001	0,0001

	μ									
x	**9,1**	**9,2**	**9,3**	**9,4**	**9,5**	**9,6**	**9,7**	**9,8**	**9,9**	**10,0**
0	0,0001	0,0001	0,0001	0,0001	0,0001	0,0001	0,0001	0,0001	0,0001	0,0000
1	0,0010	0,0009	0,0009	0,0008	0,0007	0,0007	0,0006	0,0005	0,0005	0,0005
2	0,0046	0,0043	0,0040	0,0037	0,0034	0,0031	0,0029	0,0027	0,0025	0,0023
3	0,0140	0,0131	0,0123	0,0115	0,0107	0,0100	0,0093	0,0087	0,0081	0,0076
4	0,0319	0,0302	0,0285	0,0269	0,0254	0,0240	0,0226	0,0213	0,0201	0,0189
5	0,0581	0,0555	0,0530	0,0506	0,0483	0,0460	0,0439	0,0418	0,0398	0,0378
6	0,0881	0,0851	0,0822	0,0793	0,0764	0,0736	0,0709	0,0682	0,0656	0,0631
7	0,1145	0,1118	0,1091	0,1064	0,1037	0,1010	0,0982	0,0955	0,0928	0,0901
8	0,1302	0,1286	0,1269	0,1251	0,1232	0,1212	0,1191	0,1170	0,1148	0,1126
9	0,1317	0,1315	0,1311	0,1306	0,1300	0,1293	0,1284	0,1274	0,1263	0,1251
10	0,1198	0,1210	0,1219	0,1228	0,1235	0,1241	0,1245	0,1249	0,1250	0,1251
11	0,0991	0,1012	0,1031	0,1049	0,1067	0,1083	0,1098	0,1112	0,1125	0,1137
12	0,0752	0,0776	0,0799	0,0822	0,0844	0,0866	0,0888	0,0908	0,0928	0,0948
13	0,0526	0,0549	0,0572	0,0594	0,0617	0,0640	0,0662	0,0685	0,0707	0,0729
14	0,0342	0,0361	0,0380	0,0399	0,0419	0,0439	0,0459	0,0479	0,0500	0,0521
15	0,0208	0,0221	0,0235	0,0250	0,0265	0,0281	0,0297	0,0313	0,0330	0,0347
16	0,0118	0,0127	0,0137	0,0147	0,0157	0,0168	0,0180	0,0192	0,0204	0,0217
17	0,0063	0,0069	0,0075	0,0081	0,0088	0,0095	0,0103	0,0111	0,0119	0,0128
18	0,0032	0,0035	0,0039	0,0042	0,0046	0,0051	0,0055	0,0060	0,0065	0,0071
19	0,0015	0,0017	0,0019	0,0021	0,0023	0,0026	0,0028	0,0031	0,0034	0,0037
20	0,0007	0,0008	0,0009	0,0010	0,0011	0,0012	0,0014	0,0015	0,0017	0,0019
21	0,0003	0,0003	0,0004	0,0004	0,0005	0,0006	0,0006	0,0007	0,0008	0,0009
22	0,0001	0,0001	0,0002	0,0002	0,0002	0,0002	0,0003	0,0003	0,0004	0,0004
23	0,0000	0,0001	0,0001	0,0001	0,0001	0,0001	0,0001	0,0001	0,0002	0,0002
24	0,0000	0,0000	0,0000	0,0000	0,0000	0,0000	0,0000	0,0001	0,0001	0,0001

(*continua*)

Tabela 3 — distribuição Poisson (*continuação*)

	μ									
x	11	12	13	14	15	16	17	18	19	20
0	0,0000	0,0000	0,0000	0,0000	0,0000	0,0000	0,0000	0,0000	0,0000	0,0000
1	0,0002	0,0001	0,0000	0,0000	0,0000	0,0000	0,0000	0,0000	0,0000	0,0000
2	0,0010	0,0004	0,0002	0,0001	0,0000	0,0000	0,0000	0,0000	0,0000	0,0000
3	0,0037	0,0018	0,0008	0,0004	0,0002	0,0001	0,0000	0,0000	0,0000	0,0000
4	0,0102	0,0053	0,0027	0,0013	0,0006	0,0003	0,0001	0,0001	0,0000	0,0000
5	0,0224	0,0127	0,0070	0,0037	0,0019	0,0010	0,0005	0,0002	0,0001	0,0001
6	0,0411	0,0255	0,0152	0,0087	0,0048	0,0026	0,0014	0,0007	0,0004	0,0002
7	0,0646	0,0437	0,0281	0,0174	0,0104	0,0060	0,0034	0,0018	0,0010	0,0005
8	0,0888	0,0655	0,0457	0,0304	0,0194	0,0120	0,0072	0,0042	0,0024	0,0013
9	0,1085	0,0874	0,0661	0,0473	0,0324	0,0213	0,0135	0,0083	0,0050	0,0029
10	0,1194	0,1048	0,0859	0,0663	0,0486	0,0341	0,0230	0,0150	0,0095	0,0058
11	0,1194	0,1144	0,1015	0,0844	0,0663	0,0496	0,0355	0,0245	0,0164	0,0106
12	0,1094	0,1144	0,1099	0,0984	0,0829	0,0661	0,0504	0,0368	0,0259	0,0176
13	0,0926	0,1056	0,1099	0,1060	0,0956	0,0814	0,0658	0,0509	0,0378	0,0271
14	0,0728	0,0905	0,1021	0,1060	0,1024	0,0930	0,0800	0,0655	0,0514	0,0387
15	0,0534	0,0724	0,0885	0,0989	0,1024	0,0992	0,0906	0,0786	0,0650	0,0516
16	0,0367	0,0543	0,0719	0,0866	0,0960	0,0992	0,0963	0,0884	0,0772	0,0646
17	0,0237	0,0383	0,0550	0,0713	0,0847	0,0934	0,0963	0,0936	0,0863	0,0760
18	0,0145	0,0256	0,0397	0,0554	0,0706	0,0830	0,0909	0,0936	0,0911	0,0844
19	0,0084	0,0161	0,0272	0,0409	0,0557	0,0699	0,0814	0,0887	0,0911	0,0888
20	0,0046	0,0097	0,0177	0,0286	0,0418	0,0559	0,0692	0,0798	0,0866	0,0888

	μ									
x	11	12	13	14	15	16	17	18	19	20
21	0,0024	0,0055	0,0109	0,0191	0,0299	0,0426	0,0560	0,0684	0,0783	0,0846
22	0,0012	0,0030	0,0065	0,0121	0,0204	0,0310	0,0433	0,0560	0,0676	0,0769
23	0,0006	0,0016	0,0037	0,0074	0,0133	0,0216	0,0320	0,0438	0,0559	0,0669
24	0,0003	0,0008	0,0020	0,0043	0,0083	0,0144	0,0226	0,0328	0,0442	0,0557
25	0,0001	0,0004	0,0010	0,0024	0,0050	0,0092	0,0154	0,0237	0,0336	0,0446
26	0,0000	0,0002	0,0005	0,0013	0,0029	0,0057	0,0101	0,0164	0,0246	0,0343
27	0,0000	0,0001	0,0002	0,0007	0,0016	0,0034	0,0063	0,0109	0,0173	0,0254
28	0,0000	0,0000	0,0001	0,0003	0,0009	0,0019	0,0038	0,0070	0,0117	0,0181
29	0,0000	0,0000	0,0001	0,0002	0,0004	0,0011	0,0023	0,0044	0,0077	0,0125
30	0,0000	0,0000	0,0000	0,0001	0,0002	0,0006	0,0013	0,0026	0,0049	0,0083
31	0,0000	0,0000	0,0000	0,0000	0,0001	0,0003	0,0007	0,0015	0,0030	0,0054
32	0,0000	0,0000	0,0000	0,0000	0,0001	0,0001	0,0004	0,0009	0,0018	0,0034
33	0,0000	0,0000	0,0000	0,0000	0,0000	0,0001	0,0002	0,0005	0,0010	0,0020
34	0,0000	0,0000	0,0000	0,0000	0,0000	0,0000	0,0001	0,0002	0,0006	0,0012
35	0,0000	0,0000	0,0000	0,0000	0,0000	0,0000	0,0000	0,0001	0,0003	0,0007
36	0,0000	0,0000	0,0000	0,0000	0,0000	0,0000	0,0000	0,0001	0,0002	0,0004
37	0,0000	0,0000	0,0000	0,0000	0,0000	0,0000	0,0000	0,0000	0,0001	0,0002
38	0,0000	0,0000	0,0000	0,0000	0,0000	0,0000	0,0000	0,0000	0,0000	0,0001
39	0,0000	0,0000	0,0000	0,0000	0,0000	0,0000	0,0000	0,0000	0,0000	0,0001

Tabela 4 — distribuição normal padrão

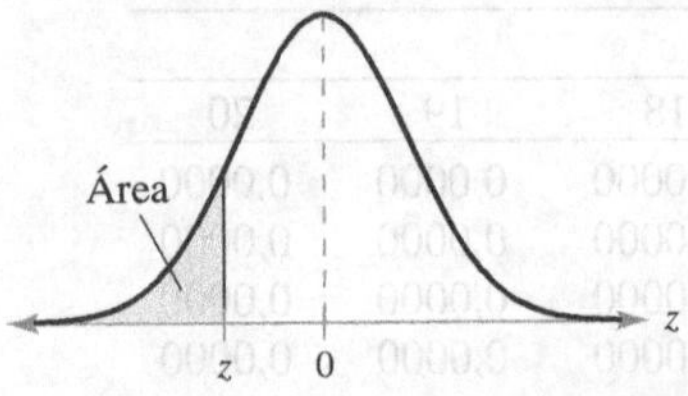

z	0,09	0,08	0,07	0,06	0,05	0,04	0,03	0,02	0,01	0,00
−3,4	0,0002	0,0003	0,0003	0,0003	0,0003	0,0003	0,0003	0,0003	0,0003	0,0003
−3,3	0,0003	0,0004	0,0004	0,0004	0,0004	0,0004	0,0004	0,0005	0,0005	0,0005
−3,2	0,0005	0,0005	0,0005	0,0006	0,0006	0,0006	0,0006	0,0006	0,0007	0,0007
−3,1	0,0007	0,0007	0,0008	0,0008	0,0008	0,0008	0,0009	0,0009	0,0009	0,0010
−3,0	0,0010	0,0010	0,0011	0,0011	0,0011	0,0012	0,0012	0,0013	0,0013	0,0013
−2,9	0,0014	0,0014	0,0015	0,0015	0,0016	0,0016	0,0017	0,0018	0,0018	0,0019
−2,8	0,0019	0,0020	0,0021	0,0021	0,0022	0,0023	0,0023	0,0024	0,0025	0,0026
−2,7	0,0026	0,0027	0,0028	0,0029	0,0030	0,0031	0,0032	0,0033	0,0034	0,0035
−2,6	0,0036	0,0037	0,0038	0,0039	0,0040	0,0041	0,0043	0,0044	0,0045	0,0047
−2,5	0,0048	0,0049	0,0051	0,0052	0,0054	0,0055	0,0057	0,0059	0,0060	0,0062
−2,4	0,0064	0,0066	0,0068	0,0069	0,0071	0,0073	0,0075	0,0078	0,0080	0,0082
−2,3	0,0084	0,0087	0,0089	0,0091	0,0094	0,0096	0,0099	0,0102	0,0104	0,0107
−2,2	0,0110	0,0113	0,0116	0,0119	0,0122	0,0125	0,0129	0,0132	0,0136	0,0139
−2,1	0,0143	0,0146	0,0150	0,0154	0,0158	0,0162	0,0166	0,0170	0,0174	0,0179
−2,0	0,0183	0,0188	0,0192	0,0197	0,0202	0,0207	0,0212	0,0217	0,0222	0,0228
−1,9	0,0233	0,0239	0,0244	0,0250	0,0256	0,0262	0,0268	0,0274	0,0281	0,0287
−1,8	0,0294	0,0301	0,0307	0,0314	0,0322	0,0329	0,0336	0,0344	0,0351	0,0359
−1,7	0,0367	0,0375	0,0384	0,0392	0,0401	0,0409	0,0418	0,0427	0,0436	0,0446
−1,6	0,0455	0,0465	0,0475	0,0485	0,0495	0,0505	0,0516	0,0526	0,0537	0,0548
−1,5	0,0559	0,0571	0,0582	0,0594	0,0606	0,0618	0,0630	0,0643	0,0655	0,0668
−1,4	0,0681	0,0694	0,0708	0,0721	0,0735	0,0749	0,0764	0,0778	0,0793	0,0808
−1,3	0,0823	0,0838	0,0853	0,0869	0,0885	0,0901	0,0918	0,0934	0,0951	0,0968
−1,2	0,0985	0,1003	0,1020	0,1038	0,1056	0,1075	0,1093	0,1112	0,1131	0,1151
−1,1	0,1170	0,1190	0,1210	0,1230	0,1251	0,1271	0,1292	0,1314	0,1335	0,1357
−1,0	0,1379	0,1401	0,1423	0,1446	0,1469	0,1492	0,1515	0,1539	0,1562	0,1587
−0,9	0,1611	0,1635	0,1660	0,1685	0,1711	0,1736	0,1762	0,1788	0,1814	0,1841
−0,8	0,1867	0,1894	0,1922	0,1949	0,1977	0,2005	0,2033	0,2061	0,2090	0,2119
−0,7	0,2148	0,2177	0,2206	0,2236	0,2266	0,2296	0,2327	0,2358	0,2389	0,2420
−0,6	0,2451	0,2483	0,2514	0,2546	0,2578	0,2611	0,2643	0,2676	0,2709	0,2743
−0,5	0,2776	0,2810	0,2843	0,2877	0,2912	0,2946	0,2981	0,3015	0,3050	0,3085
−0,4	0,3121	0,3156	0,3192	0,3228	0,3264	0,3300	0,3336	0,3372	0,3409	0,3446
−0,3	0,3483	0,3520	0,3557	0,3594	0,3632	0,3669	0,3707	0,3745	0,3783	0,3821
−0,2	0,3859	0,3897	0,3936	0,3974	0,4013	0,4052	0,4090	0,4129	0,4168	0,4207
−0,1	0,4247	0,4286	0,4325	0,4364	0,4404	0,4443	0,4483	0,4522	0,4562	0,4602
−0,0	0,4641	0,4681	0,4721	0,4761	0,4801	0,4840	0,4880	0,4920	0,4960	0,5000

(*continua*)

Valores críticos

Nível de confiança c	z_c
0,80	1,28
0,90	1,645
0,95	1,96
0,99	2,575

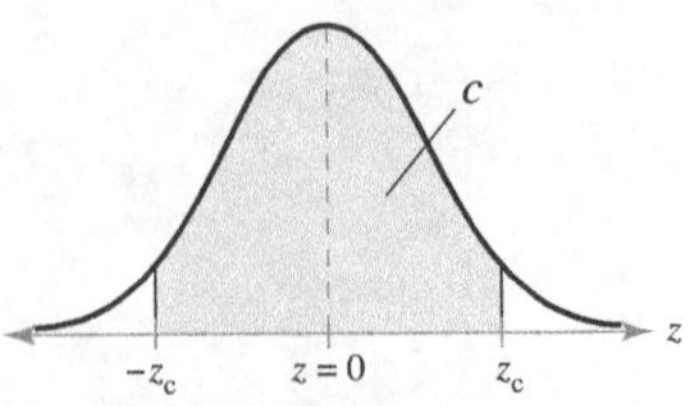

Tabela A-3, p. 681-682 de ***Probability and Statistics for Engineers and Scientists***, 6ª edição por Walpole, Meyers e Myers. Copyright 1997. Reimpresso com permissão de Pearson Prentice Hall, Upper Saddle River, N.J.

Tabela 4 — distribuição normal padrão (*continuação*)

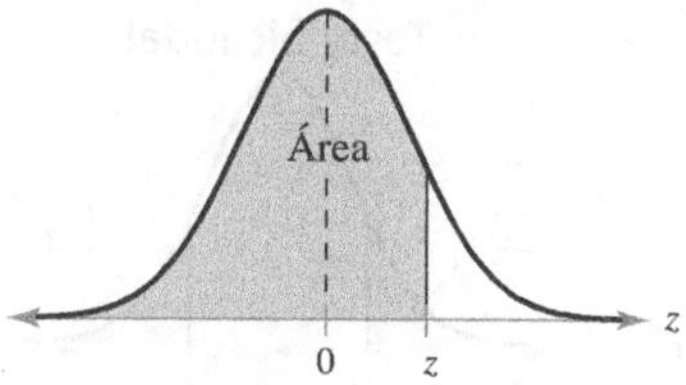

z	0,00	0,01	0,02	0,03	0,04	0,05	0,06	0,07	0,08	0,09
0,0	0,5000	0,5040	0,5080	0,5120	0,5160	0,5199	0,5239	0,5279	0,5319	0,5359
0,1	0,5398	0,5438	0,5478	0,5517	0,5557	0,5596	0,5636	0,5675	0,5714	0,5753
0,2	0,5793	0,5832	0,5871	0,5910	0,5948	0,5987	0,6026	0,6064	0,6103	0,6141
0,3	0,6179	0,6217	0,6255	0,6293	0,6331	0,6368	0,6406	0,6443	0,6480	0,6517
0,4	0,6554	0,6591	0,6628	0,6664	0,6700	0,6736	0,6772	0,6808	0,6844	0,6879
0,5	0,6915	0,6950	0,6985	0,7019	0,7054	0,7088	0,7123	0,7157	0,7190	0,7224
0,6	0,7257	0,7291	0,7324	0,7357	0,7389	0,7422	0,7454	0,7486	0,7517	0,7549
0,7	0,7580	0,7611	0,7642	0,7673	0,7704	0,7734	0,7764	0,7794	0,7823	0,7852
0,8	0,7881	0,7910	0,7939	0,7967	0,7995	0,8023	0,8051	0,8078	0,8106	0,8133
0,9	0,8159	0,8186	0,8212	0,8238	0,8264	0,8289	0,8315	0,8340	0,8365	0,8389
1,0	0,8413	0,8438	0,8461	0,8485	0,8508	0,8531	0,8554	0,8577	0,8599	0,8621
1,1	0,8643	0,8665	0,8686	0,8708	0,8729	0,8749	0,8770	0,8790	0,8810	0,8830
1,2	0,8849	0,8869	0,8888	0,8907	0,8925	0,8944	0,8962	0,8980	0,8997	0,9015
1,3	0,9032	0,9049	0,9066	0,9082	0,9099	0,9115	0,9131	0,9147	0,9162	0,9177
1,4	0,9192	0,9207	0,9222	0,9236	0,9251	0,9265	0,9279	0,9292	0,9306	0,9319
1,5	0,9332	0,9345	0,9357	0,9370	0,9382	0,9394	0,9406	0,9418	0,9429	0,9441
1,6	0,9452	0,9463	0,9474	0,9484	0,9495	0,9505	0,9515	0,9525	0,9535	0,9545
1,7	0,9554	0,9564	0,9573	0,9582	0,9591	0,9599	0,9608	0,9616	0,9625	0,9633
1,8	0,9641	0,9649	0,9656	0,9664	0,9671	0,9678	0,9686	0,9693	0,9699	0,9706
1,9	0,9713	0,9719	0,9726	0,9732	0,9738	0,9744	0,9750	0,9756	0,9761	0,9767
2,0	0,9772	0,9778	0,9783	0,9788	0,9793	0,9798	0,9803	0,9808	0,9812	0,9817
2,1	0,9821	0,9826	0,9830	0,9834	0,9838	0,9842	0,9846	0,9850	0,9854	0,9857
2,2	0,9861	0,9864	0,9868	0,9871	0,9875	0,9878	0,9881	0,9884	0,9887	0,9890
2,3	0,9893	0,9896	0,9898	0,9901	0,9904	0,9906	0,9909	0,9911	0,9913	0,9916
2,4	0,9918	0,9920	0,9922	0,9925	0,9927	0,9929	0,9931	0,9932	0,9934	0,9936
2,5	0,9938	0,9940	0,9941	0,9943	0,9945	0,9946	0,9948	0,9949	0,9951	0,9952
2,6	0,9953	0,9955	0,9956	0,9957	0,9959	0,9960	0,9961	0,9962	0,9963	0,9964
2,7	0,9965	0,9966	0,9967	0,9968	0,9969	0,9970	0,9971	0,9972	0,9973	0,9974
2,8	0,9974	0,9975	0,9976	0,9977	0,9977	0,9978	0,9979	0,9979	0,9980	0,9981
2,9	0,9981	0,9982	0,9982	0,9983	0,9984	0,9984	0,9985	0,9985	0,9986	0,9986
3,0	0,9987	0,9987	0,9987	0,9988	0,9988	0,9989	0,9989	0,9989	0,9990	0,9990
3,1	0,9990	0,9991	0,9991	0,9991	0,9992	0,9992	0,9992	0,9992	0,9993	0,9993
3,2	0,9993	0,9993	0,9994	0,9994	0,9994	0,9994	0,9994	0,9995	0,9995	0,9995
3,3	0,9995	0,9995	0,9995	0,9996	0,9996	0,9996	0,9996	0,9996	0,9996	0,9997
3,4	0,9997	0,9997	0,9997	0,9997	0,9997	0,9997	0,9997	0,9997	0,9997	0,9998

Tabela 5 — distribuição *t*

Intervalo de confiança *c*

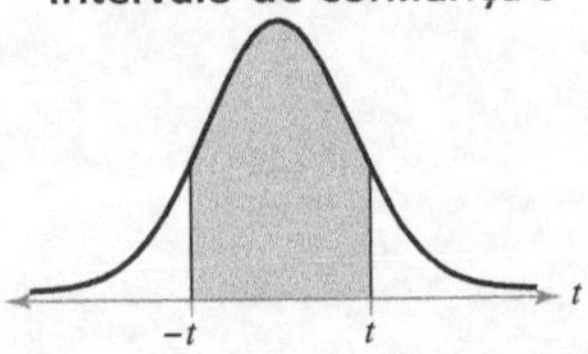

Teste unicaudal à esquerda

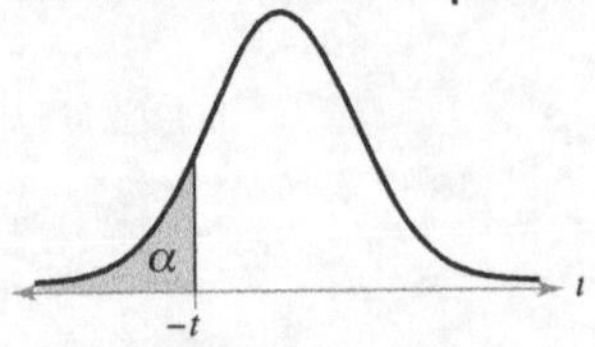

Teste unicaudal à direita

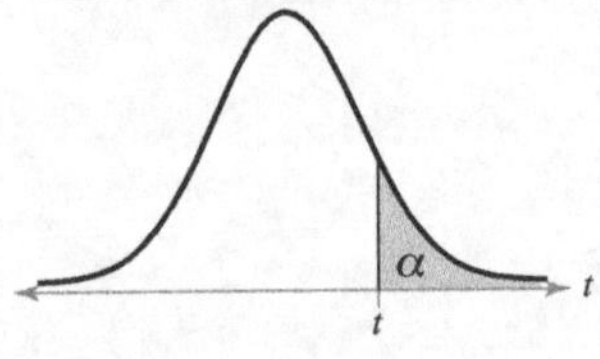

Teste bicaudal

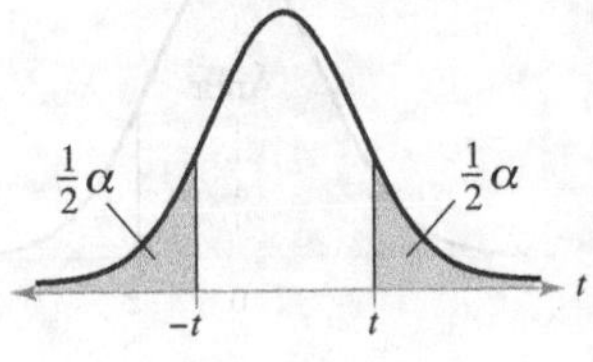

	Nível de confiança, c	0,50	0,80	0,90	0,95	0,98	0,99
	Unicaudal, α	0,25	0,10	0,05	0,025	0,01	0,005
g.l.	Bicaudal, α	0,50	0,20	0,10	0,05	0,02	0,01
1		1,000	3,078	6,314	12,706	31,821	63,657
2		0,816	1,886	2,920	4,303	6,965	9,925
3		0,765	1,638	2,353	3,182	4,541	5,841
4		0,741	1,533	2,132	2,776	3,747	4,604
5		0,727	1,476	2,015	2,571	3,365	4,032
6		0,718	1,440	1,943	2,447	3,143	3,707
7		0,711	1,415	1,895	2,365	2,998	3,499
8		0,706	1,397	1,860	2,306	2,896	3,355
9		0,703	1,383	1,833	2,262	2,821	3,250
10		0,700	1,372	1,812	2,228	2,764	3,169
11		0,697	1,363	1,796	2,201	2,718	3,106
12		0,695	1,356	1,782	2,179	2,681	3,055
13		0,694	1,350	1,771	2,160	2,650	3,012
14		0,692	1,345	1,761	2,145	2,624	2,977
15		0,691	1,341	1,753	2,131	2,602	2,947
16		0,690	1,337	1,746	2,120	2,583	2,921
17		0,689	1,333	1,740	2,110	2,567	2,898
18		0,688	1,330	1,734	2,101	2,552	2,878
19		0,688	1,328	1,729	2,093	2,539	2,861
20		0,687	1,325	1,725	2,086	2,528	2,845
21		0,686	1,323	1,721	2,080	2,518	2,831
22		0,686	1,321	1,717	2,074	2,508	2,819
23		0,685	1,319	1,714	2,069	2,500	2,807
24		0,685	1,318	1,711	2,064	2,492	2,797
25		0,684	1,316	1,708	2,060	2,485	2,787
26		0,684	1,315	1,706	2,056	2,479	2,779
27		0,684	1,314	1,703	2,052	2,473	2,771
28		0,683	1,313	1,701	2,048	2,467	2,763
29		0,683	1,311	1,699	2,045	2,462	2,756
∞		0,674	1,282	1,645	1,960	2,326	2,576

Adaptado de W. H. Beyer, ***Handbook of Tables of Probability and Statistics***, 2ª edição, CRC Press, Boca Raton, Flórida, 1986. Reimpresso com permissão.

Tabela 6 — distribuição qui-quadrado

Unicaudal à direita

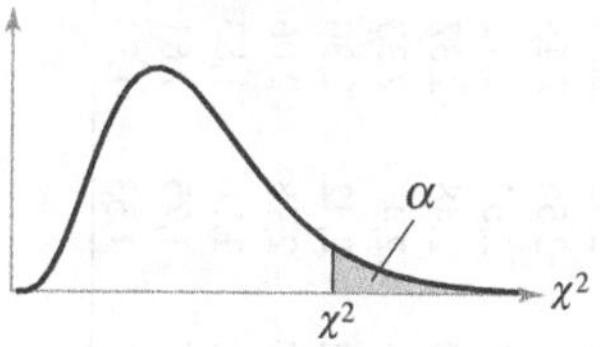

Bicaudal

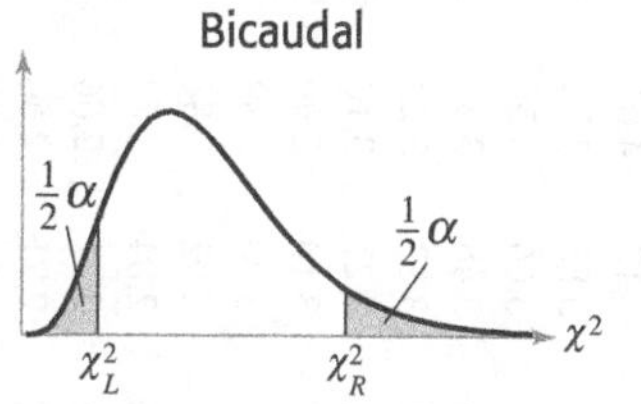

Graus de liberdade	α									
	0,995	0,99	0,975	0,95	0,90	0,10	0,05	0,025	0,01	0,005
1	—	—	0,001	0,004	0,016	2,706	3,841	5,024	6,635	7,879
2	0,010	0,020	0,051	0,103	0,211	4,605	5,991	7,378	9,210	10,597
3	0,072	0,115	0,216	0,352	0,584	6,251	7,815	9,348	11,345	12,838
4	0,207	0,297	0,484	0,711	1,064	7,779	9,488	11,143	13,277	14,860
5	0,412	0,554	0,831	1,145	1,610	9,236	11,071	12,833	15,086	16,750
6	0,676	0,872	1,237	1,635	2,204	10,645	12,592	14,449	16,812	18,548
7	0,989	1,239	1,690	2,167	2,833	12,017	14,067	16,013	18,475	20,278
8	1,344	1,646	2,180	2,733	3,490	13,362	15,507	17,535	20,090	21,955
9	1,735	2,088	2,700	3,325	4,168	14,684	16,919	19,023	21,666	23,589
10	2,156	2,558	3,247	3,940	4,865	15,987	18,307	20,483	23,209	25,188
11	2,603	3,053	3,816	4,575	5,578	17,275	19,675	21,920	24,725	26,757
12	3,074	3,571	4,404	5,226	6,304	18,549	21,026	23,337	26,217	28,299
13	3,565	4,107	5,009	5,892	7,042	19,812	22,362	24,736	27,688	29,819
14	4,075	4,660	5,629	6,571	7,790	21,064	23,685	26,119	29,141	31,319
15	4,601	5,229	6,262	7,261	8,547	22,307	24,996	27,488	30,578	32,801
16	5,142	5,812	6,908	7,962	9,312	23,542	26,296	28,845	32,000	34,267
17	5,697	6,408	7,564	8,672	10,085	24,769	27,587	30,191	33,409	35,718
18	6,265	7,015	8,231	9,390	10,865	25,989	28,869	31,526	34,805	37,156
19	6,844	7,633	8,907	10,117	11,651	27,204	30,144	32,852	36,191	38,582
20	7,434	8,260	9,591	10,851	12,443	28,412	31,410	34,170	37,566	39,997
21	8,034	8,897	10,283	11,591	13,240	29,615	32,671	35,479	38,932	41,401
22	8,643	9,542	10,982	12,338	14,042	30,813	33,924	36,781	40,289	42,796
23	9,260	10,196	11,689	13,091	14,848	32,007	35,172	38,076	41,638	44,181
24	9,886	10,856	12,401	13,848	15,659	33,196	36,415	39,364	42,980	45,559
25	10,520	11,524	13,120	14,611	16,473	34,382	37,652	40,646	44,314	46,928
26	11,160	12,198	13,844	15,379	17,292	35,563	38,885	41,923	45,642	48,290
27	11,808	12,879	14,573	16,151	18,114	36,741	40,113	43,194	46,963	49,645
28	12,461	13,565	15,308	16,928	18,939	37,916	41,337	44,461	48,278	50,993
29	13,121	14,257	16,047	17,708	19,768	39,087	42,557	45,722	49,588	52,336
30	13,787	14,954	16,791	18,493	20,599	40,256	43,773	46,979	50,892	53,672
40	20,707	22,164	24,433	26,509	29,051	51,805	55,758	59,342	63,691	66,766
50	27,991	29,707	32,357	34,764	37,689	63,167	67,505	71,420	76,154	79,490
60	35,534	37,485	40,482	43,188	46,459	74,397	79,082	83,298	88,379	91,952
70	43,275	45,442	48,758	51,739	55,329	85,527	90,531	95,023	100,425	104,215
80	51,172	53,540	57,153	60,391	64,278	96,578	101,879	106,629	112,329	116,321
90	59,196	61,754	65,647	69,126	73,291	107,565	113,145	118,136	124,116	128,299
100	67,328	70,065	74,222	77,929	82,358	118,498	124,342	129,561	135,807	140,169

D. B. Owen, ***Handbook of statistical tables***, A.5. Publicado por Addison Wesley Longman, Inc. Reproduzido com permissão de Pearson Education Inc. Todos os direitos reservados.

Tabela 7 — distribuição F

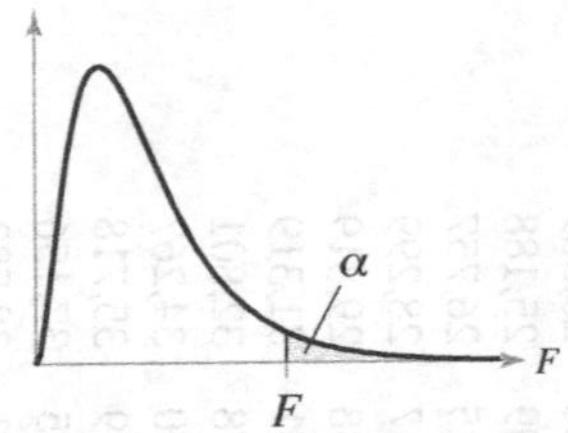

g.l.$_D$: Graus de liberdade, denominador	$\alpha = 0,005$																		
	g.l.$_N$: Graus de liberdade, numerador																		
	1	2	3	4	5	6	7	8	9	10	12	15	20	24	30	40	60	120	∞
1	16.211	20.000	21.615	22.500	23.056	23.437	23.715	23.925	24.091	24.224	24.426	24.630	24.836	24.940	25.044	25.148	25.253	25.359	25.465
2	198,5	199,0	199,2	199,2	199,3	199,3	199,4	199,4	199,4	199,4	199,4	199,4	199,4	199,5	199,5	199,5	199,5	199,5	199,5
3	55,55	49,80	47,47	46,19	45,39	44,84	44,43	44,13	43,88	43,69	43,39	43,08	42,78	42,62	42,47	42,31	42,15	41,99	41,83
4	31,33	26,28	24,26	23,15	22,46	21,97	21,62	21,35	21,14	20,97	20,70	20,44	20,17	20,03	19,89	19,75	19,61	19,47	19,32
5	22,78	18,31	16,53	15,56	14,94	14,51	14,20	13,96	13,77	13,62	13,38	13,15	12,90	12,78	12,66	12,53	12,40	12,27	12,14
6	18,63	14,54	12,92	12,03	11,46	11,07	10,79	10,57	10,39	10,25	10,03	9,81	9,59	9,47	9,36	9,24	9,12	9,00	8,88
7	16,24	12,40	10,88	10,05	9,52	9,16	8,89	8,68	8,51	8,38	8,18	7,97	7,75	7,65	7,53	7,42	7,31	7,19	7,08
8	14,69	11,04	9,60	8,81	8,30	7,95	7,69	7,50	7,34	7,21	7,01	6,81	6,61	6,50	6,40	6,29	6,18	6,06	5,95
9	13,61	10,11	8,72	7,96	7,47	7,13	6,88	6,69	6,54	6,42	6,23	6,03	5,83	5,73	5,62	5,52	5,41	5,30	5,19
10	12,83	9,43	8,08	7,34	6,87	6,54	6,30	6,12	5,97	5,85	5,66	5,47	5,27	5,17	5,07	4,97	4,86	4,75	4,64
11	12,73	8,91	7,60	6,88	6,42	6,10	5,86	5,68	5,54	5,42	5,24	5,05	4,86	4,76	4,65	4,55	4,44	4,34	4,23
12	11,75	8,51	7,23	6,52	6,07	5,76	5,52	5,35	5,20	5,09	4,91	4,72	4,53	4,43	4,33	4,23	4,12	4,01	3,90
13	11,37	8,19	6,93	6,23	5,79	5,48	5,25	5,08	4,94	4,82	4,64	4,46	4,27	4,17	4,07	3,97	3,87	3,76	3,65
14	11,06	7,92	6,68	6,00	5,56	5,26	5,03	4,86	4,72	4,60	4,43	4,25	4,06	3,96	3,86	3,76	3,66	3,55	3,44
15	10,80	7,70	6,48	5,80	5,37	5,07	4,85	4,67	4,54	4,42	4,25	4,07	3,88	3,79	3,69	3,58	3,48	3,37	3,26
16	10,58	7,51	6,30	5,64	5,21	4,91	4,69	4,52	4,38	4,27	4,10	3,92	3,73	3,64	3,54	3,44	3,33	3,22	3,11
17	10,38	7,35	6,16	5,50	5,07	4,78	4,56	4,39	4,25	4,14	3,97	3,79	3,61	3,51	3,41	3,31	3,21	3,10	2,98
18	10,22	7,21	6,03	5,37	4,96	4,66	4,44	4,28	4,14	4,03	3,86	3,68	3,50	3,40	3,30	3,20	3,10	2,99	2,87
19	10,07	7,09	5,92	5,27	4,85	4,56	4,34	4,18	4,04	3,93	3,76	3,59	3,40	3,31	3,21	3,11	3,00	2,89	2,78
20	9,94	6,99	5,82	5,17	4,76	4,47	4,26	4,09	3,96	3,85	3,68	3,50	3,32	3,22	3,12	3,02	2,92	2,81	2,69
21	9,83	6,89	5,73	5,09	4,68	4,39	4,18	4,01	3,88	3,77	3,60	3,43	3,24	3,15	3,05	2,95	2,84	2,73	2,61
22	9,73	6,81	5,65	5,02	4,61	4,32	4,11	3,94	3,81	3,70	3,54	3,36	3,18	3,08	2,98	2,88	2,77	2,66	2,55
23	9,63	6,73	5,58	4,95	4,54	4,26	4,05	3,88	3,75	3,64	3,47	3,30	3,12	3,02	2,92	2,82	2,71	2,60	2,48
24	9,55	6,66	5,52	4,89	4,49	4,20	3,99	3,83	3,69	3,59	3,42	3,25	3,06	2,97	2,87	2,77	2,66	2,55	2,43
25	9,48	6,60	5,46	4,84	4,43	4,15	3,94	3,78	3,64	3,54	3,37	3,20	3,01	2,92	2,82	2,72	2,61	2,50	2,38
26	9,41	6,54	5,41	4,79	4,38	4,10	3,89	3,73	3,60	3,49	3,33	3,15	2,97	2,87	2,77	2,67	2,56	2,45	2,33
27	9,34	6,49	5,36	4,74	4,34	4,06	3,85	3,69	3,56	3,45	3,28	3,11	2,93	2,83	2,73	2,63	2,52	2,41	2,25
28	9,28	6,44	5,32	4,70	4,30	4,02	3,81	3,65	3,52	3,41	3,25	3,07	2,89	2,79	2,69	2,59	2,48	2,37	2,29
29	9,23	6,40	5,28	4,66	4,26	3,98	3,77	3,61	3,48	3,38	3,21	3,04	2,86	2,76	2,66	2,56	2,45	2,33	2,24
30	9,18	6,35	5,24	4,62	4,23	3,95	3,74	3,58	3,45	3,34	3,18	3,01	2,82	2,73	2,63	2,52	2,42	2,30	2,18
40	8,83	6,07	4,98	4,37	3,99	3,71	3,51	3,35	3,22	3,12	2,95	2,78	2,60	2,50	2,40	2,30	2,18	2,06	1,93
60	8,49	5,79	4,73	4,14	3,76	3,49	3,29	3,13	3,01	2,90	2,74	2,57	2,39	2,29	2,19	2,08	1,96	1,83	1,69
120	8,18	5,54	4,50	3,92	3,55	3,28	3,09	2,93	2,81	2,71	2,54	2,37	2,19	2,09	1,98	1,87	1,75	1,61	1,43
∞	7,88	5,30	4,28	3,72	3,35	3,09	2,90	2,74	2,62	2,52	2,36	2,19	2,00	1,90	1,79	1,67	1,53	1,36	1,00

(continua)

Tabela 7 — distribuição *F* (*continuação*)

g.l.$_D$: Graus de liberdade, denominador	$\alpha = 0{,}01$																		
	g.l.$_N$: Graus de liberdade, numerador																		
	1	2	3	4	5	6	7	8	9	10	12	15	20	24	30	40	60	120	∞
1	4.052	4.999,5	5.403	5.625	5.764	5.859	5.928	5.982	6.022	6.056	6.106	6.157	6.209	6.235	6.261	6.287	6.313	6.339	6.366
2	98,50	99,00	99,17	99,25	99,30	99,33	99,36	99,37	99,39	99,40	99,42	99,43	99,45	99,46	99,47	99,47	99,48	99,49	99,50
3	34,12	30,82	29,46	28,71	28,24	27,91	27,67	27,49	27,35	27,23	27,05	26,87	26,69	26,60	26,50	26,41	26,32	26,22	26,13
4	21,20	18,00	16,69	15,98	15,52	15,21	14,98	14,80	14,66	14,55	4,37	14,20	14,02	13,93	13,84	13,75	13,65	13,56	13,46
5	16,26	13,27	12,06	11,39	10,97	10,67	10,46	10,29	10,16	10,05	9,89	9,72	9,55	9,47	9,38	9,29	9,20	9,11	9,02
6	13,75	10,92	9,78	9,15	8,75	8,47	8,26	8,10	7,98	7,87	7,72	7,56	7,40	7,31	7,23	7,14	7,06	6,97	6,88
7	12,25	9,55	8,45	7,85	7,46	7,19	6,99	6,84	6,72	6,62	6,47	6,31	6,16	6,07	5,99	5,91	5,82	5,74	5,65
8	11,26	8,65	7,59	7,01	6,63	6,37	6,18	6,03	5,91	5,81	5,67	5,52	5,36	5,28	5,20	5,12	5,03	4,95	4,86
9	10,56	8,02	6,99	6,42	6,06	5,80	5,61	5,47	5,35	5,26	5,11	4,96	4,81	4,73	4,65	4,57	4,48	4,40	4,31
10	10,04	7,56	6,55	5,99	5,64	5,39	5,20	5,06	4,94	4,85	4,71	4,56	4,41	4,33	4,25	4,17	4,08	4,00	3,91
11	9,65	7,21	6,22	5,67	5,32	5,07	4,89	4,74	4,63	4,54	4,40	4,25	4,10	4,02	3,94	3,86	3,78	3,69	3,60
12	9,33	6,93	5,95	5,41	5,06	4,82	4,64	4,50	4,39	4,30	4,16	4,01	3,86	3,78	3,70	3,62	3,54	3,45	3,36
13	9,07	6,70	5,74	5,21	4,86	4,62	4,44	4,30	4,19	4,10	3,96	3,82	3,66	3,59	3,51	3,43	3,34	3,25	3,17
14	8,86	6,51	5,56	5,04	4,69	4,46	4,28	4,14	4,03	3,94	3,80	3,66	3,51	3,43	3,35	3,27	3,18	3,09	3,00
15	8,68	6,36	5,42	4,89	4,56	4,32	4,14	4,00	3,89	3,80	3,67	3,52	3,37	3,29	3,21	3,13	3,05	2,96	2,87
16	8,53	6,23	5,29	4,77	4,44	4,20	4,03	3,89	3,78	3,69	3,55	3,41	3,26	3,18	3,10	3,02	2,93	2,84	2,75
17	8,40	6,11	5,18	4,67	4,34	4,10	3,93	3,79	3,68	3,59	3,46	3,31	3,16	3,08	3,00	2,92	2,83	2,75	2,65
18	8,29	6,01	5,09	4,58	4,25	4,01	3,84	3,71	3,60	3,51	3,37	3,23	3,08	3,00	2,92	2,84	2,75	2,66	2,57
19	8,18	5,93	5,01	4,50	4,17	3,94	3,77	3,63	3,52	3,43	3,30	3,15	3,00	2,92	2,84	2,76	2,67	2,58	2,49
20	8,10	5,85	4,94	4,43	4,10	3,87	3,70	3,56	3,46	3,37	3,23	3,09	2,94	2,86	2,78	2,69	2,61	2,52	2,42
21	8,02	5,78	4,87	4,37	4,04	3,81	3,64	3,51	3,40	3,31	3,17	3,03	2,88	2,80	2,72	2,64	2,55	2,46	2,36
22	7,95	5,72	4,82	4,31	3,99	3,76	3,59	3,45	3,35	3,26	3,12	2,98	2,83	2,75	2,67	2,58	2,50	2,40	2,31
23	7,88	5,66	4,76	4,26	3,94	3,71	3,54	3,41	3,30	3,21	3,07	2,93	2,78	2,70	2,62	2,54	2,45	2,35	2,26
24	7,82	5,61	4,72	4,22	3,90	3,67	3,50	3,36	3,26	3,17	3,03	2,89	2,74	2,66	2,58	2,49	2,40	2,31	2,21
25	7,77	5,57	4,68	4,18	3,85	3,63	3,46	3,32	3,22	3,13	2,99	2,85	2,70	2,62	2,54	2,45	2,36	2,27	2,17
26	7,72	5,53	4,64	4,14	3,82	3,59	3,42	3,29	3,18	3,09	2,96	2,81	2,66	2,58	2,50	2,42	2,33	2,23	2,13
27	7,68	5,49	4,60	4,11	3,78	3,56	3,39	3,26	3,15	3,06	2,93	2,78	2,63	2,55	2,47	2,38	2,29	2,20	2,10
28	7,64	5,45	4,57	4,07	3,75	3,53	3,36	3,23	3,12	3,03	2,90	2,75	2,60	2,52	2,44	2,35	2,26	2,17	2,06
29	7,60	5,42	4,54	4,04	3,73	3,50	3,33	3,20	3,09	3,00	2,87	2,73	2,57	2,49	2,41	2,33	2,23	2,14	2,03
30	7,56	5,39	4,51	4,02	3,70	3,47	3,30	3,17	3,07	2,98	2,84	2,70	2,55	2,47	2,39	2,30	2,21	2,11	2,01
40	7,31	5,18	4,31	3,83	3,51	3,29	3,12	2,99	2,89	2,80	2,66	2,52	2,37	2,29	2,20	2,11	2,02	1,92	1,80
60	7,08	4,98	4,13	3,65	3,34	3,12	2,95	2,82	2,72	2,63	2,50	2,35	2,20	2,12	2,03	1,94	1,84	1,73	1,60
120	6,85	4,79	3,95	3,48	3,17	2,96	2,79	2,66	2,56	2,47	2,34	2,19	2,03	1,95	1,86	1,76	1,66	1,53	1,38
∞	6,63	4,61	3,78	3,32	3,02	2,80	2,64	2,51	2,41	2,32	2,18	2,04	1,88	1,79	1,70	1,59	1,47	1,32	1,00

(*continua*)

Tabela 7 — distribuição *F* (*continuação*)

g.l.$_D$: Graus de liberdade, denominador	α = 0,025																		
	g.l.$_N$: Graus de liberdade, numerador																		
	1	2	3	4	5	6	7	8	9	10	12	15	20	24	30	40	60	120	∞
1	647,8	799,5	864,2	899,6	921,8	937,1	948,2	956,7	963,3	968,6	976,7	984,9	993,1	997,2	1.001	1.006	1.010	1.014	1.018
2	38,51	39,00	39,17	39,25	39,30	39,33	39,36	39,37	39,39	39,40	39,41	39,43	39,45	39,46	39,46	39,47	39,48	39,49	39,50
3	17,44	16,04	15,44	15,10	14,88	14,73	14,62	14,54	14,47	14,42	14,34	14,25	14,17	14,12	14,08	14,04	13,99	13,95	13,90
4	12,22	10,65	9,98	9,60	9,36	9,20	9,07	8,98	8,90	8,84	8,75	8,66	8,56	8,51	8,46	8,41	8,36	8,31	8,26
5	10,01	8,43	7,76	7,39	7,15	6,98	6,85	6,76	6,68	6,62	6,52	6,43	6,33	6,28	6,23	6,18	6,12	6,07	6,02
6	8,81	7,26	6,60	6,23	5,99	5,82	5,70	5,60	5,52	5,46	5,37	5,27	5,17	5,12	5,07	5,01	4,96	4,90	4,85
7	8,07	6,54	5,89	5,52	5,29	5,12	4,99	4,90	4,82	4,76	4,67	4,57	4,47	4,42	4,36	4,31	4,25	4,20	4,14
8	7,57	6,06	5,42	5,05	4,82	4,65	4,53	4,43	4,36	4,30	4,20	4,10	4,00	3,95	3,89	3,84	3,78	3,73	3,67
9	7,21	5,71	5,08	4,72	4,48	4,32	4,20	4,10	4,03	3,96	3,87	3,77	3,67	3,61	3,56	3,51	3,45	3,39	3,33
10	6,94	5,46	4,83	4,47	4,24	4,07	3,95	3,85	3,78	3,72	3,62	3,52	3,42	3,37	3,31	3,26	3,20	3,14	3,08
11	6,72	5,26	4,63	4,28	4,04	3,88	3,76	3,66	3,59	3,53	3,43	3,33	3,23	3,17	3,12	3,06	3,00	2,94	2,88
12	6,55	5,10	4,47	4,12	3,89	3,73	3,61	3,51	3,44	3,37	3,28	3,18	3,07	3,02	2,96	2,91	2,85	2,79	2,72
13	6,41	4,97	4,35	4,00	3,77	3,60	3,48	3,39	3,31	3,25	3,15	3,05	2,95	2,89	2,84	2,78	2,72	2,66	2,60
14	6,30	4,86	4,24	3,89	3,66	3,50	3,38	3,29	3,21	3,15	3,05	2,95	2,84	2,79	2,73	2,67	2,61	2,55	2,49
15	6,20	4,77	4,15	3,80	3,58	3,41	3,29	3,20	3,12	3,06	2,98	2,86	2,76	2,70	2,64	2,59	2,52	2,46	2,40
16	6,12	4,69	4,08	3,73	3,50	3,34	3,22	3,12	3,05	2,99	2,89	2,79	2,68	2,63	2,57	2,51	2,45	2,38	2,32
17	6,04	4,62	4,01	3,66	3,44	3,28	3,16	3,06	2,98	2,92	2,82	2,72	2,62	2,56	2,50	2,44	2,38	2,32	2,25
18	5,98	4,56	3,95	3,61	3,38	3,22	3,10	3,01	2,93	2,87	2,77	2,67	2,56	2,50	2,44	2,38	2,32	2,26	2,19
19	5,92	4,51	3,90	3,56	3,33	3,17	3,05	2,96	2,88	2,82	2,72	2,62	2,51	2,45	2,39	2,33	2,27	2,20	2,13
20	5,87	4,46	3,86	3,51	3,29	3,13	3,01	2,91	2,84	2,77	2,68	2,57	2,46	2,41	2,35	2,29	2,22	2,16	2,09
21	5,83	4,42	3,82	3,48	3,25	3,09	2,97	2,87	2,80	2,73	2,64	2,53	2,42	2,37	2,31	2,25	2,18	2,11	2,04
22	5,79	4,38	3,78	3,44	3,22	3,05	2,93	2,84	2,76	2,70	2,60	2,50	2,39	2,33	2,27	2,21	2,14	2,08	2,00
23	5,75	4,35	3,75	3,41	3,18	3,02	2,90	2,81	2,73	2,67	2,57	2,47	2,36	2,30	2,24	2,18	2,11	2,04	1,97
24	5,72	4,32	3,72	3,38	3,15	2,99	2,87	2,78	2,70	2,64	2,54	2,44	2,33	2,27	2,21	2,15	2,08	2,01	1,94
25	5,69	4,29	3,69	3,35	3,13	2,97	2,85	2,75	2,68	2,61	2,51	2,41	2,30	2,24	2,18	2,12	2,05	1,98	1,91
26	5,66	4,27	3,67	3,33	3,10	2,94	2,82	2,73	2,65	2,59	2,49	2,39	2,25	2,22	2,16	2,09	2,03	1,95	1,88
27	5,63	4,24	3,65	3,31	3,08	2,92	2,80	2,71	2,63	2,57	2,47	2,36	2,25	2,19	2,13	2,07	2,00	1,93	1,85
28	5,61	4,22	3,63	3,29	3,06	2,90	2,78	2,69	2,61	2,55	2,45	2,34	2,23	2,17	2,11	2,05	1,98	1,91	1,83
29	5,59	4,20	3,61	3,27	3,04	2,88	2,76	2,67	2,59	2,53	2,43	2,32	2,21	2,15	2,09	2,03	1,96	1,89	1,81
30	5,57	4,18	3,59	3,25	3,03	2,87	2,75	2,65	2,57	2,51	2,41	2,31	2,20	2,14	2,07	2,01	1,94	1,87	1,79
40	5,42	4,05	3,46	3,13	2,90	2,74	2,62	2,53	2,45	2,39	2,29	2,18	2,07	2,01	1,94	1,88	1,80	1,72	1,64
60	5,29	3,93	3,34	3,01	2,79	2,63	2,51	2,41	2,33	2,27	2,17	2,06	1,94	1,88	1,82	1,74	1,67	1,58	1,48
120	5,15	3,80	3,23	2,89	2,67	2,52	2,39	2,30	2,22	2,16	2,05	1,94	1,82	1,76	1,69	1,61	1,53	1,43	1,31
∞	5,02	3,69	3,12	2,79	2,57	2,41	2,29	2,19	2,11	2,05	1,94	1,83	1,71	1,64	1,57	1,48	1,39	1,27	1,00

(*continua*)

Tabela 7 — distribuição *F* (*continuação*)

$g.l._D$: Graus de liberdade, denominador	$\alpha = 0{,}05$																		
	$g.l._N$: Graus de liberdade, numerador																		
	1	2	3	4	5	6	7	8	9	10	12	15	20	24	30	40	60	120	∞
1	161,4	199,5	215,7	224,6	230,2	234,0	236,8	238,9	240,5	241,9	243,9	245,9	248,0	249,1	250,1	251,1	252,2	253,3	254,3
2	18,51	19,00	19,16	19,25	19,30	19,33	19,35	19,37	19,38	19,40	19,41	19,43	19,45	19,45	19,46	19,47	19,48	19,49	19,50
3	10,13	9,55	9,28	9,12	9,01	8,94	8,89	8,85	8,81	8,79	8,74	8,70	8,66	8,64	8,62	8,59	8,57	8,55	8,53
4	7,71	6,94	6,59	6,39	6,26	6,16	6,09	6,04	6,00	5,96	5,91	5,86	5,80	5,77	5,75	5,72	5,69	5,66	5,63
5	6,61	5,79	5,41	5,19	5,05	4,95	4,88	4,82	4,77	4,74	4,68	4,62	4,56	4,53	4,50	4,46	4,43	4,40	4,36
6	5,99	5,14	4,76	4,53	4,39	4,28	4,21	4,15	4,10	4,06	4,00	3,94	3,87	3,84	3,81	3,77	3,74	3,70	3,67
7	5,59	4,74	4,35	4,12	3,97	3,87	3,79	3,73	3,68	3,64	3,57	3,51	3,44	3,41	3,38	3,34	3,30	3,27	3,23
8	5,32	4,46	4,07	3,84	3,69	3,58	3,50	3,44	3,39	3,35	3,28	3,22	3,15	3,12	3,08	3,04	3,01	2,97	2,93
9	5,12	4,26	3,86	3,63	3,48	3,37	3,29	3,23	3,18	3,14	3,07	3,01	2,94	2,90	2,86	2,83	2,79	2,75	2,71
10	4,96	4,10	3,71	3,48	3,33	3,22	3,14	3,07	3,02	2,98	2,91	2,85	2,77	2,74	2,70	2,66	2,62	2,58	2,54
11	4,84	3,98	3,59	3,36	3,20	3,09	3,01	2,95	2,90	2,85	2,79	2,72	2,65	2,61	2,57	2,53	2,49	2,45	2,40
12	4,75	3,89	3,49	3,26	3,11	3,00	2,91	2,85	2,80	2,75	2,69	2,62	2,54	2,51	2,47	2,43	2,38	2,34	2,30
13	4,67	3,81	3,41	3,18	3,03	2,92	2,83	2,77	2,71	2,67	2,60	2,53	2,46	2,42	2,38	2,34	2,30	2,25	2,21
14	4,60	3,74	3,34	3,11	2,96	2,85	2,76	2,70	2,65	2,60	2,53	2,46	2,39	2,35	2,31	2,27	2,22	2,18	2,13
15	4,54	3,68	3,29	3,06	2,90	2,79	2,71	2,64	2,59	2,54	2,48	2,40	2,33	2,29	2,25	2,20	2,16	2,11	2,07
16	4,49	3,63	3,24	3,01	2,85	2,74	2,66	2,59	2,54	2,49	2,42	2,35	2,28	2,24	2,19	2,15	2,11	2,06	2,01
17	4,45	3,59	3,20	2,96	2,81	2,70	2,61	2,55	2,49	2,45	2,38	2,31	2,23	2,19	2,15	2,10	2,06	2,01	1,96
18	4,41	3,55	3,16	2,93	2,77	2,66	2,58	2,51	2,46	2,41	2,34	2,27	2,19	2,15	2,11	2,06	2,02	1,97	1,92
19	4,38	3,52	3,13	2,90	2,74	2,63	2,54	2,48	2,42	2,38	2,31	2,23	2,16	2,11	2,07	2,03	1,98	1,93	1,88
20	4,35	3,49	3,10	2,87	2,71	2,60	2,51	2,45	2,39	2,35	2,28	2,20	2,12	2,08	2,04	1,99	1,95	1,90	1,84
21	4,32	3,47	3,07	2,84	2,68	2,57	2,49	2,42	2,37	2,32	2,25	2,18	2,10	2,05	2,01	1,96	1,92	1,87	1,81
22	4,30	3,44	3,05	2,82	2,66	2,55	2,46	2,40	2,34	2,30	2,23	2,15	2,07	2,03	1,98	1,94	1,89	1,84	1,78
23	4,28	3,42	3,03	2,80	2,64	2,53	2,44	2,37	2,32	2,27	2,20	2,13	2,05	2,01	1,96	1,91	1,86	1,81	1,76
24	4,26	3,40	3,01	2,78	2,62	2,51	2,42	2,36	2,30	2,25	2,18	2,11	2,03	1,98	1,94	1,89	1,84	1,79	1,73
25	4,24	3,39	2,99	2,76	2,60	2,49	2,40	2,34	2,28	2,24	2,16	2,09	2,01	1,96	1,92	1,87	1,82	1,77	1,71
26	4,23	3,37	2,98	2,74	2,59	2,47	2,39	2,32	2,27	2,22	2,15	2,07	1,99	1,95	1,90	1,85	1,80	1,75	1,69
27	4,21	3,35	2,96	2,73	2,57	2,46	2,37	2,31	2,25	2,20	2,13	2,06	1,97	1,93	1,88	1,84	1,79	1,73	1,67
28	4,20	3,34	2,95	2,71	2,56	2,45	2,36	2,29	2,24	2,19	2,12	2,04	1,96	1,91	1,87	1,82	1,77	1,71	1,65
29	4,18	3,33	2,93	2,70	2,55	2,43	2,35	2,28	2,22	2,18	2,10	2,03	1,94	1,90	1,85	1,81	1,75	1,70	1,64
30	4,17	3,32	2,92	2,69	2,53	2,42	2,33	2,27	2,21	2,16	2,09	2,01	1,93	1,89	1,84	1,79	1,74	1,68	1,62
40	4,08	3,23	2,84	2,61	2,45	2,34	2,25	2,18	2,12	2,08	2,00	1,92	1,84	1,79	1,74	1,69	1,64	1,58	1,51
60	4,00	3,15	2,76	2,53	2,37	2,25	2,17	2,10	2,04	1,99	1,92	1,84	1,75	1,70	1,65	1,59	1,53	1,47	1,39
120	3,92	3,07	2,68	2,45	2,29	2,17	2,09	2,02	1,96	1,91	1,83	1,75	1,66	1,61	1,55	1,50	1,43	1,35	1,25
∞	3,84	3,00	2,60	2,37	2,21	2,10	2,01	1,94	1,88	1,83	1,75	1,67	1,57	1,52	1,46	1,39	1,32	1,22	1,00

(*continua*)

Tabela 7 — distribuição *F* (*continuação*)

g.l.$_D$: Graus de liberdade, denominador	α = 0,10																		
	g.l.$_N$: Graus de liberdade, numerador																		
	1	2	3	4	5	6	7	8	9	10	12	15	20	24	30	40	60	120	∞
1	39,86	49,50	53,59	55,83	57,24	58,20	58,91	59,44	59,86	60,19	60,71	61,22	61,74	62,00	62,26	62,53	62,79	63,06	63,33
2	8,53	9,00	9,16	9,24	9,29	9,33	9,35	9,37	9,38	9,39	9,41	9,42	9,44	9,45	9,46	9,47	9,47	9,48	9,49
3	5,54	5,46	5,39	5,34	5,31	5,28	5,27	5,25	5,24	5,23	5,22	5,20	5,18	5,18	5,17	5,16	5,15	5,14	5,13
4	4,54	4,32	4,19	4,11	4,05	4,01	3,98	3,95	3,94	3,92	3,90	3,87	3,84	3,83	3,82	3,80	3,79	3,78	3,76
5	4,06	3,78	3,62	3,52	3,45	3,40	3,37	3,34	3,32	3,30	3,27	3,24	3,21	3,19	3,17	3,16	3,14	3,12	3,10
6	3,78	3,46	3,29	3,18	3,11	3,05	3,01	2,98	2,96	2,94	2,90	2,87	2,84	2,82	2,80	2,78	2,76	2,74	2,72
7	3,59	3,26	3,07	2,96	2,88	2,83	2,78	2,75	2,72	2,70	2,67	2,63	2,59	2,58	2,56	2,54	2,51	2,49	2,47
8	3,46	3,11	2,92	2,81	2,73	2,67	2,62	2,59	2,56	2,54	2,50	2,46	2,42	2,40	2,38	2,36	2,34	2,32	2,29
9	3,36	3,01	2,81	2,69	2,61	2,55	2,51	2,47	2,44	2,42	2,38	2,34	2,30	2,28	2,25	2,23	2,21	2,18	2,16
10	3,29	2,92	2,73	2,61	2,52	2,46	2,41	2,38	2,35	2,32	2,28	2,24	2,20	2,18	2,16	2,13	2,11	2,08	2,06
11	3,23	2,86	2,66	2,54	2,45	2,39	2,34	2,30	2,27	2,25	2,21	2,17	2,12	2,10	2,08	2,05	2,03	2,00	1,97
12	3,18	2,81	2,61	2,48	2,39	2,33	2,28	2,24	2,21	2,19	2,15	2,10	2,06	2,04	2,01	1,99	1,96	1,93	1,90
13	3,14	2,76	2,56	2,43	2,35	2,28	2,23	2,20	2,16	2,14	2,10	2,05	2,01	1,98	1,96	1,93	1,90	1,88	1,85
14	3,10	2,73	2,52	2,39	2,31	2,24	2,19	2,15	2,12	2,10	2,05	2,01	1,96	1,94	1,91	1,89	1,86	1,83	1,80
15	3,07	2,70	2,49	2,36	2,27	2,21	2,16	2,12	2,09	2,06	2,02	1,97	1,92	1,90	1,87	1,85	1,82	1,79	1,76
16	3,05	2,67	2,46	2,33	2,24	2,18	2,13	2,09	2,06	2,03	1,99	1,94	1,89	1,87	1,84	1,81	1,78	1,75	1,72
17	3,03	2,64	2,44	2,31	2,22	2,15	2,10	2,06	2,03	2,00	1,96	1,91	1,86	1,84	1,81	1,78	1,75	1,72	1,69
18	3,01	2,62	2,42	2,29	2,20	2,13	2,08	2,04	2,00	1,98	1,93	1,89	1,84	1,81	1,78	1,75	1,72	1,69	1,66
19	2,99	2,61	2,40	2,27	2,18	2,11	2,06	2,02	1,98	1,96	1,91	1,86	1,81	1,79	1,76	1,73	1,70	1,67	1,63
20	2,97	2,59	2,38	2,25	2,16	2,09	2,04	2,00	1,96	1,94	1,89	1,84	1,79	1,77	1,74	1,71	1,68	1,64	1,61
21	2,96	2,57	2,36	2,23	2,14	2,08	2,02	1,98	1,95	1,92	1,87	1,83	1,78	1,75	1,72	1,69	1,66	1,62	1,59
22	2,95	2,56	2,35	2,22	2,13	2,06	2,01	1,97	1,93	1,90	1,86	1,81	1,76	1,73	1,70	1,67	1,64	1,60	1,57
23	2,94	2,55	2,34	2,21	2,11	2,05	1,99	1,95	1,92	1,89	1,84	1,80	1,74	1,72	1,69	1,66	1,62	1,59	1,55
24	2,93	2,54	2,33	2,19	2,10	2,04	1,98	1,94	1,91	1,88	1,83	1,78	1,73	1,70	1,67	1,64	1,61	1,57	1,53
25	2,92	2,53	2,32	2,18	2,09	2,02	1,97	1,93	1,89	1,87	1,82	1,77	1,72	1,69	1,66	1,63	1,59	1,56	1,52
26	2,91	2,52	2,31	2,17	2,08	2,01	1,96	1,92	1,88	1,86	1,81	1,76	1,71	1,68	1,65	1,61	1,58	1,54	1,50
27	2,90	2,51	2,30	2,17	2,07	2,00	1,95	1,91	1,87	1,85	1,80	1,75	1,70	1,67	1,64	1,60	1,57	1,53	1,49
28	2,89	2,50	2,29	2,16	2,06	2,00	1,94	1,90	1,87	1,84	1,79	1,74	1,69	1,66	1,63	1,59	1,56	1,52	1,48
29	2,89	2,50	2,28	2,15	2,06	1,99	1,93	1,89	1,86	1,83	1,78	1,73	1,68	1,65	1,62	1,58	1,55	1,51	1,47
30	2,88	2,49	2,28	2,14	2,05	1,98	1,93	1,88	1,85	1,82	1,77	1,72	1,67	1,64	1,61	1,57	1,54	1,50	1,46
40	2,84	2,44	2,23	2,09	2,00	1,93	1,87	1,83	1,79	1,76	1,71	1,66	1,61	1,57	1,54	1,51	1,47	1,42	1,38
60	2,79	2,39	2,18	2,04	1,95	1,87	1,82	1,77	1,74	1,71	1,66	1,60	1,54	1,51	1,48	1,44	1,40	1,35	1,29
120	2,75	2,35	2,13	1,99	1,90	1,82	1,77	1,72	1,68	1,65	1,60	1,55	1,48	1,45	1,41	1,37	1,32	1,26	1,19
∞	2,71	2,30	2,08	1,94	1,85	1,77	1,72	1,67	1,63	1,60	1,55	1,49	1,42	1,38	1,34	1,30	1,24	1,17	1,00

De M. Merrington e C. M. Thompson (1943). Tabela de Pontos de Porcentagem da Distribuição Beta (F) Invertida. *Biometrika 33*, p. 74-87. Reimpresso com permissão de *Biometrika*.

Tabela 8 — Valores críticos para o teste de sinais

Rejeite a hipótese nula se a estatística de teste for menor ou igual ao valor na tabela.

	Unicaudal, $\alpha = 0{,}005$	$\alpha = 0{,}01$	$\alpha = 0{,}025$	$\alpha = 0{,}05$
n	Bicaudal, $\alpha = 0{,}01$	$\alpha = 0{,}02$	$\alpha = 0{,}05$	$\alpha = 0{,}10$
8	0	0	0	1
9	0	0	1	1
10	0	0	1	1
11	0	1	1	2
12	1	1	2	2
13	1	1	2	3
14	1	2	3	3
15	2	2	3	3
16	2	2	3	4
17	2	3	4	4
18	3	3	4	5
19	3	4	4	5
20	3	4	5	5
21	4	4	5	6
22	4	5	5	6
23	4	5	6	7
24	5	5	6	7
25	5	6	6	7

Nota: a Tabela 8 é para os testes uni ou bicaudais. O tamanho da amostra ***n*** representa o número total de sinais de + ou –. O valor do teste é o menor número de sinais de + ou –. De *Journal of American Statistical Association* Vol. 41 (1946) p. 557-66. W. J. Dixon e A. M. Mood. Reimpresso com permissão.

Tabela 9 — valores críticos para o teste de postos com sinais de Wilcoxon

Rejeite a hipótese nula se o valor da estatística de teste w_s for menor ou igual ao valor dado na tabela.

	Unicaudal, $\alpha = 0{,}05$	$\alpha = 0{,}025$	$\alpha = 0{,}01$	$\alpha = 0{,}005$
n	**Bicaudal,** $\alpha = 0{,}10$	$\alpha = 0{,}05$	$\alpha = 0{,}02$	$\alpha = 0{,}01$
5	1	—	—	—
6	2	1	—	—
7	4	2	0	—
8	6	4	2	0
9	8	6	3	2
10	11	8	5	3
11	14	11	7	5
12	17	14	10	7
13	21	17	13	10
14	26	21	16	13
15	30	25	20	16
16	36	30	24	19
17	41	35	28	23
18	47	40	33	28
19	54	46	38	32
20	60	52	43	37
21	68	59	49	43
22	75	66	56	49
23	83	73	62	55
24	92	81	69	61
25	101	90	77	68
26	110	98	85	76
27	120	107	93	84
28	130	117	102	92
29	141	127	111	100
30	152	137	120	109

De *Some Rapid Approximate Statistical Procedures*, Copyright 1949, 1964 Laboratórios Lerdele, American Cynamic Co., Wayne, N.J. Reimpresso com permissão.

Tabela 10 — valores críticos para o coeficiente de correlação de Spearman

Rejeite H_0: $\rho_s = 0$ se o valor absoluto de r_s for maior que o valor dado na tabela.

n	$\alpha = 0{,}10$	$\alpha = 0{,}05$	$\alpha = 0{,}01$
5	0,900	—	—
6	0,829	0,886	—
7	0,714	0,786	0,929
8	0,643	0,738	0,881
9	0,600	0,700	0,833
10	0,564	0,648	0,794
11	0,536	0,618	0,818
12	0,497	0,591	0,780
13	0,475	0,566	0,745
14	0,457	0,545	0,716
15	0,441	0,525	0,689
16	0,425	0,507	0,666
17	0,412	0,490	0,645
18	0,399	0,476	0,625
19	0,388	0,462	0,608
20	0,377	0,450	0,591
21	0,368	0,438	0,576
22	0,359	0,428	0,562
23	0,351	0,418	0,549
24	0,343	0,409	0,537
25	0,336	0,400	0,526
26	0,329	0,392	0,515
27	0,323	0,385	0,505
28	0,317	0,377	0,496
29	0,311	0,370	0,487
30	0,305	0,364	0,478

Reimpresso com permissão do Institute of Mathematical Statistics.

Tabela 11 — valores críticos para o coeficiente de correlação de Pearson

Rejeite H_0: $\rho = 0$ se o valor absoluto de r for maior que o valor dado na tabela.

n	$\alpha = 0,05$	$\alpha = 0,01$
4	0,950	0,990
5	0,878	0,959
6	0,811	0,917
7	0,754	0,875
8	0,707	0,834
9	0,666	0,798
10	0,632	0,765
11	0,602	0,735
12	0,576	0,708
13	0,553	0,684
14	0,532	0,661
15	0,514	0,641
16	0,497	0,623
17	0,482	0,606
18	0,468	0,590
19	0,456	0,575
20	0,444	0,561
21	0,433	0,549
22	0,423	0,537
23	0,413	0,526
24	0,404	0,515
25	0,396	0,505
26	0,388	0,496
27	0,381	0,487
28	0,374	0,479
29	0,367	0,471
30	0,361	0,463
35	0,334	0,430
40	0,312	0,403
45	0,294	0,380
50	0,279	0,361
55	0,266	0,345
60	0,254	0,330
65	0,244	0,317
70	0,235	0,306
75	0,227	0,296
80	0,220	0,286
85	0,213	0,278
90	0,207	0,270
95	0,202	0,263
100	0,197	0,256

Os valores críticos na Tabela 11 foram gerados usando o Excel.

Tabela 12 — valores críticos para o número de corridas

Rejeite a hipótese nula se a estatística de teste G for menor ou igual à menor entrada ou maior ou igual à maior entrada.

Valor de n_2		Valor de n_2																		
		2	**3**	**4**	**5**	**6**	**7**	**8**	**9**	**10**	**11**	**12**	**13**	**14**	**15**	**16**	**17**	**18**	**19**	**20**
	2	1	1	1	1	1	1	1	1	1	1	2	2	2	2	2	2	2	2	2
		6	6	6	6	6	6	6	6	6	6	6	6	6	6	6	6	6	6	6
	3	1	1	1	2	2	2	2	2	2	2	2	2	3	3	3	3	3	3	
		6	8	8	8	8	8	8	8	8	8	8	8	8	8	8	8	8	8	8
	4	1	1	1	2	2	2	3	3	3	3	3	3	3	3	4	4	4	4	4
		6	8	9	9	9	10	10	10	10	10	10	10	10	10	10	10	10	10	10
	5	1	1	2	2	3	3	3	3	3	4	4	4	4	4	4	4	5	5	5
		6	8	9	10	10	11	11	12	12	12	12	12	12	12	12	12	12	12	12
	6	1	2	2	3	3	3	3	4	4	4	4	5	5	5	5	5	5	6	6
		6	8	9	10	11	12	12	13	13	13	13	14	14	14	14	14	14	14	14
	7	1	2	2	3	3	3	4	4	5	5	5	5	5	6	6	6	6	6	6
		6	8	10	11	12	13	13	14	14	14	14	15	15	15	16	16	16	16	16
	8	1	2	3	3	3	4	4	5	5	5	6	6	6	6	6	7	7	7	7
		6	8	10	11	12	13	14	14	15	15	16	16	16	16	17	17	17	17	17
	9	1	2	3	3	4	4	5	5	5	6	6	6	7	7	7	7	8	8	8
		6	8	10	12	13	14	14	15	16	16	16	17	17	18	18	18	18	18	18
	10	1	2	3	3	4	5	5	5	6	6	7	7	7	7	8	8	8	8	9
		6	8	10	12	13	14	15	16	16	17	17	18	18	18	19	19	19	20	20
	11	1	2	3	4	4	5	5	6	6	7	7	7	8	8	8	9	9	9	9
		6	8	10	12	13	14	15	16	17	17	18	19	19	19	20	20	20	21	21
	12	2	2	3	4	4	5	6	6	7	7	7	8	8	8	9	9	9	10	10
		6	8	10	12	13	14	16	16	17	18	19	19	20	20	21	21	21	22	22
	13	2	2	3	4	5	5	6	6	7	7	8	8	9	9	9	10	10	10	10
		6	8	10	12	14	15	16	17	18	19	19	20	20	21	21	22	22	23	23
	14	2	2	3	4	5	5	6	7	7	8	8	9	9	9	10	10	10	11	11
		6	8	10	12	14	15	16	17	18	19	20	20	21	22	22	23	23	23	24
	15	2	3	3	4	5	6	6	7	7	8	8	9	9	10	10	11	11	11	12
		6	8	10	12	14	15	16	18	18	19	20	21	22	22	23	23	24	24	25
	16	2	3	4	4	5	6	6	7	8	8	9	9	10	10	11	11	11	12	12
		6	8	10	12	14	16	17	18	19	20	21	21	22	23	23	24	25	25	25
	17	2	3	4	4	5	6	7	7	8	9	9	10	10	11	11	11	12	12	13
		6	8	10	12	14	16	17	18	19	20	21	22	23	23	24	25	25	26	26
	18	2	3	4	5	5	6	7	8	8	9	9	10	10	11	11	12	12	13	13
		6	8	10	12	14	16	17	18	19	20	21	22	23	24	25	25	26	26	27
	19	2	3	4	5	6	6	7	8	8	9	10	10	11	11	12	12	13	13	13
		6	8	10	12	14	16	17	18	20	21	22	23	23	24	25	26	26	27	27
	20	2	3	4	5	6	6	7	8	9	9	10	10	11	12	12	13	13	13	14
		6	8	10	12	14	16	17	18	20	21	22	23	24	25	25	26	27	27	28

Nota: a Tabela 12 é para um teste bicaudal com $\alpha = 0{,}05$. Reimpresso com permissão do Institute of Mathematical Statistics.

Apêndice C

C Representações de probabilidade normal e seus gráficos

O que você deve aprender

- Como construir e interpretar um gráfico de probabilidade normal.

Gráficos de probabilidade normal

Gráficos de probabilidade normal

Para a maioria dos problemas deste livro, assumimos que uma amostra aleatória de dados é selecionada de uma população com distribuição normal. Suponha que você selecione uma amostra aleatória de uma população com distribuição desconhecida. Como você pode determinar se a amostra foi selecionada de uma população com distribuição normal?

Você já aprendeu que um histograma ou um gráfico ramo-e-folhas pode revelar a forma da distribuição e quaisquer valores discrepantes, agrupamentos ou lacunas na distribuição. Essas amostras dos dados são úteis para avaliar grandes conjuntos de dados, mas avaliar conjuntos de dados pequenos desta maneira pode ser difícil e pouco confiável. Um método confiável para avaliar a normalidade em conjuntos de dados pequenos é usar um gráfico chamado *gráfico de probabilidade normal*.

Definição

Um **gráfico de probabilidade normal** é um gráfico que representa cada valor observado do conjunto de dados com seu *z*-escore correspondente. Os valores observados são geralmente representados em um eixo horizontal, enquanto seus *z*-escores correspondentes são representados em um eixo vertical.

Se os pontos representados em um gráfico de probabilidade normal forem aproximadamente lineares, então você pode concluir que os dados vêm de uma distribuição normal. Se os pontos representados não forem aproximadamente lineares ou seguirem algum tipo de padrão que não seja linear, podemos concluir que os dados vêm de uma distribuição que não é normal. Quando examinar um gráfico de probabilidade normal, procure por desvios ou agrupamentos de pontos que estejam fora da linha, o que indica que uma distribuição não é normal. Pontos individuais que estão fora da linha em um gráfico de probabilidade normal podem ser valores discrepantes.

Importante

Um gráfico de probabilidade normal também é chamado de **gráfico quantil normal**.

Construir um gráfico de probabilidade normal manualmente pode ser bastante tedioso. As ferramentas tecnológicas como MINITAB ou TI-83/84 podem ser usadas para construção de gráficos de probabilidade normal, conforme o Exemplo 1.

Exemplo 1

Construindo um gráfico de probabilidade normal

A altura (em polegadas) de 12 jogadores da *National Basketball Association* (Associação Nacional de Basquete) são listadas. Use a tecnologia para construir um gráfico de probabilidade normal para determinar se os dados vêm de uma população com distribuição normal. Identifique possíveis valores discrepantes.

74, 69, 78, 75, 73, 71, 80, 82, 81, 76, 86, 77

Solução

Usando a TI-83/84, comece entrando com os dados na Lista 1. Então, use *Stat Plot* para construir o gráfico de probabilidade normal. O gráfico deve ser similar ao mostrado a seguir. A partir de um diagrama de dispersão, parece não haver valores discrepantes e os pontos são aproximadamente lineares.

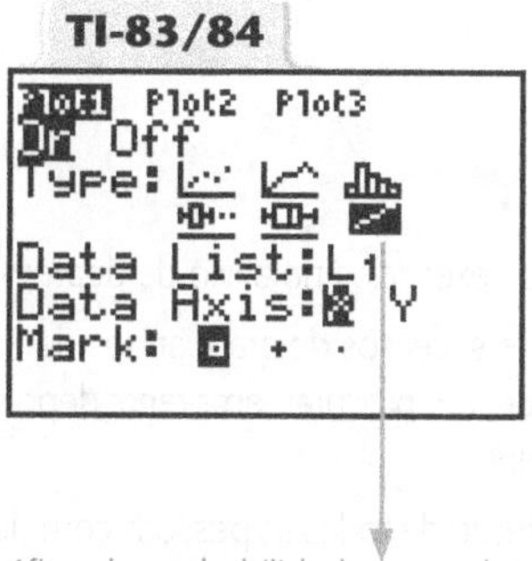

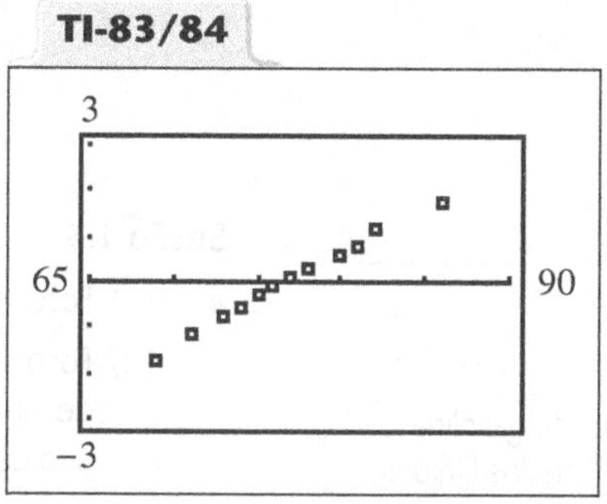

Gráfico de probabilidade normal

Interpretação

Devido ao fato de os pontos serem aproximadamente lineares, podemos concluir que os dados da amostra vêm de uma população normal com distribuição normal.

Tente você 1 Os balanços (em dólares) de empréstimos para 18 alunos do último ano selecionados aleatoriamente são listados.

29.150	16.980	12.470	19.235	15.875	8.960
16.105	14.575	39.860	20.170	9.710	19.650
21.590	8.200	18.100	25.530	9.285	10.075

a. *Use* uma ferramenta tecnológica para construir um gráfico de probabilidade normal. Os pontos são aproximadamente lineares?

b. *Identifique* quaisquer valores discrepantes possíveis.

c. *Interprete* sua resposta.

Resposta na p. A50

Para ver se os pontos são aproximadamente lineares, você pode fazer um gráfico da linha de regressão para os valores dos dados originais e seus z-escores correspondentes. A linha de regressão para as alturas e os z-escores do Exemplo 1 são mostrados no gráfico, no qual você pode ver que os pontos estão ao longo da linha de regressão. Você também pode aproximar a média do conjunto de dados determinando onde a linha cruza o eixo x.

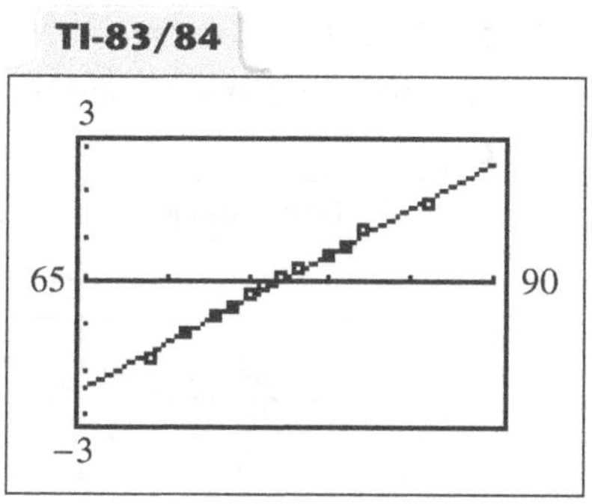

Respostas dos exercícios Tente você

Capítulo 1

Seção 1.1

1. a. A população consiste dos preços por galão de gasolina comum em todos os postos de gasolina dos Estados Unidos.
   b. A amostra consiste dos preços por galão de gasolina comum em 800 postos pesquisados.
   c. O conjunto de dados consiste em 800 preços.
2. a. População. b. Parâmetro.
3. a. Estatísticas descritivas envolvem a afirmação "76% das mulheres e 60% dos homens fizeram exames físicos durante o ano anterior."
   b. Uma inferência a partir do estudo é que uma porcentagem maior de mulheres passou por exames físicos no ano anterior.

Seção 1.2

1. a. Nomes das cidades e população das cidades.
   b. Nome da cidade: não numérico.
   População da cidade: numérico.
   c. Nome da cidade: qualitativo.
   População da cidade: quantitativo.
2. a. (1) As posições finais representam uma classificação dos times de basquete.
   (2) A coleção de números de telefone representa rótulos. Não podem ser feitos cálculos matemáticos.
   b. (1) Ordinal, porque os dados podem ser colocados em ordem.
   (2) Nominal, porque você não pode fazer cálculos nos dados.
3. a. (1) O conjunto de dados é uma coleção de temperaturas corporais.
   (2) O conjunto de dados é uma coleção de frequências cardíacas.
   b. (1) Intervalar, porque os dados podem ser ordenados e diferenças significativas podem ser calculadas, mas não faz sentido escrever uma razão usando as temperaturas.
   (2) Racional, porque os dados podem ser ordenados, diferenças significativas podem ser calculadas, os dados podem ser escritos como razões e o conjunto de dados contém um zero inerente.

Seção 1.3

1. a. (1) Foco: efeito dos exercícios no alívio da depressão.
   (2) Foco: índices de sucessos de graduandos de uma grande universidade ao procurar emprego depois de um ano de formados.
   (1) População: coleção de todas as pessoas com depressão.
   (2) População: coleção de todos os graduandos de uma grande universidade.
   (1) Experimento.
   (2) Pesquisa.
2. a. Não há maneira de dizer por que as pessoas pararam de fumar. Elas poderiam ter deixado de fumar tanto pelo fato de terem mascado chiclete ou de terem assistido ao DVD.
   b. Dois experimentos poderiam ser feitos; um usando o chiclete e outro usando o DVD.
3. a. As respostas vão variar. *Resposta da amostra*: comece com os primeiros dígitos 92630782...
   b. 92|63|07|82|40|19|26. c. 63, 7, 40, 19, 26.
4. a. (1) Uma amostra foi selecionada usando-se somente os estudantes disponíveis.
   (2) A amostra foi selecionada numerando cada estudante na escola, escolhendo aleatoriamente um número inicial e selecionando estudantes em intervalos regulares a partir do número inicial.
   b. (1) Amostragem de conveniência.
   (2) Amostragem sistemática.

Capítulo 2

Seção 2.1

1. a. 8 classes.
   b. Mín = 15; Máx = 89, Largura de classe = 10.
   c.

Limite inferior	Limite superior
15	24
25	34
35	44
45	54
55	64
65	74
75	84
85	94

d. Veja parte (e).

e.

Classe	Frequência, *f*
15–24	16
25–34	34
35–44	30
45–54	23
55–64	13
65–74	2
75–84	0
85–94	1

2. a. Veja parte (b).

b.

Classe	Frequência, *f*	Ponto médio	Frequência relativa	Frequência acumulada
15–24	16	19,5	0,13	16
25–34	34	29,5	0,29	50
35–44	30	39,5	0,25	80
45–54	23	49,5	0,19	103
55–64	13	59,5	0,11	116
65–74	2	69,5	0,02	118
75–84	0	79,5	0,00	118
85–94	1	89,5	0,01	119
	$\Sigma f = 119$		$\sum \frac{f}{n} = 1$	

c. 86% dos times marcaram menos do que 55 *touchdowns*. 3% dos times marcaram mais do que 65 *touchdowns*. (As respostas irão variar.)

3. a.

Fronteiras de classe
14,5–24,5
24,5–34,5
34,5–44,5
44,5–54,5
54,5–64,5
64,5–74,5
74,5–84,5
84,5–94,5

b. Use pontos médios de classes para uma escala horizontal e frequência para a escala vertical.

c.

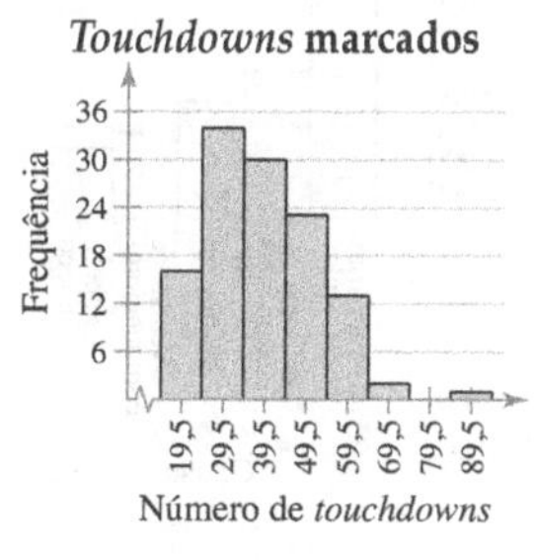

d. O mesmo que 2(c).

4. a. O mesmo que 3(b).

b. Veja parte (c).

c.

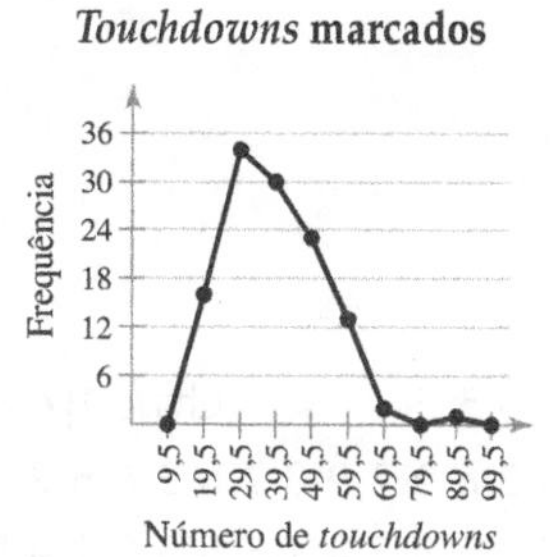

d. O número de *touchdowns* aumenta até 34,5 *touchdowns* e depois decresce.

5. abc

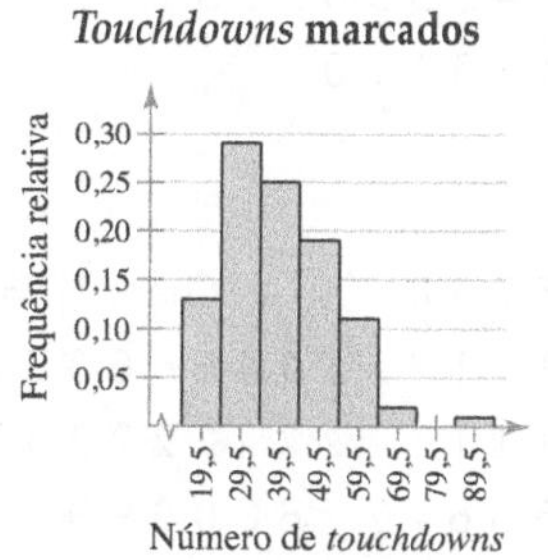

6. a. Use fronteiras de classe superior para a escala horizontal e a frequência acumulada para a escala vertical.

b. Veja parte (c).

c.

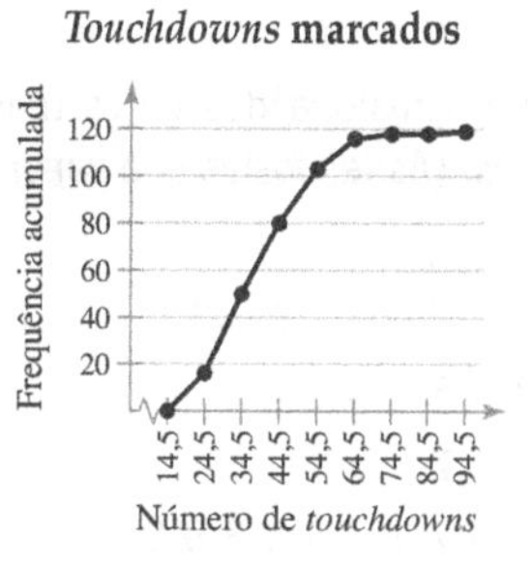

d. Aproximadamente 80 times marcaram 44 ou menos *touchdowns*.

e. As respostas irão variar.

7. a. Entre os dados.

b.

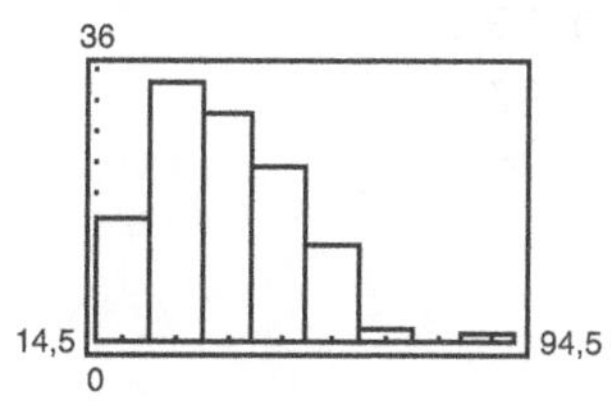

Seção 2.2

1. a.
1 |
2 |
3 |
4 |
5 |
6 |
7 |
8 |

b.
1 | 7 5 8 8 5 5   Chave 1|7 = 17
2 | 7 6 8 9 8 9 7 9 8 7 5 3 4 6 2 5 0 1 1 2 1 4 1
3 | 9 9 7 7 8 8 6 4 7 6 5 5 5 1 4 5 9 8 2 5 2 2 2
  | 3 3 3 2 4 1 1 0 4 2 1 2 1 0
4 | 9 8 6 8 7 8 6 4 8 5 4 6 6 7 1 1 5 4 5 3 2 2 8
  | 3 0 4 0 5 3 0
5 | 9 4 5 4 3 5 9 0 2 3 5 7 0 5
6 | 8 5 1 3 3 1 1 0
7 |
8 | 9

c.
1 | 5 5 5 7 8 8   Chave 1|7=17
2 | 0 1 1 1 1 2 2 3 4 4 5 5 6 6 7 7 7 8 8 8 9 9 9
3 | 0 0 1 1 1 1 1 2 2 2 2 2 2 3 3 3 4 4 4 4 5 5
  | 5 5 5 6 6 7 7 7 8 8 8 9 9 9
4 | 0 0 0 1 1 2 2 3 3 3 4 4 4 4 5 5 5 5 6 6 6 6 7
  | 7 8 8 8 8 8 9
5 | 0 0 2 3 3 4 4 5 5 5 5 7 9 9
6 | 0 1 1 1 3 3 5 8
7 |
8 | 9

d. Parece que a maioria dos times marcou abaixo de 54 *touchdowns*. (As respostas irão variar.)

2. ab.
1 | Chave 1|7 = 17
1 | 5 5 5 7 8 8
2 | 0 1 1 1 1 2 2 3 4 4
2 | 5 5 6 6 7 7 7 8 8 8 9 9 9
3 | 0 0 1 1 1 1 1 2 2 2 2 2 2 3 3 3 4 4 4 4
3 | 5 5 5 5 5 6 6 7 7 7 8 8 8 9 9 9
4 | 0 0 0 1 1 2 2 3 3 3 4 4 4 4
4 | 5 5 5 5 6 6 6 6 7 7 8 8 8 8 8 9
5 | 0 0 2 3 4 4
5 | 5 5 5 5 7 9 9
6 | 0 1 1 1 3 3
6 | 5 8
7 |
7 |
8 |
8 | 9

2. a. Use o número de *touchdowns* para o eixo horizontal.

b.

***Touchdowns* marcados**

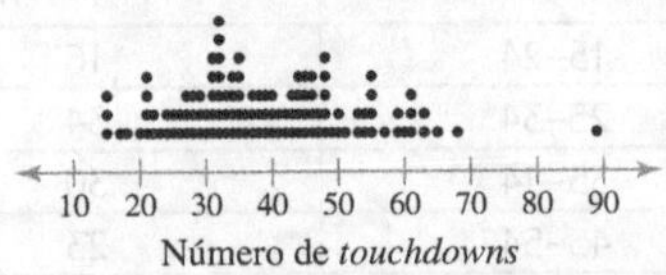

c. Uma grande porcentagem dos times marcou abaixo de 50 *touchdowns*. (As respostas irão variar.)

3. a.

Tipo de veículo	Mortes (frequência)	Frequência relativa	Ângulo central
Carros	22.423	0,64	230º
Caminhões	10.216	0,29	104º
Motocicletas	2.227	0,06	22º
Outros	425	0,01	4º
	$\Sigma f = 35.291$	$\sum \frac{f}{n} = 1$	$\Sigma = 360º$

b.

Ocupantes de veículos motorizados mortos em 1995

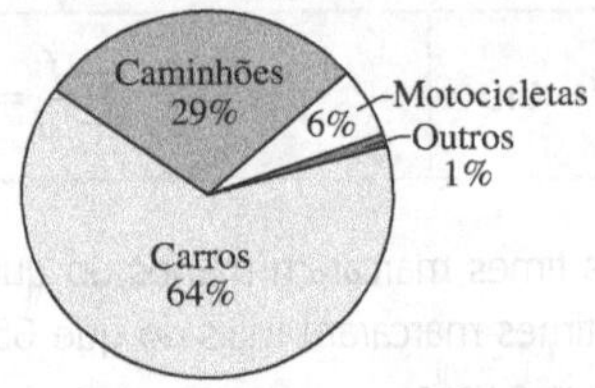

c. Como uma porcentagem do total de mortes dos veículos motorizados, as mortes em carros aumentaram 15%, as mortes em caminhões aumentaram em 8% e as mortes em motocicletas aumentaram 6%.

4. a.

Causa	Frequência, f
Concessionárias de veículos	14.668
Mecânicas de automóveis	9.728
Mobiliário	7.792
Vendas de computadores	5.733
Limpeza a seco	4.649

b.

Causas de reclamações de BBB

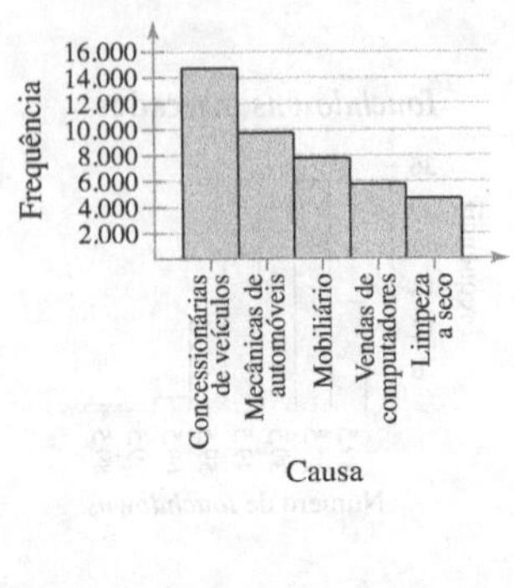

c. Parece que a indústria automobilística (concessionárias e mecânicas) é responsável pela maior porção de reclamações preenchidas no BBB. (As respostas irão variar.)

5. ab.

Salários

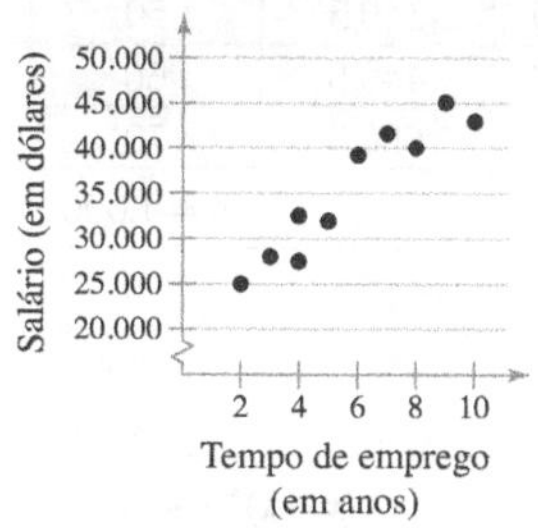

c. Parece que quanto mais tempo um funcionário está na empresa, maior será o seu salário.

6. ab.

Contas de telefones celulares

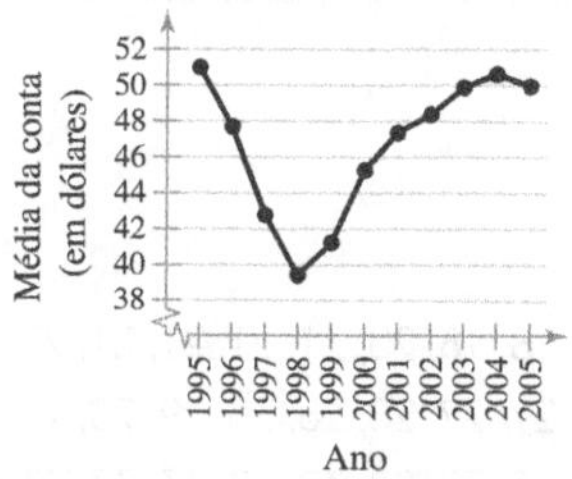

c. De 1995 a 1998, a média das contas decresceu; a média das contas cresceu de 1998 a 2004 e decresceu de 2004 a 2006.

Seção 2.3

1. a. 578. b. 41,3.
   c. A idade média de um funcionário em um departamento é 41,3 anos.
2. a. 18, 18, 19, 19, 19, 20, 21, 21, 21, 21, 23, 24, 24, 26, 27, 27, 29, 30, 30, 30, 33, 33, 34, 35, 38.
   b. 24.
   c. A mediana da idade para a amostra de fãs em um show é de 24 anos.
3. a. 70, 80, 100, 130, 140, 150, 160, 200, 250, 270.
   b. 145.
   c. A mediana do preço da amostra de tocadores de MP3 é $ 145.
4. a. 0, 0, 1, 1, 1, 2, 3, 3, 3, 4, 5, 5, 5, 7, 9, 10, 12, 12, 13, 13, 13, 13, 13, 15, 16, 16, 17, 17, 18, 18, 18, 19, 19, 19, 20, 20, 21, 22, 23, 23, 24, 24, 25, 25, 26, 26, 26, 29, 33, 36, 37, 39, 39, 39, 39, 40, 40, 41, 41, 41, 42, 44, 44, 45, 47, 48, 49, 49, 49, 51, 53, 56, 58, 58, 59, 60, 67, 68, 68, 72.
   b. 13. c. A moda das idades é 13 anos.
5. a. Sim. b. A moda das respostas para a pesquisa é "Sim".
6. a. 21,6; 21; 20.
   b. A média no Exemplo 6 ($\overline{x} \approx 23{,}8$) foi muito influenciada pela idade 65. Nem a mediana nem a moda foram afetadas tanto pela idade 65.
7. ab.

Fonte	Nota, x	Peso, w	$x \cdot w$
Média do teste	86	0,50	43,0
Prova de meio de curso	96	0,15	14,4
Final	98	0,20	19,6
Laboratório de informática	98	0,10	9,8
Lição de casa	100	0,05	5,0
		$\Sigma w = 1{,}00$	$\Sigma(x \cdot w) = 91{,}8$

   c. 91,8.
   d. A média ponderada para o curso é de 91,8. Então, você obteve um A.
8. abc.

Classe	Ponto médio, x	Frequência, f	$x \cdot f$
15–24	19,5	16	312
25–34	29,5	34	1.003
35–44	39,5	30	1.185
45–54	49,5	23	1.138,5
55–64	59,5	13	773,5
65–74	69,5	2	139
75–84	79,5	0	0
85–94	89,5	1	89,5
		$N = 119$	$\Sigma(x \cdot f) = 4.640{,}5$

   d. 39,0.

Seção 2.4

1. a. Mín. = 23 ou $ 23.000; Máx. = 58 ou $ 58.000.
   b. 35 ou $ 35.000.
   c. A amplitude dos salários iniciais para a Empresa B é 35, ou $ 35.000 (muito maior do que a amplitude da Empresa A).
2. a. 41,5 ou $ 41.500.
   b.

Salários, x (em milhares de dólares)	Desvio, $x - \mu$ (em milhares de dólares)
23	−18,5
29	−12,5
32	−9,5
40	−1,5
41	−0,5
41	−0,5
49	7,5
50	8,5
52	10,5
58	16,5
$\Sigma x = 415$	$\Sigma(x - \mu) = 0$

3. abc. $\mu = 41{,}5$ ou \$ 41.500

Salário, x	$x - \mu$	$(x - \mu)^2$
23	−18,5	342,25
29	−12,5	156,25
32	−9,5	90,25
40	−1,5	2,25
41	−0,5	0,25
41	−0,5	0,25
49	7,5	56,25
50	8,5	72,25
52	10,5	110,25
58	16,5	272,25
$\Sigma x = 415$	$\Sigma(x - \mu) = 0$	$\Sigma(x - \mu)^2 = 1.102{,}5$

c. 110,3. d. 10,5 ou \$ 10.500.

e. A variância populacional é 110,3 e o desvio padrão populacional é 10,5 ou \$ 10.500.

4. a. Veja 3ab. b. 122,5. c. 11,1 ou \$ 11.100.

5. a. Entre com dados. b. 37,89; 3,98.

6. a. 7, 7, 7, 7, 7, 13, 13, 13, 13, 13. b. 3.

7. a. 1 desvio padrão. b. 34%.

c. A porcentagem estimada das alturas que estão entre 61,29 e 64 polegadas é 34%.

8. a. 0. b. 70,6.

c. Pelo menos 75% dos dados estão dentro de dois desvios padrão da média. Pelo menos 75% da população do Alasca está entre 0 e 70,6 anos de idade.

9. a.

x	f	xf
0	10	0
1	19	19
2	7	14
3	7	21
4	5	20
5	1	5
6	1	6
	$n = 50$	$\Sigma xf = 85$

b. 1,7.

c.

$x - \bar{x}$	$(x - \bar{x})^2$	$(x - \bar{x})^2 \cdot f$
−1,70	2,8900	28,90
−0,70	0,4900	9,31
0,30	0,0900	0,63
1,30	1,6900	11,83
2,30	5,2900	26,45
3,30	10,8900	10,89
4,30	18,4900	18,49
		$\Sigma(x - \bar{x})^2 f = 106{,}5$

10. a.

Classe	x	f	xf
0–99	49,5	380	18.810
100–199	149,5	230	34.385
200–299	249,5	210	52.395
300–399	349,5	50	17.475
400–499	449,5	60	26.970
500+	650,0	70	45.500
		$n = 1.000$	$\Sigma xf = 195.535$

b. 195,5.

c.

$x - \bar{x}$	$(x - \bar{x})^2$	$(x - \bar{x})^2 \cdot f$
−146,0	21.316	8.100.080
−46,0	2.116	486.680
54,0	2.916	612.360
154,0	23.716	1.185.800
254,0	64.516	3.870.960
454,0	206.570,25	14.459.917,5
		$\Sigma(x - \bar{x})^2 f = 28.715.797{,}5$

d. 169,5

Seção 2.5

1. a.
15, 15, 15, 17, 18, 18, 20, 21, 21, 21, 21, 22, 22, 23, 24, 24, 25, 25, 26, 26, 27, 27, 27, 28, 28, 28, 29, 29, 29, 30, 30, 31, 31, 31, 31, 31, 32, 32, 32, 32, 32, 32, 32, 33, 33, 33, 34, 34, 34, 34, 35, 35, 35, 35, 35, 36, 36, 37, 37, 37, 38, 38, 38, 39, 39, 39, 40, 40, 40, 41, 41, 42, 42, 43, 43, 43, 44, 44, 44, 44, 45, 45, 45, 45, 46, 46, 46, 46, 47, 47, 48, 48, 48, 48, 48, 49, 50, 50, 52, 53, 53, 54, 54, 55, 55, 55, 55, 57, 59, 59, 60, 61, 61, 61, 63, 63, 65, 68, 89.

b. 37. c. 30,47.

2. a. Entre com dados. b. 17; 23; 28,5.

c. Um quarto da mensalidade custa \$ 17.000 ou menos, metade é \$ 23.000 ou menos, e 3/4 é \$ 28.500 ou menos.

3. a. 30; 47. b. 17.

c. O número de *touchdowns* marcados na metade do conjunto de dados varia em no máximo 17.

4. a. Mín.: 15, Q_1: 30, Q_2: 37, Q_3: 47, Máx.: 89.

bc.

***Touchdowns* marcados**

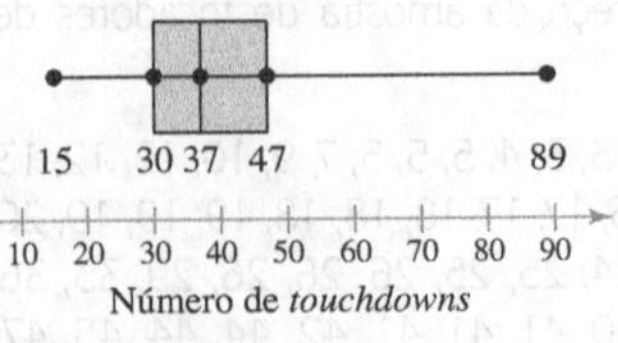

d. Parece que metade dos times marcou entre 30 e 47 *touchdowns*.

5. a. 50º percentil.

b. 50% dos times marcou 40 ou menos *touchdowns*.

6. a. $\mu = 70$, $\sigma = 8$.

b. $z_1 = \dfrac{60 - 70}{8} = -1{,}25$.

$$z_2 = \frac{71-70}{8} = 0{,}125.$$

$$z_3 = \frac{92-70}{8} = 2{,}75.$$

c. A partir do *z*-escore, \$ 60 está a 1,25 desvios padrão abaixo da média, \$ 71 está a 0,125 desvios padrão acima da média e \$ 92 está a 2,75 desvios padrão acima da média.

7. a. Melhor ator coadjuvante: $\mu = 50{,}1$, $\sigma = 13{,}9$.

Melhor atriz coadjuvante: $\mu = 39{,}7$, $\sigma = 14$.

b. Alan Arkin: $z = 1{,}58$.

Jennifer Hudson: $z = -1{,}05$.

c. A idade de Alan Arkin está 1,58 desvios padrão acima da média e a idade de Jennifer Hudson está 1,05 desvios padrão abaixo da média. Nenhuma idade dos atores é incomum. Comparando, as duas medidas indicam que Alan Arkin está muito mais acima da idade média de atores coadjuvantes do que Jennifer Hudson está abaixo da média da idade das atrizes. (As respostas irão variar.)

Capítulo 3

Seção 3.1

1. ab. (1)

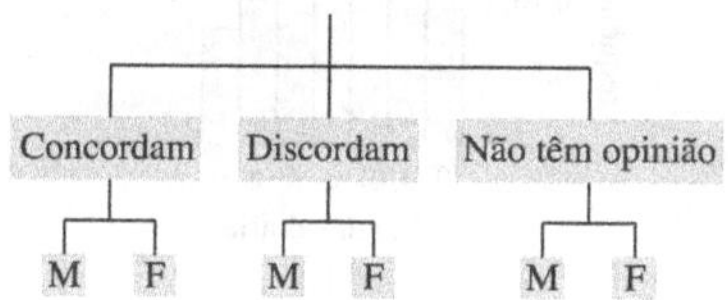

(2)

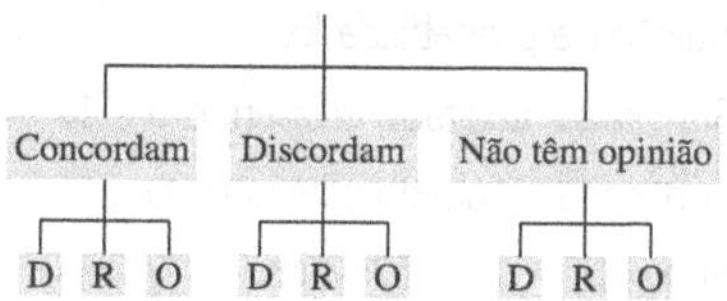

c. (1) 6. (2) 9.

d. (1) Deixe A = Concordar, D = Discordar, N = Não têm opinião, M = Homem, F = Mulher.

Espaço amostral = {*AM, AF, DM, DF, NM, NF*}.

(2) Deixe A = Concordar, D = Discordar, N = Não têm opinião, De = Democrata, R = Republicano, O = Outro.

Espaço amostral = {*ADe, AR, AO, DDe, DO, NDe, NR, NO*}.

2. a. (1) 6. (2) 1.

b. (1) Não é um evento simples. (2) Evento simples.

3. a. Fabricante: 4, Tamanho: 3, Cor: 6.

b. 72.

c.

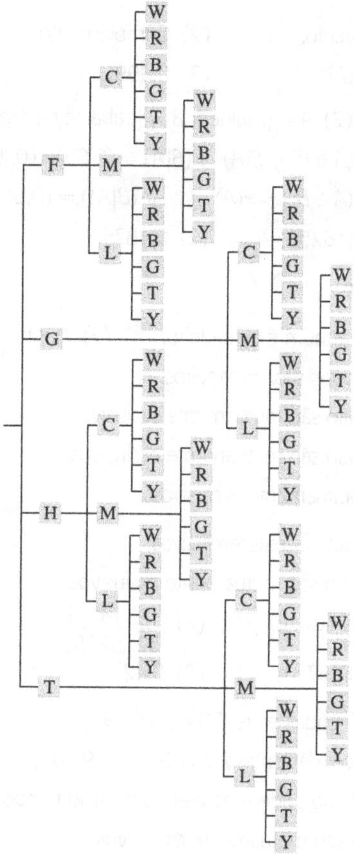

4. a. (1) Cada letra é um evento (26 escolhas para cada).

(2) Cada letra é um evento (26, 25, 24, 23, 22 e 21 escolhas).

(3) Cada letra é um evento (22, 26, 26, 26, 26 e 26 escolhas).

b. (1) 308.915.776. (2) 165.765.600. (3) 261.390.272.

5. a. (1) 52. (2) 52. (3) 52.

b. (1) 1. (2) 13. (3) 52.

c. (1) 0,019. (2) 0,25. (3) 1.

6. a. O evento é "a próxima declaração processada é fraudulenta". A frequência é 4.

b. 100. **c.** 0,04.

7. a. 54. **b.** 1.000. **c.** 0,054.

8. a. O evento é "salmões que passam com sucesso por uma barreira no rio Columbia".

b. Estimada. **c.** Probabilidade empírica.

9. a. 0,18. **b.** 0,82. **c.** 41/50 ou 0,82.

10. a. 16. **b.** 5. **c.** 0,3125.

11. a. 10.000.000. **b.** 1/10.000.000.

Seção 3.2

1. a. (1) 30 e 102. (2) 11 e 50.

b. (1) 0,294. (2) 0,22.

2. a. (1) Sim. (2) Não.

b. (1) Dependente. (2) Independente.

3. a. (1) Independente. (2) Dependente.

b. (1) 0,723. (2) 0,059.

4. a. (1) Evento. (2) Complemento.
b. (1) 0,729. (2) 0,999.

5. a. (1) e (2) $A = \{\text{mulher}\}$, $B = \{\text{trabalha na área de saúde}\}$.
b. (1) $P(A \text{ e } B) = P(A) \cdot P(B|A) = (0,65) \cdot (0,25)$.
(2) $P(A \text{ e } B') = P(A) \cdot (1 - P(B|A)) = (0,65) \cdot (0,75)$.
c. (1) 0,1625. (2) 0,4875.

Seção 3.3

1. a. (1) Nenhum é verdadeiro. (2) Nenhum é verdadeiro.
(3) Todos são verdadeiros.
b. (1) Não são mutuamente exclusivos.
(2) Não são mutuamente exclusivos.
(3) Mutuamente exclusivos.

2. a. (1) Mutuamente exclusivos.
(2) Não são mutuamente exclusivos.
b. (1) $\frac{1}{6}, \frac{1}{2}$. (2) $\frac{12}{52}, \frac{13}{52}, \frac{3}{52}$.
c. (1) 0,667. (2) 0,423.

3. a. $A = \{\text{vendas entre \$ 0 e \$ 24.999}\}$.
$B = \{\text{vendas entre \$ 25.000 e \$ 49.000}\}$.
b. A e B não podem ocorrer ao mesmo tempo.
A e B são mutuamente exclusivos.
c. $\frac{3}{36}, \frac{5}{36}$. d. 0,222.

4. a. (1) Mutuamente exclusivos.
(2) Não são mutuamente exclusivos.
b. (1) 0,149. (2) 0,910.

5. a. 0,169. b. 0,831.

Seção 3.4

1. a. 6. b. 720.

2. a. 336.
b. Há 336 maneiras possíveis de um sujeito escolher uma primeira, segunda e terceira atividade.

3. a. $n = 12, r = 4$. b. 11.880.

4. a. $n = 20, n_1 = 6, n_2 = 9, n_3 = 5$. b. 77.597.520.

5. a. $n = 20, r = 3$. b. 1.140.
c. Há 1.140 maneiras diferentes que comitês de 3 pessoas podem ser selecionados de 20 funcionários.

6. a. 380. b. 0,003.

7. a. 1 resultado e 180 permutações distinguíveis.
b. 0,006.

8. a. 3.003. b. 3.162.510. c. 0,0009.

9. a. 10. b. 220. c. 0,045.

Capítulo 4

Seção 4.1

1. a. (1) Medida. (2) Contada.
b. (1) A variável aleatória é contínua porque x pode ser qualquer quantia de tempo necessária para completar um teste.
(2) A variável aleatória é discreta porque o número de músicas tocadas por uma banda em um festival de rock é contável.

2. ab.

x	f	$P(x)$
0	16	0,16
1	19	0,19
2	15	0,15
3	21	0,21
4	9	0,09
5	10	0,10
6	8	0,08
7	2	0,02
	$n = 100$	$\Sigma P(x) = 1$

c.

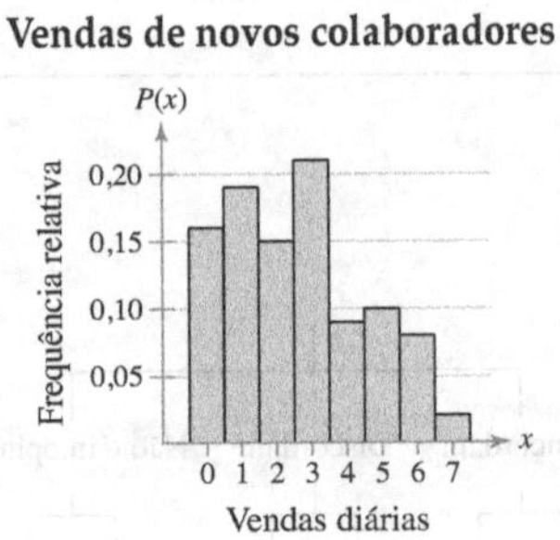

3. a. Cada $P(x)$ está entre 0 e 1. b. $\Sigma P(x) = 1$.
c. Porque ambas condições são atingidas; a distribuição é uma distribuição de probabilidade.

4. a. (1) Sim, cada resultado está entre 0 e 1.
(2) Sim, cada resultado está entre 0 e 1.
b. (1) Sim. (2) Sim.
c. (1) Uma distribuição de probabilidade.
(2) Uma distribuição de probabilidade.

5. ab.

x	$P(x)$	$xP(x)$
0	0,16	0,00
1	0,19	0,19
2	0,15	0,30
3	0,21	0,63
4	0,09	0,36
5	0,10	0,50
6	0,08	0,48
7	0,02	0,14
	$\Sigma P(x) = 1$	$\Sigma xP(x) = 2,60$

c. $\mu = 2,6$.
Em média, 2,6 vendas são feitas por dia.

6. **ab.**

x	$P(x)$	$x-\mu$	$(x-\mu)^2$	$P(x)(x-\mu)^2$
0	0,16	−2,6	6,76	1,0816
1	0,19	−1,6	2,56	0,4864
2	0,15	−0,6	0,36	0,0540
3	0,21	0,4	0,16	0,0336
4	0,09	1,4	1,96	0,1764
5	0,10	2,4	5,76	0,5760
6	0,08	3,4	11,56	0,9248
7	0,02	4,4	19,36	0,3872
	$\Sigma P(x)=1$			$\Sigma P(x)(x-\mu)^2=3,72$

c. 1,9.

d. A maioria dos valores de dados difere da média por não mais do que 1,9 vendas por dia.

7. **ab.**

Ganho, x	\$ 1.995	\$ 995	\$ 495	\$ 245	\$ 95	−\$ 5
Probabilidade, $P(x)$	$\frac{1}{2.000}$	$\frac{1}{2.000}$	$\frac{1}{2.000}$	$\frac{1}{2.000}$	$\frac{1}{2.000}$	$\frac{1.995}{2.000}$

c. −\$ 3,08.

d. Devido ao fato de o valor esperado ser negativo, você pode esperar perder uma média de \$ 3,08 para cada ingresso que comprar.

Seção 4.2

1. **a.** Tentativa: responder à questão.
   Sucesso: a pergunta é respondida corretamente.
   b. Sim.
   c. É um experimento binomial; $n = 10$, $p = 0,25$, $q = 0,75$, $x = 0, 1, 2, \dots, 9, 10$.

2. **a.** Tentativa: retirar uma carta com reposição.
   Sucesso: a carta é de paus.
   Falha: a carta não é de paus.
   b. $n = 5, p = 0,25, q = 0,75, x = 3$.
   c. $P(3)=\frac{5!}{2!\,3!}=(0,25)^3(0,75)^2\approx 0,088.$

3. **a.** Tentativa: selecionar um trabalhador e perguntar uma questão.
   Sucesso: selecionar um trabalhador que irá confiar na pensão.
   Falha: selecionar um trabalhador que não irá confiar na pensão.
   b. $n = 7, p = 0,26, q = 0,74, x = 0, 1, 2, \dots, 6, 7$.
   c. $P(0) = {}_7C_0\,(0,26)^0(0,74)^7 = 0,1215.$
   $P(1) = {}_7C_1\,(0,26)^1(0,74)^6 = 0,2989.$
   $P(2) = {}_7C_2\,(0,26)^2(0,74)^5 = 0,3150.$
   $P(3) = {}_7C_3\,(0,26)^3(0,74)^4 = 0,1845.$
   $P(4) = {}_7C_4\,(0,26)^4(0,74)^3 = 0,0648.$
   $P(5) = {}_7C_5\,(0,26)^5(0,74)^2 = 0,0137.$
   $P(6) = {}_7C_6\,(0,26)^6(0,74)^1 = 0,0016.$
   $P(7) = {}_7C_7\,(0,26)^7(0,74)^0 = 0,0001.$

   d.

x	$P(x)$
0	0,1215
1	0,2989
2	0,3150
3	0,1845
4	0,0648
5	0,0137
6	0,0016
7	0,0001
	$\Sigma P(x)\approx 1$

4. **a.** $n = 250, p = 0,71, x = 178.$ **b.** 0,056.
   c. A probabilidade de que exatamente 178 pessoas de uma amostra aleatória de 250 pessoas nos Estados Unidos usem mais de um recheio em seu cachorro-quente é de aproximadamente 0,056.

5. **a.** (1) $x = 2$. (2) $x = 2, 3, 4$ ou 5. (3) $x = 0$ ou 1.
   b. (1) 0,217. (2) 0,217, 0,058, 0,008, 0,0004; 0,283.
   (3) 0,308, 0,409; 0,717.
   c. (1) A probabilidade de que exatamente dois de cinco homens considerem a pesca sua atividade de lazer favorita é de aproximadamente 0,217.
   (2) A probabilidade de que pelo menos dois de cinco homens considerem a pesca sua atividade de lazer favorita é de 0,283.
   (3) A probabilidade de que menos de dois de cinco homens considerem a pesca sua atividade de lazer favorita é de aproximadamente 0,717.

6. **a.** Tentativa: selecionar um negócio e perguntar se ele tem um site Web.
   Sucesso: selecionar um negócio que tenha site Web.
   Falha: selecionar um negócio que não tenha site Web.
   b. $n = 10, p = 0,45, x = 4.$ **c.** 0,238.
   d. A probabilidade de que exatamente 4 de 10 pequenos negócios tenham um site Web é de 0,238.

7. **a.** 0,003, 0,029, 0,120, 0,262, 0,320, 0,209, 0,057.
   b.

x	$P(x)$
0	0,003
1	0,029
2	0,120
3	0,262
4	0,320
5	0,209
6	0,057

   c.

Possuir computador

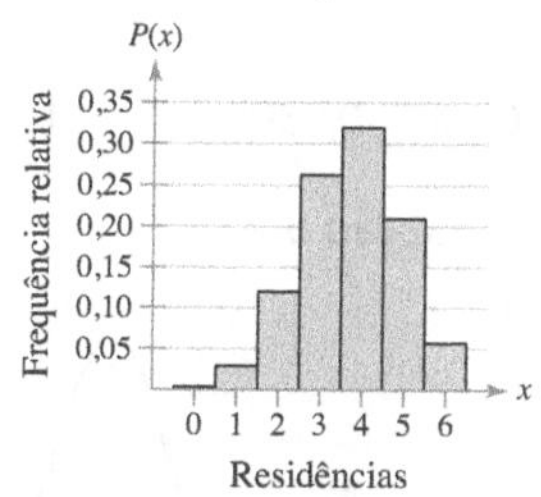

8. **a.** Sucesso: selecionar um dia claro $n = 31, p = 0,44, q = 0,56.$
   b. 13,6. **c.** 7,6. **d.** 2,8.
   e. Em média, há 14 dias claros durante o mês de maio. Um mês de maio com menos de 8 dias de sol ou mais do que 19 dias de sol pode ser incomum.

Seção 4.3

1. a. 0,23, 0,177, 0,136.
   b. 0,543.
   c. A probabilidade de que sua primeira venda ocorra antes que sua quarta venda chame é 0,543.
2. a. $P(0) \approx 0{,}050$. $P(1) \approx 0{,}149$. $P(2) \approx 0{,}224$. $P(3) \approx 0{,}224$. $P(4) \approx 0{,}168$.
   b. 0,815. c. 0,185.
   d. A probabilidade de que mais do que quatro acidentes ocorram em qualquer mês dado na interseção é de 0,185.
3. a. 0,10. b. 0,10, 3. c. 0,0002.
   d. A probabilidade de encontrar três trutas marrons em qualquer metro cúbico dado do lago é de 0,0002.

Capítulo 5

Seção 5.1

1. a. *A*: 45, *B*: 60, *C*: 45. *B* tem a maior média.
   b. A curva *C* é mais espalhada, então a curva *C* tem maior desvio padrão.
2. a. 3,5 pés. b. 3,3, 3,7, 0,2 pés.
3. (1) 0,0143. (2) 0,9850.
4. a.

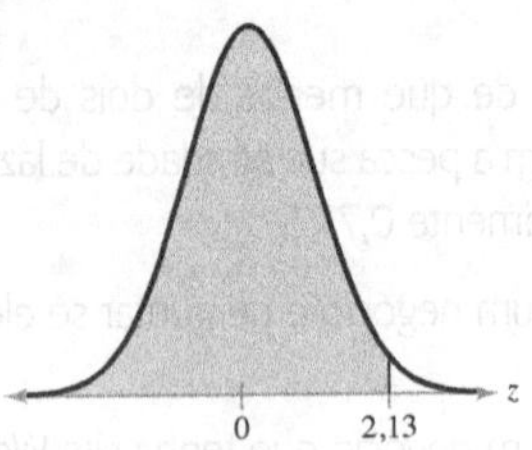

   b. 0,9834.
5. a.

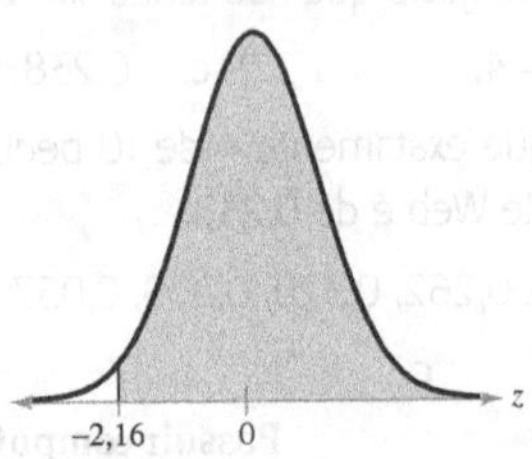

   b. 0,0154.
   c. 0,9846.
6. a. 0,0885. b. 0,0154. c. 0,0731.

Seção 5.2

1. a.

   b. 2,5.
   c. 0,0062.
   d. A probabilidade de que um Focus de transmissão manual selecionado aleatoriamente irá fazer mais do que 28 milhas por galão na cidade é de 0,0062.
2. a.

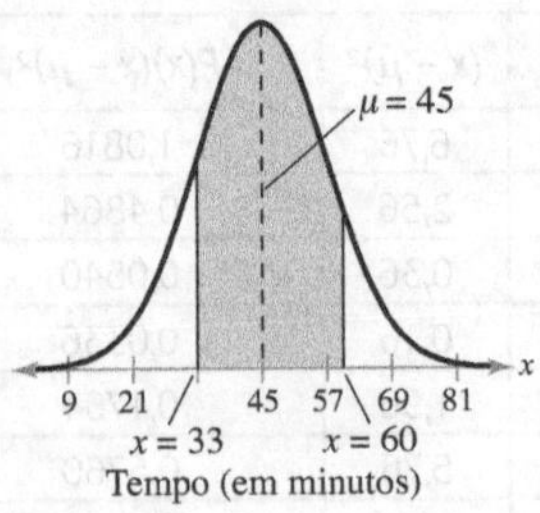

   b. −1, 1,25.
   c. 0,1587; 0,8944; 0,7357.
   d. Se 150 consumidores entram em uma loja, então você esperaria que 150(0,7357) = 110.355 (ou aproximadamente 110) compradores ficassem na loja entre 33 e 60 minutos.
3. a. Leia o guia do usuário da ferramenta tecnológica.
   b. 0,4968.
   c. A probabilidade de que o colesterol de um homem selecionado aleatoriamente nos Estados Unidos esteja entre 190 e 225 é de 0,4968.

Seção 5.3

1. a. (1) 0,0384. (2) 0,0250 e 0,9750.
   bc. (1) −1,77. (2) ±1,96.
2. a. (1) Área = 0,10. (2) Área = 0,20. (3) Área = 0,99.
   bc. (1) −1,28. (2) −0,84. (3) 2,33.
3. a. $\mu = 70$, $\sigma = 8$. b. 64; 104,32; 55,44.
   c. 64 está abaixo da média, 104,32 está acima da média e 55,44 está abaixo da média.
4. ab. c. 126,83.

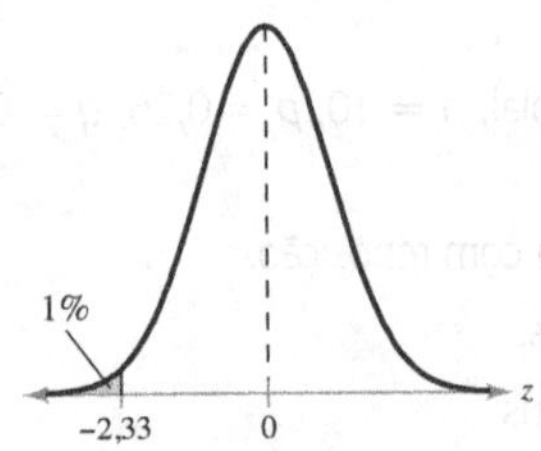

   d. Então, a maior distância de frenagem que um Honda Accord poderia ter e ainda estar no topo 1% é de aproximadamente 127 pés.
5. ab.

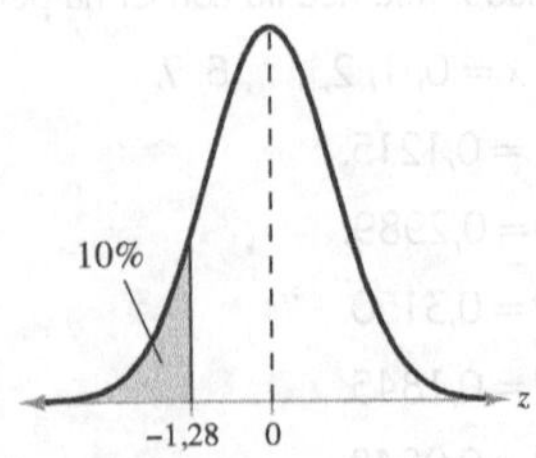

   c. 8,512.
   d. Então, o maior tempo que um funcionário poderia ter trabalhado e ser demitido é de 8 anos.

Seção 5.4

1. a.

Amostra	Média	Amostra	Média	Amostra	Média
1, 1, 1	1	3, 3, 5	3,67	5, 7, 1	4,33
1, 1, 3	1,67	3, 3, 7	4,33	5, 7, 3	5
1, 1, 5	2,33	3, 5, 1	3	5, 7, 5	5,67
1, 1, 7	3	3, 5, 3	3,67	5, 7, 7	6,33
1, 3, 1	1,67	3, 5, 5	4,33	7, 1, 1	3
1, 3, 3	2,33	3, 5, 7	5	7, 1, 3	3,67
1, 3, 5	3	3, 7, 1	3,67	7, 1, 5	4,33
1, 3, 7	3,67	3, 7, 3	4,33	7, 1, 7	5
1, 5, 1	2,33	3, 7, 5	5	7, 3, 1	3,67
1, 5, 3	3	3, 7, 7	5,67	7, 3, 3	4,33
1, 5, 5	3,67	5, 1, 1	2,33	7, 3, 5	5
1, 5, 7	4,33	5, 1, 3	3	7, 3, 7	5,67
1, 7, 1	3	5, 1, 5	3,67	7, 5, 1	4,33
1, 7, 3	3,67	5, 1, 7	4,33	7, 5, 3	5
1, 7, 5	4,33	5, 3, 1	3	7, 5, 5	5,67
1, 7, 7	5	5, 3, 3	3,67	7, 5, 7	6,33
3, 1, 1	1,67	5, 3, 5	4,33	7, 7, 1	5
3, 1, 3	2,33	5, 3, 7	5	7, 7, 3	5,67
3, 1, 5	3	5, 5, 1	3,67	7, 7, 5	6,33
3, 1, 7	3,67	5, 5, 3	4,33	7, 7, 7	7
3, 3, 1	2,33	5, 5, 5	5		
3, 3, 3	3	5, 5, 7	5,67		

b.

$\bar{x}$	f	Probabilidade
1	1	0,0156
1,67	3	0,0469
2,33	6	0,0938
3	10	0,1563
3,67	12	0,1875
4,33	12	0,1875
5	10	0,1563
5,67	6	0,0938
6,33	3	0,0469
7	1	0,0156

$\mu_{\bar{x}} = 4.$
$(\sigma_{\bar{x}})^2 = 1{,}667.$
$\sigma_{\bar{x}} = 1{,}291.$

c. $\mu_{\bar{x}} = \mu = 4.$

$$\left(\sigma_{\bar{x}}\right)^2 = \frac{\sigma^2}{n} = \frac{5}{3} = 1{,}667;\ \sigma_{\bar{x}} = \frac{\sigma}{\sqrt{n}} = \frac{\sqrt{5}}{\sqrt{3}} = 1{,}291.$$

2. a. 64, 0,9.
   b. $n = 100$.

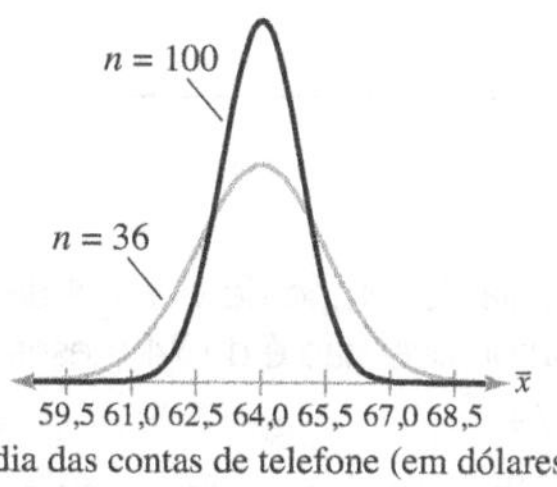

Média das contas de telefone (em dólares)

   c. Com uma amostra de tamanho maior, a média permanece a mesma, mas o desvio padrão decresce.

3. a. 3,5, 0,05.
   b.

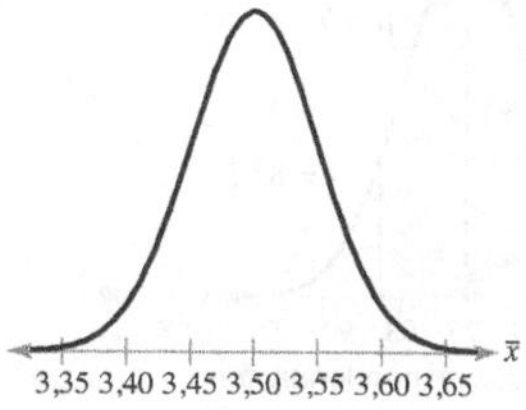

Média do diâmetro (em pés)

4. a. 25; 0,15. b. −2, 3,33. c. 0,9768.

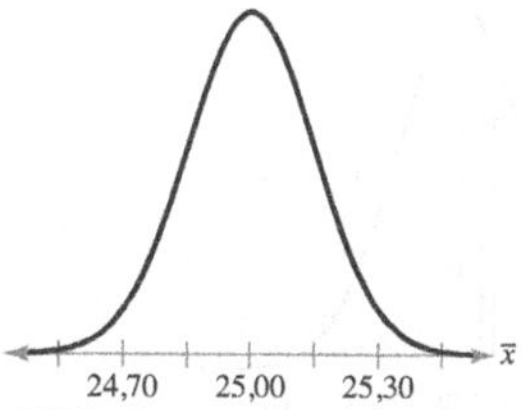

Média do tempo (em minutos)

5. a. 306.258; 12.702,71.

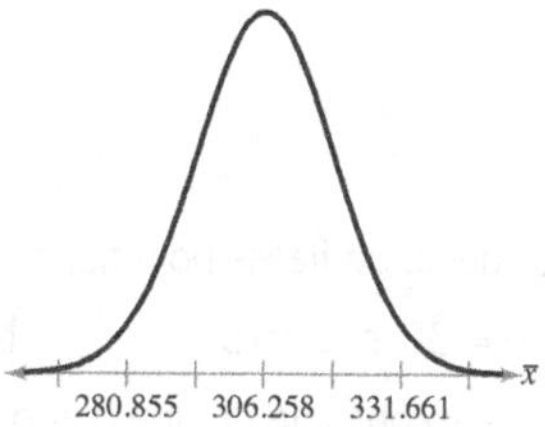

Média do preço de vendas (em dólares)

   b. −2,07. c. 0,9808 (*Tecnologia*: 0,9806).

6. a. 0,5, 1,58. b. 0,6915, 0,9429.
   c. Há uma chance de 69% de um receptor individual custar menos do que $ 700. Há uma chance de 94% de que a média de uma amostra de 10 receptores seja menos do que $ 700.

Seção 5.5

1. a. $n = 70, p = 0{,}80, q = 0{,}20.$ b. 56, 14.
   c. A distribuição normal pode ser usada.
   d. 56, 3,35.
2. a. (1) 57, 58,..., 83. (2) ..., 52, 53, 54.
   b. (1) $56{,}5 < x < 83{,}5$. (2) $x < 54{,}5$.
3. a. A distribuição normal pode ser usada. b. 56, 3,35.
   c.

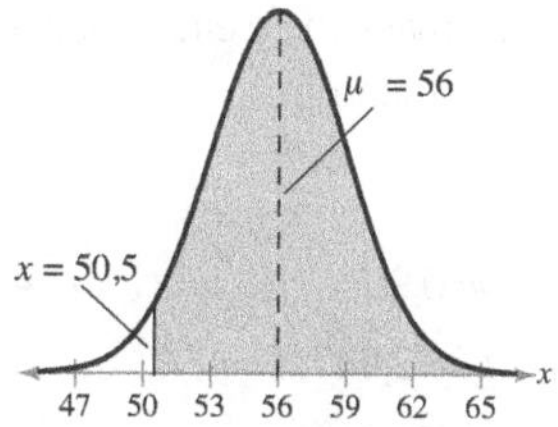

Número dos que responderam sim

   d. −1,64.
   e. 0,9495.

4. a. A distribuição normal pode ser usada. b. 76, 6,86.

c. $P(x \leq 85{,}5)$. d. 1,38. e. 0,9162.

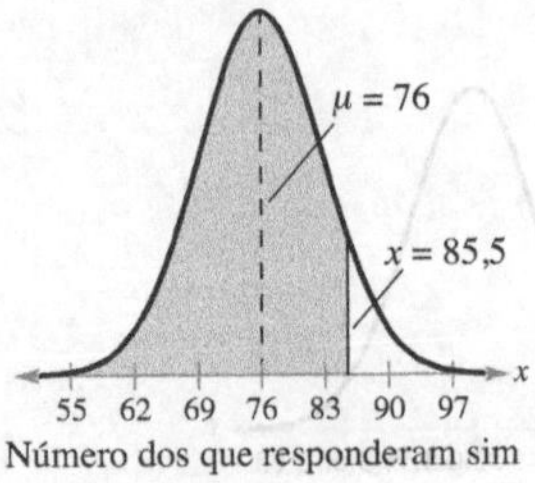

5. a. A distribuição normal pode ser usada. b. 172; 4,91.
c. $P(169{,}5 < x < 170{,}5)$. d. $-0{,}51; -0{,}31$. e. 0,0733.

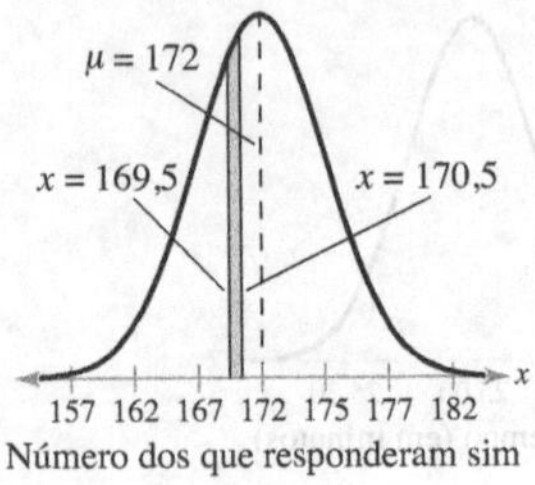

Capítulo 6

Seção 6.1

1. a. $\overline{x} = 14{,}8$.
b. O número médio de frases por anúncio de revista é 14,8.
2. a. $z_c = 1{,}96, n = 30, s \approx 16{,}5$. b. $E = 5{,}9$.
c. Você está 95% confiante de que o erro máximo da estimativa é de 5,9 frases por anúncio de revista.
3. a. $\overline{x} = 14{,}8; E = 5{,}9$. b. 8,9; 20,7.
c. Você está 95% confiante de que a média do número de frases por anúncio de revista está entre 8,8 e 20,7.
4. a. Entre com os dados.
b. (11,6, 13,2); (11,4, 13,4); (10,6, 14,2).
c. Conforme o nível de confiança aumenta, a largura do intervalo também aumenta.
5. a. $n = 30, \overline{x} = 22, 9, \sigma = 1{,}5, z_c = 1{,}645, E = 0{,}5$.
b. (22,4; 23,4) [*Tecnologia*: (22,5; 23,4)].
c. Você está 90% confiante de que a média da idade dos estudantes está entre 22,4 (*Tecnologia*: 22,5) e 23,4 anos. Devido ao tamanho maior da amostra, o intervalo de confiança é sensivelmente menor.
6. a. $z_c = 1{,}96, E = 2, s \approx 5{,}0$. b. $n = 25$.
c. Você deveria ter pelo menos 25 anúncios de revista em sua amostra. Devido à grande margem de erro, o número necessário de amostras é muito menor.

Seção 6.2

1. a. g.l. = 21. b. $c = 0{,}90$. c. $t_c = 1{,}721$.
2. a. $t_c = 1{,}753$; $E = 4{,}4$; $t_c = 2{,}947$; $E = 7{,}4$.
b. (157,6, 166,4); (154,6, 169,4).
c. Você está 90% confiante de que a média da temperatura do café vendido está entre 157,6 °F e 166,4 °F.
Você está 90% confiante de que a média da temperatura do café vendido está entre 154,6 °F e 169,4 °F.
3. a. $t_c = 1{,}729; E = 0{,}16; t_c = 2{,}093; E = 0{,}20$.
b. (6,06, 6,38); (6,02, 6,42).
c. Você está 90% confiante de que a média das taxas de juros do financiamento de imóveis está entre 6,06% e 6,38%. Você está 95% confiante de que a média das taxas de juros do financiamento de imóveis está entre 6,02% e 6,42%. O intervalo de confiança de 90% é sensivelmente mais estreito.
4. Não; Sim; Não; Use a distribuição *t*.

Seção 6.3

1. a. $x = 181, n = 1.006$. b. $\hat{p} = 0{,}180$.
2. a. $\hat{p} = 0\ 180$, $\hat{q} = 0{,}820$.
b. $n\hat{p} = 181 > 5$ e $n\hat{q} = 825 > 5$.
c. $z_c = 1{,}645; E = 0{,}020$. d. (0,160, 0,200).
e. Você está 99% confiante de que a proporção de adultos que acredita que Abraham Lincoln foi o melhor presidente está entre 16% e 20%.
3. a. $n = 900$, $\hat{p} = 0{,}33$. b. $\hat{q} = 0{,}67$.
c. $n\hat{p} = 297 > 5$ e $n\hat{q} = 603 > 5$.
d. $z_c = 2{,}575$. e. (0,290, 0,370).
f. Você está 99% confiante de que a proporção de adultos com mais de 75 anos são os motoristas mais perigosos está entre 29% e 37%.
4. a. (1) $\hat{p} = 0{,}5$, $\hat{q} = 0{,}5$, $z_c = 1{,}645$, $E = 0{,}02$.
(2) $\hat{p} = 0{,}064$, $\hat{q} = 0{,}936$, $z_c = 1{,}645$, $E = 0{,}02$.
b. (1) $n = 1.691{,}27$. (2) $n = 405{,}25$.
c. (1) $n = 1.692$ homens. (2) $n = 406$ homens.

Seção 6.4

1. a. g.l. = 24, $c = 0{,}95$. b. 0,025, 0,975.
c. 39,364, 12,401.
2. a. 42,557, 17,708; 45,722, 16,047.
b. (0,98, 2,36); (0,91, 2,60). c. (0,99, 1,54); (0,96, 1,61).
d. Você está 90% confiante de que a variância populacional está entre 0,98 e 2,36 e que o desvio padrão populacional está entre 0,99 e 1,54. Você está 95% confiante de que a variância populacional está entre 0,91 e 2,60 e que o desvio padrão populacional está entre 0,96 e 1,61.

Capítulo 7

Seção 7.1

1. a. (1) A média do tempo de vida útil de certo tipo de bateria de automóvel não é de 74 meses.
$\mu \neq 74$.
(2) A variância da vida útil de certo tipo de televisor é menor ou igual a 3,5.
$\sigma^2 \leq 3{,}5$.

(3) A proporção do total de ouvintes é maior do que 39%. $p > 0{,}39$.

b. (1) $\mu = 74$. (2) $\sigma^2 > 3{,}5$. (3) $p \leq 0{,}39$.

c. (1) H_0: $\mu = 74$; H_a: $\mu \neq 74$. (Afirmação.)

(2) H_0: $\sigma^2 \leq 3{,}5$ (afirmação); H_a: $\sigma^2 > 3{,}5$.

(3) H_0: $p \leq 0{,}39$; H_a: $p > 0{,}39$. (Afirmação.)

2. a. H_0: $p \leq 0{,}01$; H_a: $p > 0{,}01$.

b. Um erro tipo I irá ocorrer se a proporção real for menor ou igual a 0,01, mas você rejeita H_0.

Um erro tipo II irá ocorrer se a proporção real for maior que 0,01, mas você falha em rejeitar H_0.

c. Um erro tipo II é mais sério porque você iria confundir o consumidor, causando possivelmente ferimentos sérios ou morte.

3. a. (1) H_0: $\mu = 74$; H_a: $\mu \neq 74$.

(2) H_0: $p \leq 0{,}39$; H_a: $p > 0{,}39$.

b. (1) Bicaudal. (2) Unicaudal à direita.

c. (1) (2)

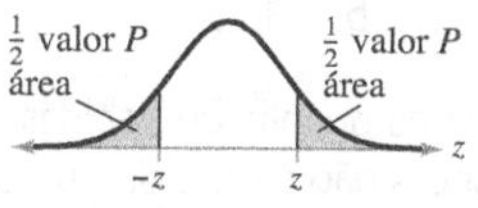

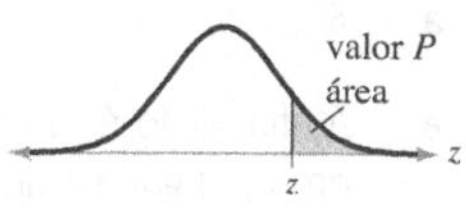

4. a. Há evidência suficiente para apoiar a afirmação da rádio de que sua proporção de ouvintes locais é maior que 39%.

b. Não há evidência para apoiar a afirmação da estação de rádio de que a proporção de ouvintes locais é maior do que 39%.

5. a. (1) Apoie a afirmação. (2) Rejeite a afirmação.

b. (1) H_0: $\mu \geq 650$; H_a: $\mu < 650$. (Afirmação.)

(2) H_0: $\mu = 98{,}6$ (afirmação); H_a: $\mu \neq 98{,}6$.

Seção 7.2

1. a. (1) $0{,}0347 > 0{,}01$. (2) $0{,}0347 < 0{,}05$.

b. (1) Falhe em rejeitar H_0. (2) Rejeitar H_0.

2. ab. 0,0526.

c. Falhe em rejeitar H_0 porque $0{,}0526 > 0{,}05$.

3. a. 0,9896. b. 0,0208.

c. Falhe em rejeitar H_0 porque $0{,}0208 > 0{,}01$.

4. a. A afirmação é "a velocidade média é maior que 35 milhas por hora".

H_0: $\mu \leq 35$; H_a: $\mu > 35$. (Afirmação.)

b. $\alpha = 0{,}05$. c. 2,5. d. 0,0062. e. Rejeite H_0.

f. No nível de significância de 5%, há evidência suficiente para concluir que a velocidade média é maior que 35 milhas por horas.

5. a. A afirmação é "um de nossos distribuidores reporta uma média de 150 vendas por dia."

H_0: $\mu = 150$ (afirmação); H_a: $\mu \neq 150$.

b. $\alpha = 0{,}01$. c. −2,76. d. 0,0058.

e. Rejeite H_0 porque $0{,}0058 < 0{,}01$.

f. No nível de significância de 1%, há evidência suficiente para rejeitar a afirmação de que o distribuidor tem média de 150 vendas por dia.

6. a. $0{,}0440 > 0{,}01$. b. Falhe em rejeitar H_0.

7. a.

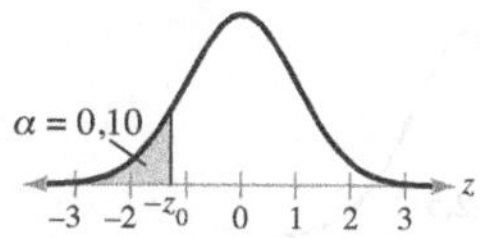

b. 0,1003.

c. $-z_0 = -1{,}28$.

d. Região de rejeição: $z < -1{,}28$.

8. a.

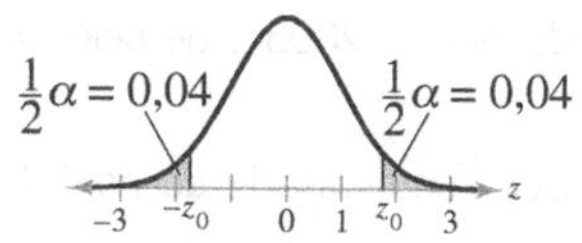

b. 0,0401, 0,9599.

c. $-z_0 = -1{,}75$, $z_0 = 1{,}75$.

d. Regiões de rejeição: $z < -1{,}75$, $z > 1{,}75$.

9. a. A afirmação é "a média de trabalho diário em um escritório de contabilidade é menor do que 8,5 horas diárias".

H_0: $\mu \geq 8{,}5$; H_a: $\mu < 8{,}5$. (Afirmação.)

b. $\alpha = 0{,}01$.

c. $z_0 = -2{,}33$. Região de rejeição: $z < -2{,}33$.

d. −3,55.

e. Porque $-3{,}55 < -2{,}33$, rejeite H_0.

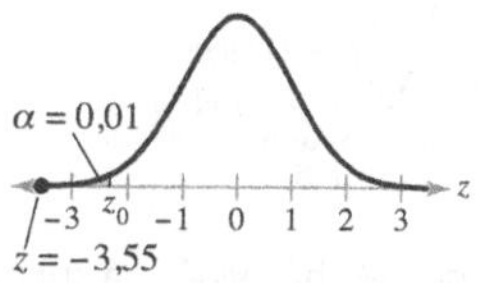

f. No nível de significância de 1%, há evidência suficiente para apoiar a afirmação de que a média diária de trabalho é menor do que 8,5 horas.

10. a. $\alpha = 0{,}01$.

b. $-z_0 = -2{,}575$, $z_0 = 2{,}575$.

Regiões de rejeição: $z < -2{,}575$, $z > 2{,}575$.

c. Falhe em rejeitar H_0.

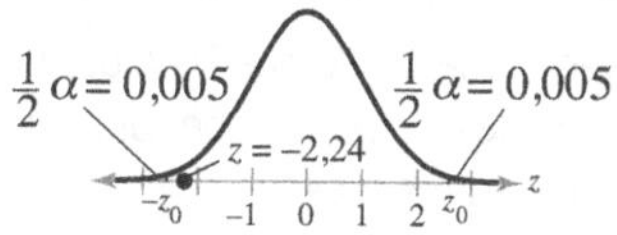

d. No nível de significância de 1%, não há evidência suficiente para apoiar a afirmação de que a média de custo é significantemente diferente de $ 10.460.

Seção 7.3

1. a. 2,650. b. −2,650.

2. ab. 1,860.

3. a. 2,947. b. −2,947, 2,947.

4. a. A afirmação é "a média de custo para segurar um Honda Pilot LX 2005 é de pelo menos $ 1.350".

H_0: $\mu \geq \$\ 1.350$ (afirmação); H_a: $\mu < \$\ 1.350$.

b. $\alpha = 0{,}01$, g.l. = 8.

c. $t_0 = -2{,}896$; Regiões de rejeição: $t < -2{,}896$.

d. −2,571.

e. Falhe em rejeitar H_0.

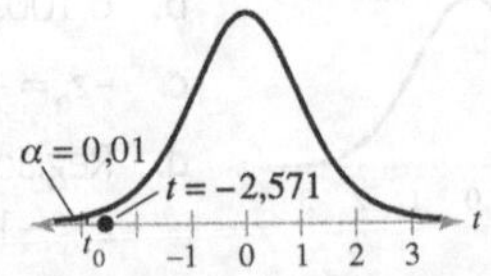

f. No nível de significância de 1%, não há evidência suficiente para rejeitar a afirmação do agente de que a média do custo para segurar um Honda Pilot LX 2005 é de pelo menos $ 1.350.

5. a. A afirmação é "a média de condutividade do rio é 1.890 miligramas por litro".
H_0: $\mu = 1.890$ (afirmação); H_a: $\mu \neq 1.890$.

b. $\alpha = 0{,}01$, g.l. =18.

c. $-t_0 = -2{,}878$, $t_0 = 2{,}878$. Regiões de rejeição: $t < -2{,}878$, $t > 2{,}878$.

d. 3,798.

e. Rejeite H_0.

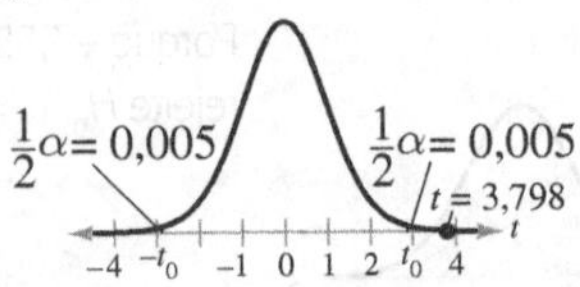

f. No nível de significância de 1%, há evidência suficiente para rejeitar a afirmação da empresa de que a média de condutividade do rio é de 1.890 miligramas por litro.

6. a. 0,0436. b. $0{,}0436 < 0{,}05$. c. Rejeitar H_0.

d. No nível de significância de 5%, há evidência suficiente para rejeitar a afirmação de que a média de custo de hospedagem noturna é de pelo menos $ 185.

Seção 7.4

1. a. $np = 25{,}8 > 5$, $nq = 60{,}2 > 5$.

b. A afirmação é "menos do que 30% dos usuários de telefone celular cujo telefone pode conectar-se à Internet o fizeram enquanto estavam em casa".
H_0: $p \geq 0{,}30$; H_a: $p < 0{,}30$. (Afirmação.) c. $\alpha = 0{,}05$.

d. $z_0 = -1{,}645$. Região de rejeição: $z < -1{,}645$.

e. −2,024. f. Rejeite H_0.

g. No nível de significância de 5%, há evidência suficiente para apoiar a afirmação do centro de pesquisas de que menos do que 30% dos usuários de telefone celular com acesso à Internet conectaram a rede em casa.

2. a. $np = 12{,}5 > 5$, $nq = 237{,}5 > 5$.

b. A afirmação é "5% dos adultos norte-americanos têm sonhos realistas sobre O.V.N.Is".
H_0: $p = 0{,}05$ (afirmação); H_a: $p \neq 0{,}05$. c. $\alpha = 0{,}01$.

d. $-z_0 = -2{,}575$, $z_0 = 2{,}575$.
Regiões de rejeição: $z < -2{,}575$, $z > 2{,}575$.

e. 2,176. f. Falhe em rejeitar H_0.

g. No nível de significância de 1%, não há evidência suficiente para rejeitar a afirmação do Roper Poll de que 5% dos adultos norte-americanos têm sonhos com O.V.N.Is.

3. a. $np = 22{,}5 > 5$, $nq = 52{,}5 > 5$.

b. A afirmação é "mais do que 30% dos adultos norte-americanos assistem regularmente o Weather Channel".
H_0: $p \leq 0{,}30$; H_a: $p > 0{,}30$. (Afirmação.) c. $\alpha = 0{,}01$.

d. $z_0 = 2{,}33$. Região de rejeição: $z > 2{,}33$. e. 1,13.

f. Falhe em rejeitar H_0.

g. No nível de significância de 1%, não há evidência suficiente para apoiar a afirmação do Pew Research Center de que mais de 30% dos adultos norte-americanos assistem regularmente ao Weather Channel.

Seção 7.5

1. 33,409. 2. 17,708.

3. a. 31,526. b. 8,231.

4. a. A afirmação é "a variância na quantia de bebidas esportivas em uma garrafa de 12 onças não é mais do que 0,40".
H_0: $\sigma^2 \leq 0{,}40$ (Afirmação.); H_a: $\sigma^2 > 0{,}40$.

b. $\alpha = 0{,}01$, g.l. = 30.

c. $\chi^2_0 = 50{,}892$. Região de rejeição: $\chi^2 > 50{,}892$.

d. 56,250. e. Rejeitar H_0.

f. No nível de significância de 1%, há evidência suficiente para rejeitar a afirmação da empresa de que a variância da quantia de bebida em garrafas de 12 onças não é mais do que 0,40.

5. a. A afirmação é "o desvio padrão da duração dos tempos de resposta é menor que 3,7 minutos".
H_0: $\sigma \geq 3{,}7$; H_a: $\sigma < 3{,}7$. (Afirmação.)

b. $\alpha = 0{,}05$, g.l. = 8.

c. $\chi^2_0 = 2{,}733$. Região de rejeição: $\chi^2 < 2{,}733$.

d. 5,259. e. Falhe em rejeitar H_0.

f. No nível de significância de 5%, não há evidência suficiente para apoiar a afirmação do chefe de polícia de que o desvio padrão na duração dos tempos de resposta é menor que 3,7 minutos.

6. a. A afirmação é "a variância nos diâmetros de certo modelo de pneu é 8,6".
H_0: $\sigma^2 = 8{,}6$ (afirmação); H_a: $\sigma^2 \neq 8{,}6$.

b. $\alpha = 0{,}01$, g.l. = 9.

c. $\chi^2_L = 1{,}735$, $\chi^2_R = 23{,}589$.
Regiões de rejeição: $\chi^2 < 1{,}735$, $\chi^2 > 23{,}589$.

d. 4,50. e. Falhe em rejeitar H_0.

f. No nível de significância de 1%, não há evidência suficiente para rejeitar a afirmação de um fabricante de pneus de que a variância do diâmetro em certo modelo de pneu é 8,6.

Capítulo 8

Seção 8.1

1. (1) Independente. (2) Dependente.

2. a. A afirmação é "há uma diferença na média das tarifas de cartão de crédito para os residentes de New Hampshire e Nova York".

   H_0: $\mu_1 = \mu_2$; H_a: $\mu_1 \neq \mu_2$ (afirmação).

   b. $\alpha = 0{,}01$.

   c. $-z_0 = -2{,}575$, $z_0 = 2{,}575$.
   Regiões de rejeição: $z < -2{,}575$, $z > 2{,}575$.

   d. 2,747. e. Rejeite H_0.

   f. No nível de significância de 1%, há evidência suficiente para apoiar a afirmação de que há uma diferença na média da tarifa de cartão de crédito para os residentes de New Hampshire e Nova York".

3. a. $z \approx 3{,}00$; $p \approx 0{,}0014$.

   b. Rejeite H_0. No nível de significância de 5%, há evidência suficiente para apoiar a afirmação da American Automobile Association de que os custos médios de refeições diárias e hospedagem para quem está de férias em Maryland são maiores do que os mesmos custos médios para quem está de férias no Colorado.

Seção 8.2

1. a. A afirmação é "a média das distâncias de frenagem são diferentes".

   H_0: $\mu_1 = \mu_2$; H_a: $\mu_1 \neq \mu_2$ (afirmação).

   b. $\alpha = 0{,}05$. c. g.l. = 7.

   d. $-t_0 = -2{,}365$, $t_0 = 2{,}365$. Regiões de rejeição: $t < -2{,}365$, $t > 2{,}365$.

   e. −3,757. f. Rejeite H_0.

   g. No nível de significância de 5%, há evidência suficiente para apoiar a afirmação de que a média das distâncias de frenagem são diferentes.

2. a. A afirmação é "o uso de watts dos monitores de tela plana de 17 polegadas é menor que de seu maior concorrente".

   H_0: $\mu_1 \geq \mu_2$; H_a: $\mu_1 < \mu_2$ (afirmação).

   b. $\alpha = 0{,}10$. c. g.l. = 25.

   d. $t_0 = -1{,}316$. Região de rejeição: $t < -1{,}316$.

   e. −3,997. f. Rejeite H_0.

   g. No nível de significância de 10%, há evidência suficiente para apoiar a afirmação do fabricante de que o uso de watts é menor que de seu maior concorrente.

Seção 8.3

1. a. A afirmação é "uma medicação experimental aumenta a frequência cardíaca de um indivíduo".

   H_0: $\mu_d \geq 0$; H_a: $\mu_d < 0$ (afirmação).

   b. $\alpha = 0{,}05$, g.l. = 11.

   c. $t_0 = -1{,}796$. Região de rejeição: $t = -1{,}796$.

   d. $\bar{d} = -1$; $s_d \approx 2{,}374$. e. −1,459.

   f. Falhe em rejeitar H_0.

   g. No nível de significância de 5%, não há evidência suficiente para apoiar a afirmação do médico de que a medicação experimental aumenta a frequência cardíaca de um indivíduo.

2. a. A afirmação é "a droga muda a temperatura corporal".

   H_0: $\mu_d = 0$; H_a: $\mu_d \neq 0$ (afirmação).

   b. $\alpha = 0{,}05$, g.l. = 6.

   c. $-t_0 = -2{,}447$, $t_0 = 2{,}447$. Regiões de rejeição: $t < -2{,}447$, $t > 2{,}447$.

   d. $\bar{d} \approx 0{,}557$; $s_d \approx 0{,}924$.

   e. 1,596. f. Falhe em rejeitar H_0.

   g. No nível de significância de 5%, não há evidência suficiente para apoiar a afirmação de que a droga muda a temperatura corporal.

Seção 8.4

1. a. A afirmação é "há uma diferença entre a proporção de estudantes do nível secundário do sexo masculino que fumam cigarros e a proporção de estudantes mulheres que fumam cigarros".

   H_0: $p_1 = p_2$; H_a: $p_1 \neq p_2$ (afirmação).

   b. $\alpha = 0{,}05$.

   c. $-z_0 = -1{,}96$, $z_0 = 1{,}96$. Regiões de rejeição: $z < -1{,}96$, $z > 1{,}96$.

   d. $\bar{p} \approx 0{,}217$; $\bar{q} \approx 0{,}783$.

   e. $n_1\bar{p} = 1.490{,}5 > 5$, $n_1\bar{q} = 5.378{,}5 > 5$, $n_2\bar{p} > 1.490{,}5 > 75$ e $n_2\bar{q} = 5378{,}5 > 5$.

   f. −0,28. g. Falhe em rejeitar H_0.

   h. No nível de significância de 5%, não há evidência suficiente para apoiar a afirmação de que há diferença entre a proporção de estudantes do sexo masculino que fumam cigarros e a de estudantes do sexo feminino que fumam cigarros."

2. a. A afirmação é "a proporção de estudantes secundários do sexo masculino que fumam charutos é maior do que a proporção de estudantes do sexo feminino que fumam charutos".

   H_0: $p_1 \leq p_2$; H_a: $p_1 > p_2$ (afirmação).

   b. $\alpha = 0{,}05$. c. $z_0 = 1{,}645$. Região de rejeição: $z > 1{,}645$.

   d. $\bar{p} \approx 0{,}130$; $\bar{q} \approx 0{,}870$.

   e. $n_1\bar{p} = 893 > 5$, $n_1\bar{q} = 5.976 > 5$, $n_2\bar{p} = 893 > 5$, e $n_2\bar{q} = 5.976 > 5$.

   f. 18.820. g. Rejeite H_0.

   g. No nível de significância de 5%, há evidência para apoiar a afirmação de que a proporção de estudantes do sexo masculino que fumam charutos é maior do que a proporção de estudantes do sexo feminino que fumam charutos.

Capítulo 9

Seção 9.1

1. ab.

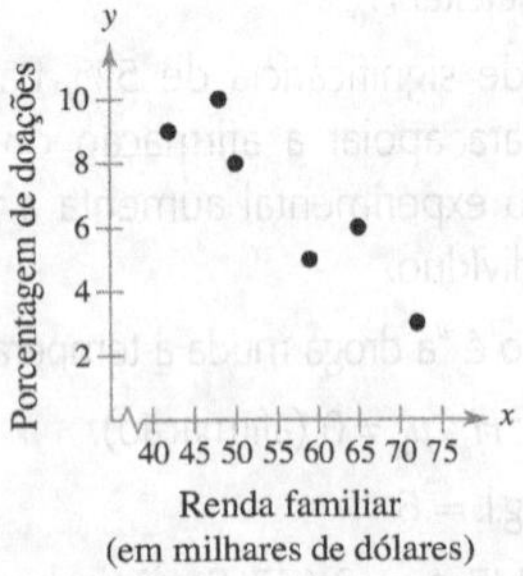

c. Sim, parece que há uma correlação negativa. Conforme a renda familiar aumenta, a porcentagem de renda doada decresce.

2. ab.

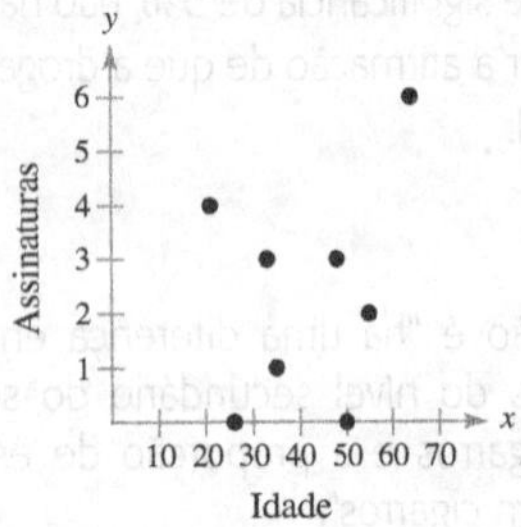

c. Não, parece que não há correlação linear entre a idade e as assinaturas.

3. ab.

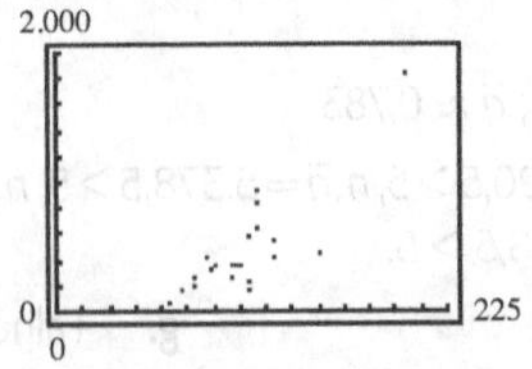

c. Sim, parece que há uma correlação linear positiva. Conforme o orçamento aumenta, os ganhos brutos mundiais aumentam.

4. a. 6.

b. $\Sigma x = 336$, $\Sigma y = 41$, $\Sigma xy = 2.159$, $\Sigma x^2 = 19{,}458$, $\Sigma y^2 = 315$.

c. $-0{,}916$.

d. O fato de r estar próximo a -1 sugere uma forte correlação linear negativa entre o nível de renda e a porcentagem de doações.

5. ab. 0,838.

c. O fato de r estar próximo a 1 sugere uma forte correlação linear positiva entre os orçamentos dos filmes e os ganhos brutos mundiais.

6. a. 6. b. 0,01. c. 0,917.

d. $|r| \approx 0{,}916 < 0{,}917$; a correlação não é significante.

e. No nível de significância de 1%, não há evidência suficiente para concluir que há uma correlação linear significante entre o nível de renda e a porcentagem de doação.

7. a. H_0: $\rho = 0$ e H_a: $\rho \neq 0$. b. 0,01. c. 23.

d. $-t_0 = -2{,}807$ e $t_0 = 2{,}807$.

Regiões de rejeição: $t < -2{,}807$, $t > 2{,}807$.

e. 7,357. f. Rejeite H_0.

g. No nível de significância de 1%, há evidência suficiente para concluir que há correlação linear entre os orçamentos dos filmes e os ganhos mundiais.

Seção 9.2

1. a. $n = 6$, $\Sigma x = 336$, $\Sigma y = 41$, $\Sigma xy = 2.159$, $\Sigma x^2 = 19.458$.

b. $m \approx -0{,}2133956$. c. $b \approx 18{,}78349$.

d. $\hat{y} = -0{,}213x + 18{,}783$.

2. a. Entre com dados. b. $m \approx 10{,}93477$; $b \approx -710{,}61551$.

c. $\hat{y} = 10{,}935x - 710{,}616$.

3. a. (1) $\hat{y} = 12{,}481(2) + 33{,}683$.

(2) $\hat{y} = 12{,}481(3{,}32) + 33{,}683$.

b. (1) 58,645 (2) 75,120.

c. (1) 58,645 minutos (2) 75,120 minutos.

Seção 9.3

1. a. 0,979. b. 0,958.

c. 95,8% da variação nos tempos é explicada.

4,2% da variação não é explicada.

2. a.

x_i	y_i	$\hat{y}_i$	$(y_i - \hat{y}_i)^2$
15	26	28,386	5,692996
20	32	35,411	11,634921
20	38	35,411	6,702921
30	56	49,461	42,758521
40	54	63,511	90,459121
45	78	70,536	55,711296
50	80	77,561	5,948721
60	88	91,611	13,039321
			$\Sigma = 231{,}947818$

b. 8. c. 6,218.

d. O erro padrão da estimativa das vendas semanais para os horários de propaganda de uma rádio específica é de aproximadamente $ 621,80.

3. a. $n = 8$, g.l. $= 6$, $t_c = 2{,}447$, $s_e \approx 10{,}290$.

b. 230,884. c. 29,236. d. $201{,}648 < y < 260{,}120$.

e. Você pode estar 95% confiante de que, quando os custos com propaganda são $ 2.500, as vendas da empresa estarão entre $ 201.648 e $ 260.120.

Seção 9.4

1. a. Entre com dados.

b. $\hat{y} = 46{,}385 + 0{,}540x_1 - 4{,}897x_2$.

2. ab. (1) $\hat{y} = 46{,}385 + 0{,}540\,(89) - 4{,}897\,(1)$.

(2) $\hat{y} = 46{,}385 + 0{,}540\,(78) - 4{,}897\,(3)$.

(3) $\hat{y} = 46{,}385 + 0{,}540\,(83) - 4{,}897\,(2)$.

c. (1) $\hat{y} = 89{,}548$. (2) $\hat{y} = 73{,}814$. (3) $\hat{y} = 81{,}411$.

d. (1) 90. (2) 74. (3) 81.

Capítulo 10

Seção 10.1

1.

Música	% de ouvintes	Frequência esperada
Clássica	4%	12
Country	36%	108
Gospel	11%	33
Antigas	2%	6
Pop	18%	54
Rock	29%	87

2. a. As frequências esperadas são 64, 80, 32, 56, 60, 48, 40 e 20, todas das quais são pelo menos 5.

b. Distribuição afirmada:

Idades	Distribuição
0–9	16%
10–19	20%
20–29	8%
30–39	14%
40–49	15%
50–59	12%
60–69	10%
70+	5%

H_0: A distribuição das idades é mostrada na tabela acima.

H_a: A distribuição das idades difere da distribuição afirmada. (afirmação)

c. 0,05. d. 7.

e. $\chi_0^2 = 14{,}067$. Região de rejeição: $\chi^2 > 14{,}067$.

f. 6,694. g. Falhe em rejeitar H_0.

h. No nível de significância de 5%, não há evidência suficiente para apoiar a afirmação do sociólogo de que a distribuição de idade difere da distribuição de idade de 10 anos atrás.

3. a. As frequências esperadas são 123, 138 e 39, todas são pelo menos 5.

b. Distribuição afirmada:

Resposta	Distribuição
Aposentadoria	41%
Faculdade dos filhos	46%
Não têm certeza	13%

H_0: A distribuição das respostas é mostrada na tabela acima. (afirmação)

H_a: A distribuição das respostas difere da distribuição afirmada.

c. 0,01. d. 2.

e. $\chi_0^2 = 9{,}210$. Região de rejeição: $\chi^2 > 9{,}210$.

f. 8,580. g. Falhe em rejeitar H_0.

h. No nível de significância de 1%, não há evidência suficiente para se opor à distribuição afirmada das opiniões das mulheres.

4. a. A frequência esperada para cada categoria é 30, que é pelo menos 5.

b. Distribuição afirmada:

Cor	Distribuição
Marrom	16,6%
Amarelo	16,6%
Vermelho	16,6%
Azul	16,6%
Laranja	16,6%
Verde	16,6%

H_0: A distribuição das cores é uniforme como mostrado na tabela acima. (afirmação)

H_a: A distribuição das cores não é uniforme.

c. 0,05. d. 5.

e. $\chi_0^2 = 11{,}071$. Região de rejeição: $\chi^2 > 11{,}071$.

f. 12,933. g. Rejeite H_0.

h. No nível de significância de 5%, há evidência suficiente para se opor à afirmação de que a distribuição de doces de cores diferentes nos sacos de amendoim M&Ms é uniforme.

Seção 10.2

1. a. Frequências marginais: linha 1: 180; Linha 2: 120; Coluna 1: 74; Coluna 2: 162; Coluna 3: 28; Coluna 4: 36.

b. 300.

c. $E_{1,1} = 44{,}4$, $E_{1,2} = 97{,}2$, $E_{1,3} = 16{,}8$, $E_{1,4} = 21{,}6$, $E_{2,1} = 29{,}6$, $E_{2,2} = 64{,}8$, $E_{2,3} = 11{,}2$, $E_{2,4} = 14{,}4$.

2. a. H_0: As preocupações de viagens são independentes da razão da viagem.

H_a: As preocupações de viagens são dependentes da razão da viagem. (afirmação)

b. 0,01. c. 3.

d. $\chi_0^2 = 11{,}345$. Região de rejeição: $\chi^2 > 11{,}345$.

e. 8,158. f. Falhe em rejeitar H_0.

g. No nível de significância de 1%, não há evidência suficiente para o consultor concluir que as preocupações de viagens são dependentes das razões de viagem.

3. a. H_0: O número de minutos que adultos passam on-line por dia depende do sexo.

H_a: O número de minutos que adultos passam on-line por dia independe do sexo. (afirmação)

b. Entre com os dados.

c. $\chi_0^2 = 9{,}488$. Região de rejeição: $\chi^2 > 9{,}488$.

d. 65,619. e. Rejeite H_0.

f. Sim, no nível de significância de 5%, há evidência suficiente para concluir que o número de minutos que as pessoas passam on-line por dia depende do sexo.

Seção 10.3

1. a. 0,01. b. 5,42.

2. a. 0,01. b. 18,31.

3. a. H_0: $\sigma_1^2 \leq \sigma_2^2$; H_a: $\sigma_1^2 > \sigma_2^2$ (afirmação).

b. 0,01. c. $g.l._N = 24$, $g.l._D = 19$.

d. $F_0 = 2{,}92$. Região de rejeição $F > 2{,}92$.

e. 3,21. f. Rejeite H_0.

g. Sim, no nível de significância de 1%, há evidência suficiente para apoiar a afirmação do pesquisador de que uma solução intravenosa especialmente tratada decresce a variância no tempo necessário para que nutrientes entrem na corrente sanguínea.

4. a. $H_0: \sigma_1 = \sigma_2$ (afirmação); $H_a: \sigma_1 \neq \sigma_2$.

b. 0,01. c. $g.l._N = 15$, $g.l._D = 21$.

d. $F_0 = 3{,}43$. Região de rejeição $F > 3{,}43$.

e. 1,48. f. Falhe em rejeitar H_0.

g. Não, no nível de significância de 1% não há evidência suficiente para rejeitar a afirmação do biólogo de que os níveis de pH no solo das duas localizações geográficas têm desvios padrão iguais.

Seção 10.4

1. a. $H_0: \mu_1 = \mu_2 = \mu_3 = \mu_4$.
H_a: Pelo menos uma média é diferente das outras. (afirmação)

b. 0,05. c. $g.l._N = 3$, $g.l._D = 14$.

d. $F_0 = 3{,}34$. Região de rejeição: $F > 3{,}34$.

e. 4,22. f. Rejeite H_0.

g. Sim, no nível de significância de 5%, há evidência suficiente para o analista concluir que há diferença na média das vendas mensais entre as regiões de vendas.

2. a. Entre com os dados.

b. $F \approx 1{,}34$; valor $P \approx 0{,}280$.

c. $0{,}280 > 0{,}05$.

d. Falhe em rejeitar H_0. Não, no nível de significância de 5%, não há evidências suficientes para concluir que há diferença nas médias dos GPAs.

Capítulo 11

Seção 11.1

1. a. H_0: mediana ≤ 2.500; H_a: mediana > 2.500. (afirmação)

b. 0,025. c. 22. d. 5.

e. 10. f. Falhe em rejeitar H_0.

g. Não, no nível de significância de 2,5%, não há evidência suficiente para apoiar a afirmação do gerente de que a mediana do número de clientes por dia é maior do que 2.500.

2. a. H_0: mediana = $ 134.500 (afirmação);
H_a: mediana ≠ $ 134.500.

b. 0,10. c. 81. d. −1,645.

e. −2,22. f. Rejeite H_0.

g. Sim, no nível de significância de 10%, há evidência suficiente para rejeitar a afirmação do corretor de imóveis de que a mediana do preço de venda das casas vendidas em certa região é de $ 134.500.

3. a. H_0: o número de resfriados não irá diminuir. H_a: o número de resfriados irá diminuir. (afirmação)

b. 0,05. c. 11. d. 2.

e. 2. f. Rejeite H_0.

g. Sim, no nível de significância de 5%, há evidência suficiente para apoiar a afirmação do pesquisador de que uma nova vacina irá diminuir o número de resfriados em adultos.

Seção 11.2

1. a. H_0: não há diferença na quantia de repelente à base de água.
H_a: há diferença na quantia de repelente à base de água.

b. 0,01. c. 11. d. 5.

e.

Sem repelente	Repelente aplicado	Diferença	Valor absoluto	Classificação	Postos com sinais
8	15	−7	7	11	−11
7	12	−5	5	9	−9
7	11	−4	4	7,5	−7,5
4	6	−2	2	3,5	−3,5
6	6	0	0		
10	8	2	2	3,5	3,5
9	8	1	1	1,5	1,5
5	6	−1	1	1,5	−1,5
9	12	−3	3	5,5	−5,5
11	8	3	3	5,5	−5,5
8	14	−6	6	10	−10
4	8	−4	4	7,5	−7,5

$w_s = 10{,}5$.

f. Falhe em rejeitar H_0.

g. Não, no nível de significância de 1%, não há evidência suficiente para que o inspetor de controle de qualidade conclua que o *spray* repelente à base de água é eficaz.

2. a. H_0: Não há diferença nas afirmações pagas pelas empresas.
H_a: Há diferença nas afirmações pagas pelas empresas. (afirmação)

b. 0,05. c. ±1,96. d. $n_1 = 12$ e $n_2 = 12$.

e.

Dados ordenados	Amostra	Classificação	Dados ordenados	Amostra	Classificação
1,7	B	1	5,3	B	13
1,8	B	2	5,6	B	14
2,2	B	3	5,8	A	15
2,5	A	4	6,0	A	16
3,0	A	5,5	6,2	A	17
3,0	B	5,5	6,3	A	18
3,4	B	7	6,5	A	19
3,9	A	8	7,3	B	20
4,1	B	9	7,4	A	21
4,4	B	10	9,9	A	22
4,5	A	11	10,6	A	23
4,7	B	12	10,8	B	24

$R = 120{,}5$ (*ou* $R = 179{,}5$).

f. −1,703 (*ou* 1,703). g. Falhe em rejeitar H_0.

h. Não, no nível de significância de 5%, não há evidência suficiente para concluir que há diferença nas afirmações pagas pelas empresas.

Seção 11.3

1. a. H_0: Não há diferença nos salários nos três estados.
   H_a: Há diferença nos salários nos três estados. (afirmação)
   b. 0,10. c. 2.
   d. $\chi_0^2 = 4{,}605$. Região de rejeição: $\chi^2 > 4{,}605$.
   e.

Dados ordenados	Estado	Classificação	Dados ordenados	Estado	Classificação
86,85	MI	1	94,72	NC	16
87,25	NC	2	94,75	NC	17
87,70	CO	3	95,10	MI	18
89,65	MI	4	95,36	NC	19
89,75	CO	5	96,02	NC	20
89,92	NC	6	96,24	CO	21
91,17	CO	7	96,31	MI	22
91,55	CO	8	97,35	CO	23
92,85	CO	9	98,21	MI	24
93,12	CO	10	98,34	NC	25
93,76	MI	11	98,99	CO	26
93,92	MI	12	100,27	NC	27
94,42	MI	13	105,77	NC	28
94,45	MI	14	106,78	MI	29
94,55	CO	15	110,99	NC	30

   $R_1 = 127$.
   $R_2 = 148$.
   $R_3 = 190$.
   f. 2,655. g. Falhe em rejeitar H_0.
   h. Não, no nível de significância de 10%, não há evidência suficiente para concluir que as distribuições dos salários dos farmacêuticos nesses três estados são diferentes.

Seção 11.4

1. a. H_0: $\rho_s = 0$; H_a: $\rho_s \neq 0$. (afirmação)
   b. 0,05. c. 0,700.
   d.

Aveia	Classificação	Trigo	Classificação	d	d^2
1,10	1,5	2,65	3	−1,5	2,25
1,12	3	2,48	1	2	4
1,10	1,5	2,62	2	−0,5	0,25
1,59	6	2,78	4	2	4
1,81	8	3,56	8	0	0
1,48	4,5	3,40	5,5	−1	1
1,48	4,5	3,40	5,5	−1	1
1,63	7	3,42	7	0	0
1,85	9	4,25	9	0	0
					$\Sigma = 12{,}5$

   $\Sigma d^2 = 12{,}5$.
   e. 0,896. f. Rejeite H_0.
   g. Sim, no nível de significância de 5%, há evidência suficiente para concluir que existe uma correlação significativa entre o preço da aveia e o preço do trigo.

Seção 11.5

1. a. *P P P F P F P P P P F F P F P P*
   F F F P P P F P P P.
   b. 13. c. 3, 1, 1, 1, 4, 2, 1, 1, 2, 3, 3, 1, 3.
2. a. H_0: A sequência dos gêneros é aleatória.
   H_a: A sequência dos gêneros não é aleatória. (afirmação)
   b. 0,05.
   c. n_1 = número de *F*s = 9.
   n_2 = número de *M*s = 5.
   G = número de corridas = 7.
   d. valor crítico inferior = 3.
   valor crítico superior = 12.
   e. 7. f. Falhe em rejeitar H_0.
   g. Não, no nível de significância de 5%, não há evidência suficiente para apoiar a afirmação de que a sequência de gêneros não é aleatória.
3. a. H_0: A sequência de condições climáticas é aleatória.
   H_a: A sequência de condições climáticas não é aleatória. (afirmação)
   b. 0,05.
   c. n_1 = número de *N*s = 21.
   n_2 = número de *S*s = 10.
   G = número de corridas = 17.
   d. ±1,96. e. 1,03. f. Falhe em rejeitar H_0.
   g. Não, no nível de significância de 5%, não há evidência para apoiar a afirmação de que a sequência de condições climáticas não é aleatória.

Apêndice A

1. (1) 0,4857.
   (2) $z = \pm\, 2{,}17$.
2. a.

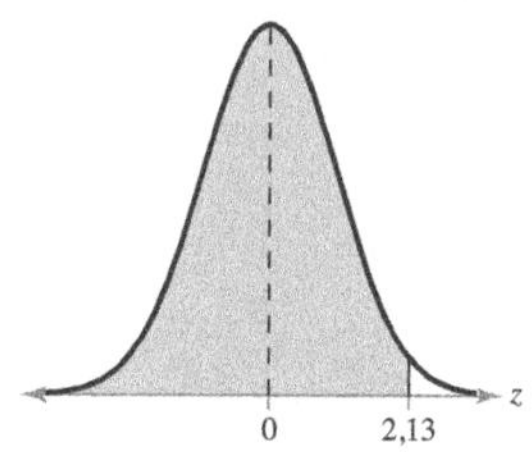

   b. 0,4834. c. 0,9834.
3. a.

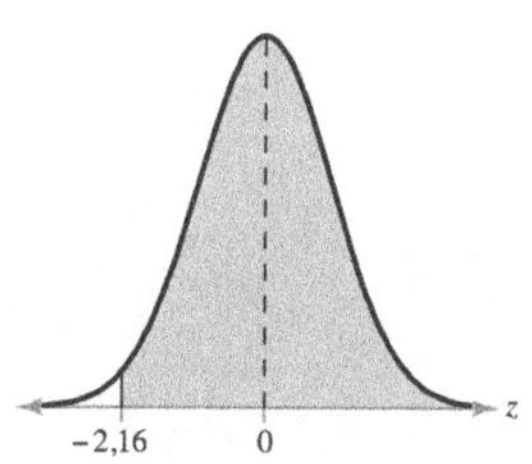

   b. 0,4846. c. 0,9846.

4. a.

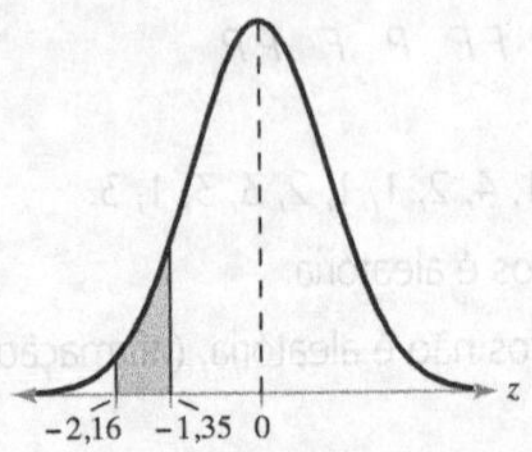

b. 0,4846; 0,4115. c. 0,0731.

b. 39.860 é um possível valor discrepante porque está distante das outras entradas no conjunto de dados.

c. Devido ao fato de os pontos não parecerem ser aproximadamente lineares e haver um valor discrepante, podemos concluir que os dados da amostra não vêm de uma população que tem uma distribuição normal.

Apêndice C

1. a.

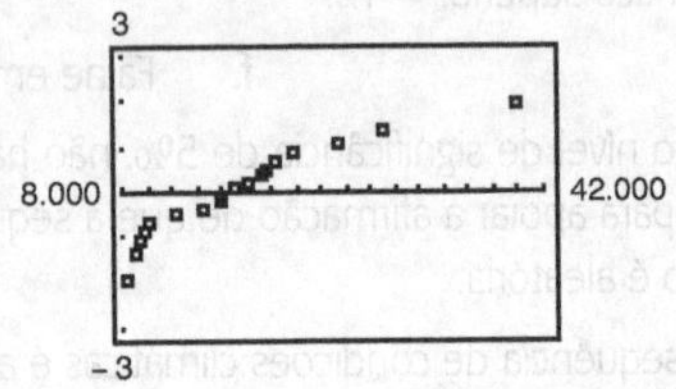

Os pontos não parecem ser aproximadamente lineares.

Respostas dos exercícios selecionados

Capítulo 1

Seção 1.1 *(p. 7–8)*

1. Uma amostra é um subgrupo de uma população.
3. Um parâmetro é uma descrição numérica de uma característica populacional. Uma estatística é uma descrição numérica de uma característica amostral.
5. Falso. Uma estatística é uma medida numérica que descreve uma característica amostral.
7. Verdadeiro.
9. Falso. Uma população é uma coleção de *todos* os resultados, respostas, medições ou contagens que são de interesse.
11. População, porque é uma coleção de idades de todos os membros do Congresso dos Estados Unidos.
13. Amostra, porque a coleção de 500 espectadores é um subgrupo dentro da população.
15. Amostra, porque a coleção de 20 pacientes é um subgrupo dentro de uma população.
17. População: partido dos eleitores registrados em Warren County.
    Amostra: partido dos eleitores de Warren County que responderam a uma pesquisa por telefone.
19. População: idade dos adultos norte-americanos que têm computadores.
    Amostra: idade dos adultos norte-americanos que têm computadores Dell.
21. População: coleção de todos os adultos nos Estados Unidos.
    Amostra: coleção dos 1.000 adultos entrevistados.
23. População: coleção de todas as residências nos Estados Unidos.
    Amostra: coleção das 1.096 residências pesquisadas.
25. População: coleção de eleitores registrados.
    Amostra: coleção de 1.045 eleitores registrados que votaram.
27. População: coleção de todas as mulheres norte-americanas.
    Amostra: coleção das 546 mulheres norte-americanas pesquisadas.
29. Estatística: o valor $ 68.000 corresponde a uma descrição numérica de uma amostra dos salários anuais.
31. Parâmetro. A quantidade de 62 passageiros sobreviventes de um total de 97 é uma descrição numérica de todos os passageiros do Hindenburg que sobreviveram.
33. Estatística: 8% é uma descrição numérica dos usuários de computador.
35. Estatística; 53% é uma descrição numérica da amostra de todos os adultos nos Estados Unidos.
37. A afirmação "56% é uma descrição numérica de uma amostra de todos os adultos nos Estados Unidos" é uma aplicação de estatística descritiva.
    Uma inferência retirada da amostra é que existe uma associação entre as mulheres dos Estados Unidos e ser o investidor primário de suas residências.
39. Respostas irão variar.
41. (a) Uma inferência retirada da amostra é que cidadãos mais velhos que moram na Flórida têm melhor memória do que os cidadãos mais velhos que não moram na Flórida.
    (b) Essa inferência pode implicar incorretamente que se você morar na Flórida, você terá melhor memória.
43. Respostas irão variar.

Seção 1.2 *(p. 12–13)*

1. Nominal e ordinal.
3. Falso. Os dados no nível ordinal podem ser qualitativos ou quantitativos.
5. Falso. Mais tipos de cálculos podem ser feitos com os dados no nível intervalar do que com os dados no nível nominal.
7. Qualitativo. 9. Quantitativo. 11. Qualitativo.
13. Qualitativo. Ordinal. Os dados podem ser organizados em ordem, mas as diferenças entre as entradas de dados não fazem sentido.
15. Qualitativo. Nominal. Nenhum cálculo matemático pode ser feito e os dados são categorizados por região.
17. Qualitativo. Ordinal. Os dados podem ser colocados em ordem, mas as diferenças entre as entradas de dados não são significativas.
19. Ordinal. 21. Nominal.
23. (a) Intervalar. (b) Nominal. (c) Racional. (d) Ordinal.
25. Um zero inerente é um zero que implica em "nenhum". Respostas irão variar.

Seção 1.3 *(p. 22–23)*

1. Em um experimento, um tratamento é aplicado em uma parte de uma população e as respostas são observadas. Em um estudo observacional, um pesquisador mede as características de interesse de parte de uma população, mas não muda as condições existentes.
3. Designe números para cada membro de uma população e use uma tabela de números aleatórios ou use um gerador de números aleatórios.

5. Verdadeiro.

7. Falso. Usar uma amostragem estratificada garante que os membros de cada grupo dentro da população serão amostrados.

9. Falso. Uma amostra sistemática é selecionada ordenando uma população de alguma maneira e, então, selecionando-se membros da população em intervalos regulares.

11. Faça um experimento, porque você quer medir o efeito de um tratamento no sistema digestório humano.

13. Use uma simulação, porque a situação é empírica.

15. (a) As unidades experimentais são mulheres entre 30 e 35 anos que receberam o tratamento.

 (b) Um tratamento é usado.

 (c) Um problema com o planejamento é que pode haver alguma tendenciosidade da parte do pesquisador se ele souber quais pacientes receberam a droga verdadeira. Uma maneira de eliminar esse problema é fazer um experimento duplamente cego.

 (d) O estudo seria duplamente cego se o pesquisador não souber quais pacientes receberam a droga real ou o placebo.

17. Amostragem aleatória simples é usada porque cada número de telefone tem chances iguais de ser discado e todas as amostras de 1.599 números de telefone têm chances iguais de serem selecionadas. A amostra pode ser tendenciosa porque somente casas com telefones serão amostradas.

19. Amostragem de conveniência é usada porque os estudantes foram escolhidos por causa da conveniência de sua localização. A tendenciosidade pode entrar na amostra porque os estudantes amostrados podem não ser representativos da população de estudantes.

21. Amostragem aleatória simples é usada porque cada paciente ambulatorial tem a mesma chance de ser contatado, e todas as amostras de 1.210 pacientes ambulatoriais têm a mesma chance de ser selecionadas.

23. Amostragem estratificada é usada porque uma amostra é retirada de cada subgrupo de um acre.

25. Amostragem sistemática é usada porque cada nono nome em uma lista é selecionado.

27. Respostas irão variar. *Resposta da amostra*: grupo de tratamento: Jake, Maria, Lucy, Adam, Bridget, Vanessa, Dick, Dan e Mary. Grupo de controle: Mike, Ron, Carlos, Steve, Susan, Kate, Pete, Judy e Connie. Uma tabela de números aleatórios foi usada.

29. Censo, porque é relativamente fácil obter salários de outros 50 funcionários.

31. A questão é tendenciosa porque já sugere que tomar suco de frutas é bom para você. A questão pode ser reescrita como: "Como a ingestão de sucos de frutas afeta sua saúde?".

33. A pergunta da pesquisa é tendenciosa.

35. As residências amostradas representam várias localizações, grupos étnicos e níveis de renda. Cada uma dessas variáveis é considerada um estrato.

37. Questão aberta:
 Vantagem: permite ao que responde expressar alguma profundidade e nuances de significado na resposta.

 Desvantagem: não é facilmente quantificada e difícil de comparar as pesquisas.

 Questão fechada:
 Vantagem: fácil de analisar resultados.

 Desvantagem: pode não fornecer as alternativas apropriadas e pode influenciar a opinião dos que respondem.

39. *Resposta da amostra*: a confusão pode ocorrer em um estudo para ver a eficácia de um *outdoor* como uma propaganda para um hotel se o *outdoor* fosse colocado somente logo antes de um feriado.

41. O efeito Hawthorne ocorre quando um sujeito muda o comportamento porque está em um experimento. Entretanto, o efeito placebo ocorre quando um sujeito reage favoravelmente a um placebo que recebeu.

43. As respostas irão variar.

1.3 Atividades *(p. 24)*

1. As respostas irão variar. A lista contém um número pelo menos duas vezes.

2. O mínimo é 1, o máximo é 731 e o número de amostras é 8. As repostas irão variar.

Usos e abusos – estatística no mundo real *(p. 24–25)*

1. As respostas irão variar. 2. As respostas irão variar.

Exercícios de revisão *(p. 26)*

1. População: coleção de todos os adultos dos Estados Unidos.
 Amostra: coleção de 1.000 adultos pesquisados.

3. População: coleção de todos os cartões de crédito.
 Amostra: coleção de 146 cartões de crédito amostrados.

5. Parâmetro. 7. Parâmetro.

9. A afirmação "a média da taxa de atraso de um cartão de crédito é \$ 27,46" é uma aplicação de estatística descritiva.
 Uma inferência retirada da amostra é que todos os cartões de crédito têm uma taxa de atraso de \$ 27,46.

11. Quantitativa, porque os salários mensais são medidas numéricas.

13. Quantitativos, porque as idades são medidas numéricas.

15. Intervalar. Não faz sentido dizer que 100 graus é duas vezes mais quente que 50 graus.

17. Nominal. Os dados são qualitativos e não podem ser colocados em uma ordem significativa.

19. Faça um censo, porque os CEOs mantêm registros corretos das doações para caridade.

21. Faça um experimento, porque você quer medir o efeito de um tratamento em uma plantação de soja.

23. Os sujeitos podem ser divididos em homens e mulheres e então serem designados aleatoriamente para cada um dos cinco grupos de tratamento.

25. Amostragem aleatória simples é usada porque são gerados e chamados números de telefone aleatórios.

27. Amostragem por agrupamento é usada porque cada comunidade é considerada um agrupamento e cada mulher grávida em uma comunidade selecionada é pesquisada.

29. Amostragem estratificada é usada porque 25 estudantes são selecionados aleatoriamente para cada série.

31. Amostragem por telefone amostra somente indivíduos que têm telefones, estão disponíveis e querem responder.

33. As comunidades selecionadas podem não ser representativas de uma área toda.

Teste do capítulo *(p. 27)*

1. População: coleção de todos os indivíduos com transtornos de ansiedade.
   Amostra: coleção de 372 pacientes no estudo.
2. (a) Estatística.
   (b) Parâmetro.
   (c) Estatística.
3. (a) Qualitativo.
   (b) Quantitativo.
4. (a) Nominal, porque não podem ser feitos cálculos matemáticos.
   (b) Racional, porque um valor de dado pode ser expresso como o múltiplo de outro.
   (c) Intervalar, porque diferenças significativas entre as entradas podem ser calculadas, mas uma entrada zero não é um zero inerente.
5. (a) Faça um experimento, porque você quer medir o efeito de um tratamento nos níveis em adultos.
   (b) Use uma pesquisa porque seria impossível questionar todas as pessoas de uma população.
6. Planejamento de blocos aleatórios.
7. (a) Amostragem de conveniência, porque todas as pessoas amostradas estão em uma localização conveniente.
   (b) Amostragem sistemática, porque cada décima máquina é amostrada.
   (c) Amostragem estratificada, porque a população é primeiramente estratificada e então uma amostra é coletada de cada estrato.
8. Conveniência.

Juntando tudo *(p. 27–28)*

1. (a) As respostas vão variar. (b) Sim. (c) Use pesquisas.
   (d) Você pode retirar muito de uma porcentagem de sua amostra de um subgrupo de uma população que é relativamente pequena.
2. (a) Resposta: qualitativo e quantitativo; Porcentagem de respostas: quantitativo.
   (b) Resposta: nominal; Porcentagem de respostas: razão
   Método: nominal; Porcentagem de respostas: razão.
   (c) Amostra. (d) Estatística.
3. (a) As respostas irão variar. *Resposta da amostra:* a amostra inclui somente membros de uma população com acesso à Internet.
   (b) As respostas irão variar.

Capítulo 2

Seção 2.1 *(p. 40–44)*

1. Organizar os dados em uma distribuição de frequência pode criar padrões dentro dos dados mais evidentes.

3. Os limites de classe determinam quais números podem pertencer àquelas classes.

   Fronteiras de classes são números que separam as classes sem formar lacunas entre eles.

5. Falso. A largura de classe é a diferença entre os limites superiores e inferiores de classes consecutivas.

7. Falso. Uma ogiva é um gráfico que mostra frequências acumuladas.

9. Largura de classe = 9. Limites de classe inferiores: 7, 16, 25, 34, 43, 52. Limites de classe superiores: 15, 24, 33, 42, 51, 60.

11. Largura de classe: 19. Limites de classe inferiores: 15, 34, 53, 72, 91, 110. Limites de classe superiores: 33, 52, 71, 90, 109, 128.

13. (a) Largura de classe = 11.
    (b) e (c)

Classe	Ponto médio	Fronteira de classe
20–30	25	19,5–30,5
31–41	36	30,5–41,5
42–52	47	41,4–52,5
53–63	58	52,5–63,5
64–74	69	63,5–74,5
75–85	80	74,5–85,5
86–96	91	85,5–96,5

15.

Classe	Frequência, f	Ponto médio	Frequência relativa	Frequência acumulada
20–30	19	25	0,05	19
31–41	43	36	0,12	62
42–52	68	47	0,19	130
53–63	69	58	0,19	199
64–74	74	69	0,20	273
75–85	68	80	0,19	341
86–96	24	91	0,07	365
	$\sum f = 365$		$\sum \frac{f}{n} \approx 1$	

17. (a) Número de classes = 7. (b) Menor frequência ≈ 10.
    (c) Maior frequência ≈ 300. (d) Largura de classe = 10.

19. (a) 50. (b) 22,5–24,5 libras.

21. (a) 24. (b) 29,5 libras.

23. (a) Classe com maior frequência relativa: 8–9 polegadas.
    Classe com menor frequência relativa: 17–18 polegadas.
    (b) Maior frequência relativa ≈ 0,195.
    Menor frequência relativa ≈ 0,005.
    (c) Aproximadamente 0,015.

25. Classe com maior frequência relativa: 500–550.
    Classe com menor frequência relativa: 250–300 e 700–750.

27.

Classe	Frequência, f	Ponto médio	Frequência relativa	Frequência acumulada
0–7	8	3,5	0,32	8
8–15	8	11,5	0,32	16
16–23	3	19,5	0,12	19
24–31	3	27,5	0,12	22
32–39	3	35,5	0,12	25
	$\sum f = 25$		$\sum \frac{f}{n} = 1$	

Classes com a maior frequência: 0–7, 8–15.

Classes com menor frequência: 16–23, 24–31, 32–39.

29.

Classe	Frequência, f	Ponto médio	Frequência relativa	Frequência acumulada
1.000–2.019	12	1.509,5	0,5455	12
2.020–3.039	3	2.529,5	0,1364	15
3.040–4.059	2	3.549,5	0,0909	20
4.060–5.079	3	4.569,5	0,1364	21
5.080–6.099	1	5.589,5	0,0455	22
6.100–7.119	1	6.609,5	0,0455	
	$\sum f = 22$		$\sum \frac{f}{N} \approx 1$	

Vendas de julho por representante

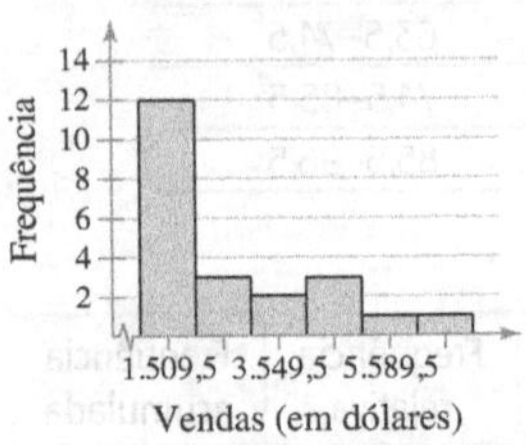

O gráfico mostra que a maioria dos representantes de vendas na empresa vendeu entre \$ 1.000 e \$ 2.019. (As respostas irão variar.)

31.

Classe	Frequência, f	Ponto médio	Frequência relativa	Frequência acumulada
291–318	5	304,5	0,1667	5
319–346	4	332,5	0,1333	9
347–374	3	360,5	0,1000	12
375–402	5	388,5	0,1667	17
403–430	6	416,5	0,2000	23
431–458	4	444,5	0,1333	27
459–486	1	472,5	0,0333	28
487–514	2	500,5	0,0667	30
	$\sum f = 30$		$\sum \frac{f}{n} = 1$	

Tempo de reação para mulheres

O gráfico mostra que o tempo de resposta mais frequente estava entre 403 e 430 milissegundos. (As respostas irão variar.)

33.

Classe	Frequência, f	Ponto médio	Frequência relativa	Frequência acumulada
146–169	6	157,5	0,2308	6
170–193	9	181,5	0,3462	15
194–217	3	205,5	0,1154	18
218–241	6	229,5	0,2308	24
242–265	2	253,5	0,0769	26
	$\sum f = 26$		$\sum \frac{f}{N} = 1$	

Pontos de boliche

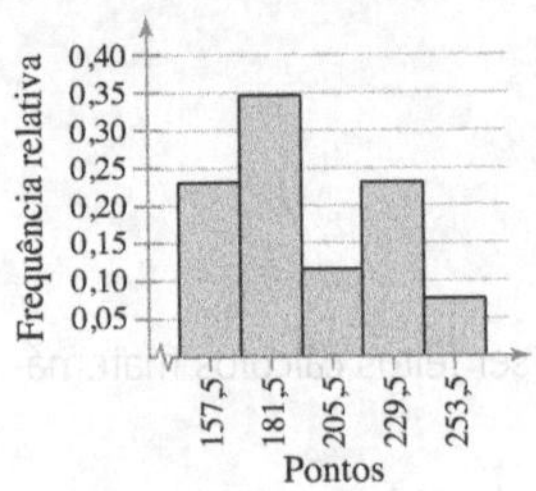

Classe com maior frequência relativa: 170–193.

Classe com menor frequência relativa: 242–265.

35.

Classe	Frequência, f	Ponto médio	Frequência relativa	Frequência acumulada
33–36	8	34,5	0,3077	8
37–40	6	38,5	0,2308	14
41–44	5	42,5	0,1923	19
45–48	2	46,5	0,0769	21
49–52	5	50,5	0,1923	26
	$\sum f = 26$		$\sum \frac{f}{N} = 1$	

Altura das plantações de tomate

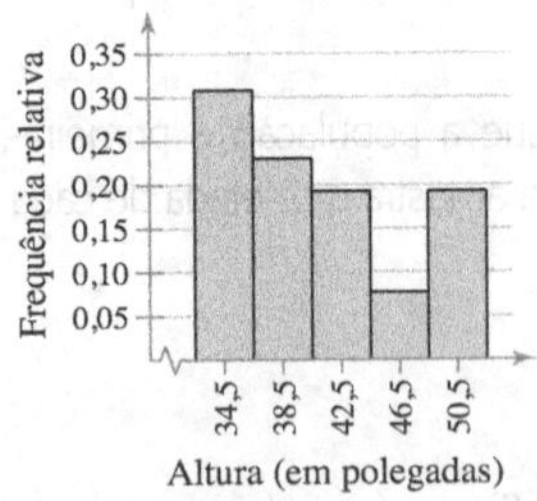

Classe com maior frequência relativa: 33–36.

Classe com menor frequência relativa: 45–48.

37.

Classe	Frequência, f	Frequência relativa	Frequência acumulada
52–55	3	0,125	3
56–59	3	0,125	6
60–63	9	0,375	15
64–67	4	0,167	19
68–71	4	0,167	23
72–75	1	0,042	24
	$\sum f = 24$	$\sum \frac{f}{N} = 1$	

Idade de aposentadoria

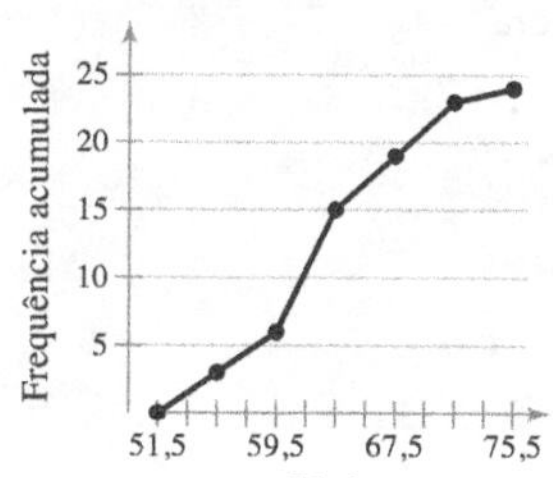

Localização do maior aumento na frequência: 60–63.

39.

Classe	Frequência, f	Frequência relativa	Frequência acumulada
2–4	9	0,3214	9
5–7	6	0,2143	15
8–10	7	0,2500	22
11–13	3	0,1071	25
14–16	2	0,0714	27
17–19	1	0,0357	28
	$\sum f = 28$	$\sum \frac{f}{N} \approx 1$	

Galões de gasolina comprados

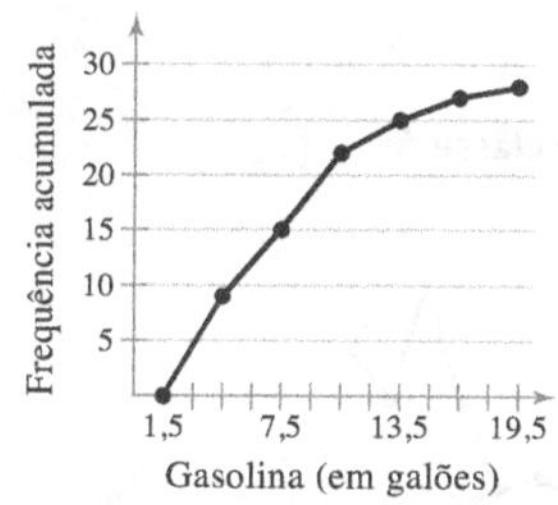

Localização do maior aumento na frequência: 2–4.

41.

Classe	Frequência, f	Ponto médio	Frequência relativa	Frequência acumulada
47–57	1	52	0,05	1
58–68	1	63	0,05	2
69–79	5	74	0,25	7
80–90	8	85	0,40	15
91–101	5	96	0,25	20
	$\sum f = 20$		$\sum \frac{f}{N} = 1$	

Notas dos exames

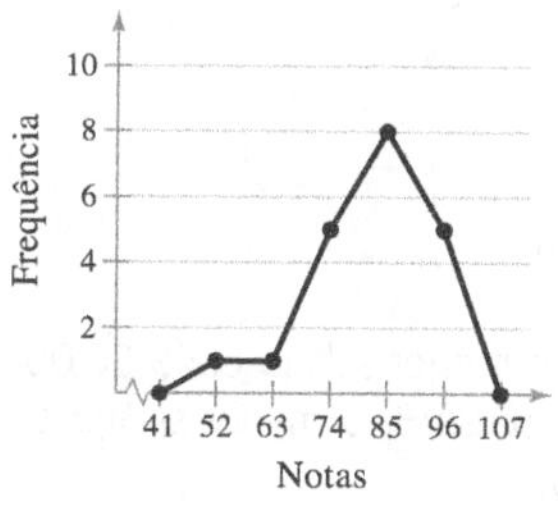

O gráfico mostra que a nota mais frequente nos exames está entre 80 e 90. (As respostas irão variar.)

43. (a)

Retiradas diárias

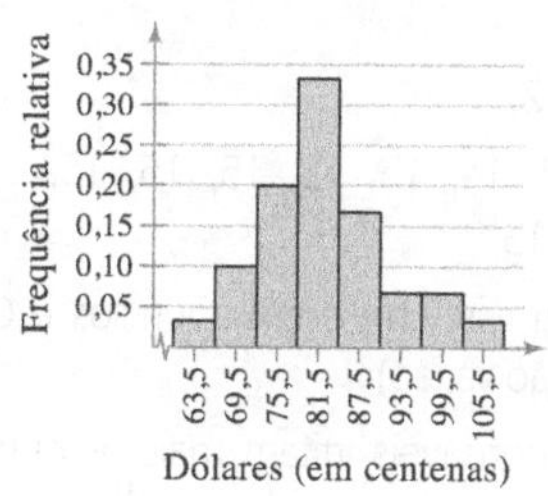

(b) 16,7%, porque a soma das frequências relativas para as últimas três classes é 0,167.

(c) $ 9.600, porque a soma das frequências relativas para as duas últimas classes é 0,10.

45.

Histograma (5 classes)

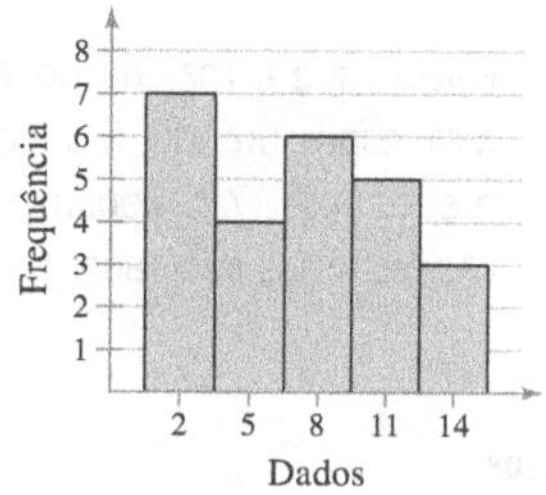

Histograma (10 classes)

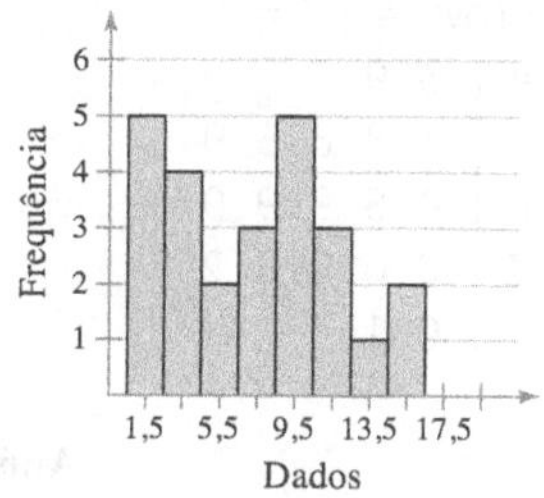

Histograma (20 classes)

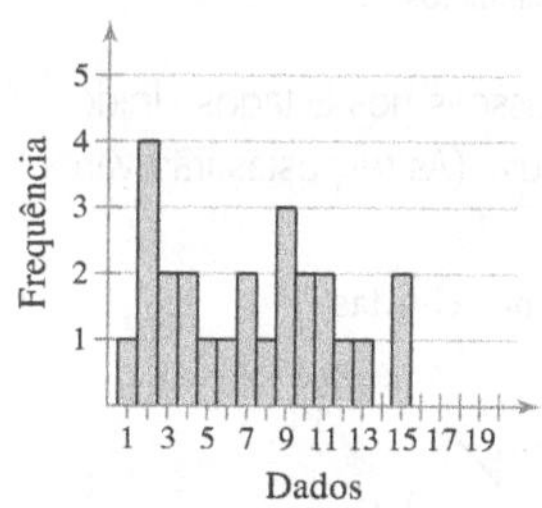

Em geral, um grande número de classes preserva melhor os valores reais do conjunto de dados, mas não é tão útil para observar tendências gerais e tomar decisões. Ao escolher o número de classes, uma importante consideração é o tamanho do conjunto de dados. Por exemplo, você não iria querer usar 20 classes se seu conjunto de dados contivesse 20 entradas. Neste exemplo em particular, conforme o número de classes aumenta, o histograma mostra mais flutuações. Os histogramas com 10 e 20 classes têm classes com frequências zero. Não se ganha muito usando mais do que cinco classes. Portanto, parece que cinco classes seria o melhor.

Seção 2.2 *(p. 52–55)*

1. Quantitativo: diagrama ramo-e-folhas, diagrama de pontos, histograma, gráfico de dispersão, gráfico tempo serial.
   Qualitativo: gráfico de pizza, gráfico de Pareto.

3. Ambos, diagrama ramo-e-folhas e diagrama de pontos, permitem que você veja como os dados são distribuídos, determine as entradas de dados específicos e identifique valores de dados incomuns.

5. b. **6.** d. **7.** a. **8.** c.

9. 27, 32, 41, 43, 43, 44, 47, 47, 48, 50, 51, 51, 52, 53, 53, 53, 54, 54, 54, 54, 55, 56, 56, 58, 59, 68, 68, 68, 73, 78, 78, 85
Máx.: 85; Mín.: 27

11. 13, 13, 14, 14, 14, 15, 15, 15, 15, 15, 16, 17, 17, 18, 19
Máx.: 19; Mín.: 13

13. Anheuser-Busch gasta mais em anúncios e Coors gasta menos. (As respostas irão variar.)

15. Motoristas irresponsáveis irritam mais os outros motoristas, motoristas exageradamente cautelosos irritam menos os outros. (As respostas irão variar.)

17. Chave: 6 | 7 = 67

6 | 7 8
7 | 3 5 5 6 9
8 | 0 0 2 3 5 5 7 7 8
9 | 0 1 1 1 2 4 5 5

Parece que a maioria das notas para o teste de meio de curso de biologia foi 80 e 90. (As respostas irão variar.)

19. Chave: 4 | 3 = 4.3

4 | 3 9
5 | 1 8 8 8 9
6 | 4 8 9 9 9
7 | 0 0 2 2 2 5
8 | 0 1

Parece que a maioria do gelo tem espessura de 5,8 centímetros até 7,2 centímetros. (As respostas irão variar.)

21.

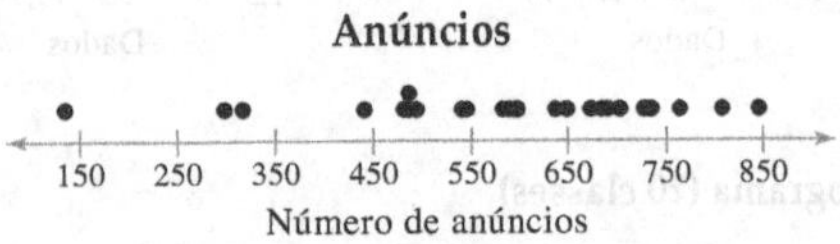

Parece que a maioria das 30 pessoas nos Estados Unidos vê ou ouve entre 450 e 750 anúncios por dia. (As respostas irão variar.)

23.

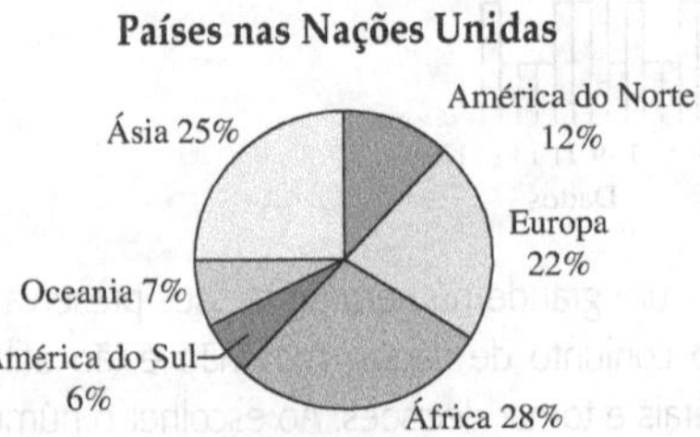

A maioria dos países nas Nações Unidas é da África e a minoria vem da América do Sul. (As respostas irão variar.)

25.

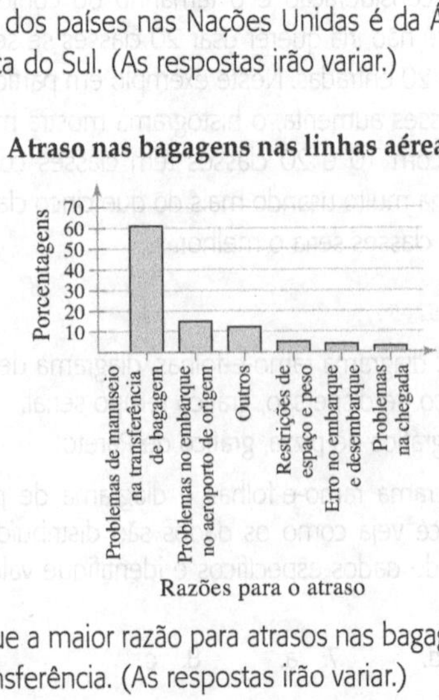

Parece que a maior razão para atrasos nas bagagens vem de problemas na transferência. (As respostas irão variar.)

27.

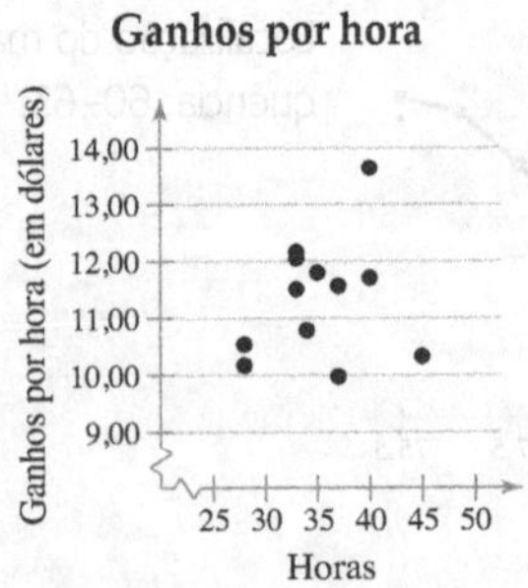

Parece que não há relação entre os ganhos e as horas trabalhadas. (As respostas irão variar.)

29.

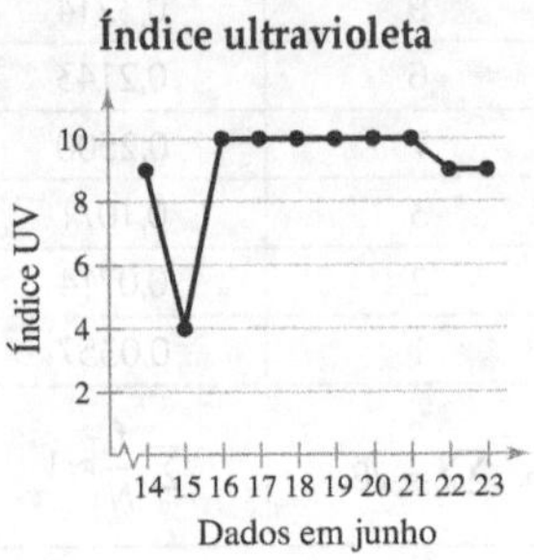

Durante o período de 14 de junho e 23 de junho em Memphis, TN, o índice ultravioleta foi o maior de 16 de junho a 21 de junho. (As respostas irão variar.)

31.

Parece que o preço dos ovos teve seu pico em 2003. (As respostas irão variar.)

33. (a) Quando os dados são retirados em intervalos regulares por um período, um gráfico de tempo serial deve ser usado. (As respostas irão variar.)

(b)

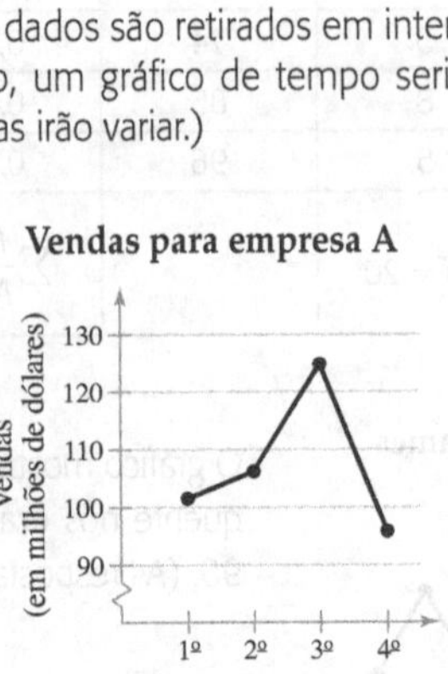

35. (a) Na Empresa de advocacia A, o menor salário era \$ 90.000 e o maior, \$ 203.000; na Empresa B, o menor salário era \$ 90.000 e o maior, \$ 190.000.

(b) Há 30 advogados na Empresa A e 32 na Empresa B.

(c) Na Empresa A, os salários tendem a estar agrupados nos extremos finais da amplitude da distribuição e, na Empresa B, os salários tendem a estar no meio da amplitude da distribuição.

Seção 2.3 *(p. 62–66)*

1. Verdadeiro.

3. Falso. Todos os conjuntos de dados quantitativos têm mediana.

5. Falso. Quando cada classe de dados tem a mesma frequência, a distribuição é uniforme.

7. 3, 5, 4, 3, 14, 13, 12, 18. (As respostas irão variar.)

9. A forma da distribuição é assimétrica à direita porque as barras têm uma "cauda" à direita.

11. A forma da distribuição é uniforme porque as barras têm aproximadamente a mesma altura.

13. (11), porque a distribuição de valores varia de 1 a 12 e tem (aproximadamente) frequências iguais.

15. (12), porque a distribuição tem o valor máximo e é assimétrica à esquerda devido às notas muito baixas de alguns poucos alunos em relação à maioria do alunos.

17. $\bar{x} \approx 6{,}2$; mediana = 6; moda = 5.

19. $\bar{x} \approx 4{,}57$; mediana = 4,8; moda = 4,8.

21. $\bar{x} \approx 20{,}66$; mediana = 20,05; moda = 18,8, 22,1, 26,5.

23. $\bar{x}$ = não é possível; mediana = não é possível; moda = "pior"; a média e a mediana não podem ser encontradas porque os dados estão no nível nominal de mensuração.

25. $\bar{x} \approx 170{,}63$; mediana = 169,3; moda = nenhuma; a moda não pode ser encontrada porque os pontos de dados não se repetem.

27. $\bar{x} = 22{,}6$; mediana = 19; moda = 14; a moda não representa o centro dos dados porque 14 é o menor número no conjunto de dados.

29. $\bar{x} \approx 14{,}11$; mediana = 14,25; moda = 2,5; a moda não representa o centro dos dados porque 2,5 é muito menor do que a maioria dos dados no conjunto.

31. $\bar{x} = 41{,}3$, mediana = 39,5, moda = 45.

33. $\bar{x} \approx 19{,}5$; mediana = 20; moda = 15.

35. Os dados são assimétricos para a direita.

A = moda, porque é a entrada de dado que ocorre com mais frequência.

B = mediana, porque a mediana está à esquerda da média em uma distribuição assimétrica à direita.

C = média, porque a média está à direita da mediana em uma distribuição assimétrica à direita.

37. Moda, porque os dados estão no nível nominal de mensuração.

39. Média, porque não há valores discrepantes.

41. 89. **43.** $ 612,73. **45.** 2,8. **47.** 65 polegadas.

49. 35,76 anos.

51.

Classe	Frequência, *f*	Ponto médio
3–4	3	3,5
5–6	8	5,5
7–8	4	7,5
9–10	2	9,5
11–12	2	11,5
13–14	1	13,5
	$\Sigma f = 20$	

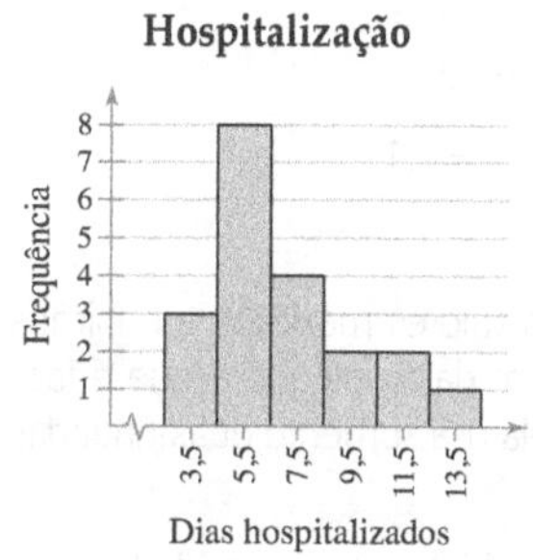

Assimétrica positiva.

53.

Classe	Frequência, *f*	Ponto médio
62–64	3	63
65–67	7	66
68–70	9	69
71–73	8	72
74–76	3	75
	$\Sigma f = 30$	

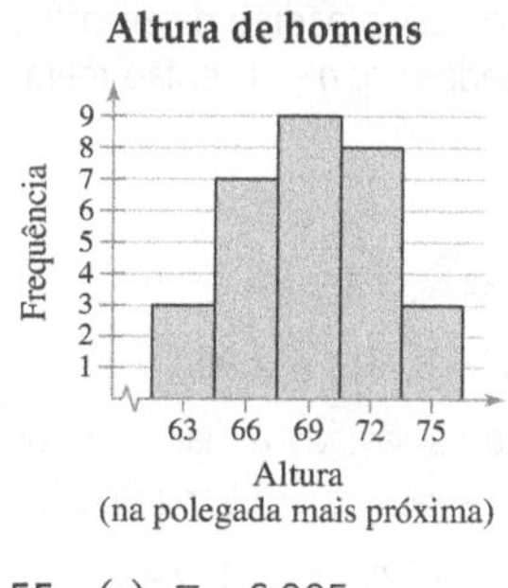

Simétrica.

55. (a) $\bar{x} = 6{,}005$, mediana = 6,01. (b) $\bar{x} = 5{,}945$, mediana = 6,01.

(c) Média.

57. (a) $\bar{x} = 358$, mediana = 375.

(b) $\bar{x} = 1.074$, mediana = 1.125.

(c) A média e a mediana na parte (b) são três vezes a média e a mediana na parte (a).

(d) Se você multiplicar a média e a mediana da parte (b) por 12, obterá a média e a mediana do conjunto de dados em polegadas.

59. Carro A, porque a amplitude média é a maior.

61. (a) 49,2.

(b) $\bar{x} \approx 49{,}2$; mediana = 46,5; moda = 36, 37, 51; amplitude média = 50,5.

(c) Usando uma média aparada elimina valores discrepantes em potencial que poderiam afetar a média das outras entradas.

2.3 Atividades (p. 67)

1. A distribuição é simétrica. A média e a mediana decrescem sensivelmente. A mediana irá decrescer dramaticamente e a média também irá decrescer, mas em uma extensão muito menor.
2. Nem a média nem a mediana podem ser qualquer um dos pontos que estão representados. Já que há 10 pontos em cada região de saída, a média estará em algum lugar entre as duas regiões. Pela mesma lógica, a mediana será a média do maior ponto entre 0 e 0,75 e o menor ponto entre 20 e 25.

Seção 2.4 (p. 77–81)

1. Amplitude = 8, $\mu = 7{,}9$, $\sigma^2 = 6{,}1$, $\sigma \approx 2{,}5$.
3. Amplitude = 12, $\bar{x} \approx 11{,}9$, $s^2 \approx 17{,}1$, $s \approx 4{,}1$.
5. 73.
7. A amplitude é a diferença entre os valores máximos e mínimos dos conjuntos de dados. A vantagem da amplitude é que é fácil de calcular. A desvantagem é que ela usa somente duas entradas do conjunto de dados.
9. As unidades da variância são quadradas. Suas unidades são insignificantes. (Exemplo: dólares².)
11. (a) Amplitude = 24,3. (b) Amplitude = 44,3.
    (c) Mudar o valor máximo do conjunto de dados afeta muito a amplitude.
13. (a) tem desvio padrão de 24 e (b) tem desvio padrão de 16, porque os dados em (a) têm mais variabilidade.
15. Quando calculamos o desvio padrão populacional, dividimos a soma dos desvios quadrados por N e então retiramos a raiz quadrada do valor. Quando calculamos o desvio padrão da amostra, dividimos a soma dos desvios quadrados por $n - 1$, então retiramos a raiz quadrada do valor.
17. Empresa B.
19. (a) Los Angeles: amplitude = 17,6; $s^2 \approx 31{,}35$; $s \approx 6{,}11$.
    Long Beach: amplitude = 8,7; $s^2 \approx 8{,}71$; $s \approx 2{,}95$.
    (b) Parece, a partir dos dados, que os salários anuais em Los Angeles são mais variáveis que os salários em Long Beach.
21. (a) Homens: amplitude = 405; $s^2 \approx 16.225{,}3$; $s \approx 127{,}4$.
    Mulheres: amplitude = 552; $s^2 \approx 34.575{,}1$; $s \approx 185{,}9$.
    (b) Parece, a partir dos dados, que as notas SAT para as mulheres são mais variáveis do que para os homens.
23. (b) Maior desvio padrão: (ii).
    O conjunto de dados (ii) tem mais entradas que estão distantes da média.
    Menor desvio padrão: (iii).
    O conjunto de dados (iii) tem mais entradas que estão próximas à média.
    (b) Os três conjuntos de dados têm a mesma média, mas têm desvios padrão diferentes.
25. (a) Maior desvio padrão: (ii).
    O conjunto de dados (ii) tem mais entradas que estão distantes da média.
    Menor desvio padrão: (iii).
    O conjunto de dados (iii) tem mais entradas que estão próximas à média.
    (b) Os três conjuntos de dados têm a mesma média, mediana e moda, mas têm desvios padrão diferentes.
27. Similaridade: ambos estimam proporções dos dados contidos em k desvios padrão da média.
    Diferença: a regra empírica assume que a distribuição tem forma de sino; o teorema de Chebychev não faz tal suposição.
29. 68%. 31. (a) 51. (b) 17.
33. $ 1.000, $ 2.000. 35. 24.
37. $\bar{x} \approx 2{,}1$, $s \approx 1{,}3$.
39.

Classe	Ponto médio, x	f	xf
2–4	3	4	12
5–7	6	8	48
8–10	9	15	135
11–13	12	4	48
14–16	15	1	15
		$N = 32$	$\Sigma xf = 258$

$x - \mu$	$(x - \mu)^2$	$(x - \mu)^2 f$
–5,1	26,01	104,04
–2,1	4,41	35,28
0,9	0,81	12,15
3,9	15,21	50,84
6,9	47,61	47,61
		$\Sigma(x - \mu)^2 f = 249{,}92$

$\mu \approx 8{,}1$.
$\sigma = 2{,}8$.

41.

f	Ponto médio, x	xf	$x - \bar{x}$	$(x - \bar{x})^2$	$(x - \bar{x})^2 f$
1	70,5	70,5	–44	1.936	1.936
12	92,5	1.110,0	–22	484	5.808
25	114,5	2.862,5	0	0	0
10	136,5	1.365,0	22	484	4.840
2	158,5	317,0	44	1.936	3.872
$n = 50$		$\Sigma xf = 5.725$			$\Sigma(x - \bar{x})^2 f = 16.456$

$\bar{x} = 114{,}5$.
$s \approx 18{,}33$.

43.

Classe	f	Ponto médio, x	xf
0–4	20,3	2,0	40,60
5–13	35,5	9,0	319,50
14–17	16,5	15,5	255,75
18–24	30,4	21,0	638,40
25–34	39,4	29,5	1.162,30
35–44	39,0	39,5	1.540,50
45–64	80,8	54,5	4.403,60
65+	40,4	70,0	2.828,00
	$n = 302{,}3$		$\Sigma xf = 11.188{,}65$

$x-\bar{x}$	$(x-\bar{x})^2$	$(x-\bar{x})^2f$
−35,01	1.225,70	24.881,71
−28,01	784,56	27.851,88
−21,51	462,68	7.634,22
−16,01	256,32	7.792,13
−7,51	56,40	2.222,16
2,49	6,20	241,80
17,49	305,90	24.716,72
32,99	1.088,34	43.968,94
	$\Sigma(x-\bar{x})^2f = 139.309,56$	

$\bar{x} \approx 37,01$.

$s \approx 21,50$.

45. $CV_{\text{alturas}} = \dfrac{3,44}{72,75} \cdot 100 \approx 4,7.$

$CV_{\text{pesos}} = \dfrac{18,47}{187,83} \cdot 100 \approx 9,8.$

Parece que o peso varia mais que a altura.

47. (a) $\bar{x} \approx 41,5$, $s \approx 5,3$.

(b) $\bar{x} \approx 43,6$, $s \approx 5,6$.

(c) $\bar{x} \approx 3,5$, $s \approx 0,4$.

(d) Quando cada entrada é multiplicada por uma constante k, a nova média amostral é $k \cdot \bar{x}$ e o novo desvio padrão é $k \cdot s$.

49. (a) Homens: 99,9; mulheres:154,8. O desvio médio absoluto é menor do que o desvio padrão amostral.

(b) Público: 1,45; privado:1,11. O desvio médio absoluto é menor do que o desvio padrão amostral.

51. (a) $P \approx -2,61$.

Os dados são assimétricos à esquerda.

(b) $P \approx 4,12$.

Os dados são assimétricos à direita.

2.4 Atividades *(p. 82)*

1. Quando um ponto com valor de 15 é adicionado, a média continua constante e o desvio padrão decresce; quando um ponto com um valor de 20 é adicionado, a média é aumentada e o desvio padrão aumenta. (As respostas irão variar.)

2. Para obter o maior desvio padrão, represente quatro dos pontos em 30 e quatro dos pontos em 40; para obter o menor desvio padrão, represente todos os pontos no mesmo valor.

Seção 2.5 *(p. 90–93)*

1. (a) $Q_1 = 4,5$, $Q_2 = 6$, $Q_3 = 7,5$.

(b)

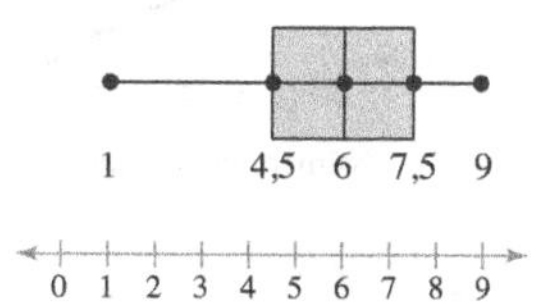

3. O time de futebol marcou menos pontos por jogo do que 75% dos outros times na liga.

5. O estudante obteve mais de 78% do que os outros estudantes que fizeram o teste de atuariais.

7. Verdadeiro.

9. Falso. O percentil 50º é equivalente a Q_2.

11. (a) Mín. = 10. (b) Máx. = 20.

(c) $Q_1 = 13$. (d) $Q_2 = 15$.

(e) $Q_3 = 17$. (f) IQR = 4.

13. (a) Mín. = 900. (b) Máx. = 2.100.

(c) $Q_1 = 1.250$. (d) $Q_2 = 1.500$.

(e) $Q_3 = 1.950$. (f) IQR = 700.

15. (a) Mín. = −1,9. (b) Máx. = 2,1.

(c) $Q_1 = -0,5$. (d) $Q_2 = 0,1$.

(e) $Q_3 = 0,7$. (f) IQR = 1,2.

17. Nenhum. Os dados não são assimétricos nem simétricos.

19. Assimétrico à esquerda. A maioria dos dados está à direita do diagrama de caixa.

21. $Q_1 = B$, $Q_2 = A$, $Q_3 = C$, porque aproximadamente $\frac{1}{4}$ dos dados está em ou abaixo de 17; 18,5 é a mediana do conjunto de dados inteiro e aproximadamente $\frac{3}{4}$ dos dados está em/ou abaixo de 20.

23. (a) $Q_1 = 2$, $Q_2 = 4$, $Q_3 = 5$.

(b)

Assistir à televisão

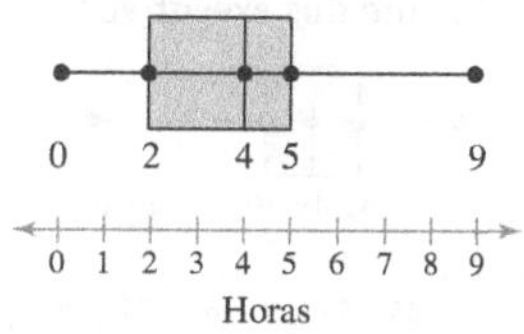

25. (a) $Q_1 = 3$, $Q_2 = 3,85$, $Q_3 = 5,28$.

(b)

Distância das linhas aéreas

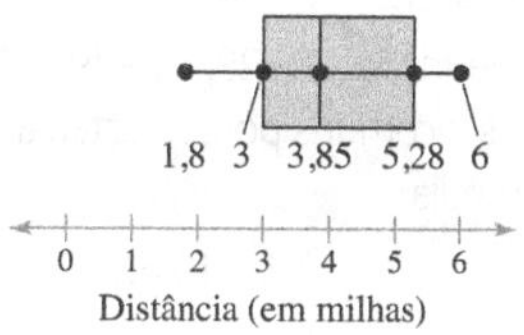

27. (a) 5. (b) 50%. (c) 25%.

29. $A \rightarrow z = -1,43$.

$B \rightarrow z = 0$.

$C \rightarrow z = 2,14$.

Um z-escore de 2,14 seria incomum.

31. (a) Estatística: $z = \dfrac{73-63}{7} \approx 1,43.$

Biologia: $z = \dfrac{26-23}{3,9} \approx 0,77.$

(b) O estudante foi melhor no teste de estatística.

33. (a) Estatística: $z = \dfrac{78-63}{7} \approx 2,14.$

Biologia: $z = \dfrac{29-23}{3,9} \approx 1,54.$

(b) O estudante foi melhor no teste de estatística.

35. (a) $z_1 = \dfrac{34.000-35.000}{2250} \approx -0,44.$

$$z_2 = \frac{37.000 - 35.000}{2250} \approx 0{,}89.$$

$$z_3 = \frac{31.000 - 35.000}{2250} \approx -1{,}78.$$

Nenhum dos pneus selecionados tem vida útil incomum.

(b) Para 30.500, 2,5º percentil.

Para 37.250, 84º percentil.

Para 35.000, 50º percentil.

37. Aproximadamente 68,5 polegadas, 40% das alturas estão abaixo de 68,5 polegadas.

39. $z_1 = \frac{74 - 69{,}6}{3{,}0} \approx 1{,}47.$

$z_2 = \frac{62 - 69{,}6}{3{,}0} \approx -2{,}53.$

$z_3 = \frac{80 - 69{,}6}{3{,}0} \approx 3{,}47.$

As alturas de 62 e 80 polegadas são incomuns.

41. $z = \frac{71{,}1 - 69{,}6}{3{,}0} \approx 0{,}5.$

Aproximadamente 70º percentil.

43. (a) $Q_1 = 42, Q_2 = 49, Q_3 = 56.$

(b)

Idade dos executivos

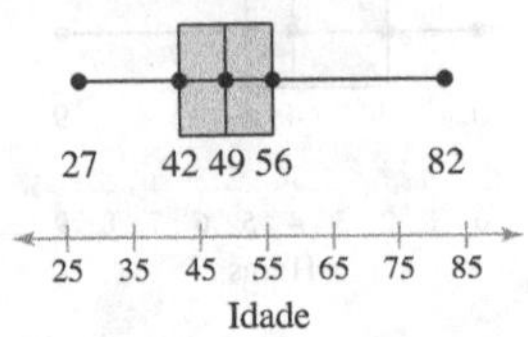

(c) Metade das idades está entre 42 e 56 anos.

(d) 49, porque metade dos executivos são mais velhos e metade são mais jovens.

(e) Os grupos de idade 20–29, 70–79 e 80–89 seriam todos considerados incomuns porque estão a mais de dois desvios padrão da média.

45. 33,75. **47.** 19,8.

49. A forma de sua conta é simétrica e a forma da conta de seu amigo é uniforme.

Compras com cartão de crédito

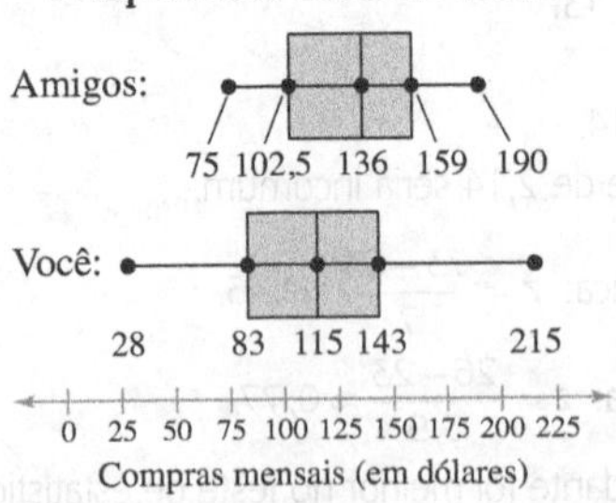

51. 94º percentil.

Usos e abusos – estatística no mundo real *(p. 94)*

1. As respostas irão variar.
2. Os salários dos funcionários em uma empresa podem conter um valor discrepante.

   A mediana não é afetada por um valor discrepante porque não leva em conta um valor numérico discrepante.

Exercícios de revisão *(p. 96–98)*

1.

Classe	Pontos médios	Fronteiras	Frequência, f	Frequência relativa	Frequência acumulada
20–23	21,5	19,5–23,5	1	0,05	1
24–27	25,5	23,5–27,5	2	0,10	3
28–31	29,5	27,5–31,5	6	0,30	9
32–35	33,5	31,5–35,5	7	0,35	16
36–39	37,5	35,5–39,5	4	0,20	20
			$\sum f = 20$	$\sum \frac{f}{n} = 1$	

3.

Volume líquido de latas de 12 onças

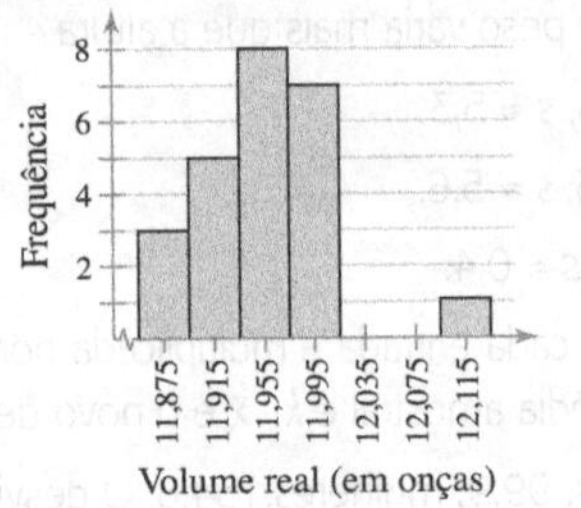

5.

Classe	Ponto médio	Frequência, f
79–93	86	9
94–108	101	12
109–123	116	5
124–138	131	3
139–153	146	2
154–168	161	1
		$\sum f = 32$

Quartos reservados

7.

1	3 7 8 9
2	0 1 2 3 3 3 4 4 5 5 5 7 8 8 9
3	1 1 2 3 4 5 7 8
4	3 4 7
5	1

9.

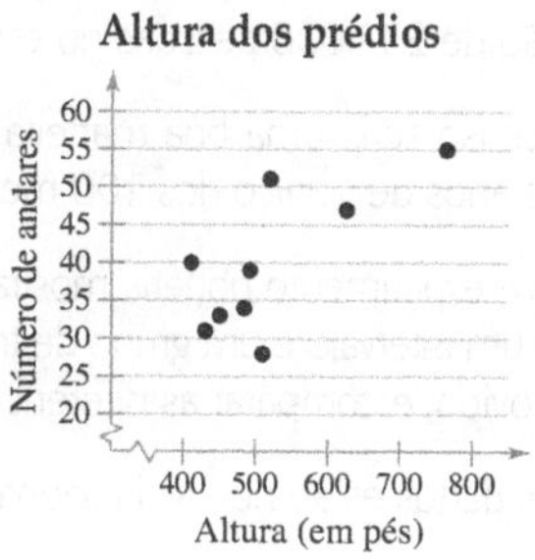

O número de andares parece aumentar com a altura.

11.

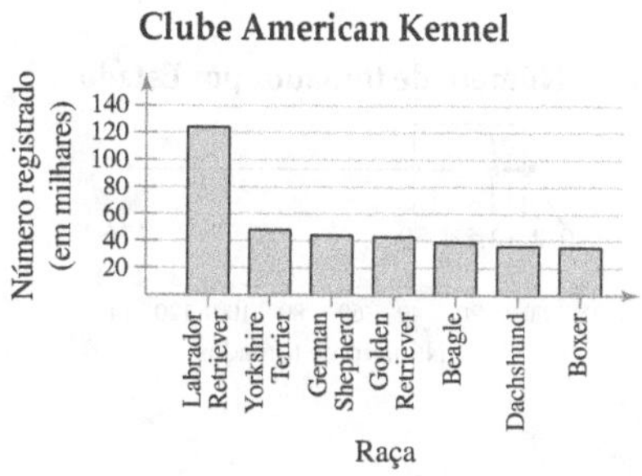

13. $\bar{x} = 9{,}1$; mediana $= 8{,}5$; moda $= 7$. **15.** 31,7. **17.** 82,1.

19. Assimétrica. **21.** Assimétrica à esquerda.

23. Mediana. **25.** 2,8.

27. $\mu \approx 6{,}9$; $\sigma \approx 4{,}6$. **29.** $\bar{x} = 2.453{,}4$; $s \approx 306{,}1$.

31. Entre $ 41,50 e $ 56,50. **33.** 30 clientes.

35. $\bar{x} \approx 2{,}5$; $s \approx 1{,}2$. **37.** 56 polegadas.

39. 12 polegadas. **41.** 4.

43. 23% marcaram mais do que 68.

45. Não incomum. **47.** Não incomum.

Teste do capítulo *(p. 98)*

1. (a)

Classe	Ponto médio	Fronteiras de classe	Frequência, f	Frequência relativa	Frequência acumulada
101–112	106,5	100,5–112,5	3	0,12	3
113–124	118,5	112,5–124,5	11	0,44	14
125–136	130,5	124,5–136,5	7	0,28	21
137–148	142,5	136,5–148,5	2	0,08	23
149–160	154,5	148,5–160,5	2	0,08	25

(b) Histograma de frequência e polígono.

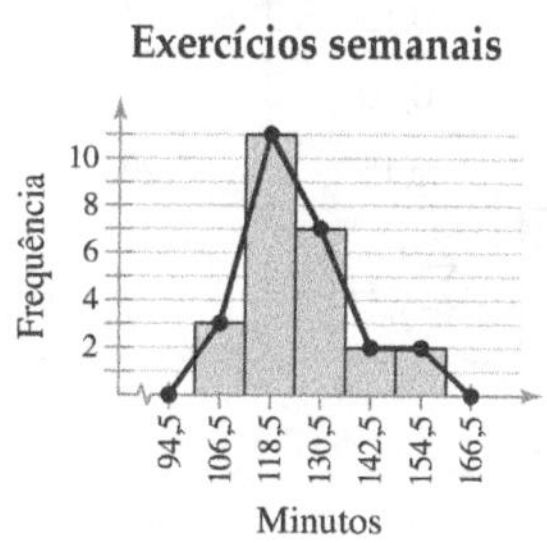

(c) Histograma de frequência relativa.

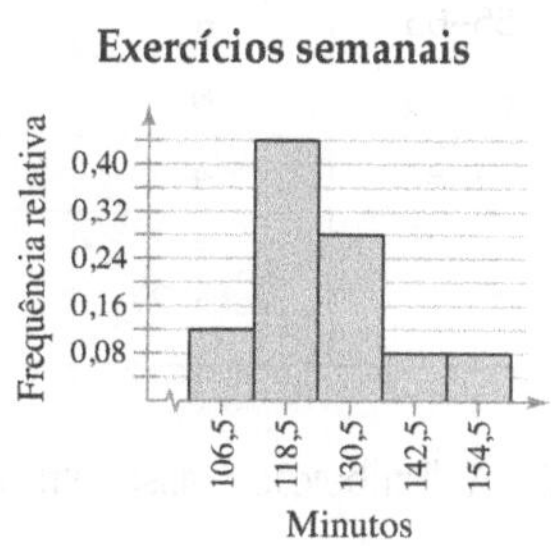

(d) Assimétrica.

(e)

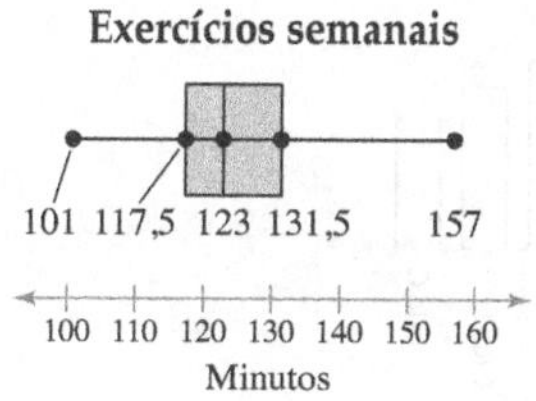

(f)

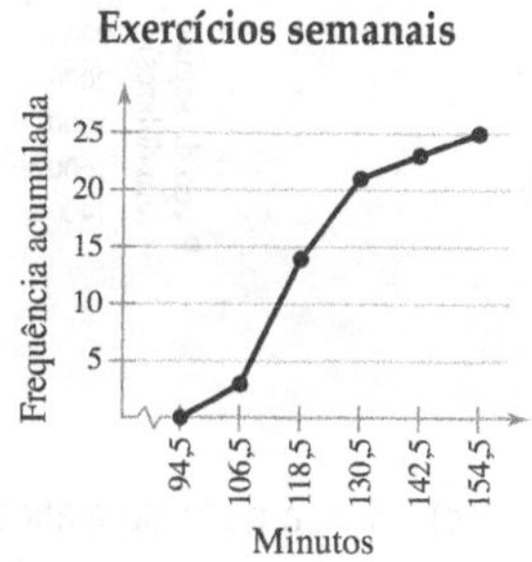

2. 125,2; 13,0.

3. (a)

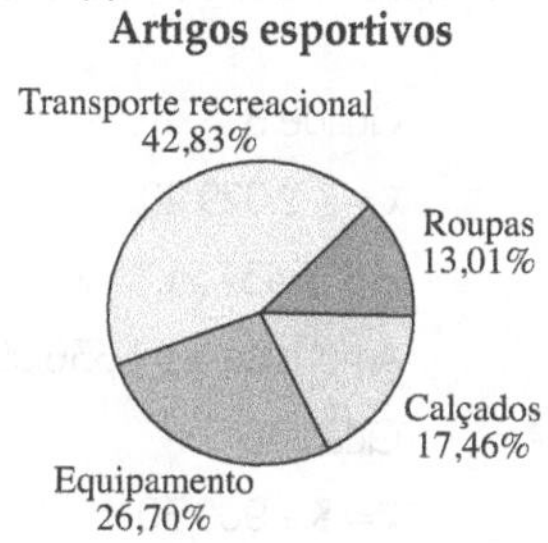

(b)

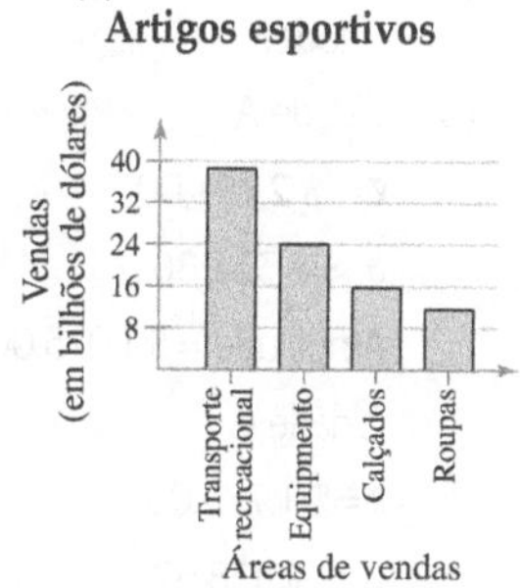

4. (a) $\bar{x} \approx 751{,}6$; mediana $= 784{,}5$; não há moda.

   A média descreve melhor um salário típico porque não há valores discrepantes.

   (b) 575; 48.135,1; 219,4.

5. entre $ 125.000 e $ 185.000.

6. (a) $z = 30$, incomum.

   (b) $z \approx -6{,}67$, muito incomum.

   (c) $z \approx 1{,}33$.

   (d) $z = -2{,}2$, incomum.

7. (a) $Q_1 = 76$, $Q_2 = 80$, $Q_3 = 88$. (b) 12.

   (c)

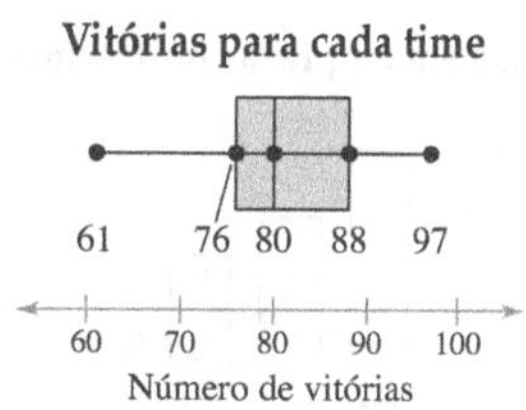

Juntando tudo *(p. 98–99)*

1. (a) Encontre a média do preço do seguro de automóvel para cada cidade e faça uma comparação.

   (b) Encontre a média, a amplitude e o desvio padrão amostral para cada cidade.

2. (a) Construa um gráfico de Pareto porque os dados são quantitativos e porque tal gráfico posiciona dados em ordem de altura decrescente, com a maior barra posicionada à esquerda.

(b)

Preço do seguro por cidade

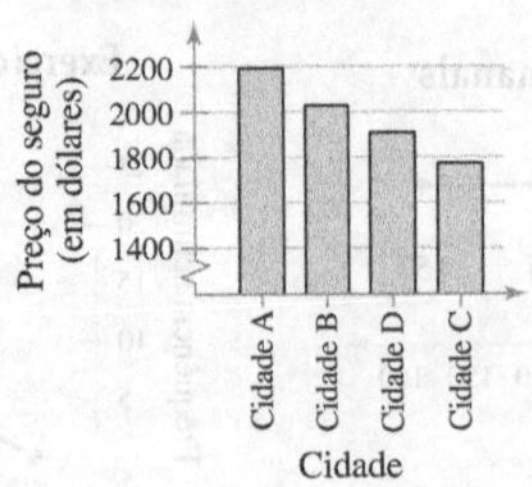

(c) Sim, a partir do gráfico de Pareto você pode ver que a cidade A tem o maior prêmio médio por seguro de automóvel, seguida pelas cidades B, D e C.

3. (a) Encontre a média, a amplitude e o desvio padrão para cada cidade.

(b)

Cidade A	Cidade B
$\bar{x}$ = $ 2.191,00.	$\bar{x}$ = $ 2.029,20.
$\sigma \approx$ $ 351,86.	$\sigma \approx$ $ 437,54.
Amplitude = $ 1.015,00.	Amplitude = $ 1.336,00.
Cidade C	**Cidade D**
$\bar{x}$ = $ 1.772,00.	$\bar{x}$ = $ 1.909,30.
$\sigma \approx$ $ 418,52.	$\sigma \approx$ $ 361,14.
Amplitude = $ 1.347,00.	Amplitude = $ 1.125,00.

(c) Sim. A Cidade A tem a maior média, a menor amplitude e o menor desvio padrão.

4. (a) Diga a seus leitores que, em média, o preço do prêmio médio por seguro de automóvel é maior nessa cidade do que nas outras.

(b) Localização, clima, população.

Revisão acumulada dos capítulos 1 e 2 *(p. 102)*

1. Amostra sistemática. Uma tendenciosidade pode entrar neste estudo se a máquina cometer um erro consistente.

2. Amostra aleatória. Uma tendenciosidade neste estudo é que os pesquisadores não incluíram pessoas que não tinham telefone.

3.

Ausências em empresas norte-americanas

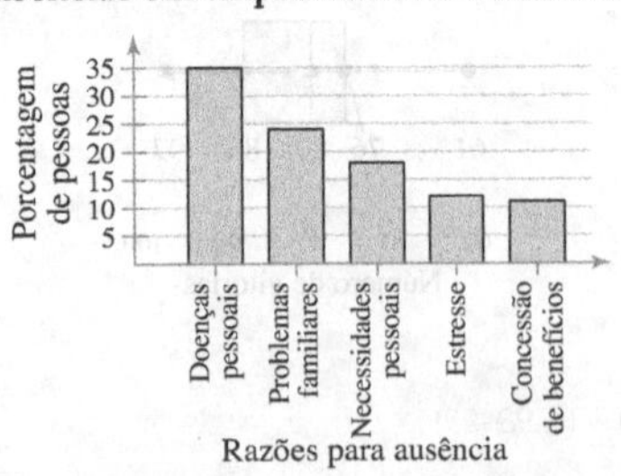

4. Parâmetro. Todos os funcionários da empresa estão incluídos.

5. Estatística. Os 28% são uma descrição numérica de 1.000 adultos pesquisados nos Estados Unidos.

6. (a) 95%. (b) 38.

7. População: coleção de todos os adultos nos EUA.
Amostra: coleção de 1.498 adultos pesquisados.

8. População: coleção de todas as pessoas.
Amostra: coleção de 232.606 pessoas no estudo.

9. Pesquisa. Um censo seria uma boa maneira de investigar as características dos anos de serviço dos 100 membros do senado.

10. Experimento. Um experimento poderia mostrar um grupo de controle que tenha um intervalo e um grupo de tratamento que tenha o intervalo removido, e comparar as diferenças.

11. Quantitativo. Os dados estão no nível racional.

12. Qualitativo. Os dados estão no nível nominal.

13. $Q_1 = 2$, $Q_2 = 12{,}5$, $Q_3 = 39$.

Número de tornados por Estado

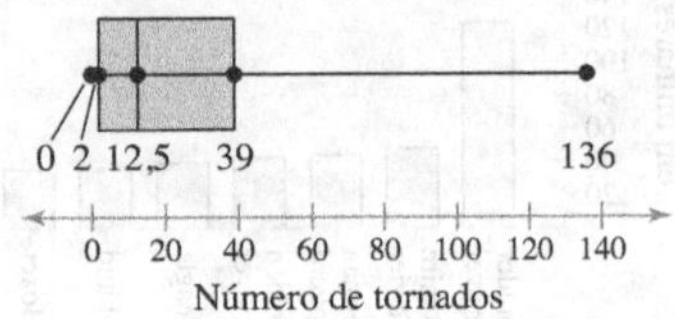

14. 88,9.

15. (a) $\bar{x} \approx 5{,}49$, mediana = 5,4, não há moda; ambas média e mediana descrevem corretamente o comprimento da cauda de um típico crocodilo norte-americano. (Respostas irão variar.)

(b) Amplitude = 4,1, $s^2 = 2{,}34$, $s = 1{,}53$. A diferença máxima nos comprimentos das caudas dos crocodilos é de aproximadamente 4,1 pés e aproximadamente 67% do comprimento das caudas dos crocodilos estarão entre 3,96 e 7,02 pés.

16. (a) Uma inferência retirada da amostra é que o número de mortes devido a problemas cardíacos nas mulheres continuará a decrescer.

(b) Esta inferência pode implicar erroneamente que as mulheres têm menos chances de morrer devido a problemas cardíacos no futuro.

17.

Classe	Frequência, f	Ponto médio	Frequência relativa	Frequência acumulada
0–10	8	5	0,30	8
11–21	8	16	0,30	16
22–32	1	27	0,04	17
33–43	1	38	0,04	18
44–54	1	49	0,04	19
55–65	4	60	0,15	23
66–76	0	71	0,00	23
77–87	4	82	0,15	27
	$\sum f = 27$		$\sum \frac{f}{n} = 1$	

18. A distribuição é assimétrica à direita.

19.

Pontos marcados pelo Detroit Redwings

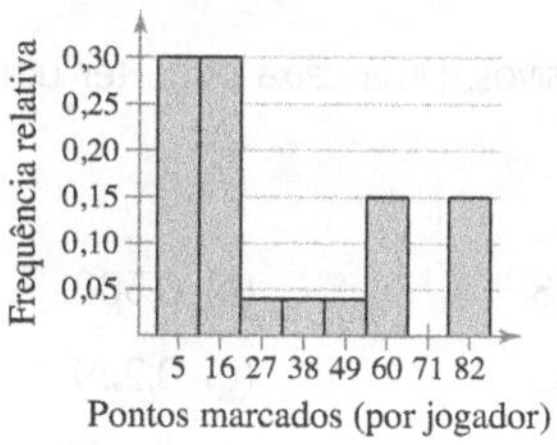

Classes com maior frequência: 0–10 e 11–21.

Classe com menor frequência: 66–76.

Capítulo 3

Seção 3.1 *(p. 115–118)*

1. (a) Poderia representar a probabilidade de um evento. A probabilidade de um evento ocorrer deve estar contida no intervalo [0,1] ou [0%, 100%].

   (b) Poderia representar a probabilidade de um evento. A probabilidade de um evento ocorrer deve estar contida no intervalo [0,1] ou [0%, 100%].

   (c) Não poderia representar a probabilidade de um evento. A probabilidade de um evento ocorrer não pode ser menor que 0.

   (d) Poderia representar a probabilidade de um evento. A probabilidade de um evento ocorrer deve estar contida no intervalo [0,1] ou [0%, 100%].

   (e) Poderia representar a probabilidade de um evento. A probabilidade de um evento ocorrer deve estar contida no intervalo [0,1] ou [0%, 100%].

   (f) Não poderia representar a probabilidade de um evento. A probabilidade de um evento ocorrer não pode ser maior que 1.

3. O princípio de contagem fundamental conta o número de maneiras nas quais dois ou mais eventos podem ocorrer em sequência.

5. {A, B, C, D, E, F, G, H, I, J, K, L, M, N, O, P, Q, R, S, T, U, V, W, X, Y, Z}; 26.

7.

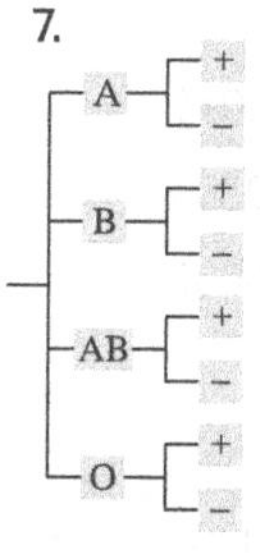

{(A, +), (A, –) (B, +), (B, –), (AB, +), (AB, –), (O, +), (O, –)}, onde (A+) representa o fator RH positivo com tipo sanguíneo A e (A, –) representa o fator RH negativo, com tipo sanguíneo A; 8.

9. 1: evento simples, porque é um evento que consiste de um resultado único.

11. 4: não é um evento simples, porque é um evento que consiste em mais de um resultado.

13. 135. 15. 4.500.

17. Falso. Se você rolar um dado de seis lados seis vezes, a probabilidade de sair um número ímpar pelo menos uma vez é de aproximadamente 0,9844.

19. Falso. A probabilidade de menos de 0,05 indica um evento incomum.

21. b. 22. d. 23. c. 24. a.

25. Probabilidade empírica, porque os registros da empresa foram usados para calcular a frequência de quebra da máquina de lavar.

27. 0,159. 29. 0,000953. 31. 0,042. 33. 0,208.

35. (a) 1.000. (b) 0,001. (c) 0,999.

37. {(SSS), (SSR), (SRS), (SRR), (RSS), (RSR), (RRS), (RRR)}.

39. {(SSR), (SRS),)(RSS)}.

41. (a)

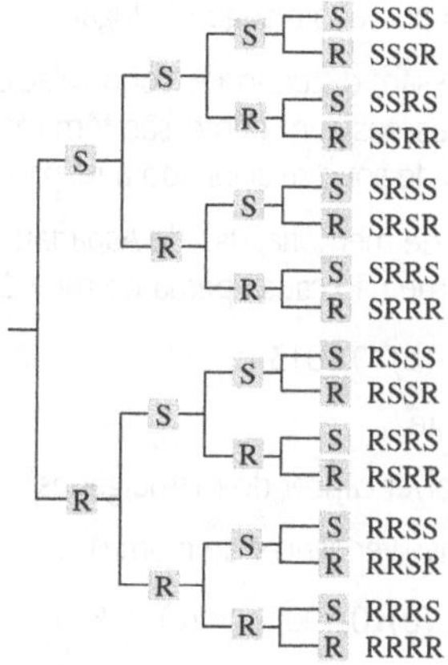

(b) {(SSSS), (SSSR), (SSRS), (SSRR), (SRSS), (SRSR), (SRRS), (SRRR), (RSSS), (RSSR), (RSRS), (RSRR), (RRSS), (RRSR), (RRRS), (RRRR)}.

(c) {(SSSR), (SSRS), (SRSS), (RSSS)}.

43. 0,500. 45. 0,060. 47. 0,959.

49. 0,090. 51. 0,236.

53. (a) 0,5. (b) 0,25. (c) 0,25.

55. 0,785. 57. 0,215.

59. (a) 0,739. (b) 0,269. (c) 0,008.

61. A probabilidade de se escolher um bebedor de chá que não tenha nível universitário.

63. (a)

Soma	Probabilidade
2	0,028
3	0,056
4	0,083
5	0,111
6	0,139
7	0,167
8	0,139
9	0,111
10	0,083
11	0,056
12	0,028

(b) As respostas irão variar.

(c) As respostas irão variar.

65. (a) 0,444. (b) 0,556. 67. 3:1.

3.1 Atividades *(p. 118–119)*

1-2. As respostas irão variar.

Seção 3.2 (p. 124–128)

1. Dois eventos são independentes se a ocorrência de um deles não afetar a probabilidade da ocorrência do outro.
   Se $P(B|A) = P(B)$ or $P(A|B) = P(A)$, então os eventos A e B são independentes.
3. Falso. Se dois eventos são independentes, então $P(A|B) = P(A)$.
5. Independente. O resultado da primeira carta retirada não afeta o resultado da segunda.
7. Dependente. A soma das rolagens depende de quais números são rolados em primeiro e segundo lugar.
9. Eventos: depressão, distúrbio de sono relacionado à respiração. Dependente. Pessoas com depressão têm mais probabilidade de terem distúrbio de sono relacionado à respiração.
11. Eventos: perda de memória, uso de Aspartame; independente. O uso do Aspartame não causa perda de memória.
13. (a) 0,8. (b) 0,0013.
    (c) Dependente.
    P(desenvolver câncer de mama|genes).
    $\neq P$(desenvolver câncer de mama).
15. (a) 0,308. (b) 0,390. (c) 0,807. (d) 0,315.
    (e) Dependente.
    P(tirar férias de verão|família tem computador).
    $\neq P$(tirar férias de verão).
17. (a) 0,098.
    (b) 0,72.
    (c) Não, a probabilidade não é incomum porque não é menor ou igual a 0,05.
19. 0,546.
21. (a) 0,014. (b) 0,774. (c) 0,226.
23. (a) 0,481. (b) 0,465. (c) 0,449.
    (d) Dependente.
    P(ter menos que um mês de renda guardado|ser homem).
    $\neq P$(ter menos que um mês de renda guardado).
25. (a) 0,0000000243. (b) 0,859. (c) 0,141.
27. (a) 0,2. (b) 0,04. (c) 0,008. (d) 0,512. (e) 0,488.
29. 0,011. 31. 0,444. 33. 0,167.
35. (a) 0,074. (b) 0,999. 37. 0,954.

Seção 3.3 (p. 133–136)

1. $P(A \text{ e } B) = 0$, porque A e B não podem ocorrer ao mesmo tempo.
3. Verdadeiro.
5. Falso. A probabilidade de que o evento A ou o evento B ocorram é $P(A \text{ e } B) = P(A) + P(B) - P(A \text{ e } B)$.
7. Não são mutuamente exclusivos. O estudante pode estudar economia e estatística.
9. Não são mutuamente exclusivos. O trabalhador pode ser mulher e ter nível universitário.
11. Mutuamente exclusivos. A pessoa não pode estar em ambas as aulas.
13. (a) Não são mutuamente exclusivos. Por cinco semanas, os eventos se sobrepõem.
    (b) 0,423.
15. (a) Não são mutuamente exclusivos. Uma caixa pode ter um furo e um canto amassado.
    (b) 0,126.
17. (a) 0,308. (b) 0,538. (c) 0,308.
19. (a) 0,068. (b) 0,853. (c) 0,229.
21. (a) 0,900. (b) 0,450.
23. (a) 0,512. (b) 0,973. (c) 0,512.
    (d) Não são mutuamente exclusivos. Um homem pode estudar enfermagem.
25. (a) 0,461. (b) 0,762. (c) 0,589. (d) 0,922.
    (e) Não são mutuamente exclusivos. Uma mulher pode estar frequentemente envolvida em caridade.
27. As respostas irão variar. 29. 0,55.

3.3 Atividades (p. 136–137)

1. 0,3333. 2. As respostas irão variar.
3. A probabilidade teórica é 0,5, então a linha verde deve estar localizada lá.

Seção 3.4 (p. 145–147)

1. O número de organizações ordenadas de n objetos retirados r de uma vez. Um exemplo de permutação é o número de organizações dos assentos seu e de seus três amigos.
3. Falso. Uma permutação é uma organização ordenada de objetos.
5. Verdadeiro. 7. 210. 9. 35.
11. 134.596. 13. 0,0060.
15. Permutação. A ordem de 15 pessoas em fila importa.
17. Combinação. A ordem não importa porque a posição de um capitão é a mesma que a do outro.
19. 6.240. 21. 720. 23. 20.358.520.
25. 9.189.180. 27. 50.400.
29. (a) 720. (b) amostra. (c) 0,0014.
31. (a) 12. (b) árvore. (c) 0,0833.
33. (a) 907.200. (b) população. (c) 0,000001.
35. 0,0045.
37. (a) 0,0164. (b) 0,385.
39. (a) 70. (b) 16. (c) 0,086.
41. (a) 67.600.000. (b) 19.656.000. (c) 0,000000015.
43. (a) 120. (b) 12.
    (c) 12. (d) 0,4.
45. 0,000039. 47. $5{,}03 \cdot 10^{-18}$.
49. (a) 658.008. (b) 0,00000152.
51. (a) 0,0002. (b) 0,0014.
    (c) 0,0211. (d) 0,0659.
53. 1.001; 1.000.

55.

Time (pior time em primeiro)	1	2	3	4	5	6	7	8	9	10	11	12	13	14
Probabilidade	0,250	0,199	0,156	0,119	0,088	0,063	0,043	0.028	0017	0,011	0,008	0,007	0,006	0,005

57. 0,314.

Usos e abuso – estatística no mundo real (p. 147–148)

1. (a) 0,000001. (b) 0,001. (c) 0,001.
2. As respostas irão variar.

Exercícios de revisão (p. 149–151)

1. Espaço amostral:
{HHHH, HHHT, HHTH, HHTT, HTHH, HTHT, HTTH, HTTT, THHH, THHT, THTH, THTT, TTHH, TTHT, TTTH, TTTT }; 4.

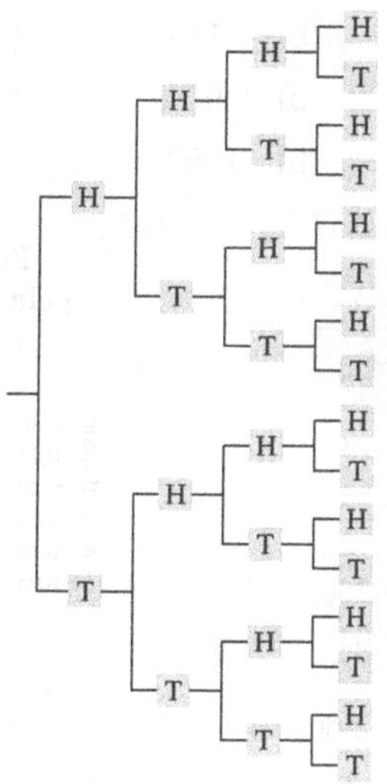

3. Espaço amostral: {janeiro, fevereiro, março, abril, maio, junho, julho, agosto, setembro, outubro, novembro, dezembro}; 3.
5. 84.
7. Probabilidade empírica.
9. Probabilidade subjetiva.
11. Probabilidade clássica.
13. 0,215.
15. $1{,}25 \cdot 10^{-7}$.
17. 0,92.
19. Independente.
21. 0,025.
23. Mutuamente exclusivos.
25. 0,60.
27. 0,538.
29. 0,583.
31. 0,498.
33. 0,23.
35. 2.730.
37. 2.380.
39. 0,00000923.
41. (a) 0,955. (b) 0,000000761. (c) 0,045. (d) 0,999999239.

Teste do capítulo (p. 151)

1. (a) 0,524. (b) 0,515. (c) 0,536. (d) 0,773. (e) 0,023. (f) 0,671. (g) 0,097. (h) 0,575.
2. Não são mutuamente exclusivos. Um jogador de golfe pode marcar a melhor rodada em um torneio de quatro rodadas e ainda perder o torneio.
Dependente. Um evento pode afetar a ocorrência do segundo.
3. (a) 518.665. (b) 1. (c) 551.299.
4. (a) 0,941. (b) 0,00000181. (c) 0,999998.
5. 450.000.
6. 657.720.

Juntando tudo (p. 152)

1. (a) As respostas irão variar.
(b) Use a regra de multiplicação, o princípio de contagem fundamental e combinações.
2. Se você jogou somente a bola vermelha, a probabilidade de combinação é de $\frac{1}{42}$. Entretanto, devido ao fato de você ter que selecionar cinco bolas brancas, você deve pegar as bolas brancas erradas. Então, usando a regra de multiplicação, você obtém *P* (combinar somente a bola vermelha e não combinar nenhuma das cinco bolas brancas).

$$= \frac{1}{42} \cdot \frac{50}{55} \cdot \frac{49}{54} \cdot \frac{48}{53} \cdot \frac{47}{52} \cdot \frac{46}{51}$$
$$\approx 0{,}015$$
$$\approx \frac{1}{69}.$$

3. A probabilidade geral de ganhar um prêmio é determinada calculando-se o número de maneiras de ganhar e dividindo pelo número total de resultados.
Para calcular o número de maneiras de ganhar algo, você deve usar combinações.

Capítulo 4

Seção 4.1 (p. 162–165)

1. Uma variável aleatória representa um valor numérico designado para um resultado de um experimento de probabilidade.
Exemplos: as respostas irão variar.
3. Um valor esperado de 0 representa o ponto de equilíbrio, então o contador não irá ganhar nem perder dinheiro.
5. Falso. Na maioria das aplicações, variáveis aleatórias discretas representam dados contados, enquanto variáveis aleatórias contínuas representam dados mensurados.
7. Verdadeiro.
9. Discreta, porque o comparecimento doméstico é uma variável aleatória contável.
11. Contínua, porque as milhas anuais dos veículos é uma variável aleatória que não pode ser contada.
13. Discreta, porque o número de acidentes com motocicletas em um ano na Califórnia é uma variável aleatória que pode ser contada.
15. Contínua, porque o volume de sangue retirado para um teste de sangue é uma variável aleatória que não pode ser contada.
17. Discreta, porque o número de sistemas de *home theater* vendidos por mês em uma loja de eletrônicos é uma variável aleatória contável.

19. Contínua, porque a quantidade de neve que caiu em Nome, Alasca, no inverno passado é uma variável aleatória que não pode ser contada.

21. (a) 0,35. (b) 0,90. 23. 0,22. 25. Sim.

27. Não, $\Sigma P(x) = 0{,}95$ e $P(5) < 0$.

29. (a)

x	$P(x)$
0	0,686
1	0,195
2	0,077
3	0,022
4	0,013
5	0,006
	$\Sigma P(x) \approx 1$

(b) 0,5. (c) 0,8. (d) 0,9.

(e) Uma residência tem em média 0,5 cachorros, com desvio padrão de 0,9 cachorros.

31. (a)

x	$P(x)$
0	0,432
1	0,403
2	0,137
3	0,029
	$\Sigma P(x) \approx 1$

(b) 0,8. (c) 0,6. (d) 0,8.

(e) Uma residência tem em média 0,8 computadores, com desvio padrão de 0,8 computadores.

33. (a)

x	$P(x)$
0	0,031
1	0,063
2	0,151
3	0,297
4	0,219
5	0,156
6	0,083
	$\Sigma P(x) \approx 1$

(b) 3,4. (c) 2,1. (d) 1,5.

(e) Um funcionário trabalha em média 3,4 horas extras por semana, com desvio padrão de 1,5 horas.

35. (a) 5,3. (b) 3,3. (c) 1,8. (d) 5,3.

(e) O número esperado de questões respondidas é 5,3, com desvio padrão de 1,8 questões.

37. (a) 2,0. (b) 1,0. (c) 1,0. (d) 2,0.

(e) A categoria de furacão esperada que atinge os Estados Unidos é 2,0, com desvio padrão de 1,0.

39. (a) 2,5. (b) 1,9. (c) 1,4. (d) 2,5.

(e) O número esperado de pessoas nas residências é 25, com desvio padrão de 1,4 pessoas.

41. (a) 0,881. (b) 0,314. (c) 0,294.

43. Uma residência com 3 cachorros é incomum porque a probabilidade é de 0,022.

45. –\$ 0,05. 47. \$ 38.800. 49. 3.038; 26.

Seção 4.2 *(p. 174–177)*

1. (a) $p = 0{,}50$. (b) $p = 0{,}20$. (c) $p = 0{,}80$.

3. (a) $n = 12$. (b) $n = 4$. (c) $n = 8$.

Conforme n aumenta, a distribuição se torna mais simétrica.

5. (a) $x = 0{,}1$. (b) $x = 0{,}5$. (c) $x = 4{,}5$.

7. Experimento binomial.
Sucesso: o bebê se recupera.
$n = 5, p = 0{,}80, q = 0{,}20, x = 0, 1, 2, \ldots, 5$.

9. Experimento binomial.
Sucesso: selecionar um adulto que acredita que corte nos juros prejudica a economia.
$n = 5, p = 0{,}21, q = 0{,}79, x = 0, 1, 2, \ldots, 5$.

11. 24;16,8; 4,1. 13. 32,2; 23,9; 4,9.

15. (a) 0,088. (b) 0,104. (c) 0,896.

17. (a) 0,111. (b) 0,152. (c) 0,848.

19. (a) 0,213. (b) 0,139. (c) 0,861.

21. (a) 0,028. (b) 0,964. (c) 0,008.

23. (a) 0,255. (b) 0,562. (c) 0,783.

25. (a) $n = 6, p = 0{,}37$.

x	$P(x)$
0	0,063
1	0,220
2	0,323
3	0,253
4	0,112
5	0,026
6	0,003

(b)

Pontos marcados pelo Detroit Redwings

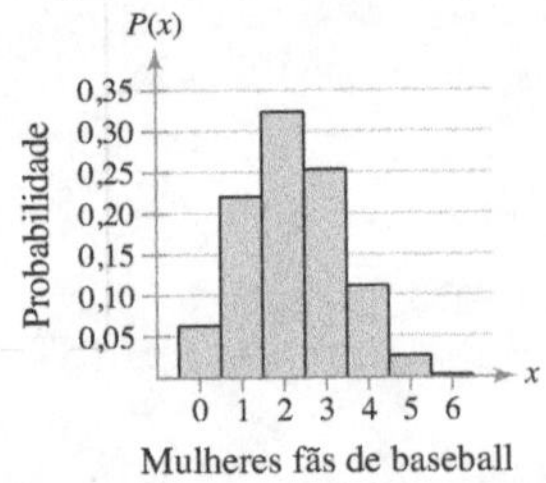

(c) Assimétrica à direita. (d) 2,2. (e) 1,4. (f) 1,2.

(g) Em média, 2,2 de 6 mulheres se consideram fãs de baseball, com desvio padrão de 1,2 mulheres. Os valores $x = 5$ e $x = 6$ seriam incomuns, pois suas probabilidades são menores do que 0,05.

27. (a) $n = 4, p = 0{,}05$.

x	$P(x)$
0	0,814506
1	0,171475
2	0,013537
3	0,000475
4	0,000006

(b)

Doadores de sangue

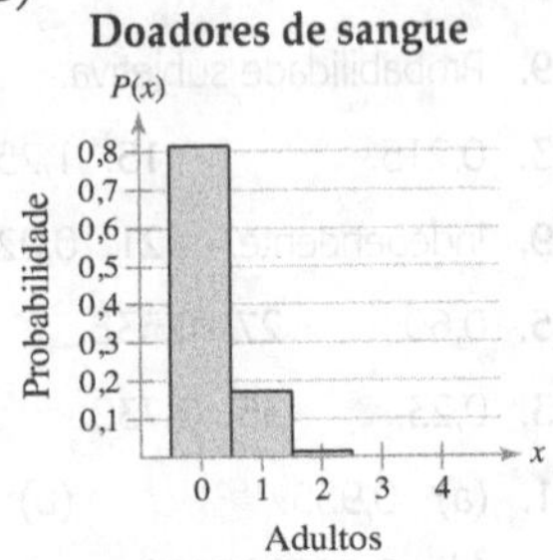

(c) Assimétrico à direita. (d) 0,2. (e) 0,2. (f) 0,4.

(g) Em média, 0,2 a cada 4 adultos qualificados doa sangue. O desvio padrão é de 0,4 adultos.

$x = 2$, 3 e 4 seriam valores incomuns por causa de suas baixas probabilidades.

29. (a) $n = 6, p = 0{,}29$. (b) 0,321. (c) 0,010.

x	$P(x)$
0	0,128
1	0,314
2	0,321
3	0,175
4	0,053
5	0,009
6	0,001

31. 1,7; 1,1.
Em média, 1,7 de 6 motoristas dizem que falar ao celular é o hábito mais irritante dos outros motoristas.
Cinco de seis ou todos os seis motoristas selecionados aleatoriamente dizem que falar ao celular é o hábito mais irritante dos outros motoristas seria incomum, pois sua probabilidade é menor que 0,05.

33. 0,033.

4.2 Atividades *(p. 177–178)*

1–3. As respostas irão variar.

Seção 4.3 *(p. 183–184)*

1. 0,24. 3. 0,056. 5. 0,195. 7. 0,251.
9. Em uma distribuição binomial, o valor de x representa o número de sucessos em n tentativas e, em uma distribuição geométrica, o valor de x representa a primeira tentativa que resulta em sucesso.
11. Geométrica. Você está interessado em contar o número de tentativas até o primeiro sucesso.
13. Poisson. Você está interessado em contar o número de ocorrências que acontecem dentro de uma unidade de espaço dada.
15. Binomial. Você está interessado em contar o número de sucessos em n tentativas.
17. (a) 0,082. (b) 0,469. (c) 0,531.
19. (a) 0,002. (b) 0,006. (c) 0,980.
21. (a) 0,101. (b) 0,185. (c) 0,084.
23. (a) 0,329. (b) 0,878. (c) 0,122.
25. (a) 0,1254235482.
(b) 0,1254084986; os resultados são aproximadamente os mesmos.
27. (a) 1.000; 999.000; 999,5.
Em média, você teria que jogar 1.000 vezes até ganhar na loteria. O desvio padrão é 999,5 vezes.
(b) 1.000 vezes.
Perder dinheiro. Em média, você ganharia \$ 500 a cada 1.000 vezes que jogasse na loteria. Então, o ganho líquido seria –\$ 500.
29. (a) 3,8; 1,9; o desvio padrão é 1,9.
(b) 0,305.

Usos e abuso — estatística no mundo real *(p. 185–186)*

1. 40, 0,081.
2. 0,739. As respostas irão variar.
3. A probabilidade de encontrar 36 adultos de 100 que preferem a marca A é 0,059. Então, é difícil acreditar na afirmação do fabricante.
4. A probabilidade de encontrar 25 adultos de 100 que preferem a marca A é 0,000627. Então, a afirmação do fabricante não é verossímil.

Exercícios de revisão *(p. 187–189)*

1. Discreta. 3. Contínua. 5. Não, $\Sigma P(x) \neq 1$.
7. Sim. 9. Sim.
11. (a)

x	f	$P(x)$
2	3	0,005
3	12	0,018
4	72	0,111
5	115	0,177
6	169	0,260
7	120	0,185
8	83	0,128
9	48	0,074
10	22	0,034
11	6	0,009
	$n = 650$	$\Sigma(P) \approx 1$

(b)

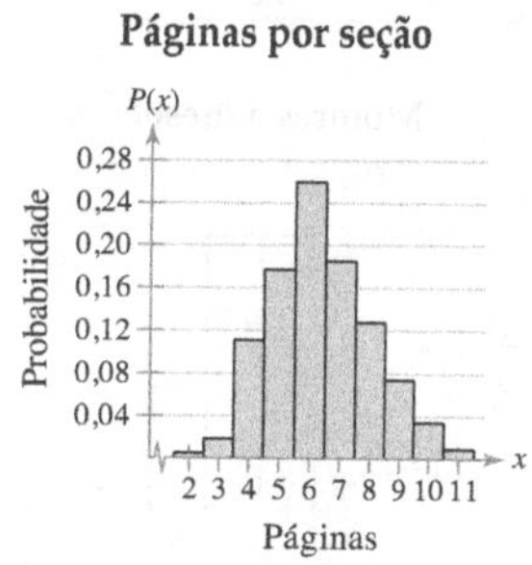

(c) 6,4; 2,9; 1,7.

13. (a)

x	f	$P(x)$
0	3	0,015
1	38	0,190
2	83	0,415
3	52	0,260
4	18	0,090
5	5	0,025
6	1	0,005
	$n = 200$	$\Sigma P(x) = 1$

(b)

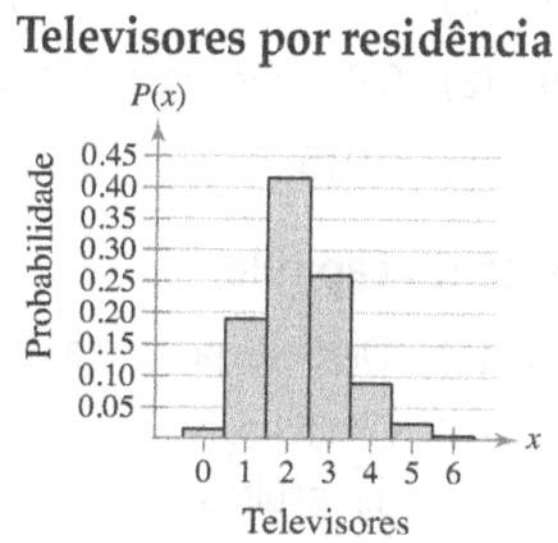

(c) 2,3; 1,1; 1,0.

15. 3,4.
17. Sim, $n = 12, p = 0{,}24, q = 0{,}76, x = 0, 1, 2, \ldots, 12$.
19. (a) 0,208. (b) 0,322 (*Tecnologia*: 0,321). (c) 0,114.
21. (a) 0,294. (b) 0,644. (c) 0,350.

23. (a)

x	$P(x)$
0	0,007
1	0,059
2	0,201
3	0,342
4	0,291
5	0,099

(b)

Aluguel de filmes

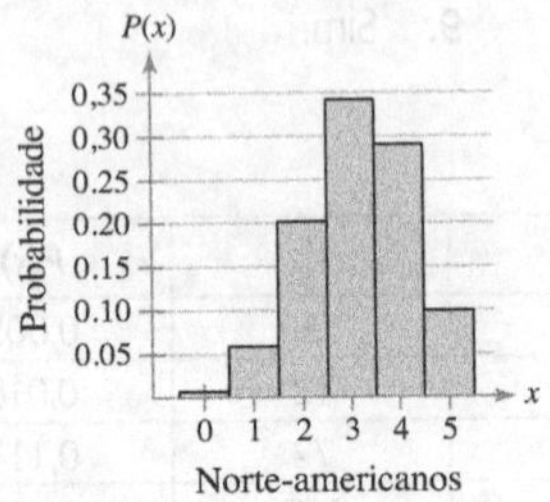

(c) 3,2; 1,2; 1,1.

25. (a)

x	$P(x)$
0	0,130
1	0,346
2	0,346
3	0,154
4	0,026

(b)

Motores a diesel

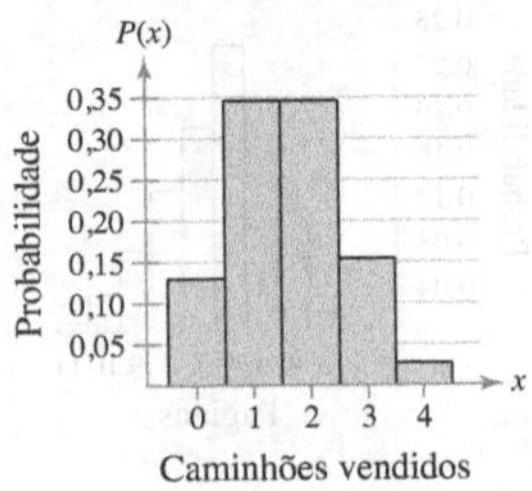

(c) 1,6; 1,0; 1,0.

27. (a) 0,096. (b) 0,518. (c) 0,579.

29. (a) 0,830 (*Tecnologia*: 0,829). (b) 0,155.

(c) 0,015.

Teste do capítulo *(p. 189)*

1. (a) Discreta, porque a variável aleatória é contável.

   (b) Contínua, porque a variável aleatória tem um número infinito de resultados possíveis e não pode ser contada.

2. (a)

x	f	$P(x)$
1	70	0,398
2	41	0,233
3	49	0,278
4	13	0,074
5	3	0,017
	$n = 176$	$\Sigma P(x) = 1$

(b)

Intensidade de furacão

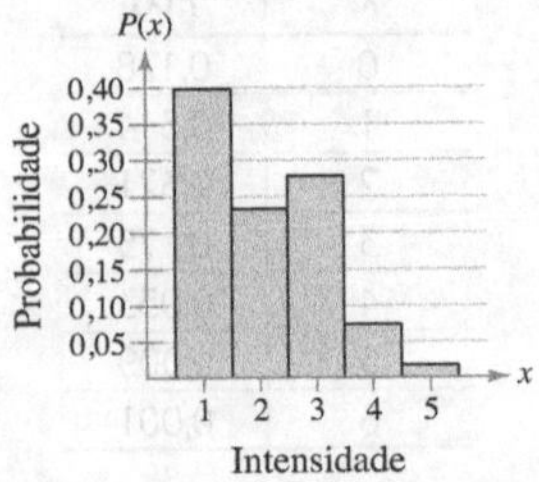

(c) 2,1; 1,1; 1,1.

Em média, a intensidade de um furacão será 2,1 com desvio padrão de 1,1.

(d) 0,091.

3. (a) $n = 8, p = 0,80$.

x	$P(x)$
0	0,000003
1	0,000082
2	0,001147
3	0,009175
4	0,045875
5	0,146801
6	0,293601
7	0,335544
8	0,167772

(b)

Cirurgias bem-sucedidas

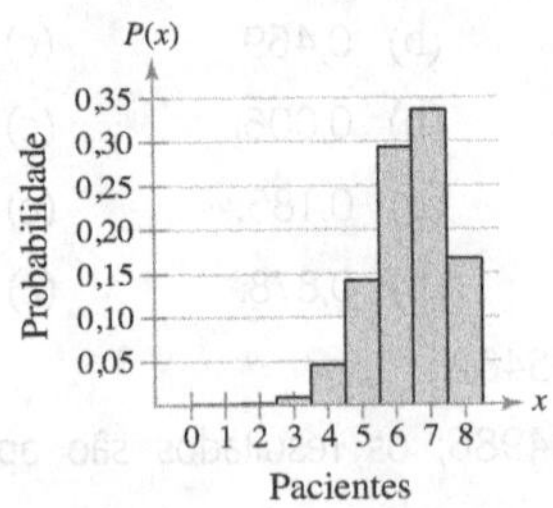

(c) 6,4; 1,3; 1,1. O número médio de cirurgias bem-sucedidas a cada 8 é 6,4, com desvio padrão de 1,1 cirurgias.

(d) 0,001.

(e) 0,0000084.

4. (a) 0,176. (b) 0,440. (c) 0,007.

Juntando tudo *(p. 189–190)*

1. (a) As respostas irão variar. Por exemplo, calcule a probabilidade de se obter zero gravidezes clínicas de 10 ciclos ART selecionados aleatoriamente.

   (b) Binomial. A distribuição é discreta porque o número de gravidezes clínicas é contável.

2. $n = 10, p = 0,337, P(0) = 0,0164$.

x	$P(x)$
0	0,0164
1	0,0834
2	0,1908
3	0,2586
4	0,2300
5	0,1403
6	0,0594
7	0,0173
8	0,0033
9	0,0004
10	0,00002

3. (a) Suspeito, porque a probabilidade é pequena.
   (b) Não é suspeito, porque a probabilidade não é pequena.

Capítulo 5

Seção 5.1 *(p. 200–204)*

1. As respostas irão variar.
3. As respostas irão variar.
   Similaridades: as duas curvas terão a mesma linha de simetria.
   Diferenças: uma curva será mais espalhada do que a outra.
5. $\mu = 0, \sigma = 1$.
7. "A" distribuição normal padrão é usada para descrever uma distribuição normal específica ($\mu = 0, \sigma = 1$). "A" distribuição normal é usada para descrever uma distribuição normal com qualquer média e desvio padrão.
9. Não, o gráfico cruza o eixo x.
11. Sim, o gráfico preenche a propriedade da distribuição normal.
13. Não, o gráfico é assimétrico à direita.
15. É normal porque tem forma de sino e é simétrica.

17. 0,3849. **19.** 0,6247. **21.** 0,9131. **23.** 0,975.
25. 0,7422. **27.** 0,1003. **29.** 0,005. **31.** 0,0532.
33. 0,4382. **35.** 0,437. **37.** 0,95.

39. 0,2006 (*Tecnologia:* 2005).
41. (a)

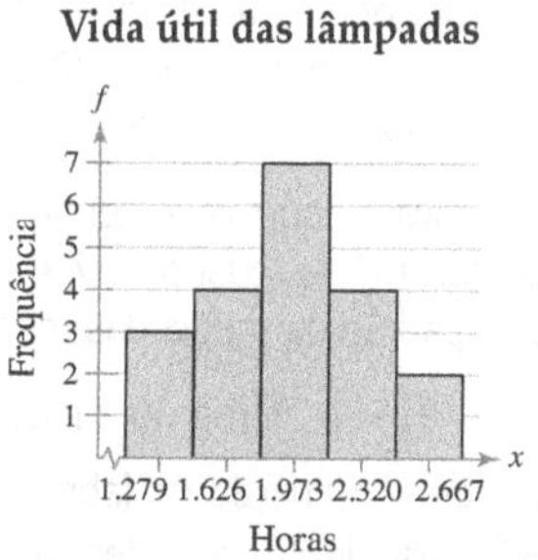

É razoável assumir que a vida útil seja distribuída normalmente porque o histograma é aproximadamente simétrico e tem forma de sino.

   (b) 1.941,35; 432,385.
   (c) A média da amostra de 1.941,35 horas é menos do que a média afirmada, então, em média, as lâmpadas na amostra duraram menos tempo. O desvio padrão da amostra de 432 horas é maior do que o desvio padrão afirmado, então, as lâmpadas na amostra têm maior variação na vida útil do que a afirmação dos fabricantes.

43. (a) A = 92,994; B = 93,004; C = 93,014; D = 93,018.
    (b) 0,8; 1,6; – 1,2; –3,2.
    (c) $x = 92{,}994$ é muito incomum devido ao z-escore ser relativamente pequeno (–3,2).
45. (a) A = 1.186; B = 1.406; C = 1.848; D = 2.177.
    (b) –0,36; 1,07; 2,14; – 1,08.
    (c) $x = 2.177$ é incomum devido ao z-escore ser relativamente grande (2,14).

47. 0,6915. **49.** 0,05. **51.** 0,5328. **53.** 0,9265.
55. 0,8289. **57.** 0,3133. **59.** 0,901 (*Tecnologia*: 0,9011).

61. 0,0098 (*Tecnologia*: 0,0099).
63.

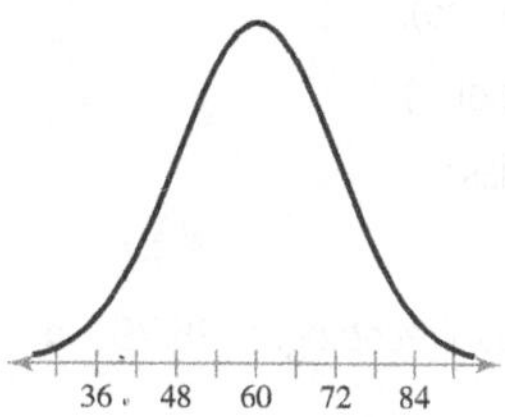

A curva da distribuição normal é centrada em sua média (60) e tem 2 pontos de inflexão (48 e 72) representando $\mu \pm \sigma$.

65. (a) As respostas irão variar. *Resposta da amostra:*
    Área sob a curva = área do retângulo = (1)(1) =1.
    (b) 0,25. (c) 0,4.

Seção 5.2 *(p. 207–210)*

1. 0,11511. **3.** 0,1151. **5.** 0,1144.

7. 0,3155 (*Tecnologia*: 0,3159).
9. 0,2789 (*Tecnologia*: 0,2785).
11. 0,1989 (*Tecnologia:* 0,1987).
13. (a) 0,1151. (b) 0,673 (*Tecnologia:* 0,6731). (c) 0,2119.
15. (a) 0,0475 (*Tecnologia:* 0,0470).
    (b) 0,7051 (*Tecnologia:* 0,7035).
    (c) 0,0351 (*Tecnologia:* 0,0348).
17. (a) 0,0228. (b) 0,927. (c) 0,0013.
19. (a) 0,0073. (b) 0,7215 (*Tecnologia:* 0,7218). (c) 0,0228.
21. (a) 80,51% (*Tecnologia:* 80,47%).
    (b) 337 pontos (*Tecnologia:* 339 pontos).
23. (a) 65,17% (*Tecnologia:* 65,21%). (b) 16 mulheres.
25. (a) 30,85%. (b) 32 peixes.
27. (a) 99,87%. (b) 1 adulto.
29. 1,5% (*Tecnologia:* 1,51%). É incomum para uma bateria ter vida útil de mais de 2.065 horas devido ao z-escore relativamente grande (2,17).

31. Fora de controle, porque há um ponto mais do que três desvios padrão além da média.

33. Fora de controle, porque há nove pontos consecutivos abaixo da média e dois de três pontos consecutivos estão a mais de dois desvios padrão da média.

Seção 5.3 *(p. 215–217)*

1. 0,70. 3. 0,34. 5. −0,16. 7. 2,39.

9. −1,645. 11. 1,555. 13. −2,33. 15. −0,84.

17. 1,175. 19. −0,67. 21. 0,67. 23. −0,39.

25. −0,38. 27. −0,58. 29. −1,645; 1,645.

31. −1,18. 33. 1,18. 35. −1,28, 1,28. 37. −0,06; 0,06.

39. (a) 68,56 polegadas.
(b) 62,28 polegadas (*Tecnologia:* 62,27 polegadas).

41. (a) 11,98 libras (*Tecnologia:* 11,97 libras).
(b) 19,78 libras (*Tecnologia:* 19,80 libras).

43. (a) 139,22 dias (*Tecnologia:* 139,32 dias).
(b) 96,92 dias (*Tecnologia:* 96,88 dias).

45. 19,88 onças.

47. Pneus que gastam em 26.800 milhas (*Tecnologia:* 26.796 milhas) serão repostos sem taxas.

49. 7,93 onças.

Seção 5.4 *(p. 228-231)*

1. 100; 2,121. 3. 100; 0,949.

5. Falso. Conforme o tamanho da amostra aumenta, a média da distribuição das médias amostrais não muda.

7. Falso. Uma distribuição de amostragem é normal se $n \geq 30$ ou se a população for normal.

9.

Amostra	Média	Amostra	Média	Amostra	Média
0, 0, 0	0	2, 2, 4	2,67	4, 8, 0	4
0, 0, 2	0,67	2, 2, 8	4	4, 8, 2	4,67
0, 0, 4	1,33	2, 4, 0	2	4, 8, 4	5,33
0, 0, 8	2,67	2, 4, 2	2,67	4, 8, 8	6,67
0, 2, 0	0,67	2, 4, 4	3,33	8, 0, 0	2,67
0, 2, 2	1,33	2, 4, 8	4,67	8, 0, 2	3,33
0, 2, 4	2	2, 8, 0	3,33	8, 0, 4	4
0, 2, 8	3,33	2, 8, 2	4	8, 0, 8	5,33
0, 4, 0	1,33	2, 8, 4	4,67	8, 2, 0	5,33
0, 4, 2	2	2, 8, 8	6	8, 2, 2	4
0, 4, 4	2,67	4, 0, 0	1,33	8, 2, 4	4,67
0, 4, 8	4	4, 0, 2	2	8, 2, 8	6
0, 8, 0	2,67	4, 0, 4	2,67	8, 4, 0	4
0, 8, 2	3,33	4, 0, 8	4	8, 4, 2	4,67
0, 8, 4	4	4, 2, 0	2	8, 4, 4	5,33
0, 8, 8	5,33	4, 2, 2	2,67	8, 4, 8	6,67
2, 0, 0	0,67	4, 2, 4	3,33	8, 8, 0	5,33
2, 0, 2	1,33	4, 2, 8	4,67	8, 8, 2	6
2, 0, 4	2	4, 4, 0	2,67	8, 8, 4	6,67
2, 0, 8	3,33	4, 4, 2	3,33	8, 8, 8	8
2, 2, 0	1,33	4, 4, 4	4		
2, 2, 2	2	4, 4, 8	5,33		

$\mu = 3{,}5$; $\sigma = 2{,}958$.
$\mu_{\bar{x}} = 3{,}5$; $\sigma_{\bar{x}} = 1{,}708$.

As médias são iguais, mas o desvio padrão da distribuição de amostragem é menor.

11. (c), porque $\mu_{\bar{x}} = 16{,}5$, $\sigma_{\bar{x}} = 1{,}19$ e o gráfico aproxima a curva normal.

13. 0,8962 (*Tecnologia*: 0,8967); não é incomum.

15. 0,0132; incomum.

17. 87,5; 1,804.

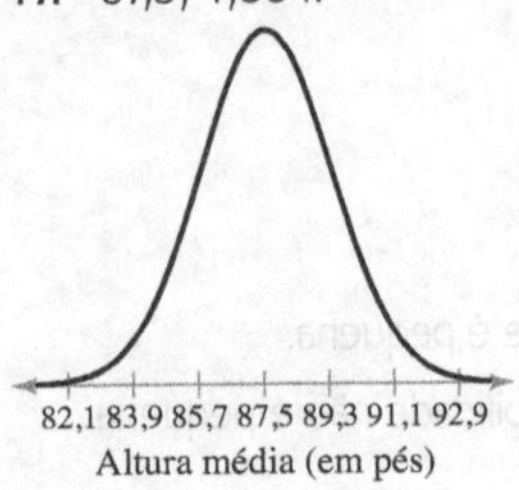

19. 224; 1,265.

21. 110; 8,609.

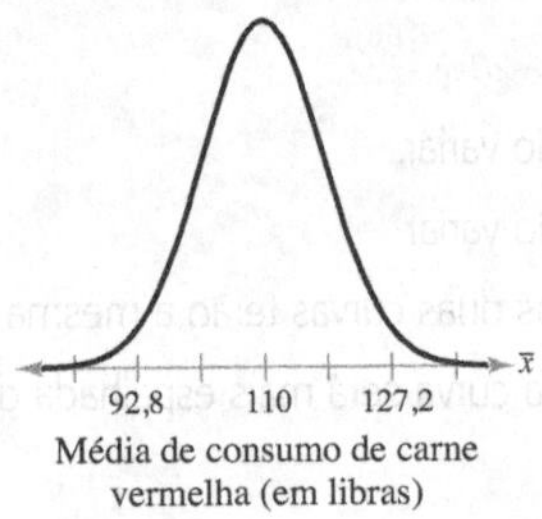

23. 87,5; 1.276; 87,5; 1.042.

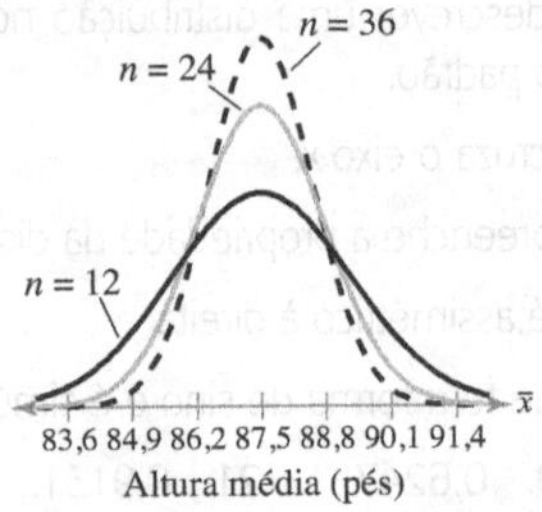

Conforme o tamanho da amostra aumenta, o erro padrão decresce, enquanto a média das médias amostrais continua constante.

25. 0,0009. 27. ≈ 1. 29. ≈ 0.

31. É mais provável selecionar uma amostra de 20 mulheres com uma média de altura menor do que 70 polegadas porque tal amostra tem uma maior probabilidade.

33. Sim, é muito improvável que você tenha amostrado aleatoriamente 40 latas com média igual a 127,9 onças, porque está a mais de 2 desvios padrão da média das médias amostrais.

35. (a) 0,0008. (b) A afirmação é incorreta.
(c) Não assumindo a afirmação do fabricante como verdadeira, porque 96,25 está dentro de 1 desvio padrão da média para uma placa.

37. (a) 0,0002. (b) A afirmação é incorreta.
(c) Não, assumindo a afirmação do fabricante como verdadeira, porque 49.721 está dentro de 1 desvio padrão da média para um único pneu.

39. Não, porque o z-escore (0,74) não é usual.

41. Sim, o fator de correção finito deveria ser usado; ≈ 0 (*Tecnologia*: 0,00001).

43.

Amostra	Número de meninos de 3 nascimentos	Proporção de meninos de 3 nascimentos
bbb	3	1
bbg	2	2/3
bgb	2	2/3
gbb	2	2/3
bgg	1	1/3
gbg	1	1/3
ggb	1	1/3
ggg	0	0

45.

Amostra	Representação numérica	Média da amostra
bbb	111	1
bbg	110	2/3
bgb	101	2/3
gbb	011	2/3
bgg	100	1/3
gbg	010	1/3
ggb	001	1/3
ggg	000	0

As médias amostrais são iguais às proporções.

47. 0,1357 (*Tecnologia*: 0,1367).

5.4 Atividades *(p. 232)*

1-2. As respostas irão variar.

Seção 5.5 *(p. 238–241)*

1. Não pode usar distribuição normal.
3. Não pode usar distribuição normal.
5. Não pode usar distribuição normal, porque $nq < 5$.
7. Não pode usar distribuição normal, porque $nq < 5$.

9. d. 10. b. 11. a. 12. c.

13. a. 14. d. 15. c. 16. b.

17. Binomial: 0,549 (*Tecnologia*: 0,5495); Normal: 0,5463 (*Tecnologia*: 0,5466).

19. Não pode ser distribuição normal para (a) – (c) porque $np < 5$.

(a) 0,0000199. (b) 0,000023. (c) 0,999977.

(d) 0,1635 (*Tecnologia*: 0,1636).

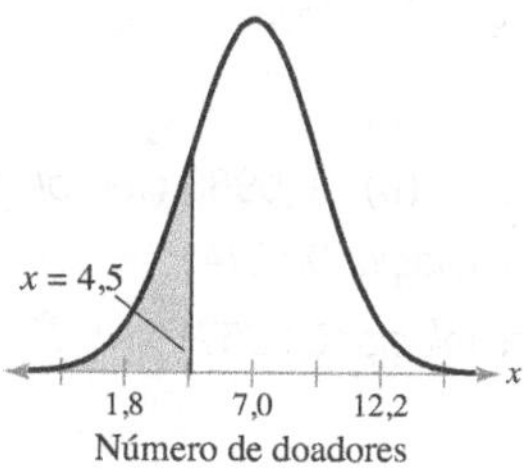

21. Pode usar distribuição normal.

(a) 0,0692 (*Tecnologia:* 0,0691).

(b) 0,8770 (*Tecnologia:* 0,8771).

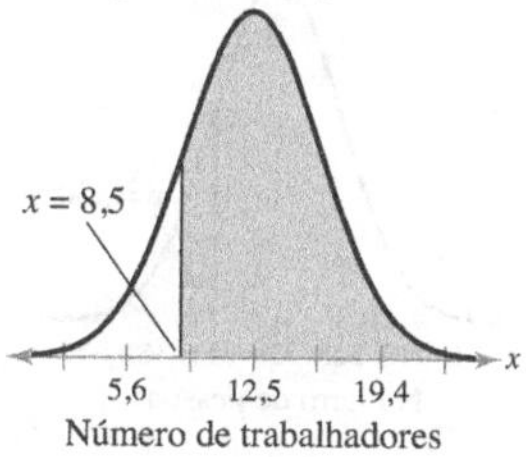

(c) 0,8078 (*Tecnologia:* 0,8080).

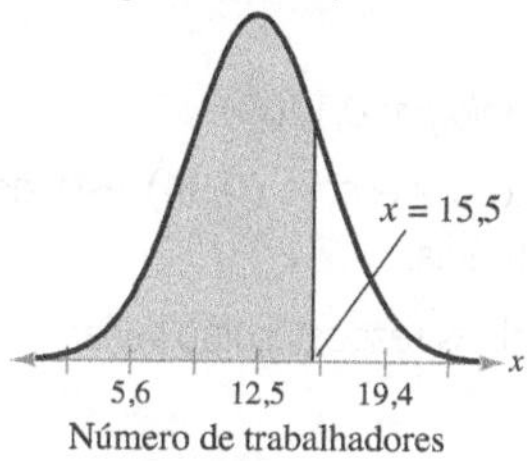

(d) 0,8212 (*Tecnologia:* 0,8221).

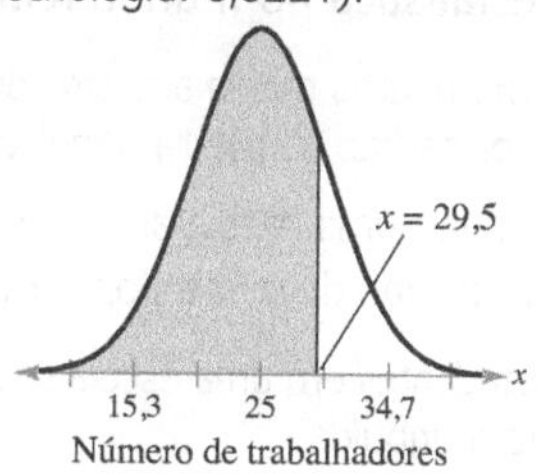

23. Pode usar a distribuição normal.

(a) 0,8023 (*Tecnologia:* 0,8036).

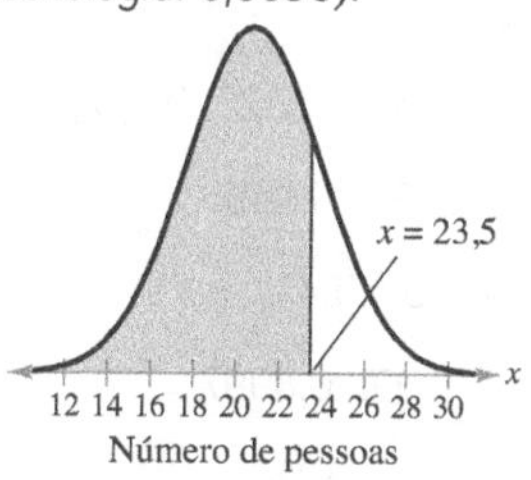

(b) 0,8508 (*Tecnologia:* 0,8518).

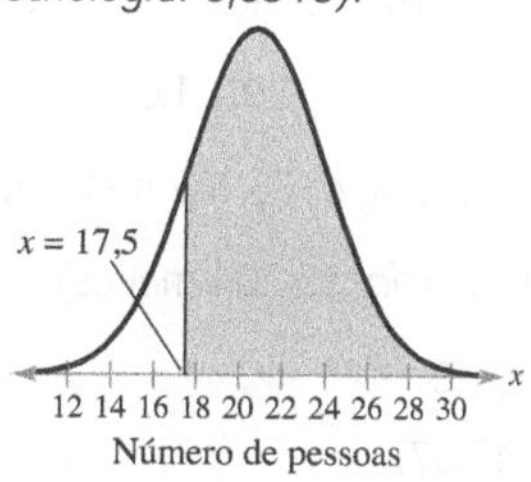

(c) 0,5359 (*Tecnologia:* 0,5378).

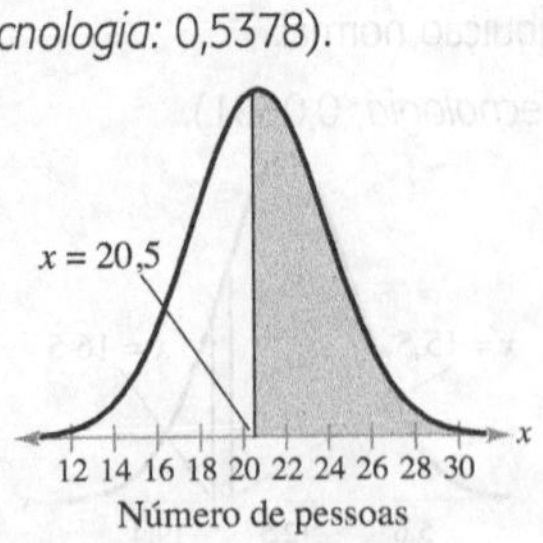

(d) 0,1635 (*Tecnologia:* 0,1632).

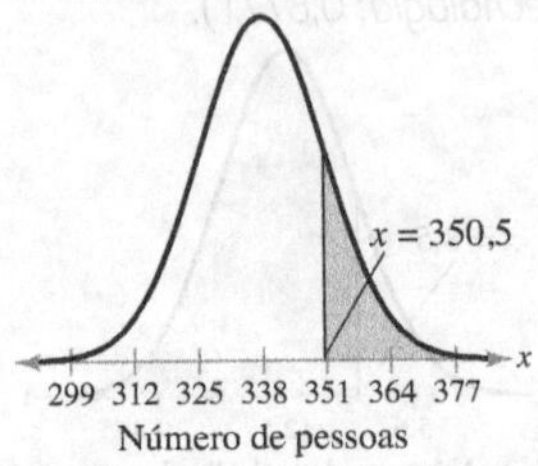

25. (a) $np = 6 \geq 5$.
$nq = 19 \geq 5$.
(b) 0,121 (*Tecnologia:* 0,1209).
(c) Não, porque o *z*-escore (0,94) está dentro de um desvio padrão da média.

27. Muito improvável. As respostas irão variar.

29. 0,1020.

Usos e abusos – estatística no mundo real *(p. 241)*

1. (a) Não é incomum; uma média amostral de 115 está a menos que 2 desvios padrão da média populacional.
   (b) Não é incomum; uma média amostral de 105 está dentro de 2 desvios padrão da média populacional.
2. As idades dos estudantes em uma escola secundária podem não ser normalmente distribuídas.
3. As respostas irão variar.

Exercícios de revisão *(p. 243–244)*

1. $\mu = 15, \sigma = 3$. **3.** $-2,25; 0,5; 2; 3,5$. **5.** 0,6293.

7. 0,3936. **9.** 0,0465. **11.** 0,4495.

13. 0,4365 (*Tecnologia:* 0,4364).

15. 0,1336. **17.** 0,8997.

19. 0,9236 (*Tecnologia:* 0,9237). **21.** 0,0124.

23. (a) 0,3156. (b) 0,3099. (c) 0,3446.

25. –0,07. **27.** 1,13. **29.** 1,04. **31.** 46 metros.

33. 56,113 metros (*Tecnologia:* 56,112 metros).

35. 55,2 metros (*Tecnologia:* 55,204 metros).

37. $\mu = 176, \sigma = 73,919$.
$\mu_{\bar{x}} = 176, \sigma_{\bar{x}} \approx 42,677$.
As médias são as mesmas, mas $\sigma_{\bar{x}}$ é menor do que σ.

39. 144,3; 8,722.

41. (a) 0,0485 (*Tecnologia:* 0,0482).
(b) 0,8180.
(c) 0,0823 (*Tecnologia:* 0,0829).
(a) e (c) são menores, (b) é maior. Isso é esperado porque o erro padrão das médias amostrais é menor.

43. (a) 0,1867 (*Tecnologia:* 0,1855) (b) ≈ 0.

45. 0,0019 (*Tecnologia:* 0,0018).

47. Não pode ser usada a distribuição normal porque $nq < 5$.

49. $P(x > 24,5)$. **51.** $P(44,5 < x < 45,5)$.

53. Pode ser usada a distribuição normal.
≈ 0 (*Tecnologia*: 0,0002).

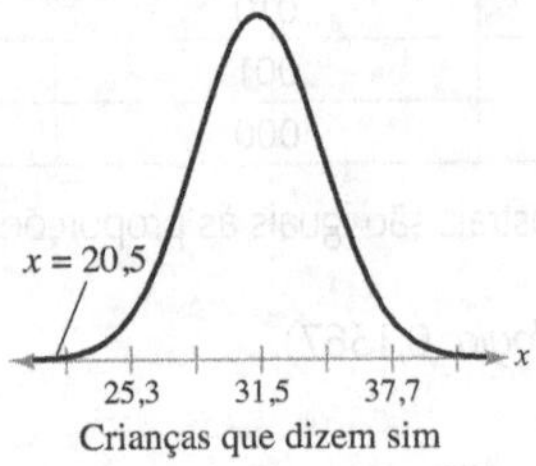

Teste do capítulo *(p. 245)*

1. (a) 0,9821. (b) 0,9994.
(c) 0,9802. (d) 0,8135 (*Tecnologia:* 0,8134).

2. (a) 0,9198 (*Tecnologia:* 0,9199).
(b) 0,1940 (*Tecnologia:* 0,1938).
(c) 0,0456 (*Tecnologia:* 0,0455).

3. 0,2090 (*Tecnologia:* 0,2087).

4. 0,4663 (*Tecnologia:* 0,4667).

5. 85,99% (*Tecnologia:* 86,02%). **6.** 787 estudantes.

7. 351. **8.** 265. **9.** 0,0183 (*Tecnologia:* 0,0182).

10. Mais provável selecionar um estudante com nota de teste maior que 300 porque o desvio padrão da média é menor que o desvio padrão.

11. Pode ser usada a distribuição normal.
$\mu = 18, \sigma \approx 2,121$.

12. 0,1190 (*Tecnologia:* 0,1193).

Juntando tudo *(p. 245–246)*

1. (a) 0,4207. (b) 0,9988 (*Tecnologia:* 0,9990).

2. (a) 0,3264 (*Tecnologia:* 0,3274).
(b) 0,6944 (*Tecnologia:* 0,6957).
(c) Média.

3. As respostas irão variar.

Revisão acumulada – capítulos 3 a 5 *(p. 247–248)*

1. (a) As respostas irão variar. *Amostra da resposta:* $np = 16{,}8 > 5$, $nq = 13{,}2 > 5$.
   (b) 0,1977 (*Tecnologia*: 0,1988).
   (c) Não, porque a probabilidade é maior que 0,05.
2. (a) 3,1. (b) 1,5. (c) 1,2. (d) 3,1.
   (e) O tamanho de uma família é, em média, 3,1 pessoas, com desvio padrão de 1,2 pessoas.
3. (a) 3,6. (b) 1,9. (c) 1,4. (d) 3,6.
   (e) O número de faltas para um jogador em um jogo é em média 3,6 com desvio padrão de 1,4 faltas.
4. (a) 0,476. (b) 0,78. (c) 0,659.
5. (a) 43.680. (b) 0,0192.
6. 0,9382. 7. 0,0010. 8. 0,7995.
9. 0,4990. 10. 0,2862. 11. 0,5905.
12. (a) 0,1108. (b) 0,9521. (c) 0,0479.
13. (a) 0,0048. (b) 0,0149. (c) 0,9511.
14. (a) 0,2240. (b) 0,8785.
    (c) Dependente. *P*(ser professor de escola pública | ter 20 anos ou mais de experiência em tempo integral) ≠ *P*(ser professor de escola pública).
    (d) 0,9084. (e) 0,4099.
15. (a) 70; 0,1897. (b) 0,0006.

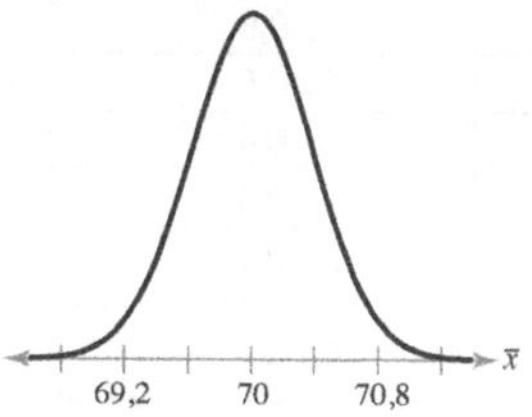

Pressão inicial (em psi)

16. (a) 0,0548. (b) 0,6547. (c) 52,2 meses.
17. (a) 495. (b) 0,0020.
18. (a) 0,1790. (b) 0,8921. (c) 0,9916.

Capítulo 6

Seção 6.1 *(p. 258–261)*

1. Você tem mais probabilidade de estar correto usando uma estimativa intervalar porque é improvável que o ponto de estimativa seja exatamente igual à média populacional.
3. d; Conforme o nível de confiança aumenta, z_c aumenta causando intervalos mais amplos.
5. 1,28. 7. 1,15. 9. – 0,47. 11. 1,76. 13. – 0,6.
15. 0,685. 17. 0,192. 19. c. 20. d. 21. b. 22. a.
23. (14,8; 15,6). 25. (4,18; 4,36). 27. 0,115; 0,379.
29. 0,165; 1,88. 31. 126. 33. 7. 35. 0,7; 2,8.
37. (614,41; 647,39); (611,25; 650,55).
    O 95% CI é mais amplo.
39. (87,0; 111,6); (84,7; 113,9).
    O 95% CI é mais amplo.
41. (114,58; 125,42).
43. (116,17; 123,83).
    O $n = 40$ CI é mais amplo porque uma amostra menor é retirada, dando menos informação sobre a população.
45. (3,09; 3,15).
47. (3,10; 3,14).
    O $s = 0{,}09$ CI é mais amplo por causa da variabilidade aumentada dentro da amostra.
49. (a) Um aumento no nível de confiança ampliará o intervalo de confiança.
    (b) Um aumento no tamanho da amostra estreitará o intervalo de confiança.
    (c) Um aumento no desvio padrão ampliará o intervalo de confiança.
51. (8,4; 9,7); (8,1; 10,1). 53. 89.
    O 99% CI é mais amplo.
55. (a) 121 porções. (b) 208 porções.
    O 99% CI requer uma amostra mais larga porque mais informação é necessária a partir da população como sendo 99% confiante.
57. (a) 32 latas. (b) 87 latas.
    $E = 0{,}15$ requer um tamanho de amostra maior. Conforme o tamanho do erro decresce, uma amostra maior tem que ser retirada para obter informação suficiente a partir da população para assegurar a correção desejada.
59. (a) 16 folhas. (b) 62 folhas.
    $E = 0{,}0625$ requer um tamanho de amostra maior. Conforme o tamanho do erro decresce, uma amostra maior tem que ser retirada para obter informação suficiente a partir da população para assegurar a correção desejada.
61. (a) 42 bolas de futebol. (b) 60 bolas de futebol.
    $\sigma = 0{,}3$ requer um tamanho de amostra maior. Devido à variabilidade aumentada na população, um tamanho maior de amostra é necessário para assegurar a correção desejada.
63. (a) Um aumento no nível de confiança aumentará o tamanho mínimo da amostra necessário.
    (b) Um aumento (*E* maior) na tolerância de erro reduzirá o tamanho de amostra mínimo necessário.
    (c) Um aumento no desvio padrão da população aumentará o tamanho mínimo da amostra necessário.
65. (234,1; 243,4).
    Com 95% de confiança, podemos dizer que a média populacional do preço das tarifas aéreas para a passagem só de ida de Atlanta, GA, até Pittsburg, PA, está entre \$ 234,10 e \$ 243,40.
67. (14,902; 16,665).
    Com 95% de confiança, podemos dizer que a média populacional de precipitação anual para Anchorage, Alasca, está entre 14,902 e 16,665 polegadas.
69. (a) 0,707. (b) 0,949. (c) 0,962. (d) 0,975.

(e) O fator de correção populacional finito aproxima 1 quando o tamanho da amostra decresce e o tamanho da população continua o mesmo.

71. *Resposta da amostra*:

$E = \frac{z_c \sigma}{\sqrt{n}}$ Escreva a equação original.

$E\sqrt{n} = z_c \sigma$ Multiplique cada lado por $\sqrt{n}$.

$\sqrt{n} = \frac{z_c \sigma}{E}$ Divida cada lado por E.

$n = \left(\frac{z_c \sigma}{E}\right)^2$ Faça o quadrado de cada lado.

Seção 6.2 *(p. 267–269)*

1. 1,833. 3. 2,947. 5. 2,7. 7. 1,2.

9. (a) (10,9; 14,1). (b) O t-CI é mais amplo.

11. (a) (4,1; 4,5).
(b) Quando arredondado ao próximo decimal, o CI normal e t-CI têm a mesma largura.

13. (59,48; 90,52); 15,52.

15. (61,85; 88,15); 13,15.
O t-CI é mais amplo.

17. (a) (3,84; 5,24). (b) (4,45; 4,63). O t-CI é mais amplo.

19. (a) 4.460,16.
(b) 146,143.
(c) (4.309,96; 4.610,36) [*Tecnologia:* (4.310; 4.610,3)].

21. (a) 1.767,7. (b) 252,2. (c) (1.541,5; 1.993,8).

23. Use a distribuição normal porque $n \geq 30$.
(1,24; 1,26).

25. Use a distribuição t porque $n < 30$, as milhas por galão são distribuídas normalmente e σ é desconhecido.
(20,5; 23,3) [*Tecnologia:* (20,5; 23,4)].

27. Não se pode usar a distribuição normal ou a distribuição t porque $n < 30$ e, às vezes, não são normalmente distribuídas.

29. Não; eles não estão fabricando boas bolas de tênis porque a altura desejada de salto de 55,5 polegadas não está contida entre 55,9 e 56,1 polegadas.

6.2 Atividades *(p. 269)*

1-2. As respostas irão variar.

Seção 6.3 *(p. 275–277)*

1. Falso. Para estimar o valor de p, a proporção populacional de sucessos, use o ponto de estimativa $\hat{p} = x/n$.

3. 0,750; 0,250. 5. 0,663; 0,337. 7. 0,170; 0,830.

9. 0,718; 0,282. 11. 0,23; 0,77. 13. (0,45; 0,51).

15. (0,724; 0,777); (0,715; 0,786).
O 99% CI é mais amplo.

17. (0,649; 0,677); (0,645; 0,681).
O 99% CI é mais amplo.

19. (0,145; 0,195); (0,137; 0,203).
O 99% CI é mais amplo.

21. (a) 1.068 pessoas em férias. (b) 822 pessoas em férias.
(c) Ter uma estimativa das proporções reduz o tamanho mínimo de amostra necessário.

23. (a) 1.681 filmadoras. (b) 1.261 filmadoras.
(c) Ter uma estimativa das proporções reduz o tamanho mínimo de amostra necessário.

25. (a) (0,298; 0,422). (b) (0,260; 0,380).
É possível que duas proporções sejam iguais porque os intervalos de confiança estimando as proporções se sobrepõem.

27. (a) (0,626; 0,674). (b) (0,855; 0,905). (c) (0,899; 0,941).

29. (0,304; 0,324) aproximadamente 95,2% do CI.

31. Se $n\hat{p} < 5$ ou $n\hat{q} < 5$, a distribuição de amostragem de $\hat{p}$ pode não ser normalmente distribuída, portanto, prevenir o uso de z_c quando calculamos o intervalo de confiança.

33.

$\hat{p}$	$\hat{q} = 1 - \hat{p}$	$\hat{p}\hat{q}$
0,0	1,0	0,00
0,1	0,9	0,09
0,2	0,8	0,16
0,3	0,7	0,21
0,4	0,6	0,24
0,5	0,5	0,25
0,6	0,4	0,24
0,7	0,3	0,21
0,8	0,2	0,16
0,9	0,1	0,09
1,0	0,0	0,00

$\hat{p}$	$\hat{q} = 1 - \hat{p}$	$\hat{p}\hat{q}$
0,45	0,55	0,2475
0,46	0,54	0,2484
0,47	0,53	0,2491
0,48	0,52	0,2496
0,49	0,51	0,2499
0,50	0,50	0,2500
0,51	0,49	0,2499
0,52	0,48	0,2496
0,53	0,47	0,2491
0,54	0,46	0,2484
0,55	0,45	0,2475

$\hat{p} = 0,5$ fornece o valor máximo $\hat{p}\hat{q}$.

6.3 Atividades *(p. 277)*

1-2. As respostas irão variar.

Seção 6.4 *(p. 281–283)*

1. 16,919; 3,325. 3. 35,479; 10,283. 5. 52,336; 13,121.

7. (a) (0,0000413; 0,000157). (b) (0,00643; 0,0125).

9. (a) (0,0305; 0,191). (b) (0,175; 0,438).

11. (a) (4,34; 44,64). (b) (2,08; 6,68).
13. (a) (359,6; 1.829,8). (b) (19,0; 42,8).
15. (a) (128; 492). (b) (11; 22).
17. (a) (61.470; 303.560). (b) (248; 551).
19. (a) (7,0; 30,6). (b) (2,6; 5,5).
21. Sim, porque o intervalo de confiança inteiro está abaixo de 0,015.

Usos e abusos – estatística no mundo real *(p. 283)*

1-2. As respostas irão variar.

Exercícios de revisão *(p. 285–287)*

1. (a) 103,5. (b) 9,0. 3. (10,2, 10,4). 5. 47 pessoas.
7. 49 pessoas. 9. 2,365. 11. 2,624. 13. 11,2.
15. 0,7. 17. (60,9; 83,3). 19. (6,1; 7,5). 21. (74; 86).
23. 0,28; 0,72. 25. 0,220; 0,780. 27. 0,180; 0,820.
29. 0,420; 0,580. 31. (0,260; 0,300). 33. (0,205; 0,235).
35. (0,141; 0,219). 37. (0,406; 0,434).
39. (a) 385 adultos. (b) 359 adultos.
(c) Ter uma estimativa da proporção reduz o tamanho mínimo da amostra necessário.
41. 23,337; 4,404. 43. 14,067; 2,167.
45. (0,0029; 0,0127); (0,0537; 0,1125).
47. (0,83; 2,22); (0,91; 1,49).

Teste do capítulo *(p. 287)*

1. (a) 98,11. (b) 8,847.
(c) (89,263; 106,957) [*Tecnologia*: (89,263; 106,96)].
Com 95% de confiança, podemos dizer que a média populacional de custo de reparo está entre \$ 89,26 e \$ 106,96.
2. 34 lava-louças.
3. (a) 12,96. (b) 1,351. (c) (12,18; 13,74).
Com 90% de confiança, podemos dizer que a média populacional do número de jardas por captura está entre 12,18 e 13,74 jardas.
(d) (11,59; 14,33).
Com 90% de confiança, podemos dizer que a média populacional do número de jardas por captura está entre 11,59 e 14,33 jardas.
O intervalo da parte (d) é mais largo do que o intervalo da parte (c).
4. (6.510; 7.138).
5. (a) 0,620. (b) (0,595; 0,645). (c) 977 adultos.
6. (a) (387,663; 1.104,552). (b) (19,689; 33,234).

Juntando tudo *(p. 288)*

1. (a) Não, não houve mudança na média dos níveis de concentração porque o intervalo de confiança para o ano 1 sobrepõe o intervalo de confiança para o ano 2.
(b) Sim, houve mudança na média dos níveis de concentração porque o intervalo de confiança para o ano 2 não sobrepõe o intervalo para o ano 3.
(c) Sim, houve mudança na média dos níveis de concentração porque o nível de concentração para o ano 1 não sobrepõe o intervalo de confiança para o ano 3.
2. Os esforços para reduzir a concentração de formaldeídos são significantes por um período de três anos.
3. (a) A distribuição de amostragem das médias amostrais foi usada porque a "média da concentração" foi usada. O ponto de estimativa é o estimador menos tendencioso da média populacional.
(b) Não, porque tipicamente σ é desconhecido. Eles poderiam ter usado o desvio padrão da amostra.

Capítulo 7

Seção 7.1 *(p. 303–305)*

1. Os dois tipos de hipóteses usadas em teste de hipóteses são a hipótese nula e alternativa.
A hipótese alternativa é o complemento da hipótese nula.
3. Falso. No teste de hipóteses, você assume que a hipótese nula é verdadeira.
5. Verdadeiro.
7. Falso. Um valor pequeno de P em um teste favorecerá a rejeição da hipótese nula.
9. H_0: $\mu \leq 645$ (afirmação); H_a: $\mu > 645$.
11. H_0: $\sigma = 5$; H_a: $\sigma \neq 5$ (afirmação).
13. H_0: $p \geq 0,45$; H_a: $p < 0,45$ (afirmação).
15. c; H_0: $\mu \leq 3$.

16. d; H_0: $\mu \geq 3$.

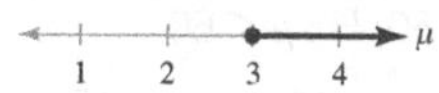

17. b; H_0: $\mu = 3$.

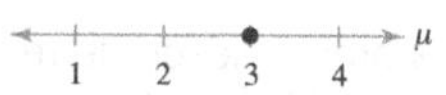

18. a; H_0: $\mu \leq 2$.

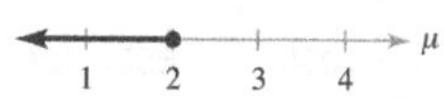

19. Unicaudal à direita. 21. Bicaudal.
23. $\mu > 750$.
H_0: $\mu \leq 750$; H_a: $\mu > 750$ (afirmação).
25. $\sigma \leq 320$.
H_0: $\sigma \leq 320$ (afirmação); H_a: $\sigma > 320$.
27. $p = 0,81$.
H_0: $p = 0,81$ (afirmação); H_a: $p \neq 0,81$.
29. Um erro tipo I ocorre se a proporção real de novos clientes que retornam para comprar seu próximo móvel for de pelo menos 0,60, mas você rejeita H_0: $p \geq 0,60$.
Um erro tipo II irá ocorrer se a proporção real de novos clientes que voltam para comprar seu próximo móvel for menor do que 0,60, mas você falha em rejeitar H_0: $p \geq 0,60$.
31. Um erro tipo I irá ocorrer se o desvio padrão real da duração do tempo para se jogar um jogo for menor ou igual a 12 minutos, mas você falha em rejeitar H_0: $\sigma \leq 12$.
Um erro tipo II irá ocorrer se o desvio padrão real da duração do tempo para se jogar um jogo for maior do que 12 minutos, mas você falha em rejeitar H_0: $\sigma \leq 12$.

33. Um erro tipo I irá ocorrer se a proporção real de estudantes universitários que têm computador for 0,88, mas você rejeita H_0: $p = 0{,}88$

Um erro tipo II irá ocorrer se a proporção real de estudantes universitários que têm computador não for 0,88, mas você falha em rejeitar H_0: $p = 0{,}88$.

35. Unicaudal à esquerda, porque a hipótese alternativa contém <.

37. Bicaudal, porque a hipótese alternativa contém ≠.

39. Bicaudal, porque a hipótese alternativa contém ≠.

41. (a) Há evidência suficiente para apoiar a afirmação da empresa de filmes de que a média do número de fotos reveladas para uma única câmera com 24 poses é maior do que 22.
(b) Não há evidência suficiente para apoiar a afirmação da empresa de filmes de que a média do número de fotos reveladas para uma única câmera com 24 poses é maior do que 22.

43. (a) Há evidência suficiente para apoiar a afirmação do departamento de trabalho dos EUA de que a proporção de trabalhadores horistas que ganham mais de $ 11,55 por hora é maior que 75%.
(b) Não há evidência suficiente para apoiar a afirmação do departamento de trabalho dos EUA de que a proporção de trabalhadores horistas que ganham mais de $ 11,55 por hora é maior que 75%.

45. (a) Há evidência suficiente para apoiar a afirmação do fabricante automotivo de que a média do preço de uma SUV pequena é menor que $ 26.860.
(b) Não há evidência suficiente para apoiar a afirmação do fabricante automotivo de que a média do preço de uma SUV pequena é menor que $ 26.860.

47. H_0: $\mu \geq 60$; H_a: $\mu < 60$.

49. (a) H_0: $\mu \geq 15$; H_a: $\mu < 15$.
(b) H_0: $\mu \leq 15$; H_a: $\mu > 15$.

51. Se você decrescer α, está decrescendo a probabilidade de rejeitar H_0. Portanto, você aumenta a probabilidade de falhar em rejeitar H_0. Isso poderia aumentar β, a probabilidade de falhar em rejeitar H_0 quando H_0 for falso.

53. (a) Falhe em rejeitar H_0 porque o intervalo de confiança inclui valores maiores que 70.
(b) Rejeite H_0 porque o intervalo de confiança está inteiramente localizado à esquerda de 70.
(c) Falhe em rejeitar H_0 porque o intervalo de confiança inclui valores maiores que 70.

55. (a) Rejeite H_0 porque o intervalo de confiança está inteiramente localizado à direita de 0,20.
(b) Falhe em rejeitar H_0 porque o intervalo de confiança inclui valores menores que 0,20.
(c) Falhe em rejeitar H_0 porque o intervalo de confiança inclui valores menores que 0,20.

Seção 7.2 (p. 315–318)

1. $P = 0{,}1151$. Falhe em rejeitar H_0.

3. $P = 0{,}0096$. Rejeite H_0.

5. $P = 0{,}1188$. Falhe em rejeitar H_0.

7. c. 8. d. 9. e. 10. f. 11. b. 12. a.

13. (a) Falhe em rejeitar H_0. (b) Rejeite H_0.

15. 1,645. 17. −1,88. 19. − 2,33, 2,33.

21. (a) Unicaudal à direita. (b) 0,01.

23. (a) Bicaudal. (b) 0,10.

25. (a) Falhe em rejeitar H_0 porque $-1{,}645 < z < 1{,}645$.
(b) Rejeite H_0 porque $z > 1{,}645$.
(c) Falhe em rejeitar H_0 porque $-1{,}645 < z < 1{,}645$.
(d) Rejeite H_0 porque $z < -1{,}645$.

27. (a) Falhe em rejeitar H_0 porque $z < 1{,}285$.
(b) Falhe em rejeitar H_0 porque $z < 1{,}285$.
(c) Falhe em rejeitar H_0 porque $z < 1{,}285$.
(d) Rejeite H_0 porque $z > 1{,}285$.

29. Rejeite H_0. No nível de significância 5%, há evidência suficiente para rejeitar a afirmação.

31. Rejeite H_0. No nível de significância 1%, há evidência suficiente para rejeitar a afirmação.

33. (a) H_0: $\mu \leq 275$; H_a: $\mu > 275$ (afirmação).
(b) 1,84; 0,9671 (*Tecnologia:* 0,9674).
(c) 0,0329 (*Tecnologia:* 0,0326). (d) Rejeite H_0.
(e) No nível de significância de 4%, há evidência suficiente para apoiar a afirmação do administrador de que a nota média dos alunos da 8ª série no exame é mais do que 275.

35. (a) H_0: $\mu \leq 8$; H_a: $\mu > 8$ (afirmação).
(b) −0,37; 0,3557 (*Tecnologia:* 0,3540).
(c) 0,6443 (*Tecnologia:* 0,6460). (d) Falhe em rejeitar H_0.
(e) No nível de significância de 7%, não há evidência suficiente para apoiar a afirmação da sociedade dos bebedores de chá de que a média do consumo de chá por uma pessoa nos EUA é mais do que 8 galões por ano.

37. (a) H_0: $\mu = 15$ (afirmação); H_a: $\mu \neq 15$.
(b) −0,22; 0,4129 (*Tecnologia:* 0,4135).
(c) 0,8258 (*Tecnologia:* 0,8270). (d) Falhe em rejeitar H_0.
(e) No nível de significância de 5%, há evidências insuficientes para rejeitar a afirmação de que a média do tempo que leva para fumantes pararem de fumar permanentemente é de 15 anos.

39. (a) H_0: $\mu = 40$ (afirmação); H_a: $\mu \neq 40$.
(b) $-z_0 = -2{,}575$, $z_0 = 2{,}575$.
Áreas de rejeição: $z < -2{,}575$, $z > 2{,}575$.
(c) −0,584. (d) Falhe em rejeitar H_0.
(e) No nível de significância de 1%, há evidências insuficientes para rejeitar a afirmação da empresa de que a média do conteúdo de cafeína para uma garrafa de 12 onças de refrigerante à base de cola é de 40 miligramas.

41. (a) H_0: $\mu \geq 750$ (afirmação); H_a: $\mu < 750$.
(b) $z_0 = -2{,}05$. Região de rejeição: $z < -2{,}05$.
(c) −0,5. (d) Falhe em rejeitar H_0.
(e) No nível de significância de 2%, não há evidência suficiente para rejeitar afirmação do fabricante de lâmpadas de que a média da vida útil de uma lâmpada é de pelo menos 750 horas.

43. (a) H_0: $\mu \leq 32$; H_a: $\mu > 32$ (afirmação).
   (b) $z_0 = 1{,}555$. Região de rejeição: $z > 1{,}555$ (afirmação).
   (c) $-1{,}478$. (d) Falhe em rejeitar H_0.
   (e) No nível de significância de 6%, não há evidência suficiente para apoiar a afirmação do cientista de que a média do nível de dióxido de nitrogênio em Calgary é maior que 32 partes por bilhão.

45. (a) H_0: $\mu \geq 10$ (afirmação); H_a: $\mu < 10$.
   (b) $z_0 = -1{,}88$; região de rejeição: $z < -1{,}88$.
   (c) $-0{,}51$. d) Falhe em rejeitar H_0.
   (e) No nível de significância 3%, há evidência suficiente para rejeitar a afirmação do programa de perda de peso de que a média de peso perdido depois de um ano é de pelo menos 10 libras.

47. Falhe em rejeitar H_0 porque a estatística teste padronizada $z = -1{,}71$ não está na região de rejeição ($z < -2{,}33$).

49. b, d.

51. No teste z clássico, a estatística teste é comparada com os valores críticos. O teste z usando um valor P compara o valor P com o nível de significância α.

7.2 Atividades *(p. 318)*

1-3. As respostas irão variar.

Seção 7.3 *(p. 325–327)*

1. Identifique o nível de significância α e os graus de liberdade g.l. $= n - 1$. Encontre os valores críticos usando a tabela da distribuição t na fileira com $n - 1$ g.l. Se o teste de hipóteses for:
   (1) unicaudal à esquerda, use a coluna "unicaudal, α" com sinal negativo.
   (2) unicaudal à direita, use a coluna "unicaudal, α" com sinal positivo.
   (3) bicaudal, use a coluna "bicaudal, α" com sinais positivos e negativos.

3. 1,717. 5. −2,101. 7. −2,779; 2,779.

9. 1,328. 11. −2,473. 13. −3,747; 3,747.

15. (a) Falhe em rejeitar H_0 porque $t > -2{,}086$.
   (b) Falhe em rejeitar H_0 porque $t > -2{,}086$.
   (c) Falhe em rejeitar H_0 porque $t > -2{,}086$.
   (d) Rejeite H_0 porque $t < -2{,}086$.

17. (a) Falhe em rejeitar H_0 porque $-2{,}602 < t < 2{,}602$.
   (b) Falhe em rejeitar H_0 porque $-2{,}602 < t < 2{,}602$.
   (c) Rejeite H_0 porque $t > 2{,}602$.
   (d) Rejeite H_0 porque $t < -2{,}602$.

19. Falhe em rejeitar H_0. No nível de significância de 1%, não há evidência suficiente para rejeitar a afirmação.

21. Rejeite H_0. No nível de significância de 1%, há evidência suficiente para rejeitar a afirmação.

23. (a) H_0: $\mu \geq 100$; H_a: $\mu < 100$ (afirmação).
   (b) $t_0 = -3{,}747$; Região de rejeição: $t < -3{,}747$.
   (c) $-4{,}472$. (d) Rejeite H_0.
   (e) No nível de significância de 1%, há evidência suficiente para apoiar a afirmação do reparador de forno de micro-ondas de que a média de custo de reparos para micro-ondas com danos é menos do que \$ 100.

25. (a) H_0: $\mu \leq 1$; H_a: $\mu > 1$ (afirmação).
   (b) $t_0 = 1{,}796$. Região de rejeição: $t > 1{,}796$.
   (c) 5,691. (d) Rejeite H_0.
   (e) No nível de significância de 5%, há evidência suficiente para apoiar a afirmação do ambientalista de que a média do lixo reciclado por adultos nos EUA é mais do que 1 libra por pessoa por dia.

27. (a) H_0: $\mu = \$\ 25.000$ (afirmação); H_a: $\mu \neq \$\ 25.000$.
   (b) $-t_0 = -2{,}262$; $t_0 = 2{,}262$. Região de rejeição: $t < -2{,}262$; $t > 2{,}262$.
   (c) 0,843. (d) Falhe em rejeitar H_0.
   (e) No nível de significância de 5%, não há evidência suficiente para rejeitar a informação do serviço de informações sobre empregos de que a média de salários para um trabalhador de período integral com idade acima de 25 anos sem diploma de ensino médio é \$ 25.000.

29. (a) H_0: $\mu \geq 3$; H_a: $\mu < 3$ (afirmação).
   (b) ≈ 0. (c) Rejeite H_0.
   (d) No nível de significância de 5%, há evidência suficiente para apoiar a afirmação de que adolescentes do sexo masculino bebem menos do que porções de 12 onças de soda por dia.

31. (a) H_0: $\mu \geq 32$; H_a: $\mu < 32$ (afirmação).
   (b) 0,0344. (c) Falhe em rejeitar H_0.
   (d) No nível de significância de 1%, há evidência insuficiente para apoiar a afirmação do folheto de que o tamanho médio de uma classe para uma faculdade de tempo integral é menor que 32 estudantes.

33. (a) H_0: $\mu = \$\ 2.634$ (afirmação); H_a: $\mu \neq \$\ 2.634$.
   (b) 0,5036. (c) Falhe em rejeitar H_0.
   (d) No nível de significância de 2%, não há evidência suficiente para rejeitar a afirmação da associação de restaurantes de que uma típica residência norte-americana gaste uma média de \$ 2.634 por ano em comida fora de casa.

35. Porque o valor $P = 0{,}096 > 0{,}01$, falhe em rejeitar H_0.

37. Use a distribuição t porque a população é normal, $n < 30$ e σ é desconhecido.

   Falhe em rejeitar H_0. No nível de significância de 5%, há vidência insuficiente para rejeitar a afirmação da empresa de automóveis de que a média de milhagem de gasolina para um sedã de luxo é de pelo menos 23 milhas por galão.

Seção 7.4 *(p. 331–332)*

1. Verifique que $np \geq 5$ e $nq \geq$. Afirme H_0 e H_a. Especifique o nível de confiança α. Determine o valor crítico e a região de rejeição. Encontre a estatística de teste padronizada. Tome uma decisão e interprete no contexto da afirmação original.

3. Pode usar a distribuição normal.

   Falhe em rejeitar H_0. No nível de significância 5%, não há evidência suficiente para apoiar a afirmação.

5. Não pode usar a distribuição normal.

7. Pode usar a distribuição normal.

Rejeite H_0. No nível de significância 10%, há evidência suficiente para apoiar a afirmação.

9. (a) $H_0: p \geq 0{,}20$ (afirmação); $H_a: p < 0{,}20$.

(b) $z_0 = -2{,}33$. Região de rejeição: $z < -2{,}33$.

(c) $-0{,}53$. (d) Falhe em rejeitar H_0.

(e) No nível de significância 1%, há evidências insuficientes para rejeitar a afirmação do pesquisador médico de que pelo menos 20% dos adultos norte-americanos são fumantes.

11. (a) $H_0: p \leq 0{,}30$, $H_a: p > 0{,}30$ (afirmação).

(b) $z_0 = 1{,}88$. Região de rejeição: $z > 1{,}88$.

(c) 1,41. (d) Falhe em rejeitar H_0.

(e) No nível de significância 3%, não há evidência suficiente para apoiar afirmação de que mais de 30% dos consumidores dos EUA pararam de comprar produtos porque a fabricação do produto envolve poluição do meio ambiente.

13. (a) $H_0: p = 0{,}44$ (afirmação); $H_a: p \neq 0{,}44$.

(b) $-z_0 = -2{,}33$; $z_0 = 2{,}33$.

Regiões de rejeição: $z < -2{,}33$, $z > 2{,}33$.

(c) $-2{,}56$. (d) Rejeite H_0.

(e) No nível de significância de 2%, há evidência suficiente para rejeitar a afirmação de que 44% dos compradores de imóveis encontram seu corretor por meio de amigos.

15. Falhe em rejeitar H_0. No nível de significância de 5%, não há evidência suficiente para rejeitar a afirmação de que pelo menos 52% dos adultos tendem a comprar mais produtos quando têm amostras grátis.

17. (a) $H_0: p = 0{,}44$ (afirmação) $H_a: p \neq 0{,}44$.

(b) $-z_0 = -2{,}33$; $z_0 = 2{,}33$.

Regiões de rejeição: $z < -2{,}33$, $z > 2{,}33$.

(c) $-2{,}56$. (d) Rejeite H_0.

(e) No nível de significância de 2%, há evidência suficiente para rejeitar a afirmação de que 44% dos compradores de imóveis encontram seu corretor por meio de amigos.

Os resultados são os mesmos.

7.4 Atividades (p. 332–333)

1-2. As respostas irão variar.

Seção 7.5 (p. 338–340)

1. Especifique o nível de confiança α. Determine os graus de liberdade. Determine o valor crítico usando a distribuição χ^2. Se: (a) teste unicaudal à direita, use o valor que corresponde aos g.l e α; (b) unicaudal à esquerda, use o valor que corresponde ao g.l e $1 - \alpha$; (c) teste bicaudal, use o valor que corresponde aos g.l e $\frac{1}{2}\alpha$ e $1-\frac{1}{2}\alpha$.

3. 38,885. 5. 0,872. 7. 7,261; 24,996.

9. (a) Falhe em rejeitar H_0.

(b) Falhe em rejeitar H_0.

(c) Falhe em rejeitar H_0.

(d) Rejeite H_0.

11. (a) Falhe em rejeitar H_0.

(b) Rejeite H_0.

(c) Rejeite H_0.

(d) Falhe em rejeitar H_0.

13. Falhe em rejeitar H_0. No nível de significância de 5%, não há evidência suficiente para rejeitar a afirmação.

15. (a) $H_0: \sigma^2 = 3$ (afirmação); $H_a: \sigma^2 \neq 3$.

(b) $\chi^2_L = 13{,}844$ $\chi^2_R = 41{,}923$.

Região de rejeição: $\chi^2 < 13{,}844$, $\chi^2 > 41{,}923$.

(c) 24,267. (d) Falhe em rejeitar H_0.

(e) No nível de significância de 5%, não há evidência suficiente para rejeitar a grande afirmação da empresa de produtos domésticos de que a variância na vida útil dos produtos é 3.

17. (a) $H_0: \sigma \geq 36$; $H_a: \sigma < 36$ (afirmação).

(b) $\chi^2_0 = 13{,}240$. Região de rejeição: $\chi^2 < 13{,}240$.

(c) 18,076. (d) Falhe em rejeitar H_0.

(e) No nível de significância de 10%, não há evidência suficiente para apoiar a afirmação do administrador de teste de que o desvio padrão para alunos da 8ª série no exame inicial é menos que 36 pontos.

19. (a) $H_0: \sigma \leq 0{,}5$ (afirmação); $H_a: \sigma > 0{,}5$.

(b) $\chi^2_0 = 33{,}196$. Região de rejeição: $\chi^2 > 33{,}196$.

(c) 47,04. (d) Rejeite H_0.

(e) No nível de significância de 10%, há evidência suficiente para rejeitar a afirmação do porta-voz do hospital de que o desvio padrão dos tempos de espera é mais do que 0,5 minutos.

21. (a) $H_0: \sigma \geq \$ 3.500$; $H_a: \sigma < \$ 3.500$ (afirmação).

(b) $\chi^2_0 = 18{,}114$. Região de rejeição: $\chi^2 < 18{,}114$.

(c) 37,051. (d) Falhe em rejeitar H_0.

(e) No nível de significância de 10%, não há evidência suficiente para apoiar a afirmação do agente de seguros de que o desvio padrão do custo total para pacientes envolvidos em uma batida no qual o veículo bateu em uma barricada de construção é menos que $ 3.500.

23. (a) $H_0: \sigma \leq \$ 20.000$; $H_a: \sigma > \$ 20.000$ (afirmação).

(b) $\chi^2_0 = 24{,}996$. Região de rejeição: $\chi^2 > 24{,}996$.

(c) 16,265. (d) Falhe em rejeitar H_0.

(e) No nível de significância de 5%, não há evidência suficiente para apoiar a afirmação de que o desvio padrão dos salários anuais para os atuários é mais do que $ 20.000.

25. Valor $P = 0{,}9059$.

Falhe em rejeitar H_0.

27. Valor $P = 0{,}3647$.

Falhe em rejeitar H_0.

Usos e abusos – estatística no mundo real (p. 340–341)

1. As respostas irão variar.
2. H_0: $p = 0{,}57$. As respostas irão variar.
3. As respostas irão variar.
4. As respostas irão variar.

Exercícios de revisão (p. 344–346)

1. H_0: $\mu \leq 1.479$ (afirmação); H_a: $\mu > 1.479$.

3. H_0: $p \geq 0{,}205$; H_a: $p < 0{,}205$ (afirmação).

5. H_0: $\sigma \leq 6{,}2$; H_a: $\sigma > 6{,}2$ (afirmação).

7 (a) H_0: $p = 0{,}63$ (afirmação); H_a: $p \neq 0{,}63$.
   (b) Um erro tipo I irá ocorrer se a proporção real de estudantes universitários que ocasional ou frequentemente vêm atrasados para a aula é de 63%, mas você rejeita H_0: $p = 0{,}63$.
   Um erro tipo II irá ocorrer se a proporção real de estudantes universitários que ocasional ou frequentemente vêm atrasados para a aula não for de 63%, mas você falha em rejeitar H_0: $p = 0{,}63$.
   (c) Bicaudal, porque a hipótese alternativa contém $\neq$.
   (d) Há evidência suficiente para rejeitar a afirmação do centro de pesquisas de que a proporção de estudantes universitários que ocasional ou frequentemente chegam atrasados para as aulas é de 63%.
   (e) Não há evidência suficiente para rejeitar a afirmação do centro de pesquisas de que a proporção de estudantes universitários que ocasional ou frequentemente chegam atrasados para as aulas é de 63%.

9. (a) H_0: $\sigma \leq 50$ (afirmação); H_a: $\sigma > 50$.
   (b) Um erro tipo I irá ocorrer se o desvio padrão real do conteúdo de sódio em uma porção de certa sopa não é mais do que 50 miligramas, mas você rejeita H_0: $\sigma \leq 50$.
   Um erro tipo II irá ocorrer se o desvio padrão real do conteúdo de sódio em uma porção de certa sopa for mais do que 50 miligramas, mas você falha em rejeitar H_0: $\sigma \leq 50$.
   (c) Unicaudal à direita, porque a hipótese alternativa contém $>$.
   (d) Há evidência suficiente para rejeitar a afirmação do fabricante de sopas de que o desvio padrão dos conteúdos de sódio de uma porção de certa sopa não é mais do que 50 miligramas.
   (e) Não há evidência suficiente para rejeitar a afirmação do fabricante de sopas de que o desvio padrão dos conteúdos de sódio de uma porção de certa sopa não é mais do que 50 miligramas.

11. −2,05. 13. 1,96.

15. Rejeite H_0. No nível de significância 5%, há evidência suficiente para rejeitar a afirmação.

17. Falhe em rejeitar H_0. No nível de significância 1%, não há evidência suficiente para rejeitar a afirmação.

19. H_0: $\mu \leq 0{,}05$ (afirmação); H_a: $\mu > 0{,}05$.
    $z = 2{,}20$; valor $P = 0{,}0139$.
    $\alpha = 0{,}10 \Rightarrow$ Rejeite H_0.
    $\alpha = 0{,}05 \Rightarrow$ Rejeite H_0.
    $\alpha = 0{,}01 \Rightarrow$ Falhe em rejeitar H_0.

21. Sim. No nível de significância de 5%, há evidência suficiente para rejeitar a afirmação da agência de turismo de que a média do custo diário das refeições e hospedagem para uma família de 4 pessoas viajando a Nova York é $ 326.

23. −2,093; 2.093. 25. −1,345.

27. Falhe em rejeitar H_0. No nível de significância de 5%, não há evidência suficiente para apoiar a afirmação.

29. Falhe em rejeitar H_0. No nível de significância de 10%, não há evidência suficiente para apoiar a afirmação.

31. Rejeite H_0. No nível de significância de 1%, há evidência suficiente para apoiar a afirmação.

33. Não. No nível de significância de 10%, não há evidência suficiente para rejeitar a afirmação do anunciante de que a média do custo mensal para fazer parte de uma academia de esportes é de $ 25.

35. Não. No nível de significância de 1%, não há evidência suficiente para rejeitar a afirmação da publicação sobre educação de que a média de gasto por estudante em escolas públicas de ensino fundamental e médio é de pelo menos $ 10.200.

37. Pode usar a distribuição normal.
    Falhe em rejeitar H_0. No nível de significância de 5%, não há evidência suficiente para apoiar a afirmação.

39. Não pode usar a distribuição normal.

41. Não pode usar a distribuição normal.

43. Pode usar a distribuição normal.
    Falhe em rejeitar H_0. No nível de significância de 1%, não há evidência suficiente para apoiar a afirmação.

45. Rejeite H_0. No nível de significância de 10%, há evidências suficientes para apoiar a afirmação da agência de pesquisas de que mais de 40% dos adultos compram o presente a uma semana do evento.

47. 30,144. 49. 33,196.

51. Rejeite H_0. No nível de significância de 10%, há evidência suficiente para apoiar a afirmação.

53. Falhe em rejeitar H_0. No nível de significância de 5%, não há evidência suficiente para apoiar a afirmação.

55. Rejeite H_0. No nível de significância de 0,5%, há evidência suficiente para rejeitar a afirmação do fabricante de parafusos de que a variância é, no máximo, 0,01.

Teste do capítulo (p. 346)

1. (a) H_0: $\mu \geq 22$ (afirmação); H_a: $\mu < 22$.
   (b) Unicaudal, porque a hipótese alternativa contém $<$; teste z, porque $n \geq 30$.
   (c) $z_0 = -2{,}05$. Região de rejeição: $z < -2{,}05$.
   (d) −0,58.
   (e) Falhe em rejeitar H_0. No nível de significância de 2%, não há evidência suficiente para rejeitar a afirmação dos produtores de frutas cítricas de que a média de utilização de frutas cítricas frescas por pessoas nos EUA é de pelo menos 22 libras por ano.

2. (a) H_0: $\mu \geq 20$ (afirmação); H_a: $\mu < 20$.
   (b) Unicaudal, porque a hipótese alternativa contém $<$; teste t, porque $n < 30$, σ é desconhecido e a população é normalmente distribuída.

(c) $t_0 = -1{,}895$. Região de rejeição: $t < -1{,}895$.

(d) $-1{,}131$.

(e) Falhe em rejeitar H_0. No nível de significância de 5%, não há evidência suficiente para rejeitar a afirmação do fabricante de automóveis de que a média de milhagem de gasolina para seu veículo SUV é de pelo menos 20 milhas por galão.

3. (a) $H_0: p \leq 0{,}10$ (afirmação); $H_a: p > 0{,}10$.

(b) Unicaudal, porque a hipótese alternativa contém >; teste z, porque $np > 5$ e $nq > 5$.

(c) $z_0 = 1{,}75$. Região de rejeição: $z > 1{,}75$.

(d) 0,75.

(e) Falhe em rejeitar H_0. No nível de significância de 4%, não há evidência suficiente para rejeitar a afirmação do fabricante de fornos de micro-ondas de que não mais do que 10% de seus micro-ondas precisam de reparos durante os 5 primeiros anos de uso.

4. (a) $H_0: \sigma = 113$ (afirmação); $H_a: \sigma \neq 113$.

(b) Bicaudal, porque a hipótese alternativa contém ≠; teste χ^2 porque a população é distribuída normalmente.

(c) $\chi^2_L = 3{,}565$; $\chi^2_R = 29{,}819$.

Região de rejeição: $\chi^2 < 3{,}565$; $\chi^2 > 29{,}819$.

(d) 11,875.

(e) Falhe em rejeitar H_0. No nível de significância de 1%, não há evidência suficiente para rejeitar a afirmação do administrador escolar de que o desvio padrão das notas no SAT é de 113.

5. (a) $H_0: \mu = \$\,48.718$ (afirmação); $H_a: \mu \neq \$\,48.718$.

(b) Bicaudal, porque a hipótese alternativa contém ≠; teste t, porque $n < 30$, σ é desconhecido e a população é normalmente distribuída.

(c) Não necessariamente. (d) $-0{,}828$; 0,452.

(e) Falhe em rejeitar H_0. No nível de significância de 5%, não há evidência suficiente para rejeitar a afirmação do serviço de informações sobre empregos de que a média de salário para trabalhadores homens de período integral com idades entre 25 e 34 anos com bacharelado é de $ 48.718.

6. (a) $H_0: \mu = \$\,201$ (afirmação); $H_a: \mu \neq \$\,201$.

(b) Bicaudal, porque a hipótese alternativa contém ≠; teste z, porque $n \geq 30$.

(c) Não necessariamente. (d) 0,0030 (*Tecnologia*: 0,0031).

(e) Rejeite H_0. No nível de significância de 5%, há evidência suficiente para rejeitar a afirmação da agência de turismo de que o custo diário de refeições e hospedagem para uma família de 4 pessoas viajando para o estado do Kansas é de $ 201.

Juntando tudo *(p. 347)*

1. (a) *Resposta da amostra:* retire uma amostra aleatória para obter um grupo de pessoas diversas. Amostragem aleatória estratificada.

(b) Amostra aleatória. (c) As respostas irão variar.

2. Falhe em rejeitar H_0. No nível de significância de 10%, não há evidências suficientes para apoiar a afirmação de que menos do que 40% das pessoas nos EUA acreditam que o sistema de Seguro Social terá dinheiro suficiente para fornecer os benefícios que esperam em suas aposentadorias.

3. Rejeite H_0. No nível de significância de 10%, há evidências suficientes para rejeitar a afirmação de que a média de idade de pessoas nos EUA que dizem sim a uma pergunta de uma pesquisa é de 60 anos ou mais.

4. As respostas irão variar.

Capítulo 8

Seção 8.1 *(p. 357–361)*

1. Duas amostras são dependentes se cada membro de uma amostra corresponde a um membro da outra amostra. Exemplo: o peso de 22 pessoas antes de começar um programa de exercícios e o peso das mesmas 22 pessoas 6 semanas depois de começar o programa de exercícios.

Duas amostras são independentes se cada amostra selecionada de uma população não estiver relacionada com uma amostra selecionada de uma segunda população. Exemplo: o peso de 25 gatos e o peso de 20 cachorros.

3. Use valores P.

5. Independente, porque diferentes estudantes foram amostrados.

7. Dependente, porque os mesmos adultos foram amostrados.

9. Independente, porque diferentes barcos foram amostrados.

11. Dependente, porque diferentes jogos de pneus foram amostrados.

13. (a) 2. (b) 7,60. (c) Na região de rejeição.

(d) Rejeite H_0. No nível de significância de 5%, há evidências suficientes para rejeitar a afirmação.

15. (a) 30. (b) 1,84. (c) Não está na região de rejeição.

(d) Falhe em rejeitar H_0. No nível de significância de 1%, não há evidência suficiente para apoiar a afirmação.

17. Falhe em rejeitar H_0. No nível de significância de 1%, não há evidência suficientes para apoiar a afirmação.

19. (a) A afirmação é "a média de distância de frenagem é diferente para os dois tipos de pneus".

$H_0: \mu_1 = \mu_2$; $H_a: \mu_1 \neq \mu_2$ (afirmação).

(b) $-z_0 = -1{,}645$; $z_0 = 1{,}645$.

Região de rejeição: $z < -1{,}645$; $z > 1{,}645$.

(c) $-2{,}786$. (d) Rejeite H_0.

(e) No nível de significância de 10%, há evidências suficientes para apoiar a afirmação do engenheiro de segurança de que a média da distância de frenagem é diferente para dois tipos de pneus.

21. (a) A afirmação é "o custo de reparo do modelo A é menor do que para o modelo B".

$H_0: \mu_1 \geq \mu_2$; $H_a: \mu_1 < \mu_2$ (afirmação).

(b) $z_0 = -2{,}33$. Região de rejeição: $z < -2{,}33$.

(c) $-1{,}54$. (d) Falhe em rejeitar H_0.

(e) Não, no nível de significância de 1%, há evidência insuficiente para concluir que a média dos custos de reparos para o modelo A é menor do que para o modelo B.

23. (a) A afirmação é "homens e mulheres estudantes do ensino médio tem notas no ACT iguais".
H_0: $\mu_1 = \mu_2$. (Afirmação) H_a: $\mu_1 \neq \mu_2$.
(b) $-z_0 = -2{,}575$; $z_0 = 2{,}575$.
Região de rejeição: $z < -2{,}575$; $z > 2{,}575$.
(c) 0,202. (d) Falhe em rejeitar H_0.
(e) No nível de significância de 1%, há evidências insuficientes para rejeitar a afirmação de que homens e mulheres estudantes do ensino médio têm notas no ACT iguais.

25. (a) A afirmação é "a média diária do custo de hospedagem para uma família viajando para Carolina do Norte é a mesma que para Carolina do Sul".
H_0: $\mu_1 = \mu_2$ (afirmação); H_a: $\mu_1 \neq \mu_2$.
(b) $-z_0 = -1{,}645$; $z_0 = 1{,}645$.
Regiões de rejeição: $z < -1{,}645$; $z > 1{,}645$.
(c) −0,919. (d) Falhe em rejeitar H_0.
(e) No nível de significância de 10%, não há evidência suficientes para rejeitar a afirmação da associação de viagens de que o custo de hospedagem viajando para Carolina do Norte é o mesmo da Carolina do Sul.

27. (a) A afirmação é "a média do custo para hospedagem para uma família viajando para Carolina do Norte é o mesmo para a Carolina do Sul".
H_0: $\mu_1 = \mu_2$ (afirmação); H_a: $\mu_1 \neq \mu_2$.
(b) $-z_0 = -1{,}645$; $z_0 = 1{,}645$.
Região de rejeição: $z < -1{,}645$ e $z > 1{,}645$.
(c) 1,342. (d) Falhe em rejeitar H_0.
(e) No nível de significância de 10%, não há evidência suficientes para rejeitar a afirmação da associação de viagens de que o custo de hospedagem viajando para Carolina do Norte é o mesmo para a Carolina do Sul.
As novas amostras não levam a conclusões diferentes.

29. (a) A afirmação é "crianças entre 6 e 17 anos passam mais tempo assistindo televisão em 1981 do que as crianças 6 a17 hoje em dia".
H_0: $\mu_1 \leq \mu_2$; H_a: $\mu_1 > \mu_2$ (afirmação).
(b) $z_0 = 1{,}96$. Região de rejeição: $z > -1{,}96$.
(c) 3,01. (d) Rejeite H_0.
(e) No nível de significância de 2,5%, há evidência suficiente para apoiar a afirmação do sociólogo de que crianças entre 6 e 17 anos passavam mais tempo assistindo televisão em 1981 do que as crianças entre 6 a 17 hoje em dia.

31. (a) A afirmação é "não há diferença no diâmetro médio de lavadoras fabricadas por dois métodos diferentes".
H_0: $\mu_1 = \mu_2$ (afirmação); H_a: $\mu_1 \neq \mu_2$.
(b) $-z_0 = -2{,}575$; $z_0 = 2{,}575$.
Região de rejeição: $z < -2{,}575$; $z > 2{,}575$.
(c) 64,978. (d) Rejeite H_0.
(e) No nível de significância de 1%, há evidência suficiente para rejeitar a afirmação do engenheiro de produção de que não há diferença no diâmetro médio de lavadoras fabricadas por dois métodos diferentes.

33. Eles são equivalentes através de manipulação algébrica da equação.
$\mu_1 = \mu_2 \Rightarrow \mu_1 - \mu_2 = 0$.

35. H_0: $\mu_1 - \mu_2 = -9$ (afirmação); H_a: $\mu_1 - \mu_2 \neq -9$.
Falhe em rejeitar H_0. No nível de significância de 10%, não há evidências suficientes para rejeitar a afirmação de que as crianças gastam 9 horas por semana em creches ou pré-escola.

37. H_0: $\mu_1 - \mu_2 \leq 6.000$; H_a: $\mu_1 - \mu_2 > 6.000$ (afirmação).
Falhe em rejeitar H_0. No nível de significância de 1%, não há evidências suficientes para apoiar a afirmação de que a diferença na média dos salários anuais dos estatísticos em Massachussets e Carolina do Norte é mais do que $ 6.000.

39. $-3{,}6 < \mu_1 - \mu_2 < -0{,}2$.

41. H_0: $\mu_1 \geq \mu_2$; H_a: $\mu_1 < \mu_2$ (afirmação).
Rejeite H_0. No nível de significância de 5%, há evidências suficientes para apoiar a afirmação. Você deveria recomendar o uso da dieta DASH e programas de exercícios, porque a média da pressão sanguínea foi significativamente menor no programa DASH.

43. O CI 95% para $\mu_1 - \mu_2$ no Exercício 39 continha somente valores menores que zero e, como encontrado no Exercício 41, houve evidência suficiente no nível de significância de 5% para apoiar a afirmação. Se o CI for $\mu_1 - \mu_2$ contiver somente números negativos, você rejeita H_0 porque a hipótese nula afirma que $\mu_1 - \mu_2$ é maior ou igual a zero.

Seção 8.2 *(p. 366–369)*

1. Afirme a hipótese e identifique a afirmação. Especifique o nível de significância. Determine os graus de liberdade. Encontre o valor crítico e identifique a região de rejeição. Encontre a estatística de teste padronizada. Tome uma decisão. Interprete no contexto da afirmação original.

3. (a) $-t_0 = -1{,}714$; $t_0 = 1{,}714$.
(b) $-t_0 = -1{,}812$; $t_0 = 1{,}812$.

5. (a) $t_0 = -2{,}074$. (b) $t_0 = -2{,}306$.

7. (a) $t_0 = 1{,}729$. (b) $t_0 = 1{,}895$.

9. (a) $-t_0 = -2{,}771$; $t_0 = 2{,}771$.
(b) $-t_0 = -3{,}106$; $t_0 = 3{,}106$.

11. (a) −1,8. (b) −1,199.
(c) Não está na região de rejeição. (d) Falhe em rejeitar H_0.

13. (a) −55. (b) −1,073.
(c) Não na região de rejeição.
(d) Falhe em rejeitar H_0.

15. (a) A afirmação é "a média da intrusão do *footwell* para carros médios e pequenos é igual".
H_0: $\mu_1 = \mu_2$ (afirmação); H_a: $\mu_1 \neq \mu_2$.
(b) $-t_0 = -1{,}703$; $t_0 = 1{,}703$.
Região de rejeição: $t < -1{,}703$; $t > 1{,}703$.
(c) 1,177. (d) Falhe em rejeitar H_0.
(e) No nível de significância de 10%, não há evidência suficiente para rejeitar a afirmação do atuário de seguros de que a intrusão do *footwell* para carros médios e pequenos é igual.

17. (a) A afirmação é "a média de custo de reparo de parachoques é menor para carros menores do que para carros médios".
H_0: $\mu_1 \geq \mu_2$; H_a: $\mu_1 < \mu_2$ (afirmação).
(b) $t_0 = -1{,}282$. Região de rejeição: $t < -1{,}282$.
(c) $-3{,}962$. (d) Rejeite H_0.
(e) No nível de significância de 10%, há evidência suficiente para apoiar a afirmação de que a média de custo de reparo de parachoques é menor para carros menores do que para carros médios.

19. (a) A afirmação é "a média da renda anual é maior no Allegheny County do que em Erie County".
H_0: $\mu_1 \leq \mu_2$; H_a: $\mu_1 > \mu_2$ (afirmação).
(b) $t_0 = 1{,}345$; Região de rejeição: $t > 1{,}345$.
(c) 1,769. (d) Rejeite H_0.
(e) No nível de significância de 10%, há evidência suficiente para apoiar a afirmação do diretor de pessoal de que a média da renda anual é maior no Allegheny County do que em Erie County.

21. (a) A afirmação é "um novo tratamento faz diferença na resistência à tensão de barras de aço".
H_0: $\mu_1 = \mu_2$; H_a: $\mu_1 \neq \mu_2$ (afirmação).
(b) $-t_0 = -2{,}831$; $t_0 = 2{,}831$. Região de rejeição: $t < -2{,}831$; $t > 2{,}831$.
(c) $-6{,}410$. (d) Rejeite H_0.
(e) No nível de significância 1%, há evidência suficiente para apoiar a afirmação de que um novo tratamento faz diferença na resistência à tensão de barras de aço.

23. (a) A afirmação é de "um novo método de se aprender leitura produz notas mais altas do que pelo método antigo".
H_0: $\mu_1 \geq \mu_2$; H_a: $\mu_1 < \mu_2$ (afirmação).
(b) $t_0 = -1{,}282$. Região de rejeição: $t < -1{,}282$.
(c) $-4{,}295$. (d) Rejeite H_0.
(e) No nível de significância de 10%, há evidências suficientes para apoiar a afirmação de que um novo método de se aprender leitura produz notas mais altas do que pelo método antigo.

25. $24 < \mu_1 - \mu_2 < 36$.

27. $3 < \mu_1 - \mu_2 < 7$.

Seção 8.3 *(p. 374-376)*

1. (1) Cada amostra deve ser selecionada aleatoriamente de uma população normal.
(2) Cada membro da primeira amostra deve ser emparelhada com um membro da segunda amostra.

3. Unicaudal à esquerda, falhe em rejeitar H_0.

5. Unicaudal à direita, rejeite H_0.

7. Unicaudal à esquerda, rejeite H_0.

9. (a) A afirmação é "as notas de leitura crítica no SAT de estudantes melhoraram na segunda vez que eles fizeram o teste".
H_0: $\mu_d \geq 0$; H_a: $\mu_d < 0$ (afirmação).
(b) $t_0 = -2{,}650$. Região de rejeição: $t < -2{,}650$.
(c) $\bar{d} \approx -33{,}714$; $s_d \approx 42{,}034$.
(d) $-3{,}001$. (e) Rejeite H_0.
(f) No nível de significância de 1%, há evidência suficiente para apoiar a afirmação de que as notas de leitura crítica no SAT de estudantes melhoraram na segunda vez que eles fizeram o teste.

11. (a) A afirmação é "o aditivo de combustível melhorou a milhagem de gasolina".
H_0: $\mu_d \geq 0$; H_a: $\mu_d < 0$ (afirmação).
(b) $t_0 = -1{,}415$. Região de rejeição: $t < -1{,}415$.
(c) $\bar{d} = -1.575$; $s_d \approx 0{,}803$.
(d) $-5{,}547$. (e) Rejeite H_0.
(f) No nível de significância de 10%, há evidência suficiente para apoiar a afirmação de que o aditivo de combustível melhorou a milhagem de gasolina.

13. (a) A afirmação é "um programa de exercícios em particular irá ajudar participantes a perder peso depois de 1 mês".
H_0: $\mu_d \leq 0$; H_a: $\mu_d > 0$ (afirmação).
(b) t_0: 1,363. Região de rejeição: $t > 1{,}363$.
(c) $\bar{d} = 3{,}75$; $s_d \approx 7{,}841$.
(d) 1,657. (e) Rejeite H_0.
(f) No nível de significância de 10%, há evidência suficiente para apoiar a afirmação do nutricionista de que um programa de exercícios em particular irá ajudar participantes a perder peso depois de 1 mês.

15. (a) A afirmação é "terapia dos tecidos moles e manipulação da espinha ajudam a reduzir o tempo que os pacientes sofrem de dores de cabeça".
H_0: $\mu_d \leq 0$; H_a: $\mu_d > 0$ (afirmação).
(b) $t_0 = 2{,}764$. Região de rejeição: $t > 2{,}764$.
(c) $\bar{d} \approx 1{,}255$; $s_d \approx 0{,}441$.
(d) 9,429. (e) Rejeite H_0.
(f) No nível de significância de 1%, há evidência suficiente para apoiar a afirmação de um terapeuta de que terapia dos tecidos moles e manipulação da espinha ajudam a reduzir o tempo que os pacientes sofrem de dores de cabeça.

17. (a) A afirmação "a nova droga reduz a pressão sistólica sanguínea".
H_0: $\mu_d \leq 0$; H_a: $\mu_d > 0$ (afirmação).
(b) $t_0 = 1{,}895$. Região de rejeição: $t > 1{,}895$.
(c) $\bar{d} = 14{,}75$, $s_d \approx 6{,}861$.
(d) 6,081. (e) Rejeite H_0.
(f) No nível de significância de 5%, há evidência suficiente para apoiar a afirmação da indústria farmacêutica de que a nova droga reduz a pressão sistólica sanguínea.

19. (a) A afirmação é "a classificação de produtos mudou do ano passado para este ano".
H_0: $\mu_d = 0$; H_a: $\mu_d \neq 0$ (afirmação).
(b) $-t_0 = -2{,}365$; $t_0 = 2{,}365$. Região de rejeição: $t < -2{,}365$; $t > 2{,}365$.
(c) $\bar{d} = -1$; $s_d \approx 1{,}309$.
(d) $-2{,}160$. (e) Falhe em rejeitar H_0.
(f) No nível de significância de 5%, não há evidência suficiente para apoiar a afirmação de que a classificação de produtos mudou do ano passado para este ano.

21. $-1{,}76 < \mu_d < -1{,}29$.

Seção 8.4 *(p. 381–383)*

1. Afirme a hipótese e identifique a afirmação. Especifique o nível de significância. Encontre o valor crítico e identifique a região de rejeição. Encontre $\overline{p}$ e $\overline{q}$. Encontre a estatística de teste padronizada. Tome uma decisão. Interprete no contexto da afirmação original.
3. Teste bicaudal, falhe em rejeitar H_0
5. Teste unicaudal à direita, falhe em rejeitar H_0.
7. (a) A afirmação é "a proporção de adultos usando remédios alternativos não mudou desde 1991".
   $H_0: p_1 = p_2$ (afirmação); $H_a: p_1 \neq p_2$.
   (b) $-z_0 = -1{,}96$; $z_0 = 1{,}96$. Região de rejeição: $z < -1{,}96$; $z > 1{,}96$.
   (c) $-5{,}06$. (d) Rejeite H_0.
   (e) No nível de significância de 5%, há evidência suficiente para rejeitar a afirmação de que a proporção de adultos usando remédios alternativos não mudou desde 1991.
9. (a) A afirmação é "a proporção de cidadãos mais velhos que dizem que comem a recomendação diária de porções de vegetais é a mesma para os dois grupos".
   $H_0: p_1 = p_2$ (afirmação); $H_a: p_1 \neq p_2$.
   (b) $-z_0 = -1{,}645$; $z_0 = 1{,}645$.
   Região de rejeição: $z < -1{,}645$; $z > 1{,}645$.
   (c) 4,362. (d) Rejeitar H_0.
   (e) No nível de significância de 10%, há evidência suficiente para rejeitar a afirmação de que a proporção de cidadãos mais velhos que dizem que comem a recomendação diária de porções de vegetais é a mesma para os dois grupos.
11. (a) A afirmação "a proporção de adultos que são fumantes é maior no Alabama do que no Missouri".
   $H_0: p_1 \leq p_2$; $H_a: p_1 > p_2$ (afirmação).
   (b) $z_0 = 2{,}33$. Região de rejeição: $z > 2{,}33$.
   (c) 1,04. (d) Falhe em rejeitar H_0.
   (e) No nível de significância de 1%, não há evidência suficiente para apoiar a afirmação de que a proporção de adultos que são fumantes é maior no Alabama do que no Missouri.
13. (a) A afirmação é "a proporção de alunos do sexo masculino da 12ª série que dizem que fumaram nos últimos 30 dias é menor que a proporção de estudantes mulheres".
   $H_0: p_1 \geq p_2$; $H_a: p_1 < p_2$ (afirmação).
   (b) $z_0 = -2{,}33$. Região de rejeição: $z < -2{,}33$.
   (c) 3,16. (d) Falhe em rejeitar H_0.
   (e) No nível de significância de 1%, não há evidência suficiente para apoiar a afirmação de que a proporção de alunos do sexo masculino da 12ª série que dizem que fumaram nos últimos 30 dias é menor que a proporção de estudantes mulheres.
15. (a) A afirmação é "a proporção de usuários de Internet é a mesma para os dois grupos".
   $H_0: p_1 = p_2$ (afirmação); $H_a: p_1 \neq p_2$.
   (b) $-z_0 = -1{,}96$; $z_0 = 1{,}96$.
   Região de rejeição: $z < -1{,}96$; $z > 1{,}96$.
   (c) $-0{,}54$. (d) Falhe em rejeitar H_0.
   (e) No nível de significância de 5%, não há evidência suficiente para rejeitar a afirmação de que as proporções de usuários de Internet são as mesmas para os dois grupos.
17. Não, no nível de significância de 1%, não há evidência suficiente para apoiar a afirmação de que a proporção de adolescentes que assistem a menos de uma hora de TV por semana é maior para meninas do que para meninos.
19. Sim, no nível de significância de 5%, há evidência suficiente para apoiar a afirmação da organização de que a proporção de adolescentes que assistem de 1 a 5 horas de TV por semana é maior para meninas do que para meninos.
21. Sim, no nível de significância de 5%, há evidência suficiente para apoiar a afirmação de que as proporções de homens com idades entre 18 e 24 anos que moram na casa de seus pais era maior em 2000 do que em 2006.
23. Sim, no nível de significância de 1%, há evidência suficiente para rejeitar a afirmação de que a proporção de pessoas entre 18 e 24 anos morando na casa dos pais em 2000 era a mesma para homens e mulheres.
25. $0{,}004 < p_1 - p_2 < 0{,}006$.

Usos e abusos – estatística no mundo real *(p. 383–384)*

1. As respostas irão variar.
2. Cego: os pacientes não sabem a que grupo (medicamento ou placebo) eles pertencem.
   Duplamente cego: ambos, pesquisador e paciente, não sabem a que grupo (medicamento ou placebo) eles pertencem.

Exercícios de revisão *(p. 385–387)*

1. Independente, porque diferentes ratos de laboratório foram amostrados.
3. Falhe em rejeitar H_0. No nível de significância de 5%, não há evidência para rejeitar a afirmação.
5. Rejeite H_0. No nível de significância de 10%, há evidência para rejeitar a afirmação.
7. (a) A afirmação é "o sanduíche Long John Silver tem menos calorias que o sanduíche Wendy".
   $H_0: \mu_1 \leq \mu_2$; $H_a: \mu_1 > \mu_2$ (afirmação).
   (b) $z_0 = 1{,}645$. Região de rejeição: $z > 1{,}645$.
   (c) 1,002. (d) Falhe em rejeitar H_0.
   (e) No nível de significância de 5%, não há evidência para apoiar a afirmação de que o sanduíche Long John Silver tem menos calorias que o sanduíche Wendy.
9. Falhe em rejeitar H_0. No nível de significância de 5%, não há evidência para rejeitar a afirmação.
11. Falhe em rejeitar H_0. No nível de significância de 5%, não há evidência para rejeitar a afirmação.
13. Rejeite H_0. No nível de significância de 1%, há evidência para apoiar a afirmação.
15. (a) A afirmação é "alunos do 3º ano ensinados com atividades de leitura direta tiveram melhores notas do que aqueles sem atividades".

H_0: $\mu_1 \leq \mu_2$; H_a: $\mu_1 > \mu_2$ (afirmação).

(b) $t_0 = 1{,}645$. Região de rejeição: $t > 1{,}645$.

(c) 2,267. (d) Rejeite H_0.

(e) No nível de significância de 5%, há evidências suficientes para apoiar a afirmação de que alunos do 3º ano ensinados com atividades de leitura direta tiveram melhores notas do que aqueles sem atividades.

17. Teste bicaudal. Rejeite H_0.

19. Teste unicaudal à direita. Rejeite H_0.

21. (a) A afirmação é "a pressão sanguínea sistólica dos homens decresceu".

H_0: $\mu_d \leq 0$; H_a: $\mu_d > 0$ (afirmação).

(b) $t_0 = 1{,}383$. Região de rejeição: $t > 1{,}383$.

(c) $\bar{d} = 5$; $s_d \approx 8{,}743$. (d) 1,808. (e) Rejeite H_0.

(f) No nível de significância de 10%, há evidência suficiente para rejeitar a afirmação de que a pressão sanguínea sistólica dos homens decresceu.

23. Teste bicaudal. Falhe em rejeitar H_0.

25. Teste unicaudal à direita. Rejeite H_0.

27. (a) A afirmação é "a proporção de adultos norte-americanos que consideram como muito alta a quantidade de taxas federais que tiveram que pagar era a mesma para os últimos 2 anos".

H_0: $p_1 = p_2$ (afirmação); H_a: $p_1 \neq p_2$.

(b) $-z_0 = -1{,}645$; $z_0 = 1{,}645$.

Região de rejeição: $z < -1{,}645$; $z > 1{,}645$.

(c) −1,371. (d) Falhe em rejeitar H_0.

(e) No nível de significância de 10%, não há evidência suficiente para rejeitar a afirmação de que a proporção de adultos norte-americanos que consideram como muito alta a quantidade de taxas federais que tiveram que pagar era a mesma para os últimos 2 anos.

Teste do capítulo (p. 387–388)

1. (a) H_0: $\mu_1 \leq \mu_2$; H_a: $\mu_1 > \mu_2$ (afirmação).

(b) Unicaudal, porque H_a contém $>$; teste z, porque n_1 e n_2 são maiores que 30.

(c) $z_0 = 1{,}645$. Região de rejeição: $z > 1{,}645$.

(d) 0,585. (e) Falhe em rejeitar H_0.

(f) No nível de significância de 5%, não há evidências suficientes para apoiar a afirmação de que a nota média em um teste de ciências para estudantes do ensino médio do sexo masculino foi mais alta que a das alunas do sexo feminino.

2. (a) H_0: $\mu_1 = \mu_2$ (afirmação); H_a: $\mu_1 \neq \mu_2$.

(b) Bicaudal, porque H_a contém $\neq$; teste t, porque n_1 e n_2 são menores que 30, as amostras são independentes e as populações são normalmente distribuídas.

(c) $-t_0 = -2{,}779$; $t_0 = 2{,}779$.

Região de rejeição: $t < -2{,}779$; $t > 2{,}779$.

(d) 0,341. (e) Falhe em rejeitar H_0.

(f) No nível de significância de 1%, não há evidências suficientes para rejeitar a afirmação do professor de que a média das notas de um teste de ciências é a mesma para alunos da 4ª série do sexo feminino ou masculino.

3. (a) H_0: $p_1 \leq p_2$; H_a: $p_1 > p_2$ (afirmação).

(b) Unicaudal, porque H_a contém $>$; teste z, porque você está testando as proporções e $n_1\bar{p}$, $n_2\bar{p}$, $n_1\bar{q}$ e $n_2\bar{q} \geq 5$ e as amostras são independentes.

(c) $z_0 = 1{,}28$. Região de rejeição: $z > 1{,}28$.

(d) 7,04. (e) Rejeite H_0.

(f) No nível de significância de 10%, há evidência suficiente para apoiar a afirmação de que a proporção de motoristas envolvidos em acidentes fatais com concentração sanguínea de álcool de 0,08% ou mais era maior para motoristas com idade entre 21 e 24 anos do que 25 a 34 anos.

4. (a) H_0: $\mu_d \geq 0$; H_a: $\mu_d < 0$ (afirmação).

(b) Unicaudal, porque H_a contém $<$; teste t, porque ambas populações são normalmente distribuídas e as amostras são dependentes.

(c) $t_0 = -1{,}796$. Região de rejeição: $t < -1{,}796$.

(d) −9,016. (e) Rejeite H_0.

(f) No nível de significância 5%, há evidências suficientes para concluir que as notas no teste SAT melhoraram no segundo teste.

Juntando tudo (p. 388–389)

1. (a) *Resposta da amostra:* retire uma amostra aleatória dos registros hoje e 10 anos atrás de uma amostra aleatória de hospitais.

Use uma amostra agrupada.

(b) As respostas irão variar.

(c) As respostas irão variar.

2. Use um teste t; independente; sim, você precisa saber se as distribuições populacionais são normais ou não; sim, você precisa saber se as variâncias populacionais são iguais ou não.

3. No nível de significância de 5%, não há evidência suficiente para apoiar a afirmação de que há uma diferença na média da duração de estadia em hospitais para pacientes (idade 17 anos ou menos) diagnosticados com pneumonia.

Essa decisão não apoia a afirmação do departamento.

Revisão acumulada — capítulos 6 a 8 (p. 392)

1. (a) (0,539; 0,601).

(b) Não, no nível de significância de 5%, não há evidência suficiente para apoiar a afirmação do pesquisador de que mais do que 60% dos adultos acreditam que muito provavelmente exista vida em outros planetas.

2. Rejeite H_0. No nível de significância de 5%, há evidência suficiente para apoiar a afirmação do pneumologista de que banir fumo em bares irá reduzir a quantidade de óxido nitroso exalado por trabalhadores de bares asmáticos.

3. (25,94; 28,00), distribuição z.

4. (2,75; 4,17), distribuição t.

5. (10,7; 13,5), distribuição t.

6. (7,69; 8,73), distribuição *t*.
7. Sim, no nível de significância de 10%, há evidência suficiente para apoiar a afirmação do pediatra de que o peso médio de bebês de nascimentos únicos é maior do que o peso dos bebês que têm um gêmeo.
8. H_0: $\mu \geq 33$, H_a: $\mu < 33$ (afirmação).
9. H_0: $p \geq 0{,}19$ (afirmação); H_a: $p < 0{,}19$.
10. H_0: $\sigma = 0{,}63$ (afirmação); H_a: $\sigma \neq 0{,}63$.
11. H_0: $\mu = 2{,}28$; H_a: $\mu \neq 2{,}28$ (afirmação).
12. (a) (5,1; 22,8). (b) (2,3; 4,8).
    (c) Não, no nível de significância de 1% não há evidência suficiente para apoiar a afirmação de um farmacêutico de que o desvio padrão no número médio de medicamentos crônicos tomados por adultos idosos na comunidade é menos que 2,5 medicamentos.
13. Sim, no nível de significância de 5% há evidência suficiente para apoiar a afirmação do instrutor de tênis de que a tensão das cordas das raquetes usadas para potência é menor que a tensão das cordas usadas para controle.
14. (a) (251,2; 341,3).
    (b) Não, no nível de significância de 10%, não há evidências suficientes para apoiar a afirmação do terapeuta de que a média da distância de caminhada é menor que 280 metros.
15. Não, no nível de significância de 10%, não há evidências suficientes para rejeitar a afirmação de que as proporções de jogadores que têm ferimentos na cabeça e no pescoço são as mesmas para dois grupos.
16. (a) (145; 155).
    (b) Não, no nível de significância de 5%, não há evidência suficiente para rejeitar a afirmação do administrador da escola de que a média das notas para todos os alunos da 12ª série que fizeram o teste é de pelo menos 145.

Capítulo 9

Seção 9.1 (p. 405–408)

1. $r = -0{,}925$ representa uma forte correlação porque $|-0{,}925| > |0{,}834|$.
3. Uma tabela pode ser usada para comparar *r* com o valor crítico ou um teste de hipóteses pode ser realizado usando teste *t*.
5. Correlação linear negativa.
7. Não há correlação linear.
9. c; você poderia esperar uma correlação linear positiva entre a idade e a renda.
10. d; você não poderia esperar que a idade e a altura fossem correlacionadas.
11. b; você poderia esperar uma correlação linear negativa entre a idade e o equilíbrio nos empréstimos estudantis.
12. a; você esperaria uma relação entre a idade e a temperatura corporal como sendo constantes.
13. Variável explanatória: quantidade de água consumida.
    Variável de resposta: perda de peso.
15. (a)

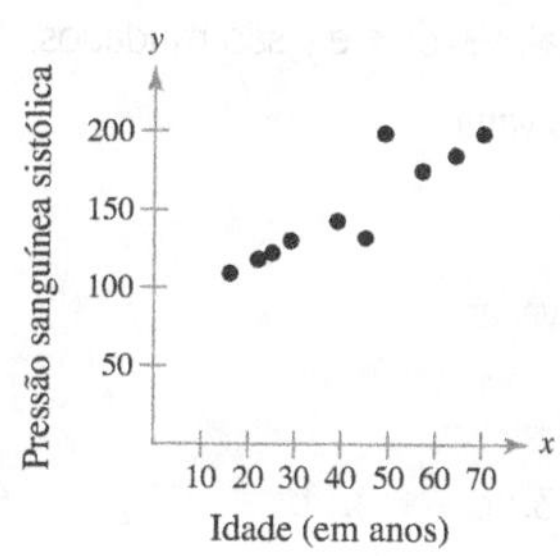

(b) 0,908. (c) Correlação linear positiva forte.

17. (a)

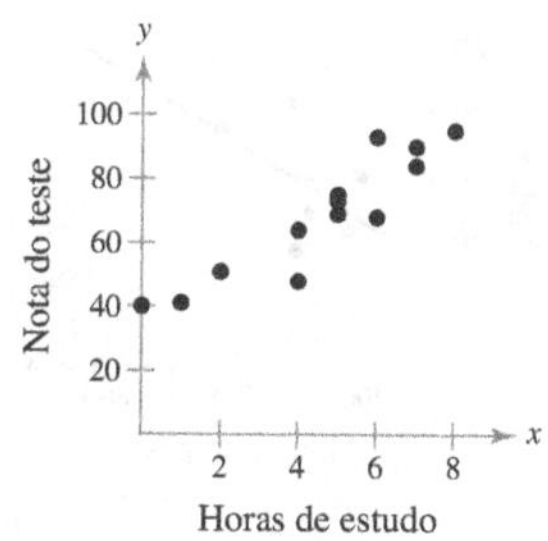

(b) 0,923. (c) Correlação linear positiva forte.

19. (a)

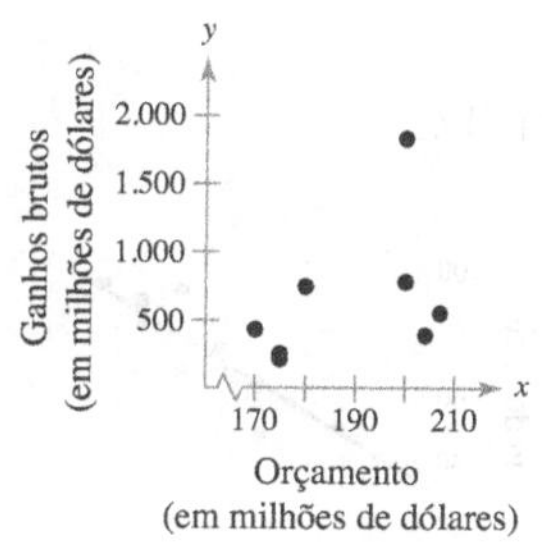

(b) 0,427. (c) Correlação linear positiva fraca.

21. (a)

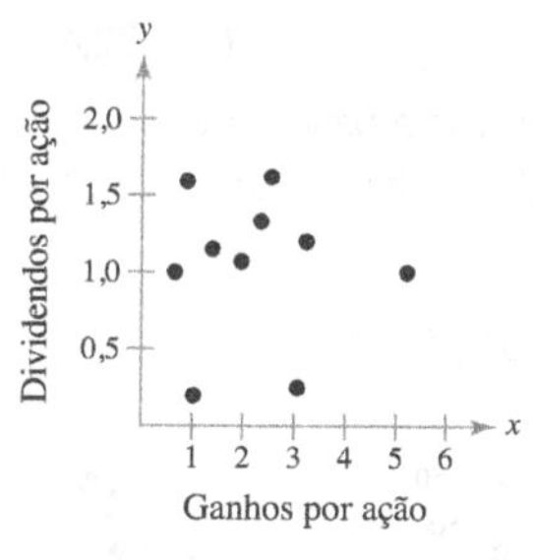

(b) −0,030. (c) Não há correlação linear.

23. Não, no nível de significância de 1%, não há evidência suficiente para concluir que há correlação linear significativa entre o peso do veículo e a variabilidade na distância de frenagem.
25. Sim, no nível de significância de 1%, há evidência suficiente para concluir que há correlação linear significante entre o número de horas estudado para um teste e a nota obtida no teste.
27. Não, no nível de significância 1%, não há evidência suficiente para concluir que há correlação linear significante entre os ganhos por ações e os dividendos por ações.

29. 0,883; 0,833. O coeficiente de correlação continua sem mudança quando os valores de *x* e *y* são mudados.

31. As repostas irão variar.

9.1 Atividades *(p. 408)*

1-4. Respostas irão variar.

Seção 9.2 *(p. 413–416)*

1. c. 2. a. 3. d. 4. b. 5. g. 6. e. 7. h.

8. f. 9. c. 10. b. 11. a. 12. d.

13. $\hat{y} = 0{,}062x + 7{,}535$.

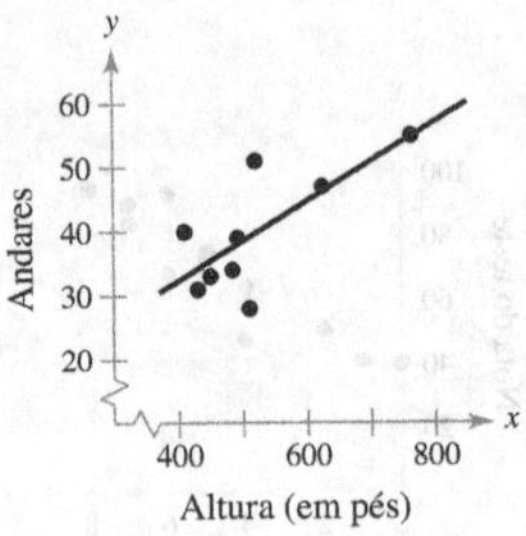

(a) 39 andares. (b) 48 andares.

(c) Não é significante prever o valor de *y* para $x = 310$ porque $x = 310$ está fora da amplitude dos dados originais.

(d) 52 andares.

15. $\hat{y} = 7{,}350x + 34{,}617$.

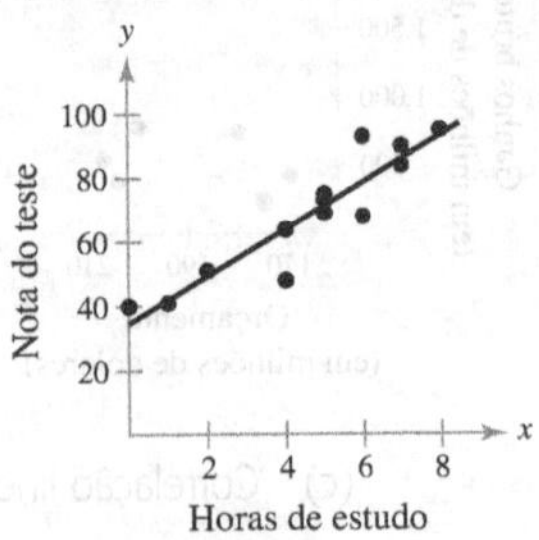

(a) 56,7. (b) 82,4.

(c) Não é significante prever o valor de *y* para $x = 13$ porque $x = 13$ está fora da amplitude dos dados originais.

(d) 67,7.

17. $\hat{y} = 2{,}472x + 80{,}813$.

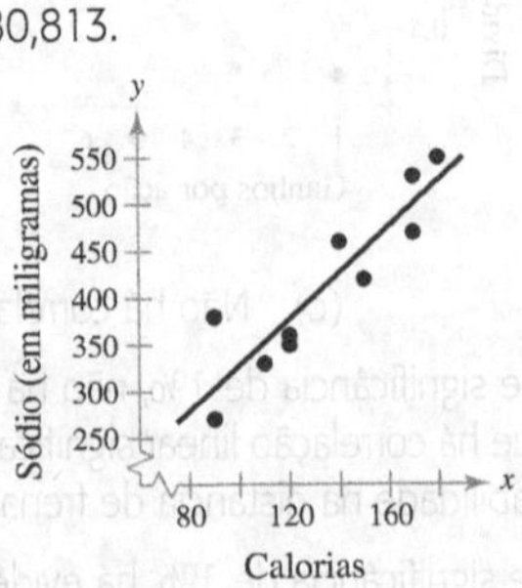

(a) 501,053 miligramas. (b) 328,013 miligramas.

(c) 426,893 miligramas.

(d) Não é significante prever o valor de *y* para $x = 210$ porque $x = 210$ está fora da amplitude dos dados originais.

19. $\hat{y} = 1{,}870x + 51{,}360$.

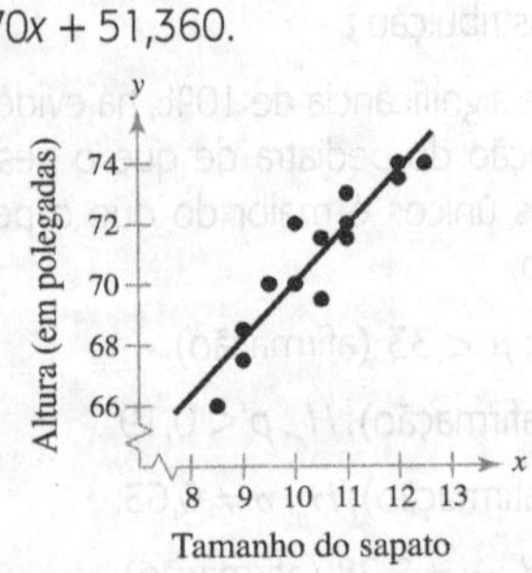

(a) 72,865 polegadas. b) 66,32 polegadas.

(c) Não é significante prever o valor de *y* para $x = 15{,}5$ porque $x = 15{,}5$ está fora da amplitude dos dados originais.

(d) 70,06 polegadas.

21. $\hat{y} = 0{,}000447x - 0{,}425$.

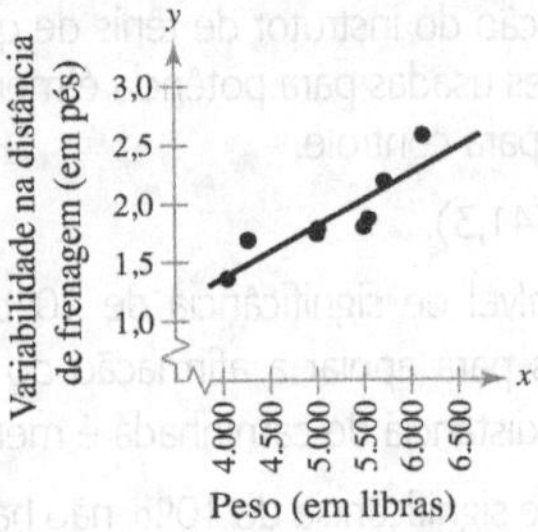

(a) 1,587 pés. (b) 2,257 pés.

(c) Não é significante prever o valor de *y* para $x = 7.500$ porque $x = 7.500$ está fora da amplitude dos dados originais.

(d) 2,145 pés.

23. Substitua o valor de *x* na equação de uma linha de regressão e resolva para *y*.

25. Correlação linear positiva forte; conforme as idades aumentam, os salários dos engenheiros tendem a aumentar.

27. Não, não é significativo prever um salário para um engenheiro de 74 anos porque $x = 74$ está fora da amplitude dos dados originais.

29. *Resposta da amostra*: embora haja uma forte correlação linear positiva entre o salário anual dos engenheiros e a idade, uma relação de causa e efeito não deve ser inferida. A correlação poderia ser causada por outros fatores, como experiência, nível educacional ou número de anos em uma empresa.

31. (a) $\hat{y} = -4{,}297x + 94{,}200$.

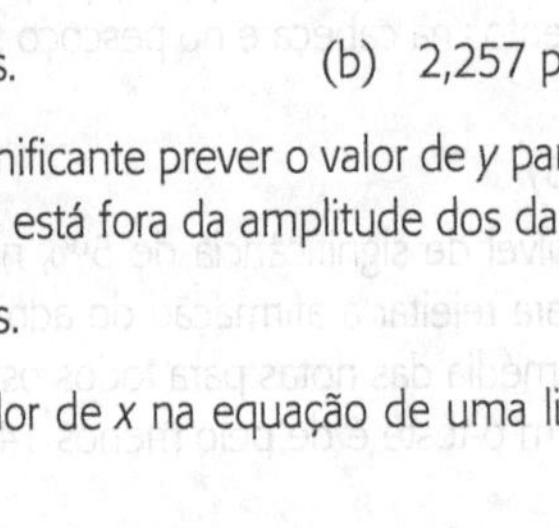

(b) $\hat{y} = -0{,}141x + 14{,}763$.

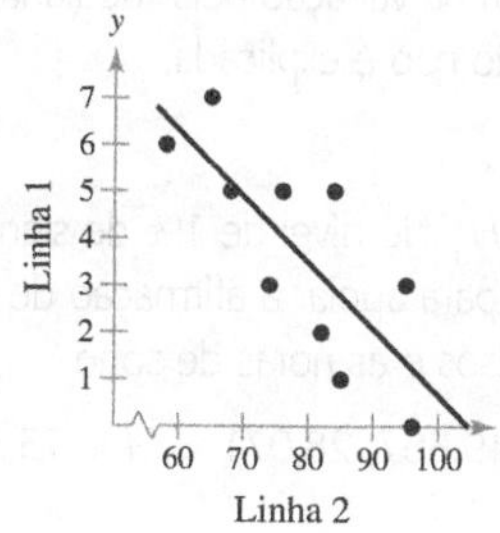

(c) O sinal de *m* não muda, mas os valores de *m* e *b* mudam.

33. (a) $\hat{y} = 0{,}139x + 21{,}024$.

(b)

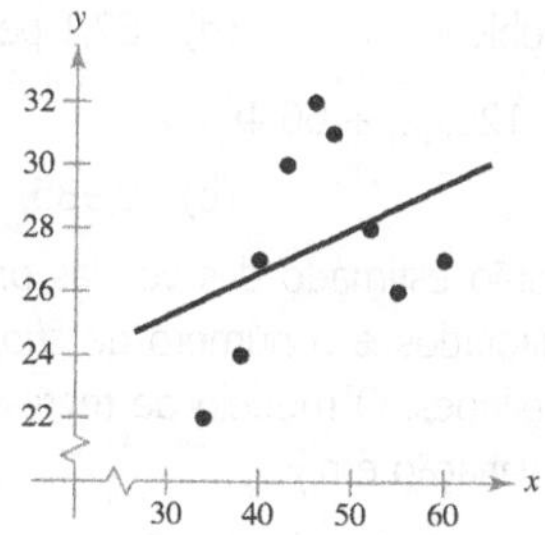

(c)

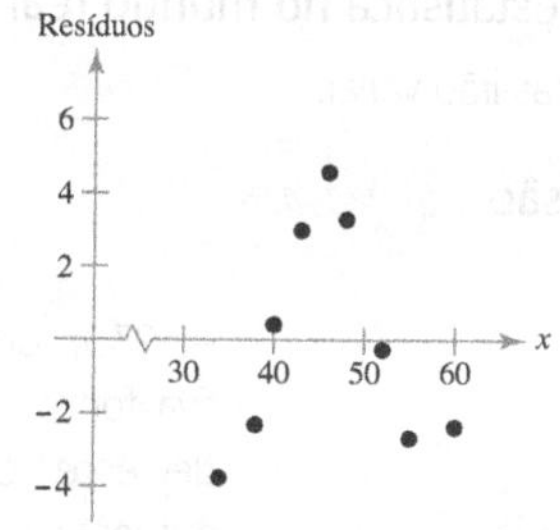

(d) O gráfico de resíduos mostra um padrão porque os resíduos não flutuam sobre 0. Isso implica que a linha de regressão não é uma boa representação da relação entre as duas variáveis.

35. (a)

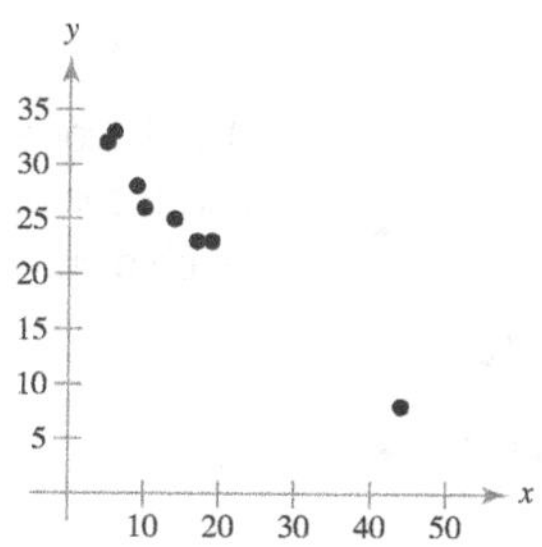

(b) O ponto (44, 8) pode ser um valor discrepante.

(c) O ponto (44, 8) não é um ponto de influência porque as inclinações e os interceptos *y* das linhas de regressão com o ponto incluído e sem o ponto incluído não são significativamente diferentes.

37. $\hat{y} = 654{,}536x - 1214{,}857$.

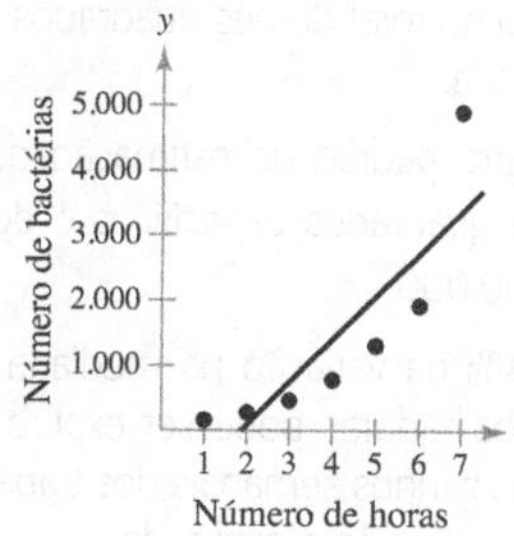

39. $y = 93{,}028\,(1{,}712)^x$.

41. (a) $\hat{y} = -78{,}929x + 576{,}179$.

(b)

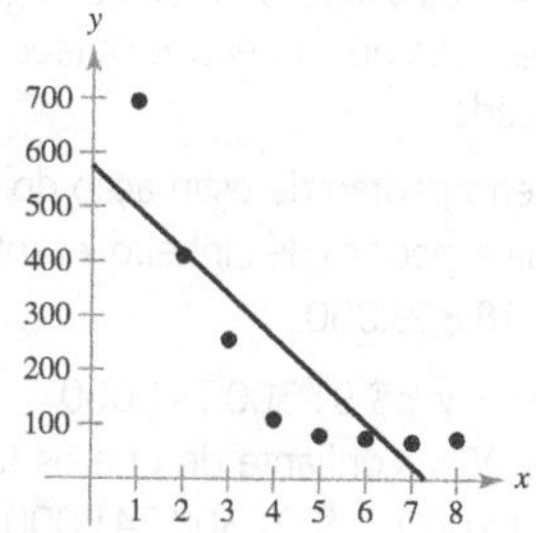

43. $y = 782{,}300x^{-1{,}251}$.

45. (a) $y = 25{,}035 + 19{,}599\ln(x)$.

(b)

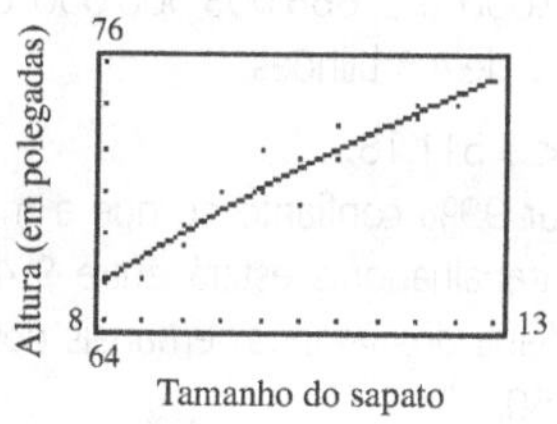

47. A equação logarítmica é um modelo melhor para os dados. O erro da equação logarítmica é menor.

9.2 Atividades *(p. 417)*

1-4. As respostas irão variar.

Seção 9.3 *(p. 425–427)*

1. A variação total é a soma dos quadrados das diferenças entre os valores *y* de cada par ordenado e a média dos valores *y* dos pares ordenados, ou $\Sigma(y_i - \bar{y})^2$.

3. A variação inexplicada é a soma dos quadrados das diferenças entre os valores *y* observados e os valores *y* previstos, ou $\Sigma(y_i - \hat{y}_i)^2$.

5. 0,123; 12,3% da variação é explicada; 87,7% da variação não é explicada.

7. 0,794; 79,4% da variação é explicada; 20,6% da variação não é explicada.

9. (a) 0,233; 23,3% da variação nos rendimentos pode ser explicada por uma variação no número de questões e 76,7% da variação não é explicada.

(b) 15.349.725; o erro padrão de estimativa dos rendimentos para um número específico de questões é de aproximadamente \$ 15.349.725.000.

11. (a) 0,981; 98,1% da variação nas vendas pode ser explicada pela variação no total de pés quadrados e 1,9% da variação não é explicada.

    (b) 30,576; o erro padrão de estimação das vendas para um total de pés quadrados específicos é de aproximadamente $ 30.576.000.000.

13. (a) 0,994; 99,4% da variação na mediana dos ganhos semanais das trabalhadoras pode ser explicada pela variação na mediana dos ganhos semanais dos trabalhadores homens e 0,6% da variação não é explicada.

    (b) 2,719; o erro padrão de estimação da mediana dos ganhos semanais das trabalhadoras para os ganhos dos trabalhadores homens em uma semana específica é $ 2,72.

15. (a) 0,994; 99,4% da variação no dinheiro gasto pode ser explicada pela variação no dinheiro levantado e 0,6% da variação não é explicada.

    (b) 18,869; o erro padrão de estimação do dinheiro gasto para uma quantia específica de dinheiro levantado é de aproximadamente $ 18.869.000.

17. $ 9.415.215.000 $< y <$ $ 91.300.741.000.
    Você pode estar 95% confiante de que os rendimentos estarão entre $ 9.415.215.000 e $ 91.300.741.000 quando o número inicial de ofertas é de 712 questões.

19. $ 513.641.000.000 $< y <$ $ 668.003.000.000.
    Você pode estar 90% confiante de que as vendas estarão entre $ 513.641.000.000 e $ 668.003.000.000 quando o total dos pés quadrados é de 4,5 bilhões.

21. $ 463,15 $< y <$ $ 511,18.
    Você pode estar 99% confiante de que a mediana dos ganhos semanais das trabalhadoras estará entre $ 463,15 e $ 511,18 quando a mediana dos ganhos semanais dos trabalhadores homens é de $ 650.

23. $ 703.957.000 $< y <$ $ 802.283.000.
    Você pode estar 95% confiante de que o dinheiro gasto em campanhas do congresso estarão entre $ 703.957.000 e $ 802.283.000 quando o dinheiro levantado é $ 775.800.000.

25.

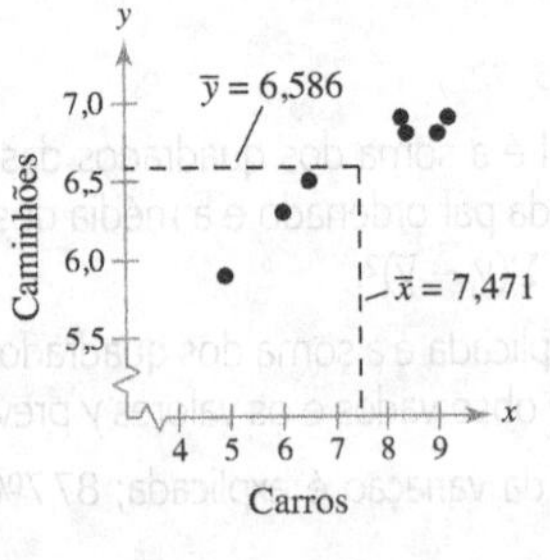

27.

x_i	y_i	$\hat{y}_i$	$\hat{y}_i - \bar{y}$	$y_i - \hat{y}_i$	$y_i - \bar{y}$
9,2	6,9	6,9624	0,3764	−0,0624	0,314
9,0	6,8	6,919	0,333	−0,119	0,214
8,4	6,8	6,7888	0,2028	0,0112	0,214
8,3	6,9	6,7671	0,1811	0,1329	0,314
6,5	6,5	6,3765	−0,2095	0,1235	−0,086
6,0	6,3	6,268	−0,318	0,032	−0,286
4,9	5,9	6,0293	−0,5567	−0,1293	−0,686

29. 0,921; 92,1% da variação na mediana das idades dos caminhões pode ser explicada na variação pela mediana da idade dos carros e 7,9% da variação não é explicada.

31. $6,5 < y < 7,164$.

33. Falhe em rejeitar H_0. No nível de 1% de significância, não há evidência suficiente para apoiar a afirmação de que há uma relação linear entre os pesos e as horas de sono.

35. $58,435 < B < 149,687$; $28,071 < M < 73,387$.

Seção 9.4 *(p. 430–431)*

1. (a) 710,5 libras. (b) 739 libras.
   (c) 844 libras. (d) 729,5 libras.

3. (a) 7,5 pés cúbicos. (b) 16,8 pés cúbicos.
   (c) 51,9 pés cúbicos. (d) 62,1 pés cúbicos.

5. $\hat{y} = -2.518,4 + 126,8x_1 + 66,4x_2$.
   (a) 28,489. (b) 0,985.
   (c) O erro padrão estimado das vendas previstas para o total de pés quadrados e o número de *shopping centers* é de $ 28,489 bilhões. O modelo de regressão múltipla explica 98,5% da variação em *y*.

7. 0,981; 98,1% da variação em *y* pode ser explicada pela relação entre as variáveis $r^2_{adj} < r^2$.

Usos e abusos – estatística no mundo real *(p. 431–432)*

1 a 2. As respostas irão variar.

Exercícios de revisão *(p. 433–435)*

1.

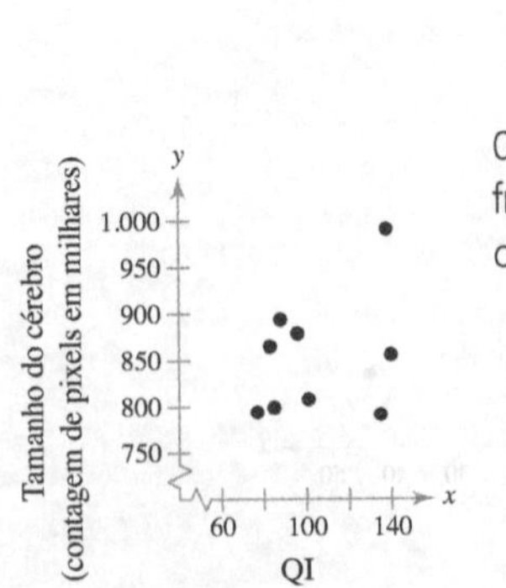

−0,939; correlação linear negativa forte; a produção de leite decresce conforme a idade aumenta.

3.

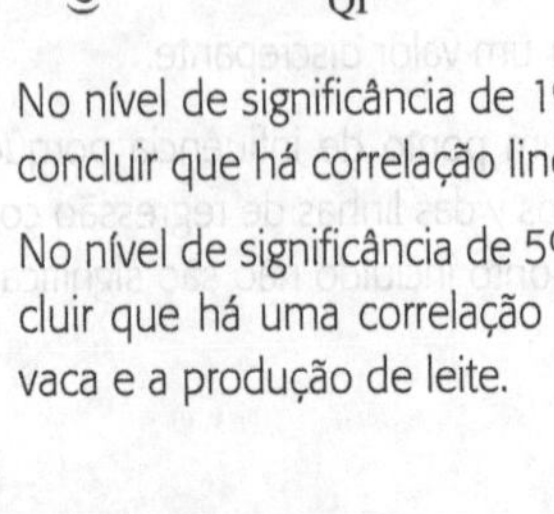

0,338; correlação linear positiva fraca; conforme o tamanho do cérebro aumenta, o QI aumenta.

5. No nível de significância de 1%, não há evidência suficiente para concluir que há correlação linear significante.

7. No nível de significância de 5%, há evidência suficiente para concluir que há uma correlação linear significante entre a idade da vaca e a produção de leite.

9. No nível de significância de 1%, não há evidências suficientes para concluir que há correlação linear significante entre o QI e o tamanho do cérebro.

11. $\hat{y} = 0{,}757x + 21{,}525$.

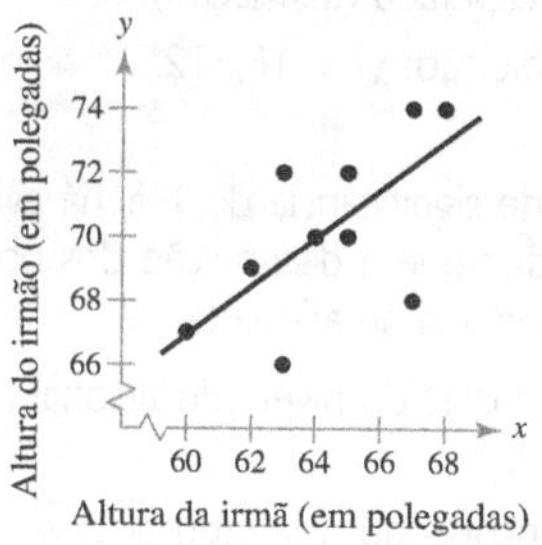

$r \approx 0{,}688$.

13. $\hat{y} = -0{,}086x + 10{,}450$.

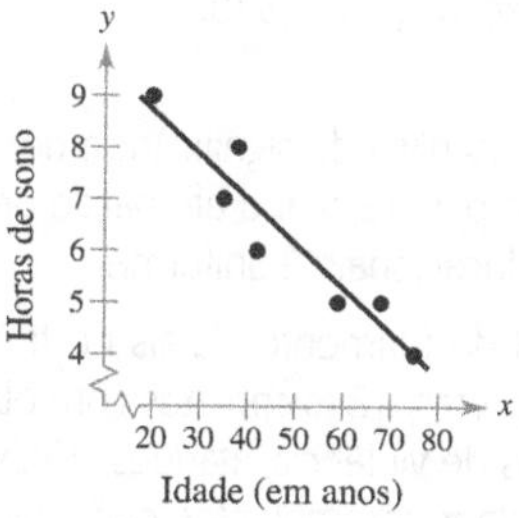

$r \approx -0{,}949$.

15. (a) 67,702 polegadas. (b) 71,487 polegadas.
    (c) Não é significativo prever o valor de y para $x = 75$ porque $x = 75$ está fora da amplitude dos dados originais.
    (d) Não é significativo prever o valor de y para $x = 50$ porque $x = 50$ está fora da amplitude dos dados originais.

17. (a) 8,902 horas.
    (b) 8,3 horas.
    (c) Não é significativo prever o valor de y para $x = 85$ porque $x = 85$ está fora da amplitude dos dados originais.

19. 0,306; 30,6% da variação é explicada; 69,4% da variação não é explicada.

21. 0,033; 3,3% da variação é explicada; 96,7% da variação não é explicada.

23. (a) 0,897; 89,7% da variação na capacidade de resfriamento de um ar condicionado pode ser explicada pela variação na área da sala e 10,3% da variação não é explicada.
    (b) 568,011; o erro padrão da estimativa da capacidade de resfriamento para uma sala de área específica é 568,0 Btu por hora.

25. $65{,}742 < y < 74{,}204$; você pode estar 90% confiante de que a altura de um homem estará entre 65,742 e 74,204 polegadas quando sua irmã medir 64 polegadas.

27. $4{,}865 < y < 8{,}295$; você pode estar 95% confiante de que as horas de sono estarão entre 4,865 e 8,295 horas para uma pessoa que tem 45 anos.

29. $7.342{,}007 < y < 12.297{,}895$, você pode estar 99% confiante de que a capacidade de resfriamento estará entre 7.342,007 e 12.297,895 Btu por hora quando a área da sala é de 720 pés quadrados.

31. $\hat{y} = 3{,}674 + 1{,}287x_1 - 7{,}531x_2$.

33. (a) 21,705. (b) 25,21. (c) 30,1. (d) 25,86.

Teste do capítulo (p. 435)

1.

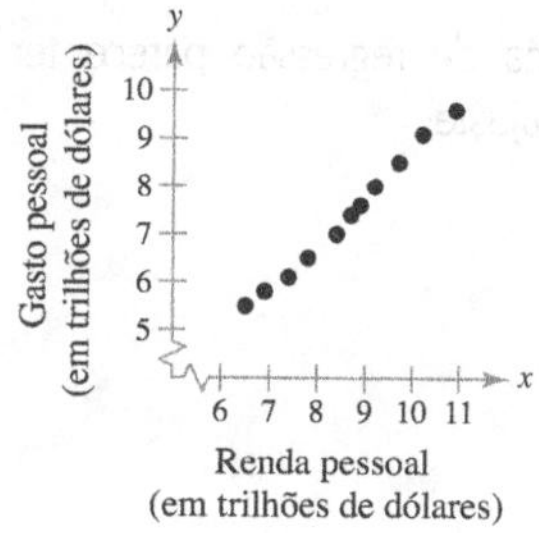

Os dados parecem ter uma correlação linear positiva. O gasto aumenta conforme a renda aumenta.

2. 0,996; correlação linear positiva forte.

3. No nível de significância de 5%, há evidência suficiente para concluir que há uma correlação linear significante entre a renda pessoal e o gasto por norte-americano.

4. $\hat{y} = 0{,}976x - 1{,}018$.

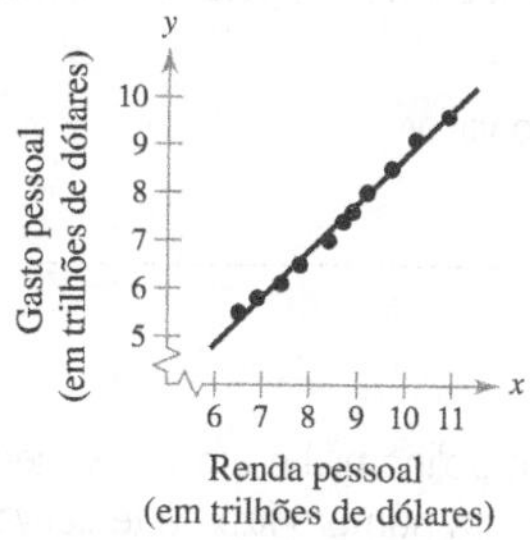

5. \$ 5,033 trilhões.

6. 0,993; 99,3% da variação no gasto pessoal pode ser explicada pela variação na renda pessoal e 0,7% da variação não pode ser explicada.

7. 0,121; o desvio padrão dos gastos pessoais para uma renda pessoal específica é \$ 0,121 trilhões.

8. $\$\,6{,}110 < y < \$\,6{,}690$.
   Você pode estar 95% confiante de que os gastos pessoais estarão entre \$ 6,110 trilhões e \$ 6,690 trilhões quando a renda pessoal é \$ 7,6 trilhões.
   (a) 1.374,762 libras. (b) 1.556,755 libras.
   (c) 1.183,262 libras. (d) 1.294,385 libras.
   x_2 tem maior influência em y.

Juntando tudo (p. 436)

1. (a)

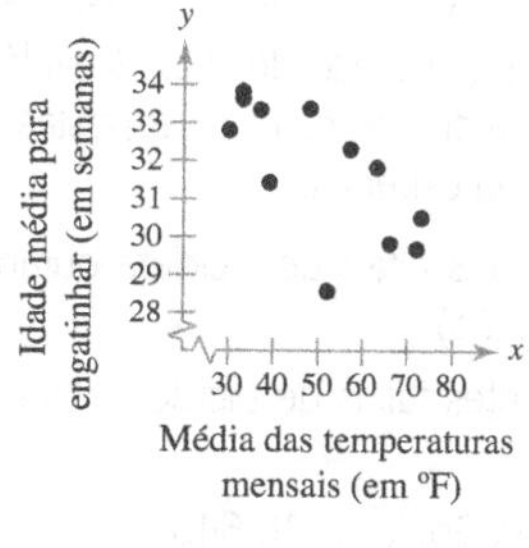

Parece haver uma correlação linear negativa entre a idade média para engatinhar e a média mensal das temperaturas.

   (b) −0,700.
   (c) No nível de significância de 5%, há evidências suficientes para concluir que há correlação linear significante entre a média da idade para engatinhar e a média mensal das temperaturas.

(d) $\hat{y} = -0{,}078x + 35{,}678$.

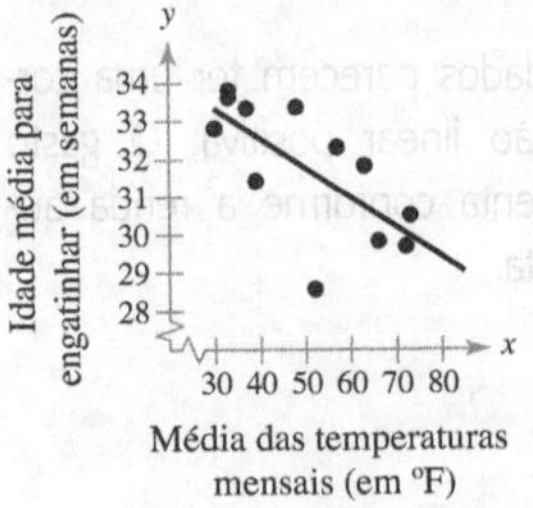

A linha de regressão parece ter um bom ajuste.

(e) As respostas irão variar.

(f) 0,490; 49,0% da variação na média da idade de engatinhar pode ser explicada pela variação na média mensal das temperaturas e 51,0% da variação não pode ser explicada. O erro padrão de estimativa da média da idade para engatinhar para uma média de temperatura mensal especifica é 1,319 semanas.

2. As respostas irão variar.

Capítulo 10

Seção 10.1 *(p. 447–450)*

1. Um experimento polinomial é um experimento de probabilidade que consiste de um número fixo de tentativas nas quais há mais de dois resultados possíveis para cada tentativa independente.

3. 45.

5. 57,5.

7. (a) H_0: A distribuição de motivações é: 28% de programa de recompensas, 24% de baixas taxas de juros, 22% de reembolso, 8% de descontos especiais e 18% outros.

H_a: A distribuição de respostas difere da distribuição afirmada ou esperada (afirmação).

(b) $\chi_0^2 = 9{,}488$, região de rejeição: $\chi^2 > 9{,}488$.

(c) 9,501.

(d) Rejeite H_0. Sim, no nível de significância de 5%, há evidências suficientes para concluir que a distribuição das motivações difere da distribuição esperada ou afirmada.

9. (a) H_0: A distribuição das respostas é: 77% manter assistência médica, seguro social e seguro saúde, 15% corte de taxas e 8% não tem certeza.

H_a: a distribuição das respostas difere da distribuição afirmada ou esperada (afirmação).

(b) $\chi_0^2 = 9{,}210$, região de rejeição: $\chi^2 > 9{,}210$.

(c) 9,375.

(d) Rejeite H_0. Sim, no nível de significância de 1%, há evidência suficiente para concluir que a distribuição das respostas difere da distribuição afirmada ou esperada.

11. (a) H_0: A distribuição de acidentes fatais de bicicleta durante a semana é uniforme (afirmação).

H_a: A distribuição de acidentes fatais de bicicleta durante a semana não é uniforme.

(b) $\chi_0^2 = 10{,}645$; região de rejeição: $\chi^2 > 10{,}645$.

(c) 2,430.

(d) Falhe em rejeitar H_0. Não, no nível de significância de 10%, não há evidências suficientes para rejeitar a afirmação de que a distribuição de acidentes fatais de bicicleta durante a semana é uniforme.

13. (a) H_0: A distribuição de objetos golpeados é 50% árvores, 20% outros, 14% postes públicos, 6% represas, 5% muretas de proteção, 3% valas e 2% bueiros.

H_a: A distribuição de objetos golpeados mudou em relação à afirmação ou distribuição esperada (afirmação).

(b) $\chi_0^2 = 16{,}812$. Região de rejeição: $\chi^2 > 16{,}812$.

(c) 28,501.

(d) Rejeite H_0. Sim, no nível de significância de 1%, há evidências suficientes para concluir que a distribuição dos objetos mudou da distribuição esperada ou afirmada.

15. (a) H_0: A distribuição das respostas do nível educacional é uniforme (afirmação).

H_a: A distribuição das respostas do nível educacional não é uniforme.

(b) $\chi_0^2 = 7{,}378$. Região de rejeição: $\chi^2 > 7{,}378$.

(c) 5,636.

(d) Falhe em rejeitar H_0. Não, no nível de significância de 2,5% não há evidência suficiente para rejeitar a afirmação de que a distribuição dos níveis educacionais é uniforme.

17. (a) H_0: A distribuição nacional de ferimentos fatais no trabalho é 43% acidentes de transportes, 18% contatos com objetos e equipamentos, 14% atos de violência/ataques, 13% quedas, 9% exposição a substâncias/ambientes contaminados e 3% fogo/explosões.

H_a: A distribuição de ferimentos fatais no trabalho difere da distribuição afirmada ou esperada (afirmação).

(b) $\chi_0^2 = 11{,}071$. Região de rejeição: $\chi^2 > 11{,}071$.

(c) 76,992.

(d) Rejeite H_0. Sim, no nível de significância de 5%, há evidências suficientes para concluir que a distribuição ocidental dos ferimentos fatais no trabalho difere da distribuição nacional.

19. (a) As frequências esperadas são 17, 63, 79, 34 e 5.

(b) $\chi_0^2 = 13{,}277$. Região de rejeição: $\chi^2 > 13{,}277$.

(c) 0,613.

(d) Falhe em rejeitar H_0. No nível de significância de 1%, não há evidência suficiente para rejeitar a afirmação de que as notas do teste são normalmente distribuídas.

Seção 10.2 *(p. 456–460)*

1. Encontre a soma da fileira e a soma da coluna na qual a célula está localizada. Encontre o produto dessas somas. Divida o produto pelo tamanho da amostra.

3. Falso. Para usar um teste de independência qui-quadrado, cada frequência esperada deve ser maior ou igual a 5.

5. Falso. Se duas variáveis de um teste qui-quadrado para independência são dependentes, então, você pode esperar uma grande diferença entre as frequências observadas e as frequências esperadas.

7. (a) – (b).

	Atleta tem		
Resultado	**Estiramento**	**Não estiramento**	**total**
Ferimento	18 (20,82)	22 (19,18)	40
Sem ferimento	211 (208,18)	189 (191,82)	400
Total	229	211	440

9. (a) – (b)

Resultado	Tratamento: Marca	Genérico	Placebo	Total
Melhora	24 (15,84)	21 (14,96)	10 (24,2)	55
Sem mudança	12 (20,16)	13(19,04)	45 (30,8)	70
Total	36	34	55	125

11. (a) – (b)

Gênero	Tipo de carro: Compacto	Grande	SUV	Caminhão/ van	Total
Homem	28 (28,6)	39 (39,05)	21 (22,55)	22 (19,8)	110
Mulher	24 (23,4)	32 (31,95)	20 (18,45)	14 (16,2)	90
Total	52	71	41	36	200

13. (a) H_0: Nível de habilidade em uma matéria é independente da localização (afirmação).
    H_a: Nível de habilidade em uma matéria depende da localização.
    (b) g.l. = 2; $\chi_0^2 = 9{,}210$. Região de rejeição: $\chi^2 > 9{,}210$.
    (c) 0,297.
    (d) Falhe em rejeitar H_0. No nível de significância de 1%, não há evidência suficiente para rejeitar a afirmação de que o nível de habilidade em uma matéria independe da localização.
15. (a) H_0: Séries não dependem da instituição.
    H_a: Séries dependem da instituição (afirmação).
    (b) g.l. = 8; $\chi_0^2 = 15{,}507$. Região de rejeição: $\chi^2 > 15{,}507$.
    (c) 48,488.
    (d) Rejeite H_0. Sim, no nível de significância de 5%, há evidência suficiente para concluir que as séries dependem da instituição.
17. (a) H_0: Resultados são independentes do tipo de tratamento.
    H_a: Resultados são dependentes do tipo de tratamento (afirmação).
    (b) g.l. = 1; $\chi_0^2 = 2{,}706$. Região de rejeição: $\chi^2 > 2{,}706$.
    (c) 5,106.
    (d) Rejeite H_0. Sim, no nível de significância de 10%, há evidência suficiente para concluir que os resultados são dependentes do tipo de tratamento. As respostas irão variar.
19. (a) H_0: Razões são independentes do tipo de trabalhador.
    H_a: Razões são dependentes do tipo de trabalhador (afirmação).
    (b) g.l. = 2; $\chi_0^2 = 9{,}210$. Região de rejeição: $\chi^2 > 9{,}210$.
    (c) 7,326.
    (d) Falhe em rejeitar H_0. Não, no nível de significância de 1%, não há evidências suficientes para concluir que as razões para continuar estudando são independentes do tipo de trabalhador. Com base nesses resultados, as estratégias de marketing não deveriam diferir entre público técnico e não técnico ao considerar as razões para continuar estudando.
21. (a) H_0: Tipo de batida é independente do veículo.
    H_a: Tipo de batida é dependente do tipo de veículo (afirmação).
    (b) g.l. = 2; $\chi_0^2 = 5{,}991$. Região de rejeição: $\chi^2 > 5{,}991$.
    (c) 108,913.
    (d) Rejeite H_0. Sim, no nível de significância de 5%, há evidência suficiente para concluir que o tipo de batida depende do tipo de veículo.
23. (a) H_0: Coautoria e assunto são independentes.
    H_a: Coautoria e assunto não são dependentes (afirmação).
    (b) g.l. = 4; $\chi_0^2 = 7{,}779$. Região de rejeição: $\chi^2 > 7{,}779$.
    (c) 5,610.
    (d) Falhe em rejeitar H_0. No nível de significância de 10%, não há evidência suficiente para concluir que o assunto e a coautoria são relacionados.
25. Falhe em rejeitar H_0. No nível de significância de 5%, não há evidência para rejeitar a afirmação de que as proporções de mortes em acidentes com veículos que envolvem homens e mulheres são as mesmas para cada grupo de idades.
27.

Status	Nível educacional: Não tem nível médio	Nível médio	Nível universitário incompleto	Nível associado ou bacharel
Empregado	0,061	0,190	0,113	0,273
Desempregado	0,006	0,011	0,005	0,007
Não está no mercado de trabalho	0,082	0,120	0,050	0,082

29. 8,2%.
31. 63,7%.
33. Diversas das frequências esperadas são menores que 5.
35. 29,9%.
37.

Status	Nível educacional: Não tem nível médio	Nível médio	Nível universitário incompleto	Nível associado ou bacharel
Empregado	0,411	0,591	0,672	0,754
Desempregado	0,039	0,035	0,032	0,021
Não está no mercado de trabalho	0,55	0,374	0,297	0,226

39. 3,9%.
41. *Respostas da amostra:* conforme o nível educacional aumenta, o emprego aumenta.

Seção 10.3 *(p. 467–468)*

1. Especifique o nível de significância α. Determine os graus de liberdade para o numerador e o denominador. Use a Tabela 7 no Apêndice B para encontrar o calor crítico *F*.
3. (1) A amostra deve ser selecionada aleatoriamente, (2) as amostras devem ser independentes e (3) cada população deve ter uma distribuição normal.

5. 2,54. 7. 4,86. 9. 2,06.

11. Falhe em rejeitar H_0. No nível de significância de 10%, não há evidência suficiente para apoiar a afirmação.

13. Falhe em rejeitar H_0. No nível de significância de 1%, não há evidência suficiente para rejeitar a afirmação.

15. Rejeite H_0. No nível de significância de 1%, há evidências para rejeitar a afirmação.

17. (a) H_0: $\sigma_1^2 \leq \sigma_2^2$; H_a: $\sigma_1^2 > \sigma_2^2$ (afirmação).
    (b) $F_0 = 2,11$. Região de rejeição: $F > 2,11$.
    (c) 1,08.
    (d) Falhe em rejeitar H_0.
    (e) Não, no nível de significância de 5%, não há evidência suficiente para apoiar a afirmação da empresa A de que a variância na vida útil de seus produtos é menor que a variância na vida útil dos produtos da empresa B.

19. (a) H_0: $\sigma_1^2 = \sigma_2^2$ (afirmação); H_a: $\sigma_1^2 \neq \sigma_2^2$.
    (b) $F_0 = 2,635$. Região de rejeição: $F > 2,635$.
    (c) 1,282.
    (d) Falhe em rejeitar H_0.
    (e) Não, no nível de significância de 10%, não há evidência suficiente para rejeitar afirmação do administrador de que o desvio padrão das notas de teste de ciências para alunos da 8ª série é o mesmo nos distritos 1 e 2.

21. (a) H_0: $\sigma_1^2 \leq \sigma_2^2$; H_a: $\sigma_1^2 > \sigma_2^2$ (afirmação).
    (b) F_0: 1,77. Região de rejeição: $F > 1,77$.
    (c) 1,96.
    (d) Rejeite H_0.
    (e) Sim, no nível de significância de 10%, há evidência suficiente para apoiar a afirmação do hospital de que o desvio padrão dos tempos de espera diminuiu.

23. (a) H_0: $\sigma_1^2 \leq \sigma_2^2$; H_a: $\sigma_1^2 > \sigma_2^2$ (afirmação).
    (b) $F_0 = 2,35$. Região de rejeição: $F > 2,35$. (c) 2,41.
    (d) Rejeite H_0.
    (e) Sim, no nível de significância de 5%, há evidência suficiente para concluir que o desvio padrão dos salários anuais para atuários é maior em Nova York do que na Califórnia.

25. Unicaudal à direita: 14,73.
    Unicaudal à esquerda: 0,15.

27. (0,375; 3,774).

Seção 10.4 *(p. 475–478)*

1. H_0: $\mu_1 = \mu_2 = \mu_3 = \ldots = \mu_k$.
   H_a: pelo menos uma das médias é diferente dos outros.

3. O MS_b mede as diferenças relacionadas ao tratamento dado a cada amostra. O MS_w mede as diferenças relacionadas as entradas dentro da mesma amostra.

5. (a) H_0: $\mu_1 = \mu_2 = \mu_3$.
   H_a: Pelo menos uma média é diferente dos outros (afirmação).
   (b) g.l.$_N = 2$, g.l.$_D = 26$, $F_0 = 3,37$.
   Região de rejeição: $F > 3,37$.
   (c) 1,02.
   (d) Falhe em rejeitar H_0. Não, no nível de significância de 5%, não há evidência suficiente para concluir que o custo médio por onça é diferente.

7. (a) H_0: $\mu_1 = \mu_2 = \mu_3$ (afirmação).
   H_a: Pelo menos uma média é diferente da outra.
   (b) g.l.$_N = 2$; g.l.$_D = 12$; $F_0 = 2,81$.
   Região de rejeição: $F > 2,81$.
   (c) 1,77.
   (d) Falhe em rejeitar H_0. Não, no nível de significância de 10%, não há evidência suficiente para rejeitar a afirmação de que a média de preço é a mesma para três tipos de tratamento.

9. (a) H_0: $\mu_1 = \mu_2 = \mu_3 = \mu_4$ (afirmação).
   H_a: Pelo menos uma média é diferente da outra.
   (b) g.l.$_N = 3$; g.l.$_D = 29$; $F_0 = 4,54$.
   Região de rejeição: $F > 4,54$.
   (c) 0,56.
   (d) Falhe em rejeitar H_0. Não, no nível de significância de 1%, não há evidência suficiente para a empresa rejeitar a afirmação de que a média do número de dias que pacientes passam no hospital é a mesma para todas as regiões.

11. (a) H_0: $\mu_1 = \mu_2 = \mu_3 = \mu_4$ (afirmação).
    H_a: Pelo menos uma média é diferente da outra.
    (b) g.l.$_N = 3$; g.l.$_D = 40$; $F_0 = 2,23$.
    Região de rejeição: $F > 2,23$.
    (c) 2,76.
    (d) Rejeite H_0. Sim, no nível de significância de 10%, há evidência suficiente para o corretor rejeitar a afirmação de que a média do preço é a mesma para as 4 cidades.

13. (a) $\mu_1 = \mu_2 = \mu_3 = \mu_4$.
    H_a: Pelo menos uma média é diferente das outras (afirmação).
    (b) g.l.$_N = 3$; g.l.$_D = 26$; $F_0 = 2,98$.
    Região de rejeição: $F > 2,98$.
    (c) 16,20.
    (d) Rejeite H_0. Sim, no nível de significância de 10%, há evidência suficiente para concluir que pelo menos uma das médias de preço é diferente dos outros.

15. (a) H_0: $\mu_1 = \mu_2 = \mu_3 = \mu_4$ (afirmação).
    H_a: Pelo menos uma média é diferente das outras.
    (b) g.l.$_N = 3$; g.l.$_D = 28$; $F_0 = 4,57$.
    Região de rejeição: $F > 4,57$.
    (c) 0,46.
    (d) Falhe em rejeitar H_0. Não, no nível de significância de 1%, não há evidência suficiente para rejeitar a afirmação de que a média do número de estudantes mulheres é igual para todas as séries.

17. Falhe em rejeitar todas as hipóteses nulas. A interação entre fazer anúncios médios e o comprimento do anúncio não tem efeito

na classificação e, portanto, não há diferenças significantes nas médias das classificações.

19. Falhe em rejeitar todas as hipóteses nulas. A interação entre a idade e o gênero não tem efeito no GPA e, portanto, não há diferença significante nas médias dos GPAs.

21. $CV_{Scheffé} = 6{,}615$.
(1,2) – 6,212 – Não há diferença.
(1,3) – 7,620 – Diferença significante.
(1,4) – 8,330 – Diferença significante.
(2,3) – 0,049 – Não há diferença.
(2,4) – 0,121 – Não há diferença.
(3,4) – 0,016 – Não há diferença.

23. $CV_{Scheffé} = 8{,}94$.
(1,2) – 2,91 – Não há diferença.
(1,3) – 11,19 – Diferença significante.
(1,4) – 12,70 – Diferença significante.
(2,3) – 2,17 – Não há diferença.
(2,4) – 25,45 – Diferença significante.
(3,4) – 45,36 – Diferença significante.

Usos e abusos – estatística no mundo real *(p. 478–479)*

1–2 Respostas irão variar.

Exercícios de revisão *(p. 480–482)*

1. Rejeite H_0. No nível de significância de 5%, há evidência suficiente para rejeitar a afirmação sobre a distribuição das visitas ao médico das pessoas nos Estados Unidos.

3. Falhe em rejeitar H_0. No nível de significância de 10%, não há evidência suficiente para apoiar a afirmação dos executivos de que a distribuição da porcentagem dos adultos que planejam usar seus dias de férias durante o verão é diferente da distribuição afirmada ou esperada.

5. (a) $E_{1,1} \approx 663{,}49, E_{1,2} \approx 1.440{,}47, E_{1,3} \approx 1.137{,}54, E_{1,4} \approx 1.237{,}50,$
$E_{2,1} \approx 856{,}51, E_{2,2} \approx 1.859{,}53, E_{2,3} \approx 1.468{,}46, E_{2,4} \approx 1.597{,}50.$
(b) Rejeite H_0.
(c) No nível de significância de 10%, há evidências suficientes para concluir que o nível educacional nos Estados Unidos depende da idade.

7. (a) $E_{1,1} \approx 143{,}76$, $E_{1,2} \approx 284{,}17$, $E_{1,3} \approx 274{,}14$, $E_{1,4} \approx 237{,}37$, $E_{1,5} \approx 147{,}10$, $E_{1,6} \approx 43{,}46$, $E_{2,1} \approx 71{,}24$, $E_{2,2} \approx 140{,}83$, $E_{2,3} \approx 135{,}86$, $E_{2,4} \approx 117{,}63$, $E_{2,5} \approx 72{,}90$, $E_{2,6} \approx 21{,}54$.
(b) Falhe em rejeitar H_0.
(c) No nível de significância de 5%, não há evidência suficiente para concluir que o grupo de idades depende do gênero.

9. 2,295. **11.** 2,39.

13. Falhe em rejeitar H_0. No nível de significância de 1%, não há evidência suficiente para rejeitar a afirmação.

15. Falhe em rejeitar H_0. No nível de significância de 10%, não há evidência suficiente para apoiar a afirmação de que a variação na produção de trigo é maior na região de Garfield do que na região de Kay.

17. Falhe em rejeitar H_0. No nível de significância de 1%, não há evidência suficiente para apoiar a afirmação de que as variâncias das notas de teste para mulheres é diferente das dos homens.

19. Rejeite H_0. No nível de significância de 10%, há evidência suficiente para concluir que pelo menos uma das médias de custo é diferente das outras.

Teste do capítulo *(p. 482)*

1. (a) H_0: $\sigma_1^2 = \sigma_2^2$; H_a: $\sigma_1^2 \neq \sigma_2^2$ (afirmação).
(b) 0,01. (c) $F_0 = 4{,}25$.
(d) Região de rejeição: $F > 4{,}25$.
(e) 3,57. (f) Falhe em rejeitar H_0.
(g) Não, no nível de significância de 1%, não há evidência suficiente para concluir que as variâncias nos ganhos anuais para San Jose, CA e Dallas, TX são diferentes.

2. (a) H_0: $\mu_1 = \mu_2 = \mu_3$ (afirmação).
H_a: Pelo menos uma das médias é diferente das outras.
(b) 0,10. (c) $F_0 = 2{,}44$.
(d) Região de rejeição: $F > 2{,}44$.
(e) 12,21. (f) Rejeite H_0.
(g) Não, no nível de significância de 10%, há evidência suficiente para rejeitar a afirmação de que a média anual dos ganhos é igual para todas as três cidades.

3. (a) H_0: A distribuição dos níveis educacionais para as pessoas nos Estados Unidos com idades entre 35 e 44 anos é: 14,8% não têm ensino médio, 32,2% têm ensino médio, 16,8% têm nível superior incompleto, 8,6% têm graduação associada, 18,1% têm bacharelado, 9,5% têm graduação avançada.
H_a: A distribuição dos níveis educacionais para as pessoas nos Estados Unidos com idades entre 35 e 44 anos difere da distribuição afirmada (afirmação).
(b) 0,01. (c) $\chi_0^2 = 15{,}086$.
(d) Região de rejeição: $x^2 > 15{,}086$.
(e) 3,528. (f) Falhe em rejeitar H_0.
(g) Não, no nível de significância de 1%, não há evidência suficiente para concluir que a distribuição para as pessoas nos Estados Unidos com idades de 25 anos ou mais difere da distribuição das pessoas com idades 35 e 44 anos.

4. (a) H_0: A distribuição dos níveis educacionais das pessoas nos Estados Unidos com idades entre 65 e 74 anos é: 14,8% não têm ensino médio, 32,2% têm ensino médio, 16,8% têm nível superior incompleto, 8,6% têm graduação associada, 18,1% têm bacharelado, 9,5% têm graduação avançada.
H_a: A distribuição dos níveis educacionais para as pessoas nos Estados Unidos com idades entre 65 e 74 anos difere da distribuição afirmada (afirmação).
(b) 0,05. (c) $\chi_0^2 = 11{,}071$.
(d) Região de rejeição: $x^2 > 11{,}071$.
(e) 32,950. (f) Rejeite H_0.
(g) Sim, no nível de significância de 5%, há evidência suficiente para concluir que a distribuição para as pessoas nos Estados Unidos com idades de 25 anos ou mais difere da distribuição para as pessoas com idades entre 65 e 74 anos.

Juntando tudo (p. 482–483)

1. Rejeite H_0. No nível de significância de 1%, há evidência suficiente para concluir que a distribuição das respostas difere da distribuição afirmada ou esperada.

2. (a) $E_{1,1} = 15$, $E_{1,2} = 120$, $E_{1,3} = 165$, $E_{1,4} = 185$, $E_{1,5} = 135$, $E_{1,6} = 115$, $E_{1,7} = 155$, $E_{1,8} \approx 110$, $E_{2,1} = 15$, $E_{2,2} = 120$, $E_{2,3} = 165$, $E_{2,4} = 185$, $E_{2,5} = 135$, $E_{2,6} = 115$, $E_{2,7} = 155$, $E_{2,8} \approx 110$.
   (b) Sim, no nível de significância de 1%, há evidência suficiente para concluir que a idade das vítimas é relacionada ao tipo de fraude.

Capítulo 11

Seção 11.1 (p. 492–494)

1. Um teste não paramétrico é um teste de hipóteses que não requer condições específicas sobre a forma das populações ou o valor de qualquer parâmetro populacional.
   Um teste não paramétrico é normalmente mais fácil de realizar do que seu teste paramétrico correspondente, mas o teste não paramétrico é normalmente menos eficiente.

3. (a) H_0: mediana $\leq$ \$ 300; H_a: mediana $>$ \$ 300 (afirmação).
   (b) 1. (c) 5. (d) Falhe em rejeitar H_0.
   (e) Não, no nível de significância de 1%, não há evidência suficiente para o contador concluir que a mediana da quantia de novas taxas de cartão de crédito para o mês anterior foi mais de \$ 300.

5. (a) H_0: mediana $\leq$ \$ 210.000 (afirmação).
   H_a: mediana $>$ \$ 210.000.
   (b) 1. (c) 3. (d) Falhe em rejeitar H_0.
   (e) No nível de significância de 5%, não há evidência suficiente para rejeitar a afirmação do agente de que a mediana do preço de vendas de residências novas vendidas no passado é de \$ 210.000.

7. (a) H_0: mediana $\geq$ \$ 2.200 (afirmação); H_a: mediana $<$ \$ 2.200.
   (b) −2,05. (c) −1,47. (d) Falhe em rejeitar H_0.
   (e) No nível de significância de 2%, não há evidência suficiente para rejeitar a afirmação da instituição de que a mediana da quantia de débitos de cartão de crédito para famílias que têm tais débitos é de pelo menos \$ 2.200.

9. (a) H_0: mediana $\leq$ 30; H_a: mediana $>$ 30 (afirmação).
   (b) 2. (c) 4. (d) Falhe em rejeitar H_0.
   (e) No nível de significância de 1%, não há evidência suficiente para apoiar a afirmação da associação de que a mediana das idades dos que receberam doutorado em engenharia é maior que 30 anos.

11. (a) H_0: mediana = 4 (afirmação); H_a: mediana $\neq$ 4.
    (b) −1,96. (c) −1,04. (d) Falhe em rejeitar H_0.
    (e) Não, no nível de significância de 5%, não há evidência suficiente para rejeitar a afirmação da organização de que a mediana do número de quartos de unidades alugadas é 4.

13. (a) H_0: mediana = \$ 12,16 (afirmação); H_a: mediana $\neq$ \$ 12,16.
    (b) −2,575. (c) −0,961. (d) Falhe em rejeitar H_0.
    (e) Não, no nível de significância de 1%, não há evidência suficiente para rejeitar a afirmação da organização de que a mediana dos ganhos por hora de trabalhadores homens pagos por hora é \$ 12,16.

15. (a) H_0: Os índices de intensidade de dor nas costas não diminuíram.
    H_a: Os índices de intensidade de dor nas costas diminuíram (afirmação).
    (b) 1. (c) 0. (d) Rejeite H_0.
    (e) Sim, no nível de significância de 5%, não há evidência suficiente para concluir que os índices de intensidade de dores nas costas foram menores após acupuntura.

17. (a) H_0: As notas no teste SAT não melhoraram.
    H_a: As notas no teste SAT melhoraram (afirmação).
    (b) 2. (c) 4. (d) Falhe em rejeitar H_0.
    (e) No nível de significância de 5%, não há evidências suficientes para concluir que as notas verbais do teste SAT melhoraram.

19. (a) Falhe em rejeitar H_0.
    (b) No nível de significância de 5%, não há evidências suficientes para rejeitar a afirmação de que a proporção de adultos que preferem atividades não planejadas nas férias é igual à proporção de adultos que preferem atividades planejadas.

21. (a) H_0: mediana $\leq$ \$ 585 (afirmação); H_a: mediana $>$ \$ 585.
    (b) 2,33. (c) 1,46. (d) Falhe em rejeitar H_0.
    (e) Não, no nível de significância de 1%, não há evidência suficiente para rejeitar a afirmação da organização de que a mediana dos ganhos semanais das trabalhadoras é menor ou igual a \$ 585.

23. (a) H_0: mediana $\leq$ 25,5; H_a: mediana $>$ 25,5 (afirmação).
    (b) 1,645. (c) 1,936. (d) Rejeite H_0.
    (e) Sim, no nível significância 5%, há evidência suficiente para apoiar a afirmação do conselheiro de que a idade média das noivas no momento do primeiro casamento é maior que 25,5 anos.

Seção 11.2 (p. 500–501)

1. Se as amostras são dependentes, use um teste de postos com sinais de Wilcoxon. Se as amostras são independentes, use um teste de soma de sinais de Wilcoxon.

3. (a) H_0: Não há redução na pressão sanguínea sistólica (afirmação).
   H_a: Há redução na pressão sanguínea sistólica.
   (b) Teste de postos com sinais de Wilcoxon.
   (c) 10. (d) 17. (e) Falhe em rejeitar H_0.
   (f) Não, no nível de significância de 1%, não há evidência suficiente para rejeitar a afirmação de que há redução na pressão sistólica.

5. (a) H_0: Não há diferença nos ganhos.
   H_a: Há diferença nos ganhos (afirmação).

(b) Teste de soma de sinais de Wilcoxon.

(c) ±1,96. (d) −3,66. (e) Rejeite H_0.

(f) Sim, no nível de significância de 5%, há evidência suficiente para apoiar a afirmação do administrador de que há diferença nos ganhos das pessoas com bacharelado e com grau associado.

7. (a) H_0: Não há diferença nos salários.

H_a: Há diferença nos salários (afirmação).

(b) Teste de soma de sinais de Wilcoxon.

(c) ±1,96. (d) −1,91 (ou 1,91).

(e) Falhe em rejeitar H_0.

(f) Não, no nível de significância de 5%, não há evidência suficiente para apoiar a afirmação do representante de que há uma diferença nos salários ganhos por professores em Massachussets e Connecticut.

9. Sim, no nível de significância de 10%, há evidência suficiente para o engenheiro concluir que a milhagem de gasolina melhorou.

Seção 11.3 (p. 506–507)

1. As condições para usar o teste de Kruskall-Wallis são que cada amostra deve ser selecionada aleatoriamente e o tamanho de cada amostra deve ser pelo menos 5.

3. (a) H_0: Não há diferença nos prêmios.

H_a: Há diferença nos prêmios (afirmação).

(b) 5,991. (c) 13,901. (d) Rejeite H_0.

(e) Sim, no nível de significância de 5%, há evidência suficiente para concluir que as distribuições de prêmios anuais dos três estados é diferente.

5. (a) H_0: Não há diferença nos salários.

H_a: Há diferença nos salários (afirmação).

(b) 6,251. (c) 1,024. (d) Falhe em rejeitar H_0.

(e) Não, no nível de significância de 10%, não há evidência suficiente para concluir que as distribuições dos salários anuais nos 4 estados são diferentes.

7. (a) Falhe em rejeitar H_0. (b) Falhe em rejeitar H_0.

(c) Ambos os testes levam à mesma decisão, que é não haver evidências suficientes para apoiar a afirmação de que há diferença no número de dias gastos no hospital.

Seção 11.4 (p. 510–512)

1. O coeficiente de correlação de Spearman pode ser usado para descrever a relação entre dados lineares ou não lineares. Também pode ser usado para dados no nível ordinal e é mais fácil de se calcular à mão do que o coeficiente de correlação de Pearson.

3. (a) H_0: $\rho_s = 0$; H_a: $\rho_s \neq 0$ (afirmação).

(b) 0,929. (c) 0,857. (d) Falhe em rejeitar H_0.

(e) Não, no nível de significância de 1%, não há evidência suficiente para apoiar a afirmação de que há correlação entre o débito e a renda dos negócios de fazendas.

5. (a) H_0: $\rho_s = 0$; H_a: $\rho_s \neq 0$ (afirmação).

(b) 0,881. (c) 0,208. (d) Falhe em rejeitar H_0.

(e) Não, no nível de significância de 1%, não há evidência suficiente para concluir que há correlação entre o escore geral e o preço.

7. Falhe em rejeitar H_0. Não, no nível de significância de 5%, não há evidência suficiente para concluir que há correlação entre as notas obtidas em ciências e o GNP.

9. Rejeite H_0. Sim, no nível de significância de 5%, há evidência para concluir que há correlação entre as notas de ciências e de matemática.

11. Falhe em rejeitar H_0. Não, no nível de significância de 5%, não há evidência para concluir que há correlação entre a média de horas trabalhadas e o número de ferimentos causados no trabalho.

Seção 11.5 (p. 518–519)

1. Número de corridas: 8.
Duração das corridas: 1, 1, 1, 1, 3, 3, 1, 1.

3. Número de corridas: 9.
Duração das corridas: 1, 1, 1, 1, 1, 6, 3, 2, 4.

5. n_1 = número de T s = 6.
n_2 = número de F s = 6.
n_1 = número de M s = 10.
n_2 = número de F s = 10.

7. n_1 = número de M s = 10.
n_2 = número de F s = 10.

9. Muito alto: 11.
Muito baixo: 3.

11. Muito alto: 14.
Muito baixo: 5.

13. (a) H_0: Os lançamentos das moedas são aleatórios.

H_a: Os lançamentos das moedas não são aleatórios. (afirmação)

(b) Valor crítico mais baixo = 4.

Valor crítico mais alto =14.

(c) 9. (d) Falhe em rejeitar H_0.

(e) No nível de significância de 5%, não há evidência suficiente para apoiar a afirmação de que os lançamentos da moeda não foram aleatórios.

15. (a) H_0: A sequência de dígitos foi gerada aleatoriamente.

H_a: A sequência de dígitos não foi gerada aleatoriamente (afirmação).

(b) Valor crítico mais baixo = 11.

Valor crítico mais alto = 23.

(c) 9. (d) Rejeite H_0.

(e) No nível de significância de 5%, há evidência suficiente para apoiar a afirmação de que a sequência de dígitos não foi gerada aleatoriamente.

17. (a) H_0: A sequência é aleatória.

H_a: A sequência não é aleatória (afirmação).

(b) ±1,96. (c) − 0,83. (d) Falhe em rejeitar H_0.

(e) No nível de significância de 5%, não há evidência suficiente para apoiar a afirmação de que a sequência não é aleatória.

19. Falhe em rejeitar H_0. No nível de significância de 5%, não há evidência suficiente para apoiar a afirmação de que as altas temperaturas diárias não ocorrem aleatoriamente.

21. As respostas irão variar.

Usos e abusos – estatística no mundo real (p. 519)

1. As respostas irão variar.
2. Teste de sinais – teste z.
   Teste de sinais de amostras emparelhadas – teste t.
   Teste de postos com sinais Wilcoxon – teste t.
   Teste de soma de sinais de Wilcoxon – teste z ou t.
   Teste de Kruskall-Wallis – ANOVA um fator.
   Coeficiente de correlação de Spearman – Coeficiente de correlação de Pearson.

Exercícios de revisão (p. 521)

1. (a) H_0: Mediana = \$ 24.300 (afirmação).
   H_a: Mediana ≠ \$ 24.300.
   (b) 2. (c) 7. (d) Falhe em rejeitar H_0.
   (e) Não, no nível de significância de 1%, não há evidência suficiente para rejeitar a afirmação da instituição de que a mediana do valor das ações entre as famílias que têm ações é de \$ 24.300.
3. (a) H_0: Mediana $\leq$ 6 (afirmação); H_a: Mediana > 6.
   (b) −1,28. (c) −2,03. (d) Rejeite H_0.
   (e) Sim, no nível de significância de 10%, há evidência suficiente para rejeitar a afirmação da empresa de que a mediana de rotação é de 6 horas ou menos.
5. (a) H_0: Não há redução na pressão arterial (afirmação).
   H_a: Há redução na pressão.
   (b) 2. (c) 3. (d) Falhe em rejeitar H_0.
   (e) Não, no nível de significância de 5%, não há evidência suficiente para rejeitar a afirmação de que não há redução na pressão.
7. (a) Independente, teste de soma de sinais de Wilcoxon.
   (b) H_0: Não há diferença no tempo total para se obter um doutorado entre estudantes homens e mulheres.
   H_a: Há diferença no tempo total para se obter um doutorado entre estudantes homens e mulheres (afirmação).
   (c) ±2,575. (d) − 1,357 (ou 1,357).
   (e) Falhe em rejeitar H_0.
   (f) Não, no nível de significância de 1%, não há evidência suficiente para apoiar a afirmação de que há diferença no tempo total para se obter um doutorado entre estudantes homens e mulheres.
9. (a) H_0: Não há diferença nos salários em diferentes áreas de estudo.
   H_a: Há diferença nos salários em diferentes áreas de estudo (afirmação).
   (b) 5,991. (c) 21,695. (d) Falhe em rejeitar H_0.
   (e) Sim, no nível de significância de 5%, há evidência suficiente para concluir que a distribuição dos salários iniciais em três áreas de estudo são diferentes.
11. (a) H_0: $\rho_s = 0$; H_a: $\rho_s \neq 0$ (afirmação).
   (b) 0,881. (c) 0,321. (d) Falhe em rejeitar H_0.
   (e) Não, no nível de significância de 1%, não há evidência suficiente para apoiar a afirmação de que há correlação entre escore geral e preço.
13. (a) H_0: As paradas são aleatórias por gênero.
   H_a: As paradas não são aleatórias por gênero (afirmação).
   (b) Valor crítico mais baixo = 8.
   Valor crítico mais alto = 19.
   (c) 14. (d) Falhe em rejeitar H_0.
   (e) Não, no nível de significância de 5%, não há evidência suficiente para apoiar a afirmação de que as paradas não foram aleatórias por gênero.

Teste do capítulo (p. 523)

1. (a) H_0: Não há diferença nos salários por gênero.
   H_a: Há diferença nos salários por gênero (afirmação).
   (b) Teste de soma de sinais de Wilcoxon.
   (c) ±1,645. (d) −2,835 (ou 2,835). (e) Rejeite H_0.
   (f) Sim, no nível de significância de 10%, há evidência suficiente para apoiar a afirmação do organizador de que há diferença nos salários ganhos por mulheres e homens funcionários do Estado e dos governos locais.
2. (a) H_0: Mediana = 50 (afirmação); H_a: Mediana ≠ 50.
   (b) Teste de sinais. (c) 5.
   (d) 9. (e) Falhe em rejeitar H_0.
   (f) Não, no nível de significância de 5%, não há evidência suficiente para rejeitar a afirmação da organização de que as medianas do número anual de horas de voluntariado para voluntários é de 50 horas.
3. (a) H_0: Não há diferença no aluguel mensal entre as regiões.
   H_a: Há diferença no aluguel mensal entre as regiões (afirmação).
   (b) Teste de Kruskall-Wallis.
   (c) 7,815. (d) 11,826. (e) Rejeite H_0.
   (f) Sim, no nível de significância de 5%, há evidência suficiente para concluir que as distribuições dos preços de aluguéis mensais nessas regiões são diferentes.
4. (a) H_0: Os dias com chuva são aleatórios.
   H_a: Os dias com chuva não são aleatórios (afirmação).
   (b) Teste de corridas.
   (c) Valor crítico mais baixo = 10.
   Valor crítico mais alto = 22.
   (d) 16. (e) Falhe em rejeitar H_0.
   (f) Não, no nível de significância de 5%, não há evidência suficiente para o meteorologista concluir que os dias com chuva não são aleatórios.

Juntando tudo (p. 524)

1. (a) Amostra aleatória.
   (b) As respostas irão variar.
   (c) As respostas irão variar.

2. (a) As respostas irão variar.
   (b) Teste de sinais; você precisa usar um teste não paramétrico porque não se sabe nada sobre a forma da população.
   (c) H_0: Mediana $\geq$ 4,0; H_a: Mediana $<$ 4,0 (afirmação).
   (d) Falhe em rejeitar H_0. No nível de significância de 5%, não há evidência suficiente para apoiar a afirmação de que a média de estabilidade de emprego para trabalhadores do distrito representativo é menor que 4 anos.
3. (a) Teste de soma de sinais de Wilcoxon. É preciso usar um teste não paramétrico porque não se sabe nada sobre a forma da população.
   (b) H_0: A mediana da estabilidade para trabalhadores homens é menor ou igual à mediana de estabilidade para mulheres.
   H_a: A mediana da estabilidade para trabalhadores homens é maior que a mediana de estabilidade para mulheres (afirmação).
   (c) Falhe em rejeitar H_0. No nível de significância de 5%, não há evidência suficiente para apoiar a afirmação de que a mediana da estabilidade para trabalhadores homens é maior que a mediana de estabilidade para mulheres.

Revisão acumulada – capítulos 9 a 11 (p. 525–527)

1. (a)

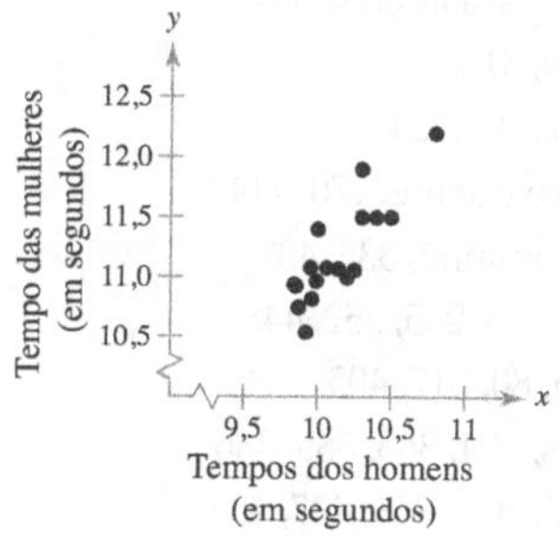

0,828. Correlação linear positiva forte.

   (b) No nível de significância de 5%, há evidência suficiente para concluir que há correlação linear significativa entre o tempo das mulheres vencedoras e dos homens vencedores dos 100 metros nas Olimpíadas de verão de 1928 a 2004.
   (c) $\hat{y} = 1{,}423x - 3{,}204$.

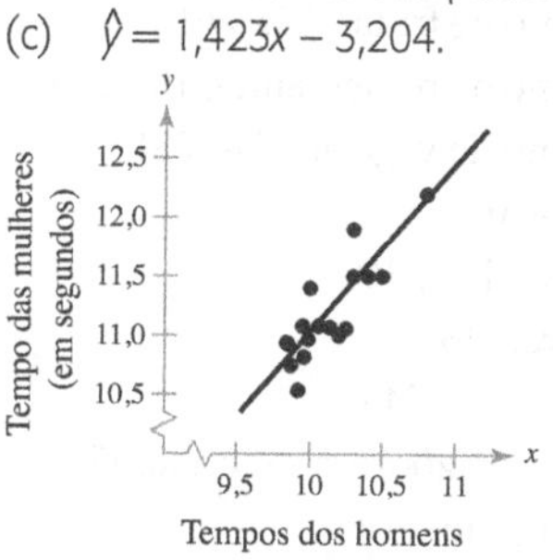

   (d) 10,884 segundos.

2. Sim, no nível de significância de 5%, há evidência suficiente para apoiar a afirmação da agência de que há diferença nos ganhos semanais de trabalhadores que são membros do sindicato e os que não são.
3. Não, no nível de significância de 1%, não há evidência suficiente para rejeitar a afirmação da empresa de que a mediana da idade das pessoas com fundos mútuos é 48 anos.
4. Sim, no nível de significância de 10%, há evidência suficiente para rejeitar a afirmação de que a média de gastos é igual para todas as 4 regiões.
5. Não, no nível de significância de 10%, não há evidência suficiente para rejeitar a afirmação do administrador de que o desvio padrão das notas de teste de leitura para alunos da 8ª série é o mesmo para Utah e Colorado.
6. Sim, no nível de significância de 1%, há evidência suficiente para o representante concluir que a distribuição das rendas domésticas anuais nessas regiões é diferente.
7. No nível de significância de 5%, não há evidência suficiente para rejeitar a afirmação sobre a distribuição de práticas médicas nos Estados Unidos e o número de médicos.
8. (a) 0,733, aproximadamente 73,3% da variação nas alturas pode ser explicada pela variação no comprimento do osso metacarpo; aproximadamente 26,7% da variação não é explicada.
   (b) 4,255. O erro padrão de estimativa das alturas para um comprimento específico do osso metacarpo é de aproximadamente 4,255 centímetros.
   (c) $168{,}026 < y < 190{,}83$. Você pode estar 95% confiante de que a altura estará entre 168,026 e 190,83 centímetros quando o osso metacarpo tem 50 centímetros.
9. Não, no nível de significância de 10%, não há evidência suficiente para concluir que há correlação entre o escore geral e o preço.
10. (a) 64,763 alqueires.
    (b) 61,447 alqueires.

Índice de aplicações

Biologia e vida — Ciências

Casa e construção

Ciências da terra

Ciências políticas

Combinatórias

Comida e nutrição

Computadores

Demográficos

Economia e finanças

Educação

Engenharia

Entretenimento

Esportes

Governo

Lei

Miscelânea

Mortalidade

Negócios

Psicologia

Saúde e medicina

Trabalho

Veículos motorizados e transporte

Índice remissivo

L

M

N

O

P

Q

R

Sobre os autores

Ron Larson

The Pennsylvania State University

The Behrend College

Ron Larson é Ph.D em matemática pela Universidade do Colorado (1970). Naquele tempo, aceitou um cargo na Penn State University, onde atualmente atua como professor de matemática até hoje. Larson é o autor principal de mais de duas dúzias de livros de matemática usados desde a sexta série até todos os níveis de cálculo. Muitos de seus livros — como a oitava edição de seu livro de cálculo — são líderes de mercado. Larson é um dos pioneiros no uso de multimídia e Internet para expandir o aprendizado de matemática. Autor de programas multimídia que abragem desde o ensino fundamental a todos os níveis de cálculo, Larson é membro de diversos grupos profissionais e palestrante frequente em encontros regionais e nacionais na área da matemática.

Betsy Farber

Bucks County Community College

Betsy Farber é bacharel em matemática pela Penn State University e mestre em matemática pela Faculdade de Nova Jersey. Desde 1976, ensina todos os níveis da matemática na Faculdade Comunitária do Condado de Bucks em Newtown, Pensilvânia, onde atua como professora. Farber é particularmente interessada em desenvolver maneiras de tornar a estatística relevante e interessante a seus alunos e tem ensinado estatística de várias formas diferentes — com a Ti-83, com o MINITAB e pelo ensino a distância —, bem como em aulas tradicionais. Membro do American Mathematical Association of Two-Year Colleges (AMATYC), é autora de *The Student Edition to MINITAB* e *A Guide to MINITAB*. Trabalhou como editora-consultora para *Statistics, A first course* e escreveu tutoriais de computador para o CD-ROM correlacionado aos livros da série *Streeter* em matemática.